böhlauWien

VERÖFFENTLICHUNGEN
DER KOMMISSION FÜR NEUERE GESCHICHTE ÖSTERREICHS

Band 92

KOMMISSION
FÜR NEUERE GESCHICHTE ÖSTERREICHS

Vorsitzender: em. Univ.-Prof. Dr. Fritz Fellner
Stellvertretender Vorsitzender: Univ.-Prof. Dr. Helmut Rumpler

Mitglieder:
Gen.-Dir. i. R. Hofrat Dr. Richard Blaas
Univ.-Prof. Dr. Ernst Bruckmüller
Univ.-Prof. Dr. Moritz Csáky
Univ.-Prof. Dr. Peter Csendes
Univ.-Prof. Dr. Elisabeth Garms-Cornides
Univ.-Prof. Dr. Hanns Haas
Univ.-Prof. Dr. Wolfgang Häusler
Univ.-Prof. Dr. Ernst Hanisch
Univ.-Prof. Dr. Hanns Haas
Univ.-Prof. Dr. Grete Klingenstein
Univ.-Prof. Dr. Herbert Knittler
Univ.-Prof. Dr. Alfred Kohler
Univ.-Prof. Dr. Brigitte Mazohl-Wallnig
Gen.-Dir. Hon. Prof. Dr. Lorenz Mikoletzky
Univ.-Prof. Dr. Michael Mitterauer
Dir. Hofrat Univ.-Doz. Dr. Alfred Ogris
Univ.-Prof. Dr. Josef Riedmann
Univ.-Prof. Dr. Roman Sandgruber
Univ.-Prof. Dr. Arnold Suppan
em. Univ.-Prof. Dr. Gerald Stourzh
em. Univ.-Prof. Dr. Ernst Wangermann
em. Univ.-Prof. Dr. Erika Weinzierl
Univ.-Prof. Dr. Herwig Wolfram
Sekretär: Dr. Franz Adlgasser

Die in den Veröffentlichungen der Kommission für
Neuere Geschichte Österreichs gemachten Aussagen sind die der
jeweiligen Verfasser, nicht die der Kommission.

Holger Afflerbach

Der Dreibund

Europäische Großmacht- und Allianzpolitik
vor dem Ersten Weltkrieg

BÖHLAU VERLAG WIEN · KÖLN · WEIMAR

Gedruckt mit Unterstützung durch den
Fonds zur Förderung der wissenschaftlichen Forschung

Die Deutsche Bibliothek – CIP-Einheitsaufnahme

Ein Titeldatensatz für diese Publikation ist
bei Der Deutschen Bibliothek erhältlich

ISBN 3-205-99399-3

Das Werk ist urheberrechtlich geschützt. Die dadurch begründeten Rechte, insbesondere die der Übersetzung, des Nachdruckes, der Entnahme von Abbildungen, der Funksendung, der Wiedergabe auf photomechanischem oder ähnlichem Wege, der Wiedergabe im Internet und der Speicherung in Datenverarbeitungsanlagen, bleiben, auch bei nur auszugsweiser Verwertung, vorbehalten.

© 2002 by Böhlau Verlag Ges.m.b.H. und Co. KG, Wien · Köln · Weimar
http://www.boehlau.at

Gedruckt auf umweltfreundlichem, chlor- und säurefreiem Papier

Druck: Ferdinand Berger & Söhne, 3580 Horn

VORWORT DES HERAUSGEBERS

Es war Ende der 1980er Jahre, als Wolfgang Mommsen mich in einem Brief um Auskunft darüber bat, ob ich beabsichtige, meine Forschungen zur Geschichte des Dreibundes je wieder aufzunehmen, und, wenn dies nicht der Fall sei, ob es meiner Meinung nach wünschenswert und ertragreich wäre, wenn er ein Forschungsprojekt zu diesem Thema einrichtete und einen jüngeren Historiker aus seiner Schule mit dieser Aufgabe betraute.

Es waren damals 30 Jahre vergangen, seit ich als Vorstudie zu einer umfassenden Darstellung des Eintritts Italiens in den Ersten Weltkrieg einen Essay über den „Dreibund" verfaßt hatte. Mein beruflicher Weg hat die Durchführung dieses Forschungsplans verhindert, und wenn ich mich auch auf meinem wissenschaftlichen Weg in der Folge immer wieder mit der Vorgeschichte des Ersten Weltkriegs befaßte, so war der Plan einer ausführlichen Darstellung der Bündnispolitik der Habsburgermonarchie immer weiter von der Möglichkeit einer Verwirklichung weggerückt. Ich konnte daher Wolfgang Mommsen versichern, daß ich nicht nur keinen Schritt über den Essay von 1960 hinausgekommen war, sondern auch keine weiteren Forschungen zu diesem Thema beabsichtige, und ich sprach mich sehr entschieden dafür aus, daß dieses in meinen Augen zu Unrecht so wenig in der Geschichte der internationalen Beziehungen im Zeitalter des Imperialismus beachtete und von den deutschsprachigen Historikern geradezu stiefmütterlich behandelte Bündnis endlich eine gründlich recherchierte Darstellung erfahren sollte. Eine von Vorurteilen freie wissenschaftliche Forschungsarbeit müßte – so war ich überzeugt – sichtbar machen, welch eminente Bedeutung dem Dreibund als stabilisierendes Element im Gleichgewicht der Großmächte in den Jahrzehnten um die Wende vom 19. zum 20. Jahrhundert zugekommen ist.

Wenige Jahre später, im Herbst 1991, wurde ich von der Fritz-Thyssen-Stiftung gebeten, ein Gutachten über ein von Wolfgang Mommsen eingerichtetes Forschungsprojekt „Der Dreibund und das europäische Staatensystem" abzugeben. Mir war inzwischen bewußt geworden, daß die jahrzehntelange Vernachlässigung des Themas „Dreibund" in der Aufarbeitung der diplomatischen Geschichte des Imperialismus im Zusammenhang mit der Diskussion über die sogenannte Kriegsschuldfrage auch ihre positiven Seiten gehabt hatte: ein neues Forschungsprojekt konnte im letzten Jahrzehnt des 20. Jahrhunderts auf eine viel umfangreichere Quellenbasis aufgebaut werden, als sie mir zur Verfügung gestanden hätte. In den dreißig Jahren, die seit der Abfassung meines Essays vergangen waren, war eine beträchtliche Zahl von sehr aufschlußreichen Quellen und viel neue Literatur zur Geschichte des Imperialismus veröffentlicht worden, Nachlässe von Diplomaten und Staatsmännern waren freigegeben, vor allem aber war das Material in den italienischen Archiven zugänglich gemacht worden, die mir noch verschlossen gewesen waren. Der Standpunkt Italiens, für den die deutschen und österreichischen Politiker und Historiker so wenig Verständnis gezeigt hatten, war nun aus den italienischen Quellen heraus gleichwertig in das historische Urteil einzubauen. Noch bedeutsamer aber war, daß sich in diesen Jahrzehnten der Charakter der Forschungen zur Geschichte der internationalen Beziehungen wesentlich verändert hatte. Die traditionellen Methoden der Auswertung der relativ engen diplomatischen Akten im strengen Sinne waren erweitert worden: die Untersuchung der ökonomischen Basis jeder Außenpolitik war in den Mittelpunkt der Bewertung getreten, die komparative Gegenüberstellung der sozialen Verhältnisse, der Regierungssysteme und der Parteipolitik war in die Untersuchungen der internationalen Beziehungen einbezogen worden, und vor allem war auch die Rolle, die der öffentlichen Meinung für die Gestaltung der Außenpolitik zukam, in den Gesichtskreis der Beurteilung getreten. Gerade für die Geschichte des Dreibundes öffneten nun im letzten Jahrzehnt des 20. Jahrhunderts die neuen Wege der Geschichtsforschung den Blick auf wesentliche Bauelemente und Strukturschwächen des Bündnisses, die drei Jahrzehnte vorher kaum bedacht und wahrscheinlich auch nicht erkannt worden wären. Für ein Bündnissystem, dem es nur mit Mühe gelang, die historisch bedingten wechselseitigen Feindvorstellungen zu neutralisieren, war die Einbeziehung der Mentalitätsgeschichte als Hintergrund der diplomatischen Geschehnisse ein entscheidender Schritt in der Beurteilung des Dreibundes, seiner Bedeutung, seiner zeitweiligen Erfolge und des schließlichen Mißerfolges. Auf dieser quantitativ wie qualitativ erweiterten Forschungsbasis sollte es möglich sein, die Funktion des Dreibundes sichtbar zu machen als Versuch, Länder mit unterschiedlichen innenpolitischen Traditionen und mit divergierenden außenpolitischen Zielsetzungen zusammenzubinden in einer defensiven Bündnisvereinbarung, die als gewichtige Stimme im Konzert der Großmächte das Gleichgewicht einer Friedenssicherung absichern konnte.

Daß die Durchführung des Projektes Holger Afflerbach anvertraut wurde, schien mir Garant für ein die Vorurteile der früheren politischen wie historischen Bewertung überwindendes Forschungsergebnis, denn Afflerbach hatte in seiner Dissertation über den für die Schlacht um Verdun und die sogenannte Ermattungsstrategie verantwortlichen deutschen Generalstabschef Erich v. Falkenhayn gezeigt, wie sachlich und einfühlsam er ein Thema erforschen und präsentieren konnte, das im Zank der Meinungspartisanen fast hoffnungslos verdorben schien. Afflerbach brachte für die ihm im Forschungsprojekt über den Dreibund gestellte neue Aufgabe nicht nur Erfahrung in der objektiven Auswertung widerstreitender militärischer, diplomatischer, politischer und medialer Quellen mit, sondern er besaß aus seinem Familienhintergrund heraus auch die sprachlichen Kenntnisse und die Vertrautheit mit den italienischen nationalen und kulturellen Traditionen, die das Verständnis für die Intentionen wie Widersprüchlichkeiten der Stellung Italiens im Bündnissystem ermöglichten, die den meisten deutschen Politikern und Historikern in ihrer Einstellung zur politischen wie historischen Einordnung des Dreibundes verschlossen geblieben waren. Für Afflerbach waren die Voraussetzungen gegeben, die so emotional belastete Geschichte des Dreibundes nicht nur aus der Sicht der deutschen und österreichischen Interessen, sondern auch im Wissen um die italienischen Überlegungen und Belange untersuchen zu können.

Das umfangreiche Werk, das Afflerbach nun als Ergebnis seiner wirklich unermüdlich, in den Bibliotheken und Archiven der Bündnispartner und ihrer imperialistischen Gegenspieler durchgeführten Forschungen vorgelegt hat, besticht nicht nur durch die Fülle des verarbeiteten Materials, es beeindruckt auch durch die Ausgewogenheit des Urteils. Afflerbach hat dabei nicht nur am Quellenmaterial gearbeitet, sondern war an seine Aufgabe auch in voller Kenntnis der von der Politologie geprägten Kriterien der Friedens- und Konfliktforschung herangetreten. Er hat jedoch ganz bewußt vermieden, diese Ansätze der Theorie zur Richtschnur seiner Darstellung zu machen, er bleibt in der Präsentation seiner Forschungsergebnisse quellennah und dem Instrumentarium des Historikers verbunden und legt uns hier ein Werk vor, das in Inhalt wie Umfang eindrucksvoll gewichtig und doch in seiner Narrativität imstande ist, den Leser Schritt für Schritt durch die Wirrnisse der Macht- und Interessenpolitik der großen Mächte zu führen.

Es ist für mich eine mit Freude empfundene Befriedigung, feststellen zu können, daß ein Historiker der nachkommenden Generation einen Forschungsplan verwirklichen konnte, den auszuführen mir – verstrickt in andere Aufgaben – nicht vergönnt war, und ich bin dankbar, daß die Kommission für neuere Geschichte Österreichs meinen Vorschlag gebilligt hat, dieses Werk als bedeutenden Beitrag auch zur Geschichte Österreichs in die Reihe ihrer Veröffentlichungen aufzunehmen.

Fritz Fellner, August 2001

INHALT

Danksagung 15

KEIN DENKMAL FÜR DEN DREIBUND
Fragestellung, Forschungsstand, methodische Probleme und
archivalische Grundlagen 17

I. ITALIEN ALS „HOSPITANT" DER ZWEIBUNDMÄCHTE
   (1881–1887) 37

1. Italien in der außenpolitischen Isolierung (1876–1881) 39

2. Die schwierige Geburt der Allianz 52
   a) *Italiens Regierung und öffentliche Meinung im Sommer 1881* 52
   b) *Schritte Mancinis und Blancs zur Annäherung an die
      Zentralmächte – Der Besuch König Umbertos in Wien* 58
   c) *Die Bündnisverhandlungen im Winter 1881/82* 75
      1. Italien eröffnet die Verhandlungen 80
      2. Der innenpolitische Aspekt 82
      3. Territorialgarantie oder Neutralitätsvertrag? 83
      4. Der Vertragsinhalt – Konsultationsklausel und
         Defensivbündnis gegen Frankreich 86
      5. Der Dreibundvertrag von 1882 und seine Bewertung in der Literatur . 88

3. Italien als „Hospitant" des Zweibundes (1882–1886) 93
   a) *Der Dreibund – ein Geheimbündnis der Kabinette?* 93
   b) *Depretis, Mancini, der König und die Allianz 1882/83* 96
      1. Depretis, die „triplice alleanza" und der „trasformismo" 96
      2. Mancinis Dilemma: Zwischen Nationalitätenprinzip und Bündnis
         mit dem österreichischen Vielvölkerstaat 99
      3. Umberto und das Bündnis der Monarchen 102
   c) *Eine Neigung zur Überhebung? Kálnoky, der Dreibund und die
      Freundschaft mit Italien* 104
   d) *Zwischen Papst und Irredenta – die ersten Bewährungsproben
      des Bündnisses 1882/83* 108
      1. Die italienische Regierung vom Oberdank-Attentat bis zum Bruch
         mit der Irredenta 108

2. Franz Joseph I. zwischen Vatikan und Quirinal 123
   3. Irredenta und Klerikalismus – vom tatsächlichen Gegensatz zum
      diplomatischen Instrument 135
   e) *Italien als zweitrangiger Verbündeter im Allianzsystem
      Bismarcks – das italienische Ringen um Gleichberechtigung
      im Bündnis* 138
   f) *Der Dreibund und die Anfänge der italienischen Kolonialpolitik* . 144
   1. Der Dreibund und Italiens Mittelmeerstellung 144
   2. Der Dreibund und Italiens Kolonialpolitik in Ostafrika 154
   g) *Ein Bündnis wechselseitiger Unzufriedenheit? – Der Dreibund
      am Ende seiner ersten Laufzeit* 163

4. Vom ersten zum zweiten Dreibund (1885–1887) 170
   a) *Vom Risorgimento-Ideal zur nationalistischen Machtpolitik –
      Die Ernennung des Conte di Robilant zum italienischen
      Außenminister* 170
   b) *Battenberg und Boulanger – Bismarcks europäisches System
      in der Krise (1885–1887)* 180
   c) *Divergierende Konzepte zur Lösung der europäischen Doppelkrise
      in Berlin und Wien* 189
   d) *Die machtpolitische Aufwertung Italiens durch die europäische
      Doppelkrise* 196
   e) *Verhandlungen der „Quintupliken" – Die Dreibundverlängerung
      von 1887* 201
   f) *Die Dreibundverlängerung 1887, die Erhaltung des europäischen
      Friedens und Bismarcks neues Allianzsystem – eine Bewertung* .. 218

II. DER DREIBUND ALS MACHTPOLITISCHES INSTRUMENT
    CRISPIS (1887–1896) 229

1. Der Dreibund in der ersten Regierungszeit Crispis (1887–1891) 231
   a) *Von Depretis und Robilant zu Crispi* 231
   b) *Der italienisch-französische Handelskrieg* 242
   c) *Deutsch-italienische Militär- und Marineabsprachen für den
      Fall eines Kontinentalkrieges* 259
   d) *Italienische Präventivkriegspläne im Frühjahr 1888* 269
   e) *Crispis Bemühungen um eine Intensivierung des österreichisch-
      italienischen Verhältnisses* 278

2. Rückkehr zu einer gemäßigteren Außenpolitik? Die Kabinette
   di Rudinì und Giolitti 290

a) *Crispis Rücktritt 1891, Di Rudinì und die inneritalienische Diskussion über Dreibund und Abrüstung* 290
b) *Di Rudinìs Versuch des Ausgleichs mit Frankreich* 301
c) *Die Neuverhandlung und Verlängerung des Dreibunds 1891* 310
d) *Das Ministerium Giolitti* 316
e) *Italienisch-französische Kriegsgefahr? Das anti-italienische Pogrom von Aigues-Mortes 1893 und seine Folgen* 320
f) *Zanardellis Versuch einer Regierungsbildung, die österreichische Intervention und die Wiederberufung Crispis* 328

3. Italien zwischen Repression und Skandal – die zweite Ära Crispi .. 333
a) *Die neue Regierung Crispi und Italiens innenpolitische Nöte* 333
b) *Die italienische Kolonialpolitik in Ostafrika und der Dreibund* .. 340

4. Crispi, der Dreibund und die Überspannung des Bündnisgedankens . 359

III. ÄUSSERE ENTSPANNUNG, INNERE ENTFREMDUNG, NEUE KONSTELLATIONEN – DER DREIBUND IM ZEICHEN DER „NEUEN KURSE" (1890–1908) 363

1. Der „Neue Kurs", die Anfänge der deutsch-englischen Entfremdung und der Dreibund 365
a) *Wilhelm II. und sein Reich* 365
b) *Die Entlassung Bismarcks und die außenpolitischen Folgen für das Deutsche Reich* 372
c) *Caprivi, die Politik des „neuen Kurses" und die Gründung des russisch-französischen „Zweibunds"* 377
d) *Die beginnende deutsche „Weltpolitik" – Tirpitz, Bülow, der wachsende deutsch-englische Gegensatz und seine Auswirkungen auf den Dreibund* 390
e) *Italienische Warnungen vor einem antibritischen Konfrontationskurs des Dreibunds* 407

2. „Il colpo di timone" – Italiens „neuer Kurs" nach 1896 413
a) *Visconti-Venosta und die Normalisierung der italienischen Außenpolitik ab 1896* 413
b) *Die Krise des „fine secolo", Giolittis liberale Wende, Sonninos Gegenprogramm und das Urteil der Verbündeten* 425
c) *Von Umberto I. zu Vittorio Emanuele III.* 431
d) *Prinetti, die Dreibundverlängerung 1902 und die italienische „Extratour" mit Frankreich* 445

3. Deutsch-österreichische Entfremdung? Die österreichisch-russische Entente, der Nationalitätenstreit in Österreich-Ungarn und seine Rückwirkungen auf das Bündnis 465
   a) *Goluchowski und die österreichisch-russische Entente* 465
   b) *„Finis tripliciae"? Die Badeni-Krise von 1897, das deutsch-österreichische Verhältnis und die tschechische Opposition gegen den Dreibund* 472

4. „Verbündete Feinde?" – Das österreichisch-italienische Verhältnis 1900–1906 487
   a) *Die Verschlechterung des österreichisch-italienischen Verhältnisses zwischen 1900 und 1903* 487
   b) *Imperialistische Gegensätze zwischen den Verbündeten auf dem Balkan* 491
   c) *Ökonomische Gegensätze: die Handelsvertragsfrage* 498
   d) *„Irredente" Probleme und die Universitätsfrage in Triest* 501
   e) *Die italienische Wiederannäherung an Österreich-Ungarn in der Ära Giolitti / Tittoni (1903–1908)* 512
   f) *Militärische Bedrohungsgefühle und die österreichisch-italienische Gegeneinanderrüstung* 518

5. Italien als Diener zweier Herren 533
   a) *Das „Totenglöcklein" des Dreibunds? Die Besuche Loubets in Rom und Wilhelms II. in Neapel* 533
   b) *Die erste Marokkokrise und der Dreibund* 538
   c) *Die Konferenz von Algeciras und Visconti-Venostas angeblicher „Verrat" am Dreibund* 547
   d) *Deutsche Überlegungen über den Wert Italiens als Verbündeten und Dreibund-Reformprojekte* 568
   e) *Der österreichisch-italienische „Flirt" 1906–1908* 576

6. Äußere Entspannung, innere Entfremdung, neue Konstellationen – eine Bilanz 582

IV. DIE ROLLE DES DREIBUNDS IM EUROPÄISCHEN KRISENMANAGEMENT (1908–1914) 593

1. „Abrechnung" mit Italien? Der Einfluß Erzherzog Franz Ferdinands und Conrads von Hötzendorf auf die österreichische Außenpolitik .. 595

2. „Nibelungentreue"? Österreich-Ungarn, die bosnische Annexion
   und die Reaktion der Verbündeten 609
   a) *Die Umorientierung der österreichisch-ungarischen Balkanpolitik
      in der Ära Goluchowski* 609
   b) *Aehrenthals Aktivierung der österreichischen Außen- und
      Allianzpolitik* 615
   c) *Aehrenthals Alleingang: die Vorbereitung der Annexion
      Bosnien-Herzegowinas* 620
   d) *Die europäischen Reaktionen auf die Annexion* 632
   e) *Die Reaktion von Regierung und Öffentlichkeit im Deutschen
      Reich und in Italien* 637
   f) *„Nibelungentreue"? Der Pyrrhussieg der Mittelmächte von 1909* .. 652
   g) *Eine neue „Extratour"? Das italienisch-russische Abkommen
      von Racconigi* 661

3. Von Potsdam bis Agadir – die deutsche Außen- und Allianzpolitik
   in der Ära Bethmann Hollweg 667
   a) *Die Neuorientierung der deutschen Außenpolitik nach 1908* 667
   b) *Nur „laue Unterstützung der Bundesgenossen":
      die zweite Marokko-Krise* 675

4. Italien und der Dreibund während des Libyenkriegs (1911–1912) ... 687

5. Die letzte Verlängerung des Dreibunds im Dezember 1912 709

6. Die Balkankriege und der Zusammenbruch des Status quo
   auf dem Balkan 721
   a) *Die Großmächte, der „Wille Europas" und die Balkanstaaten* 721
   b) *Die Dreibundmächte und die neue Situation auf dem Balkan* 726
   c) *Eine europäische Lösung: die Londoner Konferenz* 736
   d) *Der zweite Balkankrieg, die Großmächte und der Dreibund* 741
   e) *Die Auswirkungen der Balkankriege auf das europäische
      Gleichgewicht* 747

7. Zwischen Zusammenarbeit und Konfrontation – der Dreibund und
   das türkische Erbe in Europa und Asien (1912–1914) 750
   a) *Österreichisch-italienische Zusammenarbeit und Konfrontation
      in Albanien* 750
   b) *„Keeping up with the Joneses?" Der Dreibund und der türkische
      Teilungsplan* 755

8. Der Dreibund und das militärische Gleichgewicht
   in Europa 1911–1914 765
   a) *Die europäischen Bündnisse und die Hochrüstung 1911–1914* ... 765
   b) *„Warum beginnen wir nicht jetzt den unvermeidlichen Krieg?"
      Deutsch-österreichisch-italienische Militärplanungen für den
      Fall eines großen Krieges* 769
   c) *Die militärische Lage der Dreibundmächte im Sommer 1914* 785

9. „Ein stets reparaturbedürftiges Haus"? Die Krise im österreichisch-
   italienischen Verhältnis 1912–1914 788

10. Der Dreibund in der Julikrise 1914 813
    a) *Die europäischen Allianzen und die Friedensfähigkeit der
       europäischen Großmächte im Sommer 1914* 813
    b) *Politische Stabilisierung durch einen lokalen Krieg – Die
       Reaktion der Zweibundmächte auf das Attentat von Sarajevo* 826
    c) *Die Rolle Italiens während der Julikrise 1914* 834
    d) *Die militärischen Folgen der italienischen Neutralität für die
       Zentralmächte* 846

V. EPILOG: „UN ATTO DI FOLLIA?" –
   DER WEG ZUM INTERVENTO 1915 849

ANHANG 875

Die Dreibundverträge von 1882, 1887 und 1891 877

Archivalien und Literaturverzeichnis 891
   1. *Archive* 891
   2. *Bibliographie* 928

Abkürzungsverzeichnis 966

Bildnachweis 967

Personenregister 968

DANKSAGUNG

Während der jahrelangen Arbeit an diesem Buch habe ich von vielen Seiten tatkräftige Unterstützung erhalten. Es ist mir ein Bedürfnis und eine Freude, denen zu danken, deren Hilfsbereitschaft ich über Jahre hinweg in Anspruch nehmen mußte.

Mein erster Dank gilt Prof. Dr. Wolfgang J. Mommsen, der das Forschungsprojekt über den Dreibund angeregt hat, aus dem schließlich diese Studie hervorgegangen ist. Ohne seine Unterstützung und Initiative wäre dieses Buch nicht zustandege kommen. Er gab mir den moralischen Rückhalt, ohne den das Zustandekommen einer solchen Habilitationsarbeit kaum vorstellbar ist.

Tief verpflichtet bin ich auch der Großzügigkeit, mit der die Fritz-Thyssen-Stiftung in Köln dieses Forschungsvorhaben, einschließlich der aufwendigen Archivaufenthalte in Wien, Rom und Bonn, von 1992–1996 finanziert hat. Sie hat sich als generöser Förderer erwiesen.

Ebenso großen Dank schulde ich der Alexander-von-Humboldt-Stiftung, Bonn, die mir von 1996 bis 1998 ein zweijähriges Feodor-Lynen-Stipendium für Österreich gewährt hat. Ich habe die Aufnahme in diesen illustren Kreis als eine ganz besondere Auszeichnung empfunden.

Ganz besonderen und herzlichen Dank schulde ich auch Prof. Dr. Helmut Rumpler von der Universität für Bildungswissenschaften in Klagenfurt. Er hat sich nicht nur bereit erklärt, im Rahmen des Humboldt-Stipendiums die Rolle des Gastgebers zu übernehmen. Er hat mir außerdem durch zahlreiche fachliche Ratschläge geholfen, diese Arbeit sehr zu verbessern. Besonders verpflichtet bin ich auch Prof. Dr. Fritz Fellner, Wien, der als führender Kenner der Materie das Unternehmen die gesamte Zeit über mit kritischen und fruchtbaren Kommentaren begleitete. Die auch menschlich sehr angenehme Zusammenarbeit mit beiden und den Kolleginnen und Kollegen der Universitäten in Klagenfurt und Wien wird mir unvergeßlich bleiben.

Den Professoren Fellner und Rumpler bin ich auch zusätzlich verpflichtet, da sie diese Studie in die Reihe der „Veröffentlichungen der Kommission für neuere Geschichte Österreichs" aufgenommen haben. Professor Fellner hat mir außerdem die Ehre eines Vorworts zuteil werden lassen.

Dr. Franz Adlgasser hat seitens der Herausgeber das gesamte Manuskript korrektur gelesen. Auch ihm schulde ich Dank für seine Mühe und seine große Sorgfalt.

Dem Böhlau-Verlag, Wien, danke ich für die Aufnahme in seine Schriftenreihe und die schöne Ausstattung mit Abbildungen, dem österreichischen Forschungsförderungsfonds für einen überaus großzügigen Druckkostenzuschuß.

Noch vielen anderen bin ich für fachliche Ratschläge Dank schuldig und bitte um Verständnis, hier leider nur wenige nennen zu können. Prof. Dr. Christoph Weber von der Heinrich-Heine-Universität Düsseldorf half mir in der Anfangsphase bei der Festsetzung des Themas. Prof. Dr. Francis Roy Bridge von der University of Leeds las das umfängliche Manuskript kurz vor Drucklegung durch und gab mir noch einige Hinweise. In jahrelangen Diskussionen mit Prof. Dr. Lothar Höbelt, Wien, mit Dr. Heinz Hagenlücke, Düsseldorf, Dr. Günther Kronenbitter, Augsburg, und Dr. Birgitt Morgenbrod, Düsseldorf, konnte ich meine Ansichten kritisch überprüfen. Dr. Jens Petersen vereinfachte mir den Zugang zu den römischen Archiven.

Die Archivare und Bibliothekare des Haus-, Hof- und Staatsarchivs, Wien, des Archivio Storico del Ministero degli Affari Esteri, Rom, des Archivio Centrale dello Stato, Rom, und des Auswärtigen Amtes in Bonn waren während meiner jahrelangen Archivforschungen von nie ermüdender Hilfsbereitschaft. Dank schulde ich für gewährte Gastfreundschaft auch dem Deutschen Historischen Institut und dem Österreichischen Historischen Institut in Rom sowie für ihre Mühe der Habilitationskommission der Heinrich-Heine-Universität Düsseldorf.

Nicht zuletzt danke ich meinem Vater, der sich durch sein lebendiges Interesse und als unermüdlicher Lektor und Anreger große Verdienste um das Entstehen dieser Arbeit erworben hat.

Gewidmet ist diese Arbeit meiner Mutter, Dr. Virginia Afflerbach-Saviano, die mir die sprachlichen Grundlagen für ein deutsch(österreichisch)-italienisches Thema schon in die Wiege gelegt hat.

Düsseldorf im März 2002   Holger Afflerbach

> Und da lag nun die Schwäche des Dreibunds in dem, was vom Standpunkt der Erhaltung des Friedens sein Vorzug war: in seinem reinen Defensivcharakter.
>
> Max Weber am 25. 12. 1915

Kein Denkmal für den Dreibund

Fragestellung, Forschungsstand, methodische Probleme und archivalische Grundlagen

Im November 1913 berichtete die „Neue Freie Presse" ihren Lesern, daß sich ein Komitee gegründet habe, das ein „Huldigungsmonument" für den „Dreibund" errichten wollte. Gedacht war an eine Ruhmes- oder Gedächtnishalle oder auch einen Triumphbogen in oder bei Wien, dem geographischen Zentrum dieser Allianz; dieses Monument sollte Kaiser Franz Joseph im 65. Regierungsjahr und anläßlich des dreißigjährigen Bestehens dieser Allianz gewidmet werden. Mit ihm sollten „die Völker der Dreibundstaaten dem einzig überlebenden Begründer dieser segensreichen Allianz ihren Dank für die Segnungen des Bundes ausdrücken". Es war geplant, die bedeutendsten Künstler der Monarchie, des Deutschen Reiches und Italiens mit der Ausführung des Planes zu betrauen. Unter den Befürwortern der Initiative, die vorab schon 500.000 Mark für die Baukosten aufgebracht hatte, waren prominente Politiker wie der Vizepräsident des Deutschen Reichstages, Dr. Paasche, der nationalliberale Abgeordnete Dr. Gustav Stresemann, der Präsident des österreichischen Reichsrats, Dr. Sylvester, Armeeinspektor General v. Auffenberg, der österreichische Ex-Ministerpräsident v. Koerber, und viele andere[1]; das Komitee, in dem der austroitalienische Abgeordnete Graf Voltolini treibende Kraft war, versuchte auch, die Regierungen in Berlin und Rom für das Vorhaben zu begeistern.

Das Denkmal gelangte nicht zur Ausführung und entsprach, ebenso wie von ähnlichem Geist getragene Publikationen[2], nicht dem Zeitgeist, wie er sich aus den Quellen erschließt. In der deutschen, italienischen und österreichischen

---

1 „Neue Freie Presse", 19.11.1913. Zu dem Vorgang siehe ASMAE, Archivio Riservato di Gabinetto, Casella 20 Bis, Pos. 27/3.
2 Siehe besonders Arthur Singer: Geschichte des Dreibundes. Mit einem Anhang: der Inhalt des Dreibundes. Eine diplomatische Untersuchung von Hans F. Helmolt, Leipzig 1914.

Politik[2a] und Öffentlichkeit hielt sich die Begeisterung über den Dreibund von Anfang bis Ende in engen Grenzen. Eine breite Mehrheit war zwar bereit, die Allianz nach dreißigjähriger Laufzeit als nützlich, als notwendig oder sogar als unverzichtbar anzuerkennen, aber breiter Enthusiasmus wollte nicht aufkommen, erst recht keiner, der ausgereicht hätte, diesem Bündnis ein Denkmal zu errichten. Und alle, die damals schon am Wert der Allianz zweifelten, fühlten sich wenig später durch die historische Entwicklung bestätigt. Die italienischen Dreibundkritiker verwiesen auf den Ausbruch des Weltkrieges, in dem sie das Werk der verbündeten Kaiserreiche sahen; hingegen sahen sich alle österreichischen und deutschen Zweifler an der italienischen Verläßlichkeit durch die italienische Neutralität im Sommer 1914 und ganz besonders durch den „Intervento" vom Mai 1915 in ihren Ansichten bestätigt. Bei aller Unterschiedlichkeit der Interpretationen, eines schien festzustehen: Der Dreibund war ein historischer Irrweg; er hatte im August 1914 den Kriegsausbruch nicht verhindern können und damit als Instrument der europäischen Friedenssicherung versagt. Und wie sich im Mai 1915 zeigte, hatte er auch die Gegensätze zwischen der Donaumonarchie und Italien in der Frage der irredenten Territorien nicht wirklich überbrücken können.

Im Kern ähnelt das vernichtende Urteil von Zeitgenossen und Nachwelt über den Dreibund dem, das über das gesamte internationale System der Epoche gefällt wird. Dieses wird ganz im Zeichen seines Scheiterns interpretiert. Die Julikrise 1914 und der Erste Weltkrieg schienen schlagend die Brüchigkeit einer Ordnung erwiesen zu haben, in der sich aufgepeitschte Nationalismen und der „Fieberwahn der Imperialismen" (Wolfgang J. Mommsen) aufstauten und schließlich in einer Auseinandersetzung gewaltsam entluden, die über zehn Millionen Menschen das Leben kostete und den Kontinent materiell wie kulturell verwüstete.

Daß dieses Ende, die „Urkatastrophe des 20. Jahrhunderts", jede Untersuchung über die Außenpolitikgeschichte des „langen 19. Jahrhunderts" dominiert, ist angesichts der ungeheuren Folgen des Geschehenen verständlich. Der Erste Weltkrieg prägte das „kurze 20. Jahrhundert" politisch, sozial, ökonomisch, kulturell sowie in den Mentalitäten zutiefst. Diese gewaltigen und bedrohlichen Entwicklungen beeinflußten auch die historische Aufarbeitung und Beurteilung des Geschehens vor 1914. Die ungeheure Fülle diplomatischer und politischer Quellen[3] wurde auf die Anzeichen hin durchgearbeitet,

---

2a Vorbemerkung: Im Text werden die Bezeichnungen „Österreich" und „österreichisch" der Kürze wegen auch da verwendet, wo korrekterweise „österreichisch-ungarisch stehen müßte.

3 Allein in der „Großen Politik der Europäischen Kabinette" (GP) wurden 15.889 und in „Österreich-Ungarns Außenpolitik" (ÖUA) 11.204 Dokumente veröffentlicht, alle bisher erschienenen Akteneditionen (französische, britische, russische, italienische, belgische, serbische, amerikanische usw.) zusammengenommen werden es mindestens 100.000 von den beteiligten Mächten

die seit 1870 auf die kommende Katastrophe hindeuteten; es wurde zwischen Anlaß und tieferen Ursachen unterschieden und letztere tief in die Vorkriegszeit hinein verfolgt; dem internationalen System vor 1914 wurde die prinzipielle Friedensfähigkeit abgesprochen und sowohl bei den politischen und diplomatischen Akteuren als auch den Völkern und öffentlichen Meinungen eine gefährliche Gewaltbereitschaft konstatiert. Aus der ungeheuren Menge von Informationen wurde vorrangig das herausgenommen, was eine Folgerichtigkeit in das politisch-diplomatische Geschehen brachte. Dies war nicht nur legitim, sondern auch notwendig, um ein Verstehen der Vorgänge zu ermöglichen. Auch sind die Ergebnisse jahrzehntelanger, sehr intensiver Forschung nicht einfach falsch. Es fragt sich nur, ob sie die gesamte Breite der tatsächlichen Entwicklung widerspiegeln oder ob es sich nicht um eine Verengung handelt, die, im einzelnen vollkommen berechtigt, im großen aber zu einseitig argumentiert.

Erst in den letzten Jahren hat etwas begonnen, das der schottische Historiker H.M. Scott eine „Geschichtsschreibung der Entspannung" nennt[4] – eine neue Sicht auf die Geschichte der internationalen Beziehungen, die, im Gegensatz beispielsweise zur Geschichtsschreibung während des Kalten Krieges, weniger in den Kategorien unüberbrückbarer Antagonismen zwischen den Großmächten denkt[5] und die bislang vernachlässigten friedenserhaltenden Tendenzen des internationalen Systems vor 1914 mehr in den Vordergrund stellt. Hier ist unter anderem Paul Schroeder zu nennen, der in seinem Buch „The Transformation of European Politics"[6] das europäische Mächtesystem und sein Funktionieren untersuchte. Unter dem „System" versteht er die Spielregeln der internationalen Politik; die Normen und Vorgehensweisen, die er mit der Struktur, der Grammatik und den Regeln einer gemeinsamen Sprache vergleicht; die Geschichte des Systems zu schreiben, bedeute aufzuzeigen, wie diese sich im Lauf der Zeit verändert haben.[7] Eine solche ein-

---

zur Vorgeschichte des Ersten Weltkriegs publizierte Aktenstücke sein, und die Zahl der Akten wächst durch weitere Publikationen noch an. Siehe im Überblick dazu: Winfried Baumgart: Das Zeitalter des Imperialismus und des Ersten Weltkrieges (1871–1918), 1. Teil: Akten und Urkunden; 2. Teil: Persönliche Quellen, Darmstadt 1977. Zu diesen amtlichen Quellen kommen Zeitungen, Briefe, Nachlässe, Tagebücher sowie die unübersehbare Literatur.

4 H. M. Scott: Paul W. Schroeder's International System, in: The International History Review, 14 (1994), S. 663–680, S. 666, spricht von der „perspective ... of the age of détente" im Gegensatz zur Geschichtsschreibung der Periode des „cold war" und der „super-power-tension."

5 Musterbeispiel dafür: Alan John Percival Taylor: The Struggle for Mastery in Europe 1848–1918, Oxford 1954; charakteristisch für diese Sicht auch Hans-Ulrich Wehler, Gesellschaftsgeschichte 3, S. 1146 f.: „Nach jahrhundertelanger Gewöhnung an ein antagonistisches Staatensystem, in dem nicht nur eine unerbittliche Konkurrenz herrschte, sondern auch der Krieg noch immer als notwendiges, allgemein akzeptiertes Mittel der Konfliktaustragung galt ..."

6 Paul W. Schroeder: The Transformation of European Politics 1763–1848, Oxford 1994.

7 Schroeder, Transformation, S. X.

schneidende Veränderung sieht Schroeder in der politischen Ordnung des Wiener Kongresses. Unter dem Schock der napoleonischen Erfahrung hätten die europäischen Staatsmänner begriffen, daß es so nicht weitergehe und nicht damit getan sei, die alte Ordnung wiederherzustellen. Es mußte etwas Neues geschaffen werden, eine auf Konsens beruhende neue Staatenordnung, nämlich das europäische Konzert der Mächte. Schroeder ist der Ansicht, daß dieser fundamentale Wandel von Dauer war[8] und das 19. Jahrhundert dominierte. Damit kultiviert er den Glauben an eine – wenn auch von schweren Rückschlägen unterbrochene – allmähliche Verbesserung der außenpolitischen Verhältnisse: „Die Geschichte der internationalen Beziehungen ist im wesentlichen wie die Geschichte des Kapitalismus, der parlamentarischen Regierungsform, oder des Handels – eine Geschichte des Wandels und auch, in einem gewissen Sinn, des Fortschritts."[9]

Auch vor diesem Hintergrund ist es von Interesse, die letzten Jahrzehnte des vom Wiener Kongreß geschaffenen internationalen Systems zu beleuchten, sein Funktionieren zu untersuchen, sein Scheitern zu erklären. Das Bündnis zwischen dem Deutschen Reich, Österreich-Ungarn und Italien bietet sich hierzu ideal an. Trotz seiner spezifischen Besonderheiten können viele der damaligen Entwicklungen beispielhaft an ihm beobachtet werden. Der Dreibund wird, was ihn für die dahinterstehende Absicht besonders geeignet macht, als eines der wichtigsten und gleichzeitig unbeständigsten und am meisten von antagonistischen Tendenzen korrodierten Elemente des internationalen Systems vor 1914 angesehen. Ihm gehörten drei der sechs damaligen europäischen Großmächte an. Zweiunddreißig Jahre vor dem Ausbruch des Ersten Weltkriegs gegründet, umfaßt er den Zeitraum einer Generation – auch, was die politischen Protagonisten angeht. In allen bedeutenden europäischen Krisensituationen zwischen 1885 und 1914 spielte der Dreibund eine wichtige Rolle, von der „europäischen Doppelkrise 1885–87" über die Marokkokrisen 1905/06 und 1911, die bosnische Krise 1908/09, den Tripoliskrieg 1911/12 bis hin zu den Balkankriegen von 1912/13. Auch mußte dieses Bündnis mit einer Reihe von klassischen außenpolitischen Problemlagen fertig werden, die hier untersucht werden können, nämlich einem ausgeprägten Nationalitätengegensatz (zwischen Österreich-Ungarn und Italien); einem ebenso ausgeprägten Machtgefälle der Verbündeten, also dem Problem der „Juniorpartnerschaft" (besonders im Verhältnis zwischen dem Deutschen Reich und

---

[8] Schroeder, Transformation, S. 804: „The light that thus began to shine in international politics in 1815 was brief, fitful, and wintry. It would be followed by a long twilight and an even longer, bitterly cold night. Let there be no mistake, however: 1815 was not a false dawn. It marked a new day, and it helps make other new days thinkable."
[9] Schroeder, Transformation, S. XI. Übersetzung durch H. A.

Italien, aber auch zwischen diesem und Österreich-Ungarn); massiven Unterschieden im innenpolitischen Aufbau, nämlich dem (zumindest in der Verfassungswirklichkeit) parlamentarischen Italien einerseits und den konstitutionellen Kaisermächten andererseits, dem Vielvölkerstaat Österreich-Ungarn einerseits und den Nationalstaaten Deutsches Reich und Italien andererseits, sowie tiefgreifenden außenpolitischen Interessengegensätzen zwischen den drei Partnerstaaten. Machtgefälle, Unterschiede in der inneren Struktur und außenpolitische Interessengegensätze sind Probleme, die sich nicht nur dem Dreibund stellten, sondern die auch bis heute, wenn auch in zeittypisch anderer Form, jede Außenpolitik erschweren. Außerdem war der Dreibund an sich mehr als die Summe der Außenpolitik der drei Staaten, sondern für sich bereits ein wichtiger Bestandteil des europäischen Mächtesystems.

Eine Aufgabe dieser Arbeit besteht darin, Natur und Struktur dieser Zusammenarbeit zu untersuchen und daraus Schlüsse auf die Stabilität der europäischen Friedensordnung sowie auf Chancen und Grenzen der zwischenstaatlichen Zusammenarbeit vor 1914 abzuleiten. Es geht hier nicht darum, ein relativ einheitliches Bild des materiell wie geistig hochmilitarisierten Europas durch ein andersgeartetes, ebenso einheitliches Gegenbild einer friedliebenden europäischen Staatengemeinschaft zu ersetzen, sondern zu differenzieren und die bisherigen Vorstellungen vielleicht etwas zu erweitern. Bisher standen im Vordergrund des historischen Interesses alle Faktoren, die den Krieg wahrscheinlich und den Frieden unwahrscheinlich machten. Die Arbeit hätte einen ihrer Hauptzwecke erfüllt, wenn es ihr gelänge dazu beizutragen, daß die Elemente der Stabilität und der Friedensbewahrung in der Politik der europäischen Kabinette vor 1914 in einem komplexen und widersprüchlichen Gesamtbild deutlicher als bisher wahrgenommen und in ihrer Funktionsweise erklärt werden können.[10]

Die Frage der Stabilität bezieht sich auch auf die innere Struktur des Bündnisses. Da politisches Vertrauen oft auch als Folge innen- und außenpolitisch ähnlicher Strukturen angesehen wird, sich im Dreibund jedoch drei Staaten mit einer unterschiedlichen Staats- und Gesellschaftsordnung miteinander verbündet hatten, galt besonderes Interesse auch der Frage, wie sich die grundsätzlichen Unterschiede in den Staatsideen und in den außen- und innenpolitischen Ordnungs- und Wertvorstellungen der deutschen, italienischen und österreichisch-ungarischen Führungsschichten auf die Festigkeit der Allianz auswirkten.

Dabei spielte die italienische Entwicklung eine besondere Rolle. Der österreichische Diplomat Szilassy schrieb nach dem Ersten Weltkrieg: „Die Geschichte Italiens während der letzten Jahrzehnte ist also eigentlich die

---
10 Siehe dazu zusammenfassend vor allem Kapitel IV.10.a, S. 813–826.

Geschichte des Dreibundes."[11] – ein Satz, der auch umgekehrt seine Berechtigung hätte. Der Dreibund bestand aus einer Kette verschiedenartiger Verflechtungen, nämlich der bi- und trilateralen Beziehungen der Mächte untereinander und der Außenwirkung des Bündnisses, von denen keine vernachlässigt werden durfte. Allerdings wurde der Analyse der italienischen Politik, besonders bei den Archivrecherchen, besondere Sorgfalt gewidmet; dies begründet sich durch die sachlichen Zusammenhänge sowie durch die weitverbreitete Annahme, Italien sei ein notorisch unverläßlicher Verbündeter gewesen und habe die Allianz niemals wirklich ernst genommen. Hier soll gezeigt werden, daß diese Aussage, zumindest in ihrem zweiten Teil, an den historischen Realitäten vollkommen vorbeigeht; der Dreibund war für Italien keine oberflächliche, sondern eine ungeheuer einschneidende Erfahrung; seine mittelbaren und unmittelbaren Auswirkungen prägten Staat und Gesellschaft zutiefst. Und was den ersten Teil angeht: Hier geht es darum, die Zwänge, denen die italienische Außenpolitik ausgesetzt war, aber auch ihre Traditionslinien in der Ära des Dreibunds nachzuverfolgen und aufzuzeigen, wie sie sich in der konkreten Politik auswirkten. Erkenntnisinteresse und Forschungsstand legten diese Schwerpunktsetzung nahe.

Der Forschungsstand zum Thema „Dreibund"

Was den letzteren angeht: Der Dreibund ist ein von der deutschen Forschung eher stiefmütterlich behandelter Gegenstand. Obwohl er von der Bismarck-Zeit bis 1914 ein zentraler Bestandteil des internationalen Systems in Europa war und obwohl es auch am dramatischen Element, nämlich dem spektakulären Scheitern im Sommer 1914 und im Mai 1915, nicht fehlte, fand dieses Bündnis geringeres historisches Interesse, als man denken sollte. Zumindest auf den ersten Blick ist es erstaunlich, daß der Dreibund nicht wenigstens in der Blütezeit der Diplomatiegeschichte, nämlich in der Zwischenkriegszeit, zum Gegenstand umfassender Untersuchungen gemacht worden ist. Bei dem ungeheuren Interesse, das damals der Außenpolitik vor 1914 entgegengebracht wurde, wäre dies eigentlich zu erwarten gewesen. Doch wurde dies nicht zuletzt durch ein Quellenproblem erschwert. Zwar waren die deutschen und österreichischen Akten noch in den zwanziger und frühen dreißiger Jahren publiziert und damit allgemein zugänglich gemacht worden. Die italienischen Akten erschienen hingegen erst nach dem Zweiten Weltkrieg; in wesentlichen Teilen sind sie bis heute nicht veröffentlicht. Da die italienische Politik aber einen wesentlichen Teil des Dreibunds ausmachte, war deshalb bis dahin eine wirklich befriedigende Dreibundstudie nicht möglich.

---

11 Julius von Szilassy: Der Untergang der Donaumonarchie, Berlin 1921, S. 114.

Nach 1945 wurde die historische Forschung dann durch die Aufarbeitung des Nationalsozialismus, des Faschismus und des Zweiten Weltkriegs voll in Anspruch genommen. Die deutschsprachige Historiographie zeigte nur geringes Interesse an der – für den Dreibund zentralen – neueren italienischen Geschichte, sofern es nicht um die Mussolini-Ära ging.[12] Ein weiterer Grund liegt auch in der Entwicklung der historischen Forschung in den sechziger und siebziger Jahren, die dazu tendierte, den eigentlichen Motor außenpolitischer Entscheidungsprozesse vorzugsweise in den innenpolitischen Verhältnissen zu suchen und demgegenüber die Aktion und Reaktion im Rahmen des internationalen Systems zu vernachlässigen.[13]

Natürlich wurden viele Teilaspekte des Dreibunds trotzdem zum Gegenstand historischer Untersuchungen gemacht. Diese waren aber, vor allem unmittelbar nach dem Ersten Weltkrieg, sehr einseitig und oftmals nicht frei von Polemik, was vor allem für die Publikationen österreichischer Provenienz galt.[14] Ita-

---

12 Richard Blaas urteilt in der „Bibliografia dell' età del Risorgimento" (BER), 4 Bände, Florenz 1971–1977, der wohl umfassendsten Erschließung der Literatur zur Geschichte Italiens während und nach der Einigung: „Was vielleicht jedem Benutzer sofort auffällt, ist die eigentlich geringe Anzahl von Spezialuntersuchungen zur italienischen Geschichte durch deutsche Historiker ... Das überwiegende Interesse der deutschen Neuzeithistoriker – es geht hier natürlich nur um das 19. Jahrhundert – galt dem Nachbar Frankreich, England und Rußland. Für die italienische Geschichte interessierte man sich schon nur mehr am Rande. Daß dabei natürlich auch die Sprachkenntnisse eine große Rolle spielten, ergibt sich auch aus der Tatsache, daß man bei den ausgesprochenen Spezialstudien zur italienischen Geschichte immer wieder denselben Autoren begegnet." In: BER III, S. 345.

13 Lothar Gall hat in einem Abriß über die „Grundprobleme des internationalen Systems und der internationalen Beziehungen" darauf hingewiesen, daß die historische Forschung der letzten Jahrzehnte die innenpolitischen Faktoren im Rahmen außenpolitischer Entscheidungsprozesse überbetone und daher eine „Renationalisierung der historischen Perspektive" begünstigt habe. Er kritisiert, daß die Geschichte der internationalen Beziehungen „in der Konzentration auf die auswärtige Politik des jeweils einzelnen Staates den Charakter einer Aspektdisziplin" angenommen habe. Lothar Gall: Europa auf dem Weg in die Moderne 1850–1890, München/Wien 1984, S. 165. Ein Hauptvertreter dieser Richtung, Hans-Ulrich Wehler, charakterisierte in der für ihn typischen, bissigen Kritik die klassische Diplomatiegeschichtsschreibung als „Bewegungsphysik blutleerer Schemen", die von dem „tragenden Untergrund innerer Verhältnisse" in unzulässiger Weise abstrahiere; Wehler: Bismarck und der Imperialismus, 2. Auflage, Frankfurt 1985, S. 30. Jedoch hat sich die Forschung inzwischen in eine andere Richtung entwickelt, siehe dazu die Ausführungen Schroeders, Transformation, S. V–XII, besonders S. VII–VIII. Schroeder hebt hervor, daß schon rein theoretisch der Erkenntniswert einer auf die Untersuchung eines einzelnen Staates beschränkten Außenpolitikgeschichte limitiert bleibe und daß letztlich kein Weg an der Analyse des Gesamtsystems und des Gesamtgeschehens vorbeiführe.

14 Die Dreibundgeschichte des ungarischen Bischofs Wilhelm Fraknoi: Kritische Studien zur Geschichte des Dreibundes 1882–1915, Budapest 1917, ist voller Haß gegen Italien. Das gleiche galt für viele der damals erschienenen Memoirenwerke führender österreichischer Politiker und Militärs. Hier soll nur an die monumentalen Erinnerungen des österreichisch-ungari-

liens „Intervento" von 1915 wurde zum Prototyp des politischen Verrats.[15] Zwar gab es in den zwanziger Jahren vereinzelte Bemühungen, der einhelligen Verdammung der gesamten italienischen Vorkriegspolitik sachlich entgegenzutreten.[16] Inzwischen sind die Emotionen, die lange auch durch die im Ersten Weltkrieg entstandene Südtirol-Problematik geschürt wurden, zwar abgeebbt – damit aber auch das lebendige Interesse der deutschsprachigen Forschung.

Hingegen hat die italienische Historiographie für die „Triplice Alleanza" viel mehr Interesse gezeigt als die deutsche für den „Dreibund". In den großen deutschen Gesamtdarstellungen zur Außenpolitik des Kaiserreichs – Hildebrand, Mommsen, Nipperdey, Wehler, Canis[17] – wird der Dreibund zwar natürlich oftmals erwähnt, spielt aber nirgends eine wirklich zentrale Rolle. Anders im italienischen Fall. In den Außenpolitikgeschichten von Bosworth, Decleva, Lowe-Marzari und Torre[18] wird der Dreibund als zentraler Bestandteil der italienischen Außenpolitik umfassend gewürdigt und in vielen Fragen zum Zentrum der Darstellung gemacht.

Der Grund des Ungleichgewichts ist einfach: Der Dreibund war ein zentrales Ereignis für die italienische Politik – und zwar nicht nur für die äußere, sondern auch die innere Politik. Der Abschluß des „Dreibundes" im Jahre

---

schen Generalstabschefs Franz Conrad v. Hötzendorf: Aus meiner Dienstzeit 1906–1918, 5 Bände, Wien 1922–1925, erinnert werden, in dem er darlegte, wie er vor 1914 immer wieder vergeblich auf einen Präventivkrieg gegen Italien gedrängt hatte; eine Bestrebung, die ihm vor dem Hintergrund des 1915 Geschehenen richtiger denn je dünkte. Auch sehr polemisch und auch sachlich unverläßlich ist die kommentierte Dokumentensammlung von Alfred Francis Pribram: Die politischen Geheimverträge Österreich-Ungarns 1879–1914, Wien 1920. Erheblich distanzierter und sachlicher wurde die italienische Frage in der zeitgenössischen deutschen Memoirenliteratur beurteilt, siehe beispielsweise Erich v. Falkenhayn: Die Oberste Heeresleitung 1914–1916 in ihren wichtigsten Entschließungen, Berlin 1920; Theobald v. Bethmann Hollweg: Betrachtungen zum Weltkrieg, 2 Bände, Berlin 1919/21.

15 Siehe dazu Holger Afflerbach: Europäische Allianzen und Bündnisse zwischen Vertragstreue und Staatsräson, in: Historicum, Winter 1996/97, S. 27–31.

16 Ernst E. Berger („Italicus"): Italiens Dreibundpolitik 1870–1896, München 1928 bemühte sich in seinem chronikartigen und viele nützliche Informationen enthaltenden Werk, dem Topos vom italienischen „Verrat" durch betont sachliche und italienfreundliche Darstellung entgegenzutreten.

17 Klaus Hildebrand: Das vergangene Reich. Deutsche Außenpolitik von Bismarck bis Hitler 1871–1945, Stuttgart 1995; Wolfgang J. Mommsen: Großmachtstellung und Weltpolitik 1870–1914. Die Außenpolitik des Deutschen Reiches, Frankfurt a. M./Berlin 1993; Thomas Nipperdey: Deutsche Geschichte 1866–1918. 2. Band: Machtstaat vor der Demokratie, München 1992; Hans-Ulrich Wehler: Deutsche Gesellschaftsgeschichte. Dritter Band: Von der „Deutschen Doppelrevolution" bis zum Beginn des Ersten Weltkrieges 1849–1914, München 1995; zeitlich nicht vollständig, aber sehr quellen- und materialreich: Konrad Canis: Von Bismarck zur Weltpolitik. Deutsche Außenpolitik 1890–1902, Berlin 1997 (Studien zur internationalen Geschichte, Band 3).

18 Richard Bosworth: Italy, the Least of the Great Powers: Italian Foreign Policy before the First World War, Cambridge 1979; Enrico Decleva: L'Incerto alleato. Ricerche sugli orientamenti in-

1882 war für Italien eine Zäsur, die „Triplice Alleanza" seit 1882 die zentrale Achse der italienischen Außenpolitik, die Allianzmitgliedschaft bis zum Ende, bis in den Mai 1915 hinein, ein Hauptbestandteil der italienischen politischen Diskussion. Hingegen wurde Italien von der deutschen Führung als eher zweitrangiger Verbündeter angesehen; dieses Gefälle spiegelt sich bis heute in der historischen Aufarbeitung wieder. Damit sind der Dreibund als auch seine historische Aufarbeitung symptomatisch für die Geschichte des deutsch-italienischen Verhältnisses nach 1870.

Kein Zufall, daß auf italienischer Seite auch der – bis heute einzige – Versuch unternommen wurde, eine umfassende wissenschaftliche Darstellung des Dreibunds auf der Basis des gesamten damals verfügbaren Materials zu schreiben. Luigi Salvatorellis Werk „La Triplice Alleanza" erschien im Jahre 1939. Es basiert fast ausschließlich auf den großen Aktenpublikationen, ganz besonders auf den Akten der „Großen Politik"; diese wurden akribisch, außerordentlich präzise und mit viel Urteilsvermögen aufgearbeitet. Salvatorelli brach seine Darstellung mit der letzten Vertragserneuerung im Jahre 1912 ab; er verzichtete auf die Darstellung der letzten drei, besonders ereignisreichen Jahre des Dreibunds. Aus der nüchternen Darstellung wird ein eher positives Bild des Dreibunds erkennbar. Im Vorwort räumte Salvatorelli ein, daß sein Werk in mehrfacher Hinsicht nur eine Teilstudie sein konnte und sich bewußt auf, wie es im Untertitel heißt, „Eine diplomatische Geschichte des Dreibunds" beschränkte.[19]

Wenig später erschien Luigi Albertinis Standardwerk über die Julikrise 1914. Hierin wurde auch im Rahmen der Vorgeschichte des Ersten Weltkriegs die Dreibundzeit geschildert. Zwar mußte sich Albertini ebenfalls dem Problem der fehlenden italienischen Quellen stellen, aber er konnte dies teilweise kompensieren durch seine umfangreichen politischen Bekanntschaften, die er als Herausgeber der wichtigsten italienischen Tageszeitung, des „Corriere della Sera", und als Senator des Königreichs Italien in mehreren Jahrzehnten hatte knüpfen können,[20] und durch seine hervorragende Vertrautheit mit der

---

ternazionali dell'Italia Unita, Milano 1987; Enrico Decleva: L'Italia e la politica internazionale dal 1870 al 1914. L'Ultima fra le grandi potenze, Milano 1974; C. J. Lowe/F. Marzari: Italian Foreign Policy 1870–1940, London/Boston 1975; Augusto Torre: La politica estera dell'Italia dal 1896 al 1914, Bologna 1960.

19 Luigi Salvatorelli: La Triplice Alleanza. Storia Diplomatica 1877–1912, Milano 1939, S. 9. Salvatorelli war sich bewußt, daß eine vollständige Geschichte des Dreibunds folgendes umfassen müßte: „Una storia integrale della Triplice richiederebbe un esame delle correnti e dei movimenti dell'opinione pubblica rispetto ad essa Triplice nei tre paesi alleati (e anche nelle altre nazione europee), delle discussioni parlamentari, delle agitazione dei partiti, e un inquadramento nella storia generale dell'Europa contemporanea."

20 Luigi Albertini: Le origini della guerra del 1914, Vol. 1: Le relazioni europee dal congresso di Berlino all'attentato di Sarajevo, Milano 1941.

politischen Diskussion in Italien vor allem in den letzten Jahren vor 1914. Albertinis Darstellung kommt bis heute wegen seiner ungeheuren Quellen- und Personenkenntnis eine herausragende Bedeutung zu. Allerdings muß dabei beachtet werden, daß Albertini als einer der führenden Nationalisten und Interventionisten des Italien vor 1915 die Ereignisse parteiisch und mitunter sogar polemisch beurteilte.

Nach dem Zweiten Weltkrieg ist der Dreibund in seiner Gesamtheit nur von dem österreichischen Historiker Fritz Fellner zum Gegenstand einer 1960 erschienenen Studie gemacht worden,[21] die wesentlich auf den Quellen des Haus-. Hof- und Staatsarchivs in Wien basierte. Es handelt sich um einen stilistisch bestechenden Essay, der nicht alle Nuancen des Themas ausloten konnte und wollte. Fellner hat später noch eine Reihe von Aufsätzen zur Diplomatiegeschichte der späten Habsburgermonarchie veröffentlicht, die diese Gedankengänge weiter vertiefen.[22] Er beurteilte die österreichische Politik, vor allem in den letzten Jahren vor 1914, sehr kritisch; und trotzdem ist einer seiner zentralen Gedankengänge, daß die Habsburgermonarchie das Opfer dieses Bündnisses, der „leidende Teil", gewesen sei; das Deutsche Reich und vor allem Italien hätten von der Allianz hingegen profitiert. Insgesamt ist die Dreibundrezeption in Österreich weniger lebhaft, als man vermuten sollte. Dabei wurde die Geschichte der Donaumonarchie von diesem Bündnis mehr geprägt als die deutsche und das Scheitern des Dreibunds 1915 trug wesentlich zum Zusammenbruch der Habsburgermonarchie im Jahre 1918 bei. Zur Außenpolitik der österreichisch-ungarischen Monarchie vor 1914 sind in den letzten Jahren eine große Darstellung sowie mehrere monographische Arbeiten erschienen.[23] In ihnen spielt der Dreibund keine zentrale Rolle, anders als der Zweibund mit dem Deutschen Reich, dem wiederum eine entscheidende Bedeutung für die Geschichte der Monarchie zugemessen wird und der gerade in letzter Zeit zum Gegenstand vertiefter Forschungen geworden ist.[24] Diese können an die Arbeiten von Heinrich Lutz und Der Bagdasarian anknüpfen,

---

21 Fritz Fellner: Der Dreibund. Europäische Diplomatie vor dem Ersten Weltkrieg, Wien 1960.
22 Diese Aufsätze sind zusammengefaßt in: Fritz Fellner: Vom Dreibund zum Völkerbund. Studien zur Geschichte der internationalen Beziehungen 1882–1919, München 1994.
23 Adam Wandruszka/Peter Urbanitsch: Die Habsburgermonarchie 1848–1918, Bd. VI.1; VI.2.: Die Habsburgermonarchie im System der internationalen Beziehungen, Wien 1989/93 (wichtiger Beitrag in VI.1. von Francis Roy Bridge): Walter Rauscher: Zwischen Berlin und St. Petersburg. Die österreichisch-ungarische Außenpolitik unter Gustav Graf Kálnoky 1881–1895, Wien/Köln/Weimer 1993; Solomon Wank: Aus dem Nachlaß Aehrenthal. Briefe und Dokumente zur österreichisch-ungarischen Innen- und Außenpolitik 1885–1912, 2 Bände, Graz 1994 (Quellen zur Geschichte des 19. und 20. Jahrhunderts, Band 6); bereits teilweise von der Forschung überholt ist: Hugo Hantsch: Leopold Graf Berchtold. Grandseigneur und Staatsmann, 2 Bände, Graz/Wien/Köln 1963.
24 Helmut Rumpler/Jan Niederkorn (Hrsg.): Der „Zweibund" 1879. Das deutsch-österreichisch-ungarische Bündnis und die europäische Diplomatie, Wien 1996 (Zentraleuropa-Studien,

die zumindest die Vorgeschichte des Zweibundes erhellen.[25] Die ideenreiche und gut lesbare, mitunter aber polemische Arbeit von Stephan Verosta behandelt das Problem des Zweibundes hingegen vorwiegend aus bismarckfeindlicher und österreichischer Perspektive und auch zeitlich und thematisch nicht vollständig.[26] Intensiv erforscht wurden die während des Weltkrieges entstehenden Spannungen zwischen den Verbündeten.[27] Es zeichnet sich ab, daß die bisherige Forschungslücke „Zweibund" in naher Zukunft hinreichend geschlossen sein wird.

Die neueste deutschsprachige Arbeit, die sich speziell mit dem Thema Dreibund beschäftigt, stammte von Michael Behnen und erschien im Jahre 1985. Hierin wird die Dreibundpolitik von 1900–1908 auf Basis umfassender Archivstudien in Deutschland, Frankreich, Großbritannien, Italien und Österreich detailliert behandelt und besonders der Antagonismus der „verbündeten Feinde" Österreich-Ungarn und Italien herausgearbeitet.[28] Sein Hauptinteresse widmete Behnen der imperialistischen Dimension des Dreibunds sowie seiner wirtschaftlichen, militärischen und finanzpolitischen Seite. Zwar werden diese einzelnen Aspekte sehr gründlich analysiert und die Arbeit liefert viele wertvolle Informationen, die auch der vorliegenden Studie sehr zugute kamen. Allerdings will aus den einzelnen Teilen kein wirklich zusammenhängendes Bild des Dreibunds von 1900–1908 entstehen.

Band 2). Eine Studie über den deutsch-österreichischen Zweibund, der einen bedeutsamen Teil der Dreibundproblematik umfaßt, galt bis vor kurzem gleichermaßen als Forschungsdesiderat, siehe Klaus Hildebrand: Deutsche Außenpolitik 1871–1918, München 1989, S. 119 f. Inzwischen ist erschienen: Isabel Pantenburg: Im Schatten des Zweibundes. Probleme österreichisch-ungarischer Bündnispolitik 1897–1908, Wien 1996 (Veröffentlichungen der Kommission für neuere Geschichte Österreichs, Band 86). Weitere Arbeiten sind im Entstehen: Birgitt Morgenbrod, Heinrich-Heine-Universität Düsseldorf, bereitet eine Arbeit zum Thema: „Die Deutschen im Reich und der habsburgische Vielvölkerstaat 1871–1918" vor. Jürgen Angelow hat eine Studie über den Zweibund veröffentlicht: Kalkül und Prestige: der Zweibund am Vorabend der Ersten Weltkrieges, Köln u. a. 2000. Sie konnte hier nicht mehr berücksichtigt werden. Bei Klaus Hildebrand, Universität Bonn, entstehen mehrere weitere Dissertationen, die Einzelfragen der Zweibundthematik zum Inhalt haben.

25 Heinrich Lutz: Österreich-Ungarn und die Gründung des Deutschen Reiches. Europäische Entscheidungen 1867–1871, Frankfurt 1979; Nicholas Der Bagdasarian: The Austro-German Rapprochement, 1870–1879. From the Battle of Sedan to the Dual Alliance, London 1976.

26 Stephan Verosta: Theorie und Realität von Bündnissen. Heinrich Lammasch, Karl Renner und der Zweibund (1897–1914), Wien 1971.

27 Dazu Gary W. Shanafelt: The Secret Enemy: Austria-Hungary and the German Alliance, 1914–1918, New York 1985; Heinz Lemke: Allianz und Rivalität. Die Mittelmächte und Polen im ersten Weltkrieg (Bis zur Februarrevolution), Berlin 1977; Gerald E. Silverstein: The Troubled Alliance. German-Austrian Relations 1914–1917, Lexington 1970.

28 Michael Behnen: Rüstung – Bündnis – Sicherheit. Dreibund und informeller Imperialismus 1900–1908, Tübingen 1985.

Die Tatsache nutzend, daß die Archivbestände nunmehr zur Verfügung standen, hat sich auch die neuere italienische Forschung des Dreibunds angenommen. Rinaldo Petrignani legte 1987 eine bedeutsame Arbeit zur diplomatischen Ausgangslage Italiens vor Abschluß des Bündnisses vor. Seine Darstellung beeindruckt vor allem durch die souveräne Aufarbeitung des italienischen Archivmaterials.[29] Sein Hauptthema ist das Dilemma der italienischen Politik, sich mit den anderen, durchweg stärkeren Nachbarn und Großmächten arrangieren zu müssen.

Ein bedeutsamer Teil der deutsch-italienisch-österreichischen Beziehungen der Zeit vor dem Ersten Weltkrieg – nämlich die militärische Zusammenarbeit – ist bislang nur in Teilaspekten untersucht worden.[30]

Methodische Probleme

Bleibt, kurz die methodischen Probleme zu streifen. Jost Dülffer hat in einer jüngst erschienenen Studie die Geschichte der internationalen Beziehungen als „Interaktionssystem potentiell unendlich vieler Beziehungen" bezeichnet.[31] Tatsächlich hat jede Studie mit außenpolitischem Inhalt mit dem Problem ungewöhnlicher Komplexität des Gegenstandes fertig zu werden; dies entsteht unter anderem dadurch, daß verschiedene Handlungsebenen aufeinandertreffen. Hierbei sind vor allem die Ebene der Beziehungen zwischen den Staaten sowie die Entscheidungsprozesse und innenpolitischen Bedingtheiten innerhalb der Einzelstaaten selbst zu erwähnen, von der Ebene des einzelnen Bürgers ganz zu schweigen. Die Interdependenz zwischen inter-

---

29 Rinaldo Petrignani: Neutralità e Alleanza. Le scelte di politica estera dell' Italia dopo l'Unità, Bologna 1987.
30 Siehe dazu Kap. IV.8.: Der Dreibund und das militärische Gleichgewicht in Europa 1911–1914. Über die Marinekonventionen unterrichtet das vom italienischen Admiralstab herausgegebene Werk von Gabriele (Mariano Gabriele: Le Convenzioni Navali della Triplice, Roma 1969); über die militärischen Beziehungen von 1896–1914 Risto Ropponen: Italien als Verbündeter. Die Einstellung der politischen und militärischen Führung Deutschlands und Österreich-Ungarns zu Italien von der Niederlage von Adua 1896 bis zum Ausbruch des Weltkrieges 1914, Helsinki 1986. Über das italienische Heer und der Dreibund siehe Massimo Mazzetti: L'esercito italiano nella triplice Alleanza, Napoli 1974. Die das Bündnis belastenden Angriffspläne des damaligen österreichisch-ungarischen Generalstabschefs Conrad v. Hötzendorf gegen Italien wurden von Hans Jürgen Pantenius einer umfangreichen und sehr informativen Untersuchung unterzogen (Hans Jürgen Pantenius: Der Angriffsgedanke gegen Italien bei Conrad von Hötzendorf. Ein Beitrag zur Koalitionskriegsführung im Ersten Weltkrieg, 2 Bände, Köln/Wien 1984).
31 Jost Dülffer/Martin Kröger/Rolf-Harald Wippich: Vermiedene Kriege. Deeskalation von Konflikten der Großmächte zwischen Krimkrieg und Erstem Weltkrieg (1856–1914), München 1997, S. 6.

nationaler Aktion und Reaktion, innenpolitischen Entscheidungsabläufen, wirtschaftlichen und militärischen Zwängen sowie dem Einfluß von *pressure groups,* ideologischen Vorbehalten, Freund- und Feindbildern sowie gesellschaftlichen Normen und Zielen ist derart groß, daß sie eine Außenpolitikgeschichte nahezu zu verunmöglichen droht. Hinzu kommt auch die Uferlosigkeit der Quellen, die bei einer „histoire totale" der Außenpolitik zu berücksichtigen wäre.

Auf die Frage, wie diese Komplexität historisch-wissenschaftlich befriedigend zu bewältigen ist, gibt es keine allgemeinverbindliche Antwort.[32] Meist werden folgende Wege beschritten: Nämlich die detaillierte Analyse der jeweiligen nationalen Außenpolitiken und ihrer innenpolitischen Bedingtheiten über einen längeren Zeitraum hinweg, oder die Studie einer zeitlich eng begrenzten internationalen Krise mit der genauen Untersuchung der innen- und außenpolitischen Abläufe in den beteiligten Staaten, oder aber eine akzentuierte Beschränkung der Analyse auf rein „außenpolitische" Fragestellungen, das heißt eine Darstellung, die auf die Untersuchung der jeweiligen innerstaatlichen Entscheidungsprozesse, der gesellschaftlichen und ökonomischen Interdependenzen weitgehend oder vollständig verzichtet.

Auch möglich sind Mischformen, wie es in der hier vorliegenden Dreibundstudie der Fall ist. Da hier die Allianz dreier europäischer Großmächte, die vor dem Ausbruch des Ersten Weltkrieges gemeinsam etwa 140 Millionen Einwohner zählten, sowie ihre Zusammenhänge mit der europäischen Staatenwelt dargestellt wird, war eine Begrenzung nach unten notwendig. Es wurde folgender Kompromiß gewählt: Der Schwerpunkt liegt auf der Schicht der politischen und diplomatischen Entscheidungsträger, die, auch nahegelegt durch die Quellenlage, als Lupe und Indikator für die gesamtgesellschaftlichen Entwicklungen und Strömungen genutzt werden. Im Mittelpunkt der

---

32 Gerade in der letzten Zeit sind zahlreiche Darstellungen zu außenpolitischen Themen vorgelegt oder in Aufsätzen die methodischen Probleme, die sich einer Außenpolitikgeschichte stellen, umrissen worden. Siehe beispielsweise Eckart Conze: Abschied von der Diplomatiegeschichte? Neuere Forschungen zur Rolle der Bundesrepublik in den internationalen Beziehungen 1949–1969, in: Historisches Jahrbuch 116 (1996), S. 137–154; Ernst-Otto Czempiel: Deutsche Außenpolitik von 1871 bis 1945, in: Geschichte und Gesellschaft 22 (1996), S. 243–256; Klaus Hildebrand, Vergangenes Reich; Andreas Hillgruber: Die Diskussion über den „Primat der Außenpolitik" und die Geschichte der internationalen Beziehungen in der westdeutschen Geschichtsschreibung seit 1945, in: ders.: Die Zerstörung Europas. Beiträge zur Weltkriegsepoche 1914–1945, Frankfurt/Berlin 1988, S. 32–47; ders.: Methodologie und Theorie der Geschichte der Internationalen Beziehungen, in: GWU 27 (1976), S. 193–210; Wolfgang J. Mommsen: Großmachtstellung; Paul Schroeder, Transformation; sowie die Rezensionen von H. M. Scott, Charles Ingrao, T. C. W. Blanning, Jack S. Levy; und die Replik von Paul Schroeder in: The International History Review, XIV, 4.11.1994, S. 661–754; Hans-Ulrich Wehler: „Moderne" Politikgeschichte? Oder: Willkommen im Kreis der Neorankeaner vor 1914, in: Geschichte und Gesellschaft 22 (1996), S. 257–266.

Untersuchung stehen die relativ kleinen deutschen, österreichisch-ungarischen und italienischen Handlungseliten, die ganz wesentlich für das Zustandekommen und die Ausgestaltung des Dreibunds seit 1882 verantwortlich gewesen sind und die letztlich auch das „internationale System"[33] repräsentierten. Die außenpolitischen Entwicklungen sind zwar nicht immer innerhalb dieser Gruppen entstanden, wurden aber hier gebündelt und konnten deshalb hier auch analysiert werden. Diese Spitzengruppe der obersten politischen und diplomatischen Handlungsträger stellt nicht nur die Protagonisten der vorliegenden Geschichte des Dreibunds; sie dient auch als Spiegel für die öffentliche Meinung: Wie wird diese wahrgenommen, beeinflußt, gefürchtet oder vielleicht auch zu manipulieren versucht? Die Rekonstruktion und Erklärung des sich wandelnden ideologischen *main stream*[34] der öffentlichen Meinung in den drei Staaten wird, zugespitzt auf zentrale außenpolitische Fragen wie Krieg und Frieden, kolonialistische und imperialistische Tendenzen, Ausgleich oder Konfrontation, für den Untersuchungszeitraum auf diese Weise nachverfolgt.

Als „Handlungseliten" wurden dabei jene Personengruppen verstanden, die an den großen Entscheidungen der Außenpolitik aktiv beteiligt waren. Dies ließ sich aus den Akten, aus der Sekundärliteratur, den Memoiren, Briefwechseln und Autobiographien ersehen. Der Ansatz dabei war empirisch. Dies wurde ergänzt durch die Schilderung ausgewählter Ereignisse (wie beispielsweise dem Oberdank-Prozeß 1882, der „Gegenbesuchs-Frage" 1882, dem Pogrom in Aigues-Mortes 1893, den „fatti di Innsbruck" 1904 oder den Hohenlohe-Erlässen 1913), an denen sich die Entwicklung der öffentlichen Meinung in den drei Ländern darstellen ließ. Andere, nichtpolitische Faktoren wurden nur dann mit einbezogen, wenn sie erkennbar auf den politischen Entscheidungsprozeß Einfluß genommen haben.[35]

Die Darstellung ist immer wieder mit kurzen ideologischen Profilen wichtiger Entscheidungsträger angereichert worden. Dies liegt nicht nur daran, daß individuelle Eigenarten – etwa Crispis oder Wilhelms II. – oftmals auch den großen Lauf der Ereignisse mitbestimmt haben.[36] Es ist darüber hinaus

---

33 Dazu Schroeder, Transformation, passim; zur Problematik des Begriffs Dülffer, Vermiedene Kriege, S. 5–6.
34 Siehe den Begriff des „ideologischen Konsensus" in Wehler, Bismarck und der Imperialismus, passim; Kritik daran: Otto Pflanze: Bismarcks Herrschaftstechnik als Problem der gegenwärtigen Historiographie, in: HZ 234 (1982), S. 561–599. Einen gänzlich anderen Ansatz, halb geistes- und halb mentalitätsgeschichtlicher Art, zur Ermittlung eines „ideologischen Konsensus" verfolgte Federico Chabod: Storia della Politica Estera Italiana dal 1870 al 1896, Bari 1971.
35 Siehe dazu auch die Ausführungen von Lutz, Österreich-Ungarn und die Gründung des Deutschen Reiches, S. 17 f.
36 Dazu grundsätzlich und sehr scharfsinnig: Paul Kennedy: „Reflections on Wilhelm II's Place

der Versuch, die jeweiligen Persönlichkeiten als repräsentativ zu begreifen für eine bestimmte politische Entwicklung. Daß wichtige Protagonisten wie Otto von Bismarck, Wilhelm II., Caprivi, Holstein, Bülow, Monts, Bethmann Hollweg, Kiderlen-Waechter, Umberto I, Vittorio Emanuele III., Depretis, Crispi, Rudinì, Giolitti, Sonnino, Mancini, Robilant, Blanc, Visconti Venosta, Tittoni, San Giuliano, Franz Joseph, Kálnoky, Gołuchowski, Aehrenthal, Berchtold, Bruck, Mérey, Conrad und Franz Ferdinand besonders berücksichtigt wurden, soll kein Kult der großen Männer sein, sondern entspringt der Einsicht in die oligarchischen Strukturen der damaligen Außenpolitik. Außerdem überschneiden sich hier die Bereiche des politischen Wollens mit denen des tatsächlichen Handelns, das zu einem großen Teil immer auch aus dem Reagieren auf äußere Zwänge besteht.

Diese Arbeit folgt im wesentlichen einer erzählerischen und nicht einer analytischen oder thematischen Grundstruktur. Diese Vorgehensweise ist bewußt gewählt. Zur Erklärung möchte ich auf die einleitenden Worte verweisen, mit denen McPherson die Wahl eines „narrativen Rahmens" für seine Geschichte des amerikanischen Bürgerkriegs begründet hat; denn dieser entspräche seiner „persönlichen Vorstellung davon, wie sich die Entwicklung einer solchen Periode immerwährender Krisen, rascher Veränderungen, dramatischer Ereignisse und dynamischer Umwälzungen am besten darstellen läßt. Mit einem rein zeitkritischen oder thematischen Ansatz wäre man dieser Dynamik, diesem komplexen Geflecht von Ursache und Wirkung, dieser Intensität der Erfahrungen nicht gerecht geworden"[37]. Die Arbeit an diesem Buch orientierte sich auch am Grundsatz der leichten Verständlichkeit, am Diktat der Lesbarkeit und der sprachlichen Transparenz. Dafür war die Aufnahme vollständiger Kausalketten erforderlich, was nicht nur Vorteile hat. Doch die daraus resultierenden Nachteile, vor allem der Umfang des Buches, wurden in Kauf genommen, um dem idealen Leser und seinem wahrscheinlichen Wissensstand, nämlich interessierten Student(inn)en, entgegenzukommen. Auch erklärt sich dadurch die Erzählstruktur dieses Buches. Fast alle politischen Krisensituationen, mit denen der Dreibund konfrontiert wurde, entstanden auf der Ebene einer oder höchstens zweier der drei Mächte. Deshalb war es bei der gewählten Vorgehensweise notwendig, darzustellen, wie die Spannungen in der Außenpolitik des Einzelstaats entstanden und auf welchem Wege eine Bündnisfrage daraus wurde oder auch nicht. Ein willkürliches Verfahren – etwa den einen Vorgang als bekannt vorauszusetzen, den anderen nicht – wurde aus Gründen des inneren Zusammenhalts

---

in the Making of German Foreign Policy", in: John C. G. Röhl/Nicolaus Sombart (Ed.): Kaiser Wilhelm II. New Interpretations, London/New York 1982, S. 157–164.

37 James M. McPherson: Für die Freiheit sterben. Die Geschichte des amerikanischen Bürgerkrieges, München/Leipzig 1997, S. IX, X.

der Darstellung und zur Vermeidung argumentativer Verzerrungen vermieden. Auch hier dominierte die Überlegung, daß dieses Buch nicht nur dem Spezialisten dienen, sondern über den Dreibund allgemeinverständliche Auskunft geben soll.

Aus der Methode des Vorgehens – nämlich der quellennahen Analyse der zeitgenössischen Pläne und Absichten, die sich mit dem Dreibund verbanden – erklärt sich eine weitere Besonderheit dieser Arbeit. Sie operiert mit dem Instrumentarium des Historikers, der die zeitgenössischen Ansichten herausarbeiten will, nicht mit den eher von der Politologie geprägten Kriterien der Friedens- und Konfliktforschung. Man mag dies einen historistischen Ansatz nennen. Sicher gibt es Studien wie die erwähnte Arbeit von Paul Schroeder, die politologische und historisch-narrative Elemente brillant miteinander zu verbinden verstehen. Viele Fragen, die von der politikwissenschaftlichen Forschungsrichtung „Internationale Beziehungen" aufgeworfen werden, sind fraglos weiterführend und fruchtbringend, wenn auch vielleicht mehr auf der Ebene des Gesamtsystems als in der bi- und trilateraler Beziehungen. Bei der Darstellung der Verzahnung von Innen- und Außenpolitik, wie dies in dieser Arbeit am mehreren Stellen gerade im italienischen Fall unternommen wird, sind diese Modelle nicht sehr hilfreich. Im übrigen befindet sich das Fach derzeit im Umbruch, nach einem Wort von Ken Booth sogar in einem Zustand des „creative chaos"[38]. Außerdem sollte ein jahrelanger Mehraufwand vermieden werden, der erforderlich gewesen wäre, um diese Interdisziplinarität in der notwendigen Perfektion herzustellen. Ein halber Weg wurde vermieden, weil viele Beispiele, in denen Historiker die Symbiose zwischen der politologischen Theorie und der geschichtswissenschaftlichen Quellenarbeit versuchten, ohne die methodischen Instrumentarien der Nachbardisziplin mit der notwendigen Souveränität zu beherrschen, in argumentativer und stilistischer Hinsicht abschreckend sind. Den Autor hat in seiner Selbstbescheidung bestärkt, daß sogar exzellenten Kennern der historischen Friedensforschung der Versuch einer Integration politologischer und historischer Ansätze zur Problematik internationaler Krisen vor 1914 nicht wirklich gelungen ist.[39] Offenbar funktioniert die Symbiose nur dann wirklich zufriedenstellend, wenn, wie bei Schroeder, die Vielschichtigkeit des historischen

---

38 Dazu Ulrich Teusch: Zwischen Globalisierung und Fragmentierung: Theoriedebatten in den „Internationalen Beziehungen", in: Neue Politische Literatur 44 (1999), S. 402–425; Zitat S. 402.

39 Dülffer, Vermiedene Kriege, schickt den historisch-narrativ operierenden, sehr brauchbaren Fallstudien internationaler Krisen vor 1914 eine umfangreiche Einleitung voraus, die starke Anleihen bei der Politologie nimmt. Da diese politologischen Aspekte aber in den Fallstudien gar nicht auftauchen, entsteht der Eindruck eines Nebeneinanders, nicht eines Miteinanders der Disziplinen.

Prozesses auf eine zentrale Frage reduziert wird, bei deren Analye dann auch politologische und modellhafte Überlegungen zum Tragen kommen können.

Archivalische Grundlagen

Diese Arbeit wäre angesichts ihrer zeitlichen und thematischen Spannweite nicht möglich gewesen, hätte sie nicht auf die Ergebnisse einer Reihe ausgezeichneter, bereits vorliegender außenpolitikgeschichtlicher Spezialuntersuchungen zurückgreifen können. Da aber viele Einzelthemen noch der erschließenden Bearbeitung harren, konnte auf die intensive Nutzung des Archivmaterials nicht verzichtet werden. Der Schwerpunkt der Archivarbeit lag in den Archiven der drei Außenministerien in Bonn, Rom und Wien. Neben den dort liegenden Nachlässen von Politikern und Diplomaten wurden die Akten der eigentlichen „großen Politik" durchgesehen, die teilweise in den großen Aktenpublikationen veröffentlicht worden sind[40]. Außerdem wurden die sogenannten „Länderakten" berücksichtigt, die wegen ihres außerordentlichen Umfangs und Detailreichtums bis heute nicht ediert worden sind. Die „Länderakten" bestehen aus den von den jeweiligen Botschaften zusammengetragenen Materialien über die politische Entwicklung in ihrem Gastland. Neben den rein außenpolitischen Informationen geben sie auch Einblick in innenpolitische Vorgänge. Vor allem stellen sie – und das macht diese Akten für die Untersuchung besonders wertvoll – immer wieder Bezüge zwischen Außen- und Innenpolitik her. Sie enthalten nicht nur die Gespräche der Botschafter mit den jeweiligen Regierungsvertretern, in denen die offizielle Sicht der Dinge vermittelt wurde, sondern auch Berichte und Analysen über die Strömungen der öffentlichen Meinung, Berichte der Generalkonsulate, manchmal vertrauliche Berichte von Informanten oder sogar Agenten; sie berichten über politische Demonstrationen, über wichtige Zeitungsmeldungen und die Kommentare der Öffentlichkeit, charakterisieren wichtige Persönlichkeiten und ihre Beweggründe, schildern Parlamentsdebatten und die Stimmungen der Abgeordneten; widmen sich ausgiebig der Beschreibung von Staatsbesuchen und deren politischer Wirkung. Insgesamt geben sie einen guten und plastischen Gesamteindruck über die oftmals sehr komplexen politischen Bewegungen in dem jeweiligen Land aus offiziöser Sicht. Im Mittelpunkt dieser Analyse standen die Entwicklungen in Italien, da die Stellung des Dreibunds im italienischen politischen Leben, wie bereits erwähnt, eine der erkenntnisleitenden Fragen dieser Untersuchung ist.

Im Archiv des italienischen Außenministeriums (ASMAE) fanden sich wichtige Quellenbestände in den separat aufbewahrten Geheimakten zum

---

40 Nähere Angaben in der Bibliographie, Teil 1.

Dreibund („Corrispondenza Riservata; Ex-cassette verdi"; „Archivio Riservato del Segretario Generale e del Gabinetto") sowie eine Reihe wichtiger und teilweise sehr umfänglicher Nachlässe (Blanc, Crispi, Lanza, Nigra, Pansa, Robilant, Tittoni etc.). Hinzu kamen die „Länderakten" („Austria-Ungheria" und „Germania"), die selektiv zu Einzelfragen genutzt wurden. Sie enthalten interessante Erkenntnisse über die italienische Beurteilung der deutschen und der österreichisch-ungarischen politischen Vorgänge und der politischen Elite. Im Zentralen Staatsarchiv (ACS), Rom, befindet sich neben wichtigen Nachlässen (unter anderem Crispi, Giolitti, Luzzatti, Pelloux) auch ein dreibundrelevanter Sonderbestand an Akten, die Mussolini bei der Verlegung seiner Regierung nach Norditalien mit sich genommen hatte. Hinzu kommen noch die Bestände des Archivs des Generalstabs (Archivio Storico dello Stato Maggiore dell'Esercito [ASSME]) in Rom; hier liegen beispielsweise die Berichte der Militärattachés in Wien und Berlin.[41] Von Interesse waren auch die Bestände des Museo del Risorgimento, Rom, die aber nur zu Einzelfragen konsultiert werden konnten.

Im Archiv des Auswärtigen Amtes in Bonn stand die Durchsicht der „Länderakten", vor allem Italien, im Vordergrund. Interessante Einblicke gewährten auch die unveröffentlichten Memoiren des Grafen Solms, von 1887–1894 deutscher Botschafter in Rom. Ebenfalls von Bedeutung sind die politischen Korrespondenzen des Grafen Monts, Botschafter in Rom von 1903–1909; zeitweise als Reichskanzlerkandidat gehandelt und bissiger Kritiker des Dreibunds. Im Bundesarchiv/Militärarchiv Freiburg fanden sich eine Reihe unveröffentlichter Untersuchungen des „Reichsarchivs" aus der Zwischenkriegszeit über das Dreibundverhältnis aus militärischer Sicht sowie die Berichte der deutschen Marineattachés in Wien und Rom, die teilweise sehr interessante Notizen auch politischer Natur enthalten.

Im Haus-, Hof- und Staatsarchiv Wien wurden neben den Beständen, die allgemeine Informationen zum Thema „Dreibund" und wesentlichen außenpolitischen Entscheidungen der Jahre 1881–1914/15 enthalten (PA I), im wesentlichen die Italien betreffenden Akten (PA XI) durchgesehen. Aus diesen ließ sich ein hochinteressanter Einblick in die Schnittpunkte zwischen italienischer Innen-, Parlaments- und Außenpolitik gewinnen, aber ebenso ein Selbstbild der österreichischen Einstellung gegenüber Italien. Hier befanden sich auch wichtige Nachlässe, wie zum Beispiel Mérey und Berchtold. Ferner

---

[41] Hier verdient vor allem die Berichterstattung des Ten. Col. Luigi Bongiovanni von November 1914–Mai 1915 hervorgehoben zu werden, in der zu den deutsch-italienischen Verhandlungen über Krieg und Frieden manch neues und interessantes, auch politisches und psychologisches Detail zu finden ist. Auch eine bedeutsame Fundgrube zeitgenössischer Meinungen und Ansichten ist eine Personenkartei des italienischen Generalstabs mit der Charakterisierung der politischen und militärischen Verantwortlichen in Deutschland, inklusive Wilhelms II. und des Grafen Schlieffen (in: ASSME, G 22 R 8).

wurden im Österreichischen Kriegsarchiv Attachéberichte, Kriegs- und Aufmarschpläne gegen Italien, Akten über die Beurteilung der Irredenta in den Grenzprovinzen eingesehen. Die Bestände der Wiener Nationalbibliothek dienten der Zeitungsauswertung (Neue Freie Presse; Presse; Fremdenblatt; Vaterland) zu wichtigen Einzelfragen.

Von den archivalischen Studien konnte nur ein Bruchteil in die spätere Darstellung eingehen, gemäß der (hier ohnehin nur teilweise berücksichtigten) Mahnung Jacob Burckhardts, daß der Historiker den „Tatsachenschutt" zwar kennen, aber nicht über dem Leser ausbreiten soll.[42] Die Gesamtgeschichte des Dreibundes besteht letztlich aus einer ungeheuren Fülle von Einzelthemen. Der rote Faden dieser Darstellung ist die Frage nach der Natur der Zusammenarbeit der drei Mächte und der Funktion des Bündnisses innerhalb der europäischen Friedenssicherung vor 1914. Dem Dreibund soll auch hier kein Denkmal gesetzt werden. Es genügt, die ambivalente und doppelgesichtige Natur dieser Allianz, die tatsächlich einen Beitrag zur europäischen Friedenssicherung vor 1914 erbracht hat, aber auch nur im Frieden Bestand haben konnte, möglichst deutlich sichtbar zu machen.

---

42 Jacob Burckhardt schrieb am 30.3.1870 an Bernhard Kugler: „Ich rathe ferner zum einfachen Weglassen des blossen Tatsachenschuttes – nicht aus dem Studium, wohl aber aus der Darstellung." Zitiert bei Werner Ekschmitt: Weltmodelle. Griechische Weltbilder von Thales bis Ptolemäus, Mainz 1989 (Kulturgeschichte der antiken Welt, 43), S. 175–176.

I. ITALIEN ALS „HOSPITANT" DER ZWEIBUNDMÄCHTE (1881–1887)

> Buben, entweder ihr seid ruhig, oder ihr bekommt Schläge.
>
> Oberst Alois von Haymerle, Italicae Res

1. Italien in der Aussenpolitischen Isolierung (1876–1881)

Der Dreibund gilt oft als Bismarcks Werk, als Ergänzung des im Oktober 1879 mit Österreich-Ungarn abgeschlossenen Zweibunds[1]. Der Dreibund ging in Wahrheit aber in erster Linie von Rom aus. Die mit Bismarcks Namen überschriebene Bündniskonstellation hatte zwar beträchtlich zum Entstehen der europäischen Situation beigetragen, die Italien schließlich veranlaßte, das Bündnis mit den Zweibundmächten zu suchen. Aber es war doch die italienische Regierung, die aus den spezifischen Zwängen ihrer außenpolitischen Situation heraus den Anschluß an die mitteleuropäischen Kaiserreiche suchte, und ihre Motive sollen deshalb bei der Untersuchung der Vorgeschichte im Vordergrund stehen.

Mit dem Abschluß der Einigung war es Italien gelungen, eine wichtige Rolle in der europäischen Politik einzunehmen und als sechste, wenn auch schwächste Großmacht zu etablieren und sich in den Kreis der europäischen Pentarchie aufzuschwingen (ohne daß diese jedoch ihren Namen in Hexarchie geändert hätte). Es war 1870 aus dem übermächtigen Schatten des napoleonischen Frankreichs herausgetreten und hatte gegen den erklärten Willen Napoleons III. den Kirchenstaat besetzt und seine Einheit vervollständigt. Allerdings war gerade deshalb seine Außenpolitik in den Folgejahren mit gleich zwei schweren Hypotheken belastet: Der Gegnerschaft des Papstes und auch einer tiefgehenden italienisch-französischen Verstimmung. Die italienisch-französischen Spannungen nahmen in der Folgezeit besonders dann zu, wenn in Frankreich, wie mehrfach in den 1870er und 1880er Jahren, die royalistischen und ultramontanen Tendenzen zu dominieren drohten. Italienische Po-

---

1 Zum deutsch-österreichischen Zweibund von 1879 siehe vor allem Helmut Rumpler/Jan Niederkorn (Hrsg.), Der „Zweibund" 1879, Zur Gründung des Zweibunds dort besonders: Konrad Canis: Der Zweibund in der Bismarckischen Außenpolitik, S. 41–67; Rainer F. Schmidt: Graf Julius Andrássy und der Zweibund. Zur Vorgeschichte des Bündnisses vom Oktober 1879 zwischen Österreich-Ungarn und dem Deutschen Reich, S. 3–39. Siehe auch ders.: Die gescheiterte Allianz. Österreich-Ungarn, England und das Deutsche Reich in der Ära Andrássy (1867–1878/79), Frankfurt/M., Bern, New York, Paris 1992; Der Bagdasarian, Rapprochement. Ferner Hildebrand, Reich, S. 57–64; Mommsen, Großmachtstellung, S. 43–45; Nipperdey, Machtstaat, S. 438–443, mit der Frage, ob der Zweibund am Beginn der europäischen Blockbildung gestanden habe.

litiker klagten über die französische Überheblichkeit, die aus der Hilfe von 1859 einen dauernden Anspruch auf Dominanz für die Zukunft ableitete.[2] Französische Diplomaten hingegen empfanden Italien als „undankbar" und fühlten sich latent eingekreist. Dieses durchaus zu Recht. Auch ohne ein formelles italienisch-deutsches Bündnis war Frankreich im Kriegsfall von einem Zusammengehen seiner beiden östlichen Nachbarn bedroht; es wird sogar überliefert, daß Bismarck und Vittorio Emanuele II. im Herbst 1873 einen gemeinsamen Angriff gegen Frankreich erörterten.[3] Die bestehenden Spannungen zwischen Italien und Frankreich waren Bismarck, der in der ständigen Furcht vor einer Koalition der katholischen Mächte gegen das Deutsche Reich lebte,[4] im übrigen nicht unwillkommen. Allerdings war eine französische Aggression gegen das Deutsche Reich oder gegen Italien zu diesem Zeitpunkt eher unwahrscheinlich. Doch auch ein Angriff beider Mächte auf Frankreich war reine Theorie, da die anderen Mächte aus Gleichgewichtsgründen eine Zerstörung Frankreichs wahrscheinlich aktiv verhindern würden;[5] dies zeigte sich auch in der „Krieg-in-Sicht-Krise" 1875 ganz deutlich.

Nach 1870 schien auch die Möglichkeit zu bestehen, daß sich die Koalition von 1866, nämlich die preußisch-italienische, erneut gegen Österreich-Ungarn richten könne. Diese Kombination wurde jedoch spätestens 1879, beim Abschluß des Zweibunds, in Wahrheit infolge der zunehmenden deutsch-österreichischen Annäherung[6] schon früher, zunichte gemacht. Seit 1879 bestand für Italien, wollte es denn ein deutsches Bündnis, auch offiziell nur noch die Möglichkeit einer Übereinkunft auch mit Österreich-Ungarn. Das war für Italien eine unerfreuliche, geradezu gefährliche außenpolitische Entwicklung. Denn eine der unmittelbaren Frontlinien zwischen dem alten, dynastischen und dem neuen, nach dem Nationalitätenprinzip geordneten Europa[7] verlief zwischen Italien und Österreich-Ungarn; das Problem der „irredenten" Ge-

---

2 Siehe das Urteil Cadornas von 1881 in Kap. I.2. Die schwierige Geburt der Allianz.
3 Von dieser Verabredung des Herbstes 1873, die über eine künstlich geschürte Unruhe in der italienischen Bevölkerung Nizzas losbrechen sollte, erzählt ein Manuskript Keudells, in: Nachlaß Keudell, Geheimes Staatsarchiv Berlin-Dahlem, Nr. 28: Korrespondenz 1893. Der Plan wurde 1874 in der französischen Presse diskutiert.
4 Von einer Koalition der katholischen Mächte gegen Preußen in der Ära Napoleons III. berichtet Nigra an Crispi, 1.2.1888, ASMAE, Archivio Segreto di Gabinetto (1869–1914), Cassetta 8.
5 Bismarck meinte, das Ringen zwischen Frankreich und Deutschland um den entscheidenden Einfluß auf die italienische Regierung sei ergebnislos, da die Italiener im Kriegsfalle doch die schwächere Partei zur Aufrechterhaltung des Gleichgewichts stützen würden. GP 1, Nr. 168; Salvatorelli, Triplice, S. 27.
6 Dazu Bagdasarian, Rapprochement, passim.
7 Dazu auch: Maria Garbari: La storiografia sull'irredentismo apparsa in Italia dalla fine della Prima guerra mondiale ai nostri giorni, Trento 1979, in: Studi Trentini di Scienze Storiche, 58 (1979), S. 187.

biete – die Frage nach der Zukunft Trients und Triests – sorgte für Spannungen zwischen beiden Mächten. In den Jahren der *destra*, von 1870 bis 1876, war das Verhältnis zwischen der Donaumonarchie und Italien trotzdem nicht schlecht gewesen. Italien verfolgte eine Politik der Neutralität, der „freien Hand"[8] und versuchte, mit allen Großmächten gut auszukommen – auch mit dem Habsburgerreich. Und dies nicht ohne Erfolg, denn trotz der beidseitigen Animositäten und der ideologischen Gegensätze hatten Italien und Österreich-Ungarn in der Ära Beust und in der Ära Andrássy zu guter Zusammenarbeit gefunden. Der liberale Andrássy war selbst sehr italienfreundlich. Er ließ sich nicht von dem Widerwillen dynastisch denkender Österreicher gegen Italien leiten, denn er war 1848 selbst Revolutionär gewesen und, wie er sich mit Stolz erinnerte, in Abwesenheit zum Tode verurteilt und sogar symbolisch gehenkt worden.[9] Erklärtermaßen legte er auf eine gute Zusammenarbeit mit Italien großen Wert. Die Zusammenarbeit zwischen Italien und Österreich-Ungarn wurde auch dadurch begünstigt, daß der Ungar Andrássy eine dezidiert antirussische Politik betrieb. Nach dem Gesetz der strategischen wie politischen Rückenfreiheit bedeutete eine antirussische Politik für Österreich-Ungarn gleichzeitig immer auch den Versuch, mit Italien gut zusammenzuarbeiten; das Gegenteil galt entsprechend.

Im Jahre 1873 reiste König Vittorio Emanuele II. nach Wien und Berlin; die Stimmung war herzlich. Im Gegenzug besuchte Kaiser Franz Joseph im Jahre 1875 Venedig, das noch neun Jahre zuvor zu seinem Reich gehört hatte, und zeigte so, daß sich die Monarchie mit dem Verlust ihrer italienischen Machtstellung abgefunden hatte. Auch das wurde in Italien sehr wohlwollend vermerkt. Ebenfalls 1875 hielt König Vittorio Emanuele II. eine Rede, die von seinen Ministern initiiert worden war; sie hob die Absicht hervor, die Gegnerschaft zu Österreich endgültig zu begraben und auf die strittigen Gebiete zugunsten eines freundschaftlichen Verhältnisses zu verzichten.[10]

In der Geschichte der italienischen Außenpolitik wie der österreichisch-italienischen Beziehungen stellt das Jahr 1876 einen deutlichen Wendepunkt dar.[11] Bisher war die Abneigung der österreichischen Klerikalen durch die

---

8 Der Ausdruck der „Freien Hand" war von einem Deutschen, nämlich Schleinitz, im Zusammenhang mit Preußens Haltung im österreichisch-französisch-italienischen Krieg von 1859 geprägt worden. Dazu: Giancarlo Giordano: La politica delle „mani nette", in: Il Parlamento Italiano, Band 5, S. 230–231.

9 Andrássy wurde am 21.9.1852 „im Bilde gehängt". Dazu Crispi, Memoiren, S. 86; Adolph Kohut: Bismarcks Beziehungen zu Ungarn und zu Ungarns Staatsmännern, Berlin 1915, S. 132.

10 Walter Schinner: Der österreichisch-italienische Gegensatz auf dem Balkan und an der Adria. Von seinen Anfängen bis zur Dreibundkrise 1875–1896, Stuttgart 1936, S. 8.

11 So urteilte auch Kálnoky: „...die Beziehungen mit der Regierung des Königs Viktor Emanuel sehr gut waren bis zur Zeit, wo die Partei des Herrn Depretis ihre Irredenta-Agitationen zu betreiben anfing." In: Reuß an Bismarck, 19.1.1882, GP 3, Nr. 543. Angelo Ara: Fra l'Austria e

Sympathien der Liberalen für das laizistische Italien mehr als aufgewogen worden, doppelt stark in der Epoche des Kulturkampfes und des liberalen Regimes in der Donaumonarchie. Doch nach und nach schlug die Stimmung um. Eine indirekte Ursache mag in der schweren, langanhaltenden Rezession gelegen haben, die der Wirtschaftskrise von 1873 folgte, eine direkte dann im allmählichen Zerfall der österreichischen Liberalen und dem Erstarken der klerikalen Opposition im Reichsrat. Der Hauptgrund war jedoch der politische Umschwung in Italien, die Regierungsübernahme der *sinistra* im März 1876. Die *sinistra* hatte in Österreich eine sehr schlechte Reputation als Partei unsinniger, partikularistischer Interessen vor allem Süditaliens[12]; außerdem, und das war der Hauptgrund, wurden zu Recht erneute Forderungen Italiens nach dem Trentino befürchtet. Tatsächlich wuchsen die italienischen Hoffnungen auf einen baldigen Gewinn dieser Gebiete parallel zu der orientalischen Krise, die seit 1875 Europa in Atem hielt.[13] Die Regierung Cairoli hegte, ebenso wie große Teile der „classe politica", die Hoffnung, Österreich werde sich auf dem Balkan vergrößern und Italien als Kompensation dafür das Trentino erhalten.[14] Als die italienische Diplomatie sich tatsächlich bemühte, zum Ausgleich für die Besetzung Bosniens und der Herzegowina durch Österreich-Ungarn das Trentino zu erhalten, wurde das italienisch-österreichische Verhältnis ausgesprochen frostig. Sogar der italienfreundliche Andrássy drohte jedesmal, wenn seitens des italienischen Botschafters das Thema Trentino angeschnitten wurde, mit Krieg.[15] Graf Robilant berichtete Crispi, so oft er von territorialen Ansprüchen spreche, sage Graf Andrássy: „Die Monarchie sei bereit, die Entscheidung den Waffen anheimzustellen." Auch sein Nachfolger, Baron Haymerle, erklärte die Trentino-Frage für eine „question des bayonettes"[16].

Parallel zur orientalischen Frage konstituierte sich der Irredentismus in seiner definitiven Form. Ende Mai 1877, am 700. Jahrestag der Schlacht von Legnano, wurde die Gesellschaft „Pro Patria irredenta" gegründet. Nicht nur

---

Italia. Dalle cinque giornate alla questione alto-atesina, Udine 1987, S. 53 ff., mit der Feststellung, vor 1876 habe es kein Gefühl der „Erbfeindschaft" gegen Italien in Österreich gegeben.
12 Ara, Austria, S. 60.
13 Die orientalische Krise bestand aus Aufständen dem serbisch-türkischen Krieg (1875–77); gegen die türkische Herrschaft auf dem Balkan; dem Russisch-Türkischen Krieg (1877–78), dem Frieden von San Stefano (1878) und schließlich dem Berliner Kongreß, auf dem durch die Großmächte nach einer Lösung der verwickelten Balkanfragen gesucht wurde.
14 Das Konzept: Tausch des Trentino gegen Ausdehnung auf dem Balkan, als solches war nicht neu; es war von Cesare Balbo bereits in den 1840er Jahren in seiner Schrift „Speranze d'Italia" entwickelt worden.
15 Petrignani, Neutralità, S. 164–165; Fraknoi: Dreibund, S. 13.
16 Petrignani, Neutralità, S. 174.

in Österreich entstand der Eindruck, daß die Mitglieder der italienischen Regierung mit den antiösterreichischen Demonstrationen auf der Straße sympathisierten.[17] Außerdem gab es Gerüchte über ein geheimes italienisch-russisches Einvernehmen, das seine Spitze nur gegen Österreich-Ungarn richten konnte.[18] Die Donaumonarchie verstärkte im Sommer 1877 bereits ihre Truppen an der italienischen Grenze. Gleichzeitig wurde eine Gesandtschaft in den Vatikan geschickt; ihr folgten 2.000 österreichische Pilger. Zweck des ganzen war, die italienische Außenpolitik an ihrer Achillesferse, der offenen Römischen Frage, zu treffen.[19]

Die Hoffnung der *sinistra*, das Trentino auf dem Verhandlungswege erwerben und ihre Außenpolitik mit einem großen Erfolg beginnen zu können, nährte sich aus einer angeblichen Äußerung Kaiser Franz Josephs, der für den – jetzt möglicherweise eintretenden – Fall einer österreichischen Erwerbung auf dem Balkan das Trentino in Aussicht gestellt habe. Zwar warnte der ehemalige Außenminister Visconti-Venosta, dies für möglich zu halten, doch vergebens.[20] Francesco Crispi,[21] damals Parlamentspräsident, versuchte im Auftrage von Ministerpräsident Depretis im Sommer 1877 auf einer Europareise, die ihn nach Berlin, Wien, Paris und London führte, Verbündete zu werben.[22] Vor allem versuchte er in Gastein in dreister und naiver Offenheit, Bismarck zu einer Teilung Österreich-Ungarns zu überreden – ohne Erfolg. Bismarck gab dabei auch unmißverständlich zu verstehen, daß jede Annäherung an Deutschland nur über Wien erfolgen könne. Crispi war für ihn eine lügnerische, kompromittierende Person, und er beklagte sich über ihn bei diplomatischen Gesprächspartnern.[23] Auch verstärkte die Offerte seine ohnehin

---

17 Schinner, Gegensatz, S. 11.
18 Diese Gerüchte besagten, daß es zwischen dem russischen General Ignatiew, der auf einer Europareise Verbündete für Rußland suchte, und Graf Robilant Absprachen gegeben habe. Ignatiew war ein bekannter Panslawist. Dazu Schinner, Gegensatz, S. 12.
19 Schinner, Gegensatz, S. 12.
20 Schinner, Gegensatz, S. 14.
21 Zu Crispi siehe unten, II. Teil: Der Dreibund als machtpolitisches Instrument Crispis.
22 T. Palamenghi-Crispi (Hrsg.): Die Memoiren Francesco Crispis. Erinnerungen und Dokumente, dt. Berlin 1912, S. 1–89. Ein handschriftlicher Bericht über das Zusammentreffen mit Bismarck im Bismarck-Nachlaß, Friedrichsruh, Korrespondenz Crispi. Zu dieser vielbesprochenen Reise findet sich eine gründliche und sehr kritische Würdigung des Wahrheitsgehalts der Schilderungen Crispis über das Gespräch mit Bismarck bei Hanns Dieter Schanderl: Die Albanienpolitik Österreich-Ungarns und Italiens 1877–1908, Wiesbaden 1971, S. 19–40.
23 Saint-Vallier an Waddington, 5.1.1879, DDF 1/2, Nr. 369, S. 414, schrieb, daß Bismarck gesagt habe: Italien habe ihn enttäuscht, seit dem Tod Vittorio Emanueles fehle es dort am *bon sens;* „n'ont envoyé un personnage menteur et compromettant, dont j'ai eu a me plaindre, M. Crispi." Dazu auch Schanderl, Albanien, S. 40.

schon vorhandene Abneigung gegen Italien, in dem er einen ausgesprochenen Störenfried des europäischen Friedens erblickte.[24]

Auf dem Berliner Kongreß ging Italien leer aus. So empfand es zumindest die italienische Öffentlichkeit, da Österreich-Ungarn Bosnien-Herzegowina besetzt, Großbritannien Zypern erhalten hatte. Angebliche Aufforderungen Bismarcks und Englands, sich als Kompensation Albanien oder Tunesien zu nehmen, blieben unbeachtet. Eine Expansion zuungunsten der Balkannationen stand damals noch zu sehr im Widerspruch zu dem von der *sinistra* progagierten Selbstbestimmungsrecht der Völker. Statt dessen unternahmen die italienischen Unterhändler, besonders Außenminister Graf Corti, auf dem Kongreß einen halbherzigen Versuch, als Kompensation von Österreich doch noch das Trentino herauszuhandeln, womit sie Schiffbruch erlitten.[25]

Der italienische Irredentismus und die offenkundige Billigung, vielleicht sogar Unterstützung dieser Bestrebungen durch die italienische Regierung seit 1876 erzeugte in der Donaumonarchie einen für Italien sehr nachteiligen Polarisierungseffekt. Alle politischen Lager – auch die italienfreundlichen Liberalen – vertraten die Ansicht, daß die italienischen Forderungen nach dem Trentino in höchstem Maße unbillig seien. Bitternis kam auf, Bitternis über die Niederlage von 1866, die in den Vorjahren ebenfalls vorhanden, aber in der positiven Grundstimmung nicht zum Tragen gekommen war. Und Hohn kam auf: Hatte Italien denn schon wieder einen Krieg verloren, oder warum verlangte es eine weitere Provinz? Das war, in den Augen der österreichischen Öffentlichkeit, der Unterschied zwischen Italien und dem Deutschen Reich: Bismarck hatte die Österreicher davon überzeugen können, daß er das Deutsche Reich für territorial saturiert halte und keine Forderungen nach ihren deutschsprachigen Gebieten erheben werde. Anders im italienischen Falle: Nur noch ein neuerlicher Waffengang schien die maßlosen Forderungen des als untüchtig verachteten Nachbarn abwehren zu können. Die Stimmung in der Donaumonarchie war gereizt. Der italienische Botschafter in Wien, Graf Robilant, schrieb im Jahre 1878 nach Rom: „Die Irritation über uns ist sowohl in Österreich als auch in Ungarn ungeheuer und ganz allgemein. Niemand

---

[24] Petrignani, Neutralità, S. 265, mit einem Zitat Bismarcks aus französischen Akten über die dreiste Offerte Crispis, auch französisches Gebiet zu teilen. Zu Crispis Reise auch Fraknoi, Dreibund, S. 7–13. Robert v. Keudell, damals deutscher Botschafter in Rom, führte Bismarcks Verstimmung gegen Italien auf einen gescheiterten gemeinsamen Angriffsplan gegen Frankreich aus dem Jahr 1873 zurück. In: Keudell-Nachlaß, Geheimes Staatsarchiv, Berlin-Dahlem, Nr. 28. Diese Ansicht verdient indes nur begrenzt Glauben. Zu dem gesamten Komplex der deutsch-italienischen Beziehungen der 1870er Jahre: Joachim Scholtyseck: Alliierter oder Vasall? Italien und Deutschland in der Zeit des Kulturkampfes und der „Krieg-in-Sicht"-Krise 1875, Köln/Weimar/Wien 1994.

[25] Auch dazu Schanderl, Albanien, S. 19–40.

zweifelt übrigens daran, daß früher oder später die Frage durch die Waffen entschieden werden muß."[26] In dieser Atmosphäre erschien eine Schrift des Obersten Baron Haymerle, eines Bruders des k. u. k. Botschafters in Rom und späteren Außenministers, mit dem Titel: „Italicae res". Darin wurden die italienischen Annexionsforderungen einer scharfen Kritik unterzogen und vor allem auch auf den Widerspruch zwischen der Forderung nach den „natürlichen Grenzen" und dem Nationalitätenprinzip hingewiesen. Charakteristisch auch die verächtliche, angesichts der irredentistischen Propaganda psychologisch aber verständliche Warnung Haymerles: „Buben, entweder ihr seid ruhig, oder ihr bekommt Schläge."[27] Als Antwort erschien direkt darauf eine Schrift Imbriani-Poerios mit dem Titel „Pro Patria", in der die Berechtigung der irredentistischen Forderungen mit einer Fülle von historischen und strategischen Argumenten untermauert werden sollte. Bezeichnend für das politische Klima in Italien war, daß diese Schrift sogar kostenlos in den Schulen verteilt wurde.

Manche österreichische Beobachter entzogen sich einer zu polemischen Beurteilung Italiens. Die liberalen Zeitungen der Monarchie, vor allem die „Neue Freie Presse", bemühten sich in erstaunlicher Weise und mit unendlicher Geduld, in Zeitungsartikeln eine klare Trennlinie zwischen der kleinen Gruppe der Irredenta und der vernünftigen Mehrheit des italienischen Volkes zu ziehen.[28] Trotzdem bestand die große Gefahr, daß in der Hitze des Ressentiments und in dem verständlichen österreichischen Ärger über die nationalistische Hetze der Irredenta eben diese Trennlinie verwischte. Vor allem die italienische Diplomatie sah mit Entsetzen, welch unermeßlichen Schaden die Irredentisten dem italienischen Ansehen zufügten. Botschafter Graf Robilant schrieb im Juli 1878: „Ich brauche Dir nicht zu sagen, wie übel das ist, was in Italien vor sich geht; wie immer, wenn in Italien Provokationen gegen Österreich laut werden, verschwinden in Österreich-Ungarn Parteien und Nationalitäten, insgesamt alles Trennende und alle sind sich einig, unsere annexionistischen Ansprüche abzuweisen."[29] Robilant wurde nicht müde, vor den

---

26 „L'irritazione contro di noi è sia in Austria che in Ungheria immensa e universale. Nessuno del resto dubita che più o meno presto le armi dovranno risolvere la questione." In: Petrignani, Neutralità, S. 185.

27 Zitiert nach Singer, Geschichte des Dreibundes, S. 61.

28 Sammlung der entsprechenden Zeitungsausschnitte in den Berichten des Wiener Nuntius (Serafino) (in italienischer Übersetzung). In: ASV, Segreteria di Stato, Anno 1885, Rubbrica 247, fasc. 1.

29 „Non ho bisogno di dirti quanto sia spiacente di ciò che accade in Italia: come sempre allorché sorgono in Italia provocazioni contro l'Austria, i partiti, le nazionalità, tutte le divisioni insomma spariscono in Austria-Ungheria e l'accordo diventa inanime per rintuzzare le nostre velleità annessionistiche." In: Robilant an Corti, 22.7.1878, DDI 2/X, Nr. 346; zitiert auch bei Petrignani, Neutralità, S. 217 Anm. 1.

verhängnisvollen Folgen der irredentistischen Propaganda zu warnen. Die Berichterstattung über Italien werde immer ungünstiger, Italien als notorischer Provokateur angesehen.[30] Hinzu kam, daß sich in der Donaumonarchie ein zunehmend reaktionäres politisches Klima durchzusetzen begann. Im Jahre 1879 übernahm der klerikal-konservative Graf Eduard Taaffe an der Spitze eines Bündnisses zwischen klerikalen, konservativen und slawischen Gruppen, dem sogenannten „Eisernen Ring", die Regierung und löste die bis dahin herrschenden Deutschliberalen ab. Angesichts der inzwischen universellen Feindseligkeit gegen Italien spiele es aber überhaupt keine Rolle mehr, ob die Klerikalen oder die Deutschliberalen regierten, schrieb Robilant am 26. Dezember 1880 an Cairoli. Die eher liberalen Zentralisten, „die ein kompaktes, autoritäres, deutsches Österreich repräsentierten, von dem die Italiener nichts zu erhoffen hatten", stünden gegen die Föderalisten, die wiederum identisch seien mit der „katholischen reaktionären Partei, die deshalb überaus feindselig gegen Italien sei". Von beiden Gruppierungen habe Italien nichts Gutes zu erwarten. Robilant griff zu folgendem Vergleich: „Um mich deutlicher auszudrücken, würde ich sagen, ..., daß die einen wie die anderen uns liebend gerne fressen würden, und sich nur über die Soße nicht einigen können, mit der sie uns garnieren wollen."[31]

Dieser Solidarisierungseffekt, den das Feindbild Italien in der österreichisch-ungarischen Monarchie erreicht hatte, verengte den Handlungsspielraum der italienischen Politik sehr. Und zwar nicht nur, weil das offizielle Österreich sich gegenüber Italien reserviert und feindselig verhielt. Gleichzeitig entstand – oder verfestigte – sich in Österreich-Ungarn eine Haltung des Unwohlwollens, des politischen Ressentiments, gegen Italien, die quer durch alle Schichten und Bevölkerungen der Monarchie ging und die auf das italienisch-österreichische Verhältnis ganz unabsehbare, mindestens bis zum Ausbruch des Ersten Weltkrieges reichende Konsequenzen haben sollte.

Das Resultat der Österreichpolitik der *sinistra* war verheerend. Die österreichisch-italienischen Beziehungen steckten im Jahre 1880 in einer Sackgasse, von der niemand wußte, ob es ohne Krieg einen Ausweg geben würde. Die gegenseitige Feindseligkeit hatte ein für Friedenszeiten außergewöhnliches Maß erreicht. Ein deutliches Zeichen dafür war, daß ein italienischer Abgeordneter, der Irredentist Felice Cavallotti, im April 1880 aus Triest ausgewiesen wurde,

---

30 Robilant an Cairoli, 1.1.1881, ASMAE, Rappresentanza Italiana a Vienna, Busta 114.
31 Robilant an Cairoli, 26.12.1880, ASMAE, Rappresentanza Italiana a Vienna, Busta 113. Robilant sprach von den „rappresentanti di quell'Austria compatta, autoritaria, tedesca, di cui certo gli italiani non ebbero mai a lodarsi" und vom „partito cattolico reazionario quindi ostilissimo all'Italia". „Per esprimermi meglio direi, ..., che sia gli uni che gli altri ci mangierebbero volentieri, colla sola differenza della diversa salsa colla quale amerebbero condirci."

wo er der Uraufführung eines von ihm geschriebenen Theaterstückes beiwohnen wollte. Dabei hatte sich Cavallotti in Triest nicht politisch betätigt.[32]

Hauptleidtragender dieser Entfremdung war Italien; Österreich-Ungarn hatte seinen Rückhalt im Deutschen Reich. Italien war hingegen in eine zunehmende diplomatische Isolierung geraten. Im Jahre 1880 tauchten auf italienischer Seite die ersten Pläne auf, die Außenpolitik durch ein Bündnis oder eine Entente mit den Zentralmächten oder aber mit Österreich-Ungarn oder Deutschland allein aus der Sackgasse zu führen.[33] Die in der orientalischen Frage erlittene Niederlage hatte in Italien ohnehin zu einer breiten öffentlichen Diskussion geführt, ob Italien nicht den Anschluß an die anderen Mächte gewinnen müsse, um künftig mit seinen Forderungen mehr Gehör zu erhalten. Doch noch galt die Politik der „freien Hand". Cairoli war der Ansicht, daß Italien „weder die Wohltaten, noch die Fesseln" fester Verträge brauche. Das Land habe keine Interessen und besonderen Ziele außer der Bewahrung des Friedens.[34] Die Stimmen, die nach einem festen Rückhalt verlangten, mehrten sich aber, als im Frühjahr 1881 ein italienisch-französischer Konflikt um den Besitz Tunesiens ein akutes Stadium erreichte.[35] Bismarck hatte in der Folge des Berliner Kongresses Frankreich ermutigt, sich Tunesiens zu bemächtigen. Doch auch Italien zeigte sich an dem Land besonders interessiert und glaubte wegen der starken italienischen Kolonie in Tunis, eine Anwärterschaft zu besitzen. Schon vor 1866 hatte es in Italien Pläne gegeben, das nordafrikanische Land zu annektieren. 1880 und 1881 verstärkten sich die italienisch-französischen Spannungen in der tunesischen Frage, wozu Übereifer und kleinliche Streitsucht der diplomatischen Vertreter vor Ort ebenso wie die Frage der Besitzrechte an tunesischen Eisenbahnen erheblich beitrugen. Da die gegenseitigen Öffentlichkeiten mobilisiert waren, gab es beiderseits kein Zurück mehr. Als Frankreich unter dem Vorwand, Nomadeneinfälle bekämpfen zu müssen, im Frühjahr 1881 von Algerien aus in Tunesien einrückte und bald schon unter Bruch anderslautender Versprechungen die Kontrolle über Tunesien an sich riß, war die Empörung in Italien über den „schiaffo di Tunisi", die „tunesische Ohrfeige", groß.

Eines war in diesen Monaten der italienischen Regierung wie der gesamten „classe politica" bewußt geworden: Italien konnte sich nicht gleichzeitig mit Österreich wegen der Irredenta-Frage und mit Frankreich wegen der Herrschaftsverhältnisse im Mittelmeer anlegen. Und es konnte auch keine ambitionierte Politik treiben, die gegen andere Großmächte gerichtet war,

---

32 Sandona, Irredentismo, S. 26–52; Akten über den Vorgang in: HHStA, PA XI, 100. Das Theaterstück trug den Titel: La Sposa di Menecle.
33 Zu Einzelheiten der „Gronert-Goercke-Mission" siehe GP 3; Nr. 533–537; Petrignani, Neutralità, S. 271–274; Salvatorelli, Triplice, S. 56–58.
34 Petrignani, Neutralità, S. 216.
35 Zu dieser Frage: Serra, Tunis; Dülffer, Vermiedene Kriege, S. 249–261.

und gleichzeitig weiterhin auf der „freien Hand" bestehen. Eine Neutralitätspolitik war nur unter Verzicht auf alle Ambitionen denkbar – und dazu war die „classe politica" keinesfalls bereit. Die Stimmen, die aus diesen Gründen eine Verständigung mit Österreich forderten, mehrten sich und gewannen die Oberhand, besonders weil das Verhältnis zu Frankreich immer gespannter wurde. Am 26. Juni 1881 kam es in Marseille bei der Rückkehr französischer Truppen aus Tunesien zu gewalttätigen Übergriffen der Bevölkerung gegen italienische Gastarbeiter. Die „Illustrazione Italiana" sprach von einer regelrechten „Jagd auf Italiener" („caccia agli italiani"), mindestens 8 Tote und 27 Verwundete waren zu beklagen. Zwar bewahrte zumindest diese Zeitung einen kühlen Kopf und suchte nach sachlichen Erklärungen. Sie führte die Unruhen in Marseille auf den Konkurrenzdruck zurück, dem sich die französischen Arbeiter durch die zahlreichen italienischen Gastarbeiter ausgesetzt sähen und der jetzt ein gewaltsames Ventil suche. Die Arbeiter seien in der Theorie zwar die Träger des Internationalismus, in Wahrheit aber die „größten Hasser aller Ausländer" („odiatori grandissimi dei forestieri") aus anderen Ländern, ja sogar aus anderen Städten.[36] Trotz dieser sachlichen Erklärungsversuche trug dieses Ereignis wesentlich dazu bei, die ohnehin sehr gespannten italienisch-französischen Beziehungen weiter zu belasten. Die öffentliche Meinung Italiens war über diese Vorgänge sehr aufgebracht.

Die außenpolitischen Perspektiven Italiens sahen übel aus. Einerseits die Feindschaft mit Frankreich, andererseits das gespannte Verhältnis zu Österreich-Ungarn; Italien konnte außer auf die unzuverlässige Neutralität Großbritanniens auf keinerlei außenpolitischen Rückhalt hoffen. Dabei waren sowohl Frankreich als auch Österreich-Ungarn militärisch so überlegen, daß ein Waffengang für Italien aussichtslos schien. Ob irgendeine Macht im Falle eines österreichischen oder französischen Überfalls Italien beistehen würde, war vollkommen ungewiß, aber eher unwahrscheinlich – eher unwahrscheinlich war aber auch ein solcher Angriff, denn es fehlte ein handfestes Motiv, das über die konstante Irritation durch Italiens lästige, aber offenkundig ohnmächtige Ambitionen hinausging. Trotzdem war die zunehmende Besorgnis der italienischen Öffentlichkeit über die eigene sicherheitspolitische Gefährdung – in der Sprache von heute würde man von einem „Sicherheitsdilemma" sprechen – verständlich und berechtigt.

Doch ausgerechnet in diesem Augenblick, in dem Italiens internationale Stellung ohnehin schon labil war, tauchte eine neue akute Bedrohung auf, die nicht nur die Neuerwerbungen in Übersee, die künftige Machtstellung im Mittelmeer oder die „terre irredente" betraf, sondern eine eminente Gefahr

---

36 „Illustrazione Italiana", 26.6.1881.

für den Weiterbestand als Nationalstaat bedeutete: Die römische Frage wurde wieder aktuell.

Eigentlich hatte sich die katholische Welt im wesentlichen mit dem Verschwinden des Kirchenstaates bereits abgefunden, zumal es viele Katholiken gab, die angesichts der allgemein bekannten repressiven inneren Zustände im untergegangenen Patrimonium Petri es für ein Glück hielten, daß die Kirche der Belastungen der weltlichen Herrschaft nun ledig war. Nicht jedoch der Papst und seine Kardinäle. Sie sahen bloß keine Gelegenheit, die an dieser Frage weitgehend desinteressierte politische Welt für ihr Anliegen einspannen zu können. Die italienischen Garantiegesetze waren sehr großzügig und garantierten nach dem Motto Cavours die „freie Kirche im freien Staat". Diplomatische Beobachter waren der Ansicht, daß die Garantiegesetze der Kirche mehr Freiheit gaben, als sie in irgendeinem anderen Land der Welt hatte. Die innenpolitische Frontstellung zwischen Staat und Kirche hatte sich trotzdem auch nach dem Tode Pius' IX. nicht geändert. Zwar bildete der italienische Klerus nach Ansicht ausländischer Beobachter keine wirklich kämpferische politische Opposition.[37] Aber die Kardinäle blieben in dieser Frage unbeugsam, und Leo XIII. war ebenso intransigent in der „römischen Frage" wie Pius IX., zäh, und – was die Angelegenheit für Italien noch gefährlicher machte – er war ein versierter Diplomat, der sich die Wiedererrichtung des Kirchenstaates zur Lebensaufgabe gemacht hatte.[38]

Gelegenheit dazu, diese Frage wieder aufzuwerfen, bot ein Zwischenfall im Sommer 1881. In der Nacht vom 12. zum 13. Juli sollten in einem nächtlichen Leichenzug die Gebeine Pius IX. vom Vatikan nach San Lorenzo fuori le mura zur endgültigen Ruhe gebracht werden. Die Route des Leichenzugs verlief durch das Zentrum von Rom; er war wohl auch als katholische Demonstration gedacht.[39] Nach Mitternacht zog der Trauerzug mit etwa 3.000 Teilnehmern unter Fackelschein durch die Stadt. Antiklerikale Demonstranten begannen die Demonstration zu behindern; Pfiffe und Rufe erschallten: „Morte ai preti" – Gegenrufe „Viva il Papa Re" – wieder Gegenrufe und Pfiffe „Viva il Re" – „Viva Garibaldi" – „Viva l'esercito" – mischten sich mit den religiösen Gesängen des Trauerzuges. Die Auseinandersetzung eskalierte; es kam zu Handgreiflichkeiten, und schließlich machten die Antiklerikalen sogar Anstalten, die Leiche des Papstes in den Tiber zu werfen. Die Prozession wurde vollkom-

---

37 Dazu die Berichterstattung Keudells von 1882 in: PA/AA, R 7715.
38 Dazu besonders Christoph Weber: Quellen und Studien zur Kurie und zur vatikanischen Politik unter Leo XIII. mit Berücksichtigung der Beziehung des Heiligen Stuhles zu den Dreibundmächten, Tübingen 1973; Friedrich Engel-Janosi: Österreich und der Vatikan 1846–1918, 1. Band: Die Pontifikate Pius IX. und Leos XIII. (1846–1903), Graz/Wien/Köln 1958.
39 Petrignani, Neutralità, S. 283, beurteilt die Planung des Leichenzugs als politische Demonstration.

IL TRASPORTO DELLA SALMA DI PIO IX nella notte del 13 luglio. — Il tafferuglio in Piazza di Venezia. (Da uno schizzo del signor Bondini).

1. Der Überfall auf den päpstlichen Leichenzug in der Nacht vom 12. zum 13. Juli 1881 ließ in der „classe politica" Italiens die Sorge hochkommen, der Papst könne sich nun an die Kaisermächte wenden und von ihnen die Wiederherstellung seiner weltlichen Herrschaft verlangen. Die Alternative für Italien: Selbst ein Bündnis mit den Zweibundmächten zu suchen. Die Abbildung stammt aus der „Illustrazione Italiana"

men gesprengt. Um die Leichenschändung zu verhindern, mußte die Karosse mit dem Sarg auf amtliche Anweisung hin im Galopp fliehen und den restlichen Leichenzug hinter sich lassen.

Der Eindruck über diesen Verstoß gegen die Pietät war um so verheerender, als die staatlichen italienischen Organe es verabsäumt hatten, ausreichende Sicherheitskräfte bereitzustellen. Die Passivität der Polizei, die nichts gegen die Ausschreitungen hatte unternehmen können, sah wie geheime Absicht und stillschweigendes Einverständnis mit den antipäpstlichen Demonstranten aus.[40] Die Empörung im In-, vor allem aber im Ausland, natürlich besonders in den katholischen Ländern, war groß.

---

40 Tavera an Haymerle, 2.9.1881, HHStA, PA XI, 94, bestreitet die später von Mancini in Umlauf gesetzte Version einer heimtückischen klerikalen Provokation, auf die die Polizei sich nicht hatte vorbereiten können. Zu der Ansicht unzureichender polizeilicher Gegenmaßnahmen gelangte auch Heinrich Graf v. Lützow: Im diplomatischen Dienst der k. u. k. Monarchie, hg. von

Für die politischen Ziele des Papstes war der Zwischenfall, so sehr er auch die religiösen Gefühle beleidigen mochte, ein Geschenk des Himmels. Die vatikanische Diplomatie handelte sofort. Die römische Kirche wurde weltweit mobilisiert, und vor allem aus den katholischen Ländern Europas und Südamerikas erreichten die Protestschreiben der Bischöfe die Regierungen; der Papst sei ein Gefangener im Vatikan, der italienische Staat weder fähig noch willens, die Garantiegesetze einzuhalten.[41] Unausgesprochenes, aber allen klares Endziel dieser Aktion war, das zentrale Anliegen des Pontifikats Leos XIII., die Neugründung eines wenn auch verkleinerten Kirchenstaates auf italienischem Territorium in der Stadt Rom, zu erzwingen.

Die italienischen Liberalen nahmen diese Drohung sehr ernst. Nicht nur wegen der inzwischen vollständigen diplomatischen Isolierung Italiens; es wurde sogar befürchtet, daß vielleicht Bismarck, der sich zu dieser Zeit bemühte, den Kulturkampf abzuschließen, die Garantiegesetze zum Thema eines diplomatischen Kongresses machen werde.[42] Dies würde bedeuten, daß Italiens Souveränität, vielleicht sogar seine Einheit zur Disposition der europäischen Großmächte stünde.

Diese Gefahr schien so groß, daß sie alle anderen Widerstände beiseite schob. Die italienische öffentliche Meinung verlangte nach der Sicherheit einer Allianz mit Österreich-Ungarn, der katholischen Vormacht, und dadurch auch die Allianz mit Deutschland – und dies so schnell wie möglich. Waren diese Mächte auf Italiens Seite, dann war jede Drohung durch die päpstlichen Schachzüge ausgeschaltet und außerdem den Franzosen durch das italienische Bündnis mit dem Deutschen Reich ihr Vorgehen in Tunesien heimgezahlt. Die Allianz mit Frankreich war nach dem „schiaffo di Tunisi" eine innenpolitische Unmöglichkeit und hätte auch die von einem Bündnis zwischen Bismarck und dem Vatikan ausgehende Gefahr nicht verhindern können, sondern vielleicht sogar noch verstärkt.

Hier lag der Anfang des Dreibundes.

Peter Hohenbalken, München 1971, S. 35, 36. Lützow war als Angehöriger der österreichisch-ungarischen Botschaft in Rom Zeuge des Vorfalls.
41 Dazu die Akten in: ASV, Segreteria di Stato, Anno 1885, Rubbrica 247, fasc. 1.
42 Siehe die Ansicht Sonninos in Kap. I.2.b: Schritte Mancinis und Blancs zur Annäherung an die Zentralmächte – Der Besuch König Umbertos in Wien.

> Mio caro conte, salvate il Re. Mettete spalle al muro questi poveri parlamentari. Costringeteli a coprirsi di gloria loro malgrado, ad assicurare l'inviolabilità dell'Italia e della dinastia.
>
> Blanc an Robilant, 15. Dezember 1881

2. Die schwierige Geburt der Allianz

a) Italiens Regierung und öffentliche Meinung im Sommer 1881

Die innen- wie außenpolitischen Turbulenzen, die dem Überfall auf den Leichenzug Pius' IX. folgten, sahen die Regierung Cairoli nicht mehr im Amt. Schon die französische Besetzung Tunesiens hatte den Regierungschef in ernsthafte Schwierigkeiten gebracht, doch konnte sich das Kabinett mehr wegen der Schwäche und Handlungsunfähigkeit der Opposition, der *destra*, als durch die eigene Stärke noch einmal stabilisieren.[1] Ein beleidigendes französisches Zirkular und der Vertrag am 12. Mai 1881 mit dem Bey von Tunis, der das Land in ein französisches Protektorat umwandelte, ließen die Stimmung dann aber endgültig umschlagen. Cairoli wurden bittere Vorwürfe gemacht; er habe naives Vertrauen in die französische Politik gehabt.[2] Die Erregung schlug so hoch, daß selbst Garibaldi sich scharf antifranzösisch äußerte und der sprichwörtlich frankophile Irredentist Felice Cavallotti die französische Regierung als „Straßenräuber" bezeichnete.[3] Der Ministerpräsident mußte zurücktreten; erneut wurde verhandelt, und schließlich brachte die *sinistra* ein neues Ministerium zustande, dem Cairoli nicht mehr angehörte. Agostino Depretis wurde Ministerpräsident und Innenminister, Giuseppe Zanardelli Justiz- und Pasquale Stanislao Mancini Außenminister. Das Ministerium galt insgesamt als links. Vor allem Zanardelli war ein erklärter „Linker", und ein hochintelligenter dazu, wie seine Feinde einräumten. König Umberto, der lieber Sella und die *destra* an der Regierung gesehen hätte, bedauerte, daß zur Zeit ein besseres Ministerium nicht habe zustande gebracht werden können.[4]

---

1 Die „destra" versuchte sogar, die Regierung zu übernehmen, jedoch vergeblich. Sellas vom König favorisierte Versuche, ein Ministerium zu bilden, scheiterten. Daraufhin konnte sich sogar die Regierung Cairoli wieder stabilisieren. Sie wurde am 30.4.1881 durch ein von Mancini initiiertes Vertrauensvotum mit 262 gegen 147 Stimmen gestützt.
2 Dazu: Keudell an Bismarck, 22.5.1881, in: PA/AA, R 7715.
3 Zitiert bei Decleva, L'Incerto Alleato, S. 117.
4 Keudell an Bismarck, 7.6.1881, PA/AA, R 7715.

Die schwierige Geburt der Allianz

Der neue Außenminister, Pasquale Stanislao Mancini, wurde im In- und Ausland für erheblich befähigter als sein Vorgänger Cairoli gehalten.[5] Mancini, geboren 1817, war Neapolitaner; in der Revolution von 1848 aktiv, war er zu 25 Jahren Gefängnis verurteilt worden und ins Exil nach Piemont geflohen. Er war Jurist, Professor, Experte für internationales Recht und galt als der berühmteste Rechtsanwalt Italiens. Seine Theorien über die Nationen als Grundlage des Völkerrechts wurden in ihrer Bedeutung – beispielsweise von dem Historiker Theodor Schieder – den Schriften Mazzinis gleichgestellt.[6] Mancini hatte sich bereits als Justizminister einen Namen gemacht und damals den Ruf eines fähigen, energischen Politikers erworben. Die gute Zusammenarbeit mit Deutschland und Österreich-Ungarn – vor allem mit dem letzteren – war für ihn der Hauptprogrammpunkt seiner Amtszeit, der im Mai 1881 keiner eine lange Dauer prognostizierte,[7] die sich aber doch bis Juni 1885 erstrecken sollte.

Eine Verbindung mit dem Deutschen Reich war innenpolitisch unproblematisch und außenpolitisch für Italien sehr vorteilhaft; es gab keine Reibungsflächen, aber gemeinsame potentielle Gegner, besonders natürlich Frankreich. Beim Ausgleich mit Österreich-Ungarn waren innenpolitisch aber größere Hürden zu nehmen. Insgesamt hatte Mancini zu Beginn seiner Amtszeit aber kein Konzept einer förmlichen Allianz mit den Zweibundmächten, sondern wollte zunächst nur die doch sehr strapazierten politischen Beziehungen verbessern. Erst dann wäre die alte Linie der italienischen Außenpolitik, die der „freien Hand", wieder möglich gewesen. Gute Beziehungen zu Frankreich schloß dies nicht aus, im Gegenteil, hatte auch Mancini das Konzept der „amici con tutti" nicht aus den Augen verloren. Frankreich war und blieb für Italien ein politisch wichtiger Nachbar – nicht zuletzt auch aus ökonomischen Gründen. Am 8. Juli 1881 hatte ein Bankenkonsortium unter maßgeblicher französischer Beteiligung Italien einen Kredit von 644 Millionen Lire bewilligt, der benötigt wurde, um den „corso forzoso" abzuschaffen. Außerdem liefen bereits Verhandlungen wegen der Erneuerung des italienisch-französischen Handelsvertrages.[8] Mancini hielt es deshalb für notwendig, auch die Beziehungen zu Frankreich nach den Ereignissen in Tunesien und dem Zwischenfall in Marseille wieder zu verbessern.

---

5 Mancini sei, so urteilte zumindest der deutsche Botschafter in Rom, Keudell, „an Intelligenz und Rechtskunde seinem Vorgänger (Cairoli) unendlich überlegen". Auch der österreichisch-ungarische Außenminister, Baron Haymerle, sprach anerkennend von der „hervorragenden Begabung des nunmehrigen Ministers des Äußeren Mancini". In: Keudell an Bismarck, 24.6.1881, PA/AA, R 7715.
6 Theodor Schieder: Nationalismus und Nationalstaat. Studien zum nationalen Problem in Europa, hrsg. von Otto Dann und Hans-Ulrich Wehler, Göttingen 1991, S. 331.
7 Keudell an Bismarck, 24.6.1881, PA/AA, R 7715, mit einem entsprechenden Urteil Haymerles.
8 Petrignani, Neutralità, S. 276.

Direkt bei seinem Amtsantritt schrieb Mancini einen Privatbrief an den österreichisch-ungarischen Außenminister Haymerle, in dem er seiner Hoffnung auf „freundschaftliche Beziehungen" und „gute Verhältnisse zwischen den beiden Monarchien" Ausdruck gab.[9] In seinem Wunsch, den Ausgleich mit den Zentralmächten herbeizuführen, wurde er bestärkt und angetrieben von seinem engsten Mitarbeiter, dem Generalsekretär im italienischen Außenministerium, Baron Blanc.[10] Blanc, geboren 1835, war Savoyarde und genoß als ehemaliger Mitarbeiter Cavours hohes Ansehen in Italien und als engagierter Monarchist noch höheres bei der Diplomatie der Kaisermächte.[11] Blanc war einer der unbedingt monarchisch gesonnenen, aristokratischen, der Krone nahestehenden Piemontesen in der hohen italienischen Diplomatie, zu denen auch die ranghöchsten Botschafter – Graf Robilant, Graf Nigra, Graf De Launay – gehörten.[12] Baron Blanc war der überzeugteste Vertreter jener konservativ-monarchistischen Richtung in Italien, die Italien infolge der Politik der *sinistra* und vor allem durch die Irredenta in eine Katastrophe und die Monarchie in den Bankrott steuern sahen. Er hielt Italien für ein schwaches Land, das sich die Großmachtallüren nicht leisten könne und seine Kräfte für den inneren Aufbau benötige.[13] Und er sah es als die Hauptaufgabe der italienischen Außenpolitik an, sich Österreich-Ungarn und dem Deutschen Reich anzunähern und, in Anbindung an diese Mächte, Italien und die Monarchie auch im Inneren zu stabilisieren. In seiner Konzeption sollte das beabsichtigte Bündnis mit den konservativen Zentralmächten nicht nur, wie für Mancini, die außenpolitische Konsolidierung Italiens bewirken. Stark ausgeprägt war auch der Wunsch, die italienische Politik insgesamt grundlegend zu reformieren. Sein Ziel war nicht nur, zur gemäßigt-ruhigen Außenpolitik der *destra* zurückzufinden, sondern auch eine Beruhigung der italienischen Innenpolitik und eine Eindämmung der irredentistischen, für Österreich

---

9 Keudell an Bismarck, 24.6.1881, PA/AA, R 7715.
10 Zu Blanc siehe: Ministero degli Affari Esteri (Hg.): Collana Testi diplomatici: Alberto Blanc, Roma, s. d.; siehe auch Kap. II.3.a: Die neue Regierung Crispi und Italiens innenpolitische Nöte.
11 Wimpffen an Kálnoky, 23.12.1881, HHStA Wien, PA I, 457, charakterisierte Blanc als „den seriosesten Mann im Cabinette."
12 Diese Persönlichkeiten sind von Federico Chabod in seinem Buch über die geistesgeschichtlichen und biographischen Grundlagen der italienischen Außenpolitik von 1870–1896 meisterhaft und mit viel Sympathie skizziert worden. (Chabod, Storia della Politica Estera Italiana dal 1870 al 1896, Bari 1971.) Das Werk könnte als ein früher Versuch einer Mentalitätsgeschichte der Außenpolitikgeschichte gewertet werden. Richard Bosworth: Italy, the Least of the Great Powers: Italian Foreign Policy before the First World War, Cambridge 1979, S. 95–127, besonders S. 102 ff., über die Consulta (= das Gebäude, in dem sich das italienische Außenministerium in Rom damals befand) und den nach der Jahrhundertwende stark abnehmenden Anteil piemontesischer Diplomaten im Außenministerium.
13 Tavera an Haymerle, 30.9.1881, HHStA, PA XI, 94. Tavera berichtet von einem Gespräch mit Blanc.

ebenso wie für den Bestand der italienischen Monarchie gefährlichen Agitation zu erreichen. Für seinen Minister, der selber der *sinistra* angehörte und auf eine revolutionäre Vergangenheit zurückblickte, wie für alle anderen führenden Politiker der „Linken" hatte Blanc nur Verachtung übrig, die er nicht nur seinen gleichgesinnten Kollegen (wie zum Beispiel dem Botschafter in Wien, Graf Robilant), sondern auch, wie noch näher zu schildern sein wird, dem österreichisch-ungarischen Botschafter in Rom, Graf Wimpffen, gegenüber unverhohlen zum Ausdruck brachte. Und er drängte sogar den König, gegen den Widerstand der Minister die Leitung der Außenpolitik selbst in die Hand zu nehmen. Doch Umberto I. lehnte diese Aufforderung strikt ab; „er als konstitutioneller Monarch [sei] durch das Statut gebunden" und habe weder genug eigene Verdienste noch hinreichende eigene Erfahrung, um dem Kabinett seinen Willen vorschreiben zu wollen.[14]

Blanc scheute zur Erreichung seines Zieles auch vor Alleingängen und der Verletzung normaler diplomatischer Gepflogenheiten nicht zurück. Dem deutschen Botschafter gegenüber gestand er im Juni 1881 offen ein, Italien sei durch eigene Schuld in Europa „vollständig isoliert" und dürfe keine Gelegenheit versäumen, dem Deutschen Reich oder Österreich-Ungarn gefällig zu sein; ähnlich unverblümt äußerte er sich mehrfach gegenüber Graf Wimpffen.[15]

Daß in der Tat etwas geschehen müsse, um die außenpolitische Lage zu stabilisieren, war eine im Sommer 1881 in allen politischen Kreisen Italiens weitverbreitete Ansicht. Vor dem Hintergrund des französischen Vorgehens in Tunesien und dem erneuten Aufflammen der „Römischen Frage" wurde als möglicher Ausweg eine Allianz mit den Kaisermächten sehr lebhaft diskutiert. Streitpunkt war vor allem die Nützlichkeit eines solchen Bündnisses; was sollte denn dabei herauskommen, war es tatsächlich nötig? Wie würde die Regierung in Paris reagieren; durften und sollten die Brücken zu Frankreich denn wirklich abgebrochen werden? Je schwärzer die Lage Italiens gesehen wurde, desto lebhafter war auch der Wunsch nach einer Allianz; am meisten ersehnt wurde sie, nicht ohne Grund, in den Kreisen der Monarchisten. Die Frage nach dem Für und Wider eines Bündnisses spaltete *destra* wie *sinistra*; in beiden Lagern überwogen jedoch die Befürworter.

Beide Gruppierungen des italienischen Parlaments – es sei hier angemerkt, daß es sich keinesfalls um „Parteien" im heutigen Sinn handelte, sondern eher um politische Strömungen oder vielleicht auch Wertegemeinschaften, in denen wiederum einzelne herausragende Abgeordnete und ihre Gefolgschaft die Diskussion bestimmten – diskutierten schon vor der französischen Inbesitznahme Tunesiens über den besten Weg aus der außenpolitischen Isolierung.

---

14 Tavera an Kállay, 14.10.1881, HHStA, PA XI, 94.
15 Keudell an Bismarck, 22.6.1881, PA/AA, R 7715.

Dies geschah auch in Form einer lebhaften Zeitungsdiskussion, die nach dem französischen Ausgreifen in Tunesien an Heftigkeit zunahm. Noch vor dem Attentat auf den Leichenzug Pius' IX. erschien am 29. Mai 1881 in der „Rassegna Settimanale" ein Artikel des dem parlamentarischen Zentrum zugerechneten Abgeordneten Sidney Sonnino. Er lehnte die Neutralität scharf ab; nur im Bündnis sei Italien stark. Italien müsse sich entscheiden, ob es in Europa irgendeine Bedeutung haben wolle. („L'Italia doveva decidersi, se voleva contare qualcosa in Europa.")[16] Besonders scharf rechnete Sonnino mit der Irredenta ab, die er für die schlechte außenpolitische Lage Italiens wesentlich verantwortlich machte. Die Ziele der Irredenta seien nicht zu erreichen; Triest für die Habsburgermonarchie als Hafen zu wichtig, um abgetreten werden zu können; das Trentino allein zu unbedeutend, um im Vergleich zu den Vorteilen einer engen Freundschaft mit Österreich wirklich ins Gewicht zu fallen. Die Isolierung könne Italien sich nicht weiter leisten. Doch müsse man den Allianzpartnern auch etwas bieten können, und zwar eine „geordnete Innenpolitik". Diese sei auch nötig als Basis für eine zielstrebige Außenpolitik.[17] Ähnliche Argumente brachte der Abgeordnete Marselli in der „Nuova Antologia" vom 1. Juli 1881 zum Ausdruck. Es war keine Überraschung, daß auch der „Diritto", die Zeitschrift Blancs, in einem Artikel von 20. Juli 1881 eine Allianz befürwortete. Sie bedeute durchaus keine Bedrohung Frankreichs, sie sei ein „Friedensbündnis, eine Union, die gedacht sei, für viele Jahre den europäischen Frieden zu erhalten."[18]

Doch gab es auch Gegner der Allianz. Zu diesen gehörte vor allem Agostino Depretis, der Regierungschef selbst. Nicht aus persönlichen Motiven, obwohl er große Sympathien für die Franzosen hatte, sondern vor allem aus wirtschaftlichen Gründen scheute er den Bruch mit Frankreich. Er verwies darauf, daß Frankreich Italiens wichtigster Handelspartner war; daß 400.000 Italiener sich in Frankreich als Gastarbeiter aufhielten; daß die Beziehungen zu Frankreich schon aus ökonomischen Gründen wichtiger waren als die Kolonie von 25.000 Italienern in Tunesien. Ganz nüchtern war er der Ansicht, die Besetzung Tunesiens durch die Franzosen habe für Italien nicht die Bedeutung, die ihr in der Öffentlichkeit allgemein zugesprochen werde.[19] Im übrigen befürchtete er für den Fall eines Anschlusses Italiens an die Mittelmächte sogar einen Krieg mit dem dann vollständig eingekreisten Frankreich. Seine

---

16 Petrignani, Neutralità, S. 278.
17 Chiala, Triplice, S. 20 f.; Auszüge in: Lützow, Dienst, S. 287, Anm. 25; Petrignani, Neutralità, S. 278, 279. Petrignani schildert ebenda auf den Seiten 276–283 die unterschiedlichen Artikel und Pressestimmen, denen auch die folgenden Auszüge entnommen sind.
18 Im Original: „lega pacifica, di unione destinata a conservare per lunghi anni la tranquillità all'Europa."
19 Chiala, Triplice, S. 11; Decleva, Italia, S. 58: Depretis meinte, die französische Besetzung „non aveva, per l'Italia, quella importanza che in generale le si attribuiva".

Die schwierige Geburt der Allianz

Zeitung, der „Popolo Romano", schrieb am 22. Juli, wohl als Antwort auf den „Diritto" und damit auf Baron Blanc, daß Italien keine expansiven Ziele habe, deshalb auch keine Verpflichtungen eingehen müsse und im übrigen zwar die bestmöglichen Beziehungen zu den Kaiserreichen suchen, aber diese schon wegen der engen ökonomischen Verflechtungen mit Frankreich auch mit Frankreich pflegen müsse.

Auch die Kreise der *destra* um Ruggiero Bonghi und Lanza standen dem Allianzgedanken skeptisch gegenüber. Die traditionellen Sympathien der *destra* für Frankreich vereinten sich hier mit prinzipiellen Zweifeln am Sinn eines Bündnisses. Eine Allianz schließe man erst kurz vor Kriegsausbruch und für ein fest definiertes Ziel, argumentierte Lanza in einem Leserbrief an die „Deutsche Revue". Andere Teile der *destra* befürworteten hingegen ein Bündnis zur Erhaltung des Friedens, wie beispielsweise Senator Cadorna, Eroberer von Rom 1870 und Vater des Generalstabschefs des Ersten Weltkrieges.[20]

Nach fast vier Monaten intensiver Diskussion über das Für und Wider einer Allianz wurde im September 1881 von beiden Lagern, den Allianzbefürwortern und den Allianzgegnern, ein Resumè gezogen. Der „diritto" stellte am 8. September 1881 triumphierend fest, daß sich die öffentliche Meinung in Italien, aber auch die in den beiden Kaiserstaaten so entschieden für eine Allianz ausgesprochen habe, daß die Regierungen gar keinen anderen Weg mehr einschlagen könnten. Ein ähnliches Urteil zog die „Gazzetta Ufficiale", die selbst ein Bündnis ablehnte, aber zwei Tage nach dem „Diritto" ebenfalls feststellen mußte, daß aus den Zeitungskommentaren und den Äußerungen vieler Politiker hervorgehe, „daß die große Mehrheit die deutsch-österreichische Allianz wolle" und nur noch darüber diskutiert werde, ob man sie sofort abschließen oder noch etwas abwarten und sich innenpolitisch darauf vorbereiten solle, um den Wert der italienischen Freundschaft zu erhöhen und auch mehr Abstand von den Ereignissen in Tunesien zu gewinnen.

---

20 Cadorna schrieb in der „Opinione" am 13. August 1881, daß die Gefühle der Sympathie und Dankbarkeit für Frankreich Grenzen haben müßten; Italien habe mit den Zentralmächten das Interesse gemein, die Ordnung und den Frieden in Europa zu bewahren. Seine Stellungnahme wurde auch als die der Krone verstanden. Doch die Antwort des „Popolo Romano" – also des Ministerpräsidenten – ließ nicht lange auf sich warten: Schon am nächsten Tag schrieb die Zeitung, daß die Freundschaft mit Deutschland und Österreich-Ungarn durchaus ein erstrebenswertes Ziel sei, doch brauche man doch dazu keine Allianz. Italien wolle mit allen Mächten befreundet sein und bettele nicht um irgendein Bündnis.

b) Schritte Mancinis und Blancs zur Annäherung an die Zentralmächte – Der Besuch König Umbertos in Wien

Mancini setzte also das um, was die „classe politica" mehrheitlich forderte, als er am 15. Juni 1881 den Botschaftern in Berlin und Wien sein außenpolitisches Programm mitteilte: Den Anschluß Italiens an die Zweibundmächte.[21] Gegen den Widerstand De Launays und Robilants – sie fanden den Zeitpunkt ungünstig; nach dem „schiaffo di Tunisi" sei die diplomatische Position Italiens denkbar schwach, und niemand würde für die italienische Freundschaft viel geben wollen, außerdem hofften sie auf einen inneritalienischen Regierungswechsel, der das außenpolitische Prestige des Landes wieder heben würde – war Mancini fest entschlossen, sofort ein Bündnis zu suchen. Er erklärte, die Allianz sei für ihn eine Kabinettsfrage; mit diesem Programm werde er stehen oder fallen.[22] Und Blanc tat alles, um Mancini auf Kurs zu halten und alle Widerstände gegen das Allianzprojekt aus dem Wege zu räumen. Ihnen kam bei ihrem Vorhaben ein (arrangierter?) Vorfall zur Hilfe. Am 9. August 1881 behauptete die Prager Zeitung „Politik", König Umberto habe den Wunsch geäußert, Kaiser Franz Joseph in Ischl oder in Gödöllo zu besuchen; der Kaiser habe geantwortet, es sei ihm eine Freude, den italienischen König als Gast begrüßen zu dürfen. Ob es sich dabei um eine Zeitungsente handelte oder ob die Nachricht lanciert wurde, zum Beispiel von Mancini oder Blanc, vielleicht auch von interessierter österreichischer Seite, ist unbekannt und geht weder aus den italienischen noch aus den österreichischen Akten zweifelsfrei hervor. Da diese Meldung aber allseits sehr gelegen kam, ist es nicht auszuschließen, daß es sich um einen diplomatischen *ballon d'essai* einer der beiden Seiten handelte.[23]

Möglicherweise ging die Meldung aber auch auf ein – nicht unwillkommenes – Mißverständnis zurück. König Umberto hatte den nach Wien abreisenden österreichischen Militärattaché, Generalmajor Kober, bei den Sommermanövern mit einem – wie er später versicherte, ganz beiläufigen – „Au revoir" verabschiedet. Dieser hatte den Gruß aber dahingehend interpretiert, der König wolle nach Wien kommen und ihn *dort* wiedersehen. Er machte von dieser Begebenheit Franz Joseph Meldung; dieser reagierte sehr freundlich und meinte zum italienischen Militärattaché, er würde sich freuen, Umberto zu sehen. Angesichts des zunehmenden öffentlichen Drucks zugunsten einer Allianz in Italien und dem Eigeninteresse des Monarchen ist als weitere Erklärung auch denkbar, daß der König selbst dem Militärattaché gegenüber

---
21 Keudell an Bismarck, 29.10.1881, PA/AA, R 8675.
22 Petrignani, Neutralità, S. 299.
23 Petrignani, Neutralità, S. 285.

Die schwierige Geburt der Allianz 59

eine Andeutung in dieser Richtung gemacht hatte, die er später abstritt und als Mißverständnis hinstellte.

Ob gewollt oder nicht – das Presseecho auf die Zeitungsmeldung der „Politik" war sowohl in Italien als auch bei den liberalen Zeitungen in Österreich-Ungarn – vor allem der „Neuen Freien Presse" – sehr positiv, auch dann, als die Meldung schon einen Tag später dementiert wurde. Allgemein wurde die geplante Begegnung der Monarchen und der damit dokumentierte Wille zur österreichisch-italienischen Aussöhnung sehr begrüßt.

Allerdings waren die Bedenken der Allianzgegner in Italien damit noch lange nicht ausgeräumt. Ministerpräsident Depretis sträubte sich aus wirtschaftlichen wie militärischen Gründen nach wie vor gegen jeden Allianzfühler.[24] Und eine geschickte französische Diplomatie hätte durch entsprechendes Entgegenkommen sehr viel erreichen können. Doch gingen die Franzosen von dem axiomatischen diplomatischen Grundsatz aus, daß Italien und Österreich-Ungarn durch die Frage des Irredentismus derart miteinander verfeindet seien, daß eine Allianz dieser Mächte nicht befürchtet werden müsse und Italien jederzeit mit geringem Aufwand als Bundesgenosse gewonnen werden könne.[25]

Auch von österreichischer Seite kamen Molltöne. Baron Haymerle empfing Robilant und drückte zwar seine Freude über die Änderung der italienischen Politik aus; aber er empfahl, daß die Annäherung behutsam vor sich gehen solle, um Frankreich nicht zu provozieren. Auch wolle Österreich-Ungarn warten, bis die italienische Regierung innenpolitisch auf einer solideren Basis als bisher stehen werde.[26] Diese Argumente entsprachen ohnehin Robilants eigenen Ansichten, und der Botschafter säumte nicht, dem König von der Reise abzuraten. Die außen- wie innenpolitische Lage Italiens sei zur Zeit so schlecht, Italien so isoliert, daß die Reise des Königs nach Wien ein „Gang nach Canossa" zu werden drohe.[27] Es sei besser, erst günstigere Rahmenbedingungen zu schaffen, so daß Deutschland und Österreich-Ungarn die italienische Freundschaft suchen würden. Robilant wandte sich auch an Depretis, der bestimmt nicht unglücklich war, in seiner Skepsis gegen die Allianz

---

24 Über die wirtschaftlichen Zwänge hinaus trug er, vielleicht auch taktisch gemeint, ein weiteres Argument in die Debatte: Sollte das italienische Allianzangebot an Österreich-Ungarn und Deutschland öffentlich bekanntwerden, würde vielleicht Frankreich Italien direkt angreifen, ohne daß sich Italien des Beistandes der Zentralmächte bereits sicher sein könne. Und die französische Flotte sei der italienischen drückend überlegen; wehrlos müsse Italien dann zusehen, wie Frankreich seine Küsten verwüste. Zur seestrategischen Lage im Mittelmeer allgemein siehe Gabriele, Convenzioni Navali.
25 Petrigniani, Neutralità, S. 297, 298, spricht vom „atteggiamento miope della Francia".
26 Petrignani, Neutralità, S. 287.
27 Ebd.

von kompetenter Seite unterstützt zu werden. Robilants Gegnerschaft drohte die Reise und damit wahrscheinlich das gesamte Allianzprojekt zum Scheitern zu bringen. Seiner Haltung kam nun entscheidende Bedeutung zu. Baron Blanc, unruhig und nervös, voller Angst um die Dynastie, gelang es aber, Robilant umzustimmen. Besonders überzeugend war sein Argument, daß die Allianzpolitik, durch die Linke in die Wege geleitet, wirkungsvoller und innenpolitisch auf Dauer leichter durchzuhalten sei, als wenn sie die Rechte anbahnen würde. Außerdem sei durch das glückliche Mißverständnis die Sache bereits ins Rollen gekommen. Mancini war ebenfalls fest entschlossen, an dem Plan festzuhalten; er wollte sogar demissionieren, wenn die „entrevue" nicht zustande kommen sollte.[28] Robilant änderte seine Ansicht, und schließlich, nachdem sich auch die anderen Botschafter (Nigra, Launay, Menabrea) für Allianzverhandlungen und Reise ausgesprochen hatten, gab auch Depretis nach.

Die Königsreise war damit beschlossene Sache. Am 15. Oktober 1881 schrieb König Umberto an Kaiser Franz Joseph und erhielt schon einen Tag später eine sehr freundliche Antwort. Depretis entschloß sich „aus konstitutionellen Gründen" mitzufahren; auch Mancini beschloß daraufhin, sich dem königlichen Gefolge anzuschließen. So bestand auch die Möglichkeit, gegebenenfalls politisch verantwortlich über eine Allianz verhandeln zu können. Doch galt es, noch eine wichtige Frage zuvor zu klären. Sollte der Besuch auch nach Berlin führen oder sich auf die Reise nach Wien beschränken? Hier gab es eine Analogie: Die Reise Vittorio Emanueles II. im Jahre 1873, seinerzeit ein großer politischer Erfolg, war zuerst nach Wien und dann nach Berlin gegangen. Da in Italien jetzt befürchtet wurde, Bismarck sei gekränkt, wenn die Reise nicht auch nach Berlin ginge, schrieb Umberto gleichzeitig auch an den deutschen Kronprinzen. Dieser gab das Schreiben an Bismarck und an seinen Vater weiter und riet diesem vorsichtig zu einer Begegnung; Bismarck aber meinte, man solle Frankreich nicht unnötig provozieren und die Italiener sollten sich keine Sorgen machen; eine Übereinkunft mit Wien sei der beste Gefallen, den Italien Deutschland erweisen könne.[29]

Mancini wollte sich aber vorher vergewissern, daß der Besuch in Berlin richtig gewürdigt werde. Im Gespräch mit dem deutschen Botschafter in Rom, Keudell, in dem er selbst energisch auf die Irredenta schimpfte und einen klaren Trennstrich zwischen sich und „diesen Leuten" zog, erwähnte er die freundliche Antwort Kaiser Franz Josephs und betonte, daß der Besuch auf eine Berliner Anregung zurückgehe. Dort habe man immer gesagt, daß eine

---
28 Tavera an Haymerle, 6.10.1881, HHStA, PA I, 457.
29 Bismarck an Kaiser Wilhelm I., 18.10.1881; Herbert Bismarck an den Kronprinz, 18.10.1881, PA/AA, R 8675.

Verbesserung der Beziehungen zu Wien die Grundbedingung für jede deutsch-italienische Zusammenarbeit sei.[30]

Tatsächlich hatte sich auch die österreichische Diplomatie schon dafür interessiert, wie der deutsche Reichskanzler zu den italienischen Annäherungsversuchen stand. Bismarck spielte den Gleichgültigen und wollte selbst in dieser Angelegenheit nichts unternehmen, versuchte aber auch zu verhindern, daß die Österreicher die italienische Offerte abwiesen und gab das deutsche Interesse an einer österreichisch-italienischen Annäherung zu erkennen.[31]

In den Vorbereitungen wurde zwischen Italien und Österreich-Ungarn auch der Ort der Zusammenkunft diskutiert. Gedacht wurde italienischerseits an einen grenznahen Ort; zum Beispiel Tarvis. Jeder der beiden Monarchen hätte dann eine gewisse Strecke zurückgelegt, um den anderen zu sehen; das Verhältnis wäre ausgewogen. Doch das Wiener Außenministerium wollte den Italienern in dieser Frage buchstäblich nicht entgegenkommen und beharrte auf Wien. Der Kaiser selbst äußerte den „ausdrücklichen Wunsch", seinen Besuch in der Hauptstadt zu empfangen.[32]

Warum legten die Österreicher solch einen Wert darauf, daß Umberto nach Wien kam? Der päpstliche Nuntius in Wien behauptete denn auch – natürlich aus der italienfeindlichen Haltung der katholischen Kirche heraus –, daß sich die Österreicher daran ergötzten, den italienischen König wie einen Vasallen, der um eine Audienz gebettelt habe, nach Wien kommen zu sehen. Der König des Nachbarlandes, dessen Territorialforderungen seit Jahren die österreichischen Nerven strapaziert hatten, müsse jetzt wegen der politischen Isolierung seines Landes den schweren „Gang nach Canossa" antreten.[33] Insofern sei der Besuch geradezu ein „erniedrigender Akt" für Italien, den weit über die kirchenfreundlichen Kreise hinaus alle Österreicher, und zwar auch die italienfreundlichen Liberalen, genössen. Eine andere, positivere Begründung für diese österreichische Disposition formulierte ein Jahr später Mancini; der Kaiser habe den König in Wien empfangen wollen, um ihm dort einen ganz besonders würdigen Empfang („les fetes plus dignement") zuteil werden zu lassen.[34]

---

30 Keudell an Bismarck, 17.10.1881, PA/AA, R 8675.
31 Wimpffen an Haymerle, 19.9.1881, HHStA, PA XI, 94. Gegenüber Graf Wimpffen sprach Bismarck sich Mitte September 1881 „mit Geringschätzung und Mißtrauen" über Italien aus und führte aus, „Deutschland habe in Italien keine direkten Interessen. Anders sei das Verhältnis Österreichs zu Italien und der Werth, welchen [es] auf gute Beziehungen mit Italien legen und legen [müßte], bilde heute den alleinigen Maßstab für seine Beziehungen mit der italienischen Regierung."
32 Derenthal an Bismarck, 26.8.1882, PA/AA, R 8675.
33 Serafino an Jacobini, 24.10.1881, ASV, Segreteria di Stato, Anno 1885, Rubbrica 247, fasc. 1.
34 Ludolf an Kálnoky, 10.11.1882, HHStA, PA XI, 95.

Die österreichische Seite setzte sich zwar in dieser Frage durch, beging aber damit einen kapitalen Fehler. Die politischen Konsequenzen – der nach den Usancen monarchischer Höflichkeit zwingend erforderliche Gegenbesuch Kaiser Franz Josephs in der italienischen Hauptstadt – wurden im Herbst 1881 nicht erkannt oder zumindest von keiner der beiden Seiten angesprochen; sie gestalteten sich aber bald schon zu einer Dauerbelastung des österreichisch-italienischen Verhältnisses und werden noch ausführlicher zu besprechen sein.[35]

Der italienische König wurde in Wien von der Bevölkerung korrekt, wenn auch nicht enthusiastisch begrüßt.[36] Doch auch wenn die letzte Herzlichkeit in der Bevölkerung gefehlt haben sollte, so war doch das Verhältnis zwischen den Monarchen und ihrer Umgebung ungetrübt und sehr freundschaftlich. An den Tischgesellschaften zur Feier des Besuches nahm sogar, zur äußersten Verärgerung des Vatikans, Kardinal Haynald als Vertreter der ungarischen Delegation teil. Ex-Außenminister Graf Andrássy, der immer ein Befürworter des italienisch-österreichischen Ausgleichs gewesen war, sagte freudestrahlend zu den italienischen Gästen: „Voilà, la summe de mon programme."[37] Umberto, dessen direkte, schlichte Art gut aufgenommen wurde, wurde vom Kaiser zum Ehrenoberst eines österreichischen Regiments ernannt und legte auch die entsprechende Uniform an. Das trug ihm zu Hause seitens der Radikalen bittere Vorwürfe und den Schmähruf „colonello austriaco" ein.[38] In irredentistischen Zeitungen wurden die Taten des 1848 auch in Italien eingesetzten Regiments genüßlich, sehr detailliert und in außerordentlich gehässigem Ton geschildert.[39]

Trotzdem war der Besuch, wenn er als *entrevue* zwischen den Monarchen betrachtet und als Aktion zur Verbesserung des politischen Klimas gewertet wurde, ein Erfolg. Was die Allianzpläne anging, war er jedoch allenfalls ein Teilerfolg, der dazu diente, eine Verhandlungsatmosphäre aufzubauen. Das lag entscheidend daran, daß der italienfreundliche Außenminister, Baron

---

35 Siehe Kap. I.3.d.2: Franz Joseph zwischen Vatikan und Quirinal.
36 Dazu Petrignani, Neutralità, S. 289. Unterschiedliche Bewertungen der Aufnahme bei Mancini, Rede vom 7.12.1881 im Parlament; Manuskript in: PA/AA, R 8675, als „herzlich"; kühle Aufnahme, berichtete der Nuntius: Berichte in: ASV, Segreteria di Stato, Anno 1885, Rubbrica 247, fasc. 1. Korrekte, aber nicht enthusiastische Aufnahme: Berchem an Wilhelm I., 31.10.1881, PA/AA, R 8675. Ein Beispiel unterschiedlicher Bewertungen aus der jüngeren Vergangenheit: Der Besuch der englischen Königin in Dresden im Oktober 1992 ist auch von der deutschen und britischen Presse bemerkenswert unterschiedlich geschildert worden. „Herzlich" sei die Königin empfangen worden, schrieben deutsche Blätter; „von Nazis mit faulen Eiern beworfen worden", englische.
37 Keudell an Bismarck, 16.11.1881, PA/AA, R 8675.
38 Petrignani, Neutralità, S. 289.
39 Beispiel: Lega, 30.10.1881.

2. König Umberto im Oktober 1881 in Wien. Die Szene aus der „Illustrazione Italiana" zeigt die Begrüßung Umbertos durch Franz Joseph am Bahnhof in Wien. Die Monarchenbegegnung stand am Anfang der Bündnisverhandlungen.

Haymerle, am 10. Oktober 1881 plötzlich verstorben war. Während des Königsbesuches war die Stelle des Außenministers deshalb vakant. Interimsweise wurde das Ministerium durch Sektionschef Kállay geleitet. Dieser gab gleich zu Anfang deutlich zu verstehen, daß vor der Ernennung eines neunen Ministers zentrale politische Fragen nicht erörtert werden könnten, da er den künftigen Amtsinhaber in keiner Weise binden dürfe.[40] Vorgespräche über eine Allianz schieden deshalb aus, und politische Fragen wurden sogar gänzlich vermieden. Kállay versicherte nach dem Besuch dem päpstlichen Nuntius: „Nous n'avons fait aucun discours politique, nous n'avons touchè à aucune question politique."[41] Und er ließ auch in Berlin mitteilen, daß man während des Besuches nicht über allgemeine Sympathieerklärungen hinausgegangen sei.[42] Dieses Faktum wird auch von den italienischen Quellen bestätigt.

Die italienischen Minister hatten – wenn auch vergeblich – gehofft, daß sich vielleicht doch eine Gesprächsmöglichkeit ergeben würde; sie verzichteten aber darauf, sich zu exponieren. Generell verhielten sie sich vorsichtig und wichen heiklen Themen aus. Kállay fiel auf, daß Mancini den Begriff „Irredenta" sorgfältig vermied und immer durch „subversive Minorität" ersetzte. Und Mancini teilte unmittelbar nach der Reise dem deutschen Botschafter in Rom, Keudell, mit, daß Italien die deutsch-österreichische Politik überall dort unterstützen wolle, wo nicht ein eigenes Interesse Italiens hindernd im Wege stehe.[43]

Italien so klein zu sehen – das gefiel den österreichischen Diplomaten, die dem Besuch mit großer innerer Reserve entgegengesehen hatten.[44] Und sie begannen sogar an der italienischen Argumentationslinie[45] Geschmack zu finden, daß es sich bei der „Irredenta" mehr um eine innenpolitische Gefährdung des italienischen Königtums denn um eine Bedrohung der Habsburgermonarchie handele. Die Irredenta sei nicht bloß eine „chauvinistisch-nationale", „phantastische Annexionen verfolgende" Partei, sondern ein „Theil jener republikanisch-revolutionären und socialdemokratischen Partei, die auch im übrigen Europa sich regt und sich den Umsturz der conservativen Staaten-

---

40 Keudell an Bismarck, 2.11.1881, PA/AA, R 8675.
41 Kállay gegenüber dem Nuntius, in: Serafino an Jacobini, 31.10.1881, ASV, Segreteria di Stato, Anno 1885, Rubbrica 247, fasc. 1.
42 Kállay an Pasetti, 4.11.1881, mit dem Auftrag der Weitervermittlung an Bismarck; PA/AA, R 8675.
43 Keudell an Bismarck, 2.11.1881, PA/AA, R 8675.
44 Am 28.10.1881 ließ Kállay mitteilen, daß für Österreich-Ungarn das Deutsche Reich jederzeit Vorrang habe und im Grunde wenig Geneigtheit zu einem Bündnis mit Italien bestehe. In: Berchem an Bismarck, 28.10.1881, PA/AA, R 8675.
45 Münster an Bismarck, 28.10.1881, PA/AA, R 8675, mit einer Mitteilung des italienischen Botschafters Menabrea, in der dieser die Irredenta als den „wahren Feind" charakterisiert hatte.

ordnung zur Aufgabe gesetzt hat." Dem Besuch König Umbertos und seiner Minister in Wien komme der Charakter einer „demonstrativen Verurtheilung" dieser Bewegungen zu.[46]

Depretis und Mancini waren von ihren österreichischen Verhandlungspartnern mit verstecktem, aber großem Mißtrauen aufgenommen worden. Daran war allerdings die italienische Diplomatie im allgemeinen und Baron Blanc im besonderen selbst schuld. Robilant und De Launay konnten ihre Vorliebe für die *destra* und damit auch ihre Zweifel an der Befähigung ihrer derzeitigen Regierung niemandem wirklich verbergen, nährten die ohnehin vorhandenen Vorbehalte der deutschen und österreichischen Diplomatie also indirekt. Baron Blanc hatte einen Schritt mehr getan: er hatte, als bekannt wurde, daß Depretis und Mancini sich zum Mitfahren entschlossen hatten, Wien vor beiden gewarnt; sie seien „nicht vertrauenswürdig"[47]. Dadurch hatte Blanc in seinem Übereifer den Fortgang des von ihm sehnlichst gewünschten Allianzprojektes selbst gefährdet, denn ohne Ministerpräsident und ohne Außenminister konnte kein Bündnis abgeschlossen werden, und es kam darauf an, die ausländischen Verhandlungspartner, die ohnehin an der italienischen Verläßlichkeit zweifelten, nicht zusätzlich in ihrem Mißtrauen zu bestärken. Außerdem ließ dieser Schritt selbst ein Minimum an Solidarität gegenüber der eigenen Regierung vermissen.

Die ausländischen Reaktionen auf die Königsreise waren übrigens bezeichnend dafür, in welchem Umfang die nationalistische Propaganda der Irredenta Italien international isoliert hatte. Die französische Diplomatie und auch die Presse fragten zwar besorgt, ob die *entrevue* der Anfang einer Allianz beider Mächte sei; aber Außenminister Waddington gewann der österreichisch-italienischen Annäherung sogar positive Seiten ab. So käme endlich die – auch den Franzosen lästige – Irredenta unter die Kontrolle des Staates.[48]

Allerdings war die geglückte Monarchenbegegnung ohnehin noch nicht die ersehnte Allianz, auch wenn sie im In- und Ausland zumindest als Beginn einer Entente gewertet wurde. Sie war aber ein Anfang. Mancini hatte direkt nach seiner Rückkehr aus Wien begonnen, das Allianzprojekt auf diplomatischem Wege voranzubringen. Am 6. November 1881 versandte er ein Zirkular an seine europäischen Botschafter, in dem er den neuen Kurs der italienischen Außenpolitik erläuterte. Italien wolle zur Wahrung des europäischen Friedens beitragen, indem es dem deutsch-österreichischen Bündnis beitrete

---

46 Kállay an Pasetti, 26.10.1881, PA/AA, R 8675.
47 Tavera an Kalay, 24.10.1881, HHStA, PA I, 457.
48 Berchem an Bismarck, 1.11.1881, PA/AA, R 8675. Umfangreiche Ausschnittsammlung französischer Pressekommentare in: PA/AA, R 8675. Dort auch russische Zeitungsausschnitte über den Besuch in Übersetzung („Katkowsche Moskauer Zeitung", 26/14.10.1881; „Porjadok", 28./16.10.1881; „Nowosti", 28./16.10.1881) in einem Bericht der deutschen Botschaft in St. Petersburg, 30.10.1881.

und so eine geachtete und sichere Stellung unter den europäischen Nationen erwerbe. Italien habe den „lebhaften Wunsch" nach einer starken und dauerhaften Freundschaft mit Österreich-Ungarn. Außerdem sei diese der einzige Weg zur Freundschaft mit dem Deutschen Reich, das das Bündnis mit Wien offensichtlich zur zentralen Achse seiner Politik gemacht habe. Italien wolle das gleiche tun, vorausgesetzt, es bestehe österreichischerseits die sichere Bereitschaft zur Gegenseitigkeit.[49] Mit einem Satz: Mancini proklamierte den Wunsch Italiens, ein gleichberechtigtes Mitglied des Zweibunds zu werden. Doch geschah zur Realisierung dieses Vorhabens italienischerseits zunächst – nichts.

Vorläufig konnten die Verhandlungen auch gar nicht eröffnet werden, weil der Posten des k. u. k. Außenministers erst am 21. November 1881 neu besetzt wurde – durch Gustav Graf Kálnoky, bisher Botschafter in St. Petersburg. Zuvor waren etwaige italienische Vorstöße sinnlos. Und außerdem mußte zwischen Italien und Österreich-Ungarn erst ein irritierendes Mißverständnis aus der Welt geschafft werden, das die positiven Eindrücke des Königsbesuches im nachhinein erheblich beeinträchtigt hatte. Es handelt sich dabei um den ersten einer langen Reihe von „Incidenzfällen", österreichisch-italienische Konfliktpunkte, für die österreichischerseits meistens die Leiter der Außenpolitik am Ballhausplatz verantwortlich waren.[50] In vielen Fällen war es die herablassende oder gehässige Grundhaltung der Wiener Zentrale, die in Worten oder Taten deutlich wurde und die italienisch-österreichische Gesprächsatmosphäre ohne sachliche Notwendigkeit nachhaltig zu vergiften drohte. Viele österreichische Diplomaten führten diese Entgleisungen auf bedauerliche Fehler des Ballhausplatzes oder persönliches Versagen der jeweiligen Außenminister oder ihrer Mitarbeiter zurück. Doch handelte es sich nicht nur um individuelle Fehlleistungen, sondern vielmehr um einen strukturellen Bestandteil der italienisch-österreichischen Beziehungen zwischen 1866 und 1914, nämlich um die innere Einstellung der Leiter der österreichischen Politik, wie in diesem Fall Kállays, gegenüber Italien. Nur mit Mühe konnten diese österreichischen Diplomaten ihr Überlegenheitsgefühl gegenüber ihren italienischen Gesprächspartnern verhehlen. In Gesprächen untereinander und mit den Deutschen brach die wahre Einstellung der österreichischen Verhandlungsführer, ihre Geringschätzung gegenüber den „Katzelmachern", deutlich hervor. Diese für die italienisch-österreichischen Beziehungen äußerst schädlichen Vorgänge sind nur dadurch zu erklären, daß bei den Österreichern das Ressentiment, die tief sitzende Abneigung, ja die Verachtung gegen die Italiener sich nicht immer und überall kontrollieren ließ. Und das, obwohl die italienischen Empfindlichkeiten bestens bekannt waren.

---

49 Mancini, Zirkular an die Auswärtigen Vertretungen vom 6.11.1881, in: DDI 2/XIV, Nr. 309.
50 Dazu: Lützow, Dienst, S. 168.

Kállay, der für den ersten „normalen" und auch für einen der größten „Incidenzfälle" in der Geschichte des Dreibunds, nämlich die noch zu behandelnde Gegenbesuchsfrage, verantwortlich war, hatte gegenüber dem deutschen Geschäftsträger in Wien, Berchem, kein Hehl aus seiner Abneigung gegen die italienischen Besucher gemacht. Er beurteilte Mancini und Depretis sehr abfällig und klagte, daß der erstere ihn mit endlosen juristischen Vorträgen „sehr ermüdet" habe.[51] Hätte sich Kállay darauf beschränkt, dies dem deutschen Geschäftsträger zu berichten, dann wäre der Vorfall ohne weitere Folgen geblieben. Doch er tat mehr: Vor der ungarischen Delegation in Pest am 6. November 1881 ließ Kállay unvorsichtigerweise, obwohl ein Redakteur des „Pester Lloyd" anwesend war, bei Beantwortung einer Interpellation seine wahre, abschätzige Meinung über den Besuch durchblicken. Kállay sagte, daß die Beziehungen zu Italien trotz der Irredenta freundlich seien, und das habe König Umberto mit seiner Initiative einer Wien-Reise unterstreichen wollen. Während des Besuches seien keine politischen Fragen erörtert worden. Im übrigen sei von Italien weder etwas zu fürchten noch zu erwarten. Ex-Außenminister Andrássy, Mitglied der ungarischen Delegation, unterstrich diese Ausführungen Kállays mit der Bemerkung, daß die Irredenta für Österreich-Ungarn seit dem Bündnis mit Deutschland keine Gefahr mehr darstelle; sie könne nur noch für Italien selbst gefährlich werden.[52]

Diese nur scheinbar harmlosen Äußerungen kontrastierten scharf zur freundlichen Aufnahme des Königs in Wien. Die Bemerkungen Kállays und Andrássys wurden so verstanden, als habe ihrer Ansicht nach Umberto einen Bittgang nach Wien antreten müssen, weil er mit seinen innenpolitischen Gegnern nicht mehr fertig werde; im übrigen benötige vielleicht Italien, aber keinesfalls die Donaumonarchie dieses Bündnis. Außerdem, da ja keine politischen Fragen erörtert worden seien, habe es sich um einen reinen Höflichkeitsbesuch gehandelt. Die internationale Wirkung dieser Bemerkungen war groß. Die französische Diplomatie war erleichtert; sie ging nunmehr davon aus, daß bei der *entrevue* nichts herausgekommen sei. Besonders negativ wirkten diese Äußerungen natürlich in Italien, wo die Allianzbefürworter stark verunsichert, die Allianzgegner in ihrer Haltung bestärkt wurden. Graf Robilant bot seinen Rücktritt an; der positive Eindruck, den er vom Ablauf des Besuches gewonnen habe, sei wohl falsch gewesen.[53] Auch in der liberalen österreichischen Presse wurden die Reden Kállays und Andrássys sehr negativ und als ausgesprochen unfreundlich gegenüber Italien beurteilt.[54] Es sei doch in höchstem Maße ungeschickt, so urteilte die „Neue Freie Presse", das

---

51 Berchem an Bismarck, 1.11.1881, PA/AA, R 8675.
52 Chiala, Triplice, S. 134, 135.
53 Chiala, Triplice, S. 137.
54 Zitate aus der „Neuen Freie Presse" bei Chiala, Triplice, S. 135 f.

italienische Freundschaftsangebot zurückzuweisen. Österreich-Ungarn könne nicht genug Freunde haben; und daß Italiens Feindschaft sehr wohl zu fürchten sei, hätten die Kriege von 1859 und 1866 gezeigt.[55]

Kállay und Andrássy bemühten sich sofort um eine Richtigstellung und sprachen persönlich in der italienischen Botschaft vor; sie erklärten das Ganze für ein Mißverständnis und eine unzulässige Verkürzung ihrer Äußerungen in der Presse. Den negativen Eindruck konnten sie aber damit nicht ausräumen,[56] zumal niemand an ein Mißverständnis glauben konnte.[57] Diese österreichischen Ungeschicklichkeiten hatten aber für Italien auch einen positiven Aspekt. Graf Robilant empfand sie als „felix culpa", weil in den Dementis, die auch an die Presse weitergegeben worden waren, sehr erwünschte Freundschaftsbeteuerungen für Italien enthalten gewesen seien.[58] Trotzdem blieb ein negativer Eindruck. Ein österreichischer Erzherzog klagte gegenüber dem deutschen Botschafter, Prinz Reuß: „Wenn ein Österreicher es dahin gebracht habe, einmal etwas politisch Verständiges zu thun, so können wir sicher sein, daß der Effekt davon immer durch eine Ungeschicklichkeit wieder abgeschwächt wird."[59]

Dieser Ernüchterung durch die österreichischen Diplomaten folgte eine zweite, noch weit schwerer empfundene durch Bismarck, der wegen der unberechenbaren Wechselfälle des italienischen Parlamentarismus an der Dauerhaftigkeit des italienischen Anlehnungsbedürfnisses zweifelte. Seine Vorbehalte gegen Italien wurden verstärkt, als nur drei Tage nach dem Wiener Besuch König Umbertos das französisch-italienische Handelsabkommen unterzeichnet wurde. Und schließlich übernahm auch noch am 14. November 1881 das „Grande Ministère" in Frankreich die Regierung. Leon Gambetta, Führer der neuen Regierung, war für Bismarck ein Schreckgespenst, in Italien aber sehr populär. Die Möglichkeit eines italienisch-französischen Ausgleichs deutete sich an, besonders weil Gambetta auffallendes Entgegenkommen gegen Italien zeigte und dafür sorgte, daß der italienisch-französische Handelsvertrag von der französischen Kammer trotz der Opposition der Protektionisten sehr schnell, am 9. Dezember 1881, ratifiziert wurde.[60] Einen Tag später kündigte Gambetta im Senat Verhandlungen mit Italien über die Ausgestaltung der Verhältnisse in Tunesien an; außerdem versuchte er, einflußreiche italienische Zeitungen aufzukaufen und die öffentliche Meinung in Italien in seinem Sinne zu beeinflussen.[61] Auch reisten mehrere hochrangige

---

55 Artikel vom 8.11.1881, zitiert bei Chiala, Triplice, S. 136.
56 Reuß an Bismarck, 11.11.1881, PA/AA, R 8675.
57 Keudell an Bismarck, 16.11.1881, PA/AA, R 8675.
58 Pribram, Geheimverträge, S. 136, Anmerkung 18; Fraknoi, Dreibund, S. 22.
59 Reuß an Bismarck, 11.11.1881, PA/AA, R 8675.
60 Petrignani, Neutralità, S. 297.
61 Wimpffen an Kálnoky, 15.12.1881, HHStA, PA I/457.

französische Politiker nach Italien.[62] Hätte die französische Regierung diese Ansätze zum Ausgleich mit Italien konsequent weiterverfolgt und damit die Befürworter der Zusammenarbeit mit Frankreich in der Regierung – besonders Ministerpräsident Depretis – gestärkt, wäre die geplante Allianz Italiens mit den Zentralmächten auch jetzt noch wahrscheinlich zu verhindern gewesen. Doch hielten die Franzosen diese Allianz trotz der *entrevue* auch weiterhin für unmöglich, zumal sie auf seiten der Zentralmächte eine gewisse Reserve gegen Italien wegen der Verbindung zwischen Regierung und Irredenta feststellten.[63] Deshalb ließ es die französische Diplomatie bei ihren sporadischen Versuchen bewenden, die Italiener durch geeignete Konzessionen von dem eingeschlagenen Kurs abzubringen.

Gleichzeitig wurde Italien erneut attackiert – diesmal von deutscher Seite. Da die italienischen Minister weder während des Wienbesuches noch direkt nachher irgendwelche konkreten Vorschläge bezüglich einer Allianz unterbreitet hatten, glaubte Bismarck offensichtlich, auf eine verläßliche Hinwendung Italiens zu den Zweibundmächten bei der herrschenden, ihm übermächtig scheinenden Hinneigung zu Frankreich in Italien nicht rechnen zu dürfen. Der Reichskanzler war zweifellos gegen Italien verstimmt. Und trotzdem ist keine direkte Absicht Bismarcks zu erkennen, damit auf die Verhandlungen mit Italien in irgendeiner Form einwirken zu wollen, als er am 29. November 1881 im Reichstag im Rahmen eines Rundumschlags gegen die Auswüchse des Liberalismus in verschiedenen europäischen Ländern (er erwähnte Frankreich, Spanien, sogar das liberale Baden von 1848) auch Italien als abschreckendes Beispiel einer Monarchie in der Auflösung nannte. Das Land biete das Bild ständig weiter nach links gleitender Ministerien und werde bald im republikanischen Chaos versinken.[64] Damit nicht genug, hob er in der gleichen Rede die guten Beziehungen zum Heiligen Stuhl hervor und schickte wenige Tage später den Unterstaatssekretär des Auswärtigen Amtes, Dr. Busch, zu Verhandlungen in den Vatikan.[65] Ein Artikel in der Zeitung „Die Post" vom 2. Dezember 1881, der als offiziös und von Bismarck inspiriert galt, hatte den gleichen Tenor und verstärkte die bereits vorhandenen Befürchtungen der italienischen Öffentlichkeit, Bismarck, der den Kulturkampf beenden und sich mit dem Papst aussöhnen wolle, habe einen Plan zur teilweisen Wiederherstellung des Kirchenstaates.[66]

---

62 Mancini an Robilant, 29.12.1881, DDI 2/XIV, Nr. 407, sprach von den „seduzioni d'oltre Alpi", denen es zu widerstehen gelte.
63 Salvatorelli, Triplice, S. 62, schreibt, daß der französische Botschafter in Berlin, Saint-Vallier, berichtet habe, daß man dort die Verbindungen zwischen Regierung und Irredenta für nicht definitiv durchschnitten halte.
64 Petrignani, Neutralità, S. 292.
65 Petrignani, Neutralità, S. 293, referiert das Gerücht, dem Papst sei Asyl in Fulda angeboten worden.
66 Keudell an Bismarck, 9.12.1881, PA/AA, R 7716.

Die italienischen politischen Kreise zeigten sich irritiert und verletzt.[67] Zwar wies die italienische Presse Bismarcks Angriff auf die mangelnde innere Stabilität Italiens zurück und versuchte klarzustellen, daß unter den anderen politischen Bedingungen Italiens die Konsolidierung der Monarchie erreicht worden sei; Bismarck gehe fälschlich von den konservativen und autoritären deutschen Verhältnissen aus.[68] Trotzdem wurde immer wieder beklagt, daß Italien zur Zeit dem Auslande „ein wenig würdiges Schauspiel" biete.[69] Insgesamt zeigte sich die politische Öffentlichkeit Italiens von Bismarcks Angriff weniger beleidigt als vielmehr zutiefst verunsichert,[70] da die Bereitschaft des Reichskanzlers zur Zusammenarbeit mit dem Vatikan und die daraus erwachsenden Gefahren für die italienische Einheit überschätzt wurden.[71] Der deutsche Botschafter in Rom, Keudell, schrieb an Bismarck, daß seine Äußerungen „als schlimmer wie das Einrücken der Franzosen in Tunis" bezeichnet wurden.[72] Die Allianzbefürworter meinten, nun müsse das Bündnis mit Deutschland schnell und aufrichtig gesucht werden: „Bismarck ist unzufrieden mit uns, und es fehlt ihm nicht an Möglichkeiten, uns zu erniedrigen, uns unter Kuratel zu stellen."[73]

Die Befürchtungen wegen der Verbindungen Bismarcks zum Vatikan und die Frage nach dem Stand der Allianzverhandlungen prägten auch die Debatte über das Budget des Äußeren, die am 6. Dezember 1881 in der italienischen Kammer begonnen hatte. Sidney Sonnino verschärfte sein bisheriges Eintreten für die Allianz und malte ein wahres Schreckensbild an die Wand. Bismarck werde die römische Frage nutzen, um die Wirksamkeit der Garantiegesetze zum Thema eines internationalen Kongresses zu machen. Das wäre nicht nur ein Prestigeverlust für Italien, sondern bedrohe seine Existenz als unabhängige Großmacht, vielleicht sogar die staatliche Einheit. Mit der Politik der „freien Hand" müsse jetzt endgültig Schluß sein, auf die Möglichkeit eines Bündnisses mit Frankreich entschlossen verzichtet werden.[74] Auch der Abgeordnete Minghetti, führendes Mitglied der *destra*, sprach sich „in glän-

---

67 Wimpffen an Kálnoky, 9.12.1881, HHStA, PA I, 457.
68 Zeitungszitate („Popolo Romano", „Bersagliere", „Libertà", Provinzpresse), in zwei Wolff-Telegrammen vom 5.12.1881, in: PA/AA, R 7715.
69 Ebenda, Auszug aus dem „Bersagliere."
70 Keudell an Bismarck, 9.12.1881, PA/AA, R 7716: „Es war interessant gewesen zu beobachten, welch einen erschütternden Eindruck die Nachricht von dem erwähnten Urtheil Euerer Durchlaucht über die italienischen Verhältnisse in hiesigen politischen Kreisen hervorbrachte."
71 Ebd.
72 Ebd.
73 Zitiert bei Petrignani, Neutralità, S. 294.
74 Petrignani, Neutralità, S. 295. Salvatorelli, Triplice, S. 61, bezweifelt die diplomatische Opportunität dieser Rede Sonninos und hält sie für „sommamente inopportuno".

zender Rede"[75] entschieden für eine Allianz aus. Bismarcks Worte aufgreifend mahnte er, Italien müsse sich innerlich endlich kräftigen, um ein geachtetes Mitglied der europäischen Staatengemeinschaft werden zu können. Allerdings wies er, in Betonung des italienischen Selbstverständnisses, die Kritik des Reichskanzlers an den inneritalienischen Zuständen zurück. Außerhalb Italiens sähe wie Schwäche aus, was in Wahrheit fest begründet sei; Italien habe aber die Pflicht, aus seinem engen, provinziellen Winkel herauszutreten, am europäischen Leben teilzunehmen und diese Festigkeit auch nach außen zu vermitteln. Es müsse zeigen, daß in keinem Land die Institutionen stärker, die Monarchie fester begründet und die Ordnung gesicherter sei als in Italien. Die notwendige innere wie äußere Stabilisierung könne Italien nach den bisherigen Erfahrungen nur im Bündnis mit den Zentralmächten erreichen. Und Depretis müsse darauf verzichten, aus taktischen Gründen im Parlament auf die Stimmen der zwanzig Republikaner (= Irredentisten) Rücksicht zu nehmen und deshalb gegen die Demonstrationen dieser Partei sträfliche Nachsicht zu üben.[76]

Mancini, der bislang nichts Definitives vorzuweisen hatte und sich deshalb nicht auf das noch nicht existierende Bündnis festlegen lassen wollte, war gezwungen, in seiner Rede zu lavieren. Er lobte zwar das Bestreben der beiden Kaiserreiche, Sicherheit und Frieden in Europa zu sichern, ironisierte aber das Instrument eines geschriebenen Vertrages, das in unzulässiger Weise eine Nation binde, als unzeitgemäß. Eine Allianz habe nur Sinn, wenn sie einem klar definierten, zeitlich unmittelbar bevorstehenden Zweck diene. Außerdem, wie die Unterzeichnung des Handelsvertrages mit Frankreich zeige, bedeute die Annäherung an die Kaisermächte nicht die Feindschaft zu anderen Staaten. Die Beziehungen zum Deutschen Reich hätten sich in seiner Amtszeit bereits verbessert, da es ihm gelungen sei, die unberechtigten Befürchtungen wegen der mangelnden Vertragstreue Italiens abzubauen. Den Angriff Bismarcks wies auch er zurück. Unter dem Beifall der Kammer stellte er fest, er würde schließlich anderen europäischen Nationen nicht in ihre inneren Angelegenheiten hineinreden wollen; deshalb gedenke er auch nicht, auf Bismarcks Angriffe hier einzugehen.

Mancinis Position gegenüber der Kammer war schwach, weil er noch keine definitiven Ergebnisse der italienischen Annäherungsversuche vorlegen konnte. Deshalb kann seine energische Ablehnung einer förmlichen Allianz einerseits auf taktische Erwägungen, andererseits aber auch auf inneritalienische Widerstände zurückgeführt werden. Insgesamt wirkte seine Rede „diffus".[77] Bei der Abstimmung über das Budget seines Ministeriums errang

---

75 Keudell an Bismarck, 9.12.1881, PA/AA, R 7716.
76 Ebd.
77 Wimpffen an Kálnoky, 8.12.1881, HHStA, PA XI, 94.

Mancini nur eine äußerst schwache Zustimmung der Kammer, die einer Niederlage gleichkam.[78] Trotz der Mehrheit der Allianzbefürworter waren die Anhänger der Politik der „freien Hand" noch nicht aus dem Feld geschlagen, hatten im Gegenteil durch die Haltung der Österreicher und die Äußerung Bismarcks neuen Auftrieb erhalten. Viele Royalisten befürchteten deshalb, Gambettas Annäherungsversuche an Italien würden Erfolg haben; dieser habe die Absicht, das Allianzprojekt bis nach den Wahlen zu verschleppen und bei diesen die gallophilen Republikaner durch finanzielle Unterstützung möglichst stark zu machen.[79] Ein Abwarten war aus dieser Perspektive fatal. Sie wünschten sich eine rasche Annäherung an Österreich, um dem zuvorzukommen, auf diese Weise die Irredenta auszuschalten und die Monarchie zu stabilisieren.[80]

Obwohl insgesamt die öffentliche Meinung immer noch allianzfreundlich war und auch die Stimmung in der Kammer[81] in die gleiche Richtung ging, waren die Allianzbefürworter in der Regierung durch Bismarcks Äußerungen gelähmt und verunsichert. Doch einer hielt in diesem kritischen Moment mit eiserner Energie an dem Allianzprojekt fest und versuchte es mit allen Mitteln zu verwirklichen: Baron Blanc, der Staatssekretär im italienischen Außenministerium. Den Savoyarden schreckten die innenpolitischen Gefahren, die sich aus einer Zusammenarbeit der *sinistra* mit dem Frankreich Gambettas auf längere Sicht für die Monarchie ergeben mußten.[82] Er bearbeitete persönlich den deutschen und den österreichischen Botschafter und versorgte sie, an seiner Regierung vorbei, mit Hintergrundinformationen. Dabei überschritt er häufig die Grenzen der Loyalität gegenüber seinem Minister, dem er Zweifel am Sinn der Allianz unterstellte.[83] Gleichzeitig versuchte er in Privatbriefen auf De Launay, den italienischen Botschafter in Berlin, und auf Robilant einzuwirken. Besonders die Haltung des letzteren war entscheidend, um Mancini wieder umzustimmen. In einem Brief vom 15. Dezember 1881 bat Blanc seinen Kollegen eindringlich, er solle doch an Mancini schreiben, daß man sich in Wien über das Ausbleiben italienischer Vorschläge über einen Garantievertrag wundere. Bei dem hohen persönlichen Prestige Robilants hätte dann kein Minister mehr den Mut zu widersprechen: „Sie werden dann den Vertrag unterzeichnen, ebenso wie sie der Reise zugestimmt haben." Blanc schloß mit einem „dramatischen Appell"[84]: „Mein lieber Graf, rettet den König! Drückt diese elenden Parlamentarier an die Wand. Zwingt

---

[78] Wimpffen an Kálnoky, 23.12.1881, HHStA, PA I/457.
[79] Petrignani, Neutralità, S. 299; aus dem Brief Blancs vom 15.12.1881.
[80] Keudell an Bismarck, 16.12.1881, GP 3, Nr. 538.
[81] Dazu Petrignani, Neutralità, S. 300.
[82] Petrignani, Neutralità, S. 299; aus dem erwähnten Brief Blancs vom 15.12.1881.
[83] Wimpffen an Kálnoky, 9.12.1881, HHStA, PA I/457, 57 b.
[84] Petrignani, Neutralità, S. 299.

Die schwierige Geburt der Allianz

sie, sich mit Ruhm zu bedecken, zwingt sie, die Unverletzlichkeit Italiens und seiner Dynastie zu sichern."[85] Weitere Briefe Blancs lassen erkennen, daß er wegen der prekären politischen Lage Italiens in eine regelrechte Panik verfallen war und „das Schlimmste" voraussah, falls sich die Zentralmächte nicht zu Vertragsverhandlungen bereiterklären sollten.[86] Bei seinem Allianzwunsch standen innenpolitische Motive – die Stärkung der Monarchie und die Rettung der italienischen Staats- und Sozialordnung – mindestens gleichberechtigt neben dem außenpolitischen Sicherheitsbedürfnis.[87] Doch im Grunde waren die Probleme des Jahres 1881 – Frankreich, Tunesien, Republikanismus, Irredentismus, Klerikalismus, Römische Frage, Wahlrechtsreform – zu einem sehr komplizierten und für die Regierung bedrohlichen Komplex angewachsen, in dem sich innere und äußere Politik untrennbar miteinander verbunden hatten. Aus dieser Lage versuchte sich Blanc durch die Flucht nach vorn, in das Bündnis mit den Zentralmächten, zu retten und eine ganze Reihe von Problemen, vor allem die Römische Frage, aber auch die Irredenta, wirksam auszuschalten. Das Vorgehen Blancs nahm geradezu den Charakter einer Verschwörung der Monarchisten in der italienischen Diplomatie an, die sich von dem Bündnis eine innere Festigung Italiens erhofften. Diskussionspunkt unter den Savoyarden Robilant, De Launay und Blanc war im Grunde nur, ob die innere Stabilisierung einer außenpolitischen Neuorientierung vorangehen müsse oder ob jene nicht der inneren Kräftigung vorangehen und diese dann sehr erleichtern würde.

Baron Blanc wollte das Bündnis jetzt und wußte in dieser Frage den König hinter sich.[88] Er wählte den direktesten Weg, die Verhandlungen in Gang zu bringen: Er wandte sich an den deutschen und an den österreichischen Botschafter und besprach die Angelegenheit mit ihnen. Keudell gegenüber deutete er Anfang Dezember 1881 seine Befürchtung an, daß Bismarck mit dem Vatikan zusammengehen wolle.[89] Der Botschafter, ein persönlicher Freund Bismarcks, bestritt dies energisch. Dann schlug Blanc ihm vor, er solle Bismarck bitten, die Verhandlungen über einen Garantievertrag zu vermitteln. Keudell, der die Stimmung in Berlin kannte, wußte, daß Bismarck die Italiener auffordern würde, sich selbst an die Österreicher zu wenden, und lehnte dieses Ansinnen ab. Keudell war, was er aber Blanc nicht sagte, sehr ungehalten über die abweisende Haltung Bismarcks Italien gegenüber und über

---

85 „Mio caro conte, salvate il Re. Mettete spalle al muro questi poveri parlamentari. Costringeteli a coprirsi di gloria loro malgrado, ad assicurare l'inviolabilità dell'Italia e della dinastia." Zitiert bei Petrignani, Neutralità, S. 299.
86 Petrignani, Neutralità, S. 299.
87 Zur Beurteilung der politischen Lage Italiens im Dezember 1881: Petrignani, Neutralità, S. 300, 301.
88 Wimpffen an Kálnoky, 15.12.1881, PA I, 457, 57 c.
89 Wimpffen an Kálnoky, 9.12.1881, PA I/ 457, 57 b, 57 c.

dessen Äußerungen im Reichstag; gegenüber seinem österreichischen Kollegen befand er, daß „Bismarck das Gewicht unterschätzt, welches Italien in einer großen europäischen Complikation in die Waagschale werfen könnte. Er sei besorgt, daß die Schroffheiten des Reichskanzlers ... dazu beitragen könnten, Italien in die Arme Frankreichs zu treiben."[90]

Am 9. Dezember 1881 wandte sich Blanc dann auch an den österreichischen Botschafter, Wimpffen. Er sprach ganz offen seine Befürchtung aus, der in Wien beim Besuch des Königs geknüpfte Gesprächsfaden würde wieder abreißen; er beklagte sich über die abweisende deutsche Haltung und wies auf die innenpolitischen Widerstände hin, die durch die Äußerungen Bismarcks provoziert worden seien. Mancini zweifele wieder, und die Gegner der Allianz, die Radikalen und die Anhänger Frankreichs, würden diese Unsicherheit zu nutzen wissen.[91] Auch in weiteren Gesprächen beschwor Baron Blanc den deutschen und den österreichischen Botschafter immer wieder wegen der von den französischen Schachzügen drohenden Gefahren; er warnte vor der Nachgiebigkeit des Ministerpräsidenten, vor den Gefahren des Republikanismus; er mahnte, daß die Reise des Königs durch einen „acte positif", durch einen Garantievertrag gekrönt werden müsse; er erklärte sich bereit, falls er die Zusicherung wohlwollender Aufnahme erhalte, die Initiative zu Verhandlungen bei Depretis durchzusetzen.[92] Auch Mancini, von Blanc wieder voll auf seine Seite gebracht, schaltete sich in die Verhandlungen ein und versicherte dem österreichischen Botschafter am 22. Dezember 1881, daß die Annäherungsversuche Gambettas sämtlich gescheitert seien; ungeachtet des österreichischen Schweigens wolle er an der Politik „des Anschlusses Italiens an Österreich-Ungarn" festhalten.[93] Er hielt eine italienisch-französische Aussöhnung als Alternative zur Allianz mit den Zweibundmächten schon wegen der öffentlichen Meinung Italiens für nicht möglich. Die französische Regierung war zwar zu Konzessionen in Tunesien bereit, doch verlange die italienische Öffentlichkeit dort nach dem Status quo ante; und diesen wiederum könne Gambetta, selbst wenn er es wolle, angesichts der Haltung der französischen Öffentlichkeit und Politik nicht konzedieren.[94]

Wimpffen und Keudell gaben die Anregungen Blancs in ihren Berichten nach Wien und Berlin weiter. Bismarck verhielt sich nach wie vor reserviert und wiederholte seine Argumente: Italien sei durch seine häufigen Ministerwech-

---

[90] Ebenda, 57 b.
[91] Ebenda, 57 b.
[92] Wimpffen an Kálnoky, 15.12.1881, HHStA, PA I/457.
[93] Gespräch Mancini–Wimpffen am 22.12.1881, in: Wimpffen an Kálnoky, 23.12.1881, HHStA, PA I/457.
[94] Mancini an Robilant, 29.12.1881, DDI 2/XIV, Nr. 407.

sel ein unzuverlässiger Partner und würde sich im Ernstfall doch nicht gegen Frankreich wenden.[95] Graf Kálnoky wiederum mißfiel zwar die allzu intime Art Blancs; dessen Aufforderung, die italienische Monarchie zu stärken, hatte ihn aber nachdenklich gemacht. Er fürchtete, „einen Thron nach dem anderen stürzen und eine Gruppe von Republiken lateinischer Rasse entstehen zu sehen, denen vielleicht eine Gruppe von slawischen Republiken folgen dürfte". Würde die italienische Monarchie durch eine Republik ersetzt, sei aber auch der päpstliche Stuhl in Rom erledigt, was Österreich als katholische Vormacht sehr unangenehmen Verwicklungen aussetzen könnte. Deshalb hielt er es für unverantwortlich, den Vorschlag Blancs, die italienische Monarchie zu stärken, einfach zurückzuweisen. Allerdings erschien ihm das Instrument eines Garantievertrages dazu ungeeignet.[96] Bismarck verschloß sich diesem Gedanken nicht und empfahl, allerdings verbunden mit einem erneuten Hinweis auf den „unruhigen und anspruchsvollen Charakter der italienischen Politik", die italienischen Vorschläge zur Stützung des Königtums nicht einfach abzulehnen, sondern an Bedingungen zu knüpfen: Italien müsse einen Modus vivendi mit dem Papst herstellen; auch käme eine Territorialgarantie wegen des Kirchenstaates nicht in Frage.[97]

c) Die Bündnisverhandlungen im Winter 1881/82

Ende Dezember 1881 beschloß schließlich der italienische Ministerrat, die Verhandlungen zu eröffnen.[98] Unmittelbar zu Beginn der eigentlichen Verhandlungen waren in den Vorgesprächen die jeweiligen Positionen abgesteckt worden, wobei die Kaisermächte den Vorteil hatten, durch die fortlaufenden Indiskretionen des Barons Blanc, aber auch durch Mancinis Mitteilungen an Wimpffen über die internen Differenzen und die jeweiligen Absichten der italienischen Seite besser und schneller informiert zu sein als die italienischen Botschafter in Wien und Berlin. Die Italiener hingegen tappten, was die Absichten der Kaisermächte anging, im Dunkeln.

Es ist für die klare Schilderung der Verhandlungen vorteilhaft, die Ausgangspositionen der *policy makers* in den drei Ländern erneut kurz zu umreißen; nicht zuletzt deshalb, um diese Positionen mit dem späteren Resultat vergleichen zu können. Um mit Italien, der Macht, die den Vertrag am dringendsten wünschte, zu beginnen: Hier teilten sich die Meinungen dreifach; zwischen Gegnern der Allianz einerseits, Befürwortern eines sofortigen Bünd-

---

[95] Hatzfeldt an Prinz Reuß, 21.12.1881, GP 3, Nr. 539.
[96] Reuß an Bismarck, 23.12.1881, GP 3, Nr. 540.
[97] Bismarck an Reuß, 31.12.1881, GP 3, Nr. 541.
[98] Petrignani, Neutralità, S. 307.

nisses andererseits, drittens den Befürwortern einer Allianz zu einem späteren, außenpolitisch günstigeren Zeitpunkt.

Auch zwischen den einzelnen, entscheidungsrelevanten gesellschaftlichen Kräften und Einzelpersönlichkeiten gab es unterschiedliche Ansichten. Die öffentliche Meinung – das heißt: die *classe politica* – wollte, wie gezeigt, die Allianz, und zwar mehrheitlich sofort. Dabei spielte auch die Erregung gegen Frankreich eine wichtige Rolle. Außenminister Mancini beurteilte die Stimmung in Italien wie folgt: „Das Land will Ruhe, eine effektive Garantie und sicheren Schirm gegen alle gefährlichen Verwicklungen, und auch gegen die Belästigung ständig neuer Sorgen und Verdachtsmomente, die die öffentliche Meinung aufpeitschen und dort schweren Schaden anrichten."[99] Auch während der laufenden Verhandlungen, in den ersten Monaten des Jahres 1882, befürwortete die öffentliche Meinung Italiens die Allianz, wie weitere Presseveröffentlichungen zeigten. Ein deutliches weiteres Indiz ist der gesamte Tenor der Parlamentsdebatte am 24. Januar 1882, wo die Absicht, die bisherige Neutralitätspolitik beibehalten zu wollen, von Regierung wie Opposition schon als Vorwurf angesehen wurde.[100] Auch der König wollte das sofortige Bündnis; er machte nur die kategorische Einschränkung, daß die Römische Frage kein Gegenstand irgendwelcher Verhandlungen sein dürfe. In seiner Neujahrsansprache 1882 sagte er: „Wir müssen zeigen, daß wir Herr im eigenen Haus sind und auch bleiben wollen."[101]

Baron Blanc war der überzeugteste Befürworter des Bündnisses überhaupt und wollte es um praktisch jeden Preis. Wie er dem österreichischen Botschafter am 6. Januar 1882 anvertraute, würde das Kabinett, falls das Bündnisangebot abgelehnt werden sollte, trotzdem auf dem Anschluß an Deutschland und Österreich-Ungarn beharren, sich innerlich sammeln und seine Rüstungen vermehren; auf keinen Fall aber werde sich Italien mit Frankreich alliieren. Die Monarchie sei durch Frankreich und die Revolution gefährdet.[102] Später – am 6. Februar 1882 – beteuerte er erneut, der Inhalt des Vertrages sei unwesentlich; wichtig sei vor allem, daß Italien die Politik der „freien Hand" aufgebe.[103] Mit dieser Eindringlichkeit hatte Blanc natürlich in erster Linie seine eigenen Ansichten zur Geltung gebracht; seine stark innenpoli-

---

99 Mancini an Robilant, 29.12.1881, DDI 2/XIV, Nr. 407: „… al nostro paese, voglioso di quiete, una efficace garantia e un sicuro schermo contro ogni pericolosa contingenza, ed anche contro la molestia di continue preoccupazioni e sospetti, che, agitando la pubblica opinione, bastano a produrre non lievi danni."
100 Petrignani, Neutralità, S. 313; auch 314–316.
101 Petrignani, Neutralità, S. 310. „Ciò che importa è di mostrare che noi siamo e vogliamo rimanere padroni in casa nostra."
102 Wimpffen an Kálnoky, 6.1.1882, HHStA Wien, PA I/457.
103 Wimpffen an Kálnoky, 3.2.1882, HHStA Wien, PA I/457.

tisch ausgerichtete, monarchistische Stoßrichtung war dabei unübersehbar. Zu beachten ist dabei allerdings, daß sich weder Blanc noch die anderen Befürworter der Allianz die innenpolitische Komponente in einer interventionistischen Form vorstellten, das heißt, sie wollten keine zweite „Heilige Allianz", sondern standen alle fest auf dem Boden eines unabhängigen italienischen Konstitutionalismus.[104] Blanc hatte natürlich Vorstellungen, was der Vertrag möglicherweise an wechselseitigen Leistungen enthalten könne; ihm schwebte eine gegenseitige Territorialgarantie vor.[105]

In der Vorstellung, daß ein Vertrag sehr wünschenswert sei, traf Blanc sich mit Mancini. Auch dieser dachte an einen Territorial-Garantievertrag mit Österreich-Ungarn, machte aber die Einschränkung, daß dieser sich nicht gegen Rußland richten dürfe. Und er schloß definitiv aus, daß der Vertrag eine Klausel enthalten würde, durch die irgendein Einfluß auf die inneritalienischen Verhältnisse genommen werden könne. Etwas, das auch nur entfernt nach einer „Heiligen Allianz" aussah, war für Mancini untragbar, ein Bündnis um diesen Preis inakzeptabel. Entsprechend drückte er sich in einem Schreiben an de Launay vom 10. Januar 1882 aus, das durch eine Indiskretion auch an die Presse gelangte und vom Mailänder „Secolo" veröffentlicht wurde.[106]

Ministerpräsident Depretis war und blieb skeptisch, was alle wußten; allerdings hatte er seine aktive Opposition gegen die Vertragsverhandlungen jetzt aufgegeben, und es lag ein eindeutiger Beschluß des Ministerrates vor, der verbindlich (und auch den Zentralmächten bekannt[107]) war.

Graf Robilant, dem in den Verhandlungen mit Österreich-Ungarn eine Schlüsselrolle zufallen sollte, war skeptisch wegen des Zeitpunktes und riet, wie schon bei der Vorbereitung des Königsbesuchs in Wien, dringend ab. Sehr besorgt über eine mögliche Ablehnung des italienischen Bündnisvorschlags, dazu voller Abneigung gegen Mancini und die *sinistra*, wollte er das Projekt verschieben, bis Italien eine andere Regierung habe. Mancinis Vorstellung, den Österreichern einen Territorial-Garantievertrag anzubieten, der sich aber nicht gegen Rußland richten solle, schien ihm unrealistisch, ja absurd. Er schrieb dem Minister, daß ein solcher Vertrag unmöglich sei; Österreich helfe Italien bereits durch seine Neutralität gegenüber dem Vatikan; was könnte Italien den Österreichern für diese große Unterstützung („immenso appoggio") gegen seine Feinde, die Franzosen und den Papst, denn bieten? Die Frage

---

[104] Auch Robilant verlangte charakteristischerweise nicht nur die Form, sondern auch den Geist der konstitutionellen Verfassung. In: Robilant an Cairoli, 26.12.1880, ASMAE, Rappresentanza Italiana a Vienna, Busta 114.
[105] Pribram, Geheimverträge, S. 140–142.
[106] Petrignani, Neutralità, S. 310.
[107] Wimpffen an Kálnoky, 1.1.1882, HHStA, PA I/457.

war rhetorisch gemeint, und er beantwortete sie selbst: Nichts, absolut nichts! Sein Vorschlag würde auf „höfliche, aber bestimmte Ablehnung" stoßen. Schuld daran sei auch Mancinis Vorstellung, Rußland auszuklammern und damit den Österreichern den Beistand gegenüber der einzigen wirklichen Gefahr für die Donaumonarchie zu verweigern. Er schlug als Alternative vor, sich mit dem bislang Erreichten zu begnügen, die gemeinsamen Interessen zu bekräftigen, etwa im Stile einer mündlichen Entente, ansonsten abzuwarten und sich im Inneren zu kräftigen. Italien müsse zeigen, daß sich liberale Prinzipien mit einer lebensfähigen Monarchie verbinden ließen und daß es sowohl reaktionären wie revolutionären Strömungen widerstehen könne. Gegenüber Baron Blanc führte Robilant in einem Privatbrief eine noch offenere Sprache: „Man würde mir hier ins Gesicht lachen, wenn ich zum gegenwärtigen Zeitpunkt einen gegenseitigen Garantievertrag vorschlagen würde. Wir leben in den Wolken wie noch nie ... Das ist kein Problem der Parteien, sondern der Personen. Wenn Italien morgen von wirklich ernstzunehmenden und in Italien wie in Europa respektierten Männern regiert sein wird, dann werden wir wieder obenauf sein ..."[108] Mit anderen Worten: Der Botschafter sah seine eigene Regierung als größtes Verhandlungshindernis an.[109] Robilant kritisierte auch eine andere Tatsache: Die Differenzen zwischen Mancini und Depretis waren den Zentralmächten bekannt, und deshalb bestehe die Gefahr, daß man ihm sagen werde: „Einigt Euch erst einmal zu Hause, dann können wir sehen, ob wir mit Euch verhandeln wollen."[110] Dabei wußte Robilant nicht einmal, in welchem Umfang sein Gesinnungsgenosse, Baron Blanc, die Zentralmächte über den inneritalienischen Entscheidungsprozeß informiert hatte. Robilant war auch nicht bekannt, daß Blanc und auch Mancini durch seine Bedenken, die Verhandlungen zu eröffnen, so irritiert waren, daß sie bereits seine Ablösung in ihre Überlegungen einbezogen.[111]

Soweit zu den Ausgangsbedingungen in Italien. Wie standen das Deutsche Reich und Österreich-Ungarn dem italienischen Allianzwunsch gegenüber?

Italien mußte nicht mit zwei einzelnen Staaten, sondern mit einem Bündnissystem verhandeln, was sich schon bei der Verhandlungseröffnung bemerkbar machen sollte. Die Faktoren der öffentlichen Meinung spielten hier

---

108 Petrignani, Neutralità, S. 311.
109 Ebd.
110 Robilant an Blanc, 13.1.1882, ASMAE, Carte Blanc; teilweise abgedruckt bei Petrignani, Neutralità, S. 334, Anm. 15.
111 Pribram, Geheimverträge, S. 140; Petrignani, Neutralità, S. 311. Die Haltung Robilants wird von Petrignani als Anzeichen dafür gewertet, daß es zwischen den Vertretern der „sinistra" wie Mancini und Depretis und Konservativen wie Robilant nur schwer zu überwindende Inkompatibilitäten gab. Für die Jahre 1881/82 stimmt dies; daß es 1885 nicht mehr stimmte, ist ein Indiz für die gesamte Wandlung des politischen Klimas in Italien, zu dem, wie unten noch zu schildern, auch die Allianz beitrug.

Die schwierige Geburt der Allianz 79

eine untergeordnete Rolle; schon allein deshalb, weil die Verhandlungen geheim bleiben sollten. Die Interessen beider Kaisermächte waren in mehreren Punkten identisch. Zunächst waren sie sich einig, aus Gründen des europäischen Mächtespiels die angetragene italienische Freundschaft nicht a priori abzulehnen. Ein weiteres Hauptinteresse hatten sie an der Aufrechterhaltung und Stärkung der italienischen Monarchie. Bismarck war der Ansicht, Italien werde zwar ein lediglich nomineller Bündnispartner „und ohne erhebliche Leistung"[112] sein; außerdem sei „jede Abmachung mit Italien ... immer ein einseitiges Geschäft zum Vorteil Italiens"[113]. Trotzdem befürwortete er eine Abmachung. Denn das schwächliche italienische Königtum bedürfe der Stärkung, die ihm nur das Bündnis mit den konservativen Zentralmächten geben könne. Sonst sei zu befürchten, daß die radikalen Elemente in Italien endgültig die Oberhand gewinnen und das Königtum hinwegfegen würden; die Zusammenarbeit mit dem republikanischen Frankreich sei dann eine in der Sache liegende Konsequenz.[114] Dieser Aspekt – eine Allianz zur Stärkung der italienischen Monarchie mit der Möglichkeit auch innenpolitischer Einflußnahme – spielte eine ganz erhebliche Rolle bei den Verhandlungen.[115] Sie wurde deutscherseits auch geschürt durch Botschafter von Keudell, der Bismarck zu einer entgegenkommenden Haltung gegenüber Italien zu drängen suchte: „Ich glaube, daß der Moment günstig ist, um, ohne Übernahme bindender Verpflichtungen, durch lediglich formelle Freundlichkeiten einen wesentlichen Einfluß auf die Politik dieses Landes zu gewinnen."[116]

Dann wollten aber Deutsche wie Österreicher die Franzosen nicht durch ein Bündnis provozieren, das seine Spitze nur gegen sie richten konnte; auch sollten die Italiener keine Chance haben, sich mit der Hilfe der Zentralmächte an Frankreich wegen Tunesien zu rächen. Besonders Bismarck befürchtete, von Italien in irgendwelche „Händel" mit Frankreich verwickelt zu werden. Beiden Regierungen hegten ein ausgeprägtes Mißtrauen gegen die italienische Politik im allgemeinen und die gegenwärtige italienische Regierung im besonderen, gegen Mancini, vor allem aber gegen Depretis.

Es gab natürlich auch Unterschiede zwischen der deutschen und der österreichischen Sichtweise. Diese lagen zunächst in der Stärke des Wunsches nach einem Bündnis. An diesem war Österreich-Ungarn mehr interessiert als das Deutsche Reich, das heißt als Bismarck, dem die gesamte Angelegenheit, zur wachsenden Verzweiflung Botschafter Keudells, vor dem Hintergrund einer relativ ausbalancierten europäischen Gesamtlage – im Jahre 1881 war

---

112 Busch an Reuß, 28.2.1882, GP 3, Nr. 548.
113 Bismarck an Reuß, 31.12.1881, GP 3, Nr. 541.
114 Busch an Reuß, 28.2.1882, GP 3, Nr. 548.
115 Bismarck an Reuß, 31.12.1881, GP 3, Nr. 541.
116 Keudell an Bismarck, 26.2.1882, GP 3, Nr. 549.

das Dreikaiserbündnis erneuert worden – ziemlich gleichgültig war. Zwar trug er im Laufe der Verhandlungen dann doch beträchtlich dazu bei, das Allianzprojekt voranzubringen; zu deren Beginn bemühte er sich aber um geradezu ostentative Indifferenz.[117] Keudell, normalerweise ein verschlossener, wortkarger Mann,[118] war vor Eröffnung der Gespräche nervös und unruhig; er befürchtete sogar, sie würden an Bismarck scheitern, da dieser glaube, „sich alles erlauben zu können"[119]. Kálnoky hingegen befürwortete einen Neutralitätsvertrag mit Italien; er wollte sich die Rückenfreiheit im Falle eines Krieges mit Rußland sichern. Eine Entente reiche dazu; an einen schriftlichen Vertrag dachte er nicht.[120]

1. Italien eröffnet die Verhandlungen

Die ungünstige italienische Verhandlungsposition verbesserte sich noch vor Beginn der eigentlichen Gespräche durch zwei Faktoren: Erstens dadurch, daß sich die Befürchtung, Bismarck werde in der Römischen Frage zugunsten der Kirche intervenieren, als grundlos herausstellte.[121] Zweitens – und dieser Grund war entscheidend – erweckte die Haltung Rußlands erneute Sorgen. In Bosnien war ein Aufstand gegen die österreichische Besatzung ausgebrochen, von dem angenommen wurde, er sei von Rußland finanziert worden. Noch gravierender war der Eindruck einer Parisreise des russischen Generals Skobelew, der dort am 24. Januar 1882 eine flammende panslawistische Rede hielt und Befürchtungen über ein bevorstehendes Bündnis zwischen dem gambettistischen Frankreich und einem panslawistischen Rußland entstehen ließ.[122] Die Unklarheit über die Haltung des – eigentlich verbündeten – Rußlands steigerte für das Deutsche Reich und Österreich-Ungarn den potentiellen Wert der italienischen Freundschaft.

Die Eröffnung der Verhandlungen gestaltete sich für Italien trotzdem nicht einfach, was daran lag, daß eben nicht nur mit zwei einzelnen Staaten, sondern mit einer Bündnisstruktur verhandelt werden mußte. Robilant wurde in einem ersten Gespräch, das er mit Kálnoky am 18. Januar 1882 führte, von diesem nach Berlin verwiesen. Das Bündnis könne sich schließlich nur gegen Frankreich richten, und das Interesse daran sei ein rein deutsches und italienisches, kein österreichisches; die k. u. k. Monarchie selbst sei gesichert und

---

117 Petrignani, Neutralità, S. 306; Salvatorelli, Triplice, S. 62–65, über Bismarcks „Gleichgültigkeit" in dieser Frage.
118 Bülow, Denkwürdigkeiten 4, S. 323, 324, mit einer Charakterisierung Keudells.
119 Wimpffen an Kálnoky, 3.2.1882, HHStA Wien, PA I, 457.
120 Robilant an Mancini, 19.1.1882, DDI 2/XIV, Nr. 487.
121 Wimpffen an Kálnoky, 27.12.1881, 6.1.1882, HHStA Wien, PA I, 457.
122 Salvatorelli, Triplice, S. 66.

brauche keine Allianz.[123] Robilant sah sich durch diese Auskünfte in seiner anfänglichen Skepsis bestätigt. Er nahm an, daß Kálnoky in Wahrheit „das große Orakel von der Spree" („magno oracolo della Sprea") bereits kenne und das ganze nur eine höfliche Abfuhr sei. Die Sprache Bismarcks, Kállays und Andrássys zeige ein Konzept in bezug auf Italien, das ein Bündnis unter den gegenwärtigen Voraussetzungen ausschließe.[124]

De Launay, der sich zeitgleich um ein Gespräch mit Bismarck bemüht hatte, traf erst am 31. Januar 1882 mit dem Kanzler zusammen. Er brachte den festen Willen Italiens zum Ausdruck, einen dauerhaften politischen Zusammenschluß mit den Zentralmächten erlangen zu wollen. Der Reichskanzler hielt ihm dann einen Vortrag über die Notwendigkeit, den europäischen Status quo zu wahren; ein vitales Eigeninteresse habe das Deutsche Reich am Bestand Österreich-Ungarns. Bismarck beendete die freundschaftlich geführte Unterredung mit der bekannten Auskunft: „La clef de la situation est à Vienne" und blieb auch dabei, als De Launay auf den vorangegangenen Verweis Kálnokys auf Berlin verwies. Immerhin versprach der Reichskanzler, daß sich das Deutsche Reich einer österreichisch-italienischen Vereinbarung anschließen werde.[125]

De Launay hegte ebenso wie Robilant die Befürchtung, daß hinter dem Hin- und Herverweisen zwischen Wien und Berlin Methode stecken könnte. Um Klarheit zu gewinnen, regte er ein weiteres Gespräch mit Kálnoky in Wien an. Robilant erwähnte daraufhin gegenüber Kálnoky bei einer Routinezusammenkunft am 7. Februar 1882 das Gespräch De Launays mit Bismarck. „Ah ja?" sagte Kálnoky und behauptete, obwohl in Wahrheit von Bismarck längst informiert, noch keine Nachricht aus Berlin zu haben. Sei De Launay denn zufrieden gewesen mit dem Gespräch? Robilant antwortete, Launay sei sogar mehr als zufrieden („soddisfattissimo"), woraufhin ihm Kálnoky, wenn auch vage, neue Verhandlungen ankündigte.[126]

---

123 Protokolle dieses Gespräches: Aufzeichnung Kálnokys, 19.1.1882; Kálnoky an Wimpffen, Privatbrief, 20.1.1882, in: Pribram, Geheimverträge, S. 138–139; auch in: HHStA, PA I, 457. Bericht Robilants an Mancini, 19.1.1882, DDI 2/XIV, Nr. 487.
124 Bericht Robilants an Mancini, 19.1.1882, DDI 2/XIV, Nr. 487.
125 Protokolle des Gesprächs: Aufzeichnung Bismarcks über eine Unterredung mit dem italienischen Botschafter in Berlin, Graf de Launay, in: GP 3, Nr. 545; Bericht De Launays an Mancini, 31.1.1882, DDI 2/XIV, Nr. 525. Die Berichte beider Seiten zeigen Gemeinsamkeiten und Unterschiede, die charakteristisch sind für die Bedeutung, die den einzelnen Teilen des Gespräches eingeräumt wurden.
126 Robilant an Mancini, 7.2.1882, DDI 2/XIV, Nr. 538.

2. Der innenpolitische Aspekt

Diese – die eigentlichen Verhandlungen – begannen am 19. Februar 1882 mit einem Gespräch zwischen Robilant und Kálnoky.[127] Jener brachte gleich die entscheidende Frage auf, welchen Inhalt die Allianz nach den italienischen Vorstellungen denn haben solle. Kálnoky fragte Robilant: „Es handelt sich darum, durch einen Geheimvertrag den Zugang Italiens zum politischen System, das die Kaiserreiche bilden, zu ermöglichen. Ist es das, was ihr wollt?"[128] Robilant stimmte zu und ergänzte, in einer bewußten Anlehnung an eine Äußerung De Launays: „Wir sind bereit, präzise Verpflichtungen einzugehen, die die Solidarität unserer gemeinsamen monarchischen und friedlichen Interessen stabilisieren und regeln."[129] Dieser Hinweis auf eine innenpolitische, monarchische Komponente des angestrebten Bündnisses blieb nicht ohne Wirkung. Kálnoky sagte, man könne zwei Aspekte erkennen, die für den Allianzvertrag bedeutsam seien: Erstens den der inneren Politik, wo die monarchischen Regierungen sich gegen die täglich bedrohlicheren Aktionen der subversiven Parteien unterstützen müßten. Zweitens den der auswärtigen Politik.

Der erste Aspekt war für Kálnoky ganz offensichtlich der interessantere. Doch damit befand sich Robilant auf gefährlichem Gelände: Er wollte und durfte den Zentralmächten keinesfalls ein Einspruchsrecht bei innenpolitischen Angelegenheiten Italiens einräumen. Kálnoky dachte hingegen ganz offensichtlich an eine neue Heilige Allianz,[130] eine Mitarbeit bei der Bekämp-

---

127 Akten in: GP 3, Nr. 533–572; DDI 2/XIV, Nr. 578–792; auch: ASMAE, Tre buste contenenti corrispondenza riservata (ex cassette verdi), Busta 1 (229): Negoziati confidenziali con l'Austria-Ungheria e la Germania per il trattato di alleanza del 20 maggio 1882 – Scambio di corrispondenza fra il ministro degli esteri, Pasquale Stanislao Mancini, l'ambasciatore straordinario a Vienna, conte Felice Nicolis di Robilant, l'ambasciatore a Berlino, conte Edoardo de Launay, i segretari generali del ministero degli Esteri, Alberto Blanc e Giacomo Malvano (6.11.1881–8.6.1882); Pribram, Geheimverträge, S. 128–169, dort fehlende Dokumente im HHStA, PA I/457. Auch: Petrignani, Neutralità, S. 305–337; Salvatorelli, Triplice, S. 62–72. Von einer Schilderung der diplomatischen Details soll im folgenden abgesehen werden, obwohl sich mit Hilfe der aus den drei Ländern verfügbaren Akten ein auch in den Einzelheiten vollständiges Bild des Verhandlungsablaufes gewinnen ließe. Statt dessen sollen die Intentionen und Ziele der Verhandlungspartner mit dem Endresultat, dem Vertrag, der dann natürlich ein Kompromiß war, verglichen werden.
128 Über die Unterredung Kálnoky-Robilant unterrichtet: Robilant an Mancini, 20.2.1882, DDI 2/XIV, Nr. 578. Dort Zitat: „... ‚Si tratta di trovare il modo di far constatare a mezzo di un atto segreto l'accessione dell'Italia al sistema politico che vi é rappresentato dell'alleanza dei due imperi.' Ció detto chiesemi se le sue parole esprimevano rettamente il nostro concetto."
129 Ebenda: „Noi siamo pronti a concretare degli impegni precisi onde meglio stabilire e regolare la solidarietà dei nostri comuni interessi monarchici e pacifici."
130 Petrignani, Neutralità, S. 318.

fung der Irredenta. Die Haltung der italienischen Regierung war in dieser Frage ein kategorisches Nein; ein derartiger Umschwung der italienischen Politik stand nicht zur Diskussion. Deshalb sagte Robilant auch sofort, er könne nicht erkennen, inwieweit die inneren Verhältnisse Gegenstand zwischenstaatlicher Vereinbarungen sein könnten. Außerdem fragt es sich, ob Kálnoky den Italienern denn ebenfalls ein Mitspracherecht in Fragen der österreichischen Innenpolitik hätte einräumen wollen. Zwar schien das im Frühjahr 1882 vollkommen abwegig, und doch sollte genau diese Frage, wie noch zu schildern sein wird, einige Jahre später allergrößte Bedeutung gewinnen.

3. Territorialgarantie oder Neutralitätsvertrag?

Zum außenpolitischen Aspekt übergehend, lehnte Kálnoky eine Territorialgarantie ab. Diese sei bei den bestehenden Grenzen nutzlos. Von Robilant gefragt, warum dies so sei, antwortete er: Die Öffentlichkeit müsse den Pakt in einem künftigen Notfall akzeptieren, auch wenn es sich heute um ein Geheimbündnis handle. Um ein Beispiel zu bringen: Die Ungarn würden eine Garantie der italienischen Grenze nie verstehen an dem Tag, an dem Frankreich sie bedrohen würde. Robilant verstand, daß der wahre Grund anderswo lag – nämlich in der Römischen Frage – und vertiefte die Angelegenheit nicht weiter. Damit hatte Robilant durchaus recht. Wie aus einem Brief Kálnokys an Wimpffen hervorgeht, war der Außenminister nicht willens, den Italienern den Besitz der Stadt Rom zu garantieren, zumindest nicht ohne eine erhebliche Gegenleistung.[131] Darüber hinaus aber hielt Kálnoky eine Territorialgarantie generell für undurchführbar; Österreich-Ungarn könne und wolle das italienische – und auch das deutsche – Territorium nicht garantieren. Es könne beispielsweise den deutschen Besitz Elsaß-Lothringens im Fall eines ungünstig verlaufenden Krieges gegen Frankreich nicht garantieren; Italien könne Österreich auch keine effektive Garantie für den Besitz der Bukowina im Fall eines Krieges gegen Rußland geben.

Kálnoky schlug statt dessen Robilant einen Neutralitätsvertrag vor, worin er in einer Linie mit Bismarck lag, der das ebenfalls befürwortete: „Unser Bedürfnis geht kaum weiter als wohlwollende Neutralität, Italiens Macht vielleicht auch nicht."[132] Kálnokys Idee war folgende: Die Zweibundmächte blieben neutral, wenn Italien in einen Krieg mit Frankreich verwickelt werde; dafür solle Italien seine Neutralität zusagen, wenn das Deutsche Reich von Frankreich oder Österreich-Ungarn von Rußland angegriffen würden; jenes beunru-

---

131 Pribram, Geheimverträge, S. 142; Kálnoky an Wimpffen, in: Francesco Salata: Per la storia diplomatica della questione romana. 1. Da Cavour alla Triplice Alleanza, Milano 1929, S. 97, 98.
132 Anmerkung Bismarcks unter einen Bericht des Fürsten Reuß vom 24.2.1882, GP 3, Nr. 556.

hige derzeit durch die Reden Skobelews. Robilant sah darin aber nur einen Vorteil für die Kaisermächte, nicht aber für Italien. Die italienische öffentliche Meinung würde es in einem solchen Falle nicht verstehen, wenn bei der für die Kaisermächte so vorteilhaften Neutralität Italiens nichts herausspringen würde. Kálnoky entgegnete, sachlich durchaus zutreffend: Dafür habe Italien im Fall eines Krieges mit Frankreich doch schließlich seine Ostgrenze frei. Doch Robilant entwaffnete ihn durch das Argument, Italien könne diese Grenze auch so freimachen; Österreich habe in Italien nichts verloren und würde auch in einem solchen Falle nicht angreifen.

Dabei ging es im wesentlichen um folgende Frage: Wie sollte Italien für seine Neutralität honoriert werden, wenn zwischen Österreich und Rußland ein Krieg ausbrach? Auch Mancini lehnte einen reinen Neutralitätsvertrag ab.[133] Er wollte nicht verstehen, warum die Zentralmächte den Gedanken an eine Territorialgarantie so vehement ablehnten; eine solche sei doch auch ein Prüfstein für die Ernsthaftigkeit des von den Kaisermächten ständig beschworenen Festhaltens am territorialen Status quo in Europa. Ein reiner Neutralitätsvertrag, wenn denn nichts dazukäme, sei hingegen für Italien unannehmbar, da mit der nationalen Ehre *(dignità nazionale)* nicht zu vereinbaren. Italien habe dabei nichts zu gewinnen, weil das Deutsche Reich und Österreich-Ungarn ohnehin nicht in Ruhe zusehen würden, wenn Frankreich unprovoziert Italien angreifen sollte. Ein reines Neutralitätsabkommen hätte noch einen weiteren Nachteil: Es hätte „praktisch die Bedeutung und den Anschein unserer Weigerung, irgendein Kriegsrisiko zu laufen; und das wäre ein schwerer, irreparabler moralischer Schaden für eine Nation, die noch nicht von der Aura militärischen Ruhms umgeben ist, der die nationale Würde unantastbar macht ..."[134] Außerdem lehnte es Mancini ab, daß Italien in allen Fällen auf seine Handlungsfreiheit verzichten solle und sich in einem Konflikt nicht den besonderen Umständen anpassen könne. Im Hintergrund dieser Überlegungen stand immer, wenn auch ungenannt, die Erwartung, in einem österreichisch-russischen Konflikt das Trentino als Kompensation heraushandeln zu können. In einem Satz: ein reiner Neutralitätsvertrag ohne „Belohnung", das heißt ohne Kompensation für eine mögliche Neutralität, schien den italienischen Außenpolitikern unannehmbar. Dieser Punkt ist schon allein deshalb sehr bedeutsam, weil hier eine Kontinuitätslinie im Denken der italienischen Führungsschicht sichtbar wird, die 33 Jahre später zum Bruch des Bündnisses und schon vorher immer wieder zu heftigen Kontroversen führen sollte.

---

133 Mancini an Robilant, 17.3.1882, DDI 2/XIV, Nr. 643.
134 Ebenda: „..... quasi il significato e l'apparenza di una nostra riluttanza a correre i rischi di ogni guerra; e sarebbe grave, irreparabile danno morale per una Potenza non ancora circondata da quella aureola di gloria militare per cui può essere immune da dignità nazionale ..."

Die schwierige Geburt der Allianz 85

3. Wie sehen die Originaldokumente aus? Hier drei Diplomatenberichte aus der Zeit der ersten Bündnisverhandlungen als Beispiele: Robilant an Mancini, 20.1.1882 (l.o.); Prinz Heinrich VII. Reuß an Bismarck, 22.10.1881 (r.o.); Wimpffen an Kálnoky, 6.1.1882 (r.u.).

Die Haltung beider Seiten war nicht frei von Widersprüchen. Die von ihnen erwünschte Territorialgarantie hätte die Italiener daran gehindert, das Trentino zu einem späteren Zeitpunkt als Kompensation beanspruchen zu können. Doch wog in den ersten Monaten des Jahres 1882 die Sicherheit, die eine Territorialgarantie vor den Ansprüchen des Vatikans gebildet hätte, schwerer als eine vage künftige Eventualität. Das italienische Argument wiederum, daß eine Territorialgarantie dem von den Zweibundmächten so hochgehaltenen konservativen und friedensbewahrenden Prinzipien am ehesten entsprechen würde, traf ebenfalls zu. Hier hätte sich die Donaumonarchie ein für allemal den Besitz des Trentino, Triests und Dalmatiens von Italien garantieren lassen können. Doch Kálnoky sah einerseits das Problem der Römischen Frage und wollte dem Vatikan hier nicht in den Rücken fallen, andererseits hielt er eine Territorialgarantie aus den genannten Gründen für nicht realisierbar. Damit hatte Kálnoky zweifellos einen gewichtigen sachlichen Gegengrund, der trotzdem an der italienischen Intention vorbeizielte; denn gemeint war, ohne daß dies klar ausgesprochen wurde, weniger die Garantie gegenüber dritten Mächten als vielmehr der Bündnispartner untereinander. Obwohl Robilant das Thema noch mehrmals, unter anderem am 23. März und am 12. April, zur Sprache brachte und die Zusammenhänge zwischen konservativem Prinzip und Territorialgarantie erläuterte, reagierte Kálnoky nicht, sondern spielte, auf Anraten Bismarcks, „la sourde oreille"[135].

4. Der Vertragsinhalt – Konsultationsklausel und Defensivbündnis gegen Frankreich

Da eine Einigung in dieser Frage nicht zu erzielen war, kam eine gewisse Verlegenheit auf, was in dem Vertrag denn nun eigentlich stehen sollte. Deshalb schlug Kálnoky vor, verschiedene Einzelpunkte miteinander zu vernetzen; die Neutralität könne einer von mehreren Punkten sein und durch weitere mögliche Bestimmungen ergänzt werden. Robilant schlug daraufhin spontan, ausdrücklich als eigenen Einfall bezeichnet, vor, die drei Mächte sollten sich in „genau definierten europäischen Fragen" gegenseitig unterstützen. Als Beispiel nannte er eine mögliche gemeinsame Linie in der – damals infolge des Aufstands von Urabi Pascha besonders aktuellen – ägyptischen Frage.[136] Dieser Vorschlag war eine realisierbare Idee und sollte auch – zumindest auf formaler Ebene – nicht folgenlos bleiben. Im Falle eines tatsächlichen Funktionierens wäre er geeignet gewesen, einen Geist guter politischer Zusammenarbeit zu erzeugen und zu stärken.

---

135 Salata, Questione Romana, S. 99, 100.
136 Siehe dazu Kap. I.3.f.1: Der Dreibund und Italiens Mittelmeerstellung.

Am Abschluß der ersten Verhandlungsrunde zwischen Robilant und Kálnoky war klargeworden, daß der von Italien favorisierte Gedanken einer wechselseitigen Territorialgarantie wegen des österreichischen Widerstandes unrealisierbar war. Es war aber auch deutlich geworden, daß sich Italien mit einem bloßen Neutralitätsvertrag nicht zufriedengeben wollte. Diesen favorisierten die Zentralmächte schon wegen ihrer Befürchtungen, durch einen Beistandspakt von Italien in einen Konflikt mit Frankreich hineingezogen zu werden.[137] Bismarck war es, der in der Korrespondenz mit Kálnoky schließlich einen konsensfähigen Vertragsinhalt vorschlug und damit die inhaltliche Stagnation der Verhandlungen überwand: Ein Defensivbündnis gegen Frankreich. Zunächst sperrte sich Kálnoky, denn die Donaumonarchie hatte von Frankreich nichts zu fürchten, und er vermißte bei einem solchen Vertrag die Gegenleistung. Doch gab er Bismarck dann doch schnell nach. Ursache war nicht nur das diplomatische und persönliche Übergewicht des Reichskanzlers, sondern auch ihr übereinstimmendes Urteil über den Wert der möglichen militärischen Unterstützung seitens Italiens; diese wurde für so gering angesehen, daß beide es als sekundäre Frage ansahen, ob Italien neutral sei oder aktiven Beistand leiste. Vor allem deshalb verzichtete Kálnoky, zum größten Erstaunen Robilants, auch darauf, in den weiteren Verhandlungen ein Äquivalent für die österreichische Hilfe gegen Frankreich – nämlich ein Mitziehen in einen Krieg gegen Rußland – zu verlangen. Dies war zweifellos eine beträchtliche Benachteiligung Österreichs. Statt hier zu insistieren und Gleichbehandlung zu verlangen, verlegte Kálnoky seine Aufmerksamkeit darauf, in überhaupt keiner Form, weder indirekt noch direkt, Italien eine Territorialgarantie zu geben. Tatsächlich konnten sich Mancini und Robilant nicht damit abfinden, keine Garantie zu erhalten, und versuchten sie in den unterschiedlichsten verdeckten Formen doch noch in den Vertrag hineinzuschmuggeln,[138] was jedoch an Kálnokys Wachsamkeit scheiterte.

Die weiteren Verhandlungen basierten auf Entwürfen, die sowohl Kálnoky als auch Mancini angefertigt hatten und die in der Quintessenz den schließlichen Vertragsbestimmungen nahe kamen. Bismarck beschränkte sich während der Verhandlungen auf redaktionelle Änderungen und Ratschläge für Kálnoky. Allerdings hatten die letzteren dann doch ein beträchtliches Gewicht für den Ablauf der Verhandlungen. Bismarck empfahl Kálnoky nämlich eine flexible Haltung und warnte davor, Italien ein „Diktat à prendre ou à laisser" vorzusetzen.[139] Und er betonte wiederholt, „daß man Italien gegenüber auf die Wahl der Ausdrücke in dem Vertrage ein so großes Gewicht nicht zu legen brauche. Es komme im wesentlichen darauf an, sich einer wohlwollenden

---

137 Bismarck im Gespräch mit De Launay, dazu Petrignani, Neutralità, S. 317.
138 Beispiele dafür: Salata, Questione Romana, S. 98–100.
139 Aufzeichnung des Hilfsarbeiters in der Reichskanzlei Graf Wilhelm v. Bismarcks, z.Z. in Friedrichsruh, 8.5.1882, GP 3, Nr. 566; Salvatorelli, Triplice, S. 68.

Neutralität Italiens zu versichern; an ein eventuelles aktives Eingreifen desselben glaube er nicht stark. Fände es doch statt, so wäre es erfreulich, aber wir würden auch ohne dem fertig."[140] Ein bedeutsames Anliegen war für die deutsche wie die österreichische Führung, daß sich die Defensivbestimmungen zwar gegen Frankreich richten, aber jede Provokation dieser Macht vermieden werden sollte. Symptomatisch für diese Haltung war, daß die Diplomaten der Zweibundmächte die Befürchtung hegten, daß die bevorstehenden 600-Jahr-Feiern der Sizilianischen Vesper Ausgangspunkt für eine mächtige antifranzösische Welle in Italien werden könnten; analog wie die 700-Jahr-Feier der Schlacht von Legnano Gründungsdatum der Irredenta geworden war.[141] Deshalb suchten sie möglichst zu vermeiden, daß beide Termine – Vertragsunterzeichnung und Jubiläum – zusammenfielen.

5. Der Dreibundvertrag von 1882 und seine Bewertung in der Literatur

Die weiteren Verhandlungen waren der konkreten Ausgestaltung der Vertragsbedingungen und der Detailredaktion des Vertrages gewidmet; diese blieb weitgehend Kálnoky und Mancini überlassen. Der Vertrag in französischer Sprache wurde schließlich am 20. Mai 1882 in Wien von Kálnoky, Robilant und dem deutschen Botschafter in Wien, Prinz Reuß, unterzeichnet.

Der Vertrag enthielt eine Präambel und acht Artikel.[142]

– In der Präambel erklärten die vertragschließenden Parteien, die Sicherheit des allgemeinen Friedens mehren, das monarchische Prinzip befestigen und die soziale und politische Ordnung in ihren Staaten erhalten zu wollen. Der Pakt verfolge „durch seine in seiner Wesensart konservative und defensive Grundrichtung nur das Ziel", die drei Staaten „gegen die Gefahren zu sichern, die die Sicherheit ihrer Staaten und die Ruhe Europas bedrohen könnten".
– In Artikel 1 versprachen sie sich gegenseitige Konsultation in politischen und wirtschaftlichen Fragen und wechselseitige Unterstützung nach Maßgabe ihrer eigenen Interessen.
– Artikel 2 versicherte Italien im Fall eines unprovozierten französischen Angriffs den Beistand der beiden anderen Bundesgenossen, dem Deutschen Reich im gleichen Fall die Unterstützung Italiens.
– Artikel 3 definierte den Casus foederis für den Fall, daß eine oder zwei der vertragschließenden Parteien von zwei oder mehreren anderen Großmächten angegriffen werden sollten.

---

140 Aufzeichnung Wilhelm v. Bismarcks, 1.5.1882, in: GP 3, Nr. 562.
141 Wimpffen an Kálnoky, 14.4.1882, HHStA, PA XI, 95.
142 Vertragstext in: GP 3, Nr. 571; Pribram, Geheimverträge, S. 24–28; DDI 2/XIV, Nr. 792. Siehe Anhang A: Text des Dreibundvertrages vom 20.5.1882.

Die schwierige Geburt der Allianz

– Artikel 4 bestimmte, daß gegenüber einem Vertragspartner, der, von einer anderen Großmacht in seiner Sicherheit beeinträchtigt, selbst einen Krieg beginnen sollte, wohlwollende Neutralität zu beachten sei, oder sogar, nach Maßgabe der eigenen Interessen, die Teilnahme an seiner Seite.
– Artikel 5 sah militärische Vorbereitungen für die in den vorstehenden Artikeln definierten Kriegsfälle vor. Im Falle eines gemeinsam geführten Krieges sollte weder ein Waffenstillstand noch ein Friede, noch irgendein Vertrag ohne gegenseitiges Einvernehmen geschlossen werden.
– Artikel 6 sah die Geheimhaltung des Vertrages vor, und zwar sowohl was seinen Inhalt als auch was seine Existenz anging.
– Artikel 7 definierte die Dauer des Vertrages auf fünf Jahre.
– Artikel 8 enthielt die Ratifikation und die Unterschriften der drei Bevollmächtigten.

In letzter Minute war es Mancini noch eingefallen, daß sich der Vertrag auf keinen Fall gegen England richten dürfe, da wegen der englischen Seeherrschaft im Mittelmeer ein Krieg Italiens gegen Großbritannien unmöglich sei. Bismarck war zwar der Ansicht, daß sich der Pakt schon deshalb nicht gegen England richte, weil niemand einen Krieg mit dieser Macht mit Aussicht auf Erfolg führen könne; würde aber England selbst den Krieg erklären, bliebe ohnehin nichts anderes übrig, als ihn durchzustehen. Trotzdem wurde dieser Vorbehalt, daß der Vertrag sich „in keinem Fall gegen England richte", als sogenannte „Mancini-Deklaration" dem Vertrag angehängt.[143]

Der Vertrag ist mit seinen Vor- und Nachteilen für die einzelnen Länder und in Hinblick auf seine Folgen in der historischen Literatur unterschiedlich bewertet worden.[144] Überwiegend wurde aber festgestellt, daß Italien, als der

---

143 Pribram, Geheimverträge, S. 27, 28; GP 3, Nr. 570, Anlage; mit dem Text einer gleichlautenden, von Mancini (22.5.1882), Kálnoky (28.5.1882) und Bismarck (28.5.1882) unterzeichneten „déclaration ministérielle". Siehe Anhang A 1.
144 Der italienische Historiker *Luigi Salvatorelli* (Triplice, S. 69–72) sieht in seiner Bewertung des Vertrages von 1882 insgesamt viele Vorteile für Italien. Ein großer Gewinn sei gewesen, daß durch das Bündnis mit den Zentralmächten die „römische Frage" zu einer rein inneritalienischen Angelegenheit geworden sei. Die Zentralmächte wiederum hatten das, was sie selbst wollten, ebenfalls erreicht: Nämlich die Neutralisierung des österreichisch-italienischen Gegensatzes, die sie für bedeutsamer als ein aktives italienisches Hilfsversprechen einschätzten; tatkräftige Mitarbeit in einem Konflikt trauten sie Italien ohnehin nicht zu. Auch die Ablehnung der Territorialgarantie durch Österreich habe sich im nachhinein als Vorteil für Italien erwiesen, da eine solche 1914/15 die Verhandlungen über die Abtretung österreichischen Gebietes unmöglich gemacht hätte. Salvatorelli sieht in dem Vertrag insgesamt eine „durch Gefühle bedingte Reaktion" („reazione sentimentale") auf die französische Besetzung Tunesiens (S. 71). Die innenpolitischen Auswirkungen der Allianz auf Italien, das Zusammenspiel der Faktoren von innerer und äußerer Politik, den Zusammenhang mit dem Trasformismo wagt er mit Verweis auf die damals noch unzugänglichen italienischen Akten

nicht abschließend zu beurteilen; er kritisiert aber, daß die Ängste der italienischen Monarchisten vor den französischen und republikanischen Schachzügen „extrem übertrieben" („estremamente esagerato") gewesen seien und ihnen eine streng logische Grundlage gefehlt habe (S. 71). Dies trifft zwar zu, aber in der Situation selbst war es nachvollziehbar, daß der König und Baron Blanc in der Verbindung zwischen italienischen Republikanern und gambettistischem Frankreich eine Bedrohung für die italienische Monarchie sahen.

Daß der Vertrag seine Existenz einem Zusammenwirken von Faktoren der italienischen Innen- und Außenpolitik zu verdanken hatte, betonen auch *Marzari/Lowe* (Italan Foreign Policy, S. 27). Der österreichische Historiker *Alfred Francis Pribram* sah in dem Dreibundvertrag einen Sieg des „Wunsches nach Stärkung der monarchischen Gewalt, einen Sieg in erster Linie der in Italien noch nicht gefestigten Dynastie Savoyen". Im übrigen habe das Abkommen „allen drei Mächten Vorteile [gebracht], die größten unzweifelhaft den Italienern; eine Tatsache, die bemerkenswert ist, da sie, als die Bittenden, den höchsten Preis für das Zustandekommen des Bündnisses hätten zahlen müssen." Die mangelnde Gegenleistung Italiens für einen Angriff Rußlands auf Österreich-Ungarn sah Pribram hingegen als Vorteil; die militärische Hilfe Italiens sei unerheblich gewesen und sowohl Bismarck als auch Kálnoky hätten eine mögliche Einmischung Italiens auf dem Balkan verhindern wollen (Pribram, Geheimverträge, S. 165, S. 168).

Die italienische Seite hatte, was den diplomatisch-technischen Teil der Verhandlungen angeht, zweifellos Grund zur Zufriedenheit. Sowohl Robilant als auch De Launay waren der Ansicht, erheblich mehr erreicht zu haben, als zu Beginn der Verhandlungen möglich schien. Der italienische Historiker *Petrignani*, selber Diplomat, folgert deshalb, daß der endgültige Vertrag einen „indiscutibile successo della diplomazia italiana" dargestellt habe (Petrignani, Neutralità, S. 339). Was im Vertrag gefehlt habe, sei eine Absicherung der italienischen Interessen im Mittelmeer gewesen. Doch sei diese von Anfang an auch nicht verlangt worden, da es keine Aussicht gegeben habe, eine solche Garantie bei den Bündnispartnern durchzusetzen.

Ähnlich beurteilte dies der deutsche Historiker *Berger*, der unter dem Pseudonym „Italicus" publizierte. Er wies vor allem auf die unterschiedlichen Erwartungen Italiens und der Zweibundmächte an das Bündnis hin. Das Deutsche Reich und Österreich-Ungarn hätten ein im wesentlichen passives, defensives Bündnis gewünscht, das in seinen konkreten Auswirkungen einem Neutralitätsvertrag gleichkam. Den Italienern hingegen sei an einem System der aktiven, einer „nützlichen und fruchtbaren" Freundschaft gelegen gewesen, und in der Folgezeit hätten sie alles unternommen, die Allianz in diesem Sinne umzuformen (Italicus, Dreibundpolitik, S. 62–64).

Gaetano Salvemini, dessen Schriften von einer massiven antiösterreichischen Tendenz gekennzeichnet sind, sah die diplomatischen Vorteile des Vertrages, besonders für den Fall eines europäischen Krieges, ganz bei den Zweibundmächten. Italien allein sei zu schwach gewesen, um einen Krieg zu entfesseln, auch sei ein Angriff auf Italien, besonders seitens der Franzosen, zwar möglich, aber schon immer sehr unwahrscheinlich gewesen. Einen wirklichen Vorteil habe Italien aus dem Dreibundvertrag gezogen: Die Neutralisierung der römischen Frage sowie die Vermeidung offener Feindschaft der Zweibundmächte und eventuelle Kriegsgefahren aus dieser Richtung. Die tatsächlichen Vorteile des Vertrages haben, so Salvemini, weniger in den Defensivbestimmungen gelegen als in der Sicherung vor den Verbündeten selbst: „Italien hat sich mit den Zentralmächten verbündet, weil es Angst hatte, sie zu Feinden zu haben. Die Allianz entsprang nicht gemeinsamen positiven Interessen. Mehr als ein Allianzvertrag war es ein Vasallenverhältnis." (Salvemini, Politica Estera, S. 315–318. Zitat S. 318: „L'Italia si alleò con gli imperi centrali, perché aveva paura di averli nemici. La al-

allianzsuchende Teil, mit dem Vertrag mehr erreicht habe, als eigentlich zu erwarten gewesen war und es sich deshalb, wie der italienische Historiker und Diplomat Rinaldo Petrignani urteilte, um einen „undiskutierbaren Erfolg der italienischen Diplomatie" gehandelt habe. Ähnlich sieht das der österreichische Historiker Fritz Fellner, der in der Donaumonarchie aufgrund der ungleichen Verpflichtungen den „leidenden Teil" des Bündnisses sah. Doch der wesentliche Punkt des Vertrages waren nicht die Konjekturen für den Kriegsfall, hypothetische Konstruktionen, wer unter welchen außenpolitischen Konstellationen größere Vorteile hätte erzielen können. Eine rein juristische Ausleuchtung aller Eventualitäten versperrt den Blick auf die tatsächliche Funktion des Bündnisses, da sie außer acht läßt, daß zuerst der Bündniswunsch da war und dann erst die Vertragsbedingungen ausgehandelt wurden, die die ursprünglichen Erwartungen nur zum Teil widerspiegeln. Außerdem blieben die genauen Vertragsbedingungen bis in den Ersten Weltkrieg hinein geheim und Gegenstand von Vermutungen. So wurde in der gesamten Öffentlichkeit allgemein angenommen, der Dreibund enthalte die von Italien so dringend ersehnte Territorialgarantie.[145]

Wie auch immer die Bestimmungen gedeutet wurden: Der Dreibund war ein Arrangement zur Friedenssicherung, nicht zur Vorbereitung eines Krieges[146] und auch kein imperialistisches Instrument.[147] Die Allianz war für Bis-

---

leanza non sorse da comuni interessi positivi. Si fondò su una coincidenza d'interessi negativi. Piú che un trattato di alleanza, fu un trattato di vassallaggio.")

Hingegen kam der österreichische Historiker *Fritz Fellner* ebenso wie Salvatorelli und Petrignani zu dem Ergebnis, der Vertrag sei, auch was die Beistandsbestimmungen anging, für Italien vorteilhaft gewesen. Fellner kritisierte, daß zwar Italien und das Deutsche Reich sich wechselseitig Schutz gegen Frankreich zugesichert hatten, Österreich-Ungarn aber Italien die Hilfe in einem Konfliktfalle zusagen mußte, ohne dafür eine Gegenleistung zu erhalten. Er folgert daraus, daß die Donaumonarchie aus dem Bündnis den geringsten Vorteil ziehen konnte. Italien hingegen habe Rückhalt gegen Frankreich gewonnen und im Anschluß an die beiden Kaisermächte die Möglichkeit zur kolonialen Expansion erhalten (Fellner, Dreibund, S. 17–19). Fellner bemängelte auch, daß das Deutsche Reich nicht bereit gewesen sei, Österreich-Ungarn in seiner von ihm als legitim angesehenen Expansionspolitik auf dem Balkan abzusichern.

145 Salvemini, Politica Estera, S. 4; Chiala, Triplice, S. 263–264; 312.

146 Der australische Historiker Bosworth hat für die Spätphase des Dreibunds festgestellt: „Der Dreibund blieb ein diplomatisches Arrangement, das im Frieden, aber nicht im Krieg seine Funktion erfüllen konnte." Zitiert von: James Joll: Die Ursprünge des Ersten Weltkrieges, München 1988, S. 89. Zutreffender wäre aber ein „sollte" statt dem „konnte."

147 Mommsen, Großmachtstellung, S. 51, sieht dies anders: „Ungeachtet seines ostentativ defensiven Charakters, der allerdings durch die Insertion von Klauseln, die einen Präventivkrieg immerhin als möglich erklärten, teilweise ausgehöhlt war, besaß der Dreibundvertrag, was Italien und Österreich-Ungarn anging, indirekt eine imperialistische Dimension." Dies galt aber frühestens für den 2. Dreibundvertrag von 1887, auf den sich allenfalls auch Mommsens Schlußfolgerung beziehen könnte, der Dreibundvertrag habe eine „zwar nur in-

marck ein Mittel, einen potentiellen europäischen Konfliktherd auszuschalten, nämlich den italienisch-österreichischen; genauso wie ein Jahr später ein österreichisch-deutsch-rumänisches Bündnis den Nationalitätenkonflikt zwischen Ungarn und Rumänien politisch kontrollierbar machen sollte. Hier findet sich die These des amerikanischen Historikers Paul Schroeder, europäische Allianzen hätten wesentlich dem Zweck des „management and control", nämlich der Bündnispartner untereinander, gedient, eine volle Bestätigung.[148]

Depretis und Mancini diente der Vertrag dazu, den von 1876 bis 1881 zu unerträglicher Schärfe angewachsenen österreichisch-italienischen Gegensatz zu neutralisieren, da dieser ihre gesamte Außenpolitik, vor allem nach dem Bruch mit Frankreich, zu lähmen drohte. Das Bündnis war für Italien eine Vorbedingung zur Wiedererringung außenpolitischen Handlungsspielraums.

Fritz Fellners Feststellung, Österreich sei der „leidende Teil" im Bündnis gewesen, entspricht dem Gesamturteil der österreichischen Dreibundforschung. Die Wahrheit sah jedoch anders aus. Italien hatte zwar durch geschickte Verhandlungsführung auf dem Papier mehr erreicht, als es erwarten konnte, war – und blieb – aber der bittende Teil. Tatsächlich sahen die nächsten Jahre, bis hin zur ersten Dreibunderneuerung im Jahre 1887, einen Kampf der italienischen Regierung an zwei Fronten: gegen ihre innenpolitischen Gegner – und um Gleichberechtigung im Bündnis.

---

direkte, aber für die Regierung Crispi gleichwohl höchst wertvolle Unterstützung der italienischen kolonialen Aspirationen in Nordafrika" bedeutet. So auch Hildebrand, Reich, S. 74–79, besonders S. 77; Hildebrand hebt vor allem die notwendige Zusammenarbeit des Dreibunds mit Großbritannien hervor.
148 Paul W. Schroeder: Alliances, 1815–1945: Weapons of Power and Tools of Management, in: Klaus Knorr (Hrsg.): Historical Dimensions of National Security Problems, Lawrence/Kansas 1976, S. 227–262.

> Das Verhältniß Italiens wird am besten charakterisiert, wenn man sagt: Italien tritt gewissermaßen als Hospitant dem deutsch-österreichischen Bündnis bei.
>
> Die „Frankfurter Zeitung" am 18. April 1883

3. Italien als „Hospitant" des Zweibundes (1882–1886)

a) Der Dreibund – ein Geheimbündnis der Kabinette?

Das Dreibund war, gemäß den Bestimmungen des Artikels 7 des Vertragstextes, ein Geheimbündnis – und zwar nicht nur was den Inhalt, sondern auch was seine Existenz überhaupt anging. Wäre diese Klausel eingehalten worden, hätte sich der Sinn des Bündnisses im Frieden und auch sein Funktionieren in einem Kriegsfall jedoch in Frage gestellt.[1] Die einzelnen Bestimmungen des Vertrages blieben zwar bis zum Schluß geheim und wurden erst nach dem Ersten Weltkrieg vollständig veröffentlicht. Gerüchte, daß ein Bündnis existiere, kursierten aber schon seit dem Besuch König Umbertos in Wien. Den entscheidenden Schritt hin zur Veröffentlichung des Bündnisses tat Mancini, als er in einer Parlamentsrede im März 1883 verklausuliert die Existenz der Allianz eingestand. Damit wurde das Bündnis zur öffentlichen Tatsache, zum Entsetzen vor allem der Franzosen, der Irredentisten, des Vatikans und der klerikalen Kreise in Österreich-Ungarn.

Bis dahin hatten sich die einzelnen Nachrichten über die Allianz widersprochen. Auch schien eine Reihe politischer Vorkommnisse, zu denen die noch zu besprechende Diskussion über den Gegenbesuch des Kaisers in Rom und eine neue, besonders heftige Welle des Irredentismus in der zweiten Jah-

---

[1] Petrignani, Neutralità, S. 342–343, weist zu Recht darauf hin, daß ein öffentliches Bündnis, unter Beteiligung des Parlaments, den klaren Willen Italiens – gleiches gilt natürlich auch für Österreich-Ungarn und das Deutsche Reich – zur politischen Zusammenarbeit viel besser zum Ausdruck hätte bringen können als ein solches Geheimbündnis. Spekulationen über den Bündnisinhalt: Hans Helmolt: Der Inhalt des Dreibundes, in: Singer, Dreibund, S. 247–272 (erschienen 1914). Daß diese Geheimhaltung nicht mehr dem Zeitgeist entsprach, zeigt Helmolts sarkastischer Kommentar (S. 249): „Eigentlich ein schönes Zeichen für den ungeheuern Schatz an rückhaltlosem, ja rührendem Vertrauen, das auch die neuzeitlichen Völker den verantwortlichen Leitern ihrer auswärtigen Geschicke entgegenbringen." Dazu auch Verosta, Theorie, S. 128. Im Gegensatz zum Dreibund blieb beispielsweise das Bündnis der Zentralmächte mit Rumänien bis 1914 nicht nur im Inhalt, sondern auch in seiner Existenz geheim.

reshälfte 1882 gehörte, zumindest nach außen hin die Annahme eines Bündnisses zwischen dem Deutschen Reich, Italien und Österreich-Ungarn zu widerlegen, obwohl die politische Annäherung zwischen Italien und den Zweibundmächten eine offensichtliche Tatsache war. In diese Richtung – Annäherung, nicht Bündnis – wurden die zahlreichen Hinweise und politischen Andeutungen ausgelegt, die schon kurz nach Vertragsunterzeichnung auf die Existenz einer formellen Allianz hinwiesen.[2] Doch waren sich die Partner einig, nicht zuletzt aus Rücksicht auf die Beziehungen zu Frankreich, auf eine spektakuläre Veröffentlichung des Bündnisses vorerst zu verzichten. Die französische Diplomatie war im Mai 1882, zur Zeit des Vertragsabschlusses, der felsenfesten Überzeugung, es gebe keine Allianz, und hielt an dieser Ansicht, ebenso wie die französische Öffentlichkeit, bis in den März 1883 hinein fest.[3] Dies ist nicht verwunderlich, da selbst in den drei Bündnisstaaten bis ins Frühjahr 1883 nur die Monarchen, Kanzler, Außenminister und die unmittelbar beteiligten Diplomaten über das Bündnis informiert waren.[4] Daß Mancini

---

2 Ein Beispiel: Nur drei Tage nach Vertragsabschluß, am 18. Mai 1882, verwendete der „Diritto", das Blatt Mancinis, den Ausdruck „la nostra alleanza". In: Chiala, Triplice, S. 323. Von deutscher, österreichischer und italienischer Seite kamen im Verlauf des Jahres 1882 vielfache Andeutungen über die Existenz einer Allianz. Ein Beispiel: Graf Corti, der italienische Botschafter in Konstantinopel, sprach um den 20. Mai 1882 herum gegenüber seinem österreichischen Kollegen mit großer Zufriedenheit von einer unmittelbar vor dem Abschluß stehenden „wichtigen Entente" zwischen den drei Staaten. In: Calice an Kálnoky, 23.5.1882, HHStA, PA I, 457. Weitere Beispiele bei Salvatorelli, Triplice, S. 73–77.
3 Salvatorelli, Triplice, S. 74; Chiala, Triplice, S. 323–359.
4 Mancini beteuerte in einem Schreiben vom 28. September 1882 an Kálnoky die strikte Geheimhaltung vor dem Hintergrund seiner schwierigen innenpolitischen Stellung. Seine Feinde wüßten nichts Genaues von der Allianz; er selbst habe das Wort „alliance" stets vermieden. In: Rosty an Kálnoky, 28.9.1882, PA I, 457. Mancini an de Launay, 21.5.1882, DDI 2/XV, Nr. 2, schrieb, Bismarck wolle den Vertrag sogar vor seinem römischen Botschafter geheimhalten. Selbst der italienische Kriegsminister und die anderen Botschafter, zum Beispiel Graf Menabrea in Paris, wußten nichts von dem Vertrag und stritten in voller Überzeugung seine Existenz ab, wenn die Sprache darauf kam, dazu Chiala, Triplice, S. 326. Mancini an de Launay, 5.4.1883; de Launay an Mancini, 6.4.1883, in: ASMAE, Triplice Alleanza, Cassette Verdi, Cassetta 1. Wie ernst es Mancini mit der Geheimhaltung meinte, zeigte sich im März 1883, als er herausbekam, daß de Launay den italienischen Militärattachè in Berlin, Major Bisesti, über den Vertrag informiert hatte. Mancini schrieb ihm einen geharnischten Tadel; er wolle, wie de Launay wisse, den Kreis der Mitwisser nicht ausgedehnt wissen und habe nicht einmal seine Kabinettskollegen informiert. De Launay rechtfertigte sich, indem er darauf hinwies, daß der Militärattachè zur Erfüllung seiner Aufgabe in Berlin und wegen der kursierenden Allianzgerüchte über diesen Hintergrund informiert sein müsse. Auch die Geheimhaltung in Österreich war streng. Kálnoky wies beispielsweise Wimpffen an, Berichte über die Allianz grundsätzlich als „geheim" einzustufen; in offenen Berichten solle er die Nachrichten verschleiern und statt des Ausdrucks „Allianz" „einen unverfänglichen Ausdruck, wie ‚gutes Verhältnis' oder ‚Einverständnis' … gebrauchen." In: Kálnoky an Wimpffen, 24.7.1882, HHStA, PA I, 457.

im März 1883 das Geheimnis um die Allianz lüftete, hatte innenpolitische Gründe, die in anderem Zusammenhang noch zu erörtern sein werden.[5] Er lehnte sich an eine Formulierung an, die Kálnoky im November 1882 vor der ungarischen Delegation gebraucht hatte, und sprach von einer „unione perfetta" zwischen Österreich-Ungarn und dem Deutschen Reich, der Italien jetzt beigetreten sei. Daran anknüpfend, sorgte Ende März 1883 eine – sachlich zutreffende – Reuter-Meldung über die Allianz und die gegen Frankreich gerichteten Vertragsbestimmungen europaweit für Aufsehen.[6] Die internationale Presse hatte jedoch ihre Zweifel an der Richtigkeit dieser Nachricht; sie hielt es für undenkbar, daß Italien ein vollwertiger Partner der mitteleuropäischen Allianz geworden sein könne. Die „Frankfurter Zeitung" glaubte nicht, daß Italien ein gleichberechtigtes Mitglied des Zweibundes habe werden können, da dieser „ein abgeschlossenes Ganzes" bilde; es sei, wenn überhaupt, nur eine Art „Hospitant" der Zweibundmächte.[7] Doch gerade die Tatsache, daß sich die Allianzgerüchte so hartnäckig hielten, ließ den Glauben an den wahren Kern wachsen. Schließlich wurde der Dreibund, trotz erneuter Verschleierungs- und Relativierungsversuche, als politische Realität anerkannt. Vor allem die Verantwortlichen in der italienischen Regierung – also Depretis und Mancini – sorgten dafür, daß gerade in Italien in diesen Jahren das Fundament dafür gelegt wurde, daß der Dreibund für Italien mehr wurde als eine diplomatische Übereinkunft – er wurde ein Grundbestandteil des gesamten politischen Lebens.

---

5 Zu diesen Problemen (Ägyptische Frage, Irredenta) siehe Kap. I.3.d.1. und I.3.f.1.
6 Charakteristisch für das allgemeine Erstaunen in Österreich sind die Berichte des Apostolischen Nuntius in Wien, der sehr sorgfältig die italienisch-österreichischen Beziehungen und auch die gesamte europäische Presse beobachtete. Berichterstattung Serafinos an Jacobini in: ASV, Segreteria di Stato, Anno 1885, Rubbrica 247, fasc. 1.
7 „Frankfurter Zeitung" vom 18.4.1883. Ähnlich die übrigen europäischen Zeitungen: Die „Neue Freie Presse" als Hochburg der österreichischen Italienfreunde hielt die Meldungen zunächst nur für einen Aprilscherz. Der „Pester Lloyd" schrieb am 15. April 1883, die Achse des Bündnisses sei immer die Allianz zwischen dem Deutschen Reich und Österreich-Ungarn; Italien könne da ohnehin nur ein Anhängsel sein. Kurzzeitig beruhigte sich auch wieder die französische Presse: Die „Temps" schrieb, das ganze sei nur ein „ballon d'essai" gewesen, um Frankreich zu beeindrucken.

> Als Professor für internationales Recht bin ich für das Nationalitätenprinzip, aber ich begreife sehr gut den Unterschied zwischen Theorie und Praxis.
>
> Mancini am 10. Juni 1881

b) Depretis, Mancini, der König und die Allianz 1882/83

1. Depretis, die „triplice alleanza" und der „trasformismo"

Die Allianz mit den Zweibundmächten war für Italien eine völlig neue außenpolitische Orientierung. Diese ging zeitlich einher mit einem grundlegenden Wandel in der italienischen Innenpolitik, ohne daß die Frage nach Ursache und Wirkung zwischen den beiden Entwicklungen eindeutig zu beantworten wäre. Sie hängen jedenfalls untrennbar miteinander zusammen. Dieser neue Kurs ist unter dem Stichwort *trasformismo* in die italienische Geschichte eingegangen; als sein Gestalter gilt zu Recht Ministerpräsident Agostino Depretis, der wegen seiner Fähigkeit, auch in den aussichtslosesten Kabinettskrisen doch wieder eine neue Regierung unter seiner Führung bilden zu können, später den Spitznamen „padre eterno" erhalten sollte.[8] Depretis war ein virtuoser parlamentarischer Taktiker, der die *sinistra* und die *destra* zu einer neuen parlamentarischen Mehrheit zusammenschmieden, die *destra* von einer Oppositionspartei in eine Regierungspartei „transformieren" wollte. Dank der Erfolge, die Depretis mit seinem *trasformismo* hatte, gelang es ihm, von 1882 bis zu seinem Tode die beherrschende Persönlichkeit des Parlamentes zu werden und zu bleiben. Der Erfolg des *trasformismo* hing natürlich auch entscheidend von der Mitarbeit hervorragender Persönlichkeiten der *destra*, wie beispielsweise Marco Minghettis, ab. Ziel dieses Verschmelzungsprozesses war die Schaffung einer neuen, gouvernementalen Mehrheit im Parlament, die eine tragfähige Basis zum Regieren und vor allem für Reformen, wie beispielsweise der Erweiterung des Wahlrechts noch im Jahre 1882, abgeben sollte. Die *destra* verzichtete auf Ministerposten, um Depretis den Kampf gegen die Puristen in seiner eigenen Partei nicht zusätzlich zu erschweren. Allerdings verlangte die *destra* auch eine gemäßigte, vernünftige Politik und die Abkehr von der Zusammenarbeit mit den Radikalen, mit der Irredenta. Hier lag ein direkter Berührungspunkt vor zwischen dem *trasformismo* und den Notwendigkeiten, die Allianzpolitik mit den Zentralmächten durch eine entsprechende Innenpolitik glaubhaft zu gestalten.[9]

---

8 Schinner, Gegensatz, S. 81.
9 Das für diese Thematik vielleicht nützliche Buch von Andrea Ciampini: Cattolici e liberali du-

Für Depretis war die Außenpolitik im übrigen eher ein notwendiges Übel, und ihm wurde sogar eine ausgeprägte Abneigung gegen Diplomaten nachgesagt. Die Außenpolitik überließ er dem Außenminister, den er zwar in parlamentarischen Debatten, vor allem bei der Diskussion des Etats des Äußeren, nach Kräften stützte; ansonsten bevorzugte es Depretis aber, in außenpolitischen Fragen im Hintergrund zu bleiben. Wenn Mancini seiner Ansicht nach zu weit ging, schreckte Depretis auch nicht davor zurück, sich von ihm zu distanzieren.[10] Für außenpolitische Abenteuer hatte der nüchterne Depretis keinen Sinn; so erklärte er schon als Innenminister im März 1880: „Wir haben eine Italia Irredenta, nämlich bezüglich des Fortschrittes der Landwirtschaft und bezüglich der Maßnahmen zur Verbesserung der Lage der arbeitenden Klasse und zur Lösung der sozialen Frage."[11] Diese Aussage läßt auch sein gesamtes politisches Credo deutlich werden: Depretis war ein erklärter Reformpolitiker, der sich der Idee des evolutionären Fortschritts, vor allem im sozialen Bereich, verschrieben hatte;[12] seine Hauptsorge galt der Innenpolitik sowie der Schaffung einer soliden parlamentarischen Basis für seine Reformpläne. Diesem Bestreben ordnete er außenpolitische Fragen weitgehend unter.[13] Auch im Jahre 1882 beschäftigte ihn die Einführung des neuen Wahlrechts mehr als die Gründung der „triplice alleanza". Diese zwang ihn allerdings aufgrund ihres hohen politischen Stellenwerts zu einer klaren Stellungnahme; es ist nicht untypisch für ihn, daß er seine erheblichen Bedenken dem Votum der Außenpolitiker hintanstellte. Die Allianz war für ihn eine Absage an seine bisherigen politischen Ideale. Zwar war Depretis das Gegenteil eines Dogmatikers; ihm wurde häufig sogar ein übertriebener Opportunismus vorgeworfen. Trotzdem bedeutete das neue Bündnis mit dem Vielvölkerstaat Österreich-Ungarn einen Bruch mit seinen einstigen Überzeugungen als führender Garibaldiner. Sein außenpolitisches Ordnungsideal war und blieb das Nationalitätenprinzip.[14]

---

 rante la trasformazione dei partiti. La „questione di Roma" tra politica nazionale e progetti vaticani (1876–1883), Roma, vermutlich 2001, war bei Drucklegung dieses Buches leider noch nicht erschienen.
10 Chiala, Triplice, S. 334; siehe dazu auch Kap. I.3.f.
11 Singer, Dreibund, S. 62.
12 Depretis erklärte am 31.3.1886 im Senat: „Io dichiaro francamente che, salve le basi fondamentali dello Stato consacrate dai plebisciti, colle necessarie loro conseguenze, io non sono avverso a priori, di proposito deliberato, ad alcuna riforma dell'organismo dello Stato. Io non comprendo l'immobilità dell'organismo di stato, in mezzo ai progressi della civiltà, ai mutamenti delle sue esigenze, nella continua vicenda del progresso dei popoli e delle loro istituzioni." In: HHStA, PA XI, 100, Fol. 375.
13 Dazu siehe unten als Beispiel seine Haltung zur Gegenbesuchsfrage, die durch wahltaktische Überlegungen beeinflußt wurde.
14 Dazu Nachlaß Depretis, ACS. Dort finden sich mehrere Briefe des Diplomaten Conte Tornielli an Depretis, in denen er vorschlug, die Mission Italiens solle doch sein, sich überall für das Nationalitätenprinzip einzusetzen.

Daß es ihm sehr schwer gefallen war, sich für diese Allianz zu entscheiden, lag aber wahrscheinlich weniger an diesen „ideologischen" Gründen als vielmehr an nüchternen, technischen Zweifeln an der Notwendigkeit des Bündnisses. Er war zumindest am Anfang ein wenig begeisterter, ein reiner Vernunft-Triplicista und bemühte sich auch weiterhin um ein möglichst gutes Verhältnis zu Frankreich, wollte also auch unter den veränderten Umständen den bisherigen Neutralitätskurs der „equidistanza" zwischen Paris und Berlin fortsetzen. Allerdings war auch er der Ansicht, daß die Regierung das gute Verhältnis zu den Zentralmächten bewahren müsse. Deshalb bereitete er die unerläßliche innenpolitische Grundlage für das Bündnis mit den Zentralmächten, nämlich den definitiven Bruch mit den Radikalen und der Irredenta, planmäßig vor. Dieser war ohnehin notwendig, um die parlamentarische Zusammenarbeit mit der *destra* zu untermauern. Auch deshalb mußte er den Prozeß des *trasformismo* vorantreiben; er benötigte neue Mehrheiten außerhalb seiner eigenen Partei, die ihm notfalls den Verzicht auf die äußerste Linke und ihre Sympathisanten erlauben würde.[15] König Umberto behauptete im November 1882 sogar, daß der Ministerpräsident bereits einen fertigen Gesetzesentwurf gegen die Irredenta in der Schublade habe.[16] Depretis mußte allerdings behutsam vorgehen, da er seine eigene Partei in dieser Frage nicht hinter sich wußte. Ein Aufstand seiner eigenen Parteilinken drohte, die ihn wegen der engen Zusammenarbeit mit der *destra* sowieso schon des Verrates zieh. Innerhalb der *sinistra* bildete sich eine Opposition gegen den Kurs des *trasformismo*, die von Justizminister Zanardelli, dem Minister für öffentliche Arbeiten Baccarini und Unterrichtsminister Bacelli, aber auch Francesco Crispi und Giovanni Nicotera angeführt wurde.[17] Die Gruppierung dieser fünf Abgeordneten und ihrer Anhänger, die bald schon als die Gruppe der „Pentarchen" bezeichnet wurde, war zwar lose in ihrem Zusammenhang – er bestand im Grunde nur in der gemeinsamen Ablehnung der Politik des Ministerpräsidenten –, aber trotzdem ein gefährlicher Gegner. Wenn Depretis sich längere Zeit gegenüber diesen Parteilinken mehr zurückhielt, als viele, auch der König, es wünschten, so hatte dies vor allem taktische Motive.

Die Wahlen am 22. Oktober 1882 waren im übrigen ein guter Indikator für die allgemeine Stimmung im Lande. Der Ministerpräsident und die Kräfte des *trasformismo*, das waren die gemäßigte Linke und die zur Zusammenarbeit bereiten Teile der Rechten, errangen einen klaren Sieg.[18] Die den *trasformismo* ablehnenden Teile der *sinistra* und *destra* büßten hingegen Stimmen ein. Mit Unterstützung der *destra* hatte sich der Depretis-Flügel der *sinistra*

---

15 Keudell an Bismarck, 5.6.1883, PA/AA, R 7719.
16 Keudell an Bismarck, 14.11.1882, PA/AA, R 7718.
17 Keudell an Bismarck, 8.12.1882, PA/AA, R 7718.
18 Bei einer Wahlbeteiligung von 60,7 % (1.223.851 von 2.017.829 insgesamt Wahlberechtigten) konnten die Anhänger von Depretis Gewinne verbuchen.

durchgesetzt und bildete nun, nach den Worten des italienischen Historikers Candeloro, eine „formal progressive, in der Substanz aber konservative Parlamentsmehrheit"[19].

Die *estrema sinistra,* das heißt: Republikaner und Irredentisten, hatten aber ebenfalls zugelegt und 200.000 Stimmen gewonnen, was einen beachtlichen Erfolg bedeutete. Sie hatten ihre Stimmen – insgesamt etwa 50 Sitze[20] – besonders in der Lombardei und in der Emilia erzielt; vor allem die Emilia war auf Grund sozialer Mißstände das Zentrum des Radikalismus.[21] Bei dieser Wahl zog auch der erste sozialistische Abgeordnete, Andrea Costa, für den Wahlkreis Ravenna in das italienische Parlament ein. Doch sorgte gerade das Erstarken der Radikalen dafür, daß die *destra* noch kooperationswilliger wurde und Depretis immer weiter entgegenkam.

Im übrigen blieben die Radikalen trotz ihres Zuwachses eine hoffnungslose Minderheit. Das Wahlergebnis zeigt, daß die Mehrheit der wahlberechtigten Italiener hinter der Regierung Depretis und damit auch hinter ihrem außenpolitischen Programm stand.[22] Die Irredenta war eben nur eine rührige Minderheit, und die Mehrheit der Italiener wollte, so meinten diplomatische Beobachter, „vor allem Ruhe und Ordnung"[23] und auch eine Politik des Ausgleichs gegenüber der Donaumonarchie.[24] Auch in der Irredenta-Frage sollte Depretis auf verschlungenen Wegen schließlich zum Ziel gelangen. Es gelang ihm, sich dabei aus den Wechselfällen der italienischen Außenpolitik in den folgenden Jahren herauszuhalten und diese unbeschadet zu überstehen.

2. Mancinis Dilemma: Zwischen Nationalitätenprinzip und Bündnis mit dem österreichischen Vielvölkerstaat

Weniger Glück und weniger parlamentarische Geschicklichkeit hatte sein Außenminister, Pasquale Stanislao Mancini, zu dem Depretis im übrigen ein

---

19 Candeloro, Storia 6, S. 165: „una maggioranza parlamentare formalmente progressista, ma sostanzialmente conservatrice."
20 Keudell an Bismarck, 8.12.1882, PA/AA, R 7718; Keudell an Bismarck, 8.12.1882, ebenda: Bei der Wahl des Parlamentspräsidenten hatten Radikale und Sozialisten 47 Stimmen vereinigen können.
21 Candeloro, Storia 6, S. 166.
22 Candeloro, Storia 6, S. 164–166.
23 Keudell an Bismarck, 8.12.1882, PA/AA, R 7718.
24 Kálnoky, Gesprächsprotokoll, 16.7.1882, HHStA, PA I, 457: Graf Robilant hatte schon vor den Wahlen, im Sommer 1882, den bestimmten Eindruck gewonnen, daß die Außenpolitik von Depretis und Mancini sich auf eine breite Mehrheit der Italiener stützen könne. Er sagte am 17. Juli 1882 zu Kálnoky: „La politique etrangère inaugurée par Ms Depretis et Mancini a été non seulement comprise et acceptée par l'opinion publique du pays, mais tout porte à esperer qu'elle y prendra des racines profondes. Tout marche bien en ce moment …"

distanziertes Verhältnis hatte.[25] Mancini, als Lenker der italienischen Außenpolitik von 1881–1885 zusammen mit seinem Gehilfen Blanc der wahre Vater des Dreibunds, war infolge des Auseinanderklaffens zwischen seinem guten Willen und völlig anders gearteten Ergebnissen fast schon eine tragische Figur.[26] Intellektuell hervorragend begabt und, wie auch seine politischen Gegner einräumten, eine integre Persönlichkeit,[27] litt er an inneren Widersprüchen und ließ sich von entschlosseneren innen- wie außenpolitischen Gegenspielern leicht verunsichern.

Erfolg und Mißerfolg seiner Amtszeit hingen ausschlaggebend davon ab, ob sich das von ihm geschaffene neue Bündnis positiv auf die außenpolitische Lage Italiens auswirken würde. Übrigens bedeutete das Bündnis mit Österreich für Mancini einen Bruch mit seiner eigenen revolutionären Vergangenheit, die er nicht so einfach abstreifen konnte.[28] Für ihn verstieß die Allianz gegen seine eigentlichen Überzeugungen, was ganz natürlich zu einer innerlich ambivalenten Haltung führen mußte. Er war als Rechtstheoretiker mit seinen Vorstellungen über die Nationen als Grundlage des Völkerrechts europaweit bekanntgeworden. Jetzt als Außenminister das Bündnis mit Österreich-Ungarn, die Negation dieses Prinzips, pflegen zu müssen, erforderte von Mancini einen geistigen Spagat. Seine theoretischen Überzeugungen hatten

---

25 Giovanni Spadolini: Pasquale Stanislao Mancini uomo, studioso, politico: Il maestro e il potere, in: Mattino, 20.6.1991, abgedruckt in: Storia e Critica 51/52, 1991, S. 29.
26 Mancini spielt in Chabod, Storia, keine wirkliche Rolle, obwohl er die italienische Außenpolitik seiner Zeit mindestens so prägte wie beispielsweise Robilant. Zu Mancini: Giuseppe Carle: P.S. Mancini e la teoria psicologica del sentimento nazionale, Roma 1890; Cesare De Crescenzio: Le basi dell'etica di P.S. Mancini, Firenze/Roma 1885; Bartolomeo De Rinaldis: Sulla vita e le sfere di P.S. Mancini Ministro Guardasigilli nel Regno d'Italia, Napoli 1876; Eugenio di Carlo: Il concetto di nazionalità in P.S. Mancini, Palermo 1957; Fides (pseud.): P.S. Mancini. Extrait de la Revue Internationale, Band 21, Rom 1889; Guido Fusinato: P.S. Mancini, in: Annuario della R. Università di Torino, 1889/90, Torino 1890; Francesco Ruffini: Nel primo centenario della nascita di P.S. Mancini, Rom 1917; Emilia Morelli: Tre profili: Benedetto XIV-P.S. Mancini – Pietro Roselli, in: Quaderni del Risorgimento 9, Roma 1955; Maria Assunta Monaco: L'idea di nazione in Giuseppe Mazzini e in P.S. Mancini, Roma 1967.
27 Tavera an Kálnoky, 9.10.1882, HHStA, PA XI, 95, zitiert Baron Blanc, der wegen Spannungen mit Mancini und Unzufriedenheit über dessen Politik seinen Posten als Generalsekretär räumen wollte. Blanc betonte die „Verschiedenheit seiner Anschauungen mit denen des Herrn Mancini, über dessen persönlichen Charakter er sich übrigens bei diesem Anlasse sehr anerkennend aussprach".
28 Ein Beispiel soll seine unmittelbare persönliche Betroffenheit zeigen: Als der österreichische Botschafter Graf Wimpffen abberufen und durch den Grafen Ludolf ersetzt werden sollte, opponierte Mancini zunächst energisch; er war als Revolutionär von dem Vater Ludolfs verurteilt worden und hatte dies natürlich nicht vergessen. Es ist bezeichnend für Kálnoky und die österreichische Diplomatie, auf der Ernennung bestanden, und charakteristisch für Mancini, sich schließlich gefügt zu haben. In: Wimpffen an Kálnoky, 24.5.1882, HHStA, PA ; das persönliche Motiv ist von Blanc interpretiert. Dazu auch Lützow, Dienst, S. 36; auch Anmerkung 12.

sich nicht gewandelt, wohl aber seine Einsicht in die praktischen außenpolitischen Erfordernisse Italiens. Dieser Zwiespalt wird am besten aus einer Bemerkung ersichtlich, die er am 10. Juni 1881 dem österreichischen Botschafter gegenüber fallen ließ: „Als Professor für internationales Recht bin ich für das Nationalitätenprinzip, aber ich begreife sehr gut den Unterschied zwischen Theorie und Praxis ..."[29] Mancini war zu Beginn seiner Amtszeit im Konflikt zwischen eigenen inneren Überzeugungen und dem ehrlichen Wunsch nach einer guten Zusammenarbeit mit Österreich-Ungarn, der schließlich den vollständigen Sieg davontrug. Mancini distanzierte sich aus Vernunftgründen mit zunehmender Schärfe und Radikalität von den Forderungen der Radikalen, der „sinistra estrema" und der Irredenta; am Ende seiner politischen Laufbahn bescheinigte ihm sogar die in diesen Fragen chronisch mißtrauische österreichische Diplomatie, er habe der Irredenta „immer ferne" gestanden.[30] Mancini sprach dem Verlangen der Irredenta nach dem Geltendmachen des Nationalitätenprinzips die politische Opportunität, die Ehrlichkeit und, wie noch zu zeigen sein wird, schließlich sogar die theoretische Berechtigung ab.

Mancini sollte in seiner Amtszeit große Probleme mit dem Gegensatz zwischen guten Absichten und den andersgearteten Forderungen der öffentlichen Meinung in Italien bekommen. Fatalerweise blieb er nicht bei seinen ursprünglichen Ansichten, sondern versuchte, den ständig an ihn herangetragenen Forderungen, vor allem in Kolonialfragen, mit einiger Verzögerung nachzukommen. Trotzdem fehlte ihm, nach dem Urteil seiner politischen Gegner, der nötige Biß.[31] Mancini verlor angesichts der divergierenden Ansätze den roten Faden und die innere Sicherheit. Kálnoky sprach geringschätzig von Mancinis „unruhiger Geschäftigkeit"[32]; der italienische Minister konnte seine Zweifel niemals ganz unterdrücken und neigte dann dazu, überall, auch oft in Wien, Rat einzuholen.[33] Mancini war, wie Giovanni Spadolini schrieb, nicht

---

29 Wimpffen an Haymerle, 10.6.1881, HHStA, PA XI. Wimpffen schrieb, daß Mancini „beinahe wörtlich" gesagt habe: „Comme professeur de droit international, j'ai soutenu le principe des nationalités, mais je comprends très bien la différence qu'il y a entre la thèorie et la pratique, et je sais que si on voulait appliquer ce principe aux rapports entre les différents Etats, on finirait par les rendre impossible et par les détruire." Salvatore Barzilai, damals Redakteur, schrieb in seinen Erinnerungen (Luci e ombre del passato. Memorie di vita politica, Milano 1937, S. 37), über Mancini: „che, dopo aver vigorosamente, dalla cattedra, volgarizzato il principio di nazionalità, lo lasciava giorno per giorno al cimento di amarissime offese." Siehe auch Decleva, Alleato, S. 120.
30 Ludolf an Kálnoky, 30.6.1885, HHStA, PA XI, 99.
31 Die „Neue Freie Presse" widmete ihm am 13. März 1883 einen Artikel und schrieb darin, die italienischen Parlamentarier wollten keinen Ausgleichspolitiker wie ihn, der versuche, mit allen gut zu stehen, sondern jemanden, der dem Ausland Zähne zeige.
32 Kálnoky an Ludolf, Entwurf, 11.12.1883, HHStA, PA I, 457.
33 Ludolf an Kálnoky, 4.8.1882, HHStA, PA I, 457.

der Typ des gewieften Parlamentariers, der sich geschickt den Mehrheitsmeinungen anpassen konnte; er war auch kein parlamentarischer Führer, und es gelang ihm nicht, eine Gefolgschaft gleichgesinnter Abgeordneter um sich zu versammeln.[34] Sogar im Kabinett mußte sich der Außenminister vor allem zu Anfang gegen entschiedene Gegner des Dreibundes, wie zum Beispiel den Justizminister Zanardelli, durchsetzen. Deshalb geriet Mancini als einer der Architekten der Allianz im Parlament immer wieder unter den Beschuß seiner zahlreichen Kritiker. Als berühmtester Advokat Italiens und bewährter Justizminister als Leiter der Außenpolitik mit Vorschußlorbeeren begrüßt, wurde er im Laufe seiner Amtszeit im Parlament regelrecht verschlissen.

3. Umberto und das Bündnis der Monarchen

Für Depretis und Mancini bedeutete die Allianz einen Bruch mit ihrer Vergangenheit, eine wirkliche politische Neuorientierung. Hingegen hatte der König nicht über seinen eigenen Schatten springen müssen, als er das Bündnis abschloß. Da der Dreibund ein Bündnis der Monarchen war, maßgeblich abgeschlossen, um die Festigkeit der Monarchie vor allem in Italien zu sichern, ist die ungetrübte Freude Umbertos über die Allianz nicht erstaunlich. Er war ein überzeugter „triplicista" und wurde auch seitens der österreichisch-ungarischen und der deutschen Regierung als eine Säule des Dreibundes angesehen, als eine „aufrechte Soldatennatur", die es ehrlich meine.[35] Ihm wurde von seiten seiner Bündnispartner unbedingtes Vertrauen entgegengebracht. Nicht zuletzt deshalb übte Umberto während seiner gesamten Regierungszeit einen beträchtlichen Einfluß auf die politische Grundstimmung in der Allianz aus. Die Dreibundfreundlichkeit Umbertos hatte auch einen weiteren Grund: Der König hatte nur limitierte Sympathien für Frankreich und wollte sein Land endlich von der hochmütigen „lateinischen Schwester" emanzipiert wissen. Von dem neuen Bündnis erwartete er, direkt nach dem Abschluß, ein Heilmittel für die äußere wie innere Politik Italiens. Es war nicht nur diplomatische Höflichkeit, als er dem neuen österreichischen Botschafter, Graf Ludolf, am 2. Juli 1882 versicherte, „mit welch hoher Befriedigung ihn das Zustandekommen des lang ersehnten, guten Verhältnisses mit Österreich-Ungarn erfülle und wie er hieran die besten Folgen für Italien, sowohl nach innen wie nach außen, erwarte"[36].

König Umberto hatte, nach den Buchstaben der Verfassung, einen großen Einfluß auf die Außenpolitik seines Landes. Die Verfassungswirklichkeit sah

---

34 Giovanni Spadolini: Pasquale Stanislao Mancini uomo, studioso, politico: Il maestro e il potere, in: Mattino, 20.6.1991, abgedruckt in: Storia e Critica 51/52, 1991, S. 29.
35 Lützow, Dienst, S. 39.
36 Ludolf an Kálnoky, 7.7.1882, HHStA, PA XI, 95.

Italien als „Hospitant" des Zweibundes (1882–1886)

hingegen anders aus. Umberto war ein überzeugter konstitutioneller Monarch. Er hatte das Gefühl, schrieb ein zeitgenössischer deutscher Schriftsteller, „eher König durch den Zufall der Geburt als von Gottes Gnaden zu sein"[37]. Umberto hielt sich bewußt sehr eng an die Verfassung und vergaß niemals die Tatsache, daß er ein konstitutioneller Monarch war; politische Entscheidungen überließ er dem jeweiligen Ministerpräsidenten. Er galt sogar als konstitutioneller als seine Ratgeber,[38] und manchmal wurde ihm die Weigerung, sich aktiv in die Politik einzuschalten, in Italien sogar zum Vorwurf gemacht. Auch wurde ihm sein konstitutionelles Verständnis von österreichischer und deutscher Seite insgeheim als Schwäche ausgelegt. In Wahrheit handelte es sich um die richtige Einsicht Umbertos in die Möglichkeiten seines Amtes und ein Verständnis des demokratischen Zeitgeistes in Italien.[39] Ironische Bemerkungen des Königs deuten überdeutlich darauf hin, daß er selbst an der Zukunft der monarchischen Staatsform in Italien zweifelte.[40] Er verzichtete zwar auf direkte Eingriffe in die Politik, aber beeinflußte trotzdem das politische Klima Italiens erheblich. Er hatt nämlich bestimmte Grundansichten, die von den von ihm ernannten Ministern berücksichtigt werden mußten; dazu gehörten beispielsweise noch zu schildernde Fragen der Heeresrüstung oder, wie in diesem Fall, die Allianz mit den Zweibundmächten. Umberto hatte zu Beginn der 1880er Jahre die *destra* favorisiert, fügte sich aber den parlamentarischen Gegebenheiten; später, gerade infolge des Erfolges des *trasformismo*, spielte dieser Unterschied eine immer geringere Rolle, und im Lauf der Zeit trat mehrfach der Fall ein, daß ihm die Politiker der *sinistra* lieber waren als ihre Gegenspieler von der *destra*.

Insgesamt hatten die politischen Entscheidungsträger im Italien des Jahres 1882 den festen Wunsch, treu an der nun einmal geschlossenen Allianz mit den Kaisermächten festzuhalten. Die öffentliche Meinung des Landes stand dem insgesamt nicht entgegen, wohl aber der unversöhnliche Widerstand der irredentistischen Minderheit, deren Agitation ausgerechnet im Winter 1882/83 einen neuen Höhepunkt erleben sollte. Der Konflikt zwischen Regierung und Irredenta wurde zur ersten großen Bewährungsprobe des

---

37 Sigmund Münz: Römische Reminiscenzen und Profile, Berlin 1900, S. 305.
38 Bericht des Militärattachés Engelbrecht, 24.7.1884, PA/AA, R 7721.
39 Münz, Römische Reminiscenzen, S. 306, schreibt: „Re Umberto, die Persönlichkeit, setzt sich aus lauter demokratischen Zügen zusammen." Als Belege für diese These führt Münz unter anderem an, daß der König Garibaldi verehrte (S. 308). Auf S. 309 erwähnt er, daß Umberto 100.000 Lire für ein Mazzini-Denkmal stiftete. Münz folgerte: „Ihm war Italien mehr als sein Ich."
40 Ein Beispiel: Als ein Besucher ihn fragte, was die Buchstaben „U" und „M" auf der Türe seines Schlafgemaches zu bedeuten hätten (nämlich die Initialen von „Umberto" und „Margherita"), antwortete der König lächelnd: „Gli Ultimi Momenti della Monarchia" – die letzten Augenblicke des Königtums. In: Lützow, Dienst, S. 65.

Dreibundes – ebenso wie der Kampf gegen klerikale, allianzfeindliche Tendenzen, den gleichzeitig die österreichisch-ungarische Führung durchzustehen hatte.

> Aber der Drang, die Italiener zu demütigen und sie seine Geringschätzung fühlen zu lassen, war stärker als sein allerdings nicht hervorragender Verstand.
>
> Holstein in seinen Erinnerungen über Kálnoky

c) Eine Neigung zur Überhebung? – Kálnoky, der Dreibund und die Freundschaft mit Italien

Dem italienischen Wunsch nach freundschaftlichen Beziehungen mit Österreich-Ungarn stand ein ebensolcher, nicht schwächerer Wunsch der österreichischen Seite gegenüber. Hier zeigte sich aber in vielen Fällen ein ähnliches Phänomen wie das oben bei Mancini beschriebene: Die erwünschte Freundschaft mit dem Nachbarstaat geriet mit eigenen Grundüberzeugungen in Konflikt. Dieses Problem, das sich bei den Lenkern der österreichisch-ungarischen Außenpolitik häufig beobachten läßt, zeigt sich besonders deutlich am Beispiel Gustav Graf Kálnokys, des k. u. k. Außenministers.

Kálnoky (1832–1898, Minister von 1881–1895) war, nach den Worten des englischen Historikers Bridge, „ein deutschmährischer Berufsdiplomat mit ausgeprägt konservativen und klerikalen Ansichten"[41]. Von seinem Posten als Gesandter beim Vatikan war er im Jahre 1872 wegen seiner Opposition zur antiklerikalen Politik Andrássys und dessen Haltung gegenüber dem Papst abberufen worden.[42] Infolge seiner steifen militärischen Art und seiner politischen Ansichten war er als Botschafter in St. Petersburg dann sehr erfolgreich.[43] Aus seinen Denkschriften aus dieser Zeit geht hervor, daß er ein Zusammengehen mit Rußland sehr befürwortete.[44] Während seine Vorgänger Andrássy und Haymerle politisch nach Westen tendierten, befürwortete Kálnoky eine enge Zusammenarbeit der drei östlichen Reiche gegen Revolution und Krieg. Gegen den Parlamentarismus, dessen Praxis er als Diplomat un-

---

41 Francis Roy Bridge: Österreich(-Ungarn) unter den Großmächten, in: Wandruszka/Urbanitsch: Die Habsburgermonarchie VI/1, S. 196–373, S. 263.
42 Walter Rauscher: Zwischen Berlin und St. Petersburg. Die österreichisch-ungarische Außenpolitik unter Gustav Graf Kálnoky 1881–1895, Wien/Köln/Weimar 1993, S. 15.
43 Bridge, Österreich, S. 263.
44 Bridge, Österreich, S. 262.

ter anderem in London kennenlernen konnte, empfand er ein ausgeprägtes Mißtrauen.[45]

Über Kálnokys Gesamtleistungen wie seinen Charakter und seine Befähigung gehen die Meinungen schon der Zeitgenossen weit auseinander.[46] Auch das Urteil der Nachwelt über Franz Josephs längstregierenden Außenminister ist zwiespältig. Für den österreichischen Historiker Helmut Rumpler ist Kálnoky der „Prototyp des Schreibtischministers, persönlich kühl und zugeknöpft", autoritär, pedantisch und unsympathisch, fachlich geradezu unfähig.[47] Seinen Führungsstil wertet Rumpler als „organisatorisches und moralisches Desaster"[48]. Hingegen wird er in anderen Studien positiver gesehen;[49] Wolfgang Herrmann preist ihn sogar als den größten europäischen Staatsmann der Epoche nach Bismarck.[50]

Wie auch immer Kálnoky beurteilt wird: Er war ein Minister, der seinem Kaiser in seinen politischen Fähigkeiten und Ansichten kongenial war; nicht genial, nicht originell, ein konservativer Pragmatiker, „ein an der bestehenden Ordnung festhaltender Bürokrat und Zentralist, der sich ohne große politische Visionen strikt an den Möglichkeiten Österreich-Ungarns orientierte"[51]. In der Außenpolitik baute Kálnoky auf die Zusammenarbeit mit dem Deutschen Reich und akzeptierte dabei eine gewisse Führungsrolle Bis-

---

45 Auch Bucher, der enge Vertraute Bismarcks und ehemalige 48er, ist im englischen Exil in den 1850er Jahren zum Gegner des Parlamentarismus geworden.

46 Der notorisch gehässige Geheimrat Holstein beurteilte ihn als schwachen Verstand, als „stolz und unzufrieden", in: Norman Rich/M. H. Fisher (Hrsg.): Die geheimen Papiere Friedrich von Holsteins. Deutsche Ausgabe von Werner Frauendienst. Band I: Erinnerungen und politische Dokumente, Göttingen/Berlin/Frankfurt 1956, S. 150. Der für seine Sarkasmen berüchtigte deutsche Diplomat Graf Monts hielt ihn hingegen für einen fähigen Diplomaten mit großer Geschäftskenntnis, in: Karl Friedrich Nowak /Friedrich Thimme (Hrsg.): Erinnerungen und Gedanken des Botschafters Anton Graf Monts, Berlin 1932. Zu Kálnoky dort S. 121–126. Monts schrieb auf S. 124: „Der Graf war vom geschäftlichen Standpunkt aus geradezu das Ideal eines auswärtigen Ministers. Er beherrschte alles und jedes und war selbst in untergeordneten Dingen genau unterrichtet." Der österreichische Diplomat Lützow wiederum beschrieb ihn als den „großen Besserwisser am Ballhausplatz" und als „frostige Natur", in: Lützow, Dienst, S. 58. Kálnoky prägte eine Generation jüngerer österreichischer Diplomaten, die den Minister, der sein Ressort durch Fleiß und Kompetenz beherrschte, sehr positiv bewerteten. Viele lobende Erwähnungen Kálnokys bei Friedjung, Geschichte in Gesprächen, so vor allem durch Aehrenthal.

47 Helmut Rumpler: Die rechtlich-organisatorischen und sozialen Rahmenbedingungen für die Außenpolitik der Habsburgermonarchie 1848–1918, in: Wandruszka/Urbanitsch: Die Habsburgermonarchie VI/1, S. 1–121, siehe S. 79.

48 Ebenda, S. 80; siehe auch Rauscher, Kálnoky, S. 220.

49 Ernst Rutkowski: Gustav Graf Kàlnoky von Köröspatak. Österreich-Ungarns Außenpolitik von 1881–1885, Diss. Wien 1952. Abgewogene Wertung bei Rauscher, Kálnoky.

50 Wolfgang Herrmann: Dreibund, Zweibund, England 1890–1895, Stuttgart 1929, S. 69. Dort auf S. 62–70 Skizzierung Kálnokys.

51 Rauscher, Kálnoky, S. 222.

marcks. Mit dem deutschen Reichskanzler verband ihn das Bestreben, den europäischen Status quo und vor allem die monarchische Ordnung erhalten zu wollen. Weitere Einigkeit bestand in ihrem wechselseitigen Wunsch, den europäischen Frieden zwischen den Großmächten nach Möglichkeit zu bewahren. Unterschiede zwischen beiden entstanden in der Balkanpolitik; dort war Bismarck dem Erbpachthofdenken der Monarchie gegenüber indifferent, ja sogar ablehnend, weil er im österreichisch-ungarischen Balkanimperialismus und dem daraus entstehenden Gegensatz zu Rußland eine schwere potentielle Bedrohung des europäischen Friedens sah.

Kálnokys Haltung gegenüber Italien war durch bestimmte Grundzüge seiner gesamten politischen Einstellung und seiner Persönlichkeit vorprogrammiert. In den Erinnerungen Holsteins, die allerdings in den Details nicht präzise sind, findet sich eine interessante Charakterisierung des österreichischen Ministers. Holstein berichtete, daß Kálnoky in der Ära Schwarzenberg, nach der Niederschlagung der Revolution von 1848, als Offizier bei einem Kavallerieregiment in Vicenza stationiert gewesen sei und sich das „Überlegenheitsgefühl und eine Neigung zur Überhebung" aus seiner Zeit als „Offizier jenes Husarenregiments im unterworfenen Lande ... durch alle Wechsel der Zeiten" bewahrt habe.[52] Holstein unterstellte Kálnoky eine „anti-italienische Gesinnung"[53], „Rücksichtslosigkeit", „Unverbindlichkeit" und „Unberechenbarkeit" gegenüber Italien, mangelndes Eingehen auf italienische Empfindlichkeiten sowie den „Drang, die Italiener zu demütigen und sie seine Geringschätzung fühlen zu lassen"[54]. Um Holsteins Urteil mit anderen Worten zusammenzufassen: Kálnoky konnte und wollte gegenüber den Italienern die Allüren eines ehemaligen Besatzungsoffiziers nicht ablegen.

Wenn dieses Urteil auch in seinen einzelnen Aussagen sehr genau untersucht werden müßte und auf jeden Fall, wie oft bei Holstein, polemisch ist, so ist im großen doch eines richtig: Kálnoky, dessen dienstliche Schreiben tatsächlich auffallend oft in einem beleidigten und pedantischen Grundton verfaßt sind, empfand gegenüber den Italienern eine immer deutlich spürbare Verachtung und Herablassung. Für alles, was die italienischen Politiker und Diplomaten taten, selbst wenn es für die Donaumonarchie günstig war, hatte er verächtliche Kommentare.[55] Diese Haltung blieb nicht ohne massiven Einfluß auf die österreichisch-italienischen Beziehungen. Damit ist nicht gesagt,

---

52 Holstein, Geheime Papiere 1, S. 150–151.
53 Ebenda, S. 150.
54 Ebenda, S. 152.
55 Beispiele: Die Klage Kálnokys über Mancinis „Unselbständigkeit", weil dieser sich in der ägyptischen Frage um Rat an ihn gewandt hatte (und damit nur den Konsultationsartikel des Dreibunds mit Leben zu füllen suchte). In: Reuß an Bismarck, 1.12.1882, PA/AA, R 7718. Oder die Ansicht Kálnokys über einen möglichen Rücktritt Mancinis, „daß er dies bedauern würde, denn neben seinen oft lästigen advokatischen Eigenschaften sei er doch eigentlich immer ge-

daß Kálnoky nicht einen ebenso ehrlichen Wunsch nach einem österreichisch-italienischen Ausgleich hatte wie beispielsweise Mancini. Aber er mochte die Italiener nicht und nahm sie nicht für voll. Und diese Grundhaltung schlug sich immer wieder in zahlreichen kleineren und größeren Vorkommnissen nieder. Kálnoky verkörperte jenen Grundfehler der österreichischen Diplomatie gegenüber Italien, durch einen unangemessenen, herablassenden Ton, also auf atmosphärischer Ebene, die sachlichen Differenzen unnötig zu verschlimmern.[56]

Außerdem verkomplizierten Kálnokys ausgeprägte klerikale Neigungen das Verhältnis zu Italien weiter, und zwar grundsätzlich. Kálnoky war die katholische Kirche persönlich viel näher als die italienische Regierung; der ersteren komme, wie er am 7. Dezember 1883 in einem Brief schrieb, unter den konservativen Mächten „ohne Zweifel der erste Rang" zu.[57] Trotzdem machte er sich nicht zum blinden Vollstrecker ultramontaner Wünsche, sondern bemühte sich, zwischen Vatikan und Quirinal einen Kurs der Neutralität zu steuern, und wußte sich hierin auch mit seinem Kaiser einig. Das galt vor allem für die heikle Frage des Kirchenstaates. Die extremen Forderungen des Vatikans, die auf eine vollständige außenpolitische Isolierung des Königreichs Italien hinausgelaufen wären, wies er wiederholt zurück. Manchmal war er die klerikalen Forderungen aus Rom sogar ausgesprochen leid und klagte charakteristischerweise im November 1888 darüber, „als echter Sohn der apenninischen Halbinsel verlange auch der Papst immer mehr, als er je zu erhalten hoffe"[58].

Angesichts dieser im wesentlichen antiitalienischen Grundhaltung Kálnokys hatte Mancini im November 1881 allen Grund gehabt, über dessen Ernennung zum k. u.k . Außenminister bestürzt zu sein. Kálnokys Vorgänger, Andrássy und Haymerle, waren sowohl viel liberaler als auch italienfreundlicher gewesen. Andrássy war ein stolzer Liberaler, Haymerle, eine eher bürokratische Natur, immerhin vor seiner Ernennung zum Außenminister Botschafter in Rom und ein Freund Italiens. Von beiden hätte Italien, was die Sachfragen angeht, mit Sicherheit nicht mehr Entgegenkommen erfahren als von Kálnoky, wohl aber wäre der Umgangston ein anderer gewesen. Kálnoky war aber auch ein Exponent für eine generelle Veränderung des politischen Klimas in der Donaumonarchie während der konservativ-klerikalen Regie-

---

fällig gewesen". In: Reuß an Bismarck, 15.9.1883, PA/AA, R 7719. Zu Kálnokys Klagen über Robilants „Empfindlichkeit" und Crispis „Ungeduld" siehe unten.

56 Dazu Lützow, Dienst, passim, beispielsweise auf S. 167: „... unser ganzes Verhalten gegenüber Italien war leider nur zu oft von einem gewissen kleinlichen, bürokratischen Geiste erfüllt. Es fehlte die Großzügigkeit."

57 Friedrich Engel-Janosi: Österreich und der Vatikan 1846–1918, 1. Band: Die Pontifikate Pius' IX. und Leos XIII. (1846–1903), Graz/Wien/Köln 1958, S. 237.

58 Monts an Bismarck, 11.11.1888, PA/AA, R 9108.

rung des Grafen Taaffe, die nicht nur in Italien, sondern auch im Deutschen Reich mit aufmerksamem Mißtrauen beobachtet wurde.[59]

> Es ist leider unmöglich, mit den Irredentisten ruhig zu sprechen. Sonst wäre es möglich, ihnen zu sagen, daß sie mit ihrem Kriegsgeschrei nur die Partei in Österreich stärken, die Italien als Typ und Modell eines modernen Staates und als Erbe des Kirchenstaates haßt.
>
> Die „Neue Freie Presse" am 5. Januar 1883

d) Zwischen Papst und Irredenta – die ersten Bewährungsproben des Bündnisses 1882/83

Depretis und Mancini einerseits, Kálnoky andererseits waren im ersten Jahr des Dreibunds, als die Allianz noch ein Geheimbündnis war, die politisch Alleinverantwortlichen dafür, ob es gelingen würde, die dreibundfeindlichen Tendenzen in Italien und Österreich-Ungarn zu neutralisieren und allianzkonformes Verhalten auch innenpolitisch durchzusetzen. Das Herzstück des Dreibunds, der italienisch-österreichische Ausgleich, wurde in den Jahren 1882/83 durch zwei Ereignisse auf die Probe gestellt: Die Propaganda der Irredenta erreichte im Herbst 1882 einen neuen Höhepunkt, und die Reaktion der italienischen Regierung ließ Rückschlüsse auf ihre wahre Einstellung zum Bündnis mit Österreich zu. Und die Diskussion über den Gegenbesuch Kaiser Franz Josephs in Rom galt vor allem in der italienischen Öffentlichkeit nicht nur als eine Frage des nationalen Prestiges, sondern auch als Prüfstein dafür, wie sich der Kaiser zwischen Italien und Papsttum entscheiden würde. Die Wirksamkeit des Bündnisses bei der Überbrückung des österreichisch-italienischen Antagonismus, des Nationalitätenproblems und des Legitimismus läßt sich anhand dieser Beispiele exemplarisch untersuchen.

1. Die italienische Regierung vom Oberdank-Attentat
 bis zum Bruch mit der Irredenta

Der Irredentismus erlebte unmittelbar nach Abschluß der Allianz einen neuen Höhepunkt. Natürlich waren die Irredentisten durch den Kurs der österreichisch-italienischen Annäherung sehr irritiert. Sie befürchteten, daß

---

[59] Schmidt, Andrássy, S. 5; Eduard v. Wertheimer: Graf Julius Andrássy. Sein Leben und seine Zeit, Band 3, Stuttgart 1913, S. 214.

die Regierung das Ziel der „Befreiung" der „irredenten" Territorien aufgeben würde. Der direkte Auslöser für die Unruhen war aber der Tod Giuseppe Garibaldis, des Heros der italienischen Einigung und der Symbolfigur der Irredenta, nur wenige Wochen nach Unterzeichnung des Dreibundvertrages am 2. Juni 1882. Bei Garibaldis Beerdigung blieben Proteste gegen Österreich nicht aus; es kam zu irredentistischen Maueranschlägen, Aufrufen der Triestiner und Trienter Komitees, auch zu Demonstrationen vor dem Sitz des österreichisch-ungarischen Botschafters, dem Palazzo Chigi. Österreichische Proteste, vor allem gegen die Symbole und Fahnen Triests und Trients bei den Trauermärschen hatten sofort Wirkung, und die Regierung versprach Abhilfe und strenges Durchgreifen gegen österreichfeindliche Kundgebungen. Seitens der Consulta erging an das Ministerium des Innern „eine eindringliche, schriftliche Empfehlung", „die irredentistischen Emigranten in Rom strengstens zu überwachen und insbesondere nicht zuzulassen, daß dieselben sich mit ihrer Fahne dem Trauerzuge anschlössen". Doch blieb dieser Protest ergebnislos; ein Wagen mit einer Büste Garibaldis und einem riesigen, von Istrianern und Triestinern gestifteten Kranz wurde sogar in einer Gendarmeriekaserne vorbereitet.[60] Die italienische Regierung geriet dadurch in eine peinliche Lage und in Erklärungsnöte. Baron Blanc suchte den protestierenden österreichischen Botschafter zu beschwichtigen; die Irredenta spiele keine Rolle mehr und werde „vollends durch die immer enger an Österreich-Ungarn sich anschließende Strömung der öffentlichen Meinung in Italien in den Hintergrund gedrängt." Auch versprach er für die Zukunft ein hartes Durchgreifen der Regierung.

Unter den Demonstranten des Trauerzuges für Garibaldi vor dem Palazzo Chigi war auch ein junger Student namens Guglielmo Oberdank. Er trug die Fahne Triests, die er vorher in einen Trauerflor gehüllt hatte.[61]

Triest war die Vaterstadt des 24jährigen Oberdank, der österreichischer Staatsbürger war. Schon der Name des unehelichen Sohnes einer slowenischen Magd war symptomatisch; in den deutschen Quellen wird er Oberdank genannt, was seinem amtlichen Namen entsprach; er selbst aber hatte das deutsche „k" wegfallen lassen und seinen Namen in „Oberdan" italianisiert. Seine zweifelhafte italienische Abkunft suchte Oberdank dadurch zu kompensieren, daß er italienischer als die Italiener, irredentistischer als die Irredentisten wurde. Um ein Wort der Zeit zu gebrauchen: Oberdank war ein „italianissimo". Als er während des bosnischen Aufstands zum Militär eingezogen wurde, desertierte er nach Italien; er wollte nicht an einem ungerechten Krieg teilnehmen und außerdem sah er es nicht ein, seine Ausbildung unterbrechen zu müssen.

---

60 Wimpffen an Kálnoky, 23.6.1882, HHStA, PA XI, 95.
61 Francesco Salata: Guglielmo Oberdan. Secondo gli atti segreti del processo carteggi diplomatici e altri documenti inediti, Bologna 1924, S. 45.

In Rom studierte er Ingenieurwissenschaften und schloß sich den unter Studenten besonders populären irredentistischen Kreisen an. Unter ihnen nahm er, wenn der hagiographischen Oberdank-Geschichtsschreibung zu trauen ist, schon bald eine Führerstellung ein.[62] Und er träumte davon, ein Märtyrer für die heilige Sache der Irredenta, für das unerlöste Triest zu werden.

Gelegenheit zur Aktion bot sich schon allzu bald. Im Jahre 1882 jährte sich zum fünfhundertsten Male der (freiwillige) Anschluß Triests an die Habsburger. Nicht zufällig sollte dieses Ereignis durch eine Ausstellung groß gefeiert werden; die österreichischen Behörden wollten aller Welt demonstrieren, daß die Hafenstadt schon seit einem halben Jahrtausend zu ihrem Staatsverband gehörte. Der Kaiser hatte für September seinen Besuch angekündigt; Anfang August war bereits sein Bruder, Erzherzog Karl Ludwig, in die Stadt gereist. Wie nicht anders zu erwarten, fühlten sich die Irredentisten provoziert und versuchten, die Feiern gewaltsam zu stören.[63] Am 2. August 1882 wurde auf einen Zug vorbeimarschierender österreichischer Veteranen eine Bombe geworfen; zwei Personen starben, dabei ein 14jähriger Junge; fünfzehn wurden verletzt.[64] Zu Recht wurde die Irredenta für das Attentat verantwortlich gemacht. Eine aufgebrachte Volksmenge warf die Scheiben des Büros der irredentistischen Zeitschrift „Indipendente" ein; unter Buhrufen und „Evviva l'Austria" zog sie auch vor das italienische Konsulat der Stadt, bewarf das italienische Wappen mit Steinen und versuchte die Tür aufzubrechen. Polizisten wurden zum Eingreifen aufgefordert, unternahmen aber nichts.[65] Auch in der Folge unternahmen die Behörden mit voller Absicht nichts, um die allabendlichen, italien- und irredentafeindlichen Demonstrationen zu unterdrücken.[66]

Das Attentat wurde in der österreichischen Presse aufs schärfste verurteilt,

---

62 Auf deutsch, knapp und trotzdem präzise zusammenfassend: Klaus Gatterer: Der Fall Guglielmo Oberdan, in: ders.: Erbfeindschaft Italien–Österreich, Wien/München/Zürich 1972, S. 13–25. Besonders ausführlich: Salata, Oberdan. Das Buch wurde sogar vom Völkerbund empfohlen. Salata verwandte österreichische und italienische Akten und befragte zahlreiche Zeitzeugen; so gelang es ihm, eine beeindruckende und sehr dichte Studie über Guglielmo Oberdan zu schreiben, die wohl, was die Tatsachenfeststellung angeht, das endgültige Werk zu diesem Thema darstellt. Salata schreibt allerdings aus dem Blickwinkel eines nationalistischen Verehrers des „Märtyrers" Oberdank; seine konstante Polemik gegen Österreich und seine Verherrlichung des Attentäters sind aber leicht erkennbar und schmälern deshalb nicht die Nutzbarkeit des Buches. Eine moderne und sachliche Darstellung ohne Verklärung bietet: Renato De Marzi: Oberdank il terrorista, San Martino 1979. Weitere deutsche Darstellung: Emanuel Urbas: Guglielmo Oberdan, in: Preußische Jahrbücher 201 (1925), Bd. 201, S. 237 ff.
63 Unter anderem wurden von einem „Circolo triestino Garibaldi" in Venedig gedruckte Flugblätter verteilt, in denen die Triestiner aufgefordert wurden, die Feier unmöglich zu machen. In: Kreuz-Zeitung, 4.8.1882.
64 Salata, Oberdan, S. 59; Gatterer, Erbfeindschaft, S. 20, spricht irrig nur von einem Toten.
65 Salata, Oberdan, S. 65.
66 Dazu die deutschen Akten über die Vorgänge in Triest, die in PA/AA, R 7773 gesammelt sind.

und es wurden von der eigenen Regierung energische Maßnahmen gegen die Irredenta gefordert.[67] Kritik wurde auch an Italien geübt, da eine Beteiligung italienischer Staatsbürger am Anschlag sehr wahrscheinlich schien und auch die Bombe von der Polizei als ausländisches – sprich: italienisches – Fabrikat identifiziert worden war. Die Kritik am Irredentismus erhielt teilweise einen für Italien drohenden Unterton.[68] Auch die italienische Presse distanzierte sich von dem Anschlag. Mancini fand am 5. August 1882 gegenüber dem österreichischen Botschafter Worte des Bedauerns und der Abscheu gegen die verbrecherische Tat. Keine Strafe schien ihm für den Täter hart genug. Kálnoky streifte in einer Unterredung mit Robilant ebenfalls dieses Thema, war aber, wie Robilant schrieb, dabei „absolut korrekt in der Form und gemäßigt in seinem Urteil" („perfetta correttezza di forma e grande moderazione di apprezzamenti") und habe immer wieder die vertrauensvolle Freundschaft („la fiduciosa amicizia") betont, die heute glücklicherweise die beiden Regierungen miteinander verbinde.[69]

Beide Regierungen waren bestrebt, die Auswirkungen des Attentats auf die junge österreichisch-italienische Freundschaft möglichst zu beschränken. Doch wurde diese schon bald einer weiteren schweren Belastungsprobe ausgesetzt. Die Irredenta plante einen noch viel spektakuläreren Anschlag, dessen Gelingen, wie sich bei einem analogen Vorgang im Juni 1914 zeigen sollte, fatale Konsequenzen für beide Länder und ganz Europa hätte haben können: Kaiser Franz Joseph, der die Stadt im September besuchen wollte, sollte in die Luft gesprengt werden. Guglielmo Oberdank hatte sich bereiterklärt, das Attentat auszuführen. Durch Verrat innerhalb der Gruppe und durch eine Warnung der italienischen Behörden gelang es den Österreichern, Oberdank am 16. September 1882 an der Grenze in Ronchi in einem Hotelzimmer zu verhaften; bei ihm wurden zwei Bomben gefunden. Oberdank hatte sich durch seinen wiederholten Grenzübertritt – schon am 2. August hatte er sich

---

67 Die „Neue Freie Presse" forderte die Triestiner am 4. August nachdrücklich auf, sich jetzt von der „politischen Thorheit" des Irredentismus nachdrücklich loszusagen. Sie verlangte, die „Irredenta rücksichtslos mit eiserner Faust zu Boden" zu schleudern. Und das offiziöse „Fremdenblatt" kritisierte, daß die feigen Täter „die weitaus überragende Mehrheit" der Bevölkerung durch solche Anschläge zu „terrorisieren" suchten.
68 Der „Pester Lloyd" unterstrich in einem Artikel am 18. August 1882 die Gefahren des Irredentismus, der für Österreich lästig, für die italienische Monarchie aber lebensbedrohend sei. Die Italiener müßten einsehen, daß Grenzverschiebungen nicht nur in der einen, sondern auch in der anderen Richtung möglich seien. Auch sei die Manie der Nationalitätenpolitik in Europa inzwischen verebbt; jetzt werde eher gefragt, welches Gewicht und welche Auswirkungen solche Fragen für die gesamteuropäische Politik hätten. Österreich habe von Italien nichts zu verlangen und nichts zu fürchten; Italien von Österreich nichts zu fürchten, wenn es endlich einsehe, daß es auch nichts mehr zu verlangen habe. In: Serafino an Jacobini, 23.8.1882, ASV, Segreteria di Stato, Anno 1885, Rubbrica 247, Fasc. 1.
69 Salata, Oberdan, S. 66.

in Triest aufgehalten – in tödliche Gefahr begeben, denn er war vor dem österreichischen Militärstrafgesetz ein Deserteur. Schlimmer noch: Er war während des bosnischen Aufstands desertiert, also „vor dem Feinde". Deshalb, und nicht wegen des versuchten Attentats, wurde er gemäß dem damaligen Militärstrafrecht juristisch korrekt[70] (wenn auch über die politische Klugheit der Vollstreckung des Urteils diskutiert werden könnte[71]) am 20. Oktober 1882 zum Tode verurteilt und am 20. Dezember gehängt. Hier spielte natürlich auch das vorangegangene Attentat in Triest eine Rolle und der Wunsch, den bombenlegenden Irredentisten eine drastische Lektion zu erteilen. Die österreichische Regierung hatte sich zuvor in Rom erkundigt, ob die Hinrichtung das österreichisch-italienische Verhältnis belasten werde, und eine verneinende Antwort erhalten.[72] Eine Reihe von Gnadengesuchen, unter anderem auch von Victor Hugo, erreichte Kaiser Franz Joseph, konnte aber den Lauf der Dinge nicht ändern, zumal sich Oberdank in der Haft absolut uneinsichtig verhielt und jeden Kompromiß starr ablehnte.

Die Festnahme Oberdanks und die Fahndung nach seinen Komplizen in Italien war ein entscheidendes Ereignis in der Geschichte der österreichisch-italienischen Beziehungen und somit auch des Dreibunds. Hier mußte sich erweisen, wie ernst der italienischen Regierung das Versprechen guter Zusammenarbeit mit der Donaumonarchie war. Die Irredenta wurde, wie das Ergebnis der Parlamentswahlen am 22. Oktober 1882, zwei Tage nach der Verurteilung Oberdanks, bewiesen hatte, nur von einer Minderheit der Italiener unterstützt. Was aber in ganz Italien Unwillen erzeugte, war die Härte des Urteils. Die Todesstrafe war in Italien praktisch abgeschafft, eine Hinrichtung schon seit Jahrzehnten nicht mehr erfolgt.[73] Das Todesurteil gegen Oberdank empfanden nicht nur die Irredentisten, sondern auch die gemäßigten politischen Kreise Italiens als unmenschlich und als deutliches Anzeichen dafür, daß Österreich immer noch, wie zur Reaktionszeit, ein repressiver Staat war. Vor allem wurde darauf verwiesen, daß der Plan schließlich nicht zur Ausführung gelangt und niemand geschädigt worden sei. Das österreichische Militärstrafrecht, das noch auf Maria Theresia zurückging, wurde als Symbol der Rückschrittlichkeit gedeutet, und selbst der „Diritto", die Zeitschrift Mancinis, äußerte die Ansicht, das Urteil zeige die zivilisatorische Rückständigkeit Österreichs. Die Irredenta in Italien klagte besonders lautstark über die menschenverachtende österreichische Brutalität. Oberdanks

---

70 Italicus, Dreibundpolitik, S. 67.
71 Lützow, Dienst, S. 40, berichtet, Botschafter Ludolf habe eine Begnadigung erhofft, gegen die sich aber Erzherzog Albrecht ausgesprochen habe.
72 Italicus, Dreibundpolitik, S. 67.
73 Keudell an Bismarck, 2.1.1883, PA/AA, R 7718. Zu Mancinis entschiedenem Kampf gegen die Todesstrafe siehe Münz, Quirinal, S. 39.

eigene Mordabsichten wurden in den Hintergrund geschoben, statt dessen wurde er, auch durch geschickte Selbststilisierung in den Verhören, zum Märtyrer für die Sache Triests verklärt. Aus dem Täter war in italienischer Sicht das Opfer einer grausamen Justizmaschine geworden. Die Irredentisten, vor allem Imbriani-Poerio, prüften sogar die Möglichkeit eines Handstreichs auf Triest, um Oberdank zu befreien. Er wurde in weiten Kreisen Italiens, vor allem aber bei den in allen Städten Italiens demonstrierenden Schülern und Studenten,[74] als edler Jüngling gefeiert und verehrt, der sein Leben der Befreiung des Vaterlandes geweiht habe. Die Irredenta und die ihr nahestehenden Kreise bauten Oberdank zur Kultfigur des Widerstandes gegen die Habsburgermonarchie auf. Oberdank wurde zur nationalen Heldengestalt; Denkmäler wurden ihm errichtet, der führende Dichter Italiens, Giosuè Carducci, besang ihn[75] und wünschte dem österreichischen Kaiser, einst im eigenen Blut zu ertrinken. Oberdank wurde der italienischen Jugend als leuchtendes Vorbild hingestellt, und noch heute gibt es nicht nur in Mailand und Rom, sondern in fast jeder italienischen Gemeinde eine „Via Oberdan"; eine nach ihm benannte Schule, oder wenigstens einen Gedenkstein.[76]

Die geräuschvolle Verehrung, die Oberdank nach seinem Tode in Italien erfuhr, wurde zu einer ausgesprochenen Belastung des österreichisch-italienischen Verhältnisses. Denn in der Donaumonarchie hatte niemand für die Verherrlichung eines Terroristen Verständnis. Für die italienfreundliche „Neue Freie Presse" war Oberdank ein „feiger Deserteur", die Verherrlichung des verhinderten Bombenlegers in Italien ein unverständlicher, aber für Österreich beleidigender Vorgang, eine Verhöhnung der Triestiner Opfer des Anschlags vom 2. August 1882.

Zwischen der österreichischen und der italienischen Regierung kam es im Verlauf der Oberdank-Angelegenheit zu ausgedehnten Verhandlungen. Diese drehten sich aber nicht um Oberdank, der als österreichischer Staatsbürger in einem österreichischen Gefängnis saß und deshalb kein Gegenstand zwischenstaatlicher Verhandlungen sein konnte, sondern um seine mutmaßlichen Komplizen, die in Italien verhaftet worden waren und deren Fälle vor Gerichten in Venedig und in Udine verhandelt wurden.[77] Die österreichischen

---

[74] „Germania", 28.12.1882.
[75] Giosuè Carducci: Per Guglielmo Oberdank, in: Don Quiciotte, 19.12.1882; siehe auch Ara, Haltung, S. 215f.
[76] De Marzi, Oberdank, S. 5, schreibt: „In Italia ci sono più di ottomila Comuni. In ogni comune c'è una piazza o una strada o una scuola o almeno una lapide intestata a Guglielmo Oberdan, giustiziato a Trieste il 20 dicembre 1882." In Rom beispielsweise gibt es den „Lungotevere Guglielmo Oberdan". Ebenso Gatterer, Oberdan, S. 13.
[77] Es handelte sich um Donato Ragosa, den Komplizen Oberdanks, der am 3.10.1882 in Prato in der Toscana festgenommen worden war, und den Apotheker Antonio Giordani, die beide in

Behörden hatten ihre Auslieferung verlangt; wie aus internen Unterlagen hervorgeht, legten sie aber keinen Wert darauf, daß diese Auslieferung wirklich erfolgte, sondern waren mehr daran interessiert, daß die Täter in Italien eine angemessene Strafe erhielten.[78]

Die Haltung der einzelnen Mitglieder des italienischen Kabinetts zur Frage der Irredenta war unterschiedlich. Mancini war innerhalb der Regierung derjenige, der aus Solidarität mit dem neuen Bundesgenossen das Äußerste unternehmen wollte, um die entschiedene Abkehr Italiens vom Irredentismus zu demonstrieren. Auch sein Gehilfe, Baron Blanc, war fest entschlossen, „der öffentlichen Meinung alle Illusionen über die angeblichen Sympathien der Regierung für die irredente Idee zu nehmen". Er wollte, wie er dem österreichischen Geschäftsträger vertraulich mitteilte, die Irredenta auslöschen, es sogar dahin bringen, daß man sagen könne: „Die Irredenta gibt es nicht mehr."[79] Allerdings war Depretis vor den Wahlen nicht gewillt, es sich vollständig mit der Irredenta zu verderben, da er als parlamentarischer Taktiker nicht wußte, ob er die Radikalen nicht nach den Wahlen als Mehrheitsbeschaffer im Parlament noch brauchen würde. Mancini mußte sich zunächst den wahltaktischen Überlegungen von Depretis beugen. Aber er sagte dem österreichischen Botschafter zu, daß, in Absprache mit Depretis, nach den Wahlen energisch durchgegriffen und dem Vorsatz, mit der Irredenta zu brechen, dann Taten folgen würden. Um die Glaubwürdigkeit des Bruchs zwischen Regierung und Irredenta zu dokumentieren, schlug er eine Konferenz vor, an der Depretis, Mancini, der österreichische Botschafter in Rom, Ludolf, und Robilant teilnehmen und das Thema Irredenta grundsätzlich diskutieren sollten.[80] Diese Konferenz kam nicht zustande, weil Depretis einen – ihm taktisch sehr gelegen kommenden – Gichtanfall bekam und länger nicht zu sprechen war.[81] Wie auch immer, Depretis wollte sich zu diesem Zeitpunkt in dieser Frage nicht exponieren und entzog sich auch dann dieser Konferenz, als er längst wieder gesund war. Der Ministerpräsident lavierte scheinbar zwischen den Fronten

---

    Udine angeklagt und freigesprochen wurden; die Auslieferung an Österreich wurde abgelehnt. Vor dem Gerichtshof in Venedig standen Enrico Parenzan und Leone Levi; verhaftet in Venedig am 16.9.1882; die Auslieferung beider wurde ebenfalls abgelehnt. In: Sandona, Irredentismus, S. 103.

78 Diplomatische Korrespondenz in: HHStA, PA XI, 95.
79 Salata, Oberdan, S. 203: Blanc sagte: „togliere all'opinione pubblica nel paese tutte le illusioni su pretese simpatie del Governo per l'idea irredentistica." „l'irredentismo è e deve essere finito una volta per sempre."
80 Salata, Oberdan, S. 205.
81 Der österreichische Botschafter, Graf Ludolf, hegte Zweifel daran, ob Depretis trotz der Versicherungen Mancinis und Robilants wirklich den Kampf mit der Irredenta aufnehmen oder doch die Brücken in Hinblick auf künftige politische Zusammenarbeit nicht vollständig abbrechen wolle. Siehe Salata, Oberdan, S. 206.

und hielt sich alle Optionen offen; insgeheim aber wartete er auf eine günstige Gelegenheit, sich gegen seine innerparteilichen Gegner durchsetzen und den Bruch mit der Irredenta radikal, aber gefahrlos vollziehen zu können.

Unterdessen entfaltete der österreichisch-ungarische Botschafter in Rom, Graf Ludolf, in der Auslieferungsfrage einen Eifer, der seinem Chef in Wien schon zu weit ging. Ludolf, der am 25. Mai 1882 Graf Wimpffen in Rom abgelöst hatte, war ein nicht sonderlich befähigter, ungeschlacht vorgehender Diplomat. Kálnoky wollte die guten Beziehungen zur italienischen Regierung, an deren guten Willen er nicht zweifelte, nicht durch unerfüllbare Forderungen belasten; daß Mancini und seine Kollegen der Oberdank-Affäre keinen Vorschub geleistet hatten, stand für ihn außer Frage. Doch Ludolf arbeitete eigenmächtig eine Liste mit zahlreichen Forderungen aus und legte sie am 4. November 1882 Mancini vor. Er forderte darin zunächst eine Auslieferung der Bombenleger an Österreich-Ungarn. Außerdem sollte in die bevorstehende Thronrede des Königs eine gegen die Irredente gerichtete Passage aufgenommen werden. Ludolf hatte einen entsprechenden Entwurf seinen Forderungen beigelegt. Und er verlangte, daß Italien ein Gesetz gegen Attentäter erlassen, irredentistische Agitationen und Symbole verbieten, verdächtige Personen überwachen und Ermittlungsergebnisse an die österreichischen Behörden weitergeben solle. Außerdem müßten die italienischen Behörden gegen verdächtige Personen, die Anschläge planten, vorgehen und bei ihnen auch Hausdurchsuchungen vornehmen, um Querverbindungen aufzudecken. Was aus Österreich exilierte Personen betraf, forderte Ludolf ihre Kontrolle und nötigenfalls sogar ihre Ausweisung aus Italien. Auf jeden Fall sollten sie staatlicherseits keinerlei Unterstützung erhalten.

Ludolfs Forderungen wurden in Wien erst bekannt, als sie bereits an Mancini ausgehändigt waren. Sie erregten in Wien zunächst Bedenken, weil sie eine klare Einmischung in rein innerstaatliche Angelegenheiten Italiens darstellten und weiter gingen, als einem selbständigen Staat zugemutet werden dürfe. Kaiser Franz Joseph bemängelte außerdem, die Liste enthalte zu viele Details. Und Kálnoky wollte der italienischen Regierung keine Ungelegenheiten bereiten; es reiche doch, wenn die Inhaftierten nicht ausgeliefert, sondern regulär von einem italienischen Gericht abgeurteilt würden. Er gab Ludolf den Auftrag klarzustellen, daß es sich bei der Liste um seine persönliche Initiative, nicht um einen offiziellen Antrag der Regierung in Wien handle.

Doch, anders als Kálnoky wohl erwartet hatte, protestierte Mancini nicht gegen Inhalt und Form dieser Vorschläge. In einer Sitzung vom 8. November 1882 gestand der Minister dem österreichischen Botschafter die Berechtigung seiner Forderungen zu. Zwar protestierte er dagegen, daß ein ausländischer Diplomat dem italienischen König die Thronrede zu schreiben versuche, wollte aber als Zeichen des guten Willens einen selbst formulierten Passus gegen den Irredentismus aufnehmen. Einen zweiten Einwand hatte Mancini: Angesichts der Bestimmungen des italienischen Vereinsrechtes könne nicht beliebig gegen die Irredenta vorgegangen werden.[82]

Wegen dieser milden Reaktion ist Mancini später von dem italienischen Historiker Salata[83] unverzeihliche Nachgiebigkeit gegenüber dieser österreichischen Einmischung in die inneritalienischen Angelegenheiten vorgeworfen worden. Doch was als sträfliches Zurückweichen vor einer als unerträglich gewerteten Zumutung erscheint, zeigt in Wahrheit die Zwänge, in die Mancini durch den Gegensatz zwischen Außen- und Innenpolitik, zwischen der Allianz mit Österreich-Ungarn und den Aktionen der Irredenta hineingeraten war. Er befürchtete zu Recht, daß die Regierung ihre Glaubwürdigkeit gegenüber dem Verbündeten verlieren würde, wenn sie sich nicht mit aller Kraft von der Irredenta lossagte. Sein Bestreben, diese Glaubwürdigkeit zu retten, bewegte ihn zu größerem Entgegenkommen gegenüber Österreich als zwischen befreundeten souveränen Staaten der Epoche üblich war.

Seine Bemühungen um Österreich wurden aber von seinen eigenen Kabinettskollegen behindert. Nicht durch Depretis, der sich bloß nicht exponieren wollte und sich deshalb der von Mancini angeregten Irredenta-Konferenz mit Ludolf entzogen hatte, aber ansonsten zunehmend auf Distanz zur Irredenta ging. Wohl aber durch Zanardelli, den Justizminister, der als sehr links und als Gegner Österreichs galt. Auf Anregung Mancinis traf er mit Ludolf zusammen, um die Auslieferungsfrage zu besprechen. Er war gegenüber dem Botschafter höflich, aber unbestimmt: Die juristischen Verfahren gegen die Angeklagten liefen, sie könnten von der Exekutive nicht beeinflußt werden und man müsse ihren Ausgang abwarten.[84] Nach außen hin war Zanardellis Haltung korrekt. Hinter den Kulissen bemühte er sich aber nach Kräften, die Auslieferung zu verhindern. Er appellierte an das Gericht in Venedig, wo zwei mutmaßliche Komplizen Oberdanks vor Gericht standen, daß er selbst gegen eine servile Politik gegenüber Österreich sei, in dieser Frage aber unter hohem Druck stünde und seinerseits nichts machen könne; außerdem könne man wegen der beiden Angeklagten keinen Krieg gegen Österreich führen. Seine Ausführungen gipfelten in dem Satz: „Unter den gegenwärtigen Umständen können wir Österreich nicht antworten: wir wollen die Auslieferung nicht bewilligen; unsere Aufgabe ist es zu demonstrieren, daß wir nicht können." Den Österreichern war über Konfidenten – die österreichische Diplomatie unterhielt in Italien ein Netz von Spitzeln und Zuträgern – wohlbekannt, daß Zanardelli zwar den Schein zu wahren suchte, aber in Wahrheit die Auslieferungen ablehnte und sogar gesagt haben soll, er wolle sich

---

82 Ludolf an Kálnoky, 9.11.1882, HHStA Wien, PA XI; Salata, Oberdan, S. 209.
83 Salata, Oberdan, S. 207–209.
84 Salata, Oberdan, S. 212.

lieber die Hand abschlagen lassen, als das Auslieferungsdekret zu unterzeichnen.[85]

In der österreichischen Öffentlichkeit machte die Behandlung der Oberdank-Affäre durch die italienischen Behörden den denkbar schlechtesten Eindruck. Die internen Bemühungen der Allianzbefürworter im italienischen Kabinett, den Irredentismus zu bekämpfen, blieben nach außen wirkungslos, während die spektakulären und aufreizenden öffentlichen Aktionen der Irredenta, die haßerfüllten Aufrufe Carduccis und schließlich die aufsehenerregenden Freisprüche der mutmaßlichen Mittäter Oberdanks vor den italienischen Gerichten die Wogen hoch gehen ließen. Während Kálnoky, in dieser Frage sehr objektiv und ausgleichend, immer wieder darauf hinwies, daß die Freisprüche ja möglicherweise juristisch berechtigt waren und den Angeklagten eine Komplizenschaft vielleicht wirklich nicht nachgewiesen werden konnte, schien es der österreichischen Öffentlichkeit, als ob sich Staat und Rechtsprechung in Italien zu einem gegen die Donaumonarchie gerichteten stillschweigenden Einvernehmen zusammengefunden hätten. Eine differenzierte Betrachtungsweise der Angelegenheit wurde natürlich dadurch erschwert, daß der Prozeß gegen Terroristen und potentielle Bombenleger die Öffentlichkeit in hohem Maße emotionalisiert hatte. Und doch wurde dieser Versuch einer gerechten Beurteilung unternommen. Mit Billigung, vielleicht sogar Ermunterung der Regierung versuchten die großen liberalen Zeitungen die Schäden dieser Affäre auf das österreichisch-italienische Verhältnis zu begrenzen und immer wieder eine klare Unterscheidung zu machen zwischen den Irredentisten, die seit der Hinrichtung Oberdanks in Italien geräuschvolle Propaganda gegen Österreich machten, und der großen, aber schweigenden Mehrheit des italienischen Volkes. Die Grundzüge dieser bemerkenswerten Argumentation sind sehr gut einem großen Artikel zu entnehmen, der am 3. Januar 1883 in der „Neuen Freien Presse" erschien. In diesem wurden die Reaktionen der Irredentisten auf die Hinrichtung Oberdanks geschildert und gleichzeitig ihr Charakter einer unvernünftigen, hoffnungslosen Minderheit unterstrichen. Die Irredenta sei eine politische Null und stelle nur 30 von 500 Abgeordneten. Auf ihre publizistischen Unverschämtheiten zu antworten sei eine Aufgabe der Zeitungen, nicht der österreichisch-ungarischen Regierung; denn das würde die lächerlichen Irredentisten nur aufwerten. Die Irredenta sei eine schwere Belastung für die italienische Regierung und stehe in scharfem Gegensatz zur vernünftigen Mehrheit der Italiener.[86] Der päpstli-

---

85 Salata, Oberdan, S. 213: „Nelle attuali condizioni non ci è consentito di rispondere all'Austria: Non vogliamo accordare l'estradizione; nostro compito è quello di riuscire a dimostrare che non possiamo." Und : „Mi farò tagliare le mani piuttosto che firmare questo decreto."
86 Ähnlich wertete das offiziöse „Fremdenblatt" vom 5.1.1883 den Irredentismus, nämlich vorwiegend als eine innere Gefahr für Italien, die aber keinen Einfluß auf die internationale Po-

che Nuntius in Wien, Erzbischof Serafino, kommentierte diesen Artikel dahingehend, daß er ein „eco fedelissimo" dessen sei, wie die Regierungskreise die Angelegenheit gesehen haben wollten.[87]

Doch diese Bemühungen, die Wogen zu glätten, wurden fortgesetzt durch weitere Zwischenfälle gestört. In Rom wurde vor der österreichischen Botschaft immer wieder demonstriert, der k. u. k. Botschafter erhielt Morddrohungen und mußte bei Ausgängen von Geheimpolizisten begleitet werden. Das Wappen an der österreichischen Botschaft im Vatikan wurde von einem Drucker mit einem Revolver beschossen, die Karosse des Botschafters mit Steinen beworfen.[88] Und in Neapel ließen die Irredentisten Imbriani-Poerio und Bovio eine Unterschriftenliste umgehen für die Anschaffung von 100 Gewehren für eine „Kompanie Oberdank", die die nächste Invasion nach Österreich anführen solle. Jeder dieser Vorfälle und Demonstrationen, die bis ins Frühjahr 1883 anhielten, war an sich unbedeutend; sie ergaben aber ein unerfreuliches Gesamtbild und sorgten dafür, die unliebsame Debatte lebendig zu erhalten.[89] Der Schaden, den diese Vorgänge dem Bundesverhältnis zugefügt hatten, war groß. Als im Februar 1883 der österreichisch-ungarische Thronfolger, Erzherzog Rudolf, Bismarck gegenüber die „feindliche Gesinnung der Presse und des Volkes in Italien gegen die österreichisch-ungarische

---

litik habe. Und am 5. Januar versuchte die „Neue Freie Presse" die Nichtauslieferung der zwei mutmaßlichen Komplizen Oberdanks zu rechtfertigen: Es sei ja nicht sicher, ob sie wirklich an den Attentatsvorbereitungen beteiligt gewesen seien.

87 Serafino an Jacobini, 3.1.1883, ASV, Segreteria di Stato, Anno 1885, Rubbrica 247, Fasc. 1.
88 Rutkowski, Kálnoky, S. 160–163, mit aus den österreichischen Akten gearbeiteten Beispielen.
89 Selbst die „Neue Freie Presse" begann die Geduld zu verlieren. Sicherlich, schrieb sie am 5. Januar 1883, sei nicht die italienische Regierung an den Machenschaften der irredentistisch-republikanischen Partei schuld; solche Aktionen des Nationalhasses seien überall möglich; ihnen würde normalerweise mit einem diplomatischen Protest und einer Entschuldigung Genüge getan. In Italien aber häuften sich diese Vorfälle. Der Staat würde zwar verhindern, daß bereits gegründete Komitees in jeder größeren Stadt ein Oberdank-Denkmal errichteten. Jedoch müssen auch Aktionen wie in Neapel unterdrückt werden. Das sei mehr, als auch in einem freien Land erlaubt sein dürfe. Sie appellierte auch an die Italiener, ihre Haltung gegenüber der Irredenta zu überprüfen und nicht dem Geschrei der wenigen nachzugeben, die Krieg wollten: „Wir haben immer für die Freundschaft mit Italien gesprochen. Wir bemühen uns um Mäßigung und versuchen die in uns aufsteigende Bitterkeit zu unterdrücken. Es ist leider unmöglich, mit den Irredentisten ruhig zu sprechen. Sonst wäre es möglich, ihnen zu sagen, daß sie mit ihrem Kriegsgeschrei nur die Partei in Österreich stärken, die Italien als Typ und Modell eines modernen Staates und als Erbe des Kirchenstaates haßt. Jene Männer, die der Freiheit und dem Fortschritt ihrer Nation zu dienen glauben, wollen Länder erobern, die zur Monarchie gehören werden, solange es eine österreichische Armee gibt. In ihrer unglaublichen Ignoranz leisten sie den Feinden ihres Vaterlandes und des Fortschritts einen wichtigen Dienst. Kurzsichtig und fanatisch wie sie sind, werden sie das nie begreifen. Wohl aber die wahren italienischen Politiker, die wir bitten, den verrückten Zorn seit der Exekution Oberdanks mit allen legalen Mitteln zu steuern."

Monarchie" beklagte, entgegnete dieser, „man könnte leider von den freundschaftlichen Versicherungen der italienischen Regierung nicht viel halten. Wenn selbst der gute Wille vorhanden wäre, so würde doch die Kraft fehlen."[90]

Die Allianzbefürworter in Italien kannten diese Meinung ihrer Verbündeten und wollten sie energisch widerlegen. Die Wahl war vorbei, und die Verhältnisse drängten auf eine Entscheidung. Depretis wies den widerstrebenden Justizminister Zanardelli an, die bestehenden Gesetze schärfer gegen die Irredenta zur Anwendung zu bringen. Einige Irredentisten wurden verhaftet und für teilweise harmlose Vergehen drakonisch bestraft.[91] „Pro Patria", die aggressivste irredentistische Zeitung, mußte am 2. März 1883 nach 13 Anklagen wegen Verstößen gegen das Pressegesetz und mehreren Verurteilungen zu hohen Geldbußen ihr Erscheinen einstellen.[92]

Und Außenminister Mancini entschloß sich nun zur öffentlichen Generalabrechnung mit dem Irredentismus. In einer Rede, die er am 13. März 1883 vor dem italienischen Parlament hielt und die aus drei Gründen für die Geschichte des Dreibunds bedeutend war – nämlich weil er hier, wie oben erwähnt, die Existenz des Dreibunds öffentlich machte, weil er zur noch zu erwähnenden ägyptischen Frage Stellung nahm und weil er mit der Irredenta abrechnete –, bezeichnete er unter dem Beifall der großen Mehrheit des Parlaments die Irredentisten als hoffnungslose Minderheit, die aber durch rastlose Aktivität den Eindruck zu erwecken versuchten, daß die gesamte öffentliche Meinung Italiens österreichfeindlich sei. Außerdem stellte er heraus, daß die unwürdigen und obszönen Angriffe der Irredentisten gegen Österreich weder auf einer Theorie noch auf einer nationalen Notwendigkeit basierten. Die Irredentisten würden zwar behaupten, daß sie eine Theorie, nämlich das Nationalitätenprinzip, verfechten; dann müßten sie aber, im Namen desselben Prinzips, mit demselben Eifer auch viele andere Territorien einfordern, in denen ebenfalls Italienisch gesprochen werde: Korsika, Malta, Nizza, das Tessin. „Das hieße", sagte Mancini unter den „Bravo"-Rufen der Abgeordneten, „Italien eine Außenpolitik zu empfehlen, die aus einer Kriegserklärung an ganz Europa bestehen würde." Er, Mancini, habe dreißig Jahre lang als Professor internationales Recht gelehrt und das Nationalitätenprinzip als Grundlage der Staaten befürwortet. Doch lehne er es entschieden ab, dieses Prinzip gewaltsam durchsetzen zu wollen, die Verträge, die die Völker bänden, und jahrhundertelange politische und ökonomische Verbindungen zu zertrennen.

---

90 Pribram, Geheimverträge, S. 170.
91 Ein Beispiel: Der Drucker Eugenio Rigattieri wurde, weil er nach der Hinrichtung des ihm persönlich bekannten Oberdank auf das Wappen der österreichischen Botschaft mit einem Revolver geschossen hatte, mit drei Jahren Kerker bestraft. Siehe auch: Keudell an Bismarck, 8.3.1883, PA/AA, R 7718.
92 Ebd.

Schließlich stelle es für Italien auch keine Lebensnotwendigkeit dar, alle Italienischsprachigen in einem Staate versammeln zu müssen. Wäre die Sprache das Prinzip der Nationen, könnte Frankreich Belgien und die französische Schweiz, das Deutsche Reich Österreich, die deutschsprachige Schweiz und das Baltikum, Schweden Finnland und so weiter verlangen. Mancini sagte: „Ihr seht, daß man mit diesem System Europa in ein riesiges Schlachtfeld verwandeln würde." Und warum, so fragte er, fühle sich ausgerechnet Italien als unvollendete und unglückliche Nation? Zwar gäbe es jugendliche Schwärmer, die sich an alten, nicht mehr zeitgemäßen Idealen berauschten; in Wahrheit aber sei der Irredentismus nur ein Vorwand einer kleinen radikalen Gruppe, die sich mit der Monarchie nicht abgefunden habe und die Dynastie Savoyen mit dieser selbstmörderischen Politik in den Untergang führen wolle, um auf ihren Trümmern die Republik zu errichten.

Mancinis harte Abrechnung mit dem Irredentismus wurde, wie seine Rede insgesamt, von der Mehrheit der Kammer gebilligt.[93] Das Budget des Äußeren wurde mit 172:66 Stimmen verabschiedet – auch das ein deutliches Zeichen für eine solide Mehrheit der Allianzbefürworter gegenüber dem Irredentismus, zumal der größere Teil der Gegenstimmen auch mit der später noch zu behandelnden ägyptischen Frage zu tun hatte. Kálnoky ließ Mancini seinen Dank aussprechen; dieser antwortete, seine Äußerungen seien „nicht bloß Erfüllung einer Pflicht, sondern auch der Ausdruck seiner innersten Überzeugung" gewesen.[94]

Seine Äußerungen waren in Italien nicht nur auf Begeisterung gestoßen. Natürlich waren Irredenta und auch Teile der Linken empört, aber sogar einzelne Blätter der Rechten und des Zentrums meinten, „er habe zu scharf gesprochen und die Würde des Landes Österreich gegenüber nicht genügend gewahrt. Solche Urtheile von wesentlich Gleichgesinnten liefern aber ... nur neue Beweise für die Annahme, daß ein außergewöhnliches Maß von Muth dazu gehörte [dies] zu sagen." Der deutsche Botschafter, Keudell, von dem dieses Urteil stammt, empfand diese Rede als Wendepunkt in der politischen Entwicklung Italiens. Noch nie habe „ein italienischer Staatsmann Ähnliches auch nur anzudeuten gewagt, und solche tapfere Erklärungen im Munde eines Führers der Linken bezeichnen einen bemerkenswerten Fortschritt im politischen Leben dieses Landes."[95]

Tatsächlich wurde die Haltung der italienischen Regierung gegenüber der Irredenta in der Folgezeit immer entschlossener. Das hing auch wesentlich damit zusammen, daß infolge der Äußerungen Mancinis der Dreibund seinen

---

93 Ludolf an Kálnoky, 14.3.1883, HHStA, PA XI, 96. Einschränkend wurde nur Mancinis „Weitschweifigkeit" kritisiert.
94 Mancini an Kálnoky, Privatbrief vom 15.3.1883, HHStA, PA XI, 97: „mon devoir, mais aussi l'expression de ma conviction profonde."
95 Keudell an Bismarck, 27.3.1883, PA/AA, R 7718.

Charakter verändert hatte: Von einem Geheimbündnis der Regierungen war er, zumindest vom Anspruch her, durch die Veröffentlichung zu einem Bündnis der drei Staaten geworden. Die Notwendigkeit eines freundschaftlichen Verhaltens auch gegenüber Österreich-Ungarn wurde nunmehr in Italien allgemein akzeptiert. Mit der Rede Mancinis hatte die Regierung deutlich gemacht, daß sie den Irredentismus als gefährliches Hindernis ihrer gesamten Politik ansah; an dieser Linie hielt sie auch fortan fest. Auch Depretis fand nun kräftige Worte gegen die Irredenta und distanzierte sich ausdrücklich von ihr; auch verurteilte er, im Blick auf Oberdank, den politischen Mord als „infam" (una cosa infama). Doch setzte sich die Regierung damit dem Widerspruch aus den eigenen Reihen aus. Depretis, gestützt von großen Teilen der *destra* und der gemäßigten Linken, regierte inzwischen de facto gegen Teile der eigenen Partei. Diesen Spaltungsprozeß versuchten seine innerparteilichen Gegner zu stoppen. Mitte Mai 1883 kam es zu einer großen Debatte im Parlament, als Giovanni Nicotera, einer der führenden Gegner des *trasformismo* in der *sinistra*, ein Mißbilligungsvotum beantragte, das die schwankende Politik der Regierung Depretis verurteilen solle. Ziel des Votums war, den Prozeß des trasformismo zu stoppen und zur Einheit der Linken zurückzukehren.

Umso wichtiger wurde für Depretis nun die Unterstützung der *destra*. Minghetti, die führende Persönlichkeit der *destra*, hatte sich bereit erklärt, die Politik des Kabinetts Depretis zum Wohl des Landes mitzutragen, ohne eine Regierungsbeteiligung zu verlangen. Auch Ruggiero Bonghi, Führer der äußersten Rechten, erklärte sich zur Unterstützung von Depretis bereit, äußerte aber Kritik daran, daß Radikale wie Zanardelli und Baccarini dem Kabinett angehörten. Die österreichfreundliche Außenpolitik und die scharfe Wendung gegen die Irredenta war eine Grundbedingung für die parlamentarische Unterstützung des Kabinetts Depretis durch die *destra*, aber auch eine wesentliche Ursache der Entfremdung innerhalb der *sinistra* selbst.

Der Versuch Nicoteras, die Einheit und die Tradition der *sinistra* zu retten, endete mit einem Fiasko für die innerparteiliche Opposition. Ein von Depretis beantragtes Vertrauensvotum wurde mit 348 gegen 29 Stimmen bei 5 Enthaltungen angenommen. Die geringe Zahl der Gegenstimmen erklärt sich dadurch, daß Zanardelli und Baccarini, die der Opposition gegen Depretis zuzurechnen waren, im Kabinett verbleiben wollten und ihre Anhänger deshalb aufgefordert hatten, für die Regierung zu stimmen.[96] Doch half ihnen das wenig, denn Depretis, der seines parlamentarischen Rückhalts nun sicher sein konnte, löste das Kabinett auf; der von ihm sofort neugebildeten Regierung gehörten die beiden linken Minister nicht mehr an. Selbst die Betroffenen konnten diesem, nach ihrer Meinung seit Monaten sorgsam vorbereite-

---

96 Arco an Bismarck, 20.5.1883, PA/AA, R 7719.

ten parlamentarischen Meisterstück des Ministerpräsidenten den Respekt nicht versagen.[97] Depretis und der *trasformismo* hatten einen großen Sieg errungen. Die republikanische *estrema sinistra* war ihrer Sympathisanten in der Regierung beraubt und hatte eine schwere Niederlage erlitten. Innerhalb der monarchischen *sinistra* selbst gelang es den Opponenten von Depretis, der sogenannten „Pentarchie" aus Crispi, Baccarini, Zanardelli, Nicotera und Cairoli nicht, sich zu einer neuen Partei mit einem einheitlichen Ziel zusammenzuschließen.[98] Das neue Kabinett Depretis wurde von der gemäßigten Linken, dem Zentrum und der *destra* getragen und hatte sich von der Irredenta freigeschwommen, die sich jetzt in offener Konfrontation zur Regierung befand. Die politischen Verhältnisse in Italien hatten nun klare Strukturen erhalten; eine zur Allianzpolitik passende Innenpolitik konnte jetzt auch nach außen glaubhaft vertreten und demonstriert werden. Der Eindruck im Ausland, vor allem aber in Österreich-Ungarn, auf diese Maßnahme des Ministerpräsidenten war sehr positiv.[99]

Der Irredentismus hatte seine Basis in der Regierung verloren. Dieser schwere Rückschlag blieb nicht ohne Folgen; im Laufe des Jahres 1883 gingen seine Aktivitäten bedeutend zurück,[100] und im Jahre 1884 wurden sie selten und schwächlich.[101] Der Kampf gegen die Irredentisten und auch gegen irredentistische Äußerungen aller Art machte selbst vor hochrangigen Politikern nicht halt. Senatspräsident Tecchio mußte 1884 zurücktreten, nachdem er in einer Rede von dem „unerlösten" Trentino gesprochen hatte.[102] König Umberto stellte im Gespräch mit dem deutschen Botschafter im Oktober 1883 befrie-

---

[97] Keudell an Bismarck, 5.6.1883, PA/AA, R 7719. Baccarini sagte zu Depretis bei seiner Entlassung: „Ich wußte seit vielen Monaten, daß Du mich los werden wolltest, aber daß Du es so geschickt anfangen würdest, hätte ich nicht geglaubt; ich mache Dir mein Compliment und wir bleiben persönliche Freunde."

[98] Arco an Bismarck, 16.10.1883, PA/AA, R 7719.

[99] Die „Neue Freie Presse" kommentierte diese Ereignisse in einem Artikel vom 5.6.1883 sehr freundlich. Durch die Entlassung von Baccarini und Zanardelli sei die Bindung zwischen Italien, Österreich-Ungarn und dem Deutschen Reich gestärkt worden. Das habe die Radikalen aufgebracht; Radikalismus und Österreichfeindschaft seien in Italien jetzt praktisch das gleiche. Außerdem behaupteten die Radikalen jetzt, sie seien Opfer der „triplice" geworden und nutzten jede Gelegenheit zum Angriff gegen Depretis und zu Zornausbrüchen gegen Österreich. Doch hinter den Opponenten der Politik des Ministerpräsidenten, von denen besonders der Pentarch Crispi sehr rührig war, stehe nur „eine Handvoll Unzufriedener"; hinter Depretis stünde hingegen die Mehrheit der Nation und das Ausland.

[100] Dazu berichtet die „Norddeutsche Allgemeine Zeitung" vom 30.9.1883, daß während der Feiern zum 20. September Ruhe geherrscht habe; nur drei „Evviva Oberdank"-Rufer seien zu hören gewesen und sofort verhaftet worden; auch habe der Syndikus von Rom eine österreichfreundliche Rede gehalten.

[101] Salvatorelli, Triplice, S. 80.

[102] Details zu dieser Angelegenheit bei Salvatorelli, Triplice, S. 90. Die Angelegenheit nutzte Botschafter Ludolf, um Depretis und Mancini wegen angeblicher Illoyalität regelrecht abzukan-

digt fest, „eine conservative Tendenz accumuliere sich mehr und mehr in der Verwaltung des Herrn Depretis und die Radicalen verlören täglich an Einfluß im Lande"[103].

In der italienischen Innenpolitik lassen sich die Folgen der neuen Allianz beobachten und auch die Veränderung der Haltung der Regierung gegenüber dem Irredentismus. Die Frage ist nun, ob sich in Österreich-Ungarn eine ähnliche Entwicklung in den Fragen des Legitimismus und der römischen Frage feststellen läßt.

> Die Zumuthung, daß der Kaiser Franz Joseph seinen Besuch gerade in Rom machen solle, ist unbillig, da sie ... darauf hinausgehe, daß S.M. zwischen Papst und Beichtvater einerseits und Italien andererseits optire, was man von ihm als Katholiken nicht verlangen könne.
>
> Bismarck am 16. August 1886

2. Franz Joseph I. zwischen Vatikan und Quirinal

Bereits vor Abschluß der Allianz hatten sich Bismarck und Kálnoky grundsätzliche Gedanken zur römischen Frage gemacht. Das Problem wurde durch die Weihnachtsansprache des Papstes 1881 erneut in aller Schärfe ins öffentliche Bewußtsein gerückt: Leo XIII. bezeichnete seine Lage als vollständig unerträglich und reklamierte, unter Berufung auf seinen Krönungseid, die weltliche Herrschaft. Angesichts der gegenseitigen Unnachgiebigkeit war das Verhältnis zwischen Italien und dem Papst überaus gespannt. Den Versuch einer Einigung beider Kontrahenten hielt Bismarck Ende Dezember 1881 für „außerordentlich schwierig, um nicht zu sagen hoffnungslos", die Aufgabe des Vermittlers für undankbar. Bismarck wie Kálnoky waren der Ansicht, daß es im Interesse ihrer Länder lag, beim gegenwärtigen Stand der Dinge nicht zwischen Italien und dem Papst optieren zu müssen, sondern in der unlösbaren Frage einen Kurs der Neutralität beizubehalten. Bismarck schrieb dazu: „Für jede Macht, die eine erhebliche Zahl katholischer Untertanen hat, ist eine Parteinahme in dem Streit zwischen dem Papst und dem italienischen Staate

---

zeln. Depretis hatte Tecchio, nachdem dessen Demission feststand, ein in den Zeitungen abgedrucktes freundliches Schreiben geschickt, in dem er sein Bedauern über diesen Schritt äußerte. Ludolf empfand dies als illoyal und gab sich nach einer offenbar erregten Diskussion nicht mit einer Erklärung des Ministerpräsidenten zufrieden und verlangte, Depretis solle dies doch direkt an Kálnoky schreiben. In: Ludolf an Kálnoky, 22.7.1884, 23.7.1884, HHStA, PA XI, 98.

103 Keudell an Bismarck, 29.10.1883, PA/AA, R 7719.

immer nicht ohne Bedenken."[104] Deshalb hatten sich sowohl Bismarck wie auch Kálnoky schon im Vorfeld der Verhandlungen eindeutig gegen eine Territorialgarantie für Italien ausgesprochen, die eine solche „Parteinahme" in dem Streit bedeutet und im Falle ihrer Veröffentlichung ganz unabsehbare politische Konsequenzen hätte haben können.

Österreich-Ungarn als katholische Vormacht war durch diese Frage noch viel unmittelbarer betroffen als das Deutsche Reich mit seiner protestantischen Bevölkerungsmehrheit. Schon seit 1870, seit der Besetzung Roms durch Italien, hatte Österreich-Ungarn nach dem Urteil Kálnokys zwischen Papst und Italien einen Kurs der „wohlwollenden Neutralität" beizubehalten gewußt. Jeder Versuch der Vermittlung schien dem österreichischen Außenminister gefährlich. Der Vatikan würde „die Hoffnungen sofort zu hoch spannen, die Verwendung Österreichs für die Wiederherstellung der weltlichen Macht an die große Glocke schlagen, und jede Hoffnung auf ein Arrangement würde im Keime erstickt sein." Kálnoky hatte für die italienischen Nöte in dieser Frage Verständnis. Der italienischen Regierung könne nicht zugemutet werden, freiwillig einen Teil des Kirchenstaates wiederherzustellen. Und „würde der König Rom als Residenz aufgeben, so würde er ohne Zweifel fortgejagt werden"[105].

Seinen sichtbaren Ausfluß fand dieses Problem in der jahrelangen Debatte über den Gegenbesuch Kaiser Franz Josephs in Rom, einer komplizierten Frage, in der nicht nur klerikale und ultramontane Forderungen, sondern auch Prestigedenken und verletzte nationale Eitelkeiten eine große Rolle spielten. Die Diskussion über den Gegenbesuch kann als italienischer Versuch gedeutet werden, die Österreicher unter Hinweis auf das Allianzverhältnis zu einer Aufgabe ihrer bisherigen Neutralität und zu einer klaren Option zugunsten Italiens in der römischen Frage zu zwingen – und das, obwohl die italienische Diplomatie diese wohlwollende österreichische Neutralität noch kurze Zeit vorher als ungeheuer hilfreich empfunden hatte.[106]

Es gehörte zu den Usancen politischer und vor allem monarchischer Höflichkeit, Staatsbesuche zu erwidern.[107] Dabei handelte es sich um eine Prestigeangelegenheit, eine Frage der nationalen Ehre, die auch das politische Klima zwischen zwei Ländern auf längere Zeit bestimmen konnte. Als Präzedenzfall können hier die erwähnten Besuche König Vittorio Emanueles in Wien im Jahre 1873 und der Gegenbesuch des Kaisers in Venedig 1875 ge-

---

104 Bismarck an Reuß, 31.12.1881, in: GP 3, Nr. 541.
105 Reuß an Bismarck, 7.1.1882, in: GP 3, Nr. 542.
106 Robilant an Mancini, 13.1.1882, ASMAE, Cassette Verdi, 229, sprach vom „immenso appoggio", die Österreich durch seine Neutralität in der Papstfrage Italien leiste.
107 Skizze einer Unterredung des Grafen Kálnoky mit dem italienischen Botschafter Graf Robilant am 16.6.1882, in: HHStA Wien, PA I, 457.

nannt werden. Beide Besuche hatten eine deutliche Verbesserung der gegenseitigen Beziehungen zur Folge gehabt.

Im Oktober 1881, während des hastig organisierten Besuches König Umbertos in Wien, war niemand auf den Gedanken gekommen nachzufragen, ob ein eventueller Gegenbesuch den österreichischen Kaiser nach Rom führen würde. Die Idee, daß ein Gegenbesuch zu erfolgen habe und daß der Kaiser in die italienische Hauptstadt reisen müsse, da der Besuch Umbertos in der österreichischen Hauptstadt stattgefunden habe, kam italienischerseits im Frühjahr 1882 auf. Und zwar, nachdem die italienische Diplomatie während der Allianzverhandlungen auf die erhoffte Territorialgarantie verzichten mußte. Es handelte sich wahrscheinlich im Ursprung um den Versuch, dieses Ziel auf einem anderen Wege zu erreichen; Rom sollte durch den Kaiserbesuch zumindest symbolisch als Hauptstadt anerkannt werden, wenn schon eine schriftliche Garantie nicht zu erreichen war. Würde selbst Kaiser Franz Joseph nach Rom kommen, wäre dem Anspruch des Papstes erkennbar jede internationale Unterstützung entzogen worden. Daß der Kaiser möglicherweise nicht kommen würde, bedachte man bei dieser Kalkulation nicht. Zwar behauptete Graf Robilant später, das Problem schon vor dem Besuch König Umbertos in Wien vorausgesehen zu haben,[108] doch lassen sich von dieser Weitsicht in den Akten keine Spuren finden, und Kálnoky selbst hat diese Behauptung Robilants entschieden und wahrscheinlich zu Recht bestritten.[109]

Die österreichischen Zeitungen spekulierten schon vor dem Abschluß des Vertrages, seit März 1882, auf einen Gegenbesuch und glaubten an Monza, mehrheitlich aber an Florenz als Ort der Zusammenkunft; die italienische Presse hingegen setzte als selbstverständlich voraus, daß der Gegenbesuch des Kaisers in Rom stattfinden werde.[110] Selbst Baron Blanc, der eifrigste Befürworter der Allianz, brachte Wimpffen gegenüber Ende März 1882 seine Hoffnung zum Ausdruck, der Kaiser werde nach Rom kommen; er knüpfte daran sogar die weitergehende Erwartung, daß Franz Joseph auf diese Weise eine Aussöhnung zwischen dem italienischen Königtum und dem Papste herbeiführen könne. Wimpffen hielt das für eine Illusion. Er erkannte allerdings an, daß eine Reise des Kaisers an einen anderen Ort als Rom König Umberto, der sich ohnehin schon von den Radikalen als „colonello austriaco" beschimpfen lassen mußte, in eine sehr unangenehme Lage versetzen würde. Er schlug deshalb vor, bis zum Sommer zu warten, da sich der Hof von Juli bis Novem-

---

108 Arco an Bismarck, 3.9.1886, PA/AA, R 8675, berichtet von einer Unterredung mit Robilant, in der dieser behauptete, Haymerle und Kállay „Graz, Innsbruck und später in entschiedener Weise Pest" als Ort der Zusammenkunft vorgeschlagen zu haben.
109 Reuß an Bismarck, 17.9.1886, PA/AA, R 8675, mit dem Bericht über eine diesbezügliche Unterredung mit Kálnoky.
110 Prinz Reuß an Bismarck, 28.7.1882, PA/AA, R 8675; Serafino an Jacobini, 7.4.1882, 12.7.1882, ASV, Segreteria di Stato, Anno 1885, Rubbrica 247, Fasc. 1.

ber in Monza aufhalte; dort könne dann ein Besuch, der intimeren Charakter tragen würde, stattfinden.[111]

Die entscheidende Frage war nun, ob Kaiser Franz Joseph den italienischen Wunsch, den protokollarisch zwingenden Gegenbesuch in Rom abzustatten, erfüllen konnte und wollte. Die katholische Kirche versuchte natürlich, dem Kaiser mit allen Mitteln einen solchen Besuch auszureden. Der Papst hatte die schlimmsten Befürchtungen und bereits zu verstehen gegeben, daß er den Kaiser nicht empfangen werde, wenn er nach Rom käme, um den italienischen König zu besuchen. Auch behauptete die Kirche, und ebenso die Österreicher, immer wieder, daß wegen der ungelösten Römischen Frage kein katholischer Fürst nach Rom reisen könne. Ganz stimmte dies nicht; im Jahre 1877 hatte der Kaiser von Brasilien Rom besucht, und zwar zuerst den König; dann war er trotzdem vom Papst empfangen worden.[112] Sicherlich aber wäre für die katholische Kirche Franz Josephs Besuch beim italienischen König in Rom ein gewaltiger diplomatischer Rückschlag gewesen, nicht nur mit Auswirkungen auf die Römische Frage, sondern auch auf die Kulturkämpfe in den europäischen Ländern. Daß der Papst gegen diese Reise opponierte, war bei seiner Interessenlage selbstverständlich. Aber mußte sich Franz Joseph diesem Wunsch des Papstes wirklich beugen?

Hier stellt sich die Frage nach den politischen Zielen des Kaisers in bezug auf Italien. Für Österreich-Ungarn hatte er aufrichtig den Gedanken an eine habsburgische Restaurationspolitik in Italien aufgegeben. In dem Streit zwischen dem Papst und dem Königreich Italien versuchte er, bei aller Sympathie für die Kirche und aller Ressentiments gegen die Italiener, die er einmal als „Taschen- und Länderdiebe" bezeichnete,[113] eine neutrale Position einzunehmen. Auch seine Diplomatie wirkte mildernd auf den Papst ein und versuchte ihm den immer wieder hochkommenden Gedanken an eine Flucht aus Rom in die Monarchie wegen der unübersehbaren politischen Konsequenzen auszureden. Gleichzeitig wollte der Kaiser aber nicht derjenige sein, der die Hoffnungen des Papstes auf die Wiedergewinnung der weltlichen Herrschaft definitiv zerstörte.[114] Denn letztlich war Kaiser Franz Joseph ein ausgeprägter Legitimist und in Glaubens- und Standesfragen konsequent bis zum Starrsinn. Mit besonderem Enthusiasmus erfüllte ihn der Gedanke an eine Romreise ohnehin nicht; er soll gesagt haben, er sehe sich nicht recht im Pantheon,

---

111 Wimpffen an Kálnoky, 31.3.1882, HHStA, PA I, 457; Dernthal an Bismarck, 24.4.1882, PA/AA, R 8675. Ähnlich der Nuntius in Wien, Erzbischof Serafino, an Kardinal Jacobini, 4.4.1882, in: Archivio Vaticano, Archivio della Segreteria di Stato, Anno 1882–84, Rubbrica 247.
112 Keudell an Bismarck, 16.3.1884, PA/AA, R 7720.
113 Richard Bosworth, Mito e linguaggio nella politica estera italiana, in: Richard Bosworth/Sergio Romano (Hrsg.): La politica estera italiana (1860–1985), Bologna 1991, S. 35–67, S. 43.
114 Robilant an Mancini, 29.3.1882, auch Salata, Storia, S. 98.

einen Kranz am Grabe Vittorio Emanueles niederlegend.[115] Andererseits hatte der Kaiser den aufrichtigen Wunsch,[116] den Besuch des ihm persönlich sympathischen italienischen Monarchenpaares so bald wie möglich zu erwidern und die neue politische Freundschaft mit Italien „offen und warm zu bekräftigen"[117]. Dafür war er bereit, an jeden Ort Italiens zu reisen, wohin auch immer es König Umberto belieben sollte – nur nicht nach Rom.

Sein engster Berater, Graf Kálnoky, hatte eine vergleichbare Position. Von deutscher Seite – nämlich vom Geheimrat Holstein – wurde ihm später vorgeworfen, den Gegenbesuch aus reiner Überheblichkeit gegen die Italiener unterlassen zu haben.[118] Doch zu Unrecht; in Wahrheit lag Kálnoky viel daran, diese Frage monarchischer Höflichkeit so schnell wie möglich zu einem befriedigenden Abschluß zu bringen. Doch war es für ihn ebenso undenkbar, daß Franz Joseph gegen den Willen des Papstes nach Rom reisen würde, wie für seinen kaiserlichen Herrn. Bereits im März 1882 versicherte er dem in dieser Frage immer wieder nachhakenden päpstlichen Nuntius in Wien, Erzbischof Serafino, der Gegenbesuch werde auf keinen Fall in Rom stattfinden („mai la cittá di Roma sará il punto del convegno"). Als der Nuntius von ihm darüber hinaus verlangte, der Gegenbesuch solle überhaupt nicht stattfinden, wies Kálnoky diese Forderung aber sofort als unmöglich zurück.[119]

Er bemühte sich sogar, das Problem schnell aus der Welt zu schaffen. So gab er Wimpffen am 31. Mai 1882 den Auftrag, vertraulich zu sondieren, wo sich die italienischen Majestäten in der nächsten Zeit aufhalten würden.[120] Wimpffen holte die gewünschten Erkundigungen ein; am 15. Juni würden die Majestäten nach Monza reisen und mit Ausnahme eines Abstechers nach Venedig den Sommer über dort bleiben.[121] Mit dieser Kenntnis machte Kálnoky nach Besprechung des Reiseprojekts mit dem Kaiser[122] dem italienischen Bot-

---

115 Lützow, Dienst, S. 114.
116 Serafino an Jacobini, 12.7.1882, ASV, Segreteria di Stato, Anno 1885, Rubbrica 247, Fasc. 1, schreibt von der „buona volontà" des Kaisers und der österreichischen Regierung, den Gegenbesuch auszuführen (nur nicht in Rom!).
117 Aufzeichnung Kálnokys vom 16.7.1882 über eine Unterredung mit Robilant, in: HHStA Wien, PA I, 457.
118 Holstein, Erinnerungen 1, S. 152, schrieb: „Kálnoky hat da nicht nur gegen die bona fides, sondern auch gegen die Interessen von Österreich gehandelt. Aber der Drang, die Italiener zu demütigen und sie seine Geringschätzung spüren zu lassen, war stärker als sein allerdings nicht hervorragender Verstand." Fellner, Dreibund, S. 30, lastet fälschlicherweise ebenfalls das Entstehen des Problems Kálnoky an, der zum Zeitpunkt des Besuches König Umbertos in Wien noch gar nicht österreichisch-ungarischer Außenminister gewesen war.
119 Erzbischof Serafino an Kardinal Jacobini, 7.3.1882, 21.3.1882, 28.3.1882, in: Archivio Vaticano, Archivio della Segreteria di Stato, Anno 1882–84, Rubbrica 247.
120 Kálnoky an Wimpffen, 31.5.1882, HHStA, PA I, 457.
121 Wimpffen an Kálnoky, 2.6.1882, HHStA, PA I, 457.
122 Prinz Reuß an Bismarck, 2.7.1882, PA/AA, R 8675.

schafter, Graf Robilant, am 16. Juli 1882 einen konkreten Vorschlag: Franz Joseph wolle den Besuch zwischen dem 1. und dem 10. September erwidern, und zwar gemeinsam mit Kronprinz Rudolf und dessen Gemahlin, Erzherzogin Stephanie.[123] Er wisse, daß sich die italienischen Majestäten zu diesem Zeitpunkt in Norditalien aufhielten. Als Ort der Zusammenkunft schlug Kálnoky Mailand vor.

Dieser präzise Vorschlag war für Robilant eine unangenehme Überraschung. Er kannte die öffentliche Meinung Italiens und wußte, daß, wenn der König den Kaiser nach der ausgedehnten öffentlichen Debatte über den Gegenbesuch nun doch nicht in Rom empfangen würde, dies als Verletzung der nationalen Ehre und als schmähliches Vasallentum des „colonello austriaco" gegenüber dem Kaiser angesehen würde. Auch hätte damit der Vatikan einen großen diplomatischen Sieg über den italienischen Staat errungen. Robilant befürchtete aber, wahrscheinlich zu Recht, daß der König eine derart konkret formulierte Besuchsabsicht Franz Josephs trotzdem sofort akzeptieren würde. Deshalb schien es ihm ratsam, den Vorschlag im Vorfeld abzubiegen und ihn gar nicht, zumindest nicht in dieser konkreten Form, nach Italien gelangen zu lassen.

Doch zuvor suchte er Kálnoky die italienische Zwangslage klarzumachen. Verlegen meinte er, daß sich die Majestäten sicherlich sehr freuen würden, den Kaiser empfangen zu können; dann aber platzte er heraus: „Vous n'avez pas idee combien l'opinion publique chez nous se préoccupe de cette visite et combien les tetes sont montees à ce sujet. Je crains que le choix de Milan ne mécontente tout le monde en Italie." Mailand sei ohnehin ein ungeeigneter Ort, es gebe dort viele Radikale. Politisch sei der Besuch bedenklich; im Augenblick sei die politische Stimmung in Italien ruhig, die Zustimmung zur Außenpolitik von Mancini und Depretis groß; das alles würde durch einen öffentlichen Entrüstungssturm gegen den König und seine Ratgeber gefährdet werden, wenn die Reise nicht nach Rom ginge. Und außerdem seien im Oktober auch noch Wahlen! Der „esprit publique" in Italien verlange kategorisch, daß der Gegenbesuch nur in Rom stattfinden dürfe.

Kálnoky war durch die Heftigkeit Robilants überrascht, obwohl ihm die Sachlage schon zuvor bewußt gewesen war. Er schilderte im Gegenzug dem Botschafter die österreichischen Zwänge: In Rom herrschten anormale Verhältnisse und die Papstfrage könne nicht als vernachlässigbare Bagatelle angesehen werden. Der Kaiser wolle ja gern nach Italien kommen; doch hätte

---

[123] Bei der Mitreise des Kronprinzenpaares handelte es sich um eine besondere Aufmerksamkeit Kálnokys, der dem Kaiser diesen Vorschlag gemacht hatte. Hintergrund war, daß Kaiserin Elisabeth bei Staatsbesuchen prinzipiell nicht mitfuhr und durch andere Familienmitglieder ersetzt werden sollte. Kálnoky war bestrebt, der „Zusammenkunft einen besonders feierlichen Charakter" zu verleihen. In: Prinz Reuß an Bismarck, 14.7.1882, PA/AA, R 8675.

sein Besuch auf dem „glühenden Boden der heiligen Stadt" nun einmal eine „gewaltige und unerwünschte Nebenbedeutung". Kálnoky empfand es als „ganz unmögliche Zumutung", dem Monarchen bei der Erstattung eines Staatsbesuches eine symbolische Parteinahme in den europaweiten Kulturkämpfen und vor allem in der Römischen Frage abzuverlangen. Er äußerte schließlich auch sein Befremden darüber, daß Robilant als guter Kenner der Wiener Verhältnisse glaube, Franz Joseph könne einfach so nach Rom kommen, als ob es eine Papstfrage gar nicht gebe. Der Außenminister beendete seine Ausführungen mit einem kategorischen Urteil: „Les obstacles qui s'opposent à une visite de l'Empereur à Rome, sont absolument insurmontables."[124]

Es blieb nach dem in freundschaftlicher Atmosphäre geführten Gespräch beiderseitige Ratlosigkeit, oder wie Kálnoky sich ausdrückte, zwei negative Bedingungen hoben einander auf. Robilant meinte, daß auf den Besuch des Kaisers unter diesen Umständen lieber verzichtet werden solle, und Kálnoky pflichtete ihm bei. Auf Bitte des Botschafters wurde der österreichische Vorschlag, den er nach Rom weiterzugeben hatte, nicht als solcher, sondern als inoffizielle Sondierung bezeichnet; dies würde dem italienischen Kabinett die ansonsten sehr peinliche Ablehnung des kaiserlichen Besuchswunsches leichter machen.

Die Frage des Gegenbesuchs wäre lösbar gewesen, wenn eine der beiden Seiten die bisher eingenommene, prinzipielle Position aufgegeben hätte. Mit gutem Willen und politischem Mut wäre wahrscheinlich ein Ausweg zu finden gewesen. Kaiser Franz Joseph und Kálnoky hätten mit dem Papst ernsthafte Verhandlungen über dieses Thema führen und den Vatikan unter Druck setzen können, statt sich in dieser Frage vollständig der Kirche unterzuord-

---

124 Aufzeichnung Kálnokys vom 16.7.1882 über eine Unterredung mit Robilant, in: HHStA Wien, PA I, 457. Gegenüber dieser Entschiedenheit Kálnokys blieben alle Argumente Robilants wirkungslos: Die Gegensätze in Rom haben sich gemildert, ein Besuch des Kaisers nicht nur im Quirinal, sondern auch im Vatikan sei doch selbstverständlich und bringe die Dinge wieder ins Gleichgewicht, und es seien auch schon andere Fürsten vom Papst und vom König in Rom empfangen worden. Im übrigen favorisiere nicht nur die italienische, sondern auch die Wiener Presse den kaiserlichen Gegenbesuch in Rom. Kálnoky entgegnete, daß er die Verhältnisse in Rom aus eigener Anschauung sehr genau kenne. Zwar hätten sich die Gegensätze im Kleinen vermindert, seien aber im Großen unverändert. Die im Vatikan empfangenen Fürsten seien alle Protestanten gewesen und im übrigen als Touristen gekommen. Und er befürchtete, daß der wahrscheinlich von antiklerikalen Volksmengen bejubelte Kaiser im Vatikan gar nicht empfangen würde. Als Robilant einwandte, der Besuch werde von der Presse, und zwar auch der österreichischen, lebhaft befürwortet, entgegnete Kálnoky, wenn der Rombesuch auch eine große Forderung der Presse sei, so verlange diese doch immer Unmögliches, und im übrigen sei die Wiener Presse in der Hand von Nichtchristen und Antiklerikalen, die sich über die Niederlage des Papstes freuen würden; doch entspreche diese Ansicht auch nicht der öffentlichen Meinung außerhalb Wiens.

nen.[125] Allerdings war hier, wie die vatikanischen Akten zeigen, auf keinerlei Entgegenkommen zu rechnen; auch war diese Frage von Kálnoky im Vorfeld schon eindeutig entschieden worden, was gegenüber dem mit dem Fait accompli konfrontierten Italien nicht sehr entgegenkommend war.[126] Hinzu kam, daß die liberale Presse der Monarchie zwar den Besuch befürwortete, aber die Gesamtstimmung des Landes, so urteilte Kálnoky, eher klerikal und eine dem Vatikan feindliche Haltung der Regierung verbot.[127]

Doch auch die italienische Seite hatte Fehler gemacht. Sie hatte sich auf ein starres „Roma o niente" festgelegt, obwohl sich bei späteren Gelegenheiten erweisen sollte, daß auch die italienische Diplomatie inopportune Staatsbesuche zur Vermeidung internationaler Schwierigkeiten möglichst zu umgehen suchte; so wollte sie beispielsweise später einen deutscherseits geplanten Besuch des Prinzen von Neapel in Straßburg ausfallen lassen, um französische Empfindlichkeiten zu schonen.[128] Und in diesem Fall wäre es sicher möglich gewesen, daß Franz Joseph von den italienischen Majestäten in ihre Sommerresidenz in Monza eingeladen worden wäre. Dies war von Robilant verhindert worden. Überhaupt erschwerte der Botschafter mit seinem ausgeprägten nationalen Ehrgefühl, das schon Anlaß zu Witzen bot (Robilant hatte wegen der übermäßigen Verwendung dieses Ausdrucks in der Wiener Gesellschaft den Spitznamen „L'honneur de l'Italie" erhalten[129]) die Lösung des Problems außerordentlich. Für ihn persönlich noch mehr als für die italienische Öffentlichkeit war es eine nicht verhandelbare Frage der nationalen Ehre Italiens, daß der Gegenbesuch in Rom stattfinden müsse.[130] Kálnoky erfuhr inoffiziell, daß Mancini in dieser Frage verhandlungsbereiter war und darüber nachdachte, die Entrevue in militärischer Umgebung, nämlich während der italienischen Herbstmanöver in der Nähe von Perugia, stattfinden zu lassen.

---

125 Der Besuch Kaiser Wilhelms II. in Rom im Jahr 1888 und seine diplomatische Vorbereitung durch Bismarck ist ein Beispiel dafür, daß der Widerstand des Vatikans überwunden werden konnte; siehe dazu S. 288.

126 Lützow, Dienst, S. 146, behauptet, daß es bei einiger Geschicklichkeit und mit gutem Willen doch eine Verhandlungslösung mit dem Vatikan hätte geben können. Und auf S. 114 gibt er zu bedenken, daß die Frage, gerade bei negativer Antwort, im Dialog zuerst mit Italien, dann mit dem Vatikan hätte erörtert werden müssen.

127 Aufzeichnung Kálnokys vom 16.7.1882 über eine Unterredung mit Robilant, in: HHStA Wien, PA I, 457.

128 Siehe S. 323–325.

129 Holstein, Geheime Papiere 1, S. 75.

130 Im übrigen hatte Robilant bereits in den 1870er Jahren durch seine intransigente Haltung beinahe den damaligen Gegenbesuch Kaiser Franz Josephs in Venedig verhindert, der dann gegen seinen Willen doch stattfand und ein großer politischer Erfolg mit sehr positiven Auswirkungen auf die Herzlichkeit der Beziehungen beider Länder war. Robilant an Visconti Venosta, 16.3.1874, zur Frage des damaligen Gegenbesuchs: „Naturalmente Roma è scartata." In: ASMAE, Carte Robilant.

Doch Robilant weigerte sich erneut, diesen Ausweg zu akzeptieren und setzte sich mit seiner starren Haltung im inneritalienischen Entscheidungsprozeß durch.[131]

Bei einer flexiblen Suche nach einem Kompromiß hätten sich neben dieser durchaus praktikablen Idee Mancinis auch noch weitere Möglichkeiten angeboten. Es gab gute, in der Öffentlichkeit zu vertretende Gründe für einen Besuch in der Sommerresidenz Monza. Botschafter Ludolf, der an der Berechtigung des kategorischen Neins von Graf Robilant zweifelte, wandte ein, daß sich im September niemand in Rom befinde: Regierung, Minister, Hof und Gesellschaft hielten sich nicht in der Stadt auf, und deshalb sei es gar nicht möglich, den Kaiser zu dieser Jahreszeit dort zu empfangen.[132] Ein Besuch in Monza hätte in der italienischen Öffentlichkeit natürlich zwiespältige Emotionen hervorgerufen; allerdings hätte die Nachricht von einer erneuten freundschaftlichen Zusammenkunft der Monarchen den negativen Effekt, daß Rom ausgespart worden war, abgemildert, der Kaiser öffentlich guten Willen demonstriert und vor allem dieses in Italien konstanten Verdruß erzeugende Thema aus der öffentlichen Diskussion verdrängt. Daß dies sicher möglich war, zeigte der Gegenbesuch von Zar Nikolaus in Racconigi 25 Jahre später. Und der Zar hatte sogar zuvor ausdrücklich versprochen, nach Rom zu kommen – anders als Franz Joseph, der niemals derartiges zugesagt hatte.

Die italienische Sturheit in dieser Frage war auch darauf zurückzuführen, daß die Hoffnung auf ein österreichisches Nachgeben und einen schließlichen Gegenbesuch in Rom „keineswegs aufgegeben" war.[133] Während Mancini dann doch auf Rom beharrte, sah Depretis das Problem, wie es für ihn charakteristisch war, unter innen- und wahltaktischen Gesichtspunkten. Er empfahl am 24. August 1882, daß, wenn der Gegenbesuch nicht in Rom stattfinden könne, er vor den Wahlen lieber überhaupt nicht mehr zustande kommen solle; er befürchtete sonst, daß die Radikalen Gewinn daraus ziehen würden.[134] Die deutsche Diplomatie hätte sehr gerne eine gütliche Lösung der Angelegenheit gesehen. Der deutsche Botschafter in Rom, Keudell, kritisierte vor allem die Sturheit Robilants und bedauerte, „daß die Verhandlung dieser schwierigen Angelegenheit nicht einer glücklicheren Hand anvertraut war"[135].

In der Öffentlichkeit wurde in der Zwischenzeit weiter heftig über das Datum und das Ziel einer möglichen Italienreise Kaiser Franz Josephs spekuliert.[136] Die Frage des Gegenbesuchs wurde im August 1882 durch den

---
131 Reuß an Bismarck, 17.9.1886, PA/AA, R 8675.
132 Ludolf an Kálnoky, 4.8.1882, HHStA, PA XI.
133 Derenthal an Bismarck, 26.8.1882, PA/AA, R 8675.
134 Derenthal an Bismarck, 26.8.1882, PA/AA, R 8675.
135 Keudell an Bismarck, 16.11.1882, PA/AA, R 8675.
136 Derenthal an Bismarck, 26.8.1882, PA/AA, R 8675, erwähnt das von der „Neuen Freie Presse" in die Welt gesetzte Gerücht, Kaiser Franz Joseph werde im September nach Florenz gehen.

Anschlag in Triest und das versuchte Attentat auf den Kaiser erheblich beeinflußt. Nun komplizierten auch noch Sicherheitsbedenken für Franz Joseph und der Wunsch der österreichischen Öffentlichkeit, die italienische Regierung möge sich überzeugender von der Irredenta distanzieren, die Angelegenheit.[137] Eine Lösung zu finden war bislang schwierig gewesen; es wurde aussichtslos, als der Gegenbesuch in der ungarischen Delegation am 31. Oktober 1882 bei der Diskussion des Budgets des Äußern vom Deputierten Maximilian Falk zum Thema einer Anfrage gemacht wurde – im übrigen, um eine für Italien sehr unfreundliche Diskussion über das Triestiner Attentat und die Irredenta vermeiden zu können.[138] Falk interpellierte Kálnoky, ob der Gegenbesuch des sonst in Fragen der protokollarischen Höflichkeit so aufmerksamen Kaisers aus politischen oder persönlichen Gründen bislang ausgeblieben sei. Kálnoky nahm die Gelegenheit, in dieser Frage ein unmißverständliches Wort zu sprechen, gern wahr; vor allem deshalb, weil er wußte, daß Mancini demnächst im italienischen Parlament zu dieser Frage sprechen wollte.[139] Nach ausgesprochen herzlich gehaltenen Erklärungen der Freundschaft für Italien führte er aus, der Gegenbesuch sei nicht durch persönliche, sondern durch politische Gründe verhindert worden. Wie man wisse, habe der Königsbesuch in Wien zwei Gründe gehabt: Er habe erstens der Freundschaft Ausdruck geben wollen, die das Königspaar für den Kaiser empfinde, er habe zweitens der ganzen Welt zeigen sollen, daß Italien sich wirklich an die konservative und friedliche Politik der österreichisch-ungarischen Monarchie anschließen wolle. Diese Ziele wurden erreicht, und keine anderen sollte auch der Gegenbesuch haben. Aber da komme eine dritte Frage ins Spiel, die mit den anderen gar nicht zusammenhänge: die römische Frage. Da die italienische Seite auf Rom bestehe, habe er von der Reise abraten müssen.

Eine Debatte über die Natur der römischen Frage schloß sich an. Ein klerikaler Deputierter, Bischof Schlauch, verwandte den Ausdruck, die römische Frage sei „offen". Der ungarische Ministerpräsident Tisza relativierte diesen Ausdruck, indem er feststellte, daß der Ausdruck „römische Frage" nicht bedeute, daß die Zugehörigkeit Roms zur italienischen Monarchie bezweifelt werde. Graf Andrássy stellte abschließend fest, daß Rom die Hauptstadt Italiens sei, sei eine vollendete Tatsache. Die Feststellung, daß die römische Frage offen sei, ziele nicht auf die Besitzfrage ab, sondern auf die noch ungeklärten Beziehungen zwischen dem Papsttum und der italienischen Regierung.

Kálnoky wertete es als einen Erfolg, daß seine Motive von der breiten Mehrheit der ungarischen Delegierten gebilligt worden waren.[140] Und auch

---

137 Serafino an Jacobini, 23.8.1882, ASV, Segreteria di Stato, Anno 1885, Rubbrica 247, Fasc. 1.
138 Berchem an Bismarck, 8.11.1882, PA/AA, R 7773.
139 Serafino an Jacobini, 2.11.1882, ASV, Segreteria di Stato, Anno 1885, Rubbrica 247, Fasc. 1.
140 Serafino an Jacobini, 2.11.1882, ASV, Segreteria di Stato, Anno 1885, Rubbrica 247, Fasc. 1.

die öffentliche Meinung in Österreich-Ungarn – einschließlich der liberalen, italienfreundlichen Zeitungen wie der „Neuen Freien Presse" – wertete die Entscheidung Kálnokys als sachlich gerechtfertigt.[141] In Italien war die Wirkung der Äußerungen Kálnokys hingegen vernichtend.[142] Graf Robilant, der Ende 1882 deswegen seinen Rücktritt anbot, den Mancini ablehnte,[143] urteilte noch Jahre später, die Äußerungen des k. u. k. Außenministers hätten das italienische Ehrgefühl so tief verletzt, daß eine Lösung der Frage seitdem unmöglich geworden sei.[144] Er hatte sich durch dieses klare, öffentliche Nein seinerseits der bohrenden öffentlichen Diskussion über den Gegenbesuch entzogen, dafür aber seine italienischen Verhandlungspartner in eine sehr unangenehme Lage gebracht. Kálnoky sah die Schuld dafür aber ausschließlich bei diesen selbst, da sie die Rom-Reise bei den Österreichern durch ein „Roma o niente" herauszupressen versucht und auf ein österreichisches Nachgeben gesetzt hätten.[145] Tatsächlich hatten die italienischen Politiker und Diplomaten gehofft, die Forderungen der eigenen öffentlichen Meinung als Druckmittel gegen Österreich einsetzen zu können. Allerdings wirkte sich dieses Spiel mit der eigenen Öffentlichkeit zumindest für Mancini und Robilant sehr nachteilig aus. Als der Gegenbesuch nun schon ein Jahr auf sich warten ließ, vor allem aber nach den Äußerungen Kálnokys vor der ungarischen Delegation, schlug die bisher optimistische und fest mit dem Gegenbesuch in Rom rechnende Stimmung in Italien um. Die Enttäuschung wurde zu Zorn, der sich gegen die italienischen Organisatoren der Wienreise richtete: Es sei ein unentschuldbares diplomatisches Versäumnis, daß vor der Reise König Umbertos nach Wien nicht geklärt worden sei, ob der Kaiser auch einen Gegenbesuch in Rom abzustatten bereit sei. Vor allem Mancini geriet im November 1882 infolge dieser Kritiken in eine für ihn sehr delikate Position;[146] Robilant klagte sogar noch fünf Jahre später, daß ihm in dieser Frage immer noch Versäumnisse vorgeworfen würden.[147]

Francesco Crispi hat später den ausgebliebenen Gegenbesuch als den „Urfehler" des Dreibunds bezeichnet[148] – nicht zu Unrecht. Diese Frage wurde,

---

141 Presseüberblick, angefertigt von Serafino für Jacobini am 6.11.1882; ASV, Segreteria di Stato, Anno 1885, Rubbrica 247, Fasc. 1; unter anderem Artikel aus: Neue Freie Presse, Fremdenblatt, Vaterland, Presse, Deutsche Zeitung vom 5./6.11.1882. Allerdings wiesen einige Zeitungen, wie zum Beispiel die Prager „Politik", auf die Schwierigkeiten hin, die sich, wie bei dieser Frage sichtbar wurde, einer italienisch-österreichischen Annäherung entgegenstellten.
142 Ludolf an Kálnoky, 10.11.1882, HHStA, PA XI, 95.
143 Chabod, Storia, S. 629 Fußnote 1.
144 Arco an Bismarck, 3.9.1886, PA/AA, R 8675.
145 Reuß an Bismarck, 17.9.1886, PA/AA, R 8675.
146 Ludolf an Kálnoky, 9.11.1882, HHStA, PA XI, 95.
147 Arco an Bismarck, 3.9.1886, PA/AA, R 8675.
148 Crispi, Memoiren, S. 161 f.

obwohl sie letztlich nur symbolische Bedeutung hatte, zu einer Dauerbelastung des österreichisch-italienischen Verhältnisses und bot den Dreibundgegnern in Italien immer wieder Ansatzpunkte zur Kritik;[149] er wurde als Symbol des fehlenden Verständigungswillens der Österreicher angesehen. Noch bedeutsamer wurde, daß die Gegenbesuchsfrage bis zum Ende des Dreibunds jede weitere italienisch-österreichische Monarchenbegegnung verhinderte, ein anormaler Zustand und geradezu grotesk vor dem Hintergrund des Allianzverhältnisses. Monarchenbesuche demonstrierten in der Epoche gute Beziehungen; daß diese zwischen den verbündeten Reichen nicht stattfanden, weil man sich nicht einmal in einer protokollarischen Frage einigen konnte, gab die ständigen, gebetsmühlenartig wiederholten Beteuerungen enger und intimer Zusammenarbeit für den Frieden der allgemeinen Lächerlichkeit preis. Wohl aus diesem Grund versuchte die deutsche Seite mehrfach, in dieser Frage schlichtend einzugreifen. Im Herbst 1886 unternahm Bismarck einen Versuch, den Gegenbesuch doch noch zustande zu bringen, doch vergeblich.[150] An der Romfrage scheiterten erneut die Verhandlungen zwischen Robilant, inzwischen Außenminister, und Kálnoky. Noch im Jahre 1907/08 war die Gegenbesuchsfrage Gegenstand diplomatischer Verhandlungen.[151] Der Gegenbesuch hat niemals stattgefunden und blieb, obwohl gelegentlich Verständnis für das Dilemma des Kaisers zu beobachten war,[152] „eine offene Wunde des italienischen Nationalgefühls"[153] und eine nicht zu unterschätzende Schwächung des Außenbilds der „triplice alleanza".

Die vatikanische Diplomatie hatte mit der Torpedierung des Besuchs einen unbestreitbaren Erfolg errungen. Doch das reichte dem Papst noch nicht, und er versuchte sich an einem noch größeren Ziel: Nämlich den Kaiser zur Aufgabe der Allianz mit Italien zu bewegen.

Dieser Plan war eine Folge der Veröffentlichung des Dreibundverhältnisses durch die Mancini-Rede im März 1883. Nachdem auch der Nuntius in Wien auf Nachfrage von Kálnoky die Bestätigung der Allianz erhalten hatte, wandte sich der Papst in einem Brief vom 3. Mai 1883 an den Kaiser, beklagte

---

149 Ludolf an Kálnoky, 18.5.1886, HHStA, PA XI, 100.
150 Dazu die Akten in: PA/AA, R 8675; HHStA, PA I, 457.
151 Lützow, Dienst, S. 146–147. Im übrigen soll der Erzherzog-Thronfolger Franz Ferdinand schon nach Vorwänden gesucht haben, um nach seiner Thronbesteigung seinen protokollarisch zwingenden Antrittsbesuch in Italien nicht in Rom machen zu müssen.
152 Ludolf an Kálnoky, 2.11.1886, HHStA, PA XI, 100, berichtet anläßlich eines Pressegerüchts über den angeblich bevorstehenden Gegenbesuch, daß die italienischen Journale Verständnis dafür äußerten, daß dieser nicht in Rom stattfinden könne.
153 Arco an Bismarck, 19.5.1883, PA/AA, R 7719. König Vittorio Emanuele III. soll gegen Österreich-Ungarn voreingenommen gewesen sein, weil er dem Kaiser nicht verzeihen konnte, seinem toten Vater den Gegenbesuch verweigert zu haben, siehe dazu Kap. III.2.c: Von Umberto I. zu Vittorio Emanuele III.

sich über die vom freimaurerischen Italien ausgehenden Gefahren und verlangte die Wahrung der Rechte des Papsttums.[154] Franz Joseph antwortete ihm am 6. Juni 1883 und erklärte, das Bündnis stärke die konservativen und monarchischen Kräfte in Italien; eine Ablehnung des italienischen Bündniswunsches hätte jedoch nur jene „setti internazionali e rivoluzionarie" gestärkt, die zum „Ruin von Kirche und Staat" führten. Im übrigen garantiere das Bündnis Italien Sicherheit vor äußeren Angriffen, aber enthalte keine Territorialgarantie oder andere Eingriffe in die Rechte des Heiligen Stuhles.[155] Und trotzdem beklagte sich der Papst im November desselben Jahres erneut, daß der Dreibund die politische Position Italiens gestärkt und die des Heiligen Stuhls geschwächt habe; er war der Ansicht, daß die katholischen Mächte die Erhaltung des Papsttums höher als alle anderen politischen Erwägungen zu stellen hätten.[156] Der Kaiser ging auf diese Forderung nicht ein und beschränkte sich in seiner Antwort darauf, das Argument zu wiederholen, daß er durch das Bündnis die konservativen Kräfte in Italien gestärkt habe und das schließlich auch der Kirche zugute kommen werde.[157] Franz Joseph ließ sich durch die Klagen des Papstes nicht beirren und steuerte in der „Römischen Frage" auch weiterhin einen Kurs der Neutralität zwischen Vatikan und Quirinal.

3. Irredenta und Klerikalismus – vom tatsächlichen Gegensatz zum diplomatischen Instrument

Die Ereignisse um den Oberdank-Prozeß und um den Gegenbesuch zeigten die Grenzen, aber auch die Entwicklungsmöglichkeiten der österreichisch-italienischen Zusammenarbeit im ersten Jahr der Allianz auf. Während die Gegenbesuchsfrage für beide Seiten und damit auch für die Allianz ein Fehlschlag war, zeigten sich in der Frage des Irredentismus die Chancen, die der Dreibund für die Überwindung des österreichisch-italienischen Antagonismus bot.

Im ersten Jahr der Allianz waren beide Fragen – Irredenta wie Gegenbesuch – von wirklichem politischem Zündstoff, da sich für die österreichisch-ungarische wie für die italienische Regierung Handlungsalternativen boten und sich ein allianzkonformes Verhalten erst noch herausbilden mußte. Später verloren beide Probleme erheblich an realer Bedeutung. Den Italienern waren die Motive des Kaisers bekannt und wahrscheinlich schon seit 1883 wuß-

---

154 Leo XIII. an Franz Joseph I., 3.5.1883, abgedruckt in: Friedrich Engel-Janosi in Zusammenarbeit mit Richard Blaas und Erika Weinzierl: Die politische Korrespondenz der Päpste mit den österreichischen Kaisern 1804–1918, Wien, München 1964, S. 301–302.
155 Franz-Joseph an Leo XIII., 6.6.1883, in: Ebenda, S. 304–305.
156 Leo XIII. an Franz Joseph, 4.11.1883, in: Ebenda, S. 308–310.
157 Franz Joseph an Leo XIII., 6.12.1883, in: Ebenda, S. 311–313.

ten sie genau, daß Franz Joseph nicht nach Rom kommen werde; die Aufregung verebbte langsam.[158] Und der österreichischen Diplomatie blieb das Zusammenschrumpfen der Irredenta und ihre faktische Bedeutungslosigkeit und Ohnmacht seit 1883/84 ebenfalls nicht verborgen. Die italienischen Ängste vor einem effektiven Bündnis zwischen Kaiser und Papst zur Wiederherstellung des Kirchenstaates[159] sind ebenso wie die österreichischen Befürchtungen vor irredentistischen Bestrebungen in Italien nie ganz verschwunden, vielleicht auch zu Recht, denn die Tendenzen waren da: Der ausgebliebene „Gegenbesuch" als Demonstration latenter österreichischer Sympathien für den Papst und die Irredenta als ein gewisses Verbundenheitsgefühl des politischen Italien mit den italienischsprachigen Untertanen der Donaumonarchie. Doch verloren diese Strömungen aufgrund des immer wirksamer werdenden Allianzverhältnisses zunehmend an Boden. Sie verschwanden während der gesamten Dauer des Dreibunds trotzdem niemals aus der politischen Diskussion. Zum Schlagwort erstarrt, wurden der „Gegenbesuch", das „klerikale Österreich", das „irredente Italien" zu beliebten Argumenten der österreichischen oder italienischen Allianzgegner, die als Beweis der Unmöglichkeit einer wahren Aussöhnung beider Staaten und des schlechten Willens der anderen Seite immer dann herhalten mußten, wenn gerade nichts Aktuelleres zu finden war, um sich darüber aufregen zu können. Und sie wurden auch als diplomatisches Pressionsmittel im zwischenstaatlichen Verkehr verwandt. Besonders die österreichische Diplomatie setzte ihre italienischen Verhandlungspartner mit Hinweisen auf die Irredenta systematisch, ja fast schon genüßlich unter Druck.[160] Nach den deutschen und italienischen Einigungskriegen waren die

---

158 Ludolf an Kálnoky, 28.3.1884, HHStA, PA XI, 98, zitiert Mancini mit der Ansicht, daß der ausgebliebene Gegenbesuch in Italien nicht als gezielte Unfreundlichkeit gegenüber dem italienischen König verstanden werde.

159 Dazu die Tagebücher des Senatspräsidenten Domenico Farini als Beispiel, wie sehr die italienische Führungsschicht sich noch bis zur Jahrhundertwende vor päpstlichen Schachzügen fürchtete. Domenico Farini: Diario di fine secolo, hrsg. von Emilia Morelli, 2 Bände, Roma 1961. Zur Geschichte des internationalen Aspekts der Römischen Frage: Francesco Salata: Per la storia diplomatica della questione romana. 1. Da Cavour alla Triplice Alleanza, Milano 1929. Zur Geschichte der inneritalienischen katholischen Opposition: Giorgio Candeloro: Il movimento cattolico in Italia, 2. Auflage Rom 1961; Giovanni Spadolini: L'opposizione cattolica. Da Porta Pia al '98, 4. Auflage Florenz 1961; Gabriele De Rosa: Storia del movimento cattolico in Italia, I. Dalla Restaurazione all'età giolittiana, Bari 1966; A.C. Jemolo: Chiesa e Stato in Italia negli ultimi cento anni, 5. Auflage, Turin 1963; weitere bibliographische Angaben: Candeloro, Storia 6, S. 485–486, 489–490; 502–503; 508–509. Dazu auch Weber, Quellen und Studien zur Kurie, passim.

160 Salvemini, Politica Estera, S. 321, sieht die Überreaktion der Österreicher allein in ihrer unsensiblen Dummheit: Sie hätten nicht begriffen, daß die Demonstrationen an sich harmlos und ungefährlich gewesen seien, einfach die Reaktion von Leuten, die Dampf ablassen wollten. Damit beurteilte er die Haltung der österreichischen Diplomaten jedoch viel zu eindimensional.

Wiener Ängste vor nationalstaatlichen Bewegungen zwar verständlich; aber die Irredenta wurde doch konstant überschätzt. Dies war nicht nur eine – zweifellos vorhandene – Phobie der Regierung der multinationalen Monarchie vor dem nationalen Prinzip, sondern auch eine bewußte Instrumentalisierung der Irredenta als diplomatisches Druckmittel: In Zeiten politischer Spannungen zwischen Italien und Österreich wurde die Botschaft in Rom von der Wiener Zentrale angewiesen, auch die allerkleinsten Zwischenfälle und Lappalien wie zum Beispiel Postkarten oder Streichholzschachteln mit irredentistischen Aufdrucken, Demonstrationen und grölende Gymnasiasten sofort zum Gegenstand peinlicher Beschwerden zu machen.[161] Lust, die „verfluchten Katzelmacher"[162] zu schikanieren, die hier ganz offensichtlich als gewichtiges Motiv mitspielte, ging einher mit dem Wunsch, konkrete politische Absichten auf diesem Weg durch Einschüchterung ohne Gegenleistung durchzudrücken oder unangenehmen Verpflichtungen unter Hinweis auf italienische Fehler zu entgehen.[163] Andererseits hatte die Instrumentalisierung auch den nachteiligen Effekt, den Popanz eines irredentistischen Italien in Österreich-Ungarn selbst lebendig zu halten. Die italienische Antwort auf österreichische Klagen wegen der Irredenta war eher reaktiv; eigentlich zu größerer Gelassenheit in diesen Fragen neigend, nahm die italienische Regierung dann im Gegenzug klerikale und antiitalienische Äußerungen in Österreich zum Anlaß von Protesten. Diese Politik der Nadelstiche sollte vor allem nach der Jahrhundertwende fatale Folgen auf die Beziehungen der beiden Alliierten haben.

Schon im ersten Jahr des Dreibunds ließ sich auch eine strukturelle Besonderheit des italienisch-österreichischen Verhältnisses beobachten: In Österreich überwog innerhalb der Regierung selbst eine ambivalente Haltung gegenüber Italien, besonders durch die Opposition klerikaler Kreise bei Hofe und in den Parlamenten der Monarchie, auf die politisch Rücksicht genommen werden mußte. Die Italienfreunde, vorzugsweise die Liberalen, waren in der Opposition. In Italien hingegen war die Regierung das Zentrum des Annäherungswunsches an Österreich-Ungarn, während die Allianzgegner sich in der Opposition befanden. Die Dreibundgegner im Parlament, in der Presse, an den Universitäten waren diejenigen, die den schlechten Willen der Österreicher hervorhoben und damit auch immer wieder auf den ausgebliebenen Gegenbesuch zu sprechen kamen.

---

161 Zahlreiche Beispiele dafür in den deutschen und österreichischen Archivbeständen (HHStA, PA XI, 95–1915 = Italien, Berichte, Weisungen, Varia; PA/AA, R 9107–9120 = Österreich Nr. 102: Beziehungen Österreichs zu Italien, 1887–1915).
162 Lützow, Dienst, S. 150.
163 Beispiele siehe unten: Konter Kálnokys bei Protesten Mancinis wegen der marokkanischen Fragen, Kap. I.3.f.; ferner im Zusammenhang mit der Universität in Triest, Kap. III.4.d., oder im Zusammenhang mit der bosnischen Krise, Kap. IV.2.f.

> ... non dovrebbe neanche denominarsi triplice, perchè noi non siamo veri alleati con diritti e doveri uguali a quelli che l'Austria-Ungheria e la Germania hanno l'una verso l'altra.
>
> Un „ex-diplomatico" in der „Nuova Antologia" vom 16. August 1885

e) Italien als zweitrangiger Verbündeter im Allianzsystem Bismarcks – das italienische Ringen um Gleichberechtigung im Bündnis

In den ersten Jahren der Allianz wurde der „Gegenbesuch" zu einem wichtigen Argument der „Pentarchen" und ihrer Presse im Kampf gegen die Außenpolitik der Regierung Depretis.[164] Noch mehr in der öffentlichen Diskussion war allerdings die „triplice alleanza" selbst. Die Veröffentlichung des Bundesverhältnisses im Frühjahr 1883 hatte zwar einerseits geholfen, die allianzfeindlichen Kräfte innerhalb Italiens zu isolieren, andererseits aber für ein neues Feld der Spannungen gesorgt, da die italienische Öffentlichkeit nunmehr zunehmend nach Gleichbehandlung innerhalb des Bündnisses sowie nach effektiver Vertretung der italienischen Interessen vor allem im Mittelmeer durch die Zweibundstaaten verlangte.[165] Das Problem hierbei war, daß es ein großes, auch nach außen sichtbares Ungleichgewicht im Bündnis gab. Das Verhältnis zwischen dem Deutschen Reich und Österreich-Ungarn, den „deutschen Mächten", wie sich Kálnoky ausdrückte,[166] war viel „intimer" als die Beziehung zu dem neuen Partner Italien. Der Dreibund hatte in der Realität die Form eines Zwei- und Eins-Bundes; Italien war das Anhängsel und wurde auch als ein solches eingeschätzt und behandelt. In der italienischen Öffentlichkeit – und nicht nur dort – entstand der Eindruck, daß Italien als Verbündeter zweiter Klasse, als „ancella" (Magd) des Zweibunds angesehen werde.[167] Der Dreibundvertrag war, in dieser Lesart, nichts anderes als ein Vasallenverhältnis Italiens gegenüber seinen mächtigeren Verbündeten.[168]

Auf jeden Fall war der Dreibund, von Berlin aus gesehen, nur ein Bündnis unter mehreren innerhalb des komplizierten Bismarckschen Allianzsystems. Achse des Ganzen war und blieb der Zweibund, wenn sich Bismarck auch über die Balkanaspirationen Österreich-Ungarns und die daraus entstehen-

---

164 Ludolf an Kálnoky, 4.1.1884, HHStA, PA XI, 98; Ludolf an Kálnoky, 18.5.1886, HHStA, PA XI, 100, berichtet, daß noch im Wahlkampf 1886 sich Giovanni Nicotera des Gegenbesuchs als Agitationsmittel bediente.
165 Siehe dazu Kap. I.3.f.: Der Dreibund und die Anfänge der italienischen Kolonialpolitik.
166 Reuß an Bismarck, 8.12.1886, GP 4, Nr. 838, Zitat Kálnokys auf S. 210.
167 Siehe dazu oben, Kap. I.3.a: Der Dreibund – ein Geheimbündnis der Kabinette?
168 Salvemini, Politica Estera, S. 318.

Italien als „Hospitant" des Zweibundes (1882–1886)

den Reibungen mit Rußland ärgerte. An den Zweibund angelagert war einerseits der Dreibund mit Italien, andererseits, und für Bismarck erheblich wichtiger, der Dreikaiserbund mit Rußland. Hinzu kam noch bis März 1885 die Entente mit Frankreich unter der Regierung Jules Ferrys.[169] Bismarck versuchte die französischen Energien von der Elsaß-Lothringen-Frage und der Revancheidee auf die Übersee- und Kolonialpolitik abzuziehen. Italien war in diesem Spiel für Bismarck nur ein Faktor unter mehreren und keinesfalls der wichtigste.[170] Wie wenig Italien von seinen Partnern beachtet wurde, zeigte sich beim Abschluß eines Bündnisses zwischen Österreich-Ungarn und Rumänien am 30. Oktober 1883, dem das Deutsche Reich noch am gleichen Tage beitrat.[171] Italien aber wurde nicht einmal über die Existenz dieses Bündnisses informiert und erst Jahre später, in der Crispi-Ära, unter gänzlich veränderten äußeren Umständen, zum Mitmachen aufgefordert.

Die Hoffnung der italienischen Öffentlichkeit, daß der Abschluß der Allianz zu einer vergleichbaren Intimität zwischen Italien und seinen neuen Partnern wie bisher zwischen den Zweibundmächten führen würde, trog. Im August 1883 trafen sich Kaiser Franz Joseph und Wilhelm I. in Ischl,[172] im September Bismarck und Kálnoky in Salzburg.[173] In Italien wurde bemängelt, daß beim ersten Male König Umberto, beim zweiten Male Depretis nicht eingeladen worden war. Doch wie selbstverständlich unterstellten die Außenpolitiker der Zweibundmächte, daß ihre bisherigen engen Beziehungen durch den neuen Vertrag keinesfalls berührt würden. Diese Haltung wurde in Italien mit Mißfallen zur Kenntnis genommen. Viel Aufsehen in politischen Kreisen machte ein in diesen Wochen erschienener Zeitungsartikel mit der provokanten Überschrift: „Siamo noi servitori?[174]" Der negative Eindruck verstärkte sich durch weitere unnötige Brüskierungen. So gedachte zum Beispiel im März 1884 Kaiser Wilhelm in seiner Thronrede der engen Beziehungen Deutschlands zu Österreich und Rußland, erwähnte Italien aber nur beiläufig und in einer Linie mit Spanien. In der italienischen Presse wurde daraufhin von der „erniedrigenden Nebenrolle" Ita-

---

169 Zur deutsch-französischen Entente: Langer, Alliances, S. 281–322, mit Literaturangaben; R. Poidevin/J. Bariéty: Frankreich und Deutschland. Die Geschichte ihrer Beziehungen 1815–1975, München 1982; L.A. Puntila: Bismarcks Frankreichpolitik, Göttingen, Frankfurt a. M, Zürich 1971; Hildebrand, Reich, S. 90–94, mit der Bewertung des Bismarckschen Annäherungsversuchs an Frankreich.
170 Petrignani, Neutralità, S. 368, 374, klagt sogar darüber, daß das Bismarcksche Bündnissystem den politischen Spielraum Italiens auf Null reduziert habe.
171 Italicus, Dreibundpolitik, S. 70.
172 Petrignani, Neutralità, S. 365.
173 Petrignani, Neutralità, S. 366.
174 Salvatorelli, Triplice, S. 89, nach französischen Dokumenten; Petrignani, Neutralità, S. 366. Decleva, Incerto Alleato, S. 121–122, zitiert negative, von Zanardelli beeinflußte Pressestimmen (La Provincia di Brescia) von 1885 und 1886 mit, wie Decleva urteilt, unberechtigt scharfer Kritik an Italiens untergeordneter Stellung im Bündnis.

liens gesprochen. In gleicher Linie lag, daß Ministerpräsident Tisza vor dem ungarischen Parlament Italien als Verbündeten zu erwähnen „vergaß" und schließlich der österreichische Ministerpräsident Graf Taaffe es nicht für nötig hielt, im Wiener Reichsrat den maßlosen Angriff eines Deputierten auf Italien regierungsseitig erwidern zu lassen.[175] Mancini erhob Ende März 1884 eine Reihe von Klagen gegenüber dem deutschen wie dem österreichisch-ungarischen Botschafter; in Wien fände er immer noch mehr Verständnis für die italienischen Belange als in Berlin, wo er bislang mit allen seinen Vorschlägen immer nur auf „frostige Ablehnung" gestoßen sei.[176] Nach außen hin bestritt Mancini jedoch ein Ungleichgewicht im Dreibund und betonte am 6. April 1884 vor dem Parlament, der Eindruck, Italiens Stellung sei geringer als die der Verbündeten, sei „assolutamente errato".[177]

Die Frage, die Stellung und das Gewicht Italiens in seinem Bündnissystem genauer festlegen zu müssen, stellte sich für Bismarck besonders im Winter 1883/84, als er mit den Russen und Österreichern über die Verlängerung des Dreikaiserbündnisses verhandelte. Dabei tauchte wiederholt für die Zweibundmächte das Problem auf, daß möglicherweise die Vertragsbestimmungen zwischen Dreibund und Dreikaiserbund nicht miteinander kompatibel waren. Bismarck schlug daraufhin vor, durch wechselseitige Informierung Rußlands und Italiens die Paktsysteme miteinander zu vernetzen und das Mißtrauen dieser Mächte vor einem Doppelspiel der Zweibundmächte auszuräumen. Er erwog sogar, Italien in den Dreikaiserbund aufzunehmen und diesen damit zu einem Vierbund zu machen. Dagegen sprach sich Kálnoky aus, weil er den Dreibund als Sicherung vor Rußland nicht aufgeben wollte; die innenpolitischen Verhältnisse dort seien so unsicher und schwankend, daß er nicht alles „auf diese eine Karte setzen" und „das ganze System auf die sichere Freundschaft Rußlands" bauen wolle.

Neben diesem hatte Kálnoky aber auch ein anderes, für seine Einschätzung seiner italienischen Kollegen symptomatisches Motiv: Er traute „den italienischen Staatsmännern, die doch eigentlich nur Dilettanten sind", nicht zu, „sich in ein neues Vertragsverhältnis hineinzudenken. Sie würden gewiß nichts dagegen haben, wenn wir an Rußland den italienischen Vertrag mitteilten, im Gegenteil ihre Eitelkeit würde dadurch nur noch mehr geschmeichelt werden, aber vor lauter Glück über ihre Zuziehung zu einer Quadrupelallianz würden sie platzen und eventuell Torheiten begehen." Damit, so Kálnoky, habe er auch die Auffassung seines Kaisers wiedergegeben.

Ungleich sachlicher urteilte Bismarck über Vor- und Nachteile einer Zuziehung Italiens zum Dreikaiserbündnis. Italiens Eitelkeit wäre geschmeichelt

---
175 Ludolf an Kálnoky, 14.3.1884, 28.3.1884, HHStA, PA XI, 98.
176 Ludolf an Kálnoky, 28.3.1884, HHStA, PA XI, 98.
177 Ludolf an Kálnoky, 6.4.1884, HHStA, PA XI, 98.

durch die Zuziehung zu einer Quadrupelalllianz; die Gefahr dabei wäre aber, Rußland und Italien zusammenzubringen und ein späteres Bündnis dieser beiden Mächte vorbereiten zu helfen. Der Vorteil sei die Vereinfachung eines unter allen vieren abgeschlossenen Vertrages und damit des gesamten Vertragssystems. Er glaubte aber, daß Rußland nicht darauf eingehen werde, weil ihm am meisten an der Geheimhaltung des Vertrages liege, die durch die Mitwisserschaft Italiens gefährdet werde.[178]

Tatsächlich war die russische Regierung an einer Zuziehung Italiens selbst in Einzelfragen nicht interessiert,[179] geschweige denn an seiner Mitgliedschaft im bisherigen Dreikaiserbündnis. Sie betrachtete den Dreibund ohnehin mit Mißtrauen und befürchtete, Italien wolle Rußland als Hauptbündnispartner der Zweibundmächte verdrängen.[180] Bismarck sah sich veranlaßt, dem russischen Außenminister Giers während der Verhandlungen zu versichern, der Dreibund habe nur den Zweck, die italienische Monarchie gegen die französische republikanische Propaganda zu stärken; ein eventueller militärischer Beistand Italiens sei ohnehin unerheblich.[181] Dieses Argument war gegenüber der zaristischen Diplomatie, die überall anarchische und republikanische Verschwörungen sah, sehr wirkungsvoll.[182] Das Dreikaiserbündnis wurde am 27. März 1884 verlängert – ohne Zuziehung Italiens.

Das Bündnis mit Rußland sicherte die Zweibundmächte und vor allem Österreich-Ungarn derart ab, daß der Wert des italienischen Bündnisses weiter sank. Die italienischen Wünsche auf Gleichbehandlung wurden auch weiterhin weder in den Sachfragen noch bei reinen Formfragen beachtet. Kálnoky reiste am 15. August 1884 zu Bismarck nach Varzin und hielt sich dort vier Tage auf. Obwohl inzwischen die italienischen Empfindlichkeiten bestens bekannt waren, wurden die Italiener nicht hinzugezogen. Selbst dem deutschen Reichskanzler war nicht ganz klargeworden, was Kálnoky mit der Reise und dem langen Aufenthalt in Varzin eigentlich bezweckte. Er vermutete, der österreichisch-ungarische Außenminister habe nach außen hin zeigen wollen, daß ein „intimes Verhältniß beider Mächte fortbesteht". Kálnoky hatte außerdem die Befürchtung, daß die deutsch-russische Annäherung zu weit gehen und von Österreich-Ungarn Opfer auf dem Balkan verlangt werden würden, und versuchte sich, erfolgreich, in dieser Frage Gewißheit und Erleichterung zu verschaffen.[183]

---

178 Reuß an Bismarck, 28.12.1883, GP 3, Nr. 614.
179 Beispiel: Promemoria Bucher, 5.9.1884, GP 3, Nr. 644, S. 367. Auch: Salvatorelli, Triplice, S. 89.
180 Ludolf an Kálnoky, 15.8.1884, HHStA, PA XI, 98, über das eisige russisch-italienische Verhältnis.
181 Bismarck an Wilhelm I., 14.11.1883, GP 3, Nr. 611; Salvatorelli, Triplice, S. 88.
182 Salvatorelli, Triplice, S. 88.
183 Bismarck an Wilhelm I., 21.8.1884, GP 3, Nr. 643. Das Schreiben ist in spöttischem Ton Kálnoky gegenüber gehalten.

Die Ängste Kálnokys vor einer zu engen deutsch-russischen Zusammenarbeit beruhten darauf, daß für September 1884 ein wirkliches Gipfeltreffen geplant war: Die drei Kaiser und ihre Minister wollten in Skiernevice, in Russisch-Polen, zusammenkommen. Es war abzusehen, daß dieses Treffen seinen Eindruck auf die anderen Mächte und vor allem auf Italien nicht verfehlen würde. Und so war es denn auch. Vom 15. bis zum 17. September 1884 trafen Zar Alexander III., Kaiser Wilhelm I. und Kaiser Franz Joseph zusammen; die Stimmung, vor allem unter Deutschen und Russen, war herzlich.

In Italien hatte die Opposition schon vor der Zusammenkunft in Varzin heftig über die Vernachlässigung durch die Bundesgenossen geklagt;[184] auch Mancini hatte sich beim deutschen Botschafter beschwert.[185] Leicht hätte diese Verstimmung durch eine entsprechende Einladung seitens Bismarcks oder seitens Kálnokys an Mancini oder Depretis aus der Welt geschafft werden können. Die parlamentarische Sommerpause und eine in Italien furchtbar wütende Choleraepidemie hielten die Proteste aber noch in Grenzen. Nach dem Treffen von Skiernevice nahm aber die Verstimmung über die chronische und scheinbar ostentative Nichtbeachtung der italienischen Bundesgenossenschaft überhand. Bismarck hatte inzwischen offensichtlich das Gefühl, der Bogen könne überspannt werden. Er sandte Keudell, der unter Hinweis „auf die besondere Stellung Italiens zu den Zentralmächten" und vielleicht auch auf italienischen Wunsch[186] um nähere Informationen über das Zusammentreffen von Skiernevice nachgesucht hatte, eine Art Sprachregelung; das Treffen sei unpolitisch gewesen, ein Höflichkeitsbesuch, „nur Courtoisie u[nd] Friedensliebe"[187].

Die Stimmung in Italien war bitter.[188] Einerseits herrschte, wie diplomatische Quellen berichten, Wut und Enttäuschung,[189] andererseits aber auch Niedergeschlagenheit über die italienische Ohnmacht. Ruggiero Bonghi, ei-

---

184 Crispi hatte am 4.7.1884 im Parlament heftige Angriffe gegen Mancini erhoben; seine Politik sei „kraft- und würdelos". Er warf ihm außenpolitisches Entgegenkommen ohne Gegenleistung vor. Auch sagte er: „La Germania ci disprezza." Und Österreich-Ungarns Geringschätzung gehe schon aus dem unterlassenen Gegenbesuch hervor und daraus, daß es den Jahrestag von Lissa in Anwesenheit eines preußischen Prinzen feierlich begehen wolle. Crispi empfahl statt dessen die Annäherung an Großbritannien. Mancini war zu überrascht durch diesen Angriff, um ihn geschickt erwidern zu können. In: Ludolf an Kálnoky, 4.7.1884, HHStA, PA XI, 98. Über ähnliche Klagen der Opposition berichtet auch Rosty an Kálnoky, 29.8.1884, in: HHStA Wien, PA XI, 98.
185 Keudell an Bismarck, 25.8.1884, PA/AA, R 7721.
186 Salvatorelli, Triplice, S. 95, nimmt dies an; Italicus, S. 70, Anmerkung 3, bezweifelt das unter Hinweis auf ungedruckte Quellen des Auswärtigen Amtes.
187 GP 3, S. 369, Fußnote *; Über die exakte Beachtung dieser Sprachregelung durch Keudell berichtet Rosty an Kálnoky, 30.9.1884, HHStA, PA XI, 98.
188 Italicus, Dreibundpolitik, S. 70.
189 Salvatorelli, Triplice, S. 96, Chiala, Triplice, S. 372.

ner der prominentesten Führer der *destra*, schrieb am 1. Oktober 1884 in der „Nuova Antologia", daß eine Aufnahme in den Bund der Kaisermächte überflüssig sei; „im Quartett hätten wir eine noch bescheidenere Figur gemacht als im Terzett"[190]. Der Dreibund schien ihm nun inhaltsleer; Italien solle seine außenpolitischen Ambitionen aufgeben, Heer und Flotte verkleinern und seine Mittel in den inneren Ausbau des Landes investieren.[191] Auch Graf Robilant befürchtete, Italien würde durch eine Quadrupelallianz nichts gewinnen, sondern auf diese Weise nur „zum gehorsamen Satelliten des Dreikaiserbundes werden"[192]. Wieder andere Stimmen forderten einen beschleunigten Ausbau der italienischen Wehrmacht, damit Italien von den anderen Mächten endlich genügend berücksichtigt werde.[193]

Bei der Wiedereröffnung des italienischen Parlamentes nach der Sommerpause wurde die Zusammenkunft von Skiernevice und die Nichtbeachtung Italiens zum Thema der parlamentarischen Auseinandersetzung.[194] Es war für die italienische Politik und Diplomatie sehr unerfreulich, von der Diskussion strittiger Fragen, etwa der Balkanproblematik oder der ägyptischen Frage, ausgeschlossen worden zu sein, wenn auch infolge der Geheimhaltung, ja der Negierung politischer Inhalte dieses Treffens niemand wußte, ob die Dreikaisermächte überhaupt politische Absprachen erzielt hatten, und wenn, welche. Doch über die konkrete Politik hinaus war die Vernachlässigung Italiens auch eine Frage der politischen Symbolik und brachte die tatsächlich vorhandene Geringschätzung Italiens durch die Zweibundmächte deutlich zum Ausdruck. Staatsbesuche waren eben nicht nur ein formaler Akt, sondern drückten auch das politische Gesamtklima zwischen den Verbündeten aus. Im österreichisch-italienischen Verhältnis potenzierte sich dieses Problem – das Fehlen von Gesten politischer Verbundenheit – auch noch durch den ausgebliebenen Gegenbesuch des Kaisers in Rom.[195] Deutscherseits hatte dieses ausgeglichen werden sollen durch den Besuch des Kronprinzen in Rom

---

190 Salvatorelli, Triplice, S. 96. Bonghi hatte sich gegenüber Ludolf schon im Juni 1884 sehr pessimistisch über Italiens Stellung im Dreibund ausgesprochen. In: Ludolf an Kálnoky, 24.6.1884, HHStA, PA XI, 98.
191 Zitiert in: Keudell an Bismarck, 11.10.1884, PA/AA, R 7721.
192 Salvatorelli, Triplice, S. 96; Chiala, Triplice, S. 371 („satelliti ubbidienti della potente triade imperiale").
193 Keudell an Bismarck, 11.10.1884, PA/AA, R 7721.
194 Ludolf an Kálnoky, 7.11.1884, HHStA, PA XI, 98. Anlage: Tribuna vom 5.11.1884, in der ausgeführt wurde, daß im Parlament registriert worden sei, daß in der österreichischen Delegation Kálnoky von einer Allianz mit dem Deutschen Reich, einem Abkommen mit Rußland und unveränderter Freundschaft für Italien gesprochen habe.
195 Graf Robilant beurteilte in einem Gespräch mit Keudell am 5. August 1886 die Nichtachtung Italiens als besonders ärgerlich, da infolge des ausgebliebenen Gegenbesuchs der „Austausch von Artigkeiten zwischen Mitgliedern der regierenden Familien seit vier Jahren unmöglich geworden" sei. In: Keudell an Bismarck, 5.8.1886, GP 4, Nr. 822.

– Kaiser Wilhelm I. war wegen seines hohen Alters nicht mehr in der Lage, diese weite Reise selbst zu unternehmen – am 17. Dezember 1883; Kronprinz Friedrich wurde am 18. Dezember auch vom Papst empfangen. Die italienische Bevölkerung begrüßte ihn begeistert.[196] Sofortige Rückschlüsse in der italienischen Öffentlichkeit: Es geht also doch, ein ausländischer Souverän kann unseren König besuchen und wird dann auch vom Papst empfangen, wurden von österreichischer Seite unter Hinweis auf das protestantische Glaubensbekenntnis des Prinzen aber erneut abgeblockt.

Jenseits der praktischen politischen Konsequenzen einer solchen Ungleichbehandlung wurde es für die italienische Diplomatie und vor allem für die italienische Öffentlichkeit zu einer Ehrensache, die Gleichberechtigung im Bündnis zu erzwingen. Für die Dreibundopponenten hingegen wurde es eines der überzeugendsten Argumente gegen das Bündnis, auf die ungleiche Stellung Italiens und Überheblichkeit und Gleichgültigkeit der Verbündeten hinzuweisen. Hier entstand für die italienische Außenpolitik ein Handlungszwang, der sich bei den Verhandlungen über die Dreibunderneuerung in den Jahren 1885 bis 1887 voll auswirken sollte.

> Ich bin nicht ohne berechtigte Verstimmung über diese Begehrlichkeit des Herrn Mancini ... und finde darin eine dilettantische – vertraulich würde ich sagen banausische – Unkenntnis dessen, was in der großen Politik möglich und nützlich ist.
>
> Bismarck, am 6. April 1884

f) Der Dreibund und die Anfänge der italienischen Kolonialpolitik

1. Der Dreibund und Italiens Mittelmeerstellung

Die Gleichgültigkeit der Verbündeten in diesen formalen Fragen war für die politische Öffentlichkeit Italiens aber nicht der einzige Kritikpunkt an der Allianz. Allgemein wurde eine Außenpolitik, die nur den Frieden sicherte, sonst aber keine Aktiva vorweisen könne, als unzureichend angesehen[197] und von

---

196 Italicus, Dreibundpolitik, S. 66. Zur Reise des Kronprinzenpaares 1883 Wolfgang Windelband: Berlin, Madrid, Rom. Bismarck und die Reise des Deutschen Kronprinzen 1883, Essen 1939.
197 Daß der Friede allein kein hinreichender Erfolg der italienischen Politik sein könne, meinte zumindest Ruggiero Bonghi im Gespräch mit dem österreichischen Botschafter. Ein junger Staat, der 400 Millionen Lire für Armee und Flotte ausgebe, müsse seine Kraft nach außen erproben, vor allem wegen des Eindrucks von Custoza und Lissa. In: Ludolf an Kálnoky, 24.6.1884, HHStA, PA XI, 98.

den Verbündeten die Unterstützung mindestens bei der Sicherung des Status quo, vielleicht sogar bei dem Streben nach Zugewinn erwartet. Für die „classe politica" war von zentraler Bedeutung, daß sich das bestehende Mächtegleichgewicht im Mittelmeer nicht weiter zu italienischen Ungunsten veränderte.[198] Mancini definierte dieses Ziel der italienischen Gleichgewichtspolitik als „interesse negativo". Das bedeutete, daß Italien selbst keine Ausdehnungsbestrebungen habe und keine historischen, politischen oder ökonomischen Rechte an neuen Territorien geltend machen, sondern nur die „Schaffung und Abrundung eines großen Kolonialreiches vor der italienischen Haustür" verhindern wolle.[199] Mancini wußte zwar genau, daß der Dreibundvertrag keine Klausel enthielt, in der die Zweibundmächte ihrem neuen Partner Hilfe bei der Durchsetzung dieser italienischen Interessen im Mittelmeer versprochen oder die Beibehaltung des Status quo garantiert hätten. Er hoffte aber, die – von ihm angeregte – Konsultationsklausel würde sich in der Praxis so bewähren, daß auch zentrale Mittelmeerfragen zwischen den drei Mächten vertrauensvoll besprochen würden – wie zum Beispiel die ägyptische Frage, die unmittelbar nach dem Abschluß des Dreibundvertrages ein entscheidendes Stadium erreichte und im Sommer 1882 Italien die überraschende Möglichkeit enger kolonialer und sicherheitspolitischer Zusammenarbeit mit Großbritannien bot.

Anlaß war der Aufstand der Nationalbewegung in Ägypten, der im September 1881 unter Führung Urabi Paschas gegen das Regime des Khediven und damit auch gegen die britisch-französische Schuldenverwaltung losgebrochen war und an dessen rascher Niederschlagung alle europäischen Mächte, vor allem aber Großbritannien wegen des Suezkanals und der Sicherung des Seewegs nach Indien, ein lebhaftes Interesse hatten. Auf französischen Vorschlag wurde für den 28. Juni 1882 eine Botschafterkonferenz in Konstantinopel einberufen, auf der die Frage geklärt werden sollte. Mancini hatte die Konferenz befürwortet, weil er die ägyptische Frage vom europäischen Konzert und nicht wie bisher allein von England und Frankreich behandelt sehen wollte.[200] Auf der Konferenz kamen die Mächte überein, dem Osmanischen Reich, unter dessen formeller Oberherrschaft das Khedivenregime stand, die Wiederherstel-

---

198 Seit dem Berliner Kongreß im Jahre 1878 hatte sich die italienische Position schrittweise verschlechtert, zunächst infolge der Besetzung Zyperns durch Großbritannien, dann durch das französische Vorgehen in Tunesien, das schließlich zusammen mit der römischen Frage die Hauptursache für die Orientierung Italiens hin zu den Zweibundmächten gewesen war. Vor allem den Franzosen wollten die Leiter der italienischen Außenpolitik nach Tunesien keine weiteren Eroberungen mehr zugestehen.
199 („creazione e l'agglomerazione di un vasto impero territoriale alle porte d'Italia") Mancini am 11.6.1884 im italienischen Parlament, in: Ludolf an Kálnoky, 23.6.1884, HHStA, PA XI, 98.
200 Petrignani, Neutralità, S. 354.

lung der Ordnung in Ägypten zu überlassen. Die türkischen Maßnahmen kamen jedoch so langsam, im Grunde gar nicht in Gang, daß selbst die gegenüber dem Sultan sehr wohlwollenden Zentralmächte, das Deutsche Reich und Österreich-Ungarn, die Geduld zu verlieren begannen.[201] Schließlich entschlossen sich die Engländer zum Alleingang: Am 11. Juli 1882 bombardierte die englische Flotte die Forts von Alexandria. Und am 26. Juli machte Lord Granville dem italienischen Botschafter in London ein unerwartetes Angebot: Frankreich verweigere sich einer Intervention in Ägypten, deshalb wolle Großbritannien Italien einladen, sich an der Aktion zu beteiligen.[202]

Mancini lehnte dieses Angebot sofort ab und hatte dafür viele gute Gründe. Erstens war Urabi Pascha als Führer der ägyptischen Nationalbewegung und Vorkämpfer nationaler Selbstbestimmung in Italien sehr populär; er wurde sogar als ein ägyptischer Garibaldi angesehen.[203] Zweitens scheute Mancini die voraussichtlich sehr hohen Kosten[204] und die militärischen Risiken der Intervention. Drittens, und dies war Mancinis Hauptgrund, widersprach das englische Vorgehen dem Ergebnis der Konferenz von Konstantinopel, wo beschlossen worden war, daß sich keine einzelne Macht in Ägypten engagieren und die Türkei das nominell unter ihrer Oberhoheit stehende Land befrieden solle; er selbst hatte sich für diese Lösung des Problems sehr engagiert. Viertens stieß Mancini in der ägyptischen Frage bei seinen neuen Verbündeten auf Desinteresse; sie versuchten ihm eine Intervention nicht auszureden, bestärkten ihn aber auch nicht. Fünftens wollte er die ohnehin gespannten Beziehungen zu Frankreich, das eine Mitintervention abgelehnt hatte, nicht noch weiter belasten; hier ging es auch um die Möglichkeiten, künftig den französischen Kapitalmarkt für Kredite nutzen zu können.

Trotz dieser guten Gründe wurden bald schon Zweifel laut, ob es geschickt von Mancini war, die englische Offerte abzulehnen – Zweifel, die bis heute anhalten. Der italienische Historiker Petrignani beispielsweise wirft Mancini vor, die Ablehnung sei ein Fehler gewesen, begangen aus einem „Übermaß an Schüchternheit" und einer „unzureichenden Gewichtung des zeitgenössischen Wunsches, daß sich Italien im Mittelmeerraum festsetzen solle"[205]. Der Feh-

---

201 Serafino an Jacobini, 12.7.1882, ASV, Segreteria di Stato, Anno 1885, Rubbrica 247, Fasc. 1: „I due gabinetti di Austria e di Germania che fin qui hanno osservato nella questione egiziana una politica molto benevola alla Turchia, sono ora altamente scontenti della renitenza del Sultano a intervenire efficacemente per ristabilire l'ordine, l'autorità, la sicurezza e la tranquillità in Egitto."
202 Luigi Chiala: La spedizione di Massaua, Torino-Napoli 1888, S. 77 ff.
203 Zu dem Gegensatz zwischen Interventions- und Nationalitätenpolitik auch Salvatorelli, Triplice, S. 85.
204 Salvatorelli, Triplice, S. 85, erwähnt den Einspruch des Finanzministers Magliani gegen eine Intervention aus finanziellen Gründen.
205 Petrignani, Neutralità, S. 358. („compiuto senza dubbio per un eccesso di timidezza e per una

ler Mancinis war, zumindest nach dieser Argumentation, innenpolitischer und psychologischer Natur. Tatsächlich hatte Mancini sehr bald schon große Probleme, seine Entscheidung vor der enttäuschten italienischen Öffentlichkeit zu rechtfertigen.[206] Seine politischen Gegner, zu denen die Abgeordneten des sogenannten „centro", so zum Beispiel Sidney Sonnino, gehörten, aber auch der „Pentarch" Francesco Crispi als Angehöriger der *sinistra*, waren bald schon zu der Überzeugung gelangt, daß Mancini mit der Ablehnung des englischen Angebots aus unverständlicher Verzagtheit eine säkulare Chance für Italien ungenutzt habe verstreichen lassen.[207] Die Idee eines Bündnisses mit England war ohnehin in Italien ungeheuer populär; Großbritannien die beliebteste und bewundertste auswärtige Großmacht. Mancini teilte das Schicksal des italienischen Unterhändlers auf dem Berliner Kongreß, Graf Corti: Auch dieser hatte gute Gründe, sein Land aus imperialistischen Händeln heraushalten zu wollen, machte aber den Fehler, die psychologische Grundstimmung der italienischen Öffentlichkeit falsch einzuschätzen. Diese verlangte nach sichtbaren, nicht nach moralischen Erfolgen und verurteilte eine Politik der „freien Hand" höhnisch als eine der „leeren Hand". Wie Crispi, einer der energischsten Gegner der italienischen Selbstbescheidung, wiederholt feststellte, fiel ein freiwilliger Verzicht immer zum Schaden Italiens aus, da die anderen Mächte keine Hemmungen hatten, ihren Vorteil wahrzunehmen. Damit begann in Italien ein Hauptargument der Imperialisten aller Länder endgültig salonfähig zu werden: „Wir müssen es tun, sonst tun es die anderen, und wir gehen leer aus." Ob Mancini durch eine Teilnahme an der ägyptischen Intervention indes seine Gegner wirklich befriedigt hätte oder ob dann nicht eine gewaltige Kampagne wegen der eingegangenen militärischen und finanziellen Risiken losgebrochen wäre, ist überaus fraglich; hier bietet sich ein Vergleich zu den – noch zu schildernden – Ereignissen des Frühjahrs 1885 an.[208]

Mancini hatte sich bemüht, die ägyptische Frage in enger Zusammenarbeit mit den Dreibundpartnern zu lösen.[209] Er hatte bereits vor Vertragsabschluß die ägyptische Frage als Beispiel für die Möglichkeit enger politischer Zusammenarbeit zwischen den Vertragspartnern genannt und kehrte auf diesen

---

    insufficiente valutazione del desiderio che gli italiani cominciavano a provare in quel periodo di cimentarsi e di affermarsi nel mediterraneo.")
206 Daß die italienische Öffentlichkeit sich eine Intervention wünschte, glaubte auch der Nuntius in Wien. Dazu: Serafino an Jacobini, 12.7.1882, ASV, Segreteria di Stato, Anno 1885, Rubbrica 247, Fasc. 1.
207 Zur ägyptischen Frage 1882: Crispi, Memoiren, S. 217–260.
208 Siehe S. 159–162, die öffentliche Diskussion über die Besetzung Massauas 1885.
209 Dazu auch: Serafino an Jacobini, 12.7.1882, ASV, Segreteria di Stato, Anno 1885, Rubbrica 247, Fasc. 1.

Vorschlag auch im Juli 1882 wieder zurück.[210] Er wandte sich im Juli und August 1882 häufig nach Berlin, um Rat einzuholen, häufiger jedoch an den k. u. k. Außenminister, Gustav Graf Kálnoky, weil Österreich-Ungarn größere Interessen in Ägypten habe als das Deutsche Reich. Außerdem zeigte sich Bismarck zumindest vordergründig an der ägyptischen Frage vollkommen desinteressiert und wollte scheinbar den Österreichern die Führungsrolle überlassen.[211] Der italienische Außenminister hatte immer deutlich gemacht, daß er sich trotz der in der italienischen Presse geforderten Mitintervention in Ägypten in dieser Frage der Linie der Kaisermächte anschließen wolle und nur dann eine italienische Intervention zulassen werde, wenn das Deutsche Reich und Österreich-Ungarn nicht nur zustimmten, sondern sich einer der beiden Partner auch tätig beteilige. Wenn Österreich-Ungarn 5.000 Mann schicke, dann werde Italien 25.000 Mann entsenden; ohne österreichische Beteiligung hingegen nicht einen einzigen.

Der Versuch Mancinis, den Dreibund gemäß der Konsultationsklausel als Instrument kollegialer Zusammenarbeit in der ägyptischen Frage zu nutzen, scheiterte am Desinteresse der Partner – oder daran, daß Bismarck insgeheim in Ägypten andere Ziele verfolgte.[212] Nicht nur für Mancini, sondern für die gesamte italienische Außen- und Dreibundpolitik hatte die ausgebliebene italienische Intervention große Fernwirkungen. Je weiter die Ablehnung zurücklag, desto mehr verblaßten Mancinis gute Gründe und desto mehr schien eine einmalige Chance vertan. Der leichte militärische Sieg der Engländer über die Aufständischen zeigte, daß Mancini die Risiken eines militärischen Eingreifens überschätzt hatte. Mancini selbst blieb zu seinem Schaden von dieser Strömung der öffentlichen Meinung nicht unbeeinflußt und versuchte gegenzusteuern. Im Frühjahr 1883, als in der großen Debatte über den Etat des Äußeren die ägyptische Frage zur Sprache kam, lüftete er, nicht zufällig, das Geheimnis des Dreibundes – er brauchte Erfolge, um seinen Kritikern begegnen zu können. Er schoß aber übers Ziel hinaus und orakelte, die Intervention sei ausgeblieben, weil Italien seine Kräfte für eine vielleicht nicht ferne große Aufgabe zusammenhalten müsse.[213] Diese „berühmte und kriegerische Äußerung Mancinis" („questa famosa e bellicosa frase dell' on. Mancini")

---

210 Petrignani, Neutralità, S. 354.
211 Ludolf an Kálnoky, 4.8.1882, HHStA, PA XI, 95. Reuß an Bismarck, 1.12.1882, PA/AA, R 7718, berichtet, daß Kálnoky sich aufgrund der häufigen Anfragen Mancinis wegen der ägyptischen Frage über dessen „Unselbständigkeit" beklagte.
212 Salvatorelli, Triplice, S. 86–88, führt die tatsächlichen Ziele Bismarcks an: Nämlich beide Seiten, Engländer und Franzosen, gegeneinander auszuspielen. Zwischen den beiden Nationen sollte, nach einem Wort des französischen Botschafters in Berlin, de Courcels, „weder Konflikt, noch Intimität" herrschen.
213 „Altre occasioni, forse non lontane, si sarebbero offerte all' Italia per mettere la sua forza al servizio di una causa veramente grande."

wurde aber sogar von der Zeitschrift des Ministerpräsidenten, dem „Popolo Romano", in einem, wie Senator Chiala später mutmaßte, von Depretis inspirierten oder vielleicht sogar selbst geschriebenen Artikel am 23. März 1883 ins Lächerliche gezogen: „Nicht fern" sei im jahrtausendelangen Leben eines Volkes ein relativer Begriff und könne auch in fünfzig oder hundert Jahren sein; die Diskussion darüber zum jetzigen Zeitpunkt überflüssig.[214]

Die Veröffentlichung des Bündnisses hatte für Mancini neben der ersten positiven Überraschung über seinen diplomatischen Erfolg[215] auch einen unmittelbaren, unerwünschten Nebeneffekt. Seine politischen Gegner stellten sofort die Frage nach der Effektivität der politischen Verbindung, wenn sie Italien an der ägyptischen Intervention gehindert habe; hinzu kamen auch die schon erwähnten Zweifel an der Gleichberechtigung Italiens im Dreibund. Um seinen Kritikern besser begegnen zu können, bat Mancini Kálnoky um einen offiziösen Artikel in der österreichischen Regierungspresse, in dem die Ansicht der Opposition, Italien sei nur eine untergeordnete Rolle im Bündnis zugewiesen, widerlegt werde. Kálnoky tat Mancini gern diesen Gefallen, und ein entsprechender Artikel erschien im „Fremdenblatt". Doch dann versuchte Mancini seinen Erfolg noch zu vergrößern und kam auf die gefährliche Idee, seiner ursprünglich nur rhetorischen, jetzt belächelten Äußerung von den „nicht fernen" großen Aufgaben Italiens auf dem gleichen Weg eine konkrete Gestalt geben zu lassen: Der italienische Geschäftsträger in Wien sollte in der österreichischen Presse einen Artikel über die Aufgaben des Dreibundes plazieren, in dem angedeutet wurde, daß Nizza den Italienern zugesagt sei. Offenbar versuchte Mancini, zur Belebung des Dreibundes eine antifranzösische Irredenta wachzurufen; die Forderung nach Nizza, der Geburtsstadt Garibaldis, war im übrigen in Italien bis in die Zeit Mussolinis hinein durchaus populär.[216] Doch die Redakteure der angesprochenen Wiener Zeitungen erkannten die Brisanz dieser Äußerungen und wandten sich damit an Kálnoky. Dieser verbot entsetzt und ausgesprochen verärgert die Veröffentlichung, worüber die Consulta in Rom verstimmt gewesen sein soll.[217] Kálnokys Weigerung war vollkommen berechtigt. Mancinis Versuche, die italienische öffentliche Meinung zu manipulieren, hätten unabsehbare Komplikationen mit Frankreich hervorrufen können. Dabei bemühte sich Mancini normalerweise um ein möglichst normales Verhältnis mit der „sorella latina"; er begann aber durch seine fahrigen Reaktionen auf die Angriffe seiner politischen Gegner zunehmend seine politische Linie zu verlieren. Für den Dreibund hatte das

---

214 Chiala, Triplice, S. 334.
215 Dazu beispielsweise die Artikel der „Illustrazione Italiana" vom März 1883.
216 Ein literarisches Beispiel: Ernest Hemingway, A Farewell to Arms (1929), über die Gespräche der italienischen Soldaten an der Front des Ersten Weltkriegs über den Erwerb Nizzas.
217 Reuß an Bismarck, 15.9.1883, PA/AA, R 7719, referiert eine Erzählung Kálnokys.

die negative Folge, daß Mancini die Brauchbarkeit des Bündnisses bei der Lösung der Probleme der italienischen Außenpolitik öffentlichkeitswirksam zu demonstrieren versuchte.

Das galt auch für den Wunsch, den französischen Ausdehnungsdrang im Mittelmeer, vor allem in Nordafrika, unter Kontrolle zu bringen, zumal sich nach dem Ausgleich mit Österreich-Ungarn das Hauptinteresse Mancinis auf die Wahrung des strategischen Gleichgewichts im Mittelmeer verlagert hatte. Es kam ihm darauf an, eine weitere französische Machterweiterung zu verhindern und den Status quo zu bewahren. Eine andere Politik wäre Selbstmord, Hochverrat gegen Italien.[218] Frankreich halte mit den Flottenstützpunkten Toulon und Bizerta Italien bereits zwei geladene Pistolen an den Kopf; deshalb dürfe nicht noch zusätzlich etwas hinzukommen. Den Franzosen wurden Ambitionen unterstellt, die bislang nominell dem Osmanischen Reich unterstehenden Staaten Marokko und Tripolitanien und damit die gesamte nordafrikanische Küste vom Atlantik bis nach Ägypten unter ihre Kontrolle bringen zu wollen. Vor allem eine Besetzung von Tripolis durch Frankreich wurde für Italien als unerträglich und schon aus Prestigegründen als eine tödliche Gefahr für die italienische Monarchie eingeschätzt.[219] Zwar hatten die Franzosen mehrfach beteuert, Italien in Tripolis den Vortritt lassen zu wollen,[220] doch waren diese Versicherungen nach den gleichlautenden und doch gebrochenen Versprechungen in bezug auf Tunesien nicht gerade vertrauenswürdig. Mancini selbst plante niemals, Tripolis zu besetzen; er scheute den Krieg mit der Türkei, glaubte nicht an einen italienischen Rechtstitel auf Tripolis, und außerdem lief ein solch gewaltsames Unternehmen, trotz aller martialischen Ankündigungen, seiner politischen Einstellung zuwider.[221] Eine italienische Option wollte er jedoch gewahrt wissen und schloß für den Fall eines französischen Vorgehens gegen Marokko eine Expedition gegen Tripolis nicht aus.[222]

Selbst mit der Besetzung Tunesiens hatte sich Italien, wie Bismarck urteilte, zwar mit dem Kopf, aber noch nicht mit dem Herzen abgefunden.[223] Das französische Protektorat wurde nicht anerkannt und den Franzosen allerlei Ungelegenheiten bereitet, indem beispielsweise die Aufhebung der

---

218 Carlo Zaghi: P. S. Mancini, l'Africa e il problema del Mediterraneo, 1884–1885. Con documenti inediti, Roma 1955, S. 26; Frederick V. Parsons: The Origins of the Morocco Question 1880–1900, London 1976, S. 51.
219 Parsons, Marocco-Question, S. 52.
220 Italicus, Dreibundpolitik, S. 71, zitiert ein Angebot Ferrys vom Mai 1884 an Italien, sich Tripolis zu nehmen.
221 Siehe unten, Kap. I.3f.2, S. 161.
222 Petrignani, Neutralità, S. 382.
223 Salvatorelli, Triplice, S. 81.

Konsulargerichtsbarkeit nicht anerkannt wurde. Außerdem gab es noch eine Entschädigungsfrage zu klären; beim französischen Einmarsch war Sfax beschossen worden und dabei italienische Bürger zu Schaden gekommen. Baron Blanc bemängelte, daß sich die eigene Außenpolitik in der Tunesienfrage immer wieder zu „kleinlichen Schachzügen"[224] gegenüber den Franzosen hinreißen ließ, die am Stande der Dinge nichts ändern konnten, aber die Franzosen nachhaltig verärgerten. Das stand in latentem Widerspruch zu den gleichzeitigen Bestrebungen des Kabinetts Depretis/Mancini, die Beziehungen zu Frankreich wieder zu normalisieren.[225]

Der Dreibund erwies sich bei dem Versuch, dem französischen Ausdehnungsdrang in Nordafrika entgegenzutreten, für Italien als ausgesprochene Enttäuschung. Bismarck und Kálnoky versagten sich nicht nur allen weiter gespannten italienischen Plänen, sondern waren auch in Kleinigkeiten wenig entgegenkommend. Dabei schwang bei beiden die Sorge mit, von Italien in „Händel" mit Frankreich hineingezogen zu werden.[226] Wenn auch diese Befürchtung verständlich war, ging die Nichtbeachtung des italienischen Wunsches nach der Aufrechterhaltung des Gleichgewichts im Mittelmeer doch zu weit. Als sehr unfreundlich gegenüber Italien empfand es Mancini, daß das Deutsche Reich im Oktober 1882 der Aufhebung der Kapitulationen[227] in Tunesien zustimmte, ohne Rom vorher darüber zu informieren. Der italienische Außenminister klagte zu Recht, daß im Dreibundvertrag gegenseitige Konsultationen in gemeinsam interessierenden Fragen vorgesehen seien.[228] Vollkommenen Schiffbruch erlitt Mancini mit seinen mehrfachen Versuchen, Nordafrika gegen französische Infiltrationsversuche mit deutscher Hilfe abzusichern. Im April 1883 beauftragte er den widerstrebenden italienischen Botschafter in Berlin, de Launay, bei den zuständigen deutschen Stellen nachzufühlen, ob der Geist des Vertrages, vor allem des Artikels I, nicht den Schutz „existentieller Interessen" („interessi essenziali") der Vertragspartner beinhalte. In einem Gespräch mit dem Unterstaatssekretär im Auswärtigen Amt, Graf Hatzfeldt, fragte de Launay ganz offen, „ob Italien auf irgendeine Unterstützung durch das Deutsche Reich rechnen könne in dem Fall, daß Frankreich versuchen sollte den Status quo in Nordafrika zum eigenen Vorteil zu verändern"[229]. Besonders wies de Launay dabei auf Tripolis hin, doch

---

224 Tavera an Kálnoky, 9.10.1882, HHStA, PA XI, 95.
225 Salvatorelli, Triplice, S. 81; Petrignani, Neutralità, S. 365.
226 Pribram, Geheimverträge, S. 171.
227 Bei den „Kapitulationen" handelte es sich um eine Form der Konsulargerichtsbarkeit. Diese führte dazu, daß die in Tunesien lebenden Italiener nur von ihrem Konsul, nicht aber von den einheimischen Gerichten abzuurteilen waren. Die französische Protektoratsmacht war bestrebt, diesen Zustand zu ändern.
228 Ludolf an Kálnoky, 27.10.1882, HHStA, PA XI, 95.
229 Petrignani, Neutralità, S. 364. („se avrebbe potuto contare su qualche appoggio da parte della

Bismarck lehnte es ab, über hypothetische Fragen („ungelegte Eier") zu diskutieren.

Als im Frühjahr 1884 Frankreich unter Hinweis auf Nomadeneinfälle nach Algerien von Marokko eine Grenzberichtigung verlangte, schien Mancini die Gefahr sehr groß, daß dies, ebenso wie 1881 im Fall Tunesiens, der Vorwand für eine Annexion des Landes sein würde. Er suchte dies zu verhindern; dabei ging es, wie er im Juni 1884 vor dem Parlament betonte, aber für Italien nur um die Frage der Wahrung des Gleichgewichts. Marokko sei ein Wüstenland mit 6 Millionen Einwohnern, in dem Italien keine erwähnenswerten Handelsinteressen habe.[230] Er beauftragte die Botschafter in Wien und Berlin, sich den Beistand der Verbündeten zu sichern und eine Intervention in Paris zu erbitten. Doch das Gespräch Robilant–Kálnoky war ein vollkommenes Fiasko, und es kam gar nicht erst zur Diskussion über mögliche gemeinsame Aktionen in der marokkanischen Frage. Als Robilant beklagte, daß die italienische Öffentlichkeit unzufrieden sei über das „vollständige Beiseitestehen" der Verbündeten in allen Fragen, die Italien angingen, machte Kálnoky dem italienischen Botschafter im Gegenzug bittere Vorwürfe wegen der Feindschaft der italienischen Öffentlichkeit gegenüber der Monarchie und wegen der Irredenta sowie der ungebrochenen republikanischen Entwicklung in Italien.[231] Das Ergebnis dieser polemischen Debatte war gleich Null. Noch bitterer war die Abfuhr, die Bismarck diesem italienischen Anliegen in einer schriftlichen Anweisung an Keudell erfahren ließ: „Herr Mancini hat ... durch den Grafen Launay die Zumutung an uns stellen lassen, zu der Frage der in Marokko von seiten Frankreichs angeblich bedrohten italienischen Interessen Stellung zu nehmen, bevor noch die italienische Regierung ihrerseits einen Schritt in dieser Richtung getan hat. Ich bin nicht ohne berechtigte Verstimmung über diese Begehrlichkeit des Herrn Mancini ... und finde darin eine dilettantische – vertraulich würde ich sagen banausische – Unkenntnis dessen, was in der großen Politik möglich und nützlich ist. Auch tritt bei dieser Gelegenheit von neuem jener, mild ausgedrückt, Mangel an Selbstlosigkeit hervor, der die Italiener schon so oft zu dem Versuche verleitet hat, andere für italienische Zwecke ins Wasser zu schicken, ohne sich selbst einen Finger naß zu machen." Erst wenn sich Italien erfolglos in Paris beschwert

---

Germania nel caso che la Francia avesse cercato di modificare ulteriormente a proprio vantaggio lo statu quo in Africa settentrionale.")

230 Mancini schlüsselte vor dem Parlament den marokkanischen Handel wie folgt auf: 25 Mio. mit Großbritannien, 15 Mio. mit Frankreich und Algerien, 1 Mio. mit Spanien, weit darunter Italien und der Rest. In: Ludolf an Kálnoky, 23.6.1884, HHStA, PA XI, 98. Zu Italiens Handelsinteressen in Marokko urteilt Parsons, Marocco-Question, für das Jahr 1879: „almost nil". Weitere Ausführungen ebenda, bes. S. 50–55.

231 Petrignani, Neutralità, S. 368, 369.

habe, sei der Moment gekommen, sich an die Verbündeten zu wenden. Bismarck resümierte die Angelegenheit mit einem Satz, der die Grenzen, aber auch die Möglichkeiten des Bündnisses aus seiner Sicht scharf konturierte: „Wir sind bereit, Italien zur Seite zu stehen, wenn es von Frankreich angegriffen oder auch nur ernstlich bedroht wird. Aber wegen vager Sorgen über nicht einmal aktuelle, sondern erst von der Zukunft gehoffte italienische Interessen in Marokko oder im Roten Meere, oder in Tunis, oder Ägypten oder in irgendeinem anderen Weltteile Händel mit Frankreich anzufangen und Europa vor die Eventualität eines Krieges von größten Dimensionen zu stellen, das ist eine Zumutung, die man wegen der sich darin ausdrückenden Geringschätzung unserer und aller sonstigen nichtitalienischen Interessen kaum mit Gleichmut entgegennehmen kann."[232] Auch in einem weiteren Schreiben lehnte es Bismarck nachdrücklich ab, sich wegen der „Gespensterseherei an entfernten Küsten, wo Italien kaum Verkehrs-, geschweige politische Interessen hat", mit Frankreich zu verfeinden. Deutschland müsse Frankreich in Fragen des Kolonialerwerbs unterstützen und durch koloniale Erfolge den Revanchegedanken einzuschläfern suchen. Bismarck lehnte es kategorisch ab, das deutsch-französische Verhältnis zu gefährden und die Wahrscheinlichkeit eines erneuten Krieges, der auch siegreich „eine große Kalamität" wäre, zu vergrößern, nur um „den marokkanischen Phantasien des Herrn Mancini zu entsprechen"[233].

Der italienische Historiker Petrignani schließt aus Bismarcks Haltung, daß die deutsch-italienischen Beziehungen am tiefsten Punkt seit der Krise von 1879/80 angekommen waren.[234] In Wahrheit sprach aber aus den Anweisungen Bismarcks nur dessen Weigerung, Italien auf dem kolonialen Feld und bei seinen Befürchtungen vor weiterer französischer Expansion irgendwie entgegenzukommen. Zumindest seitens Bismarcks gab es keine Krise der deutsch-italienischen Beziehungen, sondern nur eine Kontinuität seiner Einschätzung der italienischen und europäischen Politik. Machtfragen spielten dabei eine wichtige Rolle. Frankreich war mächtiger als Italien und daher für Bismarck wichtiger, zumal in einer Hochphase der deutsch-französischen Entspannung. Italien hatte auch nicht die Macht, seine tatsächlichen oder eingebildeten „Interessen" selbst zu vertreten, über deren vage und ausufernde Natur sich Bismarck zu Recht beklagte. Auch zeigt sich hier erstmals der Mechanismus, der den Dreibund tatsächlich zu einem „Bündnis für den Frieden" machte: Wenn einer der Partner die anderen für seine eigenen expansionistischen Ziele einzuspannen suchte, versagten sich diese; ein zu gemeinsamer Aktion führender Grundkonsens war nur in der Frage der wechselseitigen Existenzsiche-

---

232 Bismarck an Keudell, 6.4.1884, GP 3, Nr. 678.
233 Bismarck an Keudell, 26.6.1884, ebenda, Nr. 679.
234 Petrignani, Neutralità, S. 370.

rung zu erreichen. Der italienische Historiker Salvatorelli unterstellt dem Reichskanzler darüber hinaus auch den Wunsch, Mancini durch eine möglichst barsche Abfuhr die Lust zu allen künftigen Vorstößen in Kolonialangelegenheiten zu nehmen.[235] Sollte dies zutreffen, hatte Bismarck sein Ziel erreicht. Mancini koppelte die italienische Kolonialpolitik vom Dreibund ab und verzichtete künftig auch auf Konsultationen in Mittelmeerfragen.

2. Der Dreibund und Italiens Kolonialpolitik in Ostafrika

Die Marokko-Frage wurde auf anderem Wege – durch englisch-spanisch-italienische Zusammenarbeit und französisches Nachgeben – aus der Welt geschafft, wenn sie auch später unter gänzlich anderen politischen Vorzeichen wieder als europäisches Problem akut werden sollte;[236] auch blieb Tripolis von den Franzosen unbehelligt. Damit war die Stabilität des Gleichgewichts im Mittelmeer gewährleistet, Mancini aber trotzdem nicht aus seinen Nöten entlassen. Denn er bemühte sich nun darum, einen Ausgleich für die angeblich verpaßte Chance der ägyptischen Intervention zu finden. Seine Hoffnungen gingen dahin, daß Großbritannien sein Angebot in dieser oder ähnlicher Form erneuern werde. Eine Chance dazu schien sich durch den Aufstand des Mahdi im Sudan zu bieten, der im Jahre 1883 gefährliche Ausmaße anzunehmen begann. Wenn Italien den Engländern bei der Niederschlagung dieses Gegners helfen könnte, wäre die ägyptische Scharte ausgewetzt.

Hinzu kam, daß die Küste des Roten Meeres ohnehin ein weiteres Zentrum der italienischen Expansionsbestrebungen war. Im März 1882, noch vor Abschluß des Dreibundvertrages, hatte Italien, von der Öffentlichkeit weitgehend unbeachtet, die an der afrikanischen Küste des Roten Meeres gelegene Bai von Assab offiziell in Besitz genommen. Dort war seit 1870 in verdecktem staatlichem Auftrag von der Schiffahrtsgesellschaft Rubattino eine Niederlassung betrieben worden. Mancini betonte ausdrücklich, daß Assab ein Handelsstützpunkt sei und nicht der Beginn territorialer Eroberungen.[237] Dieser Hinweis sollte unterstreichen, daß nicht die Unterjochung fremder Völker das Ziel der italienischen Bestrebungen war, sondern Handel und gegenseitige Wohlfahrt. Diese Äußerung war ehrlich gemeint, wenn sich auch noch in Mancinis Amtszeit die Dinge ganz anders entwickeln sollten. Ideologisch gesehen bestand zwischen dem Nationalitätenprinzip, den liberalen Grundüberzeugungen und dem emanzipatorischen Ideal der italienischen Führungsschicht einerseits und kolonialen Bestrebungen andererseits ein unlösbarer Widerspruch. Viele führende italienische Politiker waren deshalb zunächst auch antikoloniali-

---

235 Salvatorelli, Triplice, S. 92.
236 Dazu Parsons, Marocco-Question, passim.
237 Petrignani, Neutralità, S. 352.

stisch eingestellt. Hier vollzog sich zu Beginn der achtziger Jahre, wie auch sonst in Europa, ein Bruch, der auf einen tiefgreifenden Wandel in politischen und ökonomischen Grundüberzeugungen hinweist. Bismarck betonte noch im Jahre 1880, er sei gegen Kolonialerwerb; in einer Reichstagsrede vom 23. Juni 1884 erklärte er sich dann, wenn auch mit einer gewissen Reserve, zum Kolonialbefürworter.[238] Dieses Verhalten wirkte in hohem Maße ansteckend, vor allem in Italien, wo Bismarck sehr bewundert wurde. Der italienische Kolonialismus begann, wie in den anderen europäischen Staaten auch, mit Missionen und Forschungsreisen; wegen der geographischen Nähe richtete sich das Interesse noch mehr als in den anderen europäischen Staaten auf Afrika.[239] Begünstigt wurde die Entwicklung hin zum aktiven Kolonialismus durch das Machtvakuum,[240] das noch in weiten Teilen Afrikas herrschte. Mancini wurde im Lauf eines längeren Prozesses allmählich zum Kolonialisten, und der Abgeordnete und spätere Ministerpräsident Francesco Crispi, ehemals Linksaußen, Antikolonialist und führender Garibaldiner, entwickelte sich später sogar zum führenden italienischen Imperialisten der Epoche. Dieser Meinungsumschwung verlief in Italien in mehreren Etappen, abhängig von den außenpolitischen Begleitumständen, und ist, wenn auch auf andere Weise, genauso komplex wie die Wandlung Bismarcks zum Kolonialbefürworter.

Beim bloßen Handelsstützpunkt Assab blieb es nicht. Der Ort selbst war ein glühend heißer, nahezu menschenleerer Küstenabschnitt am Roten Meer; einzig bedeutend durch einen guten Hafen.[241] Obwohl Assab in Luftlinie dem

---

238 Zu den Ursachen von Bismarcks Sinneswandel in der Kolonialpolitik: Wehler, Bismarck, passim, mit seiner Sozialimperialismus-These; ders., Gesellschaftsgeschichte 3, S. 980–990, mit einer knappen Zusammenfassung von Bismarcks Motiven außenwirtschaftlicher, konjunkturpolitischer und sozialimperialistischer, herrschaftssichernder Natur. Zur Kritik an Wehlers ursprünglicher Sozialdarimperialismus-These siehe besonders: Otto Pflanze: Bismarcks Herrschaftstechnik als Problem der gegenwärtigen Historiographie, in: HZ 234 (1982), S. 561–599. Den episodischen Charakter von Bismarcks Imperialismus unterstreichend: Mommsen, Großmachtstellung, S. 56–77; Hildebrand, Reich, S. 86–90; Nipperdey, Machtstaat, S. 445– 453; Ullrich, Großmacht, S. 92–99. Axel Riehl: Der „Tanz um den Äquator". Bismarcks antienglische Kolonialpolitik und die Erwartung des Thronwechsels in Deutschland 1883–1885, Berlin 1993, vertritt die These, der Kolonialerwerb habe eine deutsch-englische Entfremdung provozieren sollen, um nach dem Tod Wilhelms I. eine liberale, vom Kronprinzenpaar gesteuerte, proenglische Linie in der deutschen Politik zu verhindern. Ausländische Sicht auf die Gründe für Bismarcks Imperialismus in Zusammenfassung: Candeloro, Storia 6, S. 310; Langer, Alliances, S. 281–322, besonders S. 296.
239 Dazu Petrignani, Neutralità, S. 381.
240 Als solches wurde, unter Vernachlässigung der Rechte der indigenen Bewohner, die Abwesenheit effektiver staatlicher Kontrolle nach europäischem Vorbild verstanden.
241 Nach Auskunft der Enciclopedia Treccani hatte Assab sogar in den zwanziger Jahren nur 3.500 Einwohner; das Klima sei „estremamente asciutto e caldo" (Durchschnittstemperatur im Juli: 35,5 Grad; im Februar: 25,5 Grad); die Landschaft sei eine trostlose Lava- und Ge-

Zentrum Äthiopiens sehr nahe lag, war es als Handelsplatz wegen seines wüstenartigen Hinterlandes und der Feindschaft seiner Bewohner gegen jedes italienische Ausgreifen ungeeignet.[242] Trotzdem – oder gerade deshalb – war Assab der erste Schritt hin zur insgesamt fatalen italienischen Kolonialpolitik in Ostafrika, die auch große Rückwirkungen auf das Gefüge des Dreibundes haben sollte. Daß ausgerechnet hier die Italiener ausgreifen würden, beruhte auf einer Reihung von außenpolitischen Zufälligkeiten und der Tatsache, daß die Küste des Roten Meeres, anders als die viel mehr im Zentrum der italienischen Wünsche liegenden Territorien am Mittelmeer, wie zum Beispiel Tripolis, in einem nahezu machtfreien Raum lagen. Die ägyptische Regierung hatte zwar gegen die Inbesitznahme Assabs protestiert, jedoch waren ihre eigenen Ansprüche zweifelhaft. Die anderen europäischen Mächte blieben zunächst desinteressiert. Assab blieb in den ersten Jahren ein isolierter Besitz, mit dem realistischerweise niemand in Italien große Hoffnungen verband.[243] Das änderte sich, als der Aufstand des Mahdi im Sudan die Engländer seit 1883 in arge Bedrängnis brachte. Mancini war im Parlament bei jeder Debatte des Etats des Äußeren der scharfen, bösartigen und oftmals glänzend präsentierten Kritik seiner imperialistisch gesonnenen Opponenten ausgesetzt, unter denen die Abgeordneten Sonnino und Marselli hervorstachen. Beide verlangten schon in der Debatte von 1883 ein Ausgreifen in Richtung Sudan, um den ägyptischen Fehler auf diese Weise wiedergutmachen zu können. Mancini gehörte da noch zu den Gegnern des Kolonialerwerbs; er stimmte dem Abgeordneten Spantigati zu, der vor allen anderen Kolonialplänen zunächst die „Kolonisierung Italiens" verlangte.[244] Noch 1884 fand das englische Vorgehen im Sudan heftige Kritiker im italienischen Parlament; der Abgeordnete Cavaletto tadelte eine Politik, „die unter dem Deckmantel der Civilisation bloßen Eroberungsgelüsten fröne". Die sudanesische Bevölkerung habe das gute Recht, für ihre eigene Unabhängigkeit zu kämpfen. Ein anderer Abgeordneter, Dotto, kritisierte, daß bei der gegebenen Konstellation im Sudan General Gordon und damit England für die Wiedereinführung der Sklaverei kämpfe.[245] Doch das Nachlassen der Spannungen um Marokko und die Kongo-Konferenz im Herbst 1884 heizten auch in Italien das Kolonialfie-

---

steinswüste. Immerhin wurde die optimale Anbindung an die Karawanenstraßen ins Innere Äthiopiens gelobt. Müller-Jena, Kolonialpolitik, S. 251, beschrieb 1939 Assab als „ärmliche Oase" mit 3.000 Dattelpalmen, den gesamten Küstenabschnitt, Dankalien, als „eines der trostlosesten und unwirtlichsten Wüstenländer der Erde".
242 Candeloro, Storia 6, S. 309.
243 Der Abgeordnete Canzi bezeichnete am 27.1.1885 im Parlament Assab als „una colonia, commercialmente, di terza o quarta classe". In: Atti Parlamentari, S. 11.064. In: HHStA, PA XI, 99.
244 Petrignani, Neutralità, S. 382.
245 Ludolf an Kálnoky, 5.4.1884, HHStA, PA XI, 98.

Italien als „Hospitant" des Zweibundes (1882–1886) 157

ber an. Das Interesse am Sudan wurde durch die Belagerung Gordons in Khartoum durch die Truppen des Mahdi belebt. Durch die Erfolge des Aufstands entzog sich fast der gesamte Sudan der englisch-ägyptischen Herrschaft. Deshalb mußte die ägyptische Regierung ihre Truppen gegen diesen gefährlichen Gegner zusammenziehen und dachte daran, Teile der Küste des Roten Meeres zu räumen. Völkerrechtlich gesehen drohten diese Gebiete eine „res nullius" zu werden, ein herrschaftsfreier Raum, den dann jede Macht in Besitz nehmen konnte. Unter anderem sollte die Garnison des am Roten Meer gelegenen Hafens von Massaua abgezogen werden. Damit Massaua aber nicht den um den Einfluß in Ägypten rivalisierenden Franzosen in die Hände fiel – diese nutzten die Chance, nach dem Abrücken der Ägypter Ende 1884 das Protektorat über den Sultan von Tadjura zu übernehmen –, machte die britische der italienischen Regierung am 15. Oktober 1884 das Angebot, Massaua ihrerseits zu besetzen. Mancini, der kurz zuvor seinerseits an eine Erweiterung des Stützpunktes von Assab gedacht hatte – er wollte die englische Zustimmung zum Erwerb des Ortes Beilul, nahe Assab, erreichen, um die Landverbindungswege zum Hafen zu verbessern – stimmte ebenso wie der Ministerrat zu, und am 22. Dezember 1884 wurde ein entsprechender englisch-italienischer Vertrag unterzeichnet. Neben der Aussicht auf eine engere italienisch-englische Zusammenarbeit war ausschlaggebend, daß eine französische Besetzung des Hafens Massaua auch die bescheidensten Entwicklungsmöglichkeiten Assabs zunichte gemacht hätte. Mancini verband mit dem Unternehmen zwei Hoffnungen: Erstens die Ausdehnung der bisherigen Besitzung am Roten Meer, zweitens ein Vorgehen zusammen mit den Engländern zur Entsetzung Khartoums mit der Perspektive eines englisch-italienischen Kondominiums im Sudan.[246] Mancini beabsichtigte aber nicht, die gesamte Küste Eritreas zu erobern,[247] um von dort nach Abessinien auszu-

---

246 Daß zwischen Italien und Großbritannien ein Plan gemeinsamen Vorgehens gegen den Sudan ausgearbeitet sei und Italien zu diesem Zweck 15.000 Mann entsenden wolle, mutmaßte auch der französische Botschafter in Rom, Decrais, gegenüber dem österreichisch-ungarischen Botschafter Ludolf. Dieser glaubte aber, Mancini werde dies nicht tun, ohne vorher die Mächte zu informieren. In: Ludolf an Kálnoky, 19.12.1884, HHStA, PA XI, 98.

247 Mancini betonte gegenüber dem österreichischen Botschafter Ludolf Ende Dezember 1884, es sei nur eine Grenzsicherung von Assab geplant, kein Kolonialerwerb. In: Ludolf an Kálnoky, 28.12.1884, HHStA, PA XI, 98. Das Gerücht, Mancini verfolge größere koloniale Pläne in dieser Region, stieß im italienischen Parlament im Januar 1885 auf blankes Entsetzen. Der Abgeordnete Canzi sagte am 27.1.1885: „...ho udito con terrore parlare di una possibile occupazione di 5 o 600 miglia di costa occidentale del Mar Rosso. Non lo credo; è impossibile; non posso ammetterlo. L'onorevole Mancini ha troppo ingegno per non aver compreso quanto sarebbe assurda un'occupazione di questa natura, l'occupazione di un territorio arido, con popolazioni indomite, senza abbocchi verso l'interno." In: Atti Parlamentari, S. 11064, PA XI, 99.

greifen; dieser Plan ist ihm später in Rückprojizierung der Ereignisse der Crispi-Ära fälschlich unterstellt worden.[248]

Die italienische Regierung entsandte ein verstärktes Bataillon Bersaglieri, deklariert als „Assab-Expeditionskorps", nach Massaua, das am 5. Februar 1885 friedlich besetzt wurde. Die italienische Öffentlichkeit war psychologisch gut auf ein koloniales Ausgreifen in dieser Region eingestimmt, da sie über den Mord an dem Forschungsreisenden Bianchi in der Umgebung von Assab im Oktober 1884 aufgebracht war. Wie sehr das Kolonialfieber auch in Italien schon um sich gegriffen hatte, wurde bei der geräuschvollen öffentlichen Verabschiedung des in Neapel eingeschifften Expeditionskorps sichtbar; die Berichte über Fahrt und Landung der Soldaten füllten monatelang die Schlagzeilen der italienischen Zeitungen.[249]

Die Dreibundpartner waren von dieser Aktion völlig überrascht worden und beklagten sich, Mancini habe sie nicht informiert, was dem Geist des Bündnisses nicht entspreche. Kálnoky wollte sogar dagegen protestieren, wurde aber von Bismarck zurückgehalten; dieser schlug vor, den Italienern „Zeit zu lassen, sich zu bessern"[250]. In Wahrheit bestand für beide Mächte keine Möglichkeit, sich plötzlich in die italienische Kolonialpolitik einzumischen, nachdem sie sich bisher ostentativ aus den afrikanischen Angelegenheiten Italiens herausgehalten hatten. Bismarck erkannte, daß hier billigerweise nichts zu machen war und half Italien sogar, die durch seine Aktion hervorgerufenen internationalen Komplikationen möglichst gering zu halten. Als sich die französische Regierung in Berlin über das italienische Vorgehen beklagte und einen gemeinsamen Protest vorschlug, wehrte Bismarck ab; es sei nutzlos, die italienischen Archive um eine ergebnislose Demarche zu bereichern.[251] Allerdings hatte Bismarck noch Monate später die Befürchtung, Italien wolle „uns durch seine Streiche vielleicht mit Vorbedacht in einen Konflikt mit Frankreich hineinziehen"[252].

Das englische Angebot, Massaua zu besetzen, hatte aber neben der Verstimmung Frankreichs noch einen weiteren, gewaltigen Pferdefuß. Großbritannien hatte dem Binnenstaat Äthiopien den freien Handelsverkehr durch Massaua garantiert. Obwohl Mancini jede Absicht, mit Abessinien in Streit zu kommen, energisch von sich wies, so war dieser Konflikt doch eine automatische Folge der Besetzung Massauas.[253] Weitere Probleme entstanden da-

---

248 Schinner, Gegensatz, S. 104 f.
249 Beispiel: Die Berichterstattung der „Illustrazione Italiana", die eine ganze Artikelserie über die Besetzung Massauas brachte, mit Korrespondentenberichten und zahlreichen Illustrationen.
250 Pribram, Geheimverträge, S. 171.
251 DDF I/5, Nr. 571, 8.2.1885.
252 Aufzeichnung Kálnokys vom 12.–16.8.1885, in: Pribram, Geheimverträge, S. 171.
253 Chiala, Massaua, S. 226.

durch, daß seitens der Militärführung und auch im italienischen Parlament schon sehr bald Forderungen laut wurden, das Hinterland von Massaua, zum Beispiel den 60 Meilen entfernten Ort Keren, zu erobern, um in der Hochebene Sommerquartiere für die Truppen zu besitzen.

Vor dem italienischen Parlament beschränkte sich Mancini nicht darauf, die Erweiterung der bisherigen italienischen Besitzungen am Roten Meer zu propagieren, sondern erläuterte dort seine weiter gespannten Pläne einer italienisch-englischen Zusammenarbeit im Sudan. Dabei entstand der Eindruck, daß ein italienisch-englisches Bündnis existiere. Insgesamt ging Mancini davon aus, daß die Besetzung Massauas in Italien freundlich aufgenommen werden würde, womit er unter normalen Umständen wohl recht behalten hätte.[254] Jedoch änderte sich die politische Gesamtlage innerhalb von Tagen. Praktisch zeitgleich mit der Landung italienischer Truppen in Massaua wurde bekannt, daß die Truppen des Mahdi Khartoum eingenommen und die anglo-ägyptische Besatzung ermordet hatten. Großbritannien war damit in eine sehr schwierige Lage gekommen, zeigte indes, anders als allgemein erwartet wurde, keine Neigung, sich zu rächen, da eine großangelegte Strafaktion gegen den Mahdi zu aufwendig gewesen wäre. Außerdem kriselte es zwischen Großbritannien und Rußland im Mittleren Osten; in Afghanistan kam es sogar schon zu Gefechten.

Die Besetzung Massauas hatte damit den von Mancini geplanten politischen Zusammenhang verloren, und in der italienischen Öffentlichkeit entstand sogleich der Eindruck, er habe einen ungeheuren Fehler begangen, da Italien jetzt allein den vielleicht bis an die Küste vordringenden Truppen des Mahdi gegenüberstehen würde. Die Alternativen waren entweder die Räumung Massauas, was aus Gründen der nationalen Ehre allgemein abgelehnt wurde, oder aber die Inkaufnahme ungeheurer und nicht im Verhältnis zum Ertrag stehender Opfer. Der Schuldige daran war schnell gefunden: Mancini. Von allen Seiten, besonders aber vom parlamentarischen Zentrum, wurde er kritisiert: Was hatte Italien im Roten Meer verloren? Wo sollte das hinführen? Warum hatte sich Italien, was doch scheinbar viel näher lag, nicht Tripolis gesichert? Der neue Stützpunkt sei wertlos; durch die Inbesitznahme Massauas engagiere sich Italien an unwichtiger Stelle und hätte sich lieber auf das Mittelmeer konzentrieren sollen.[255] Mancini konterte bereits die ersten Angriffe am 27. Januar 1885 mit Worten, die bald schon ebenso berühmt wie belacht werden sollten: „Aber warum wollt ihr nicht einsehen, daß wir im Roten Meer, dem Meer, das dem Mittelmeer am nächsten liegt, den Schlüssel für letzteres

---

254 Das meinte zumindest der britische Botschafter, der glaubte, ohne den Fall Khartums wäre die Besetzung von Massaua ein Erfolg geworden. In: Ludolf an Kálnoky, 19.6.1885, HHStA, PA XI, 99.
255 Chiala, Massaua, S. 225.

finden können, einen Weg, der uns zu einer effektiven Verteidigung gegen jede neue Störung seines Gleichgewichts zurückbringt?"[256]

Der „Schlüssel des Mittelmeers" wurde bald schon zum geflügelten Wort. Redner im Parlament schlugen vor, das Rote Meer trockenzulegen, um festzustellen, ob dort auf dem Grunde der Schlüssel des Mittelmeeres gefunden werden könne. Mancini selbst erklärte diese Worte natürlich anders: Kam Italien im Roten Meer zu einer engen Zusammenarbeit mit Großbritannien, so würde dies auch zu einer engen Kooperation beider Mächte im Mittelmeer führen, was wiederum das dortige Gleichgewicht besser sichern würde als bisher. Mit dieser Argumentation hatte Mancini aber allzusehr auf eine enge englisch-italienische Zusammenarbeit abgehoben, und das sollte ihm zum Verhängnis werden. Am 26. Februar 1885 zerstörte der englische Premierminister Gladstone in öffentlicher Rede die von Mancini erzeugte Illusion eines englisch-italienischen Bündnisses. Er erklärte, daß Italien die besten, herzlichsten Beziehungen zu Großbritannien unterhalte, aber daß es keine Allianz zwischen den Völkern gebe und auch keinen Plan militärischer Zusammenarbeit.[257]

Hätte Mancini seine Pläne öffentlich mit der Abrundung der Besitzungen im Roten Meer begründet, wäre die Kritik vielleicht noch begrenzt und auszuhalten gewesen. Doch nachdem er ein Schwergewicht auf die englisch-italienische Zusammenarbeit gelegt und diese sich nun als Chimäre herausgestellt hatte, wurde Mancini zum ungeliebtesten Minister im Kabinett. Eine zunehmende Zahl von Abgeordneten verlangte seinen Rücktritt. Zwar versuchte Depretis seinen Außenminister zu halten, schon allein deshalb, weil ihm Mancinis entschiedenste Gegner aus dem Zentrum (Sonnino, Franchetti, de Renzis) geradezu verhaßt waren.[258] Doch war dessen Unpopularität so groß geworden, daß sich im Parlament eine regelrechte Front gegen ihn als Einzelperson aufgebaut hatte. Depretis, der ohnehin nicht dazu neigte, sich in verlorenen Schlachten zu engagieren, war zu jener Zeit durch einen Gichtanfall stark in seiner Aktionsfähigkeit behindert und konnte den Parlamentssitzungen nur sporadisch beiwohnen. Nach einer äußerst knappen Mehrheit in geheimer Abstimmung über das Budget des Äußeren ließ der Ministerpräsident namentlich votieren, worauf sich die Zahl der Ja-Stimmen wieder deutlich vergrößerte. Doch bald schon hatten die Gegner Mancinis andere Möglichkeiten gefunden, den Minister unter Druck zu setzen, und verdächtigten ihn der Begünstigung eines Verwandten. Schließlich trat Mancini zurück; daraufhin

---

256 „Ma perchè invece non volete riconoscere che nel Mar Rosso, il più vicino al Mediterraneo, possiamo trovare la chiave di quest'ultimo, la via che ci riconduca ad una efficace tutela contro ogni nuovo turbamento del suo equilibrio?"
257 Zitiert bei Petrignani, Neutralità, S. 390.
258 Keudell an Bismarck, 19.7.1885, PA/AA, R 7721.

demissionierte das gesamte Kabinett, und Depretis bildete ein neues, in dem er selbst, wenn auch nur auf Zeit, das Außenressort übernahm.

Mancini war das Scheiden vom Amt sehr schwer gefallen. Nach seinem Sturz interpretierte er im Gespräch mit Botschafter Ludolf am 28. Juni 1885 seine eigene Kolonialpolitik. Der gescheiterte Außenminister erwies sich dabei, sollte er in diesem Gespräch tatsächlich seine Motive ehrlich aufgedeckt haben, als ausgesprochener Sozialimperialist, der aus rein innenpolitischen Motiven im Roten Meer aktiv geworden war. Mancini sagte, er sei in die Kolonialpolitik „durch den Schwindel, welcher die Nation hauptsächlich in Folge der von anderen Staaten gegebenen Beispieles ergriff, gegen seinen Willen und seine bessere Überzeugung hineingedrängt worden. Alles was ich thun konnte, …, war diesen Expansionsgelüsten wenigstens soweit Zügel anzulegen, um den Staat nicht in Abenteuer und Gefahren zu stürzen. Man muthete mir zu nach Tripolis zu gehen und es bedurfte keiner geringen Mühe, die erhitzten Gemüther zu überzeugen, daß dies ein Raub an der Pforte gewesen wäre, wozu uns nichts berechtigte. Damit will ich aber nicht sagen, …, daß wir nicht doch nach Tripolis gegangen wären, wenn Frankreich sich Marocco's bemächtigt hätte, sei es auch nur, um jene Provinz als Pfand zu behalten, bis Frankreich wieder Marocco würde herausgegeben haben. Wenn ich also … ohne einen solchen Anlaß, von Tripolis absehen wollte und mußte, so schien es mir hingegen thunlich und selbst rathsam nach vorhergehender Verständigung mit England jene Plätze am rothen Meere zu besetzen, welche Egypten wegen Mangels an Truppen aufgeben und die Pforte trotz der Aufforderung der britischen Regierung nicht occupiren wollte. – Es war für uns nicht nur ein Interesse, zu verhindern, daß sich eine andere Macht dieser Plätze bemächtigte, sondern wir hatten auch Aussicht damit eine gewisse Solidarität der Interessen zwischen uns und England herzustellen, die sich dann vielleicht auch zu Gunsten der Aufrechthaltung des status quo im Mittelmeere um den es uns vor allem zu thun war, hätte verwerthen lassen. Dies war es was ich mit der Phrase sagen wollte, daß wir vielleicht im rothen Meere die Schlüssel zur Lösung der Fragen des Mittelländischen Meeres gefunden hätten. – Leider war aber der Augenblick für unsere Besitzergreifungen im rothen Meere kein günstiger, denn sie coincidierten mit dem Falle Chartum's und verflochten uns mehr oder weniger mit England eben zur Zeit als ein Mann an der Spitze seines Cabinetes stand (Gladstone), dessen Unentschlossenheit allen Berechnungen spottete und der überdies in Wien und Berlin schlecht angesehen war, so daß auch wir dann unter dessen Mißcredit dort zu leiden hatten."[259]

Mit dem Rücktritt Pasquale Stanislao Mancinis ging die erste Phase des Dreibunds zu Ende. Mancini war einer der Architekten des Bündnisses gewesen und hatte seine Gestalt bis zu seiner Demission wesentlich mit-

---

[259] Ludolf an Kálnoky, 30.6.1885, HHStA, PA XI 99.

bestimmt. Mancini hatte viele Fehler gemacht, wurde aber auch das Opfer der konfusen Stimmungen in der italienischen Öffentlichkeit. Der König selbst klagte dem deutschen Botschafter gegenüber über die Ungerechtigkeit der Volksmeinung. Was Mancini auch machte, es war falsch. Er intervenierte nicht in Ägypten – und es war verkehrt; er intervenierte am Roten Meer, und das war auch verkehrt. Umberto I. kommentierte dieses Hin und Her nicht ohne Ironie wie folgt: „Das italienische Volk hat während der Einigung seine Erfolge zu leicht errungen und selbst nach militärischen Niederlagen noch gewaltige Gewinne gemacht. Das hat den Volkscharakter verdorben und die Italiener wollen, daß es immer so weitergeht. Sie wollen Erfolge, aber es darf nichts kosten und kämpfen dafür wollen sie auch nicht. Die Italiener müssen lernen, daß sie für Erfolge auch selbst die Waffe in die Hand nehmen müssen."[260]

Wenn auch diskutiert werden könnte, ob dieses Urteil auf das gesamte italienische Volk zutraf, so galt es doch für jenen Teil der „classe politica", der sich immer nachdrücklicher dem Nulltarif-Imperialismus verschrieben hatte. Dazu gehörte vor allem das „centro", das in mancher Hinsicht, vor allem der politischen Grundeinstellung zu Staat und Außenpolitik, mit den deutschen Nationalliberalen verglichen werden kann. Seine Vertreter, unter denen Sidney Sonnino hervorragt, sollten durch ihre außenpolitischen Konzepte in den kommenden Jahrzehnten noch viel Unheil anrichten. Mancini hatten sie indirekt auf dem Gewissen, indem sie ihn durch jahrelange bösartige Kritik zu fehlerhafter Politik verleitet hatten. Mancinis Schuld lag darin, dieser Kritik nachgegeben und entgegen seiner ursprünglichen Auffassungen den Sprung zum aggressiven Ausgreifen in Afrika riskiert zu haben. Die von ihm initiierte Kolonialpolitik und ihre Folgen wurden für Italien und für seine Nachfolger in der Consulta ein schweres Erbe.

---

[260] Keudell an Bismarck, 2.7.1885, PA/AA, R 7721.

> Was nütze dann aber Italien ein Anschluß an die Centralmächte, wenn derselbe weder äußerlich in jener Weise zum Ausdruck gelange, wie es eine Macht wie Italien beanspruchen müsse, ... und wenn ihre Interessen nicht einmal soweit Beachtung fänden, als sie es schon auf Grund der getroffenen Vereinbarungen beanspruchen dürfe?
>
> Mancini, im März 1884

g) Ein Bündnis wechselseitiger Unzufriedenheit? – Der Dreibund am Ende seiner ersten Laufzeit

Der Rücktritt Mancinis erfolgte zu einem Zeitpunkt, an dem der erste Dreibundvertrag noch zwei Jahre Laufzeit hatte. Trotzdem war die erste Phase des Bündnisses im Sommer 1885 abgeschlossen, und zwar aus einer Reihe von Gründen, von denen der Rücktritt Mancinis, eines der Väter des Vertrags, nur einer ist. Parallel dazu kam es nämlich zu einer Verschiebung in der gesamteuropäischen Politik, die unter den Stichworten „Europäische Doppelkrise" oder auch als „Bismarcks europäisches System in der Auflösung"[261] in die Geschichte eingegangen ist. Außerdem begannen im Herbst 1885 bereits die Vorverhandlungen über eine Erneuerung des Dreibunds zu veränderten Konditionen. Deshalb soll im folgenden eine kurze Bilanz der ersten Jahre des Dreibunds gezogen werden.

Die Zweibundmächte, das heißt: Bismarck und Kálnoky, beurteilten die Allianz gegen Ende ihrer ersten Laufzeit als Erfolg, wenn sie auch Italien wie gewöhnlich sehr abschätzig beurteilten. Bei einer Zusammenkunft in Varzin im August 1885 urteilten sie, Italien sei zwar kein „Faktor von Bedeutung in keiner möglichen Kombination", werde aber durch den Dreibund wenigstens moralisch gebunden; deshalb solle die Allianz fortgesetzt werden.[262] Dieses Urteil der beiden Staatsmänner über die italienische Bedeutungslosigkeit in europäischen Konstellationen basierte auf der Sicherheit des Bündnisses mit Rußland, das sich indes bald schon als sehr brüchig herausstellen und die „europäische Doppelkrise" nicht überleben sollte. Nur vor dem Hintergrund des Dreikaiserbündnisses konnten die Deutschen den möglichen italienischen Beistand gegen die Franzosen, die Österreicher die von Italien zugesagte Rückenfreiheit gegen Rußland so gering schätzen.

---

261 Dazu besonders George F. Kennan: Bismarcks europäisches System in der Auflösung. Die französisch-russische Annäherung 1875–1890, Berlin 1981.
262 Zum Treffen in Varzin vom 12.–16.8.1885 siehe Pribram, Geheimverträge, S. 171.

Italien war von seinen Verbündeten seit Beginn der Allianz gleichbleibend von oben herab behandelt worden. Bismarck hatte jede Bitte um Unterstützung in Mittelmeerfragen schroff abgewiesen, weil er die italienischen Forderungen für unbillig hielt, weil diese seine europäische Politik, vor allem gegenüber Frankreich, zu stören drohten und weil er Italien als Machtfaktor für nicht wichtig genug hielt, um großes Entgegenkommen zeigen zu müssen. Die österreichisch-ungarische Diplomatie hatte die italienische Regierung mehrfach wie einen ungezogenen Vasallen behandelt, was um des guten Verhältnisses und der eigenen innenpolitischen Stellung willen die Verantwortlichen, vor allem Mancini, hatten hinnehmen müssen. Mancini konnte sich, nachdem er den Ausgleich und das Bündnis mit den Zweibundstaaten zu seinem politischen Hauptziel gemacht hatte, schon rein innenpolitisch den Bruch nicht mehr leisten, ohne selbst sein Ende als Außenminister herbeizuführen. Er war aber nicht in der Lage, der italienischen Öffentlichkeit praktische Erfolge der von ihm eingegangenen Allianz präsentieren zu können, und wurde deshalb zur Zielscheibe „perfider" täglicher Presseangriffe, die ihm „Verläugnung und Preisgebung der Würde und der heiligsten Interessen Italiens" vorwarfen.[263] Dies wiederum trieb ihn dazu, den Wert der Allianz praktisch beweisen zu wollen; seine eigenen Versuche, die öffentliche Meinung zu beeinflussen, blieben weitgehend erfolglos. Deshalb fragte er resignierend Ende März 1884 gegenüber dem österreichischen Botschafter, worin denn der Nutzen der Allianz für Italien liege; wenn es weder äußerlich noch inhaltlich als Bundesgenosse behandelt werde, könne der Dreibundgedanke trotz all seiner Bemühungen in Italien keine Wurzeln schlagen.[264]

Diese Klagen Mancinis gegenüber Ludolf waren natürlich nicht zweckfrei.[265] Sie sollten ein möglichst trübes Bild der Lage entstehen lassen, um unter Hinweis auf die italienische Öffentlichkeit, seine schwankende Position und die unsichere Stellung der Allianz von Österreich-Ungarn irgendein Entgegenkommen zu erreichen. Der Verdacht, daß Mancini die Stimmung der italienischen Öffentlichkeit als diplomatisches Druckmittel zu instrumentalisieren versuche, war den österreichischen Diplomaten ohnehin schon gekommen.[266]

---

263 Ludolf an Kálnoky, 28.3.1884, HHStA, PA XI, 98.
264 Ludolf an Kálnoky, 28.3.1884, HHStA, PA XI, 98. „Was nütze dann aber Italien ein Anschluß an die Centralmächte, wenn derselbe weder äußerlich in jener Weise zum Ausdruck gelange, wie es eine Macht wie Italien beanspruchen müsse, wenn sie nicht ihr berechtigtes Ansehen und ihre Würde einbüßen wolle, und wenn andererseits ihre Interessen nicht einmal soweit Beachtung fänden, als sie es schon auf Grund der getroffenen Vereinbarungen beanspruchen dürfe, und abgesehen von den freundschaftlichen Rücksichten, die ihr dabei zu Gute kommen sollten?"
265 Ähnliche Klagen Tommaso Tittonis im Zusammenhang mit der Bosnischen Krise, s. S. 643–648.
266 Ludolf an Kálnoky, 7.11.1884, HHStA, PA XI, 98, urteilt, der Hinweis auf die Haltung der Opposition diene Mancini als Vorwand für eigene Empfindlichkeiten.

Doch reduziert sich die Frage nicht auf ein diplomatisches Manöver. Schon die Zeitgenossen konnten nicht glauben, daß Österreich und Italien es mit dem Ausgleich wirklich ernst meinten. Eine Anomalie wie der ausgebliebene Gegenbesuch, die dadurch provozierte Unmöglichkeit von österreichisch-italienischen Spitzentreffen und die unliebsamen öffentlichen Debatten darüber sprachen dem immer wiederholten Wunsch nach guter Zusammenarbeit und einem intimen Verhältnis scheinbar Hohn. Der Dreibund wirkte nach außen wie eine Karikatur, und deshalb wurde auch in der Forschung immer wieder unterstellt, das Bündnis habe aufgrund des nationalistischen Zeitgeistes vor allem in Italien nie richtig Fuß fassen können und sei nicht aufrichtig gemeint gewesen.[267]

Vor diesem Hintergrund stellt sich die Frage, ob und wie weit der Dreibund trotz aller Klagen in Italien hatte Wurzeln schlagen können. Natürlich ist über ein derart komplexes gesamtgesellschaftliches Phänomen nicht einfach Auskunft zu geben, da Zustimmung und Ablehnung nur an einzelnen Aussagen oder an indirekten Faktoren festzumachen sind. Und doch läßt sich beobachten, daß sich über den Nutzen des Dreibundes selbst bei den Skeptikern ein breiter Konsens herausgebildet hatte. Ein allgemeines Indiz dafür ist die Stellung der transformistischen, dreibundfreundlichen Regierung Depretis im Lande.[268] Dem Ministerpräsidenten gelang es, in den Wahlen von 1886 seine parlamentarische Mehrheit auf 80 Sitze auszubauen; die Radikalen waren schwächer als erwartet. Hier könnte eingewendet werden, daß der Wahlausgang wohl auch von anderen Faktoren beeinflußt wurde, etwa von der Innenpolitik der Regierung. Aber es gibt noch weitere Indikatoren. Denn nicht nur die Regierungskreise befürworteten den Dreibund; selbst führende Oppositionspolitiker wie der ehemals irredentafreundliche Ex-Ministerpräsident Benedetto Cairoli und der Exminister Giuseppe Zanardelli kamen schon im Jahre 1884 zu dem Urteil, die „triplice" sei „utile e necessaria".[269] Auch Ruggiero Bonghi, führender Dreibundgegner innerhalb der *destra*, erkannte 1886 die Zweckmäßigkeit der „triplice" an.[270] Und selbst die gelegentliche Opposition des „Pentarchen" Crispi gegen den Dreibund hatte ihre wahre Ursache in seiner Gegnerschaft zum Ministerpräsidenten; wäre Depretis gegen den Dreibund gewesen, hätte Crispi, der sich übrigens nur wenige Jahre später

---

267 Pribram, Geheimverträge, S. 170; Fellner, Dreibund, S. 31.
268 Die Opposition litt nach wie vor an ihrer Zersplitterung. Die „Pentarchen" (die Opposition innerhalb der monarchischen „sinistra"), die Radikalen (Irredenta und Sozialisten) und die „Dissidenten" aus dem Zentrum und der „destra" hatten nichts miteinander gemein als die Gegnerschaft gegen Depretis, und das reichte weder aus, den Wechsel zu erzwingen, noch um eine wirkliche Gegenkraft aufbauen zu können.
269 Rosty an Kálnoky, 15.8.1884, HHStA, PA XI, 98, mit einem Artikel des „Piccolo".
270 Rosty an Kálnoky, 16.9.1886, HHStA, PA I, 462.

als eifrigster Anhänger des Dreibundes entpuppen sollte, sicherlich dafür gestimmt, urteilte schon im Jahre 1883 die *Neue Freie Presse*.[271] Last, but not least ließen sogar Abgeordnete der „estrema sinistra" den Dreibund unter machiavellistischen Nützlichkeitserwägungen gelten.[272] Die Irredenta als Zentrum einer rabiaten Dreibundfeindlichkeit war seit 1884 derart zurückgegangen, daß sie keine signifikante politische Größe mehr darstellte. Die hoffnungslose Minderheit der Irredentisten, deren gelegentliche parlamentarische Auftritte inzwischen einen geradezu exotischen Charakter angenommen hatten, fiel zahlenmäßig nicht ins Gewicht. Allerdings sorgten die oft spektakulären Aktionen weniger Aktivisten dafür, daß sie nicht vollständig in Vergessenheit gerieten. Insgesamt bleibt festzuhalten, daß die „triplice alleanza" von allen relevanten gesellschaftlichen Gruppen befürwortet wurde; sie war sehr schnell zu einer selbstverständlichen Tatsache des italienischen politischen Lebens geworden. Gerade infolge der breiten Akzeptanz verlor sie als Diskussionsgegenstand an Interesse. Dies zeigt sich unter anderem daran, daß die das politische Leben dominierenden Parlaments- und Zeitungsdiskussionen über das Verhältnis Italiens zu seinen Verbündeten, die vor allem 1884 und 1885 geführt wurden, seit 1885 zunehmend durch innen- und vor allem finanzpolitische und steuerrechtliche Fragen abgelöst wurden.

Diese für die Verwurzelung des Dreibunds in Italien positive Rechnung geht auch in der Gegenprobe auf: Im Urteil der – die italienische Innenpolitik sehr kritisch beobachtenden – österreichischen Diplomatie. Das Zusammenschrumpfen der Teilnehmerzahlen an irredentistischen Versammlungen[273] wurde hier ebenso sorgfältig vermerkt wie die Tatsache, daß die Irredenta nur noch in studentischen Kreisen einen gewissen Rückhalt hatte;[274] außerdem wurde eine deutliche Zunahme des katholisch-klerikal-konservativen Elements in der politischen Gesamtstimmung in Italien beobachtet. Aus schlecht besuchten, geradezu kläglich verlaufenden antiklerikalen und irredentistischen Demonstrationen im Jahre 1884 schloß der k. u. k. Geschäftsträger in

---

[271] „Neue Freie Presse", 5.6.1883. Ludolf an Kálnoky, 1.2.1884, HHStA, PA XI, 98, erwähnt, daß die Zeitung Crispis, die „Riforma", den Dreibund als für Italien abträglich erklärte.

[272] Rede des Abgeordneten Giovagnoli, 23.1.1886, in: Chiala, Triplice, S. 413–415. Auf S. 415 findet sich folgende Passage: „Io sono nato troppo presto per poter provare una soverchia tenerezza per il nostro alleato austriaco; però siccome nel mio piccolo calendario vi è un santo che si chiama Nicolò Machiavelli, sul quale io cerco sempre di studiare, ho imparato da lui come la politica non si faccia col sentimento, ma solo sulla base degli utili generali. Così accetto l'alleanza, se questa alleanza può riuscire utile al nostro paese."

[273] Ludolf an Kálnoky, 3.6.1884; 6.6.1884, HHStA, PA XI, 98, mit Nachrichten über den kläglichen Verlauf der Demonstrationen am Todestag Garibaldis.

[274] Ludolf an Kálnoky, 18.5.1886, HHStA, PA XI, 100, mit einem Bericht über studentische Unruhen in Turin. Die Studenten waren der Ansicht, die Afrikapolitik der Regierung verletze den Risorgimentogedanken; statt dessen solle lieber Oberdan gerächt werden!

Rom, Rosty, daß die Mehrheit der Italiener dieser „lärmenden Minderheit" indifferent und verständnislos gegenüberstehe.[275] Und Graf Ludolf gab im Jahre 1886, kurz bevor er die römische Botschaft an seinen Nachfolger, Baron Bruck, übergab, ein interessantes Urteil über die Irredenta ab, das deren Schwäche und Ohnmacht klar unterstreicht: „Ich habe seit meinem Hiersein die Ansicht als richtig befunden, und glaube an derselben auch jetzt noch festhalten zu können, daß der Irredentismus zwar in ganz Italien seine Anhänger hat, daß aber die Sympathien deren er genießt meist platonischer Natur, und nur bei sehr wenigen und vornehmlich nur bei Emigrierten lebhaft genug sind, um für selben wirkliche Opfer zu bringen. Schon bloße Geldsammlungen für irredentistische Zwecke haben stets nur sehr klägliche Resultate geliefert, und würde es gewiß nicht leicht sein, auch nur eine ganz geringe Zahl Exaltierter aufzutreiben, die bereit wären für einen Putsch über unsere Grenzen ihre Haut zu Markte zu tragen." Eine Gefahr sei der Irredentismus, so urteilte Ludolf, nur als Instrument der italienischen Regierung im Fall eines Krieges mit Österreich. Solange aber „die hiesige Regierung nicht selbst die irredentistischen Aspirationen offen zu den ihrigen macht, scheint mir jetzt wie früher kein Grund zur Besorgnis vorhanden, daß selbe über das Maß der bisherigen gewohnten, zwar widerlichen, aber praktisch ungefährlichen Demonstrationen hinausgehen würden." Er war sicher, daß unter der Regierung Depretis die Irredenta jedenfalls niemals ermutigt werden würde, „sich selbst auf einem anderen Felde als jenem bloßer theatralischer Demonstrationen zu versuchen"[276].

Dieser Bericht Ludolfs ist symptomatisch für die Einstellung der österreichischen Außenpolitik zum Problem des Irredentismus. Einerseits war die Bewegung und der Verdacht, jeder Italiener sei ein offener oder zumindest heimlicher Irredentist,[277] die Urangst der österreichischen Diplomatie. Andererseits wußte sie sehr wohl, daß die Irredenta faktisch keine Rolle mehr spielte; sie nutzte aber den steten Hinweis auf irredentistische Umtriebe und Geisteshaltung in Italien als wirksames, allzeit präsentes Argument, um ihre italienischen Verhandlungspartner einzuschüchtern, um unbequemen Forderungen ausweichen zu können, um den Wert des Dreibundes für die Donaumonarchie aus taktischen Gründen argumentativ möglichst zu verkleinern[278] und als Ventil für ihr eigenes antiitalienisches Ressentiment.

---

275 Rosty an Kálnoky, 29.8.1884, HHStA, PA XI, 98.
276 Ludolf an Kálnoky, 4.5.1886, HHStA, PA XI, 100.
277 Szecheny an Kálnoky, 21.1.1887, HHStA, PA I, 462, Fol. 166R.
278 Praktisches Beispiel für die Instrumentalisierung des Irredenta-Arguments zur Abwehr unliebsamer Vorschläge: Die Reaktion Kálnokys, als Robilant ihm gegenüber im Frühjahr 1884 über die mangelnde Unterstützung in Mittelmeerangelegenheiten klagte. Siehe oben, S. 137 und 152. Es hat aber dann als Tatsache Eingang in die Literatur gefunden, die ihre Urteile

Ein besonders differenziertes Urteil über Vor- und Nachteile des Dreibunds für die drei Allianzmächte am Ende der ersten Laufzeit stammt von Costantino Graf Nigra, italienischer Botschafter in Wien und nach dem Urteil von Zeitgenossen und Nachwelt der geistig bedeutendste italienische Diplomat seiner Zeit.[279] Er analysierte in einem vertraulichen Privatschreiben vom 9. August 1886[280] die Vor- und Nachteile des Dreibunds: „Die Allianz von 1882 ... war nicht ohne Nützlichkeit für Italien, wenn auch ... mehr für das Innere als für das Äußere", da sie der italienischen Politik Sicherheit und eine präzise Richtung gegeben habe. Doch sei Italien „an der Krankheit unserer Zeit", dem Imperialismus, erkrankt; es sei „neurotisch" und „unzufrieden", da es an den Gewinnen der anderen Mächte in Übersee oder auf dem Balkan nicht teilhabe. Außerdem wolle Italien, ob zu Recht oder zu Unrecht, als gleichberechtigte Großmacht behandelt werden. Doch daran hapere es. Das Hauptproblem der Allianz sah Nigra weniger in der ausbleibenden Unterstützung für Italiens imperiale Pläne als vielmehr in der ostentativen, verletzenden Herablassung der Bündnispartner. Diese begründete er dadurch, daß Österreich, mißtrauisch wegen der Irredenta und im Bewußtsein seiner militärischen Überlegenheit, Italien kein Vertrauen, keine Intimität und keinen Respekt entgegenbringe; denn „Erbfeindschaft" müsse es für Preußen-Deutschland wie für Italien eigentlich in gleicher Weise empfinden. Und Bismarck habe so viele außenpolitische Optionen, daß er es sich leisten könne, Italien „mit heiterer Gleichgültigkeit und auch einer gewissen Unachtsamkeit" zu behandeln. „Außerdem hat er für eine demokratische Regierung und eine demokratische Gesellschaft, wie es Staat und Gesellschaft in Italien sind, eine instinktive, unüberwindliche Abneigung ... Zwar wird er seine Gefühle unter bestimmten Umständen seinem Land und seinem Souverän unterordnen, aber er wird mit dem Herzen nicht mehr mit uns sein und die Hoffnung, daß sich zwischen ihm und unserer Regierung eine wahre Intimität herausbilden könnte, ist nichtig."

über die Stimmung in Italien auf ebenjene Dokumente abstützte und die in diesen Äußerungen liegende Taktik übersah. So schrieb beispielsweise der Historiker Alfred F. Pribram in seiner vielbenutzten Studie über Österreich-Ungarns Geheimverträge: „Die irredentistische Bewegung nahm (während der Laufzeit des ersten Dreibundvertrages) an Ausdehnung und innerer Stärke zu." In: Pribram, Geheimverträge, S. 170. Diese Auslegung befindet sich jedoch im offenen Widerspruch zu den oben zitierten und zu vielen anderen internen Einschätzungen Kálnokys und Ludolfs, in denen sie urteilten, daß erstens die italienische Regierung sich entschieden gegen die Irredenta gewandt habe und daß zweitens der Irredentismus seit 1883 unbestreitbar im Rückgang war. Siehe auch: Ludolf an Kálnoky, 20.6.1885, HHStA, PA XI, 99; er urteilte dort, daß Mancini der Irredenta immer ferngestanden habe.

279 Zu Nigra: Chabod, Storia, S. 600–618.
280 Nigra an Robilant, 9.8.1886, ASMAE, Carte Robilant.

Nigras Äußerungen ergeben zusammengefaßt folgendes Bild, das auch mit den anderen zeitgenössischen Einschätzungen harmoniert: Das Hauptproblem des Dreibundes bestand in den ersten Jahren weniger in unüberbrückbaren Interessengegensätzen, sondern in Schwierigkeiten im gegenseitigen Umgang; in einem durch historische Vorurteile entstandenen Problem, sich zu verständigen, und vor allem im Machtgefälle der Verbündeten. Es bestand in der Weigerung der Zweibundstaaten, Italien als gleichwertig zu behandeln, und in der Weigerung der italienischen Politik, eine untergeordnete Rolle auf Dauer zu akzeptieren. Die deutsche und österreichische Geringschätzung Italiens beruhte wesentlich auf der politischen Großwetterlage in Europa; mit Rußland verbündet, mit Frankreich und Rumänien vernetzt, schien für Deutschland und Österreich-Ungarn der Dreibund nützlich, aber nicht notwendig zu sein. Doch sollte sich ebendiese Großwetterlage für die beiden Mächte schon im Jahr 1885 in dramatischer Weise verschlechtern.

> Ich betreibe keine sentimentale Politik. Ich will
> die Interessen und die Würde meines Landes po-
> litisch vertreten; jenseits dessen bin ich weder an
> Prinzipien noch an Gefühle gebunden.
>
> Robilant am 23. Januar 1886

4. Vom ersten zum zweiten Dreibund

a) Vom Risorgimento-Ideal zur nationalistischen Machtpolitik – Die Ernennung des Conte di Robilant zum italienischen Außenminister

Nach dem Rücktritt Mancinis leitete Depretis interimsweise das italienische Außenministerium. Am 6. Oktober 1885 zog dann Carlo Felice Nicolis Conte di Robilant, bisher Botschafter in Wien, in die Consulta ein.[1]

Graf Robilant beeinflußte in bedeutsamer Weise die Geschichte des Dreibundes, und zwar weit über seine Amtszeit – sie endete nach nur eineinhalbjähriger Dauer im Februar 1887 – hinaus. Der im Jahre 1826 als Sproß einer piemontesischen Adelsfamilie geborene Robilant entstammte einer Soldatenfamilie und war selbst erst als General in den diplomatischen Dienst übergetreten. Im Jahr 1871 nach Wien entsandt,[2] verblieb er auf diesem Posten bis zu seiner Ernennung zum Außenminister.

Robilant, der in der Schlacht bei Novara 1849 seine linke Hand verloren hatte, galt als ausgesprochener Ehrenmann. Mehrere Beispiele seiner ungewöhnlichen Charakterfestigkeit waren in Italien weithin bekanntgeworden und hatten ihn zu einem royalistischen Nationalhelden gemacht.[3] In den Au-

---

[1] Zum Amtsantritt: Irrtümlich GP 4, S. 181, Fußnote *; zur Person Robilants: Chabod, Storia, S. 625–650; Ruggero Moscati: I ministri del Regno d'Italia, vol. 5, Napoli 1966, S. 43–59; Raffaele Cappelli: Il conte Carlo Nicolis di Robilant, in: Nuova Antologia, 1.6.1900, S. 387–405. Sehr bedeutsam auch sein Nachlaß, vor allem eine aussagekräftige Korrespondenz: Carte Robilant, ASMAE.

[2] Von 1871–1876 war er dort italienischer Gesandter; erst am 1.3.1876 wurde die Gesandtschaft in Wien in eine Botschaft umgewandelt.

[3] Hier sollen nur zwei fast schon legendäre Episoden Erwähnung finden, die für Robilant wie für den Zeitgeschmack gleich charakteristisch sind: Als ein österreichischer Verwandter den Zehnjährigen in eine renommierte österreichische Kadettenanstalt schicken wollte, schrieb Robilant mit seinem eigenen Blut: „Je ne servirais que mon roi et ma patrie." Dramatischer ist das zweite Beispiel: Trotz der schweren Verwundung in der Schlacht bei Novara bewahrte

gen der Monarchisten und Konservativen umgab den „glühenden Patrioten"[4] Robilant, gerade wegen seiner Verstümmelung, ein Märtyrernimbus,[5] den er auch wirkungsvoll einzusetzen wußte.[6] Ehemalige Mazziniener bemängelten an ihm jedoch seine stark ausgeprägte monarchische Grundüberzeugung. Gerade diese wurde ihm in den Kreisen der deutschen und österreichischen Diplomatie aber als gewaltiger Pluspunkt angerechnet. In Wien und Berlin herrschte helle Begeisterung über seine Ernennung. Schon durch seine privaten Bindungen galt er als Freund der Zweibundmächte; seine Mutter war deutscher, seine Frau österreichischer Herkunft.[7]

Trotz dieser Verbindungen zum deutschen und österreichischen Hochadel, trotz der Tatsache, daß er einer alten Soldatenfamilie entstammte, und trotz seiner monarchischen Gesinnung klaffte zwischen der politischen Einstellung Robilants und der eines typischen preußischen Junkers ein gewaltiger Unterschied.[8] Dieser lag besonders in seinen stringent konstitutionellen Anschauungen. Zwar verachtete er, darin ganz Aristokrat der alten Schule, bestimmte Begleiterscheinungen des italienischen Parlamentarismus,[9] war aber trotzdem dem italienischen Verfassungssystem mit absoluter Selbstverständlichkeit verbunden und träumte nicht von einer Rückkehr vorparlamentarischer

---

er eisern die Fassung und hielt über eine Stunde bei seiner Batterie weiter aus. Als er dann auf dem Weg zum Verbandsplatz seinen Vater – einen General – traf, der die Verwundung nicht sehen konnte und ihn vorwurfsvoll fragte, warum er nicht bei seiner Batterie sei, hielt er als Antwort nur seinen blutenden Stumpf nach oben – und wurde von seinem Vater dafür mit einem „Evviva il Ré" belobigt. Bei der folgenden Notoperation hielt er mit der rechten Hand die Kerze, um dem Arzt die Amputation seiner linken Hand zu ermöglichen (Cappelli, Robilant, S. 389). Diese Begebenheiten sind sowohl für seinen ungewöhnlich unbeugsamen, ja schon starren Charakter als auch für seine unbedingte Ergebenheit gegenüber dem Haus Savoyen bezeichnend.

4 Lützow, Dienst, S. 43.
5 Münz, Quirinal, S. 15, schreibt, der „Soldat mit seiner einen Hand (habe) wie ein Märtyrer der Befreiungskriege" gewirkt.
6 Als im italienischen Parlament am 23.1.1886 der radikale Abgeordnete Giovagnoli sagte, er sei zu alt, um für die Allianz mit Österreich Sympathien entwickeln zu können, entgegnete ihm Robilant ein: „Ich bin aber älter als Sie", und hob bei diesen Worten seinen verstümmelten linken Arm. In: Chiala, Triplice, S. 420.
7 Italicus, Dreibundpolitik, S. 75, Anm. 1.
8 Zu ähnlichen Stammbäumen preußischer Junker Afflerbach, Falkenhayn, S. 9, 10; Karl Demeter: Das deutsche Offizierkorps in Staat und Gesellschaft, 1650–1945, 2. Aufl., Frankfurt a. M. 1962. Es ist allerdings fraglich, ob die Kollegen Robilants in Berlin, beispielsweise Bismarck selbst, der den Habitus eines Junkers niemals ganz ablegen konnte, begriffen, wie groß der Mentalitätsunterschied zwischen dem typisch preußischen und dem typisch piemontesischen Dienstadel trotz vergleichbarer Funktionen im Staate und vergleichbar starker militärischer Einflüsse war.
9 Petrignani, Neutralità, S. 416, schreibt von Robilants „stile altero e sdegnoso di gran signore che lasciava trasparire tutta la sua indifferenza verso le esigenze dei dibattiti parlamentari".

Verhältnisse. Robilant empfand das deutsche und österreichische politische System als reaktionär und vermißte dort, in einem sehr modern anmutenden Gedankengang, den zum konstitutionellen System dazugehörenden parlamentarischen, demokratischen Geist.[10] Auch empfand er eine äußerst starke Abneigung gegen Bismarck, dem er vorwarf, den Zeitgeist nicht mehr zu erkennen. Er schrieb im Jahre 1884: „Der von Bismarck offen erklärte Krieg gegen den Liberalismus ... macht unsere intimen Beziehungen zu unseren Verbündeten immer schwieriger, und ohne echte Intimität gibt es keine Allianz, die das gesiegelte Pergament wert wäre, auf der sie geschrieben steht. Außerdem war es nur Joshua gegeben, den Lauf der Sonne anzuhalten; Bismarck täuscht sich eigentümlich, wenn er glaubt, die Zeit zurückdrehen zu können: nach meiner Ansicht sät er furchtbare Stürme, die irgendwann über dem künftigen deutschen Kaiser hereinbrechen werden."[11] Robilants Widerwillen war aber vor allem darauf zurückzuführen, daß er Bismarck nicht nur für den Tyrannen Deutschlands, sondern ganz Europas hielt. Er warf ihm vor, Europa in einen Zustand permanenter Unruhe versetzt zu haben, um es besser beherrschen zu können[12] – eine Ansicht, der aus heutiger Sicht und in Kenntnis von Bismarcks Kissinger Diktats die Berechtigung nicht abgesprochen werden kann. Robilant, der Bismarcks baldigen Abgang, ja offenbar sogar seinen Tod dringend ersehnte, empfand dessen Politik als unerhörte Anmaßung, seine Methoden als rüpelhaft und grob.

Robilant hatte es mehrfach abgelehnt, das Amt des Außenministers zu übernehmen.[13] Depretis hatte ihm das Ministerium direkt nach dem Sturz Mancinis angeboten; nach seiner Weigerung ihn gebeten, es wenigstens kommissarisch zu leiten, bis er eine wegen seiner schweren Gichtanfälle medizinisch zwingend notwendige Badekur in Contrexéville beendet habe und dem Ministerium selbst wieder vorstehen könne – doch vergebens. Robilant wollte nicht; er glaubte, für diesen Posten nicht geeignet zu sein. Aber vor dem Hintergrund schwerer Balkankonflikte, die sich im Zuge der bulgarischen Krise im September 1885 abzeichneten und die später noch zu schildern sind, wurde als Außenminister ein erfahrener Diplomat benötigt, der sich mit den Verhältnissen des in besonderer Weise in die Balkanwirren involvierten Bundesgenossen Österreich-Ungarn gut auskannte. Robilant war der Mann der Stunde.[14] Er

---

10 Robilant verlangte charakteristischerweise nicht nur die Form, sondern auch den Geist der konstitutionellen Verfassung. In: Robilant an Cairoli, 26.12.1880, ASMAE, Rappresentanza Italiana a Vienna, Busta 114. Federico Chabod, Storia, S. 631–639, der Robilant sehr sorgfältig porträtiert hat, hegt berechtigte Zweifel daran, ob Robilant als ein „Konservativer" angesehen werden könne oder ob nicht das Attribut des Liberalen viel besser treffe.
11 Robilant an Corti, 12.5.1884, zitiert bei Chabod, Storia, S. 632. Übersetzung H. A.
12 Chabod, Storia, S. 634.
13 Dazu Chabod, Storia, S. 630–631, mit mehreren Selbstzeugnissen Robilants.
14 Salvemini, Politica Estera, S. 324.

war allerdings der Ansicht, es fehle ihm die für diese Aufgabe notwendige parlamentarische Erfahrung, er habe in der Kammer keine Hausmacht und sei sogar im Kabinett selbst, was seine politischen Grundüberzeugungen anging, isoliert. Und was die Außenpolitik beträfe, habe er zwar lange auf dem Wiener Posten gedient, aber sonst nirgends und sei daher in den anderen Hauptstädten ein unbeschriebenes Blatt; so kenne er beispielsweise nicht einmal den Fürsten Bismarck persönlich.[15] Doch allerhöchste Intervention vermochte ihn umzustimmen. Der König selbst bat Robilant, das Amt zu übernehmen. Dem konnte der getreue Diener seines Monarchen nicht widerstehen. Graf Robilant zog als Nachfolger Mancinis und Depretis in die Consulta ein.

Einmal Außenminister, fand Robilant, der als extrem stolz und sehr empfindlich bekannt war,[16] rasch Gefallen an seiner Aufgabe. Seine Ernennung wurde mehrheitlich gut aufgenommen, obwohl sie nicht von allen gleichermaßen begrüßt wurde. Der vom Auftreten her als „rauher piemontesischer General" beschriebene Robilant[17] war für viele Mitglieder der *sinistra* ein rotes Tuch;[18] hinzu kam, daß der glühende Monarchist für einen reaktionären „Hofschranzen"[19] gehalten wurde. Seine Ernennung wurde außerdem als weitere, klare Absage an die Irredenta und als Zugeständnis der Regierung an die *destra* verstanden.

Schon in den nächsten Monaten stellte sich heraus, inwieweit Robilants Bedenken, er sei für das Amt nicht geeignet, berechtigt waren. In einem Punkt sollte er mit seinen Zweifeln recht behalten: Er erwies sich als Außenminister zwar als fähiger, geschickter Diplomat mit ausgeprägtem Gespür für das richtige *Timing* außenpolitischer Initiativen, hatte aber kein Geschick im Umgang mit dem Parlament. Hier brachte ihn seine gegenüber den Abgeordneten oftmals sehr herablassende, unnötig arrogante Art in immer größere Schwierigkeiten.

Graf Robilant verkörperte schon durch seine Persönlichkeit ein klares Programm von innen- wie außenpolitischer Signalwirkung. Die Ernennung des bisherigen Botschafters in Wien wurde international als Zeichen dafür ge-

---

15 Robilant an de Launay, 19.8.1886, ASMAE, Cassette Verdi, Cassetta 1b, Nr. 27: Robilant schrieb hier „non avendo veduto Sua Altezza che una volta sola e per brevi momenti, diciasette anni fa, alle grandi manovre in Pomerania".
16 Dazu die Berichterstattung von Baron Bruck in: HHStA, PA I, 462. Bruck zeichnete in seinen Berichten ein geradezu ironisch-spöttisches Bild von Robilants Eitelkeit und Empfindlichkeit, wobei er gelegentlich übers Ziel hinausschoß und Eitelkeit auch dort sah, wo andere Gründe vorlagen. Sandonà, Irredentismo 3, S. 145, bringt eine Charakteristik Robilants durch Kálnoky; dieser erkennt ihm zwar Qualitäten zu, kritisiert aber seine Unruhe und sprichwörtliche „Empfindlichkeit".
17 Lützow, Dienst, S. 43.
18 Sandonà, Irredentismo 2, S. 52.
19 „Tiropiede dell'Austria", „ruffiano di corte". Dazu: Sandonà, Irredentismo 3, S. 121.

deutet, daß die italienische Regierung die Allianzpolitik mit den Zweibundmächten im allgemeinen und mit Österreich-Ungarn im besonderen fortsetzen und sogar noch intensivieren wollte. Vor allem Frankreich war über diese Ernennung sehr irritiert und versuchte Robilant durch Einflußnahme auf die italienische Opposition nach Möglichkeit zu bekämpfen. Robilant selbst bemühte sich zwar, durch demonstrative Höflichkeit gegenüber Frankreich diesem Effekt entgegenzuarbeiten, und betonte gegenüber dem französischen Botschafter die enge Übereinstimmung von Ideen und gemeinsamer Geschichte zwischen beiden Ländern, die auch enger sei als die Verbindung zwischen Italien und den nordischen Reichen.[20] Doch waren diese Bemühungen vergebens. Schon durch seine Person war Robilant eine Belastung des italienisch-französischen Verhältnisses. Für die Stellung und Verhandlungsposition Italiens gegenüber den Zweibundpartnern war seine Ernennung hingegen ein großer Vorteil. An der überzeugten Hinwendung Robilants zu den Zweibundmächten bestand nirgends der geringste Zweifel, und er hatte gegenüber Mancini, dem in den Augen der deutschen, vor allem aber der österreichischen Diplomatie immer der „Makel" des „ehemaligen Revolutionärs" angehangen hatte, den Vorteil eines großen Vertrauensbonus. Er sagte bei seiner Verabschiedung in Wien zu Kálnoky: „Meine Vergangenheit ist Garant dafür, daß unsere Haltung immer tadellos sein wird"[21] – eine Ankündigung, die in Wien und Berlin Glauben fand.[22]

---

20 Salvatorelli, Triplice, S. 109; DDF I/6, Nr. 278. Von äußerst zuvorkommender Aufnahme des neuen französischen Botschafters de Moey durch Robilant berichtete auch Rosty an Kálnoky, 10.8.1886, HHStA, PA XI, 100.
21 Robilant an Depretis, 8.10.1885, ASMAE, Cassette Verdi, Cassetta 1c, Nr. 1: („... il mio passato è garante che la nostra attitudine sarà sempre improntata alla massima inappuntabilità").
22 Allgemein wurde in den Kreisen der deutschen und österreichischen Diplomatie zufrieden festgestellt, Robilant sei ein „anständiger Mann", in: Reuß an Holstein, 13.2.1887, Holstein, Geheime Papiere 3, Nr. 208, S. 185. Vor allem Bismarck war außerordentlich zufrieden über die Ernennung Robilants (Reuß an Bismarck, 10.10.1885, Nr. 820, GP 4). Siehe auch de Launay an Robilant, 19.10.1885, ASMAE, Cassette Verdi, Cassetta 1c, Nr. 2, mit der Übermittlung der positiven Aufnahme der Ernennung durch die Bismarcks. Der Satz, Robilant sei ein „nicht immer bequemer", dafür aber verläßlicher Partner, wird von Chiala, Triplice, S. 499, und Chabod, Storia, S. 627, wahrscheinlich zu Recht Kálnoky zugeschrieben, von Petrignani, Neutralità, S. 395, jedoch Bismarck. Beeindruckt war Bismarck auch von Robilants Maxime „faire sans dire", die dieser über de Launay dem Reichskanzler ausdrücklich hatte übermitteln lassen, siehe Robilant an de Launay, 21.10.1885, ASMAE, Cassette Verdi, Cassetta 1c, Nr. 3. Und später war Bismarck auch zu großem politischen Entgegenkommen bereit, um den als „verläßlich" angesehenen und sich von den anderen italienischen Politikern unterscheidenden Robilant in der Regierung zu halten. Bei dieser Einschätzung ist allerdings fraglich, ob Bismarck nicht einem Irrtum aufgesessen war und den großen Mentalitätsunterschied verkannte, der zwischen ihm und Robilant existierte. Kálnoky teilte das positive Urteil und betonte mehrfach, daß er zu Robilant mehr Vertrauen habe als zu Mancini (Aufzeichnung Kálnokys über

Allerdings hatte gerade die eindeutig zweibundfreundliche Haltung Robilants eine Auswirkung auf das Verhältnis zwischen den Allianzpartnern, die zumindest die österreichisch-ungarische Diplomatie nicht vorausgesehen hatte. Robilant hatte es nicht nötig, ständig seine Allianztreue beweisen zu müssen, und war deshalb, anders als Mancini, bei der Behandlung irredenter Vorfälle von den österreichischen Diplomaten nicht mit seinem schlechten Gewissen erpreßbar. Mancini war ohnehin ein weit umgänglicherer Verhandlungspartner gewesen. In der Consulta blies dem österreichischen Botschafter nun ein anderer Wind entgegen. Und das lag nicht nur daran, daß der reizbare, jähzornige Robilant dem österreichischen Botschafter, Graf Ludolf, an diplomatischem Geschick nach österreichischem Urteil „turmhoch überlegen" war.[23] Denn in Wahrheit endete mit dem Wechsel von Mancini zu Robilant eine Ära der italienisch-österreichischen – und auch der deutsch-italienischen – diplomatischen Beziehungen und eine neue begann, die sich vor allem durch größeres italienisches Selbstvertrauen und daraus resultierendem festerem Auftreten von der vorherigen unterschied. Mancini hatte es für nötig gehalten, zur Aufrechterhaltung guter Beziehungen zu Österreich-Ungarn sich für jeden irredentistischen Übergriff zu entschuldigen, so als ob er selbst dafür verantwortlich sei. Und mehr als das: Er glaubte, jedem Hinweis der österreichischen Diplomatie auf irredentistische Umtriebe nachgehen zu müssen. Das war allerdings nicht nur die Folge von Mancinis konzilianterer Natur, sondern der schwierigen politischen Rahmenbedingungen. Mancini hatte das italienische Verhältnis zu den Zentralmächten nach dem absoluten, durch die irredentistische Welle von 1879–1881 verursachten Tiefststand der Beziehungen mühsam wieder aufbauen müssen. Seine Aufgabe war es gewesen, für den neuen Kurs der italienischen Politik bei den Partnern um Vertrauen zu werben. Es war ein Erfolg der von Mancini geprägten Allianzpolitik Italiens, daß zum Zeitpunkt seiner Demission im Jahre 1885 das Vertrauen der Partner zu Italien beträchtlich gewachsen war. Die Regierung Depretis/Mancini war der deutschen wie der österreichisch-ungarischen Regierung im Jahre 1881 noch höchst suspekt vorgekommen, als Kabinett ehemaliger Umstürzler mit französischen Neigungen, auf die – und auch auf ihr Land – man sich nicht verlassen könne und dürfe. Das Kabinett Depretis hatte dann schon nach einem Jahr Allianz zumindest den „guten Willen" zur Zusammenarbeit attestiert bekommen; seitdem war das italienische Kapital weiter angewachsen. Auf diesem Boden konnte Robilant jetzt ambitioniert die wirkliche Gleichberechtigung Italiens zu erzwingen suchen.

---

ein Gespräch mit Reuß, 8.12.1886, HHStA, PA I, 462.) Trotzdem konnte er die Einschränkung nicht unterdrücken, daß auch in Robilant „das italienische Strebertum" drinstecke.
23 Das war die Einschätzung von Ludolfs eigenem Botschaftsmitarbeiter Graf Lützow, in: Lützow, Dienst, S. 43.

Mit seinem Amtsantritt waren jedenfalls die Zeiten vorbei, in denen der italienische Außenminister den Tadel der österreichischen Diplomatie wegen der Irredenta still erdulden mußte.[24] Diesen Umschwung sollte die österreichische Diplomatie im allgemeinen und der k. u. k. Botschafter in Rom im besonderen jedoch erst nach einigen Monaten erkennen. Als Schlüsselszene verdient eine Zusammenkunft zwischen Robilant und Ludolf am 3. März 1886 eine genaue Schilderung, da sie einerseits für das diplomatische Verhältnis zwischen Österreich und Italien im Umbruch bezeichnend ist, andererseits auch, über den Anlaß hinaus, die weiteren politischen Ziele Robilants erkennen läßt.

Graf Ludolf wollte Robilant ein Promemoria übergeben, das eine aus Konsulats- und Geheimdienstmeldungen zusammengestellte Liste irredentistischer Aktivitäten enthielt. Mancini habe solche Memoranden, wie er Robilant erläuterte, „stets mit Interesse und als eine selbstverständliche Geste" entgegengenommen, „die man sich beiderseits zur besseren Hintanhaltung einer gemeinsamen, die guten Beziehungen der beiden Staaten bedrohenden Gefahr schuldig war". Doch Robilant teilte diese Ansicht nicht und entgegnete, wenn Mancini solche Mitteilungen immer mit Interesse entgegengenommen habe, wie Ludolf jetzt behaupte, so weise er ihn darauf hin, „daß er die Nachfolge, aber nicht die Erbschaft Mancinis übernommen hätte". Und er fügte knapp hinzu: „Sie scheinen ja hierzulande eine förmliche Polizei zu unterhalten!" Ludolf konnte oder wollte den dahinter stehenden Vorwurf der Einmischung in innere Angelegenheiten nicht bemerken und entgegnete unschuldig, man müsse doch schließlich die Irredenta im Auge behalten. Robilant lehnte daraufhin die Entgegennahme des Promemorias einfach ab. Die Irredenta im Auge zu behalten sei die Aufgabe der italienischen Polizei, diese sei wohl unterrichtet und bedürfe fremder Hilfe nicht. Ludolf insistierte: Österreich habe das Recht, an der Allwissenheit der hiesigen Polizei zu zweifeln und die Augen offenzuhalten; er erinnerte an Oberdank, dessen Attentat nur durch österreichische Wachsamkeit verhindert worden sei.

Robilants Geduld war nun endgültig überstrapaziert. Nach einer kleinen Pause, die er wahrscheinlich brauchte, um sich wieder in die Gewalt zu bekommen, sagte er ruhig und beherrscht: „Sie citiren mir da einen isolierten Fall, dessen genauer Hergang mir nicht bekannt ist; ich kann Ihnen aber versichern, daß so lange ich am Ruder bin, und der europäische Friede gewahrt bleibt, keine Gefahr seitens der Irredenta zu besorgen ist. Sollte aber dieser

---

24 Schon am 8. Oktober 1885 hatte Robilant im Gespräch mit Kálnoky das Thema Irredentismus berührt und dabei hervorgehoben, das seien „incidenti di cui nessun governo può essere tenuto responsabile". In: Robilant an Depretis, 8.10.1885, ASMAE, Cassette Verdi, Cassetta 1c, Nr. 1.

Friede gestört werden, dann freilich stehe ich für Nichts und für niemanden und selbst nicht für mich!²⁵"

Eine Drohung – aber was hatte der Minister damit gemeint? Graf Ludolf folgerte in seinem Bericht an Kálnoky höchstwahrscheinlich zu Recht, daß Robilant zum Ausdruck bringen wollte, daß er im Fall eines österreichisch-russischen Krieges den Erwerb des Trentino für seine patriotische Pflicht halte und die Irredenta als diplomatisches und innenpolitisches Vehikel bei einer solchen Eventualität gewähren lassen wolle. Robilants Andeutung war schon deshalb unschwer zu verstehen, weil er während seiner Zeit als Botschafter in Wien mehrfach auf eine friedliche Abtretung des Trentino an Italien hinzuarbeiten versucht hatte und seine Ansichten zu diesem Thema hinlänglich bekannt waren.²⁶ Robilant sagte mit anderen Worten: Nicht die (hier als Volksbewegung verstandene) Irredenta ist die Gefährdung des österreichisch-italienischen Verhältnisses, denn sie ist unter Kontrolle der Regierung; auf diese sei aber nur im Frieden Verlaß. Sollte sich in einem Kriege eine günstige internationale Situation zum Erwerb des Trentino ergeben, so sei auf Italien und auch auf ihn, einen überzeugten Dreibundanhänger, nicht mehr zu zählen. Diese Drohung war sehr präzise und geradezu prophetisch, weil sie exakt den Mechanismus beschreibt, der im Jahre 1915 tatsächlich zum Kriegseintritt Italiens gegen seine Verbündeten geführt hat. Ebenso wie Robilant war Sidney Sonnino, der als Außenminister des Jahres 1915 den Kriegseintritt forcieren sollte, zuvor einer der überzeugtesten Triplicisten gewesen. Robilant war der erste italienische Außenpolitiker, der in der Dreibundära eine derart hart kalkulierte Macht- und Interessenpolitik seines Landes gegenüber Österreich-Ungarn formulierte. Noch Mancini war trotz seiner Kolonialpolitik und gelegentlichem, aber platonischem Streben nach militärischen Ehren eher ein Anhänger der völkerverbindenden Risorgimento-Ideale gewesen. Robilant war aus einem anderen Holz geschnitzt: Ein Machtpolitiker, der letztlich nichts außer den Interessen und der Größe seines Landes („l'interesse e la grandezza del mio paese"²⁷) gelten ließ, die für ihn auch dann Priorität hatten, wenn sie gegen seine sonstigen Grundüberzeugungen verstießen. Er kenne „in der Politik weder Gefühle noch Prinzipien", sagte er zu Ludolf. Im italienischen Parlament drückte er sich ähnlich aus: „Ich betreibe keine sentimentale Politik. Ich will die Interessen und die Würde meines Landes politisch vertreten; jenseits dessen bin ich weder an Prinzipien

---

25 Ludolf an Kálnoky, 9.3.1886, in: HHStA, PA I, 462. John A. Thayer: Italy and the Great War. Politics and Culture 1870–1915, Madison and Milwaukee 1964, S. 154, Anm. 31: Auch Bismarck hört von Robilants Drohung und ist mit ihr einverstanden!
26 Fellner, Dreibund, S. 22; siehe auch oben, S. 42–45. Carte Robilant, ASMAE.
27 Robilant am 23.1.1886 in der Kammer, zitiert bei Chiala, Triplice, S. 421.

noch an Gefühle gebunden."²⁸ Von diesem Satz, der viel Widerspruch erregte und den Robilant nicht wegen seines Inhalts, wohl aber wegen der Formulierung später als unglücklich gewählt (als „frase infelicissima") empfand,²⁹ zieht sich eine Linie zu Salandra und Sonnino, die ebenfalls eine solche Einstellung vertraten und im Herbst 1914 als „sacro egoismo" definierten. In einem Brief, den Robilant im Sommer 1886 an de Launay richtete, zeigt sich überdeutlich, daß sich sein machtpolitisches Denken ganz in den Bahnen bewegte, die auch für die italienische Außenpolitik 1914/15 bestimmend sein sollten. Er schrieb: „Wenn man [= die Zentralmächte] mir an dem Tag, an dem der Krieg ausbricht, entgegenkommende Angebote macht, werde ich sie mit Freude annehmen; wenn nicht, werde ich die Seite wählen, die mir für unsere Interessen am vorteilhaftesten scheint."³⁰ Eine solche Haltung blieb den Österreichern nicht verborgen, und es ist ihnen vor diesem Hintergrund nicht zu verübeln, aus Angst vor dem italienischen „Machiavellismus" dem südlichen Nachbarn gegenüber immer eine gewisse Reserve behalten zu haben.

Eine nationale Interessenpolitik vertrug sich auf keinen Fall mit einer mehr idealistischen Prinzipienpolitik, etwa mit der Forderung nach einer „moralischen" Mission Italiens und dem Gedanken, Italien solle sich als Mutterland des Selbstbestimmungsrechtes zum Protektor der kleinen Balkannationen machen.³¹ Diesen Vorstellungen erteilte Robilant eine klare Absage; auch hier waren für ihn Machtgesichtspunkte ausschlaggebend. Italien werde nicht für das Selbstbestimmungsrecht der Balkanvölker fechten; dieses sei dort auch nicht durchführbar.³² Ministerpräsident Depretis vertrat aus Realismus einen ähnlichen Standpunkt, wenn er auch mehr Sensibilität als Robilant für

---

28 Robilant am 23.1.1886 in der Kammer, zitiert bei Chiala, Pagine, S. 417. („Io ... non faccio sentimentalismo di sorta in politica. Intendo di fare la politica degli interessi e della dignità del mio paese, ma all'infuori di questa, non sono legato nè da pregiudizi nè da sentimenti.")
29 Chiala, Triplice, S. 422, Fußnote 1.
30 Robilant an de Launay, „... le jour puis où la guerre éclatera, si l'on me fera des conditions convenables, je les accepterai avec plaisir, si non je prendrai le parti que je croirai plus convenable pour nos intérêts." Zitiert bei Chiala, Triplice, S. 471.
31 Dazu: Chiala, Triplice, S. 412, 413, mit parlamentarischen Anfragen der Abgeordneten San Giuliano und di Sant'Onofrio zu diesem Thema am 23.1.1886 anläßlich der Diskussion über das „libro verde" zur ersten Phase der bulgarischen Krise.
32 Auch zitiert bei Chiala, Triplice, S. 418, Robilants Kammerrede vom 23.1.1886, in der er den Vergleich zwischen Italien und den Balkannationen bezüglich des Selbstbestimmungsrechtes zurückweist, weil die Balkanstaaten ihre Existenz, anders als die italienischen Kleinstaaten, den Großmächten und Verträgen verdankten; die Großmächte hätten deshalb auch das Recht, bei Veränderungen gefragt zu werden. Robilant hielt das Nationalitätenprinzip auf dem Balkan für nicht durchsetzbar und den Anspruch auf russische Präponderanz in Bulgarien für gerechtfertigt. Lowe/Marzari, Italian Foreign Policy, S. 43, schildern Robilants Haltung wie folgt: Die beste Interessensicherung sei, sich nicht einzumischen und die russischen Rechte in Bulgarien anzuerkennen.

die spezielle Problematik dieser Haltung entwickelte. Zwar sei ein Eintreten für das Selbstbestimmungsrecht der Balkannationen „inopportun", aber er gab zu bedenken, daß dagegen „ein italienischer Minister keine Argumente ins Feld führen kann"[33]. Noch einen Schritt weiter als Depretis und Robilant ging der Abgeordnete Maurigi, der im Parlament erklärte, „die theoretischen Prinzipien des Selbstbestimmungsrechtes können evidenterweise nicht höher stehen als das Recht der Zivilisation und als der Zeitgeist"[34]. Und unter Hinweis auf den Zeitgeist, diesen allzeit dehnbaren Begriff, verlangten Maurigi und Teile der „classe politica" – aber niemals alle! – nach Kolonien und Expansion – ein schrittweiser Verrat an ihren ursprünglichen Grundsätzen der nationalen Selbstbestimmung.

Hatte Robilant die oben zitierte bedeutsame Äußerung gegenüber Ludolf im Affekt fallen lassen, aufgebracht über den österreichischen Einmischungsversuch in inneritalienische Angelegenheiten, oder wollte er aus politischen Gründen – der noch zu beschreibenden schweren Balkankrise und dem österreichischen Drang, sich in diese einzumischen, ohne Italien beteiligen zu wollen – eine gezielte Drohung und Warnung aussprechen? Die Ansicht, Italien dürfe im Fall eines Orientkrieges zwischen Österreich und Rußland nicht leer ausgehen, war auf jeden Fall innerhalb der „classe politica" weit verbreitet. Sogar die italienischen Konservativen, wie Ruggiero Bonghi und Marquis Alfieri, „verdammten" zwar den Irredentismus und befürworteten den Anschluß an die Zentralmächte, ließen aber keinen Zweifel daran, „daß sie im Falle von Veränderungen im Oriente ein Stück österreichischen Gebietes für sich beanspruchen". Und dies sei, so urteilte der österreichische Geschäftsträger in Rom, die „gemeinsame Aspiration" aller Parteien in Italien. Manche verlangten sogar, daß bei der anstehenden Verlängerung des Dreibunds eine solche Kompensation fester Bestandteil des Vertrages werden solle. Die österreichische Diplomatie war immer wieder verblüfft, daß sich die unbedingte Befürwortung des Bündnisses mit den Zweibundmächten mit einem ebenso starken Wunsch nach einer Kompensation auf österreichische Kosten im Fall von Machtverschiebungen auf dem Balkan scheinbar harmonisch vereinen konnte. Andererseits hatten diese Gedanken bereits Tradition; sie waren erstmals 1840 von Balbo in seiner Schrift „Speranze d'Italia" zum Ausdruck gebracht worden.[35] Was Robilant betraf, beteuerte er bei jeder Gelegenheit seinen Wunsch nach intimen Beziehungen mit den beiden Kaiserreichen

---

33 Bruck an Kálnoky, 4.6.1887, HHStA, PA XI, 101.

34 „I principi teorici del diritto delle genti non possono evidentemente essere superiori ai diritti della civiltà ed allo spirito dei tempi in cui viviamo." In: Sitzung des italienischen Parlaments am 30.1.1886. In: Ludolf an Kálnoky, 11.2.1886, HHStA, PA XI, 100.

35 Balbos Schrift äußerte die Hoffnung, daß die nationale Einigung Italiens und ein friedlicher Ausgleich mit Österreich sich nicht ausschließen mußten; dieses sollte seine Kompensationen für die Verluste in Italien im Orient finden.

und verbat sich, in freundschaftlichem Tone, wiederholt jeden Zweifel an seiner Dreibundtreue.[36]

Eine weitere, für die Geschichte des Dreibunds bedeutsame Änderung des italienisch-österreichischen Verhältnisses war ebenfalls auf Robilant zurückzuführen. Er war der erste, der von Wien als Gegenleistung für die Bekämpfung der Irredenta die Vermeidung von „Incidenzfällen" in den italienischsprachigen Gebieten der Donaumonarchie einforderte. Diese neue Linie, die Robilant noch vor seiner Abreise aus Wien mit Kálnoky besprochen hatte, gelangte jedoch erst später, in der Ära Crispi, zur vollen Ausformung.

> Die gierigen und dabei impotenten österreichischen Hungerleider mit ihren verrückten Ansprüchen bringen uns jetzt um alle Ruhe in unseren Erwägungen, denn wir müssen an ihre möglichen Dummheiten jetzt mehr denken als an uns selbst.
>
> Herbert Bismarck, am 8. Oktober 1886

b) Battenberg und Boulanger – Bismarcks europäisches System in der Krise (1885–1887)

Robilants wichtigste Aufgabe war es jedoch, den Dreibund zu vorteilhafteren Bedingungen zu erneuern. Die Erwartungen, die an ihn gestellt wurden, waren groß. Sie fanden ihren Ausdruck in einem Artikel, den ein als „Ex-diplomatico" betitelter Anonymus[37] in der „Nuova Antologia" kurz vor Robilants Ernennung zum Außenminister im Herbst 1885 veröffentlichte. Robilant solle, so verlangte der Autor, die „triplice alleanza" zu einem echten Bündnis machen und für Italien die Gleichberechtigung erzwingen. Außerdem sollten die verbündeten Mächte Italien den Vorrang in Tripolis sowie seine Mittelmeerstellung garantieren. Doch das schien im September 1885 ein utopisches Programm zu sein. Der Generalsekretär im italienischen Außenministerium, Malvano, sagte zum deutschen Geschäftsträger: „Das sind die italienischen Wünsche, aber das würde nicht einmal Robilant schaffen."[38] Daß Robilant das scheinbar Unmögliche doch gelingen sollte, war nicht nur auf seine diplomatischen Fähigkeiten, sondern auch auf die außenpolitischen Geschehnisse der Jahre 1885–1887 zurückzuführen. Denn schon vor den ersten Sondierungen

---

36 Rosty an Kálnoky, 10.8.1886, HHStA, PA XI, 100.
37 Später schrieb unter diesem Pseudonym der ehemalige italienische Botschafter in St. Petersburg, Greppi.
38 Arco an Bismarck, 2.9.1885, PA/AA, R 7722.

über eine Verlängerung des Dreibunds – die im Herbst 1885 erfolgten – hatte sich die außenpolitische Gesamtlage in Europa wesentlich verändert. Bismarcks europäisches Bündnissystem aus Dreibund, Dreikaiserbund und Zweibund wurde einer schweren Belastung ausgesetzt, die es nur teilweise und unter bedeutsamen Modifikationen überstehen sollte. Die Entwicklung ist eng mit den Namen Battenberg und Boulanger verbunden; sie standen für politische Veränderungen im Osten und Westen Europas, auf dem Balkan und in Frankreich.

Um im Westen anzufangen: Im März 1885 stürzte das Ministerium Jules Ferry in Frankreich, womit die deutsch-französische Entente ihr Ende fand.[39] Dem angeblich zu deutschfreundlichen Ministerpräsidenten wurde ein „Nieder mit den Preußen!" nachgerufen. Das Verhältnis beider Länder verschlechterte sich daraufhin erheblich; ein ernster Tiefpunkt wurde erreicht, als zu Beginn des Jahres 1886 der germanophobe Revanchist General Boulanger seinen politischen Zenit erreichte und in das Kabinett Grévy als Kriegsminister aufgenommen wurde.[40] Boulanger hatte sich durch prahlerische, revanchistische Reden in erheblicher Weise kompromittiert.[41] Der General war in Frankreich zwar zeitweise sehr populär, doch hatte dies im wesentlichen innenpolitische Gründe.[42] Die kriegerischen Bestrebungen Boulangers wurden in der französischen Bevölkerung mehrheitlich skeptisch aufgenommen; das Land dürstete keineswegs nach einem Revanchekrieg.[43] Innerhalb des Kabinetts war Boulanger isoliert; dieses war mehrheitlich friedlich gesonnen und lehnte schon aus realistischen Erwägungen einen erneuten Waffengang mit Deutschland ab. Jenseits des Rheins galt er, ebenso wie sein politischer Mitstreiter, der Agitator Déroulède, als Symbol der französischen Unversöhnlichkeit. Sollte Boulanger Ministerpräsident werden, so käme der Revanchekrieg sicher, befürchtete zumindest Bismarck. Andere, so selbst der Generalquartiermeister Graf Waldersee, sahen indes in den Be-

---

39 Zum Folgenden: R. Poidevin/J. Bariéty: Frankreich und Deutschland. Die Geschichte ihrer Beziehungen 1815–1975, München 1982, S. 159–163.
40 Zu Boulanger: William D. Irvine: The Boulanger Affair Reconsidered. Royalism, Boulangism, and the Origins of the Radical Right in France, New York/Oxford 1989; Langer, European Alliances, S. 371–376; Hildebrand, Reich, S. 107–109.
41 Palmer, Bismarck, S. 370: Bismarck klagte über den provokanten Ton wie seit Sedan nicht mehr.
42 Zur Popularität Boulangers siehe Langer, European Alliances, S. 374f.
43 So urteilte der deutsche Botschafter Graf Münster im Dezember 1886, Poidevin/Bariéty: Frankreich, S. 160. Dazu auch: Aufzeichnung Herbert Bismarcks für Fürst Bismarck, 17.10.1886, in: GP 4, Nr. 828, die eine entsprechende Äußerung des französischen Botschafters in Berlin, Herbette, enthält: „... das französische Volk sei in keiner Weise kriegerisch, der Revanchegedanke habe momentan nur bei dem verrückten Déroulède und einigen seiner bedeutungslosen Anhänger Anklang."

strebungen Boulangers keine Bedrohung für Deutschland; die französische Armee brauche noch viele Jahre zur Komplettierung.[44]

Für das deutsch-französische Verhältnis waren die Auswirkungen des Boulangismus bedeutsam. Bismarck gab zeitweise die Hoffnung auf, daß mit Frankreich auf Dauer ein erträgliches politisches Verhältnis zu erreichen sei, und ging zunehmend davon aus, daß eine dauernde französische Gegnerschaft auf längere Sicht wohl unvermeidlich sei. Ein Mittel, einen französischen Angriff zu verhindern, war militärische Stärke; deshalb übertrieb er im Herbst 1886 bis zum Frühjahr 1887 die französische Bedrohung, um vom Reichstag eine große Heeresvermehrung bewilligt zu bekommen.[45] Bismarck schwankte in diesen Jahren zwischen Hoffnung und Enttäuschung. Manchmal glaubte er, die Franzosen abschrecken zu können, manchmal aber machten sich auch Zeichen echter Entmutigung bemerkbar. Er habe gegenüber Frankreich bisher eine schon servile Politik getrieben, doch sei diese ergebnislos geblieben, beklagte er sich bereits im Oktober 1885 gegenüber dem italienischen Botschafter de Launay.[46] Das deutsch-französische Verhältnis erreichte seinen Tiefpunkt im April 1887 infolge einer Spionageaffäre, des „Falles Schnaebelè", in der beide Seiten nicht ganz im Recht waren: Der französische Polizeikommissar Schnaebelè wurde unter dem Vorwand einer Besprechung auf deutsches Gebiet gelockt und dort wegen Spionage festgenommen. Zwar hatte er zuvor tatsächlich spioniert; die Art der Festnahme entprach jedoch nicht rechtsstaatlichen Normen, und die Wogen der gegenseitigen Erregung gingen hoch. Die Entlassung Boulangers, des „General Revanche", im Mai 1887 führte zwar nach einer gewissen Zeit wieder zu einer Normalisierung der Beziehungen, eine enge Zusammenarbeit wie in der Ära Ferry sollte sich aber in der restlichen Regierungszeit Bismarcks nicht wieder einstellen.

Vor dem Hintergrund des französischen Revanchismus suchte Bismarck Frankreich zu isolieren, da er nicht glaubte, daß es ohne Verbündete einen Krieg gegen Deutschland wagen werde. Als besonders bedrohlich empfand Bismarck eine franko-russische Allianz, zumal eine solche von französischen Revanchisten und russischen Panslawisten schon seit längerem lebhaft propagiert wurde.[47] Aber parallel zum Ende der deutsch-französischen Entente verschlechterte sich auch das deutsch-russische Verhältnis, was durch schwere Spannungen auf dem Balkan verursacht wurde. Im September 1885

---

44 Kennan, Bismarcks europäisches System, S. 277.
45 Palmer, Bismarck, S. 369, ist der Ansicht, Bismarck instrumentalisierte Boulanger: „Hätte es Boulanger, der den Nationalismus der Franzosen anstachelte, nicht gegeben, Bismarck hätte ihn erfinden müssen."
46 De Launay an Robilant, 24.10.1885, ASMAE, Cassette Verdi, Cassetta 1c, Nr. 6.
47 Dazu Kennan, Bismarcks europäisches System, passim.

kam es in Ostrumelien, einem von Bulgaren bewohnten Gebiet, das als türkische Provinz unter der Verwaltung eines osmanischen Statthalters stand, zu einem Volksaufstand, der die Vereinigung mit Bulgarien zum Ziel hatte. Der bulgarische Regent Alexander v. Battenberg nutzte die Chance und vereinigte Ostrumelien mit Bulgarien. Die bisherige, künstliche Teilung Bulgariens war ein Verhandlungsergebnis des Berliner Kongresses gewesen; der bulgarische Alleingang, der weniger ein Akt intriganter Kabinettspolitik als vielmehr das überraschende Ergebnis des Volksaufstandes war, verstieß gegen die dort getroffenen Vereinbarungen. Direkt involviert in diesen Vorgang war die Pforte, da eine Provinz ihrer direkten Kontrolle entzogen wurde; dieser gelang es jedoch relativ schnell, einen Ausgleich mit dem vergrößerten Bulgarien zu finden. Weiter verkompliziert wurde die bulgarische Vereinigung durch die Forderungen der Nachbarstaaten Serbien und Griechenland, die zur Wahrung des Gleichgewichts auf dem Balkan eine dem bulgarischen Machtzuwachs entsprechende Kompensation verlangten.

Das wesentliche Problem bei diesen Streitigkeiten war, daß es sich nicht nur um, wenn auch verwickelte, Regionalinteressen der betroffenen südosteuropäischen Staaten handelte. Denn auch die Großmächte, vor allem Rußland und Österreich-Ungarn, waren involviert; ihre Konfrontation führte bis hart an den Rand eines Krieges. Der Konflikt trägt paradoxe Züge, da eigentlich Rußland mit dieser Vergrößerung Bulgariens hätte sehr zufrieden sein müssen, weil diese zumindest theoretisch sehr gut in das Programm der russischen Panslawisten hineingepaßt hätte. Schon vor dem Berliner Kongreß hatte die zaristische Diplomatie im Frieden von San Stefano vom März 1878 von der Türkei die Einrichtung eines Großbulgarien verlangt, das auch Ostrumelien umfaßt hätte; dieses wurde damals aber durch den Einspruch der anderen Großmächte auf dem Berliner Kongreß verhindert. Doch jetzt wollte die russische Regierung das genaue Gegenteil und die bulgarische Vereinigung des Herbst 1885 wieder rückgängig machen. Über die Widersprüchlichkeit dieses Verhaltens war sich der russische Außenminister Giers durchaus im klaren.[48] Die Hauptursache war darin zu suchen, daß Bulgarien nicht der fügsame, dankbare Satellitenstaat war, den sich die Russen in den siebziger Jahren erträumt hatten; außerdem witterten sie hinter der Vereinigung zu Unrecht deutsche, vor allem aber österreichische Intrigen.[49] Hinzu kam, daß der allzu selbständige bulgarische Regent, Alexander v. Battenberg, der seinen Thron dem Zaren zu verdanken hatte, inzwischen seinem ehemaligen Gönner Alexander III. zutiefst verhaßt war.[50] Die russische Regierung begründete ihren

---

48 Bülow an Bismarck, 25.4.1887, GP 5, Nr. 1073, berichtet, daß Giers gesagt habe: „Denn seit drei Jahren hat sich die Lage im Orient völlig verändert: Damals wollte Rußland ein Großbulgarien, heute wünscht es das Gegenteil."
49 Bülow an Bismarck, 26.10.1885, in: Bußmann, Herbert Bismarck, S. 325–328.
50 Zum Battenberger und zur russischen Bulgarienpolitik ausführlich Kennan, Bismarcks eu-

Wunsch nach der Annullierung der bulgarischen Vereinigung damit, das mühsam erzielte Verhandlungsergebnis des Berliner Kongresses nicht durch den bulgarischen Handstreich gefährden lassen zu wollen. Doch ließ sich der Status quo ante angesichts der Stimmung in Bulgarien nicht so einfach wiederherstellen. Dieser Konflikt wurde noch dadurch verschärft, daß Serbien, damals ein österreichischer Satellitenstaat, sich die von Bulgarien bislang nicht gewährten Kompensationen gewaltsam holen wollte. Es ließ sich von allseitigen Ermahnungen nicht bremsen und unternahm im November 1885 einen militärischen Überfall auf Bulgarien, der jedoch wider Erwarten vollkommen scheiterte. Nur durch die massive Intervention seiner Schutzmacht Österreich wurde Serbien vor den siegreichen Bulgaren gerettet. Griechenland, das seine Kompensationen von der Türkei forderte, dachte ebenfalls daran, diese militärisch durchzusetzen, was angesichts der Überlegenheit der türkischen Armee ein sicheres Fiasko bedeutet hätte. Es wurde von den Großmächten gebremst; hier erwarb sich besonders Italien große Verdienste.[51]

Der bulgarische Regent Alexander von Battenberg war als stolzer Sieger gegen die Serben in Bulgarien sehr populär, was den Ärger der russischen Regierung über die außer Kontrolle geratenen Vorgänge außerordentlich verstärkte. Der russische Drang nach politischer Vorherrschaft zeigte sich in Bulgarien in besonders unverhüllter und plumper Form, da die russische Führung einen Anspruch auf „Dankbarkeit" für ihre Hilfe bei der Staatsgründung zu haben glaubte. Provoziert durch die allzugroße Unabhängigkeit des Battenbergers inszenierten die zaristischen Ratgeber im Lande einen Putsch, und Alexander ging ins Exil. Allerdings kehrte er, vom Volk zurückgerufen, bald wieder zurück, um dann aber durch den außerordentlich massiven Widerstand des Zaren erneut zur – diesmal endgültigen – Abdankung gezwungen zu werden. Als allerdings nach mehreren vergeblichen Anläufen Ferdinand v. Coburg, „ein Katholik, ein Ungar und ein Coburg",[52] darüber hinaus auch noch österreichisch-ungarischer Offizier, von den Bulgaren am 7. Juli 1887 zu seinem Nachfolger erwählt wurde, war die russische Erbitterung groß; sie sah in dem Coburger einen Vasallen Österreichs.[53] Die russische Öffentlichkeit fühlte sich durch die Vorgänge in Bulgarien „grenzenlos blamiert".[54]

---

ropäisches System, S. 123–249; sowie Bülow an Bismarck, 26.10.1885, in: Bußmann, Herbert Bismarck, S. 325–328: „Ohne diesen Zorn [gegen den Battenberger] würde der Kaiser Alexander die bulgarische Bewegung ganz anders beurteilen ..."

51 Cappelli, Robilant, S. 397–399.
52 Rauscher, Kálnoky, S. 122. Zu Ferdinand siehe: Joachim v. Königslöw: Ferdinand von Bulgarien (Vom Beginn der Thronkandidatur bis zur Anerkennung durch die Großmächte 1886 bis 1896), München 1970 (Südosteuropäische Arbeiten, 69).
53 Salvatorelli, Triplice, S. 136.
54 Bülow an ? (vermutlich Holstein, Brief ohne Anschrift und Absender), 15.11.1886, GP 5, Nr. 990.

Bismarck hatte sich an dem Schicksal der kleinen Balkanstaaten vor dem Hintergrund der gesamteuropäischen Lage immer ostentativ desinteressiert gezeigt und von „diesen Schafsdieben" gesprochen, wenn er Griechen, Serben und Bulgaren meinte.[55] Und er hatte immer versucht, den russisch-österreichischen Konflikt durch die Aufteilung des Balkans in eine westliche, österreichische, und eine östliche, russische Einflußzone zu entschärfen. Die österreichisch-ungarische Regierung war aber nicht mehr bereit, anders noch als zu Beginn der achtziger Jahre, Bulgarien als ein russisches Interessengebiet anzuerkennen und einen russischen General als Regenten in Bulgarien zu akzeptieren.[56] Dafür waren die beträchtlichen österreichischen Wirtschaftsinteressen in Bulgarien ausschlaggebend; diese waren weit größer als die russischen, und deshalb wollte Wien das Land nicht dem alleinigen russischen Einfluß überlassen.[57] Bismarck wiederum hatte bislang die österreichische Ablehnung seines Teilungsplans negiert und die deutsche Position dadurch verdeutlicht, daß er die russische Stellung in Bulgarien, die österreichische in Serbien unterstützte. Doch war seine Absicht, die Spannung zwischen beiden Mächten durch eine klare Aufteilung des Balkans in eine österreichische und eine russische Interessenzone zu beseitigen, nun definitiv gescheitert.[58] Das Zarenreich rüstete demonstrativ, und der Ausbruch eines österreichisch-russischen Krieges wurde besonders in Wien zeitweise für unausweichlich gehalten; die österreichische militärische Führung empfahl sogar einen Präventivschlag. Aus dem bulgarischen Konflikt hatte sich eine direkte Konfrontation der beiden Großmächte entwickelt, die im Fall der Eskalation ganz Europa mit Krieg bedrohte.

Natürlich waren diese Gefahren in Wien wie in St. Petersburg sehr gut bekannt. Und deshalb haben sowohl die österreichische als auch die russische Führung in der Zeit zwischen dem Berliner Kongreß und dem Ersten Weltkrieg wiederholt grundlegend und selbstkritisch den Sinn ihrer Balkanpolitik überdacht und die Verantwortlichen auch mehrfach aufrichtig auf eine expansive Politik verzichten wollen.[59] Doch letztlich blieb in beiden Ländern

---

55 Kennan, Bismarcks europäisches System, S. 164; ebenda, S. 140, spricht Bismarck auch von den Problemen, die ein „ehrlicher, gerader Charakter" haben müsse, mit Orientalen umzugehen. Ebenso abfällige Urteile König Milans über Slawen ebenda, S. 141.
56 Rauscher, Kálnoky, S. 125; dazu auch: Bismarck an Reuß, 23.8.1887, GP 5, Nr. 1052; Reuß an Bismarck, 29.8.1887, GP 5, Nr. 1053; Kálnoky an Calice, 29.8.1887, GP 5, Nr. 1054.
57 Die Ministerratsprotokolle Österreichs und der österreichisch-ungarischen Monarchie 1848–1918, 2. Serie: Die Protokolle des gemeinsamen Ministerrates der österreichisch-ungarischen Monarchie 1867–1918, Band 5: 1896–1907, bearbeitet von Eva Somogyi, Budapest 1991, S. LVI: Die Balkanstaaten Bulgarien, Rumänien, Serbien waren um 1904 mit 7–10 % am Gesamtexport der Monarchie beteiligt; bis zu 85 % davon waren Industriegüter.
58 Salvatorelli, Triplice, S. 136.
59 Beispiele: Zar Alexander habe „von den Bulgaren und Südslawen vollkommen genug", in: Auf-

der Wunsch siegreich, daß man auf dem Balkan einen vorherrschenden Einfluß behaupten müsse.[60] Im Endresultat war die Balkanpolitik für die beiden Kaiserreiche eine Quelle unaufhörlicher Enttäuschungen und gefährlicher wechselseitiger Spannungen. Eine aus den Balkangegensätzen entstandene Auseinandersetzung der beiden Mächte und damit ein großer europäischer Krieg konnte in den Jahren 1885–1887 zwar, anders als 1914, vermieden werden, doch wurde das Bundesverhältnis der beiden Mächte nachhaltig erschüttert. Der Dreikaiserbund hatte im Jahre 1884 den europäischen Frieden zementiert erscheinen lassen – und zwar einen Frieden, den die drei Kaiserreiche dem restlichen Europa sogar nach ihren Vorstellungen hätten aufzwingen können. Die jetzt entstandenen starken Spannungen zwischen Österreich-Ungarn und Rußland läuteten das Ende dieser überwältigenden Mächtekombination ein. Der Zar lehnte eine Erneuerung des Abkommens mit Österreich ab,[61] während die Österreicher gerne erneuert hätten.[62] Statt dessen sondierten Russen wie Deutsche die Möglichkeit einer Fortsetzung des Bündnisses zu zweit, was schließlich zum Abschluß des Rückversicherungsvertrags führen sollte.

zeichnung Herbert Bismarcks über ein Gespräch mit Peter Schuwalow vom 6.1.1887, in: GP 5, Nr. 1062. Schweinitz an Bismarck, 30.4.1887, GP 5, Nr. 1074, mit einem Verzicht Giers auf eine deutsche Zusage für die Meerengen; Rußland fehle dazu auf unabsehbare Zeit „die Flotte, das Geld, die Macht" und würde sich nur die Feindschaft anderer Staaten (England, Italien) zuziehen. Der russische Außenminister Fürst Lobanow-Rostowsky sagte kurz nach seinem Amtsantritt 1895, man solle am besten den ganzen Balkan „unter einen Glassturz stellen, bis wir mit anderen dringenden Aufgaben fertig geworden sind". Zitiert in: Protokolle des gemeinsamen Ministerrats 5, S. XXV. Auch Kálnoky äußerte sich ähnlich: Man müsse den Balkanstaaten zeigen, daß die Zeiten vorbei seien, daß Incidenzfälle auf dem Balkan ganz Europa ängstigten, in: Rauscher, Kálnoky, S. 76. Zar Nikolaus II. am 10.8.1897 zu Staatssekretär Bernhard v. Bülow: „Für die Balkanvölker empfindet er keine Sympathie; sie hätten Rußland viel Blut und Geld gekostet, ohne daß Rußland wirklichen Dank und echte Treue geerntet hätte. Die Balkanvölker dächten nur an sich selbst, sie wären durch und durch egoistisch. Aber freilich dürfe Rußland als orthodoxe und slawische Macht seine Glaubens- und Stammesgenossen auf der Balkanhalbinsel nicht zu Grunde richten lassen." In: Bülow, Denkwürdigkeiten I, S. 99.

60 Diese Ansicht hat sich teilweise in die historische Literatur unserer Tage hinübergerettet: Beispiel: Fellner, Dreibund, beurteilt den Balkan als „eigenstes Interessengebiet" der Monarchie (S. 39) und charakterisiert das italienische Recht auf Mitsprache auf dem Balkan mit guten Gründen als „künstlich konstruierten Anspruch" (S. 35). Diese Kritik könnte jedoch, wenn auch in abgeschwächter Form, auch an die Wiener Adresse gerichtet werden.
61 Schweinitz an Bismarck, 4.5.1887, GP 5, Nr. 1075 (S. 228), berichtet von den entsprechenden innerrussischen Beratungen über die Fortsetzung des Dreikaiserbündnisses: „...der Monarch wollte durchaus nichts davon hören, er habe Vertrauen und hohe Achtung für Kaiser Franz Joseph, aber die österreichisch-ungarische Regierung lasse ihn nicht nur jedesmal, wenn es darauf ankomme, im Stich, sondern sie insultiere ihn noch dazu, wie dies in den Delegationsreden geschehen sei; er wolle nicht länger Komödie spielen."
62 Reuß an Bismarck, 18.5.1887, GP 5, Nr. 1079.

Mit dem Dreikaiserbund brach ein Hauptbestandteil des Bismarckschen Bündnissystems zusammen, und es stellte sich die Frage des adäquaten Ersatzes. Berlin stand zwischen Wien und St. Petersburg; beide verlangten Unterstützung ihrer jeweiligen Balkanpositionen. In Österreich wurde befürchtet, der Kanzler und sein Sohn Herbert, inzwischen zum Staatssekretär des Auswärtigen Amtes avanciert, seien mehr russisch als österreichisch gesonnen. Herbert Bismarck dachte angesichts „der Schwäche und des Ungeschicks unserer Alliierten" sogar schon daran, den Zweibund auslaufen zu lassen und durch eine neue Gruppierung zu ersetzen. Er war gegen die Donaumonarchie sehr kritisch: „Die gierigen und dabei impotenten österreichischen Hungerleider mit ihren verrückten Ansprüchen bringen uns jetzt um alle Ruhe in unseren Erwägungen, denn wir müssen an ihre möglichen Dummheiten jetzt mehr denken als an uns selbst."[63] Die deutsche Politik war, wenn auch nicht infolge eigener Ansprüche – schließlich hatte Bismarck wiederholt und eindringlich das deutsche Desinteresse an den Verhältnissen auf dem Balkan erklärt, der nach seinem berühmten Diktum nicht die Knochen eines einzigen pommerschen Musketiers wert sei –, sondern durch ihre Allianzpolitik in die Balkanfragen tief involviert. Bismarcks Interesse lag darin, es nicht zu einem russisch-österreichischen Krieg kommen zu lassen und nach Möglichkeit den Dreikaiserbund zu retten; dies vor dem Hintergrund einer möglicherweise sonst drohenden französisch-russischen Allianz. Er hatte im übrigen wenig Verständnis, ja geradezu Hohn für die Balkanimperialismen Österreichs und Rußlands; ihm war klar, daß dabei für beide Großmächte auch im besten Falle nichts herausspringen würde.

Diese europäische Krise in Ost und West wurde noch weiter verschärft durch die englische Haltung. Großbritannien war mit Frankreich wegen Ägypten chronisch verfeindet und mit Rußland wegen Afghanistan 1885 fast in einen Krieg geraten. Jetzt bekämpfte es den russischen Einfluß in Bulgarien und stellte sich auch dem russischen Streben nach den Meerengen scharf entgegen. Bismarck versuchte, den englisch-russischen Gegensatz nach Kräften zu vertiefen und Großbritannien in Bulgarien zu engagieren, um Österreich aus der Schußlinie zu bringen. Doch wurde ihm diese Politik durch einen Kurswechsel der englischen Politik erschwert; der konservative Premier Salisbury wurde durch den liberalen Gladstone abgelöst, der nicht gewillt war, sich auf dem Balkan zu exponieren.

Die europäische Doppelkrise, die im Laufe des Jahres 1887 ihren Höhepunkt erreichte, war der Ausgangspunkt für das Entstehen einer neuen Mächtekonstellation in Europa; es zeichnete sich eine von französischen Revanchisten und russischen Panslawisten heftig propagierte Annäherung bei-

---

63 Niederschrift Herbert Bismarcks vom 8.10.1886, abgedruckt in: Bußmann, Bismarck, S. 392 f., Zitat S. 393.

der Mächte ab.[64] Aus der bulgarischen Krise resultierten neben den schweren österreichisch-russischen Spannungen, die zur Nichtverlängerung des auslaufenden Dreikaiserbundes und zur unmittelbaren Kriegsgefahr führten, auch deutsch-österreichische Gegensätze, da sich die Donaumonarchie in ihren Balkanambitionen vom Deutschen Reich im Stich gelassen fühlte. Eine weitere Konsequenz war, daß sich in der russischen Öffentlichkeit eine „unklare Antipathie gegen das deutsche Wesen" bemerkbar machte.[65] Folge war außerdem, daß infolge des Auslaufens des Dreikaiserbundes der Dreibund an Bedeutung zunahm; das Gewicht Italiens in einer möglichen diplomatisch-militärischen Konstellation erhöhte sich. Dies war der politische Hintergrund, vor dem sich in den Jahren 1885–1887 die komplizierten Verhandlungen über die Erneuerung des im Juni 1887 auslaufenden ersten Dreibundvertrages hinzogen, und in denen es der italienischen Politik gelang, ihre Partner zu wesentlichen Konzessionen zu zwingen.

Italien war im übrigen aus mehreren Gründen an den Balkanstreitigkeiten auch unmittelbar interessiert. Die italienische Regierung befürchtete besonders, daß eine Änderung der politischen Herrschaft auf dem Balkan und an der dalmatinischen Küste zu österreichischen Gunsten das strategische Gleichgewicht in der Adria verändern würde. Das italienische Balancedenken – oder, wie Robilant und de Launay sich ausdrückten, das Bestreben, vom Gleichgewicht im Mittelmeer zu retten, was noch zu retten war[66] – besaß ohnehin eine zentrale Bedeutung in der italienischen Außenpolitik. Störungen des Gleichgewichts erwartete die italienische Diplomatie für den Fall, daß Österreich-Ungarn eine zielstrebige Balkanexpansion in südlicher Richtung in Gang setzen würde. Die Donaumonarchie kontrollierte seit dem Berliner Kongreß den Sandjak Novibazar; daraus wurde bis hin zur bosnischen Annexionskrise 1908 in Europa allgemein, besonders aber in Italien auf expansive österreichische Absichten in Richtung auf Saloniki geschlossen.[67] In Italien wurde befürchtet, daß die Habsburgermonarchie plötzlich den gesamten westlichen Balkan kontrollieren und damit auch die Adria beherrschen würde; mit Saloniki besäße sie dann auch noch einen wichtigen Mittelmeerhafen. Sollten dazu auch noch infolge einer friedlichen Einigung zwischen der Donaumonarchie und dem Zarenreich die Russen Konstantinopel und die Meerengen kontrollieren, wäre das Gleichgewicht im Mittelmeerraum tatsächlich wesentlich verschoben worden.[68]

---

64 Dazu Kennan, Bismarcks europäisches System, passim.
65 Bülow an Holstein (?, Adressat unklar), 15.11.1886, GP 5, Nr. 990; Salvatorelli, Triplice, S. 108.
66 De Launay an Robilant, 21.10.1885, Robilant an de Launay, 22.10.1885: ASMAE, Cassette Verdi, Cassetta 1c, Nr. 4 und 5. De Launay schrieb: „ ... sauvegarder ce qui reste del l'equilibre dans la Mediterranée."
67 Siehe dazu unten, vor allem S. 491–498.
68 Robilant an de Launay und Nigra, 7.10.1886, ASMAE, Cassette Verdi, Cassetta 1b, Nr. 30.

Für Großbritannien und Italien war ein solcher Ausgang der Orientkrise ein Alptraum, für Bismarck ein Wunschbild; denn so wäre der österreichisch-russische Gegensatz beseitigt, der russisch-englische Gegensatz vertieft und seine eigene Politik erheblich erleichtert worden.

Ein tatsächliches Ausgreifen Österreich-Ungarns bis zum Ägäischen Meer blieb jedoch aus, da angesichts des brüchigen inneren Gleichgewichtes der Monarchie vor allem Ungarn jede weitere Expansion und jeden weiteren Zugewinn an slawischer Bevölkerung für eine verhängnisvolle Störung des dualistischen Staatsaufbaus hielt und deshalb blockierte. Die österreichische Regierung beschränkte sich im wesentlichen auf die Besitzstandwahrung und die Verhinderung des russischen Ausgreifens auf dem Balkan. Deutsche Diplomaten sprachen von der „negativen" oder „passiven Ambition" Österreichs.[69] Immerhin bestand die Möglichkeit zur Expansion und wurde auch innerhalb der Monarchie, zeitweise sogar sehr heftig, diskutiert.[70] Die italienische Regierung wollte jedenfalls von einer solchen Machtverschiebung auf dem Balkan nicht überrascht werden und meldete deshalb ihr Recht auf Mitsprache und Kompensation vorsorglich an.

> Kein Ressort verträgt weniger als das der auswärtigen Politik eine zwiespältige Behandlung; eine solche würde für mich in derselben Kategorie der Gefährlichkeit stehen wie etwa im Kriege das Verfahren eines Brigadiers und seines Divisionärs nach einander widersprechenden Operationsplänen.
>
> Bismarck an Arnim, am 20. Dezember 1872

c) Divergierende Konzepte zur Lösung der europäischen Doppelkrise in Berlin und Wien

Angesichts der für den europäischen Frieden gefährlichen politischen Gesamtlage ist es nicht erstaunlich, daß in den an der Krise beteiligten Regierungen unterschiedliche politische und militärische Optionen und Hand-

---
69 Reuß an Holstein, 1.2.1887, in: Holstein, Geheime Papiere 3, Nr. 205.
70 Fellner, Dreibund, S. 107: Andrássy habe nach dem Berliner Kongreß zu Kaiser Franz Joseph gesagt, nun seien die Tore nach Saloniki offen. Weiteres Beispiel: Eine Diskussion in der ungarischen Delegation am 6.10.1885, die mit Rufen: „Nach Saloniki! Nach Saloniki!" der Abgeordneten endete. In: Chiala, Triplice, S. 414. Darauf angesprochen, entgegnete Robilant, daß Tisza sich in dieser Frage lediglich Handlungsfreiheit vorbehalten habe im Falle unvorhergesehener Ereignisse, nicht aber eine Interventionsabsicht in Richtung Saloniki propagiert habe. Dies entsprach den Tatsachen. Ebenda, S. 420.

lungsstrategien erörtert wurden. Im folgenden sollen die Entscheidungsgänge in Berlin und Wien kurz dargestellt werden, um feststellen zu können, welche Ziele während der Doppelkrise verfolgt wurden, welche Rolle die Allianz in den jeweiligen Kalkülen einnahm und um anschließend den Stellenwert Italiens untersuchen zu können.

Um in Berlin anzufangen: Hier wurde die Suche nach angemessenen Antworten auf die außenpolitischen Erfordernisse dadurch verkompliziert, daß sich aufgrund des fortgeschrittenen Alters der führenden Persönlichkeiten ein Machtwechsel an der Spitze abzeichnete. Wilhelm I. war inzwischen über neunzig und altersschwach, sein Sohn seit 1887 unheilbar krebskrank; sein Enkel, Prinz Wilhelm, fühlte sich schon als Thronfolger und nutzte das entstehende Vakuum zu Intrigen in eigener Sache.[71] Auch Moltke und Bismarck hatten inzwischen ein hohes Alter erreicht; der erste wurde dann im August 1888 durch seinen bisherigen Gehilfen, Graf Waldersee, als Generalstabschef abgelöst. Bismarck hingegen dachte nicht daran, abzutreten, sondern suchte seine Macht zu festigen, vor allem für den Fall eines Regierungsantritts Friedrichs III. und seiner englischen Gemahlin, die einen innenpolitisch liberalen, außenpolitisch anglophilen, antirussischen Kurs zu steuern beabsichtigten.[72]

Die außenpolitischen Grundideen des Kanzlers waren unverändert: Nämlich den Frieden durch Abschreckung zu sichern und daher militärisch weiterzurüsten;[73] potentielle Angreifer durch entsprechend angelegte Bündnisse zurückzuhalten; und sollte sich ein Krieg doch nicht vermeiden lassen, dem Deutschen Reich wenigstens die bestmögliche Ausgangsbasis zu schaffen. Den Krieg empfand er nach wie vor als Kalamität, die es nach Möglichkeit zu vermeiden gelte.[74] Er suchte deshalb auch die aus dem Dreibund- und Zweibundverhältnis zu Österreich resultierenden Pflichten möglichst scharf einzugrenzen. Er wollte zwar, wie dies auch der Zweibundvertrag von 1879 vorsah, Österreich bei einem unprovozierten russischen Angriff beistehen und ließ gegenüber der russischen Regierung keinen Zweifel an dieser Bereitschaft, wohl

---

71 Dazu Roehl, Wilhelm II, S. 557–821.
72 Roehl, Wilhelm II, ebenda; Riehl, Tanz um den Äquator, passim.
73 Bismarck sagte im März 1887 zu Kronprinz Rudolf: „Gefahr ist immer da, wir müssen sehr arbeiten, uns vorbereiten, die Armee vergrößern, die Bewaffnung vermehren; denn in dem Gerüstetsein liegt eine Friedensbürgschaft, und der Grundsatz, die Völker würden nicht mehr lange diesen bewaffneten Frieden aushalten, sei nur leeres Geschwätz. Und wenn es losgeht, dann sollen wir unter schneidiger Führung so schnell als möglich vorgehen ..." In: Rudolf an Kálnoky, 19.3.1887, zitiert bei Stickler, Erzherzog Albrecht, S. 472.
74 Anders in der Gewichtung Canis, Bismarck und Waldersee, passim. Canis folgert aus den Quellen, daß Bismarck planmäßig Rußland und Österreich in einen Krieg habe verwickeln wollen, um dann selbst einen Krieg gegen Frankreich anfangen zu können. Diese angeblichen Absichten stehen aber sowohl mit zahlreichen Äußerungen Bismarcks im Widerspruch als auch mit dem historischen Ablauf der Krise; hätte Bismarck einen russisch-österreichischen Krieg wirklich gewollt, hätte er ihn mit wenig Mühe herbeiführen können. Dazu S. 195, 218.

schon, um diese abzuschrecken.[75] Er wollte aber andererseits den Österreichern, über deren Unberechenbarkeit er wiederholt klagte, keinen Blankoscheck für einen Angriffskrieg gegen Rußland geben; vor allem die antirussischen „ungarischen Ambitionen" schienen ihm gefährlich.[76] Und wenn die Habsburgermonarchie unbedingt Krieg gegen das Zarenreich führen wolle, dann solle sie sich andere Verbündete suchen, Italien und England, vielleicht auch die Balkanstaaten; denn Deutschland würde in einem solchen Fall genug mit der Abwehr des revanchistischen Frankreich im Westen zu tun haben.[77] Bismarck tat das seine, der Donaumonarchie diese Verbündeten zu verschaffen, denn wenn es schon zum Krieg auf dem Balkan kommen sollte, wollte er England auf österreichischer Seite mit dabei haben. Dies würde ihm wiederum die Möglichkeit eröffnen, gegebenenfalls einen Separatkrieg mit Frankreich führen zu können. Doch waren dies nur Optionen, von denen Bismarck hoffte, sie nicht einlösen zu müssen. Das liebste wäre ihm gewesen, das Dreikaiserbündnis oder zumindest erträgliche Beziehungen zu Rußland über die Krise zu retten. Um das Zarenreich deutscherseits nicht zu verärgern, untersagte er auch jede amtliche Unterstützung des Battenbergers, der als deutscher Fürst im Deutschen Reich sehr populär war.[78] Besonders Kronprinzessin Victoria empfand für Alexander v. Battenberg eine schwärmerische Begeisterung und bemühte sich, ihn mit ihrer Tochter Victoria zu verheiraten, was Bismarck unter Rücktrittsdrohung zu verhindern wußte. Die Kronprinzessin vertrat eine radikal antirussische Politik; für sie war das Zarenreich „die Pest der Welt" und der Hauptgegner des Deutschen Reiches.[79] Auch die deutsche Öffentlichkeit und Presse war, schon als Reaktion auf die verfehlte russische Balkanpolitik, schroff antirussisch und drohte die Bismarcksche Außenpolitik zu erschweren.[80] Doch für den Kanzler war und blieb Ruß-

---

75 Bismarck an Herbert Bismarck, 10.10.1886. Außerdem besaß das Deutsche Reich nach seiner Ansicht in einem russisch-österreichischen Kriegsfall nur begrenzte Handlungsfreiheit; es könne wohl zugeben, „daß Österreich eine Schlacht verlöre, aber nicht, daß es vernichtet oder tödlich verwundet oder von Rußland abhängig würde. Die Russen sind dazu doch nicht maßhaltend genug, daß wir mit ihnen allein auf dem Kontinent leben könnten." in: Bußmann, Bismarck, S. 393. Der Abschreckung Rußlands diente auch die Veröffentlichung des Zweibundvertrages im Februar 1888.
76 Helmut Krausnick: Holsteins Geheimpolitik in der Ära Bismarck 1886–1890, Hamburg 1942, S. 81. Im Januar 1887 stellte Bismarck dem russischen Botschafter Schuwalow gegenüber fest, er habe 1879 geglaubt, es mit einem mächtigen Kaiser zu tun zu haben. Jetzt müsse er einsehen, daß er sich in Wirklichkeit mit einem ungarischen Parlament verbündet habe. Zitiert bei Kennan, Bismarcks europäisches System, S. 276.
77 Kennan, Bismarcks europäisches System, S. 278.
78 Nipperdey, Machtstaat, S. 455.
79 Krausnick, Holsteins Geheimpolitik, S. 87.
80 Stickler, Erzherzog Albrecht, S. 476, zitiert aus einem Brief Erzherzog Albrechts an Beck vom 30.10.1887.

land das A und O der deutschen Außenpolitik. Ihm wurde dabei von seinem Sohn Herbert nach Kräften sekundiert. Dieser wollte die Balkanfrage im Sinne seines Vaters gelöst wissen und schrieb: „Die ganze Lage muß so gefingert werden, daß England und Rußland sich in unvermitteltem Antagonismus hart gegenüber zu stehen kommen. Wenn nur die dummen Österreicher die Finger nicht zwischen die beiden Puffer stecken!"[81]

Ein Novum war, daß sich innerhalb des von Bismarcks gewaltiger Persönlichkeit und seinem großen Prestige erdrückten und zutiefst eingeschüchterten deutschen diplomatischen Apparates[82] Widerstand gegen seine Politik regte, der sich auch bei den Dreibundverhandlungen bemerkbar machen sollte. Geheimrat Friedrich v. Holstein, später die berüchtigte Graue Eminenz des Auswärtigen Amtes, war bisher ein treuer Adept des alten Bismarcks gewesen. Jetzt befand er, die geistigen Kräfte des Meisters ließen doch nach; er empfand dessen Diplomatie als sprunghaft und inkonsequent, und außerdem ersehnte er sich eine Politik klarer Verhältnisse.[83] Bismarcks stets wohlberechnetes Entgegenkommen gegenüber anderen Mächten erschien ihm als Nachgiebigkeit ohne erkennbare Gegenleistung; seine Versuche, durch diplomatisches Finassieren und Taktieren die Krise friedlich zu überstehen, hielt er für überflüssig. Holsteins Anschauungen wurden durch einen „tendenziösen a priori Pessimismus" hinsichtlich Rußlands geprägt.[84] Deshalb hielt er die russophile Politik Bismarcks für sinnlos und wollte das bisherige Dreikaiserbündnis durch eine Allianz mit Österreich-Ungarn, Italien und Großbritannien[85] ersetzen. Auch die Vorstellung eines Krieges dieser Mächte gegen Rußland schreckte ihn nicht.[86] Um diese neue Gruppierung zu stärken, förderte Holstein auch die österreichisch-italienische Zusammenarbeit; der Dreibund als Herz einer außenpolitischen Neuorientierung besaß für ihn einen besonders hohen Stellenwert. Er versuchte seine Vorstellungen unter Umgehung seiner Vorgesetzten durch direkte Einwirkung auf die österreichischen Diplomaten in Wien zur Geltung zu bringen.[87] So brachte er es beispielsweise im Januar 1887 fertig, dem österreichischen Botschafter in Berlin, Széchényi, zu

---

81 Herbert Bismarck an Bülow, 31.10.1885, in: Bußmann, Bismarck, S. 331 f., Zitat S. 332.
82 Dazu Gordon A. Craig: Deutsche Geschichte 1866–1945. Vom Norddeutschen Bund bis zum Ende des Dritten Reiches, München 1980, S. 129–134, besonders auf S. 132 sehr kritische Bewertung der „lähmenden Furcht", die Bismarck im diplomatischen Dienst verbreitete. Sehr anschaulich und dieses unterstreichend die entsprechenden Kapitel der unveröffentlichten Memoiren des Grafen Solms. In: PA/AA, Nachlaß Solms.
83 Krausnick, Holsteins Geheimpolitik, S. 80.
84 Ebenda, S. 71.
85 Ebenda, S. 85.
86 Ebenda, S. 80.
87 Ebenda, passim. Über die eigene Konzeption und Nebendiplomatie Holsteins dort S. 81 f. Holsteins Vorgehen kann von der Intention her mit dem Vorgehen Baron Blancs bei den ersten Dreibundverhandlungen verglichen werden.

beichten, ein Krieg gegen Frankreich sei nach seiner Ansicht unvermeidlich und deshalb die Offensive die beste Defensive, aber der Kaiser und Bismarck seien zu alt, um noch Entschlüsse von solcher Tragweite zu fassen.[88] Wenn auch Holsteins Erfolge begrenzt blieben, so ging von seinen Intrigen doch eine potentielle Gefährdung der Bismarckschen Außenpolitik aus.[89]

Einen wieder anderen Ausweg aus der Doppelkrise propagierten die Militärs, das heißt, der alte Feldmarschall v. Moltke und Generalquartiermeister Waldersee. Beide hielten einen Präventivkrieg für die beste Lösung der sich abzeichnenden russisch-französischen Zweifrontendrohung. Besonders Waldersee erwies sich als extremer Kriegstreiber,[90] während Moltke ein sehr nachdenklicher Mann war und den Argumenten der Bismarcks gegen eine kriegerische Lösung jederzeit offen blieb.[91] Waldersee hingegen suchte sich des unreifen und selbst rücksichtslos ehrgeizigen Prinzen Wilhelm zur Durchsetzung seiner Ambitionen zu bedienen. Seine Vorschläge wären auf einen Krieg gegen Rußland und Frankreich hinausgelaufen. Waldersee konspirierte auch mit seinen österreichischen Kollegen, Armeeinspektor Erzherzog Albrecht und Generalstabschef Beck; die „Kriegspartei" in Berlin (deren Existenz Bismarck vergeblich zu leugnen suchte[92]) und die in Wien arbeiteten eng zusammen und dachten über eine geeignete Strategie für den Krieg gegen Rußland nach.

Insgesamt bleibt aber, bei der Gewichtung der unterschiedlichen Ansichten innerhalb der deutschen Führung, doch festzuhalten, daß Bismarck während der europäischen Doppelkrise sich zu jedem Zeitpunkt als derjenige erwies, der in Deutschland das letzte Wort hatte und seine Vorstellungen durchzusetzen vermochte.

Und wie sah es unterdessen in Wien aus? Ebenso wie in den deutschen, so prallten auch in den österreichisch-ungarischen Führungskreisen unterschiedliche außenpolitische Konzepte aufeinander. Auf die Frage, wie Österreich seinen Einfluß auf dem Balkan sichern und ausbauen und wie sein zukünftiges Verhältnis zu Rußland aussehen solle, wurden sehr unterschiedliche Antworten gegeben. Zu Beginn hatte in den politisch entscheidenden Kreisen eine eher friedfertige Haltung überwogen. Der Kaiser selbst meinte im Gespräch mit dem

---

88 Széchényi an Kálnoky, 19.1.1887, HHStA, PA I, 462.
89 Krausnick, Holsteins Geheimpolitik, S. 85, beurteilt Holstein sehr kritisch und wirft ihm vor, sein Lebenselement sei die Intrige gewesen. Zur Einschätzung der Gefährlichkeit seiner Schachzüge ebenda, S. 82. Kritische Bewertung von Holsteins Nebenaußenpolitik bei Hildebrand, Reich, S. 128.
90 Kennan, Bismarcks europäisches System, S. 277, bezeichnet Waldersee als „hitzköpfigen Militaristen"; über Waldersees Pläne auch ebenda, S. 436; ausführlich dazu Canis, Bismarck und Waldersee, passim. Ausführliche und negative Bewertung Waldersees bei Röhl, Wilhelm II., besonders S. 599–627; 739–755.
91 Stickler, Erzherzog Albrecht, S. 480.
92 Stickler, Erzherzog Albrecht, S. 472.

König von Sachsen, „Österreich sei enorm friedensbedürftig, und ein Krieg mit Rußland würde ein Unglück auch beim Siege sein"[93]. Ebenso wie sein Kaiser wollte auch Kálnoky die guten Beziehungen zu Rußland bewahren, gleichzeitig aber den österreichischen Einfluß auf dem Balkan sichern. Anders als die Russen annahmen, waren die Österreicher nicht die heimlichen Drahtzieher der bulgarischen Vereinigung gewesen. Kálnoky stimmte sogar dem russischen Wunsch auf Wiederherstellung des Status quo ante in Bulgarien zu; allerdings war darüber, wie erwähnt, die Entwicklung auf dem Balkan hinweggegangen. Dadurch, daß sich Bulgarien dem russischen Einfluß zu entziehen suchte und Serbien nach wie vor ein – wenn auch unberechenbarer[94] – österreichischer Satellitenstaat war, hatte die Donaumonarchie plötzlich zwei Eisen im Feuer und dachte nicht daran, diesen Vorteil wieder preiszugeben. Doch der Preis dafür war die nachhaltige Verstimmung Rußlands, die wiederum mit einer weitverbreiteten und ständig wachsenden antirussischen Stimmung in weiten Teilen der österreichisch-ungarischen Führungsschicht korrespondierte. Der Thronfolger, Erzherzog Rudolf, wandte sich gegen Kálnokys „russophile Politik"[95], und vor allem die Ungarn drängten Kálnoky zu einer energischen antirussischen Haltung. Andrássy, der seit der von den Russen 1849 niedergeschlagenen Revolution ein glühender Russenfeind war,[96] nahm mehrfach in der ungarischen Delegation das Wort, um seinen zweiten Nachfolger wegen dessen angeblicher Nachgiebigkeit gegenüber dem Zarenreich scharf anzugreifen. Kálnoky klagte zwar über den „kindlichen Chauvinismus der Magjaren"[97], mußte aber doch darauf Rücksicht nehmen. Er änderte seine Haltung gegenüber Rußland insoweit, daß er nun kein russisches Primat in Bulgarien mehr anerkannte und auch eine russische Okkupation des Fürstentums nicht dulden wollte.[98] Anders als Bismarck mußte sich Kálnoky der öffentlichen Meinung beugen und befürchtete schon, wegen seiner defensiven Politik und seinem Glauben, den Frieden erhalten zu können, zum allgemeinen Gespött zu werden.[99] Auch widersprach er der ungarischen These von der Unvermeidlichkeit eines Krieges gegen Rußland nicht mehr kategorisch. Er sagte am 13. Novem-

---

[93] Herbert Bismarck an Rantzau, 31.10.1886, in: Bußmann, Staatssekretär, S. 400.
[94] Nur ein Beispiel für dieses Verhältnis beider Staaten: Kálnoky versuchte Milan vom Angriff gegen Bulgarien abzuhalten; als dieser doch angriff, wünschte Kálnoky trotzdem „besten Erfolg", in: Rauscher, Kálnoky, S. 76.
[95] Rauscher, Kálnoky, S. 79.
[96] Rauscher, Kálnoky, S. 92.
[97] Rauscher, Kálnoky, S. 75.
[98] Rauscher, Kálnoky, S. 91.
[99] Albrecht an Beck, 30.10.1887, zitiert Kálnoky mit der Feststellung, „seine Ansichten [der Friede könne erhalten werden] nicht zu verbreiten, denn viele würden mich auslachen". Zitiert in: Edurard v. Glaise-Horstenau, Franz Josephs Weggefährte, Das Leben des Generalstabschefs Beck. Nach seinen Aufzeichnungen und hinterlassenen Dokumenten, Zürich/Leipzig/Wien 1930, S. 460 f.

ber 1886 im ungarischen Delegationsausschuß für Auswärtige Angelegenheiten: „Wir wollen den Frieden, gewiß nicht den Frieden um jeden Preis."[100]

Der Kriegswunsch der österreichisch-ungarischen Führungsschicht nahm mit Fortdauer der Krise weiter zu und erreichte einen Höhepunkt, als die Russen im Jahre 1887 demonstrativ große Truppenmassen an ihre Westgrenze verlegten. Diese Geste wurde zunächst nur als diplomatische Drohgebärde verstanden und selbst von den Militärs nicht sonderlich wichtig genommen; Bismarck nahm dies ernster und empfahl Gegenmaßnahmen. Dann wuchs die Neigung der maßgeblichen österreichischen militärischen Planer, besonders Erzherzog Albrechts und des Generalstabschefs Beck, Rußland präventiv zuvorzukommen; ein Krieg mit Rußland wurde zeitweise als unvermeidlich angesehen.[101] Sie wurden dabei von dem unermüdlich zum Krieg drängenden Waldersee ermuntert. Der Kriegswunsch in der Donaumonarchie erreichte erschreckende Ausmaße, und die Österreicher machten den Deutschen sogar Vorwürfe, daß sie „den Krieg gegen Rußland zu vermeiden suchten"[102]. Sogar Kaiser Franz Joseph beklagte sich beim deutschen Militärattaché, Oberst Graf Wedel, daß Deutschland in der bulgarischen Frage Rußland die Stange halte und von einer eventuellen militärischen Beteiligung an einem Kriege gegen Rußland nichts wissen wolle.[103] Und im Januar 1888 stellte er fest, er sei zwar ebenso friedliebend wie die deutsche Regierung, aber man solle in Berlin doch einsehen, „daß politisch defensiv und militärisch offensiv keine Gegensätze sind"[104]. Daß ein als Präventivkrieg verstandener österreichischer Angriff auf Rußland verhindert wurde, war wesentlich der strikten Weigerung Bismarcks zu verdanken, den Österreichern bei einem vom Zweibundvertrag nicht gedeckten eigenen Angriff zu assistieren.

Während Bismarck einen russischen Krieg mit aller Kraft zu vermeiden suchte, unternahm Kálnoky mit vergleichbarer Zähigkeit wiederum alles, um die Donaumonarchie aus deutsch-französischen Streitigkeiten herauszuhalten. Für ihn kam es bei allen Verhandlungen darauf an, gegen Rußland fest aufzutreten, sich dabei der deutschen Bündnistreue zu versichern, ohne jedoch ein Engagement im Westen, gegen Frankreich, übernehmen zu müssen.[105]

In den widersprüchlichen und kaum zu koordinierenden Interessen der beiden Verbündeten lag auch eine Friedensgarantie; da sich beide Seiten nicht

---

100 Rauscher, Kálnoky, S. 90.
101 Bülow an Bismarck, 30.12.1886, GP 5, Nr. 1061, zitiert Giers, der meinte, daß überall von einem im nächsten Frühjahr bevorstehenden allgemeinen Krieg geredet werde. Doch er, Giers, „glaube nicht, daß es zu einem solchen Kriege kommen werde".
102 Aufzeichnung Rantzaus, 16.12.1886, GP 5, Nr. 1025.
103 Am 9.12.1886, GP 5, S. 149, Anm. *.
104 Deines an Waldersee, 23.1.1888, zitiert bei Stickler, Erzherzog Albrecht, S. 481.
105 Kálnoky an Széchényi, 2.2.1887, HHStA PA I, 462: „Jedenfalls haben wir erreicht was wir anstrebten, nämlich uns in kein Engagement im Westen hineinziehen zu lassen."

über den Hauptgegner einigen konnten und den Verbündeten jeweils nur für die eigenen Ziele einsetzen wollten, kam es nicht zu einer entsprechend koordinierten militärischen Aktion. Außerdem konnten sich die Militärs gegen den Willen der politischen Führung, den Frieden zu erhalten, nicht durchsetzen. Bismarck und Kálnoky, nicht Waldersee, Beck und Erzherzog Albrecht hatten das letzte Wort bei der Gestaltung der Bündnispolitik während der „europäischen Doppelkrise".

> ... quindi è suprema necessità il far in modo che a fronte di altri positive vantaggi dell'alleanza, gli italiani il cui spirito è eminentemente pratico si persuadano che quell'alleanza è positivamente proficua per l'Italia.
>
> Robilant, am 8. Oktober 1885

d) Die machtpolitische Aufwertung Italiens durch die europäische Doppelkrise

Doch spielte bei diesen Verwicklungen auch der dritte Verbündete eine wichtige Rolle. Italien stand während der europäischen Doppelkrise weniger im Zentrum des Geschehens als die Zweibundmächte. Trotzdem waren die Vorgänge für Italien nichts weniger als gleichgültig, da es dem Deutschen Reich im Fall eines französischen Angriffs Bündnishilfe leisten mußte. Während eines österreichisch-russischen Krieges konnte Italien zwar neutral bleiben, doch war es auch an diesem Fall nicht desinteressiert. Ein Vordringen Rußlands oder Österreichs auf dem Balkan wurde von der „classe politica" scharf abgelehnt, eine autonome Entwicklung der Balkanstaaten bevorzugt. Sollte es aber zu Verschiebungen zwischen den beiden Großmächten kommen, hoffte die italienische Regierung auf Verwicklungen, aus denen sie machtpolitische Vorteile ziehen konnte; dies bezog sich auf Kompensationen und möglicherweise auch auf die siegreiche Teilnahme an einem Krieg, mit der dann die Erinnerung an 1866 getilgt werden könne. Nach Ansicht des österreichisch-ungarischen Botschafters in Rom, Bruck, war „man ... eher kriegerisch gesinnt, und würde es vielleicht nicht ungerne sehen die befürchteten Complicationen eintreten zu sehen ... Das einzige, was hierorts wirklich befürchtet wird, wäre der Ausbruch eines Krieges zwischen Deutschland und Frankreich, bei welchem Italien einzutreten hätte, ohne dass weder Österreich-Ungarn, noch Rußland irgendwie engagiert wären."[106] Tatsächlich war für die italienische

---

106 Bruck an Kálnoky, 26.2.1887, HHStA, PA XI, 101.

Regierung ein österreichisch-russischer Krieg eine machtpolitisch vielversprechende Perspektive, da sich hier die Chance abzeichnete, als Tertius gaudens diplomatische oder sogar territoriale Vorteile erzielen zu können.

Doch auch ohne Krieg verbesserte sich infolge der Doppelkrise die internationale Stellung Italiens erheblich. Das Deutsche Reich benötigte Italien dringend als Bundesgenossen gegen Frankreich, sei es in einem Kriegsfall, sei es, um durch die bloße Existenz einer deutsch-italienischen Allianz die Franzosen von einem Angriff abzuhalten. Und Österreich-Ungarn brauchte, vor dem Hintergrund eines drohenden Krieges mit Rußland, unbedingt einen freien Rücken gegenüber Italien, also die Neutralität oder besser noch eine aktive militärische Unterstützung. Sowohl die deutsche wie die österreichisch-ungarische Regierung waren sich der Notwendigkeit bewußt, sich das italienische Vertragsverhältnis und Wohlwollen auch um den Preis großen politischen Entgegenkommens erhalten zu müssen. Die bisherige verächtliche Gleichgültigkeit war nun nicht mehr am Platz, zumal Italien in dieser politischen Situation ohnehin einen, wenn auch eher scheinbaren als tatsächlichen, größeren diplomatischen Spielraum als die Zweibundmächte hatte. Die französische Regierung, die über den bevorstehenden Ablauf des ersten Dreibundvertrages unterrichtet war, bot Italien ein Bündnis und eine Teilung der Interessensphären im Mittelmeer an; auch versprachen die Franzosen (erneut) Tripolis. Ministerpräsident Freycinet ließ weiteste Gesprächsbereitschaft und Entgegenkommen erkennen und sagte zum italienischen Botschafter in Paris, Ressmann: „Je suis prêt à m'ouvrir à Monsieur de Robilant, mais est-il disposé à m'écouter?"[107] Dies war jedoch nur auf der Ebene formaler Höflichkeit der Fall, und Robilant gab die Nachricht über diesen französischen Fühler als Zeichen seines Vertrauens (aber auch aus taktischen Überlegungen) sofort an Bismarck weiter.[108] Das französische Angebot war für Italien nur begrenzt verlockend, schon allein deshalb, weil ein solches Übereinkommen eine Spitze gegen Großbritannien enthalten hätte. Außerdem war das Angebot aus Paris nur bedingt vertrauenswürdig. Die französische Diplomatie kompromittierte sich dadurch, daß sie in Berlin,[109] Rom, Konstantinopel und wahrscheinlich auch in St. Petersburg und London die widersprüchlichsten Offerten machte; beispielsweise wurde den Italienern Tripolis angeboten, dem Sultan dagegen eine Besitzstandsgarantie für seine nordafrikanischen Territorien. Geheimrat Holstein und der italienische Botschafter

---

107 Ressmann an Robilant, 9.10.1886, ASMAE, Cassette Verdi, Cassetta 1b, Nr. 31; zur französischen Annäherung auch Petrignani, Neutralità, S. 402–404.
108 Robilant an de Launay, 13.10.1886, ASMAE, Cassette Verdi, Cassetta 1b, Nr. 35.
109 In Berlin boten die Franzosen an, wenn sie deutsche Unterstützung für ihre Mittelmeerpolitik bekämen, die Revanchepolitik aufzugeben. Dazu Salvatorelli, Triplice, S. 109; Keudell an Bismarck, 5.10.1886, GP 4, Nr. 823; Aufzeichnung Herbert Bismarcks, 20.10.1886, GP 4, Nr. 829.

in Berlin, de Launay,[110] klagten deshalb im Oktober 1886 über die französische „Unaufrichtigkeit".[111] Eingeschränkt wurde Italiens Spielraum weiterhin durch ein eisiges, unfreundliches diplomatisches Verhältnis zu Rußland;[112] denn nur in einer italienisch-französisch-russischen Allianz hätte, wenn überhaupt, eine gleichwertige Alternative zum Dreibund liegen können, nicht im Bündnis mit Frankreich allein.[113] Doch war es sehr unsicher, ob Rußland seine bisherige Politik aufgeben und sich einem französisch-italienischen Bündnis anschließen würde. Darüber hinaus mußte für den Fall eines italienisch-russisch-französischen Bündnisses mit der sicheren Gegnerschaft Großbritanniens gerechnet werden, das dann sicherlich den Zweibund unterstützt hätte – mit fatalen Folgen für die italienische Mittelmeerposition. Als weitere Alternative zu all diesen Allianzüberlegungen wäre auch die Rückkehr zu einer reinen Neutralitätspolitik denkbar gewesen, doch hatte diese vor 1881 ihre machtpolitische Erfolgslosigkeit schlagend erwiesen und kam deshalb nicht in Betracht. Außerdem gab es gegen eine Neutralitätspolitik massive sicherheitspolitische Bedenken. De Launay, der italienische Botschafter in Berlin, prophezeite für den Fall einer Abkehr Italiens vom Dreibund die verschiedensten Gefahren innen- wie außenpolitischer Natur. Die verlassenen Zweibundmächte würden sich durch feindselige Haltung gegen Italien rächen; er befürchtete sogar, der (geheime) Zweibundvertrag von 1879 enthielte eine antiitalienische Klausel, die dann wieder ihre volle Bedeutung erlangen würde;[114] hinzu kamen die alten Ängste um den Bestand der Monarchie, sollte das Land mit dem republikanischen Frankreich zusammenarbeiten.[115]

Die italienische Regierung – genauer: Robilant, der die Verhandlungen italienischerseits verantwortlich dirigierte – war deshalb auch fest entschlossen,

---

110 Aufzeichnung Herbert Bismarcks, 14.10.1886, GP 4, Nr. 825.
111 Holstein an Hatzfeldt, 26.10.1886, in: Holstein, Geheime Papiere 3, Nr. 198.
112 Rosty an Kálnoky, 7.9.1886, HHStA, PA XI, 100, referiert über die schlechten russisch-italienischen Beziehungen: Giers habe eine Antipathie gegen Mancini gehabt und ihn nicht ernst genommen. Auch unter Robilant sei keine Besserung zu spüren. Seit Beginn der bulgarischen Krise habe der russische Botschafter in Rom nicht ein einziges Mal Weisungen seiner Regierung erhalten. Und als Robilant den russischen Botschafter Graf Uexküll fragte, ob er von einem Zusammentreffen mit Giers in Franzensbad Nachricht mitgebracht habe, konnte dieser nur freundliche Grüße ausrichten! Dies sind Symptome der völligen Mißachtung Italiens durch die russische Diplomatie.
113 Salvatorelli, Triplice, S. 125, 126, hat die strategischen Alternativen Italiens in den Jahren 1886–1887 untersucht und ist dabei zu der überzeugenden Schlußfolgerung gekommen, daß sich für Italien keine realistische, zumindest aber keine gleichwertige Alternative zu einer Erneuerung der „triplice alleanza" eröffnete.
114 De Launay an Robilant, 9.8.1886, ASMAE, Cassette Verdi, Cassetta 1b, Nr. 25.
115 De Launay an Robilant, 26.8.1886, ASMAE, Cassette Verdi, Cassetta 1b, Nr. 29. De Launay sah in einem Bündnis mit dem republikanischen Frankreich sogar eine größere Gefahr für den Fortbestand der italienischen Monarchie als selbst in einer französischen Okkupation von Tripolis.

am gegenwärtigen Kurs der Zusammenarbeit mit den Zentralmächten festzuhalten und auch nach Möglichkeit den Dreibund zu verlängern. Allerdings erwog Robilant ernsthaft die Alternative, den Vertrag auslaufen zu lassen und das Verhältnis zu den Zweibundmächten auf die Basis einer Entente, einer vertraglich nicht geregelten guten Zusammenarbeit, zu stellen.[116] Dies hätte den Vorteil gehabt, daß Italien die dauernden Enttäuschungen der ungleichgewichtigen Partnerschaft erspart blieben. Er verkannte nicht die Gefahr eines Bruches, meinte aber, daß, wenn es gelinge, Freund zu bleiben, nachdem man Geliebter war, diese Freundschaft ganz besonders eng sein könne.[117]

Eines aber schloß Robilant kategorisch aus: das Bündnis in unveränderter Form fortzusetzen. Nach den Zurücksetzungen der Vorjahre war Robilant eher bereit, den Dreibund auslaufen zu lassen, als Italien erneut „in die Livree Bismarcks"[118] zu zwingen. Sein Ärger richtete sich besonders gegen den deutschen Kanzler, den er in seinem privaten Briefwechsel als „Flegel" bezeichnete, als den „Herrn der Welt", der ganz Europa in einen Zustand des permanenten Unfriedens versetzt habe.[119] Die sich verschärfende europäische Krise bot Robilant ein ideales Pressionsmittel, die Partner zu Konzessionen zu zwingen und in dem neuen Dreibundvertrag Absicherungen gegen (fast) alle bedrohlichen Eventualitäten der italienischen Politik unterzubringen.

Robilant wollte den Dreibund zu einem wirkungsvollen Instrument machen, um Italien gegen eine Wiederkehr der in der Vergangenheit erlittenen diplomatischen Niederlagen abzusichern. Dabei standen zwei Punkte im Vordergrund: Erstens wollte er eine Neuauflage des tunesischen Desasters von 1881 in Tripolis oder Marokko ausschließen und verlangte nach entsprechenden Garantien und Hilfsversprechen für den Fall, daß Italien wegen dieser Frage in kriegerische Verwicklungen mit Frankreich geraten werde. Diese Garantie für Tripolis sollte einen Feldzug zur Sicherung des italienischen Anspruchs überflüssig machen; ein solcher drohte für den Fall, daß Frankreich sich dort festsetzen wolle. Robilant wollte den dortigen Status quo garantieren; der Dreibund sollte die Franzosen, notfalls um den Preis eines Krieges, an der Inbesitznahme des nordafrikanischen Landes hindern.

Zweitens verlangte Robilant, um im Fall einer Neuordnung des Balkans nicht ebenso mit leeren Händen dazustehen wie nach dem Berliner Kongreß

---

116 Keudell an Bismarck, 5.8.1886, GP 4, Nr. 822.
117 Robilant an Nigra, 28.8.1886, ASMAE, Carte Robilant: „Amico dopo di essere stato amante, é la miglior amicizia quando ci si riesce."
118 Ebenda: „Legarci inutilmente, proprio pel solo gusto di indossare la livrea Bismarckiana, questo non mi va."
119 Robilant an Corti, 15.1.1885: „... fino acché piacerà a Dio di conservare al mondo quel flagello che si chiama Bismarck, non c'è da sperar pace, poiché pace certo non si può chiamare lo stato attuale dell'Europa." Zitiert bei Chabod, Storia, S. 634. Dort auf S. 631 ff. eine eingehende quellennahe Untersuchung der Einstellung Robilants zu Bismarck.

von 1878, nach einer frühzeitigen Beteiligung Italiens an entsprechenden Planungen durch die Österreicher, um italienische Ansprüche („nos intérets moraux et matériels") rechtzeitig anmelden zu können.[120] Die Spitze gegen Österreich-Ungarn war eindeutig; bald kam auch noch eine Kompensationsforderung im Fall österreichischer Orienterwerbungen hinzu. Die italienische Diplomatie hat während der Verhandlungen ihre Absichten niemals konkretisiert, aber die Österreicher vermuteten wohl zu Recht, daß sich hinter dieser Kompensationsforderung der Wunsch nach dem Trentino verbarg, zumal ein überzeugendes italienisches Dementi ausblieb. Robilant war offenbar willens, für einen solchen Gebietserwerb einen extrem hohen Preis zu zahlen: nämlich den eines Krieges mit Rußland. Er war bereit, militärische Hilfe gegen Rußland zu versprechen, wenn Italien dafür eine Kompensation erhalten würde. Daß diese Kompensation aus dem Trentino oder italienischsprachigen Gebieten der Donaumonarchie bestehen könne, wagte die italienische Diplomatie aber nur sehr vorsichtig anzudeuten; so sprach de Launay im Juli 1886 Bismarck gegenüber von der „ganz offenen Grenze in Friaul", um direkt hinzuzufügen, dieses Problem sei natürlich „ausschließlich der Gegenstand d'une entente à l'amical"[121].

Zusätzlich wollte Robilant auch den seinerzeit von Mancini angeregten Konsultationsartikel zwischen den Bündnispartnern präzisieren und mit Leben füllen. Denn bislang hatten die Zweibundmächte, wie dargestellt, keine Neigung gezeigt, gemeinsam interessierende internationale Fragen tatsächlich mit Italien zu erörtern.[122] Robilant wollte nun die Gleichberechtigung Italiens in formaler und sachlicher Hinsicht endlich voll durchsetzen und damit auch die letzten Kritiker an der Nützlichkeit des Bündnisses in Italien durch das Vorführen „positiver Vorteile" zum Verstummen bringen.[123]

---

120 Robilant an de Launay, 18.11.1885, ASMAE, Cassette Verdi, Cassetta 1c, Nr. 10.
121 Széchényi an Kálnoky, 27.7.1886, HHStA, PA I, 462 Siehe auch Pribram, Geheimverträge, S. 173.
122 Schon im Oktober 1885 hatte Robilant festgestellt, daß eine freundliche Haltung Berlins und die Unterstützung für Italien in den Mittelmeerfragen einen praktischen Wert („une utilité réellement pratique") haben konnte. Robilant an de Launay, 22.10.1885, ASMAE, Cassette Verdi, Cassetta 1c, Nr. 5.
123 Robilant an Depretis, 8.10.1885, ASMAE, Cassette Verdi, Cassetta 1c, Nr. 1. Er sah das Bündnis durch die Irredenta und den ausgebliebenen Gegenbesuch so belastet, daß eine wirkliche österreichisch-italienische Herzlichkeit bislang nicht aufgekommen sei. Diese wollte er jetzt in Italien durch das Vorführen anderer „positiver Vorteile" der „triplice" fördern. Es sei von höchster Notwendigkeit zu verdeutlichen, daß die Italiener, deren Sinn eminent praktisch sei, sich überzeugen, daß die Allianz greifbare Vorteile bringe. („... che quindi è suprema necessità il far in modo che a fronte di altri positive vantaggi dell'alleanza, gli italiani il cui spirito è eminentemente pratico si persuadano che quell'alleanza è positivamente proficua per l'Italia.")

Bis in den Herbst 1886 hinein hatte der Minister allerdings eine sehr pessimistische Einschätzung der italienischen Möglichkeiten, eine Änderung des italienischen Hospitantenstatus zu erzwingen. Dies erschwerte den Beginn der Verhandlungen, denn Robilant wollte sich von den Zweibundmächten aus taktischen Gründen bitten lassen.

> Si j'etais Comte Kálnoky, j'accepterais tout de suite.
>
> Robilant am 27. Januar 1887

e) Verhandlungen der „Quintupliken" – Die Dreibundverlängerung von 1887

Die ersten Vorgespräche über eine Verlängerung des Bündnisses fanden im Herbst 1885 statt. Die eigentlichen Verhandlungen begannen im Herbst 1886 und zogen sich mehrere Monate bis in den Februar 1887 hin. Die Stimmung während der Gespräche war infolge der überaus angespannten internationalen Lage oft nervös und ungeduldig; es kam zweimal zu Rückziehern bereits gemachter Zusagen, weil sich die außenpolitische Situation verschoben hatte, zu „Quintupliken"[124] im Austausch von Argumenten und Bedenken und dann schließlich zu einem hastigen Abschluß, der in manchem den Charakter eines Kompromisses trug, der schließlich akzeptiert wurde, um überhaupt noch zu einem Ende zu kommen. Die Verhandlungen waren sehr verwickelt, obwohl sich die drei Regierungen vollkommen und ausgesprochenerweise einig waren in der grundsätzlichen Frage der Verlängerung. Aber damit endeten auch schon ihre Gemeinsamkeiten. Die sicherheitspolitischen Vorstellungen der drei Mächte wichen in vielen sachlichen Punkten gravierend voneinander ab; dies erschwerte die Einigung sehr. Ein wesentlicher Unterschied bestand auch in der Beurteilung des Wertes schriftlicher Vereinbarungen. Bismarck sah die Details des Vertragsinhalts als zweitrangig an, da er mehr auf die abschreckende Wirkung des Bündnisses setzte als auf ein gutes Funktionieren im Kriegsfall. Er sagte ganz offen zum italienischen Botschafter, ihm sei der Vertrag an sich wichtiger als der Inhalt.[125] Dieser Standpunkt unterschied ihn

---

124 Herbert Bismarck an Reuß, 16.2.1887, GP 4, Nr. 852, klagte über die „Quintupliken" der sehr komplizierten Verhandlungen und darüber, daß „kostbare Zeit mit dialektischen Turnerkunststückchen" verloren werde.

125 De Launay an Robilant, 20.2.1887, ASMAE, Cassette Verdi, Cassetta 1c, Nr. Nr. 170, schrieb, Bismarck habe gesagt, „il attachait d'ailleurs plus d'importance au fait meme de l'existence de ces Traités qu'à leur contenu, pour exercer un salutaire effet sur qui aurait l'arrière-pensée de troubler la tranquillité générale." Bismarck an Reuß, 8.2.1887, GP 4, Nr. 850: „Eine Lücke in einem Vertrage läßt sich immer finden, wenn man ihn auch noch so sorgfältig redigiert,

vor allem von Kálnoky, der jede Vertragsverpflichtung penibel und skrupulös auf ihre Realisierbarkeit abklopfte und nicht auf Bedingungen eingehen wollte, die er im Ernstfall nicht einhalten zu können glaubte.[126] Robilant wiederum setzte einerseits auch auf ein System der Sicherheit durch Abschreckung, versuchte aber, Italien für den möglichen Konfliktfall ein Maximum an Zugewinn garantieren zu lassen.

Ein weiterer Unterschied war zu Beginn der Verhandlungen zwischen der italienischen Position und der Haltung der Zweibundmächte zu beobachten. Robilant verfolgte ein offensives Verhandlungsziel, nämlich die Erzwingung von Veränderungen im Vertrag, während Bismarck und Kálnoky alles beim alten lassen wollten und sich nur langsam und unter dem Druck der Ereignisse an die Vorstellung gewöhnen konnten, daß Italien aus seiner bisherigen Hospitantenrolle herausgelassen werden solle.[127] Die wiederholten italienischen Anspielungen, das Bündnis habe keinen praktischen Nutzen für Italien gehabt, wies Bismarck mit einem Hinweis auf die defensive Natur des Dreibundes ab; ein Beistand für Eroberungen liege nicht in der Absicht des Vertrages.[128] Immerhin waren bei Bismarck im Herbst 1885 schon deutliche Zeichen der Enttäuschung über den Kurs der französischen Politik zu erkennen;[129] parallel wuchs seine Neigung, den Zerfall der französisch-deutschen Entente durch eine Intensivierung der Allianz mit Italien zu kompensieren und auf diese Weise den Franzosen jede Lust auf militärische Abenteuer zu

---

und, wenn man auch den klarsten Bestimmungen desselben sich entziehen *will,* so findet man immer Mittel und Wege, sich zu entschuldigen."
126 Reuß an Holstein, 1.2.1887, Holstein, Geheime Papiere 3, Nr. 205.
127 Im Sommer 1885 waren Bismarck und Kálnoky noch zu einem sehr geringschätzigen Urteil über Italiens Leistungsfähigkeit gelangt; der Reichskanzler hatte zu diesem Zeitpunkt unter dem frischen Eindruck der italienischen Besetzung Massauas sogar noch die Befürchtung, Italien möge „uns durch seine Streiche vielleicht mit Vorbedacht in einen Konflikt mit Frankreich hineinziehen". Siehe Pribram, Geheimverträge, S. 171. Und im Oktober 1885 erklärte er auf Nachfrage des italienischen Botschafters, er wisse nicht, wie dem italienischen Wunsch, den Dreibund „plus intime et plus pratique" zu gestalten, nachgekommen werden könne; immerhin würden aber eventuelle italienische Änderungsvorschläge in Wien und Berlin geprüft werden. In: De Launay an Robilant, 25.10.1885, ASMAE, Cassette Verdi, Cassetta 1c, Nr. 8.
128 Herbert Bismarck an Reuß, 14.10.1885, GP 4, Nr. 821.
129 De Launay an Robilant, 24.10.1885, ASMAE, Cassette Verdi, Cassetta 1c, Nr. 6, berichtet von einem Gespräch mit Bismarck in Friedrichsruh, in dem der Kanzler sagte: „Le Prince de Bismarck me répondait que dans le but de conserver la paix il s'était appliqué, depuis le Traité de Versailles, à rester en bons termes avec la France, à ne pas l'entraver dans sa politique d'expansion en Tunisie, Chine, Madagascar et sur la cote occidentale d'Afrique ... Ses efforts ont été steriles. Ses assiduités, sa presque servilité, dans le cours de ces quinze ans, ont été une déception. La France, dans ses grands courants d'opinion publique, vise toujours à la revanche ..."

nehmen. Trotzdem war im Sommer 1886 Bismarck noch nicht bereit, das Gefüge des Dreibundes, des „Zwei- und Einsbundes", grundsätzlich zu verändern und verwies deshalb Botschafter de Launay, der ihm im Juli 1886 vorschlug, Deutschland möge die Verhandlungen über eine Verlängerung anregen, nach Wien.[130] De Launay hatte in Berlin auch die italienischen Wünsche deutlich gemacht, vor allem nach einer Garantie des Status quo im Mittelmeer. In Berlin entstand wegen seiner Äußerungen der Eindruck, die italienische Regierung wolle ihre Freundschaft möglichst teuer verkaufen.[131]

Die Vertragsverlängerung wurde im August 1886 auch zwischen Bismarck und Kálnoky bei zwei Treffen in Kissingen und Gastein besprochen. Sie kamen überein, den Dreibundvertrag zwar verlängern zu wollen, aber nur „tel quel"; auf die italienischen Wünsche nach Garantie des Status quo im Mittelmeer wollten sie nicht eingehen.[132] Durch diese Treffen hatten Bismarck und Kálnoky wieder einmal gezeigt, daß sie wichtige Besprechungen lieber zu zweit führten. Robilant war verärgert über diese Zurücksetzung; ein von de Launay geplanter Besuch Robilants bei Bismarck, der im Fall seines Gelingens das Eis hätte brechen können, kam nicht zustande.[133] Vor allem von französischer Seite wurden die Italiener schon höhnisch als „umili satelliti della Germania"[134] bezeichnet. Doch aus dieser Rolle wollte Robilant sein Land jetzt endlich und definitiv herausführen. Für ihn gab es nur die Alternative, den Dreibund „herzlicher und praktischer zu gestalten" oder ihn auslaufen zu lassen. Robilant, durch die „herablassende Art, mit der Bismarck Italien behandelte",[135] in seiner nationalen Ehre gekränkt, war trotz der dringenden Ge-

---

130 Pribram, Geheimverträge, S. 173.
131 Széchényi an Kálnoky, 27.7.1886, HHStA, PA I, 462.
132 Reuß an Bismarck, 16.1.1887, GP 4, Nr. 845; dort auf S. 233 Erinnerung Kálnokys an die ursprüngliche Strategie der einfachen Erneuerung des alten Vertrages. Nigra an Robilant, 1.8.1886, ASMAE, Cassette Verdi, Cassetta 1b, Nr. 19.
133 Immerhin bemühten sich de Launay und Robilant, das Verhältnis zur deutschen Regierung und zu Bismarck intimer zu gestalten. Damit sowohl persönliche Beziehungen geknüpft als auch die delikaten Verhandlungen angeschnitten werden könnten, favorisierte de Launay ein Treffen zwischen Robilant und dem deutschen Reichskanzler (de Launay an Robilant, 9.8.1886, ASMAE, Cassette Verdi, Cassetta 1b, Nr. 25). Bismarcks nur lauwarme Reaktion – er verfolgte de Launays Idee, da ein sachlicher Anlaß fehlte, nicht sehr energisch und entschuldigte dies damit, er könne Robilant ja nicht „ad audiendum verbum" herbeizitieren (Keudell an Bismarck, 5.8.1886, GP 4, Nr. 822, mit Randbemerkungen Bismarcks) und Robilants Ehrgefühl, der ausdrücklich eingeladen werden wollte, ließen das Besuchsprojekt aber nicht zustande kommen (Robilant an de Launay, 19.8.1886 (Nr. 27), 20.8.1886 (Nr. 27 bis); de Launay an Robilant, 26.8.1886 (Nr. 28), ASMAE, Cassette Verdi, Cassetta 1b. GP 4. Dazu auch Chabod, Politica, S. 634.
134 Chiala, Triplice, S. 470.
135 Pribram, Geheimverträge, S. 174.

genvorstellungen de Launays[136] zunächst nicht gewillt, die Verhandlungen zu eröffnen. Da aber die deutsche wie die italienische Diplomatie gleichermaßen brennend daran interessiert waren, mit den Verhandlungen zu beginnen, unternahmen sie parallel im September 1886 entsprechende Vorstöße. Deutscherseits wurde in Rom Stimmung für die Erneuerung des Dreibundes gemacht; gleichzeitig ließ Robilant auf diplomatischen Kanälen seine Verhandlungsbereitschaft erkennen.[137] Schwere diplomatische Pannen – Robilant machte gegenüber dem deutschen Botschafter Keudell Andeutungen, die dieser nicht verstand und deshalb auch nicht nach Berlin weitergab, während Robilant ungeduldig auf Antwort wartete und schließlich nachfragte – verzögerten die Aufnahme der Verhandlungen aber um weitere Wochen.[138] Bismarck gab Anfang Oktober 1886 unter den zunehmenden Anzeichen einer französisch-russischen Annäherung schließlich seine bisherige Maxime auf, Wien und Rom müßten sich zuerst einigen. Wesentlich trug zu seiner Haltung auch bei, daß Robilant ihm die bisherigen französischen Angebote an Italien offen mitgeteilt hatte; Bismarck befürchtete nunmehr, daß Italien eine echte Wahlmöglichkeit habe.[139] Er erklärte sich bereit, die Initiative zu übernehmen, wenn der Vertrag tel quel verlängert werden könne. Ansonsten müsse

---

136 Sehr interessant dazu: de Launay an Robilant, 9.8.1886, ASMAE, Cassette Verdi, Cassetta 1b, Nr. 25. Robilant entgegnete de Launay, der ihn zur Aufnahme der Verhandlungen drängte, es gäbe drei Möglichkeiten, wie er Kálnoky schon im Oktober 1885 gesagt habe: Den Vertrag tel quel zu erneuern, das Bündnis herzlicher und praktischer zu gestalten oder, wie die öffentliche Meinung in Italien es mehrheitlich wolle, es ablaufen zu lassen. Er tendiere zur zweiten Möglichkeit und schließe die erste aus. Robilant an de Launay, 21.10.1885, ASMAE, Cassette Verdi, Cassetta 1c, Nr. 3. Und er schrieb an de Launay, der ihn als überzeugter Dreibundanhänger zu einer Vertragsverlängerung und zur Aufnahme von Verhandlungen drängte, „Italien sei dieser unfruchtbaren Allianz müde und ich spüre kein Verlangen, ihre Erneuerung zu forcieren, denn ich spüre zu tief, daß sie für uns immer unfruchtbar sein wird". Er würde auf keinen Fall die Allianzverhandlungen beginnen; diesen Fehler habe damals Mancini gemacht und er werde ihn nicht wiederholen. Wenn Bismarck die Allianz brauche, werde er schon kommen; wenn nicht, dann werde der Dreibund eben auslaufen. Es sei ein Irrtum von Bismarck zu glauben, daß er, Robilant, unter allen Umständen an seiner Seite marschieren werde. In: Chiala, Triplice, S. 470–472.
137 Pribram, Geheimverträge, S. 174, zitiert Rosty an Kálnoky, 16.9.1886.
138 Ein geradezu unglaublicher Zwischenfall war, daß Botschafter Keudell vergessen haben soll, etwa Mitte September 1886 eine Andeutung Robilants, er sei zu Verhandlungen bereit, nach Berlin weiterzugeben. Dieser Vorfall, den sich andere Diplomaten nur durch den „rapiden Verfall seiner geistigen Fähigkeiten" erklären konnten, verzögerte die Eröffnung um Wochen und wurde erst durch eine Nachfrage Berlins entdeckt. In: Tavera an Kálnoky, 1.10.1886, HHStA, PA I, 462. Dazu auch Holstein, Geheime Papiere 1, S. 74, 75. Im Nachlaß Keudell, Geheimes Staatsarchiv Preußischer Kulturbesitz, finden sich Manuskripte des Botschafters, in denen er dem Vorwurf der Senilität und Vergeßlichkeit entgegenzutreten suchte, ohne indes für diesen Vorfall eine befriedigende Erklärung anbieten zu können.
139 De Launay an Robilant, 17.10.1886, ASMAE, Cassette Verdi, Cassetta 1b, Nr. 35.

Italien erneut zunächst mit Wien einig werden.[140] Obwohl aus Rom sogleich mehrere Änderungswünsche kamen, übernahm Bismarck, unter dem Zwang der Verhältnisse, schließlich doch die Vermittlerposition.

Robilant erklärte nun seine zentralen Forderungen: Die Garantie gegen eine französische Inbesitznahme von Tripolis, wenn er auch zugab, daß eine solche schwer zu formulieren sei; außerdem ein italienisches Mitspracherecht bei eventuellen Änderungen der Lage auf dem Balkan.[141]

Daß weder die deutsche noch die k. u. k. Diplomatie besonders begeistert von der Idee einer Garantie für Tripolis waren, ist verständlich. Denn hier drohte wegen einer für beide Länder – eigentlich auch für Italien – vollkommen sekundären Frage ein potentieller Kriegsgrund mit Frankreich zu entstehen. Tripolis war eine fixe Idee der italienischen Öffentlichkeit; ein unfruchtbares, bettelarmes Land, dessen natürliche Reichtümer und Entwicklungsmöglichkeiten in grotesker Weise überschätzt wurden[142] und für dessen Erwerb sicher ein Krieg mit der Türkei, möglicherweise auch einer mit Frankreich durchgefochten werden müßte. Bismarck hatte nie ein Hehl daraus gemacht, daß er einen Krieg mit Frankreich nicht wollte, und ein solcher Krieg konnte um Tripolis entstehen, sollte es eine deutsche Garantie geben. Die italienisch-französischen Spannungen in der Tripolis-Frage hatten im übrigen schon seit vielen Monaten eine außerordentliche Intensität erreicht; beide Mächte versuchten, sich gegenseitig bei der Pforte wegen angeblicher Angriffsvorbereitungen mit unmittelbar bevorstehender Besetzung von Tripolis zu denunzieren, und der sehr argwöhnisch gewordene Sultan ließ jedes italienische Flottenmanöver genauestens beobachten. Noch weniger Beifall fand dieser Wunsch in Wien. Die österreichische Diplomatie und auch Kaiser Franz Joseph selbst hatten es schon dem Deutschen Reich gegenüber immer abgelehnt, Verpflichtungen in Bezug auf Frankreich zu übernehmen. Deshalb lehnten sie es auch vehement ab, Italien Versprechungen zu geben, die einen Konflikt mit Frankreich bedeuten konnten, mit einem Land, mit dem keinerlei politische Spannungen bestanden. Verständlicherweise lehnte Kálnoky die Forderungen Robilants erst einmal ab und verlangte, der italienische Minister solle zunächst präzisieren, wie er sich eine solche Garantie überhaupt vorstelle.[143] Die Donaumonarchie sei im Fall eines italienisch-französischen

---

140 Tavera an Kálnoky, 9.10.1886, HHStA, PA I, 462; Robilant an de Launay und Nigra, 7.10.1886, ASMAE, Cassette Verdi, Cassetta 1b, Nr. 30; Keudell an Bismarck, 5.10.1886, GP 4, Nr. 823; Herbert v. Bismarck an Keudell, 11.10.1886, GP 4, Nr. 824.
141 Aufzeichnung Kálnokys von einem Gespräch mit Reuß, 19.10.1886, HHStA, PA I, 462.
142 Dazu: Giorgio Rochat: Il colonialismo Italiano, 2. Auflage Turin 1988, S. 62–69, mit nützlicher Kurzbibliographie.
143 Sogar Bismarck wunderte sich später über diese anfängliche österreichische Reaktion, siehe GP 4, Nr. 847, Anm.***

Krieges um Tripolis zu „moralischer und diplomatischer Unterstützung" des Bundesgenossen bereit und mißgönne auch Italien nicht den Besitz von Tripolis, sei aber nicht bereit, dafür Krieg zu führen.

Auch die Ansprüche Robilants auf Beteiligung Italiens in Balkanangelegenheiten stießen bei seinem österreichischen Kollegen auf wenig Begeisterung. Kálnoky meinte hierzu, formal zu Recht, daß bereits jetzt nach dem Geist des Bündnisses Italien im Fall solcher Änderungen von Österreich rechtzeitig informiert werden müsse.[144] Da allerdings der Konsultationsartikel des Dreibundvertrages, auf den Kálnoky hier abhob, in den Vorjahren von den Zweibundmächten praktisch unbeachtet geblieben war, war es Robilant nicht zu verdenken, auf effektiveren Zusagen zu bestehen.

Damit hatte Kálnoky die beiden italienischen Änderungsvorschläge abgelehnt. Darüber hinaus ging er auch seinerseits in die Offensive und verlangte eine Erweiterung von Italiens Bündnispflichten. Italien habe bisher einen ungleichmäßigen Vorteil aus dem Dreibund gezogen, da Österreich-Ungarn ihm Hilfe im Fall eines unprovozierten französischen Angriffs leisten müsse; hingegen sei es ohne Beistandspflicht gegen Rußland aus den ersten Dreibundverhandlungen herausgekommen. Da sich die politische Situation jetzt anders als 1882 darstelle und Italien durch seine militärische Kräftigung inzwischen mehr als bisher zur Hilfeleistung befähigt sei, verlangte Kálnoky eine Nachbesserung des Vertrages zu österreichischen Gunsten.

Damit waren Italien wie Österreich von der Verlängerung tel quel abgerückt und stellten erhebliche zusätzliche Forderungen. Um die Verhandlungen voranzubringen, gab Bismarck nach und erklärte sich bereit, Italien den Status quo im Mittelmeer und damit auch von Tripolis zu garantieren. Eine solche Garantie der Zweibundmächte sei, zumal wenn Frankreich davon erfahre, geeignet, diese Macht abzuschrecken und den Garantiefall gar nicht erst eintreten zu lassen.[145] Bismarck hatte sich damit über die Verabredung mit Kálnoky vom Sommer 1886 hinweggesetzt. Als dieser protestierte, gab der Reichskanzler zu bedenken, man müsse sich mit dem Erreichbaren begnügen. Deshalb war er bereit, Robilants Wünsche zu erfüllen; allerdings möge dieser einen entsprechenden Entwurf formulieren.[146] Kálnoky opponierte zwar auch weiterhin gegen eine Balkanklausel und wollte den Beistand für Italien nur in Europa, nicht aber in Nordafrika leisten.[147] Aber im Prinzip erklärte er sich einverstanden, Italien entgegenzukommen und auf die Bedingung des tel quel zu verzichten.

---

144 Aufzeichnung Kálnokys über ein Gespräch mit Reuß am 23.10.1886, HHStA, PA I, 462.
145 Aufzeichnung Kálnokys über ein Gespräch mit Reuß am 26.10.1886, HHStA, PA I, 462; Tavera an Kálnoky, 27.10.1886, mit Informationen Holsteins, 30.10.1886, ebenda.
146 Notizen Kálnokys aus einem Erlaß des Prinzen Reuß, 30.10.1886, HHStA, PA I, 462.
147 Kálnoky an Reuß, 3.11.1886 (Kopie), HHStA, PA I, 462.

Robilant fertigte daraufhin einen Vertragsentwurf aus.[148] Er enthielt die bereits genannten Bedingungen: Die Aufrechterhaltung des Status quo in Adria und Ägäis („côtes et îles ottomanes"), womit vor allem die Adriaküste, Albanien, aber auch Saloniki gemeint waren; im Fall von Veränderungen müsse Italien eine Kompensation erhalten. Was Nordafrika anging, verlangte Robilant, daß eine französische Besetzung von Tripolis den Casus foederis auslösen sollte. Dies sollte auch für den Fall gelten, daß Frankreich Marokko und Italien daraufhin Tripolis besetzen und dies zu einem französisch-italienischen Krieg führen sollte. Robilant war sich durchaus bewußt, daß die Zweibundmächte in Nordafrika keine wirklichen Existenzfragen Italiens zu entdecken vermochten. In einem Begleitschreiben hob er deshalb ausdrücklich hervor, daß es sich in beiden Fällen nicht „um Territorialfragen in Marokko oder Tripolis handelt, sondern die Existenz selbst und das Schicksal" Italiens.[149] Er verband diese Forderungen mit einer unerwarteten Beteuerung italienischer Verläßlichkeit: Weniger als drei Wochen nach der Mobilmachung, so versprach Robilant, würden 150.000 italienische Soldaten an der französischen Grenze aufmarschieren und 200.000 Mann bereitstehen, um an der deutschen Grenze gegen Frankreich oder aber durch österreichisches Gebiet gegen Rußland zu marschieren. Die Italiener seien nicht wie die Spanier, die immer andere vorschickten, um die Kastanien aus dem Feuer zu holen.[150] Mit anderen Worten: Robilant war zum Krieg an der Seite seiner Bundesgenossen bereit, wenn sie ihm einen respektablen Gewinn zusicherten.

Diese Äußerungen Robilants lösten in Berlin, genauer: bei Staatssekretär Herbert Graf Bismarck, „freudige Überraschung" aus, da mit so großem italienischen Entgegenkommen nicht gerechnet worden war. Die italienischen Bedingungen schienen erträglich, ein Konflikt wegen Tripolis unwahrscheinlich, die militärischen Hilfsversprechen vor dem Hintergrund eines möglichen Kontinentalkrieges wiederum überaus wertvoll; im Auswärtigen Amt herrschte die Ansicht vor, Italien habe weniger verlangt als möglich gewesen wäre.[151] Berlin war bereit, den Vertrag, so wie er war, sofort zu unterzeichnen.[152]

---

148 Abgedruckt in GP 4, S. 217–219, mit den österreichischen Änderungsvorschlägen.
149 Robilant an de Launay, 23.11.1886, GP 4, Nr. 836, Anlage II. Zitiert auch bei Pribram, Geheimverträge, S. 183.
150 Robilant an de Launay, 30.11.1886, GP 4, Nr. 836, Anlage III. Tavera an Kálnoky, 1.12.1886, HHStA, PA I, 462, nennt nach Angaben Holsteins folgende Zahlen: drei Wochen nach der Mobilmachung 120.000 Mann an der Nordwestgrenze, 200.000 Mann zum Abtransport an die französische oder russische Front.
151 Tavera an Kálnoky, 1.12.1886, HHStA, PA I, 462: „Die italienischen obangeführten 3 Forderungen (Status quo auf dem Balkan, casus foederis wegen Tripolis oder Marokko-Tripolis) erscheinen dießseits als billig."
152 Reuß an Bismarck, 20.12.1886, GP 4, Nr. 839. Reuß sagte zu Kálnoky: „Wir hätten uns mit dem italienischen Projekt einverstanden erklärt und würden dasselbe daher auch ohne Modifikation sofort unterzeichnen."

Kálnoky hingegen hatte Bedenken, da er sich, anders als Bismarck, nicht auf den Gedanken der erfolgreichen Abschreckung beschränkte, sondern sich vorzustellen suchte, was in einem möglichen Bündnisfall geschehen würde. Er befürchtete vor allem, von Italien in einen Krieg mit Frankreich hineingezogen zu werden; außerdem opponierte er nach wie vor gegen die Balkanklausel. Er war aber bereit, seine Bedenken hintanzustellen, wenn Robilants bisher nur mündliche Hilfsversprechen gegen Rußland im Vertrag bindend formuliert würden. Entsprechend redigierte er auch den Vertrag. Er strich in Robilants Entwurf die Kompensationsformel in der Balkanfrage, da sie nach seiner Ansicht ein Eingeständnis nicht existenter expansiver österreichischer Absichten sei, und verlangte nach einer vertraglichen Fixierung der italienischen Hilfeleistung im Falle eines unprovozierten Krieges gegen Rußland. Außerdem wollte er die Garantie des Fortbestands des Status quo nicht nur auf Robilants „côtes et îles Ottomans", sondern auf die gesamte Balkanhalbinsel („des Balcans") ausgedehnt wissen.[153]

Diese letzte Änderung am italienischen Vertragsentwurf rechtfertigte Kálnoky damit, daß „unsere Interessen im Innern des Balkans" lägen. Offenbar wollte Kálnoky den Fall, daß es zu einer russischen Besetzung Bulgariens käme, zu einer Dreibundangelegenheit machen und sich damit des deutschen wie des italienischen Beistands versichern. Bulgarien sollte also für Österreich genauso abgesichert werden wie Tripolis für Italien. Er hatte aber dazu eine völlig untaugliche Maßnahme ergriffen. Die deutschen Diplomaten meinten zunächst verwundert, daß sich Österreich-Ungarn ja dadurch freiwillig binde; denn der entsprechende Artikel bezog sich zwar auf das Bestreben, den Status quo zu erhalten, aber auch auf die Verpflichtung, gegebenenfalls Italien eine Kompensation für eigene Vergrößerungen zu gewähren. Als der Unterstaatssekretär im Auswärtigen Amt, Graf Berchem, gegenüber dem k. u. k. Botschafter in Berlin verwundert feststellte, Österreich begebe sich dadurch zum Beispiel bei einem Ausgreifen nach Mazedonien der Handlungsfreiheit, entgegnete ihm Széchényi, dies sei ein nur hypothetischer Gedanke; die Änderung mache jedoch für den Fall Sinn, daß Österreich aus seinem Interessenkreis auf dem Balkan verdrängt werde.[154] Genau diese Intention hatte Bismarck auch erkannt und sich energisch dagegen ausgesprochen;[155] er sah in den Worten „des Balcans" einen Versuch Kálnokys, seinen Vorschlag der Teilung des Balkans in zwei Interessensphären zu unter-

---

153 Reuß an Bismarck, 20.12.1886, GP 4, Nr. 839, Anlage.
154 Széchényi an Kálnoky, 25.12.1886, HHStA, PA I, 462.
155 Bismarck bekam den Bericht des Prinzen Reuß vom 20.12.1886 etwa zu Weihnachten auf den Schreibtisch. Er lehnte die Worte „des Balcans" ab, da hier die Absicht Kálnokys allzu deutlich wurde, die bulgarische Angelegenheit in den Dreibundvertrag hineinschmuggeln zu wollen. Dazu auch das Anschreiben Herbert Bismarcks vom 23.12.1886, GP 4, Nr. 840.

laufen. Robilant hingegen wertete diese Wendung nur wenig später ähnlich als „plutot favorable que contraire à notre intéret particulier"[156]. Und so sollte sich diese Wendung auch in Zukunft erweisen; einmal in den Vertrag aufgenommen, war sie für Italien vorteilhaft und knebelte die österreichische Aktionsfreiheit auf dem Balkan erheblich. Hieraus sollte dann ab 1891, als der Vertrag eine neue Form erhielt, der späterhin berühmte Artikel VII des Dreibundvertrages werden, der oft, besonders in den Verhandlungen des Jahres 1915, eine wichtige Rolle spielen sollte. Der mißlungene Wiener Schachzug hatte demnach beträchtliche Folgen. Der österreichische Historiker Fellner hat in Kálnokys „unbegreiflicher" Hinzufügung „den Ausgangspunkt für all die tragischen Komplikationen während der Balkankonflikte bis zum Kriegseintritt Italiens im Mai 1915 gesehen"[157].

Das, was sich mit dem erstmaligen Abweichen Bismarcks von der mit Kálnoky vereinbarten Linie bereits abgezeichnet hatte, setzte sich weiter fort. Die deutsche Führung schlug sich in manchen Fragen auf die italienische Seite. Skeptisch wurde in Berlin auch das italienische Hilfsangebot an Österreich aufgenommen. Bismarck glaubte, daß Italien nur im Fall einer russisch-französischen Allianz zur Hilfeleistung für Österreich bereit sein würde.[158] Sein Sohn, der Staatssekretär, hielt ein Hilfsversprechen Italiens gegen Rußland angesichts der unberechenbar russophoben Politik der Ungarn sogar für riskant.[159] Auch de Launay hatte offensichtlich ein ungutes Gefühl bei Robilants Vorstoß. Bei einem Gespräch mit Herbert v. Bismarck am 22. Dezember 1886 wurden sich beide dann auch schnell einig, zum rascheren Ende der Verhandlungen das Hilfsversprechen für den Fall eines italienisch-französischen Krieges auf Deutschland zu beschränken, Österreich dadurch zu entlasten und dafür auch den österreichischen Zusatz, der die italienische Unterstützung gegen Rußland enthielt, zu streichen. De Launay war sehr angetan; dadurch wäre man „aller ferneren weit aussehenden Verhandlungen mit der umständlichen österreichisch-ungarischen Regierung enthoben". Wäre er Außenminister, würde er auf dieser Basis sofort abschließen.[160]

Doch Robilant war anderer Ansicht als sein Botschafter in Berlin. Er war bereit, auf die österreichischen Vorschläge einzugehen und sogar ein Hilfsversprechen gegen Rußland zu geben – aber nur für den Fall, daß sich Österreich zu Kompensationen verpflichte, da das Äquivalent für Italien bei einem Krieg gegen Rußland nicht nur aus einer „participation aux mauvaises chances de la

---

[156] Robilant an Nigra, 8.1.1887, ASMAE, Cassette Verdi, Cassetta 1c, Nr. 111.
[157] Fellner, Dreibund, S. 35, Text: S. 38. Siehe Anhang B2: Article I; Anhang C: Article VII.
[158] Reuß an Bismarck, 20.12.1886, GP 4, Nr. 839, Randbemerkung Bismarcks auf S. 216.
[159] Herbert v. Bismarck an Bismarck, 23.12.1886, GP 4, Nr. 840.
[160] Herbert v. Bismarck an Bismarck, 23.12.1886, GP 4, Nr. 840.

campagne" bestehen könne.[161] Diese Forderung Robilants fand die deutsche Seite vollkommen berechtigt; schließlich sei bei der „gegenwärtigen Weltlage" ein russisch-österreichischer Krieg „der wahrscheinlichste von allen"[162]. Kálnoky sträubte sich aber immer noch, eine Kompensation zu versprechen; er argwöhnte, daß Robilant „ein Stückchen Trentino" haben wolle (Bismarck teilte diesen Verdacht!), was Österreich jedoch nach Kálnokys Ansicht selbst im Fall eines siegreichen Krieges gegen Rußland nicht zugestehen könne. Außerdem kritisierte er, daß es Robilant mehr darauf anlege, eine Kompensation herauszuhandeln, als den Frieden zu erhalten, und das sei schließlich der eigentliche Zweck des Vertrages. Im übrigen strebe Österreich nicht nach Abänderungen des territorialen Status quo. Die deutsche Diplomatie drängte Kálnoky, seine Bedenken hintanzustellen und den insgesamt für Österreich doch sehr günstigen Vertragsentwurf anzunehmen, bevor Robilant mit Nachforderungen käme.[163] Doch da nahm die Angelegenheit eine völlig neue Wendung.

Ursache dafür war eine international sehr beachtete Reichstagsrede, die Bismarck am 11. Januar 1887 hielt, und die nach einem vom Kanzler verwendeten Hamlet-Zitat als „Hekuba-Rede" bekannt wurde. Im wesentlichen wollte er durch die Darlegung der internationalen Situation die Notwendigkeit einer deutschen Aufrüstung betonen, die auch Gegenstand der Reichstagsdebatte war. Bismarck empfand die Heeresvermehrung als notwendig, um französische Revanchegelüste abzuschrecken. Er betonte gleichzeitig das enge Verhältnis zu Österreich-Ungarn und die guten Beziehungen zu England und Italien. Auch mit dem Zarenreich, und das war das eigentlich Sensationelle an der Rede, empfand Bismarck die Beziehungen als nicht schlecht. In Zurückweisung der österreichischen Bestrebungen wie auch der weitverbreiteten probulgarischen, antirussischen Stimmung der deutschen Öffentlichkeit brachte der Reichskanzler unmißverständlich zum Ausdruck, daß es der deutschen Regierung gleichgültig sei, „wer in Bulgarien regiert, und was aus Bulgarien überhaupt wird ... ich wiederhole alles, was ich früher mit dem viel gemißbrauchten und todtgerittenen Ausdruck von den Knochen des pommerschen Grenadiers gesagt habe: die ganze orientalische Frage ist für uns keine Kriegsfrage. Wir werden uns von niemand das Leitseil um den Hals werfen lassen, um uns mit Rußland zu brouillieren. Die Freundschaft von Rußland ist uns viel wichtiger als die von Bulgarien und die Freundschaft von allen Bulgarenfreunden, die wir hier bei uns im Lande haben."[164]

---

161 Aufzeichnung Herbert Bismarcks, 3.1.1887, GP 4, Nr. 843. Anlage: Schreiben Robilants an de Launay, 1.1.1887.
162 Herbert v. Bismarck an Reuß, 5.1.1887, GP 4, Nr. 844.
163 Reuß an Bismarck, 16.1.1887, GP 4, Nr. 845.
164 Reichstagsrede Bismarcks vom 11.1.1887, in: Horst Kohl: Die politischen Reden des Fürsten Bismarck, Band XII, S. 216 ff.

Diese öffentlich verkündete deutsche Bereitschaft, Bulgarien der russischen Freundschaft unterzuordnen, wirkte in der Donaumonarchie wie ein Schock. Zwar war Bismarcks Weigerung, sich für Österreichs Interessen auf dem Balkan zu schlagen, den Regierungskreisen in Wien wohlbekannt; daß er dies jetzt aber derart ostentativ und vor allem öffentlich wiederholte, wurde als eine Schwächung der österreichischen Position im Machtpoker auf dem Balkan verstanden. Nun wußte jeder, daß Österreich-Ungarn, wollte es seinen Einfluß in Bulgarien behaupten, allein stand und nicht auf die Hilfe des Deutschen Reiches zählen durfte.[165] Schon vorher hatten Kálnoky und Franz Joseph jedes Westengagement zu umgehen gesucht; nach dieser als Desavouierung empfundenen Rede Bismarcks schwand definitiv jede Bereitschaft, neue Verpflichtungen gegen Frankreich zu übernehmen, zumal Bismarck, um seine innenpolitischen Gegenspieler in der Aufrüstungsfrage zu beeindrucken, in seiner Reichstagsrede Frankreich erneut zum historischen, unversöhnlichen Erbfeind aufgebaut und einen Krieg mit ihm als sehr wahrscheinlich dargestellt hatte. Kálnoky war mit dem bisherigen Ablauf der Verhandlungen ohnehin schon sehr unzufrieden gewesen; Bismarck hatte sich von seinen Zusagen entfernt und Kálnoky sich in mehreren Fragen einer deutsch-italienischen Phalanx gegenübergesehen. Doch nun war es zuviel. Der Außenminister entschloß sich zu einer abrupten Kehrtwende und teilte dem deutschen Botschafter Prinz Reuß mit, daß er nur zur Verlängerung des alten Vertrages bereit sei und allenfalls Italien zusichern werde, daß es vor Überraschungen auf dem Balkan sicher sein könne. Schließlich sei er mit Bismarck in Kissingen und Gastein einig gewesen, den Dreibund unverändert verlängern zu wollen. Jetzt, wo Österreich den Gefahren an seinen Südostgrenzen gegenüber völlig allein stehe, könne es sich „in keinerlei Verbindlichkeit einlassen, welche uns außerhalb unsrer Interessensphäre engagieren", „die uns über Incidenzfälle im fernen Westen, über Tripolis oder Marocco, wo wir gar keine Interessen haben, mit Frankreich in einen Kriegszustand versetzen könnten, der uns verpflichten würde, ‚de porter secours et assistance avec toutes nos forces', um Italien und seine Küsten vor französischen Angriffen zu Wasser und zu Land zu schützen"[166]. Außerdem bemängelte Kálnoky, daß die bisherigen italienischen Angebote zur Hilfe gegen Rußland nicht eben von gutem Willen zeugten und an einen „accord spécial über unverständliche Kompensationen" gebunden seien. Und er bezweifelte, ob Italien im Ernstfall sein Ver-

---

165 Bismarck führte de Launay gegenüber aus, diese Mahnung sei notwendig gewesen, um vor allem die Ungarn auf den Boden der Tatsachen zurückzuholen und Haarspaltereien über nicht vorhandene Bündnispflichten den Boden zu entziehen. In: de Launay an Robilant, 22.1.1887, ASMAE, Cassette Verdi, Cassetta 1c, Nr. 119.
166 Pribram, Geheimverträge, S. 193, zitiert einen Bericht von Reuß an Bismarck, 17.1.1887, von dem Kálnoky Abschrift nahm. In GP 4, Nr. 845, ist dieser Bericht mit dem 16.1.1887 datiert und hat abweichende Formulierungen.

sprechen wirklich einlösen würde. Auch in der Balkanfrage zog er seine bereits gewährten Zusagen wieder zurück. Italien werde rechtzeitig von Änderungen des Status quo unterrichtet, wie dies auch bisher nach den Bestimmungen des Bündnisvertrages der Fall gewesen wäre; mehr nicht. Kálnoky betonte mehrfach, daß jede österreichische Hilfszusage für Italien im westlichen Mittelmeer unehrlich, weil im Ernstfall nicht zu halten sei. Italien und Deutschland hätten doch im Westen gleiche Interessen; sollten sie sehen, wie sie allein zurechtkämen. Im übrigen könne sich Österreich-Ungarn bei fortbestehendem italienisch-deutschen Bündnis auch ohne Dreibund des italienischen Wohlverhaltens sicher sein.

Kálnoky war sich vollkommen bewußt, daß dieses plötzliche Nein in Berlin sehr verstimmend wirken mußte. Und so war es tatsächlich. Der deutsche Botschafter in Wien, Prinz Reuß, empfand Kálnokys Rückzieher als die schwerste Enttäuschung seiner Laufbahn,[167] und Herbert Bismarck zeigte sich „stark verschnupft"[168]. Geheimrat Holstein wusch dem k. u. k. Botschafter Széchényi kräftig den Kopf; sich ausdrücklich auf Bismarck berufend, erklärte er, der Entschluß Kálnokys sei „nicht leicht zu begreifen". Einerseits wolle sich Österreich nicht mit Rußland einigen und weigere sich, den Vorschlag des Kanzlers über die Teilung der Balkanhalbinsel anzunehmen, andererseits verprelle es „die Bundesgenossen, welche sich uns anbieten" und sei deshalb auf sich allein gestellt. Österreich sei über Deutschland enttäuscht, weil es nicht gegen Rußland mittun wolle. Doch könne es dieses nicht, mit Frankreich im Rücken. Die österreichischen Kräfte allein würden aber gegen Rußland nicht hinreichend sein. Deshalb müsse Wien die Bundesgenossen akzeptieren, die sich anbieten, statt sie durch sprödes Verhalten vor den Kopf zu stoßen. Zwar betrachtete die Wiener Diplomatie die Italiener als unzuverlässige Bundesgenossen, „leider gebe es aber keine anderen und besseren und so würde es zumal mit Rücksicht auf die momentane Lage ratsam sein, mit denselben vorlieb zu nehmen"[169]. Bismarck wiederum ließ trotz seiner Verärgerung für die österreichische Haltung Verständnis erkennen. Unter den Bericht, in dem ihm die neuen Auffassungen Kálnokys mitgeteilt wurden, schrieb er: „Ich finde die öst[er]r[eichischen] Auffassungen erklärlich u[nd] habe mich eher über ihre frühere Geneigtheit gewundert. Die Aufgabe wird sein, Italien zu sondieren, ob es den alten Vertrag zu 3 u[nd] den neuen, mut[atis] mut[andis], mit uns zu 2, oder nur das Letztre will. Letztres ist für uns wichtiger als erstres."[170]

---

167 Reuß an Holstein, 17.1.1887, Holstein, Geheime Papiere 3, S. 181.
168 Széchényi an Kálnoky, 26.1.1887, HHStA, PA I, 462.
169 Széchényi an Kálnoky, 21.1.1887, HHStA, PA I, 462.
170 GP 4, Nr. 847, Anm.***

Damit war eine neue Idee geboren: In der Unmöglichkeit, die verschiedenartigen Interessen dreier Großmächte in einem Vertrag zu vereinen, sollten zwei Verträge abgeschlossen werden oder aber der Dreibund sich in einen deutsch-italienischen Zweibund verwandeln.[171] Denn die deutschen und italienischen Interessen gegenüber Frankreich waren identisch, ein Bündnisvertrag problemlos und, wie Bismarck ausführte, gleichgültig, warum ein italienisch-französischer Krieg ausgebrochen sei, das Deutsche Reich könne aus Gründen des Machtgleichgewichts nicht tatenlos zusehen, daß Frankreich Italien militärisch besiege.[172] Umgekehrt wollte er sich der italienischen Mithilfe für einen deutsch-französischen Krieg versichern. Den Krieg mit dem französischen Nachbarn sehe er nach 16 Jahren nunmehr als unvermeidlich an, sagte er dem italienischen Botschafter de Launay am 21. Januar 1887.[173] Dieser war über den deutschen Vorschlag, das österreichisch-italienische Bündnis beim alten zu belassen, damit das österreichische Hilfsversprechen in Tripolitanien und dafür auch das italienische gegen Rußland fallen zu lassen, ausgesprochen erleichtert. Italien sei damit eine drückende Verpflichtung losgeworden, schrieb er nach Rom.[174] Dort zeigte sich Robilant über Kálnokys Ablehnung verblüfft. Österreich müsse über die Bedingungen doch glücklich sein, meinte er[175] und sagte zum k. u. k. Botschafter in Rom: „Si j'étais Comte Kálnoky, j'accepterais tout de suite."[176]

Statt dessen mußte erneut verhandelt werden. In leichter Abwandlung von Bismarcks Vorschlag sollte der alte Vertrag unterzeichnet und die Sonderbedingungen in zwei Zusatzverträgen untergebracht werden. Das Deutsche Reich übernahm in dem deutsch-italienischen Zusatzvertrag die Verpflichtung, Italien in den nordafrikanischen Angelegenheiten zu helfen. In dem Entwurf des österreichisch-italienischen Zusatzvertrages blieb zunächst das italienische Hilfsversprechen für den Kriegsfall mit Rußland erhalten; Italien sollte dafür sowie für Veränderungen auf der Balkanhalbinsel eine Kompensation zugestanden werden. Die österreichische Seite, besonders Kaiser Franz Joseph selbst, verlangte aber einen Passus, daß eine definitive Annexion Bos-

---

171 Hier drängt sich eine Analogie zur zeitgleichen Umwandlung des auslaufenden Dreikaiserbunds in den „Rückversicherungsvertrag" auf, siehe dazu S. 186, 225.
172 Singer, Dreibund, S. 27, zitiert ein Schreiben Bismarcks an den deutschen Botschafter in Paris, Graf Arnim, vom 18.1.1874: „In einem Konflikt zwischen Italien und Frankreich könnten wir uns der Notwendigkeit nicht entziehen, Italien beizustehen."
173 De Launay an Robilant, 22.1.1887, ASMAE, Cassette Verdi, Cassetta 1b, Nr. 119.
174 Ebd. De Launay schrieb: „S'il m'est permis d'émettre un avis, il y a tout lieu de nous féliciter d'être délivrée d'un casus foederis dirigé contre la Russie." Er sah in Italien keine Bereitschaft, „de servir le partner dans un interet trop directement autrichien".
175 Bruck an Kálnoky, 25.1.1887, HHStA, PA I, 462.
176 Bruck an Kálnoky, 27.1.1887, HHStA, PA I, 462.

nien-Herzegowinas keinen Anspruch auf Kompensationen eröffne; auch dürften diese Kompensationen nicht aus dem Trentino bestehen.[177]

Wieder schien der Unterzeichnung nichts im Wege zu stehen, da änderte Robilant Anfang Februar 1887 seine Ansicht. Bei erneuter Durchsicht der Entwürfe war ihm aufgefallen, daß beim derzeitigen Stand der Dinge Italien eine Beistandspflicht gegenüber Rußland übernehmen würde; unter Berufung auf ein Mißverständnis zwischen ihm und de Launay verwahrte er sich dagegen, jemals Österreich ein solches Angebot ohne entsprechende Gegenleistung – nämlich ein Hilfsversprechen in Afrika – gemacht zu haben.[178] Er wies de Launay an, das „malentendu" aufzuklären und bei der Gelegenheit einzuflechten, daß Bismarcks Reichstagsrede die italienische Neigung, den Casus foederis auf Rußland auszudehnen, stark gemindert habe, da sich nun das deutsch-österreichische Verhältnis in einem anderen Licht darstelle und auch die aus Frankreich drohenden Gefahren ganz anders bewertet werden müßten. Tatsächlich war das Ganze auf eine höchst mißverständliche Formulierung Robilants zurückzuführen, der in dem Chaos unterschiedlicher Projekte, Depeschen, Telegramme, Vertragsentwürfe und Gegenvorschläge offenbar für einen Moment die Übersicht verloren hatte.[179] In Berlin wurde die wahre Ursache statt dessen – zu Unrecht – in den am 1. Februar 1887 in Rom einlaufenden Nachrichten vom italienischen Kolonialdebakel in Dogali gesucht, die Robilants Stellung schwer erschütterten, da er diese Niederlage nicht vorausgesehen hatte und es in der afrikanischen Angelegenheit an Voraussicht hatte fehlen lassen.[180] Bismarck wurde sehr nervös; er befürchtete Robilants Rücktritt und darauf eine frankophile Wendung der italienischen Politik; deshalb versuchte er auch, den Vertragsabschluß nach Möglichkeit zu beschleunigen. In der Tat demissionierte Robilant als Außenminister, führte aber geschäftsführend die Vertragsverhandlungen noch zum Abschluß.

Vater und Sohn Bismarck waren im übrigen außerordentlich ungehalten über den erneuten Sinneswandel Robilants und wiesen de Launay anhand der

---

[177] Kálnoky an Széchényi, 2.2.1887, HHStA, PA I, 462.
[178] Das klang zwar unglaubwürdig, war aber trotzdem möglich. Robilant sah die Fehlerquelle in einem Telegramm an de Launay vom 25. Januar 1887, in dem er alle möglichen Eventualitäten aufgelistet und auf das sich de Launay dann irrtümlich bezogen habe. Robilant an de Launay, 5.2.1887, ASMAE, Cassette Verdi, Cassetta 1c, Nr. 134; Abschrift in: HHStA, PA I, 462, Fol. 201. Dazu auch Széchényi an Kálnoky, 5.2.1887, HHStA, PA I, 462.
[179] Zuerst hatte Robilant den Fehler wohl bei de Launay gesucht. Doch dieser klärte die Sache dann auf und wies Robilant nach, daß dieser selbst bei der Übermittlung neuer Vorschläge am 25.1.1887 vergessen hatte zu erwähnen, daß mehrere Zeilen eines alten Entwurfes nun nicht mehr gelten durften. Siehe dazu de Launay an Robilant, 14.2.1887, ASMAE, Cassette Verdi, Cassetta 1c, Nr. 159.
[180] Széchényi an Kálnoky, 5.2.1887, HHStA, PA I, 462.

Akten nach, daß ein Mißverständnis keinesfalls vorliegen könne.[181] Herbert v. Bismarck drohte sogar, diese Wendung entpflichte seinen Vater als Verhandlungsführer; wären dieser Drohung auch Taten gefolgt, wären damit die Verhandlungen wahrscheinlich endgültig gescheitert. Doch die Drohung verfehlte ihren Zweck. Robilant beharrte auf seiner Ansicht, Österreich niemals in einem Additionalabkommen aktive Hilfeleistung gegen Rußland versprochen zu haben. Deshalb müsse dem notwendigerweise ein Mißverständnis zugrunde liegen. Denn eine Zusage dieser Art hätte er keinesfalls ohne eine entsprechende österreichische Gegenleistung wie etwa einer Hilfe in Tripolis (Art. 4 des ersten Entwurfs) geben können. Kein italienischer Minister, wer immer es sei, könne je ein so einseitiges Zugeständnis der Nation gegenüber verantworten.

Herbert v. Bismarck meinte darauf zum österreichisch-ungarischen Botschafter in Berlin, da bleibe zwischen Österreich und Italien nur die Unterzeichnung des alten Vertrages übrig; die Additionalakte könne vergessen werden. Doch Széchényi wies ihn darauf hin, daß doch Robilant gesagt habe, auf keinen Fall das bestehende Bündnis verlängern zu wollen. Er käme sicherlich wieder auf die Kompensationsfrage zurück, und dies liefe nun auf eine Entschädigung für bloße Neutralität in einem österreichisch-russischen Krieg hinaus – und dies sei ein zu hoher Preis. Daß dieser Preis tatsächlich sehr hoch sei, gab Herbert v. Bismarck offen zu; er warnte aber davor, daß die Russen Italien das Trentino versprechen und es so auf seine Seite ziehen könnten. Einerseits sah Széchényi dies und den Wert der italienischen Neutralität in einem eventuellen Krieg mit Rußland ein; diese könne eine ganze Armee aufwiegen. Andererseits empfand er es als ausgesprochen ärgerlich, „daß die Welschen, die nach jeder Niederlage eine Provinz erworben haben, jetzt sogar in die Lage kommen sollten, Beute zu machen, ohne nur einen Schuß abzufeuern. Und am Ende werden sie die Neutralität, zu der sie sich verpflichtet haben, gar nicht halten. Von einem Lande, wo der Pöbel das Szepter führt, kann man sich dergleichen wohl gewärtigen."[182]

Der österreichische Ärger war um so größer, als ein Nachgeben durch die Haltung Berlins und Roms unausweichlich schien. Bismarck schrieb am 18. Februar an Kálnoky, er habe die Entwürfe gründlich studiert und könne aus voller Überzeugung die Annahme empfehlen.[183] Er drängte auf Vertrags-

---

181 Széchényi an Kálnoky, 9.2.1887, HHStA, PA I, 462, berichtet, Herbert v. Bismarck habe ihm erzählt, er habe den betreffenden Urtext des Grafen Robilant de Launay vorgehalten und dieser hätte nicht umhin gekonnt einzugestehen „que la redaction n'en est pas heureuse", zugleich gab er an, daß die Schuld teilweise auch ihn treffe, da er vielleicht es versäumt habe, dieselbe hinlänglich zu erläutern. „Nun wie ich den Mann kenne, würde er eher zu viel als zu wenig Erläuterungen vom Stapel gelassen haben, wenn er die deutsche Auffassung der durch ihn gemachten Mittheilung nicht auch selbst für ganz richtig gehalten hätte."
182 Széchényi an Kálnoky, 12.2.1887, zitiert bei Pribram, Geheimverträge, S. 201–202.
183 Pribram, Geheimverträge, S. 202.

abschluß, und es gelang ihm auch, die letzten österreichischen Änderungsvorschläge, besonders eine Präzisierung der italienischen Kompensationswünsche, den Ausschluß, daß für die Annexion Bosniens Kompensationen zu leisten seien und daß keineswegs das Trentino betroffen sein sollte, sowie die Löschung der Kompensationsformel „des Balcans", die jetzt keinen Sinn mehr mache, zu unterdrücken.

Der Vertrag wurde am 20. Februar 1887 um drei Uhr nachmittags im Gartensalon des Fürsten Bismarck unterzeichnet. Der Reichskanzler sowie die Botschafter Széchényi und de Launay setzten ihre Unterschrift unter insgesamt vier Verträge; unter den Verlängerungsvertrag, den deutsch-italienischen und den italienisch-österreichischen Additionalvertrag sowie unter ein von Bismarck als überflüssig eingeschätztes, in letzter Minute von Robilant eingebrachtes Zusatzpapier, daß die drei Teile ein Ganzes bilden und nur ein Ziel haben sollten, nämlich dem Erhalt des Friedens zu dienen.[184]

Anders als beim ersten Dreibundvertrag wurde diesmal die schnelle Veröffentlichung nicht des Inhalts, wohl aber der Verlängerung vereinbart. Grund dafür war, daß Bismarck die Franzosen abschrecken wollte, und das ging nur mit einem veröffentlichten Bündnis; außerdem sollte Robilant durch eine Erfolgsmeldung gestützt werden. Dessen Stellung im italienischen Parlament war inzwischen nämlich in eine schwere Krise geraten. Er hatte Italiens Stellung in Europa, auf dem Balkan und in Nordafrika in den Verhandlungen absichern und stabilisieren können. Nur einen potentiellen Gefahrenherd hatte Robilant durch das Bündnis nicht abgesichert; nicht nur, weil er in diesem Punkt auf keinerlei Entgegenkommen der Zweibundmächte hoffte, sondern auch, weil ihm die Risiken unbedeutend schienen: Die italienische Kolonialpolitik in Ostafrika. Massaua, die Erbschaft Mancinis, war für Robilant keine Frage der Überzeugung; nur aus Prestigegründen hielt er an dem Stützpunkt fest. Er klärte dann die italienische Stellung in Massaua, indem er das italienisch-ägyptische Kondominium beendete und den Hafen definitiv in Besitz nahm.[185] Der Konflikt mit den Abessiniern schwelte indessen weiter. Truppenverlegungen wurden nötig; bald schon kam es zu bewaffneten Zusammenstößen. Ein abessinischer Unterkönig, Ras Alula, unternahm Anfang Januar 1887 einen Vorstoß in Richtung Massaua. Robilant, im Parlament am 14. Januar 1887 auf die Gefahren in Eritrea angesprochen, war gedanklich ganz beim Abschluß der Dreibundverhandlungen und den parallellaufenden Gesprächen mit Großbritannien über eine Mittelmeerentente; deshalb ent-

---

[184] Text der Verträge: Anhang B. Siehe auch Pribram, Geheimverträge, S. 42–47; GP 4, Nr. 858, 859 (unvollständig, nämlich ohne den österreichisch-italienischen Zusatzvertrag und ohne Zusatzpapier).

[185] Zur Haltung Robilants zum Kolonialbesitz: Ruggero Moscati: I ministri del Regno d'Italia, vol. 5, Napoli 1966, S. 55–57.

gegnete er spöttisch, der Moment sei wohl nicht geeignet, den nebensächlichen afrikanischen Angelegenheiten (er bezeichnete die Abessinier als „quattro predoni" – als „vier Strauchdiebe") soviel Bedeutung zu geben. Doch am 1. Februar 1887 erreichte Rom die Nachricht, daß einige tausend Abessinier bei Dogali eine italienische Einheit von etwa 500 Soldaten eingekreist und fast vollständig vernichtet hatten. Das Ministerium mußte ein Sonderbudget von 5 Millionen Lire zur militärischen Verstärkung in Afrika beantragen. Robilant, natürlich in besonderer Weise unter Beschuß, gab zu, daß seine Worte von den „quattro predoni" unglücklich gewesen waren, beharrte aber auf dem Vorrang der europäischen Aufgaben; die Ereignisse in Massaua seien letztlich nur von sekundärer Bedeutung. Da Italien für eine kraftvolle Außenpolitik eine starke und nicht nur eine tolerierte Regierung brauche, bat er die Abgeordneten um eine breite Mehrheit für den Zusatzetat; es ginge auch um eine Demonstration der italienischen Großmachtstellung. Die Abstimmung war mit 215:181 Stimmen ein Sieg der Regierung, die Mehrheit von 34 Stimmen[186] angesichts des Vorgefallenen eigentlich größer als zu erwarten gewesen war, aber nach Ansicht Robilants nicht überzeugend genug; betrug die Mehrheit bei einer vorhergehenden Abstimmung doch noch 75 Stimmen.[187] Robilant trat sofort zurück; alle Versuche, ihn zu halten, schlugen fehl. Daraufhin demissionierte das ganze Kabinett. Eine äußerst schwierige, monatelange Kabinettskrise war die Folge. Bereits demissioniert, sorgte Robilant im Auftrag von Depretis[188] noch für die Unterzeichnung des Dreibundvertrages, der Entente mit Großbritannien und eines Abkommens mit Spanien. Die Verbindung mit dem notorisch bündnisscheuen Großbritannien bestand aus einem Notenaustausch, in der beide Regierungen ihr Interesse an der Erhaltung des Status quo im Mittelmeer bekräftigten und ihre grundsätzliche Bereitschaft zur Zusammenarbeit erklärten.[189] Diesem Abkommen trat wenig später Österreich-Ungarn durch den Austausch einer ähnlichen Note bei. Durch dieses Vertragssystem ließ der Außenminister bei seinem ruhmlosen Abtritt Italien durch ein vielfältiges Vertragsnetz gesichert zurück. Er selbst sagte bei seinem Abschied, Italien sei „sicura come in una botte di ferro" („sicher wie in einem Eisenfaß").

Stand es auch außer Zweifel, daß Robilant die italienische Stellung diplomatisch ungeheuer verstärkt hatte, zeichneten sich jedoch schon im Frühjahr 1887 andere negative Konsequenzen ab: Das Verhältnis zu Frankreich kühlte immer weiter ab. Ursache dafür war, daß Frankreich sich eingekreist fühlte; Ventil wie Verschärfung fand der Gegensatz in den gespannten Handelsbe-

---

186 Chiala, Triplice, S. 482.
187 Chiala, Triplice, S. 480.
188 Depretis an Robilant, 5.3.1887, ASMAE, Triplice Alleanza, Cassetta 1c, Nr. 177.
189 George F. Kennan: Die schicksalhafte Allianz. Frankreich und Rußland am Vorabend des Ersten Weltkrieges, Köln 1990, S. 125 f.

ziehungen und in der Frage der Erneuerung des Handelsvertrages, die im Schatten des Protektionismus am Widerstand der französischen Kammer scheiterte. Es war allerdings für Robilant nicht vorauszusehen, daß sich die französische Republik nach dem Abebben der Welle des antideutschen Revanchismus unter Boulanger statt gegen das Deutsche Reich plötzlich hauptsächlich gegen Italien wenden würde.

> Mir kam der österreichische Wunsch, das Trentino auszunehmen, so vor, als ob ich mit einem anderen Gentleman gemeinschaftlich Bank halte und mir dabei ausbedingen wollte, daß derselbe mir nicht etwa das Taschentuch aus der Rocktasche stiehlt, während ich daran bin Karten zu geben.
>
> Herbert v. Bismarck, am 16. Februar 1887

f) Die Dreibundverlängerung 1887, die Erhaltung des europäischen Friedens und Bismarcks neues Allianzsystem – eine Bewertung

Die europäische Doppelkrise war zu dem Zeitpunkt, an dem der Dreibundvertrag unterzeichnet wurde, noch nicht ausgestanden. Trotzdem kann die Frage gestellt werden, ob sich die Allianz in den gespannten Jahren als Stütze des Friedens erwiesen hatte. Denn immerhin hatten sich in der politischen und militärischen Führung der drei Länder Anfälligkeiten für kriegerische Konzepte gezeigt.

Tatsächlich war von den Balkan-Angelegenheiten eine reale Bedrohung des europäischen Friedens ausgegangen. Die Österreicher waren bereit gewesen, ihren Einfluß auf dem Balkan auch um den Preis eines Krieges gegen Rußland zu festigen. Bismarck hatte sie durch die Weigerung, einen aggressiven Akt irgendwie zu unterstützen, nachhaltig gebremst und damit verhindert, daß diese Kriegspläne in die Tat umgesetzt wurden. Bei anderem politischem Wollen in Deutschland – wenn sich zum Beispiel Waldersee durchgesetzt und die Österreicher zum Krieg gegen Rußland ermutigt hätte – wäre auch ein anderer Ausgang der Krise denkbar gewesen. Die kriegerische Strömung in Österreich war aber nicht vom Außenminister ausgegangen, der sie erst mit einiger Verzögerung und auch dann nur sehr vorsichtig und widerwillig aufgriff; immerhin wollte Kálnoky aber die – für Österreich zu diesem Zeitpunkt sehr vorteilhaften – Verhältnisse auf dem Balkan so erhalten, wie sie waren. Aktive Expansionspläne, die über die Erhaltung des neugewonnenen Einflusses hinausgingen, hatte Kálnoky offensichtlich nicht.[190]

Bremste Bismarck die Österreicher, weil er in einem Krieg gegen Rußland nicht mitgehen wollte, so hatten diese wiederum nicht die geringste Neigung, dem Deutschen Reich bei einem Konflikt mit Frankreich zu assistieren. Die Kriegsgefahr war von Bismarck zeitweise außerordentlich betont, ja sogar hochgespielt worden, um die Heeresvorlage sicher durchzubekommen. In der gesamten Krise findet sich bei Bismarck zwar auch immer der Gedanke, wenn der Krieg doch kommen sollte, diesen unter möglichst günstigen Bedingungen durchfechten zu können; letztlich aber beseelte ihn der Wunsch, den Frieden auch mit Frankreich durch Abschreckung zu erhalten. Vielleicht war die Einschüchterung durch seine Aufrüstungsmaßnahme im Zusammenhang mit den innenpolitischen Entwicklungen in Frankreich der richtige Weg. Bismarck hatte im Reichstag die Möglichkeit angesprochen, daß Boulanger, sollte er Ministerpräsident werden, einer Regierung bonapartistischen Stils vorstehen und möglicherweise zum Gefangenen und Opfer seiner eigenen Versprechungen und revanchistischen Prahlereien und somit aus Schwäche zum wirklichen Kriegsrisiko werden könne.[191] Es war auf jeden Fall eine Stärkung der vernünftigen Kräfte in Frankreich, die einer hoffnungslosen Auseinandersetzung mit dem Deutschen Reich aus dem Weg gehen wollten.

Jedenfalls hatte die europäische Doppelkrise gezeigt, daß die Verbündeten ihre differierenden Interessen nicht ausreichend koordinieren konnten, um gemeinsam offensiv werden zu können. Und die Vertragsverhandlungen belegten, daß nicht einmal die Formulierung einer einheitlichen Defensivstrategie zwischen den drei Mächten möglich war – selbst dafür waren ihre Interessen zu unterschiedlich. Bismarck wollte sich nicht für vorwiegend habsburgische, die Österreicher nicht für deutsche Interessen schlagen, und die italienische Regierung suchte ebenfalls nur ihren eigenen Vorteil.

Die schließlich ausgehandelten Vertragsbedingungen waren ein unstreitiger Triumph Robilants, da er seine Verhandlungspartner zu umfangreichen

---

190 Dazu Reuß an Holstein, 1.2.1887, Holstein, Geheime Papiere 3, Nr. 205: „Österreich ist meiner Ansicht nach gar nicht in der Lage, ambitiöse Pläne zu verfolgen, weil es sehr gut weiß, wenigstens Graf Kálnoky und viele andere verständige Politiker hier zu Lande auch, daß es nicht die Kraft dazu hat." Auch aus der gesamten Verhandlungsführung wurde der defensive Charakter der österreichischen Politik erkennbar. Gerade der Zusatz „des Balcans", den Kálnoky in den Vertrag selbst hineingebracht hatte, zielte auf ein Hilfsversprechen der Dreibundpartner für Verwicklungen auf dem Balkan, und zwar auch in Bulgarien, ab, dachte aber nicht an eine eigenständige österreichische Expansion, beispielsweise in Richtung Saloniki, denn nur in diesem Fall hätte dieser Zusatz zum Knebel werden können.
191 Dazu die Reichstagsrede Bismarcks von 12.1.1887, in: Horst Kohl: Die politischen Reden des Fürsten Bismarck, Band XII, S. 216 ff.

Modifikationen gezwungen hatte. Robilant ist in der Geschichtsschreibung deshalb auch als wahrer Sieger der Verhandlungen gefeiert worden, der dem widerstrebenden Bismarck geschickt zahlreiche Zusagen abgerungen habe.[192] Das ist sicher nicht ganz falsch, aber vielleicht hat sich mancher Historiker von der markanten Persönlichkeit Robilants und seiner unbestreitbaren diplomatischen Geschicklichkeit blenden lassen. Denn wenn die Erfolge Robilants aus einer anderen Warte als der hypothetischer Vertragsvorteile betrachtet werden, muß das Urteil weit kritischer ausfallen. Der italienische Außenminister war zwar darauf bedacht, den Frieden zu bewahren, verhandelte aber, wie schon Kálnoky richtig bemerkt hatte, so, als gehe es hauptsächlich darum, Italien für den Kriegsfall eine möglichst große Beute zu sichern. Der deutschen Seite war diese Eigenheit nicht verborgen geblieben, und Bismarck nutzte sie virtuos. Es gehe darum, Italien durch Geschenke verläßlich zu machen und möglichst fest an sich zu binden.[193] Holstein sprach von dem italienischen „Trinkgeld-Paragraphen"[194] und verglich die italienische Hilfe mit einem mittelalterlichen Landsknechtskorps; wie dieses wolle auch Italien für seine Hilfe handfest entlohnt werden.[195] In diesem Feilschen um Kompensationen zeigt sich eine Konstante der italienischen Außenpolitik. Schon für Mancini war die Vorstellung unerträglich, irgendwo in Europa könne ein Krieg ausbrechen, von dem Italien nicht in irgendeiner Form profitieren würde. Und auch bei den zweiten Dreibundverhandlungen wurde klar, daß Italien unbedingt Kompensationen erhalten und sich sogar seine Neutralität im Fall eines russisch-österreichischen Krieges bezahlen lassen wollte. Verständlicherweise waren die österreichischen Diplomaten darüber verärgert. Allerdings ging Botschafter Széchényi an den Realitäten vorbei, als er im Februar 1887 diese Mentalität der „Welschen" darauf zurückführte, daß in diesem Lande „der Pöbel das Szepter führt"[196]. Der Gedanke ist typisch für den „k. u. k. Katzelmacherstandpunkt" der öster-

---

[192] Fellner, Dreibund, S. 37 f., besonders S. 39 f: „Italien verdankt diese verbesserte Stellung aber nicht nur der Gunst des Augenblicks, die Bismarck nachgiebig machen mußte, sondern in bisher vielleicht noch gar nicht genügend gewürdigtem Maße der zielstrebigen und energischen Außenpolitik seines Außenministers Robilant." Wegen der für Italien unbestreitbaren Vorteile ist Robilants diplomatische Geschicklichkeit auch von Salvatorelli, Triplice, S. 125, gelobt worden: „Il successo diplomatico del Robilant consistette precisamente in questo: aver ottenuto dagli alleati un notevole accrescimento dei loro impegni senza un aumento corrispondente dei nostri." Ähnlich Petrignani, Neutralità, S. 412; Salvemini, Politica Estera, S. 13.
[193] Aufzeichnung des Kronprinzen Rudolf über seine Unterredung mit Bismarck, 17.3.1887, zitiert bei Pribram, Geheimverträge, S. 206.
[194] Pribram, Geheimverträge, S. 201.
[195] Széchényi an Kálnoky, 21.1.1887, HHStA, PA I, 462.
[196] Széchényi an Kálnoky, 12.2.1887, HHStA, PA I, 462; zitiert auch bei Pribram, Geheimverträge, S. 201–202.

reichischen Diplomatie und gleichzeitig symptomatisch für deren chronische Fehleinschätzung der italienischen Verhältnisse: Széchényi sah das Problem darin, daß der „Pöbel" in Italien regierte; damit meinte er wohl den liberalen Staatsaufbau und das vergleichsweise demokratische System. Doch lag die eigentliche Ursache anderswo: in dem machiavellistischen Geist, der in der italienischen Staatsspitze herrschte, und wo ein ebenso gefährlicher wie oftmals schon lächerlicher nationaler Egoismus zur Staatsdoktrin erhoben wurde. Bismarck hatte sich, anders als die Österreicher, nicht darüber mokiert, sondern diese Besonderheit zu nutzen gewußt; allerdings ging sie, anders als im österreichischen Fall, auch nicht auf eigene, sondern auf französische Kosten. Denn auch nach Westen hin, gegen Frankreich, ließ sich die italienische Regierung umfangreiche Annexionen versprechen. Bismarck heizte ihren Appetit kräftig an. Er ließ in Rom mitteilen, „Berlin gehe so weit, wie Italien wolle". Er fragte de Launay sogar, warum nicht im Kriegsfalle die Besitzverhältnisse in Tunesien wiederaufgerollt werden sollten. De Launay war ein so weitgehendes Entgegenkommen schon unheimlich, und er erkannte klar die dahinter stehende Absicht, Italien in einem solchen Fall rettungslos zu kompromittieren und auf ewig mit Frankreich zu verfeinden.[197] Trotzdem konnte Robilant nicht widerstehen, und es wurde über umfassende Gebietswünsche debattiert, die Tunesien, Korsika und Nizza, dann sogar die Provence, ja alle Gebiete links der Rhône umfassen sollten. Schließlich einigten sich beide Seiten darauf, in Anbetracht der Unvorhersehbarkeiten des Kriegsglücks im Vertrag nur generell eine Erwerbsmöglichkeit für Italien auf französische Kosten anzudeuten. Interessant ist zu beobachten, wie die italienischen Diplomaten zwar Bismarcks eigentliche Absichten errieten, andererseits aber auch nicht widerstehen konnten, sich für den Kriegsfall ein Maximum an garantiert unverdaulichem Gewinn zu sichern. Hätte Italien nach einem Krieg gegen Frankreich Tunesien oder Tripolitanien erhalten, wäre dies eine Belastung, die Folgen aber noch zu bewältigen gewesen; Nizza, Korsika oder sogar die gesamte Provence wären jedoch wirklich fatale Erwerbungen gewesen, die die schärfste französische Feindschaft gegen Italien zur Folge gehabt haben würden.

Außerdem war bei Robilant die gefährliche Tendenz zu beobachten, sich im Fall des Versprechens ausreichender Kompensationen auch zu Hilfszusagen

---

[197] De Launay an Robilant, 22.1.1887, ASMAE, Cassette Verdi, Cassetta 1c, Nr. 119: „Le Prince de Bismarck, dans son entretien, lachant le mot Tunis. ‚Pourquoi ne penseriez-vous pas à cet territoire, beaucoup plus proche de vos cotés que ne l'est la Tripolitaine?' J'ai répondu que ce serait prendre le taureau par les cornes." Auch de Launay an Robilant, 15.2.1887, ebenda, Nr. 160: „Le but essentiel de l'Allemagne est de nous engager, de nous compromettre irrémissiblement envers la France, et par conséquent elle verrait de bon œil qu'au détriment de cette Puissance l'Italie retirât, en tout ou en partie, les avantages que vous énumérez."

an Österreich-Ungarn zu verstehen, die einen Krieg in der gespannten Situation der Jahre 1886/87 wahrscheinlicher gemacht hätten. Mehr noch: Robilant schien eine solche Kombination herbeizusehnen. Er war bereit, Italien in einen verlustreichen Krieg mit Rußland zu führen, hätte Österreich dafür das Trentino abgetreten. So wollte der General dieses Gebiet erwerben und das irredente Problem dreibundkonform aus der Welt schaffen: Durch Leistung, durch einen schweren Krieg an der Seite der Verbündeten. Das Verfahren hatte mit dem Vorgehen Cavours während des Krimkriegs eine unmittelbare Tradition in der piemontesisch-italienischen Politik. Robilant urteilte hier als Soldat und doch sehr konservativer Ehrenmann; ob es sich für Italien gelohnt hätte, für diese Konzession ein so schweres Opfer zu bringen, ist fraglich. De Launay hatte diese Perspektive einen gehörigen Schrecken eingejagt, Robilant war aber dazu bereit, er wollte die Kastanien selbst „aus dem Feuer holen"[198]. Auch diese Haltung muß, in Hinblick auf spätere Ereignisse, im Auge behalten werden.

Das Kompensationsdenken Robilants und seiner Kollegen wurde dadurch wieder relativiert, daß auch sie ungleich mehr an der Erhaltung des Friedens als an der Entfesselung eines Krieges interessiert waren. Die neuen Vertragsbestimmungen über Tripolis sollten, obwohl sie einen offensiven Charakter hätten annehmen können,[199] die Franzosen abschrecken und einen Krieg in Nordafrika sogar vermeiden helfen. Das in letzter Minute von Robilant noch eingebrachte „procès verbal" über den friedlichen Charakter der Vereinbarungen unterstrich diese Tatsache ebenso wie die anderen Verträge, die Robilant zur Sicherung der italienischen Stellung im Mittelmeer mit

---

[198] Siehe Robilant an de Launay, 30.11.1886, GP 4, Nr. 836, Anlage III.
[199] In dieser Hilfszusage für Tripolis verbarg sich, wie der italienische Historiker Federico Curato (Curato, Robilant, Storia Parlamento, Bd. 5, S. 408–410.) bemängelt hat, vielleicht sogar eine Veränderung des bisher rein defensiven Charakters des Dreibunds. Curato diskutiert in seinem kurzen, aber sehr inhaltsreichen Essay über Robilant nicht die Frage, ob die Vertragsverhandlungen mit einem italienischen Erfolg endeten; denn, wie er zu Recht feststellt, werde dies überall in der Forschung mit guten Gründen bejaht. Die Frage hingegen, ob das Bündnis nach den Veränderungen noch seinen defensiven Charakter beibehalten habe, verneint er unter Berufung auf die Werke Pribrams, Langers, Renouvins und anderer. Ein französischer Angriff auf Marokko oder Tripolis wäre zwar eine schwere Beeinträchtigung italienischer Interessen gewesen; ein daraus resultierender Angriff Italiens auf das französische Mutterland scheint Curato aber als ein unangemessener „Notwehrexzeß" („eccesso colposo di legittima difesa"). Sein Argument, die Franzosen hätten in Unkenntnis über den Vertragsinhalt durch ein Ausgreifen in Nordafrika leicht unwissentlich einen europäischen Krieg auslösen können, geht natürlich davon aus, daß ihnen diese Bestimmungen unbekannt waren; indes scheint dies nicht der Fall gewesen zu sein. Bismarck jedenfalls rechnete fest damit, die Franzosen würden bald schon Bescheid wissen. Curato hat allerdings recht, wenn er – darin im übrigen Kálnokys Bedenken folgend – die durch den Vertrag erleichterte Möglichkeit eines italienischen Notwehrexzesses kritisiert.

Großbritannien und Spanien abschloß. Robilants stolzer Vergleich – er hinterlasse Italien „sicuro come in un botte di ferro" – sicher wie in einem Eisenfaß – zeigt schon in der Formulierung die defensive Grundabsicht; er wollte sein Land vor Überraschungen auf dem Balkan und in Nordafrika schützen und damit potentiell kriegsgefährliche und innenpolitisch riskante Situationen gar nicht erst entstehen lassen.

Besonders ungünstig war bei den Verhandlungen Österreich weggekommen, das neue Verpflichtungen eingegangen war, ohne seinerseits Gegenleistungen zu erhalten.[200] Das schwache Abschneiden der Österreicher in dem neuen Vertrag war vor allem darauf zurückzuführen, daß sie angesichts der russischen Kriegsgefahr in der schwächsten Position waren und deshalb den von deutscher Seite unterstützten italienischen Wünschen schließlich nachgeben mußten. Hinzu kam, daß Bismarck gegen Ende der Verhandlungen unter dem Druck von Robilants Demission mächtig drängte und die berechtigten österreichischen Bedenken und redaktionellen Änderungswünsche einfach abblockte. Außerdem hatte Kálnoky mehrere unnötige Fehler begangen, so zum Beispiel, als er die Kompensationsklausel ohne Not auf den gesamten Balkan ausdehnte. Auch ist zu fragen, ob es aus österreichischer Sicht nicht besser gewesen wäre, Italien eine Kompensation zu versprechen und dafür die Hilfe gegen Rußland in Anspruch zu nehmen. Doch Kálnoky hatte gegen die gesamte Diskussion über hypothetischen Zugewinn und Entschädigungen eine ausgeprägte Abneigung; nicht nur, weil er den Italienern Balkanerwerbungen mißgönnte, sondern auch, weil er sie auch für Österreich ausschloß und sich deshalb seiner Ansicht nach jede Kompensationsfrage erübrigte. Daß die österreichische Führung nicht begeistert war, Italien ohne Gegenleistung ein Mitspracherecht auf dem Balkan und für eigene Erweiterungen Kompensationen zusichern zu müssen, liegt auf der Hand. Der Wunsch Kaiser Franz Josephs, daß zumindest die Annexion Bosnien-Herzegowinas von jeder Gegenleistung ausgeschlossen bleiben und außerdem im Vertrag die Formel aufgenommen werden solle, daß die Kompensation „au dehors de leur possessions" liegen müsse und somit das Trentino nicht in Betracht komme, war verständlich und hätte das Vertrauen der Österreicher in die italienische Aufrichtigkeit erhöhen können. Kálnoky und sein Kaiser gaben sich schließlich mit Bismarcks Versicherung, der Vertrag sei so in Ordnung, zufrieden, und verzichteten auf diese doch sehr wesentlichen Hinzufügungen. Hier hatte es sich die deutsche Seite, in heller Aufregung über die Demission Robilants und in dem Wunsch, möglichst rasch den

---
200 Fellner, Dreibund, S. 39, schrieb, Österreich habe „nicht nur keinerlei Gewinn oder Vorteil gegenüber 1882 zu verzeichnen, sondern sich, ohne irgend eine Gegenleistung einzutauschen, in seinem eigensten Interessensgebiet die Hände binden lassen".

Vertrag abzuschließen, doch zu bequem gemacht. Das hatte seine Ursache darin, daß Herbert Bismarck die österreichischen, seiner Ansicht nach „ganz unbegründeten" Sorgen wegen des Trentinos nicht an den „empfindlichen Robilant" weitergeben wollte. Dieser vollkommen berechtigte Wunsch wurde von der deutschen Verhandlungsführung halb unter den Tisch gekehrt, halb durch Druck auf Kálnoky ausgeschaltet. Denn, wie Sondierungen in Rom ergeben hatten, wollte sich Robilant sogar für den Fall der bosnischen Annexion den Wunsch nach Kompensationen offenhalten.[201] Wäre auch diese Frage noch zum Diskussionspunkt erklärt worden, wäre die österreichische Geduld wohl endgültig erschöpft gewesen. So begnügte sich die deutsche Diplomatie mit der Erklärung de Launays, daß sich der Kompensationswunsch sicherlich nicht auf die österreichischen Territorien erstrecken werde.[202] Doch war eine solche Erklärung des italienischen Botschafters in Berlin letztlich nicht verbindlich,[203] auch wenn dieser beteuerte, „es sei ja selbstverständlich, daß bei einem Bündnisverhältnisse niemals an das Trentino seitens Italien gedacht werden könne". Staatssekretär Bismarck hielt schon den Gedanken, von Italien eine solche Einschränkung zu verlangen, für eine ehrabschneidende Zumutung. Er schrieb: „Mir kam der österreichische Wunsch, das Trentino auszunehmen, so vor, als ob ich mit einem anderen Gentleman gemeinschaftlich Bank halte und mir dabei ausbedingen wollte, daß derselbe mir nicht etwa das Taschentuch aus der Rocktasche stiehlt, während ich daran bin Karten zu geben."[204] Kálnoky beugte sich dem Druck und verzichtete auf die Hinzufügung der Formel „en dehors de leurs possessions." Zur Wahrung der österreichischen Interessen wäre es von Kálnoky zwar geschickter gewesen, auf der Aufnahme dieses Passus zu bestehen, um damit ganz klarzumachen, daß eine Kompensation bei Balkanerwerbungen nur aus der Teilung eines Zugewinns, aber nicht aus Gebieten des Reiches selbst bestehen könne. Die deutschen Verhandlungspartner hatten allerdings nicht unrecht, als sie darauf verwiesen, daß der endgültige Vertragstext, in dem der Kompensation eine vorhergehende Einigung der Bündnispartner („accord préalable") vorgeschaltet war, ebenfalls eine Forderung nach dem Trentino gegen den österreichischen Willen ausschloß.[205] Außerdem war Bismarck der Ansicht, daß letztlich jede Vertragsbestimmung umgangen werden könne, es auf den guten Willen, nicht auf den Buchstaben ankäme und daß Verträge

---

201 Robilant an de Launay, 15.2.1887, ASMAE, Cassette Verdi, Cassetta 1b, Nr. 140.
202 Salvatorelli, Triplice, S. 114 f; Pribram, Geheimverträge, S. 196; Herbert v. Bismarck an Reuß, 24.1.1887, GP 4, Nr. 846; Herbert v. Bismarck an Reuß, 16.2.1887, GP 4, Nr. 852.
203 Salvatorelli, Triplice, S. 116, 117.
204 Herbert v. Bismarck an Reuß, 16.2.1887, GP 4, Nr. 852.
205 Reuß an Bismarck, 19.2.1887, GP 4, Nr. 857.

ohnehin nur solange Gültigkeit besitzen würden, solange sie für die Völker erkennbare Vorteile brächten.[206]

Ein weiterer großer Erfolg Robilants war es, daß die österreichische Kompensationszusage noch durch ein „pour tout avantage territoriel ou autre" ausgeweitet wurde. Damit traf er in verstärktem Ausmaß den Nerv der Österreicher; denn diese verpflichteten sich damit, auch für wirtschaftliche Vorteile wie zum Beispiel den Bau einer Eisenbahnlinie auf dem Balkan eine entsprechende Kompensation zu gewähren. Italien hatte damit einen Hebel, seinerseits den Balkan friedlich zu durchdringen und mit Österreich in dessen bisheriger Domäne auch wirtschaftlich in Konkurrenz zu treten. Der Dreibund war nach wie vor ein Defensivbündnis, wenn auch einzelne Bestimmungen sehr weit gingen und ihn zu einem Instrument imperialistischen Handelns hätten machen können.[207]

Es bleibt festzuhalten, daß der neue Dreibundvertrag einen ganz anderen europäischen Stellenwert als der alte besaß. Die Hauptbedeutung des ersten Dreibunds hatte auf dem Feld der trilateralen Beziehungen gelegen, auf dem österreichisch-italienischen Ausgleich, auf der Sicherheit voreinander. Nun jedoch war aus dem Vertrag auch ein bedeutsamer europäischer Machtfaktor geworden.

Der Dreikaiserbund als bisheriges Herzstück bismarckscher Außenpolitik war weggefallen; er hatte einen gewissen Ersatz in dem 1887 abgeschlossenen, geheimen Rückversicherungsvertrag gefunden, in dem sich Rußland und Deutschland auf drei Jahre die Neutralität garantierten, sollte eines der beiden Länder von einem dritten angegriffen werden. Da Bismarck erklärtermaßen nicht die Absicht hatte, Österreich-Ungarn bei einem Angriff gegen Rußland zu assistieren, widersprach dieser Vertrag weder formal noch in den Intentionen dem Zweibund, wenn er auch nicht von sonderlichem Vertrauen gegenüber den österreichischen Verbündeten zeugte.[208]

---

206 „Die Haltbarkeit aller Verträge zwischen Großstaaten ist eine sehr bedingte, sobald sie in dem Kampf ums Dasein auf die Probe gestellt wird. Keine große Nation wird je zu bewegen sein, ihr Bestehen auf dem Altar der Vertragstreue zu opfern, wenn sie gezwungen ist, zwischen beiden zu wählen." In: Bismarck, Gedanken und Erinnerung, II, S. 249 f.

207 Sehr betonte Hervorhebung des imperialistischen Charakters dieser Vereinbarung bei Mommsen, Großmachtstellung, S. 86 f.

208 Bismarck unterstellte, der Vertrag sei wahrscheinlich auch in österreichischem Sinn, und im übrigen könne das deutsch-österreichische Bündnis notfalls auch eine Verstimmung Kaiser Franz Josephs ertragen, sollte er von den Russen darüber informiert werden. Niederschrift Bismarcks vom 28.7.1887, GP 5, Nr. 1099. Zur Rückversicherung auch Mommsen, Großmachtstellung, S. 89–92 (mit einer relativ hohe Bewertung des Vertrages), Hildebrand, Reich, S. 118–122, mit Betonung des Aushilfecharakters; Verosta, Theorie und Realität, S. 145; Taylor, Struggle, S. 317; Fellner, Dreibund, S. 41, urteilt über den Rückversicherungsvertrag: „Es war, wie Werner Näf sagt, eine ‚klug berechnende Verteilung von Gewichten und Gegengewichten', der in der geschickten Hand Bismarcks der Erfolg nicht versagt blieb, der aber in

Doch das Wesentliche an der neuen Kombination war die Höherbewertung des Dreibunds als neuem Zentrum des Bündnissystems und die Heranführung Großbritanniens. Der Reichskanzler wollte nach dem Wegfall der Entente mit Frankreich Großbritannien und Italien fester an sein Machtgefüge binden. Robilant hatte parallel zum Dreibund auch mit Großbritannien über die Mittelmeerfragen verhandelt, was von Bismarck sehr begünstigt wurde. Zwar war, gemäß den Traditionen der britischen Politik, ein formelles Bündnis nicht zu erreichen. Immerhin war aber das amtierende Kabinett durch diese Entente in die Pflicht genommen. Zeitgleich mit der Unterzeichnung des Dreibundvertrages schlossen Großbritannien und Italien ihre Entente, die im wesentlichen den Status quo im Mittelmeer garantieren sollte. Wenig später trat auch Österreich-Ungarn dieser Verabredung bei. Ihre Spitze richtete diese Gruppierung gegen Rußland und Frankreich; letzteres war erneut vollständig isoliert und eingekreist durch Bismarcks Allianzen und Ententen. Das politische System Bismarcks, das bis 1885 aus einer Kombination von Zweibund, Dreikaiserbund, Dreibund und Entente mit Frankreich bestanden hatte, verwandelte sich nunmehr in eine diplomatische Konstruktion aus Zweibund, Dreibund, Entente mit Großbritannien und damit einer stillschweigenden politischen Vernetzung der Dreibundpartner und Großbritanniens sowie dem geheimen Rückversicherungsvertrag mit Rußland, mit dem er den Draht nach St. Petersburg doch noch aufrechtzuerhalten suchte.

Obwohl es Bismarck damit gelungen war, den Dreikaiserbund durch eine neue, vergleichbar mächtige Konstellation zu ersetzen, blieben ernste Hypotheken für die Zukunft. Die russisch-französische Annäherung hatte während der Doppelkrise mächtige Fortschritte gemacht, wenn sie auch zunächst nur ein von politischen Radikalen beider Länder propagiertes Vorhaben blieb. Und die Verbindung, ja der befürchtete offizielle Beitritt Großbritanniens zum Dreibund ließ sowohl in Frankreich als auch in Rußland zunehmend die Neigung entstehen, sich gegen diese gewaltige Verbindung zusammenzuschließen, wobei dieser Plan eine mehr antienglische als antideutsche Stoßrichtung hatte.[209] Allerdings urteilte Bismarck, daß sein neues System, ja der Zweibund allein der Eventualität eines russisch-französischen Angriffs gewachsen wäre;[210] auch die gesamten strategischen Faktoren zeigen, daß eine russisch-französische Allianz dem Zweibund nicht über-, sondern immer noch unter-

---

der Haltung gegenüber Österreich-Ungarn und Italien gerade das mangelte, was Deutschland später von seinen Dreibundpartnern immer forderte: das Gefühl der Freundschaft, Zusammengehörigkeit und offener Loyalität."
209 Kennan, Schicksalhafte Allianz, S. 131 ff.
210 Afflerbach, Der Dreibund als Instrument, S. 114.

legen war.[211] Diese Unterlegenheit wurde durch die Bundesgenossenschaft Italiens und Großbritanniens mit den Zweibundstaaten weiter verstärkt. Die Abschreckung blieb bestehen, und Bismarck hatte den europäischen Frieden zu seinen Bedingungen erhalten können.

---

211 Ebenda, S. 100 f., mit entsprechenden Zahlen.

II. DER DREIBUND ALS MACHTPOLITISCHES INSTRUMENT CRISPIS (1887–1896)

> Ich kann mit Österreich gehen so weit ich will, weil meine revolutionäre Vergangenheit auch dem avanciertesten Radikalen dafür bürgt, daß ich bei allem, was ich thue, das Wohl Italiens im Auge habe.
>
> Crispi, am 23. Mai 1888

1. Der Dreibund in der ersten Regierungszeit Crispis (1887–1891)

a) Von Depretis und Robilant zu Crispi

Als der neue Dreibundvertrag in Februar 1887 unterzeichnet wurde, war die europäische Doppelkrise noch nicht ausgestanden. Die deutsch-französischen Spannungen erreichten mit der Affäre Schnaebelé – der völkerrechtswidrigen Festnahme eines französischen Polizeibeamten auf deutschem Territorium wegen Spionageverdachts – im April 1887 sogar einen neuen Höhepunkt; der Zar sah sich veranlaßt, eine ernste Mahnung an Bismarck zu schicken, daß Rußland in einem deutsch-französischen Krieg nicht neutral bleiben werde. Danach entspannte sich die Lage, besonders als es Präsident Grévy gelang, den unruhigen Boulanger, der zuletzt durch seinen Plan einer Probemobilmachung das deutsch-französische Verhältnis schwer belastet hatte, abzulösen. Boulanger verschwand in der Bedeutungslosigkeit. Das deutsch-französische Verhältnis blieb jedoch sowohl auf der Ebene der Völker als auch zwischen den Regierungen sehr kühl.[1] Bismarck klagte gereizt über die „an das Irrenhaus streifende Deutschfeindlichkeit der Franzosen"[2].

---

1 Dazu GP 6, S. 125–222; beispielsweise Bismarck an Münster, 4.1.1887, GP 6, Nr. 1241 mit einer Beurteilung Bismarcks über die Kriegsstimmung in Frankreich; Aufzeichnung Herbert v. Bismarcks, 5.7.1887, ebenda, Nr. 1271; Aufzeichnung Herbert v. Bismarcks vom 1.5.1888, ebenda, Nr. 1282, mit der Kritik Herbert v. Bismarcks gegenüber dem französischen Botschafter wegen des Überfalls auf vier Freiburger Studenten in Belfort und deren schwere Mißhandlung am 8.4.1888, was als Beispiel für die gereizte Stimmung auch der Bevölkerung diente. Auch Aufzeichnung Herbert v. Bismarcks, 3.3.1890, ebenda, Nr. 1289 über ein Gespräch Bismarcks mit dem französischen Bankier Christofle am gleichen Tag über die Chancen einer deutsch-französischen Aussöhnung und den überaus skeptischen Randbemerkungen Bismarcks. Dazu auch Crispi, Außenpolitik, S. 312–314.
2 Aufzeichnung Rantzaus vom 9.7.1887, in: GP 6, Nr. 1273. Zu Bismarcks Klagen, alle seine Aussöhnungsversuche mit Frankreich seien umsonst gewesen, siehe Salvatorelli, Triplice, S. 133, 134.

Auch das Verhältnis zwischen den drei Kaisermächten blieb gespannt und erreichte seinen Tiefpunkt mit den militärischen Vorbereitungen im Winter 1887/88. Erst nach diesem Höhepunkt der Krise löste sich die akute Gefahr einer großen europäischen Auseinandersetzung langsam auf. Allerdings waren in diesen kritischen Monaten im Herbst 1887 die Weichen gestellt worden, um aus dem Dreibund ein effektives Militärbündnis gegen Frankreich zu machen. Die Gründe dieser verschärften antifranzösischen Frontstellung waren ganz wesentlich in einem einschneidenden Wechsel in der italienischen Führung zu finden. Robilants Rücktritt am 5. Februar 1887 hatte nämlich, wie erwähnt, eine schwere Kabinettskrise ausgelöst. Depretis, als erster mit der Kabinettsneubildung beauftragt, gab nach erfolglosen Verhandlungen das Mandat an den König zurück.[3] Trotzdem behielt er, der mit seinem demissionierten Kabinett geschäftsführend im Amt blieb, angesichts der Zersplitterung der Opposition die Zügel in der Hand. Politische Beobachter waren der – sicher zutreffenden – Ansicht, „Depretis beherrsche hinter den Kulissen alles"[4]. Robilant lehnte den an ihn ergangenen Auftrag, selbst eine neue Regierung zu bilden, ab; er hielt sich für das Amt des Ministerpräsidenten für nicht geeignet.[5] Interimsweise führte er aber zunächst noch die Geschäfte als Außenminister weiter.

Die Ursache der Probleme bei der Bildung eines neuen Kabinetts lag in der Opposition gegen die „trasformistische" Regierung Depretis, die sich inzwischen so ausgeweitet hatte, daß die Basis der Regierung sehr schmal geworden war. Der Opposition rechts und links von der Regierung, den „Dissidenten" und den „Pentarchen", fehlten wenige Stimmen, um gemeinsam die Regierung stürzen zu können, wenn sie danach auch unfähig gewesen wäre, selbst eine neue zu bilden. Die Krise wurde, auch durch Intervention des Königs, vorläufig beigelegt, indem das Kabinett Depretis einfach im Amt blieb. Allerdings war die Regierungsmehrheit, wie sich bei einer von Crispi geforderten Abstimmung Mitte März 1887 zeigte, auf 20 Stimmen geschrumpft.[6] Depretis selbst, der „padre eterno", äußerte Überdruß an seiner Aufgabe. Er war ein schwerkranker alter Mann, dessen Gesundheit eine Regierungstätigkeit eigentlich nicht mehr gestattete.[7] Doch noch immer hatte Depretis einen sicheren Blick für parlamentarische Notwendigkeiten. Er erkannte, daß eine neue stabile Mehrheit nur dann zu bilden war, wenn er selbst eine oder beide Oppositionsgruppen in die Regierung einband. Er bot schließlich Francesco

---

3 Bruck an Kálnoky, 24.2.1887, HHStA, PA XI, 101.
4 Bruck an Kálnoky, 8.2.1887, HHStA, PA XI, 101.
5 Bruck an Kálnoky, 26.2.1887, HHStA, PA XI, 101.
6 Bruck an Kálnoky, 11.3.1887, HHStA, PA XI, 101.
7 Robilant an Corti, 16.3.1887, spricht von der „pessima salute ed anche la senilità del De Pretis! Egli ha ancora degli sprazzi di vigore, ma non durano molto". In: ASMAE, Carte Robilant.

Crispi, der inzwischen Benedetto Cairoli als Führer der „Pentarchen" abgelöst hatte, das Innenministerium an, und dieser schlug ein – allerdings nur um den Preis, daß mit ihm der als extrem liberal geltende Zanardelli als Justizminister in die Regierung eintreten könne; außerdem verlangte er Robilants definitives Ausscheiden aus dem Kabinett. Depretis willigte ein und übernahm selbst kommissarisch das Außenministerium, während Robilant sich ins Privatleben zurückzog. Seine Zeit als Politiker war – zum großen Bedauern der Zweibundmächte und vor allem Bismarcks – vorbei; König Umberto selbst erklärte ihn zum „homme fini"[8]. Erst Anfang Mai 1888 erhielt er eine neue Aufgabe – er wurde zum Botschafter in London ernannt. Dort starb er ganz unvermittelt nach wenigen Monaten, am 17. Oktober 1888.

Anfang April 1887 trat das neue Kabinett zusammen; es hatte sich durch die Aufnahme der zwei Pentarchen Crispi und Zanardelli sowie des Kriegsministers Bertolé-Viale, eines Angehörigen der *destra*, und des „Dissidenten" Sarocco als Minister für Öffentliche Arbeiten[9] so verstärkt, daß es nunmehr im Parlament über eine überwältigende Mehrheit verfügte. Auch die drei in der Opposition verbliebenen Pentarchen – Cairoli, Nicotera und Baccarini – erklärten, mit der Regierung stimmen zu wollen. Um sich die Unterstützung der letzteren auch auf Dauer zu sichern, wollte Depretis zumindest Nicotera in das Kabinett mitaufnehmen und dachte deshalb über die Schaffung neuer Ministerien nach.[10]

Ministerpräsident Agostino Depretis hatte sein achtes Kabinett gebildet – sein letztes. Augenzeugen hatten bereits im Frühjahr das Gefühl, der Ministerpräsident sei ein sterbender Mann. Todkrank reiste er nach Stradella ab; dort starb er am 29. Juli 1887. Italien trauerte um den bis zu seinem Tode vielumstrittenen Führer seiner Politik.

Über Depretis ist oftmals sehr negativ geurteilt worden.[11] Er galt vielen Zeitgenossen wie späteren Historikern als unenergisch; er habe die Zügel schleifen lassen und der parlamentarischen Mehrheitsbeschaffung alle anderen politischen Fragen sträflich untergeordnet. Auch wurde ihm vorgeworfen, er sei an außenpolitischen Problemen desinteressiert gewesen und habe dadurch manche Chance für Italien versäumt.[12] Seine Gegner bezichtigten ihn auch, durch seinen *trasformismo* die Korrumpierung des politischen Lebens

---

8 Umberto sagte wiederholt zu Bruck: „Je regrette le Comte de Robilant, mais je crois que c'est un homme fini, qui n'a plus de chance de rentrer aux affaires étrangères." In: Bruck an Kálnoky, 25.6.1887, HHStA, PA XI, 101.
9 Dazu Saverio Cilibrizzi: Storia Parlamentare politica e diplomatica d'Italia da Novara a Vittorio Veneto, 8 Bände, Neapel 1939–1952, Band 2, S. 319.
10 So sollte Nicotera ein neuzugründendes Ministerium für Post und Telegraphie übernehmen. In: Bruck an Kálnoky, 16.4.1887, HHStA, PA XI, 101.
11 Cilibrizzi, Storia Parlamentare 2, S. 332–341.
12 Italicus, Dreibundpolitik, S. 97; Cilibrizzi, Storia Parlamentare 2, Kap. XIII.

in Italien sehr gefördert zu haben; er habe kein politisches Programm, sondern nur den Willen gehabt, um jeden Preis selbst an der Macht zu bleiben.[13] William Langer bezeichnet ihn gar als „a prince of opportunists" in inneren wie äußeren Angelegenheiten.[14]

Doch sind diese Urteile ungerecht und basieren mehrheitlich auf einem autoritären Politikverständnis. Depretis war ein erklärter Reformpolitiker, der sich sehr nüchtern immer zuerst ausrechnete, wie er eine Maßnahme durchsetzen konnte und dann erst handelte; seine taktische Wendigkeit als parlamentarischer Mehrheitsbeschaffer war in der Tat unübertroffen. Depretis war vornehmlich Innenpolitiker und an außenpolitischen Belangen nur dann interessiert, wenn sie auf die Innenpolitik einen spürbaren Einfluß zu nehmen drohten.[15] Mehr noch, Außenpolitik war für ihn ein „notwendiges Übel"[16]. Aber gerade wegen dieser Eigenschaft zeichnete ihn in außenpolischen Fragen ein nüchterner, unpathetischer Wirklichkeitssinn aus.[17] Später nannte Giolitti als seine „hervorragendste Eigenschaft" die „Vernunft"[18]. Zu den gleichermaßen die Innen- wie Außenpolitik berührenden Ereignissen seiner Amtszeit nahm der Abschluß der „triplice alleanza" einen herausragenden Platz ein. Ohne Enthusiasmus hatte er, der eigentlich eine Neutralitätspolitik befürwortete, die Gründung des Dreibundes zugelassen, war gewissermaßen, von Mancini und Blanc gedrängt und ohne die zwingende Notwendigkeit zu erkennen, fast wider Willen zum Vater des Bündnisses geworden. Dann aber hatte er den Dreibund als nützlich erkannt und sich zum „Vernunfttriplicista" gewandelt; noch kurz vor seinem Tode hatte er sich überzeugend dazu bekannt und einen Anteil an der Urheberschaft des Dreibundes für sich reklamiert.[19] Seinen Außenministern – Mancini und Robilant – hatte er im übrigen in der Außenpolitik weitgehend – in manchen Fällen vielleicht sogar zu weitgehend – freie

---

13 Giolitti, Erinnerungen, S. 48, schreibt von Depretis „Leidenschaft, um jeden Preis an der Regierung zu bleiben, eine Leidenschaft, die das persönliche Motiv jenes Transformismus war."
14 Langer, Alliances, S. 228.
15 Bruck an Kálnoky, 16.4.1887, HHStA, PA XI, 101.
16 „Un male necessario", Cilibrizzi, Storia Parlamentare 2, S. 339.
17 Depretis glaubte nicht daran, daß der Außenpolitik ein existentieller Charakter zukam. Hohn sprach aus einer Bemerkung, die für „Italicus" ein Zeichen für Depretis' unentschuldbare Passivität war, die in Wahrheit aber zeigt, daß Depretis die wahre Bedeutung der Dinge gut einzuschätzen wußte. Er sagte einmal: „Ich mußte jede dieser Angelegenheiten in 24 Stunden entscheiden, wenn ich nicht Italien zugrunde richten wollte; die 24 Stunden gingen vorüber, die Angelegenheit liegt noch da und mit Italien geht's doch voran." In: Italicus, Dreibundpolitik, S. 97 Anmerkung 1.
18 Giolitti, Denkwürdigkeiten, S. 47. Ob der persönlich anspruchslose Depretis ein Zyniker war, ist offenbar Ansichtssache; Cilibrizzi, Storia Parlamentare 2, S. 341, beurteilt ihn als nicht zynisch, Giolitti, Denkwürdigkeiten, S. 47, als zynisch.
19 Bruck an Kálnoky, 9.4.1887, HHStA, PA XI, 101, mit einem Bericht Brucks über ein diesbezügliches Gespräch mit Depretis.

Hand gelassen und sich in außenpolitische Vorgänge nach Möglichkeit nicht eingemischt. „Faccia pure!"[20] – „Machen Sie ruhig!" lautete ein Telegramm, das er im März 1887 im Zusammenhang mit der Unterzeichnung des Dreibundvertrages an den bereits demissionierten Robilant richtete; „Faccia pure!" – diese Aufforderung war aber auch geradezu programmatisch für seine Einstellung zu den Akteuren seiner Außenpolitik.

Francesco Crispi, der nach sehr kurzer Zeit seine Nachfolge als Ministerpräsident und auch als kommissarischer Leiter des Außenministeriums antrat, war von anderer Gemütsart. Crispis hervorstechendste politische Eigenart war sein Aktionismus; er war ein Mann rastloser politischer Tätigkeit, der den Stillstand welcher Art auch immer nicht ertragen konnte. Für ihn waren ein atemloses Sich-in-die-Dinge-Stürzen, eine mitreißende Energie, der Glaube in die alles verändernde Kraft des Willens sowie die Ansicht charakteristisch, daß in der Aktion selbst schon ein Wert an sich liege.[21]

Der Unterschied zwischen beiden Politikern und beiden Regierungsstilen war evident. An die Stelle des nüchternen, geschäftsordnungsmäßig-bürokratischen, abwägenden, vom Führungsstil her delegierenden, andere Meinungen und Überzeugungen zulassenden, persönlich integren und anspruchslosen, gleichzeitig aber auch ungeheuer gerissenen Depretis war nun ein Mann getreten, der, obgleich selbst mit 68 Jahren nicht mehr jung, dank eines „energischen, hitzigen Temperaments"[22], unerschütterlichen, humorlosen und zunehmend unkritischen Glaubens an sich selbst,[23] großer, aber im Detail nicht sorgfältig vorgehender Durchsetzungskraft das besaß, was Depretis fehlte: Charisma und Schwung. Die Aufnahme des Wechsels war symptomatisch für die Stimmung im Lande. Crispis Dynamik kam dem verbreiteten, unterschwelligen Wunsch in Italien nach einem „starken Mann" entgegen.[24] Bei der Übernahme der Regierung war Crispi ungeheuer populär; über neunzig Prozent aller Abgeordneten standen hinter ihm; sein Amtsantritt wurde im Parlament wie im Lande als Beginn einer neuen, energischeren Politik begrüßt. Tatsächlich initiierte Crispi in der Innen- wie Außenpolitik, im Justizwesen und auch in der Sozialpolitik große Reformen, die nach der Ära des scheinbar verschlafenen Depretis wie der Aufbruch zu neuen Ufern empfunden wurde.[25] Das neue Strafgesetzbuch, der „Codice Zanar-

---

20 Depretis an Robilant, 5.3.1887, ASMAE, Triplice Alleanza, Cassetta 1c.
21 Sergio Romano: Crispi, Milano 1986, S. 183, zitiert Chabod: Crispi era convinto „che l'azione vale anche per se stessa come generatrice di energia, suscitatrice di forti pensieri e incitatrice a magnanime gesta".
22 Bruck an Kálnoky, 25.6.1887, HHStA, PA XI, 101.
23 Chiala, Triplice, S. 520, verwendet die bezeichnende Formulierung: „... e sebbene, naturalmente, egli [Crispi] era convinto di essere netto di qualsiasi colpa ..."
24 Chabod, Storia, S. 642–645.
25 Die gediegene Studie von Daniela Adorni: Francesco Crispi. Un Progetto di un governo, o.O.

delli"[26], und eine Sozialversicherung nach deutschem Vorbild waren ebenso das Werk der Regierung Crispi wie eine neue, außerordentlich intensive Phase des Bündnisses, die von Zeitgenossen und Nachwelt gern, wenn auch irreführend, als die „Blütezeit des Dreibundes" beschrieben wird und die deckungsgleich mit der Regierungszeit Crispis ist.

Francesco Crispi, 1818 in Ribera auf Sizilien geboren, Revolutionär von 1848 und späterer Mitstreiter Garibaldis, nach der Einigung stets eine der führenden Persönlichkeiten der *sinistra*, war auf seine Vergangenheit als Revolutionär und Verschwörer stolz und bezeichnete sich selbst oftmals als „vieux conspirateur"[27]. Er galt vor seinem Regierungsantritt als sehr links, obwohl er sich bereits in den 1860er Jahren vom Republikaner zum überzeugten Monarchisten gewandelt hatte und ihm daraufhin sogar von der *destra*[28] Ministerien angeboten worden waren. Aus beidem – aus seinen alten Überzeugungen und seinem Gesinnungswandel – machte er kein Hehl. Vielfach versicherte er, „er sei Republikaner gewesen, habe (aber) die Monarchie als die für Italien allein mögliche Staatsform erkannt"[29]. Trotzdem er einen Großteil seiner alten Überzeugungen den veränderten Zeitumständen angepaßt hatte, waren ihm die Sympathien auch der Radikalen erhalten geblieben, die ihn für einen der Ihrigen hielten – wie auch er sich ihnen zugehörig fühlte.[30] Es war ein Grundzug von Crispis Politik, daß er von der politischen Linken, auch den Radikalen, ganz selbstverständlich Solidarität forderte und zunächst auch erhielt. Was die außenpolitische Grundrichtung betraf, war Crispi, weit mehr als der machiavellistische Robilant, den Idealen des Risorgimento verpflichtet; so befürwortete er beispielsweise anders als sein Vorgänger, der von den Traditionen piemontesischer Außenpolitik geprägt war und in Großmacht- und Gleichgewichtskategorien dachte, das nationale Prinzip auch auf dem Balkan.[31]

(Firenze) 1999, ist erst kurz vor Drucklegung des Manuskripts erschienen und konnte leider nicht mehr berücksichtigt werden.
26 Dazu: Candeloro, Storia 6, S. 359.
27 Ein sehr bekanntes Beispiel: Das Turiner Bankett im Oktober 1887, dazu S. 245.
28 Romano, Crispi, S. 97; Ricasoli im Frühjahr 1866. Ebenda, S. 101: Rattazzi bietet Crispi das Justizministerium an.
29 Solms an Bismarck, 12.10.1887, PA/AA, R 9107. Dem österreichischen Botschafter Bruck gegenüber bezeichnete Crispi, anläßlich einer Ministerkrisis in Frankreich, „Republik und Parlamentarismus" als „Übel". In: Bruck an Kálnoky, 21.5.1887, HHStA, PA XI, 101.
30 Sogar Matteo Renato Imbriani-Poerio, der an Crispis Politik bald schon vieles auszusetzen hatte, erklärte, menschlich empfände er für Crispi Sympathien. Er schrieb am 3.1.1892 in der „Grido di Pistoia": „Combattei Crispi con animo, coscienza e pertinacia, e forse sono stato io quello che l'ha combattuto con maggiore audacia per il suo indirizzo deleterio. Individualmente m'era simpatico, come mi é simpaticissimo anche ora che siede al posto di deputato." In: Matteo Imbriani-Poerio, Discorsi Parlamentari, Roma 1923, S. LIV.
31 Salvatorelli, Triplice, S. 139; Chaobod, Storia, S. 538–540, stellt fest, Crispi sei zwar autoritär

Nicht nur seine politischen Überzeugungen, sondern auch einige seiner persönlichen Eigenschaften wurden politikmächtig. Crispi verstand es nicht immer, öffentliche und private Angelegenheiten voneinander zu trennen,[32] was ihm vor allem gegen Ende seiner politischen Laufbahn erhebliche Schwierigkeiten bereiten sollte. Und er war ein autoritärer Mensch; eine Persönlichkeit vielleicht von den Wesenszügen her vergleichbar mit Georges Clemenceau,[33] der ebenfalls von sich glaubte, Linksliberaler zu sein, aber doch als Persönlichkeit viel zu autoritär und viel zu überzeugt von sich selbst war, um es tatsächlich sein zu können. Autoritär war sein Führungsstil; Crispi entschied allein und hatte keine Mitarbeiter, sondern nur Zuarbeiter, die er jeweils nur über das Allernötigste informierte. Dies mag auch der Stil des „alten Verschwörers" gewesen sein.[34] Außerdem war Crispi ein Fanatiker; sein Fanatismus war Italien, „Italia mia",[35] seine Einheit, sein Wohlstand und seine Großmachtstellung.[36] Auch verteidigte er sein Ideal, die große, liberale Nation Italien, gegen alle tatsächlichen und eingebildeten Feinde, gegen Klerikale, Franzosen, Irredentisten, wobei persönliche und Staatsfeinde zunehmend in seinen Augen ebenso zu einer Einheit verschmolzen wie das Wohl Italiens und seiner eigenen Regierung.[37] Auch war Crispi als fanatischer Nationalist für Prestigefragen außerordentlich anfällig. Das war vor allem bei

---

("Fu autoritario in pratica", S. 540), aber doch eine Figur des 19. Jahrhunderts und den Idealen des Risorgimento verpflichtet gewesen.

32 Geradezu euphemistisch ist die Formulierung Giolittis, Denkwürdigkeiten, S. 51, Crispi sei „nicht besonders ordnungsliebend" gewesen. Romano, Crispi, S. 105, 106, spricht von Crispis „generositá spagnolesca" und seiner „ignoranza in questioni finanziarie." Ein praktisches Beispiel für Crispis Verquickung von Politik und Kommerz: Rosty an Kálnoky, 24.7.1885, HHStA, PA XI, 99. Als Anwalt im Dienst einer Reederei bestürmte Crispi, damals Abgeordneter, Malvano mit der Bitte um Amtshilfe gegen Frankreich. Allerdings hat ihm niemand unterstellt, im eigentlichen Sinn bestechlich zu sein; dazu war Crispi viel zu sehr Überzeugungstäter.

33 Luzzatti schrieb im März 1908 an Tittoni aus Paris: „Clemenceau, che vedo spesso, è un uomo forte; *un Crispi migliorato!*" In: ASMAE, Archivio Riservato 1906–1911, Casella 2.

34 Romano, Crispi, S. 172. Auch der deutsche Botschafter in Rom, Graf Solms, war dieser Ansicht und meinte, daß Crispi „in Bezug auf Discretion außerordentlich streng" sei. Solms schrieb: „Charakteristisch hierfür ist, was er dem Grafen Nigra bezüglich einer Veröffentlichung Robilants schrieb: „Cela peut arriver à un vieux diplomate, mais jamais à un vieux conspirateur." In: Solms an Bismarck, 2.12.1887, PA/AA, R 2399. Zu den politischen Auswirkungen dieses Führungsstils siehe beispielsweise S. 248 f.

35 Salvemini, Politica Estera, S. 113, 332.

36 Crispi an Vittorio Emanuele III. am 21.12.1900: „L'unità della nostra patria, conquistata dalla dinastia di Savoia e dal popolo italiano, sarà completata nel secolo nuovo col benessere e con la grandezza, cui la Nazione ha il diritto di aspirare." In: Francesco Crispi: Carteggi Politici inediti, 1860–1900, edito da T. Palamenghi-Crispi, Rom 1912, S. 456.

37 Lowe/Marzari, Italian Foreign Policy, S. 47: "Sicilian paesants, Roman cardinals, Lombard irredentists, French chauvinists: they were all the same to him if they threatened the security of 'his' Italy."

der ostafrikanischen Kolonialpolitik der Fall, die Crispi von seinen Vorgängern übernommen hatte; er setzte sie fort, weil er die Ehre Italiens hier verteidigen zu müssen glaubte, obwohl er ursprünglich dagegen opponiert hatte. Seine innenpolitischen Idealvorstellungen, was die italienische Gesellschaft anging, sind sehr klar zu beziffern; sie orientierten sich an dem Vorbild Großbritanniens. Er selbst bezeichnete sich als „uomo all' inglese" – als „Mann nach englischer Art"[38].

Crispi war zwischen 1887 und 1896 die dominierende politische Persönlichkeit Italiens. Seine Regierungszeit erstreckte sich von 1887–1891 und nach einer zweijährigen Unterbrechung von 1893–1896. Die erfolgreichere Phase war die erstere, wobei auch hier schwere Krisen und Rückschläge nicht ausblieben. Die Innenpolitik war von vernünftigen Reformplänen gekennzeichnet.[39] Hingegen wirkte seine Außenpolitik bei oberflächlicher Betrachtung schon gleich zu Anfang irrlichternd, sprunghaft und konfus.[40] Rätselhaft scheint, ebenfalls bei oberflächlicher Betrachtung, schon der Wandel vieler seiner persönlichen Überzeugungen. Aus dem erklärten Antikolonialisten[41] Crispi wurde ein überzeugter Kolonialist und Imperialist; aus dem Frankreichfreund[42] ein Frankreichfeind; aus dem Dreibundskeptiker ein überzeugter Anhänger der Allianz. Indes sind diese Sprünge nicht nur der Beweis dafür, daß Politiker in der Opposition anders reden, als sie einmal an der Regierung handeln, sondern auch das Resultat der politischen Ausgangsbasis, die Crispi bei seinem Amtsantritt vorfand. Und damit – mit der politischen Erbschaft, die Crispi im Sommer 1887 übernahm – läßt sich vieles in seiner Politik folgerichtig erklären, was bei isolierter Betrachtung allein seiner Regierungszeit unverständlich bleiben müßte.

Eigentlich hat Crispi, der als der planvolle Gestalter einer großen, imperialen, wenn auch gescheiterten italienischen Außenpolitik gefeiert und verdammt wurde, selbst gar nichts initiiert, sondern nur das Vorhandene aufgegriffen und durch rücksichtslose, oft auch unkluge Energie beschleunigt;

---

38 Crispi 1881: „Io sono uomo all' inglese", zitiert in: Chabod, Storia, S. 464/465.
39 Dazu Romano, Crispi, S. 100, 101; Candeloro, Storia 6, S. 351–360.
40 Lowe/Marzari, Italian Foreign Policy, S. 49, zitieren Salvemini, Politica Estera: „He (Crispi) carried over into diplomacy the same instability of thought, the same intemperance of language, that one meets at every step in his parliamentary speeches whether in opposition or in power."
41 Massimo Ganci: Il caso Crispi, Palermo 1976, zeigt im Kapitel „Il colonialismo" auf S. 175–182 unter Verwendung zahlreicher Zitate überzeugend die Widersprüche auf, die Crispis Wandel vom Antikolonialisten zum überzeugten Kolonialisten begleiteten. Sein Urteil (S. 177): „Il suo cambiamento di giudizio non può non apparire meno contradittorio."
42 Romano, Crispi, S. 112: Crispi erklärt, er habe „ardenti simpatie per la Francia"; Keudell an Bismarck, 9.5.1885, PA/AA, R 7721, mit der Schilderung der Parlamentsdebatte über Massaua erwähnt auf S. 3 die Neigung Crispis „zu einem Bündnis mit Frankreich".

Crispi wirkte niemals ausgleichend, sondern immer polarisierend.[43] Die eigentlichen politischen Weichenstellungen waren jedoch vor seiner Regierungszeit vorgenommen worden. Depretis hatte ihm die breite parlamentarische Basis hinterlassen, auf der er seine Politik aufbauen konnte. Mancini hatte den Dreibund abgeschlossen; Robilant ihn erneuert und befestigt. Daraus resultierte die Frontstellung Italiens gegen Frankreich ebenso wie die stabile italienische Position im Mittelmeer – das „botte di ferro" Robilants. Mancini und Robilant hatten Crispi die Entente mit Großbritannien vererbt. Robilant hatte gegenüber der Donaumonarchie die Haltung eingenommen, daß die italienische Regierung die Irredenta niederhalten werde, die österreichische Regierung aber im Gegenzug Provokationen und Schikanen gegen die italienische Minderheit vermeiden müsse – Crispi setzte diese Linie fort. Mancini hatte die ostafrikanische Kolonialpolitik initiiert; Robilant, wenn auch widerwillig, aus Prestigegründen an ihr festgehalten, was seinen Sturz verursachte. Auch Crispi hatte die Kolonialpolitik nur übernommen und sich ebenfalls zunächst nur aus Prestigegründen zu ihr bekannt.[44] „La bandiera nazionale é impegnata."[45] – die Flaggenehre steht auf dem Spiel –, stellte er bereits als Oppositionspolitiker fest; daß man sich um keinen Preis zurückziehen dürfe, war die Meinung fast des gesamten Parlamentes, dagegen stemmte sich nur der Sozialist Andrea Costa mit seiner Losung: „Ne un uomo, ne un soldo" – „Dieser Politik keinen Mann und keinen Groschen."[46] Die Kolonialpolitik wurde, von Crispi gewaltig angeschoben, zum Selbstläufer, änderte ihren Charakter und ihre Ziele und steigerte sich zu einem großen imperialistischen Unternehmen, dessen Scheitern Crispis Karriere ebenso zerstörte, wie schon Mancini und Robilant über das ostafrikanische Abenteuer zu Fall gekommen waren. Die mit der Besetzung Massauas beginnende Expansionspolitik war wirklich ein „wahres Schmerzenskind"[47] und bis 1896 die Achillesferse der gesamten italienischen Außenpolitik. Die Minister von

---

43 Dazu auch Salvemini, Politica Estera, S. 111: Crispi habe das „suaviter in modo" gemangelt.
44 Im Parlament sagte Crispi im Mai 1885: „Si può approvare la politica del governo per le spedizioni militari nel Mar Rosso? (...) Signori io non posso approvare la politica del governo. Deploro che esso si sia impegnato in una impresa qualsiasi senza l' approvazione del Parlamento (...) e se fosse dipeso da me non sarei andato nel mar Rosso." Aber: „L'Italia, però, è ad Assab è a Massaua e in altri luoghi dell' Africa e deve restarci." Zitiert in: Ganci, Il caso Crispi, S. 175.
45 Ludolf an Kálnoky, 8.5.1885, HHStA, PA XI, 99.
46 Giorgio Rochat: Il colonialismo Italiano, 2. Auflage Turin 1988, druckt auf S. 39–42 die Rede Andrea Costas vom 3.2.1887 vollständig ab. Costas Forderungen gipfelten in dem Satz: „Richiamate le milizie dall'Africa e vi apriremo tutti i crediti che chiederete, ma per continuare nelle pazzie africane noi non vi daremo né un uomo né un soldo." Dazu auch Cilibrizzi, Storia Parlamentare 2, S. 317: Sogar Bovio und Cavallotti verlangten, trotz vorheriger Ablehnung der Kolonialpolitik, nach Rache für Dogali.
47 So bezeichnet Lützow, Dienst, S. 38, die italienische Kolonialpolitik in Ostafrika.

Mancini bis Crispi standen dem ostafrikanischen Unternehmen in – selbstverschuldeter – Hilflosigkeit gegenüber, dem Zauberlehrling ähnelnd, der die Geister, die er rief, nicht mehr bändigen konnte; den Mut zur Aufgabe dieser Politik fanden sie nicht.

Insgesamt knüpfte Crispi in der Außenpolitik an die vorhandenen Entwicklungen an und setzte sie energisch fort. Daß vieles wie ein Neuanfang wirkte, lag auch daran, daß Crispi anders als seine Vorgänger seine Politik propagandistisch in Szene zu setzen und die italienische Öffentlichkeit zu begeistern wußte. Später bezeichnete ihn sein wahrscheinlich bedeutendster politischer Gegenspieler, der Marquis di Rudinì, als „Schauspieler", der es unübertrefflich verstehe, die geheimen Sehnsüchte des italienischen Volkes in Worte zu fassen.[48] Vielleicht beruht ein Teil seines Erfolges auch darauf, daß er offen ausspracht, was er – und viele Italiener dieser Zeit – dachten und fühlten; daß er nicht den geringsten Wert auf Klugheit oder Vorsicht legte, sondern nur auf Direktheit und Mut.[49]

Crispi war ein überzeugter Anhänger einer Politik der Stärke. Je mächtiger Italien auftrete, desto attraktiver werde seine Freundschaft für die anderen Staaten sein. In diesem Punkt begegnete sich Crispi auch mit König Umberto, besonders in der Frage des Umfangs der Heeres- und Marinerüstung, die in den neunziger Jahren zum heftig diskutierten Thema in Italien werden sollte.[50] Crispi legte allergrößten Wert auf eine starke Flotte und ein starkes Heer; daß er darum des Größenwahns beschuldigt wurde, nahm er leicht und wissentlich in Kauf.[51] Er war der unerschütterlichen Überzeugung, Italien müsse ein „großes, starkes, gefürchtetes und respektiertes Vaterland" sein.[52]

Die italienischen Militärausgaben waren ohnehin von 1878 bis 1886 kontinuierlich von einem Fünftel zu einem Viertel aller Ausgaben angewachsen. Doch in der Ära Crispi erfolgte ein förmlicher Sprung nach oben. Sie machten schließlich ein Drittel des Budgets aus.[53] Die Ausgaben der Armee wuchsen

---

48 Bülow an Hohenlohe-Schillingsfürst, 15.3.1897, PA/AA, R 7743, zitiert Rudinì mit dem Kommentar, Crispi sei ein „eminenter Schauspieler"; Bülow an Hohenlohe-Schillingsfürst, 20.2.1896, PA/AA, R 7742, erwähnt, Rudinì habe von Crispi als von einem „abgefeimten Schauspieler" gesprochen.
49 Salvemini, Politica Estera, S. 114.
50 Dazu siehe S. 275–278.
51 Zeitungsartikel mit Interview Crispis von Januar 1893 in: PA/AA, R 7733.
52 Una „patria grande, forte, temuta e rispettata". In: 16/17.10.1893, Secolo XIX, als Beilage in: PA/AA, R 7734.
53 Zu den Militärausgaben zitiert L. Ganapini: Il nazionalismo cattolico: i cattolici e la politica estera in Italia dal 1871 al 1914, Bari 1970, S. 152, eine Rede Cavallottis zum Thema Triplice vom 12.11.1890. In dieser bezifferte Cavallotti die Militärausgaben wie folgt: 1879–1881: 230–240 Mio.; 1882: 283 Mio.; 1883: 321 Mio.; 1884: 332 Mio; 1886/87: 365 Mio. Bereits in diesem Zeitraum sei ein Anstieg von einem Fünftel auf ein Viertel aller Ausgaben zu verzeichnen ge-

von 264,4 Millionen Lire im Finanzjahr 1886/87 auf 316,3 Millionen Lire 1888–89 und 403 Millionen Lire 1889–90. Die Posten für die Marine erhöhten sich im gleichen Zeitraum von 88,8 Millionen Lire auf 107,5 Millionen Lire und schließlich auf 150,8 Millionen Lire. Also vermehrten sich die Ausgaben für das Heer in den ersten drei Jahren der Regierung Crispi um 53 % und jene der Marine sogar um 71 %. Die Kosten für den nicht zuletzt strategisch bedingten Eisenbahnbau stiegen von 196,2 Millionen Lire auf 297,9 Millionen Lire 1887–88, fielen dann aber wieder leicht auf 235,8 Millionen Lire ab. Vom gesamten Volkseinkommen des Jahres 1888 in Höhe von 9.675.000.000 Lire nahmen die Rüstungsausgaben 553 Millionen Lire oder 5,7 % ein. Die Kosten für Eisenbahnbauten hinzugerechnet, wurden 8,8 % des Nationaleinkommens direkt und indirekt für militärische Zwecke ausgegeben, was, wie der italienische Historiker Renato Mori zu Recht urteilt, eine „absolut unerträgliche Belastung" für die fragile italienische Volkswirtschaft bedeutete.[54] Das Budgetdefizit stieg deshalb auch trotz erheblich gestiegener Steuerbelastung von 215 Millionen im Jahre 1885/86 auf 222 Millionen Lire 1886/87, 387 Millionen Lire 1887/88 und erreichte schließlich die Summe von 488 Millionen Lire im Finanzjahr 1888/89.[55]

Im Frühjahr 1887 war, zumindest im Ausland, von niemandem zutreffend vorausgesehen worden, welche Richtung die Politik Crispis einschlagen werde. Crispi, der spätere Garant italienischer Dreibundtreue, war vor seinem Amtsantritt für die Zweibundmächte ein Schreckgespenst gewesen und auf informelle Weise hatte Bismarck alles, was überhaupt nur möglich war, versucht, um Robilant im Amt zu halten. Er hatte sogar die Verlängerung des Bündnisses durch gezielte Indiskretion in die Öffentlichkeit gebracht, um Robilant durch einen außenpolitischen Erfolg zu stützen. Denn sollte dieser stürzen, rechnete der Kanzler mit einem radikalen Umschwung in der italienischen Politik, eine Erwartung, die der italienische Historiker Salvatorelli mit berechtigter Ironie als die „gewohnte (antirepublikanische) Obsession" („la solita fissazione")[56] Bismarcks charakterisierte. Crispi ging der Ruf eines Radikalen, ja eines Irredentisten voraus. Dies zeigen zahlreiche Begebenheiten; eine für seine Einschätzung durch die österreichische Diplomatie besonders aussagekräftige ereignete sich im Januar 1887, nur drei Monate, bevor er in die Regierung eintrat. Der österreichisch-ungarische Botschafter in Rom, Ba-

---

wesen; seit Crispi an der Macht war, seien sie auf 462, 604, 625 Mio = ein Drittel des Budgets angestiegen.

54 Mori, Crispi, S. 73.
55 Mori, Crispi, S. 111–112. Dort auf S. 108 noch weitere Zahlen zur italienischen Aufrüstung. Nach Italicus, Dreibundpolitik, S. 133, betrug im Haushaltsjahr 1885/86 das Defizit 23,5 Millionen Lire; dieses vergrößerte sich 1887/88 auf 73 Millionen und 1888/89 auf 253,37 Millionen Lire.
56 Salvatorelli, Triplice, S. 132.

ron Bruck, verließ bei der Trauerfeier für den verstorbenen Führer der *destra* und erklärten Dreibundfreund Marco Minghetti (des Schwiegervaters des späteren Reichskanzlers Bernhard v. Bülow) den Raum, als Crispi seine Rede hielt, weil er irredentistische Ausfälle und Beleidigungen gegen Österreich-Ungarn erwartete.[57] Ähnlich wurde Crispi von der französischen und russischen Diplomatie eingeschätzt, die über den Sturz des verhaßten Robilant, der in Frankreich wie Rußland geradezu zum Symbol italienischer Dreibundzugehörigkeit geworden war, überaus zufrieden waren. In römischen Diplomatenkreisen herrschte die Überzeugung, dem französischen und dem russischen Botschafter sei jedweder Ersatz für Robilant willkommen und Crispi ihnen besonders recht.[58] Der französische Botschafter, de Moüy, hatte sogar aktiv Robilants Stellung zu erschüttern gesucht.[59] Indes sollte sich sehr bald schon herausstellen, daß Crispi von beiden Seiten völlig falsch eingeschätzt worden war.

> Solange Italien im Dreibund ist, wird es keinen Handelsvertrag geben.
>
> Teisserenc de Bart, am 6. Februar 1888

b) Der italienisch-französische Handelskrieg

Das gilt vor allem für die französische Seite. Die Ansicht, Crispi werde umgänglicher als Robilant sein, erwies sich bald schon als vollkommenes Fehlurteil; das Gegenteil war der Fall. Auch ohne Crispi wären die italienisch-französischen Beziehungen nicht einfacher geworden, denn die bereits vorhandene Spitze der Allianz gegen Frankreich hatte sich deutlich verschärft, und der zweite Dreibundvertrag richtete sich noch expliziter als der erste vom Buchstaben wie vom Geist her gegen Frankreich. Die französische Diplomatie setzte ihre gesamte Energie darein, nachdem das Faktum der Verlängerung selbst in allen Zeitungen zu lesen war, notfalls durch politische Erpressung etwas über den Inhalt des Vertrages zu erfahren; doch vergebens. Verständlicherweise war die französische Regierung mit der stereotypen Formel, der Dreibund bedrohe niemanden und diene nur der Wahrung des europäischen Friedens, nicht zufrieden; sie wollte genau wissen, ob er nicht doch eine aggressive Note gegen sie enthalte. Dieses Interesse wurde noch verstärkt, als im Februar 1888 Bismarck den Text des Zweibundes veröffent-

---

57 Bruck an Kálnoky, 16.1.1887, HHStA, PA XI, 101; dito, 9.4.1887, mit einer Einschätzung Brucks, Crispi „huldigt dem Liberalismus extremerer Richtung".
58 Bruck an Kálnkoy, 12.2.1887, HHStA, PA XI, 101.
59 Bruck an Kálnoky, 26.2.1887, HHStA, PA XI, 101.

lichte.[60] Ein analoger Schritt in Bezug auf den Dreibund war aber, besonders für die italienische Seite, sehr inopportun, da der neue Vertrag für den Kriegsfall die kompromittierenden Bestimmungen über den möglichen Gebietszuwachs auf französische Kosten enthielt. Später immer wieder angestellte Überlegungen in Richtung auf eine Veröffentlichung führten deshalb zu einem negativen Ergebnis;[61] der Vertrag blieb geheim. Äußerungen wie beispielsweise in einer Parlamentsrede Crispis am 4. Februar 1888, in der er sagte, der Dreibund könne, wenn nötig, den Frieden auch denen aufzwingen, die ihn nicht wollten, waren ebenfalls nicht geeignet, das französische Mißtrauen zu mindern.[62]

Die französischen Ängste wurden auf ein neues Niveau geschraubt, als Crispi die bereits in der Ära Robilant geplante Reise zu Bismarck nach Friedrichsruh unternahm und sich Anfang Oktober 1887[63] für mehrere Tage beim Reichskanzler aufhielt. Bereits die konkreten Ergebnisse dieses Treffens waren bemerkenswert, da Crispi den Beginn deutsch-italienischer Generalstabsplanungen für den Fall eines Krieges gegen Frankreich initiierte.[64] Der italienische Premier und der Kanzler gefielen einander. Bismarcks Sohn Herbert schrieb nach dem Treffen: „Crispi hat auf Papa einen sehr guten Eindruck gemacht, er war ganz erbaut von ihm: klar, klug, besonnen und energisch."[65] Im amtlichen Briefwechsel bezeichnete Bismarck Crispi als „friedliebend" und „monarchisch gesinnt"; er habe „mehr Festigkeit als ... andere konstitutionelle Politiker" und durch die in Frankreich mißliebige Reise nach Friedrichsruh gezeigt, daß auf ihn gezählt werden könne.[66] Auch schien ihm dieser Besuch ein erwünschtes öffentliches Zeichen dafür, daß Italien voll hinter der Freundschaft mit Deutschland stand. Die gegenseitige Wertschätzung der beiden Staatsmänner dauerte bis zu ihrem Tode, wie aus den Telegrammen und Briefen hervorgeht, die in ihren Nachlässen zu finden sind.[67] Ein bedeutsamer Aspekt der Reise war propagandistischer Natur. Crispi verstand es, Bismarck in Italien als einen alten Freund darzustellen, den er schon seit

---

60 Der Vertrag war aber schon zuvor inhaltlich in Rußland bekannt; Crispi hatte ihn an 29.11.1887 mitgeteilt bekommen. Dazu Crispi, Memoiren, S. 279 und S. 296 f.
61 Siehe dazu S. 305–306.
62 Salvatorelli, Triplice, S. 146.
63 Vom 1.–3.10.1887, dazu Solms an Bismarck, 12.10.1887, in: GP 4, Nr. 917, auch Fußnote.
64 Siehe dazu Kapitel II.1.c. Deutsch-italienische Militär- und Marineabsprachen für den Fall eines Kontinentalkrieges.
65 Herbert v. Bismarck an seinen Bruder Wilhelm, 3.10.1887, in: Archiv Otto-von-Bismarck-Stiftung, Bestandsgruppe D, Faszikel-Nr. 23. Von einem positiven Urteil Bismarcks berichtet auch de Launay an Crispi, 4.10.1887, DDI 2/XXI, Nr. 197.
66 Herbert v. Bismarck an Wilhelm I, 3.10.1887, PA/AA, R 2399; teilweise abgedruckt in GP 4, Anm. *; GP 6, Nr. 1291.
67 Nachlaß Crispi, ACS; Nachlaß Bismarck, Friedrichsruh (Mikrofilm), Bestandsgruppe B, Faszikel-Nr. 33.

4. Der Besuch Crispis in Friedrichsruh bei Bismarck im Oktober 1887 war das erste Zusammentreffen deutscher und italienischer Spitzenpolitiker in der Dreibundära und erregte deshalb das Aufsehen der Zeitgenossen. Er stand auch am Anfang militärischer Besprechungen zwischen Deutschland und Italien, wurde in Paris als Bedrohung empfunden und verschlechterte das französisch-italienische Verhältnis. Der zeitgenössische Stich stammt aus der „Illustrazione Italiana". Er zeigt Bismarck, Crispi und stehend Herbert v. Bismarck.

Der Dreibund in der ersten Regierungszeit Crispis (1887–1891) 245

Jahrzehnten kenne und der ihn genauso schätze, wie dies umgekehrt der Fall war. Direkt nach seiner Rückkehr nach Italien begann Crispi mit der öffentlichkeitswirksamen Auswertung des Zusammentreffens. Bei einem Bankett in Turin hielt er eine Rede und sagte dabei unter anderem: „Wir haben konspiriert, aber konspiriert für den Frieden."[68] Die italienische Öffentlichkeit war über diesen Besuch, wenn er in der Folgezeit auch oft zum Gegenstand von Karikaturen und spöttischen Bemerkungen wurde,[69] begeistert; endlich war die Schranke durchbrochen, Italien in die Besuchsdiplomatie der Mittelmächte scheinbar gleichberechtigt aufgenommen worden. Crispi drückte sich so aus: „Niemals ist in einer so vollständigen und herzlichen Verbindung, wie sie zwischen Italien und seinen Verbündeten besteht, seine Würde mehr geachtet, sind seine Interessen mehr gewährleistet worden."[70] So wurde dies im übrigen auch in Paris gesehen. Zwar betonte Crispi in Turin auch in herzlichen Worten seine Verbundenheit mit Frankreich: „Die Söhne dieser edlen Nation ... wissen wohl, wie sehr ich ihr Land liebe, und wie niemals von mir aus irgendeine Herausforderung oder eine Beleidigung erfolgen wird ... Einen Krieg zwischen den beiden Ländern wird niemand wünschen oder wollen, weil Sieg oder Niederlage gleich verhängnisvoll für die Freiheit der beiden Völker wäre."[71] Aber die französische Diplomatie und Öffentlichkeit wurden durch derlei Freundschaftsrhetorik nicht beeindruckt und sahen mit Betroffenheit, wie ostentativ Italien unter Crispis Führung in das Fahrwasser Bismarcks einschwenkte.[72] Jetzt sei Italien nicht mehr nur die untergeordnete Hilfsmacht zweiten Ranges wie früher, sondern als gleichberechtigter Partner von den „deutschen Mächten" akzeptiert worden.[73] Und nicht nur in Pa-

---

68 Crispi, Memoiren, S. 240.
69 Beispielsweise wurde zum Gegenstand von vielen Witzen, daß die Fürstin Bismarck dem kleinen Crispi, der bei einer Kutschfahrt fröstelte, den viel zu großen Soldatenmantel des Fürsten aus dem Krieg 1870 umhängte. Dann kam die Neigung dazu, Bismarck, Crispi und Kálnoky, die alle drei kahl waren, mit ihren „drei Haaren" miteinander zu vergleichen. Gladstone mokierte sich über die Sucht Crispis, sich als „Staatsmann" zu profilieren, der, gewissermaßen um von gleich zu gleich zu sprechen, nach Friedrichsruh gefahren sei. W. E. Gladstone: La Triplice Alleanza, in: Ernesto Ragionieri: Italia Giudicata, 1861–1945, ovvero la storia degli italiani scritti dagli altri, Bari 1969, S. 189–195.
70 Crispi, Memoiren, S. 240.
71 Ebd., S. 238.
72 Zum ungünstigen französischen Presseecho ebenda, S. 236; dort auch ein entsprechender Bericht des italienischen Geschäftsträgers in Paris vom 27.10.1887 (S. 243) und auf S. 243–250 die deutschen und englischen Pressekommentare. Diese sich im Nachlaß Crispis befindlichen Dokumente belegen, daß sich der italienische Premier der Wirkung seiner Reise nach Friedrichsruh durchaus bewußt war – einschließlich der negativen Auswirkungen auf das italienisch-französische Verhältnis.
73 Massimo Mazzetti: L'esercito italiano nella triplice Alleanza, Napoli 1974, S. 57; DDF I/6, Nr. 618.

ris, sondern auch in St. Petersburg wurde Crispi zu einer verhaßten Figur, deren innenpolitische Beseitigung man sich dringlichst ersehnte;[74] gleichzeitig sah die russische Presse in dieser deutsch-italienischen Zusammenkunft ein weiteres, deutliches Zeichen von Bismarcks Unaufrichtigkeit und falscher Freundschaft gegenüber dem Zarenreich.

Daß sich aktive französische Gegenmaßnahmen gegen die Zweifrontendrohung in der Folgezeit mehr gegen Italien als gegen das Deutsche Reich richteten, lag zum Teil daran, daß Italien die schwächere Macht und damit die Erfolgsaussicht, durch Druck etwas zu erreichen, größer war. Zum anderen Teil lag die Ursache darin, daß sich bereits zwar Gegensätze politischer, ökonomischer, kolonialer und militärischer Natur zu einem für beide Seiten unheilvollen, explosiven Gesamtkomplex verdichtet hatten. Der unmittelbare Auslöser akuter und direkter Spannungen war eine ökonomische Frage; er bestand in der von der italienischen Regierung im Dezember 1886 vorgenommenen Kündigung des italienisch-französischen Handelsvertrages. Doch darf dies nicht losgelöst von den Fragen betrachtet werden, die schon seit 1870 für ein gereiztes Verhältnis zwischen beiden Nationen mit den unvermeidlichen Auswirkungen auf die öffentliche Meinung gesorgt hatten: Die „römische Frage", die Besetzung Tunesiens 1881, der darauf folgende Streit um die italienischen Privilegien in diesem Land und schließlich und besonders die Dreibundfrage hatten für massive wechselseitige Verstimmung gesorgt.

Daß die Kündigung des Handelsvertrages so fatale Auswirkungen haben würde, nachdem mehrere andere Hürden im italienisch-französischen Verhältnis mit größerer Leichtigkeit genommen worden waren, lag wesentlich an den protektionistischen Strömungen, die in allen europäischen Ländern in jenen Jahren mächtig um sich gegriffen hatten und ganz besonders in Frankreich die Kammer vollständig beherrschten. Aber auch in Italien hatten sich protektionistische Ideen ausgebreitet, wenn auch mit regionalen Unterschieden. Die nord- und mittelitalienische Industrie befürwortete entschieden eine Abschirmung ihrer Produktion. Süditalien und die Inseln verhielten sich in der Frage weitgehend indifferent.[75] Dabei lebte Süditalien vom Agrarexport; die selbstmörderischen Konsequenzen einer rigiden Zollpolitik – nämlich Gegenzölle der Haupteinfuhrländer, unter denen Frankreich mit weitem Abstand den ersten Platz einnahm – wurden vollständig falsch eingeschätzt. Ursache war die irrtümliche Hoffnung, da Italien hauptsächlich Grundstoffe

---

74 Bußmann, Bismarck, S. 502. Bericht Bülows an Herbert v. Bismarck, 25.1.1888; ebenda, S. 512: zum Sturz Crispis; Bisio an Crispi, 9.10.1887, in: DDI 2/XXI, Nr. 208, zitiert negative russische Zeitungskommentare; jetzt seien alle Illusionen über die gegen Rußland unfreundliche Haltung Deutschlands zerstört.
75 Annali dell'economia italiana 3, 1881–1890, s. l. 1982, S. 189.

exportiere, auf die die Industrie der anderen Länder zwingend angewiesen sei, könnten diese im eigenen Interesse nicht mit Kampfzöllen antworten und damit ihre eigene Produktion verteuern.[76]

Eine in großer Hast tagende Kommission des italienischen Parlaments hatte neue Vertragsentwürfe mit einem komplizierten Regelwerk von differenzierten Einzelzöllen vorbereitet. Sie kam zu dem Ergebnis, daß zunächst der ohnehin ablaufende Handelsvertrag mit Österreich-Ungarn und auch der mit Frankreich neu verhandelt werden sollten. Und sie schlug vor, die bisherigen durch neue Verträge mit möglichst kurzer Laufzeit zu ersetzen, da die rasche industrielle Entwicklung eine möglichst flexible Anpassung der Zölle an den sich ausweitenden Handel unabdingbar mache.

Da der Vertrag mit Österreich-Ungarn am 31. Dezember 1887 auslief, war hier die Neuverhandlung ohnehin unausweichlich. Die vorzeitige Kündigung des noch bis zum 1. Februar 1892 laufenden Abkommens mit Frankreich war jedoch ein Fehler, wie sich im nachhinein überdeutlich herausstellen sollte. Um so mehr deshalb, weil Wirtschaftsexperten schon den bestehenden Vertrag als für Italien günstig eingeschätzt hatten.[77] An Zeichen, wie kompliziert eine Neuverhandlung wahrscheinlich werden würde, fehlte es nicht. Im April 1886 war ein französisch-italienischer Schiffahrtsvertrag unterzeichnet worden, der für Italien, vor allem in Fischereifragen, sehr vorteilhaft war. Dieser war jedoch, wenn auch knapp, in der französischen Kammer gescheitert, woraufhin die Schiffe beider Länder in den Häfen keine bevorzugte Behandlung mehr erfuhren.[78] Zeitgenössische Wirtschaftszeitungen beklagten, daß die italienischen Unterhändler fast schon zu tüchtig seien; zwar holten sie für Italien viele Vorteile heraus, doch seien diese so groß, daß die Parlamente der anderen Nationen die von ihren eigenen Regierungen unterzeichneten Verträge dann nicht ratifizierten.[79] Und trotzdem gelang es den Protektionisten, die vor allem in den Kreisen der norditalienischen Industrie zu suchen waren und die ihren eigenen Vorteil sehr wohl zu beurteilen wußten, einer in der Zollfrage weit weniger kompetenten Parlamentsmehrheit ihren Kurs aufzuzwingen.[80] Die Kündigung der Verträge, vorgenommen am 10. Dezember 1886 in der Kammer, wurde allseitig mit Applaus aufgenommen, auch von den süditalienischen Abgeordneten, die ganz offensichtlich nicht begriffen hatten, welche

---

76 Italienischer Gesamtexport 1885: 946 Millionen Lire; davon 447 Millionen Lire prodotti lavorati (Fertigprodukte) = 47 %; 499 Millionen Lire = 53 % andere (Getränke, Lebensmittel, Grundstoffe aller Art), in: Annali dell'economia italiana 3, S. 190.
77 Annali dell'economia 3, S. 199.
78 Annali dell'economia 3, S. 198.
79 Annali dell'economia 3, S. 198.
80 Annali dell'economia 3, S. 199.

ökonomischen Gefahren den Wählern der von ihnen vertretenen Provinzen nun drohten.[81]

Der Streit um den italienisch-französischen Handelsvertrag ist in mehrfacher Hinsicht auch für die Geschichte des Dreibundes sehr aussagekräftig. Der alte Vertrag war von Gambetta im November 1881 abgeschlossen worden, parallel zu den ersten Dreibundverhandlungen und als deutliches Zeichen der Regierungen, daß beide Nationen trotz des französischen Handstreichs in Tunesien gute Beziehungen unterhalten wollten. Ebenso wie der Dreibund jetzt angesichts einer veränderten politischen Situation von den Partnern den gestiegenen italienischen Wünschen durch Konzessionen angepaßt werden mußte, sollte zeitgleich auch der Handelsvertrag mit Frankreich einer Revision unterzogen werden. Auch hier zeigt sich die Parallele zur Erneuerung des Dreibundes: Die italienische Regierung verlangte nun auch von Frankreich erweiterte Vergünstigungen.

Die Neuverhandlungen gestalteten sich als außerordentlich schwierig.[82] Ende September 1887 reisten drei italienische Unterhändler, Luzzati, Ellena und Branca, zu Gesprächen nach Paris.[83] Diese scheiterten, als die Nachricht von der Reise Crispis nach Friedrichsruh bekannt wurde[84] und sogleich Befürchtungen wach wurden, nun werde es zu einer gegen Frankreich gerichteten deutsch-italienischen Militärabsprache kommen. Schon dies war bezeichnend für ein Fehlen strategischer Absprachen in der italienischen Regierung, für die Crispi verantwortlich war; denn daß die sensiblen Verhandlungen in Paris unter dem Eindruck seiner in größter Heimlichkeit vorbereiteten Reise zu Bismarck erheblich leiden würden, hätte vorausgesehen werden können.[85] Bismarck hatte sogar geglaubt, Crispi habe dies absichtlich gemacht. Herbert v. Bismarck schrieb im Oktober 1887, „die Thatsache seiner in Frankreich höchst erbitternden Reise allein [genüge], um seine Ehrlichkeit zu beweisen: er hat entschieden Italien absichtlich noch mehr in antifranzösische Politik hineinrennen wollen ..."[86] Ob dies zutrifft oder nicht, ist schwer zu entschei-

---

81 Annali dell'economia 3, S. 199; Epicarmo Corbino: L'Economia Italiana dal 1860 al 1960, Bologna 1962, S. 100.
82 Quellen: A. Billot: La France et l'Italie. Histoire des années troubles, 1881–1899, 2 Bände, Paris 1905; Verhandlungen in Bd. 1, S. 75 ff.; L.Luzzatti, Memorie, Bologna 1935; DDI 2/XXI; französische Gelbbücher: Negociations commerciales et maritimes avec l'Italie (1886–1888), 2 Bde, Paris 1888; Mori, Crispi, S. 100–117.
83 Crispi, Memoiren, S. 261. Die Unterhändler berichteten nach dem Abbruch der Verhandlungen am 6.10.1887, die Stimmung sei in den ersten Tagen (das heißt: vor dem Bekanntwerden der Reise Crispis) erheblich günstiger gewesen.
84 Salvatorelli, Triplice, S. 146.
85 Crispi selbst gab später zu, daß die Opportunität des Zeitpunktes seiner Reise bemängelt wurde, siehe Crispi, Memoiren, S. 263.
86 Herbert v. Bismarck an seinen Bruder Wilhelm, 3.10.1887, in: Archiv Otto-von-Bismarck-Stiftung, Bestandsgruppe D, Faszikel-Nr. 23.

den. Auf jeden Fall war es wenig glücklich, daß, ebenfalls zeitlich parallel zur Reise Crispis, der italienische Finanzminister Magliani eine Anleihe für den Eisenbahnbau auf dem französischen Kapitalmarkt auszugeben versuchte. Die Unterbringung der Anleihe war in Italien und in England auf Probleme gestoßen, so daß sie jetzt mit Hilfe des Antwerpener Bankiers Raphael Cahen in Frankreich plaziert werden sollte. Da aber der italienische Bahnbau nicht nur eine ökonomische, sondern auch eine eminent militärstrategische Komponente besaß, war die französische Befürchtung, mit eigenem Geld zur Stärkung eines potentiellen Gegners beizutragen, verständlich. Ministerpräsident Rouvier suchte deshalb die Verhandlungen über die Zulassung der Anleihe an der Pariser Börse in die Länge zu ziehen, bis Näheres über die befürchteten deutsch-italienischen Militärabsprachen bekannt werde.[87] Außerdem zeichnete sich schon bald ab, daß auch der gesamte französische Finanzmarkt gegen diese Anleihe eingestimmt war.[88] Der Versuch Cahens, diese Probleme zu umgehen und die Anleihe nicht direkt zu plazieren, sondern eine französische Aktiengesellschaft zu gründen, die dann wiederum diese Anleihe kaufen sollte, scheiterte. Unter Vorschiebung formaler Gründe verweigerte Rouvier schließlich im November 1887 die Genehmigung zur Plazierung der Anleihe an der Pariser Börse.

Es kam jedoch noch schlimmer. Als am 15. Januar 1888 die „Daily News" die – zutreffende – Nachricht brachte, daß in Berlin tatsächlich eine italienische Militärmission mit den Deutschen verhandle,[89] machte sich eine massiv antiitalienische Stimmung in der französischen Öffentlichkeit und auch an der Pariser Börse breit. Auf dem Geldmarkt zirkulierten für etwa 2 Milliarden Lire italienische Werte; gegen diese Anleihen, die in französischen Börsenberichten „maccaroni" genannt wurden, unternahmen französische Finanzkreise eine massive, die nächsten Jahre andauernde Baissepolitik,[90] die unter anderem durch übertriebene Schreckensmeldungen über die italienischen innen- und wirtschaftspolitischen Zustände die Kleinanleger erfolgreich verunsicherte.[91] Dies kam Italien in der Folgezeit noch außerordentlich teuer zu stehen. Der Kurs der italienischen Staatsanleihen sank von einem Wert von 100 im Dezember 1887 auf den Kurs von 93 im Februar 1888, verlor also in nur zwei Monaten 7% seines Wertes. Da Italien infolge seines Haushaltsdefizits, das sich infolge von Crispis Ausgaben- und Aufrüstungspolitik dramatisch gesteigert hatte, auf die Möglichkeiten der Anleihefinanzierung zwingend angewiesen war, war dies im Hinblick auf Neuemissionen eine

---

87 Mori, Crispi, S. 102.
88 Ressmann an Crispi, 13.10.1887, zitiert bei Mori, Crispi, S. 102, 103.
89 Siehe S. 266–268.
90 Dazu auch Crispi, Memoiren, S. 306.
91 Italicus, Dreibundpolitik, S. 131.

besorgniserregende Entwicklung. Crispi mußte sich hilfesuchend an Bismarck wenden und klagte, daß die französische Regierung für eine „grande dépression des fonds italiens à la bourse de Paris" gesorgt habe.[92] Bismarck klagte zwar selbst über die latente Krise des deutschen Finanzmarktes, beauftragte aber trotzdem seinen Bankier Bleichröder, den Kurs der italienischen Staatsanleihen zu stützen. Dieser schlug den Italienern daraufhin gezielte beidseitige Stützungskäufe vor;[93] auch wurde in der deutschen Presse auf einen Wink der Regierung sehr freundlich über italienische Finanzwerte berichtet.[94]

Der Direktor der Banca Nazionale, Grillo, schlug Bleichröder indessen vor, die Intervention zu vertagen. Der Kurs der italienischen Staatsanleihen hatte sich wieder um einen Punkt verbessert und das Abkommen solle erst dann in Kraft treten, wenn es zu einem unerklärlichen Fall der italienischen Werte käme.[95] Diese Reaktion zeigt, daß Grillo die finanzielle Lage Italiens mit realistischer Skepsis beurteilte. Tatsächlich war die ökonomische Situation des Landes schon seit Jahren schwierig und Finanzminister Magliani deshalb zunehmend zur Zielscheibe oppositioneller Angriffe geworden; ihm wurde vorgeworfen, ein Meister der „finanza leggera" zu sein, einer unsoliden Schuldenpolitik. In Wahrheit war es Maglianis bisheriges Bestreben gewesen, durch großzügige Kreditvergabe das Wirtschaftswachstum in Italien zu beleben. Nun allerdings schlug die latente in eine akute ökonomische Krise um. Vor allem die florierende Bauwirtschaft wurde seit der Einigung durch Kredite finanziert, die von französischen Banken durch Wechseldiskontierung den italienischen Banken und ihren Kunden eingeräumt worden waren. Dieses System geriet jedoch seit 1885/86 in eine Krise, die zunächst noch durch das Eingreifen der italienischen Notenbanken überwunden werden konnte. Im Zuge der immer ungünstiger verlaufenden Handelsvertragsverhandlungen wurde jedoch das französische Kapital aus der italienischen Finanzwirtschaft herausgezogen. Die Notenbanken versuchten, die fälligen Wechsel einzulösen. Die italienische Bauspekulation brach zusammen, die Immobilienpreise fielen, und den Wechseln stand kein adäquater Gegenwert mehr gegenüber; auch die stützenden Banken gerieten in Schwierigkeiten. Im März 1888 kam es zu der ersten aufsehenerregenden Pleite einer römischen Baufirma, die wiederum Revolten arbeitsloser Arbeiter zur Folge hatte.[96] Und im

---

92 Crispi an de Launay, 14.2.1888, zitiert bei Mori, Crispi, S. 105.
93 De Launay an Crispi, 5.3.1888, zitiert bei Mori, Crispi, S. 105. Bleichröder schlug vor, für zunächst 50 Millionen Lire italienische Anleihen zu kaufen und später sogar für noch weitere 60 Millionen, wenn sich die Banca Nazionale ihrerseits mit 30 Millionen Lire an den Stützungskäufen beteilige.
94 Mori, Crispi, S. 105.
95 Mori, Crispi, S. 105, 106.
96 Dazu Italicus, Dreibundpolitik, S. 131.

Juli 1889 kündigte sich eine wahrhafte ökonomische Katastrophe an, als Gerüchte über finanzielle Probleme einer der größten italienischen Banken, der Banca Romana, laut wurden.[97]

Crispi überbürdete ungerührt den ohnehin schon überlasteten Staatshaushalt mit einer Vielzahl neuer Ausgaben. Zu spät nahm er darauf Rücksicht, daß seine auf Kreditfinanzierung angewiesene Politik in unauflöslichem Widerspruch zu dem Konfrontationskurs zum italienischen Hauptgeldgeber, Frankreich, stand.

Auch die Verhandlungen über einen neuen Handelsvertrag gerieten immer mehr in eine Sackgasse. Die französische Regierung wollte, besonders unter dem Druck der protektionistisch gesonnenen Kammer, ihre bisherigen Vorteile nicht aufgeben und war nur zur Verlängerung des alten Handelsvertrages bereit.[98] Doch konnte die italienische Regierung nach der Kündigung nun die einfache Verlängerung des alten Abkommens keinesfalls zugestehen; dies wäre einer politischen Kapitulation gleichgekommen. Die Franzosen wiederum waren bei der herrschenden protektionistischen Grundstimmung sehr zufrieden über die Chance, dem italienischen Export Steine in den Weg legen zu können. Außerdem wurde es zum erklärten Ziel der französischen Diplomatie, Italien für seine Mitgliedschaft im Dreibund zu bestrafen. „Solange Italien im Dreibund ist, wird es keinen Handelsvertrag geben", soll ein französischer Diplomat im Februar 1888 festgestellt haben.[99] Die französische Regierung fühlte sich durch den Dreibund, dem sich indirekt auch Spanien und Großbritannien angeschlossen hatten, eingekreist und reagierte dementsprechend nervös und überaus reizbar. In Paris herrschte ein Gefühl der politischen Isolation und der militärischen Bedrohung, das, wie die deutsche Außenpolitik in den letzten Jahren vor dem Ersten Weltkrieg noch zeigen sollte, neurotische Verspannungen und traumatische Ängste hervorrufen kann. Die angesichts beidseitiger protektionistischer Neigungen überaus komplizierten Verhandlungen wurden durch den schlechten Willen beider Seiten hoffnungslos erschwert.

Crispi war nicht ein Mann des Kompromisses, hatte sich aber trotzdem mehrfach bemüht, Sympathien zu zeigen und die Franzosen zum Nachgeben zu überreden. Dennoch war er nicht die geeignete Persönlichkeit, die komplizierten Verhandlungen zu erleichtern. Erstens fehlte es Crispi, wie alle Zeitzeugen übereinstimmend berichten, an ökonomischem Sachverstand; zweitens hing auch er der Illusion nach, die Franzosen könnten auf die erhöhten

---

[97] Dazu Italicus, Dreibundpolitik, S. 132.
[98] Crispi, Memoiren, S. 262.
[99] Crispi, Memoiren, S. 262; Salvatorelli, Triplice, S. 146; Mori, Crispi, S. 114. Gesagt haben soll dies der französische Geschäftsträger Teisserenc de Bort zum italienischen Unterhändler Ellena am 6. Februar 1888.

Zölle nicht angemessen antworten, da sie auf die italienischen Rohstofflieferungen angewiesen seien,[100] drittens hatte er die Zollverhandlungen mit Frankreich zur Prestigeangelegenheit erklärt, was ein Zurückweichen und ein Eingehen auf die französischen Vorschläge, tel quel zu erneuern, unmöglich machte, und viertens, und dies ist wahrscheinlich sein Hauptmotiv, war er darauf bedacht, Italien jetzt endlich von der hochmütigen „lateinischen Schwester" zu emanzipieren. Crispi war ein viel zu überzeugter Anhänger einer unabhängigen italienischen Großmachtpolitik, als daß er daran dachte, nun zurückzustecken. Im Bewußtsein deutscher Rückendeckung wollte er die Franzosen zwingen, mit Italien von gleich zu gleich zu sprechen und auch ihrerseits Zugeständnisse zu machen.

Dabei mußte ein Handelskrieg Italien viel schwerer schädigen als Frankreich, wie ein Blick auf die Zahlen leicht hätte zeigen können. Etwa $2/5$ des italienischen Exports gingen nach Frankreich, aber nur $1/10$ des französischen nach Italien. Der französische Botschafter in Rom, de Moüy, hatte Crispi auch darauf hingewiesen, daß die italienische Handelsbilanz mit Frankreich positiv sei, Italien also bei einem Handelskrieg mehr zu verlieren habe – doch diese Mahnung blieb folgenlos.[101] Crispi war und blieb der Ansicht, die einfache Verlängerung bedeute eine „Schande für Italien"[102]. Die französischen Protektionisten betrieben zwar, auf Sicht gesehen, eine sehr unkluge Politik, die beispielsweise auch zu einem Handelskrieg mit der Schweiz führte. Im italienischen Fall hatten sie aber nicht unberechtigte Hoffnungen, aus dem Ausfall dieses wichtigen Importeurs bedeutende Vorteile ziehen zu können.

Mit nervöser Spannung und Unbehagen wurde während des ganzen Jahres 1887 über die Erneuerung zwischen Frankreich und Italien verhandelt; der Vertrag lief aus, wurde um zwei Monate provisorisch verlängert; immer deutlicher begann sich der Handelskrieg zwischen Frankreich und Italien abzuzeichnen. Alle Hoffnung auf eine Einigung war vergebens; beiderseitige Unnachgiebigkeit führte zum Abbruch der Verhandlungen; die Meistbegünstigung wurde außer Kraft gesetzt, und am 1. März 1888 begann ein Wirtschaftskrieg mit Kampfzöllen, der zu einem dramatischen Einbruch im gegenseitigen Handelsaustausch führte und vor allem die süditalienischen Weinexporteure, die von der Ausfuhr nach Frankreich lebten, in existentielle Not brachte.[103] Der italienische Außenhandel litt schwer; die Importe gingen 1888 um 26,7 % und die Exporte um 11 % zurück, wobei einschränkend fest-

---

100 Annali dell'economia 3, S. 209.
101 Crispi, Memoiren, S. 275.
102 Crispi, Memoiren, S. 283.
103 Weitowitz, Politik und Handelspolitik, S. 121, mit Angaben über den italienischen Weinexport: 1888 ging er von 1,9 auf 0,8 Millionen Hektoliter zurück, 1889 sogar auf 0,17 Millionen Hektoliter.

zustellen ist, daß 1887 in Erwartung des bevorstehenden Zollkrieges schon auf Vorrat importiert worden war und deshalb die Ausfallziffern besonders hoch wirkten.

Italienische Handelsbilanz 1881–1890

In Millionen Lire (Zahlen gerundet)

Jahr	Importe	Exporte	Handelsbilanz
1881	1.240	1.165	– 75
1882	1.227	1.152	– 75
1883	1.288	1.188	–100
1884	1.319	1.071	–248
1885	1.460	951	–509
1886	1.458	1.028	–430
1887	1.605	1.002	–603
1888	1.175	892	–283
1889	1.391	951	–440
1890	1.319	896	–423

Aus: Candeloro, Storia dell'Italia Moderna, Band 6, S. 362.

Wie groß der Gesamtschaden des Handelskrieges für die beiden betroffenen Volkswirtschaften war, kann nur sehr grob geschätzt werden, zumal sich die Exportwirtschaft in beiden Ländern umorientierte und neue Partner suchte und die indirekten Auswirkungen auf die Wirtschaft nur schwer zu beziffern sind. Fünf Jahre dauerte der akute Handelskrieg. Vom 1. März 1888 bis 1. Januar 1890 wurden die gegenseitigen Importe mit drastischen Strafzöllen – 50 % des Wertes – belegt; von 1890, als Crispi italienischerseits wieder einen neuen Generaltarif gelten ließ,[104] bis 1892, als die Franzosen diesem Schritt folgten, wurden zumindest die Strafzölle aufgehoben. Danach galt ein, allerdings hoher, Generaltarif, der ganz vom französischen Protektionismus bestimmt war. Ein neuer Handelsvertrag wurde erst zehn Jahre später, nämlich 1898, abgeschlossen. Die Schäden, die Frankreich erlitt, wurden für den Zeitraum von 1888–1893 auf 450 Millionen Lire geschätzt; der italienische Verlust war mindestens ebenso bedeutend, wahrscheinlich aber größer. Der Oppositionspolitiker Nicotera bezifferte in einer Parlamentsrede am 9. November 1890 die bisherigen direkten und indirekten ökonomischen Schäden des Handelskrieges sogar auf 5 Milliarden Lire, was jedoch eine erhebliche Übertreibung darstellte.[105]

---

104 Italicus, Dreibundpolitik, S. 130.
105 Annali dell'economia 3, S. 219. Dort auch auf den Seiten 218–221 eine sehr differenzierte, ausgewogene Darstellung der Folgen des Handelskrieges.

Der über zehnjährige Handelskrieg war der Höhepunkt jener „années troublees", jener „stürmischen Jahre", wie der spätere französische Botschafter in Rom, Billot, die französisch-italienischen Beziehungen jener Zeit nennen sollte.[106] In dieser Phase war das Verhältnis beider Länder überaus gereizt und sollte, trotz zwischenzeitlich ruhigerer Abschnitte, nicht zur vollständigen Normalität zurückfinden.

Diese Entwicklung blieb verständlicherweise nicht ohne gravierende Folgen auf den Dreibund. Die direkte deutsch-französische Konfrontation der Jahre 1885–1887 wurde durch die italienisch-französische abgelöst. Eine Folge war eine intensivierte deutsch-italienische Zusammenarbeit; diese richtete sich einerseits gegen Frankreich, andererseits führte sie auch zu einer Verschiebung im Bündnis selbst, die sich schon während der Erneuerungsverhandlungen für den zweiten Dreibundvertrag bemerkbar gemacht hatten. Neben dem Zweibund als intimer Achse des Bündnisses entstand, aufgrund gleichartiger politischer Interessen, eine Achse Berlin–Rom, die sich, wie noch zu schildern, in mehreren Fällen auch gegen die Wiener Politik richten konnte.

Die rapide und tiefgehende Verschlechterung des französisch-italienischen Verhältnisses infolge der Nichtverlängerung des Handelsvertrages läßt im übrigen auch Rückschlüsse darauf zu, was sich möglicherweise zwischen Italien und den Zweibundmächten, vor allem Österreich, hätte ereignen können, wenn der Dreibund nicht verlängert worden wäre, wie es Robilant eine Zeitlang erwogen hatte. Denn es blieb nicht bei dem – von gegenseitigem schlechten Willen zeugenden – Faktum der Nichtverlängerung; die Kompromißbereitschaft sank in allen konträren Fragen auf Null, der Streit wurde zur Ehrensache, Konzession wäre Kapitulation gewesen, und beiderseitige Enttäuschung, Empfindlichkeit und Erbitterung sorgten dafür, daß Frankreich und Italien hart an den Rand eines Krieges gerieten. Auch die ungelösten alten Fragen erfuhren in dieser Zeit eine ungute Belebung. Das betraf die tunesischen Angelegenheiten, wo es unter anderem um die Stellung der italienischen Schulen im Lande und vor allem um die Kapitulationsrechte aus der Zeit vor der französischen Besetzung ging, auf die zu verzichten Italien sich als einzige Großmacht weigerte. Als Gegenzug reklamierten die Franzosen nun die Kapitulationsrechte in Massaua, obwohl dort nur zwei Franzosen lebten, und erhoben Einwände gegen das italienische Recht, dort Steuern zu erheben.[107] Als Crispi die Gültigkeit der Kapitulationen in Massaua leugnete, wandten die Franzosen seine eigenen Argumente auch auf Tunesien an, was den italienischen Premier eigentlich nicht hätte überraschen dürfen. Andererseits wurde auch sein Gegenspieler, Außenminister Goblet (3. 4. 1888 bis

---

106 A. Billot: La France et l'Italie. Histoire des années troubles, 1881–1899, 2 Bände, Paris 1905.
107 Crispi, Memoiren, S. 317 f.; Italicus, Dreibundpolitik, S. 118 f.

14. 2. 1889[108]), von seinen eigenen Landsleuten wegen seiner Sturheit und Ungeschicklichkeit kritisiert.[109] Ein weiterer Streitpunkt war Tripolis, wo beide Seiten sich konstant aggressiver Absichten verdächtigten.[110] Es reichten schon Kleinigkeiten, und der Unwillen eskalierte. Ein italienischer Amtsrichter in Florenz ließ das französische Konsulat wegen einer tunesischen Erbschaftssache aufbrechen;[111] als Reaktion darauf wurden in Toulon Panzerschiffe ausgerüstet.[112] Der französische Botschafter blieb großen Festen fern,[113] was ostentativen Charakter bekam; Italien sagte die Teilnahme an der Weltausstellung ab, die zum hundertjährigen Jubiläum der Französischen Revolution in Paris stattfinden sollte. Crispi erließ eine Verordnung, daß im auswärtigen Verkehr allen Mächten, die in ihrer eigenen Sprache schrieben, nur auf italienisch geantwortet werden dürfe; da Französisch Diplomatensprache war, traf dieser Erlaß vorrangig die Franzosen.[114] Frankreich war in Italien überaus unpopulär und die französische Botschaft im Palazzo Farnese immer wieder förmlich belagert von wütenden Demonstranten.

Die weitere französische Haltung gegenüber Italien wurde sehr durch die Folgen des Wirtschaftskrieges auf die italienische Ökonomie beeinflußt. Diese waren verheerend; doppelt und dreifach verheerend, weil der Zollkrieg die latente in eine offene italienische Wirtschaftskrise umschlagen ließ. Selbst der Verbrauch von Grundnahrungsmitteln ging dramatisch zurück.[115] Schon nach drei Monaten Wirtschaftskrieg schlug die Stimmung in Italien vollständig um. In Frankreich hingegen erging man sich in der zunehmenden Hoffnung, Italien werde wirtschaftlich zusammenbrechen, und legte es nunmehr auf eine politisch-ökonomische Kapitulation an. „Nous les prendrons par la famine"[116], soll der französische Botschafter in Rom, Billot, einmal gesagt haben. Der Austritt Italiens aus dem Dreibund oder aber der durch Veröffentlichung des geheimen Vertrages zu erbringende Nachweis, daß dieser keine Frankreich bedrohenden Wendungen enthielt, wurden immer wieder als Eingangsbedingung einer Normalisierung der Verhältnisse genannt; vielleicht war dies aber für die französischen Protektionisten auch nur ein bequemes Vehikel zur Durchsetzung ihrer eigenen Interessen. Dieses Junktim war aber für Italien unannehmbar; auch waren die Folgen des Wirtschaftskrieges andere, als die Leser der großen französischen Zeitungen glaubten. In der französischen

---

108 Italicus, Dreibundpolitik, S. 119.
109 Chiala, Triplice, S. 519.
110 Einzelheiten dazu: Salvatorelli, Triplice, S. 148–150.
111 Dazu Crispi, Memoiren, S. 286, 287 f.
112 Crispi, Memoiren, S. 305.
113 Bruck an Kálnoky, 26.4.1887; 30.4.1887, HHStA, PA XI, 101.
114 Crispi, Memoiren, S. 281.
115 Zahlen bei Mori, Crispi, S. 109.
116 Italicus, Dreibundpolitik, S. 129.

Presse erschienen für Italien beleidigende, sehr abwertende Artikel; selbst seriöse Blätter wie *Le Temps* scheuten vor Überschriften wie „Voyage au pays du Deficit" nicht zurück.[117] Systematisch wurde in den französischen Blättern ein derart übertriebenes Bild der wirtschaftlichen Nöte in Italien gezeichnet, daß Besucher des Landes über die immer noch vorherrschende Normalität des täglichen Lebens überaus erstaunt waren.[118] Damit soll allerdings eine schwere Schädigung des italienischen Wirtschaftslebens nicht bestritten werden.[119] Die ökonomische Entwicklung hatte nach dem Beginn des Handelskrieges die Richtung genommen, die sich schon zuvor abgezeichnet hatte. Die norditalienische Industrie profitierte von dem Schutz der eigenen Produktion,[120] während die süditalienische Wirtschaft, vor allem der Wein-, Getreide- und Ölexport, einen vernichtenden Schlag einstecken mußte, der nicht nur die Landwirtschaft, sondern auch die Zulieferindustrien, wie z.B. den Schwefelabbau, schwer traf. Die süditalienischen Produzenten – allein der Weinexport wurde schlagartig um $1/3$ reduziert –,[121] die anfänglich die Kündigung der alten Handelsverträge noch begrüßt hatten, wurden zum doppelten Opfer der Industrieförderung in Norditalien. Nicht nur, daß ihre Exporte dramatisch zurückgingen; außerdem mußten sie für die benötigten Industriegüter und Maschinen, die nur noch aus heimischer Produktion bezogen werden konnten, nunmehr auch noch höhere Preise bezahlen. Der Handelskrieg mit Frankreich veränderte die wirtschaftliche und soziale Struktur Italiens. Für die Industrie im Norden war der Rückgang der Handelsbeziehungen mit Frankreich ein bedeutendes Stimulans, und sie konnte erheblich zulegen, während der Süden die Rechnung dafür zahlen mußte. Außerdem wurde Frankreich als wichtigstes Exportland durch Deutschland abgelöst. Bis 1888 war Frankreich der größte Abnehmer italienischer Agrarprodukte gewesen. Im Jahre 1887 hatte es insgesamt 44,79 Prozent der italienischen Gesamtausfuhr aufgenommen. Dieser Anteil sank im Jahre 1888 auf 22,98 % und im Jahre 1889 auf 19,88 %.[122] Es kam allerdings zu keinem Zeitpunkt zu einem

---

117 „Le Grelot", 19.10.1888, veröffentlichte eine Karikatur des Königs, Crispis, des Papstes und des italienischen Volkes unter dem Titel „Dans le pays des maquereaux". Le Temps, 24.7.1890, Rezension des Buches „La nouvelle Italie" von Edmond Neukomm, beides zitiert bei Mori, Crispi, S. 115.
118 Schneegans an Caprivi, 22.9.1892, schildert die Haltung französischer Besucher in Genua; in: PA/AA, R 7732; dito Solms an Caprivi, 25.9.1892, ebenda.
119 Annali dell'economia 3, S. 216.
120 Italicus, Dreibundpolitik, S. 130: Die Seidenausfuhr nach Frankreich sank von über 169 Millionen Lire 1887 auf 59 Millionen Lire 1888; trotzdem entstand kaum ein Rückgang der Gesamtausfuhr an Seide. Seidenausfuhr in Lire: 1887: 310.499.060; 1888: 309.546.011; 1889: 353.165.652; 1890: 320.319.765.
121 Italicus, Dreibundpolitik, S. 130: Weinausfuhr Italiens 1887: 199.013.786 Lire; 1888: 129.416.128 Lire; 1889: 128.495.911 Lire; 1890: 92.677.587 Lire.
122 Italicus, Dreibundpolitik, S. 130.

vollständigen Zusammenbruch des französisch-italienischen Handelsaustausches.

Tabelle: Italienische Handelsstatistik (Angaben in 1000 Lire):

Jahr	Gesamtausfuhr	Einfuhrüberschuß	Ausfuhr nach Deutschland	Österr.-Ungarn	Frankreich
1890	895.945	423.693	118.572	83.947	160.620
1891	876.800	249.784	131.389	92.780	149.809
1892	958.187	215.205	145.494	109.411	147.080
1893	964.188	227.038	145.646	119.498	148.006
1894	1,026.506	68.143	142.681	126.088	143.986
1895	1,037.708	149.560	170.172	114.275	136.389

Quelle: Italicus, Dreibundpolitik, S. 163

Der Handelskrieg war nicht die alleinige Ursache der ökonomisch schwierigen Situation Italiens; vielmehr hatte er eine auslösende Funktion. Denn die wirtschaftlichen und sozialen Probleme, unter denen Italien in den gesamten 1890er Jahren litt, Pleiten und Steuerrückgänge, Arbeitslosigkeit, schwere Unruhen und sogar Hungerrevolten, Massenauswanderung und auch die Zunahme der Kriminalität im Süden waren auch auf die Auswirkungen der europäischen Agrarkrise[123] sowie auf den Zusammenbruch einer in den Vorjahren übertrieben und ungesund ausgeweiteten Produktion vor allem im Weinbau zurückzuführen.[124] Der Handelskrieg stand am Anfang einer komplexen Entwicklung, die in den 1890er Jahren zur Expansion der italienischen Industrie und auch zu einem rasanten Anwachsen der sozialistischen Bewegung führte.

Der Konflikt mit Frankreich verlief nicht linear. Im Februar 1892 wurde sogar ein neuer Generaltarif ausgehandelt. Dieses und gelegentliche Ausgleichsversuche konnten indes die Epoche der Spannungen nicht beilegen. Es ist nicht verwunderlich, daß in Italien, vor allem seitens der dreibundfeindlichen Kreise, das Bündnis für den Handelskrieg verantwortlich gemacht wurde, was nicht falsch, aber auch nicht richtig und auf jeden Fall nur ein Teil der Wahrheit war. Denn die Intensivierung des Dreibunds hatte zwar zur Klimaverschlechterung zwischen Frankreich und Italien beigetragen, aber der Wirtschaftskrieg war, unabhängig von der Bündniskonstellation, von der ita-

---

123 Mori, Crispi, S. 109.
124 Norddeutsche Allgemeine Zeitung vom 7.9.1889 in: PA/AA, R 7727, mit relativierenden Zahlen über die Bedeutung des rückgängigen Weinexports für Italiens Volkswirtschaft. Dazu auch Weitowitz, Politik, S. 122, mit Zahlen zur Erweiterung der italienischen Weinproduktion: Die Weinanbaufläche betrug 1870–1874 1,9 Millionen Hektar, 1890 3,4 Millionen Hektar.

lienischen Regierung mit der Kündigung des Handelsvertrages und durch das Wirken protektionistischer Kreise in Italien und Frankreich initiiert worden. Der Dreibund war nur insofern die Ursache, als ohne diesen diplomatischen Rückhalt die traditionell ihre realen Möglichkeiten nüchtern abwägende italienische Politik dieses Risiko einer brüsken Konfrontation mit Frankreich wahrscheinlich nicht eingegangen wäre.

Dieser Konflikt zwischen Italien und Frankreich schloß jeden Zweifel an der italienischen Allianztreue aus. Und dieses Faktum verführte manchen Historiker, in dieser Epoche die „Blütezeit" des Dreibunds zu sehen. Dabei handelte es sich um eine ungesunde Entwicklung, die zwar für den Augenblick dafür sorgte, daß die italienische Regierung aus Not treu zum Dreibund stand und diesen in jeder Beziehung auszubauen suchte; es war aber gleichzeitig eine Überforderung und Überlastung des Bündnisgedankens, die gravierende Folgen auf die Popularität der Allianz in Italien haben sollte. Ein erstes unmittelbares Zeichen dafür war, daß in der vom Wirtschaftskrieg besonders betroffenen Region um Bari Imbriani-Poerio ins Parlament gewählt wurde; der fanatische Irredentist und Österreich-Hasser war unbedingter Anhänger einer Wiederannäherung an Frankreich, die auch im dringendsten Interesse seiner Wähler lag.

Die Bundesgenossen, Österreich-Ungarn und das Deutsche Reich, sahen die Verschärfung des französisch-italienischen Gegensatzes mit einer gewissen Ambivalenz. Einerseits war ihnen dieser Antagonismus, der Italien in seinen außenpolitischen Wahlmöglichkeiten einengte und zur Treue zum Dreibund zwang, durchaus willkommen; andererseits wollten sie, wie Kálnoky im September 1892 schrieb, verhindern, daß diese „Complicationen ... doch einmal einen bedenklichen Charakter annehmen könnten. Letzteres dürfe man nicht wünschen, wenn man die Erhaltung des Friedens anstrebe"[125].

Der italienisch-französische Gegensatz führte zwar nicht zu einem heißen Krieg – obwohl es auch dazu Ansätze gab, die noch zu schildern sind –, aber zu einem erbitterten Wirtschaftskonflikt, der von Italien ausgehalten werden mußte. Insgesamt lag Crispis Wunsch, die als Emanzipationsprozeß verstandene Auseinandersetzung mit Frankreich durchzustehen, in der Linie der damaligen italienischen Führungsschicht. Auch König Umberto, der die Tagespolitik gänzlich den Parlamentariern überließ, unterstützte nachdrücklich

---

[125] Reuß an Caprivi, 6.9.1892, Nr. 240, R 7732, referiert die Ansichten Kálnokys. Kálnoky, der im September 1892 dieses für die Haltung der Zweibundmächte in dieser Frage charakteristische Urteil abgab, führte weiter aus, Italien sei durch den Dreibund und politische sowie Handelsverträge ausreichend fest gebunden, so daß ein Abfall nicht denkbar sei. Außerdem hielten eine Menge kleiner Mißhelligkeiten und französischer Schikanen die italienischen Antipathien wund, so daß man um die italienische Treue keine Sorge zu haben brauche.

diese antifranzösische Stoßrichtung, mehr noch: Die Emanzipation von Frankreich war das Ziel seiner außenpolitischen Wünsche.

> Wir Italiener müssen einmal mit Deutschland oder Österreich Schulter an Schulter kämpfen; dies ist die einzige Art, wie wir Siege zu erkämpfen vermögen. Bisher sind wir immer und überall geschlagen worden. Ein Volk aber ist, so lange es keinen Sieg erfochten hat, überhaupt keine Nation.
>
> Crispi zum deutschen Botschafter Graf Solms

c) Deutsch-italienische Militär- und Marineabsprachen für den Fall eines Kontinentalkrieges

Angesichts dieser Spannungen war es selbstverständlich, daß Crispi sich gegen mögliche von Frankreich ausgehende Risiken bei den Verbündeten zu sichern suchte. Bei dem Besuch in Friedrichsruh sprach er ein Thema an, das bislang immer nur oberflächlich besprochen worden war: nämlich militärische Absprachen für einen möglichen Kriegsfall.

Eigentlich lag dieses Thema nahe; schließlich war der Dreibundvertrag ein Defensivbündnis und beinhaltete somit auch ein eventuelles militärisches Zusammengehen im Kriegsfall. Es ist aber symptomatisch für die tatsächlichen Ziele der Bismarckschen Bündnispolitik, daß seine Verträge zwar defensive Beistandsverpflichtungen, aber keine konkreten militärischen Absprachen enthielten; sie waren als Kriegsverhinderungs- und Abschreckungsmittel, aber nicht als Instrument tatsächlicher Kriegführung geplant. Für einen italienischen Vorstoß vom April 1884, die Kooperation für den Kriegsfall näher abzustimmen, hatte Bismarck nur die Bemerkung gehabt, es sei ein Fehler, sich in Eventualitäten festzulegen.[126] Im Grundsatz ähnlich hatte das auch Robilant gesehen, der zwar im zweiten Dreibundvertrag ein deutsches Hilfsversprechen für den Fall einer kolonialen Auseinandersetzung mit Frankreich verlangte, doch offenbar den Gedanken an eine entsprechende Militärkonvention nicht einmal erwogen hat. Es widersprach vor 1914 dem Souveränitätsverständnis der europäischen Großmächte, sich in ihren Verteidigungsmaßnahmen durch detaillierte Verabredungen zu binden, und nur großer äußerer Druck konnte sie dazu bewegen. Was den Dreibund betraf, waren militärische Verabredungen bis in den Herbst 1887 der Absprache im konkreten Fall vorbehalten geblieben; gemeinsame Planungen für den Kriegsfall sowie

---

126 Bismarck an Waldersee, 19.4.1884, BA/MA, W 10/50176.

reguläre Beziehungen zwischen den Generalstäben fehlten; nur über die Militärattachés bestand eine lose, sich auf den Austausch von Höflichkeiten beschränkende Verbindung.

Generell ist zum Problem der militärischen Absprachen zwischen den Dreibundpartnern festzustellen, daß politische, historische und geographische Gründe eine aufrichtige, ernsthafte Koordinierung der Verteidigungsanstrengungen für den Kriegsfall nicht einfach zu erreichen war; deshalb auch die Skepsis, die sich von Anfang an auch in den Verhandlungen niedergeschlagen und diese so schwierig gemacht hatte. Es fehlte die elementare Interessengleichheit zwischen den drei Verbündeten, derer es bedurft hätte, um im Zeitalter der Volksheere einen großen Krieg angriffsweise führen zu können; ja selbst an der Erfüllung der Bündnispflichten im Verteidigungsfall wurde gezweifelt. Zu Recht hatte Kálnoky mehrfach eingewandt, daß beispielsweise die Ungarn es nicht verstehen würden, warum die Donaumonarchie zur Wahrung italienischer Interessen in Nordafrika einen Krieg gegen Frankreich führen sollte. Bismarck wiederum sah nicht ein, wieso die deutsche Bevölkerung sich für die österreichischen Interessen in Bulgarien oder die italienischen in Marokko in irgendeiner Form, geschweige denn kriegerisch, engagieren sollte. Und in Italien wäre jede militärische Hilfeleistung für die Habsburgermonarchie bei einem Krieg gegen Rußland oder auf dem Balkan auf Unverständnis gestoßen. Schon diese Vorbehalte waren eine praktisch unübersteigbare Hürde, die jede gemeinsame Angriffsplanung unmöglich machte. Nur im Fall eines brüsken, nicht zu rechtfertigenden Angriffs durch Frankreich und Rußland – oder, um in der Sprache der Zeit zu reden, einer „allgemeinen europäischen Konflagration" –, hätten diese Widerstände überwunden werden können. Als weitere Hürde kam hinzu, daß die Bündnispartner für sich jeweils sehr unterschiedliche Bedrohungsszenarien entwickelten. Um bei Italien anzufangen: Hier überwog ein tief eingewurzelter Invasionskomplex, verbunden mit einem starken und, was das Potential anging, nicht ungerechtfertigten Unterlegenheitsgefühl.[127] Gerade innerhalb des Offizierkorps war der Zweifel an der eigenen militärischen Leistungsfähigkeit weit verbreitet,[128] was besonders scharf mit dem ausgeprägten Selbstbewußtsein ihrer deutschen Kollegen kontrastierte. Die Halbinsel war seit vielen Jahrhunderten von den Einfällen fremder Mächte heimgesucht worden, und auch das geeinte Italien war allein zu schwach, um sich gegen seine Nachbarn, sollten diese ernsthaft eine Invasion unternehmen wollen, ohne fremden Beistand verteidigen zu können. Frankreich und Österreich-Ungarn waren zu Lande, Frankreich auch zu Wasser überlegen; geradezu

---

[127] Dazu: Sergio Romano: La cultura della politica estera italiana, in: Richard J. B. Bosworth/ Sergio Romano: La politica estera italiana/1860–1985, Bologna 1991, S. 17–34.

[128] Einzelheiten dazu beispielsweise im Bericht Major Engelbrechts, 12.12.1886, in: GP 6, Nr. 1290.

drückend war die Seeherrschaft Großbritanniens. Gerade dieses „Sicherheitsdilemma", nämlich der Eindruck, auch ohne akute Bedrohung aufgrund der eigenen deutlichen Unterlegenheit vom guten Willen anderer abhängig zu sein, hatte Italien in den Dreibund hineingetrieben. Die Neutralität wurde als unmöglicher Zustand angesehen; Italien könne und dürfe nicht ohne Allianzen sein.[129] Andererseits läßt sich innerhalb der italienischen „classe politica" und auch des italienischen Offizierskorps die gegenläufige, sehr kriegerische Tendenz beobachten, die Chance eines europäischen Krieges zu nutzen, um die Schmach von 1866 ungeschehen zu machen.[130] Das konnte wiederum nur im Schutz einer siegverprechenden Allianz geschehen. Dieser Kriegswunsch führte beispielsweise dazu, daß in der italienischen Presse im Dezember 1887 sogar Stimmen laut wurden, die Österreich im Fall eines Krieges mit Rußland mit 300.000 Mann beistehen wollten.[131]

Österreich-Ungarns militärische Interessen waren darauf gerichtet, möglichst stark und im Verbund mit dem Deutschen Reich gegenüber dem einzigen realistischen Gegner, Rußland, abwehrbereit zu sein. Italienische Mithilfe war zwar willkommen, aber als ausreichend wurde die Neutralität angesehen. Eine Beteiligung an einem West- oder Mittelmeerkrieg wurde von der österreichisch-ungarischen Führung als fruchtlose Kräfteverschwendung außerhalb der eigenen Interessenzonen gefürchtet.

Das Deutsche Reich lebte, als einziger der drei Partner, im Gefühl militärischer Erstklassigkeit und fürchtete keinen einzelnen Gegner, um so mehr aber eine Koalition. Das besondere Augenmerk des Generalstabes und auch der Politik lag hier stets auf Frankreich; dieses wurde als Zentrum aller gegen Deutschland gerichteten militärischen Pläne angesehen, und deshalb richteten sich auch alle Präventivkriegspläne des deutschen Generalstabs vorzugsweise gegen diese Macht, der unterstellt wurde, niemals von ihren Revanchegedanken abzulassen.

Allerdings stand in der politischen Situation des Herbstes 1887 eher ein Krieg mit Rußland zu befürchten, der dann aber, wie man allseitig annahm, bald eskalieren und auch Frankreich einbeziehen würde. Die Kriegsgefahr zwischen der Donaumonarchie und dem Zarenreich stieg und, wie bereits erzählt, reflektierte auch in Berlin die „Kriegspartei", das heißt vor allem Generalquartiermeister Graf Waldersee, der sich des Beistands von Prinz Wilhelm erfreute, auf Krieg gegen Rußland.

Dies wäre einer der Fälle gewesen, in denen möglicherweise der Dreibund hätte agieren müssen. Wie schon die Vertragsbestimmungen zeigten, konnte

---

129 Wentzel an Reichs-Marine-Amt, 8.1.1902, BA/MA, RM 3/2827.
130 Bericht Engelbrechts, 12.12.1886, GP 6, Nr. 1290. Auch ebenda, Bericht Engelbrechts vom 2.4.1888, Nr. 1315.
131 Solms an Bismarck, 13.12.1887, GP 6, Nr. 1301.

die Allianz als Gesamtheit nur dann aktiv werden, wenn es zu einem Krieg unter Beteiligung aller fünf festländischen Großmächte kam. Es war allerdings auch ein separater deutsch-italienischer Krieg gegen Frankreich denkbar. Österreich-Ungarn war jedoch nicht verpflichtet, an einem solchen Krieg der Bundesgenossen gegen Frankreich teilzunehmen und dafür seine Neutralität aufs Spiel zu setzen. Wegen der räumlichen Trennung durch die Schweiz, die ein getrenntes Operieren nötig machte, schien eine Koordination der deutschen und italienischen Planungen für den Fall eines Krieges gegen Frankreich besonders notwendig.[132]

Wegen der gefährdeten gesamteuropäischen Situation und den italienisch-französischen Spannungen empfand Crispi das Fehlen präziser militärischer Absprachen zwischen den Bündnispartnern als schweren Mangel und nutzte seinen Aufenthalt in Friedrichsruh, um Bismark ein entsprechendes Abkommen vorzuschlagen.[133] Bismarck ging darauf ein und sagte, er hielte diesen Vorschlag für vernünftig, müsse aber darüber erst mit dem Kaiser, dem Befehlshaber der Armee, sprechen; außerdem sei es in Anbetracht der geographischen Gegebenheiten und des benötigten Durchmarschrechtes durch Tirol sehr erwünscht, „Österreich als Dritten im Bunde zu halten"[134]. Der Kanzler wies seinen Gast auch ausdrücklich darauf hin, daß seine Politik auf die Erhaltung des Friedens, nicht aber auf die Planung eines Krieges abziele: „Ich arbeite für die Erhaltung des Friedens und lebe für nichts anderes ... Wir haben genug für den Krieg getan, wirken wir jetzt für den Frieden und wirken wir vereint."[135] Trotzdem wollte er Crispis Eifer nicht bremsen und ließ durch seinen Sohn den Kaiser bitten, entsprechende Stabsbesprechungen zur Erstellung gemeinsamer Defensivplanungen gegen einen französischen Angriff zu genehmigen.[136]

---

132 Zu den italienischen jahrzehntelangen Planungen, den Durchmarsch durch die Schweiz zu erzwingen und dadurch den Anschluß an die deutsche Armee zu gewinnen, siehe Antonello Biagini/Daniel Reichel: Italia e Svizzera durante la Triplice Alleanza. Politica Militare e Politica estera, Roma 1991, passim. Dazu auch S. 519.
133 Crispi, Memoiren, S. 227, 228, schildert seinen Vorschlag wie folgt: „Ich will hoffen, daß Frankreich sich ruhig verhalten wird, aber es ist zu beachten, daß unsere Verträge vom Mai 1882 und vom Februar 1887 unvollständig sind. Man sah die Möglichkeit der gegenseitigen Unterstützung der beiden Mächte im Kriegsfalle voraus, aber man hat nicht daran gedacht, eine Militärkonvention abzuschließen, die unbedingt nötig ist ... Es ist notwendig, so schnell wie möglich einen Verteidigungs- und Angriffsplan aufzustellen, der alle Möglichkeiten in Betracht zieht, damit, wenn der Krieg einmal ausbricht, jeder von uns weiß, was zu tun ist. Mit einem Wort, ein militärisches Abkommen ist die notwendige Ergänzung unserer Verträge."
134 Herbert v. Bismarck an Wilhelm I., 3.10.1887, GP 6, Nr. 1291.
135 Crispi, Memoiren, S. 232.
136 Herbert v. Bismarck an Wilhelm I., 3.10.1887, GP 6, Nr. 1291; de Launay an Crispi, 4.10.1887, DDI 2/XXI, Nr. 196.

Für Bismarck war das Eingehen auf Crispis Anregung eine gefährliche Gratwanderung. Zwar schien es ihm nicht ratsam, das italienische Angebot, sich freiwillig mehr als bisher zu binden, einfach abzulehnen. Doch mußte er dabei die erneute Verschärfung der österreichisch-russischen Kriegsgefahr im Spätherbst 1887, die österreichischen Neigungen zum Präventivkrieg und die Bestrebungen der führenden deutschen Militärs, Österreich bei einem solchen Angriff zu unterstützen, berücksichtigen. Bismarck wollte nicht, daß die „Militärpartei" – deren Vorhandensein er auf diplomatischer Ebene immer noch beharrlich leugnete, er sprach allenfalls von einzelnen säbelrasselnden Offizieren –, oder der österreichische Kriegswille durch ein großzügiges italienisches Hilfsversprechen weiter aufgestachelt werde.[137] Vor allem ein sogenannter „Kriegsrat" im Herbst 1887, an dem auch Kronprinz Wilhelm teilnahm,[138] erboste den Kanzler und ließ ihn Eigenmächtigkeiten der Militärs befürchten. Auch nahm Kálnoky die Gelegenheit wahr, um nach den Auswirkungen der italienischen Hilfeleistung im Kriegsfall zu fragen und damit indirekt eine Verstärkung des deutschen Engagements an der Ostfront zu verlangen.[139] Bismarck wollte den Österreichern das italienische Angebot zwar schmackhaft machen, aber nicht die volle Unterstützungsleistung an Österreich weitergeben.[140]

Deshalb schraubte Bismarck die Bedeutung des italienischen Angebots bewußt herunter und gab sie als bloßen Profilierungsversuch Crispis aus. Er behauptete, aus den militärischen Besprechungen würden „practische Ergebnisse kaum hervorgehen", das ganze sei nur Pose und habe keine besondere Eile; deshalb war er auch über den deutschen Botschafter in Rom, Solms, verstimmt, der die Sache mit einem seiner Ansicht nach ungerechtfertigten Eifer betrieb.[141] Inwieweit dies wirklich seine Meinung war oder ob er nur vermeiden wollte, der Militärpartei mit einem italienischen Beistandsversprechen neue Munition zu liefern, muß offen bleiben. Im deutschen Generalstab war der militärische Einsatz Italiens tatsächlich hochwillkommen, wenn auch starke Zweifel an der Effektivität dieser Unterstützung bestanden. Die „Kriegspartei", das heißt vor allem Waldersee, kalkulierte sogleich mit der italienischen Hilfe in einem Kontinentalkrieg. Und auch Bismarck sah, jenseits aller taktischen Skepsis, deren Vorteil im Fall eines Krieges gegen Frankreich. Er hatte außerdem zeitweise schon darüber nachgedacht, den Österreichern englischen und italienischen Beistand gegen Rußland zu verschaffen, um sich

---

137 Ebenso auch Mori, Crispi, S. 92.
138 Dazu Röhl, Wilhelm II., Band 1, S. 742–751.
139 Kálnoky an Bismarck, 22.12.1887, GP 6, Nr. 1185.
140 Herbert v. Bismarck an Moltke, GP 6, Nr. 1309.
141 Solms an Bismarck, 2.12.1887, PA/AA, R 2399, mit einer Marginalie Bismarcks, in der er Solms Bitte an Crispi zur Entsendung von Offizieren kritisierte.

im Kriegsfall dann den Franzosen widmen zu können.[142] Unabhängig vom Krisenszenario, die italienische Hilfe war in Deutschland willkommen. In der Bindung übrigens verhältnismäßig bescheidener französischer Kräfte durch die italienische Armee an der Südostgrenze sahen die deutschen Militärs aber schon den Hauptvorteil der Allianz; sie glaubten nicht, daß der Verbündete zu entscheidenden Operationen in der Lage sei, ja nahmen als sicher an, daß es den Italienern nicht einmal gelingen werde, die stark befestigte französische Alpengrenze zu durchbrechen.

Diese Skepsis basierte auf langjährigen Beobachtungen des italienischen Rüstungsstandes und war nicht unberechtigt. Im italienischen Generalstab waren in den ersten Jahren des Dreibunds operative Studien für den Fall eines Bündniskrieges angefertigt worden, die von einer parallelen deutschen und italienischen Offensive gegen Frankreich ausgingen. Diese Pläne sahen vor, daß die italienische Armee die französische Alpengrenze durchbrechen und sich mit den deutschen Truppen bei Lyon vereinigen solle. Diese Pläne wurden aber wegen der immer weitgehenderen französischen Verstärkung der Alpengrenze sowie der Vernachlässigung des italienischen Belagerungsparks im Jahre 1886 aufgegeben; ein Durchbruch schien nunmehr unmöglich.[143]

Doch nun sollte ein gemeinsamer Feldzugsplan die Stagnation überwinden und Abhilfe schaffen. Crispi stürzte sich, wie dies seine Art war, mit ungeheurem Nachdruck auf das neue Thema und ließ auch nicht mehr locker; er bedrängte in den folgenden Wochen seine deutschen Gesprächspartner und drängte ungeduldig auf die Fertigstellung eines Kriegsplans;[144] es sei absolut notwendig, „daß der Plan feststehe, wenn es zum Kriege komme"[145]. Zur Verwirklichung dieser strategischen Verabredung regte Crispi ein Treffen zwischen dem deutschen und dem italienischen Generalstabschef an, um von beiden gemeinsam einen Feldzugsplan ausarbeiten zu lassen. Der deutsche Botschafter in Rom, Graf Solms, redete Crispi diesen Plan wieder aus; er warnte davor, die französische Öffentlichkeit durch das spektakuläre Zusammentreffen der beiden militärischen Führer noch weiter zu erregen und möglicherweise in ganz Europa Gerüchte über Angriffsvorbereitungen zu erzeugen. Er schlug statt dessen vor, daß sich ausgewählte Offiziere möglichst

---

[142] GP 6, Nr. 1161–1163, mit Stellungnahmen Bismarcks gegen jede Form des Präventivkrieges und seiner Auffassung, Österreich für den Kriegsfall mit Rußland Italien und Großbritannien als Verbündete zu beschaffen. Zu dem gesamten Problem Canis, Bismarck, passim, mit seiner These Bismarckscher Angriffspläne.
[143] Bericht Keudells vom 19.6.1886, PA/AA, R 7780. Bericht Engelbrechts, 12.12.1886, in: GP 6, Nr. 1290.
[144] Solms an Bismarck, 27.11.1887, PA/AA, R 2399; Crispi, Memoiren, S. 265 (Tagebuch vom 31.10.1887).
[145] Solms an Bismarck, 22.11.1887, PA/AA, R 2399.

unauffällig treffen und einen Plan ausarbeiten sollten. Crispi war einverstanden; er bat nun darum, daß die größte lebende strategische Autorität, Feldmarschall Moltke, als Arbeitsgrundlage einen Kriegsplan skizzieren solle.[146] Anschließend daran könnten sich deutsche und italienische Offiziere in Berlin zusammensetzen und auf Basis dieses Plans die Details ausarbeiten. Bismarck gab Moltke daraufhin den Auftrag, eine entsprechende Denkschrift anzufertigen; auf ausdrücklichen Wunsch des Kaisers wurde auch die Marine in die Planung eines gemeinsamen Feldzuges miteinbezogen[147] und General v. Caprivi, der Chef des Admiralstabs, mußte auch seitens der Marine eine Lagebeurteilung mit einem entsprechenden Vorschlag koordinierter Aktionen vorlegen.

Moltke entwarf einen Plan, der eher einer sehr allgemeinen Beschreibung eines deutsch-italienischen Krieges gegen Frankreich ähnelte und in der Feststellung gipfelte, daß die knappe Hälfte des italienischen Heeres ausreichen müsse, um sich an der voraussichtlich nur schwach besetzten französischen Alpengrenze eine entschiedene Überlegenheit zu sichern.[148] Die Denkschrift enthielt nur eine Erörterung der strategischen Situation, keine Vorschläge für gemeinsame Aktionen, wurde von Bismarck für zu allgemein befunden und daher nicht nach Italien weitergegeben.[149] Auch sprach aus der Moltkeschen Skizze nicht der ernsthafte Wille, mit der italienischen Armee wirklich kooperieren zu wollen. Das Papier enthielt keine detaillierten Informationen über die deutschen Absichten; statt dessen wurde nur angedeutet, daß ein Angriff geplant sei. Moltkes Plan lief auf einen deutsch-italienischen Parallelkrieg hinaus; jeder solle an seiner Front das unternehmen, was ihm dort sinnvoll scheine, und allenfalls könne man den Termin für einen gemeinsamen Angriff festsetzen. In einer weiteren Denkschrift, die nur in einer stark überarbeiteten Form nach Italien weitergegeben wurde, drückte Moltke einige, Bismarck sehr ungelegen kommende Ansichten aus: In einem Kriege mit Frankreich kämpfe Deutschland um seine Existenz, während es für Italien nur um Gebietserwerb (Nizza) ginge. Bismarck sah dies zu Recht anders; auch für Italien gehe es im Fall einer deutschen Niederlage um Königtum und Unabhängigkeit. Moltke urteilte weiter, den Italienern könne gar nicht geraten werden, wie sie ihre Operationen gegen Frankreich zu führen hätten, das würden sie am besten selber übersehen, und deutsch-italienische Absprachen könnten sich praktisch nur auf eine möglichst rasche Mobilmachung und die Verabredung einer gleichzeitigen, kräftigen Offensive beschränken.[150] Damit

---

146 Solms an Herbert v. Bismarck, 20.10.1887, GP 6, Nr. 1293.
147 Herbert v. Bismarck an Solms, 15.10.1887, GP 6, Nr. 1292.
148 Denkschrift Moltkes vom November 1887, GP 6, Nr. 1295.
149 Mazzetti, Esercito, S. 64.
150 Denkschrift Moltkes, 26.11.1887, PA/AA, R 2399.

war Bismarck einverstanden; er warf dem Generalstab ohnehin schon vor, die Angelegenheit zu ernst zu nehmen, wenn er tatsächlich an einen gemeinsamen Feldzugsplan glaube; es käme vorläufig doch nur darauf an, die nach Berlin entsandten italienischen Offiziere gut zu behandeln.

Crispi entsandte noch im Dezember 1887 die beiden Oberstleutnante Dabormida und Albertone nach Berlin. Diese machten ihrem deutschen Verhandlungspartner, Generalmajor Alfred Graf von Schlieffen, den Vorschlag, da der Großteil der italienischen Armee in dem unwegsamen Alpengelände bei der Forcierung der französischen Befestigungen ohnehin nicht zum Einsatz kommen könne, einen Teil des italienischen Heeres nach Deutschland zu entsenden und mit diesem an der Entscheidungsschlacht in Nordfrankreich teilzunehmen.[151] Der Transport sollte über die Brennerbahn erfolgen. Das Problem dabei war natürlich, ob Österreich den Durchmarsch gestatten würde; hier wurden berechtigte Zweifel laut. Herbert v. Bismarck ließ diesbezüglich vertraulich und sehr vorsichtig bei Kálnoky nachfragen; er erklärte dabei, daß er auch für eine österreichische Absage Verständnis habe.[152] Der österreichische Minister bestritt nicht den Nutzen, den eine solche italienische Hilfestellung indirekt auch für die Donaumonarchie bringe; außerdem sah er es als Vorteil an, daß die italienische Armee in einem Krieg ebenfalls beansprucht werde und nicht irgendwann ungeschwächt den erschöpften Bundesgenossen gegenüberstehe. Allerdings könne er wegen der Neutralitätsfrage den Durchmarsch derzeit weder genehmigen noch ablehnen. Die Italiener hatten auch ihrerseits in Wien eine gemeinsame Feldzugsplanung angeregt, dem Kálnoky auf anderem Wege entsprechen wollte: Im Kriegsfall sollten die italienischen Truppen, die im Lande nicht gebraucht würden, nicht nach Deutschland, sondern nach Rumänien transportiert werden, um mit den „stammesverwandten Rumänen" gemeinsam den Südabschnitt der gemeinsamen Ostfront gegen Rußland zu verteidigen.[153] Dieser Vorschlag, das Hilfsangebot der Italiener für eigene Zwecke auszunutzen und sie in Rumänien, also einem Land kämpfen zu lassen, mit dem sie nicht einmal verbündet waren, hatte jedoch keine Chance auf Realisierung.

Blieb das Problem der österreichischen Mitwirkung in der Transportfrage. Der österreichische Militärattaché in Berlin, Steininger, nahm an den Beratungen teil,[154] die deutscherseits von Schlieffen geführt wurden. Es wurden eigentlich zwei Kriegsszenarien untersucht: Der Fall eines großen Krieges, in dem Rußland und Frankreich angriffen und an dem auch Österreich-Ungarn teilnahm; diese Planung war vergleichsweise unkompliziert, da der Transport

---

151 Moltke an AA, 28.12.1887, GP 6, Nr. 1303.
152 Herbert v. Bismarck an Reuß, 2.1.1888, GP 6, Nr. 1304.
153 Reuß an Bismarck, 7.1.1888, GP 6, Nr. 1306. Dazu auch Mori, Crispi, S. 93.
154 Mori, Crispi, S. 93.

der italienischen Truppen durch Österreich keine Probleme machen würde. Anders sah es aus, wenn Rußland und damit auch Österreich neutral blieben und Deutschland und Italien allein den Krieg gegen Frankreich zu führen hatten. Auf Wunsch der österreichischen Regierung beschränkte sich die Kommission auf den ersten Fall.[155] Sie gelangte zu dem Ergebnis, daß sechs italienische Armeekorps und drei Kavalleriedivisionen bis zum 29. Mobilmachungstag[156] nach Deutschland entsandt werden sollten[157] – ein überraschend großzügiges Angebot, das in Italien von Kriegsminister Bertholé-Viale als leichtsinnig kritisiert, aber nicht mehr abgeändert wurde.[158] Auf dieser Basis erfolgten schließlich die Abmachungen,[159] denen in den nächsten Monaten noch eine Reihe von Detailbesprechungen militärischer und eisenbahntechnischer Natur folgte.

Die italienischen Offiziere waren während ihres Aufenthaltes mit mehreren hochrangigen preußischen Kollegen zusammengekommen, so unter anderem auch mit Graf Waldersee,[160] der während des Dezembers 1887 in Berlin der Hauptbefürworter eines deutsch-österreichischen Präventivkrieges gegen Rußland war. Seine Bedrohungsanalysen blieben nicht ohne Einfluß auf Albertone und Dabormida. Dies zeigte sich, als sie direkt vor ihrer Abreise, am 29. Januar 1888, von Bismarck zu einer Abschiedsaudienz eingeladen wurden. Als die Offiziere auf die Ausführungen Waldersees zu sprechen kamen und sie als „alarmierend" bezeichneten, wehrte Bismarck ab: die russischen Vorbereitungen seien defensiver Natur. „Ja, die Militärs wollen dies als Argument nutzen, um auf sofortigen Krieg zu drängen", sagte Bismarck, „sie behaupten, der Moment sei günstig und haben den Thronfolger, den jungen Prinzen Wilhelm, auf ihrer Seite. Diese Gefühle sind für Militärs normal und besonders im Alter des Prinzen Wilhelm." Allerdings sei das Zeitalter der Kabinettskriege vorbei, und wenn heute in Deutschland drei Millionen Soldaten ausgehoben werden müßten für einen Krieg, zum größten Teil Familienväter, ginge dies nicht ohne das Gefühl absoluter Notwendigkeit. Das berücksichtigten seiner Ansicht nach die Militärs nicht genügend. Und was habe Deutschland in einem Krieg zu gewinnen? Schon jetzt habe es mehr Polen, als gut sei, und mehr Franzosen, als es jemals verdauen könne. Dabormida und Albertone resümierten die Ansichten des Reichskanzlers, daß

---

155 Mori, Crispi, S. 93.
156 Deines an Reuß, 1.3.1888, GP 6, Nr. 1312.
157 Moltke an Bismarck, 23.1.1888, in: GP 6, Nr. 1307, mit der Übersendung des Besprechungsergebnisses, das auf italienischen Wunsch von den Offizieren der drei Mächte unterzeichnet werden sollte.
158 Italienisches Promemoria vom 20.3.1888, von de Launay am 21.3.1888 übergeben, in: GP 6, Nr. 1313.
159 Zum Text siehe: GP 6, Nr. 1307, Anlage.
160 Waldersee, Denkwürdigkeiten 1, S. 347; Tagebucheintragung vom 30.12.1887.

Deutschland nur Verteidigungskriege führen könne und einen Angriffskrieg nur dann, wenn er der Mehrheit der Nation als notwendig erscheine.[161] Ansonsten war Bismarck sehr freundlich zu den italienischen Offizieren und bezeichnete die deutsch-italienische Partnerschaft als das „einzig natürliche Bündnis Europas"; schließlich hätten sich beide Nationen nur durch gemeinsames Vorgehen vom „österreichischen Joch" befreien können.

Auch über eine gemeinsame Seekriegführung wurde verhandelt; hier war aber eine österreichisch-italienische Kooperation angezeigt, da an eine Hilfe der kleinen deutschen Flotte im Mittelmeer nicht zu denken war. Moltke hatte bereits in seiner Denkschrift vom 26. November 1887 ausgeführt, daß Österreich seine Flotte mit der italienischen vereinigen solle.[162] Für den Fall sah er die Chance, die Seeherrschaft im Mittelmeer zu erringen. Dann könne die südfranzösische Küste, Korsika und Tunis durch Landungsoperationen bedroht, der Nachschub aus Algerien unterbunden werden. Bismarck empfahl der italienischen Regierung als noch viel wirkungsvolleres Mittel zur Erringung der Seeherrschaft im Mittelmeer die englische Unterstützung.[163] Allerdings hatte Crispi bereits versucht, eine Militärkonvention mit Großbritannien abzuschließen, war aber an der traditionell jede feste Bindung scheuenden Haltung des Londoner Kabinetts gescheitert.

Mit diesen Absprachen war der Grundstein der militärischen Verabredungen gelegt, die bis zum Jahre 1914, wenn auch mit Unterbrechungen und Änderungen bezüglich der Höhe der vorgesehenen italienischen Entsendungen, Bestand haben sollten. Der deutsche Generalstab und die deutsche politische Führung schwankten in ihren Erwartungen zwischen der Befürchtung, Italien werde im Ernstfall abspringen, und der Hoffnung, es werde seine Verpflichtungen doch einlösen. Im Hinblick auf einen Zweifrontenkrieg schien die italienische Mithilfe jedoch unerläßlich. Graf Waldersee kalkulierte beispielsweise im Jahre 1891, daß sieben deutsche Armeekorps im Osten aufmarschieren müßten, um Österreich zu helfen und Schlesien nicht preisgeben zu müssen; daß dann nur dreizehn Armeekorps im Westen gegen siebzehn französische blieben und daß hier die versprochenen sechs italienischen Korps den Ausgleich schaffen könnten, selbst wenn sie aus transporttechnischen Gründen erst relativ spät verfügbar wären. Besorgt fragte er: „Wie wird es nun aber, wenn sie gar nicht kommen? Ist das nicht eine furchtbar ernste Situation? ... Das Land ahnt gar nicht, wie es wirklich aussieht. Man lebt von unseren Erfolgen von 1870, hat die Zuversicht, daß unsere Armee jeder anderen überlegen ist, und weiß natürlich die Verhältnisse dieser anderen Armeen

---

161 Dabormida und Albertone an Bertholè-Viale, 31.1.1888, DDI 2/XXI, Nr. 534, S. 450 ff.; Zusammenfassung in: de Launay an Crispi, 29.1.1888, DDI 2/XXI, Nr. 531. Auch Mori, Crispi, S. 95.
162 Denkschrift Moltkes vom 26.11.1887, PA/AA, R 2399.
163 Rottenburg an Solms, 17.11.1887, PA/AA, R 2399.

nicht richtig zu beurteilen. Es muß eine verhängnisvolle Enttäuschung geben, wenn man erfährt – und zu spät erfährt –, daß wir vor der größten Krisis stehen, die je an uns herangetreten ist."[164] Diese Notwendigkeit, sich für den Fall des großen Krieges unbedingt der Verbündeten versichern zu müssen, ist in den kommenden Jahrzehnten deutscherseits nicht genügend berücksichtigt worden. Speziell die Italiener wurden nach wie vor nicht wirklich ernst genommen.[165]

> Ironia della sorte, la guerra che per tutti gli altri popoli è un incubo per noi è una quasi promessa.
>
> De Zerbi in der Zeitschrift „Piccolo", im September 1889

d) Italienische Präventivkriegspläne im Frühjahr 1888

Mit diesen defensiven Plänen für den Kriegsfall war jeder zufriedengestellt, der den Frieden wollte. Sogar Waldersee, das Haupt der deutschen „Kriegspartei", betrachtete die Dreibundkombination als hinreichend abschreckend, auch für den Fall eines russisch-französischen Bündnisses.[166] Auch Crispi beteuerte bei jeder möglichen Gelegenheit, wie sehr er sich um die Erhaltung des Friedens sorge. So versicherte er beispielsweise dem radikalen Abgeordneten Felice Cavallotti im Februar 1888 „auf Ehre", ihm liege nichts ferner als die Idee eines Krieges mit Frankreich. „Ich hielte einen französisch-italienischen Krieg für ein ungeheures Unglück und, unabhängig vom Ausgang, für eine Katastrophe für beide Länder."[167] Ähnlich äußerte er sich gegenüber Bismarck, im italienischen Parlament, in öffentlichen Reden und gegenüber den deutschen, englischen, französischen, österreichischen und russischen Diplomaten in Rom.[168] Trotzdem gab es nicht wenige, die an der Aufrichtigkeit dieser so oftmals beteuerten Friedensliebe zweifelten. In Frankreich hatte Crispi ohnehin den Ruf eines entschiedenen Gallophoben, der vor nichts zurückschrecke und unermüdlich gegen Frankreich konspiriere. Aber auch

---

164 Waldersee, Denkwürdigkeiten 2, S.208, 209, Tagebucheintragung vom 23.5.1891.
165 Ein undatierter Bericht (1891) eines italienischen Militärs enthält Klagen über die äußerst reservierte Haltung und die mangelnde Auskunftsfreudigkeit der deutschen Militärs in Berlin. In: Carte Luzzatti, ACS.
166 Waldersee, Denkwürdigkeiten, S. 208 f.
167 Salvemini, Politica estera, S. 110.
168 Salvemini, Politica estera, S. 110, Anmerkung 12, zitiert noch 20 weitere Belege für ähnliche Erklärungen Crispis vor dem Parlament, gegenüber den französischen Diplomaten Moüy und Billot und in seinen Erinnerungen.

die Diplomaten der Dreibundpartner konnten sich von dem Eindruck nicht frei machen, daß Crispi trotz aller Friedensbeteuerungen ein Krieg gegen Frankreich ganz willkommen wäre.[169] Viele von Crispis Landsleuten teilten diesen Verdacht; im italienischen Parlament wurden Stimmen laut, der Dreibund sei zu Zeiten von Agostino Depretis ein Instrument des Friedens gewesen, unter Crispi eines des Krieges.[170]

Besonders in den ersten Monaten des Jahres 1888 befand sich Crispi in einer ausgesprochenen Kriegsstimmung. Das lag einerseits daran, daß er an aggressive französische Absichten glaubte und unterstellte, daß die Franzosen die italienische Einigung rückgängig machen und Italien in „viele kleine Republiken" zerlegen wollten; daß sie mit dem Papst wegen des Kirchenstaates konspirierten; daß sie die inneritalienische Opposition gegen seine Regierung aufstachelten und finanzierten. Man müsse bei Frankreich auf alles gefaßt sein, meinte Crispi; falle der friedliebende Präsident Grévy, könne leicht eine kriegerische Partei ans Ruder kommen.[171] Er sorgte sich ernsthaft – wenn auch fraglich ist, ob zu Recht – vor einem französischen Angriff und beobachtete mißtrauisch, daß Frankreich das tunesische Bizerta zu einem leistungsfähigen Kriegshafen ausbaute. Eine Zeitlang befürchtete er sogar einen französischen Handstreich auf La Spezia.[172]

Die häufigen Alarmrufe Crispis hatten dazu geführt, daß Bismarck selbst die Befestigung von La Spezia empfohlen hatte und die englische Regierung bat, Schiffe zur Abkühlung etwaiger französischer Angriffsgelüste aus dem Ärmelkanal ins Mittelmeer zu verlegen, was auch geschah. Für den Reichskanzler war dabei das abschreckende Moment ausschlaggebend. Crispi dagegen hatte inzwischen andere, offensivere Ziele; er war zu der Überzeugung gelangt, daß ein Krieg für Italien der beste Ausweg sei, besonders im Hinblick auf die überaus angespannte ökonomische Lage des Landes. Schon nach wenigen Monaten an der Regierung sah sich Crispi nämlich in der Sackgasse: Einerseits zeichnete sich der Handelskrieg mit Frankreich sowie die Schließung des französischen Kapitalmarktes für Italien ab; die wirtschaftlichen Zukunftsaussichten waren negativ und die Steuereinnahmen fielen. Gleichzeitig wollte er keine Abstriche an seinem ambitionierten Rüstungsprogramm gestatten, denn nur eine Politik der militärischen Stärke, so glaubte er, gewährleiste die italienische Großmachtstellung. Doch wurde es immer deutlicher, daß er bald nur noch die Wahl zwischen Einschränkungen

---

[169] Dazu Salvemini, Politica Estera, S. 110–114; dazu aber auch Mori, Crispi, besonders S. 116–125. Demnächst erscheint ein Studie von Christopher Duggan über Crispi.
[170] Solms an Caprivi, 9.11.1892, PA/AA, R 7732, mit Zitaten der Kammerdebatten und vor allem Barzilais.
[171] Solms an Bismarck, 22.11.1887, PA/AA, R 2399.
[172] Solms an Bismarck, 5.3.1888, GP 6, Nr. 1278.

der Rüstungsausgaben oder der Gefahr des Staatsbankrotts haben werde. Deshalb beschloß Crispi, die Flucht nach vorn anzutreten und das Heil in einem Krieg zu suchen: Frankreich sollte durch das Deutsche Reich und Italien niedergeworfen werden, dieser Sieg die Möglichkeit zu einer teilweisen Abrüstung eröffnen. Wie der italienische Historiker Renato Mori, darin große Teile der älteren Literatur widerlegend,[173] wohl zu Recht vermutet, steckte hinter Crispis andauernden, übertrieben, ja fast schon hysterisch wirkenden Warnungen vor einem doch sehr unwahrscheinlichen französischen Angriff auf Italien Methode. Und zwar war nicht die Furcht, sondern der Wunsch der Vater dieser Kriegsgedanken. Crispi hoffte geradezu, daß ihn ein Krieg mit Frankreich aus dem unangenehmen ökonomisch-militärisch-rüstungspolitischen Dilemma eines solchen unbezahlbaren Friedens retten würde. Außerdem war er der Gefangene seiner eigenen, jahrzehntelangen Reden und Kritiken geworden: hatte er doch als Oppositionspolitiker immer wieder den italienischen Regierungen „servile Politik" gegenüber dem Ausland, besonders gegenüber Frankreich, vorgeworfen. Jetzt wollte er nicht selbst eine solche „servile Politik" einschlagen.

Crispis Idee eines Feldzuges gegen Frankreich war allerdings nicht aus dem Nichts entstanden, sondern stand mit der Kriegsstimmung in Berlin in engem Zusammenhang. Die nach Berlin entsandten Offiziere, Dabormida und Albertone, hatten Crispi von den Besorgnissen Waldersees über die russischen Rüstungen und die Unvermeidlichkeit eines Krieges erzählt. Crispi verstand nicht, warum dieser Konflikt, den auch er als unvermeidlich und als besten Ausweg aus einer verfahrenen politischen Situation empfand, künstlich verschleppt werden sollte. Crispi wünschte sich den Krieg, und zwar mit dem Ungestüm, das für ihn charakteristisch war, wenn er sich auch diesmal gegenüber der Öffentlichkeit zur Verschleierung seiner Absichten genötigt sah. Er nahm deshalb auch jeden Hinweis des deutschen Botschafters über die Friedensbemühungen Bismarcks und jede Andeutung, daß die Kriegswarnungen der Waldersee-Gruppe im deutschen Generalstab doch übertrieben seien, mit Mißfallen auf. Crispi wünsche sich, so glaubte Solms, in diesen Monaten einen „frischen, fröhlichen Krieg" herbei[174] – aber nur einen, bei dem die Unterstützung der Bundesgenossen sicher sei. Er sagte zum deutschen Botschafter: „Wir Italiener müssen einmal mit Deutschland oder Österreich Schulter an Schulter kämpfen; dies ist die einzige Art, wie wir Siege zu erkämpfen vermögen. Bisher sind wir immer und überall geschlagen worden.

---

173 Dazu Mori, Crispi, S. 116 ff. Italicus, Dreibundpolitik, bestreitet vehement jede aggressive Absicht Crispis; ebenso behauptet Salvemini, Politica Estera, S. 110–114, Crispi habe, trotz der ständigen Aufhetzungen durch den deutschen Botschafter Solms, niemals aggressive Absichten gehabt. Beide Ansichten können durch Moris Studie als widerlegt gelten.
174 Solms-Memoiren, PA/AA.

Ein Volk aber ist, so lange es keinen Sieg erfochten hat, überhaupt keine Nation."[175] Zwar dachte Crispi auch lebhaft über eine Beteiligung an einem russisch-österreichischen Waffengang nach, doch war sein kriegerischer Elan vor allem nach Westen gerichtet. Dort sollte der Krieg sobald wie möglich ausbrechen, da sich zur Zeit die französische Armee noch in einer Phase der Umstrukturierung befände und ein militärischer Erfolg deshalb gegenwärtig sicherer und wahrscheinlicher wäre als später. Da aber ein französischer Angriff ohne Anlaß nicht zu erwarten war, beschloß Crispi, für einen solchen zu sorgen. Er entsandte einen Offizier nach Berlin und Wien, der dort die Kriegsstimmung Bismarcks und Kálnokys auf ihre Ernsthaftigkeit hin überprüfen und der Kriegspartei in Berlin Unterstützung bringen sollte.

Dieser Offizier war Oberstleutnant Goiran, den Crispi durch den ihm geistesverwandten Generalstabschef Cosenz hatte aussuchen lassen. Goiran sollte sondieren, in welcher Form die gerade vereinbarten Militärabsprachen eine praktische Anwendung finden sollten. Zwar war damit auch die militärtechnische Detailarbeit gemeint, wie zum Beispiel die Einzelheiten des Eisenbahntransportes italienischer Truppen durch Österreich, die Bereitstellung von Lokomotiven und Waggons und die Verfügbarkeit der Bahnlinien bei möglicher gleichzeitiger Beanspruchung durch einen österreichischen Aufmarsch. Allerdings war sein eigentlicher Auftrag ein anderer. Goiran berichtete von einer denkwürdigen Unterhaltung mit Bismarck später nach Rom: „Ich habe dem Reichskanzler erklärt, daß die finanzielle Lage Italiens es nicht erlaubt, ohne Schwierigkeiten die mit dem Dreibund verbundenen Militärausgaben zu tragen. Es sei schließlich im Interesse der drei Staaten, eine Lösung zu beschleunigen, die zu einem durchgreifenden Erfolg führe und eine teilweise Abrüstung möglich mache. Ich habe ihm vor allem bewußtgemacht, daß bis 1889 die Streitkräfte des Dreibunds den französischen wegen der dortigen Heeresreorganisation überlegen seien. Deshalb seien zur Zeit die Erfolgsaussichten in einem Krieg groß. Sei diese erst einmal abgeschlossen, werde Frankreichs Heer das unserige übertreffen, und wir könnten nicht mehr, ohne dabei ein erhebliches Risiko einzugehen, zur Offensive übergehen."[176]

Bismarck ließ sich zwar auf die Debatte ein, brachte aber nur Gegenargumente. Auch wenn dies stimme, wie könnten die Feindseligkeiten provoziert werden? Die Franzosen wichen im Zweifelsfall aus und verlören auch bei Grenzzwischenfällen nicht ihr kaltes Blut, auch schärften Zeitungspolemiken lediglich ihre Wachsamkeit. Offensichtlich fürchteten sie einen solchen Hinterhalt. Denn schließlich würde es sich empfehlen, Frankreich bei Kriegsaus-

---

175 Solms-Memoiren, PA/AA, S. 430.
176 Goiran an Cosenz, 17.4.1889, zitiert bei Mori, Crispi, S. 120. Übersetzung des italienischen Textes durch H.A.

bruch als Provokateur hinstellen zu können. Und schließlich seien da noch das sehr argwöhnische Rußland und auch England.

Doch überraschte ihn Goiran nun mit einem komplett durchkonstruierten Casus belli, der die in Paris als ungeheuer ärgerlich empfundene Debatte um die Beschickung der französischen Weltausstellung im Jahre 1889 nutzen sollte; es zeichnete sich nämlich ab, daß sowohl Deutschland als auch Italien fernbleiben wollten. Goiran schrieb später: „Ich nutzte die günstige Gelegenheit, um die Idee zu erläutern, die mir von Euerer Exzellenz [Cosenz] vorgeschlagen worden war. Der König sagt die Einladung zur Ausstellung nach Paris ab, dann plötzlich wird er deutscherseits zu einer Parade nach Straßburg eingeladen. Der Ministerpräsident [Crispi] empfiehlt ihm, die Einladung anzunehmen: Die Nachricht von dieser Reise wird in Paris am Vorabend der Ausstellung Unruhe schüren und die Lunte ans Pulverfaß legen. Wir haben sehr glaubhafte Nachrichten, daß General Boulanger den Krieg will. Wir müssen ihm einen Vorwand liefern, ihn anfangen zu können, damit er die Verantwortung übernimmt. Wenn der Krieg am hundersten Jahrestag der Französischen Revolution ausbricht, wird Rußland weniger bereit sein, einzugreifen."

Die Reaktion Bismarcks war, so behauptete Goiran, wohlwollend. Er habe das Gespräch beendet mit dem Satz: „Die Idee ist nicht schlecht, aber man muß noch ausgiebig darüber nachdenken." In Wirklichkeit war der Kanzler alles andere als erfreut über diesen italienischen Vorschlag, der geeignet war, der deutschen „Kriegspartei" um den Grafen Waldersee neue Munition zu liefern. Deshalb ließ er wenig später durch seinen Sohn eine verdeckte, aber doch massive Warnung an Crispi senden. Es sei kaum nötig zu wiederholen, ließen die Bismarcks Crispi durch den deutschen Botschafter mitteilen, „daß politische und militärische Maßnahmen, denen ein provokatorischer Charakter innewohnte, den Zielen und Bestrebungen unserer gemeinsamen Friedenspolitik schnurstracks zuwiderlaufen würden"[177]. Wie sehr die deutsche Politik am Gedanken des friedlichen Ausgleichs festhalte, dokumentiere sich in der Battenberg-Affäre. Daß der Battenberger, der immerhin ein deutscher Fürst sei, fallengelassen werde, um jedem Argwohn der Russen entgegenzuwirken,[178] zeige, wie sehr sich die deutsche Regierung bemühe, allem vorzubeugen, was als Akt der Provokation verstanden werden könne. Sie sei stets bemüht, alle Anlässe zu Händeln zu beseitigen, „welche eines kriegerischen Austrags nicht wert sein würden". Nach dieser kalten Dusche kam aber auch wieder die Schmeichelei. Bismarck nahm Crispi beim Wort, hatte dieser doch

---

[177] Herbert v. Bismarck an Solms, 12.4.1888, GP 6, Nr. 1880.
[178] Damit spielten die Bismarcks auf die Behandlung des Battenbergers in Deutschland an. Die Kronprinzessin versuchte ihn mit ihrer Tochter Victoria zu verheiraten, was Bismarck aus Rücksichtnahme auf Rußland zu verhindern wußte. Dazu Röhl, Wilhelm II., Band 1, besonders S. 517–546, 796–801.

ununterbrochen vom Frieden geredet. Er sei sich doch mit Crispi in der Auffassung einig, daß ein großer Krieg „eine Kalamität" wäre. Deshalb glaube er zuversichtlich, „daß Herr Crispi kleinliche französische Taktlosigkeiten oder Provokationen mit staatsmännischer Ruhe und Kaltblütigkeit als irrelevant behandeln wird". Bei einer ernstlichen Bedrohung werde Italien das Deutsche Reich immer an seiner Seite finden.

Auch in Wien stieß Goiran mit seinen Vorschlägen auf taube Ohren; ihm schien sogar, „daß man den Krieg in Wien weniger wünscht als in Berlin". Bei Kálnoky glaubte Goiran sogar eine „sentimentale, philanthropische Liebe für den Frieden" beobachten zu können. Der österreichische Außenminister habe sich, so berichtete Goiran nach Rom, scharf gegen den Krieg ausgesprochen. Er hatte sogar den Eindruck, „als ob er sich über uns lustig machte, als ich ihm mit großem Nachdruck von unserem Wunsch sprach, am Krieg teilnehmen zu wollen, und zwar auch dann, wenn wir eigentlich nicht müßten". Italien würde sich, so resümierte Goiran, doch auf andere Weise als durch einen gemeinsamen Präventivkrieg sanieren müssen. In Berlin und Wien habe er die feste Absicht bemerkt, „einen Krieg nur dann führen zu wollen, wenn es die Interessen beider Reiche verlangen, und alles zu vermeiden, was zu einem Krieg im ausschließlich italienischen Interesse führen würde. Es scheint mir sehr schwierig zu sein, einen Krieg nur für unsere Interessen zu provozieren." Das sei auch daran zu sehen, daß man ihn in beiden Hauptstädten mit seinen Vorschlägen „von Pontius zu Pilatus"[179] geschickt und verantwortliche Verhandlungen verweigert habe.

Der Dreibund war ein Bündnis für den Frieden und ließ sich nicht so einfach, weil es wenigen Personen der italienischen Führungsspitze wie Crispi und Cosenz sowie Offizieren wie Goiran, Albertone und Dabormida wünschenswert erschien, in eine Angriffsallianz umwandeln. Der italienische Plan mutet außerdem naiv an; glaubten Crispi und Cosenz denn wirklich, daß die französische Politik sich zu einem selbstmörderischen Angriff gegen den Dreibund, mindestens gegen Deutschland und Italien gleichzeitig, verleiten ließe, nur weil der italienische König nach Straßburg reiste? General Boulanger, dem als einzigem eine solche Wahnsinnstat zuzutrauen gewesen wäre, spielte zu dem Zeitpunkt politisch kaum noch eine Rolle; in der Regierung war er längst nicht mehr. Es fragt sich aber, bis zu welchem Punkt Crispi gegangen wäre, wenn Bismarck ihn ermuntert statt gebremst hätte; vielleicht wäre er bereit gewesen, im Bewußtsein deutscher Rückendeckung, das Odium des Angreifers direkt auf sich zu nehmen, sollten sich die Franzosen nicht provozieren lassen. Tatsächlich versuchte er im Juli und August 1890 erneut, einen angeblichen Erbvertrag, der Tunis nach dem Tod des Beys an Frankreich fallen lassen sollte, zum Casus foederis des Dreibunds zu machen, drohte gar, sonst

---

[179] In der Quelle, wohl versehentlich: „da Erode a Pilato".

werde die Regierung zurücktreten und der Dreibund erlöschen – doch Caprivi lehnte es ab, den Bündnisfall gelten zu lassen.[180]

Crispi mußte sich, wenn auch sichtlich ohne Enthusiasmus, damit abfinden, daß der Dreibund ein defensives Bündnis war und blieb. Damit blieb er jedoch mit dem Dilemma seiner Politik allein zurück. Zwar half ihm Bismarck, den Kurs der italienischen Staatsanleihen zu stützen, aber das allein konnte die sich immer katastrophaler gestaltende wirtschaftliche Entwicklung Italiens nicht bremsen. Das Wettrüsten drohte den Staat zu ruinieren. Die trostlosen Alternativen, vor die Crispi sich gestellt sah, wurden von einem seiner Anhänger, dem Redakteur Rocco de Zerbi, in der Zeitung „Piccolo" im September 1889 in folgende Worte gebracht: „Den Demokraten stockt der Atem und die radikalen Organe können ruhig aufschreien. Man muß über die zutiefst unmoralische Idee des Brudermordes nachdenken. Wer, wenn nicht Frankreich, könnte unsere Armee und unsere Flotte bezahlen, die uns eineinhalb oder zwei Milliarden im Jahr kosten? Ironie des Schicksals; der Krieg ist für alle Völker ein Alptraum und für uns fast eine Verheißung. Ganz Europa sieht in ihm den Ruin, wir eine Kraftquelle. Insgesamt kommt man nicht aus diesem Dilemma heraus: Kämpfen oder Bankrott."[181] De Zerbi galt als regierungsnah, seine Worte als die Ansicht Crispis.

Natürlich gab es auch noch einen dritten Ausweg, die allerdings außerhalb von Crispis Vorstellungswelt lag: Die bisherige Außenpolitik fortsetzen und trotzdem abrüsten, notfalls die ehrgeizige Großmachtpolitik etwas dämpfen. Diese Alternative wurde bald schon von weiten Teilen der Opposition vehement gefordert. Der konkrete Vorschlag lautete, von zwölf auf zehn Armeekorps zu reduzieren, Geld zu sparen und das kleinere Heer dafür leistungsfähiger zu gestalten. Die zwölf Korps waren das Ergebnis einer Heeresreform von 1882, der Lex Ferrero (nach dem damaligen Kriegsminister Ferrero); vorher hatte die Stärke des Heeres zehn Armeekorps betragen. Doch Crispi war der letzte, der an Abrüstung dachte. Für ihn wäre dies das Eingeständnis italienischer Schwäche gewesen, eine Kapitulation vor Frankreich; in diesem Punkt wußte er auch den König hinter sich. Die Verbündeten schwankten in dieser Frage. Einerseits kam ihnen eine italienische Abrüstung nicht gelegen; der Dreibund war ein Abschreckungs- und Defensivbund, und jeder der drei Partner hatte Interesse daran, die anderen möglichst stark zu sehen. Andererseits war ihnen die ökonomische Zwangslage Italiens zu bewußt, um auf der

---

180 Nachricht Crispis an die Verbündeten vom 15.7.1890, zitiert bei Mori, Crispi, S. 193. Zur Tripolis- und Tunisangelegenheit generell: GP 8, Nr. 1862–1913. Aufzeichnung Caprivis vom 17.7.1890, ebenda, Nr. 1872, mit der Zurückweisung eines Krieges gegen Frankreich wegen des tunesischen Erbvertrags. Dazu auch Holstein, Geheime Papiere 1, S. 152–154; Crispi, Memoiren, S. 455–486; Mori, Crispi, S. 193–199.
181 Zitiert bei Mori, Crispi, S. 118. Übersetzung durch H. A.

5. Francesco Crispi wurde in Frankreich zunehmend – wenn auch fälschlicherweise – als deutsche Marionette gesehen. In dieser zeitgenössischen Karikatur aus dem „Pilori" von 1888 spiegeln sich die französischen Ängste, was den Dreibund angeht, sehr gut, wenn auch indirekt, wieder (aus: Romano, Crispi).

italienischen Hochrüstung mit letztem Nachdruck zu bestehen. Im Gegenteil wurde das Interesse der Italiener anerkannt, die wirtschaftliche Leistungsfähigkeit ihres Landes nicht durch unverantwortlich hohe Rüstungsausgaben zu ruinieren. Vor allem die österreichische Diplomatie gab den ruhigeren, maßvollen Oppositionspolitikern um den Marchese di Rudinì deutlich den Vorzug vor Crispi, der als unberechenbar und größenwahnsinnig eingestuft wurde.[182] Im übrigen gab es seitens deutscher wie österreichischer Militärfachleute erhebliche Zweifel an der Einsatzbereitschaft der zwölf italienischen Korps; diese schienen aufgebläht, unzureichend ausgestattet, praktisch nur aus gekaderten Einheiten bestehend. Im Interesse der Schlagkraft und vor allem der raschen Verfügbarkeit schien es besser, eine kleinere, dafür leistungsfähigere Armee zu haben. Allerdings gingen hier die Meinungen zwischen der Instanzen zwischen 1888 und 1896 auseinander. Der deutsche Botschafter in Rom, Graf Solms, der selbst Offizier gewesen war, urteilte in seinen Memoiren: „Die italienische Reg[ierung] befand sich in einer großen finanziellen Bedrängnis in Folge des anwachsenden Defizits, und beabsichtigte die Armee von 12 auf 10 Armee-Corps zu reduzieren. Trotzdem die Compagnien auf ein Minimum reduziert waren, welches die Schlagfertigkeit der Armee fast illusorisch machte, überstiegen doch die militärischen Ausgaben, momentan wenigstens, die Finanzkraft des Landes. In Berlin wollte man aber (wie mir Herr von Holstein mit großer Entschiedenheit sagte) von einer Herabsetzung der ital[ienischen] Armee von 12 auf 10 Armee-Corps absolut nichts wissen."[183] Crispi stellte es innenpolitisch aus taktischen Gründen so dar, daß die Aufrüstung eine Grundbedingung für die Allianzwürdigkeit Italiens sei und deshalb unbedingt beibehalten werden müsse; diese Ansicht teilte der König mit ungewöhnlicher Festigkeit. Dadurch wurde eine Verknüpfung zwischen Dreibund und Aufrüstung hergestellt, die auf längere Sicht fatale Konsequenzen hatte: Sie führte dazu, daß die Allianz in Italien zum „Synonym für Militärausgaben" wurde; doppelt fatal vor dem Hintergrund des von schwersten ökonomischen Krisen geschüttelten Landes.[184]

Doch war der Eindruck, daß die erhöhten Rüstungsausgaben mit dem Bundesverhältnis zusammenhingen und der Dreibund ein Aufrüstungsverein sei, definitiv unrichtig.[185] Die italienische Aufrüstung verlief nach eigenen Planungen und nicht nach denen der Verbündeten;[186] diese beschränkten sich

---

182 Siehe dazu auch Lothar Höbelt: Österreich-Ungarn und Italien in der Ära Crispi. In: Società Siciliana per la Storia Patria (Hg.): La Politica Italiana ed Europea di Francesco Crispi, Palermo 1987, S. 143–163.
183 Solms-Memoiren, PA/AA, S. 488.
184 Ara, Habsburgermonarchie VI,2, S. 221, schildert, daß die Rüstungslasten das Hauptargument der italienischen Dreibundgegner wurden.
185 Dazu schlagend Italicus, Dreibundpolitik, S. 165.
186 Außenminister Brin bestätigte dem deutschen Botschafter, Graf Solms, am 21.5.1892, er habe

darauf, unverbindliche Empfehlungen zu geben. Die deutsche und die österreichische Diplomatie machten allerdings den Fehler, dem krampfhaft aufrüstenden Crispi nicht nachdrücklich eine geschickte Verkleinerung der Armee zu empfehlen, was in taktvoller Form, so zum Beispiel unter Verwendung militärischer Begründungen seitens des hochangesehenen preußischen Generalstabs, vielleicht möglich gewesen wäre. Daß sie darauf verzichteten, war aber wegen ihres Eigeninteresses an einem militärisch möglichst starken Verbündeten verständlich. Diese Haltung war zwar nur auf den Moment berechnet und mag kurzsichtig erscheinen. Aber wer sich, wie Bismarck zu jener Zeit, mühen mußte, die „systematischen Verleumdungen der europäischen Kriegspartei"[187] zu bekämpfen und einen Krieg zu verhindern, hatte keinen Sinn über die Fernwirkungen der zu diesem Zweck als notwendig angesehenen Rüstungen. Später, nach seiner Entlassung, warnte Bismarck aber in Zeitungsartikeln ausdrücklich davor, „auf Italien, wenn es sich in finanzieller Schwierigkeit befindet, irgendwelchen Druck zwecks Erhöhung seiner Militärmacht auszuüben und dies mit Dreibundrücksichten zu motivieren."[188]

> Ew. Durchlaucht können den Schaden kaum ermessen, der aus der schlechten Behandlung, die den Italienern in den österreichischen Provinzen zuteil wird, erwächst, und in welche Verlegenheit Österreich die italienische Regierung dadurch setzt.
>
> Crispi im Oktober 1887 zu Bismarck

e) Crispis Bemühungen um eine Intensivierung des österreichisch-italienischen Verhältnisses

Ein weiterer bedeutsamer Aspekt der Crispinischen Bündnispolitik bestand darin, nicht nur die politischen und militärischen Beziehungen mit dem Deutschen Reich, sondern in gleicher Weise auch mit Österreich-Ungarn zu erweitern und zu vertiefen. Das war schon allein deshalb bemerkenswert, weil Crispi nicht immer ein Freund Österreichs gewesen war. Während er für das Deutsche Reich und Bismarck sehr freundschaftliche Gefühle und Bewunderung empfand, hatte sich seine Einstellung gegenüber Österreich-Ungarn im

---

nie gehört, daß von seiten der deutschen Regierung jemals ein Rat erteilt oder auch nur eine Meinung geäußert worden sei über die Stärkeverhältnisse der italienischen Streitkräfte. Ähnlich Rudinì am 21.5.1892 in der Kammer auf eine Anfrage Imbrianis. In: GP 7, Nr. 1441, Fußnote ***.
187 Schweinitz an Bismarck, 29.12.1887, GP 6, Nr. 1173, Zitat S. 38.
188 In den „Hamburger Nachrichten" vom 19.5.1891, zitiert in: GP 7, Nr. 1441, Fußnote ***.

Laufe der Jahrzehnte mehrfach gewandelt und war keineswegs uneingeschränkt freundschaftlich. Im Sommer 1877 hatte er, damals Parlamentspräsident, als Abgesandter von Depretis Bismarck die Teilung der Donaumonarchie vorgeschlagen;[189] es war ihm auch fraglos sehr daran gelegen, für Italien die irredenten Territorien zu gewinnen, und hätte er eine realistische Chance zu deren Erwerb gesehen, so besteht wenig Zweifel, daß Crispi einen Vorstoß unternommen hätte. In der entsprechenden Umgebung machte er aus seinen Zielen kein Hehl und gab dem Grafen Waldersee gegenüber im Mai 1889 zu, „daß Italien unbedingt den Besitz von Südtirol erstrebt. Auf meine [Waldersees] Frage, wie es mit Triest stünde, erklärte Crispi, darauf könne Italien keine Ansprüche erheben; er will Nizza wiederhaben, dagegen nicht Savoyen, wo zu viele Klerikale wohnen. Hinsichtlich der Ostküste des Adriatischen Meeres drückte Crispi sich vorsichtig aus. Mißtrauen gegen Österreich, namentlich gegen Taaffe zeigte sich bei allen Äußerungen".[190]

Crispi war, von seinen Grundüberzeugungen her, ein alter Mazzinianer und Garibaldiner, und diese Forderungen waren daher nicht überraschend. Doch ebenso wie er sich aus Vernunftgründen vom Republikaner zum Monarchisten gewandelt hatte, gab er machtpolitischen Erwägungen den Vorrang vor den Prinzipien Mazzinis. Österreich sei nötig zur Wahrung des europäischen Gleichgewichts, versicherte Crispi bei dem Gespräch in Friedrichsruh im Herbst 1887 dem deutschen Reichskanzler,[191] und er wolle sich bemühen, die österreichisch-italienischen Beziehungen „enger und intimer" zu gestalten[192] – am besten so eng wie die deutsch-italienischen.[193] Crispi eignete sich den bekannten Ausspruch an, wenn es Österreich nicht gäbe, müßte es erfunden werden;[194] seine Erhaltung sei eine Notwendigkeit für Europa, und es diene auch Italien als Schutzwall gegen die Slawen, die ein weit gefährlicherer Nachbar wären als das durch Nationalitätengegensätze gelähmte Österreich. Auch bestand in Fragen der Mittelmeerpolitik eine Interessengemeinschaft zwischen Italien und Österreich-Ungarn. Crispi stimmte mit Kálnoky in der Beurteilung der bulgarischen und türkischen Fragen sowie im Wunsch, daß Rußland eingedämmt bleiben möge, überein, während Bismarck Bulgarien und die Eroberung Konstantinopels durch die Russen gleichgültig waren, ja der in dieser Expansion sogar eine Schwächung des Zarenreiches

---

189 Dazu siehe S. 43–44.
190 Waldersee, Denkwürdigkeiten 2, S. 52, 53, Tagebucheintragung vom 27.5.1888.
191 Crispi, Memoiren, S. 228; Salvemini, Politica Estera, S. 122.
192 Aufzeichnung Herbert v. Bismarcks, 3.10.1887, PA/AA, R 9107.
193 Solms an Bismarck, 12.10.1887, PA/AA, R 9107: Crispi habe sich überzeugt, „daß die einzig richtige Politik Italiens in einem festen Anschluß an Österreich und Deutschland bestehe; nur so könne man den Frieden erhalten, dessen auch Italien bedürfe".
194 Ara, Habsburgermonarchie VI,2, S. 219.

sah.[195] Crispi unterstrich diese Gemeinsamkeiten in machtpolitischen Fragen gegenüber Österreich-Ungarn bis hin zum Angebot, sich an einem Krieg gegen Rußland aktiv zu beteiligen.

Der Ministerpräsident war fest davon überzeugt, daß er der richtige Mann war, um das italienisch-österreichische Verhältnis zu verbessern. Vor allem in der Hoffnung, Berlin würde Wien in dieser Frage unter Druck setzen, sagte Crispi 1888 zu Botschafter Solms: „Ich kann mit Österreich gehen so weit ich will, weil meine revolutionäre Vergangenheit auch dem avanciertesten Radikalen dafür bürgt, daß ich bei allem, was ich thue, das Wohl Italiens im Auge habe. Gegen mich wird sich nie ein Verdacht erheben und das macht es mir möglich, in meinem Anschluß an Österreich weiter zu gehen als es ein Minister thun könnte, dem die Radikalen mißtrauen. Das sollte man in Wien berücksichtigen."[196]

Obwohl Crispi die Freundschaft und Allianz mit der Donaumonarchie mit derartiger Energie und Lebhaftigkeit propagierte, sollte sich das österreichisch-italienische Verhältnis nicht vergleichbar wie das deutsch-italienische entwickeln. Dies lag an den alten Gegensätzen – und das, obwohl sich in der Frage der irredenten Territorien inzwischen ein Modus vivendi abzeichnete. Da infolge des Bundesverhältnisses zu Österreich auf den Erwerb dieser Gebiete nicht mehr zu hoffen war, hatte sich, parallel zum faktischen Zerfall der bisherigen Irredenta in Italien bereits vor Crispi eine neue pragmatische Linie durchgesetzt: Trient und Triest könnten unter österreichischer Herrschaft bleiben, allerdings müsse für die kulturelle Autonomie der italienischen Untertanen des Habsburgerreiches gut gesorgt sein. Vom Aspiranten auf zwei österreichische Grenzprovinzen wurde Italien so zu einer Art Garantiemacht für die italienische Minderheit, über deren Wohlergehen es kritisch wachte, ohne daß natürlich die österreichische Regierung Eingriffe in rein innenpolitische Angelegenheiten duldete. Robilant war der erste, der die Forderung an Wien gerichtet hatte, in den österreichischen Grenzprovinzen sollten Reibungen vermieden und der Irredenta damit jeder Vorwand zu Agitationen entzogen werden. Dafür sollten im Gegenzug in Italien anti-österreichische Kundgebungen rücksichtslos verfolgt werden.[197] Noch vor seinem Amtsantritt hatte er sich im Sommer 1885 mit Kálnoky auf diese Linie geeinigt, um die Allianz im Bewußtsein beider Völker zu festigen.[198] Voraussetzung dafür, daß sich diese Linie verstärkte, war österreichisches Entgegenkommen und möglichst großzügige Behandlung der italienischen Untertanen.

---

195 Crispi, Memoiren, S. 223.
196 Solms an Bismarck, 14.5.1888, PA/AA, R 9107.
197 Bruck an Kálnoky, 8.2.1887, HHStA, PA XI, 101.
198 Siehe oben, S. 180, und Bruck an Kálnoky, 8.2.1887, HHStA, PA XI, 101.

Dieser Lösungsansatz für die irredente Frage wurde durch Crispi beträchtlich verstärkt. Zum Entsetzen der österreichischen Regierung bemühte sich der italienische Ministerpräsident auch darum, Bismarck als Vermittler einzubinden. Bei seinem Besuch in Friedrichsruh versicherte er dem Reichskanzler, Italien wolle „dem Nachbarreiche ein treuer Verbündeter sein", allerdings müsse die österreichische Regierung die Austro-Italiener gut behandeln.[199]

Ein deutsch-italienisches Zusammengehen war auch sachlich dadurch vorbereitet, daß die Nationalitätenpolitik des Ministerpräsidenten von Cisleithanien, des Grafen Taaffe, in der deutschen wie in der italienischen Öffentlichkeit gleichermaßen kritisch beurteilt wurde. Taaffe galt in beiden Ländern als slawophil,[200] da er versuchte, im Reichsrat gegen die Deutschliberalen zu regieren, mit Hilfe des „eisernen Rings", einer Gruppierung klerikaler und slawischer Abgeordneter. Die Deutschösterreicher und auch die Deutschen waren entrüstet und ebenso die italienischen Österreicher, die über die angebliche Bevorzugung der slawischen Bevölkerung in den gemischtnationalen adriatischen Küstengebieten klagten. Durchaus zu Unrecht, da bis zum Ende der Habsburgermonarchie die italienische Bevölkerung gegenüber den Slowenen eine bevorzugte Stellung einnahm und proportional zur Bevölkerungsstärke von allen Völkern der Monarchie die meisten Abgeordneten in den Reichsrat entsenden konnte. In diesen Gebieten entstand aber bei den Italienern der Eindruck der allmählichen „slawischen Überfremdung", da die slowenische Bevölkerung schneller als die italienische wuchs. Auch mögen irrige Vorstellungen über den italienischen, tatsächlich slowenischen und kroatischen Charakter dieser Küstenregionen eine Rolle gespielt haben.[201]

---

199 Crispi, Memoiren, S. 229, betonte gegenüber Bismarck diesen Wunsch so ausdrücklich, weil er „Österreichs Feind war und gegen Österreich konspiriert habe, solange es italienische Provinzen besaß". Allerdings müsse die Habsburgermonarchie ihr Minderheitenproblem lösen. „Ich verlange keine Privilegien für die Italiener. Ich verlange, daß sie wie die anderen Nationalitäten des Kaiserreiches behandelt werden. Die österreichische Regierung gewinnt dabei, weil sie jeden Grund zu Klagen wegräumen und uns zu Freunden machen würde." Bismarck könne „den Schaden kaum ermessen, der aus der schlechten Behandlung, die den Italienern in den österreichischen Provinzen zuteil wird, erwächst, und in welche Verlegenheit Österreich die italienische Regierung dadurch setzt. Jedesmal, wenn in Italien Nachrichten über Vergewaltigungen der in Österreich lebenden Italiener bekannt werden, erwacht in Italien das Nationalgefühl, und die politischen Parteien machen sich den Vorwand nutzbar, um die öffentliche Ruhe zu stören. Österreich kann nur leben und mächtig sein, wenn es die verschiedenen Nationalitäten respektiert". Auch später klagte Crispi immer wieder gegenüber seinen deutschen Gesprächspartnern die gute Behandlung italienischer Untertanen in Österreich ein, dazu Solms an Bismarck, 18.10.1887, PA/AA, R 9107.
200 Schweinitz an Bismarck, 29.12.1887, GP 6, Nr. 1173, mit Randbemerkungen Bismarcks.
201 Bei einem Staatsbesuch in der Nähe von Triest (Abbazia) wunderte sich San Giuliano nach den Erinnerungen Lützows, Dienst, S. 213, daß die Bewohner der Gegend alle kroatisch sprachen.

Der Vorgang, der hier für Irritationen sorgte, entsprach analogen Vorgängen in Böhmen, wo die deutsche Führungsschicht zusehen mußte, wie eine selbstbewußte anderssprachige Bevölkerung ihre Gleichberechtigung einklagte. In Deutschland wurde Taaffes angebliche Begünstigung der slawischen Bevölkerung als unerhörte Beschneidung der deutschösterreichischen Stellung angesehen.

Aus der Ablehnung der Nationalitätenpolitik Taaffes ergab sich bereits eine deutsch-italienische Koalition, die sich weiter dadurch verstärkte, daß für Bismarck wie für Crispi katholisch-klerikale Strömungen ohnehin ein rotes Tuch waren. Crispi machte deshalb nicht nur die Nationalitätenpolitik Österreichs zur Zielscheibe seiner Kritik, sondern auch den österreichischen Klerikalismus. Das Recht dazu nahm er sich dadurch, daß er selbst mit allen juristischen Möglichkeiten gegen die Irredentisten vorging. Er sagte, zwar könne er, da Italien ein freies Land sei, keinem Bürger irredentistische Ansichten verbieten. Wohl aber könne er seine Beamten kontrollieren; wer im Staatsdienst stehe und sich irredentistische Äußerungen oder Handlungen zuschulden kommen ließe, werde sofort entlassen. Und er scheute sich nicht, von Kálnoky ein vergleichbares Vorgehen im Falle klerikaler Äußerungen im Zusammenhang mit der Rom-Frage und in der Behandlung der italienischen Österreicher zu verlangen. Crispi setzte Irredentismus und Klerikalismus in ihren vergiftenden Auswirkungen auf das österreichisch-italienische Verhältnis gleich und sagte: „Der Irredentismus und der Klerikalismus wiegen sich auf. Wenn der eine zum Ziel hat, Österreich zwei Provinzen zu entreißen, beabsichtigt der andere nichts weniger als Italien seiner Hauptstadt zu berauben."[202]

Kálnoky sah sich durch diese Forderungen seines italienischen Kollegen vor eine schwierige Aufgabe gestellt. Von der Sache her war dagegen wenig einzuwenden. Aber der Außenminister hatte nur indirekte Einflußmöglichkeiten auf die innere Politik, nämlich über Einwirkung auf die beiden Ministerpräsidenten; Graf Taaffe, im übrigen ein Jugendfreund des Kaisers, war jedoch klerikal und ebenso der kaiserliche Hof. Selbst wenn Kálnoky den besten Willen gehabt hätte, den Italienern in dieser Frage aufrichtig entgegenzukommen, wäre eine solche Politik nicht leicht durchzusetzen gewesen. Der Herbst 1887 war für Kálnoky ein besonders heikler Augenblick. Anläßlich des 50. Priesterjubiläums Papst Leos XIII. fanden im ganzen Land propäpstliche klerikale Kundgebungen statt.[203] Besonders zwei „Inzidenzfälle" brachten den österreichischen Außenminister in schwere Verlegenheit. Der erste ereignete

---

[202] Crispi an die italienische Botschaft in Berlin, 22.11.1887, PA/AA, R 9107: „j'en serais bien aisé, car l'irredentisme et le clericalisme dans les rapports austro-italiens se valent. Si l'un a pour but d'arracher deux provinces à l'Autriche, l'autre ne tend à rien moins qu' à priver l'Italie de sa capitale."

[203] Monts an Bismarck, 1.12.1887, PA/AA, R 9107.

sich am 29. September 1887 in Linz. Etwa 2.000 Personen nahmen an einer klerikalen Demonstration teil; der Linzer Bischof erklärte, der Papst müsse unbedingt wieder einen Kirchenstaat erhalten, und die Versammlung befürwortete dies einstimmig. Doch nicht dies war das Ärgernis, denn die Haltung des katholischen Klerus war bekannt; öffentliches Aufsehen erregte die Teilnahme eines hohen politischen Beamten, des Statthalters von Oberösterreich, Baron Weber.[204] Dieser erklärte auch noch öffentlich, „die offizielle Freundschaft mit Italien sei für die katholischen Österreicher bedeutungslos"[205]. Das Kuriose an diesem Vorfall war, daß Weber sowohl liberal als auch antiklerikal und nur zufällig auf dieser Veranstaltung war[206] – und sich trotzdem diese Ausfälle gegen Italien zuschulden kommen ließ. Die „Neue Freie Presse" nannte dies zu Recht „Steinwürfe gegen das austro-italienische Bündnis" und klagte über den Klerikalismus, der Italien gegen Österreich und Österreich gegen Italien erfolgreich aufzuhetzen verstehe. Auch Crispi protestierte; er könne nicht verstehen, wie die Teilnahme eines hohen staatlichen Funktionärs an einer solchen Veranstaltung geduldet werden könne; er würde jeden Präfekten sofort entlassen, der an einer irredentistischen Demonstration teilnehme.[207] Kálnoky gab dem italienischen Botschafter in Wien, Graf Nigra, auf dessen Protest durchaus recht und räumte ein, daß „die Gegenwart des k. u. k. Statthalters bei jener Versammlung unstatthaft" gewesen sei. Er habe entsprechend an den Grafen Taaffe geschrieben, daß ein Beamter solche Veranstaltungen, die sich gegen ein verbündetes Land richteten, nicht einfach durch seine Gegenwart sanktionieren dürfe. Taaffe habe daraufhin ein entsprechendes Zirkular an alle politischen Beamten erlassen; auch habe Baron Weber einen Verweis erhalten, was jedoch der Öffentlichkeit nicht bekanntgegeben wurde.

Ein weiterer Vorfall ereignete sich am 17. November 1887 in der österreichischen Delegation. Ein Mitglied, der Abt des Wiener Schottenstifts Hauswirth, vertrat die Ansicht, der Papst müsse eine unabhängige Residenz haben. Der Oppositionsabgeordnete Demel übernahm die Antwort; er meinte, der jetzige Papst habe ohne weltliche Macht mehr Autorität als sein Vorgänger mit Kirchenstaat; im übrigen seien solche Forderungen allianzgefährdend, da Italien bei künftigen Auseinandersetzungen niemals auf der Seite derer kämpfen werde, die für die Wiedererrichtung des Kirchenstaates eintreten. Damit schloß die Debatte.[208] Crispi war entrüstet, daß Kálnoky die Beant-

---

204 Avarna an Crispi, 16.10.1887, DDI 2/XXI, Nr. 231.
205 Monts an Bismarck, 1.12.1887, PA/AA, R 9107.
206 Reuß an Bismarck, 6.12.1887, PA/AA, R 9107.
207 Crispi an Nigra, 19.11.1887, DDI 2/XXI, Nr. 319; Nigra an Crispi, 20.11.1887, ebenda, Nr. 325; Crispi an Nigra, 21.11.1887, ebenda, Nr. 331; Crispi an Nigra, 23.11.1887, ebenda, Nr. 336.
208 Nigra an Crispi, 18.11.1887, DDI 2/XXI, Nr. 315.

wortung dieser Frage einem Vertreter der Opposition überlassen hatte und dadurch in der Öffentlichkeit der Eindruck entstehen müsse, als sei die österreichische Regierung bereit, in der Frage des Kirchenstaates gegen Italien Partei zu nehmen. Um dem entgegenzutreten, verlangte er einen öffentlichen Solidaritätsbeweis Kálnokys.[209] Von Nigra mit diesen Vorwürfen konfrontiert, entgegnete dieser, Hauswirth habe doch gegenüber Italien sehr verständnisvoll gesprochen, und er selbst, Kálnoky, habe deshalb nicht widersprochen, um eine für Italien sehr unerfreuliche Debatte über dieses Thema in der „notorisch klerikalen" Delegation zu vermeiden. Im übrigen hätten die klerikalen Demonstrationen in Österreich, ebenso wie die irredentistischen in Italien, seit einigen Jahren an Intensität stark abgenommen und wenn erst einmal die Feiern des Papstjubiläums vorbei seien, werde auch die gegenwärtige Welle folgenlos abebben. Nigra war offenbar mit dieser Aussprache, die in einer Atmosphäre „gegenseitigen Vertrauens" stattfand, zufrieden; er riet Crispi davon ab, weitere Forderungen zu erheben und die römische Frage zu thematisieren; gerade weil sie eine interne Frage Italiens sei, eigne sie sich nicht zur Diskussion mit auswärtigen Regierungen.[210] Auch in weiteren Gesprächen verteidigte Kálnoky seine Politik des Stillhaltens gegen alle Aufforderungen der italienischen Seite, sich auch öffentlich nachdrücklich von den klerikalen Forderungen zu distanzieren. In der italienischen Erkenntnis, daß weiteres Insistieren nutzlos sei, endete die Debatte.[211]

Kálnoky konnte die Proteste Crispis nur verlegen, ausweichend und mit schlechtem Gewissen beantworten. Für ihn peinlich war vor allem, daß Crispi in Berlin Beistand für sein Anliegen fand; Bismarck empfand Kálnokys Weigerung, die klerikalen Forderungen öffentlich zurückzuweisen, als „Feigheit." Auch der auf Ausgleich bedachte Nigra räumte gegenüber seinem deutschen Kollegen ein, daß sich Kálnoky sicherlich „dem klerikalen Hofe und der großen klerikalen parlamentarischen Majorität gegenüber in einer schlimmen Lage" befände und ihm „einigermaßen die Hände gebunden" seien. Allerdings hätte er in der Delegation schon energischer sprechen können, da dort eine für das Bündnis mit Italien freundliche Stimmung herrsche.

Wie war Kálnokys Haltung insgesamt zu beurteilen? Crispi selbst vermutete, dieser sei voreingenommen.[212] Bismarck teilte diese Meinung und schrieb: „Ich finde Crispis Klage begründet, sie trifft Taaffe und sein Re-

---

209 Crispi an Nigra, 23.11.1887, ebenda, Nr. 336.
210 Nigra an Crispi, 24.11.1887, ebenda, Nr. 340.
211 Nigra an Crispi, 29.11.1887, ebenda, Nr. 353; Crispi an Nigra, 30.11.1887, ebenda, Nr. 357.
212 Crispi an Nigra, 23.11.1887, ebenda, Nr. 336, schrieb, daß gegenüber Beust und Andrássy solche Grundsatzdebatten über die klerikale Frage überflüssig gewesen wären; beide seien gegen französisch-klerikale Winkelzüge unempfänglich gewesen. Jedoch Kálnoky und Taaffe seien da anders.

gime."²¹³ Immerhin führten die italienischen Proteste und die deutsche Intervention zu einer amtlichen Reaktion auf diese Vorfälle. Im offiziösen „Fremdenblatt"²¹⁴ erschien ein Artikel, der sich gegen die Anwesenheit hoher Beamter bei klerikalen Kundgebungen aussprach; auch wurde für diese ein Teilnahmeverbot erlassen.²¹⁵

Kálnoky machte in dieser Angelegenheit eine viel schwächere Figur als Mancini in den ersten Monaten des Jahres 1883, als er wegen der Oberdank-Demonstrationen von Botschafter Ludolf bedrängt worden war. Denn Mancini hatte seinerzeit auf seinen guten Willen und seine Hilfsbereitschaft verweisen können, wenn auch auf die momentane Machtlosigkeit. Kálnoky hingegen konnte nur auf seine Ohnmacht gegenüber den klerikalen Strömungen verweisen, den guten Willen glaubte ihm in Rom und auch in Berlin niemand. Sein herablassendes Urteil über die Schwäche der italienischen Regierung im Jahre 1883 richtete ihn jetzt selbst.

Im übrigen versuchte die deutsche Diplomatie in Wien wie Rom mehr Verständnis füreinander zu wecken. Dies erwies sich aber als undankbare Aufgabe. Die österreichische Regierung erkannte zwar Crispis Dreibundtreue an, hegte aber gleichzeitig berechtigte Skepsis wegen dessen kriegerischer Absichten und hatte die Befürchtung, von Italien in eine Auseinandersetzung mit Frankreich verwickelt zu werden. Dies verband sich mit den traditionellen Vorbehalten gegenüber dem liberalen, „kirchenräuberischen" Italien, die sich auch durch deutsche Ermahnungen nicht beseitigen ließen. Kálnoky meinte, Crispi sei zu ungeduldig; es werde noch Jahrzehnte dauern, ehe die historischen Belastungen des italienisch-österreichischen Verhältnisses abgebaut seien.²¹⁶ Crispi reagierte im übrigen ähnlich, als er von deutscher Seite aufgefordert wurde, Italien solle doch gegenüber Österreich mehr Entgegenkommen und Großmut zeigen, da es schließlich der Habsburgermonarchie zahlreiche Provinzen abgenommen habe; er verwies auf die österreichischen Vergehen vor der Einigung.²¹⁷

Die Bemühungen Bismarcks und Graf Solms, die Österreicher zu einer flexibleren Haltung gegen Italien zu drängen, waren nur mäßig erfolgreich. Kálnoky wollte sich aus seiner reservierten Haltung nicht herausbringen lassen und bemängelte Crispis Rücksichtslosigkeit gegenüber der Kurie, die auch Folgen für die vatikanisch-österreichischen Beziehungen habe.²¹⁸ Aber auch wenn alle innenpolitischen Widrigkeiten eingerechnet werden: Der Wille der

---

213 Herbert v. Bismarck an Bismarck, 24.11.1887, PA/AA, R 9107; dort Randbemerkung Bismarcks.
214 Fremdenblatt, 10.12.1887; Anlage zum Bericht Reuß an Bismarck, 10.12.1887, PA/AA, R 9107.
215 Herbert v. Bismarck an Solms, 15.12.1887, PA/AA, R 9107.
216 Reuß an Bismarck, 26.5.1888, PA/AA, R 9107.
217 Solms an Bismarck, 14.5.1888; Herbert v. Bismarck an Solms, 19.5.1888, PA/AA, R 9107.
218 Reuß an Bismarck, 9.4.1888, PA/AA, R 9107. Kálnoky am 4.7.1888 über Italiens Größenwahn, zitiert in: Salvatorelli, Triplice, S. 152.

österreichischen Führung zur partnerschaftlichen Zusammenarbeit mit Italien war begrenzt. Dies wird durch einen glaubwürdigen Zeugen bestätigt – durch Baron Bruck, den k. u. k. Botschafter in Rom. Dieser gab gegenüber seinem deutschen Kollegen zu, „er habe nicht den geringsten Zweifel und täglich Beweise, daß Italien aufrichtig und gern mit Österreich zusammen gehen wolle. In Wien aber könnte man sich durchaus noch nicht zu einer wahren Freundschaft für Italien erwärmen. Man ließe es überall an dem nötigen Entgegenkommen und an den kleinen Zuvorkommenheiten fehlen, die so außerordentlich wichtig für den intimen Verkehr wären."[219]

Baron Bruck[220] war der erste einer Reihe von österreichisch-ungarischen Botschaftern in Rom, die versuchten, die unflexible Haltung der Wiener Zentrale auszugleichen und aktiv gegenzusteuern. Gegen Italien war Bruck sehr wohlmeinend. Er hatte durchaus unorthodoxe Ideen, wie die politischen Beziehungen dauerhaft verbessert werden könnten. So räumte er beispielsweise gegenüber einem deutschen Kollegen ein, daß Österreich irgendwann das Trentino an Italien werde abtreten müssen – eine Ansicht, die ihn, wäre sie in Wien bekanntgeworden, wahrscheinlich sofort seinen Posten gekostet hätte.[221] Tatsächlich wurde er am Ende seiner Laufbahn als zu italienfreundlich aus Rom abberufen. Andererseits war er der Meinung, die unverzichtbare Grundbedingung einer wirklichen Freundschaft zwischen Italien und dem katholischen Kaiserstaat Österreich sei nun einmal, daß Italien sein Verhältnis zum Vatikan normalisiere.[222]

Doch mit dieser Idee stieß er bei Crispi auf geringe Gegenliebe. Dieser war nämlich, darin ein typischer Liberaler des 19. Jahrhunderts, ein ausgeprägter Antiklerikaler. Trotzdem hatte er direkt nach seinem Regierungsantritt versucht, den Streit zwischen Staat und Kirche in Italien zu entschärfen. Als diese Bemühungen, das Verhältnis zum Vatikan zu verbessern, erfolglos blieben, schlug seine Haltung ins Gegenteil um.[223] Crispi war gegenüber der katholischen Kirche ungeheuer mißtrauisch und sah überall klerikale Verschwörungen gegen Italien. Nicht zu Unrecht; der Papst war tatsächlich ein entschiedener Dreibundgegner, intrigierte in Österreich und suchte die Zusammenarbeit mit Frankreich. Auch Bismarck klagte über die „französischen Velleitäten des Papstes."[224] Und nicht nur Crispi, sondern große Teile der italienischen Führungsschicht teilten die Ansicht, daß vom Papst die größte Gefahr für die italienische Einheit ausgehe; die Tagebücher des Senatspräsi-

---

219 Solms an Bismarck, 11.3.1888, PA/AA, R 9107.
220 Zu Bruck: Bülow an Hohenlohe-Schillingsfürst, 11.7.1895, PA/AA, R 7742.
221 Bülow an Caprivi, 8.7.1894, PA/AA, R 8523.
222 Bruck an Kálnoky, 25.3.1891, HHStA, PA XI, 108.
223 Dazu Morandi, Politica Estera, S. 240 f.
224 Herbert v. Bismarck an Solms, 17.4.1888, PA/AA, R 9107.

denten Domenico Farini sind ein sprechendes Beispiel, wie sehr diese Ängste auch in den 1890er Jahren noch lebendig waren.[225]

Ebenso wie Bruck bemühte sich auch der italienische Botschafter in Wien, Graf Nigra, entschieden um die Verbesserung der österreichisch-italienischen Beziehungen.[226] Nigra nahm die Allianz ernst, verlangte deshalb nach entschiedenem Vorgehen gegen irredentistische Forderungen und Vereine wie beispielsweise „Pro Patria".[227] Von ihm stammt auch der späterhin geflügelte Satz, Italien und Österreich könnten nur Freunde oder Feinde sein.[228] Sein einzigartiges persönliches Prestige ermöglichte es ihm, gegenüber seiner Regierung eine sehr unabhängige Haltung einzunehmen, eine viel unabhängigere als Bruck. Nigra schickte Crispi Anfragen oder Ermahnungen zurück, die ihm ungerechtfertigt schienen,[229] und weigerte sich, diese an Kálnoky weiterzugeben. Darin folgte er dem Prinzip Cavours, dessen Mitarbeiter er gewesen war, in den kleinen Dingen nachzugeben, um in den großen zu gewinnen, und nicht kleine Vorfälle in große Fragen zu verwandeln.[230] Dabei ließ sein Verhalten eine an Insubordination grenzende Arroganz gegen Crispi erkennen, der als Prestigepolitiker gerne aus Mücken Elefanten machte. Nigra war dadurch enerviert und fertigte seinen Ministerpräsident offen als inkompetent ab; auch machte er sich in der Korrespondenz mit seinem Minister eine der österreichischen Sichtweise angenäherte Betrachtung der Dinge zu eigen. Das lag aber nicht daran, daß er übertrieben austrophil gewesen wäre; im Gegenteil galt er sogar bei Übernahme seines Wiener Postens als frankreichfreundlich. Die Ursache seiner Haltung ist vielmehr darin zu suchen, daß er immer wieder bestrebt war, Streitfragen abzubügeln und überflüssige und ergebnislose Debatten nach Möglichkeit gar nicht erst entstehen zu lassen. Außerdem verabscheute er den anspruchsvollen, unmäßigen Charakter der italienischen Außenpolitik, befürwortete mehr Bescheidenheit und ersehnte die Rückkehr normalerer Zeiten. Trotzdem achteten sich die beiden so unterschiedlichen Persönlichkeiten. Crispi empfand Hochachtung vor Nigra, und auch dieser, der ein skeptischer Melancholiker war, bewunderte Crispis mitreißende Energie, wenn auch wohl erst ab Mitte der neunziger Jahre.[231]

In dem Bemühen des österreichisch-ungarischen Botschafters in Rom und seines italienischen Kollegen in Wien, ihren Regierungen die Sichtweise ihres Gastlandes verständlich zu machen und nach Kräften Mißverständnisse und Verstimmungen aus dem Weg zu räumen, nahm der diplomatische Austausch

---

225 Domenico Farini: Diario di fine secolo, 2 Bände, Roma 1961.
226 Eine meisterhafte biographische Skizze Nigras bei: Chabod, Storia, S. 600–618.
227 Nigra an Crispi 1890, dazu Chabod, Storia, S. 603.
228 Chabod, Storia, S. 603
229 Chabod, Storia, S. 611.
230 Chabod, Storia, S. 603.
231 Chabod, Storia, S. 515f.

zwischen den Verbündeten die Struktur an, die er, wenn auch mit Unterbrechungen, bis zum Ende des Bündnisses behalten sollte.

Allerdings war die Macht der Botschafter begrenzt und konnte nicht die zentralen Gegensätze einfach aus der Welt räumen. Und Ende der 1880er Jahre basierte dieser Gegensatz vor allem auf der klerikalen Haltung der österreichischen Regierungskreise. Infolge der gemeinsamen Ablehnung der Politik Taaffes trafen sich deutsche und italienische Empfindlichkeiten und bildeten eine Phalanx, die einen ersten sichtbaren Höhepunkt in der Italienreise Wilhelms II. im Sommer 1888 fand. Trotz des äußersten Widerstandes des Papstes reiste der junge Kaiser nach Rom, um dort seinen Antrittsbesuch bei König Umberto zu machen, und wurde auch von Leo XIII. empfangen. Als das Gespräch gefährlich lang zu werden und der Papst das Thema Kirchenstaat anzuschneiden drohte, wurde es von Herbert v. Bismarck höchst unsanft unterbrochen, indem er in den Raum hineinstürmte und den draußen wartenden Bruder des Kaisers mitbrachte.[232]

Die Gesamtwirkung des Besuches in Italien war überaus positiv; es war eine weitere publikumswirksame Demonstration des guten deutsch-italienischen Verhältnisses. So konnte es auch nicht ausbleiben, daß die italienische Öffentlichkeit den Besuch des deutschen Kaisers mit dem seit nunmehr sieben Jahren ausstehenden Gegenbesuch Franz Josephs in Beziehung setzte. Der Papst war beunruhigt; er befürchtete, jetzt werde der österreichische Kaiser nachziehen und ebenfalls nach Rom kommen. Er wurde indes durch die Wiener Diplomatie bald wieder beruhigt.

Eine gewisse Isolation Österreichs im Dreibund wurde nicht nur dadurch, sondern auch während des Antrittsbesuchs Wilhelms II. in Wien sichtbar. Um den ungeliebten Taaffe und seine Politik zu desavouieren, verlieh der Kaiser dem ungarischen Ministerpräsidenten Tisza den Schwarzen Adler-Orden; Taaffe ging leer aus.[233] Der erhoffte Erfolg blieb jedoch aus; diese ostentative Mißachtung Taaffes wurde in Österreich als unerhörte Einmischung in die inneren Verhältnisse empfunden und deshalb scharf verurteilt. Auch im Deutschen Reich wuchs die Befürchtung, man werde sich Österreich durch solche Aktionen entfremden, obwohl dieser Verbündete nicht zu ersetzen sei.

Natürlich war auch in diesen Momenten die deutsch-österreichische Beziehung viel intensiver als die eines der beiden Partner zu Italien. Und trotzdem läßt sich eine bedeutsame Akzentverschiebung innerhalb des Dreibunds beobachten. Die Vertiefung des deutsch-italienischen Verhältnisses durch Militärbündnis und verstärkten politischen Austausch war nicht ohne Folgen für das gesamte Gefüge der Allianz geblieben. Infolge der Weigerung der öster-

---

232 Siehe dazu S. 366 sowie John Röhl: Wilhelm II. Der Aufbau der persönlichen Monarchie 1888–1900, München 2001, S. 66–70.
233 Waldersee, Denkwürdigkeiten 2, S. 10, 16.

reichischen Regierung, es dem Deutschen Reich gleichzutun und auch ihr Verhältnis zu Italien in gleicher Weise auszubauen, verstärkte sich eine Entwicklung, die schon bei der Verlängerung des Bündnisses im Jahre 1886/87 zu beobachten war: Das unproblematischere deutsch-italienische Verhältnis ermöglichte eine leichtere Zusammenarbeit, ja führte letztlich sogar dazu, daß die deutsche Diplomatie die Vermittlung zwischen Österreich und Italien übernehmen mußte. Die Regierungen in Rom und Wien bevorzugten es zunehmend, wenn auch natürlich nicht ausschließlich, via Deutschland miteinander zu verkehren. Der bisherige „Zwei- und Einsbund" verwandelte sich, da die deutsch-österreichische Einheit gegenüber Italien in mehreren Fragen zerbröckelt war, immer mehr in einen doppelten Zweibund, der in Berlin seinen Verbindungspunkt hatte.

> Nous voilà devenues raisonnables. Si le changement de ministère en Italie n'avait pas eu d'autre effet, celui-ci suffirait.
>
> Ruggiero Bonghi am 31. März 1891

2. Rückkehr zu einer gemässigteren Aussenpolitik? Die Kabinette di Rudinì und Giolitti

a) Crispis Rücktritt 1891, di Rudinì und die␣inneritalienische Diskussion über Dreibund und Abrüstung

Die Politik Crispis war schon wenige Monate nach seinem Regierungsantritt auf wachsenden Widerstand gestoßen. Zwar galt er auch bei seinen Gegnern als Ausnahmeerscheinung, als erstrangiges politisches Talent, jedoch als unfähig, in normalen, ruhigen Zeiten zu regieren. Seine Kritiker sprachen von dem „vento di follia", dem „Wind des Wahnsinns", der durch die italienische Politik wehe.[1] Andererseits bewies Crispi immer wieder seine Fähigkeiten als mitreißender parlamentarischer Führer.[2] Bei aller Kritik hielten große Teile der Führungsschicht und des Hofes seinen außenpolitischen Kurs für richtig. Außerdem hatte jede Opposition gegen Crispi ein gewaltiges Hindernis zu überbrücken. Ebenso wie in der Ära Depretis wurde die Regierung durch die breite Mitte des Parlaments gestützt; ihre Gegner bestanden aus einem kleineren Teil der *destra*, deren Führer der Marquis di Rudinì war, den Irredentisten und den Radikalen. Doch bestanden zwischen beiden Gruppen rechts und links der Regierung massive Vorbehalte, die kaum zu überbrücken waren; nur die gemeinsame Gegnerschaft zu Crispi einte sie. Außerdem verübelte der König der *destra* die Zusammenarbeit mit den von ihm verabscheuten Radikalen. Deshalb schien die Bildung einer „kompakten Opposi-

---

1 Mori, Crispi, S. 115 Fußnote.
2 Solms an Bismarck, 3.7.1889, PA/AA, R 7727, berichtete, die Angriffe der Opposition „gaben dem Ministerpräsidenten fast jedesmal Gelegenheit, die Majorität der Kammer durch sein Rednertalent und durch seine große Geschicklichkeit, auch aus den schwierigsten parlamentarischen Situationen für sich Kapital zu schlagen, mit sich fort zu reißen. Die Opposition ist in den letzten Wochen gänzlich verstummt, alle Gesetzvorlagen, und deren Zahl war sehr beträchtlich, wurden ruhig durchberathen und mit glänzender Majorität angenommen ... Allgemein ist man der Ansicht, daß die Position des Herrn Crispi noch nie eine so feste gewesen ist, wie jetzt."

tionspartei ausgeschlossen" zu sein.[3] Diplomatische Beobachter meinten, „die auswärtige Politik Crispis finde, abgesehen von der radikalen Partei, keine zwanzig Gegner im Parlament"[4].

Im November 1890 erfolgten Neuwahlen, die von außenpolitischen Fragestellungen dominiert wurden. Crispi ging aus ihnen als Sieger hervor. Seine Mehrheit war stabil; bei einer Vertrauensabstimmung erhielt er am 30. Januar 1891 eine Mehrheit von 79 Stimmen.[5] Allerdings hatten sich die moderaten Kräfte der Regierungsmehrheit deutlich verstärkt, und es zeichnete sich ab, daß möglicherweise aus der eigenen Majorität heraus sich eine neue Opposition entwickeln könnte. Dies merkte Crispi natürlich. Ende Januar 1891 hielt er, gereizt durch den unterschwelligen Widerstand gegen seine als größenwahnsinnig angesehene Ausgaben- und Rüstungspolitik, im Zusammenhang mit einer Gesetzesvorlage vor halbbesetztem Haus eine Rede; im Zusammenhang mit den gegenwärtigen finanziellen Schwierigkeiten, die ihn zu verschiedenen Steuererhöhungen zwangen, benutzte er die Wendung, es gehe Italien finanziell nicht schlechter als in der Ära der *destra*, obwohl er, anders als diese, keine „servile Politik" gegenüber dem Ausland betreibe. Damit provozierte er in der Kammer einen viertelstündigen Sturm der Entrüstung; sein Finanzminister, der der *destra* angehörte, verließ sofort die Regierungsbank; das Gesetz, das unter normalen Umständen sicher angenommen worden wäre, wurde abgelehnt, und das Kabinett Crispi trat zurück.[6] Unter den ersten Abgeordneten, die mit „Nein" gestimmt hatten, war Adami, der Generaladjutant des Königs; dieser riß viele Unschlüssige mit, die annahmen, darin ein Zeichen für die Haltung des Hofes sehen zu können. Damit war die erste Regierungszeit Crispis an ihr Ende gelangt.

Anders als es Crispi wohl erwartet hatte, wurde nämlich nicht er, sondern der Führer der *destra*, der Marchese di Rudinì, vom König mit der Bildung eines neuen Kabinetts beauftragt. Tatsächlich gelang es diesem schließlich, eine Regierung zustandezubringen, die im Februar 1891 dem Parlament vorgestellt wurde. Zum ersten Mal seit 1876, seit der Regierungsübernahme der *sinistra*, war einem Politiker der *destra* die Bildung einer Regierung gelungen. Di Rudinì übernahm als Ministerpräsident auch das Außenministerium.

---

3 Solms an Caprivi, 21.4.1890, PA/AA, R 7728: „Wie die Sachen heute liegen, ist für Herrn Crispi die Gefahr der Organisation einer kompakten Oppositionspartei ausgeschlossen."
4 Solms an Caprivi, 31.5.1890, PA/AA, R 7729. Hingegen meinte v. Müller 1893, Crispi sei niemals im Lande wirklich populär gewesen; auch bei Hofe habe er sich keiner Sympathien erfreut, und der königliche Hausminister, Rattazzi, sei sogar sein „ausgesprochener Feind". In: v. Müller an Caprivi, 1.10.1893, PA/AA, R 7734. Diese Aussage steht im Widerspruch nicht nur zur Ansicht Solms, sondern auch zur Mehrheit aller Quellen.
5 Bruck an Kálnoky, 30.1.1891, HHStA, PA XI, 110.
6 Bruck an Kálnoky, 1.2.1891, HHStA, PA XI, 110.

Di Rudinìs Hauptanliegen war es, eine Normalisierung der italienischen Innen- und Außenpolitik herbeizuführen. Nach den Exaltationen Crispis, seiner überzogenen Ausgabenpolitik, seinen andauernden Provokationen nach außen, seiner kriegslustigen „Gladiatorenpose"[7] kehrte jetzt Nüchternheit ein – auch Ernüchterung natürlich. Der Oppositionspolitiker Bonghi, der Crispi im Januar derart provoziert hatte, daß dieser den entscheidenden Fauxpas im Parlament gemacht hatte, schrieb im März 1891, selbst wenn der Regierungswechsel keinen anderen Effekt haben sollte, wäre Italien wieder vernünftig geworden, und schon das sei schließlich etwas wert.[8]

Vernünftig war di Rudinì, nicht großartig – und insofern ganz anders als Crispi, der großartig unvernünftig war. Di Rudinì, der im Februar 1891 sein Kabinett vorstellte, war nicht nur von den Grundüberzeugungen, sondern auch von Herkommen, Persönlichkeit und politischem Auftreten ein großer Gegensatz zu Crispi. Dabei waren beide Sizilianer aus der Gegend um Palermo; aber anders als der dem Mittelstand zuzurechnende Crispi gehörte der im Jahre 1839 geborene Rudinì der großgrundbesitzenden Aristokratie an, was in sozialen Fragen seinen Blickpunkt deutlich prägte.[9] Di Rudinì war mit 27 Jahren, im Jahre 1866, als Bürgermeister von Palermo durch persönlich tapferes, rasches Handeln bei der Niederschlagung eines Aufstandes schlagartig berühmt geworden. Danach war er als vielbeachteter Schnellaufsteiger, gerade dreißigjährig, im Oktober 1869 von Menabrea zum Innenminister ernannt worden. Dieses Kabinett trat schon einen Monat später zurück. Di Rudinì hatte deshalb nicht viel Gelegenheit gehabt, sich als Minister zu profilieren, und wurde wegen seiner Amtsführung sogar scharf kritisiert. Francesco de Sanctis, allerdings damals in der Opposition, bemerkte bissig: „Di Rudinì kam in die Kammer als ein Wunderknabe; der Knabe blieb, aber das Wunder ist verschwunden."[10]

Dieses Urteil hatte Bestand. Auch jetzt, als er mit einundfünfzig Jahren sein erstes Kabinett bildete, galt di Rudinì bei vielen, teilweise sogar bei den eigenen Parteigängern als „un homme très-loyal méritant toute confiance, mais ne brillant pas par une capacité hors ligne, aussi dit-on de lui qu'il est plutot un homme mediocre"[11]. Dieses eher negative Urteil lag vielleicht

---

7 Salvemini, Politica Estera, S. 337.
8 Leserbrief Ruggiero Bonghis an „Le Gaulois" vom 31.3.1891, abgedruckt in der Nummer vom 4.4.1891, zitiert bei Chiala, Triplice, S. 546.
9 Chabod, Storia, S. 274, zitiert die Attacken der „destra" und auch di Rudinìs im März und April 1881 gegen die an Mindestbildung gekoppelte Wahlrechtsreform (von 1882); sie würde den Staat den halbgebildeten, notorisch unzufriedenen städtischen Massen ausliefern, und da sei die Unbildung der ländlichen Bevölkerung immer noch unproblematischer. Zur repressiven Haltung di Rudinìs ebenda, S. 346. Siehe auch S. 427 zur Niederwerfung des Aufstands in Mailand von 1898.
10 Italicus, Dreibundpolitik, S. 149; Belardinelli, Rudini, S. 514; „venne alla Camera come il fanciullo miracolo; il fanciullo rimase, ma il miracolo scomparve."
11 Bruck an Kálnoky, 25.2.1891, HHStA, PA XI, 110. Ähnlich urteilt Italicus, Dreibundpolitik,

daran, daß er, anders als sein Vorgänger, ruhig und verbindlich wirkte und stets Bereitschaft zum Verhandeln erkennen ließ.[12] Auf der anderen Seite hing er bestimmten Ideen mit Ausdauer an, und auch wenn er aus der Situation heraus Kompromisse eingehen mußte, verfolgte er seine Ziele trotzdem langfristig weiter. Bernhard v. Bülow, der di Rudinì während seiner Zeit als deutscher Botschafter in Rom kennenlernte, hielt ihn für nicht minder energisch als seinen Vorgänger; doch während „Crispi seine überströmende Energie durch Reden und Gesten nach außen in jeder Weise zum Ausdruck brachte, bewies Rudinì seine Festigkeit und Entschlossenheit mehr durch Zähigkeit und Geduld"[13]. Dies waren die Eigenschaften, die di Rudinì nach dem Tode von Sella und Minghetti zur führenden Persönlichkeit der *destra* hatten avancieren lassen, und mit denen er versuchte, jetzt seine politischen Ziele durchzusetzen.

Natürlich wurde der unmittelbare Nachfolger des Aktionisten Crispi an dessen Politikstil gemessen, und natürlich wurde die gemäßigte, kompromißbereite Art di Rudinìs bald schon als Mangel an Energie empfunden. Zweifellos bestanden zwischen Vorgehensweise und Erscheinungsbild der Regierungen Crispi und di Rudinì beträchtliche Unterschiede, die nicht nur aus den augenfälligen Unterschieden in Persönlichkeit und Auftreten und aus den anders gelagerten politischen Prioritäten resultierten, sondern aus der gänzlich anderen parlamentarischen Basis ihrer Politik. Die zu überwindenden innenpolitischen Widerstände waren für das Ministerium Rudinì enorm. Anders als Crispi verfügte er nie über eine wirklich tragfähige Mehrheit im Parlament und war zum beständigen Lavieren gezwungen. Seine eigene politische Heimat, in der er als junger Mann Karriere gemacht hatte, die alte *destra*, war von vielen bereits für tot erklärt worden. In der Tat befand sie sich in einem desolaten Zustand und war allein nicht mehrheitsfähig. Di Rudinì versuchte auch gar nicht, sie wiederzubeleben; er wollte eine neue *destra*, die ihre Basis zur Mitte hin verbreiterte; ihm schwebte also ein *trasformismo* von rechts vor. Seine Gegner warfen ihm deshalb später auch vor, sein politisches Programm erschöpfe sich darin, „fare il Depretis" – „den Depretis zu spielen"[14]. Doch blieben seine Erfolge, führende Persönlichkeiten der *sinistra* in die Regierung miteinzubinden, gering. Nur der mäßig populäre Giovanni Nicotera, ein

---

    S. 149: Rudinì sei „höflich, vornehm, ziemlich gebildet", doch „kein Mann des Parlamentes, kein Politiker, keine Führernatur" gewesen.

12 Solms an Caprivi, 13.10.1893, PA/AA, R 7734, war der Ansicht, auch wenn di Rudinì Forderungen in energischem Ton vorbringe, entstehe der Eindruck, man werde ihm davon vieles wieder abhandeln können.

13 Bülow, Denkwürdigkeiten 4, S. 673.

14 Candeloro, Storia 7, S. 21, zitiert Tancredi Galimberti an Giolitti, 5.10.1896: „La condotta di Rudinì tu lo sai: ‚fare il Depretis'. Ma tu sai pure che non è l'uomo, e che anzi, alle strette, prende precipitose deliberazioni."

scharfer Gegner Crispis, erklärte sich bereit, in das Kabinett einzutreten und übernahm das Innenressort. Die Mehrheitsverhältnisse der Regierung di Rudinì waren jedoch denkbar knapp, und er war deshalb auf die Duldung der Radikalen angewiesen; diese spielten zunächst mit, aus der gemeinsamen Gegnerschaft gegen den gestürzten Crispi.[15] Aus diesem Zwang di Rudinìs, mit den frankophilen, dreibundfeindlichen Radikalen zusammenzuarbeiten, resultierte jedoch eine wachsende Gegnerschaft des Königs; auch die Verbündeten sahen diese Beziehungen mit Skepsis und vermuteten deshalb, di Rudinì sei ein „Franzosenfreund". Das Ministerium galt als instabil; es verdanke, wie diplomatische Beobachter bereits im Februar 1891 folgerten, seine Lebensfähigkeit einzig der Zerstrittenheit der Opposition, das heißt den führenden Persönlichkeiten der *sinistra*, Crispi und Zanardelli, dessen politische Bedeutung infolge der Ministertätigkeit im Kabinett Crispi wieder stark zugenommen hatte.[16]

Durch diese Mehrheitsverhältnisse war die neue Regierung in ihrer Bewegungsfreiheit stark beeinträchtigt. Hinzu kam, daß sie ein sehr schwieriges Ziel verfolgte: Sie wollte die überbordenden Staatsausgaben beschneiden und das „pareggio", das Gleichgewicht im Staatshaushalt, wieder herstellen. Dieses große Ziel sollte durch Einsparungen erreicht werden. Pathetisch kündigte der neue Ministerpräsident in seiner Regierungserklärung an: „Wir machen Eure Fahne zu der Unseren, nämlich die der Sparsamkeit; mit dieser und für diese werden wir kämpfen, siegen oder fallen."[17] Schon immer hatte die *destra* ein ausgeglichenes Budget als eines ihrer Hauptprogrammpunkte angesehen, und über ihre als übertrieben hart empfundene Steuerpolitik war sie auch 1876 zu Fall gekommen. Zwar war es offensichtlich, daß es so wie unter Crispi nicht weitergehen konnte; aber beliebt machen konnte man sich mit einer Sparpolitik natürlich nicht, und die Regierung di Rudinì wurde bald schon als „Knickereiministerium" bezeichnet.[18] Das Hauptproblem war natürlich, wo am besten gespart werden konnte. Die meisten diesbezüglichen Vorschläge hatten nicht nur eine rein innen-, sondern auch eine starke außenpolitische Komponente, denn es wurde vehement gefordert, doch bei den Armee- und Marineausgaben zu sparen.[19] Tatsächlich hielt di Rudinì Einschnitte bei Armee und Flotte für unverzichtbar. Er hatte sich die in der italienischen Öffentlichkeit vieldiskutierten Armeereformpläne des Generals Ricotti, des ehe-

---

15 Chiala, Triplice, S. 553–554.
16 Bruck an Kálnoky, 25.2.1891, HHStA, PA XI, 110.
17 Bruck an Kálnoky, 14.2.1891, HHStA, PA XI, 110.
18 Italicus, Dreibundpolitik, S. 149.
19 Der gestürzte Crispi drückte denn auch sogleich seine Befürchtung aus, die neue Regierung wolle am Militäretat sparen, um das Gleichgewicht im Finanzhaushalt wiederherzustellen; diese Absicht hielt er für fatal. Er hätte niemals abgerüstet, meinte Crispi, nicht einmal um den Preis der größten Popularität. Siehe Bruck an Kálnoky, 1.2.1891, HHStA, PA XI, 110.

maligen Kriegsministers und Armeereformers der 1870er Jahre,[20] zu eigen gemacht, der eine radikale Umstrukturierung der Armee verlangte. Ricotti wollte das Heer von zwölf auf zehn Armeekorps verkleinern, dadurch sparen oder zumindest einem weiteren Anstieg der Ausgaben vorbeugen und gleichzeitig die Schlagkraft der verbleibenden Korps durch Erhöhung der Effektivstärke deutlich verbessern.[21] Außerdem wollte di Rudinì durch diesen Schritt der Propaganda der Radikalen begegnen, die behaupteten, der Dreibund zwinge zur Aufrüstung, und deshalb von der Regierung verlangten, die Allianz zu verlassen.

Ähnlich wie früher Depretis war di Rudinì zwar gezwungen, es sich nicht völlig mit den Radikalen zu verderben. Aber er war ein überzeugter Anhänger des Bündnisses und dachte nicht daran, es zu kündigen; der Dreibund spielte im Gegenteil eine zentrale Rolle in seinem außenpolitischen Kalkül. Beim Wechsel von Crispi zu di Rudinì prallten noch einmal die klassischen, unterschiedlichen außenpolitischen Sichtweisen und Einschätzungen der *sinistra* – dem ungestümen Glauben an die großmächtige Kraft Italiens – und der *destra* – die skeptische, bedächtige Einschätzung der eigenen Möglichkeiten – scharf aufeinander. Di Rudinìs den Traditionen der klassischen *destra*[22] verpflichtetes Ideal war eine ruhige, gemäßigte Außenpolitik; und darin berührte er sich beispielsweise auch mit dem Nestor der italienischen Diplomatie, dem Grafen Nigra. Er hielt Italien für ein schwaches und armes Land, das sich eine ausufernde Außenpolitik nicht leisten könne. Allerdings wollte er nicht mehr zu der alten Neutralitätspolitik der Vor-Dreibundszeit zurückkehren, statt dessen die fehlenden eigenen Kräfte durch eine geschickte Allianzpolitik ausgleichen. Di Rudinì war nicht weniger dreibundfreundlich als Crispi, maß dem Bündnis sowie der Entente mit England aber eine grundlegend andere Funktion zu: Es sollte Italien helfen, mit einem Minimum an eigenem Aufwand seine Sicherheit und auch den Status quo im Mittelmeer zu garantieren; weitere Expansion lag nicht in seiner Absicht. Di Rudinì, der seinen analytischen Scharfblick für internationale Entwicklungen später noch mehrfach unter Beweis stellen sollte[23] und deshalb von deutscher Seite als einer der weitblickendsten italienischen Politiker eingeschätzt

---

20 Cesare Ricotti-Magnani (1822–1917), General, Kriegsminister 1870–1876, 1884–1887; 1896. Zu Ricottis Armeereform siehe: Georg Christoph Berger Waldenegg: Die Neuordnung des italienischen Heeres zwischen 1866 und 1876. Preußen als Modell, Heidelberg 1992 (Heidelberger Abhandlungen zur Mittleren und Neueren Geschichte, Neue Folge, Bd. 5).
21 Einzelheiten des Reformplans Ricottis in: Opinione, 12. und 13.7.1893, Beilage zum Bericht Bruck an Kálnoky, 16.10.1893, HHStA, PA XI, 110.
22 Chabod, Storia, S. 554, sieht als Charakteristikum Visconti Venostas, auch di Rudinìs: „Lasciar tempo al tempo, il voir venir".
23 Siehe unten, Kap. III.2.b: Italienische Warnungen vor einem antibritischen Konfrontationskurs des Dreibunds, besonders S. 409–411.

wurde,[24] sagte später einmal, er wolle nachweisen, daß Italien die Politik einer friedlichen Großmacht führen und auch ohne übertriebene Rüstungen von anderen Völkern respektiert werden könne. Es besteht kein Zweifel daran, daß hierin, im Verzicht auf imperiale und koloniale Bestrebungen, die eigentlichen außenpolitischen Ziele di Rudinìs lagen. Das war ein fundamentaler Unterschied zu Crispi. Dieser hatte alles dafür gegeben, Italien groß, respektiert und mächtig zu sehen, und empfand eine solche quietistische Politik als sträfliche Schwäche. Di Rudinì besaß zwar seinerseits ein leidenschaftliches nationales Ehrgefühl, das sicher nicht geringer war als jenes Crispis und das ihn mitunter auch zu abrupten und schroffen Handlungen veranlaßte,[25] sah aber den tatsächlichen Wert einer Großmachtstellung sehr viel realistischer als sein Vorgänger.

Neben der Abrüstungsfrage hatte di Rudinì noch einen weiteren außenpolitischen Programmpunkt, bei dem sich Sparwünsche mit Grundüberzeugungen schnitten: Er war ein Gegner der Kolonialpolitik und empfand die Ausgaben dafür als vergeudetes Geld. Obwohl er die afrikanischen Besitzungen als unnützen Kostenfaktor einschätzte, lehnte er eine vollständige Aufgabe der Kolonien aus Prestigegründen und vor allem in richtiger Einschätzung der Strömung der öffentlichen Meinung ab; diese hätte eine Räumung der Kolonien niemals verziehen und ihn hätte das Schicksal Mancinis ereilt. Aber er lehnte eine weitere Ausdehnung ab, wollte sich am liebsten auf Massaua beschränken und strebte auch hier eine drastische Ausgabenreduzierung an. Tatsächlich gelang es ihm, in der Kolonialfrage einen Sparerfolg zu erzielen. Er setzte eine Kostenobergrenze von 8,5 Millionen Lire durch und blockierte die weitere Expansion in Ostafrika. Dieser Erfolg war zweifellos dadurch begünstigt worden, daß die Zahl der Skeptiker mit den sprunghaft gestiegenen Aufwendungen für die afrikanischen Unternehmungen stark zugenommen hatte; der Wunsch war in weiten Kreisen der italienischen Öffentlichkeit spürbar, die Ausgaben in Grenzen zu halten; eine Preisgabe der ostafrikanischen Kolonien wurde aber aus Prestigegründen allgemein scharf abgelehnt.

Di Rudinìs übrige Vorstellungen einer gemäßigten Außenpolitik und von Abrüstung ließen sich hingegen nicht so leicht mit den Plänen einflußreicher

---

[24] Monts an Bülow, 2.2.1909, PA/AA, R 9116, schrieb: „Der verstorbene Marquis Rudinì, der weiter sah als wohl alle jetzt lebenden Landsleute von ihm, kleidete dies mir einst gegenüber euphemistisch in die Worte, Italien sei eine friedliche Großmacht. Sein Vaterland müsse der Welt zeigen, daß auch ohne ein Heer oder eine Flotte ersten Ranges ein Staat seinen Rang als Großmacht aufrecht erhalten kann."

[25] Siehe dazu als Beispiele in DDI 2/XXIV, die Rückberufung des Gesandten aus Washington anläßlich der Übergriffe auf italienische Staatsbürger in New Orleans sowie der Abbruch der Ausgleichsverhandlungen mit Frankreich; dazu Kap. II.2.b, besonders S. 307–309.

Kreise der italienischen Führungsschicht und vor allem nicht mit den Ansichten des Königs und seiner Umgebung vereinbaren.[26] Zwar war di Rudinìs Absicht, die durch Crispis Politik überlasteten Finanzen sanieren zu wollen, populär; das Gefühl, sparen zu müssen, überschattete zeitweise auch das „stolze Gefühl eminenter Großmachtstellung", auf das Crispi immer solchen Wert gelegt hatte.[27] Andererseits hatte Crispi dem italienischen Volk das Bewußtsein vermittelt, international endlich als „grande potenza" respektiert zu werden; dieses Gefühl wollte niemand mehr missen, vor allem der König nicht. Ein Blick in die Zeitungen der Epoche, beispielsweise der „Illustrazione Italiana", zeigt, in welchem Ausmaß die äußeren Anzeichen für eine Großmachtstellung, wie zum Beispiel Monarchenbesuche, vor allem aber alle Zeichen militärischer Stärke wie See- und Landmanöver, Paraden, Einweihung von Befestigungen oder Stapelläufe von Kriegsschiffen, im Mittelpunkt des öffentlichen Interesses standen. Als Grundbedingung internationaler Achtung wurde nicht nur von Crispi und weiten Teilen der Führungsschicht, sondern vor allem vom König, der sich als „Soldat" fühlte, die militärische Stärke, eine starke Armee und Flotte angesehen. Die Rüstung müsse beibehalten werden; dies sei gerade zum gegenwärtigen Zeitpunkt eine Frage des Prestiges. Umberto befürwortete eine Außenpolitik im Stile Crispis und hatte deshalb dessen explosive Art willig ertragen. Vor allem aber lag ihm die Unversehrtheit der Armee am Herzen. Hier entwickelte er eine ungeheure Hartnäckigkeit und ließ nicht mit sich reden, und hier gewann seine Haltung einen kaum zu überschätzenden direkten Einfluß auf die weitere Gestaltung der italienischen Innen- und Außenpolitik.

Die Abrüstung wurde auch mit der Dreibundfrage in Beziehung gesetzt. Es war inzwischen allgemein bekannt, daß der Vertrag eine fünfjährige Laufzeit hatte und deshalb demnächst zur Verlängerung anstand; Crispi hatte dies in einer seiner Parlamentsreden verraten.[28] Diese Verhandlungen und das Bündnis überhaupt sollten keinesfalls dadurch gefährdet werden, daß Italien sich jetzt plötzlich militärisch schwäche und dadurch uninteressant für die Partnermächte werde. Gänzlich falsch war diese Ansicht nicht, wie sich noch zeigen wird.[29] Der Dreibund war für den König ein weiteres „noli me tangere". Auch hier ließ er nicht mit sich handeln; er betrachtete die Allianz als unerläßliche Stütze italienischer Großmachtpolitik. Allerdings war hier ein Konsens leichter zu finden, weil der Dreibund, anders als die Armee, per se kein Geld kostete und deshalb auch nicht das Ziel von Sparwünschen sein konnte. Im Gegenteil wurde, vor allem seitens diplomatischer Kreise, immer wieder

---

26 Die beste Quelle hierzu sind die Tagebücher des Senatspräsidenten Domenico Farini.
27 Bruck an Kálnoky, 6.2.1891, HHStA, PA XI, 110.
28 Reuß an Caprivi, 21.4.1891, GP 7, Nr. 1411.
29 Siehe S. 313.

darauf hingewiesen, daß ein neutrales Italien viel größere Mittel für die Rüstung aufwenden müsse als jetzt, wo es des Beistands mächtiger Bundesgenossen sicher sei.[30] Dies war zwar auch die Ansicht di Rudinìs; der König zweifelte aber an seinem Willen zur Großmachtpolitik, schon allein deshalb, weil er den Premier der Zusammenarbeit mit den Radikalen verdächtigte, und deren notorische Dreibundfeindlichkeit und Abrüstungswünsche waren allgemein bekannt.

Diese Haltung des Königs und großer Teile der Führungsschicht konditionierte di Rudinì, der für seine eigentlichen Absichten – also eine fühlbare Abrüstung aus Ersparnisgründen – nur Teile der *destra* und die Radikalen gewonnen hätte und deshalb in dieser Frage zunächst einen Kompromiß eingehen mußte, der dem Versuch der Quadratur des Kreises gleichkam: Im Militäretat sollte gespart, aber die Größe und Schlagkraft der Armee und Marine nicht beeinträchtigt werden.[31] Erstaunlicherweise wurde diese einem Selbstbetrug gleichkommende Absicht von kritischen diplomatischen Beobachtern wie Bruck, aber auch im italienischen Parlament mit Befriedigung und nicht etwa mit Zweifel aufgenommen.[32] Tatsächlich war das Ziel nennenswerter Einsparungen auf diesem Weg nicht zu erreichen, weswegen di Rudinì nach einiger Zeit einen erneuten, besser vorbereiteten Vorstoß zur Armeereduzierung unternahm. Er begründete seine Hartnäckigkeit in dieser Frage in vier Punkten: Erstens dem Wunsch, etwa 40 Millionen Lire zu sparen; zweitens der Notwendigkeit, die Tripelallianz populär zu machen, was dieselbe nicht sein könne, so lange die öffentliche Meinung – mit Unrecht, aber hartnäckig – glaube, durch sie werde Italien zu übertriebenen Rüstungen gezwungen; drittens um der äußersten Linken ein Hauptargument gegen Krone und Dreibund zu entwinden und viertens mit der Unvermeidlichkeit dieser Reduktion; je später sie käme, desto größer werde der Schaden sein.[33] Außerdem war das Reformkonzept General Ricottis in der Öffentlichkeit zu Beginn der 1890er Jahre zum politischen Dauerbrenner geworden, zum Verdruß des Königs, der diese Pläne für falsch und Ricotti für einen ausgesprochenen Miesmacher hielt.[34] Bei der Umsetzung der Armeereform mußte di Rudinì aber nicht nur den Widerstand des Königs, sondern auch seines eigenen Kriegsministers, General Luigi Pelloux, überwinden; dieser war schon deshalb gegen die Verminderung der Armeekorps, weil er selbst 1882 an der damaligen Erhöhung von zehn auf zwölf Korps entschei-

---

30 De Launay an di Rudinì, 30.4.1891, DDI 2/XXIV, Nr. 257.
31 Bruck an Kálnoky, 25.2.1891, HHStA, PA XI, 110.
32 Ebd.
33 Bülow an Caprivi, 20.2.1894, PA/AA, R 7738.
34 Farini, Tagebucheintragung vom 24.11.1893, Bd. 1, S. 336, zitiert Umberto: „Ricotti dice male di tutto, a cominciare dall'esercito che deve comandare lui."

dend mitgewirkt hatte. Ein entschiedener Gegner der Verkleinerung, Senatspräsident Farini, wandte in zahlreichen Gesprächen mit dem König gegen diese Reform ein, daß die Reduzierung um zwei Armeekorps eine unverantwortliche Schwächung des Heeres bedeute, und das in einer politischen Situation, in der auch ein Krieg nicht ausgeschlossen werden könne. Daß die Einsparungen dann für die Verstärkung der Reserve verwandt würden, sei eine naive Vorstellung; dieses Geld würde bei der gegenwärtigen Richtung der Politik ersatzlos gestrichen. Statt einer Reform handle es sich also nur um eine unverantwortliche Reduktion der militärischen Stärke.[35] Auch ausländische Beobachter kamen zu dem Ergebnis, daß an eine Qualitätserhöhung bei gleichzeitiger Einsparung nicht zu denken war; das wahrscheinliche Ergebnis der Reformen Ricottis würde sein, daß man hinterher zehn Korps habe, die genauso schlecht seien wie jetzt die zwölf. Außerdem wurde eingewandt, der psychologische Moment sei ungünstig, da eine Abrüstung wie eine Kapitulation vor dem französischen Druck wirke. Doch selbst den Dreibundpartnern wurde allmählich klar, daß die negativen Effekte der geplanten Reform immer noch erträglicher seien als die Folgen einer übertriebenen Aufrüstung. Botschafter Solms fragte deshalb in Berlin an, ob nicht dem König in aller Freundschaft eine Armeereduktion empfohlen werden solle.[36] Zwar ging die Berliner Zentrale darauf nicht ein, meinte aber auf eine Anfrage di Rudinìs hin, daß Italien selbst wissen müsse, wieviel Rüstung es brauche; ein Ratschlag solle und wolle nicht gegeben werden.[37] Auch Baron Bruck warnte in Wien eindringlich davor, auf Italien wegen der Rüstungsfrage Druck auszuüben; er „halte es nicht für vortheilhaft, in dieser Angelegenheit zu drängen, da man nur zu gerne bereit ist, der Trippelallianz[!] die Schuld an der finanziellen Calamität in Italien zuzuschreiben, weil diese nur die Stärkung der Armee und Flotte im Auge hat, gleichgültig ob das Land darüber zu Grunde geht[38]." Di Rudinì gab im übrigen vor dem Parlament sein Ehrenwort „als Minister und Gentleman", daß der Dreibundvertrag Italien keine Rüstung vorschreibe;[39] natürlich beendete dieses Ehrenwort die Debatte nicht.

Bleibt noch, einen Blick auf die Erwartungen zu lenken, die das Ausland an den italienischen Regierungswechsel knüpfte. Dort wurde der Übergang von Crispi zu di Rudinì mehrheitlich mit Befriedigung aufgenommen. Besonders erleichtert waren die Franzosen über den Sturz des frankophoben

---

35 Farini, Tagebucheintragung vom 17.4.1892, Bd. 1, S. 74. In einer nicht nachvollziehbaren Berechnung behauptete er, die Reduzierung um zwei Armeekorps bedeute die Verminderung der Kriegsstärke um 300.000 Mann.
36 Solms an Caprivi, 8.5.1892, GP 7, Nr. 1439.
37 Marschall an Solms, 21.5.1892, GP 7, Nr. 1441.
38 Bruck an Kálnoky, 11.2.1891, HHStA, PA XI, 110.
39 Chiala, Triplice, S. 552.

Crispi; doch ebenso wie beim Sturz Robilants lagen sie auch diesmal nicht ganz richtig mit ihrer Einschätzung, und bald schon sollten sie eine deutliche Ernüchterung erleiden. Groß war auch die Freude in St. Petersburg, und das, obwohl sich Crispi zuletzt viel Mühe um die Pflege guter Beziehungen zum Zarenreich gegeben hatte. Der russische Außenminister Giers äußerte sich über Crispi sehr abfällig: „C'est un paltoquet – un Massaniello – je ne l'ai jamais envisagé comme un homme sérieux." Di Rudinì hingegen sei ein „Gentleman, der seinem Vorgänger in jeder Beziehung vorzuziehen wäre"[40]. Auch der britische Premier Salisbury hatte eine tiefe Gereiztheit gegen den italienischen Premier entwickelt; er setzte „kein besonderes Vertrauen in die persönliche Zuverlässigkeit und Aufrichtigkeit des Herrn Crispi"[41] und begrüßte deshalb seine Ablösung.[42] In Berlin und Wien herrschte zunächst Bestürzung über den Wechsel. Caprivi hielt das neue Kabinett für französisch gesinnt,[43] und Kálnoky bemängelte, der italienische Premier sei das Gegenteil seines Vorgängers. Dieser sei zu nervös in bezug auf Frankreich gewesen, di Rudinì hingegen, obwohl er „recht korrekt in seinen bundestreuen Gesinnungen sei und sich [auch] so ausspreche", neige dazu, „gar vieles zu beschönigen, was von Paris ausginge"[44]. Bald sollte sich herausstellen, daß diese Befürchtungen jeder Grundlage entbehrten. Die deutschen und österreichischen Diplomaten vor Ort waren von dem Wechsel hingegen sofort angetan und glaubten, di Rudinì, der als dreibundtreu bekannt sei, werde „in die diplomatischen Geschäfte einen entschieden ruhigen, überlegten Ton hinein bringen"[45]. Solms und Bruck hatten ein Faible für die aristokratischen Umgangsformen des sizilianischen Marquis; indes beschränkte sich ihr Urteil nicht auf dieses Faktum allein. Die österreichische Diplomatie war ohnehin geneigt, in den Angehörigen der *destra* einen erheblich vernünftigeren, gemäßigteren und berechenbareren Partner zu sehen als in denen der *sinistra*.[46]

Di Rudinì beeilte sich, bald schon ein ausdrückliches Bekenntnis zum Dreibund abzugeben. Schon vor Crispi sei er ein Anhänger der „triplice alleanza" gewesen, sagte er im Februar 1891 zum österreichischen Botschafter, und er zeigte ihm eine alte Wahlrede, in der er den engen Anschluß an Österreich forderte.[47] Italien wolle seinen Verpflichtungen voll und ganz nachkommen, und keinem italienischen Minister sei es gestattet, anders zu denken und zu handeln. Italien besitze seine Großmachtstellung nur infolge der Tripelallianz, und

---

40 Wolkenstein an Kálnoky, 19.11.1891; zitiert bei Herrmann, Dreibund, S. 18.
41 Hatzfeldt an Caprivi, 15.12.1890, GP 8, Nr. 1981.
42 Herrmann, Dreibund, S. 20.
43 Reuß an Caprivi, 19.3.1891, GP 7, Nr. 1406, Randbemerkung Caprivis; Italicus, S. 152.
44 Reuß an Caprivi, 11.3.1891, GP 7, Nr. 1405.
45 Bruck an Kálnoky, 25.2.1891, HHStA, PA XI, 110 (16d).
46 Siehe dazu auch Höbelt: Österreich-Ungarn und Italien in der Ära Crispi.
47 Bruck an Kálnoky, 25.2.1891, HHStA, PA XI, 110 (16c).

es wäre deshalb ein großer Fehler, diese aufzugeben.[48] Allerdings müsse, schon aus finanziellen Gründen, versucht werden, das Verhältnis zu Frankreich zu normalisieren – eine Ansicht, der Bruck sogar lebhaft beipflichtete; eine Verbesserung der französisch-italienischen Beziehungen würde schließlich sehr gut in den Rahmen der Friedenspolitik des Dreibunds passen.[49] Auch Solms wunderte sich nicht, daß di Rudinì in seiner Antrittsrede erklärte, am Dreibund festhalten und trotzdem ein besseres Verhältnis zu Frankreich herstellen zu wollen; denn, so urteilte Solms, „schon damals konnte man sich dem Eindrucke nicht verschließen, daß der unter Herrn Crispi begonnene Zollkrieg mit Frankreich die italienischen Finanzen zu schädigen anfing, und schließlich drohte er auch wirklich für Italien gerade zu verderblich zu werden"[50]. Tatsächlich hatte di Rudinì zwei vordringliche außenpolitische Anliegen: Die Fortführung des Dreibunds – und die Normalisierung der Beziehungen zu Frankreich.

> Sie schätzen uns also recht niedrig ein! Sie haben mit ihrem Beistand geschachert; sie haben sich erlaubt vom Dreibund zu sprechen, sie haben es gewagt, mir Bedingungen zu stellen, mir! ... Ich weiß nicht, wie ich mich zurückhalten konnte, sie zum Fenster hinauszuwerfen!
>
> Marquis di Rudinì im April 1891

b) Di Rudinìs Versuch des Ausgleichs mit Frankreich

Der Regierungsantritt die Rudinìs war für die Franzosen eine nicht nur sehr erwünschte, sondern auch überraschende Wendung der Dinge gewesen, da sie nach Crispis großem Wahlsieg im November 1890 angenommen hatten, dieser werde noch lange in Italien herrschen.[51] Um so größer war die Freude nach dem unerwarteten Sturz des verhaßten Premiers. An der Pariser Börse

---

48 Bruck an Kálnoky, 25.2.1891, HHStA, PA XI, 110 (16e).
49 Bruck an Kálnoky, 25.2.1891, HHStA, PA XI, 110 (16d).
50 Solms-Memoiren, S. 429, PA/AA, Nachlaß Solms.
51 Da die Opposition gegen Crispi eine verzweifelte Minorität war, rechnete wohl niemand mit einem baldigen Machtwechsel. Die französische Presse klagte, „Italien habe sein Vertrauen dem Manne kundgegeben, der die Nothlage des Landes durch übertriebene Rüstungen und durch seine verfehlte Wirthschaftspolitik hervorgerufen oder doch vergrößert habe, der Italien ohne Grund mit Frankreich entzweit, Österreich gegenüber aber erniedrigt habe, und durch den das Land in eine unfruchtbare Colonial-Politik verwickelt worden sei." Die Opposition müsse sich durchzusetzen versuchen, denn der Dreibund bedeute Italiens Ruin. In: Münster an Caprivi, 26.11.1890, PA/AA, R 7730.

kam es zu einer spontanen „kleinen Hausse" italienischer Werte.[52] Angesichts der wirtschaftlichen Probleme Italiens war es ein offenes Geheimnis, daß sich der französischen Diplomatie gute Möglichkeiten zu einer Wiederannäherung boten. Eine Normalisierung lag auch im französischen ureigensten Interesse, denn der Zollkrieg kostete, wie der Botschafter in Rom, Billot, zugab, auch Frankreich „unzählige Millionen"[53]. Die Pariser Diplomatie erwartete sehr sanguinisch, jetzt käme es zu einem völligen Umschwung in der italienischen Außenpolitik.

Tatsächlich wollte di Rudinì den Kurs unsinniger Konfrontation mit Frankreich verlassen, was im übrigen die Bündnispartner gut verstehen konnten und anfänglich sogar mit Wohlwollen sahen.[54] Di Rudinì erklärte mehrfach, so zum Beispiel am 14. Februar[55] oder am 4. März 1891[56] im Parlament, ausdrücklich, um französische Besorgnisse zu zerstreuen, der Dreibund verfolge keine aggressiven Ziele und seine Regierung wünsche die Freundschaft mit dem Nachbarn.

Das war jedoch der französischen Führung zuwenig, wofür mehrere Gründe ausschlaggebend waren. Vor allem blieb die Außenpolitik von der öffentlichen Meinung und vom Parlament abhängig, und dort dominierte die Ansicht, Italien dürfe nur dann ökonomisch geholfen werden, wenn klar war, daß es keine aggressiven Pläne gegen Frankreich hege.[57] Man könne nicht eine Macht finanziell unterstützen, die diese Mittel zu Rüstungen verwende, die sich gegen einen selbst richte. Hinzu kam auch der weit übertriebene Eindruck, Italien liege wirtschaftlich bereits am Boden und sei deshalb reif zur politischen Kapitulation.[58] Deshalb war zwar die französische Diplomatie an einem Ausgleich mit Italien interessiert, aber nur zu Konditionen, die sie auch vor der eigenen Öffentlichkeit würde vertreten können. Dazu gehörte vor allem der Versuch, die italienische Seite zur Veröffentlichung des Dreibundvertrags zu zwingen.

Das Interesse der Franzosen am Inhalt des Dreibundvertrages war aus sicherheitspolitischem Blickwinkel heraus verständlich. Die ständigen Beteuerungen, das Bündnis diene nur friedlichen Zielen, konnte die Regierung in

---

52 Bruck an Kálnoky, 25.2.1891, HHStA, PA XI, 110, 16 e.
53 Wutzenbecher an Caprivi, 7.10.1892, PA/AA, R 7732.
54 Kálnoky war aus Angst vor Verwicklungen sehr daran interessiert, die französisch-italienischen Beziehungen zu entkrampfen. Zu den Ansichten der deutschen Seite siehe das Solms-Tagebuch, S. 429, PA/AA, Nachlaß Solms.
55 Zirkular di Rudinìs mit dem Text seiner Rede an die europäischen Vertretungen, 14.2.1891, DDI 2/XXIV, Nr.20.
56 Di Rudinì an de Launay, Tornielli, Menabrea, Marochetti und Nigra, 4.3.1891, DDI 2/XXIV, Nr. 79.
57 Aufzeichnung Crispis über ein Gespräch mit dem italienischen Geschäftsträger in Paris, Ressman, 18.2.1891, DDI 2/XXIV, Nr. 37.
58 Menabrea an di Rudinì, 17.2.1891, DDI 2/XXIV, Nr. 31.

Paris nicht zufriedenstellen. Sie vertrat die Ansicht, wenn der Vertrag tatsächlich nur dem Frieden diene, dann sei er harmlos und könne doch in jeder Zeitung abgedruckt werden, ebenso wie 1888 der Zweibund publiziert worden sei. Die Berechtigung des französischen Interesses am Inhalt des sich zumindest potentiell gegen sie richtenden Bündnisses wurde auch von Teilen der italienischen Öffentlichkeit anerkannt.[59] Allerdings enthielt dieses unermüdliche Drängen auf Offenlegung der Vertragsbedingungen auch ein aggressives, mehr noch, ein revanchistisches Element. Obwohl die Mehrheit der Franzosen nach übereinstimmender Ansicht fast aller in- und ausländischen Beobachter friedlich gesinnt war und mit einem Revanchekrieg nicht viel im Sinn hatte, hielt doch die Führungsschicht zäh am Gedanken der französischen Vorherrschaft und der Rückgewinnung der verlorenen Provinzen fest. Frankreich könne nicht vergessen, was es eben nicht vergessen darf, meinte beispielsweise der Präsident des Senats, Challemel-Lacour.[60] Nicht vergessen, was nicht vergessen werden darf – die Revanche, Elsaß-Lothringen, die verlorenen Töchter Frankreichs, dies setzten die Franzosen in bezug zum Dreibund, der für sie eben mehr war als eine bedrohliche und gegnerische Koalition, nämlich die Garantie nicht zu akzeptierender politischer Zustände in Europa, die sie eigentlich aber hätten anerkennen müssen.[61] Auch deshalb wollte die Regierung in Paris unbedingt wissen, ob der Dreibund, wie allge-

---

59 Die italienische Publizistik der Zeit zeigt deutlich, daß dieses französische Mißtrauen den Italienern bekannt war und auch einleuchtete. Siehe Chiala, Triplice, S. 534–549, mit den zitierten Äußerungen Jacinis und Bonghis.
60 Bülow an Caprivi, 20.2.1894, GP 7, Nr. 1456, Zitat S. 137–138: Der französische Revanchismus hatte seinen festen Platz in der politischen Diskussion dieser Jahre. Der italienische Botschafter in Paris, Ressmann, glaubte jedenfalls „daß der Gedanke der Wiederaufrichtung der französischen Vorherrschaft in Europa freilich noch in allen französischen Herzen lebendig sei. Aber von sofortigem Losschlagen, nach welcher Richtung es auch sei, wolle trotzdem niemand in Frankreich etwas wissen. Die Franzosen wollten zunächst das Ablaufen der Tripelallianz abwarten, in der Hoffnung, daß dieselbe nicht wieder erneuert werden würde. Demnächst [!] sei die Erinnerung an 1870/71 noch nicht erloschen; Frankreich möchte das nächste Mal militärisch ganz sicher gehen. Endlich sei die Republik als solche zweifellos friedlich. „Comment pouvez-vous croire notre démocratie belliqueuse", sagte Herr Carnot dem italienischen Botschafter, während Herr Challemel-Lacour geäußert haben soll: „La France se fait tellement matérialiste et tellement pacifique qu'il faut la secouer de temps en temps afin qu'elle n'oblie pas ce qu'elle ne doit pas oblier." Das Zitat ist zwar von 1894, nicht von 1891, spiegelt aber die allgemeine Stimmung wohl zutreffend wieder.
61 Kálnoky sagte zum französischen Botschafter: „Es ist schließlich doch nur der Revanchegedanke, der bis heute Frankreich beherrscht, so daß keine Regierung, kein Minister, überhaupt kein Franzose es wagen darf, es auszusprechen, daß der Frankfurter Friede durch die Unterschrift Frankreichs eine ebenso rechtskräftige und endgültige Ordnung des gegenseitigen Besitzstandes darstellt wie jeder andere Friedensvertrag." in: Kálnoky an Aehrenthal, 15.7.1891, in: Wank, Aus dem Nachlaß Aehrenthal 1, Nr. 35.

mein angenommen, eine wechselseitige Territorialgarantie enthielt.[62] Dies hätte nämlich bedeutet, daß Italien dem Deutschen Reich den Besitz Elsaß-Lothringens garantiert und sich zu dessen Verteidigung und sogar Rückgewinnung verpflichtet hätte; beides hätte jedes französische Bestreben nach Wiedererwerb der verlorenen Provinzen weiter erschwert. Die französische Diplomatie war ungeschickt genug, dieses Motiv allzu deutlich zutage treten zu lassen.[63] Der österreichische Botschafter in Rom, Bruck, fragte deshalb seinen französischen Kollegen sarkastisch: „Sind Sie denn in Frankreich plötzlich so kriegerisch gesinnt, daß Sie immer wieder von Krieg und von Zurückeroberung von Elsaß und Lothringen sprechen?"[64]

Da der Dreibundvertrag keine Territorialgarantie enthielt, wäre eine Veröffentlichung unter diesem Gesichtspunkt für die Italiener vorteilhaft gewesen. Die allseits als real angenommene Klausel wurde in der italienischen Öffentlichkeit, die vergessen hatte, daß sie ursprünglich als Schutz vor den Ansprüchen des Vatikans gedacht war, als ungeheure Belastung, als „servizio enorme, impagabile"[65] zugunsten des Deutschen Reiches empfunden. Stimmen wurden laut, die vorschlugen, den Vertrag endlich zu veröffentlichen; zu ihnen gehörte der konservative und dreibundfeindliche Oppositionspolitiker Bonghi[66] ebenso wie die Abgeordneten der *estrema sinistra*. Diese empfanden es schlechthin als absurd, daß ein solch bedeutender und das Schicksal des gesamten Volkes betreffender Vertrag nur dem König, dem Premier und dem Außenminister bekannt war, nicht aber dem Parlament, und daß die Volksvertreter niemals darüber abgestimmt hatten. Cavallotti und Imbriani planten sogar eine Art Volksabstimmung über den Dreibund, die indes verboten wurde.[67] Die Regierung und ihre Anhänger, in diesem Fall der Abgeordnete Brin, zogen sich auf die Verfassung zurück. In der Tat war dort die Außenpolitik als Reservat der Exekutive, der Krone und der Regierung vorbehalten. Brin stellte sich voll hinter diese Bestimmung und begründete dies so, daß die Außenpolitik eines Landes langfristig berechenbar bleiben und nicht zum Spielball parlamentarischer Wechselfälle werden dürfe.[68] Im übrigen bestand kein Zweifel daran, daß der Dreibund im zehnten Jahr sei-

---

62 Solms an Caprivi, 23.3.1891, GP 7, Nr. 1408.
63 Dazu Jacini, zitiert bei Chiala, Triplice, S. 535–541; Solms an Caprivi, 23.3.1891, GP 7, Nr. 1408.
64 Bruck an Kálnoky, 5.5.1891, HHStA, PA I, 470.
65 Chiala, Triplice, S. 536, zitiert aus einem Aufsatz von Jacini aus der „Nuova Antologia" vom 16.2.1891.
66 Solms an Caprivi, 23.3.1891, GP 7, Nr. 1408.
67 Chiala, Triplice, S. 554–556. Die Idee des Referendums wurde den italienischen Radikalen im übrigen von belgischen Klerikalen vermittelt.
68 Chiala, Triplice, S. 557.

nes Bestehens in Italien populärer war denn je und wegen der Konfrontation mit Frankreich auch allgemein als existentielle Notwendigkeit angesehen wurde. Einer Abstimmung im Parlament über den Vertrag versuchten die Radikalen, vor allem ihr Führer Cavallotti, in klarer Erkenntnis der tatsächlichen Mehrheitsverhältnisse, deshalb auch bewußt auszuweichen.[69]

Trotzdem blieb die Frage, ob nicht der Drei-, ebenso wie der Zweibund, zum Abbau der Konfrontation mit Frankreich publiziert werden sollte; ob nicht ein öffentliches Bündnis ohnehin erheblich zeitgemäßer und funktioneller wäre als ein geheimer Kabinettsvertrag. Di Rudinì war für diese Argumente aufgeschlossen und diskutierte im Frühjahr 1891 mit den Botschaftern in Wien und Berlin, Nigra und de Launay, intensiv das Für und Wider einer Veröffentlichung. Die Hauptfrage war natürlich, ob eine Publizierung die französischen Bedenken zerstreuen könnte, ohne daß es zu negativen innen- und außenpolitischen Rückwirkungen käme. Hier tauchte sogleich ein unvermeidlicher Gegensatz auf: Die fehlende Territorialgarantie hätte zwar einerseits die Franzosen zufriedengestellt, andererseits aber die Italiener beunruhigt, da auch die vermutete Sicherheit vor vatikanischen Ansprüchen damit weggefallen wäre.[70] In der aktuellen Situation noch gefährlicher schien, daß Bestimmungen über Tunesien und den westlichen Mittelmeerraum fehlten. Die Franzosen befürchteten, der Vertrag enthalte unter anderem eine Klausel bezüglich Tunesiens.[71] Da in den letzten Jahren dieses und vieles mehr in den Vertrag hineingeheimnist worden war, vor allem eine tatsächlich nur in viel bescheidenerem Ausmaß vorhandene Unterstützung der Bündnispartner in Mittelmeer- und Kolonialfragen, wäre die Veröffentlichung für die italienische Öffentlichkeit eine schwere Enttäuschung gewesen. Außerdem, so stellten di Rudinì und seine Botschafter übereinstimmend fest, war der Dreibund in seiner vorliegenden Form schon deshalb nicht publizierbar, weil der deutsch-italienische Zusatzvertrag die sehr kompromittierende Klausel über Kompensationen für Italien im Kriegsfall auf französische Kosten enthalte; dies hätte den französischen Argwohn gegen Italien zur Gewißheit werden lassen. Eine Teilpublikation nur des vergleichsweise

---

69 Chiala, Triplice, S. 556.
70 Viele Angehörige der Führungsschicht hielten die römische Frage nach wie vor für offen und gefährlich für Italien. Sie sahen Italien durch das gespannte Verhältnis zum Vatikan aus Gründen des Staatserhalts auch weiterhin zum Bündnis mit den konservativen Vormächten Europas, mit Österreich und Deutschland, zur Abwehr päpstlicher Begehrlichkeiten gezwungen. Darauf hob außer Crispi auch der antiklerikale Senatspräsident Farini ab. Dazu Farini, Tagebucheintragung vom 1.2.1891, Bd. 1, S. 5: „Le potenze centrali rappresentano il conservatorismo europeo; se noi non fossimo con esse, per esse risorgerebbe intiera la quistione romana." Ähnlich am 4.3.1892, ebenda, S. 66.
71 Solms an Caprivi, 23.3.1891, GP 7, Nr. 1408.

harmlosen Hauptvertrages ohne Zusätze wurde von di Rudinì, Nigra und de Launay ebenso verworfen wie der Gedanke, einen völlig neuen, publizierbaren Vertragstext zu entwerfen, in dem die kompromittierenden Bestimmungen weggelassen würden. Di Rudinì und seine Botschafter schätzten die Stimmung in der italienischen politischen Öffentlichkeit wahrscheinlich richtig ein, als sie vermuteten, daß eine Publikation und damit auch Entmythisierung des als Hauptstütze italienischer Großmachtpolitik angesehenen Vertrages der Ausgangspunkt für endlose öffentliche und parlamentarische Debatten über die Nützlichkeit und über Veränderungs- und Verbesserungsmöglichkeiten der Allianz sein würde.[72] Außerdem bemerkte di Rudinì, eine Publikation des Vertrages würde es außenpolitischen Gegenspielern, vor allem Frankreich, ermöglichen, entlang den vom Vertrag nicht abgedeckten Fragen gegen Italien operieren zu können, so zum Beispiel in Tunesien, ohne Angst haben zu müssen, es gegebenenfalls mit dem gesamten Dreibund zu tun zu bekommen.[73] Da schien es für Italien doch besser, mit verdeckten statt mit offenen Karten zu spielen und den Dreibund in kolonialen Fragen als eine Art Bluff gegen Frankreich einsetzen zu können.

Aus diesen Überlegungen läßt sich auch ersehen, daß die verantwortlichen Leiter der italienischen Außenpolitik zwar selbst eine defensive Politik der Status-quo-Sicherung befürworteten, aber doch annahmen, daß es starke Strömungen in der italienischen Öffentlichkeit gebe, die aggressiver waren und mehr wollten, und die zu enttäuschen nicht ungefährlich, auf jeden Fall unangenehm sei. Und im übrigen stieß jede Veröffentlichungsabsicht auf den Widerstand der Dreibundpartner; dieser hätte aber sehr wahrscheinlich, unter Hinweis auf die Veröffentlichung des Zweibundvertrages, überwunden werden können.

Der Inhalt des Vertrages blieb also geheim. Die französische Diplomatie und sogar die Geschäftswelt ließen aber nichts unversucht, durch massiven Druck auf Italien doch noch hinter das Geheimnis des Dreibunds zu kommen. „Den Dreibund zerstören, das ist das eifrige, unaufhörliche Bestreben der französischen Staatsmänner",[74] urteilte ein italienischer Diplomat im Sommer 1890. An dieser französischen Zielsetzung sollten auch die Ausgleichsbemühungen scheitern – und ebenso an di Rudinìs Vorstellungen von nationaler Ehre; er hatte die Weisung ausgegeben, Italien dürfe nicht um Kredite betteln und die Annäherung an Frankreich nicht den Charakter einer „Erniedrigung" annehmen. Dies erschwerte eine hinreichend flexible Verhandlungsführung.[75]

---

72 Di Rudinì an de Launay und Nigra, 15.3.1891, DDI 2/XXIV, Nr. 124.
73 De Launay an Rudinì, 22.–31.3.1891, DDI 2/XXIV, Nr. 144.
74 Ressmann an Crispi, 21.8.1890, in: Crispi, Memoiren, S. 478 ff; GP 7, S. 64, Fußnote.

Zu Beginn hatte Außenminister Ribot in einem freundschaftlichen Gespräch mit dem italienischen Geschäftsträger verlangt, der französische Argwohn bezüglich des Dreibunds solle zerstreut werden. Sollte sich der Dreibund als ähnlich harmlos herausstellen wie der Zweibundvertrag, würden alle Hemmnisse fallen und Frankreich formell erklären, daß es Italien weder angreifen noch den Status quo im Mittelmeer verändern wolle.[76] Auf Rat de Launays verwies di Rudinì den französischen Botschafter Billot daraufhin auf seine Kammerrede vom 14. Februar 1891, in der er den Friedenswunsch Italiens gerade in bezug auf Frankreich ausdrücklich unterstrichen hatte, aber auch den festen Willen, an den bestehenden Allianzen festzuhalten. Allerdings war dieser Verweis auf eine Parlamentsrede nicht gerade ein glücklicher diplomatischer Schachzug;[77] hier wäre ein entsprechendes persönliches Schreiben di Rudinìs an Ribot angebracht gewesen. Der französische Außenminister sah sich außerstande, sich mit einer bloßen parlamentarischen Erklärung zufriedenzugeben, und erklärte: „Frankreich werde, solange es den italienisch-deutschen Vertrag nicht kenne, Italien bezüglich des Handels und der Finanzen keine Erleichterung gewähren."[78]

Damit war der Ausgleichsversuch auch schon gescheitert. Di Rudinì empfand dies so, als wenn Ribot sein Wort anzweifelte, und war darüber außerordentlich verstimmt. Dem französischen Botschafter erklärte er offen, er sei durch diese Zweifel an seiner Erklärung „im höchsten Grade verletzt". „Außerdem könne Italien den Vertrag nicht einseitig veröffentlichen; es gehöre dazu die Zustimmung des andern Teiles; er begriffe nicht, warum Herr Ribot den Inhalt des Vertrages immer nur von Italien zu erfahren suche; er möchte sich doch einmal nach Berlin oder Wien wenden und hören, was man ihm dort antworten würde."[79]

---

75 Di Rudinì an Menabrea, 27.2.1891, DDI 2/XXIV, Nr. 58. Sehr skeptische Beurteilung der französischen Absichten durch Caprivi referiert de Launay an di Rudinì, 7.3.1891, DDI 2/XXIV, Nr. 94. De Launays Skepsis zeigte sich auch in seiner Befürchtung, ein Eingehen auf die französischen Forderungen werde „Italien zum Vasallen der Französischen Republik" machen; einen französischen Nichtangriffsvertrag dürfe Italien nur dann akzeptieren, wenn dieser auch den beiden anderen Dreibundmächten angeboten würde. In: Aufzeichnung Marschalls, 7.3.1891, GP 7, Nr. 1402.
76 Ressmann an di Rudinì, 27.2.1891, DDI 2/XXIV, Nr. 60.
77 Salvatorelli, Triplice, S. 172, urteilt zu Recht: „Il puro e semplice rinvio a queste dichiarazioni non fu diplomaticamente una mossa felice ..."
78 Solms an Caprivi, 23.3.1891, in: GP 7, Nr. 1408.
79 Ebd. Di Rudinì erklärte Solms, „er sei durch dessen Äußerungen gegen Graf Menabrea im höchsten Grade verletzt. Wenn er, Marquis Rudinì, in der Kammer politische Gedanken und Pläne erörtert hätte, so könnte man solchen Aussprüchen einen größeren oder geringeren Wert beilegen, wenn er aber, wie dies geschehen, über ein Faktum eine ganz bestimmte Erklärung abgebe, so müsse er verlangen, daß Herr Ribot diese als vollwertig und wahr annehme. Wenn Herr Ribot unter der Hand die Gewährung von Zollerleichterungen für Italien verhindere oder

Diese Reaktion di Rudinìs, die Kaiser Wilhelm auf dem diplomatischen Bericht mit Randbemerkungen wie „Gut" und „bravo!" kommentierte, bedeutete einen schweren Rückschlag für die französischen Bemühungen, die trotzdem nicht nachließen – im Gegenteil sogar an Vehemenz zunahmen. Der französische Botschafter Billot bestürmte im April 1891 sogar den König während eines Kondolenzbesuchs(!), den Vertrag zu veröffentlichen. Doch Umberto verwies ihn an seinen Premierminister.[80] Und es griff dann noch das Bankhaus Rothschild ein, dessen Inhaber sich als „Franzose" zu einem solchen Schritt verpflichtet fühlte.[81] Der italienische Agent des Hauses, Padova, gab di Rudinì zu verstehen, daß die französischen Kapitalisten jedes finanzielle Engagement zugunsten Italiens zurückhalten würden, solange der Dreibund existiere oder solange die Abmachungen nicht besser bekannt seien. Eine Geheimerklärung über das Verhalten Italiens im Fall eines deutsch-französischen Krieges reiche aus, und der französische Geldmarkt werde für Italien wieder offen sein.[82] Di Rudinì empfand diesen Vorschlag, vor allem nach den

---

durch einen Druck auf die französischen Finanzkreise das Zustandekommen italienischer Finanzoperationen hintertreibe, so sei dies zwar auch nicht freundlich, müßte aber italienischerseits ertragen werden; ein ganz anderes Gesicht aber bekomme die Sache, wenn der Minister dem italienischen Vertreter diesen seinen Entschluß cruement auspreche; das sei eine Drohung."

80 Engelbrecht an Wilhelm II., 28.4.1891, GP 7, Nr. 1418.

81 Ludwig Raschdau: Unter Bismarck und Caprivi. Erinnerungen eines deutschen Diplomaten aus den Jahren 1885–1894, Berlin, 2. Auflage 1939, S. 220.

82 Gesprächsinhalt nach: Bruck an Kálnoky, 27.4.1891, HHStA, PA I, 470, basierend auf einer Erzählung di Rudinìs an Bruck. Bruck berichtete, „daß Baron Rothschild aus Paris einen Agenten hieher entsendete, der beauftragt war, der italienischen Regierung mitzuteilen, daß sowohl das Haus Rothschild als auch alle großen Finanzinstitute Frankreich's durchaus keine feindliche Gesinnung gegen Italien hegen und auch nicht abgeneigt seien, zur Klärung der finanziellen Lage Italiens beizutragen. Da es sich aber dabei um Geld handle, welches man ohne sichere Garantie nicht vom französischen Markte verlangen könne, so frage er vertraulich an, ob die italienische Regierung sich verpflichten wolle, die Neutralität Italiens zu garantieren, falls ein Krieg zwischen Deutschland und Frankreich und zwar nur zwischen diesen beiden Mächten ausbrechen sollte; oder ob Italien wenigstens die Versicherung abgeben könne, es würde ruhig Zuschauer bleiben, wenn die Franzosen in einem Kampfe gegen Deutschland Sieger blieben und Elsaß und Lothringen wieder zurückerobern." Nach einem Bericht des deutschen Militärattachés in Rom, Oberstleutnant v. Engelbrecht, war der Brief Rothschilds vom französischen Außenminister Ribot ausdrücklich abgesegnet worden und beinhaltete, daß die Bank „der italienischen Regierung die notwendigen Geldmittel zur Verfügung stellte, unbeschadet des weiteren Verbleibens Italiens in der Alliance mit Deutschland. Dahingegen möge Italien nur in einer, eventuell geheim zu haltenden schriftlichen Erklärung die Verhältnisse und Bedingungen angeben, unter denen es sich an einem Kriege Deutschlands gegen Frankreich beteiligen werde." Der Bericht basiert auf Informationen, die Engelbrecht von König Umberto erhalten hatte. In: Engelbrecht an Wilhelm II., 28.4.1891, GP 7, Nr. 1418. In der italienischen amtlichen Korrespondenz zwischen di Rudinì, Nigra und de Launay fehlt jeder Hinweis di Rudinìs auf dieses Gespräch mit Padova.

bisherigen Vorfällen, als unerhörtes Erpressungsmanöver und war nicht bereit, sosehr er auch den Ausgleich mit Frankreich anstrebte, darauf einzugehen. Als direkt nach Padovas Weggang Billot, der französische Botschafter, bei ihm erschien, sagte er diesem in größter Erregung: „Sie schätzen uns also recht niedrig ein! Sie haben mit ihrem Beistand geschachert; sie haben sich erlaubt vom Dreibund zu sprechen; sie haben es gewagt, mir Bedingungen zu stellen, mir! ... Ich weiß nicht, wie ich mich zurückhalten konnte, sie zum Fenster hinauszuwerfen."[83] Dieser Vorstoß wurde sofort nach Berlin berichtet, und das Deutsche Auswärtige Amt ließ dem Pariser Rothschild eine überaus massive, grobe Warnung zukommen.[84]

Auf diese Weise konnten die Franzosen ihr Ziel nicht erreichen. Es fragt sich zwar aus der Rückschau, ob es für die italienische Regierung nicht sinnvoller gewesen wäre, auf dieses Angebot einzugehen und den Franzosen ein entsprechendes geheimes Papier zukommen zu lassen. Dieses hätte schließlich mit den Bundesgenossen abgestimmt werden können und nicht die gesamten Vertragsbestimmungen enthalten müssen. Dieser Ausweg wurde jedoch nicht einmal erwogen, wäre wahrscheinlich nicht einmal am Anfang, als Antwort auf die erste Anfrage Ribots, denkbar gewesen. Denn die Angelegenheit wurde dadurch erschwert, daß es gar nicht mehr nur um den Vertrag, sondern um die nationale „Ehre" ging. Zwei Monate zuvor war Crispi gestürzt worden, weil er der *destra* in ihrer 15 Jahre zurückliegenden Regierungszeit „servile Politik gegenüber dem Ausland" vorgeworfen und damit einen Entrüstungssturm im Parlament ausgelöst hatte. Wie konnte die französische Diplomatie glauben, in einem solchen Klima mit einem solchen Erpressungsmanöver Erfolg zu haben, das im Fall seines Bekanntwerdens genau diesen Vorwurf „serviler Politik" bestätigt hätte? Der französische Botschafter in Rom, Billot, versuchte mit der gefährlichen Hartnäckigkeit eines de Benedetti, etwas genau zu erfahren, was ihm die italienische Regierung und der König bereits ehrenwörtlich versichert hatten. Das war sicher unbefriedigend, aber nicht zu ändern, und ein geschickter Diplomat hätte sich damit zufriedengeben müssen. Denn dieses Drängen barg Gefahren. Was hätte Billot, was hätte die Regierung in Paris gemacht, wenn nach der Audienz Billots beim König die italienische Regierung nach dem Vorbild der „Emser Depesche" der Weltöffentlichkeit mitgeteilt hätte, daß der König dem Botschafter „nichts weiter mitzuteilen" gehabt habe? Dann hätte Frankreich eine schwere diplomatische Demütigung, eine wahre Ohrfeige ertragen oder aber, wie 1870, zu den Waffen greifen müssen. Zu Recht klagten italienische Politiker, daß es für Frankreich eben nur zwei Verhaltensmuster in bezug auf Italien gebe: entwe-

---

83 Billot, zitiert bei Italicus, Dreibundpolitik, S. 151; Engelbrecht an Wilhelm II., 28.4.1891, GP 7, Nr. 1418.
84 Raschdau, Unter Bismarck und Caprivi, S. 220.

der Italien als Satelliten zu behandeln oder aber es in kleine Republiken auflösen zu wollen. Auf diplomatischer Ebene entstand der bestimmte Eindruck, die französische Regierung lege es gezielt darauf an, „Italien kirre zu machen"[85]. Und ein französischer Diplomat meinte: „Jamais nous ne considérons et traiterons l'Italie comme notre égale." „Niemals werden wir Italien als gleichrangig behandeln, niemals!"[86]

Eines jedoch gelang den Franzosen mit ihren Manövern nicht: Die Dreibundtreue Italiens zu untergraben. Tatsächlich war die gesamte italienische Führungschicht, mit Ausnahme der Radikalen, fest entschlossen, dem französischen Druck nicht nachzugeben und am Vertrag festzuhalten. Selbst entschlossene Dreibundgegner erwarteten von der französischen Regierung ein respektvolleres Auftreten und mehr Entgegenkommen, vor allem auf wirtschaftlichem Gebiet.[87] Di Rudinì zog aus diesem Vorgang eine weitere Folgerung: „Er erwarte mit Ungeduld die Nachricht aus Berlin, daß die Verlängerung des Tripelallianzvertrages perfect geworden sei, um den Franzosen mit einem fait accompli entgegentreten und dadurch allen weiteren unerquicklichen Scenen ausweichen zu können."[88]

> Ist denn der reale Nutzen der italienischen Allianz für uns groß genug, um es in das Belieben Italiens zu stellen, ob wir wegen einer afrikanischen Oase in einen Kampf ums Dasein verwickelt werden?
>
> Caprivi, am 23. April 1891

c) Die Neuverhandlung und Verlängerung des Dreibunds 1891

Während die französische Diplomatie sich verzweifelt mühte, das Geheimnis des Dreibundvertrages zu lüften, liefen schon längst die Verhandlungen über die Verlängerung des im Mai 1892 auslaufenden Bündnisvertrages. Die ersten Schritte in diese Richtung hatte bereits Crispi, kurz vor seinem Sturz, im Herbst 1890 unternommen. Allerdings wollte er nicht etwa nur eine simple Verlängerung; statt dessen schwebte ihm eine massive Ausweitung des Bündnisses vor, die dem französischen Druck auf Italien besser entgegenwirken sollte. Um dies zu besprechen, kam ihm der Besuch von Bismarcks Nachfol-

---

85 Bruck an Kálnoky, 5.3.1891, HHStA, PA I, 470.
86 De Launay an di Rudinì, 22.–31.3.1891, DDI 2/XXIV, Nr. 144.
87 Leserbrief Ruggiero Bonghis an „Le Gaulois" vom 31.3.1891, abgedruckt in der Nummer vom 4.4.1891, zitiert bei Chiala, Triplice, S. 546.
88 Bruck an Kálnoky, 27.4.1891, HHStA, PA I, 470,

ger, General v. Caprivi – die weitreichenden Auswirkungen dieses Kanzlerwechsels werden später noch zu behandeln sein –, in Mailand sehr gelegen.[89] In einer, nach Caprivis Ansicht, „ziemlich einseitig von seiner [Crispis] Seite geführten Unterhaltung" zeigte sich der italienische Ministerpräsident besorgt wegen französischer republikanischer Umtriebe in Spanien und Portugal. Mit Spanien verband Italien ohnehin eine Entente zur Eindämmung des französischen Vordringens in Nordafrika. Crispi schwebte vor, die beiden Bündnislinien näher zusammenzuführen und die Dreibundpartner sowie Spanien und Portugal in einer „ligue monarchique" zusammenzufassen. Auf diese Weise wollte er das republikanische Frankreich durch einen Ring miteinander verbündeter Königreiche vollständig isolieren. Auch wollte er die katastrophalen Auswirkungen des französisch-italienischen Handelskrieges durch ökonomische Vereinbarungen gemildert wissen und verlangte deshalb, das bisher nur diplomatische und militärische Bündnis solle um eine wirtschaftspolitische Komponente ergänzt werden. Es sei „eine Lebensfrage" für den Dreibund, sich zu einer „ligue commerciale" zu erweitern und „eine Art inneren Markt [zu bilden], der diese drei Reiche unabhängiger von der Außenwelt mache"[90]. Wenig später regte er auch an, das bisher aus einem Hauptvertrag und zwei Separatverträgen bestehende Dreibundabkommen in einem Vertrag zusammenzufassen.[91] Dieser scheinbar rein formale Verbesserungsvorschlag stieß aber auf die Bedenken Kálnokys, der befürchtete, daß die italienische Diplomatie dabei versuchen wolle, die jeweiligen Verpflichtungen Deutschlands und Österreich-Ungarns zu eigenem Vorteil zu vereinheitlichen, das heißt auszudehnen. Schließlich sei die Fassung in zwei Separatverträgen kein Zufall, meinte Kálnoky, man habe sich 1887 nicht anders einigen können und warum solle das jetzt plötzlich möglich sein? Dabei bewegte ihn vor allem der nicht unberechtigte Argwohn, mit neuen italienischen Forderungen konfrontiert zu werden, die für die Donaumonarchie die Gefahr erhöhen könnten, von Italien in Streitigkeiten mit Frankreich verwickelt zu werden. Dieser Gefahr bemühte sich Kálnoky jedoch energisch aus dem Weg zu gehen.[92]

Der Sturz Crispis ließ die Verhandlungen nur für einen kurzen Zeitraum zum Stillstand kommen, denn di Rudinì, von seinem Vorgänger über die Ver-

---

89 Aufzeichnung Caprivis, 10.11.1890, GP 7, Nr. 1395, in der Caprivi vermutete, Crispi wolle sich mit dem ersten Besuch eines deutschen Kanzlers in Italien in der Hochphase des Wahlkampfs profilieren. Allerdings geht aus Crispis Unterlagen zu dieser Begegnung hervor, daß Caprivi von sich aus schon Monate zuvor eine Begegnung auf italienischem Boden gewünscht hatte. Brief Crispis an de Launay, 11.7.1890, ACS, Carte Crispi, DSPP, Sc. 65.
90 Aufzeichnung Caprivis, 7.11.1890, GP 7, Nr. 1394.
91 Solms an Caprivi, 20.11.1890, GP 7, Nr. 1396.
92 Reuß an Caprivi, 11.12.1890, GP 7, Nr. 1398.

handlungen informiert,[93] besprach sich sofort mit seinen Botschaftern in Wien und Berlin, Nigra und de Launay. Zuerst waren Formalia zu klären, die aber doch den Lauf der Verhandlungen beeinflussen konnten. Der Ort der ersten Dreibundverhandlungen sei Wien gewesen, dann Berlin, also könne jetzt Rom an der Reihe sein. Doch empfahlen ihm Nigra und de Launay übereinstimmend, besonders in Erinnerung an die zähen Verhandlungen von 1886/87, daß es besser sei, die deutsche Regierung mit den Verhandlungen zu betrauen.[94] Diese müsse dann die Vermittlung mit dem umständlichen und ewig bedenklichen Kálnoky übernehmen, was die Sache beschleunigen und die Durchsetzung italienischer Wünsche erleichtern würde. Da sich auch Kálnoky, um den endlosen Besprechungen mit Italien zu entgehen, rasch mit Berlin als Verhandlungsort einverstanden erklärte, war die erste Klippe schnell überwunden. Überhaupt waren die kommenden Verhandlungen von einem ganz anderen Geist getragen als die vorangegangenen. Es stand allseitig nicht mehr zur Debatte, ob, sondern nur mit welchen Detailverbesserungen das Bündnis verlängert werden sollte. Sowohl Kálnoky als auch Caprivi wären mit der unveränderten Erneuerung des Bündnisses zufrieden gewesen. Die italienische Seite wollte hingegen Veränderungen auch sachlichen Inhalts, die auf eine Ausweitung des Vertrages hinausliefen. Allerdings war schon von Anfang an klar, daß die außenpolitische Lage Italien keinen Spielraum für die Suche nach Alternativen zum Dreibund gestattete. Außerdem herrschte sowohl bei den Allianzpartnern als auch bei manchen Italienern die Ansicht vor, der Dreibund sei bereits in seiner gegenwärtigen Form für Italien sehr vorteilhaft. So urteilte auch König Umberto, als er im November 1890 mit Caprivi zusammentraf. Der Reichskanzler notierte: „Der König wiederholte mehrfach, wie sehr er unser Bündnis schätze, und daß wir dabei mehr die Gebenden, Italien die Empfangenden seien."[95] Wie war auf weitere Konzessionen zu hoffen, wenn der italienische König selbst ein solches Urteil vertrat?

Di Rudinì ließ deshalb auch direkt zwei Gedanken fallen, die er für unpraktisch oder nicht durchsetzbar hielt. Den Gedanken an eine monarchische Liga griff er nicht mehr auf. Und er überzeugte sich schnell davon, daß eine „ligue commerciale", wie sie Crispi vorgeschwebt hatte, unendlich schwer, wahrscheinlich gar nicht zu erreichen war; gerade liefen zähe Verhandlungen zwischen dem Deutschen Reich und Österreich-Ungarn über Zollfragen, außerdem hatte Deutschland infolge des Frankfurter Friedens den Status des Meistbegünstigten in Frankreich. Ein Vertragsnetz war schon aus zolltechni-

---

93 Di Rudinì an de Launay und Nigra, 15.3.1891, DDI 2/XXIV, Nr. 124.
94 Dies war vor allem die Argumentation de Launays, siehe de Launay an di Rudinì, 22.–31.3.1891, DDI 2/XXIV, Nr. 144; Nigra an di Rudinì, 17.3.1891, ebenda, Nr. 129, verwies auch auf die bessere Geheimhaltung vor der Presse und daß in Italien Verhandlungen in Berlin populärer als in Wien seien.
95 Aufzeichnung Caprivis, 10.11.1890, GP 7, Nr. 1395.

schen Gründen schwer zu realisieren.[96] Da di Rudinì aber das berechtigte Anliegen hatte, den auf Italien lastenden wirtschaftlichen und politischen Druck Frankreichs besser zu verteilen, setzte er ein dem Vertrag anzuhängendes Protokoll durch, in dem sich die Bündnispartner, nach Maßgabe der sonstigen Verpflichtungen und der Zustimmung der Parlamente, in ökonomischen Angelegenheiten (Finanzen, Zölle, Eisenbahnen) den Status des Meistbegünstigten versprachen.[97]

Die eigentlichen Vertragsverhandlungen verliefen, trotz unterschiedlicher Ansprüche, ohne größere Probleme. Di Rudinì entwarf auf Wunsch seiner Verhandlungspartner einen neuen Vertrag, in dem er den bisherigen Hauptvertrag und die beiden Separatabkommen miteinander vereinte. Die Pflichten blieben im wesentlichen dieselben, bis auf zwei Ausnahmen: Di Rudinì wollte die österreichische Garantie für den Status quo auf dem Balkan auf das Deutsche Reich ausgedehnt sehen, und er fügte einen gänzlich neuen Artikel, den Artikel IX, ein, der eine erweiterte deutsche Garantie in Nordafrika, und zwar in der Cyrenaika, in Tripolitanien, Tunesien und Marokko, vorsah. Di Rudinì wollte in diesen Gebieten den „status quo de fait et de droit" durch enge Zusammenarbeit der deutschen und der italienischen diplomatischen Vertreter vor Ort aufrechterhalten. Sollte sich dieser Status quo „malheureusement" doch nicht wahren lassen, dann sollte das Deutsche Reich Italien im Interesse des Gleichgewichts eine „compensation légitime" verschaffen, zum Beispiel eine eigene Okkupation oder andere Garantien,[98] die indes nicht näher spezifiziert wurden.

Sinn machte dieser Artikel beispielsweise in dem Fall, daß die Franzosen das bisher besetzte Tunesien annektieren und damit einen neuen Rechtszustand schaffen sollten; dies hatte Crispi, wie erwähnt, im Sommer 1890 bereits zu einer Frage des Casus foederis machen wollen. Als Kompensation dachte di Rudinì höchstwahrscheinlich an Tripolis. Doch dies zuzusichern, war nicht im Sinn Caprivis, der die Unversehrtheit des Osmanischen Reichs nicht antasten wollte und darauf verwies, daß auch England, auf dessen Freundschaft Italien doch angewiesen sei, ebenfalls eine Aktion zu türkischem Schaden ablehnte. Außerdem monierte er grundsätzlich die italienischen Ansprüche. Einerseits rüste Italien ab und verringere damit die eigene Gegenleistung, andererseits verlange es unaufhörlich mehr. Und er fragte besorgt: „Ist denn der reale Nutzen der italienischen Allianz für uns groß genug, um es in das Belieben Italiens zu stellen, ob wir wegen einer afrikanischen Oase in einen Kampf ums Dasein verwickelt werden?"[99]

---

96 Di Rudinì an de Launay und Nigra, 15.3.1891, DDI 2/XXIV, Nr. 124.
97 Protokoll: GP 7, Nr. 1427.
98 Di Rudinì an de Launay, 15.4.1891, GP 7, Nr. 1410; italienische Version in DDI 2/XXIV, Nr. 221; Zitat GP 7, S. 75.
99 Aufzeichnung Caprivis, 23.4.1891, GP 7, Nr. 1412.

Dieser Artikel wurde infolge der deutschen Einwände weitgehend entschärft; nur der faktische, nicht der juristische Status quo in Nordafrika wurde abgesichert, und alle gemeinsamen Aktionen von einem vorhergehenden Einverständnis („accord préalable") abhängig gemacht. Auch lehnte die deutsche Diplomatie die verlangte Garantie für den Status quo auf dem Balkan ab. Damit war inhaltlich alles beim alten geblieben. Eine wesentliche Neuerung steuerte hingegen Kálnoky bei. Er meinte, der Dreibund solle eine sechsjährige Laufzeit erhalten und dann, falls er nicht von einer der verbündeten Regierungen ein Jahr vor Ablauf gekündigt werde, automatisch um weitere sechs Jahre verlängert werden.[100] Der Zweck dieser Bestimmung war vor allem, die bindende Wirkung der Allianz durch die längere Laufzeit zu verstärken; Kálnoky meinte zu Recht, es sei einfacher, eine Allianz bei Fälligkeit einfach ablaufen zu lassen, als sie aktiv kündigen zu müssen. Außerdem würden damit auch die italienischen Radikalen gebunden. Di Rudinì bezeichnete diese Bedingung zwar als „hassenswert", vielleicht auch, weil sie den italienischen Spielraum bei den Neuverhandlungen aufhob und den jetzigen Stand der Bedingungen festschrieb; den Vorteil, daß auch die Radikalen gebunden würden, sah aber auch er und erklärte sich deshalb einverstanden.[101] Außerdem wurde die zwölfjährige Laufzeit teilweise durch eine neue Bestimmung gemildert, den Artikel XIII, der vorsah, daß nach vorheriger Einigung dem Vertrag auch während der Laufzeit in Protokollform notwendig angesehene Änderungen hinzugefügt werden könnten. Allerdings war die Aussicht, auf diese Weise wesentliche Veränderungen durchsetzen zu können, natürlich sehr beschränkt.

Ein Protokoll mit zwei italienischen Wünschen wurde dem Vertrag direkt angehängt: die erwähnte Forderung Italiens nach wirtschaftlichen Vereinbarungen zwischen den Bündnispartnern, außerdem der ausdrückliche Wunsch, England möge den Bestimmungen über die Wahrung des Status quo in Nordafrika beitreten. Tatsächlich arbeitete in diesen Jahren England eng mit den Dreibundmächten zusammen und ließ diesen, vor allem aus französischer und russischer Perspektive, zeitweise wie einen Vierbund erscheinen.

---

100 Reuß an Caprivi, 21.4.1891, GP 7, Nr. 1411; de Launay an di Rudinì, 27.4.1891, DDI 2/XXIV, Nr. 242, gibt die Idee der stillschweigenden Verlängerung als seine aus.

101 Farini, Tagebucheintragung vom 7.5.1891, Bd. 1, S. 27, zitiert di Rudinìs Kommentar einen Tag nach der Unterzeichnung: „Questa clausola ... è odiosa perchè rende più difficile la denuncia. Ma come si fa: bisogna pure essere sicuri per un pezzo e prevedere il caso che i radicali giungessero al Governo impedendo loro fino da ora l'abbandono della Triplice." Gegenüber de Launay hatte di Rudinì sich wie folgt geäußert: „... ne pas trop insister pour la reconduction tacite en cas de non dénonciation. J'y avais pensé moi-même. Je me suis abstenu d'en faire la proposition par scrupule envers un futur ministre, qui se verrait obligé, pour se libérer à la fin de six ans, de procéder à la dénonciation, un acte qui a toujours quelque chose d'odieux." In: Di Rudinì an de Launay, 28.4.1891, DDI 2/XXIV, Nr. 244.

Der neue, jetzt vereinheitlichte Vertrag wurde am 6. Mai 1891 in Berlin von Caprivi, Széchényi und de Launay unterzeichnet.[102] Der Dreibund hatte die Form angenommen, die er, von geringfügigen Änderungen abgesehen, bis zu seinem Ende im Mai 1915 behalten sollte. Der – späterhin berühmteste – Artikel des Vertrages, nämlich über die Kompensationen, die Österreich-Ungarn im Fall von Balkanerwerbungen an Italien leisten sollte, erhielt nun die Nummer VII.

Auch war eine inzwischen obsolete Bestimmung der Realität angepaßt worden: Nach dem Artikel XII sollte nicht mehr die Existenz des Vertrages, sondern nur sein Inhalt geheim bleiben.

Di Rudinì gab die Erneuerung des Dreibundes 1891 im italienischen Parlament bekannt, um damit den gegen die Allianz polemisierenden Radikalen, besonders Imbriani und Cavallotti, den Wind aus den Segeln zu nehmen. Fast gleichzeitig gab Kaiser Wilhelm die Erneuerung einem Journalisten bekannt. Diese Nachricht wirkte international wie ein Fanal, zumal parallel dazu auch noch die englische Regierung sich in ungewöhnlicher Deutlichkeit für den Dreibund erklärte. Die internationalen Folgen dieses Vorgehens werden später nach ausführlicher zu besprechen sein.[103]

Dem eigentlichen Dreibundvertrag folgten, wie im Protokoll vereinbart, auch ökonomische Absprachen, vor allem Zollverträge, die das System des Schutzzolls durchbrachen.[104] Bedeutsam wurde beispielsweise die Ausweitung des Weinexports nach Österreich-Ungarn, was wegen der protektionistischen Neigungen der ungarischen Landwirtschaft ein besonders wertvolles Zugeständnis für Italien war. Die Franzosen hielten hingegen am Protektionismus fest und führten 1892 einen neuen Hochzolltarif ein. Zwar strichen sie parallel dazu auch den Kriegstarif gegen Italien, aber dies konnte die ablaufende Entwicklung nicht mehr wesentlich beeinflussen.[105] In diesen Jahren begann der italienische Export nach Deutschland rasant anzusteigen, während die Ausfuhren nach Frankreich fielen. Im Jahre 1895 löste Deutschland schließlich Frankreich als bedeutendsten Handelspartner Italiens ab. Der Dreibund war hier zumindest ein Auslöser und Trendverstärker; eine weitere Ursache lag auch darin, daß die deutsche wirtschaftliche Dynamik in jenen Jahren rasant zunahm und diejenige Frankreichs immer deutlicher hinter sich ließ. Allerdings entspannte sich die wirtschaftliche Lage Italiens noch nicht spürbar, im Gegenteil nahmen die finanziellen und sozialen Mißstände des Landes immer dramatischere Ausmaße an.

---

102 Siehe Anhang C. Text auch in: Pribram, Geheimverträge, S. 64–68; Protokoll S. 68/69; GP 7, Nr. 1426, Protokoll Nr. 1427; di Rudinì an Nigra, 6.5.1891, DDI 2/XXIV, Nr. 268, enthält nur die Nachricht der Unterzeichnung, nicht aber den Text des Vertrages.
103 Siehe unten, Kapitel III.1.c. Caprivi, die Politik des „Neuen Kurses" und die Gründung des russisch-französischen Zweibunds.
104 Italicus, Dreibundpolitik, S. 162.
105 Italicus, Dreibundpolitik, S. 162, 163.

> Beim Weggehen sagte mir der Marquis, sehr bedenklich erscheine ihm die im Lande herrschende Mißstimmung, die sich diesmal nicht gegen das Ministerium richte, denn im Grunde sei es den Leuten gleichgiltig, ob das Ministerium Giolitti, oder Crispi oder Rudinì heiße, sondern gegen die Institutionen des Landes und leider auch gegen den König selbst.
>
> Graf Solms, am 13. Oktober 1893

d) Das Ministerium Giolitti

Di Rudinì hatte zwar den Dreibund verlängert und Italiens außen- und kolonialpolitische Stellung konsolidieren können. Hingegen blieben seine Erfolge, das Gleichgewicht im Haushalt herzustellen, bescheiden. Besonders scheiterten alle seine Versuche, die Armeeausgaben zu reduzieren, obwohl sich gleichzeitig im Parlament eine förmliche Fraktion vornehmlich piemontesischer Abgeordneter gebildet hatte, die angesichts der kritischen finanziellen Situation des Landes nach Einsparungen im Armee-Etat verlangte.[106] Doch die Armee wollte nicht sparen, im Gegenteil, sie brauchte sogar noch mehr Geld als vorgesehen: Im Frühjahr 1892 verlangten Kriegsminister Pelloux und Generalstabschef Cosenz eine Erhöhung der außerordentlichen Militärausgaben um 13 Millionen Lire.[107] Di Rudinìs Finanzminister Colombo, der die riesige Haushaltslücke verzweifelt durch verschiedene kleine Einsparungen zu schließen suchte, war nicht bereit, die Armeeausgaben aufzustocken und trat zurück, und mit ihm das gesamte Kabinett.[108] Der Versuch einer Regierungsneubildung scheiterte; das zweite Kabinett Rudinì blieb in der Minderheit und demissionierte am 5. Mai 1892. Der König hatte durch seine strikte Opposition gegen jede Armeereduktionspläne wesentlich zum Mißerfolg di Rudinìs beigetragen.[109] Diese Haltung begann aber für das Prestige der Krone allmählich gefährlich zu werden, da der Vorwurf laut wurde, es handle sich bei den Armeeausgaben, ebenso wie beim Dreibund, nicht mehr um ein nationales, sondern nur noch um ein rein dynastisches Interesse. Und die Mischung aus Desinteresse und Ablehnung, die sich angesichts der desolaten wirtschaftlichen

---

106 Farini, Tagebucheintragung vom 16.4.1892, Bd. 1, S. 73.
107 Farini, Tagebucheintragung vom 16.4.1892, Bd. 1, S. 75.
108 Italicus, Dreibundpolitik, S. 164.
109 So urteilte, wohl zu Recht, di Rudinì gegenüber Bülow. In: Bülow an Caprivi, 20.2.1894, PA/AA, R 7738.

und sozialen Situation Italiens gegen die Regierung richtete, begann sich auch gegen die Institutionen und den König zu wenden.[110]

Da sich Crispi verweigerte, beauftragte Umberto statt di Rudinì den Piemontesen Giovanni Giolitti mit der Regierungsbildung. Der neue Ministerpräsident entstammte der *sinistra*; er hatte seinem König zugesichert, die Armee in unveränderter Stärke beizubehalten. Giolitti, im Jahre 1842 in Mondovì geboren, entstammte einer Beamtenfamilie; nach dem Jurastudium in Turin hatte er eine erfolgreiche Laufbahn zwischen Politik und Verwaltung durchlaufen. Giolitti, der im Kabinett Crispi Finanzminister gewesen war, war besonders kompetent in haushaltsrechtlichen und finanziellen Angelegenheiten. Und diese bildeten auch den Schwerpunkt seiner Regierung; es entstand sogar das Wort vom „finanziellen Risorgimento", das Giolitti herbeiführen sollte.

Giolitti hatte es leichter als di Rudinì, aus dem Ambiente der „sinistra moderata" heraus eine parlamentarische Mehrheit zu bilden; außerdem war er ein bedeutend geschickterer Parlamentarier und anders als der sizilianische Marquis nicht einem derart rigiden Ehrenkodex verpflichtet. Er verstand Politik stets als Kunst des Möglichen und scheute deshalb auch nicht vor opportunistischen oder auch drastischen Manövern am Rande der Legalität zurück. Ein opportunistischer Schritt war beispielsweise, dem König die Unversehrtheit der Armee zu versprechen und damit gegenüber di Rudinì einen entscheidenden Vorteil zu erringen. Außerdem verstand er es, sich bald schon eine solide parlamentarische Mehrheit und einen dauerhaften Anhang zu schaffen. Er setzte beim König vorgezogene Neuwahlen durch; diese liefen für ihn erfolgreich, und er verfügte im neuen Parlament über ein solides Fundament für seine Politik. Ein drastisches Manöver und eine Mißachtung der Rechte der Abgeordneten war es dann, direkt nach den Wahlen vom König eine Reihe von Gesetzen (catenaccio) verabschieden und diese erst im nachhinein vom Parlament billigen zu lassen.[111]

Die Zusammensetzung des Kabinetts Giolitti zeigte deutlich, wie sehr sich die Kluft zwischen Nord- und Süditalien verbreitert hatte. Dem fast gänzlich aus Süditalienern bestehenden Ministerium di Rudinì folgte eine Regierung, „welches zum großen Theil aus Nord-Italienern bestehe". Diese sei deshalb, so urteilte Graf Solms, „den Süd-Italienern verhaßt, welche bisher die dominirende Stellung eingenommen hatten. Crispi, Rudinì, Nicotera sind Süd-Italiener; sie arbeiten vereint gegen das Ministerium Giolitti"[112]. Zwar hatte die Spaltung des Landes zwischen Nord und Süd auch vorher schon bestanden;

---
110 Farini, Tagebucheintragung vom 17.4.1892, Bd. 1, S. 73 f.; Solms an Caprivi, 13.10.1893, PA/AA, R 7734.
111 Italicus, Dreibund, S. 171.
112 Solms an Caprivi, 8.10.1893, PA/AA, R 7734.

sie hatte sich aber infolge der Wirtschaftskrise und der unterschiedlichen ökonomischen Entwicklung weiter verschärft.[113]

Außenpolitisch steuerte Giolitti den Kurs di Rudinìs weiter: Festhalten am Dreibund, gleichzeitig der Versuch einer Entkrampfung des Verhältnisses zu Frankreich. Dies schien ihm zunächst sogar gut zu gelingen; die Franzosen nahmen 1892 an der Columbus-Feier in Genua mit einem Flottengeschwader teil, der König empfing französische Delegationen, und die Presse sprach bereits von einem zweiten Kronstadt. Und auch die Dreibundpartner hatten gegen die Verbesserungen der Beziehung zu Frankreich nichts einzuwenden. Zwar waren sie von Giolitti nicht begeistert – er wurde zu dieser Zeit bei den Bündnispartnern zumeist für einen Ehrgeizling und grauen Administrator ohne Ideen gehalten –, aber er galt immerhin als berechenbar und verläßlich. Als Pluspunkt der Regierung wurde auch Außenminister Benedetto Brin empfunden, ein Admiral, der zuvor Marineminister gewesen war. Er wurde von seinen Dreibundpartnern als nüchterner und „vorurtheilsloser Kenner seines Landes"[114] eingeschätzt, und Kaiser Wilhelm lobte Brin in einer Randbemerkung als „vortrefflichen Außen-Minister"[115].

Die Startbedingungen für Giolitti waren parlamentarisch, innen- und außenpolitisch besser als für di Rudinì. Doch das Debüt des Mannes, der nach der Jahrhundertwende zum unbestrittenen politischen Führer Italiens werden und einem Zeitalter seinen Namen geben sollte („L'Italia Giolittiana"), mißglückte vollkommen. Das erste Kabinett Giolitti wurde als das unglücklichste bezeichnet, das Italien jemals gehabt habe, als das „gabinetto infausto". Das Kabinett mußte mit Rückschlägen fertig werden wie zum Beispiel dem Tod von vier Ministern, die kurz nacheinander starben; die Neubesetzungen waren mit einer Schwächung der Regierungsmannschaft verbunden. Doch die wahre Ursache von Giolittis Scheitern lag in der katastrophalen wirtschaftlichen und sozialen Entwicklung in Italien, die im Jahr 1893 so dramatische Züge anzunehmen begann, daß diplomatische Beobachter schon zu zweifeln begannen, ob der italienische Einheitsstaat diese Krise überstehen werde. Zu den traurigen Höhepunkten dieser Entwicklung gehörte der Zusammenbruch der Banca Romana, einer der italienischen Notenbanken; dieser war mehr als nur eine isolierte Bankenpleite, sondern eine Krisis des gesamten italienischen Finanzsystems und eine Vertrauenskrise allergrößten Maßstabs, da zahlreiche Politiker in dubiose Geschäfte mit dieser Bank ver-

---

113 Eulenburg an Hohenlohe, 17.1.1895, PA/AA, R 7741, mit einer interessanten Einschätzung Kálnokys des italienischen Nord-Süd-Gegensatzes; die norditalienische Bevölkerung wende sich zunehmend gegen die Belastung durch die „süditalienischen und sizilianischen Hungerleider".
114 Eperjesy an Kálnoky, 5.10.1893, HHStA, PA XI, 112.
115 Randbemerkung des Kaisers auf einem Bericht Solms an Caprivi, 29.11.1893, PA/AA, R 7735.

wickelt waren und sich ihre Wahlkämpfe von ihr hatten finanzieren lassen. Giolitti selbst war zweifach in den Zusammenbruch dieser Bank involviert; er wurde beschuldigt, als Finanzminister Crispis ein wichtiges Gutachten, die „Relazione Biagini", gekannt zu haben, in dem über den kritischen Zustand der Bank informiert worden war, ohne indes etwas unternommen zu haben. Der zweite Punkt war, daß er den Direktor der Banca Romana, Tanlongo, zum Senator gemacht hatte, kurz bevor die Bank zusammenbrach. Tanlongo blieb von Haft verschont und drohte straffrei auszugehen, was im In- und Ausland als Symbol der absoluten Verderbtheit der politischen Führungsschicht angesehen wurde. Der Zusammenbruch der Banca Romana zog den Konkurs weiterer Banken nach sich, wie beispielsweise des Credito Mobiliare; auch der Kurs der italienischen Staatsanleihen erreichte einen neuen Tiefpunkt.

War schon diese politisch-finanziell-moralische Krise ein ernstes Symptom für die Schwierigkeiten, in denen Italien sich befand, begann es auch in Süditalien zu gären. Die durch den Handelskrieg mit Frankreich entstandene ökonomische Krise in Süditalien führte zu einer sozialen Protestbewegung, in der sich sozialistische und anarchistische Gedanken mit schierer Verzweiflung mischten: Im Herbst 1893 bildeten sich die „fasci siciliani", bewaffnete Aufstandsbewegungen auf Sizilien. Den führenden Kreisen in Rom schien der Einheitsstaat in Gefahr. Und gleichzeitig brachen die Hoffnungen auf einen Ausgleich mit Frankreich zusammen; in der Regierungszeit Giolittis erreichte das italienisch-französische Verhältnis sogar einen historischen Tiefstand.

Diese drei Entwicklungen spiegelten die sozialen, ökonomischen und politischen Nöte wider, in denen sich Italien befand und in denen außen- und innenpolitische Faktoren zusammenflossen. Die außenpolitische Grundorientierung des Landes, das heißt der Dreibund, war ein wesentlicher Teil dieses Bildes. Die akuten wirtschaftlichen und finanziellen Schwierigkeiten des Landes wurden zwar durch die ökonomische Rückständigkeit oder durch Strukturschwächen wie das chaotische Bankensystem bedingt. Andererseits waren diese Probleme, ebenso wie die Not in Süditalien, durch den Handelskrieg mit Frankreich verschärft, wenn nicht sogar erst zum Ausbruch gebracht worden. Die außenpolitische Lage wirkte mächtig auf die gesamte innenpolitische und wirtschaftliche Entwicklung des Landes.

Die gesamte Regierungszeit Giolittis stand ganz im Zeichen dieser Krisen, für die der Ministerpräsident eigentlich nicht hätte allein verantwortlich gemacht werden dürfen. Das galt besonders für den erneuten Tiefpunkt der französisch-italienischen Beziehungen nach dem Pogrom von Aigues-Mortes.

> È una vera sventura! Una fatalità – Questi fatti scavano abissi profondi fra le nazioni.
>
> Crispi, am 22. August 1893

e) Italienisch-französische Kriegsgefahr? Das anti-italienische Pogrom von Aigues-Mortes 1893 und seine Folgen

Diese erneuten Schwierigkeiten, nachdem es zeitweise eher nach Entspannung ausgesehen hatte, gingen diesmal nicht von einer der beiden Regierungen aus. Es handelte sich vielmehr um ein lokales Ereignis, das dann auch in der „großen Politik" gewaltige Wellen schlug. Ähnlich wie bei den Krawallen von Marseille im Jahre 1881 vermischten sich auch diesmal soziale mit nationalen Spannungen zu einem gefährlichen Gemisch. In Aigues-Mortes, einem Städtchen zwischen Marseille und Montpellier, hatten sich zirka 400 italienische Arbeiter bereit gefunden, zu einem billigeren Tarif als die Franzosen in den dortigen Salinen zu arbeiten. Die in ihrer Existenz bedrohten französischen Arbeiter begannen daraufhin am 16. August 1893 eine regelrechte Menschenjagd auf die Italiener, die sich in einer Bäckerei verschanzen mußten. Die Behörden blieben weitgehend passiv oder ohnmächtig; verwundeten Italienern wurde die Aufnahme in die Marseiller Krankenhäuser verweigert. Der Bürgermeister von Aigues-Mortes brachte schließlich einen Erlaß heraus, in der er die randalierende französische Bevölkerung beschwor, mit diesen Exzessen aufzuhören; sie hätten schließlich ihr Ziel erreicht, alle Italiener seien geflohen, Aigues-Mortes sei italienerfrei. Erst am 18. August stellten französische Truppen die Ordnung wieder her. Die Angaben über die Zahl der Opfer schwankten; die vom italienischen Generalkonsul in Marseille, Durando, ermittelten und wahrscheinlich zutreffenden Zahlen lagen bei 7 Toten und 34 Verletzten.[116]

Als diese Nachrichten von der „caccia agli italiani" in Italien bekannt wurden, war die Empörung groß, und zwar auch in den Kreisen der Regierung. Dort war man sich zwar im klaren darüber, daß die französische Regierung an dem Krawall selbst schuldlos war, verstand es aber nicht, warum nicht sofort von offizieller Seite das ausdrückliche Bedauern erklärt und eine Untersuchungskommission eingesetzt wurde mit dem Ziel, die Vorgänge restlos aufzuklären und die Schuldigen zu bestrafen. Außenminister Brin wandte sich auch an die Verbündeten mit der Bitte um Unterstützung. Während er in Ber-

---

[116] Zitiert in: Eperjesy an Kálnoky, 24.8.1893, HHStA, PA XI, 112. Diese Zahl wird wahrscheinlich eher zutreffen als die anderen Schätzungen; Italicus, Dreibundpolitik, S. 173, zitiert Schultheß und Billot: 7 Tote, 37 bzw. 27 Verwundete sowie Cilibrizzi: 30 Tote, über 100 Verwundete; ihm folgend Candeloro, Storia 6, S. 430–431.

L'ILLUSTRAZIONE ITALIANA

Anno XX. - N. 35. - 27 Agosto 1893. Centesimi Cinquanta il Numero.

Per tutti gli articoli e i disegni è riservata la proprietà letteraria ed artistica, secondo la legge e i trattati internazionali.

GLI ECCIDII DI AIGUESMORTES: LA PRIMA AGGRESSIONE ALLE SALINE DELLA "FANGOUSE."
(Disegno di Gino Starace, da schizzi di Ed. Ximenes, appositamente recatosi sui luoghi.)

6. Das anti-italienische Pogrom von Aigues-Mortes vom 16. August 1893, ein Überfall französischer Arbeiter auf ca. 400 italienische Gastarbeiter, die zu niedrigeren Löhnen in den dortigen Salinen zu arbeiten bereit waren, war ein absoluter Tiefpunkt im französisch-italienischen Verhältnis. In diesen Monaten wurde befürchtet, die Spannungen zwischen beiden Mächten würden zu einem Krieg führen. Die Abbildung stammt aus der „Illustrazione Italiana", die einen Korrespondenten nach Aigues-Mortes entsandt hatte.

lin abschlägig beschieden wurde – die deutsche Regierung wollte auf Paris keine Pression ausüben und die Sache als exklusiv italienisch-französische Angelegenheit behandelt wissen – kam Kálnoky zu Hilfe und forderte die französische Regierung auf, Genugtuung zu leisten.

Allerdings hatte das Bekanntwerden des Pogroms und das Ausbleiben sofortiger französischer Gegenmaßnahmen in Italien gewalttätige Reaktionen provoziert. Vom 19. bis zum 21. August 1893 kam es in vielen italienischen Städten zu antifranzösischen Ausschreitungen. In Rom richtete sich die Wut der Menge vor allem gegen den Palazzo Farnese, den Sitz der französischen Botschaft. Der Palazzo wurde regelrecht belagert; die Menge warf die Fenster ein, versuchte die Türen aufzubrechen und Brandsätze in das Gebäude zu werfen. Dabei erschallten Rufe wie „Abbasso la Francia", „Viva la Triplice!", „Viva Sedan!"[117] Polizei und Militär riegelten die Botschaft dann aber rasch und effektiv ab. Der Unmut der Bevölkerung richtete sich gegen alles Französische, dessen sie habhaft werden konnte; überall in der Stadt wurden französische Wappen und Insignien verwüstet. Auch in Messina, Genua, Neapel, Palermo, Mailand und vielen anderen Städten kam es zu teilweise gewalttätigen Demonstrationen.

Brin versuchte seinerseits, den Franzosen ein Entgegenkommen zu erleichtern; so wurden beispielsweise die Präfekten von Rom und Neapel sowie der römische Quästor und der zuständige Polizeikommissar sofort suspendiert. Doch erst nach mehreren Tagen konnte sich die französische Regierung zu einer Antwort entschließen. Als bekannt wurde, daß die französische Regierung den Bürgermeister von Aigues-Mortes suspendiert, energische Gegenmaßnahmen und Entschädigungen versprochen hatte, legte sich die erste Aufregung; Außenminister Brin erklärte den Vorfall sogar schon für „erledigt".[118] Jedoch zu schnell, wie sich herausstellte, da am 24. August 1893 französischerseits erklärt wurde, der Bürgermeister habe die Italiener unter Lebensgefahr verteidigt und deshalb würde er nur suspendiert, aber nicht entlassen. Damit war die Debatte in Italien wieder voll entbrannt.

Das Problem dabei war, daß der Bürgermeister von Aigues-Mortes tatsächlich versucht hatte, den Italienern zu helfen. Nach der Untersuchung des italienischen Konsuls hatte er sich sogar als einziger französischer Beamter tatkräftig für die verfolgten Italiener eingesetzt und diese unter Lebensgefahr verteidigt; er war auch durch Steinwürfe verletzt worden. Sein kritisiertes Manifest war ein verzweifelter Versuch gewesen, die tobende und außer Kontrolle geratene Menge zu beruhigen. Daß die Enthebung des Maire deshalb

---

117 Italicus, Dreibundpolitik, S. 173; Bericht Bruck. Siehe auch die Illustrationen antifranzösischer Unruhen in der „Illustrazione Italiana" N. 35, 27.8.1893.
118 Farini, Tagebucheintragung vom 22.8.1893, Bd. 1, S. 320 f.; Solms an Auswärtiges Amt, 22.8.1893, GP 7, Nr. 1448.

nicht berechtigt gewesen wäre, sah auch Brin ein.[119] Aber in Italien verlangte die aufgebrachte Bevölkerung nach Sühne für die Vorfälle. Um so mehr deshalb, weil schließlich italienischerseits die Präfekten von Rom und Neapel entlassen worden waren und diese italienische Vorleistung ohne französisches Äquivalent zu bleiben drohte. Als der Bürgermeister von Aigues-Mortes wieder in sein Amt eingesetzt wurde und auch Ende Dezember 1893 ein Schwurgericht in Angoulême alle angeklagten Anstifter des Pogroms – sogar die Geständigen![120] – freisprach und lediglich 420.000 Francs Schadenersatz bewilligte, waren die Präfekten von Rom und Neapel tatsächlich die einzigen, die für die Tat gebüßt hatten. Während die Wiedereinsetzung des Maire berechtigt gewesen sein mag, wurde der Prozeß von Angoulême von den Zeitgenossen als „schreiender Rechtsbruch"[121] empfunden. Dieses Urteil wie überhaupt die Vorfälle in Aigues-Mortes waren auch vielen Franzosen überaus peinlich. Eine noch im August 1893 verfaßte Reportage aus dem Städtchen seitens eines Journalisten der „Illustrazione Italiana" zeigt die bleierne Betroffenheit und Scham der Einwohner; niemand wollte beteiligt gewesen sein, niemand etwas gegen Italiener gehabt haben; andererseits trauerte den italienischen Gastarbeitern auch niemand nach. „Sollen Sie doch zu ihren Freunden, den Deutschen gehen!", war der erhellende Kommentar eines Einheimischen.[122] Casimir Périer, der französische Premier- und Außenminister, erklärte Ende Dezember 1893 das Urteil von Angoulême dadurch, daß der italienische Generalkonsul Durando während des Prozesses anwesend war und die Geschworenen dachten, auf sie solle Druck ausgeübt werden; das Fehlurteil erklärte er sich demnach als politische Trotzreaktion.

Damit war dieses Urteil vielleicht zu erklären, nicht aber zu entschuldigen. Die Zeitgenossen zeigten sich besorgt über den Zustand der französischen Rechtsprechung. Graf Münster, der deutsche Botschafter in Paris, bemängelte, daß der französische Richterstand seine Unabhängigkeit von der Politik immer weiter verliere und sah darin ein besorgniserregendes Schwinden des französischen Rechtsbewußtseins.[123] Tatsächlich war, wie wenig später der Dreyfus-Prozeß zeigen sollte, die Suche nach Gerechtigkeit in Frankreich von nationalistischen Erwägungen abhängig geworden. Münster sah darin auch ein besorgniserregendes Symptom dafür, daß Nationalgefühl immer mehr in Nationalhaß umschlage und dieser eine „wirkliche Kriegsgefahr" bilde.

Das italienisch-französische Verhältnis verschlechterte sich katastrophal, wozu auch ein weiterer, von dem Pogrom unabhängiger Vorfall beitrug, dessen Ursprung bereits im Frühjahr 1893 lag. Wilhelm II. war im April 1893 bei

---

119 Solms an Caprivi, 15.10.1893, PA/AA, R 7734.
120 Farini, Tagebucheintragung vom 30.12.1893, Bd. 1, S. 377.
121 Münster an Caprivi, 6.1.1894, GP 7, Nr. 1455.
122 Illustrazione Italiana N. 35, 27.8.1893, Bericht von Edoardo Ximenes, S. 130 ff.
123 Münster an Caprivi, 6.1.1894, GP 7, Nr. 1455.

glänzenden Feierlichkeiten anläßlich der Silberhochzeit Umbertos und Margheritas in Italien zu Gast gewesen und hatte den Kronprinz, Vittorio Emanuele, zu den diesjährigen Kaisermanövern nach Deutschland eingeladen. König Umberto hatte diese als freundliche Geste gemeinte Einladung seines Sohnes sofort und erfreut angenommen. Erst im Juni, als Botschafter Solms die offizielle Einladung übergab, stellte sich dann heraus, daß die Manöver diesmal in Lothringen, in der Gegend von Metz, stattfinden sollten. Brin und auch Giolitti war sofort klar, daß dies allerschwerste Verstimmungen in Frankreich zur Folge haben werde.[124] Brin befürchtete, der Kaiser werde auf dem Kriegsschauplatz von 1870 Erinnerungsreden halten und damit bei den Franzosen ungute Gefühle erzeugen, die, angesichts des Aufenthaltes des Prinzen von Neapel, auch die friedlichen Absichten des Dreibunds in einem eigenartigen Licht erscheinen lassen könnten.[125] Besonders der italienische Botschafter in Paris, Ressmann, riet angesichts des prekären Standes der italienisch-französischen Beziehungen und der gerade erreichten oberflächlichen Beruhigung dringend von dieser Provokation der Franzosen ab.[126] Aber der italienische Botschafter in Berlin, Lanza, der Nachfolger des am 7. Januar 1892 verstorbenen de Launay, meinte, die deutsche Seite werde auf einen solchen Versuch, Metz auszuklammern, sehr empfindlich reagieren; Lothringen sei schließlich legaler Besitz des Deutschen Kaiserreiches. Auch sei die Sache ähnlich gelagert wie die römische Frage, in der von deutscher Seite doch bisher immer viel Entgegenkommen gezeigt worden sei. Zwar sei die Reise nach Metz inopportun, doch sei es im Zweifelsfall besser, sie jetzt ohne Wenn und Aber durchzuführen als sie unter nicht glaubhaften Ausreden abzusagen.[127] Auch weigerte sich König Umberto, egal aus welchen Gründen, seine einmal gegebene Zusage zurückzunehmen. Brin versuchte daraufhin Caprivi davon zu überzeugen, die Einladung wegen ihres provokatorischen Charakters zu modifizieren, was dieser jedoch ablehnte. Außerhalb des Ambientes der Krone wurde der Besuch in Italien überwiegend für unklug gehalten. Nicht nur die Radikalen, sondern auch die Moderaten kritisierten die Aktion scharf.[128] Brin und Giolitti blieb jedoch angesichts der deutschen Ablehnung nichts anderes übrig, als fatalistisch auf die mit Sicherheit zu erwartenden negativen französischen Reaktionen zu warten.

---

124 Es ist symptomatisch, daß seinerzeit Crispi eine ähnliche Reise sogar als Casus belli ins Spiel zu bringen versucht hatte. Siehe dazu oben, S. 272–274.
125 Brin an Lanza, 22.6.1893, ASMAE, Cassette Verdi, Cassetta 1d, Nr. 4.
126 Ressmann an Brin, 25.6.1893, ebenda, Nr. 10; Arco an Caprivi, 19.8.1893, GP 7, Nr. 1446. Auch anderen italienischen Diplomaten schien es ratsamer, der Prinz von Neapel möge sich unter einem beliebigen Vorwand („sous un prétexte quelconque") von dem Manöver entschuldigen. Beispiel: Dalla Valle an Brin, 23.6.1893, ASMAE, Triplice Alleanza, Cassetta 1d, Nr. 5.
127 Lanza an Brin, 25.6.1893, ebenda, Nr. 9.
128 Dazu Farini, Tagebucheintragung vom 10.9.1893, Bd. 1, S. 323.

Der Besuch fand in Metz am 3. September 1893 statt; mit gewaltigem Pomp zogen Kaiser Wilhelm und der Prinz von Neapel in die Stadt ein. Der Besuch, der ohnehin in Frankreich als eine Provokation empfunden worden wäre, wirkte doppelt im Zusammenhang mit dem Streit um Aigues-Mortes. Deshalb wurde auch in Italien befürchtet, die Pogrome gegen italienische Gastarbeiter könnten sich an anderer Stelle wiederholen; schließlich könne Frankreich nicht, so meinte Brin, jeden italienischen Arbeiter mit permanenter Gendarmerie-Begleitung umgeben.[129]

Auch international wurde der Besuch sehr kritisch bewertet.[130] So bemängelte beispielsweise der inzwischen als Kommandierender General nach Altona abgeschobene Graf Waldersee, daß der Besuch des italienischen Prinzen in Metz falsch gewesen sei und dieses Prahlen mit der Stärke des Dreibunds das Bündnis Frankreichs mit Rußland nur verfestigen werde.[131] Tatsächlich blieb eine entsprechende Geste des russisch-französischen Zweibunds nicht aus. Am 12. September 1893 lief ein russisches Flottengeschwader in Toulon ein und wurde herzlich begrüßt; in der französischen Presse erhob sich sogar die Forderung, den Russen einen ständigen Stützpunkt, zum Beispiel auf Korsika, zur Verfügung zu stellen. Allerdings wurde den Russen die Sache unheimlich, und sie mahnten die Franzosen zur Besonnenheit. Parallel dazu verlegten auch die Engländer aus Gründen des maritimen Gleichgewichts Einheiten ins Mittelmeer, die auch italienische Häfen besuchten.[132] Diese gesamte Entwicklung verschärfte den italienisch-französischen Gegensatz und trieb ihn auf einen neuen Höhepunkt. Im September und Anfang Oktober

---

129 Eperjesy an Kálnoky, 14.9.1893, HHStA, PA XI, 112.
130 In diplomatischen Kreisen war übrigens bekannt, daß der Besuch auf eine deutsche, nicht auf eine italienische Initiative zurückging; schon im Juni 1893 waren die Meldungen über den bevorstehenden Besuch in französischen Zeitungen zu lesen gewesen. In: Arco an Caprivi, 19.8.1893, GP 7, Nr. 1446. Der Zar empfand die Einladung als einen „unqualifizierbaren Mangel an Takt", zitiert bei Italicus, Dreibund, S. 174. Besonders vehement war die Reaktion in Frankreich; die gesamte französische Presse empfand den Besuch als „una indimenticabile ingiuria" („ein unverzeihliches Unrecht"), siehe Farini, Tagebuch-Eintragung vom 10.9.1893, Bd. 1, S. 323. Selbst die österreichische Diplomatie empfand die Einladung nach Metz als zwar gutgemeint, aber wegen der innenitalienischen Opposition und wegen der französischen Überreizung als ein „Danaergeschenk für Giolitti", in: Eperjesy an Kálnoky, 14.9.1893, HHStA, PA XI, 112.
131 Waldersee, Denkwürdigkeiten 2, S. 293, 294, Eintragung vom 20.9.1893: „Daß der Kronprinz von Italien mit in den Reichslanden war, halte ich für falsch; es kann nichts nützen, wohl aber viel schaden. Es kommt mir so vor, als ob man die russisch-französische Allianz als etwas fest Bestehendes und nicht mehr zu Änderndes ansieht und nun mit der Stärke des Dreibundes großtut. Das ist eine sehr verkehrte Politik, die weit eher den Krieg, als die Erhaltung des Friedens zur Folge haben kann. Denn ich halte es für undenkbar, daß Kaiser Alexander gern auf ein Bündnis mit Frankreich eingeht; er findet sich vielmehr dazu durch unser fortwährendes Betonen des Dreibundes und durch unsere Polenpolitik gedrängt."
132 Farini, Tagebucheintragung vom 12.9.1893, Bd. 1, S: 324 f.

1893 kursierten in diplomatischen Kreisen ständige Gerüchte, ein kriegerischer Konflikt beider Länder stehe unmittelbar bevor. Diese Befürchtungen gingen zu einem guten Teil auf den italienischen Botschafter in Paris, Ressmann, zurück. Dieser beurteilte den Stand der französisch-italienischen Beziehungen sehr pessimistisch und glaubte offenbar nicht mehr an einen friedlichen Ausgang der gegenwärtigen Spannungen. Außerdem dürfte sein Ziel gewesen sein, mit Hinweisen auf die Kriegsgefahr der französischen Regierung Angst zu machen, um sie damit in der Aigues-Mortes-Angelegenheit zu größerer Nachgiebigkeit zu bewegen und außerdem eine Modifikation der überaus unfreundlichen Finanzpolitik gegenüber Italien herbeizuführen. In diesen Monaten waren die italienischen Anleihen nämlich erneut zum Spielball französischer Baissespekulanten geworden und auf einen niedrigeren Stand als nach den Niederlagen von Custozza und Lissa im Jahre 1866 gefallen.[133] Die Verbündeten mußten dieser Entwicklung machtlos zusehen.[134] Übrigens unterstrich Ressmann auch gegenüber seinem deutschen Kollegen die Kriegsgefahren, die er als riesengroß darstellte. Durch Meldungen, wie daß die Friedenszuversicht König Umbertos „erschüttert" sei[135], versuchte er die Deutschen zum diplomatischen Schulterschluß zu bringen und sich ihre Unterstützung zu sichern. Dem französischen Botschafter in Rom, Billot, sagte Ressmann offen, „eine Fortsetzung der bisherigen französischen Politik gegen Italien werde nicht, wie die Absicht scheine, zu Bankrott und Revolution in Italien, sondern zum Krieg führen ... Herr Ressmann ist überzeugt, daß Frankreich keinen Krieg will, weil es im Frieden Italien langsam, aber sicher ruiniere, dieser Zustand sei kaum länger zu ertragen"[136]. Infolge dieser Alarmrufe Ressmanns waren seine deutschen Gesprächspartner sehr nachdenklich geworden, obwohl sie ihn für einen übertriebenen Pessimisten hielten, und riefen ihm den defensiven Charakter des Dreibunds mahnend ins Gedächtnis. Bei den Franzosen erreichte Ressmann durch seine Drohungen mit dem erregten italienischen Nationalgefühl eine beträchtliche Verunsicherung, und die Befürchtung vor einem „coup de tête italien" nahm zu. Selbstkritisch gaben auch die Gebrüder Rothschild als eines der führenden französischen Bankhäuser zu, es sei „eine große Ungeschicklichkeit der hiesigen finanziellen Kreise gewesen, daß dieselben auf jede Weise versucht hätten, die italienische Rente zu werfen ... Die finanziellen Verlegenheiten Italiens seien

---

133 Bülow, Denkwürdigkeiten 4, S. 652.
134 Reuss an Caprivi, 4.11.1893, PA/AA, R 7735: Kálnoky sagte nach einer Schilderung der italienischen Finanznot: „Leider habe Österreich-Ungarn nicht die Mittel, Italien in dieser Hinsicht zu Hülfe zu kommen. ..... er könne .... nur durch Zuspruch helfen."
135 Bruck an Kálnoky, 25.11.1893, HHStA, PA XI, 112; Münster an Caprivi, 27.9.1893, GP 7, Nr. 1451.
136 Schoen an das Auswärtige Amt, 6.10.1893, GP 7, Nr. 1452.

so schon groß genug, die Stimmung in Italien könne geradezu für den Frieden in Europa gefährlich werden."[137]

Selbst in der Ära Crispi war das Verhältnis zu Frankreich nicht derart gespannt gewesen. Giolitti und auch Brin gelang es trotz guten Willens und auch richtiger Einsichten nicht, das Verhältnis zu entkrampfen. Auch psychologisch hatte sich in Italien inzwischen ein allgemeiner Argwohn gegen Frankreich ausgebreitet; selbst die Unruhen in Sizilien wurden nicht mit den sozialen Problemen erklärt, sondern als von Frankreich finanzierte und von seinen Agenten inszenierte Putschversuche interpretiert.

Das Kabinett Giolitti mußte mit all diesen Widrigkeiten fertigwerden. Im Herbst 1893 wirkte es bereits wie ein Kabinett auf Abruf, das nur durch die Uneinigkeit der Opposition noch weiter existieren könne. Die Kammer wurde aus Angst vor einer Wiederkehr Crispis an die Macht zusammengehalten; Brin, der sich mit Giolitti inzwischen im Dissens befand, sagte, Crispi werde als „Vogelscheuche" benutzt, als die Schreckfigur, mit der die Regierung die Abgeordneten zur Gefolgschaft zwinge. Die Stimmung im Land war aber, so urteilte zumindest Botschafter Graf Solms, eine andere – nämlich pro Crispi.[138]

Den Todesstoß erhielt das Kabinett Giolitti dann durch die Bankenfrage. Ein parlamentarischer Ausschuß, genannt das „Kommitee der Sieben" war zu Jahresanfang beauftragt worden, einen detaillierten Bericht über die Zustände der italienischen Notenbanken zu erstellen. Dieses Gutachten lag am 23. November, bei der Wiedereröffnung der Kammer, vor, und Imbriani verlangte die sofortige Verlesung. Der Bericht enthüllte eine finanzielle Katastrophe; vier Banken standen vor dem Bankrott; zahlreiche Abgeordnete und Journalisten waren rettungslos kompromittiert. Es wurden auch verschiedene Vorwürfe gegen Giolitti laut. Ihm wurde vorgehalten, er habe sich einen Wahlkampf von der Bank finanzieren lassen; und er wurde beschuldigt, daß er Tanlongo, den ehemaligen Direktor der Banca Romana, zum Senator gemacht habe, obwohl er, wie der Bericht nachwies, noch als Schatzminister Crispis von den Verhältnissen in der Banca Romana hätte wissen können und wahrscheinlich auch gewußt habe. Er wurde darüber hinaus verdächtigt, Beweismaterial gegen Tanlongo und seine Komplizen beiseite geschafft zu haben.[139] Am nächsten Tag trat Giolitti zurück; Imbriani erhob sich, um ihn zu beschimpfen; die Rufe „Ladri!" – „Diebe!" und „Malfattore!" – „Verbrecher!" klangen ihm nach. Das „gabinetto infausto" war zu Ende.[140]

---

137 Münster an Caprivi, 27.9.1893, GP 7, Nr. 1451.
138 Solms an Caprivi, 3.11.1893, PA/AA, R 7735.
139 Bruck an Kálnoky, 25.11.1893, HHStA, PA XI, 112.
140 Italicus, Dreibundpolitik, S. 176.

Giolittis Abgang war nichts weniger als ruhmreich.[141] Allgemein wurde seine staatsmännische Begabung in Zweifel gezogen.[142] Die Ansicht, er sei ein zweifelhafter, von bedenkenlosem Ehrgeiz zerfressener Charakter, nahm sogar noch zu, als er Ende 1894 seine Gegner durch weitere Enthüllungen in dem Bankskandal schockierte. In einem römischen Salon charakterisierte der Bürgermeister von Rom, der Duca di Sermoneta, Giolitti unter allgemeinem Beifall mit den Worten: „Una mortadella di Bologna, mezzo asino, mezzo porco."[143] Aus Furcht vor Verhaftung reiste Giolitti schließlich sogar zu einem Verwandtenbesuch nach Deutschland. Im Dezember 1893 galt Giolitti, der seine Karriere in Wahrheit noch vor sich hatte, in den politischen Kreisen Roms „als ein für immer erledigter Mann"[144].

> Man würde es auch in Rußland ... nicht gerne sehen, wenn im französischen Cabinet ein in die Revolutionskriege verwickelter Pole Minister des Äußeren würde.
>
> Bruck, am 10. Dezember 1893

f) Zanardellis Versuch einer Regierungsbildung, die österreichische Intervention und die Wiederberufung Crispis

Die parlamentarische Niederlage Giolittis ließ den König in einer äußerst schwierigen Lage zurück, da völlig unklar war, wer die Neubildung einer Regierung bewerkstelligen könne. Eines stand für Umberto fest: Die Wiederberufung Giolittis war derzeit unmöglich („Ora è impossibile")[145]. Und die Prämissen des Königs und seiner Umgebung – erneut spielte Senatspräsident Farini, der Freund und Ratgeber des Königs, eine herausragende Rolle – erschwerten jede Entscheidungsfindung weiter.[146] Hier spielte vor allem die Abrüstungsfrage eine Rolle.

---

141 Bruck an Kálnoky, 25.11.1893, HHStA, PA XI, 112.
142 Farini, Tagebucheintragung vom 24.11.1893, Bd. 1, S. 333, zitiert Ponzo Vaglia, den „primo aiutante di campo del Re", mit der Frage: „Tolto la facciata, ti pare che dietro vi sia qualche cosa d'uomo di Stato nel Giolitti?"
143 Bülow an Hohenlohe, 22.12.1894, PA/AA, R 7741; auch in: Bülow, Denkwürdigkeiten 2, S. 59.
144 Ebd.
145 Farini, Tagebucheintragung vom 24.11.1893, Bd. 1, S. 335.
146 So wurde beispielsweise Brin von Farini, für den die Unversehrtheit der Armee und Flotte ein Sakrileg war, für einen bloßen „Ehrgeizling" („un ambizioso" mit Absichten auf einen Ministerposten in einem neuen Kabinett di Rudinì) gehalten, weil er eine Ersparnis von 15 Millionen Lire beim Heer für unumgänglich, von 5 Millionen bei der Marine für sogar leicht möglich (Brin war Admiral!) hielt. In: Farini, Tagebucheintragung vom 6.12.1893, Bd. 1, S. 354.

Die parlamentarische Situation legte es nahe, Giuseppe Zanardelli mit der Regierungsbildung zu beauftragen; er schien der einzige, der überhaupt noch ein Kabinett zusammenstellen könne, und außerdem hatte er zugesichert, Armee und Flotte auf dem gegenwärtigen Stand beizubehalten.[147] Im Land selbst war Crispi populär; er wurde, beispielsweise von Außenminister Brin, in der Kombination mit dem tüchtigen Finanzmann Saracco als wünschenswerter neuer Premier geradezu ersehnt.[148] Der König stand vor einer schweren Entscheidung. Um sich einen Eindruck zu verschaffen, führte er mit den herausragenden Persönlichkeiten des Parlaments eine Reihe von Gesprächen über die möglichen Auswege aus der Krise. Crispi wollte, wie er seinem Monarchen darlegte, die finanzielle Misere durch die Einführung von neuen Abgaben in Höhe von 150 Millionen Lire beheben; das Heer sollte selbst um den Preis höherer Steuern unangetastet bleiben. Italien sei reich, meinte er, und könne zahlen. Zwar erregte Crispis Mißachtung finanzieller Gesetzmäßigkeiten berechtigte Skepsis,[149] trotzdem war der König beeindruckt und urteilte: „Insomma è il programma di un uomo."[150]

Einen weniger günstigen Eindruck machte Zanardelli. Im Gespräch gewann Senatspräsident Farini den Eindruck, Zanardelli habe Angst vor den Radikalen, vor allem vor Cavallotti, der ihn zwei Tage zuvor im Parlament „mit Insulten überhäuft" habe[151], und sei frankophil. Das mißfiel ihm zutiefst; „Poveri noi!" schrieb er bei der Vorstellung, in diesem Mann den kommenden Ministerpräsidenten sehen zu müssen.[152] Der negative Eindruck verstärkte sich weiter, als Zanardelli, vom König mit der Bildung eines Kabinetts beauftragt, diesem drei Kandidaten für den Posten des Außenministers vorlegte. Von den dreien gefiel dem König der General Oreste Baratieri am besten. Der General war einer von Garibaldis „Mille" gewesen und jetzt ein erfolgreicher Truppenführer in Afrika, aber gleichzeitig auch gebürtiger Trientiner und als

---

147 Solms an Caprivi, 29.11.1893, PA/AA, R 7735.
148 Solms an Caprivi, 3.11.1893, PA/AA, R 7735. Die Ansicht Brins, der König lehne eine Berufung Crispis ab, korrespondiert nicht mit den anderen Quellen, zum Beispiel mit Farini, Tagebucheintragung vom 27.11.1893, Bd. 1, S. 339, oder 7.12.1893, ebenda, S. 357.
149 Brin urteilte: „Crispi habe sich dem Könige gegenüber sehr ruhig ausgesprochen, sowohl über die äußere, wie über die innere Politik wirklich staatsmännische Ideen entwickelt; sobald er aber an die Finanzen gekommen sei, sei er wieder ganz in die alten Irrthümer verfallen, daß Italien Geld in Menge habe und reich genug sei, um noch alle möglichen Steuern aufzubringen, Armee und Flotte zu verstärken." In: Solms an Caprivi, 29.11.1893, PA/AA, R 7735.
150 Farini, Tagebucheintragung vom 27.11.1893, Bd. 1, S. 339.
151 Solms an Caprivi, 24.11.1893, PA/AA, R 7735.
152 Farini, Tagebucheintragung vom 28.11.93, Bd. 1, S. 342. Zanardelli begründete ihm seinen Plan, Saracco zum Außenminister zu machen: „Poi Saracco è francofilo e ciò non farebbe male in questo momento." Farini urteilte: „In conclusione risultano a me dal clloquio due cose: 1a che Zanardelli ha paura dei radicali, anzi il Cavallotti; 2a che è francofilo. Poveri noi!"

Irredentist bekannt. Nigra, um seine Ansicht befragt, riet aber dem König von der Ernennung Baratieris ab. Kálnoky schrieb ebenfalls, er wolle sich zwar nicht in die italienischen Verhältnisse einmischen, aber doch darauf hinweisen, daß die Ernennung Baratieris in Österreich einen schlechten Eindruck machen werde. Gleichzeitig verbreitete Botschafter Bruck aus eigenem Antrieb bei verschiedenen römischen Persönlichkeiten, zum Beispiel bei dem noch amtierenden Außenminister Brin, gezielt die Ansicht, die Ernennung Baratieris sei eine bewußte und der politischen Situation nicht angepaßte Provokation des verbündeten Österreichs. Bruck meinte, es sei „nicht besonders tactvoll oder glücklich", Baratieri zu ernennen. „Man würde es auch in Rußland ... nicht gerne sehen, wenn im französischen Cabinet ein in die Revolutionskriege verwickelter Pole Minister des Äußeren würde."[153]

Der König wollte, um den Verbündeten nicht zu verärgern, die ursprüngliche Entscheidung gern wieder rückgängig machen und zeigte Zanardelli die Briefe aus Wien. Dieser verlor die Fassung und schrie, es sei eine Unverschämtheit Nigras und Österreichs, Einfluß auf die italienische Regierungsbildung nehmen zu wollen, Nigra sei ein guter Diplomat, aber von Regierungsbildung verstehe er, Zanardelli, nun einmal mehr, und von seiten Österreichs sei das ein unerhörter Eingriff. Er weigerte sich auch, den ihm vom König erteilten Auftrag zur Regierungsbildung zurückzugeben; damit war eine neue und scheinbar unlösbare Konfliktsituation da. Doch Umberto wußte, wie er sich aus der Situation herausbringen konnte: Am nächsten Morgen ließ er Baratieri kommen und sprach mit ihm „von Soldat zu Soldat" über die Probleme, die seine Ernennung verursachen würde; Baratieri verzichtete daraufhin selbst und erklärte: „Selbst mit Kanonen wird mich niemand dazu bringen, Außenminister zu werden."

Doch Zanardelli war auch jetzt nicht zum Verzicht bereit, sondern stilisierte die Angelegenheit zum Testfall für die italienische Unabhängigkeit empor. Er brachte den Streit um Baratieri an die Öffentlichkeit und die Radikalen griffen das Thema der Ernennung dankbar auf, um am praktischen Beispiel deutlich zu machen, daß Italien ein Vasall Österreichs sei.[154] Es entspann sich nun eine Groteske, in der der König andauernd unangemeldeten Besuch des intransigenten Zanardelli erhielt; dieser verbarg sich wiederum im Vorzimmer hinter den Vorhängen, um seinem Hauptgegenspieler in dieser Krise, dem Senatspräsidenten Farini, nicht begegnen zu müssen.[155] Farini sah den Staat, die Monarchie und die Gesellschaftsordnung durch die von allen Seiten hereinbrechenden Katastrophen bedroht und machte seinem moralisch

---

153 Bruck an Kálnoky, 10.12.1893, HHStA, PA XI, 112.
154 Ebd. Bruck urteilte, „Österreich werde von der radikalen Partei als Sündenbock genutzt, um Zanardellis Prestige zu schonen".
155 Farini, Tagebucheintragung vom 7.12.1893, Bd. 1, S. 358.

wie physisch niedergeschlagenen König („uno stato di abbattimento grandissimo, morale e fisico"[156]), heftige Vorwürfe, daß er Zanardelli die Telegramme Nigras gezeigt und damit diese Krise herbeigeführt habe; die jetzige, unliebsame öffentliche Debatte sei ein schwerer Schlag für das Bündnis und Italiens Glaubwürdigkeit bei seinen Verbündeten. Farini entwarf noch weitere, düstere Szenarien; die Radikalen würden die von Zanardelli gebotene Chance nutzen, um sich als Hüter der Nationalehre aufzuspielen. Dem Ruf „Ladri!" („Diebe"), der Giolitti bei seinem Abgang begleitet habe, werde jetzt der Ruf „servili" („Knechte") folgen und, wer wisse das, vielleicht auch noch der Ruf „Liberticidi" („Freiheitsmörder"), wenn es zu repressiven Maßnahmen gegen die Unruhen in Sizilien kommen sollte. Farini glaubte, da könne nur einer helfen: Crispi! Niemand könnte ihn beschuldigen, die Würde und die Unabhängigkeit des Landes mit Füßen zu treten, ihm, dem immer vorgeworfen worden war, seine patriotischen Gefühle zu übertreiben. Im Ausland könnten die Alliierten nicht an ihm und an Italien zweifeln. Auch würde ihn, den alten Garibaldiner und Mazzinianer, niemand einen Tyrannen schimpfen. Und er kenne die Verhältnisse in Sizilien; er allein könne die „fasci" zähmen und die gegen die Einheit gerichteten republikanischen Bestrebungen in Sizilien unterdrücken. Zwar sei problematisch, daß Crispi kein guter Fachmann für Finanzen sei; deshalb müsse man ihn in eine Regierungskombination mit Saracco bringen, der auf die Ökonomie achten müsse. Crispi sei in die Bankenaffäre verwickelt gewesen, doch habe er inzwischen seine Schulden zurückgezahlt. Auch gäbe es eine weitere Schwierigkeit: Crispi sei in eine Ordensschacher-Affäre, die Affäre „Reinach-Herz", verwickelt, und es sei unbekannt, ob es hier noch weiteres belastendes Material gäbe. Einen letzten, gravierenden Hinderungsgrund nannte Farini: Das Verhältnis mit Frankreich würde schwerlich besser werden, wenn Crispi an die Regierung käme.[157]

Diese – insgesamt für Crispi sprechenden – Gründe gaben den Ausschlag. Alle anderen vom König um ihre Meinung gebetenen Persönlichkeiten – Brin, Giolitti, Rattazzi – hatten empfohlen, Saracco mit der Regierungsbildung zu beauftragen; doch in den Umsturzängsten siegte der Vorschlag Farinis. Der Senatspräsident schrieb am 8. Dezember 1893 in sein Tagebuch: „Ich war es, ich allein, der Crispi dem König vorgeschlagen hat."[158]

Die Entscheidung war gefallen. Crispi erhielt den Auftrag zur Regierungsbildung, und es gelang ihm schon bald, eine Regierungsmannschaft zu bilden.

Zanardelli hatte sich doktrinär und ungeschickt verhalten. Auf der anderen Seite hätten sich die Österreicher trotz Bundesverhältnis niemals einen

---

156 Farini, Tagebucheintragung vom 7.12.1893, Bd. 1, S. 356.
157 Farini, Tagebucheintragung vom 7.12.1893, Bd. 1, S. 354–360, besonders S. 357.
158 Farini, Tagebucheintragung vom 8.12.1893, Bd. 1, S. 362: „Sono io, io solo, che ho proposto al Re il Crispi."

Außenminister von der italienischen Regierung verbieten lassen; daß nicht einmal sehr gut begründete italienische Beschwerden gegen Personalentscheidungen in Wien Berücksichtigung fanden, zeigt die gesamte Geschichte des Dreibunds.[159] Zanardelli hatte sich auf Baratieri zur Unzeit und mit untauglichen Mitteln versteift; daß er den König durch öffentlichen Druck zu zwingen versuchte, strapazierte das Ansehen der Monarchie. Im übrigen war es auch nicht geschickt, in einer Phase äußerster Spannungen mit Frankreich einen Hauptverbündeten zu verärgern. Statt dessen wurden aber nun die Beziehungen zu Frankreich erneut belastet, und das, obwohl Crispi alles tat, um das Verhältnis möglichst zu verbessern.

Allerdings hielt sich auch die Begeisterung in Österreich über die Wiederberufung Crispis in engen Grenzen. Für Kálnoky war Crispi „ein nothwendiges Uebel"; immerhin traute der österreichische Außenminister ihm allein zu, „den finanziell tief verfahrenen Staatswagen wieder ins Geleise zu bringen."[160] In diesen Monaten war die Wertschätzung Italiens auf einen absoluten Tiefstand gesunken; Kálnoky meinte wenig später sogar, der Dreibund könne eigentlich auch wegfallen, weil Italien infolge seiner katastrophalen inneren Situation kein leistungsfähiger Partner mehr sei.[161] Er äußerte sich immer wieder entsetzt über die ökonomischen und angewidert über die moralischen Zustände, vor allem über die weitverbreitete Korruption innerhalb der Führungsschicht.[162] In Deutschland wiederum wurde die Wahl Crispis zum Ministerpräsidenten mit Erstaunen zur Kenntnis genommen. Botschafter Solms empfand es als „merkwürdig, daß das italienische Volk in einem Moment, wo die Finanzkrise jedes andere Interesse in den Hintergrund dränge, sein Augenmerk gerade auf denjenigen Staatsmann lenke, der alle großen staatsmännischen Eigenschaften besitze, nur die eine nicht, die des Finanziers. Es sei dies ein Zeichen, daß man instinktiv die Nothwendigkeit empfinde wieder einen Mann mit großen Ideen und fester Faust an der Spitze der Regierung zu sehen."[163]

---

159 Beispiele: Die Ernennung Ludolfs zum Botschafter in Rom, trotz der Proteste Mancinis, S. 100; oder die Wiederernennung Conrads zum Generalstabschef 1912, S. 790–791.
160 Reuß an Caprivi, 17.12.1893, PA/AA, R 7736.
161 Kálnoky an Szögyény, Privatschreiben vom 4.4.1894, in: HHHStA, PA I, 470; zitiert auch in: Habsburgermonarchie VI, 1, S. 286.
162 Ratibor an Caprivi, 19.8.1894, PA/AA, R 7740. Kálnoky klagte: „Es sind nicht nur die finanziellen Verhältnisse, …., sondern die Korruption, welche weit verbreiteter erscheine, als er bislang geglaubt habe … Ein Land, in welchem die Moral so leicht, wie sie sich jetzt in Italien erweise, aus arg bedrängter finanzieller Lage zu retten, werde – das stehe zu befürchten – wenn überhaupt, nur nach langer und schwerer Arbeit gelingen."
163 Solms an Caprivi, 3.11.1893, PA/AA, R 7735.

> In Italia non è possibile un governo parlamentare.
>
> Crispi, am 19. Dezember 1894

3. Italien zwischen Repression und Skandal – die zweite Ära Crispi

a) Die neue Regierung Crispi und Italiens innenpolitische Nöte

Crispi war während seiner ersten Amtszeit als Ministerpräsident für Extremsituationen charakterisiert worden. Eine solche Extremsituation war jetzt da, und Crispi widmete sich ihr mit ganzer Kraft. Trotz seines Alters hatte er immer noch eine erstaunliche Energie und war sowohl physisch als auch psychisch außerordentlich belastbar.[1] Zunächst bildete er ein Ministerium, in dem die Mitglieder nicht parteigebunden waren; im Kabinett überwogen sogar die Angehörigen des Zentrums und der *destra*. Crispi selbst übernahm das Innenministerium, was ein klares Zeichen dafür war, wo er den Schwerpunkt seiner Aufgabe sah. Und tatsächlich stand es für ihn im Vordergrund, die Unruhen in Sizilien – auch in der Romagna wurde es unruhig – niederzuschlagen. Aus Sizilien kamen immer beunruhigendere Nachrichten von Plünderungen, Raub, Brandschatzung und der Erstürmung kommunaler Gebäude. Von den entscheidenden Persönlichkeiten wurden diese Aufstände als einerseits sozialistisch-anarchistische Gefahr, andererseits als von Frankreich finanzierte Machenschaften interpretiert, als „eine neue Art des Krieges bis aufs Messer, den uns unsere allerliebsten lateinischen Brüder hier aufzwingen"[2]. Die Verunsicherung war so groß, daß Senatspräsident Farini Ende November 1893 sogar eine Diktatur auf Zeit für notwendig und gerechtfertigt hielt, wenn es ihr gelänge, Italien und die Dynastie zu retten.[3]

Crispi löste diese Erwartungen, die von einer verunsicherten Führungsschicht an seine Person geknüpft wurden, voll ein. Energisch und nach kur-

---

[1] Bülow an Caprivi, 15.7.1894, PA/AA, R 7739, berichtet, daß Crispi im Sommer 1894, trotz 35 Grad Hitze, im Parlament bis zu acht Stunden auf der Ministerbank saß und in manchen Sitzungen bis zu zwölfmal das Wort nahm.

[2] Farini, Tagebucheintragung vom 26.12.1893, Bd. 1, S. 374, hielt den Ruf der Aufständischen „Viva il Re, abbasso il dazio!" – „Es lebe der König, nieder mit den Steuern!" für unaufrichtig. Es gehe den Aufständischen in Wahrheit um den Umsturz; ihre Anführer würden „wahrscheinlich durch französisches Gold" zum Handeln veranlaßt („Probabilmente l'oro francese li muove."). „È una nuova forma della guerra a coltello che ci fanno i carissimi fratelli latini!"

[3] Farini, Tagebucheintragung vom 27.11.1893, Bd. 1, S. 340, sagte zum König: „A salvare l'Italia e la dinastia, possono venire momenti in cui la dittatura sia necessaria."

zer Zeit auch gewaltsam schlug er die Aufstände nieder, mit Hilfe des Belagerungszustandes („stato d'assedio") und unter Großeinsatz von Militär. 92 Demonstranten und ein Soldat starben,[4] die Anführer wurden, teilweise unter Bruch ihrer parlamentarischen Immunität als Abgeordnete, zu langjährigen Gefängnisstrafen verurteilt.

Giolitti hatte die Dinge in Sizilien sich ohne massives staatliches Eingreifen entwickeln lassen wollen, da er den Aufstand als soziale Protestbewegung verstanden hatte, der eine gewisse Berechtigung nicht abzusprechen war. Crispi hatte dagegen zur Repression gegriffen, wodurch innerhalb der „classe politica" ein Gefühl der Sicherheit wiederkehrte, das sie bei Giolitti vermißt hatte.[5] Zu dem allgemeinen Gefühl, daß jetzt die Staatsgeschäfte wieder zielstrebig und ideenreich geführt wurden, trug auch wesentlich bei, daß Crispi sich mit Sidney Sonnino einen ideenreichen, kompetenten und eisern konsequenten Finanzminister erwählt hatte,[6] der, anders als di Rudinì, eingesehen hatte, daß durch bloße Einsparungen der Haushalt nicht zu sanieren war. Durch eine Mischung von teilweise drastischen Steuererhöhungen und einer Erhöhung der staatlichen Einnahmen infolge einer sich allmählich wieder erholenden Konjunktur gelang es Sonnino tatsächlich, innerhalb von wenigen Jahren das Budget ins Gleichgewicht zu bringen; kurz vor der Jahrhundertwende schloß es sogar mit einem kleinen Überschuß ab. Obwohl der dogmatische Sonnino ein einseitiger Fiskalist war, der über seinen Sparzielen die großen ökonomischen Zusammenhänge etwas aus den Augen verlor[7] und deshalb immer wieder gebremst werden mußte, rückte er doch in dieser Zeit „in die erste Reihe der hiesigen Politiker" ein.[8]

Die Arbeit der finanziellen Sanierung wurde auch durch einen wirtschaftlichen Aufschwung ermöglicht, der 1894 zumindest in Norditalien zunehmend spürbarer wurde; die Verhältnisse in Süditalien stagnierten hingegen.[9] Die lombardische Seiden- und Reisindustrie profitierte unter anderem auch vom chinesisch-japanischen Krieg, der deshalb, wie Umberto zynisch hoffte, „noch

---

4 Zahlen: Candeloro, Storia 6, S. 436, mit detailllierter Aufschlüsselung; nach: S. Romano: Storia dei Fasci Siciliani, Bari 1959, S. 428.
5 Bülow an Caprivi, 28.9.1894, PA/AA, R 7740. Der König drückte die allgemeine Stimmung wohl zutreffend aus, als er im Herbst 1894 zum neuen deutschen Botschafter Bernhard v. Bülow ironisch sagte: „Si j'avais eu à faire Monsieur Crispi, je l'aurais fait autrement; mais c'est un homme auquel on peut et doit beaucoup pardonner."
6 Bülow an Hohenlohe, 6.12.1894, PA/AA, R 7740, beschreibt Sonnino als „zielbewußten, energischen, furchtlosen Mann".
7 Bülow an Hohenlohe, 6.12.1895, PA/AA, R 7742, kritisiert, daß Sonnino die „Verhältnisse zu ausschließlich vom fiskalischen Standpunkt aus betrachte" und die wirtschaftliche Gesundung nicht mit der finanziellen Sanierung Schritt halte.
8 Bülow an Caprivi, 15.7.1894, PA/AA, R 7739.
9 Bülow an Hohenlohe, 6.12.1894, PA/AA, R 7740.

recht lange dauern" werde.[10] Daß sich die innere Lage Italiens sowohl materiell als auch moralisch nach oben entwickelte, wird durch einen der Schönfärberei unverdächtigen Zeugen bestätigt: Durch den französischen Botschafter Billot, der im Herbst 1894 feststellte, „eine entscheidende Besserung" der inneren Situation Italiens sei „allerdings nicht zu verkennen". Er führte diesen Erfolg auf Crispi zurück, dessen Stellung „eine ungemein feste" sei. Auch habe Crispi, so meinte Billot, gegenüber Frankreich „viel Wasser in seinen Wein gethan"[11].

Dieses Gefühl einer Wende hatte Crispi durch seine autoritäre und repressive Regierungsweise, vor allem in Sizilien, erreicht. Tatsächlich entwickelte er sich immer mehr in eine autoritäre Richtung, schloß mehrfach für Monate das Parlament und erklärte den Parlamentarismus generell für ein Übel.[12] Oppositionspolitiker wie der Marquis di Rudinì bemängelten, „daß die Schwächung der parlamentarischen Rechte immer mehr um sich greife" und „Crispi nicht dem Namen nach, aber in Wirklichkeit eine Art von Diktatur ausübe". Aber auch di Rudinì bestritt nicht, „daß dieser Zustand der Dinge der gegenwärtigen Stimmung der italienischen Gesellschaft entspreche. Die Macht des Herrn Crispi wurzele in der Furcht der italienischen Bourgeoisie vor einer Erhebung der Massen", weshalb sie auch „allen Repressiv-Maßnahmen der Regierung zustimme"[13]. Crispi bekämpfte Sozialisten und Anarchisten, die für ihn ohnehin das gleiche waren, mit unbarmherziger Strenge. Er war aber nicht einseitig sozial reaktionär oder gar ein bloßer Agent einer besitzenden Oberschicht. Der Ministerpräsident war der Ansicht, in Italien habe die bürgerliche Revolution noch nicht gesiegt, und wollte durch Reformen wie die Verteilung des Großgrundbesitzes auf Sizilien die einfache Landbevölkerung sozial besserstellen. Diese als „sozialistisch" kritisierten Gesetze wurden jedoch, was für das politische Klima kennzeichnend ist, im Parlament abgelehnt.[14] Hier zeigte sich der schroffe Klassencharakter des nach dem Zensuswahlrecht gewählten Parlaments, das einseitig die Interessen der Wohlhabenden vertrat. Crispis eigener Außenminister, Baron Blanc, hoffte besorgt, „daß der Ministerpräsident das Regierungsschiff nicht auf der Klippe undurchführbarer Sozialprojekte festfahren werde"[15]. Eine wahre, nach Ansicht

---

10 Bülow an Caprivi, 28.9.1894, PA/AA, R 7740. Der König meinte, der Tiefstand sei jetzt erreicht und es gehe wieder aufwärts: „Gebe Gott, daß ich mich nicht irre."
11 Bülow an Caprivi, 11.10.1894, PA/AA, R 7740.
12 Bülow an Caprivi, 8.10.1894, PA/AA, R 7740.
13 Bülow an Hohenlohe, 4.12.1894, PA/AA, R 7740.
14 Bülow an Hohenlohe, 13.11.1894, PA/AA, R 7740, schreibt: „Die Besitzenden sind nicht gewohnt, den besitzlosen Konzessionen zu machen. Sie beherrschen das Parlament, in welchem die misera plebs kaum vertreten ist. Herr von Rudinì fühlt offenbar, daß das sizilische Agrarprojekt ein günstiges Terrain ist, um Herrn Crispi in Gegensatz zu den oberen Zehntausend, der Legislative und der Krone zu setzen ..."
15 Ebd.

unparteiischer und ausländischer Beobachter unbedingt nötige Sozialreform auf Sizilien wurde verhindert.[16]

Durch die Repression in Sizilien hatte Crispi zwar das Vertrauen des besitzenden Bürgertums, aber gleichzeitig auch den Ruf eines Tyrannen erworben und sich die erbitterte Feindschaft der Radikalen zugezogen. Außerdem wurden Crispi sein ungeordnetes Privatleben, sein unkorrekter Umgang mit Steuergeldern und die Verschwendungssucht seiner Frau zum Verhängnis. In den Prozessen der Banca Romana wurde Tanlongo im Sommer 1894 freigesprochen, was international Aufsehen und Fassungslosigkeit hervorrief.[17] In dem skandalträchtigen Klima veröffentlichte Giolitti im Dezember 1894 dann zahlreiche Dokumente, darunter Wechsel Crispis und zahlreiche Briefe auch seiner Frau, die den Premier aufs schwerste belasteten. Diese Dokumente enthüllten, so urteilte die „Neue Freie Presse" am 16. Dezember 1894, „ein geradezu schauerliches Bild finanzieller Sittenlosigkeit"[18]. Besonders die „Ehre Crispis" sei bedroht. Der Ministerpräsident ließ die Kammer vertagen, um einer Debatte vorzubeugen, bestritt die Vorwürfe, drohte mit Klage und bezichtigte Giolitti des Versuchs, ihn „moralisch zu ermorden"[19]. Seine Stellung und sein Ansehen waren schwer erschüttert;[20] Crispi wußte aber, daß die Wähler im Lande auch weiterhin hinter ihm standen, und sah in dem Widerstreben des Parlaments nur einen weiteren Beweis dafür, daß „in Italien eine parlamentarische Regierung nicht möglich sei"[21]. Doch mit diesem Skandal hatte Crispi seinen politischen Gegnern Argumente geliefert, die diese nicht wieder aus der Hand geben sollten. Es kam in dieser Frage zu einem festen Bündnis zwischen di Rudinì und den Radikalen, vor allem Imbriani und Felice Cavallotti, dem intellektuell führenden Abgeordneten der Radikalen, der am 24. Dezember 1894 die sogenannte „Campagna Morale" gegen den Ministerpräsidenten begann und ihm unter anderem Bigamie, Käuflichkeit und Ordensschacher vorwarf. Über den Vorwurf der Bigamie konnte gestritten werden, zumal gerichtlich dieser Vorwurf bereits zu Crispis Gunsten zurückgewiesen worden war. Hingegen machte der Ministerpräsident nicht einmal den Versuch, den Vorwurf zu widerlegen, er habe Orden gegen Geld verliehen;[22] zu

---

16 Bülow an Hohenlohe, 14.11.1894, PA/AA, R 7740.
17 Kálnoky wertete dieses als „unerhörten Freispruch in dem Prozesse Tanlongo" und knüpfte daran sehr kritische Bemerkungen über die italienischen Zustände. In: Ratibor an Caprivi, 19.8.1894, PA/AA, R 7740.
18 Neue Freie Presse, 16.12.1894, in: PA/AA, R 7740.
19 Farini, Tagebucheintragung vom 19.12.1894, Bd. 1, S. 594, zitiert Crispi, der vom versuchten „assassinio morale contro di lui" sprach, „ma che egli non cederà la sua pelle a buon mercato."
20 Der Herzog von Sermoneta urteilte über Crispi, daß ein „derart bloßgestellter Politiker nicht mehr im Rathe der Krone sitzen dürfe." In: Bülow an Hohenlohe, 22.12.1894, PA/AA, R 7741.
21 Farini, Tagebucheintragung vom 19.12.1894, Bd. 1, S. 594: „che in Italia non è possibile un governo parlamentare."
22 Candeloro, Storia 6, S. 465.

der Affäre „Reinach-Herz" schwieg er einfach. Das führte natürlich nicht zu einem Verstummen der Vorwürfe, die nach den Skandalen der Banca Romana und Crispis unklarer Rolle darin auf einen fruchtbaren Boden gefallen waren. Gerade in Finanzangelegenheiten – öffentlichen wie privaten – hatte Crispi nicht gerade eine glückliche Hand gehabt. Allerdings blieben Crispis erbitterte Opponenten, zu denen Cavallotti, Imbriani, der Marquis di Rudinì sowie Brin, Giolitti und Zanardelli gehörten, sowohl im Parlament als auch im Lande ohnmächtig. Die Wahlen im Mai 1895 zeigten, daß die große Mehrheit der Wahlberechtigten die Regierung unterstützte;[23] sie wollte lieber einen energischen als einen integren Ministerpräsidenten. Der König selbst urteilte, das Land sei ruhig und wolle keine Wechsel;[24] gleichzeitig predigte er „Herrn Crispi täglich Geduld und Langmuth".[25] Allerdings gab die Opposition trotz ihrer hoffnungslos scheinenden parlamentarischen Unterlegenheit von 334:144 die Hoffnung nicht auf, auf Sicht doch die Regierung übernehmen zu können; sie wollte Crispi durch fortgesetzte skandalöse Enthüllungen persönlich unmöglich und dadurch mürbe machen und seine Gefolgsleute zu sich herüberziehen.

Mit dem Dreibund und mit Außenpolitik hatten diese Konstellationen – zum Beispiel das Bündnis zwischen di Rudinì und Cavallotti – nichts oder zumindest nicht in erster Linie etwas zu tun; hier ging es um die aktuellen Fragen der italienischen Innenpolitik, und das Bündnis richtete sich ganz konkret gegen die Person Crispis. Trotzdem sah Crispi, was für seine Realitätsflucht sprach, in der „campagna morale" nicht die Folge eigener Fehler, sondern eine Verschwörung; „alle Angriffe gegen ihn ... wären letzten Endes darauf zurückzuführen, daß er derjenige sei, der Italien selbständig erhalten wolle. Er habe all diejenigen gegen sich, welche Italien im Innern dem Papstthum, nach außen Frankreich unterwerfen wollten."[26]

Trotz dieser Worte war Crispi, auch wegen seiner fast völligen Inanspruchnahme durch die inneren Angelegenheiten, in der europäischen Außenpolitik erheblich bedächtiger geworden als früher. Zum Außenminister hatte Crispi, nachdem er mehrere Persönlichkeiten gefragt und Absagen erhalten hatte, Baron Blanc ernannt. Blanc, vorher Botschafter in Konstantinopel und in den Jahre 1881/82 Generalsekretär in der Consulta, war derjenige gewesen,

---

23 Bülow an Hohenlohe, 6.6.1895, PA/AA, R 7742, nennt folgende Zahlen als Wahlergebnis: Regierungstreue Abgeordnete 334, 144 Oppositionelle, davon 32 Anhänger di Rudinìs, 54 Anhänger Giolittis, Brins und Zanardellis, 43 Radikale (Imbriani, Cavallotti), 15 Sozialisten; 30 unsichere (Wilde). Im Vorgängerparlament habe di Rudinì 115 Gefolgsleute gehabt, die Radikalen und Sozialisten 42.
24 Bülow an Hohenlohe, 31.12.1894, PA/AA, R 7741: Umberto: „Le vrai pays est calme et ne veut pas de changement."
25 Bülow an Hohenlohe, 1.6.1895, PA/AA, R 7742.
26 Bülow an Hohenlohe, 21.12.1894, PA/A, R 7741.

der Mancini mächtig und ausschlaggebend in Richtung Allianz gedrängt hatte, und der sich jetzt, im Jahre 1893, zu Recht als einen der Väter des Dreibunds bezeichnete. Er stellte aber ausdrücklich fest, dieser habe sich in der Zwischenzeit in eine andere Richtung entwickelt.[27] Kálnoky bezweifelte sogar, daß Blanc noch dreibundtreu sei. Er bestritt zwar nicht, daß Blanc einer der Väter des Dreibunds gewesen sei, fragte sich aber besorgt, wie er denn inzwischen zum Bündnis stehe[28]. Schon vor zwölf Jahren, noch vor der Gründung des Dreibunds, hatte Kálnoky die hemdsärmelige Art Baron Blancs bemängelt. Der savoyardische Baron hatte, obwohl ehemaliger Mitarbeiter Cavours, innerhalb und außerhalb Italiens sowieso ein sehr negatives Image. Das lag vielleicht auch an seinen ungewöhnlichen Lebensumständen. Blanc war durch die Heirat mit einer steinreichen Kubanerin äußerst vermögend und an der Börse als Großspekulant bekannt. Und da er aus Savoyen stammte, war sein Französisch besser als sein Italienisch, das er mündlich „nicht vollkommen beherrschte" – was natürlich im Parlament von Nachteil war.[29] Der König mochte Blanc nicht,[30] und Senatspräsident Farini hielt ihn gar für einen „unzuverlässigen Trunkenbold", für einen Gegner des Dreibunds und der Armee.[31] Ob die allgemeine Abneigung auf nüchternen Fakten beruhte, auf einem gewissen Neid, auf der Ablehnung einer zweifellos „eccentrischen" Persönlichkeit oder auf einer Kombination all dieser Faktoren, ist schwer zu entscheiden. Blancs außenpolitische Grundansichten wiesen im übrigen manche Unterschiede zu Crispis Überzeugungen auf, vor allem da er die Stärke Italiens erheblich realistischer einstufte als sein Premier. In der Hauptsache aber, nämlich der Kombination von Dreibund für den Kontinent und Zusammenarbeit mit England im Mittelmeer und in Afrika, waren sich beide vollkommen einig. Blanc bezeichnete „das Zusammenwirken des Dreibunds mit England" als „sein politisches Lebensprogramm"[32]. Auch vom Temperament her gab es zwischen Crispi und seinem Minister in ihrer zum Aktionismus neigenden Art gewisse Parallelen.

Die Verbündeten waren von der Ernennung Blancs nicht begeistert und trauerten Brin hinterher. Blanc war anstrengend; er forderte, und zwar un-

---

27 Solms an Caprivi, 21.12.93, PA/AA, R 7736.
28 Reuß an Caprivi, 17.12.1893, PA/AA, R 7736.
29 Bülow an Caprivi, 10.5.1894, PA/AA, R 9110: „Baron Blanc ist kein Redner. Zu seiner parlamentarischen Unerfahrenheit gesellt sich der Umstand, daß er als geborener Savoyarde das Italienische wenigstens im mündlichen Ausdruck nicht vollkommen beherrscht."
30 Bruck an Kálnoky, 20.1.1894, HHStA, PA I, 470.
31 Farini, Tagebucheintragung vom 15.12.1893, Bd. 1, S. 366: „Blanc è un ubriacone infido. In Senato, l'anno scorso, col suo discorso sulla Triplice, anzi contro, e contro le spese militari, fece ridere pel modo sconnesso ed inintelligibile."
32 Bülow an Hohenlohe, 7.12.1895, GP 10, Nr. 2558. Zu den unterschiedlichen außenpolitischen Strömungen in Italien: Bülow an Caprivi, 21.6.1894, GP 8, Nr. 1995.

geduldig; der deutsche Botschafter urteilte, daß „nichts ... dem gegenwärtigen Minister des Äußern schwerer [fiele], als still zu sitzen"[33]; außerdem störe er „infolge des ihm eigentümlichen, oft etwas starren Doktrinarismus die Zirkel unserer großen Politik"[34]. Tatsächlich enervierte Blanc die Verbündeten bald schon mit konkreten Anliegen. Während der deutsche Botschafter, Bernhard von Bülow, den italienischen Außenminister mit einer patriarchalischen Überheblichkeit behandelte, die der ähnelte, mit der ein Psychiater einen überreizten, von Ängsten geplagten Patienten zu beruhigen sucht,[35] nörgelte Kálnoky pikiert über die Italiener.[36] Der österreichische Minister war nicht gewillt, den – später noch zu schildernden – Forderungen des bankrotten und desorganisierten Verbündeten in irgendeiner Weise entgegenzukommen. Die schwere Krise, in der sich das alliierte Italien befand, wurde in den Regierungskreisen in Wien ohnehin mit hämischem Wohlgefallen mitverfolgt, und es wurde eifrig auf den endgültigen Zusammenbruch Italiens gehofft. Dies war zumindest die Ansicht Baron Brucks, der nach neun Botschafterjahren in Rom, sehr gegen seinen Willen, im Juli 1895 abberufen und in den Ruhestand versetzt wurde. Gegenüber seinem deutschen Kollegen, Graf Bülow, bemängelte der enttäuschte Bruck, „wie sehr die Wiener Hofkreise geneigt wären, die italienische Monarchie als eine nur ephemere Erscheinung zu betrachten. Selbst ein nüchterner Mann, wie Graf Kálnoky, habe den Zusammenbruch des italienischen Nationalstaats während seiner Amtszeit in jedem Jahre ein- bis zweimal vorausgesagt."[37]

Wenn an dieser Stelle eine kurze Gesamtschau der verwickelten Lage Italiens in dieser zweiten Ära Crispi versucht werden soll, so wäre diese so: Ein

---

33 Bülow an Hohenlohe, 3.12.1895, GP 10, Nr. 2556; Bülow an Hohenlohe, 13.1.1895, GP 8, Nr. 2005, schrieb von dem „unsteten, leidenschaftlichen und oft höchst unbequemen Charakter" Blancs, der wegen seiner „ausgesprochenen Deutschfreundlichkeit" aber praktisch unersetzlich sei.
34 Bülow an Caprivi, 5.6.1894, GP 8, Nr. 1992. Zum „gleichzeitig doktrinär und leidenschaftlich angelegten" Wesen Blancs auch: Bülow an Caprivi, 21.6.1894, GP 8, Nr. 1995.
35 Belege in: GP 8, Kapitel LIV.A.
36 Eulenburg an Hohenlohe, 17.1.1895, PA/AA, R 7741.
37 Bülow an Hohenlohe, 9.7.1895, PA/AA, R 7742. Bruck führte weiter aus: Trotz der schweren Krisen der Jahre 1893/94 sei es „doch falsch, den längeren Fortbestand der gegenwärtigen Ordnung der Dinge für unwahrscheinlich zu halten. Es sei nicht zu leugnen, daß in Italien, ähnlich wie in Frankreich, parlamentarische Zwischenfälle immer möglich und auch noch in anderen Richtungen die Verhältnisse schwankende wären. Man dürfe jedoch gegenüber diesen Passiven nicht die Activen vergessen: Ein lebhafter Patriotismus, viel bon sens, Einheit der Rasse und Einheit der Confession. Die italienischen Zustände erforderten aufmerksame Beobachtung und namentlich eine vorsichtige und im eigentlichen Sinne diplomatische Behandlung; dieselben wären jedoch nicht so morsch, wie dies vielfach in Wien angenommen werde. Ohne es direkt auszusprechen, deutete Baron Bruck an, daß letztere Auffassung aus der klerikalen Weltanschauung der betreffenden Kreise hervorginge."

de facto, wenn auch nicht eingestandenermaßen der Vorteilnahme überführter Ministerpräsident regierte das Land mit Zustimmung des Besitzbürgertums und der Krone, die von seiner energischen Führung Rettung vor einem drohenden sozialen Umsturz erwarteten. Gleichzeitig vergifteten die Angriffe der Opposition gegen die mangelnde Integrität des Ministerpräsidenten das politische Klima. Parallel dazu besserte sich in Norditalien die ökonomische Lage, während sie in Süditalien auf sehr niedrigem Niveau stagnierte. Dieses politische Panorama wäre aber nicht vollständig ohne einen weiteren Faktor, der sich ab 1895 immer dominierender in den Vordergrund schob, in zunehmender Weise die Außenpolitik, dann auch die Innenpolitik Crispis prägte und schließlich auch seinen Sturz herbeiführte: die Kolonialpolitik.

> Ein europäischer Krieg zu dem Zweck, Italien die Eroberung von Abessinien zu ermöglichen, werde weder in Deutschland noch in Österreich auf Zustimmung und Verständnis rechnen können.
>
> Chlodwig v. Hohenlohe-Schillingsfürst, am 13. Februar 1896

b) Die italienische Kolonialpolitik in Ostafrika und der Dreibund

Die italienische Kolonialpolitik in Ostafrika war von Anfang an unter einem Unstern gestanden und war auch deshalb, ebenfalls von Anbeginn, eine Angelegenheit, in der Italien immer wieder die diplomatische Unterstützung seiner Partner anfordern mußte. Seit dem Augenblick, an dem im Januar 1885 die italienischen Truppen in Massaua gelandet waren, hatte es diplomatische Verwicklungen gegeben. Die britische Regierung empfand die Italiener als weiteren, lästigen Mitbewerber um den Einfluß im Sudan.[38] Und Frankreich,

---

38 Dabei hatte Mancini, wie oben bereits erwähnt, die Landung in Massaua 1885 im wesentlichen in der Hoffnung auf eine Zusammenarbeit mit Großbritannien im Sudan unternommen. Doch weder realisierte sich diese, noch kam es zu einem störungsfreien Miteinander auch nur mit Großbritannien in dieser Region. Im Gegenteil führte das allmähliche italienische Ausgreifen ins Landesinnere zu britischem Argwohn; hier wurde vermutet, mit Italien tauche ein neuer Mitbewerber um die Herrschaft im Sudan (Caprivi an Solms, 3.4.1890, GP 8, Nr. 1973), vielleicht sogar um die ägyptische Machtsphäre auf (Metternich an Caprivi, 3.10.1890, ebenda, Nr. 1978). Doch an weitausgreifende Unternehmungen dieser Art war schon aus Kostengründen nicht zu denken. Der italienische Botschafter in London, Graf Tornielli, warnte davor zu glauben, Großbritannien sei ein zivilisierter Nachbar im Sudan lieber als die Derwische (Hatzfeldt an Auswärtiges Amt, 26.3.1890, ebenda, Nr. 1972). Die britische Regierung proklamierte deshalb den Ort Kassala als Grenze des italienischen Vorgehens nach Westen. Tatsächlich gab

das ebenfalls Kolonialbesitz am Roten Meer, nämlich Obock und Dschibuti, und ebenfalls potentielle Interessengebiete, nämlich im südlichen Teil Äthiopiens, besaß, nutzte die Chance, Italien auch hier zu zeigen, wie wenig ihm die Dreibundmitgliedschaft einbringe, und um sich für die Schwierigkeiten zu revanchieren, die ihm Italien in Tunesien machte. Als weitere diplomatische Erschwernis kam auch noch die entschiedene Gegnerschaft des Zarenreiches hinzu. Rußland fühlte sich als führende Macht des Ostkirchentums als eine Art Protektoratsmacht auch des christlichen Abessiniens; Ursache hierfür waren unklare Vorstellungen über die Ähnlichkeiten zwischen dem koptischen und dem russischen Christentum. Außerdem arbeiteten Frankreich und Rußland in dieser Frage, im Zuge ihrer politischen Annäherung, zunehmend zusammen.

Die ostafrikanische Expansion schuf Italien deshalb auf internationaler Bühne wenig Freunde. Sogar die Bündnispartner empfanden die italienische Kolonialpolitik in Ostafrika als sinnlos, kostspielig und größenwahnsinnig; sie brauchten sich da nur die Argumente der italienischen Kolonialgegner anzusehen, um ihre Zweifel bestätigt zu sehen. Hier tauchte das Grundproblem jeder Allianz auf: Ein Land braucht und verlangt Unterstützung für ein Unternehmen, das seine Bündnispartner für sinnlos halten, auf jeden Fall aber für ein reines Partikularinteresse, eine Privatangelegenheit, für die, um eine Formulierung der Zeit zu verwenden, mit „Gut und Blut" sich engagieren zu sollen, als Zumutung empfunden wurde. Deshalb taten Deutsche wie Österreicher das Naheliegendste: Unter ausdrücklicher Betonung, daß sie, da in dieser Weltgegend desinteressiert, Italien ja eigentlich jeden Erfolg gönnten,[39] rieten sie immer wieder dringlich von dem Unternehmen ab, verwiesen auf europäische Aufgaben Italiens, mahnten zur Besonnenheit[40] und leisteten kleine diplomatische Hilfen, solange diese nicht zu kostspielig zu werden

---

    der britische Premier Salisbury zu, daß eine Eroberung des sudanischen Kassala durch Italien in England einen „Sturm gegen das Kabinett" hervorrufen würde (Hatzfeldt an Caprivi, 21.10.1890, GP 8, Nr. 1979), wozu Wilhelm II. wohl zu Recht meinte, daß die meisten Engländer doch nicht einmal wüßten, wo dieses Kassala überhaupt läge. Infolge der gleichgültigen oder sogar behindernden Politik Englands, vor allem gegen die „an Nichtachtung grenzende Gleichgültigkeit", wuchs in Italien die Irritation (Hatzfeldt an Caprivi, 29.8.1890, GP 8, Nr. 1977), und es entstand sogar in italienischen Regierungskreisen der Eindruck des britischen Egoismus, von „Eifersucht und Mißgunst" gegenüber den Kolonialbestrebungen Italiens in Afrika (Solms an Caprivi, 8.4.1890, GP 8, Nr. 1974).

39 Beispiele: Caprivi an Solms, 3.4.1890, GP 8, Nr. 1973; Bülow an Caprivi, 5.6.1894, ebenda, Nr. 1992: „Wir gönnten Italien aufrichtig jede Erwerbung, welche sich mit seiner eigenen Wohlfahrt und der Erhaltung des Friedens vertrüge."

40 Bülow an Auswärtiges Amt, 21.7.1894, GP 8, Nr. 1996: „Ich habe auch bei diesem Anlaß allen maßgebenden Faktoren in der Behandlung afrikanischer Fragen Vorsicht und Ruhe anempfohlen."

drohten. Das war verständlich und auch politisch berechtigt, erweckte bei der italienischen Regierung aber nicht gerade das Gefühl loyalen, bundesfreundlichen Verhaltens.

Jenseits dieser nachteiligen diplomatischen Auswirkungen waren auch die Voraussetzungen in Ostafrika für eine Expansionspolitik nichts weniger als gut. Abgesehen von dem begrenzten Wert der Territorien am Roten Meer mußte die italienische Kolonialmacht, wie oben erwähnt, mit gleich zwei hoch gefährlichen Nachbarn rechnen: Mit den islamischen Derwischen, die in Khartum den Anglo-Ägyptern gezeigt hatten, wie gefährlich sie waren; und vor allem mit dem abessinischen Kaiserreich, einem rückständigen, aber kriegerischen Staat, der aufgrund bestehender Verträge mit Großbritannien einen Anspruch auf die von Italien besetzten Küstenstriche erhob.

Das wohl größte Problem, das Italien infolge seiner Expansionspolitik in Ostafrika erwuchs, war jedoch die eigene Kolonialbewegung und ganz besonders Crispi selbst. Der Premier wurde zur treibenden Kraft der ostafrikanischen Expansion und großer kolonialer Pläne. Ursprünglich war Crispi ein Gegner jeder Aktion in Ostafrika gewesen und hatte zu den vehementesten parlamentarischen Gegnern Mancinis gehört. Er hatte ihm damals vorgeworfen, die Kräfte Italiens an falscher Stelle zu vergeuden; die eigentlichen Aufgaben Italiens lägen im Mittelmeer. Die Niederlage von Dogali im Februar 1887, die den Sturz Robilants zur Folge hatte, konditionierte jedoch auch die Haltung Crispis. Die überwältigende Mehrheit des Parlaments war schon aus Prestigegründen gegen den kolonialen Verzicht, und im Parlament herrschte eine „Jetzt erst recht!"-Stimmung. Crispi als Prestigepolitiker war natürlich einer der ersten, die einen Rückzug ablehnten und gleichzeitig den Gleichschritt mit den anderen Mächten forderten; im Frühjahr 1888 sagte er beispielsweise, Italien könne nicht tatenlos zusehen, wie die anderen Großmächte die unentdeckten Teile der Welt an sich brachten. Kolonien seien nun einmal eine Notwendigkeit des modernen Lebens.[41] Im Lauf des Jahres 1887 wurden daraufhin die Truppen in Massaua beträchtlich verstärkt; der Oberbefehlshaber, General di San Marzano, rückte mit 20.000 Mann zu Beginn des Jahres 1888 langsam nach Süden vor und nahm Dogali wieder ein. Ihm trat der abessinische Kaiser Johannes mit seinem Heer entgegen, wagte aber nicht den Kampf, sondern zog sich Anfang April 1888 ins Landesinnere zurück.

Somit hätte der italienisch-abessinische Gegensatz stillschweigend beigelegt werden können, wenn nicht auf italienischer Seite inzwischen größere Pläne herangereift wären. Die lokalen italienischen Befehlshaber waren zu der Ansicht gelangt, daß der Besitz der isolierten Küstenstriche nutzlos sei, wenn er nicht der Ausgangspunkt einer weiter angelegten Expansion im Lan-

---

41 Langer, Diplomacy, S. 272.

desinnern sein werde. Außerdem lud die traditionelle Zerstrittenheit der abessinischen Feudalherren, der „Ras" und „Negus", und die Schwäche des Kaisers als der äthiopischen Zentralgewalt zu weiteren Aktionen förmlich ein. Europäische Mächte konnten hier, allein schon durch Waffenlieferungen, großen Einfluß auf die abessinische Politik nehmen, wo traditionell der militärisch stärkste Mitbewerber um die Macht den Sieg davontrug. Der italienische Vertreter am Hofe des Negus, Graf Antonelli, schlug vor, einen der mächtigsten Feudalherren des Landes, den Ras Menelik, dazu zu bringen, sich mit Italien gegen seinen Herrscher zu verbünden. Der Lohn für Italien sollte aus den nördlichen Teilen Abessiniens bestehen, die Italien erstrebte und die zum Tigré gehörten, dem Heimatland des regierenden Negus. Außerdem konnte Italien dann über den neuen Negus Einfluß auf ganz Äthiopien gewinnen. Kaiser Johannes hatte den intriganten Charakter der italienischen Politik schon frühzeitig erkannt und 1886 Menelik brieflich vor den italienischen Schachzügen gewarnt und zur Einigkeit gegen die äußere Bedrohung ermahnt.[42] Doch umsonst; im Frühjahr 1888 zeichnete sich ab, daß Graf Antonelli mit seinem Plan Erfolg haben könnte. Menelik erklärte, gemeinsam mit anderen aufständischen Ras den Krieg gegen den Kaiser beginnen zu wollen. Antonelli reiste nach Italien und konvertierte Crispi in mehreren Besprechungen im Herbst 1888 zu einem fanatischen Kolonialisten. Crispi entwickelte in seiner Bedrängung durch Wirtschaftskrise und Handelskrieg mit Frankreich die Idee, im Hochland Ostafrikas eine große Siedlungskolonie zu erwerben und den gewaltigen und ständig anschwellenden Strom italienischer Auswanderer dahin abzuleiten. Die zunehmende Not in Italien sollte vermindert, die soziale Frage im Mutterland durch die gesteuerte Auswanderung in die eigenen Kolonien gelöst werden und die „Volkskraft" und Arbeitsleistung Hunderttausender für Italien erhalten bleiben. Auch in diesem Zusammenhang spielte die politisch-soziale Gesamtsituation, in die Italien infolge der Außen- und Bündnispolitik der Crispi-Ära geraten war, eine ausschlaggebende Rolle.

Der italienische Imperialismus machte in Ostafrika einen Sprung nach vorn, nachdem der äthiopische Kaiser Johannes im Kampf gegen den Mahdi gefallen war und der von Italien unterstützte Prätendent, Menelik, um die Kaiserkrone kämpfte. Der italienische Befehlshaber, General Baldissera, nutzte die Gelegenheit zur Expansion; ohne Blutvergießen konnte er die Orte Keren und Asmara einnehmen. Die bis jetzt territorial eng begrenzte italienische Herrschaft dehnte sich rasch aus und vergrößerte sich auf ein Gebiet von knapp 120.000 km². Die alten Besitzungen von Assab und Massaua und die neuerworbenen Landstriche wurden zum 1. Januar 1890 als Kolonie unter

---

42 Johannes an Menelik, Oktober 1886, abgedruckt in: Rochat, Colonialismo Italiano, Dokument 5, S. 38, 39.

dem antikisierenden Namen Eritrea zusammengefaßt. Parallel dazu faßte Italien auch in Somalia Fuß, was machtpolitisch eine erheblich unkompliziertere Erwerbung war.[43]

Doch entscheidend für die weitere Entwicklung war, daß Menelik, der zur Behauptung seiner Ansprüche gegenüber den anderen Prätendenten, vor allem dem Kaisersohn Mangascha, dringend der italienischen Hilfe bedurfte, am 2. Mai 1889 in Uccialli einen Vertrag mit Italien unterzeichnete, den Antonelli dann gemeinsam mit dem Vetter Meneliks nach Italien brachte.[44] Obwohl auf Druck Crispis von diesem Vetter Meneliks, Ras Makonnen, sogar noch ein Zusatzabkommen unterzeichnet wurde, das die Grenze der an Italien abzutretenden Gebiete ausweitete, war eines unbemerkt geblieben: Der italienische und der abessinische Vertragstext, die beide gleichermaßen Gültigkeit besitzen sollten, wichen in einem zentralen Punkt voneinander ab. Artikel 17 des Vertrages besagte in seiner italienischen Fassung: „Seine Majestät der König der Könige von Äthiopien stimmt zu, sich der Regierung Seiner Majestät des Königs von Italien bei allen Verhandlungen zu bedienen, die er mit anderen Mächten oder Regierungen führen will."[45] Die amharische Version lautete hingegen: „Der König der Könige von Äthiopien *kann* alle Verhandlungen, die er mit den Königen von Europa wünscht, mit Hilfe des Königreichs Italien führen[46]." Der Unterschied der Versionen war evident. Bedeutete die italienische Fassung, daß ganz Äthiopien ein italienisches Protektorat geworden sei, war die abessinische Version nur eine vergleichsweise harmlose, den Negus zu nichts verpflichtende Formel, die sehr ähnlich bereits im Freundschaftsvertrag von Ankober zwischen dem Ras der Schoa und Italien vom Jahre 1883 enthalten war.[47] Es war natürlich ein schweres Versäumnis der italienischen Seite, die beiden Texte nicht beizeiten verglichen zu haben; doppelt schwer, weil seinerzeit auch nur die amharische Version unterzeichnet worden war. Doch rächte sich das erst zu einem späteren Zeitpunkt – dann aber furchtbar.

Mit diesem Protektoratsvertrag hatte die italienische Expansionspolitik in Ostafrika endgültig den Rahmen des nationalen Alleingangs verlassen. Denn das Protektoratsverhältnis, das Crispi am 11. Oktober 1889 allen auswärtigen Vertretungen Italiens mitteilen ließ, wurde zwar von den Dreibundpartnern und England, nicht aber von Frankreich und Rußland anerkannt. Es zeigten

---

43 Fabio Grassi: Le origini dell'imperialismo italiano. Il „caso somalo" (1896–1915), Lecce 1980; R.L. Hess: Italian Colonialism in Somalia, Chicago/London 1966.
44 Vertragstext abgedruckt bei: Rochat, Colonialismo, Dokument 8, S. 45–47.
45 Candeloro, Storia 6, S. 347 f.: „Sua Maestà il Re dei Re d'Etiopia consente di servirsi del governo di Sua Maestà il Re d'Italia per tutte le trattazioni di affari che avesse con altre potenze o governi."
46 Ebenda, S. 348.
47 Ebenda, S. 348.

sich bereits die kommenden Schwierigkeiten, aber auch, daß die Bündnispartner und England immerhin zu diplomatischer Hilfeleistung bereit waren und auch Italien diesen Besitz in Ostafrika gönnten; Hauptsache war nur, daß es sie selbst nichts kostete.

Doch zunächst war Crispis Begeisterung über den scheinbar leichten, gigantischen Neuerwerb ungetrübt. Er kündigte in einer Rede in Palermo am 14. Oktober an, daß sich „ein gewaltiges Königreich unserer Industrie und unserem Handel ohne Blutopfer eröffnet ... Weite Gebiete kolonisierbarer Erde werden sich in naher Zukunft der überschäumenden italienischen Fruchtbarkeit anbieten"[48]. Jetzt, so hoffte er, hatte er den Ausweg aus der schwierigen ökonomischen Lage Italiens gefunden und könne vor allem der armen Landbevölkerung Süditaliens eine Perspektive bieten. Dieser Gedanke überzeugte auch anfängliche Skeptiker des parlamentarischen Zentrums wie Franchetti und Sonnino.[49] Die Vorstellung war, aus heutiger Sicht gesehen, natürlich naiv. Die Kenntnisse über die Natur der fraglichen Gebiete waren oberflächlich. Vor allem waren die nordabessinischen Gebiete wirtschaftlich unterentwickelt, und es hätte großer Summen bedurft, um ihren Standard zu heben; dabei war Italien nicht einmal in der Lage, den eigenen Süden auf ein europäisches Niveau zu bringen. Selbst im besten Fall wäre das abessinische Imperium also eine Belastung gewesen. Doch die Rechnung hatte einen noch größeren Fehler: Diese Gebiete waren nicht menschenleer, sondern bewohnt, und zwar von der bestorganisierten, höchstentwickelten afrikanischen Gesellschaft südlich der Sahara. Zwar war es ein Charakteristikum europäischer Kolonialmächte, die afrikanischen Bevölkerungen geringzuschätzen, aber eine solche Unterschätzung, wie sie Crispi und seinen Ratgebern in bezug auf das abessinische Kaiserreich unterlief, sprengte den weiten Rahmen des damals Üblichen bei weitem.

General Baldissera, der Anhänger einer vorsichtigeren Linie war, versprach sich nichts von diesem Protektoratsvertrag, der Menelik nur theoretische Verpflichtungen auferlegte; außerdem barg der Anspruch auf ganz Abessinien die Gefahr unübersehbarer internationaler Komplikationen. Baldissera lehnte es ab, Menelik im Bürgerkrieg zu helfen und bat schließlich Ende 1889 um seine Abberufung, die ihm gewährt wurde.

Seine Bedenken stellten sich jedoch als berechtigt heraus, als Menelik sich zum Kaiser krönen ließ und dies selbständig den europäischen Regierungen mitteilte. Crispi ließ durch Antonelli protestieren, doch erfolglos; auch die

---

48 „Un vastissimo regno si aprirà alla nostra industria e al nostro commercio senza sacrifici di sangue, con un denaro messo a sicuro e largo frutto. Vaste zone di terra colonizzabili s'offriranno in un avvenire non remoto alla esuberante fecondità italiana." In: Crispi, Scritti e discorsi politici, Roma, 1890, S. 740; Candeloro, Storia 6, S. 348.
49 Candeloro, Storia 6, S. 355.

Verhandlungen über den Grenzverlauf der Kolonie Eritrea, die von Menelik auf lokale Unterführer übertragen worden waren, verliefen schleppend. Nachdem Menelik durch seine europäischen Ratgeber und wahrscheinlich durch französische Diplomaten auf die italienische Interpretation des Artikel 17 des Vertrages von Uccialli aufmerksam gemacht worden war, protestierte er vehement gegen den italienischen Protektoratsanspruch. Neuverhandlungen zwischen Menelik und Antonelli über diesen Artikel gestalteten sich als derart schwierig, daß Antonelli am 11. Februar 1891 die Verhandlungen ergebnislos abbrach. Menelik erklärte, Italien werde „niemals ein Kaiserreich gewinnen durch Falschübersetzung des Amharischen"[50].

Doch der Abbruch der Verhandlungen erfolgte wenige Tage nach dem Rücktritt Crispis. Unter der Regierung di Rudinì rückte die Ostafrikapolitik in den Hintergrund, wurde außerdem durch einen Kolonialskandal – Soldatenschindereien in Massaua, die in einem spektakulären Prozeß aufgearbeitet wurden – überschattet. Di Rudinì war, ebenso wie Giolitti, kein Kolonialenthusiast; beide beschränkten sich darauf, die Kolonie in den bestehenden Grenzen und die Ausgaben innerhalb des von di Rudinì festgesetzten Limits zu halten.[51] Sie versuchten auch, gute Beziehungen zu Menelik wiederherzustellen und sich gleichzeitig des benachbarten Ras Mangascha, des Herrn des Tigré und Sohn des Kaisers Johannes, zu versichern. Dieser wollte zwar gern die Herrschaft Meneliks abschütteln, hatte aber die berechtigte Sorge, mit den Italienern zusammenzugehen und dann plötzlich von ihnen zugunsten Meneliks im Stich gelassen zu werden. Genau dies geschah, als infolge des inneritalienischen Machtwechsels, der Crispi im Dezember 1893 wieder an die Macht brachte, Graf Antonelli Unterstaatssekretär im Außenministerium wurde und sich noch einmal mit seiner Idee durchsetzen konnte, lieber auf Menelik zu setzen. Die Verhandlungen mit Mangascha wurden abgebrochen, der sich daraufhin dem Negus unterwarf. Als dann noch die italienischen Verhandlungen mit Menelik scheiterten, stand die italienische Politik in Ostafrika vor einem Scherbenhaufen. Dieser Rückschlag kostete Antonelli seinen Posten als Unterstaatssekretär.

Die intrigante, wechselnde Prätendenten mit Waffen unterstützende italienische Politik in Äthiopien hatte einen fatalen Solidarisierungseffekt. Denn es war seitens der äthiopischen Fürsten nicht unbemerkt geblieben, daß die italienische Regierung vor keiner kurzfristigen Intrige und keinem Kurswechsel zurückschreckte. Deshalb trauten selbst die entschiedensten Gegner

---

50 Langer, Diplomacy, S. 273.
51 Solms an Caprivi, 26.7.1891, GP, Nr. 1985. Für di Rudinì war der Gedanke einer Siedlungskolonie offenbar grotesk; würde er auf Massaua, das zu halten er noch für vertretbar hielt, zurückgehen, würde er stürzen, aber keiner seiner Nachfolger würde über Massaua wieder hinausgehen.

Meneliks den Italienern nicht mehr und zogen es vor, sich widerwillig dem ungeliebten Negus zu unterwerfen. Ihnen war außerdem klargeworden, daß die vordringende europäische Macht ein gefährlicherer Gegner war als ihre traditionellen afrikanischen Gegenspieler, da er für immer ihre Souveränität bedrohte; es kursierte das Sprichwort: „Vom Biß der schwarzen Schlange kannst du genesen, von dem der weißen Schlange wirst du sterben." Das Fiasko der italienischen Politik in Ostafrika vergrößerte sich weiter durch eine Annäherung der bisher tödlich verfeindeten muslimischen Derwische und der christlichen Äthiopier gegen die Italiener sowie durch die wachsende Unzufriedenheit in der Kolonie Eritrea. 1894 wurden dort 400.000 Hektar Land beschlagnahmt, etwa zwei Drittel der gesamten kultivierbaren Fläche der Kolonie, um Platz zu schaffen für die erhofften italienischen Einwanderer.[52] Gegen diese Politik erhoben sich die Einwohner Eritreas; sie wurden geschlagen. Ras Mangascha, der verdächtigt wurde, diesen Aufstand provoziert zu haben, wurde von Oreste Baratieri, dem neuen italienischen Befehlshaber (und Beinahe-Außenminister Zanardellis) in mehreren Treffen besiegt. Baratieri eroberte im April 1895 Adigrat, Aksum und Adua, die Hauptstadt des Tigré; Mangascha floh mit seinem Heer zu Menelik.

Obwohl die Italiener zu diesem Zeitpunkt zumindest machtpolitisch und militärisch noch Herren der Lage waren, war das Ergebnis ihrer Politik fatal. Denn sie hatten den Negus, die äthiophischen Feudalherren und die Bevölkerung gegen sich aufgebracht und einen negativen Solidarisierungseffekt herbeigeführt. General Baratieri meinte sogar, aus dem gemeinsamen Haß gegen die weißen Invasoren habe sich, erstmalig in der äthiopischen Geschichte, eine Art Nationalgefühl herausgebildet. Und Crispis einflußreichster Widersacher im italienischen Parlament, der Marquis di Rudinì, stellte im Februar 1896 deshalb auch völlig zu Recht fest: „Herr Crispi habe in seinem Größenwahn, seiner Unwissenheit und seinem Leichtsinn die Schwierigkeiten des afrikanischen Unternehmens völlig unterschätzt ... Diplomatisch habe er sich so ungeschickt verhalten, daß es ihm gelungen sei, alle abessinischen Stämme unter einen Hut zu bringen, was in der Geschichte noch nie dagewesen wäre. Es fehle nur noch, daß die Schoaner sich mit ihren bisherigen Todfeinden, den Derwischen, endgültig verbündeten."[53]

Militärisch war zunächst noch weiter alles nach Wunsch gelaufen. Der italienische Kolonialenthusiasmus wurde sogar noch weiter angefacht, weil Crispis Amtsantritt zufällig mit einem aufsehenerregenden militärischen Erfolg in Eritrea zusammenfiel. Oberst Arimondi war es mit 2.000 Mann einheimischer Truppen gelungen, am 21. Dezember 1893 ein etwa 10.000 Mann starkes Heer der Derwische zu schlagen und diesen hohe Verluste zuzufügen.

---

52 Rochat, Colonialismo, S. 26.
53 Bülow an Hohenlohe, 20.2.1896, PA/AA, R 7742.

Militärisch hatte sich die italienische Position dadurch verbessert, wenn auch die Gefahr der strategischen Überdehnung, besonders nach der mit englischer Einwilligung erfolgten Besetzung Kassalas,[54] stark zunahm.

Baratieri reiste im Sommer 1895 nach Italien und ließ sich dort als Kolonialheld bejubeln. Doch die Lage in Eritrea war prekär. Die neuen Eroberungen gegen die Derwische und gegen die Abessinier waren nur mit einem erheblich größeren Truppenkontingent zu halten, das Baratieri auch von Crispi einforderte. Doch der italienische Ministerpräsident konnte ihm das aus innenpolitischen Gründen nicht bewilligen, zumal die Gegner einer ausufernden Kolonialpolitik überall, sogar in der eigenen Regierung, saßen. Außenminister Blanc und Schatzminister Sonnino drängten darauf, die Kosten des Unternehmens nicht ins Uferlose anwachsen zu lassen und dadurch die Politik der Regierung zu gefährden.[55] Crispi kannte all diese Kritikpunkte und verachtete sie. Für ihn waren seine Kritiker „Pygmäen", Kleingeister, die Schwachheit Klugheit nannten und die nicht den nötigen Mumm für große Unternehmungen hatten.[56] War die italienische Einigungsbewegung etwa „vernünftig"

---

[54] Crispi wollte Kassala der Kolonie Eritrea zuschlagen, Blanc es zum Ausgangspunkt einer anglo-italienischen Aktion gegen den Sudan machen. In: Bülow an Auswärtiges Amt, 21.6.1894, GP 8, Nr. 1996.

[55] So hatte sich beispielsweise sein Außenminister, Baron Blanc, schon bei Amtsantritt klar als „Gegner der italienischen Kolonialpolitik in Afrika" bezeichnet, in der er nur eine Verzettelung der Kräfte, eine Vergeudung von Geld und die Gefahr prestigegefährdender Niederlagen gegen die Eingeborenen sah. Allerdings hielt er eine Aufgabe der Unternehmung wegen des Widerstandes Crispis und des Königs für unmöglich, siehe Bülow an Caprivi, 30.1.1894, GP 8, Nr. 1987. Dies läge auch daran, daß Umberto in den afrikanischen Erwerbungen „le succès de son règne" sehe. Und Crispi sei erfreut darüber, daß „dort der italienische Soldat zum ersten Male seit langer Zeit militärische Lorbeeren gepflückt habe", in: Bülow an Auswärtiges Amt, 16.2.1894, GP 8, Nr. 1989. Im April 1895 hatte Blanc dann kritisch festgestellt, daß die ständigen Mehrausgaben für die Truppen in Äthiopien auf die Dauer nicht tragbar seien. „Wo soll das enden?" fragte Blanc. „Es ist nicht möglich, vom ‚pareggio' [Gleichgewicht zwischen Einnahmen und Ausgaben] zu reden oder von einer Ordnung in den Finanzen, wenn jeden Tag eine Million neuer Ausgaben hinzukommt." („Ora sorge naturalmente la domanda: dove si va a finire? Non è possibile parlare di pareggio o di sistemazione finanziaria se ogni giorno scappa fuori un nuovo milione di spese normali.") In: Promemoria Blancs vom 6.4.1895, abgedruckt bei Rochat, Colonialismo, Dokument Nr. 9, Zitat S. 48. Wie Blanc waren auch weite Teile der politischen Führungsschicht nicht bereit, angesichts der ökonomischen Schwäche des Landes und den prekären finanziellen Verhältnissen für eine Expansionspolitik im Inneren Afrikas große Opfer zu bringen. Den Kolonialspesen war ein Limit von 9 Millionen Lire gezogen worden, das nicht überschritten werden sollte; darauf bestand auch Schatzminister Sonnino. Crispi meinte daraufhin, die Kolonie selbst solle durch Tribute und Sonderabgaben den Feldzug mitfinanzieren, Candeloro, Storia 6, S. 468, eine angesichts der Armut Eritreas utopische Vorstellung. Schließlich willigte Sonnino ein, der Kolonie drei zusätzliche Millionen zu bewilligen.

[56] Igino Pinci: Francesco Crispi e la campagna d'Africa, Rom 1931, S. 15, zitiert Crispi: „Io sono pazzo, perchè voglio l'Italia grande e rispettata; sono un megalomane, sono un soggetto da ma-

gewesen? Und doch hatte sie gesiegt. Für Crispi zählte der Wille zu großen Taten; die Finanzierbarkeit und auch die sonstigen Schwierigkeiten waren für ihn sekundäre und zu vernachlässigende Argumente, zumal er die militärischen Probleme unterschätzte.

Aber diese sollten sich bald schon als unüberwindbar herausstellen, nämlich als die italienischen Truppen es, anders als bisher, nicht mehr nur mit den Armeen einzelner äthiopischer Fürsten, sondern mit der vereinten Militärmacht des gesamten abessinischen Kaiserreichs zu tun bekamen. Menelik hatte dem italienischen Vormarsch in den nordöstlichen Provinzen lange zugesehen; jetzt fühlte er sich aber verpflichtet zu handeln, zumal er der Unterstützung seiner Fürsten und der Bevölkerung sicher sein konnte. Auch wurde er von den Franzosen und Russen dazu ermutigt; diese wollten die Italiener dadurch schwächen. Frankreich lieferte über Dschibuti Waffen und Munition an den Negus. Und die Russen schickten sogar ein Freiwilligenkorps nach Abessinien.[57] Beide Regierungen wollten den Italienern möglichst große Schwierigkeiten machen, glaubten aber nicht, daß es dem Negus gelingen werde, die Italiener zu schlagen. Für den Fall einer Niederlage des Negus wollte sich die französische Regierung einen Teil der Beute, nämlich Harrar, den Südteil Äthiopiens, sichern.

Menelik rückte mit seinem Heer von Addis Abeba in Richtung auf Eritrea vor. Die Abessinier wurden von Baratieri unterschätzt; er glaubte, Menelik habe nur 30.000 Mann zur Verfügung, gegen die er 10.000 bis 12.000 Askaris als ausreichend ansah. In Wahrheit umfaßte das abessinische Heer etwa 100.000 Mann, von denen 80.000 mit modernen Feuerwaffen ausgerüstet waren. Waffen und Munition waren seinerzeit von Italien selbst, danach und in größerem Umfang von den Russen und vor allem von den Franzosen geliefert worden. Trotz mangelhafter Logistik und insgesamt nicht neuzeitlicher Heeresorganisation war das abessinische Heer ein gefährlicher Gegner.[58] Tatsächlich gestaltete sich die militärische Lage für die Italiener bald schon sehr schwierig. Baratieri ließ 2.500 Mann unter dem Kommando Major Tosellis in den Vorposten Amba Alagi verlegen. Dort wurden sie am 3. Dezember 1895 von etwa 30.000 Abessiniern, der Vorhut des Hauptheeres unter dem Kommando von Ras Makonnen, umzingelt und vernichtet; nur 300 Soldaten konn-

---

nicomio. Fortunatamente furono pazzi quanto me Dante e Virgilio che ebbero la visione della grande Patria; i massimi poeti; Mazzini, apostolo della unità, cooperatore in tutti i tempi alla grande impresa della unificazione nazionale. Sono saggi i pigmei che nulla fecero per la Patria nostra e che si affaticano a rimpicciolirla e a educare la nuova generazione alla scuola della viltà!"

57 Zur russischen Expedition Langer, Imperialism, S. 273. Charakterisierung des Führers des russischen Freiwilligenkorps, Nikolaj Leontiev, ebenda, S. 274, als „a russian adventurer of the worst sort". Dazu auch GP 8, S. 376, Fußnote *.

58 Rochat, Colonialismo, S. 26.

ten fliehen.[59] Es war militärisch unverständlich gewesen, Toselli nicht rechtzeitig einen Rückzugsbefehl gegeben zu haben. Und der Fehler wurde wiederholt; im Fort von Makallé wurde Major Galliano mit 1.200 Askaris von Menelik eingeschlossen; an Entsatz war nicht zu denken und auch nicht an längeren Widerstand, da das Fort keine Wasservorräte hatte. Als Zeichen seiner Verständigungsbereitschaft ließ Menelik, der seinerseits viel zu verlieren hatte und eine Niederlage scheute, Galliano ehrenvoll abziehen.[60]

Der Schock in Italien war groß. Wieder hatte man eine Niederlage erlitten wie bei Dogali, bloß größer und schwerer. Die Sozialisten machten energische Opposition gegen die afrikanische Unternehmung. Trotzdem gewann die Regierung eine Abstimmung über die afrikanische Politik mit einer Mehrheit von 255 gegen 148 Stimmen; mit einer Mehrheit von 237:36 wurde auch ein Sonderbudget verabschiedet, das 20 Millionen Lire für Afrika vorsah.[61] Sofort wurden Verstärkungen nach Afrika entsendet. Auch schickte Crispi den General Baldissera nach Eritrea, dieser sollte Baratieri ablösen. Der Ministerpräsident meinte nach diesen Abstimmungssiegen befriedigt, seit der Ära Minghetti habe es in Italien keine so feste Kammer-Majorität gegeben wie die Gegenwärtige. „Das Land sei ruhig und patriotisch. Die Bevölkerung sei bereit, auch schwere Opfer zu bringen, um ‚die Ehre der italienischen Fahne' zu vertheidigen."[62] Doch so eindeutig war die Bereitschaft der italienischen Bevölkerung, die „Ehre der Fahne" zu verteidigen, dann doch nicht. Der Druck auf Crispi wuchs, das Unternehmen zu einem baldigen Abschluß zu bringen, und mit ihm die Opposition gegen seine Afrikapolitik. Zwar stand das Besitzbürgertum nach wie vor hinter ihm, da scheinbar er allein Ruhe und Ordnung garantieren konnte, wollte aber durch Crispi weder „in auswärtige Verwickelungen noch in exorbitante Ausgaben gestürzt" werden.[63] Im „Corriere della Sera" erschien ein für die allgemeine Stimmung bezeichnender Artikel mit der Überschrift „Pazzia o delitto" – „Wahnsinn oder Verbrechen"; der Verfasser sah Gegenwart und Zukunft Italiens durch eine verantwortungslose Politik bedroht. Hinter dem Pseudonym „un vecchio moderato" verbarg sich wahrscheinlich der hochangesehene ehemalige Außenminister Visconti Venosta. Im Parlament erhoben sich Stimmen, die eine Niederlage in Afrika wünschten, damit all dies endlich aufhöre.[64] In der Umgebung des Königs wurde, was für die Stimmung symptomatisch ist, sogar schon gemutmaßt, in der Umgebung Crispis werde durch Kriegslieferungen verdient und der Krieg deshalb

---

59 Candeloro, Storia 6, S. 472.
60 Rochat, Colonialismo, S. 26, 27.
61 Candeloro, Storia 6, S. 472.
62 Bülow an Hohenlohe, 1.1.1896, PA/AA, R 7742.
63 Bülow an Hohenlohe, 20.2.1896, PA/AA, R 7742.
64 Farini, Tagebucheintragung vom 29.2.1896, Bd. 2, S. 861; Anspielung vor allem auf eine entsprechende Rede des Abgeordneten Branca.

fortgesetzt. Auch der König selbst wurde gegen Crispi immer gereizter. Die Opposition nahm an Schärfe ständig zu, und Marquis di Rudinì kritisierte im Februar 1896 in schärfster Form Crispis „von Anfang bis Ende wahnwitzige" Politik.[65]

Auch diplomatisch wurde die Notlage Italiens in Abessinien jetzt zu einem Thema. Frankreich nutzte die Bedrängung der Italiener aus, um den italienisch-tunesischen Vertrag von 1868 zu kündigen; es wurde dabei von der richtigen Erwartung geleitet, daß die italienische Regierung in der jetzigen Lage schwerlich massiven Widerstand dagegen erheben könne. Mehr noch: Im Frühjahr 1894 verlangte Außenminister Hanotaux, daß Italien seine Entente mit England abbrechen müsse, wenn es Freundin Frankreichs werden wolle. Die französische Diplomatie konnte sich von dem Gedanken nicht lösen, daß Italien, wenn es Freundin Frankreichs werden wolle, Feindin der jeweiligen französischen Feinde werden müsse.[66] Dadurch, daß Frankreich und Rußland massiv Meneliks Widerstand förderten, gewann der italienische Kolonialkrieg in Ostafrika eine gesamteuropäische Dimension. Crispi beklagte, daß Italien wegen seiner Dreibundmitgliedschaft bestraft werde und sich die Bundesgenossen gleichzeitig doch sehr kühl und zurückhaltend verhielten.

In der zunehmenden Verzweiflung über die kompakte Gegnerschaft aller abessinischen Völker versuchten die Italiener, ihren Gegner wieder zu spalten. Dazu wollten sie in Zeila, dem Hafen des Harrar, landen und dort eine Besatzung stationieren. Ziel der Unternehmung war, eine militärische Bedrohung auf den Süden Äthiopiens auszuüben, die Äthiopier zur Kräfteverteilung und vielleicht Menelik zum Rückzug zu zwingen. Außerdem, da Zeila britischer Besitz war, sollte den Abessiniern (und in zweiter Linie auch den Franzosen und Russen) das britisch-italienische Einverständnis signalisiert werden. Gaetano Salvemini hat diesen Plan indes, und nicht zu Unrecht, als „vollkommen verrückte Idee" charakterisiert.[67] Für einen Angriff von Zeila in das Zentrum der abessinischen Macht fehlten die Kräfte. Eine Besetzung von Zeila, und erst recht eine Offensive in das Innere Äthiopiens hätte das grundlegende Problem der italienischen Kriegführung, nämlich die zu geringen Kräfte, infolge der Verzettelung sogar vervielfacht. Darüber hinaus waren die Engländer peinlich berührt von diesem Vorschlag. Sie hatten in Zeila nur eine geringe Besatzung und keine Ambitionen, sich von Italien in den Krieg mit Äthiopien hineinziehen zu lassen. Außerdem hätten die Italiener bei ihrem Vormarsch aus Zeila das Harrar durchqueren müssen, und das wurde von den Franzosen als ihre Einflußzone proklamiert. Somit hätten den Briten auch noch Schwierigkeiten mit Frankreich gedroht. Und außerdem hatte die eng-

---

65 Bülow an Hohenlohe, 20.2.1896, PA/AA, R 7742.
66 Salvemini, Politica Estera, S. 342.
67 Salvemini, Politica Estera, S. 342.

lische Diplomatie die Befürchtung, Italien wolle sich am Ende Zeila gar einverleiben.

Der Zeila-Plan, auf den die italienische Diplomatie parallel zur Verschärfung der militärischen Lage immer wieder zurückkam, gab der deutschen Diplomatie die Gelegenheit zur kostenlosen, aber werbewirksamen Hilfeleistung für den notleidenden Verbündeten. Die Engländer wurden deutscherseits immer wieder gebeten und beschworen, sie sollten sich doch etwas gefälliger zeigen und den Italienern, die so treue, aufrichtige Freunde Großbritanniens seien, entgegenkommen; die Bitte um Truppenstationierung in Zeila sei doch bescheiden genug. Lord Salisbury wurde dadurch in eine außerordentlich unangenehme Lage gebracht: Gestattete er den Durchmarsch, gab es Ärger mit Frankreich und Äthiopien; versagte er den Durchmarsch, gab es Ärger mit den Italienern. Er versuchte den Druck durch überraschende Angebote von sich abzulenken und das italienische Interesse auf Albanien oder Tripolitanien zu richten. Durch die Inbesitznahme des ersten hätte Italien Österreich und die Türkei, durch die des zweiten Frankreich und die Türkei gegen sich gehabt, insofern war das Angebot unaufrichtig und der bloße Versuch, Schwierigkeiten auf Kosten anderer von sich abzuwälzen. Auch Salisbury war eben nicht zur Gratishilfe für das italienische Kolonialunternehmen bereit, das er für vollkommen verfehlt und sinnlos hielt.[68] Diplomatisch war für Italien durch die Hilfestellung seiner Bündnispartner höchstens zu erreichen, daß die äthiopische Aktion isoliert, das heißt ohne direktes Eingreifen Rußlands oder Frankreichs, ablief.

Crispi, dem die abessinischen Schwierigkeiten zunehmend jeden außen- und innenpolitischen Handlungsspielraum geraubt hatten, wandte sich schließlich an Frankreich, um hier das Durchmarschrecht durch das Harrar zu erhalten und damit die englischen Bedenken auszuräumen. Doch der neue französische Außenminister Bertholet verfolgte einen eher antideutschen Kurs und verlangte deshalb als Basis für jedes Zugeständnis, Italien müsse den Dreibund verlassen.[69] Das lehnte Crispi ab. Der italienische Premier verlor in seiner selbstverschuldeten Hilflosigkeit jedes Maß und erhob unge-

---

68 Hatzfeldt an Holstein, 31.7.1895, GP 10, Nr. 2372.
69 Langer, Imperialism, S. 276 f.; dazu auch Bülow an Hohenlohe, 5.2.1896, GP 11, Nr. 2657, mit der von Bodio, dem Generaldirektor des italienischen Statistischen Amtes, nach einem Parisaufenthalt übermittelten Ansicht des französischen Ministerpräsidenten Bourgeois: „Nous ne pouvons pas oublier l'Alsace Lorraine ... il faut que toutes nos affaires extérieures soient subordonnées à ce but." Dazu auch Bülow an AA, 23.1.1896, GP 11, Nr. 2762; Bülow an Hohenlohe, 9.2.1896, ebenda, Nr. 2816, zitiert Bourgeois, erneut nach Bodio als Quelle: „Solange Italien durch seine Allianz mit Deutschland die deutschen Ansprüche auf Elsaß-Lothringen unterstütze, könne ihm Frankreich nicht nur auf keinem Punkt entgegenkommen, sondern müsse trachten, ihm das Leben möglichst sauer zu machen." Siehe auch Blanc an Tornielli, 1.2.1896, GP 11, Nr. 2817.

rechtfertigte Vorwürfe auch gegen die deutsche Adresse; England verhalte sich so unfreundlich gegen Italien, weil es sich bei Deutschlands Verbündetem für die Krüger-Depesche rächen wolle. Und er sagte: „Unsere Stellung ist unhaltbar. Ich wiederhole, daß diese Lage der Dinge schlimmer ist als ein Krieg." Worin läge denn der Wert des Dreibunds, wenn er Italien nicht aus dieser Lage befreien könne? Und er drohte, daß bei diesem Stand der Dinge über eine Verlängerung des Bündnisses noch einmal nachgedacht werden müsse.[70] Allerdings war die deutsche Regierung trotzdem nicht bereit, sich stärker zu engagieren als durch Ermahnungen an Salisbury; wegen der afrikanischen Angelegenheiten wollte sie keine Konflikte mit Frankreich heraufbeschwören. Wenn Italien das Bündnis verlasse, so warnte Botschafter Bülow Außenminister Blanc, sei es wie Rotkäppchen im Wald allein mit dem Wolf, dem Bär und dem Fuchs – nämlich ohne Beistand gegenüber Frankreich, Rußland und dem Papst. Italien fahre immer und unter allen Umständen am besten, „wenn es sich an Deutschland halte und Deutschland folge"[71]. Seine Ratschläge gipfelten in der Behauptung, der Dreibund und nicht die frankorussische Gruppe hielte „das Heft in der Weltpolitik in der Hand". Italien laufe „auch in der gegenwärtigen Phase der internationalen Beziehungen ebensowenig ernstliche Gefahr wie das Kind, welches im Arme des Vaters durch das Wasser getragen werde. Das Kind dürfe nur nicht so sehr strampeln, daß es den Vater zwinge, es fallenzulassen."[72] Immer wieder verwiesen die deutschen und die österreichischen Diplomaten die italienische Regierung auch auf die unbestreitbare Tatsache, daß Äthiopien außerhalb des Garantiebereichs des Dreibundvertrages liege und Italien deshalb trachten müsse, daß es sich dort nicht in einen Krieg mit Rußland und Frankreich verwickle, in dem es allein stehen würde. Reichskanzler Fürst Chlodwig v. Hohenlohe-Schillingsfürst schrieb am 20. Februar 1896: „Ein europäischer Krieg zu dem Zweck, Italien die Eroberung von Abessinien zu ermöglichen, werde weder in Deutschland noch in Österreich auf Zustimmung und Verständnis rechnen können."[73] Ein Konflikt zwischen Italien einerseits, Frankreich und Rußland andererseits hätte vor allem nach einem italienischen Sieg über die Verteilung der Beute entstehen können.[74]

Doch dazu sollte es nicht kommen. Unterdessen standen sich in der Nähe von Adua die Truppen Baratieris und das etwa 100.000 Mann starke Heer Meneliks gegenüber.[75] Beide waren in einer nicht gerade beneidenswerten Po-

---

70 Langer, Imperialism, S. 277; Bülow an Hohenlohe, 15.1.1896, GP 11, Nr. 2649.
71 Langer, ebenda, S. 277. Bülow an Hohenlohe, 15.1.1896, GP 11, Nr. 2649.
72 Bülow an Hohenlohe, 18.2.1896, GP 11, Nr. 2658.
73 Chlodwig v. Hohenlohe-Schillingsfürst, 13.2.1896, GP 11, Nr. 2765.
74 Farini, Tagebucheintragung vom 29.2.1896, Bd. 2, S. 861.
75 Zur Schlacht von Adua: Oreste Baratieri: Memorie d'Africa, 1892–1896, Turin 1898 (für Generalsmemoiren sehr reflektierend und vergleichsweise wenig beschönigend); Angelo Del Boca

sition: Meneliks Heer litt unter rasch zunehmenden Versorgungsschwierigkeiten und würde die Position nicht lange behaupten können, während die Italiener gleichzeitig Verstärkungen aus der Heimat erwarteten. Deshalb plante Menelik ein Überflügelungsmanöver; er wollte das italienische Heer umgehen und in die Kolonie Eritrea einfallen. Baratieri wiederum war zahlenmäßig weit unterlegen; die Anordnungen, die Crispi aus Rom sandte, waren widersprüchlich und sarkastisch im Tonfall und ließen im Grunde nur eines erkennen: Der Ministerpräsident, der gezwungen worden war, das Parlament nach monatelanger Sitzungspause für den 5. März 1896 einzuberufen,[76] wollte einen schnellen Erfolg, um seine innenpolitischen Widersacher ruhigstellen zu können. Crispi verlangte von dem General vor Ort energisches Handeln, ohne ihm exakt vorzuschreiben, was er zu tun habe. Baratieri tendierte in realistischer Beurteilung seiner Möglichkeiten zum Rückzug; seine Unterführer, darunter Hitzköpfe wie der Sieger von Agordat, Oberst Arimondi, aber zum Angriff. Dem Druck, daß ihm aus Rom wie von seinen eigenen Untergebenen mangelnder Angriffsgeist vorgeworfen wurde, war Baratieri nicht gewachsen. Er beschloß also eine „offensive Demonstration", eine Operation, die Angriffsgeist beweisen sollte, ohne zwangsläufig zur Schlacht führen zu müssen. Baratieri wollte ein zur Verteidigung glänzend geeignetes Gebirgsgebiet bei Adua besetzen und dadurch die Abessinier zwingen, ihn entweder anzugreifen oder aber, weil die Versorgung unmöglich wurde, abzurücken. Anders ausgedrückt: Baratieri wollte die Abessinier und vor allem die Regierung in Rom bluffen.

Baratieris ca. 16.000 Mann bestanden zu drei Vierteln aus Italienern, zu einem Viertel aus Askaris. Es war zweifellos sehr unklug, jetzt überhaupt irgendwelche Operationen zu riskieren, da große Verstärkungen unterwegs waren, die das zahlenmäßige Verhältnis erheblich zu italienischen Gunsten verbessert hätten. Menelik lag mit seinem Heer bei Adua. Baratieri ließ sein Heer, das aus vier Brigaden bestand, nachts marschieren. Doch sein Bewe-

---

(Hrsg.): Adua. Le ragioni di una sconfitta, Roma/Bari 1997; ders.: Gli Italiani in Africa orientale. Vol. I: Dall'Unità alla marcia su Roma, Roma-Bari 1996; Holger Afflerbach: Das Fiasko von Adua, in: DIE ZEIT Nr. 10, 1.3.1996; Nicola Labanca: In marcia verso Adua, Torino 1993 (Biblioteca di cultura storica, 197); Langer, Diplomacy, S. 271–282 (mit Literaturangaben auf S. 280 sowie instruktiver Karte auf S. 279); Alois Veltzé: Die Schlacht bei Adua am 1. März 1896. Nach den Memoiren Baratieris, Berlin 1935; Ferdinand Siebert: Adua, eine Wende italienischer und europäischer Politik, HZ 181 (1956) S. 533–579; Emilio Bellavita: Adua, Genua 1931 (erschöpfende Abhandlung); Igino Pinci: Francesco Crispi e la campagna d'Africa, Rom 1931 (hochgradig apologetisch); Alberto Pollera: La battaglia di Adua, Firenze 1928 (mit vielen Fotos der Landschaft um Adua); Augustus B. Wylde: Modern Abyssinia, London 1901 (mit zahlreichen Zeitzeugenbefragungen). Zum Antikolonialismus: Romain Rainero: L'Anticolonialismo italiano da Assab ad Adua (1869–1896), Milano 1971.
76 Bülow an Hohenlohe, 20.2.1896, PA/AA, R 7742.

7. Wie die Katastrophe von Adua international gesehen wurde: Hier eine Karikatur aus dem „Kladderadatsch" vom 15. 3. 1896, in der die britische Weigerung, den Italienern gegen die Abessinier zu helfen, hämisch persifliert wird.

gungsmanöver, bei dem es angesichts der Nähe des kampfbereiten Gegners auf äußerste Präzision angekommen wäre, mißlang vollständig. Zuerst verloren die Brigaden beim nächtlichen Marsch den Kontakt untereinander. Das lag unter anderem daran, daß die italienischen Truppen nicht die notwendige Marschleistung brachten, woran auch unzureichendes Schuhwerk und mangelnde Gewöhnung an das schwierige Gelände schuld waren; die Askaritruppen kamen hingegen sehr schnell voran. Dann verirrten sich die Brigaden aufgrund unzureichender Karten und marschierten bei Morgengrauen einzeln in das abessinische Heer hinein. Sie wurden in mehreren Einzelgefechten in für beide Seiten verlustreichem Kampf von einer gewaltigen Übermacht vernichtet. 5.000 Italiener und 1.000 Askaris fielen, 500 retteten sich verwundet, 1.700 wurden gefangengenommen; dem Rest glückte die Flucht.[77] Die Artillerie war vollständig in den Händen des Feindes geblieben.[78]

Diese Niederlage bedeutete einen tiefen Einschnitt für die italienische Geschichte – und auch für die des Dreibunds.[79] In dieser Schlacht waren mehr Italiener gefallen als in allen Einigungskriegen zusammengenommen,[80] und es war die größte Niederlage, die europäische Kolonialmächte in Afrika jemals erlitten haben. Sie wäre aber, für sich genommen, nicht entscheidend gewesen[81]; General Baldissera konnte nach seinem Eintreffen in Eritrea mit seinen Verstärkungen gegen die Abessinier glücklich operieren und auch mehrere Treffen für sich entscheiden. Aber die Schlacht hatte überdeutlich gezeigt, daß ein imperiales Ausgreifen ohne genügende Mittel nicht möglich war. Bei Bekanntwerden der Niederlage kam es in Italien zu gewalttätigen Demonstrationen. Überall ertönte der Ruf „Abbasso Crispi". Diesen selbst hatte die Nachricht tief getroffen; er soll „è impossibile, è impossibile, è impossibile!" ausgerufen haben; dann setzte er sich und weinte bitterlich.[82] Er bot sofort seinen Rücktritt an, der auch prompt angenommen wurde. Allerdings hatte Crispi gehofft, da auch Depretis nach der Niederlage von Dogali im Jahre 1887 zurückgetreten und trotzdem mit der Bildung des neuen Kabinetts beauftragt worden war, wieder mit der Regierungsbildung betraut zu werden.[83] Doch so war es nicht. Im Land herrschte Bürgerkriegsstimmung,

---

77 Rochat, Colonialismo, S. 27.
78 Brief Pozzi an Farini, 4.3.1896, abgedruckt in: Farini, Tagebuch, Bd. 2, S. 870 f., Fußnote.
79 Langer, Diplomacy, S. 281: „So far as the Triple Alliance was concerned the Adua disaster was a staggering blow."
80 Rochat, Colonialismo, S. 27.
81 Dazu Farini, Tagebucheintragung vom 3.3.1896, Bd. 2, S. 865 ff., mit der Feststellung, für ein moralisch geeintes Volk wäre auch diese schwere Niederlage „facilmente risanabile", nicht aber für das gespaltene, materialistisch verseuchte Italien.
82 Salvemini, Politica Estera, S. 344.
83 In diesem Sinne sprach sich Crispi gegenüber Farini aus, in: Farini, Tagebucheintragung vom 4.3.1896, Bd. 2, S. 869.

und der Eindruck, daß der Ministerpräsident verspielt habe, war allgemein.[84] Es schien schon aus Altersgründen ausgeschlossen – Crispi war inzwischen 77 Jahre alt –, daß er nach einiger Zeit wieder in die Leitung der Politik zurückkehren würde. Die Stimmung im März 1896, unter dem Eindruck der Niederlage, war vernichtend für ihn. Die Presse und auch die Mehrheit der Deputierten und Senatoren forderten mehrheitlich eine neue Politik, die die Interessen der Nation besser wahre; das Ende des Größenwahns, die Aufgabe der Kolonialpolitik, die Abrüstung und die Kündigung des Dreibunds.[85] Dies war die Stunde di Rudinìs, der nach längeren Sondierungen vom König mit der Regierungsbildung beauftragt wurde. Umberto, ohnehin verzweifelt über die Niederlage, war fast ebenso verzweifelt über diese von ihm als alternativlos angesehene, trotzdem verhaßte Personalentscheidung. Er sagte zu seinem Vertrauten, dem Senatspräsidenten Farini: „Es wird nicht sehr erfreulich sein, sie [Rudini und seine Partner] werden mit Heeresverminderungen beginnen, mit dem Dreibund und ihren anderen fixen Ideen. Wenn man ihnen nachgibt, muß man zusehen, wie alles zum Teufel geht, alles mit Leichtigkeit nehmen und darauf pfeifen. Es wäre besser, seinen Hut zu nehmen und irgendwo auf einem Berg weit weg von allen zu leben."[86] Tatsächlich wurden dem König jetzt Heeresverminderungen nahegelegt, woraufhin er sogar von Abdankung sprach,[87] während Farini entsetzt feststellte, daß sogar Generäle die Aufgabe der ostafrikanischen Kolonien empfahlen.[88] Auch di Rudinì befürwortete den Rückzug aus Afrika, wußte aber, daß dieser politisch nicht durchsetzbar war.[89] Zum deutschen Botschafter, Bernhard v. Bülow, sagte er, Italien sei eigentlich zu arm und zu schwach, um Kolonialpolitik treiben zu

---

84 Die Bürgermeister von Venedig und Verona und die Mailänder Kommunalversammlung protestierten gegen das afrikanische Unternehmen, siehe Farini, Tagebucheintragung vom 5.3.1896, Bd. 2, S. 873.
85 Pressekommentare und politische Forderungen gegen die Kolonialpolitik zitiert Farini, Tagebucheintragung vom 5.3.1896, Bd. 2, S. 872–875. Beispielsweise verlangte die Zeitung „Fanfulla": „Politica coloniale di nessun genere: non politica di grandi vedute. Illusione d'essere grandi appena nati – riduzione dell'esercito; denunzia alla Triplice." (Zitat S. 873.)
86 Farini, Tagebucheintragung vom 4.3.1896, Bd. 2, S. 871: „Sarà poco piacevole, comincieranno colle riduzioni militari, colla Triplice e le loro altre fisime. Insomma, cedendo loro, bisogna lasciare andare tutto al diavolo, prendere tutto con gran leggerezza, di tutto infischiarsi. Vale meglio prendere il cappello ed andarsene a vivere sovra un monte lontano da tutti."
87 Farini, Tagebucheintragung vom 6.3.1896, Bd. 2, S. 875.
88 Ebenda, Farini zitiert aus einem Brief Valentino Chialas, General aus Turin und Bruder Luigi Chialas, des Senators und Historikers. Das Tagebuch Farinis ist voll mit entsetzten Äußerungen über das, was er als Tiefstand des Patriotismus empfand. So schrieb er beispielsweise am 15.3.1896, Bd. 2, S. 888, erbittert: „Siamo un popolo degno soltanto di servire la messa."
89 Farini, Tagebucheintragung vom 7.3.1896, Bd. 2, S. 881, schrieb: „Mi pare … di poter arguire che Rudinì, in fondo, propugna, più o meno ipocritamente, il richiamo dall' Africa."

können, aber er müsse in dieser Frage einstweilen lavieren.[90] Bitter bemerkte er, es handele sich nun einmal bei seiner Regierung um ein schwaches Minderheitskabinett, ein „feiges Ministerium", das um Frieden betteln müsse.[91] Tatsächlich aber erzielte di Rudinì bei der Schadensbegrenzung durchaus Erfolge; es gelang ihm, mit Menelik am 26. Oktober 1896 zu einem Friedensvertrag zu gelangen, woraufhin dieser die Kriegsgefangenen herausgab. Die Grenze Eritreas wurde entlang des Mareb endgültig festgelegt und hatte bis in die Mussolini-Zeit hinein Bestand.

---

90 Bülow an Hohenlohe, 3.11.1896, GP 11, Nr. 2794.
91 Farini, Tagebucheintragung vom 15.3.1896, Bd. 2, S. 886, zitiert di Rudinì: „Sono un ministero di minoranza, un ministero debole, un ministero vile che tratta la pace..."

> Nicht der Trippel-Allianz, sondern dem eigenen
> Leichtsinn und Größenwahn ist dies in erster
> Linie zuzuschreiben.
>
> Bruck, am 29. Dezember 1893

4. Crispi, der Dreibund und die Überspannung des Bündnisgedankens

Der italienische Expansionswille war mit Adua nicht dauerhaft gebrochen. Es gab innerhalb des Bürgertums viele, die den schmählichen Rückzug aus Äthiopien als Schande und die Politik di Rudinìs als ehrlos und schwächlich empfanden und deshalb „bei dem Gedanken erröteten, Italiener zu sein"[1]. Senatspräsident Farini, der ganz in den Vorstellungen altrömischer Bürgertugenden lebte, war entsetzt darüber, wie sehr Italien von niedrigem Materialismus und Egoismus durchsetzt sei; Sozialisten, Demokraten und die Presse hätten das Klima vergiftet und jedes „edle Gefühl" erstickt; Begriffe wie „Vaterland, Würde, Prestige der Fahne, militärische Ehre zählen nichts: Sie wollen nur Maccheroni!"[2] Und der Schriftsteller Giovanni Verga sprach in seiner Korrespondenz verächtlich von den gräßlichen „tempi rudiniani"[3]. Aber trotz dieser trotzigen Äußerungen überwog doch der Schock, und quer durch alle Schichten der italienischen Gesellschaft blieb nach Adua ein tiefes Trauma zurück. Hinzu kam, daß Italien von 1896 bis 1900 von inneren Schwierigkeiten gelähmt wurde, die sehr denen ähnelten, die zu Beginn der zweiten Amtszeit Crispis aufgetreten waren: soziale Aufstände, Revolutionsfurcht der Oberschicht und staatliche Repression. Doch waren dies innenpolitische Vorgänge, die nicht mehr mit der Außenpolitik oder gar dem Dreibund zusammenhingen. Die auswärtigen Beziehungen Italiens normalisierten sich nach 1896 zunehmend, doch muß dies später geschildert werden.

---

1 Brief Pozzi an Farini, 4.3.1896, abgedruckt in: Farini, Tagebuch, Bd. 2, S. 870 f., Fußnote: „Si sentono propositi e discorsi che fanno arrossire di essere Italiano."
2 Farini, Tagebucheintragung vom 4.3.1896, Bd. 2, S. 865 f.: „È lo stesso egoismo che fa calpestrare ad entrambi [socialisti e democratici] i sentimenti generosi che distinguono l'uomo dai bruti. Per entrambi che patria, che dignità, che prestigio della bandiera, che onore militare: ci vogliono maccheroni ... È l'effetto d'una stampa iniqua che ha prostituto ogni nobile sentimento."
3 Diesen Hinweis verdanke ich Virginia Afflerbach, die zur Zeit an einer Studie über die Literatenkreise um das Verlegerehepaar Giuseppe und Virginia Treves arbeitet.

Es bleibt, eine kurze Bilanz der Ära Crispi zu ziehen und die Folgen seiner Politik für Italien wie den Dreibund aufzuzeigen. Crispi war ein großer Patriot und ein energischer Mann; seine Politik war für Italien trotzdem katastrophal, in den Details ebenso wie in den großen Linien. Er war sowohl außen- wie innenpolitisch gescheitert; sogar der Glaube an seine persönliche Integrität war infolge seiner nachgewiesenen Vorteilsnahme erschüttert. Er hinterließ seinen Nachfolgern ein sozial und ökonomisch zerrissenes, von Unruhen erschüttertes, politisch und militärisch gedemütigtes Land; seine krampfhafte Großmacht- und Kolonialpolitik und seine Bereitschaft, alles dem Primat einer großartigen Außenpolitik unterzuordnen, hatten Italien ruiniert.

Natürlich hatte Crispi dies nicht alleine vermocht. Es war ihm gelungen, außen- wie innenpolitischen Träumen und Vorstellungen eines wesentlichen Teils der „classe politica" sichtbaren Ausdruck zu geben. Ihn stützte der König, der mit seinem Beharren auf einer starken Armee und Flotte an mancher der negativen politischen Entwicklungen in erheblichem Umfang beteiligt gewesen war. Crispi hatte nach seinem Amtsantritt Italien scheinbar zur gleichberechtigten Großmacht erhoben; er hatte eine große Armee und Flotte geschaffen, und er war am Ende seiner Regierung der Garant der bestehenden Sozialordnung. Ihm war es gelungen, neben seinen spezifischen Vorstellungen auch die einer überwiegenden Mehrheit seiner Zeitgenossen politisch umzusetzen. Erst die überzogene Kolonialpolitik hatte den Spalt zwischen ihm und seinen Unterstützern so verbreitert, daß er schließlich nur noch durch Erfolge in Afrika hätte überbrückt werden können.

Der Wunsch, sich von Frankreich machtpolitisch und ökonomisch zu emanzipieren, stand am Anfang fast aller außen- wie innenpolitischen Probleme der Ära Crispi. Der scharfe italienisch-französische Antagonismus, verbunden mit einem Handelskrieg, schweren ökonomischen Problemen und kolonialen Streitigkeiten, zwang die italienische Regierung zu besonderem Wohlverhalten gegenüber den Verbündeten, auf deren Beistand man nun zwingend angewiesen war.

Die zehn Jahre des akuten französisch-italienischen Antagonismus waren für Italien eine Epoche schwerster innerer wie äußerer Krisen. Kaum ein Bereich der italienischen Entwicklung blieb von den Auswirkungen der Großmacht- und Allianzpolitik und seiner physischen wie psychischen Folgen verschont. Die Auswanderung aus den vom Wirtschaftskrieg besonders betroffenen südlichen Landesteilen schnellte in die Höhe und ähnelte schließlich einem Massenexodus; die Auswanderungszahlen stiegen von 55.407 im Jahre 1884 auf 204.264 im Jahre 1888.[4] Der Wirtschaftskrieg hatte hier eine schwere Modernisierungskrise ausgelöst, die in Hungerrevolten und bewaff-

---

4 Mori, Crispi, S. 109.

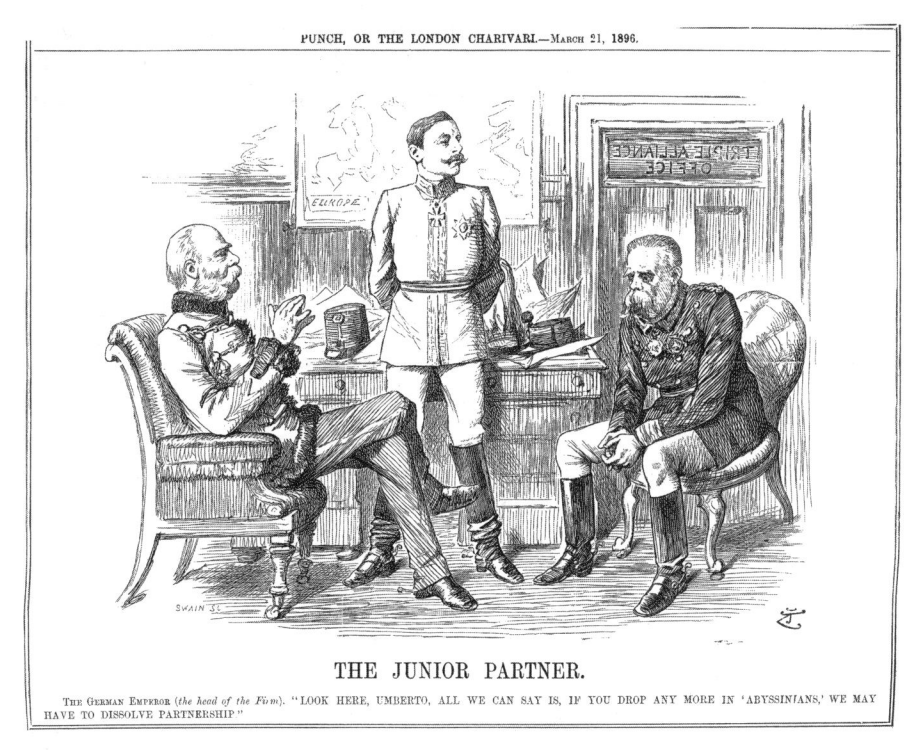

Crispi, der Dreibund und die Überspannung des Bündnisgedankens 361

PUNCH, OR THE LONDON CHARIVARI.—March 21, 1896.

THE JUNIOR PARTNER.

The German Emperor (the head of the Firm). "LOOK HERE, UMBERTO, ALL WE CAN SAY IS, IF YOU DROP ANY MORE IN 'ABYSSINIANS,' WE MAY HAVE TO DISSOLVE PARTNERSHIP."

8. Wie die diplomatischen Folgen der Katastrophe von Adua international gesehen wurden: Der „Punch" vom 21. März 1896 zeigt einen Blick in das „Triple Alliance Office", in dem der „Firmenchef" Wilhelm II. dem zerknirschten „Juniorpartner" Umberto mit der Auflösung des Geschäftsverhältnisses droht, sollte er noch länger in „Abyssinians" investieren. Der Dritte im Bunde ist Franz Joseph. Die Karikatur trifft nicht ganz die Tatsachen. Tatsächlich hielten die Verbündeten das italienische Engagement in Ostafrika zwar für einen Fehler, drohten aber nicht mit der Auflösung des Dreibunds.

neten Unruhen der verzweifelten Bevölkerung gipfelte. Vor dem Hintergrund der sozialen Not breiteten sich in der politischen Führungsschicht Ideen aus, die Auswanderung zu steuern und für die notleidende italienische Landbevölkerung überseeische Siedlungskolonien zu erwerben; auch als Folge dieser neuen Ideen änderte sich der Charakter der bisher nur auf Handelsstützpunkte reflektierenden italienischen Kolonialpolitik in Ostafrika. Die Staatseinnahmen gingen infolge der wirtschaftlichen Not zurück, während die Belastungen für Armee und Flotte stiegen. Und gleichzeitig wurde der Dreibund – übrigens auch von Crispi selbst, der lieber andere als sich selbst anzuklagen pflegte[5] – für diese Folgen verantwortlich gemacht: für ruinöses Wettrü-

---

5 Pribram, Geheimverträge, S. 230.

sten[6], für soziale Not, für die katastrophalen Folgen des antifranzösischen Konfrontationskurses. Was Italien angeht, war die Ära Crispi nicht eine Blütezeit des Dreibundes, sondern eine Überdehnung des Bündnisgedankens, die nach 1896, nach dem Zusammenbruch der italienischen Kolonialpolitik, in einer Phase tiefer Erschöpfung endete, in dem dringenden Wunsch nach außenpolitischer Normalität und dem Ende des antifranzösischen Konfrontationskurses. Crispi hatte versucht, die Allianz in einem großen Umfang für seine eigene Großmacht- und Kolonialpolitik zu instrumentalisieren, was bis hin zum Vorschlag eines Krieges gegen Frankreich ging. Es hatte sich jedoch erwiesen, daß die Verbündeten sich nicht instrumentalisieren ließen; der Dreibund war ein Bündnis für den Frieden, eine Versicherungs-, keine Erwerbsgemeinschaft und erst recht kein Angriffsbündnis. Das, was Crispi in Berlin und Wien erreicht hatte, war eine limitierte, trotzdem unverzichtbare diplomatische Absicherung seiner Kolonialpolitik; auch gab ihm die Allianz den politischen und militärischen Rückhalt, den er bei seinem antifranzösischen Kurs zwingend brauchte. Die längerfristige Folge dieser von den Verbündeten mit Skepsis gesehenen extensiven Auslegung des Bündnisses war die italienische Ernüchterung über die eigenen Großmachtphantasien und auch über ihr hauptsächliches außenpolitisches Instrument, den Dreibund. Crispi verkörperte in Italien den Dreibund, und er verkörperte die Hochrüstung und Großmachtpolitik; in seiner Regierungszeit verschmolzen diese Begriffe zu einer Einheit. Sein Scheitern war in den Augen vieler Mitglieder der „classe politica" daher auch ein Scheitern des Dreibunds, wenn auch die Bündnispartner nicht für den fatalen Ausgang der Ära Crispi verantwortlich gemacht werden konnten. Sie hatten immer wieder loyal versucht, die italienische Politik zu bremsen und vor dem ostafrikanischen Abenteuer zu warnen; sicher auch aus Eigennutz, weil sie das eigene Engagement scheuten, aber auch aus richtiger Einsicht. Die Folgen der Ära Crispi wogen schwer. Der italienische Staat und die italienische Gesellschaft waren nach diesen neun Jahren nicht mehr dieselben wie zuvor.

Bernhard v. Bülow, damals Botschafter in Rom, hatte schon im Juni 1894 gewarnt, daß ein Zerrinnen der afrikanischen Träume in Italien die Begehrlichkeiten nach Trient und Triest wiedererwecken würde.[7] Zu dieser Umorientierung mit weitreichenden Folgen für das Bündnisgefüge ist es in der Tat nach der Jahrhundertwende gekommen, wie später noch zu zeigen sein wird. Doch nun ist es notwendig, den Blick nach Deutschland zu wenden, wo inzwischen ein politischer Kurswechsel schwerwiegende Veränderungen im europäischen Mächtesystem einläutete, die auch den Dreibund verändern sollten.

---

6 Decleva, Incerto Alleato, S. 147, schreibt, der Dreibund sei in Italien zum „Synonym für Militärausgaben" geworden.
7 Bülow an Caprivi, 22.6.1894, GP 8, Nr. 1913.

III. ÄUSSERE ENTSPANNUNG, INNERE ENTFREMDUNG, NEUE KONSTELLATIONEN – DER DREIBUND IM ZEICHEN DER „NEUEN KURSE" (1890–1908)

> Eure Majestät haben „l'esprit batailleur". Aber Sie haben nicht wie Napoleon I. und Karl XII. von Schweden, wie Friedrich der Große „une âme guerrière".
>
> Bülow zu Wilhelm II.

1. Der „Neue Kurs", die Anfänge der deutsch-englischen Entfremdung und der Dreibund

a) Wilhelm II. und sein Reich

Die Struktur und das Erscheinungsbild des Dreibunds waren in der Ära Crispi von den italienischen Problemen, Aktionen, Hoffnungen und Enttäuschungen geprägt worden. Allerdings hatten sich parallel dazu in der deutschen Politik tiefgreifende Veränderungen ergeben, die fundamentalen Einfluß auf die Struktur des Bündnisses nehmen sollten und deshalb hier behandelt werden müssen. Zu dieser Entwicklung trugen mehrere Führungswechsel und bewußte diplomatische Kursänderungen ebenso bei wie dynamische, unsteuerbare Entwicklungen der wilhelminischen Gesellschaft. Im einzelnen handelt es sich um den Regierungsantritt Wilhelms II. 1888 und seine Auswirkungen auf die deutsche Außenpolitik; um die Entlassung Bismarcks und das Bündnissystem seines Nachfolgers Caprivi, nämlich den „Neuen Kurs"; um das explosionsartige Wachstum von Bevölkerung und Industrieproduktion des wilhelminischen Deutschland, das die anderen europäischen Großmächte zu überflügeln begann und deshalb das Mächtegleichgewicht in Europa revolutionierte; und schließlich um die wilhelminische „Weltpolitik" und den Flottenbau. Dies alles hatte Folgen auf die internationale Lage, die hier dokumentiert werden sollen, und die von der Bildung der französisch-russischen Allianz bis hin zur Verschlechterung des deutsch-britischen Verhältnisses gingen. Abschließend sollen die Reaktionen der Dreibundpartner auf diese, das Bündnis unmittelbar betreffenden Vorgänge dargestellt werden.

Nach außen hin bündelte sich diese Veränderung, gleichsam symbolisch, in der Person Wilhelms II., der am 15. Juni 1888 nach der nur hunderttägigen Herrschaft seines todkranken Vaters an die Regierung gekommen war und die deutsche und europäische Politik der kommenden dreißig Jahre und damit auch die Gestalt des Dreibunds mitprägen sollte.

Die schwierige Jugend, die intellektuelle Ausformung und die Verwicklung des Prinzen in politische Intrigen sind inzwischen sehr gut erforscht worden, vor allem von dem deutsch-britischen Historiker John Röhl.[1] Für die spätere Wirkung des Kaisers auf das In- und Ausland wurde entscheidend, daß er sich während seiner Erziehung und seines Militärdienstes in der Garde eine betont martialische und antidemokratische Attitüde zugelegt hatte und diese für einen unverzichtbaren Bestandteil seiner kaiserlichen Erscheinung hielt. Der extrem geltungssüchtige und egomane Kaiser präsentierte der nationalen und internationalen Öffentlichkeit mit Leutnantsmanieren und forschen Reden ein Bild, von dem er glaubte, daß es einem preußischen König und deutschen Kaiser angemessen sei. Dieses Schauspiel deutschen Soldatenkaisertums verunsicherte aber viele Zeitgenossen im In- und Ausland.

Auch auf das Allianzverhältnis wirkte sich diese Eigenschaft aus. Wilhelm II. unterstrich bei jeder Gelegenheit mit großen Worten seine und die deutsche Bündnistreue. Das kam zunächst in Wien und Rom sehr gut an. In Italien war der neue Kaiser ohnehin populär, da er kurz nach seiner Krönung seinen Antrittsbesuch in Rom gemacht und damit klar gegen den Papst und für das Königreich Italien votiert hatte; auch später besuchte er, praktisch jährlich, immer wieder Italien. Seine lebhafte Art gefiel vielen Italienern, wenn sie auch seine autokratischen Neigungen kritisierten.[2] Und in Wien fand seine Bereitschaft, unter allen Umständen gemeinsam mit Österreich zu marschieren, Beifall. Doch bald schon fragten sich die Verbündeten, ob den ständigen rhetorischen Versicherungen Wilhelms II. ein tatsächlicher Wert beizumessen sei, da er sich und damit auch die deutsche Außenpolitik durch unzählige taktlose und unangemessene Äußerungen in erhebliche Widersprüche verwickelte.[3] Hinzu kam, daß sich die deutsche Diplomatie doch erheblich anders und vorsichtiger äußerte; hier klaffte bald schon zwischen kaiserlichen Ankündigungen und dem tatsächlichen Kurs der deutschen Außenpolitik ein Gegensatz.[4] Deshalb war den Verbündeten auch bald schon

---

1 Dazu John C. G. Röhl: Wilhelm II. Die Jugend des Kaisers 1859–1888, München 1993. Die Fortsetzung: „Der Aufbau der persönlichen Monarchie" erscheint demnächst. Siehe auch Cecil, Wilhelm II., und Balfour, Wilhelm II.
2 Der Kaiser sei, so urteilte ein Dossier des italienischen Generalstabs, von seiner Art her „eher lateinisch als deutsch", lebendig und witzig, frei von Pedanterie. Allerdings sei er ein ausgeprägter Autokrat, der es auch schlecht vertrage, wenn jemand intelligenter sei als er selbst. Dossiersammlung in: ASSME, G 22, SR 32.
3 Siehe dazu unten die Äußerung vom „getreuen Sekundanten", S. 566. Zum „Daily-Telegraph"-Interview siehe Wilhelm Schüssler: Die Daily-Telegraph-Affäre, Göttingen 1952. Zur „Hunnenrede" von 1900: Bernd Sösemann: Die sogenannte Hunnenrede Wilhelms II. In: HZ 222 (1976), S. 342–358. Harte Kritik an den kaiserlichen Reden aus österreichischer Sicht bei Verosta, Theorie und Realität, S. 175 f.
4 Beispiel für die Aufnahme in Wien bei: Isabel Friederike Pantenburg: Im Schatten des Zweibundes. Probleme österreichisch-ungarischer Bündnispolitik 1897–1908, Wien 1996 (Veröffntlichungen der Kommission für Neuere Geschichte Österreichs, Band 86), S. 219 f.

klar, wie es um Wilhelm II. bestellt war. „Wenn der deutsche Kaiser doch schweigen könnte"[5], klagte einmal Kaiser Franz Joseph. Offenbar ging ihm, wie vielen anderen, das forsche Auftreten seines deutschen Kollegen auf die Nerven. Doch Wilhelm II. konnte und wollte das Reden nicht lassen[6] und verlieh der deutschen Politik einen unruhigen, sprunghaften Charakter.[7]

Schon viele informierte Zeitgenossen hatten den Eindruck, daß es, trotz dieser geräuschvollen Auftritte, um das tatsächliche Führertum Wilhelms II. schlecht bestellt war. Auf die Frage, wie die Rolle des Kaisers innerhalb des wilhelminischen Entscheidungssystems, in unserem Fall in der Außenpolitik, zu gewichten ist, wurden in der Forschung sehr unterschiedliche Antworten gegeben, die von allumfassend bis vergleichsweise unwichtig gehen;[8] der britische Historiker Paul Kennedy erkennt ihm in einer sehr abgewogenen, strukturelle Faktoren einbeziehenden Beurteilung einen beträchtlichen Stellenwert in der deutschen Außenpolitik zu. Dieser bestand unter anderem aus der irritierenden Wirkung seines martialischen Auftretens, aus seiner akzentuierten Bündnis- und Rüstungspolitik; aus der Korrumpierung vieler Diplomaten, die ihm aus Karriererücksichten allzusehr nach dem Munde redeten, und aus seinen Fehlleistungen in der Koordinierung der Militärstrategie.[9] Doch wenn Wil-

---

5 Habsburgermonarchie V/1, S. 297.
6 Bülow behauptet, den kaiserlichen Redestrom im Zusammenhang mit der Hunnenrede 1900 kritisiert zu haben. Wilhelm II. entgegnete darauf: „Ich weiß, daß Sie nur mein Bestes wollen, aber ich bin nun einmal, wie ich bin, und ich kann mich nicht ändern." Bülow, Denkwürdigkeiten 1, S. 360; Balfour, Wilhelm II, S. 174, hält die Bemerkung offenbar für authentisch.
7 Der Marquis di Rudinì kritisierte Anfang 1892 den unsicheren und nervösen deutschen Kurs; man rede zwar vom Frieden, „und doch werde man nicht recht klug darüber". Zitiert bei Konrad Canis: Von Bismarck zur Weltpolitik. Deutsche Außenpolitik 1890–1902, Berlin 1997 (Studien zur internationalen Geschichte, Band 3), S. 91.
8 Röhl: Der „Königsmechanismus" im Kaiserreich, in: ders., Kaiser, Hof und Staat, S. 116–140, vertritt die Ansicht, der Kaiser habe durch den Hebel der Personalpolitik im Zentrum der politischen Macht gestanden, vor allem in der Ära Hohenlohe und Bülow. Dies läßt sich eigentlich mit der Polykratiethese gut verbinden, die beispielsweise von Wilhelm Deist, Kaiser Wilhelm II. als Oberster Kriegsherr, in: ders.: Militär, Staat und Gesellschaft. Studien zur preußisch-deutschen Militärgeschichte, München 1991, S. 1–18, vertreten wird. Wehler, Gesellschaftsgeschichte 3, S. 1016–1020, hingegen mit einer starken Relativierung der Bedeutung Wilhelms II., der nur „ein Akteur neben anderen" (S. 1020) gewesen sei.
9 Paul Kennedy, Reflections on Wilhelm II's Place in the Making of German Foreign Policy, in: John C. G. Röhl/Nicolaus Sombart (Ed.): Kaiser Wilhelm II. New Interpretations, London/New York 1982, S. 157–164, sieht die Bedeutung des Kaisers in der auswärtigen Politik neben dem Hebel der Personalpolitik in folgenden Punkten: 1. Eingriffe auf den Kurs der Regierung in den 1890er Jahren; 2. Wilhelm war ein begeisterter Expansionist; 3. Der Kaiser war voreingenommen gegen Liberalismus und Sozialdemokratie; 3. Er erschwerte die ohnehin nicht leichte Außenpolitik durch direkte Eingriffe; 4. Komplizierung der Außenpolitik durch seine unvorhersehbaren und wechselhaften Interventionen; 5. Er war infolge seines Verhaltens und seiner Reden eine Beunruhigung des Auslands; 6. Er befürwortete den Schlachtflottenbau; 7. Er ver-

helm II. ein solch großer Einfluß auf die deutsche Außenpolitik zuerkannt wird, erhebt sich sogleich die Frage, ob in seinem politischen Weltbild Konstanten zu erkennen sind, die ihm eine konsequente Intervention gestatteten, oder ob es sich immer nur um rein impulsive Akte handelte. Manchmal schien es so, als ob Wilhelm II. keine politische Linie gehabt habe und nur Augenblicksentscheidungen fällte. Holstein klagte charakteristischerweise einmal: „Das ist also das dritte auswärtig-politische Programm in sechs Monaten."[10] Bei seiner Umgebung wirkte der Kaiser deshalb auch ziellos wie ein „Ballon", der von den wechselnden politischen Winden und Moden dahingetrieben wurde.[11] Hinzu kam, daß der Kaiser seine Umgebung zwar mit den unterschiedlichsten Ideen und Konzepten überschüttete und von dieser noch weitere Anregungen empfing, diese aber, anders als Bismarck, nicht sinnvoll koordinieren konnte. Allerdings sollte dieses Argument der Konzeptlosigkeit auch nicht überdehnt werden, denn dafür waren die Eingriffe Wilhelms II. wiederum zu konsequent.[12] In dem Chaos des ständigen Widerspruchs lassen sich nämlich Leitmotive, immer wiederkehrende politische Grundvorstellungen ausmachen. Der Kaiser fühlte sich immer zuerst als Soldat; dies war eine Konstante in seinem Auftreten, und Armee und später auch die Flotte, ihr Ausbau und ihre Stärkung waren Punkte, in denen er nicht mit sich reden ließ und in denen er die deutsche Politik auch massiv beeinflußte. Dies hatte gewichtige außenpolitischen Folgen; zu ihnen gehören beispielsweise die deutsche Haltung gegenüber den Abrüstungsgesprächen in Den Haag und der Flottenbau. Wilhelm II. agierte auch hier nicht allein; er brauchte Mitarbeiter, die für ihn die tatsächliche Politik machten und durchsetzten – aber ohne ihn wäre es auch nicht gegangen. Das beste Beispiel hierfür: ohne kaiserliche Rückendeckung wäre ein Tirpitz nicht denkbar gewesen. Ein für die Interpretation Wilhelms II. sehr wichtiger Punkt ist auch, daß er zumindest bis zur „Daily Telegraph"-Affäre von 1908 in vielem den Idealen seiner Untertanen – und zwar nicht nur des Bürgertums[13] – zu entsprechen schien.

---

    sagte bei der Erstellung eines einheitlichen Kriegsplans; 8. Er sagte Österreich-Ungarn, vor allem nach 1908, seine Unterstützung zu. Er schließt seine Untersuchung mit der Feststellung, Wilhelm II. sei ein klassisches Beispiel für die Bedeutung des Individuums in der Politik (S. 164). Geoff Eley: The View from the Throne: The Personal Rule of Kaiser Wilhelm II., in: The Historical Journal 28 (1985), S. 469–485, S. 483, fügte dem noch zwei weitere Punkte an; einer bezieht sich auf das „polykratische Chaos", der andere auf den „Königsmechanismus".
10 Balfour, Wilhelm II., S. 153.
11 Kennedy, Reflections on Wilhelm II's Place in the Making of German Foreign Policy, S. 155.
12 So charakterisierte beispielsweise Hermann Oncken: Das Deutsche Reich und die Vorgeschichte des Weltkrieges, 2 Bände, Leipzig 1933, Bd. 2, S. 637, Wilhelms II. Einfluß auf die Außenpolitik als „persönliche impulsive Begleitmusik, die das Gleichgewicht im öffentlichen Leben störte". Sehr ausgewogen dazu: Hull, Persönliches Regiment, passim.
13 Zu Sympathien der sozialdemokratischen Arbeiterschaft für Wilhelm II. siehe Ullrich, Nervöse Großmacht, S. 144.

Mit dem Regierungsantritt Wilhelms II. fand im Deutschen Reich ein Generationenwechsel statt. Die Epoche der Reichsgründer – Wilhelm I., Bismarck und all jene, die in den Einigungskriegen gefochten hatten – waren stolz auf das Erreichte, aber es genügte ihnen; ihr Bestreben war darauf gerichtet, das Erworbene zu genießen und friedlich auszubauen. Die Epoche des „Blut und Eisen" war für sie vorüber. Wilhelm II. repräsentierte hingegen in vielen seiner Eigenschaften und Ansichten eine Generation von „Wilhelminern", jene Generation der zwischen 1859–1866 geborenen,[14] die unter normalem Ablauf etwa kurz nach der Jahrhundertwende an die Macht gekommen wäre. Diese Generation, zu jung, um in der Epoche der Einigungskriege noch eine Rolle gespielt haben zu können, wollte nicht bloß das Erbe verwalten, das Väter und Großväter ihnen geschaffen hatten. Und vieles, was sich in der Persönlichkeit des Kaisers manifestierte, war nicht nur ein individuelles Problem. Stille Zurückhaltung ließ sich nach Ansicht der Zeitgenossen gar nicht mit den Erfordernissen der Gegenwart, mit der Konkurrenz der anderen Mächte und vor allem der boomenden Entwicklung des Deutschen Reiches vereinbaren. Bevölkerung, industrielle Erzeugung und Handel wuchsen mit Riesenschritten und ließen alle europäischen Mitbewerber weit hinter sich. Zwischen 1895 und 1913 verdoppelte sich die Produktion von Industrie und Handwerk, die gesamte Volkswirtschaft legte um 75 % zu.[15] 1913 war Deutschland nach Großbritannien die zweitgrößte Handelsnation der Erde. In neuen Industriezweigen wie der Chemie- und Elektroindustrie führte die deutsche Wirtschaft auf den Weltmärkten, ja hatte praktisch eine Monopolstellung. Und auch die klassischen Sektoren – Kohle und Stahl – wiesen hohe Steigerungsraten auf. Bis 1914 war Großbritannien, das 1871 in fast allen signifikanten Industriesparten – zum Beispiel der Kohleförderung und Stahlerzeugung[16] – Deutschland um das zwei- bis dreifache überlegen war, überholt worden.

Zu dem Boom der Industrie kam ein rasanter Anstieg der Bevölkerung. Zwischen 1890 und 1913 wuchs sie von 49,9 auf 66,9 Millionen.[17] Die Auswanderung nach Amerika riß aufgrund des Aufschwungs ab 1893 ab; statt dessen kam es zur Ost-West-Binnenwanderung und zur Verstädterung des Deut-

---

14 Dazu sehr anregend Martin Doerry: Übergangsmenschen. Die Mentalität der Wilhelminer und die Krise des Kaiserreichs, 2 Bände, Weinheim/München 1986.
15 Ullrich, Nervöse Großmacht, S. 127; Wehler, Gesellschaftsgeschichte 3, S. 547–700, mit einer Fülle von Material.
16 Dazu Kennedy, Reflections on Wilhelm II's Place in the Making of German Foreign Policy, S. 144; siehe eine populäre Darstellung dieser Vorgänge auch bei Robert K. Massie: Die Schalen des Zorns. Großbritannien, Deutschland und das Heraufziehen des Ersten Weltkrieges, Frankfurt 1993, S. 163 f.
17 Ullrich, Nervöse Großmacht, S. 135. Detailliert: Wehler, Gesellschaftsgeschichte 3, S. 493–547; Nipperdey, Deutsche Geschichte 1866–1918, Band 1, S. 9–42.

schen Reiches.[18] Das Reich war jung; um die Jahrhundertwende wurden die stärksten Geburtsjahrgänge der deutschen Geschichte verzeichnet.[19] Obwohl der Wohlstand im Kaiserreich, in langen Zeiträumen beobachtet, ebenso zunahm wie die Sozialdemokratie und deren Abkehr von der Revolution, wuchs gleichzeitig die Angst vor Überbevölkerung und künftiger Not, weil angeblich die Absatzgebiete fehlten und Deutschland auf wirtschaftliche Expansion angewiesen sei. Dabei spielten auch sozialdarwinistische Vorstellungen vom Aufstieg oder Niedergang, vom Werden und Vergehen der Völker, eine wichtige Rolle.[20]

Das deutsche Wachstum bedeutete, für sich genommen, bereits eine Revolutionierung des europäischen Staatensystems, da sich die Machtgewichte eindeutig verschoben. Und was wäre Wilhelm II. übriggeblieben, als diese dynamischen Tendenzen selbst dann zu vertreten, wenn er sie nicht ohnehin vollständig in sich aufgenommen hätte?[21] Hatte er, ganz abgesehen von Erziehung und Neigung, wirklich die Wahl, ein Friedensmonarch werden zu können? Gelegentlich klang bei ihm ein solcher Wunsch durch, wie zum Beispiel in der „Bremer Friedensrede"[22]. Doch urteilt zumindest der Zeitzeuge Winston Churchill, daß Wilhelm als Feigling verlacht worden wäre, hätte er entgegen den Strömungen der Zeit versucht, ein bloßer Friedenskaiser zu werden.[23] Tatsächlich wurde nach der Zweiten Marokkokrise der angeblich zu friedenssüchtige Kaiser in radikalen Zeitungen als „Guillaume le Timide" verspottet.[24] So jedoch geriet Wilhelm II. in den unauflösbaren Widerspruch zwi-

---

18 Ullrich, Nervöse Großmacht, S. 138 ff.
19 Nipperdey, Deutsche Geschichte 1866–1918, Band 1, S. 30.
20 Der Soziologe Max Weber, selbst ein „Wilhelminer", sagte in seiner „Freiburger Antrittsrede" von 1895: „Wir müssen begreifen, daß die Einigung Deutschlands ein Jugendstreich war, den die Nation auf ihre alten Tage beging und seiner Kostspieligkeit halber besser unterlassen hätte, wenn sie der Abschluß und nicht der Ausgangspunkt einer deutschen Weltmachtpolitik sein sollte." In: Max-Weber-Gesamtausgabe, Band I/4, Tübingen 1993, S. 571 f.
21 Wilhelm II. sagte auf seiner Nordlandfahrt 1892: „Ich hoffe, daß Europa allmählich den Grundgedanken meiner Politik durchschauen wird: Die Führung im friedlichen Sinn – eine Art napoleonische Suprematie-Politik, die ihre Ideen mit Gewalt der Waffen zum Ausdruck brachte – in friedlichem Sinn." Zitiert bei Hildebrand, Das vergangene Reich, S. 164. Siehe dazu auch Kennedy, Reflections on Wilhelm II's Place in the Making of German Foreign Policy, passim.
22 Dazu Afflerbach, Falkenhayn, S. 58 f.
23 Winston Churchill ist der Ansicht, Wilhelms Umgebung hätte gesagt, wenn der Kaiser sich anders benommen hätte: „Wir haben einen Schwächling auf dem Thron. Unser Kriegsherr ist ein Pazifist. Soll das neugegründete, zu spät gegründete Deutsche Reich mit all seinen gewaltigen und ins Weite strebenden Kräften von einem Vorsitzenden des Christlichen Vereins Junger Männer geführt werden? Haben dafür der unsterbliche Friedrich und der große Bismarck geplant und gestritten?" Zitiert bei Balfour, Wilhelm II, S. 165.
24 Dazu Afflerbach, Falkenhayn, S. 74–77; zur Kritik Erich v. Falkenhayns am „Großen' Friedenskaiser" ebenda, S. 79.

schen seinem martialischen Auftreten und seiner intransigenten Neigung zum Aufrüsten einerseits – die Haager Abrüstungskonferenzen 1899 und 1907 waren für ihn ein Anlaß zu drastischen Bemerkungen im „Potsdamer Kasinoton" („Und [ich] sch ... auf die ganzen Beschlüsse"[25]) und dem schwankenden, aber insgesamt dominierenden Wunsch, in Europa den Frieden zu erhalten, andererseits. Bülow charakterisierte diesen Gegensatz am 14. Februar 1904 gegenüber dem Kaiser wie folgt: „Eure Majestät haben ‚l'esprit batailleur'. Aber Sie haben nicht wie Napoleon I. und Karl XII. von Schweden, wie Friedrich der Große ‚une âme guerrière'. Sie wollen ja gar nicht den Krieg! Sie haben ihn nie gewollt und werden ihn nie wollen. Sie haben mir oft selbst gesagt, Ihr Ideal wäre, wie Friedrich Wilhelm I. vorzuarbeiten, das Rüstzeug zu schmieden, das einst Ihr Sohn, noch besser Ihr Enkel brauchen soll. Warum bei innerlich ganz friedfertiger Gesinnung die Nachbarn entweder reizen oder mißtrauisch machen?[26]"

Die kriegerische „Rolle", die Wilhelm sich zulegte, wurde zwar von den Zeitgenossen mit endlosem Spott überzogen – zahllos waren die Karikaturen und Witze über den pompösen, geschwätzigen, naßforschen Kaiser; sie zeigen, daß nicht erst der Nachwelt, sondern schon den Zeitgenossen vieles an diesem Imperator lächerlich, merkwürdig und oft auch ärgerlich vorkam.[27] Andererseits bekam das Deutsche Reich den Monarchen, der in mindestens einem Punkt seine Untertanen repräsentierte: nämlich für das Reich das einzufordern, was ihm durch wachsende Größe und Stärke zuzustehen schien. Doch wurde Wilhelm II. erst dann wirklich Kaiser, nachdem er sich von seinem übermächtigen Kanzler getrennt hatte.

---

25 Dazu Hildebrand, Das vergangene Reich, S. 208–209.
26 Bülow, Denkwürdigkeiten 2, S. 65.
27 Scharfe Kritik am Kaiser beispielsweise in Ludwig Quidde: Caligula. Eine Studie über römischen Cäsarenwahnsinn, Leipzig 1894; siehe dazu auch: John Röhl: Kaiser Wilhelm II. Eine Studie über Cäsarenwahnsinn, München 1989 (Schriften des Historischen Kollegs, Vorträge 19); Heinrich Mann: Der Untertan, Leipzig 1918; siehe dazu auch Thomas Nipperdey: War die wilhelminische Gesellschaft eine Untertanen-Gesellschaft? In: Klaus Hildebrand/Reiner Pommerin (Hrsg.): Deutsche Frage und europäisches Gleichgewicht. Festschrift für Andreas Hillgruber zum 60. Geburtstag, Köln/Wien 1985, S. 67–82. Dazu auch Ullrich, Nervöse Großmacht, S. 148.

> Tout le monde est d'accord sur un point, c'est qu'avec la disparition du Prince de Bismarck disparait aussi un gage de paix.
>
> Eine Pariser Stimme bei Bismarcks Entlassung

b) Die Entlassung Bismarcks und die außenpolitischen Folgen für das Deutsche Reich

Als Wilhelm II. an die Regierung kam, war er entschlossen, sich so bald wie möglich von Bismarck freizuschwimmen. Nun war aber Bismarck trotz seines Alters noch ein politischer Virtuose, für den ein gleichwertiger Nachfolger nirgends in Sicht war und der außerdem selbst davon ausging, bis zu seinem Tod im Amt zu bleiben.[28] Wilhelm II. befand sich damit in einer außerordentlich komplizierten Situation. Er konnte sich von Bismarck, dessen Verdienste und Fähigkeiten überall anerkannt waren, nicht so einfach trennen; solange Bismarck aber Kanzler war, blieb er selbst auf eine Hintergrundrolle beschränkt. Der Kanzler selbst war, obwohl er ständig vom monarchischen Gedanken redete, nicht gewillt, sich in seiner realen Herrschaft von seinem Monarchen irgendwelche Beschränkungen auferlegen zu lassen. Doch das erwünschte sich nicht Wilhelm II. allein, sondern eine wachsende Zahl von Opponenten in der deutschen Führungsschicht. Es gärte in Bismarcks Umgebung, und manch einer, wie beispielsweise Bismarcks politisches Ziehkind Holstein, war schon seit Jahren der Ansicht, der Kanzler habe doch altersbedingt stark nachgelassen und müsse irgendwann, wie jeder Mensch, abtreten, und sei er eine noch so große Persönlichkeit, und seien seine Verdienste noch so groß.

Durch diese, in den Kreisen des Hofes und den Spitzen des Militärs und der Diplomatie ebenso untergründige wie weitverbreitete Ansicht wurde der Kaiser in seinem Wunsch bestärkt, sich von Bismarck zu trennen. Doch was auch immer geschah, für das Ansehen des jungen Kaisers in der deutschen und internationalen Öffentlichkeit wäre eine gütliche Einigung mit Bismarck die beste Lösung gewesen. Aber die Verhältnisse drängten auf den Bruch, ohne daß Wilhelm II. die alleinige Schuld daran gegeben werden könnte. Der Anlaß war innenpolitischer Natur – die Frage nach der Verlängerung des Sozialistengesetzes – er führte zum Bruch und zur Entlassung Bismarcks.[29]

Natürlich war allein schon das Verschwinden der gewaltigen Persönlichkeit Bismarcks von der politischen Bühne ein herausragendes politisches Ereig-

---

[28] Chiala, Triplice, S. 568.
[29] Zu Bismarcks Ausscheiden: Gall, Bismarck, S. 790–821; Mommsen, Großmachtstellung, S. 106–108; Wehler, Gesellschaftsgeschichte 3, S. 993–1000, mit der zeitgenössischen Beurteilung des Sturzes Bismarcks als „Ende der inneren Erstarrung" (S. 998).

nis, das im In- und Ausland ungeheure Beachtung fand.[30] Bismarcks Abgang wurde sofort als der Abschluß einer Epoche empfunden; die Zeichnung des „Punch" über den von Bord gehenden Lotsen wurde eine der bekanntesten Karikaturen der Pressegeschichte. Doch wohin steuerte Wilhelm II. das Staatsschiff nun? Hieß es wirklich, wie der Kaiser in seinem berühmten Diktum sagte: „Der Kurs bleibt der alte, doch nun Volldampf voraus?" Oder gab es einen „neuen Kurs" in der Außenpolitik, wie die Ära nach Bismarck tatsächlich umschrieben wurde?

Um diese Frage beantworten zu können, reicht der Blick auf die deutsche Politik allein nicht aus. Denn schließlich betreiben die anderen Mächte ebenfalls eine eigenständige Außenpolitik, die sich nicht allein nach den deutschen oder Bismarcks Vorstellungen richtete.

Immerhin war es Bismarck bis zu seinem Ausscheiden gelungen, ein System von Allianzen aufzubauen, in deren Zentrum sich das Deutsche Reich befand. Dies entsprach seiner erklärten Absicht, Deutschland solle im Europa der fünf immer zu dritt sein. Zweck des Ganzen war, eventuellen für das Deutsche Reich gefährlichen Revisionswünschen seiner Nachbarn, vor allem der Franzosen, immer eine weit überlegene Koalition gegenüberstellen zu können und sie so vom Krieg abzuschrecken. Aus diesem System von Allianzen resultierte eine „Halbhegemonie" (Dehio[31]) des Deutschen Reiches; andere sprechen davon, daß Deutschland das europäische System bis zu Bismarcks Ausscheiden kontrolliert habe.[32] Diese Kontrolle basierte auf der realen Macht des Deutschen Reiches, auf dem gewaltigen Prestige Bismarcks und dem allgemeinen Vertrauen in seine diplomatischen Fähigkeiten. Ertragen wurde dies, weil angenommen wurde, daß Bismarck den Frieden erhalten wollte – zwar auf eine dominante und drohende Art und Weise, aber doch den Frieden, der auf dem nun einmal vorhandenen Status quo basierte.

Auf der anderen Seite war fraglich, wie lange sich dieses Mittel der Allianzen und Drohungen exklusiv zu deutscher Verfügung halten ließ. Schließlich lag der Gedanke, Bismarcks Allianzsystem durch Gegenbündnisse auszuba-

---

30 Der britische Premier Lord Salisbury beschäftigte sich beispielsweise acht Tage lang ausschließlich mit den Auswirkungen von Bismarcks Abgang, dazu: Wolfgang Herrmann: Dreibund, Zweibund, England 1890–1895, Stuttgart 1929 (Beiträge zur Geschichte der nachbismarckischen Zeit und des Weltkriegs, Heft 6), S. 1. Der russische Außenminister Giers drückte sein Bedauern aus „über das Verschwinden einer so gewaltigen Autorität, welche schon an und für sich eine Friedensbürgschaft gebe", ebenda, S. 2. Und auch in Frankreich, wo Bismarck natürlich niemals eine sehr beliebte Persönlichkeit war, wurde anerkannt, daß er sich um den Frieden bemüht habe, ebenda, S. 2, heißt es aus Paris: „que tout le monde est d'accord sur un point, c'est qu'avec la disparition du Prince de Bismarck disparait aussi un gage de paix."
31 Ludwig Dehio: Deutschland und die Weltpolitik im 20. Jahrhundert, München 1955, S. 15.
32 Paul W. Schroeder: World War I as Galloping Gertie, in: Journal of Modern History 44 (1972), S. 320–345, S. 323.

lancieren, sehr nahe, vor allem für Rußland und zuallererst natürlich für das seit 1871 isolierte Frankreich. Daß es nicht schon längst zu einem russisch-französischen Bündnis gekommen war, lag an den großen Divergenzen zwischen den beiden Mächten; der Abneigung der autokratischen zaristischen Regierung gegen die französische Republik und in dem scheinbar unüberbrückbaren Zwiespalt, daß sich die französischen Bestrebungen vorrangig gegen Deutschland, die russischen gegen Österreich-Ungarn richteten. Auch in den Orientfragen, beispielsweise der Meerengenfrage, bestand ein russisch-französischer Interessengegensatz. Einfach war diese Koalition nicht – aber auch nicht ausgeschlossen, und die von entschlossenen Einzelpersönlichkeiten forcierte Annäherung war in den letzten Jahren der Regierungszeit Bismarcks schon mächtig vorangekommen.[33] Ungeschickte Schritte des Kanzlers – wie die Sperrung des deutschen Kapitalmarktes für russische Anleihen, die dann in Frankreich aufgelegt wurden – hatten diese Annäherung sogar noch begünstigt.[34] Allgemein wurde weder von den Zeitgenossen noch der Nachwelt bestritten, daß sich in Frankreich und Rußland ein „neuer Kurs" in der Außenpolitik schon angekündigt hatte, als es in Deutschland zum Machtwechsel kam.

Trotzdem – bei Bismarcks Abgang 1890 funktionierte sein Allianz- und Abschreckungssystem noch. Und doch müssen bei der Beurteilung seiner Erfolge noch weitere Faktoren berücksichtigt werden, deren langfristige Auswirkungen nur schwer zu messen und zu beurteilen sind: Bismarcks Neigung, Drohung und Einschüchterung zu einem wichtigen Instrument seiner Außenpolitik zu machen;[35] seine „schonungslose Ausnutzung der eigenen Überlegenheit gegenüber dem Schwächeren"[36]; das bei den anderen Mächten weitverbreitete Gefühl, der Kanzler treibe eine unaufrichtige Politik, die immer

---

[33] Dazu besonders: George F. Kennan: Bismarcks europäisches System in der Auflösung. Die französisch-russische Annäherung 1875–1890, Berlin 1981.

[34] Der russische Außenminister Giers beklagte im April 1893 gegenüber dem deutschen Botschafter Werder, daß Deutschland nicht vor dem Abschluß des Bündnisses mit Österreich-Ungarn und Italien versucht habe, erst die Beziehungen zu Rußland zu verbessern, wodurch der Dreibund überflüssig geworden wäre. Giers meinte sogar, Bismarck habe die russisch-französische Annäherung überhaupt erst verursacht: „Der Fürst Bismarck hat uns in die Arme Frankreichs getrieben; besonders auch durch seine Finanzmaßregeln." Damit drückte er, wie Werder schrieb, nur aus, „was jeder Russe denkt". In: Werder an Caprivi, 30.4.1893, in: GP 7, Nr. 1655.

[35] Egmont Zechlin sprach sogar von Bismarcks „terroristischen" Methoden, zitiert bei Martin Winckler: Bismarcks Bündnispolitik und das europäische Gleichgewicht, Stuttgart 1964, S. 19. Hans Lothar v. Schweinitz, Denkwürdigkeiten des Botschafters General von Schweinitz, hrsg. von Wilhelm v. Schweinitz, 2 Bände, Berlin 1927, Bd. 2, S. 42, 44, 47, bezeichnete Bismarcks Methoden als „schikanös" und „vexatorisch". Dazu auch Winckler, Bismarcks Bündnispolitik, S. 34.

[36] Hans Lothar v. Schweinitz, zitiert bei Verosta, Theorie und Realität, S. 138.

andere die Spesen zahlen lasse;[37] die Ansicht, von dem deutschen Reichskanzler bewußt auf außenpolitische Irrwege und in die Konfrontation mit anderen Mächten hineingeführt worden zu sein; insgesamt der Eindruck, von einem intellektuell wie machtmäßig überlegenen Gegenspieler zynisch ausgespielt[38] und in unwürdige Ohnmacht versetzt worden zu sein. Bismarcks „ewige Beunruhigungspolitik"[39] hatte Narben hinterlassen, die noch nach Jahrzehnten schmerzten.

Kritik an Bismarcks Politik aus dem Nachhinein ist trotzdem schwer, weil sie kontrafaktisch argumentieren und Bezüge zu späteren Entwicklungen herstellen müßte, deren Wurzeln vielleicht anderswo liegen. Die Befürworter von Bismarcks Außenpolitik konnten und können zu Recht darauf verweisen, daß sie bis zum Abgang des Staatsmannes funktioniert hatte, und sogar noch einiges darüber hinaus. Aber, wie sich zeigte, hatten sich die anderen Mächte mit der aus „Blut und Eisen" geschaffenen Bismarckschen Reichsgründung zwar abgefunden, aber eher aus Zwang denn aus Begeisterung. Die Ursache dafür lag nicht allein an der Politik des Reichskanzlers. Beispielsweise lag die Anfälligkeit des deutsch-französischen Verhältnisses für Störungen hauptsächlich an der Weigerung der französischen Führungsschicht, sich mit dem Verlust Elsaß-Lothringens aufrichtig abzufinden. Auf der anderen Seite waren Bismarcks unstreitige Bemühungen um Frankreich auch nicht aufrichtig. Für ihn kam immer nur die Rolle des drückend überlegenen Partners in Betracht, und außerdem hatte er die Franzosen in Übersee mit den anderen Mächten, besonders mit England, zu verfeinden gesucht.[40] Auch das deutsche Verhältnis zu den anderen Mächten war am Ende der Ära Bismarck nicht un-

---

37 Dafür charakteristisch waren auch eine Reihe von Wiener Karikaturen der 1870er Jahre, wie zum Beispiel aus dem „Kikeriki" vom Dezember 1876: „Eine Liebeserklärung: Bismarck: ‚O theure Austria, Sie ahnen nicht, wie ich Sie liebe!' Austria: ‚Möchten Sie schon wieder wen anschmieren?'" In: Cécile Hensel (Hg.): Bismarck in der Karikatur. Eine Ausstellung des Germanischen Nationalmuseums, Nürnberg und des Geheimen Staatsarchivs, Berlin-Dahlem, Berlin 1970, S. 58. Oder im Juni 1878 im „Kikeriki": „Auf der [Berliner] Konferenz werden wir's erfahren … ob er ein ehrlicher Makler ist, oder ein herrlicher Packler!" Ebenda, S. 59. Oder in den Wiener „Humoristischen Blättern", April 1878: „Grandeur oblige: Durch dieses geflügelte Wort aus Frankreich wird Bismarck zur Vermittlung aufgestachelt. Er thut dies unter Anwendung seiner stricten Neutralität, indem er nicht pommersche, sondern englische und russische Knochen aufs Spiel setzt." Ebenda, S. 60.
38 Höhepunkt dieser Haltung: Das „Kissinger Diktat" von 1878; relativ milde und wohlwollende Bewertung dieser Haltung bei Gall, Bismarck, S. 595–599; Hildebrand, Das vergangene Reich, S. 47–50. Dazu auch Winckler, Bismarcks Bündnispolitik, S. 23.
39 Wilhelm II., zitiert bei Hildebrand, Das vergangene Reich, S. 165.
40 Dazu: Martin Kröger: „Le baton égyptien" – Der ägyptische Knüppel. Die Rolle der „ägyptischen Frage" in der deutschen Außenpolitik von 1875/76 bis zur „Entente Cordiale", Frankfurt a. M. 1991 (Europäische Hochschulschriften III/470)

problematisch.[41] Die russische Regierung hatte sich innerlich von Deutschland entfernt, wenn es auch nicht zum Bruch gekommen war. England hatte sich den zeitweise heftigen Avancen Bismarcks entzogen; es folgte immer nur dem, was es als seine Interessen ansah, und ließ sich keine Loyalitäten aufzwingen. Sogar in der österreichischen Führungsschicht, die innen- und außenpolitisch auf Deutschland angewiesen war, verbargen sich unter der Oberfläche Groll, ja fast schon Haß gegen das Bismarckreich, dessen Größe auf den Ruinen der eigenen errichtet zu sein schien und dessen Patronage bis in den Ersten Weltkrieg hinein als unerträgliche Bevormundung empfunden wurde.[42]

Das war der Nachteil von Bismarcks Regierung, von dem gesamten System der Reichseinigung durch Macht und Krieg. Zwar konnte der ungeheuer erfolgreiche Reichsgründer in seiner Amtszeit mit seinem System virtuos arbeiten. Dies ließ sich aber nicht einfach so von einem Nachfolger weiterbetreiben. Auch war keines der Probleme, die seit 1870 den Horizont der deutschen Außenpolitik bestimmt hatten, beseitigt.

Bismarck wußte das und betrachtete es als unabänderlich. Er war ein illusionsloser Machtpolitiker und konnte nicht daran glauben, daß sich der Frieden in Europa anders als durch Abschreckung bewahren ließe. Deshalb hatte er sich um ihm utopisch scheinende endgültige Lösungen oder gar um partnerschaftlichen Ausgleich auch nicht bemüht.[43] Ihm reichte das Bewußtsein, daß sein Reich mit der Fortdauer des europäischen Mächtesystems vereinbar schien und die europäische „Mächtephysik" (Wehler) auch weiterhin funktionierte. Da keine Großmacht an dem völligen Untergang einer anderen ein wirkliches Interesse haben könne, würde sich immer ein neuer Gleichgewichtszustand ausbalancieren; sollte eine Macht in existentielle Gefahr geraten, würde es immer eine andere geben, die ihr beispringe. Bismarck hatte geglaubt, daß sich in seinen Allianzen letztlich nur dieser Automatismus europäischer Machtpolitik widerspiegele, aber damit die langfristigen Folgen der nun einmal bestehenden Bündnisse – nämlich den

---

41 Überzogen ist es hingegen, beispielsweise wie Winckler, Bismarcks Bündnispolitik, S. 8, zu urteilen: „Haß, Neid und Mißgunst gegenüber Deutschland kennzeichneten nicht nur im Innersten die Haltung der in den Kriegen von 1864, 1866 und 1870/71 besiegten Mächte."

42 Dazu beispielsweise: Gary S. Shanafelt: The Secret Enemy: Austria-Hungary and the German Alliance 1914–1918, New York 1985. Beispiel für diese Haltung ist Erzherzog Albrecht. Siehe dazu: Johann Christoph Allmayer-Beck: Der stumme Reiter. Erzherzog Albrecht. Der Feldherr „Gesamtösterreichs", Graz/Köln/Wien 1997; Matthias Stickler: Erzherzog Albrecht von Österreich. Selbstverständnis und Politik eines konservativen Habsburgers im Zeitalter Kaiser Franz Josephs, Husum 1997 (Historische Studien, Band 450).

43 Konrad Canis: Der Zweibund in der Bismarckschen Außenpolitik, in: Rumpler/Niederkorn (Hrsg.), Der „Zweibund" 1879, S. 41–67, S. 43, zitiert Bismarck: „Alles seit der Schöpfung ist Flickwerk."

Gewöhnungseffekt und die Polarisierung im Fall von Gegenbündnissen – vielleicht unterschätzt.[44]

Zwar hatte der Kanzler mit seiner gesamten Politik viel dazu beigetragen, daß den Zeitgenossen – zumal den Deutschen – Macht deutlich sicherer und als ein überzeugenderer Titel als Recht erschien. Andererseits glaubte er trotzdem an einen – immer gefährdeten, trotzdem vorhandenen – Grundkonsens zwischen den Mächten, das europäische Gleichgewicht zu erhalten und den großen Krieg zu vermeiden. Und darin liegt der fundamentale Unterschied zwischen dem außenpolitischen Denken Bismarcks und seinen Nachfolgern, die in den letzten Jahren vor 1914 zunehmend an letzte Lösungen zu glauben begannen und den alles entscheidenden Endkampf von Nationen und Rassen vorhersagten.

> Die Unterhaltung schloß damit, daß der Kaiser sagte, er sähe sehr schwarz und er glaube, daß das 20. Jahrhundert uns große Katastrophen bringen würde.
>
> Alexander III., am 12. Januar 1893

c) Caprivi, die Politik des „Neuen Kurses" und die Gründung des russisch-französischen „Zweibunds"

Die Last der Erbschaft und die Verantwortung für die Außenpolitik fiel nicht allein dem Kaiser zu, der bald schon zur Zielscheibe der massiven Angriffe des Bismarck-Clans wurde[45], sondern auch dem Mann, den er zum Nachfolger des Reichsgründers ernannte: Leo v. Caprivi.[46]

Caprivi, bei seinem Amtsantritt 59 Jahre alt, war ein bewährter General, der bei jeder Gelegenheit, wie Crispi bei einer Zusammenkunft 1890 spöttisch

---

44 Dazu: Holger Afflerbach: Europäische Allianzen und Bündnisse zwischen Vertragstreue und Staatsräson, in: Historicum, Winter 1996/97, S. 27–31.

45 Ausführlich dazu: Manfred Hank: Kanzler ohne Amt. Fürst Bismarck nach seiner Entlassung 1890–1898, München 1977 (tuduv-Studien, Reihe Kulturwissenschaften, Band 8); Gall, Bismarck, S. 790–845.

46 Zu Caprivi: Rainer Lahme: Deutsche Außenpolitik 1890–1894. Von der Gleichgewichtspolitik Bismarcks zur Allianzstrategie Caprivis, Göttingen 1990; positive, an Lahmes Argumente angelehnte Wertung Caprivis bei Mommsen, Großmachtstellung, S. 107–123; ebenso bei Ullrich, Nervöse Großmacht, S. 153–155; Wehler, Gesellschaftsgeschichte 3, S. 1005, 1006, lobt Caprivis aufgeklärten „Konservativismus"; kritische Bewertung Caprivis wegen seiner starken Betonung militärischer und ökonomischer Faktoren im Vergleich und auf Kosten der Sphäre des „spezifisch politischen" bei Hildebrand, Das vergangene Reich, besonders S. 166.

notierte, vom Militärleben „im Ton eines Verliebten" sprach.[47] Bismarck selbst hatte schon 1878 festgestellt, Caprivi habe „vielleicht das Zeug zu einem künftigen Reichskanzler"[48]. Der in der Forschung lange unterschätzte[49] General war ernsthaft und bemüht, aber ohne außenpolitische Erfahrung und ohne Bismarcks Virtuosität. Dies wußte er selbst am besten und sah sich selbst als denjenigen, der nach dem Zeitalter großartig-verwirrender Politik „die Nation in ein Alltagsdasein zurückführen"[50] müsse. Caprivi wollte die deutsche Politik vereinfachen, normaler gestalten. Er wollte „festhalten an der Tripel-Alliance mit Vermeidung von allem, was dagegen Mißtrauen erregen könnte, namentlich in Wien ... Durch eine einfache, ruhige Politik Vertrauen erwecken in unsere Friedensliebe, die Epoche der genialen Aktion als abgeschlossen betrachten, das Erworbene sichern, unser Prestige bewahren, keine äußeren Unternehmungen, ehe nicht die neue Regierung nach allen Seiten hin befestigt ist." Caprivi war, so urteilte die französische Diplomatie, ein aufrichtiger und vernünftiger Mann, der gewillt sei, mit allen Mächten auf gutem Fuße zu leben.[51] Seine Ziele sind, in einem Satz, als „freundschaftliche Korrektheit gegen alle und treue Bundesgenossenschaft mit Österreich wie Italien[52]" zusammengefaßt worden. In dieser Höherbewertung des Dreibunds drückte sich nicht so sehr harmlose Gutmütigkeit, wohl aber ein Vertrauen in die Dauerhaftigkeit der bestehenden Allianzen aus, das der erheblich machiavellistischere Bismarck selbst nie gehabt hatte.[53] Caprivi und noch mehr seine Mitarbeiter im Auswärtigen Amt schienen übrigens die Politik Bismarcks insgeheim als genialen Betrug zu werten, den sie weder fortsetzen könnten noch wollten.[54] Mehrere Äußerungen ließen neben der Anerkennung

---

47 Text über Caprivi in: ACS, Carte Crispi, DSPP, Sc. 65; Text undatiert, im Zusammenhang mit dem Treffen Caprivi–Crispi 1890 in Mailand: „Ogni volta che vi cadde il discorso parló della vita militare da innamorato."
48 Ludwig Raschdau: Unter Bismarck und Caprivi. Erinnerungen eines deutschen Diplomaten aus den Jahren 1885–1894, Berlin, 2. Auflage 1939, S. 137.
49 Ullrich, Nervöse Großmacht, S. 155.
50 Herrmann, Dreibund, S. 4.
51 Peter Jakobs: Das Werden des französisch-russischen Zweibundes 1890–1894, Wiesbaden 1968, S. 101.
52 Dazu Herrmann, Dreibund, S. 4.
53 Dazu beispielsweise Gall, Bismarck, S. 640.
54 Mommsen, Großmachtstellung, S. 109; Ullrich, Großmacht, S. 182 f., zitieren Graf Berchem, der am 25.3.1890 schrieb: „Eine so komplizierte Politik, deren Gelingen ohnedies jederzeit fraglich gewesen ist, vermögen wir nicht weiter zu führen nach dem Ausscheiden eines Staatsmannes, der bei seiner Tätigkeit auf dreißigjährige Erfolge und einen geradezu magnetisierenden Einfluß im Auslande sich stützen konnte ... Wir werden eine ruhige, klare und loyale Politik zu führen haben, um die Errungenschaften der letzten sechsundzwanzig Jahre festzuhalten; auf diesem Wege wird die Erhaltung und Förderung des Deutschen Reiches wohl gelingen, nicht aber durch gefährliche diplomatische Wagnisse."

für Bismarcks Fähigkeiten gleichzeitig eine scharfe Kritik erkennen. Beispielsweise charakterisierte Graf Berchem Bismarcks Politik als „kompliziert" und als „Wagnis"; sie sei ihm nur gelungen, weil er dank seiner „magnetisierenden Wirkung" die Gegenspieler paralysiert habe. Er glaubte also offensichtlich, die anderen Mächte seien von Bismarck derart hypnotisiert worden, daß sie die naheliegenden und in ihrem Interesse liegenden Gegenschritte nicht unternommen hätten. Doch mit dem Ausscheiden Bismarcks mußte dieser Effekt schlagartig erlöschen.

Caprivi und seine Ratgeber wollten mehr Transparenz, Kohärenz und Loyalität in die deutsche Außenpolitik hineinbringen und diese von Widersprüchen befreien. Ob ihnen dabei bewußt war, daß sie damit den Weg freigaben, die durch virtuoses Spiel mit Optionen und Allianzen, mit Drohungen und Beunruhigungen errichtete „Halbhegemonie" Bismarcks durch eine Gleichgewichtspolitik zu ersetzen, muß offenbleiben. Wahrscheinlich standen für Caprivi ganz andere Präferenzen und Ziele – große Ziele – im Vordergrund. Eine bedeutsame Rolle spielten dabei wirtschaftliche Fragen; schon aus dem äußerlichen Grund, daß im „Kometenjahr" 1892 gleich 15 Handelsverträge ausliefen und wichtige Fragen, wie die deutsche Außenhandelspolitik zwischen Protektionismus und Freihandel künftig zu steuern sei, geklärt werden mußten.[55] Doch Caprivis Ideen waren umfassender als eine bloße Antwort auf handelspolitische Erfordernisse und basierten auf der Ansicht, daß die wirtschaftlich gewaltig boomenden Vereinigten Staaten ein Gegenspieler seien, der alle europäischen Großmächte mit Ausnahme Rußlands in der Zukunft zur Bedeutungslosigkeit reduzieren werde. Als Gegenmittel wollte er die „Vereinigten Staaten von Europa" schaffen, „um den Erdteil wirtschaftlich unabhängig von Amerika zu machen"[56]. Im Reichstag formulierte Caprivi am 10. Dezember 1891 seine Ansichten wie folgt: „Der Schauplatz der Weltgeschichte hat sich erweitert: damit sind die Proportionen andere geworden, und ein Staat, der als europäische Großmacht eine Rolle in der Geschichte gespielt hat, kann, was seine materielle Kraft angeht, in absehbarer Zeit zu den Kleinstaaten gehören. Wollen nun die europäischen Staaten ihre Weltstellung aufrechterhalten, so werden sie nach meinem Dafürhalten nicht umhin können, soweit sie wenigstens [noch] ihren sonstigen Anlagen dazu geeignet sind, eng aneinander sich anzuschließen. Es ist nicht unmöglich, daß die Zeit kommen wird, wo sie einsehen werden, daß sie Klügeres zu tun haben werden, als sich gegenseitig das Blut auszusaugen, weil sie im wirtschaftlichen Kampfe um das Dasein genötigt sein werden, alle ihre Kräfte einzusetzen."[57]

---

55 Dazu Lahme, Deutsche Außenpolitik 1890–1894, S. 231.
56 Waldersee, Denkwürdigkeiten 2, S. 230.
57 Zitiert bei Lahme, Deutsche Außenpolitik 1890–1894, S. 235. Ähnlich, mit betont antiamerikanischer Tendenz, zu Rössler, 23.10.1890, zitiert ebenda, S. 230.

Diese Ansichten Caprivis – eine Mischung aus zeitgebundenem, ökonomisch eingefärbtem Sozialdarwinismus, vorausschauender, weit in die Zukunft weisender Handelspolitik und den Erkenntnissen Tocquevilles – blieben nicht ohne Auswirkungen auf das Bündnis. Bismarck hatte immer Politik und Wirtschaft als prinzipiell getrennte Bereiche behandelt, was ihn aber nicht daran gehindert hatte, Zoll- und Finanzmaßnahmen als politische Druckmittel einzusetzen. Mit anderen Worten: Für Bismarck waren sicherheitspolitisch motivierte Allianzpolitik und Handelsvertragspolitik zwei voneinander getrennte Bereiche und Überlappungen zufälliger und pragmatischer Natur.[58] Für Caprivi hingegen war die Allianzpolitik von der Ökonomie nicht zu trennen, und er sah in den Dreibundstaaten den Kern eines durch Wirtschafts- und Zollverträge vernetzten Großraums. Am 23. Oktober 1890 meinte Caprivi: „Durchführbar erscheint eine ... handelspolitische Annäherung zunächst an Österreich, dann an Italien, vielleicht auch an Frankreich. Rußland, N[ord]amerika u[nd] England bleiben für uns außer Betracht."[59] Später, auf die Proteste der deutschen Industrie hin, die auf die Bedeutung des russischen Marktes hinwies, scheint Caprivi die Aufnahme Rußlands in dieses System ebenfalls erwogen zu haben.[60] Es blieb der Widerspruch, daß Caprivi die politische Zusammenarbeit mit England suchte, gleichzeitig aber ein ökonomisch von diesem scharf abgegrenztes Handelsvertragssystem schaffen wollte.

Caprivi hatte bei der konkreten Umsetzung seiner Handelspolitik ohnehin erhebliche außen- und innenpolitische Widerstände zu überwinden. Grundsätzlich wollte er, in Erkenntnis der inzwischen durch das deutsche Wirtschaftswachstum entstandenen Zwänge, die Industriezölle für deutsche Exporte mindern und dafür im Ausgleich eine Senkung der protektionistischen Einfuhrzölle auf landwirtschaftliche Produkte zugestehen.[61] Damit widersprach der „Kanzler ohne Ar und Halm" den Interessen der Landwirtschaft, die sich alsbald erbittert zur Wehr setzte. 1893 wurde der „Bund der Landwirte" gegründet, eine der erfolgreichsten ökonomischen *pressure groups* des Kaiserreiches.[62]

Im übrigen versprach dieses System gerade im Umgang mit den Verbündeten – Österreich-Ungarn und Italien – Erfolge. Italien benötigte dringend

---

58 Über die Unterschiede zwischen diplomatischer und wirtschaftlicher Sichtweise sehr prononciert: Boris Barth: Die deutsche Hochfinanz und die Imperialismen. Banken und Außenpolitik vor 1914, Stuttgart 1995; auf den Zweibund bezogen: ders.: Deutsche Banken und Österreich-Ungarn: Eine wirtschaftliche und politische Partnerschaft? In: Rumpler/Niederkorn (Hrsg.): Der „Zweibund" 1879, S. 279–298.
59 Zitiert bei Lahme, Deutsche Außenpolitik 1890–1894, S. 230.
60 Ebd., S. 230 f.
61 Dazu Hildebrand, Das vergangene Reich, S. 168.
62 Ebd, S. 169.

Absatzmärkte für seine landwirtschaftlichen Produkte, die es nicht mehr nach Frankreich ausführen konnte, und auch Österreich-Ungarn hatte gegenüber Deutschland eine ähnliche Interessenlage. Die Verbündeten verhandelten übrigens „à trois", wobei sich die Italiener, wie schon oft, einer deutsch-österreichischen Phalanx gegenübersahen. Das größte ökonomische Problem hatte Italien aber nicht mit Deutschland oder Österreich, sondern mit Ungarn; hier ging es um Fragen des Weinexports, den die Magyaren absolut nicht gestatten wollten.

Insgesamt erwies sich die Handelskonzeption Caprivis für die Verbündeten als sehr vorteilhaft. Doch auch in anderer Hinsicht profitierten sie von dem „neuen Kurs". Die latente Drohung Bismarcks, Österreich-Ungarn notfalls fallenzulassen und mit Rußland zu gehen, hatte nun sehr an Gewicht verloren. Daraus resultierte ein vergrößerter Spielraum der Wiener Außenpolitik. Zwar blieben aufgrund der machtpolitischen Gegebenheiten die Verhältnisse zwischen Berlin und Wien im Grundsatz unverändert. Und doch wurde Österreich erheblich kulanter behandelt als in der Bismarck-Zeit; auch fanden seine Balkaninteressen in weit größerem Umfang als bisher Berücksichtigung.[63]

Die italienische Diplomatie wiederum konnte aus der deutschen Höherbewertung des Dreibunds zunächst keinen Vorteil ziehen. Das Land war infolge des scharfen Gegensatzes zu Frankreich diplomatisch bewegungsunfähig und sank außerdem aufgrund seiner inneren und kolonialen Probleme in der Achtung seiner Partner in den 1890er Jahren derart ab, daß sich diese, wie erwähnt, sogar zu fragen begannen, ob das Bündnis mit dem fast bankrotten und geschwächten Land überhaupt noch Vorteile bringe.

Wenn über den deutschen „Neuen Kurs" gesprochen wird, ist es nicht ausreichend, Caprivis Ziele isoliert zu betrachten. Denn die in vielerlei Hinsicht vernünftigen Absichten des Kanzlers wurden durch die Worte und Taten anderer konterkariert. Hier wäre zunächst der Kaiser zu nennen, der durch hemmungsloses öffentliches Schwadronieren, durch seine autokratischen, antiparlamentarischen und militaristischen Ideen die deutsche Politik massiv beeinflußte. Caprivi, der anders als Bismarck nicht an seinem Posten klebte und eher aus Pflichtgefühl denn aus Machtwille Kanzler war, bot immer wieder verärgert seinen Rücktritt an, der aber, schon wegen der Nachwirkungen des spektakulären Ausscheidens Bismarcks, fürs erste vermieden werden sollte.

Vielleicht noch bedeutsamer war, daß der Kanzler zwar Ideen für die auswärtige Politik mitbrachte, aber keine diplomatische Geschäftskenntnis und deshalb auf seine Mitarbeiter angewiesen war.[64] Den Ratgebern und Fachleuten des Auswärtigen Amtes kam deshalb, ganz anders als in der Ära Bismarck, eine ausschlaggebende Bedeutung zu. Mit Bismarck war zugleich

---
63 Dazu Herrmann, Dreibund, S. 14.
64 Dazu Raschdau, Unter Bismarck und Caprivi, S. 163.

auch sein Sohn Herbert abgegangen, obwohl der Kaiser eigentlich sein Bleiben gewünscht hatte. Zum Nachfolger als Staatssekretär des Äußeren wurde Freiherr v. Marschall ernannt, ein badischer Jurist ohne große außenpolitische Erfahrung. Caprivi und Marschall waren deshalb auf die Graue Eminenz des Auswärtigen Amtes angewiesen, auf den berühmt-berüchtigten Geheimrat v. Holstein, der nach Bismarcks Abgang seine legendäre Reputation als wahrer Lenker der deutschen Außenpolitik erwarb.[65]

Auch in anderen Außenministerien gab es „graue Eminenzen"; Beamte, die durch ihre Geschäfts- und Personenkenntnis unersetzlich waren. Zum Beispiel wurde der langjährige Generalsekretär der Consulta, Giacomo Malvano, von allen in- und ausländischen Diplomaten im Interesse eines reibungslosen Geschäftsablaufs für unentbehrlich gehalten. Doch niemand behauptete, Malvano steuere die Außenpolitik seines Landes. Anders Holstein, der zumindest in den großen Linien ein klares Programm besaß und seinen eigenen Ansichten im Entscheidungsprozeß Geltung zu verschaffen wußte. Holsteins Überlegungen basierten sämtlich axiomatisch auf dem Gegensatz zwischen Rußland und England: „Bär und Walfisch" könnten nie zusammenkommen, und Deutschland als Führungsmacht des Dreibunds habe die Wahlmöglichkeit zwischen den Flügelmächten.[66] Holsteins eigene Wahl war eindeutig: Er war russophob und strebte auf lange Sicht eine Zusammenarbeit mit England an. Nach dem Machtwechsel nahm er die Außenpolitik in die Hand und setzte zuallererst seine Ideen in bezug auf Rußland durch. Darin übereinstimmend mit großen Teilen der deutschen öffentlichen Meinung, hatte Holstein der Rußlandpolitik der Bismarcks seit langem nichts mehr abgewinnen können.[67] Für Holstein war das Zarenreich nicht vertrauenswürdig; er wollte lieber auf die Dreibund-Bündnispartner und die Unterstützung dieser Allianz durch England bauen. Die Möglichkeit, die Verhältnisse in diese Richtung zu bewegen, bot sich sehr bald – und zwar mit der anstehenden Verlängerung des deutsch-russischen Rückversicherungsvertrages.[68] Die Bismarcks wollten das Abkommen ebenso fortsetzen wie die russische Diplomatie, und auch der Kaiser hatte dem russischen Botschafter bereits sein Einverständnis erklärt. Doch Holstein überzeugte Marschall und beide zusammen dann Caprivi, daß die-

---

[65] Zu Holstein: Norman Rich: Friedrich von Holstein. Politics and Diplomacy in the Era of Bismarck and Wilhelm II., 2 Bände, Cambridge 1965; Krausnick, Holsteins Geheimpolitik; Holstein, Geheime Papiere; Raschdau, Unter Bismarck und Caprivi, S. 138–141.

[66] Dies hatte schon Bismarck angenommen, dazu Gall, Bismarck, S. 596; Hildebrand, Das vergangene Reich, S. 49. Die Frage ist nur, ob Bismarck an diesem Gedanken mit derartiger Konsequenz festgehalten hätte.

[67] Schon während der Bulgarienkrise klaffte zwischen dem rußlandfreundlichen Kurs des Kanzlers und der deutschen öffentlichen Meinung ein massiver Widerspruch, siehe Mommsen, Großmachtstellung, S. 108.

[68] Dazu Raschdau, Unter Bismarck und Caprivi, S. 115–124, 142–151, 167 f.

ser Rückversicherungsvertrag eine unkalkulierbare Gefahr für die anderen Bündnisse des Deutschen Reiches bedeute. Sollten die Österreicher davon erfahren, daß Deutschland einem russisch-österreichischen Krieg als Neutraler zusehen wolle, würden sie dies als Illoyalität empfinden und ein schwerer, vielleicht unheilbarer Vertrauensverlust wäre die Folge. Die unsichere Allianz mit Rußland gefährde demnach die sichere mit Österreich und mit Italien. Deshalb sei es besser, das wertlose Bündnis mit dem unzuverlässigen Zarenreich nicht mehr zu verlängern; schließlich seien auch die Bismarcks der Ansicht gewesen, der Rückversicherungsvertrag würde die Russen allenfalls sechs Wochen davor zurückhalten, in einen Krieg gegen Deutschland einzugreifen. Caprivi beugte sich diesen Argumenten und bewegte auch den Kaiser zum Verzicht auf die Verlängerung. Es war die erste und zugleich folgenschwerste außenpolitische Tat seiner Amtszeit.[69]

Der Rückversicherungsvertrag als solcher hatte nur beschränkten Wert, was aber insgesamt für viele Allianzen vor 1914 galt. Nach einem Diktum von Bismarck fanden diese die Grenzen ihrer Wirksamkeit an den tatsächlichen Interessen der Staaten, gegen die zugunsten einer Allianz zu verstoßen keiner Regierung erlaubt sei.[70] Außerdem war die russisch-französische Annäherung schon seit langem im Gange und verstärkt seit der europäischen Doppelkrise 1886/87. Ein von der Logik europäischer Gleichgewichtspolitik diktiertes Zusammengehen beider Mächte im europäischen Kriegsfall hatte ohnehin schon lange bestanden.[71] Als Symbol hatte der geheime Draht nach Rußland jedoch ein außerordentliches Gewicht und die Zurückweisung, die sich die konzessionswillige russische Diplomatie in Berlin geholt hatte, trieb sie nach Paris. Denn die zaristischen Außenpolitiker, vom Deutschen Reich mit den Schwierigkeiten mit Österreich-Ungarn auf dem Balkan und mit England in Asien alleingelassen, sahen sich vollständig isoliert und gingen deshalb bereitwilliger als bisher auf die französischen Angebote ein. Hinzu kam im Frühjahr 1891 der nachteilige Eindruck der bereits erwähnten, aus Gründen der italienischen Innenpolitik lärmend hinausposaunten Dreibunderneuerung. Zar Alexander empfand den Dreibund als in erster Linie antirussisches Bündnis und fühlte sich durch diese Gruppierung bedroht.[72] Dies führte zusätzlich dazu, daß sich die russisch-französische Annäherung sehr beschleu-

---

69 Hildebrand, Das vergangene Reich, S. 155–161; Canis, Von Bismarck zur Weltpolitik, S. 16–52, dort auf S. 16 die Urteile über die Bedeutung der Nichtverlängerung des Rückversicherungsvertrages; Bewertung als eindeutiger Fehler auf S. 52.
70 Verosta, Theorie und Realität, S. 126.
71 Verosta, Theorie und Realität, S. 134, zitiert Hohenlohes Ansicht von 1879, daß eine deutsch-österreichische Allianz eine russisch-französische und einen Krieg zur Folge haben werde.
72 Reuß an Caprivi, 6.1.1893, in: GP 7, Nr. 1643, mit der Wiedergabe eines Gesprächs mit Kálnoky.

nigte und einen ersten sichtbaren Höhepunkt beim Flottenbesuch in Kronstadt am 23. Juli 1891 erreichte.[73] Der Zar empfing die französischen Offiziere und hörte in Peterhof, wenn auch mürrisch, stehend die Marseillaise;[74] der Beifall der Bevölkerung war groß und wirkte aufrichtig. Diplomatische Beobachter interpretierten dies übereinstimmend als Reaktion der russischen Diplomatie auf die Erneuerung des Dreibunds. Der russische Außenminister Giers stellte fest, daß „den sensationellen Erscheinungen, unter welchen die Erneuerung des Dreibundes zutage trat, eine sensationelle Manifestation" entgegengestellt werden sollte.[75] Dieser Gedankengang leuchtete auch den Diplomaten des Dreibunds ein; Kálnoky gab intern zu, daß die „Erneuerung der Dreibundverträge nach seinem Geschmack etwas zu sehr mit Pauken und Trompeten Europa angekündigt worden sei"[76]. Auf dem Rückweg besuchte das französische Geschwader vom 19. bis 26. August auch Portsmouth und die Offiziere wurden von Königin Victoria empfangen. Großbritanniens Regierung wollte damit seine Unabhängigkeit, auch vom Dreibund, demonstrieren.[77]

In Europa wurde weithin über die Bedeutung des Besuches in Kronstadt gerätselt; war es ein reiner Höflichkeitsbesuch oder die erste Manifestation einer neuen Allianz? Tatsächlich bedeutete dieser Besuch ebenso den Anfang eines Bündnisses wie die Reise König Umbertos nach Wien im Herbst 1881, an den damals zu Recht ähnliche Vermutungen geknüpft worden waren. In Kronstadt selbst war keinerlei schriftliche Verabredung getroffen worden. Aber noch während die Feiern in Kronstadt liefen, entwarfen Freycinet, Ribot und Präsident Carnot in Paris bereits ein Dokument, das „der politische Teil des russisch-französischen Zweibunds" werden sollte.[78] In dem Schriftstück wurde hervorgehoben, daß die Umstände der jüngsten Dreibunderneuerung das europäische Gleichgewicht gefährdeten und daß infolge der italienisch-englischen Absprache diesem Bündnis „die mehr oder weniger direkte Unterstützung Großbritanniens" sicher sei.[79] Deshalb sollten sich Frankreich und Rußland in allen für den Frieden bedeutsamen europäischen

---

73 Dazu Kennan, Schicksalhafte Allianz, S. 143–165.
74 Kennan, Schicksalhafte Allianz, S. 144, 145.
75 Schweinitz an Caprivi, 5.8.1891, GP 7, Nr. 1504.
76 Bülow an Caprivi, 4.8.1891, in: GP 7, Nr. 1505.
77 Wolff-Metternich an Caprivi, 26.8.1891, GP 8, Nr. 1729. Kálnoky empfand diesen englischen Schachzug als geschickt, da er der Spaltung der Mächte in zwei Gruppen entgegenwirke und nicht mehr bloß vom französisch-russischen Bündnis die Rede sei. In: Reuß an Caprivi, 24.8.1891, GP 7, Nr. 1728.
78 Kennan, Schicksalhafte Allianz, S. 150.
79 Hildebrand, Das vergangene Reich, S. 163, interpretiert dies anders; er schreibt, die Frage des europäischen Gleichgewichts sei erst 1899 zum Gegenstand des russisch-französischen Zweibunds gemacht worden.

Fragen konsultieren und verpflichten, sofort mobilzumachen, sobald ein Mitglied des Dreibunds mobilmache. Diese letzte, problematische Klausel, die jeden lokalen gleich in einen europäischen Konflikt verwandeln mußte, wurde von russischer Seite in eine Beistandsformel umgewandelt und damit etwas entschärft, später aber in einer Militärkonvention wieder aufgegriffen.[80] Am 27. August 1891 wurden die Dokumente zwischen dem russischen Botschafter in Paris, Mohrenheim, und dem französischen Außenminister Ribot ausgetauscht.

Diesem Dokument folgte in den nächsten Jahren eine Reihe von militärischen[81], politischen und finanziellen Abkommen, deren Tragweite von deutscher Seite zunächst verkannt wurde.[82] Die vom „Figaro" am 14. Juli 1892 gestellte Frage „alliance ou flirt"[83] wurde deutscherseits optimistisch mit einem „Flirt" beantwortet. Caprivi hatte betont, daß trotz der Nichtverlängerung des Rückversicherungsvertrages das deutsch-russische Verhältnis gut bleibe.[84] Und Wilhelm II. schaltete sich mehrfach persönlich ein und gab unter anderem dem russischen Thronfolger die Versicherung, der Dreibund richte sich nicht gegen Rußland, sondern sei ein Instrument zur Aufrechterhaltung der monarchischen Ordnung, sein politischer Zweck richte sich gegen „die umstürzenden Tendenzen, für die von Frankreich aus Propaganda gemacht werde"; handelspolitisch richte er sich gegen die „panamerikanischen Strömungen der Vereinigten Staaten"[85]. Und der Dreibund könne auch Vierbund genannt werden; er biete auch für Staaten gleicher Tendenz Raum.[86] Doch blieben solche verbalen Beschwichtigungsversuche ohne bleibenden Eindruck auf die russische Führung.

Rußland und Frankreich zogen sich durch dieses Bündnis gegenseitig aus der Isolierung; ihr Zweibund bildete ein Gegengewicht zum Dreibund. Die Mittel, diese Allianz nach außen darzustellen, waren ähnlich wie beim Dreibund: Flottenparaden, Monarchen- und Präsidentenbesuche, Ministertreffen.

Nun mag die Entstehung dieser Allianz, die ihre Spitze eindeutig gegen den Dreibund richtete, ja deren Daseinszweck die Ausschaltung der Drohung

---

80 Interpretation dieser wichtigen Bestimmung bei Kennan, Schicksalhafte Allianz, S. 334–337.
81 Endgültiger Abschluß einer Militärkonvention Ende 1893: Französisches Gelbbuch „L'alliance franco-russe", in: Schwertfeger, Wegweiser 2, S. 24. Texte der Militärkonvention abgedruckt bei Kennan, Allianz, Anhang III, S. 356–358.
82 Dazu die Dokumente in: GP 7, Kapitel XLVII: Französisch-russischer Zweibund 1890–1894, Dokumente Nr. 1489–1538.
83 Jakobs, Russisch-französischer Zweibund, S. 123. In dem Artikel wurde ein „Heiratsvertrag" und eine „regelrechte Ehe" verlangt.
84 Raschdau, Unter Bismarck und Caprivi, S. 167.
85 Aufzeichnung Marschalls, 25.1.1893, GP 7, Nr. 1526.
86 Ebd., über ein Gespräch Wilhelms II. mit dem russischen Thronfolger am 24.1.1893. Inhaltsangabe: Anlage zu Marschall an Werder, 30.1.1893, GP 7, Nr. 1527.

durch den Dreibund war, als Mißerfolg Caprivis gewertet werden – sicher teilweise zu Recht. Die Nichtverlängerung des Rückversicherungsvertrages war aus deutscher Sicht trotz aller Gegengründe ein schwerer Fehler, mit den Worten des Reichskanzlers Hohenlohe „die größte Sottise" der deutschen Diplomatie seit Bismarcks Abgang,[87] und belastete die deutsche Außenpolitik der Folgezeit sowohl wegen der konkreten Auswirkungen als auch wegen des Gefühls eigenen schuldhaften Versagens. Wilhelm II. unternahm während seiner gesamten übrigen Regierungszeit die größten Anstrengungen, diesen Fehler wiedergutzumachen, doch vergebens, wenn er auch mit dem dann nicht ratifizierten Vertrag von Björkö im Jahre 1905 diesem Ziel sehr nahe kam.

Die russisch-französische Allianz bedeutete einen Verlust an diplomatischen Optionen für Deutschland, gleichzeitig eine Verstärkung der Gegenspieler und in der längeren Perspektive die Gefahr einer starren Blockbildung in Europa. Andererseits, jetzt aus einer europäischen, nicht nur aus einer deutschen Sicht gesehen, war das Entstehen eines hinreichenden Gegenbündnisses zum Dreibund auch ein Element der Entspannung. Die Bildung dieser Allianz als Gegengewicht zum Dreibund hatte den positiven Aspekt, daß in Europa plötzlich wieder ein Gleichgewicht der Mächte herrschte und Rußland und Frankreich nicht mehr unter dem akuten Gefühl der Isolierung litten.[88] Gustav Graf Kálnoky erkannte übrigens diesen meist vernachlässigten Effekt des russisch-französischen Zweibundes offen an,[89] und auch Caprivi gab, zum Kopfschütteln der politischen Kreise, nach dem Flottenbesuch in Kronstadt in einer Rede in Osnabrück zu bedenken, daß die russisch-französischen Verbindungen nicht zu befürchten seien und letztlich nur das frühere europäische Gleichgewicht wiederherstellten.[90]

Es wäre im übrigen gut denkbar gewesen, daß es auch bei weiterbestehendem geheimem Rückversicherungsvertrag zu einem russisch-französischen Bündnis gekommen wäre; denn schließlich lag dieser Ausweg für die zaristische Diplomatie auf der Hand, um ihren diplomatischen Bewegungsspielraum zu vergrößern. Dieser Gedankengang ist auch, nach dem Zeugnis Ludwig Raschdaus, in den entscheidenden Sitzungen im März 1890 als wesentliches Argument bereits erwogen worden.[91] Im übrigen hätten die Russen darauf

---

87 Hildebrand, Das vergangene Reich, S. 181.
88 Nipperdey, Deutsche Geschichte 1866–1918, Band 2, S. 621, sieht dies anders: „Das europäische Gleichgewichtssystem, das schon Bismarck nur noch mit äußerster Mühe und mit immer komplizierteren Aushilfen hatte erhalten können, kam an sein Ende." Wenn überhaupt, ging 1890 die deutsche „Halbhegemonie", nicht aber das „europäische Gleichgewichtssystem" zu Ende.
89 Kálnoky an Aehrenthal, 19.10.1891, in: Wank, Aus dem Nachlaß Aehrenthal, Band 1, Nr. 37.
90 Raschdau, Unter Bismarck und Caprivi, S. 216.
91 Raschdau, Unter Bismarck und Caprivi, S. 145.

verweisen können, daß die Deutschen schließlich auch neben dem Rückversicherungsvertrag im Zwei- und im Dreibund zusätzliche Stützen fanden. Das mögliche Ergebnis einer Beibehaltung des Rückversicherungsvertrages mit gleichzeitigem russisch-französischem Bündnis wäre jedoch eine größere Durchlässigkeit und Vernetzung der einzelnen Vertragssysteme gewesen. Mit einem Wort: Auch in diesem Fall wäre die spätere schroffe Polarisierung vielleicht vermieden worden, der Spielraum der europäischen Konzertdiplomatie und auch der deutschen Außenpolitik größer geblieben.

Die neue französisch-russische Allianz wirkte auf das Deutsche Reich natürlich beunruhigend. Sie war gefährlicher als Frankreich allein, und schon gegen dieses hatte bereits Bismarck massiv aufgerüstet und auch wiederholt gezielte Kriegspanik verbreitet. Es blieb nicht aus, daß sich dieser Mechanismus – Bedrohungsgefühle, die zur Aufrüstung führten – verstärkte.[92] Am 23. November 1892 brachte Caprivi eine umfangreiche Militärvorlage im Reichstag ein; mit ausdrücklichem Hinweis auf die Zweifrontendrohung verlangte und erhielt er eine Armeevergrößerung um 83.894 Mann und die Einführung der zweijährigen Dienstzeit.[93] Der „bewaffnete Friede", wie Moltke sich 1874 im Reichstag ausdrückte,[94] war kostspielig, wenn auch festzuhalten bleibt, daß ohne Allianzen der Rüstungsdruck wahrscheinlich noch größer gewesen wäre. Außerdem verlief die Entwicklung hin zu zwei europäischen Machtgruppen nicht linear. Tatsächlich kam es infolge der inneren Widersprüche des russisch-französischen Zweibunds zu einem weiteren, unvorhergesehenen Effekt auf die europäische Politik. Die französischen diplomatischen wie strategischen Anstrengungen richteten sich fast ausschließlich gegen Deutschland,[95] die russischen gegen Österreich-Ungarn. Hingegen hatte Rußland mit Deutschland und Frankreich mit Österreich keine oder geringe Differenzen. Italien war erklärtermaßen für Rußland wie für Frankreich von „nebensächlicher Bedeutung"[96]. Deshalb lag die tatsächliche russisch-französische Gemeinsamkeit neben der Befriedigung ihres elementaren Sicherheitsbedürfnisses in ihrer antienglischen Haltung: Die Russen waren wegen des Gegensatzes in der Orient- und Meerengenfrage sowie in Afghanistan, die Franzosen wegen der ägyptischen Frage und zahlreicher kolonialer Rivalitäten

---

92 Werder an Caprivi, 13./1.1.1893, GP 7, Nr. 1644, berichtet über ein Gespräch mit Zar Alexander über die Aufrüstung. Er schrieb dann: „Die Unterhaltung schloß damit, daß der Kaiser sagte, er sähe sehr schwarz und er glaube, daß das 20. Jahrhundert uns große Katastrophen bringen würde."
93 GP 7, S. 416, Fußnote **.
94 Moltke am 16.2.1874 vor dem Reichstag, zitiert bei Winckler, Bismarcks Bündnispolitik, S. 10.
95 Memorandum Obrutschews, Frühjahr 1892: „Die Franzosen sehen fast ausschließlich in Deutschland ihren eigentlichen Feind." In: Kennan, Schicksalhafte Allianz, S. 353.
96 Ebd.: „Italien ist für sie [die Franzosen] von nebensächlicher Bedeutung."

gegen England eingenommen. Der russisch-französische Zweibund präsentierte sich infolgedessen als gegen England gerichtetes diplomatisches Instrument,[97] und die politischen Reibungspunkte zwischen England einerseits und Rußland und Frankreich andererseits waren groß.

Dies sorgte zusätzlich für den eigentümlich schwankenden außenpolitischen Kurs des Deutschen Reiches in den 1890er Jahren. Zunächst setzten Caprivi und Holstein voll auf eine Zusammenarbeit mit Großbritannien, und Caprivi, darin dem Vorbild Bismarcks folgend, trieb eine kontinentale, maßvolle Politik. Er glaubte nicht an die Möglichkeit einer deutschen „Weltmachtstellung"[98] und hatte für Kolonialbegeisterung nur Hohn übrig.[99] Gleich am Anfang der Ära Caprivi stand auch der Tausch Helgolands gegen die deutschen Ansprüche auf Sansibar, das heißt ein freundschaftlicher kolonialer Ausgleich. Indes zeigte die im Protest dagegen entstehende Bewegung in Deutschland, vor allem die Gründung des „Alldeutschen Verbandes", eine verhängnisvolle Entwicklung auf: Dem englandfreundlichen Kurs der Regierung Caprivi stand eine in der deutschen Öffentlichkeit langsam, aber stetig anwachsende Abneigung gegen Großbritannien gegenüber. Fatalerweise stellte sich die Annäherung an England dann als teilweiser Mißerfolg heraus, als es im August 1892 in London zu einem Regierungswechsel kam und die Regierung Salisbury durch Gladstone abgelöst wurde.[100] Die neue englische Regierung schwenkte von dem Kurs Salisburys, der unter Vermeidung einer formellen Allianz einen Parallelkurs zum Dreibund gesteuert hatte, ab und betonte ihre völlige Unabhängigkeit. Die deutsche Außenpolitik, von Holstein gesteuert, machte daraufhin enttäuscht eine Kehrtwende und suchte die Wiederannäherung an Rußland, dem sie mit einem überaus vorteilhaften Handelsvertrag entgegenkam.[101] Als auch dies nicht den vollen Erfolg brachte, wurde nach weiterem ergebnislosem Schwanken zwischen Rußland und Eng-

---

97 Jakobs, Russisch-französischer Zweibund, S. 171.
98 Admiral v. Müller, der Chef des Marinekabinetts, urteilte später: „Der General von Caprivi hat an die Möglichkeit einer Weltmachtstellung für Deutschland gar nicht geglaubt, und die an seinen Namen geknüpfte Politik hat nur die Behauptung der Machtstellung auf dem europäischen Kontinent im Auge gehabt. Sie verfuhr deshalb ganz folgerichtig, indem sie im Inneren auf die Stärkung der Armee hinarbeitete, die Marine auf die Rolle der Küstenverteidigung im engeren Sinne beschränkend, und indem sie gute Beziehungen zu England, dem natürlichen Verbündeten gegen das die europäische Machtstellung Deutschlands gefährdende Rußland suchte." Zitiert bei Massie, Schalen des Zorns, S. 165.
99 Im Reichstag höhnte Caprivi im Mai 1890, daß manche glaubten, „wenn wir nun Kolonien hätten und kauften einen Atlas, und da malten wir Afrika blau an, dann wären wir große Leute geworden". Und er sagte: „Je weniger Afrika, desto besser für uns." Zitiert bei Ullrich, Nervöse Großmacht, S. 185.
100 Hildebrand, Das vergangene Reich, S. 174.
101 Ebd., S. 170.

land[102] im Jahre 1895 eine neue Konzeption entworfen: Die antienglischen Grundinteressen der russisch-französischen Allianz sollten dahingehend ausgenutzt werden, daß sich Deutschland dieser Gruppierung anschloß und damit an die Spitze einer gegen Großbritannien gerichteten Kontinentalliga trat. Einen ersten Höhepunkt erreichte diese Politik mit der antijapanischen Politik in Fernost. Doch war auch die Kontinentalliga nicht als letzte Entscheidung gedacht; Holstein glaubte, nach wie vor die freie Wahl zwischen England und Rußland zu haben, und hielt also ein erneutes Rückschwenken hin zu Großbritannien, sollte dieses genug bieten, für jederzeit möglich. Mehr noch, er glaubte, der Preis für die deutsche Unterstützung werde durch eine solche Schaukelpolitik zwischen den scheinbar unversöhnlichen Machtgruppen in die Höhe gehen. Es schien den Planern im Auswärtigen Amt, allen voran Holstein, als ganz undenkbar, daß russischer Bär und britischer Walfisch jemals zusammenkommen könnten, und auch zwischen Frankreich und England sahen sie so viele Konfliktpunkte, daß sie eine Allianz für unmöglich erklärten. Sie wähnten Deutschland in der angenehmen Lage, mehrere diplomatische Optionen zu haben und zwischen dem Gegensatz der anderen Mächte seine eigene Politik treiben zu können.

Wenn die deutsche Außenpolitik von 1890 bis etwa 1897 im Zusammenhang betrachtet wird, bleibt eine Frage: Beeinflußte der Dreibund, also das Bundesverhältnis mit Österreich-Ungarn und Italien, die große Linie der deutschen Politik?

Die Antwort ist ein eindeutiges Ja. Die Rücksicht auf die Verbündeten, auf Österreich und Italien, war der Grund für die Kündigung des Rückversicherungsvertrages gewesen. Und danach war das Deutsche Reich auf seine Verbündeten mehr als zuvor angewiesen; dies machte sich in Konzessionen auf politischem wie ökonomischem Feld bemerkbar. Die Allianz war auch ein wesentliches Element der deutschen Schaukelpolitik. Denn der Dreibund sollte das Gewicht Deutschlands bei seinen Manövern erhöhen; dies setzte voraus, daß die Partner diese Bewegungen willig mitmachten und ihre Folgen ertrugen – eine Annahme, die zumindest bis 1896 berechtigt war.[103]

Hätte statt des Dreibunds im Jahre 1890 nur der Zweibund bestanden, wäre die deutsche Politik wahrscheinlich nicht wesentlich anders verlaufen. Italien wurde in Berlin als „quantité négligeable" empfunden. Anders lag es mit Österreich-Ungarn: Ein gespanntes Verhältnis zu diesem Verbündeten hätte die deutsche Politik modifiziert, und 1890 wäre möglicherweise die Entscheidung zugunsten Rußlands gefallen.

---

102 Ebd., S. 171.
103 Siehe dazu Kap. III.1.e: Italienische Warnungen vor einem antibritischen Konfrontationskurs des Dreibunds.

Und trotzdem nahm nicht nur Österreich-Ungarn, sondern auch der Faktor Italien auf die außenpolitische Situation des Deutschen Reiches einen gewissen Einfluß – und zwar in Richtung auf die Polarisierung der europäischen Politik und die Bildung des Gegenbündnisses. Obwohl Italien in russischen wie in französischen Augen keine erstrangige Rolle spielte, hatte sein Bündnis mit den Zweibundmächten mit dazu beigetragen, den Dreibund in Paris wie in St. Petersburg als gefährlich erscheinen zu lassen und im Jahre 1891 die russische Bereitschaft verfestigt, mit Frankreich eine Allianz einzugehen.

Der Gesamtblick auf die europäische Politik in der Ära Caprivi zeigt aber vor allem, daß nicht nur die deutsche, sondern auch die französische und die russische Regierung einen neuen Kurs steuerten. Der „neue Kurs" in Deutschland bestand in einer Höherbewertung der bestehenden Allianzen mit Österreich-Ungarn und Italien, einer insgesamt transparenteren, klareren Politik sowie der Hoffnung auf englische Zusammenarbeit, die dann, infolge des zeitweise im Auswärtigen Amt allmächtigen Holstein, durch eine Schaukelpolitik zwischen England und Rußland abgelöst wurde.

> Wir sollen Weltpolitik treiben. Wenn ich nur wüßte, was das sein soll; zunächst doch nur ein Schlagwort.
>
> Graf Waldersee, am 13. Juli 1900

d) Die beginnende deutsche „Weltpolitik" – Tirpitz, Bülow, der wachsende deutsch-englische Gegensatz und seine Auswirkungen auf den Dreibund

1894 trat Caprivi, der schon seit längerer Zeit mit seiner Verabschiedung gerechnet hatte, wegen einer innenpolitischen Streitfrage zurück. Zu seinem Nachfolger ernannte der Kaiser Chlodwig v. Hohenlohe-Schillingsfürst, der auf eine Karriere als bayerischer Ministerpräsident, Botschafter in Paris und als Statthalter in Elsaß-Lothringen zurückblicken konnte. Hohenlohe war ein geschickter Diplomat und vorsichtiger Politiker, aber schon 75 Jahre alt, müde und von zynischer Gleichgültigkeit. Unter seiner Kanzlerschaft konnten sich der Kaiser und die unberufenen Ratgeber in seiner Umgebung geradezu schrankenlos ausleben, da Hohenlohe nicht einmal den Versuch machte, die widerstrebenden Tendenzen in seiner Hand zu bündeln, sondern es schon als ein Glück ansah, die schlimmsten Auswüchse vermeiden zu können.[104]

---

[104] Zentral zu Wilhelm II. auf dem Höhepunkt seiner Macht: John Röhl: Deutschland ohne Bismarck. Die Regierungskrise im Zweiten Kaiserreich 1890–1900, Tübingen 1969; demnächst ders.: Wilhelm II. Der Aufbau der persönlichen Monarchie 1888–1900, München 2001; Ull-

Schon während der Regierungszeit Caprivis hatten sich die außenpolitischen Optionen des Deutschen Reiches verengt. In der Ära Hohenlohe, besonders seit dem Jahr 1897 kam eine weitere Entwicklung in Gang, die Deutschlands internationale Situation innerhalb weniger Jahre geradezu dramatisch verschlechterte und gleichzeitig auch bestimmenden Einfluß auf die Wirksamkeit der bestehenden Bündnisse und den Zusammenhalt des Dreibunds gewinnen sollte.

Gemeint ist die zunehmend antibritische Wendung in der gesamten deutschen Politik, die sich aus den verschiedensten Faktoren speiste und auch auf den unterschiedlichsten Feldern, in der Außen-, Militär- und Flottenpolitik, in der Wirtschaft und der öffentlichen Meinung bemerkbar machte. Mehr als durch einzelne Ereignisse muß diese Entwicklung durch die politischen Erwartungen und Projektionen der Zeitgenossen erklärt werden, besonders jene für den Wilhelminismus typische Mischung aus eigenem Kraftgefühl, sozialdarwinistischen Ideen von Aufstieg oder Niedergang der Völker, der festen Annahme, sich selbst auf der aufsteigenden Linie zu befinden, und Ideen von der ausschlaggebenden Bedeutung der Seemacht im Völkerleben. Alfred Thayer Mahan's vielbesprochenes Buch „The Influence of Sea Power upon History" war wohl eher ein Trendverstärker als ein Trendverursacher.[105] Weniger in den konservativen Kreisen des Adels und des Offizierskorps, wo man mehrheitlich in altpreußischen, rußlandfreundlichen Traditionen dachte, als in den Kreisen des Bürgertums galt Seemacht als sicheres Rezept des machtpolitischen und wirtschaftlichen Aufstiegs. England war das Modell, dessen Mischung aus Liberalität, Monarchie, Wohlstand und Weltmacht mit einer Mischung aus Neid und Bewunderung betrachtet wurde. Die dynamisch expandierende deutsche Gesellschaft nahm sich die Engländer zum Vorbild und wollte mit ihnen gleichziehen; die Berechtigung dafür sah man in den exorbitanten wirtschaftlichen Wachstumsraten. Warum sollte dem Deutschen Reich, das bevölkerungsstärker als Großbritannien war und vielleicht schon bald auch industriell leistungsfähiger, nicht ein ebensolches Maß an weltweiter Präsenz zukommen? Beiderseits des Kanals wurde die Frage ähnlich gesehen, bloß daß Deutschland der Herausforderer war, Großbritannien seine machtpolitischen Privilegien aber verteidigen wollte. Entscheidend dabei war die weitere industrielle Entwicklung. Paul Kennedy, der den deutsch-britischen Antagonismus vor 1914 ausgiebig untersucht hat, stellte fest, daß die Rivalität

---

rich, Nervöse Großmacht, S. 155–157, mit kritischer Bewertung des grotesk ohnmächtigen Hohenlohe; Wehler, Gesellschaftsgeschichte 3, S. 1002, billigt dem „altliberalen" Hohenlohe immerhin einige „Vermeidungserfolge" zu.

105 Cecil, Wilhelm II., Band 1, S. 299, zitiert aus einem Brief Wilhelms II. an einen amerikanischen Freund: „I am just now reading but devouring Captain Mahan's book, and am trying to learn it by heart. It is a first class book and classical on all points."

ihren Anfang in wechselseitigem wirtschaftlichem Konkurrenzdenken genommen hatte, das vor allem durch die rasch wachsende deutsche Exportindustrie hervorgerufen und ständig verschärft wurde.[106] Hinzu kam, daß sich in Berlin auf Regierungsebene Enttäuschung über die Briten breitmachte; mehrfache deutsche Allianzfühler in der späten Bismarckzeit und in der Caprivi-Ära waren in London auf Ablehnung gestoßen. Die britische Regierung wollte die alte Rolle des „arbiters", der außerhalb des kontinentalen Gleichgewichtssystems stand, nicht aufgeben, obwohl sich die Zeichen des „relative decline" Großbritanniens gegenüber den anderen europäischen Nationen mehrten. London betrieb zu Beginn der 1890er Jahre eine auf den Erhalt des Status quo ausgerichtete Politik. Die britische Diplomatie folgte meist einer nach eigenen Interessen berechneten Machtpolitik, die von Fall zu Fall auf die Mithilfe anderer Nationen setzte, sich aber jeder festen Bindung verweigerte. Dies hatte in Berlin den Eindruck erzeugt, Großbritannien werde niemals verläßlich für ein Bündnis zu gewinnen sein. Darüber wuchs zunehmend die Verstimmung in den deutschen Regierungskreisen; schon Bismarck fühlte sich von England zurückgewiesen, und dieses Gefühl nahm nach seinem Abgang, als das gute Einvernehmen mit England nach der Kündigung des Rückversicherungsvertrages mit Rußland auch immer wichtiger und zentraler wurde, weiter zu.

Da wog die maritime Unterlegenheit gegenüber Großbritannien doppelt schwer. Wie sehr das Gefühl der Ohnmacht gegenüber England die deutsche Führungsschicht prägte, zeigte sich an der Reaktion auf kleinere Vorfälle zur See oder die Nichtverlängerung des Handelsvertrages durch England 1897. Dies ließ den Kaiser und seine Ratgeber hochschäumen; hätte Deutschland eine große Flotte, so behauptete Wilhelm II., würden die Engländer dies nicht wagen, und er zog daraus die Folgerung: „naves esse aedificendas."[107]

Bernhard von Bülow, dessen noch näher zu analysierende Außenpolitik wesentlich zur Vertiefung des deutsch-englischen Gegensatzes beitragen sollte, urteilte in seinen Memoiren ähnlich wie später Paul Kennedy. Er teilte die Verschlechterung des deutsch-britischen Verhältnisses in der Rückschau in drei Phasen auf: Die erste hätte aus der wachsenden Handelskonkurrenz bestanden; die englischen Händler und Kaufleute hätten die Deutschen als „pushing", als unangenehme, aggressive Konkurrenten empfunden. Die zweite Phase sei durch die Krüger-Depesche eingeleitet worden; das dritte und entscheidende Stadium habe schließlich der Flottenbau dargestellt.[108] Tatsächlich bildete der Burenkrieg einen bedeutsamen und wahrscheinlich

---

106 Dazu vor allem: Paul Kennedy: The Rise of the Anglo-German Antagonism 1860–1914, London 1980.
107 Hildebrand, Das vergangene Reich, S. 202.
108 Bülow, Denkwürdigkeiten 1, S. 411–413.

sogar den entscheidenden Wendepunkt des deutsch-englischen Verhältnisses. Die Sympathien der deutschen – und gesamteuropäischen – öffentlichen Meinung waren klar auf Seite der Buren. Wilhelm II. schrieb in seinen Memoiren: „Das deutsche Volk empörte sich über diesen Versuch der Vergewaltigung einer kleinen Nation, deren Ursprung niederländisch, also auch niedersächsisch-deutsch ist, und die aus völkisch-verwandtschaftlichen Gründen Sympathie bei uns genoß."[109] Nach dem sogenannten Jameson-Raid – Jameson, ein enger Freund Cecil Rhodes, hatte Ende 1895 mit einer 700 Mann starken Privatarmee die Burenrepublik Transvaal überfallen, war aber zurückgeschlagen worden – glaubten Wilhelm II. und seine Ratgeber, den Engländern eine Lektion erteilen zu müssen, und gratulierten „Ohm" Krüger telegraphisch zur Abwehr des Angriffs und zur Bewahrung seiner „Unabhängigkeit". Es ist bezeichnend für die gegen England hochgradig erregte öffentliche Meinung in Deutschland, daß dieses Telegramm zunächst gut aufgenommen und von allen an der Formulierung Beteiligten für einen ausgesprochen guten Einfall gehalten wurde, den jeder für sich persönlich zu reklamieren suchte. Erst als später dann die Kritik einsetzte, versuchten wiederum alle mit ebensolcher Vehemenz die Verantwortung auf andere abzuschieben, vor allem Wilhelm II. auf Staatssekretär Marschall, dieser auf Wilhelm II. In Wahrheit waren in den ersten Januartagen des Jahres 1896 wahrscheinlich beide, und der Kanzler dazu, sich einig, daß England eine schallende Ohrfeige verdient habe.

Und als solche wurde dieses Telegramm von der englischen Regierung und Öffentlichkeit tatsächlich empfunden. Es war, aus diplomatischer Sicht, eine außerordentliche Unklugheit und schon deshalb überflüssig, weil die Invasion bereits abgeschlagen worden und die Gefahr vorübergegangen war; es wurde auch sogleich von Bismarck als „intempestiv"[110] und von Kaiser Franz Joseph als „leichtsinnig und unverantwortlich"[111] verurteilt. Auf der anderen Seite war die Gratulation an die Buren zur Abwehr einer ungerechtfertigten Invasion, aus einer antiimperialistischen (also nicht der damaligen deutschen) Perspektive gesehen, sachlich eigentlich nicht zu beanstanden.[112] Es erregte in Großbritannien wohl deshalb solches Aufsehen, weil man hier auf das Protektoratsverhältnis gegenüber den Burenrepubliken verweisen konnte. Es war jedenfalls ein Zeichen für die expansionistische öffentliche Meinung in Großbritannien, die Krüger-Depesche als Beleidigung zu empfinden. Die in offene Komplizenschaft übergehende englische Sympathie für Jameson und

---

109 Wilhelm II., Ereignisse und Gestalten, Leipzig/Berlin 1922, S. 69.
110 Bülow, Denkwürdigkeiten 4, S. 667.
111 Bridge, Habsburgermonarchie VI,1, S. 289.
112 Dazu auch Balfour, Wilhelm II., S. 206; er zitiert Bismarck, der gesagt hatte, eigentlich hätte das Telegramm „ganz bequem und sehr passend" auch von Lord Salisbury an Krüger geschickt werden können.

Rhodes zeigte sich darin, daß beide in England als Helden gefeiert wurden, Jameson mit insgesamt vier Monaten Haft sehr milde davonkam, 1904 Premierminister der britischen Kapkolonie und 1911 sogar noch geadelt wurde.[113] Allerdings sprach es für den Mangel an Sensibilität des Kaisers und seiner Ratgeber, die Reaktion auf das überflüssige Telegramm nicht vorauszuahnen. Lord Salisbury hatte recht, als er sagte: „Der Jameson-Einfall war sicherlich ein törichter Streich. Aber noch törichter war, jedenfalls vom Standpunkt der deutschen Interessen, das Krüger-Telegramm."[114]

Insgesamt müssen diese Vorgänge nicht nur isoliert für sich, sondern als ein Symptom begriffen werden. Die deutsche Öffentlichkeit war schon vor der Jahrhundertwende deutlich antibritisch eingestellt und wurde immer antibritischer, vor allem, nachdem der eigentliche Burenkrieg wegen der Frage des britischen Protektorates entbrannt war. In allen europäischen Ländern waren die Sympathien der öffentlichen Meinung eindeutig und entschieden auf burischer Seite,[115] was sich verschärfte, als Nachrichten von ungewöhnlichen britischen Grausamkeiten gegen die Buren bekannt wurden. Ganz besonders traf dies auf Deutschland zu. Und als die Briten im Januar 1900 zu Unrecht drei deutsche Dampfer unter dem Verdacht des Waffenschmuggels aufbrachten und sich auch nur sehr langsam zu einer Entschuldigung herabließen, war die Empörung über diese „Demütigung" in Deutschland ungeheuer.[116] Allein dies wurde als weiterer Beweis dafür genommen, wie dringend Deutschland eine starke Flotte brauche, um auch von Großbritannien als Machtfaktor ernst genommen zu werden. Diese Stimmungen waren der Humus, auf dem die Flottenbaupläne des Kaisers gedeihen konnten.

Schon seit seinem Regierungsantritt hatte Wilhelm II. versucht, die deutsche Flotte zu verstärken. Doch waren seine Erfolge dabei bescheiden geblieben. Einer der Gründe dafür war, daß der Kaiser die Abgeordneten des Reichstags nicht etwa von seinen Absichten zu überzeugen suchte, sondern ihnen in brüsker Gegnerschaft entgegentrat und ihnen beispielsweise mehrfach mit der Auflösung drohte. Außerdem waren seine Flottenpläne schlecht durchdacht und liefen darauf hinaus, der Reichstag solle Geld bewilligen, damit Schiffe „drauflosgebaut" werden könnten. Doch hatten die Parlamentarier wenig Neigung, derart schlecht begründeten Flottenplänen zuzustimmen; sie hielten sie für einen gefährlichen und kostspieligen kaiserlichen Spleen. Der Staatssekretär des Reichsmarineamts, Admiral Hollmann, war dem Kaiser keine große Hilfe; er machte vor dem Reichstag mehrfach eine klägliche Figur. So erklärte er 1894 beispielsweise den Abgeordneten, die Marinever-

---

113 Massie, Schalen des Zorns, S. 244 f.
114 Hermann Freiherr von Eckardstein: Lebenserinnerungen und Politische Denkwürdigkeiten, 2 Bände, Leipzig 1919–1920, Band 1, S. 276.
115 Zusammenfassung bei Massie, Schalen des Zorns, S. 284 f.
116 Ebd., S. 286.

waltung habe Schiffneubauforderungen „ohne jeden Plan" in den Etat aufgenommen: dies wird von Wilhelm Deist zu Recht als „entwaffnend naiv und hilflos" bezeichnet.[117] All dies führte dazu, daß die deutsche Flotte wegen des einmütigen Widerstands des Reichstags bis 1897 klein blieb und weder der britischen, noch der französischen oder russischen gewachsen war. Hinzu kam eine die Einsatzfähigkeit behindernde Typenvielfalt von Schiffen, die auf das bisher unorganische Wachstum der Flotte zurückzuführen war. Noch eines verdient festgehalten zu werden: Die Flottenpläne Wilhelms II. richteten sich bis dahin nicht gegen Großbritannien, sondern gegen den russisch-französischen Zweibund: Der britischen Flotte wollte er eine Suprematie zugestehen und mit dieser sogar Seite an Seite kämpfen.[118]

Dies änderte sich, als der Kaiser, um seine Flottenpläne endlich durchzusetzen, 1897 Hollmann durch Alfred Tirpitz ablöste. Anders als sein Vorgänger, war Tirpitz äußerst geschickt im Umgang mit dem Reichstag; er verstand es, den Abgeordneten eine zunächst moderate und streng logisch wirkende Vorlage plausibel zu machen. Er wollte ein einheitliches Bautempo, ein klares Ziel mit festgelegten Typen und rechtzeitigem Ersatz veralteter Schiffe festlegen; diese Absicht fand Niederschlag in einem Flottengesetz, dem der Reichstag 1898 zustimmte. Über den Nachrüstungsbedarf der Flotte bestand wenig Diskussion, wohl aber über die dem Bauplan zugrundeliegende Einsatzkonzeption. Das für den Tirpitz-Plan Spezifische war, daß er eine Kreuzerflotte ablehnte, obwohl diese dem oft vorgebrachten Argument der Notwendigkeit weltweiter militärischer Präsenz und des Handelsschutzes entsprochen hätte. Tirpitz wandte dagegen ein, daß eine solche Flotte sich im Kriegsfall auf den Weltmeeren gar nicht behaupten könne, da es an Stützpunkten fehle und die wenigen vorhandenen Basen auch gar nicht effektiv verteidigt werden könnten. Er schlug statt dessen, was für die Zielrichtung bezeichnend ist, den Bau einer Schlachtflotte vor, deren Reichweite jedoch nur einen Einsatz in Nord- und Ostsee zuließ und die in der Lage sein sollte, mit England im Kriegsfall in der Nordsee um die Entscheidung zu kämpfen.[119] Die Zielrichtung gegen England wurde, auf Wunsch von Tirpitz, möglichst niedrig gehängt. Trotzdem war die antibritische Tendenz klar, vor allem bei der ersten Flottennovelle 1900, die nur zwei Jahre nach dem Flottengesetz die damals vorgesehene Schlachtflotte de facto verdoppelte. Dieses Gesetz passierte den Reichstag bereits, noch viel mehr als das von 1898, auf einer breiten Welle antienglischer Emotionen.

---

117 Wilhelm Deist: Flottenpolitik und Flottenpropaganda. Das Nachrichtenbureau des Reichsmarineamtes 1897–1914, Stuttgart 1976, S. 23.
118 Dazu: Cecil, Wilhelm II., Band 1, S. 291–318; demnächst: Röhl, Wilhelm II. Der Aufbau der persönlichen Monarchie.
119 Dazu Mommsen, Großmachtstellung, S. 145, mit einem Zitat Tirpitz' vom Juli 1897.

Wäre es Deutschland gelungen, eine der englischen annähernd gewachsene Flotte zu bauen, wäre dies für das Inselreich in der Tat eine tödliche militärische Bedrohung gewesen. Eine solche Flotte hätte in der Nordsee die Entscheidung erkämpfen können; im Fall des deutschen Seesieges wäre die Insel einem Landungsversuch der drückend überlegenen deutschen Armee wehrlos ausgesetzt gewesen. Der Flottenbau brachte eine antibritische Stoßrichtung in die deutsche Militärpolitik, die diese bisher nicht gehabt hatte. Er war ein ungeheurer Fehler, da er die Risiken eines maritimen Wettrüstens nicht genügend einkalkuliert, vor allem nicht die Unmöglichkeit erkannt hatte, ein solches Wettrüsten mit England zur See bei gleichzeitiger Unterhaltung einer großen Armee ökonomisch durchhalten zu können. Tirpitz war in der Überspielung aller politischen und auch marineinternen Widerstände gegen seinen Plan virtuos; der unbedingte Rückhalt Wilhelms II. war ihm sicher. Beide hielten den Flottenbau für derart existentiell für die deutsche Zukunft, daß sie alle aus ihm resultierenden Gefahren in Kauf nahmen. Tirpitz war, aus der Sicht der Politiker und der Armee, ein hochgradiger Ressortegoist, der über der hartnäckigen und ideenreichen Verfolgung seiner eigenen Ziele andere Probleme für weniger wichtig hielt und nicht genügend berücksichtigte.[120] Politisch-argumentativ half er sich mit einem schablonenhaften Denken, das axiomatisch von der englischen Todfeindschaft gegen das Deutsche Reich ausging.[121] Andererseits war Tirpitz ein begnadeter Organisator, dem es gelang, durch Gründung von Vereinen und geschickte Presseinformationspolitik sowie die Beeinflussung der Abgeordneten ein für den Flottenbau günstiges politisches Klima zu schaffen und überall die Ansicht zu verbreiten, daß eine starke Seemacht für eine ökonomisch wie machtpolitisch gedeihliche Zukunft des Deutschen Reiches unabdingbar sei. Außerdem gelang es ihm, durch gut berechnete, ja schon virtuose Baupolitik, durch Beeinflussung und Gegeneinander-Ausspielen der Zulieferer und Werften die Gestehungspreise der deutschen Schiffe auf einem im internationalen Vergleich niedrigen Niveau zu halten.[122] Tirpitz

---

[120] Bülow, der im übrigen Tirpitz zu schätzen behauptete, schrieb in seinen Memoiren: „Fürst Bismarck klagte oft über den in Deutschland und unter deutschen Beamten herrschenden Schwadronspatriotismus, d.h. jene Mentalität, die den Rittmeister der dritten Schwadron gleichgültig macht für den Futtermangel bei der zweiten Schwadron, wenn nur die Gäule seiner eigenen Schwadron blitzblank aussehen. Es lag eine gewisse Gefahr vor, daß Tirpitz, indem er alles auf die Flotte konzentrierte, sich verleiten lassen könnte, die Marine auf Kosten der Armee zu fördern." In: Bülow, Denkwürdigkeiten 1, S. 109. Zur Haltung Tirpitz im Weltkrieg siehe Afflerbach, Falkenhayn, S. 200 f., mit der Charakterisierung Tirpitz als „Marineegoist".

[121] Zur Ideologie siehe vor allem Volker Berghahn: Der Tirpitz-Plan, Düsseldorf 1971; Jonathan Steinberg: Yesterday's Deterrent. Tirpitz and the Birth of the German Battle Fleet, London, 2. Auflage 1968; auch Afflerbach, Falkenhayn, S. 201.

[122] Dazu Michael Epkenhans: Die wilhelminische Flottenrüstung 1908–1914. Weltmachtstreben,

baute mit dem fünftgrößten Etat die zweitgrößte Flotte der Welt. Darüber hinaus schaffte er es tatsächlich, den Flottenbauplan zumindest am Anfang halbwegs zu verschleiern; er gab das Motto aus „Mund halten und Schiffe bauen"[123]. Das ging natürlich nicht auf Dauer, aber doch am Anfang gut.

Über die politischen und militärischen Endziele des deutschen Schlachtflottenbaus wird bis heute kontrovers diskutiert.[124] Die außenpolitische Komponente schien so widersinnig, daß die wahren Gründe des Schlachtschiffbaus lieber in der Innenpolitik gesucht wurden: In der „Sammlungspolitik" der Regierung, die mit dem Flottenbau das navalistisch denkende Bürgertum mit dem aristokratisch-monarchischen Staatsaufbau versöhnen und es gegen die Sozialdemokratie hinter sich bringen wollte.[125] Daß die letzten Absichten auch später nicht wirklich transparent wurden, lag an Tirpitz, der im Ersten Weltkrieg nicht zu Unrecht den Spitznamen „Vater der Lüge" erhielt. Er schrieb 1905 von den Gedanken, „die man wohl denken kann bzw. muß, die aber eigentlich nicht niedergeschrieben werden dürfen"[126]. Wie soll da ein klares und widerspruchsloses Bild seiner Pläne rekonstruiert werden können! Eines ist jedoch offensichtlich: Tirpitz unterschätzte die britischen Möglichkeiten, die Flotte zu vergrößern, gewaltig. Und als der Schlachtflottenbau, spätestens nach dem „Dreadnought-Sprung" von 1906, immer deutlicher zu einem offenen und aussichtslosen deutsch-britischen Wettrüsten entartete, die Kosten für die immer moderneren Schiffe immer höher wurden und die außenpolitischen und finanziellen Konsequenzen des Flottenbaus immer breitere Opposition in Politik und Armee hervorriefen, begann er seine ursprünglichen Ziele zu modifizieren und zu vernebeln. Der ursprüngliche Plan war langfristig angelegt. Tirpitz sprach immer davon, der Aufbau einer Flotte dauere ein Menschenalter. Und er war tendenziell uferlos, da nach oben kein wirkliches Limit bestand; Tirpitz wollte so viele Schiffe bauen, wie überhaupt nur möglich. Anfänglich beabsichtigte er, so folgerte Volker Berghahn, eine der engli-

---

industrieller Fortschritt, soziale Integration, München 1991 (Beiträge zur Militärgeschichte, Band 32).

123 Hildebrand, Das vergangene Reich, S. 200.

124 Michael Salewski: Tirpitz – Aufstieg, Macht, Scheitern, Göttingen 1979, mit einem Unterstreichen der defensiven Komponente des Tirpitz-Plans; Franz Uhle-Wettler: Alfred von Tirpitz in seiner Zeit, Hamburg/Berlin/Bonn 1998, mit einer apologetischen Deutung des Flottenbaus vor dem Hintergrund eines unvermeidlichen und naturnotwendigen deutsch-britischen Gegensatzes nach 1870. Andere, sehr kritische Akzentuierung bei Berghahn, Tirpitz-Plan; Epkenhans, Flottenbau, beide unterstreichen die fatalen Auswirkungen des Flottenbaus auf die deutsch-britischen Beziehungen.

125 Starke Betonung der innenpolitischen, sozialimperialistischen Komponente bei Eckard Kehr: Schlachtflottenbau und Parteipolitik 1894–1901, Berlin 1930; Berghahn, Tirpitz-Plan; Epkenhans, Wilhelminische Flottenrüstung.

126 Zitiert bei Volker Berghahn: Zu den Zielen des deutschen Flottenbaus unter Wilhelm II., in: HZ 210 (1970), S. 34–100, hier S. 46.

schen in etwa gewachsene Schlachtflotte zu bauen; hier wäre an mindestens zwei Drittel der gegnerischen Größe zu denken.[127] Diese wäre in der Lage gewesen, mit Großbritannien in der Nordsee um die Entscheidung zu kämpfen.[128] Auch wenn dieser Kampf ausblieb, wäre damit erreicht worden, daß England von seiner bisherigen anmaßenden Haltung des Welteigentümers abrückte und Deutschland als gleichrangigen Mitbewerber um weltweiten Einfluß anerkannte. Von Anfang an spielte auch der Gedanke, es müsse für England ein „Risiko" sein, sich auf einen Seekrieg mit Deutschland einzulassen, eine gewisse Rolle. Als nach Beginn des offenen Wettrüstens, etwa ab 1906, spätestens ab 1908, eine annähernde Gleichrangigkeit in immer weitere und schließlich unerreichbare Ferne rückte, schob sich dieser „Risikogedanke"[129] immer mehr und schließlich dominierend in den Vordergrund.

Auch die außenpolitische Situation bei Entstehung des Tirpitz-Planes war entscheidend: Deutschlands Position auf dem Festland war gesichert, da Frankreich allein machtlos war und Rußland sich am Ende der 1890er Jahre zunehmend in Ostasien engagierte. Eine unbedingte Grundvoraussetzung dieses ganzen Plans war die Rückenfreiheit auf dem Kontinent, die Tirpitz stillschweigend als gegeben annahm – zwischen 1896 und 1905 nicht ganz zu Unrecht. Der Plan war aber nicht nur militärisch, sondern vor allem politisch eine Fehlrechnung, besonders weil er nur mit militärischen, nicht mit politischen Gegenmaßnahmen der Engländer rechnete – doch dazu später mehr.

Denn zunächst muß eine weitere Wendung der deutschen Außenpolitik Erwähnung finden, die aufs engste mit dem Flottenbau verknüpft war: Die wilhelminische „Weltpolitik". Schon die Zeitgenossen rätselten darüber, was sich hinter diesem Ausdruck an Absichten verbergen könnte. Der linksliberale Abgeordnete Eugen Richter charakterisierte sie einmal treffend als die Politik des „Überall-dabei-sein-Wollens"[130] – und das ist letztlich auch der Befund der aktuellen Forschung. Der Historiker Konrad Canis hat kürzlich die „Weltpolitik" einer gründlichen und überzeugenden Analyse unterzogen und definierte sie als „die Entschlossenheit, Möglichkeiten und Gelegenheiten für weltpolitische Aktivitäten zu nutzen"[131]. Das Deutsche Reich sei nach einer Phase der jahre-

---

127 Berghahn, Tirpitz-Plan, S. 192 f.
128 Am 28.9.1899 formulierte Tirpitz das Ziel des Schlachtflottenbaus wie folgt: „Abgesehen von den für uns durchaus nicht aussichtslosen Kampfverhältnissen wird England aus allgemein politischen Gründen und von rein nüchternem Standpunkt des Geschäftsmannes aus jede Neigung uns anzugreifen verloren haben und infolgedessen Euer Majestät ein solches Maß an Seegeltung zugestehen und Euer Majestät ermöglichen, eine große überseeische Politik zu führen." Zitiert bei: Hildebrand, Das vergangene Reich, S. 204.
129 Zu einer entsprechenden Äußerung von Tirpitz am 1.8.1914 siehe Afflerbach, Falkenhayn, S. 166.
130 Mommsen, Großmachtstellung, S. 149.
131 Canis, Von Bismarck zur Weltpolitik, S. 255.

langen Vorbereitung zum „Imperialismus" übergegangen, den Canis, nach der klassischen Formulierung Heinrich Friedjungs, als „den Drang der Völker und der Machthaber nach einem wachsenden Anteil an der Weltherrschaft, zunächst durch überseeischen Besitz" definiert.[132] Er sieht vier Antriebskräfte für diesen deutschen Imperialismus, deren Bündelung das Phänomen der „Weltpolitik" erklären könne. Der erste Faktor liege im Zeitgeist, in der Stimmung großer Teile der deutschen Öffentlichkeit, vor allem des Bürgertums, die von machtideologischen und sozialdarwinistischen Ideen geprägt gewesen seien. Zweitens hätten wirtschaftliche Zukunftsängste den Übergang zur Weltpolitik vorbereitet; so stieg beispielsweise zwischen 1895–1900 die deutsche Produktion um ein Drittel, die Inlandsnachfrage aber nur um ein Fünftel; der Zwang zur Ausdehnung des Exports schien eine Überlebensfrage. Drittens wurde die europäische Stellung des Deutschen Reiches mit der überseeischen gleichgesetzt; hier spielten auch Prestigefragen eine Rolle. Viertens hätten sozialimperialistische Überlegungen, also das Prestige der Regierung nach innen durch glanzvolle äußere Politik erhöhen zu wollen, eine bedeutsame Rolle gespielt. Für diese vier Faktoren sei die Verknüpfung von handfesten Interessen mit ideologischen Überlegungen charakteristisch gewesen.[133]

Der Übergang zur „Weltpolitik" war das Werk Bernhard von Bülows, der seit 1897 Staatssekretär im Auswärtigen Amt, seit 1900 als Nachfolger Hohenlohes Reichskanzler war. Der Begriff der „Weltpolitik" war aber nicht seine Erfindung. Er wurde beispielsweise schon von Friedrich List verwendet. Dieser hatte gehofft, „die Deutschen aus dem ihnen infolge jahrhundertelanger politischer Untätigkeit angewachsenen Phlegma aufzurütteln, sie ihres philisterhaften Partikularismus zu entwöhnen und sie zur Diskussion nationaler Angelegenheiten und zur lebhaften Teilnahme an der Weltpolitik zu gewöhnen"[134]. Ähnlich hätte dies auch Bülow formulieren können – wobei es ihm nicht nur um Ökonomie und Weltläufigkeit, sondern auch um Ausdehnung und Machtansprüche ging, wenn er auch immer versicherte, das Deutsche Reich habe keine aggressiven Absichten.[135] Bülow glaubte, ebenso wie weite

---

132 Ebd., S. 224.
133 Ebd., S. 223–256.
134 Zitiert bei Erwin Hölzle: Die Selbstentmachtung Europas. Das Experiment des Friedens vor und im Ersten Weltkrieg, Göttingen 1975, S. 106.
135 Im Reichstag führte Bülow am 27. März 1900 aus, daß er „unter Weltpolitik lediglich die Pflege und Entwicklung der uns durch die Ausdehnung unserer Industrie, unseres Handels und unserer Schiffahrt erwachsenen Aufgaben verstehe. Das Anschwellen der deutschen überseeischen Interessen könnten wir nicht hemmen. Unseren Handel, unsere Industrie, die Arbeitskraft, Regsamkeit und Intelligenz unseres Volks könnten wir nicht kappen. Wir dächten nicht daran, aggressive Expansionspolitik zu treiben. Wir wollten nur die schwerwiegenden Interessen schützen, die wir durch die natürliche Entwicklung der Dinge in allen Weltteilen erworben hätten". In: Bülow, Denkwürdigkeiten 1, S. 415, 416.

Teile der deutschen öffentlichen Meinung, wegen des explosionsartigen Bevölkerungswachstums und der sprunghaften Industrialisierung an die Alternative „Expansion oder Untergang". Dies wird besonders deutlich in folgendem Vergleich, mit dem Bülow die Notwendigkeit überseeischen Besitzes rechtfertigte: „Die Frage ist nicht, ob wir kolonisieren wollen oder nicht, sondern daß wir kolonisieren müssen, ob wir wollen oder nicht. Zu sagen, Deutschland solle seine Weltpolitik aufgeben, wäre dem Vater gleich, der seinem Sohn sagt: ‚Wenn du nur aufhören würdest zu wachsen, du lästiger Junge, dann würde ich Dir keine langen Hosen kaufen müssen.'"[136] Bülow stand mit diesen Ansichten keineswegs allein.[137] Treibend bei allen imperialistischen Aktionen war, wie alle Reichstagsdebatten zeigen, das nationalliberale Bürgertum. Und nur die SPD, gelegentlich flankiert von den Linksliberalen, stemmte sich konsequent allen Plänen kolonialer Ausdehnung entgegen und verfocht das Selbstbestimmungsrecht auch der unterentwickelten Völker der Erde.[138]

Gerade dieser von Regierung und Parlamentsmehrheit unterstellte Zwang, expandieren zu müssen, führte zu einem weltweiten Aktionismus, der zwangsläufig fatale Konsequenzen für die internationale Stellung des Deutschen Reiches und damit auch des Dreibunds zeitigte. Die Ambitionen des Deutschen Reiches hatten automatisch die scharfe Konkurrenz mit den anderen Mächten, vor allem natürlich mit Großbritannien, zur Folge. Überall auf der Welt wurde die in Kolonialdingen bislang zwar nicht anspruchslose, aber doch im Maß bleibende deutsche Diplomatie aktiv und drang bei jeder Gelegenheit auf kolonialen Zuwachs. 1897 faßte das Deutsche Reich in Ostasien Fuß und preßte den Chinesen die Bucht von Kiaochow ab; im Reichstag prägte Bülow in diesem Zusammenhang das berühmte Wort von dem „Platz an der Sonne",[139] den Deutschland wie die anderen Mächte verlange. Besonders nachteilige Folgen hatten indes die deutschen Ambitionen im Osmanischen Reich. Dort wuchs der Kaiser, der 1898 eine große Orientreise in die Türkei und nach Palästina unternahm,[140] zunehmend in die Rolle eines Pro-

---

136 Canis, Von Bismarck zur Weltpolitik, S. 225; Massie, Schalen des Zorns, S. 164.
137 Dies zeigen nicht nur die Wahlergebnisse, sondern auch das Schrifttum der Zeit sowie zahllose Äußerungen wie zum Beispiel diese Friedrich Naumanns, der verlangte, „irgend etwas in der Welt [zu] erobern ..., um selbst etwas zu sein". In: Hildebrand, Das vergangene Reich, S. 193.
138 Dazu Holger Afflerbach: „Duo quum faciunt idem ..." Militärische Aspekte der deutschen und italienischen Kolonialgeschichte vor dem Ersten Weltkrieg, in: Annali dell'Istituto storico italo-germanico in Trento 24 (1998), S. 115–146.
139 Zu Bülows Rede vom 6.12.1897 siehe: J. Penzler (Hrsg.): Fürst Bülows Reden, Band 1, Berlin 1907, S. 8; Hildebrand, Das vergangene Reich, S. 193, kritisiert diese Politik als „Irrlicht."
140 Dazu Jan Stefan Richter: Die Orientreise Kaiser Wilhelms II. 1898. Eine Studie zur deutschen Außenpolitik an der Wende zum 20. Jahrhundert, Hamburg 1997 (Studien zur Ge-

tektors des „kranken Mannes" am Bosporus hinein. Der Orient, ohnehin Ziel romantischer deutscher Sehnsüchte, beflügelte die deutschen Phantasien, und in Mesopotamien wurde ein von Deutschland zu erschließender blühender Garten der Zukunft gesehen, der durch den Bahnbau in der Türkei – dieser wurde deutscherseits seit 1892 betrieben[141] – und vor allem durch die 1902 in Angriff genommene „Bagdadbahn" mit der westlichen Zivilisation verbunden werden sollte.[142] Um ein Diktum von Adam Smith über Kolonien zu verwenden: Das Osmanische Reich war für Deutschland nicht eine „Goldmine", sondern das „Projekt einer Goldmine", an das sich die phantastischsten Zukunftshoffnungen knüpften.

Die Wirklichkeit sah auch hier anders und weit weniger vorteilhaft aus. Bisher waren Konstantinopel, die Meerengen und die Zukunft des Osmanischen Reiches ein Zankapfel zwischen dem Zarenreich einerseits und England und wechselnden Verbündeten, zuletzt Österreich-Ungarn und Italien, andererseits gewesen. Noch vor der Jahrhundertwende schob sich das Deutsche Reich als Protektor der Türkei unklugerweise immer mehr in den Vordergrund.[143] Schon die in auffallender Weise balkanlastigen Akten des Auswärtigen Amtes sprechen dafür, daß die Leiter der deutschen Außenpolitik zunehmend im Osmanischen Reich ein essentiell notwendiges deutsches Wachstumsgebiet sahen, in dem es elementare Wirtschaftsinteressen zu verteidigen gelte.

Eine Frage bleibt noch offen: ob nämlich dem weltweiten Aktionismus, der „Weltpolitik", ein wirkliches Programm zugrundelag oder ob es sich um eine ungesteuerte, durch ziellos expansive Tendenzen und den Zeitgeist der deutschen Gesellschaft dominierte Entwicklung handelte.[144] Oftmals wurde damals und auch später angenommen, Bülow habe die Dinge treiben lassen; der untrennbar mit seiner Person verbundene Begriff der „Weltpolitik" sei nur eine inhaltsleere Phrase gewesen, die der mit der öffentlichen Meinung virtuos jonglierende Kanzler zur Berauschung des Reichstags erfunden habe. So schrieb beispielsweise Graf Waldersee, beileibe kein friedlicher Selbstbescheider, am 13. Juli 1900 skeptisch in sein Tagebuch: „Wir sollen Weltpolitik treiben. Wenn ich nur wüßte, was das sein soll; zunächst doch nur ein Schlag-

---

schichtsforschung der Neuzeit, Band 9), mit akzentuierter Betonung der politischen Weichenstellung des deutschen Orientengagements.
141 Hildebrand, Das vergangene Reich, S. 175.
142 Dazu Bülow, Denkwürdigkeiten 1, S. 572.
143 Der Kaiser versicherte auf seiner Orient-Reise 1898, 300 Millionen Mohammedaner könnten auf ihn als Freund zählen. In: Thomas Nipperdey: Deutsche Geschichte 1866–1918, Band 2, S. 656.
144 Dazu eine sehr interessante Analyse bei Paul Kennedy, Reflections on Wilhelm II's Place in the Making of German Foreign Policy, S. 157–164.

wort."[145] Viele Zeitgenossen glaubten, der dem Kaiser gewissermaßen kongeniale Bülow habe das große, markige Wort geliebt[146] und nur etwas mehr Takt als sein Monarch und eine erheblich größere oratorische Begabung besessen. Im übrigen sei er der Zauberlehrling gewesen, der verbal in der Öffentlichkeit imperialistische Begehrlichkeiten erweckte und schließlich die Geister, die er rief, nicht mehr loswerden konnte.

Daran ist zwar richtig, daß Bülow und die deutsche Diplomatie tatsächlich gegen Ende seiner Regierungszeit außenpolitisch, der Kanzler auch innenpolitisch in eine höchst unangenehme Lage gekommen waren. Doch war Bülow 1897 nicht mit einem fertigen und klaren „Weltmachtkonzept" an die Macht gekommen.[147] Er hatte, ebenso wie seine Vorgänger, an die Unüberbrückbarkeit des russisch-englischen Gegensatzes geglaubt und deshalb die Freihandpolitik einfach fortgesetzt; ein Unterschied war nur, daß er nun ein weltweites Mitspracherecht des Deutschen Reiches bei machtpolitischen Veränderungen geltend machen wollte.[148] Bülow war eindeutig gegen Großbritannien voreingenommen und von der notorischen englischen Unzuverlässigkeit überzeugt.[149] Er glaubte auch, daß England sich niemals an irgendeine andere Macht fest binden werde. In der Überzeugung der Wahlmöglichkeiten zwischen Ost und West und seiner Präferenz für Rußland habe der Kanzler deshalb auch jedes Bündnis mit Großbritannien abgelehnt und

---

145 Zitiert bei Hildebrand, Das vergangene Reich, S. 193.
146 Hildebrand, Das vergangene Reich, S. 200.
147 Canis, Von Bismarck zur Weltpolitik, S. 254.
148 In dieser Interpretation folge ich Canis, Von Bismarck zur Weltpolitik, S. 243, 255. Dies stellt eine wesentliche Modifikation der These von Peter Winzen dar, Bülow habe sich von einem machtpolitisch klar definierten „Weltmachtkonzept" leiten lassen. Allerdings hat Winzen doch den Nachweis erbringen können, daß Bülows Politik von bestimmten, allzeit nachweisbaren Grundideen geprägt war. So befürwortete der Kanzler beispielsweise eine möglichst enge Zusammenarbeit mit Rußland; hierfür war schon die polnische Frage maßgebend und der Zwang, jeder Wiederbegründung der polnischen Eigenstaatlichkeit durch die Einigkeit der drei Teilungsmächte das Wasser abzugraben. Dazu Peter Winzen: Bülows Weltmachtkonzept. Untersuchungen zur Frühphase seiner Außenpolitik 1897–1901, Boppard a.Rh. 1977 (Schriften des Bundesarchivs, 22).
149 Holstein behauptete, dies wäre bei Bülow schon aus biographischen Gründen der Fall gewesen, da seine Familie durch den englischen Wortbruch gegenüber Dänemark 1864 und die dänische Niederlage heimatlos gemacht worden war. Bülows Vater war Bundestagsgesandter für die dänischen Herzogtümer gewesen. Holstein schrieb 1905: „Es ist ein Unglück für das deutsche Reich, daß 1864 die Familie Bülow heimatlos gemacht wurde, weil England die Dänen schnöde im Stich ließ. Der heutige R.K. war damals 15 Jahre alt. Aus jener Zeit hat er die unerschütterliche Überzeugung behalten, daß jeder, der sich mit England einläßt, es nachher bereut." In: Holstein an Maximilian v. Brandt, 23.12.1905, Holstein, Geheime Papiere 4, Nr. 917. Holstein, Geheime Papiere 1, S. 182: zitiert ein Wort Bülows der Jahrhundertwende: „Es gibt eben noch Leute, welche fest glauben, daß, wer sich mit England einläßt, sicher reingelegt wird."

mehrfach die – in ihrer Reichweite allerdings umstrittene – Angebote zu außenpolitischer Zusammenarbeit torpediert, die das während des Burenkrieges isolierte Großbritannien, vor allem Kolonialminister Chamberlain, an die deutsche Adresse richtete.[150] Zwar wollte es sich Bülow auch nicht völlig mit den Engländern verderben. Aber er wollte dem Deutschen Reich die Möglichkeit schaffen, mit den bisher so arroganten Engländern[151] von gleich zu gleich verhandeln zu können, und dafür wurde eine große Flotte gebraucht. Am 27. März 1900 stellte Bülow in einer Kommissionssitzung des Reichstags fest, „daß wir gegen Angriffe von der Landseite wohl gerüstet wären, daß dagegen unsere Rüstung nach der Seeseite bei einem Angriff Englands die bedenklichsten Lücken aufweise"[152]. Bülow war überzeugter Navalist und setzte auf den Flottenbau. Die Zeit bis zur Fertigstellung einer hinreichend leistungsfähigen Seemacht, bis Deutschland englischem Druck nicht mehr nachzugeben brauchte, suchte er diplomatisch zu überbrücken. Hier wird natürlich auch eine Konstante seines – für die Zeit typischen – machtpolitischen Denkens deutlich, das dem Faktor der militärischen Autarkie eine extrem hohe Bedeutung beimaß. Im Jahre 1900 begründete Bülow, damals noch Staatssekretär des Auswärtigen Amtes, den Flottenbau unter anderem mit der Begründung, „England sei die einzige Macht, die uns ohne erhebliches Risiko für sich selbst angreifen könne"[153]. Nach abgeschlossenem

---

150 Dazu Gerhard Ritter: Die Legende der verschmähten englischen Freundschaft 1898/1901, Freiburg 1929; H. W. Koch: The Anglo-German Alliance Negotiations: Missed Opportunity or Myth!, in: History 54 (1969), S. 378–392; Schroeder, World War I., S. 326; Friedrich Meinecke: Geschichte des deutsch-englischen Bündnisproblems 1890–1901, München/Berlin 1927.

151 Bülow, Denkwürdigkeiten 1, S. 189, schreibt: „Sie [die Kaiserin Friedrich] las mir einen Brief ihres ältesten Bruders, des Prinzen von Wales, vor, der sich mit der deutschen Flottenvorlage und der Entsendung deutscher Kriegsschiffe nach Kiautschou beschäftigte. Die auf eine stolze, erfolgreiche Geschichte und die gesicherte insulare Lage des Landes gestützte Herrennatur des Engländers trat in diesem Brief mit naiver Unbefangenheit zutage. Deutschland habe eine gute Armee, das müsse ihm genügen. Das Meer gehöre England, insbesondere in Ostasien hätten die Deutschen nichts zu suchen. In England bestände ohnehin und nicht ohne Grund viel ‚ill-feeling' gegenüber Deutschland, das wirtschaftlich mehr und mehr für England zu einem Konkurrenten würde, der unbequemer sei als Frankreich." Etwas weiter, auf S. 319, heißt es: „... der aber doch Politik mit englischem Common-sense betreibt und in der festen Überzeugung, die aus dem traditionellen Stolz des Engländers entspringt, daß England im letzten Ende allen anderen Mächten überlegen sei und nichts ernstlich zu fürchten habe."

152 Ebd., S. 414f.

153 Ebd. „Die Möglichkeit eines solchen Angriffs sei aus zwei Gründen gegeben: einmal weil die imperialistischen Ideen in England, die dort seit Jahren mehr und mehr an Boden gewonnen hätten, nach der voraussichtlich siegreichen Beendigung des südafrikanischen Krieges völlig zur Herrschaft gelangen könnten, dann, weil infolge der scharfen wirtschaftlichen Konkurrenz auf dem Weltmarkt, die wiederum die Folge unseres enormen industriellen Aufschwungs, unseres wachsenden Handels, unserer zunehmenden überseeischen Interessen

Flottenbau sollte Großbritannien, das sich nicht mehr auf seine militärische Unerreichbarkeit verlassen könne, dem Deutschen Reich Gleichrangigkeit konzedieren; wahrscheinlich ging Bülow davon aus, daß aufgrund der größeren deutschen Dynamik Großbritannien bald völlig überflügelt würde. Das Endziel war die Aufhebung der „Pax Britannica" und ein neues „Weltgleichgewicht", in dem das Deutsche Reich seinen legitimen Anteil an der Weltherrschaft realisieren könne.[154]

Bülow, der seine Politik auf Erfolge der Flottenrüstung ausrichtete, und Tirpitz betrieben eine sich ergänzende politisch-militärisch-rüstungstechnische Strategie, die sich deutlich gegen England richtete. Daß sich eine solche Politik aber nicht nur auf das deutsch-britische Verhältnis, sondern auch auf das gesamte europäische System auswirken könne, sowie die Gefahr, durch politische Gegenzüge der Engländer und neue Allianzen ausgehebelt zu werden, haben Tirpitz und Bülow sowie auch der in zweiter Linie involvierte Holstein bei ihren diplomatischen Schachzügen nicht bedacht. Und das war der größte Fehler der gesamten deutschen Vorkriegspolitik: die Möglichkeiten der Gegenspieler, in diesem Fall Englands, die internationale Lage völlig neu auszubalancieren, zu unterschätzen. Sie hielten es für unmöglich, daß Großbritannien aus eigenem Antrieb von seiner bisherigen Politik des „arbiters", der sich kontinentaler Bündnisse enthaltenden, über das europäische Gleichgewicht wachenden Macht zu einer aktiven, letztlich gegen das Deutsche Reich gerichteten Bündnispolitik übergehen könne.[155]

Hier ist noch ein kurzer Blick auf die britische Politik notwendig, um die folgenden für die Geschichte des Dreibunds zentralen Vorgänge richtig gewichten zu können. Der Burenkrieg, den Bülow als Wendepunkt der deutsch-britischen Beziehungen angesehen hatte, änderte auch die politische Linie der britischen Führung. Die Empirebegeisterung erreichte in Großbritannien nach dem Burenkrieg einen absoluten Tiefstand. Dieser Krieg hatte sowohl die britischen Finanzen als auch die Moral außerordentlich strapaziert und das Land weltweit isoliert. Gleichzeitig wuchs das Gefühl in Großbritannien, daß die weltweiten Verpflichtungen bei schrumpfendem Abstand zu den Verfolgern infolge der wirtschaftlichen Aufholjagd der USA, des Deutschen Reiches, Rußlands und Japans auf die Dauer über die britischen Kräfte gehen würden. Bei einem Blick auf die potentiellen Konfliktstellen entstand der Eindruck, daß das Britische Empire unter strategischem „overstreching" litt,

---

sei, in den breiten Massen des englischen Volkes sich mehr und mehr eine starke Antipathie gegen Deutschland als den Hauptkonkurrenten Englands rege."
154 Winzen, Bülows Weltmachtkonzept, und ihm folgend Hildebrand, Das vergangene Reich, S. 201, interpretieren dies offensiver; hier habe nicht nur die Realisierung eines deutschen Anteils, sondern die Absicht, „das britische Imperium aus den Angeln zu heben", der Bülow-Tirpitz-Strategie zugrundegelegen.
155 Dazu Gade, Gleichgewichtspolitik oder Bündnispflege, passim.

das heißt: unter einem zunehmenden Auseinanderklaffen von wirtschaftlich-militärischen Möglichkeiten und strategischen Herausforderungen. Konflikte hatte das Empire mit Rußland an der indischen Nordgrenze, in Afghanistan und Persien sowie in Konstantinopel, mit Frankreich im Mittelmeerraum, besonders in Ägypten, aber auch in Marokko, in Siam und an vielen Stellen Afrikas, und gleichzeitig trat das Deutsche Reich an vielen Stellen als Konkurrent auf. Hinzu kamen auch noch die USA, die unter Verweis auf die Monroe-Doktrin Forderungen auf exklusive Kontrolle ihres Doppelkontinents erhoben. Das Ideal der britischen Außenpolitik wurde zunehmend, sich mit den Mitbewerbern zu vergleichen, wohl auch unter dem Eindruck, mit weitem Abstand am meisten zu verlieren zu haben. Aus dieser Einsicht resultierte eine ganze Reihe von zweiseitigen Abkommen, die die Last weltweiter Verpflichtungen vermindern sollten: Mit Japan wurde 1902 ein Beistandspakt abgeschlossen, mit Italien im gleichen Jahr ein Abkommen über Tripolis und die Zusammenarbeit im Mittelmeer unterzeichnet, mit den USA eine Reihe von Vereinbarungen, zum Beispiel über den Panamakanal, getroffen. Ganz besonders wichtig wurden für die europäische Politik mehrere französisch-britische Abkommen, deren erstes nach Ende der Faschoda-Krise 1898 abgeschlossen wurde und deren Endpunkt, die „entente cordiale" von 1904, später noch zu behandeln sein wird. Auch als Resultat der französisch-russischen Zusammenarbeit sah sich Großbritannien gezwungen, die Annäherung an beide Mächte zu suchen; 1907 erfolgte eine Absprache mit dem Zarenreich.

Nun war für die deutsche Politik diese Einigung Großbritanniens mit seinen Konkurrenten, vor allem mit Frankreich und später auch mit Rußland, sehr ungünstig. Denn diese Absprachen hatten zwar koloniale Themen zum Inhalt, aber auch einen ständig wachsenden Einfluß auf die europäische Politik Großbritanniens und diese wiederum auf die Politik des Deutschen Reiches, der Führungsmacht des Dreibunds. In Berlin entstand das Gefühl, „eingekreist" zu sein, und diese Einkreisung wurde auf die britische Politik und vor allem auf König Edward VII. (1901–1910) zurückgeführt. Diese „Einkreisung" wurde jahrzehntelang in der Forschung als Topos des wilhelminischen Deutschland bezeichnet;[156] inzwischen schwingt das Pendel wieder etwas in die andere Richtung. Zwar kann von einer planmäßigen britischen Einkreisung des Deutschen Reiches nicht die Rede sein, denn die erwähnten britischen Abkommen wurden mit Blick auf kolonialen Ausgleich und der strategischen Entlastung des Empire geschlossen. Die europäische Auswirkung dieser Absprachen, nämlich eine Isolierung Deutschlands und seiner Verbündeten, ist aber den zeitgenössischen britischen Diplomaten wie z. B. Sir Ed-

---
156 Dazu Gerd Krumeich: „Einkreisung". Zur Entstehung und Bedeutung eines politischen Schlagwortes, in: Sprache und Literatur in Wissenschaft und Unterricht 20 (1989), S. 99–104.

ward Grey oder Eyre Crowe nicht entgangen und war zeitweise, so etwa während der Schwächung des Zarenreiches infolge des russisch-japanischen Krieges 1904/05, als Eindämmung der sonst auf dem Kontinent dominierenden deutschen Macht sogar willkommen. Die an die britische Politik zu richtende Frage ist jedoch, inwieweit dieser Effekt beabsichtigt war oder eine bloße Folge der britischen Angst, die neuen Freunde wieder zu verlieren,[157] wenn man ihnen nicht gegen ihre Gegenspieler half, also beispielsweise den Franzosen gegen die Deutschen. Diese Befürchtung war eine wichtige Triebkraft der britischen Allianzpolitik vor 1914; ihr wurden andere Erwägungen, wie etwa der ebenfalls erwünschte Ausgleich mit dem Deutschen Reich, untergeordnet.[158] Dies korrespondiert mit einer Forschungsthese Paul Schroeders von 1972, daß die deutsche Flottenrüstung und die deutsche Weltpolitik zwar töricht und klimavergiftend, aber für die Grundausrichtung der britischen Politik nicht entscheidend waren. Dies läuft der in der Forschung weitverbreiteten Ansicht, das britische Verhalten sei nur die Reaktion auf die deutsche Herausforderung gewesen und nur wegen der deutschen Weltpolitik, Machtentfaltung und vor allem dem Flottenbau hätte Großbritannien seine „splendid isolation" aufgegeben, zuwider. Doch letztlich wurde der Flottenbau in Großbritannien als nicht wirklich bedrohlich angesehen; selbst Hardliner wie Admiral Sir John Fisher sahen in der deutschen Flotte eher ein Ärgernis und eine Herausforderung als eine tödliche Bedrohung.[159]

Daraus kann ein Schluß gezogen werden: Die als „Einkreisung" des Deutschen Reiches empfundenen, von Großbritannien ausgehenden neuen Konstellationen in der europäischen Allianzpolitik waren nur zum Teil eine Folge der letztlich erfolglosen und verfehlten deutschen „Weltpolitik" und des Flottenbaus. Zum anderen und vielleicht größeren Teil handelte es sich aber eine aus Rücksicht auf die politische Absicherung des Empire unternommene Wende der britischen Politik. Damit soll aber nicht bestritten werden, daß die „Weltpolitik" und der Flottenbau im ungünstigsten Augenblick inszeniert wurden: Denn Großbritannien wurde ausgerechnet im Moment der politischen Neuorientierung durch die – unvermeidliche – deutsche wirtschaftliche Kon-

---

157 Dazu siehe Gade: Gleichgewichtspolitik oder Bündnispflege, passim.
158 Daß jedoch beide Mächte an einer Annäherung interessiert waren, zeigte sich spätestens während der Balkankriege 1912/13; siehe dazu unten, S. 686, 728.
159 A. J. P. Taylor, Struggle for Mastery, stellte sogar die – überzogene – These auf, daß das Deutsche Reich deshalb in London das Nachsehen hatte, weil es zwischen Großbritannien und Deutschland keine so brennenden Probleme gab, wie die ägyptische Frage oder die der indischen Nordgrenze. Deshalb sei der Druck, sich mit Deutschland einigen zu müssen, geringer gewesen. Ähnlich auch Niall Ferguson: Der falsche Krieg. Der Erste Weltkrieg und das 20. Jahrhundert, Stuttgart 1999. Dort auch die These, das Deutsche Reich sei nicht zu stark und zu drängend, sondern sogar eher zu schwach gewesen und deshalb von der britischen Regierung ein Ausgleich mit Deutschland als weniger dringend empfunden worden.

kurrenz, den – vermeidlichen – Flottenbau und durch die daraus erwachsende wechselseitige Antipathie der öffentlichen Meinungen herausgefordert.

> Wenn Deutschland und England uneinig wären, ... befände sich Italien in der Lage eines Kindes, dessen Eltern auseinandergingen; vereinigt würden der Dreibund und England die Situation dominieren können.
>
> Baron Blanc, im Dezember 1895

> Bei der zweifellosen Überlegenheit der vereinigten englischen und französischen Flotte gegenüber den maritimen gesamten Streitkräften auch aller übrigen Mächte würde keine italienische Regierung das italienische Volk gegen Frankreich und England mobil machen können.
>
> Marquis di Rudinì, am 3. April 1896

e) Italienische Warnungen vor einem antibritischen Konfrontationskurs des Dreibunds

Die deutsch-britische Entfremdung wirkte natürlich mächtig auf die Struktur des Bündnisses. Die in der Perspektive gefährlichste Folge war, neben der deutschen Einkreisungsphobie, die politische Isolierung Österreich-Ungarns. Der amerikanische Historiker Paul Schroeder hat zu Recht auf den von den Zeitgenossen wie der historischen Forschung oft vernachlässigten Aspekt hingewiesen, daß mit dem Deutschen Reich auch der deutsche Hauptverbündete Österreich-Ungarn, gewissermaßen unfreiwillig, mitisoliert wurde.[160] Dies wurde aber, wie noch zu schildern, erst ab 1908 und als Folge einer österreichischen Aktion spürbar.

Vor der Jahrhundertwende wollten Österreich-Ungarn und vor allem Italien an ihrer Mittelmeerallianz mit Großbritannien festhalten und betrachteten den antienglischen, nervösen Kurs der deutschen Politik mit äußerster Skepsis. Italien arbeitete mit England traditionell eng zusammen,[161] und

---

160 Schroeder, World War I, passim.
161 Di Rudinì unternahm auf Anregung seines Botschafters in London, Tornielli, im Frühjahr 1891 sogar einen Vorstoß, mit deutscher Unterstützung den Mittelmeerdreibund zu festigen und von England weitergehende Hilfszusagen zu erhalten. Dazu: GP 8, Kapitel LII: Auf dem Wege zur Quadrupelallianz: Der Dreibund und die Entente à trois, Dokumente Nr. 1706–1774. Tatsächlich kursierten schon seit 1887 Gerüchte über ein vollwertiges italienisch-eng-

Österreich wurde von dem englischen Botschafter in Wien, Paget, im Mai 1893 sogar als der „natürliche Alliierte" Englands bezeichnet.[162] Die englische Regierung war schließlich auch bis 1897 einer gewissen Hinneigung zu den Dreibundmächten nicht abgeneigt. In Berlin schien aber diese informelle, lockere Zusammenarbeit nicht genug; dort wollte man von England alles oder nichts – und erhielt schließlich nichts. Dies erweckte in Rom Besorgnis. Bei den italienischen Politikern und Diplomaten wuchs schon frühzeitig, nämlich spätestens seit 1892, der Verdacht, daß die deutsche Schaukelpolitik zwischen England einerseits und Rußland/Frankreich andererseits eine eminente Gefahr barg: Sollte England sich mit Russen und Franzosen aussöhnen, würde dem Dreibund ein anderer, an Stärke überlegener russisch-französisch-englischer Dreibund gegenüberstehen. In Rom war das Sensorium dafür, daß die britische Politik ihre bisherige Linie des europäischen „arbiters" aus dem Gefühl heraus aufgeben könne, sich das bisherige stolze Alleinstehen machtpolitisch nicht mehr erlauben zu dürfen, weit höher entwickelt als in Berlin, wo eben dies für absolut ausgeschlossen erachtet wurde.[163] Die mehrfachen Warnungen di Rudinìs, Baron Blancs und Graf Torniellis vor einem Kurswechsel der englischen Politik und den Gefahren einer großen gegnerischen Allianz wurden in Deutschland mit Hohn aufgenommen – Wilhelm II. kommentierte eine entsprechende Befürchtung di Rudinìs mit der Bemerkung „Und der will ein Staatsmann sein![164]" – und als Anfall ungerechtfertigter Panik angesehen.

Auch aus österreichischer Sicht war ein antienglischer Konfrontationskurs eine machtpolitisch höchst unerwünschte Politik; der wichtigste Bündnispartner, Deutschland, entfremdete den zweitwichtigsten, England. Doch war die Monarchie gegen ihren wahrscheinlichen Hauptgegner Rußland auf das Deutsche Reich mehr angewiesen als auf Großbritannien und daher die Präferenz eindeutig. Hinzu kam, daß sich die österreichische und die englische

---

    lisches Mittelmeerbündnis, die auch im italienischen wie im englischen Parlament zum Thema von Interpellationen geworden waren. Eine am 3.6.1891 im „Figaro" abgedruckte Äußerung König Umbertos verfestigte den Eindruck eines festen englischen Hilfsversprechens, zitiert in: GP 8, S. 58, Fußnote **.
162 GP 8, S. 101, Fußnote **.
163 Bülow an Hohenlohe, 16.2.1895, GP 7, Nr. 1459, berichtet, daß Graf Tornielli vor Antritt seines Pariser Botschafterpostens ihm gesagt habe: „Eine solche Entente [eine englisch-russische oder gar eine englisch-russisch-französische] sei aber nicht nur möglich, sondern sogar wahrscheinlich und werde vielleicht Jahrzehnte dauern. Als ich Graf Tornielli auseinandersetzte, daß und warum ich seine Auffassung für eine irrige hielte, entgegnete derselbe: ‚Was Sie sagen, wäre richtig, wenn England noch das England von vor 50 oder selbst vor 20 Jahren wäre. Dies ist jedoch nicht der Fall. Das heutige England wird den Franzosen und Russen jede Konzession machen, um sich eine Galgenfrist der Ruhe zu erkaufen.'"
164 Kommentar Wilhelms II. unter einem Bericht Bülows an Hohenlohe, 4.12.1894, PA/AA; R 7740, in dem Bülow über ein Gespräch mit di Rudinì berichtete.

Regierung in der Frage des Schutzes Konstantinopels gegen ein mögliches russisches Vordringen 1896/97 auseinanderlebten und Wien dadurch zum Ausgleich mit Rußland gedrängt wurde, der wiederum, als er tatsächlich zustande kam, die Bedeutung des britischen Beistands minderte.[165] Doch für Italien sah die Bilanz anders aus. Nicht nur, daß die rohstoffarme Halbinsel vollständig von britischen Kohlelieferungen abhängig war,[166] auch die britische Seeherrschaft im Mittelmeer machte es Italien unmöglich, einer möglichen Beistandspflicht gegen England nachzukommen. Rom brauchte beides: den Dreibund als Sicherung zu Lande und die britische Freundschaft zur See. Außenminister Baron Blanc hatte Ende 1895 die deutsche Diplomatie wiederholt auf die Folgen eines antienglischen Konfrontationskurses hingewiesen und unter Verwendung von Bülows mehrfachen Vergleichen der deutsch-italienischen Beziehungen mit einer Vater-Kind-Beziehung betont, „wenn Deutschland und England uneinig wären, ... befände sich Italien in der Lage eines Kindes, dessen Eltern auseinandergingen; vereinigt würden der Dreibund und England die Situation dominieren können"[167].

Diese Hinweise auf die Notwendigkeit der britischen Freundschaft erfolgten, obwohl nach Adua die englisch-italienischen Beziehungen nicht gerade herzlich waren. Im Gegenteil herrschte in der italienischen Öffentlichkeit das gesamte Jahr 1896 über eine tiefe Verbitterung über die als eigensüchtig und rein egoistisch eingeschätzte englische Politik, die sich geweigert habe, den italienischen Feldzug in Ostafrika zumindest passiv zu unterstützen und damit an dem fatalen Ausgang indirekt mitschuldig geworden sei.[168] Und doch wollte Marquis di Rudinì nicht zwischen England und dem Dreibund wählen und ging sofort nach seiner Regierungsübernahme daran, Berlin nachdrücklich auf die Unmöglichkeit eines antienglischen Kurses hinzuweisen. Das Verhältnis zwischen dem Dreibund und England hatte sich inzwischen bereits verschlechtert, da Lord Salisbury das Mittelmeerabkommen zwischen Großbritannien, Österreich-Ungarn und Italien um die Jahreswende 1895/96 nicht

---

165 Dazu Pantenburg, Zweibund, S. 221–224. Zur österreichisch-russischen Entente von 1897 siehe unten, S. 465–472.
166 Wedel an Hohenlohe, 22.2.1900, BA/MA, RM 3/v.11654.
167 Baron Blanc, zitiert in: Bülow an Hohenlohe, 3.12.1895, GP 10, Nr. 2556. Crispi war auch über die Krüger-Depesche sehr beunruhigt, bezeichnete sie als ein „internationales Unglück" und versuchte König Umberto als Vermittler zwischen dem deutschen Kaiser und der britischen Königin einzuschalten. In: Crispi, Questioni Internazionali, S. 276.
168 Dazu viele Berichte in den diplomatischen Akten Italien von 1896, in: HHStA, PA XI, 117 und 118, passim; dazu auch Federico Curato: La politica estera italiana dopo la caduta di Crispi secondo i nuovi documenti diplomatici italiani, in: ders.: Scritti di Storia Diplomatica, Milano 1984, S. 351–380, S. 353, Fußnote 8. Die Abneigung der italienischen öffentlichen Meinung gegen England ging so weit, daß vorgeschlagen wurde, die im Landesinnern liegenden ostafrikanischen Besitzungen aufzugeben, in der hämischen Erwartung, die Derwische zu entlasten und Englands Interessen im Sudan auf diese Weise zu schädigen.

verlängert hatte. Dies war von di Rudinì als Folge der massiven deutsch-englischen Verstimmungen gewertet worden.[169] Da im Mai 1896 die Frist ablief, innerhalb derer Änderungen in den Dreibundvertrag eingebracht werden konnten, der ansonsten unverändert bis zum Mai 1903 weiterlief, wollte di Rudinì in Berlin klarstellen, daß Rom einen Konfrontationskurs gegen England nicht mitmachen könne; auch warnte er vor einem englisch-französischen Bündnis, dem Italien nicht gewachsen sei. Dies war ein korrekt bundesfreundlicher Gedanke und gleichzeitig eine massive Warnung an die deutsche Adresse. Am 26. März 1896 sandte di Rudinìs Außenminister, der Duca Caetani di Sermoneta, entsprechende Telegramme nach Berlin und Wien, in denen er die Wiedereinsetzung der „Mancini-Deklaration" von 1882 verlangte – das heißt den Passus, daß sich der Dreibund keinesfalls gegen England richte. Er war 1887 weggefallen, da er damals infolge der kurz zuvor zustandegekommenen Mittelmeerentente mit Großbritannien nicht mehr notwendig schien.[170]

Diese italienische Forderung stieß jedoch auf energischen deutschen Widerstand. Reichskanzler Hohenlohe empfand die Deklaration als überflüssig, „da ein deutsch-englisches Kriegsduell – welches wir aus Vernunftgründen allerdings für ebensoweit abliegend wie jene englisch-französische Gruppierung halten – keinen casus foederis" bilde. Außerdem befürchtete er, die Ausklammerung Englands würde dem Dreibund eine unerwünschte, einseitig gegen das russisch-französische Bündnis gerichtete Tendenz geben. Für den russophilen Hohenlohe – die deutsche Schaukelpolitik war zu jener Zeit eindeutig wieder nach Osten orientiert – war die Verschärfung gegen das Zarenreich der Stein des Anstoßes.[171] Wie Staatssekretär Marschall noch feststellte, wurden italienische Indiskretionen gegenüber der zaristischen Diplomatie befürchtet, die das deutsch-russische Verhältnis zu belasten drohten.[172]

Wie diese Auseinandersetzung zeigte, war Di Rudinì seinen deutschen Gesprächspartnern an Gespür für außenpolitische Entwicklungen weit überlegen. Er ließ auch nicht locker und gab zu bedenken, daß keine italienische Regierung, welche auch immer, das italienische Volk gegen die Seemächte England und Frankreich mobilisieren könne. Es sei nur eine „Pflicht der Loyalität", darauf hinzuweisen, „daß Italien wegen seiner geographischen Lage im Hinblick auf seine langgestreckten Küsten sich in der Unmöglichkeit befinde, gegen ein mit England verbündetes Frankreich zu kämpfen". Deshalb habe er offen auf den in Rede stehenden, wenn auch noch so unwahrscheinlichen Fall hindeuten wollen.[173] Er wolle die Dinge lieber so darstellen, wie sie

---

169 Curato, politica estera, S. 359; Pribram, Geheimverträge, S. 234.
170 Caetani an Nigra und Lanza, 26.3.1896, DDI 3/I, Nr. 40.
171 Fellner, Dreibund, S. 47; Hohenlohe an Bülow, 31.3.1896, GP 11, Nr. 2802.
172 Pribram, Geheimverträge, S. 235.
173 Bülow an Auswärtiges Amt, 3.4.1896, GP 11, Nr. 2804.

sind, als Verpflichtungen einzugehen in der stillschweigenden Absicht, sie im Ernstfall nicht zu halten.[174] Am 27. April 1896 ließ di Rudinì in Berlin und Wien den Entwurf einer Note überreichen, in der zu lesen war, daß Italien, sollte es zu einem Krieg Frankreichs und Englands gegen einen Dreibundpartner kommen, den Casus foederis nicht als gegeben ansehen werde, da es mit Rücksicht „auf seine geographische Lage und auf die Unzulänglichkeit seiner Streitkräfte nicht imstande sei, mit diesen beiden Gegnern den Kampf aufzunehmen"[175]. Die italienische Diplomatie würde keine Antwort erwarten, sondern nur eine offizielle Kenntnisnahme der Bündnispartner.

Während die deutsche Diplomatie auf di Rudinìs Initiative mit schroffer Ablehnung entgegnete und sich jede derartige Interpretation des Bündnisvertrages verbat, war Gołuchowski, der neue österreichisch-ungarische Außenminister, bereit, die Note Italiens stillschweigend hinzunehmen, „da es schließlich nur ein Akt der Loyalität des italienischen Kabinettes sei, wenn es offen erkläre, daß Italien nicht in der Lage wäre, als Gegner Frankreichs und Englands aufzutreten, wenn diese Mächte sich gegen den Dreibund verbinden sollten"[176]. Dabei spielte auch eine Rolle, daß eine Konfrontation mit den Westmächten nicht nur für die italienische, sondern auch für die österreichische Führung ein Alptraum war. Und trotzdem lehnte Wien aus Solidarität mit der deutschen Regierung den Notenentwurf ab. Da eine Sondierung bei Baron Marschall ergab, daß die deutsche Diplomatie das Schreiben nicht annehmen würde, verzichtete di Rudinì auf Anraten seines Berliner Botschafters Lanza auf die Note. Er folgte auch nicht den Ratschlägen des italienischen Botschafters in Paris, Tornielli, von Deutschland zu verlangen, England innerhalb eines Jahres in den Dreibund zu bringen oder ihn auslaufen zu lassen. Dies schien di Rudinì angesichts der bis dahin stets bewahrten britischen Bündnisfreiheit unrealistisch. „Die Engländer werden niemals irgendetwas unterzeichnen" meinte er am 27. März 1896 zu Farini.[177]

Der Dreibundvertrag wurde, da weitere Interventionen ausblieben, im Jahre 1897 unverändert bis 1903 verlängert. Trotz des Mißerfolges mit dem Zusatzpassus konnte sich die italienische Regierung darauf berufen, den Verbündeten den Sachverhalt dargelegt zu haben. Die deutschen Argumente gegen einen solchen Passus waren nicht sehr stichhaltig, denn schließlich war der Inhalt des Dreibundvertrages ja geheim[178] und außerdem gab es schon eine eindeutige antifranzösische Stoßrichtung; der Vertrag war machtpolitisch

---

174 Di Rudinì an Nigra, 3.4.1896, DDI 3/I, Nr. 53; Curato, politica estera, S. 355; Bülow an AA, 3.5.1896, GP 11, Nr. 2804.
175 Pribram, Geheimverträge, S. 237.
176 Ebd., S. 238.
177 Zitiert bei Marzari/Lowe, Italian Foreign Policy, S. 70.
178 Curato, politica estera, S. 357.

ohnehin nicht neutral. Die deutschen Einsprüche machten aber vor dem Hintergrund des Programms der Zusammenarbeit mit Rußland gegen England zwar Sinn – allerdings einen, der den zwangsläufigen Zerfall der Bündnisidentität zwischen Deutschland und Italien zur Folge haben mußte.[179] Die deutsche Diplomatie sah allzu lange darüber hinweg – und darin lag die Wurzel vieler künftiger Schwierigkeiten des Dreibunds –, daß Italien bei der politisch-strategischen Gesamtlage im Mittelmeer gegen Großbritannien als Verbündeter nicht zu gebrauchen war. Doch lag eine politische, probritische Kehrtwende, wie geschildert, nur zum Teil in ihrem Vermögen. Denn nicht nur Berlin, sondern auch London steuerte einen „neuen Kurs", und die deutsche Regierung hatte die Bismarcksche Kontrolle über die europäischen Entwicklungen eindeutig verloren.

---

179 Curato, politica estera, S. 379, spricht in diesem Zusammenhang zu Recht von der „assurditá tedesca".

> Apprezzo altamente il valore dell'alleanza germanica per noi, ma non credo buona politica per un paese il porsi in tale condizione che la sua sicurezza dipenda tutta dal beneplacito di un alleato e la sua sorte dalla mano che egli vi può porgere o ritirare.
>
> Visconti-Venosta, am 26. April 1896

> Deutschland und allem Deutschen stand er kühl gegenüber, kühl bis ans Herz hinan.
>
> Bülow über Visconti-Venosta

2. „Il colpo di timone" – Italiens „neuer Kurs" nach 1896

a) Visconti-Venosta und die Normalisierung der italienischen Außenpolitik ab 1896

Der wachsende deutsch-britische Antagonismus war jedoch nicht das einzige, was di Rudinì Sorgen bereitete. Seine Außenpolitik kann unter dem Stichwort der Normalisierung zusammengefaßt werden, als Liquidation der außenpolitischen Hypotheken Crispis. Der Friedensvertrag mit Menelik vom Oktober 1896 war ein wichtiger Schritt in diese Richtung. Doch nun kam es der italienischen Regierung darauf an, endlich das schwer gestörte Verhältnis zu Frankreich zu verbessern.

In der italienischen Öffentlichkeit waren schon in der Endphase der Ära Crispi, in den Jahren 1895/96, immer deutlicher Forderungen nach einer Abkehr von dem unfruchtbaren Konfrontationskurs und nach einem Ausgleich mit Frankreich laut geworden – dies solle aber, so wurde verlangt, ohne Schädigung italienischer Interessen oder des Nationalstolzes geschehen.[1] Crispi selbst war gegenüber Frankreich in seiner zweiten Amtszeit zwar schon erheblich moderater gewesen, hatte aber an seinem Großmachtgebaren und deshalb am Prinzip von Leistung und Gegenleistung unflexibel festgehalten. Auch di Rudinìs Außenminister, der Duca Caetani di Sermoneta, wollte gegenüber Frankreich nicht einfach klein beigeben und vertrat die Ansicht, in allen Verhandlungen müsse ein Quidproquo gelten. Vorleistungen schloß dies

---
[1] Bülow an Hohenlohe, 26.3.1895, GP 7, Nr. 1462. Dazu und zum folgenden siehe auch Curato, politica estera, S. 361.

aus, und deshalb setzte sich die Grundlinie Crispis gegenüber Frankreich zunächst fort. Ebenso wie Crispi hegte auch Caetani schwere Besorgnisse wegen möglicher französischer Übergriffe auf Tripolitanien und suchte deshalb die Verbündeten zu alarmieren; er wurde aber weder in Berlin und Wien noch in London ernst genommen.[2]

Wie oben bereits geschildert, hatte auch der Dreibund, als Säule der Crispinischen Politik, die Katastrophe von Adua nicht unbeschadet überstanden. Zunehmend wurde in der Öffentlichkeit eine Kurskorrektur, eine den Interessen des Landes besser entsprechende, weniger „triplicistische" Politik gefordert.[3] Insgesamt begann es sich schon 1896 für das Ansehen des Dreibunds in Italien aufs allerschwerste zu rächen, daß Crispi das Bündnis für seine gescheiterte Großmacht-, Expansions- und Aufrüstungspolitik derart vereinnahmt hatte, daß diese Begriffe in der italienischen Öffentlichkeit vollkommen miteinander verschmolzen waren und der Dreibund als kostspielige „Rüstungsgemeinschaft" galt,[4] so daß sich sogar Reichskanzler Bülow im Januar 1902 genötigt sah, im Deutschen Reichstag klarzustellen, daß der Dreibundvertrag seinen Mitgliedern keine Rüstungsverpflichtungen auferlege.[5] Mindestens ebenso fatal für die Reputation der Allianz in Italien war, vor allem auf längere Sicht, daß der Dreibund auch mit der innenpolitischen Repression der Ära Crispi in Verbindung gebracht wurde.[6] Sogar innerhalb des diplomatischen Apparates regte sich Widerspruch gegen das Bündnis.[7]

Die Regierung di Rudinì war hingegen fest entschlossen, am Bündnis festzuhalten und dies auch nach außen und im Parlament zu vertreten. Das Pro-

---

2 Curato, politica estera, S. 362.
3 Ebd., S. 361; Bülow an Hohenlohe, 3.12.1895, GP 10, Nr. 2556.
4 Die „Civiltà Cattolica" kritisierte, daß der Dreibund keinen richtigen Frieden bringe, sondern dem Land riesige Militärausgaben aufbürde. Und Edoardo Giretti schrieb im „Giornale degli economisti", daß der Dreibund Interessen wahre, die nicht die nationalen seien. Italien würde von einer Neutralitätspolitik mehr profitieren. In: Ara, Habsburgermonarchie VI/2, S. 224 f. Dazu auch Wedel an Bülow, 20.3.1901, GP 18/2, Nr. 5821, über ein Gespräch mit Prinetti über die im Dreibundvertrag nicht enthaltenen Klauseln über Mindeststärken des Heeres und entsprechende Erklärungen Pelloux.
5 Zu Bülows Reichstagsrede vom 8.1.1902 siehe S. 453–455.
6 Beispielsweise zog Arturo Labriola Verbindungslinien zwischen Außen- und Innenpolitik und kritisierte, daß der Dreibund eine militärische Ausrichtung der Außenpolitik sei, der innenpolitisch eine antiliberale und dynastisch-konservative Politik entspreche. In: Ara, Habsburgermonarchie VI/2, S. 224f.
7 Der allerdings nie sehr dreibundfreundliche italienische Botschafter in Paris, Tornielli, stellte wegen der zunehmenden Spannungen zwischen Deutschland und England den Nutzen des Dreibunds für Italien radikal in Frage und befürwortete deshalb eine Auflösung der Allianz. In: Tornielli an Caetani, DDI 3/I, Nr. 13, 13.3.1896, gab er zu bedenken, Frankreich treibe keine papstfreundliche Politik mehr, deshalb müßte die gesamte Grundausrichtung der Außenpolitik überprüft werden. Vor allem müsse die englische Position geklärt werden, denn ohne England sei der Dreibund für Italien schädlich, ja gefährlich.

gramm des Ministerpräsidenten war eindeutig: Festhalten am Dreibund, Freundschaft mit England, aber gleichzeitig Verbesserung des Verhältnisses zu Frankreich. Mit dieser Haltung hatte di Rudinì auch die Mehrheit der „classe politica" hinter sich. Das zeigte sich deutlich bei den außenpolitischen Debatten im Parlament. Di Rudinì wurde in seiner Außenpolitik von großen Teilen der Linken, sogar von Felice Cavallotti, unterstützt; dieser hielt es für essentiell, dem Ministerpräsidenten bei der Liquidierung des afrikanischen Abenteuers zu helfen, und außerdem waren sich di Rudinì und die Radikalen um Cavallotti darin einig, daß eine Wiederkehr Crispis an die Macht unbedingt verhindert werden müsse. Auch Zanardelli, der traditionell weder ein großer Freund der „destra" noch des Dreibunds war, wollte jetzt keine spektakuläre Wendung in der Außenpolitik; er ließ in seiner Zeitung „Provincia di Brescia" einen Artikel veröffentlichen, in dem die Ansicht vertreten wurde, die Außenpolitik müsse von parlamentarischen Schwankungen unabhängig sein.[8] Nur der unverbesserliche Irredentist Imbriani polemisierte wie eh und je gegen den Dreibund und gab seiner unveränderten Abneigung gegen diese „dynastische Politik" deutlich Ausdruck, stieß damit aber sogar auf die Opposition seines Gesinnungsfreundes Cavallotti. Am 1. Juli 1896 nutzte di Rudinì seine Antwort auf einen dieser Angriffe Imbrianis zu einer grundsätzlichen Erläuterung seiner Bündnispolitik: Der Dreibund sei für Italien eine „absolute Notwendigkeit" und eine effektive Garantie der italienischen Interessen. Als Hauptgrund führte der Ministerpräsident an, daß der Dreibund – und die ihn ergänzende Freundschaft mit England – ein Instrument zur Sicherung des internationalen Gleichgewichts sei: „Das allererste Ziel der italienischen Außenpolitik muß sein, den Status quo im Mittelmeer aufrechtzuerhalten. Das ist unser Ziel, und alles, was wir tun oder nicht tun, alle unsere Freundschaften, alles dient einzig und allein der Aufrechterhaltung des Gleichgewichts im Mittelmeer."[9] Diese Argumente entsprachen den Ansichten der Parlamentsmehrheit. Bei der Abstimmung errang die Regierung eine breite Zustimmung von 171 Ja-Stimmen gegen 89 Nein-Stimmen bei 2 Enthaltungen.[10]

Die italienische Regierung hielt, mit Unterstützung des Parlaments, am Dreibund fest. Aber di Rudinì bemerkte zum österreichischen Botschafter in

---

8 Lowe-Marzari, Italian Foreign Policy, S. 71.
9 Zitiert bei Chiala, Triplice, S. 631–633: Rudinì sagte: „...ho veduto che era un' assoluta necessità per l'Italia il perseverare nella politica della triplice alleanza" und daß „la triplice alleanza era una guarentigia efficace degli interessi massimi e sostanziali del nostro paese". Er sagte auch: „... l'obiettivo principalissimo dell'Italia, in fatto di politica estera, deve essere il mantenimento dello statu quo nel Mediterraneo. Questo è il nostro obiettivo, e tutto ciò che noi facciamo o non facciamo, tutte le nostre amicizie, tutto è voluto e deve esser voluto per mantenere l'equilibrio nel Mediterraneo."
10 Ebd., S. 633.

Rom, Pasetti, daß sich Dreibundtreue und Verbesserung der Beziehungen zu Frankreich durchaus nicht ausschlossen.[11] So sah das auch die Mehrheit der „classe politica". Das Problem dabei war aber weniger die Haltung Italiens als vielmehr die der französischen Regierung; diese konnte sich von ihrer bisherigen Ansicht nicht trennen, daß die Dreibundmitgliedschaft Italiens normale ökonomische Beziehungen ausschlösse. Hinzu kam, daß nach der Niederlage von Adua das gedemütigte, unter chaotischen inneren, wirtschaftlichen und sozialen Zuständen leidende Italien nicht gerade ein attraktiver, geschweige denn furchteinflößender Verhandlungspartner war. Außerdem war die starke protektionistische Strömung im französischen Parlament ein großes Hindernis bei jedem Versuch der ökonomischen Annäherung. Außenminister Berthelot betonte, im französischen Parlament gebe es viele Protektionisten, die aus Eigeninteresse gar nicht zu normalen Handelsverhältnissen mit Italien zurückkehren wollten. Außerdem reagierte die französische Regierung und Diplomatie mißtrauisch und gereizt gegen jedes Zeichen deutsch-italienischer Freundschaft. Als Kaiser Wilhelm im April 1896 nach Venedig reiste, um dem nach Adua tief verunsicherten König Umberto seine Solidarität und Verbundenheit zu zeigen,[12] kam die Geste zwar in Italien sehr gut an, in Frankreich dagegen gar nicht; hier wurde sofort wieder die Forderung laut, Italien müsse erst den Dreibund verlassen, bevor es zu irgendwelchen Abmachungen kommen könne. Die italienisch-französischen Verhandlungen kamen deshalb nicht richtig von der Stelle, und der Ausgleichsversuch drohte wie 1891 im Sande zu verlaufen. Das lag auch daran, daß die italienisch-französischen Streitfragen sehr komplex waren und in mindestens zwei verschiedene Bereiche zerfielen: die Beendigung des inzwischen seit acht Jahren andauernden Handelskrieges und die seit 1881 offene tunesische Frage. Diese war in ein neues, besonders akutes Stadium getreten, nachdem am 15. August 1895 Frankreich den Freundschafts-, Handels- und Schiffahrtsvertrag zwischen Italien und Tunesien vom 8. September 1868[13] gekündigt hatte; der Vertrag wäre ohnehin im September 1896 ausgelaufen. Hierbei ging es um mehr als um diesen Vertrag; es ging um die Anerkennung des französischen Protektorates und um die Stellung der italienischen Einwohner in Tunesien. Die italienische Regierung hatte sich bislang geweigert, die aus dem französisch-tunesischen Vertrag von Bardo 1881 resultierenden französischen Rechte anzuerkennen und auf die „Kapitulationen", das heißt die juristische Sonderstellung italienischer Einwohner Tunesiens, zu verzichten und das französische Protektorat anzuerkennen. Die Gültigkeit dieser Kapitulationen war aber schon deshalb anfechtbar, weil sie noch vor der italienischen Einigung

---

11 Pribram, Geheimverträge, S. 234; Salvatorelli, Triplice, S. 217.
12 Salvatorelli, Triplice, S. 215.
13 Curato, politica estera, S. 360.

zwischen Tunesien und den damaligen Einzelstaaten der Apenninhalbinsel abgeschlossen worden waren. Eine Lösung für diese Probleme mußte dringend gefunden werden. Außenpolitisch schon allein deshalb, weil Großbritannien und Österreich-Ungarn im Laufe des Jahres 1896 auf ihre Rechte in Tunesien verzichtet und sich bereit erklärt hatten, statt mit dem Bey von Tunis mit Frankreich zu verhandeln.[14] Für Italien war vor diesem Hintergrund eine Weigerung nur noch eine unergiebige und fruchtlose Trotzpolitik.

Die tunesische Frage war verzahnt mit dem mindestens ebenso komplizierten, für die italienische Ökonomie noch viel zentraleren Problem, daß zwischen Italien und Frankreich endlich ein neuer Schiffahrts- und ein neuer Handelsvertrag abgeschlossen werden mußten. Caetani wollte die anstehenden Fragen im Paket verhandeln. Er schlug am 14. Juni 1896 vor, einen neuen italienisch-tunesischen Vertrag, einen französisch-italienischen Schiffahrtsvertrag auf Meistbegünstigungsbasis sowie einen Handelsvertrag auf Minimaltarif gleichzeitig auszuhandeln. Außerdem sollte der alte italienisch-tunesische Vertrag von 1868 so lange seine Gültigkeit behalten, bis ein neuer in Kraft trete.[15] Doch diese Vorschläge stießen nicht auf französische Sympathien. Die Regierung in Paris – seit März 1896 war der protektionistische Méline Ministerpräsident, Gabriel Hanotaux Außenminister – verlangte, zuerst müsse der Schiffahrtsvertrag und die tunesische Angelegenheit geklärt werden, erst dann könne man über den Handelsvertrag sprechen. Das war nicht nur eine Frage der Vorgehensweise, sondern der Wunsch, in den tunesischen Angelegenheiten italienische Vorleistungen zu erhalten, ohne die Frage des Handelsvertrages schon entscheiden zu müssen.

Damit war Caetani di Sermoneta nicht einverstanden und wurde deshalb im Juli 1896 abgelöst. Er sagte zum deutschen Botschafter, Bernhard von Bülow: „Was die Franzosen von Italien verlangten, wäre die Abwendung von Deutschland und hiermit die völlige Unterwerfung unter Frankreich." Dazu war er nicht bereit und verließ lieber das Ministerium mit der Feststellung: „Quand j'entrai au Ministère j'étais Allemand, je le quitte Archi-allemand."[16]

Sein Nachfolger wurde am 20. Juli 1896 der Marquis Visconti-Venosta, der bereits vor 1876 italienischer Außenminister gewesen war. Visconti-Venosta gehörte mit Robilant, Nigra und Blanc zu den führenden Diplomaten, die in der italienischen Außenpolitik vor 1900 eine so wichtige Rolle spielten und diese in den Zielen wie im Stil und Auftreten prägten.[17] Visconti-Venosta war in seiner Jugend ein eifriger Verschwörer gewesen und sogar Privatsekretär Mazzinis, später dann Mitarbeiter Cavours; er entwickelte sich nach der Ei-

---

14 Salvatorelli, Triplice, S. 218, Langer, Diplomacy, S. 296.
15 Curato, politica estera, S. 366.
16 Bülow an Hohenlohe, 21.7.1896, GP XI, Nr. 2820.
17 Zu Visconti-Venosta siehe Chabod, Storia, S. 563–599.

nigung dann immer mehr in eine konservative Richtung. Visconti-Venosta galt als ausgleichender Diplomat mit sicherem Augenmaß für internationale Stärkeverhältnisse. Dies schloß einen leidenschaftlichen Patriotismus jedoch nicht aus. Kurz vor seinem Tod bekannte er: „Italien war immer die große Passion meines Lebens."[18]

Von di Rudinì zum Nachfolger Sermonetas ernannt, prägte Visconti-Venosta die italienische Außenpolitik der folgenden Jahre und war derjenige, der mit Geduld und Entgegenkommen die Verbesserung der italienisch-französischen Beziehungen in Gang brachte. Seine Zielsetzung konnte als eine den neuen Grundlagen angepaßte Neuauflage seiner Außenpolitik der 1870er Jahre, der „equidistanza" verstanden werden, das heißt eines Kurses des „gleichen Abstands" zwischen Paris, Wien und Berlin und guter Nachbarschaft mit den anderen Mächten. Das alte Konzept des „amici con tutti" sollte statt der imperial drohenden Politik Crispis Italiens Stellung sichern. Visconti-Venosta war der festen Überzeugung, Italien sei keine Großmacht und könne sich deshalb eine Großmachtpolitik, einen Konfrontationskurs à la Crispi, nicht leisten. In Erkenntnis der begrenzten Kräfte Italiens wollte er statt dessen einerseits auf eigene Forderungen verzichten, andererseits in Anknüpfung an die alten Traditionen Piemonts, durch Ausbalancierung der mächtigeren Nachbarn Frankreich, Österreich-Ungarn und des Deutschen Reichs den eigenen Spielraum vergrößern und die fatale Abhängigkeit von Berlin vermindern. Er schrieb schon im April 1895: „Ich schätze den Wert des deutschen Bündnisses für uns hoch ein, glaube aber nicht, daß es eine gute Politik ist, ein Land in eine Lage zu bringen, in der seine Sicherheit ganz vom Wohlwollen eines Verbündeten abhängt und sein Schicksal von seiner Hand, die er reichen oder zurückziehen kann."[19]

Der Dreibund war für Visconti-Venosta nicht das alleinseligmachende Heilmittel der gesamten Außenpolitik, zumal er, zumindest nach Ansicht Bülows, anders als Crispi oder Sermoneta nicht sehr deutschfreundlich war: „Deutschland und allem Deutschen stand er kühl gegenüber, kühl bis ans Herz hinan."[20] Trotzdem war der neue italienische Außenminister kein Gegner der Allianz und suchte diese als wichtigen Baustein für ein umfassenderes diplomatisches Gebäude zu nutzen. Insgesamt liefen seine Vorstellungen aber auf eine wesentliche Korrektur der italienischen Außenpolitik hinaus. Er selbst sprach vom „Wendemanöver für das Boot unserer Außenpolitik" („il colpo di ti-

---

[18] Visconti schrieb am 26.2.1912: „L'Italia fu sempre la passione profonda della mia vita." Zitiert bei Francesco Cataluccio: La politica estera di E. Visconti Venosta, Firenze 1940, S. 112.
[19] Visconti-Venosta an Nigra, 26.4.1895: „Apprezzo altamente il valore dell'alleanza germanica per noi, ma non credo buona politica per un paese il porsi in tale condizione che la sua sicurezza dipenda tutta dal beneplacito di un alleato e la sua sorte dalla mano che egli vi può porgere o ritirare." In: Serra: Questione tunisina, S. 408; Candeloro, Storia 7, S. 68.
[20] Bülow, Denkwürdigkeiten 1, S. 134.

mone inferto alla barca della politica estera italiana"[21]). Auch Italien steuerte also jetzt einen „neuen Kurs", der von dem italienischen Historiker Angelo Ara so charakterisiert wurde: „Seit Visconti-Venosta und seinen Nachfolgern stellte der Dreibund zwar immer noch einen Fixpunkt der italienischen Außenpolitik dar, aber nicht mehr das zentrale und exklusive Prinzip."[22] Damit näherte sich die italienische Allianzpolitik den Vorstellungen, die Mancini und Blanc vor Abschluß des Bündnisses eigentlich vorgeschwebt hatten.

Eines lag Visconti-Venosta besonders am Herzen: endlich und so schnell wie möglich den fruchtlosen antifranzösischen Konfrontationskurs aufzugeben, der die gesamte italienische Außen-, Sozial- und Wirtschaftspolitik hoffnungslos belastete. In Anbetracht der französischen Unnachgiebigkeit sah er keinen anderen Ausweg, als zunächst selbst beträchtliches Entgegenkommen zu zeigen, und zwar in der ohnehin rettungslos verfahrenen tunesischen Frage. Schatzminister Luzzatti unterstrich auch aus kommerzieller Sicht die Notwendigkeit einer italienisch-französischen Einigung: Der italienische Export nach Tunesien betrug 8 Millionen Lire, der nach Frankreich 150 Millionen Lire.[23] Schließlich fügte sich die italienische Regierung in das Unvermeidliche und erkannte den Vertrag von Bardo aus dem Jahre 1881 an[24], verzichtete auf die ohnehin seit 1884 in ihrer Wirkung suspendierten Kapitulationen,[25] akzeptierte das französische Protektorat und erhielt dafür Fischereirechte, Schulautonomie für die in Tunesien lebenden Italiener, die Franzosen und Tunesiern rechtlich gleichgestellt wurden, sowie vorteilhafte Handelsbedingungen. Dieses Vorgehen fand die volle Billigung von Kammer und Senat, in dem der von Visconti-Venosta verhandelte Vertrag mit großer Mehrheit ratifiziert wurde.[26]

Natürlich war die Anerkennung des französischen Protektorats nach inzwischen fünfzehnjähriger erbitterter Weigerung eine politische Kapitulation. Allerdings war dies ein Akt der Vernunft; die Preisgabe hypothetischer Rechte hatte keine erkennbaren realen Nachteile, und die aus diesem Verzicht resultierenden, handfesten Vorteile erwiesen sich nach einer gewissen Anlaufzeit

---

21 Aus einem Brief Visconti-Venostas an Luzzatti, 30.12.1898, In: Luigi Luzzatti: Memorie autobiografiche e carteggi, 2 Bde., Bologna 1931–36, Band 1, S. 526; Salvatorelli, Triplice, S. 218; Candeloro, Storia 7, S. 69.
22 Ara, Habsburgermonarchie VI/2, S. 221. Farini, Tagebucheintragung vom 1.1.1899, Bd. 2, S. 1409: „Io le (la regina) manifesto la mia preoccupazione per l'avvenire della Triplice di fronte all'offa degli interessi materiali soddisfatti ed anche all'apparenza di codesta soddisfazione, come è succeduto testè alla conclusione della convenzione commerciale con la Francia."
23 Lowe/Marzari, Italian Foreign Policy, S. 74.
24 Ebd.
25 Candeloro, Storia 7, S. 68.
26 Abstimmungsergebnis in der Kammer: 232 Stimmen dafür, 68 dagegen; im Senat: 78 dafür und 3 dagegen, siehe ebd., S. 69.

als beträchtlich. Vor allem kam Italien aus der außenpolitischen Einengung heraus, in die es durch seine Reaktion auf die seinerzeitige Besetzung Tunesiens durch Frankreich gelangt war. Die Auswirkungen auch auf den Dreibund blieben nicht aus. Sich Frankreich nach der Inbesitznahme Tunesiens entgegenstemmen zu wollen war eine der Ursachen gewesen, die Italien 1881/82 in den Dreibund getrieben hatten. Jetzt waren die Aussichten auf Wiederherstellung ganz normaler Beziehungen zu Frankreich erheblich gestiegen. Und trotzdem war der Weg hin zur ökonomischen Annäherung für Visconti-Venosta mühevoll und zunächst enttäuschend. Die Verhandlungen über einen neuen Handelsvertrag begannen im April 1897;[27] sie gerieten mehrfach ins Stocken. Die italienische Delegation wurde von Schatzminister Luzzatti geführt, auch dann noch, als er infolge des Sturzes der Regierung di Rudinì im Juni 1898 sein Ministeramt verlor. Im Oktober 1898 reiste Luzzatti nach Paris, und die Welt wurde einen Monat später, am 21. November 1898, vom Abschluß der in größter Heimlichkeit geführten Verhandlungen überrascht.[28] Auch der französische Geldmarkt stand nun für italienische Anleihen wieder offen. In Rom wurde in den politischen Kreisen gemutmaßt, es werde den Franzosen jetzt gelingen, Italien ganz vom Dreibund loszulösen.[29]

Der neue Handelsvertrag erfüllte aber in Wahrheit nur sehr bedingt die ökonomischen Hoffnungen, die in Italien auf ihn gesetzt worden waren. Das lag daran, daß Frankreich auch nach Abschluß des Handelsvertrages ein hochprotektionistischer Markt blieb. Und es stellte sich heraus, daß sich während des zehnjährigen Handelskrieges in beiden Ländern eine Umstellung von Produktion und Warenströmen herausgebildet hatte, die nicht mehr rückgängig gemacht werden konnte. Im übrigen entwickelte sich der französische Export nach Italien nach 1898 viel stärker als der italienische nach Frankreich, der sogar fiel. Vor allem die Einfuhr italienischer Rohstoffe und landwirtschaftlicher Produkte, Hauptursache des italienischen Exportüberschusses vor 1888, war inzwischen durch französischen Eigenanbau oder Importe aus anderen Ländern und den nordafrikanischen Kolonien ersetzt worden. In Italien wiederum hatte sich unter dem Schutz des Protektionismus eine teilweise überzüchtete Schwerindustrie herausgebildet, die nur begrenzt wettbewerbsfähig war.[30] Die Handelsbilanz mit Frankreich war für Italien 1898 passiv und verschlechterte sich in den folgenden Jahren noch weiter. Es zeigte sich auch, daß Frankreich als wichtigster Handelspartner Italiens inzwischen definitiv durch Deutschland und England abgelöst worden war.[31] Das franzö-

---

27 Salvatorelli, Triplice, S. 226.
28 Ebd., S. 228.
29 Currie, BD I, Nr. 347; Salvatorelli, Triplice, S. 227.
30 Candeloro, Storia 7, S. 97; Wedel an Bülow, 4.3.1901, PA/AA, R 7748.
31 Michael Behnen: Rüstung-Bündnis-Sicherheit. Dreibund und informeller Imperialismus 1900–1908, Tübingen 1985, S. 31 Fußnote 43.

sische Kapital hatte, obgleich nach wie vor wichtig, seine dominierende Stellung für die italienische Kreditbeschaffung verloren, während der deutsche Finanzmarkt stark an Bedeutung zugenommen hatte.[32]

Zwar können deshalb die italienischen Bemühungen um ein normaleres Verhältnis zu Frankreich ökonomisch nur als Teilerfolg gewertet werden. Politisch waren aber die positiven Auswirkungen beträchtlich. Die Verbesserung der Beziehungen auf politischem Feld wurde in den folgenden Jahren von beiden Seiten sorgsam gepflegt. Ein besonderes Verdienst erwarb sich hier Camille Barrère, ein ehemaliger Journalist, der im Februar 1898 zum französischen Botschafter in Rom ernannt wurde.[33] Barrère war ein geschickter Diplomat, der sich mit großem Einfallsreichtum der Pflege der italienisch-französischen Beziehungen annahm. Begünstigt wurde er durch ausgezeichnete Verbindungen zur französischen Regierung, vor allem zu Delcassé. Barrère verfügte über einen reich bemessenen Fonds, aus dem er sehr geschickt Journalisten und Zeitungen alimentierte und in seinem Sinne zu beeinflussen verstand.[34]

Die Annäherung wurde von beiden Seiten gleichermaßen gewünscht. Auch die italienische Regierung bemühte sich ostentativ um das französische Wohlwollen. König Umberto entsandte im Sommer 1897 seinen Adjutanten zu Präsident Faure,[35] um zwischen den „Schwesternationen" immer engere Bande zu knüpfen. Im April 1899 fuhr eine französische Flotteneinheit zu Ehren König Umbertos nach Cagliari.[36] Auch die Faschoda-Krise konnte die Annäherung nicht unterbrechen, wenn sie auch für vorübergehende wechselseitige Irritation sorgte. Die französische Regierung befürchtete, es gebe ein englisch-italienisches Bündnis und deshalb habe sie in einem Krieg gegen Großbritannien auch Italien gegen sich. Nach Beilegung dieser Krise durch eine friedliche Aufteilung der Einflußsphären war wiederum die italienische Regierung verunsichert; sie glaubte, Frankreich und England hätten Afrika und vor allem das tripolitanische Hinterland, auf das Italien Anspruch erhob, unter sich aufgeteilt. Allerdings bemühten sich die englische wie die französische Diplomatie sehr, diesen italienischen Verdacht auszuräumen. Die französisch-italienische Aussöhnung wurde durch diesen Zwischenfall nicht dauerhaft beeinträchtigt.

---

32 Behnen, Rüstung, S. 64–100, weist nach, daß die französische „arme financiére" stark an Wirkung verloren hatte. Am 30. Juni 1901 waren etwa 85% aller Staatspapiere in Italien selbst untergebracht, ebenda, S. 79.

33 Das Deutsche Reich war zu dieser Zeit in Rom durch den farblosen Saurma-Jeltsch vertreten, den Farini als „nullità" charakterisierte. In: Farini, Tagebucheintragung vom 1.1.1899, Bd. 2, S. 1409.

34 Zu Barrère: F. Serra: Camille Barrère e l'intesa italo-francese, Mailand 1950; Lützow, Dienst, S. 113, 115.

35 Salvatorelli, Triplice, S. 226.

36 Ebd., S. 230.

Visconti-Venosta hatte eine spürbare Verbesserung der Beziehungen zu Frankreich erreichen können, als er einem Regierungswechsel im Juni 1898 zum Opfer fiel. Natürlich hatte auch er es nicht allen recht machen können, und es wurden im Lande wieder Stimmen laut, die nach einer großartigeren Politik verlangten und ihm eine „quietistische Politik" vorwarfen.[37] Sein Nachfolger, Admiral Canevaro, bemühte sich, diesen imperialistischen Strömungen gerecht zu werden. Eine Gelegenheit schien sich in Ostasien zu bieten. Dort hatte Italien zwar keine signifikanten Wirtschaftsinteressen; auch war es in diesem Weltteil machtpolitisch bisher nicht ambitioniert gewesen. Doch bot sich eine vermeintlich gute Chance zum Zugewinn, als im November 1897 das Deutsche Reich von China unter dem Vorwand der Ermordung zweier Missionare die Abtretung der Bucht von Kiaochow erpreßte und sich Großbritannien, Frankreich und Rußland unter Verweis auf die Meistbegünstigung anschlossen und ebenfalls Stützpunkte verlangten und erhielten. Canevaro beschloß, hier einen scheinbar mühelosen Erfolg einzufahren und hängte sich an diese Forderungen an: Italien beanspruchte die Bucht von San Mun. Doch dieses Unterfangen wurde von allen anderen Großmächten nicht ernst genommen. Erneut zeigte sich auch, daß der Dreibund keine „Erwerbsgemeinschaft", sondern eine „Versicherungsgesellschaft" war – ein „Bündnis für den Frieden". Denn die deutsche Diplomatie nahm zwar eine „wohlwollende und, soweit unseren Zwecken förderlich, ermunternde Haltung" zu den italienischen Forderungen ein,[38] aber nur so lange, wie eigene Interessen nicht berührt wurden; sie war auf jeden Fall nicht bereit, die Italiener aktiv zu unterstützen.[39] Im übrigen regte sich auch, nur zwei Jahre nach Adua, mächtige Opposition in Italien. Als die Regierung auf die zögernden Chinesen durch Entsendung von Kriegsschiffen Druck ausüben wollte, wurden sofort Befürchtungen laut, in China werde sich eine zweite Katastrophe wie die abessinische, nur ins Gigantische vergrößert, wiederholen.[40] Außerdem stand die Forderung in krassem Widerspruch zu den wirren inneren Verhältnissen in Italien. Deshalb empfand auch der deutsche Verbündete diese italienischen Pläne als deplaziert. Kaiser Wilhelm schrieb die – für die Gesamtstimmung typische – Randbemerkung unter einen Bericht aus Italien: „Und bei solchen Aussichten gehen die Kerls auch noch nach China. Armes Land!"[41] Der chine-

---

[37] Dazu: Giornale di Sicilia, 30/31.3.1897: Visconti-Venosta assente, in: Enrico Decleva: L'Italia e la politica internazionale dal 1870 al 1914. L'Ultima fra le grandi potenze, Milano 1974, S. 155 f.; zu späteren Vorwürfen und Viscontis Erwiderung: Pasetti an Gołuchowski, 11.2.1900, HHStA, PA XI, 124.
[38] Bülow an Heyking, 28.2.1899, PA/AA, R 18214. Dort auch weitere aussagekräftige Akten zu dieser Angelegenheit.
[39] Zu diesem Mechanismus im Fall konkurrierender imperialistischer Neigungen siehe ausführlicher unter Kap. IV.7.b: Über den Dreibund und die „kleinasiatischen Arbeitszonen".
[40] Dazu beispielsweise: Voce della Verità, 4.3.1899, in: PA/AA, R 18214.
[41] Saurma-Jeltsch an Hohenlohe, 7.3.1899, PA/AA, R 7747.

sischen Regierung war die italienische innen- wie außenpolitische Ohnmacht nicht entgangen, und so wagte sie es, die Forderung Italiens abzulehnen. Über diesen Mißerfolg – es wurde in Italien als Blamage ohnegleichen empfunden, von den Chinesen als Großmacht nicht respektiert worden zu sein – stürzte Canevaro im Mai 1899 und wurde durch seinen Vorgänger Visconti-Venosta ersetzt.[42] Der alte und neue Außenminister setzte seine defensive und vorsichtige Politik fort und suchte nun nach Möglichkeiten, den Gleichgewichtszustand im Mittelmeer zu garantieren und vor allem für die noch offenen nordafrikanischen Fragen eine stabile Lösung zu finden. Seine Grundlinie war hierbei, unter Verzicht auf die ohnehin uneffektiven Ansprüche Italiens, beispielsweise in Marokko, das Erstzugriffsrecht in Tripolis garantiert zu bekommen. Nicht die Eroberung dieser Landstriche war geplant – noch nicht. Sondern nur die Versicherung vor allem der Franzosen, Italien hier den Vortritt lassen zu wollen. Visconti-Venosta wollte die von Robilant 1887 erfeilschte deutsche Tripolis-Garantie durch eine entsprechende französische Zusicherung ergänzen. Damit wäre auch dieser Herd ständiger Beunruhigung und Alarmrufe der Ära Crispi neutralisiert worden, ohne daß Italien zu dem kostspieligen und riskanten Abenteuer schreiten mußte, diese Gebiete dem Osmanischen Reich durch Krieg zu entreißen.

Auf einen entsprechenden Vorschlag Visconti-Venostas reagierte die französische Diplomatie wie immer zunächst mit der Forderung, daß Italien aus dem Dreibund austreten solle; dann würde eine solche Garantie problemlos erfolgen. Als Visconti-Venosta konterte, der Dreibundvertrag befasse sich nicht ausschließlich mit Frankreich und deshalb sei diese Forderung unbillig, entstand ein Briefwechsel, der im Dezember 1900 in einem Notenaustausch zwischen Visconti-Venosta und Barrère gipfelte[43]. Der französische Botschafter garantierte darin, daß Frankreich die in dem die Faschoda-Krise beilegenden englisch-französischen Abkommen festgesetzten Grenzen nicht überschreiten und auch die Karawanenwege im Hinterland von Tripolis nicht abschneiden wolle. Im Gegenzug versicherte Visconti-Venosta dem Botschafter, daß eine französische Aktion in Marokko nicht die italienischen Interessen im Mittelmeer verletze und allenfalls durch einen Ausbau des italienischen Einflusses in Tripolis beantwortet werde. Barrère hielt es übrigens für unwahrscheinlich, daß Italien nach Tripolis gehen werde, selbst wenn sich Frankreich in Marokko ausbreite. Und wenn, sei es bei dem riskanten Unternehmen mehr denn je auf Frankreichs Wohlwollen angewiesen.[44] Für den Augenblick hatte

---

42 Salvatorelli, Triplice, S. 232; Giovanni Giolitti: Memorie della mia vita. Con uno studio di Olindo Malagodi, 2 Bände, Milano 1922, Bd. 1, S. 145.

43 Zu dem Briefwechsel vom 14–16.12.1900: DDF II/1, Nr.6; Text in Anlage zu Nr. 17; Salvatorelli, Triplice, S. 235; DDI 3/IV, Nr. 576, 577 und 586.

44 Salvatorelli, Triplice, S. 235.

Barrère damit recht. Wenig sah danach aus, daß Italien, vier Jahre nach Adua, ein Jahr nach der chinesischen Blamage, sich in das Abenteuer eines Krieges mit dem Osmanischen Reich stürzen würde. Elf Jahre später sollte diese Übereinkunft und diese – im Grundsatz schon im 2. Dreibundvertrag von 1887 angelegte – Koppelung zwischen Marokko und Tripolis jedoch sehr große Bedeutung gewinnen.[45]

Der italienisch-französische Ausgleich – und als ein solcher muß die geschilderte Serie von Abkommen angesprochen werden – war damit zwar noch nicht an sein Ende gelangt, hatte aber einen ersten Abschluß erreicht. Dieser Briefwechsel war auch die erste französisch-italienische Vereinbarung, die Visconti-Venosta, der in Berlin bei seinem Kurs der Annäherung an Frankreich bisher immer auf Obstruktion gestoßen war, dem deutschen Verbündeten nicht mehr mitteilte[46]. Die Beziehungen zwischen den Verbündeten waren ohnehin nicht sehr herzlich, da in bedeutsamen Fragen der internationalen Politik die Ansichten Italiens und seiner Partner auseinandergingen. Nach den Armenier-Massakern in der Türkei und in der kretischen Frage war Italien auf Seite der gegen die Türkei agierenden Mächte zu finden – anders als seine Partner, die sich auf den Erhalt des Osmanischen Reiches versteiften. Der Dreibund trat, ebensowenig wie übrigens der russisch-französische Zweibund, in der Orientfrage als kompaktes Gebilde auf.[47] Auch auf der 1899 auf russischen Wunsch einberufenen Ersten Haager Abrüstungskonferenz[48] kam es zu Dissonanzen im Bündnis. Zwar unterstützten Österreich-Ungarn und das Deutsche Reich loyal den Wunsch Italiens, den Papst auszuladen. Auf der Konferenz stimmte Italien aber gegen die Verbündeten für die Prüfung des russischen Abrüstungsvorschlags. Die deutsche Führung hielt die Konferenz

---

45 Siehe dazu unten, Kapitel IV.4: Italien und der Dreibund während des Libyenkriegs (1911/12).
46 Visconti-Venosta teilte auch seinem Nachfolger Prinetti mit, daß er der deutschen Regierung über den Notenaustausch mit Barrère keine Mitteilung gemacht habe! Als Bülow im Januar 1902 davon erfuhr, äußerte er sogar Verständnis für Visconti-Venosta; dieser sei von Marschall zu sehr „verprellt" worden. Allerdings hielt Bülow das Verschweigen für unnötig, da er „gewiß nicht" gegen den Dreibundvertrag verstoße. Außerdem sei Tripolis dem Deutschen Reich „Hekuba" und den Italienern dürfe kein Zweifel bleiben, daß ihm dieser Besitz ohne jede Einschränkung gegönnt werde. Auch die Solidarität gegenüber dem Sultan sei dann sekundär. In: Wedel an Bülow, 19.1.1902, GP 18,2, Nr. 5851. Dazu auch Salvatorelli, Triplice, S. 236.
47 Kálnoky an Aehrenthal, 1.6.1896, in: Wank, Aus dem Nachlaß Aehrenthal, Nr. 86, schrieb über eine Rede, die der Kaiser am 1.6.1896 über die friedenserhaltende Politik des Dreibunds in den Delegationen gehalten hatte: „Wozu diese auffallende Akzentuierung des Dreibundes als solchen in der Orientpolitik? Hat es denn überhaupt eine Aktion des Dreibundes als solchen gegeben? ... Gibt es eine Orientpolitik des Dreibundes? Mich sollte wundern, wenn man in Berlin (und in Friedrichsruh) auf diesen Gedanken eingeht oder eingegangen ist ..."
48 Dazu Jost Dülffer: Regeln gegen den Krieg? Die Haager Friedenskonferenzen von 1899 und 1907 in der internationalen Politik, Berlin/Frankfurt a. M/Wien 1981.

für ein vollkommen unrealistisches, weltfremdes Vorhaben und reagierte vorwiegend mit Hohn auf die Idee, durch Abrüstung die Welt zu verbessern. Auch in der Frage der Regelung internationaler Streitfragen hatte sich der italienische Delegierte im Haag, Nigra, mit großem Eifer für die obligatorische Schiedsgerichtsbarkeit ausgesprochen, die dann auf deutschen Widerspruch hin abgelehnt wurde.[49] Allerdings wurde die deutsche Regierung durch österreichische und italienische Einwendungen und die Empfehlungen der eigenen Delegation schließlich dahin gebracht, wenigstens der Einrichtung der permanenten Gerichtsbarkeit zuzustimmen. Die Stellung Italiens in der türkischen Frage sowie das Verhalten in Den Haag hatten in Deutschland Mißfallen hervorgerufen.[50] Italien sah man auf einem Sonderweg, der von seinen Partnern und vom Bündnis weg- und zu Frankreich hinführte, und beobachtete mit großer Aufmerksamkeit die weitere außen- und innenpolitische Entwicklung des Verbündeten.

> Meiner Ansicht nach war es ein Irrtum zu glauben, daß man es mit einer großen subversiven politischen Bewegung zu tun hatte; tatsächlich handelte es sich um eine Explosion der Unzufriedenheit. Aber die führenden Schichten waren äußerst verängstigt; sie fürchteten jede Form der öffentlichen Agitation und Demonstration, und die Regierung nahm auf diese Gefühle Rücksicht und ließ sich zu exzessiven Maßnahmen hinreißen.
>
> Giolitti in seinen Memoiren

b) Die Krise des „fine secolo", Giolittis liberale Wende, Sonninos Gegenprogramm und das Urteil der Verbündeten

Wenn in der französisch-italienischen Annäherung ein gewisses Moment der Entfremdung zwischen Italien und seinen Partnern lag, dann war dieses Element nicht rein sachlicher, sondern zu einem guten Teil psychologischer Natur. Die Verhältnisse änderten sich, und auf italienischer Seite ging das Gefühl verloren, wie bisher auf Gedeih und Verderb auf die Partner angewiesen

---

49 Zur vermittelnden Haltung der italienischen Delegierten und deren erfolgreichen Bestrebungen, ein deutsches Nein zu dem Schiedsgericht zu verhindern, siehe Verosta, Theorie und Realität, S. 10 f. Siehe zur Ersten Haager Abrüstungskonferenz auch GP 15, S. 233–346; Albertini, Origins 1, S. 107–111; Salvatorelli, Triplice, S. 230–232.
50 Salvatorelli, Triplice, S. 232.

zu sein. Die deutsche und österreichisch-ungarische Regierung wiederum interpretierten die neue italienische Außenpolititik als Symptom für den Beginn eines vollkommenen Kurswechsels. Dieser Verdacht erhielt durch die innenpolitische Entwicklung in Italien weitere Nahrung. Diese verstärkte bei den Dreibundpartnern das Gefühl, die Appenninenhalbinsel bewege sich in ihrer gesamten politischen Ausrichtung von ihren Partnern weg.

Das lag nicht zuletzt daran, daß die politischen Persönlichkeiten in Italien, die für einen starken, ja autoritären Staat eintraten, zwischen 1896 und 1900 schwere Rückschläge hinnehmen mußten. Die Regierung di Rudinì war zwar außenpolitisch erfolgreich, erlitt innenpolitisch aber Schiffbruch. Den Anstoß für eine direkt krisenhafte Entwicklung brachte die Mißernte des Jahres 1897. Die einseitig fiskalisch orientierte Regierung di Rudinì dachte zunächst nicht daran, den Getreidezoll und die Abgaben auf Mehl und Brot so zu senken, daß übermäßige Preissteigerungen vermieden wurden. Infolge der unvermeidlichen Teuerung kam es vor allem in Süditalien zu einer ausgewachsenen Hungersnot. Das Problem war weniger die Nahrungsmittelknappheit – dies zeigte sich daran, daß es in Norditalien und allen anderen europäischen Ländern trotz Mißernten zu keinen Versorgungsproblemen kam – als vielmehr die Mittellosigkeit breiter Schichten der Bevölkerung, die infolge ihrer Arbeitslosigkeit und Armut einfach nicht mehr in der Lage waren, die verteuerten Lebensmittel bezahlen und ihre Familien ernähren zu können. Aus nackter Verzweiflung kam es in Süditalien im Frühjahr 1898 zu Hungerrevolten; Rathäuser wurden gestürmt, die Häuser von tatsächlichen und angeblichen Wucherern geplündert, manche auch erschlagen.[51]

Die süditalienischen Hungerrevolten waren eine Reaktion auf den eisernen Fiskalismus der Regierung, die das Budget um jeden Preis im Gleichgewicht halten wollte. Doch auch in Norditalien wurde es unruhig; hier war nicht der Hunger das treibende Motiv, sondern die wachsende Unzufriedenheit mit dieser Art der Politik.[52] Die Regierung und die sie tragende „classe politica", das heißt, die elitären Kreise des italienischen Besitzbürgertums, reagierten panisch; sie sahen in den Unruhen nicht den berechtigten Protest gegen uner-

---

51 Der Abgeordnete Napoleone Colajanni beschrieb diese Unruhen in einem 1898 erschienenen Aufsatz als „Protest des Bauches", der Ende dieses Jahrhunderts in Europa nicht mehr für möglich gehalten worden sei: „La protesta dello stomacho per un momento ridà all'Italia una unità di sentimenti ... Infatti solo da noi si ebbero i tumulti per carestia, per fame, per cause che agirono egualmente presso gli Stati del vecchio continente, ma senza produrre gli effetti dolorosi, che rimangono propri ed esclusivi dell'Italia." Die Mißernte habe nicht nur in Italien geherrscht, aber „nur bei uns hatte es Hungertumulte" gegeben. Als Gründe nannte Colajanni die niedrigen Einkommen und die Massenarbeitslosigkeit. Zitiert bei Candeloro, Storia 7, S. 55.
52 Dazu Turati an Salvemini, 4.5.1898, Candeloro, Storia 7, S. 56 f.

trägliche soziale Zustände, sondern ein Komplott der Sozialisten, die, vielleicht in geheimer Absprache mit den Klerikalen, den liberalen Einheitsstaat und die Eigentumsverhältnisse umstürzen wollten. Di Rudinì reagierte drastischer, als es Crispi auf Sizilien im Jahr 1893 getan hatte, und griff mit erbarmungsloser Strenge durch. Die Gewaltexzesse erreichten im Mai 1898 ihren Höhepunkt, als di Rudinì in Mailand einen Aufstand, der nach der Erschlagung des Studenten Muzio Mussi in Pavia am 6. Mai 1898 ausbrach, durch Militär blutig niederschlagen ließ.[53] Über 80 Tote und Hunderte von Verletzten waren zu beklagen. Das Ministerium di Rudinì mußte wenig später zurücktreten. Eine Neubildung mißlang, da der Marquis für eine Reihe von Gesetzen, die unter anderem ein Streikverbot für öffentlich Bedienstete und schwere Einschränkungen der Pressefreiheit enthielten, im Parlament keine Zustimmung fand. Auch sein Nachfolger, der der gemäßigten „sinistra" zuzurechnende ehemalige Kriegsminister Luigi Pelloux, versuchte die krisenhafte Situation repressiv zu bewältigen, und bald ging es auch ihm nur noch darum, die von di Rudinì ausgearbeiteten Sondergesetze zu verabschieden. Dagegen erhob sich der ungeheure Protest der Radikalen; diese waren zwar eine aussichtslose Minderheit im Parlament, versuchten aber durch das bis dahin in Italien unbekannte Mittel der Obstruktion – Dauerreden, Einbringung ganzer Reihen unbedeutender Anträge, um die Beschließung der Vorlagen zu verhindern, bis hin zum Auskippen von Stimmkörben etc. – eine geregelte parlamentarische Arbeit zu blockieren. Die Erfolge der Obstruktion waren beträchtlich, denn bald schon wurde die Kraft der Regierung Pelloux durch Geschäftsordnungsdebatten fast vollständig absorbiert.

Pelloux fing zwar liberaler an als di Rudinì aufgehört hatte, versuchte aber nun genau wie dieser, den Sozialprotest des „fine secolo" durch Repression zu beenden, wodurch diese letzten Jahre der Regierung Umbertos einen ausgeprägt reaktionären Charakter bekamen. Obwohl sich die Regierung Pelloux in den Wahlen des Juni 1900 knapp behaupten konnte, trat der General anschließend zurück; seine Person sei, so erklärte er, das größte Hindernis einer Aussöhnung, der er nicht im Wege stehen wolle. Neuer Premier wurde der schon achtzigjährige Senator Saracco; seine Regierung hatte nicht nur wegen seines Alters den Charakter einer Zwischenlösung, und die führenden politischen Persönlichkeiten Italiens bereiteten sich auf die Nachfolge vor.

Die Verbündeten verfolgten diese Entwicklungen der italienischen Politik mit großer Aufmerksamkeit. In den deutschen Akten dieser Jahre finden sich immer wieder sehr herablassende, verächtliche, oft auch Entsetzen verratende

---

53 Zum Mailänder Aufstand Candeloro, Storia 7, S. 59; siehe auch die Denkschrift des deutschen Generalstabs: „Der Aufstand in Mailand". 6.–9.5.1898, in: BA/MA, W 10/50177, mit Betrachtungen darüber, wie eine außer Kontrolle geratene sozialistisch-anarchistische Bewegung in einer Großstadt bekämpft werden könne.

Bemerkungen über die sozialen Zustände, die Korruption und Kriminalität in Italien.[54] In Deutschland war, trotz der autoritären Staatsstruktur, vielleicht aufgrund des höheren Wohlstands, das soziale Gewissen erheblich ausgeprägter als in Italien, und das schlug sich auch im Urteil über die soziale Lage des Verbündeten nieder. Während das einfache Volk sehr wohlwollend und mit viel Sympathie beschrieben wurde, traf die Oberschicht, die Regierung und das Parlament scharfe Kritik wegen ihrer Unfähigkeit oder Weigerung, die sozialen Verhältnisse in Italien halbwegs erträglich zu gestalten.[55] Der König und seine als übertrieben gewertete Zurückhaltung waren eine bevorzugte Zielscheibe der internen deutschen Kritik.[56] Besonders der Kaiser fühlte sich immer wieder durch die Berichte über die italienische Krise veranlaßt, in markigen Randbemerkungen den König wegen seiner unerlaubten Passivität zu kritisieren und sein persönliches Eingreifen in die Politik zu fordern; Stellungnahmen, die indes nicht dafür bestimmt waren, nach Italien weitergegeben zu werden. Der Rücktritt Pelloux' wurde als Kapitulation „vor dem Geschrei einer Minorität von 60–80 Köpfen" empfunden; aus ihr werde die äußerste Linke „die einfache Logik ziehen, daß sie jedes ihr unbequeme Gesetz in Zukunft niederzuschreien in der Lage ist"[57]. In Österreich wiederum gehörten die

---

54 Zum Beispiel die Berichte des rührigen Generalkonsuls Rekowsky aus Neapel, z.B. vom 10.11.1900, 5.3.1901, PA/AA, R 7748, die sehr detailliert die Korruption in der lokalen Verwaltung, die Verfilzung von Verbrechen und Politik und die Einflußnahme der Camorra schildern.
55 Dazu als Beispiel ein Bericht des Kapitäns von „S.M.S. Stosch", Ehrlich, an Wilhelm II., 20.11.1900, PA/AA, R 7748, über einen Besuch in Neapel: „Die niedere Bevölkerung Neapels ist im Allgemeinen eine genügsame und arbeitsame. Das herrschende Elend entspringt nur dem Mangel an Arbeitsgelegenheit, und dieser wird hervorgerufen durch die Indolenz der besitzenden Klassen, welche sich nicht einmal zur rationellen Bewirtschaftung ihres Besitzes, geschweige denn zu neuen industriellen Unternehmungen aufraffen können." Die italienische Führungsschicht reagierte auf diese Kritik sehr empfindlich. So verlangte die offiziöse Zeitung „Fracassa" die Ausweisung des Korrespondenten des „Berliner Tageblatts", weil dieser die „Gastfreundschaft Italiens" durch übertriebene und lügenhafte Darstellungen der wirtschaftlichen Zustände und der öffentlichen Sicherheit in Italien mißbraucht habe. In: Berliner Tageblatt, 11.3.1901.
56 Wedel an Hohenlohe-Schillingsfürst, 19.6.1900, PA/AA; R 7748. So stellte der kurz zuvor nach Rom berufene Botschafter Wedel im Juni 1900 fest: „Soweit ich nach meiner kurzen Erfahrung zu beurtheilen vermag, ist das italienische Volk, von einigen Städten und Distrikten abgesehen, nicht nur ein lenksames, leicht zu regierendes, sondern es hat auch den Wunsch, regiert zu werden und zwar mit einer gewissen Festigkeit. An dieser Festigkeit aber gebricht es und die Krone, die bei den ewigen Ministerwechseln den einzigen stabilen Faktor bildet, trägt daran zweifellos einen nicht kleinen Theil der Schuld ... Hinzu kommt, daß der König sich in Rom im täglichen Leben fast nur in einer Art von Incognito bewegt, wodurch der äußere Nimbus des Souveräns unwillkürlich beeinträchtigt wird." Typisch für diese Kommentare war auch der Ausspruch: „Markgraf, werde hart!", den Wedel unter einen anderen seiner Berichte schrieb. In: Wedel an Hohenlohe-Schillingsfürst, 6.6.1900, ebenda.
57 Wedel an Hohenlohe-Schillingsfürst, 19.6.1900, PA/AA; R 7748.

Sympathien des Ballhausplatzes den Angehörigen der *destra*, die für die repressive Politik wesentlich mitverantwortlich waren. Beide allerdings, ob Deutsche oder Österreicher, neigten dazu, sich für Italien eine autoritäre Lösung der sozialen Probleme zu wünschen.

Und genau das war der Punkt, um den es in Italien in der Folgezeit gehen sollte. Die Regierung Saracco stand am Endpunkt der so schmerzhaften Krise des „fine secolo" und an einem innenpolitischen Wendepunkt – dem Ende der repressiven Richtung in Italien. Die italienische Gesellschaft der Jahrhundertwende wurde durch einen tiefgreifenden sozialen und ökonomischen Umbruch gekennzeichnet. Wegen der chaotischen politischen Begleitumstände der Jahre 1896–1900 geriet etwas außer Sicht, daß sich seit 1896 die Wirtschaft deutlich zu erholen begann und vor allem nach der Jahrhundertwende hohe Wachstumsraten erreichte. Zwischen 1896 und 1908 erreichte die italienische Wirtschaft jährliche Zuwachsraten von durchschnittlich 6,7 %.[58] Die repressive, oligarchische Herrschaftstechnik der *destra* hatte abgewirtschaftet; der elitäre Liberalismus der Jahrhundertmitte erwies sich in diesen Jahren als unfähig, konsensfähige Lösungen für die Probleme der sich organisierenden Unterschichten anzubieten. Und deshalb verlor die klassische *destra* – di Rudinì und Anhänger – weiter an parlamentarischer Bedeutung. Die Radikalen und Sozialisten, vor allem letztere, verstärkten sich, während innerhalb der großen liberalen Mehrheit im Parlament zwei neue Gruppierungen entstanden. Die eine hatte sich um Zanardelli und Giolitti gebildet; beide standen für konstitutionelle Freiheit und die Wahrung der Verfassung. Giolitti, der von den beiden der jüngere und bedeutend energischere war, hatte seine Haltung zur sozialen Frage seit 1893 noch pointiert und lehnte eine Einmischung des Staates in die Frage von Arbeit und Lohn entschieden ab. Mit anderen Worten: Er hielt den Sozialprotest für berechtigt und sah nicht ein, warum sich der Staat zum Handlanger einer oligarchischen Oberschicht machen sollte; schließlich war der arme und benachteiligte Teil der Bevölkerung auch der weitaus größere. Zum Gegenpol wurde, in wesentlichen Anschauungen als Erbe Crispis, Sidney Sonnino. Auch dieser war kein blinder Reaktionär, sondern hing einem „aufgeklärten Konservativismus" an. Er war auch für Reformen, aber für Reformen von oben; für ihn war der starke Staat und die starke Regierung das notwendige Zentrum der politischen Veränderung, während Giolitti den organisierten gesellschaftlichen Kräften, zum Beispiel den Gewerkschaften, einen erheblichen und autonomen Anteil am Reformprozeß der Gesellschaft überlassen wollte. Hinter Sonnino und der Idee des *governo forte* stand die Mehrheit der *destra*, des Zentrums und der Sinistra Crispina.

Auf die außenpolitische Grundorientierung Italiens hatten diese Vorgänge zunächst keinen Einfluß, obwohl von italienischen Allianzgegnern immer wie-

---

58 Candeloro, Storia 7, S. 94.

der behauptet wurde, das Bündnis begünstige innenpolitisch repressive Ideen. Daran war zwar richtig, daß in den Führungsschichten des Deutschen Reichs und Österreich-Ungarns nicht gerade viele Freunde liberaler Ideen zu finden waren; dem italienischen Staat wurde in diesen krisenhaften Jahren mehr Autorität und Standfestigkeit gewünscht und auch die „zweifelhaften, volksbeglückenden Pläne" Giolittis mit großer Skepsis gewertet.[59] Doch mehr als Ratschläge resultierten daraus nicht, und keinerlei Zwang oder Drohung wurde ausgesprochen. Schließlich lag beiden Verbündeten mehr an der Dreibundzugehörigkeit des Landes als an seiner innenpolitischen Struktur, zumal dem Bündnis die Kraft zugeschrieben wurde, allein schon durch seine Existenz die „turbulenten Elemente", die „nationalistischen und chauvinistischen Faktoren" in Italien zu zügeln.[60] Die Österreicher schließlich wünschten sich kein zu starkes Italien und waren vielleicht über den innenpolitisch bedingten Teilausfall des Verbündeten gar nicht so unglücklich. Auf längere Sicht gesehen wies die innenpolitische Entwicklung Italiens trotzdem ein hohes Entfremdungspotential auf. Dieses war darauf zurückzuführen, daß ein sich zunehmend liberaler entwickelndes Italien alle Verdachtsmomente, die seit Anbeginn in Berlin und Wien gegen den demokratischen Verbündeten vorlagen, wachzurufen geeignet war. Schon aus Gründen der innenpolitischen Ähnlichkeit wurde eine gefühlsmäßige Affinität, eine Wahlverwandtschaft Italiens zu Frankreich unterstellt, ein Verdacht, der infolge der politischen Annäherung zwischen Italien und Frankreich ständig weitere Nahrung erhielt.

---

[59] Wedel an Bülow, 8.2.1901, PA/AA, R 7748. Wedel, ein ehemaliger Offizier, war gegen Giolitti sehr skeptisch. Symptomatisch war der Bericht Wedels an Bülow, 9.4.1901, ebenda: Zwar seien die Lebensverhältnisse der ländlichen Arbeiter vielfach „mehr als unzureichend", es sei aber die Pflicht der Regierung, die sozialen Mißstände selbst zu bekämpfen, statt sie der Selbsthilfe sozialer Agitatoren zu überlassen. In den Exzessen wie der Niederbrennung von Gutshöfen sah Wedel die „unselige Hand des Herrn Giolitti". Im Bericht Wedels an Bülow, 1.5.1901, zeigt sich erneut die Widersprüchlichkeit dieser Argumentation. Wedel kritisiert den Innenminister erneut; Giolitti weigere sich, gegen die Landarbeiterbewegung vorzugehen, weil diese sich im Rahmen der Gesetze bewege. Und gleichzeitig räumt Wedel ein, daß die Löhne der Landarbeiter unter dem Existenzminimum lagen!

[60] Wedel an Holstein, 15.1.1902, in: Holstein, Geheime Papiere, Band 4, Nr. 796, schrieb: „Die turbulenten Elemente hier im Lande werden durch den Dreibund gewissermaßen ‚bezähmt, bewacht'. Mit dem Ausscheiden Italiens aus seinem jetzigen Bundesverhältnis werden diese Elemente frei. Werden dann die nationalistischen und chauvinistischen Faktoren ihren irredentistischen und sonstigen Vergrößerungsgelüsten nicht die Zügel schießen lassen und damit gefährlichen Brennstoff anhäufen? Ich fürchte das nicht nur, sondern ich glaube es auch. Und die Sozialisten, Republikaner und Radikalen, die durch Herrn Giolittis System des laissez-aller in ihren umstürzlerischen Bestrebungen indirekt gefördert werden und ihre Netze immer weiter und dichter auch über einen Teil des platten Landes spannen, werden sie nicht leicht Oberwasser erhalten, wenn dem jungen italienischen Königtum die Anlehnung an die mächtigen, mitteleuropäischen Monarchien entzogen sein wird?"

> Tout va bien. L'air ambiant est excellent, nous tenons la corde et vous savez que je ne suis pas homme à la lacher. Jamais depuis 20 ans notre situation ici n'a été aussi forte.
>
> Barrère, am 1. April 1901

c) Von Umberto I. zu Vittorio Emanuele III.

Ein deutlicher Bruchpunkt in dem ansonsten langsamen, schwer datierbaren Prozeß der Entfremdung zwischen Italien und seinen Partnern war der Thronwechsel in Italien. Am 29. Juli 1900 wurde Umberto I. in Monza von dem Anarchisten Angelo Bresci ermordet.

Die letzten Jahre seiner Regierungszeit waren für den König so bitter gewesen, daß in Hof- und Diplomatenkreisen immer wieder glaubhafte Gerüchte über seine Abdankungswünsche kursierten. Der Monarch hatte unter dem afrikanischen Desaster und der außenpolitischen Demütigung schwer gelitten und es auch nur mit äußerstem Widerwillen akzeptiert, daß nach 1896 an Armee und Flotte drastisch gespart wurde. Auch ließ die innenpolitische Stabilisierung auf sich warten. Immerhin hatte sich die gesamte Lage im Jahr 1900, als Umberto in seiner Sommerresidenz in Monza dem Anschlag zum Opfer fiel, schon spürbar verbessert. Das Verbrechen erregte in Italien bei allen politischen Parteien, auch den Radikalen, äußerstes Entsetzen und Abscheu.[61]

Mit Umberto verlor der Dreibund mehr als nur einen seiner Gründer und einen unbedingten Befürworter. Der König war eine zweifache Stütze des Dreibunds gewesen: nach innen, indem er den Dreibund, nicht zuletzt aus seinem Emanzipationswunsch gegen Frankreich, gegen alle Widerstände zu verteidigen bereit gewesen war; nach außen, weil die Verbündeten seine Einstellung kannten und deshalb dem „ritterlichen König" vertrauten. Umberto war zwar wegen seiner angeblichen Schwäche immer wieder Gegenstand heimlicher Verachtung der deutschen und österreichischen Monarchen, Politiker, Diplomaten und Militärs, von Franz Joseph und Wilhelm II., von Bismarck und Kálnoky gewesen[62]; letztlich aber hatte er Vertrauen eingeflößt; Vertrauen in seine soldatische und monarchische Treue. Bülow stellte im November 1900 fest: „König Humbert war der feste Mittelpunkt, um den sich die vorhandenen dreibundfreundlichen Elemente kristallisieren konnten."[63]

---

61 Wedel an Hohenlohe-Schillingsfürst, 12.8.1900, PA/AA, R 7748.
62 Wedel an Hohenlohe-Schillingsfürst, 19.6.1900, PA/AA; R 7748.
63 Bülow an Wedel, 30.11.1900, in: GP 18,2, Nr. 5704.

9. Ein Porträt Umbertos I. aus dem Jahr 1900, dem Jahr seiner Ermordung. Der Tod des dreibundtreuen Umbertos und der Regierungsantritt seines den Bündnispartnern, vor allem Österreich-Ungarn, gegenüber erheblich skeptischeren Sohnes, Vittorio Emanueles III., war ein Wendepunkt in der Geschichte des Dreibunds.

Sein Sohn Vittorio Emanuele, der bisherige Prinz von Neapel, war für die Verbündeten wie für alle Welt zunächst ein unbeschriebenes Blatt.[64] Allgemein wurde der Regierungsantritt Vittorio Emanueles von den Bündnispartnern zunächst positiv aufgenommen.[65] Doch bald schon wurde der Thronwechsel in Italien als äußeres Anzeichen einer viel weitergehenden Trendwende in der italienischen Politik interpretiert – und als Scheitelpunkt des Dreibunds.[66] Wenig günstig schien direkt zu Anfang bereits, zumindest für das österreichisch-italienische Verhältnis, daß Vittorio Emanuele 1896 Helena, die Tochter des Fürsten von Montenegro, geheiratet hatte. Sein Schwiegervater war als Feind der Habsburgermonarchie bekannt,[67] und die Hochzeit wurde als augenfälliger Beweis dafür gedeutet, daß sich Italien nach dem Scheitern seiner afrikanischen Pläne nunmehr wieder verstärkt dem Balkan zuwende.[68] Tatsächlich ging dem jungen König nicht gerade der Ruf eines großen Freundes der Donaumonarchie voraus, und es wurden ihm sogar prinzipielle Sympathien für die irredentistische Sache nachgesagt.[69] Vittorio Emanuele konnte es seinem österreichisch-ungarischen Kollegen, dem Kaiser Franz Joseph, nicht verzeihen, daß dieser den Wien-Besuch seines toten Vaters niemals erwidert hatte,[70] und machte seine Antrittsbesuche in St. Petersburg und Berlin, aber trotz des Insistierens Nigras nicht in Wien.[71] Es wurde auch bemerkt, daß Vittorio Emanuele zunächst nach St. Petersburg, dann nach Berlin reiste. Sein Adjutant,

---

64 Zu Vittorio Emanuele: Denis Mack Smith: I Savoia, Re d'Italia, Mailand 1993, Teil III: Vittorio Emanuele III, S. 193–427; in unserem Zusammenhang besonders S. 193–279.
65 Pückler an Hohenlohe-Schillingsfürst, 5.8.1900, PA/AA, R 9110, wertete die österreichische Pressereaktion auf die Regierungserklärung des jungen Königs als ein „erfreuliches Symptom ... daß das Bundesverhältnis Österreich-Ungarns zu Italien, welches s.Zt. nicht sowohl aus Sympathien der Völker als aus dem Interesse der Staaten hervorgegangen war, auch in der öffentlichen Meinung feste Wurzeln schlägt und daß der Groll der Sieger von Custozza und Lissa von den Gesetzen der Verjährung nicht ausgeschlossen ist".
66 Monts an Bülow, 11.6.1907, GP 21/2, Nr. 7170: „Denn die italienische Politik ist seit König Umbertos Heimgang zweifelsohne eine wenig ehrliche, ja oft beinahe deutschfeindliche gewesen."
67 Als Beispiel für den daraus resultierenden österreichischen Argwohn siehe einen Artikel der Wiener „Reichswehr" vom 9.8.1901.
68 Radolin an Hohenlohe, 31.7.1900, in: GP 18/2, Nr. 5703, berichtet, in den politischen Kreisen Rußlands werde angenommen, nun sei es „aus mit dem Dreibund, der Kronprinz von Italien denkt anders wie sein Vater, der Einfluß seiner Gemahlin wird sich geltend machen, und der Anschluß Italiens an Rußland und Frankreich ist gesichert".
69 Daß der König sich bei den Manövern 1903 mehrfach vor irredenten Fahnen verneigt haben soll, berichtet Wedel an Bülow, 14.9.1903, GP 18/2, Nr. 5779; Aufzeichnung Bülows, 20.9.1903, ebenda, Nr. 5780.
70 Aufzeichnung Bülows, 9.5.1903, GP 18,2, Nr. 5775.
71 Decleva, l'Italia e la politica internazionale, S. 117; Semper: Prinetti e l'Austria-Ungheria; Lützow an Gołuchowski, 4.4.1906, HHStA, PA XI, 136, berichtet über ein Gespräch mit Nigra über die wahre Bedeutung des ausgebliebenen Gegenbesuchs mit der Feststellung, auch wenn die Romreise stattgefunden hatte, wären die Verhältnisse nun ähnlich.

Brusati, notierte in seinem Tagebuch, daß dies des Königs eigene Entscheidung war, geboren auch aus einer schlecht verborgenen Abneigung gegen Deutschland; die Quellen legen aber nahe, daß hierbei weniger dies als vielmehr Terminprobleme den Ausschlag gegeben hatten und die deutschen Stellen ihre Zustimmung zu dieser Reihenfolge gegeben hatten.[72] Es ist aber unbestreitbar, daß diese den Wünschen Vittorio Emanueles entsprach. Im übrigen war ihm der deutsche Kaiser persönlich unsympathisch; er machte sich über dessen Uniformsucht lustig und reagierte gereizt auf dessen paternalistische Herablassung.[73] Dieser wiederum witzelte über die auffallende Kleinwüchsigkeit des jungen Königs, nannte ihn nur den „Zwerg" und machte sich ein peinliches und unkluges Vergnügen daraus, nach Italien ausgesucht hochgewachsene Begleiter mitzunehmen.[74] Zwar hing das Schicksal Italiens und des Dreibunds nicht

---

[72] Decleva, Incerto alleato, S. 140, dort auch weitere Literaturangaben zur St. Petersburger Reise, führt die Planung der Reise auf die Abneigung des Königs zurück. Der wahre Sachverhalt ist jedoch komplexer. Aus einem Telegramm Lanzas an Prinetti, 14.6.1902, ASMAE, Cassette Verdi, Cassetta 16, geht nämlich hervor, daß Vittorio Emanuele seinen ersten Besuch Anfang Juli 1902 in Berlin machen wollte, dies jedoch von Kaiser Wilhelm aus einer Reihe von Gründen abgelehnt wurde, vor allem, weil ein würdiger Empfang nicht möglich sei, da die Theater geschlossen seien und die Truppen, vor allem die Garde, für Paraden nicht zur Verfügung stünden. Deshalb bat Wilhelm II. darum, den Besuch auf Ende August 1902 zu verschieben. Lanza wörtlich: „S.M. è sommamente grato e apprezza molto il pensiero di S.M. il Re di dedicare alla Corte di Berlino sua prima visita e spera, qualunque siano intenzioni di Sua Maestà per la sua visita a Pietroburgo, che gli sarà dato di poterla vedere a Berlino alla fine di Agosto." Weitere Telegramme im gleichen Faszikel machen es eindeutig, daß in Berlin zuvor nachgefragt worden war, ob es verstimmen würde, wenn Vittorio Emanuele zuerst nach St. Petersburg führe, dann erst nach Berlin; diese Frage wurde mit einem klaren Nein beantwortet. Telegramm Lanza an Prinetti, 17.6.1902: „Posso quindi assicurare che se Loro Maestà si andassero a Pietroburgo in luglio e si rassegnassero a fare un secondo viaggio in Agosto, magari anche in Ottobre, per venire Berlino, ciò non farebbe qui cattiva impressione, visto che Imperatore, il quale lo ha dichiarato ripetutamente, comprende benissimo circostanza che renderebbe necessaria una tale combinazione." Aber er setzte den Bericht fort: „Nel manifestarmi su questo punto modo di vedere del Suo sovrano, Cancelliere dell'Impero non mi nascondeva però che, per quanto lo concerne e per ragioni politiche di cui gli bisogna tener conto, sarebbe stato a lui molto più gradito se visita Berlino avesse preceduta quella di Pietroburgo. In conclusione mio parere è che, politicamente parlando, sarebbe desiderabile che qualora non si incontrino ostacoli addirittura insormantabili, trovare una combinazione che consenta alle Loro Maestà di recarsi prima a Berlino, poi a Pietroburgo." Da der König aber noch 1902 nach St. Petersburg wollte, konnte diesem Rat Lanzas nicht entsprochen werden, obwohl die Kurzfristigkeit seines Besuchs auch in St. Petersburg Probleme erzeugte. Interessant ist auch, daß Lanza (Telegramme vom 28.6./6.7.1902) empfahl, die Abreise dann auf den 28., 29., spätestens 31. August zu legen, um am Sedanstag nicht mehr in Deutschland zu sein.

[73] Mack Smith, I Savoia, S. 207–208.

[74] Balfour, Wilhelm II., S. 153–154; Bülow, Denkwürdigkeiten 1, S. 607; Monts, Erinnerungen, S. 87. Hier zeigen sich Kontinuitäten zwischen Kaiser und Diktator; Hitler bezeichnete den König später als die „Spinatwachtel".

allein von persönlichen Präferenzen und Antipathien Vittorio Emanueles ab. Und doch war seine innere Einstellung keinesfalls unwichtig; sie symbolisierte den verlorengehenden guten Willen der höchsten Ebene, die bisher Träger des Bündnisgedankens gewesen war. Dies drückte sich in vielerlei größeren und kleineren Vorfällen und Maßnahmen aus und wirkte langsam vergiftend auf die Beziehungen der Dreibundpartner. Das Ziel des Königs war, wie zumindest der englische Botschafter, Sir Francis Bertie, glaubte, Italien in eine Mittelstellung zwischen Dreibund und russisch-französischen Block zu bringen und diese gegeneinander ausspielen zu können. Den Einfluß des Königs auf die Außenpolitik schätzte Sir Francis – und nicht nur er – als groß ein.[75]

Ebenfalls sehr bedeutsam war, daß Vittorio Emanuele in der Innenpolitik einen anderen Kurs als sein Vater steuern wollte. Stand Umberto für den langdauernden Versuch, auf den Sozialprotest repressiv zu reagieren, so versuchte Vittorio Emanuele, eine entschieden liberale Kehrtwende der italienischen Innenpolitik herbeizuführen.[76] Ein unmißverständliches und gewolltes Zeichen der Neuorientierung war,[77] daß der König nach dem wesentlich von Sonnino herbeigeführten Sturz des Kabinetts Saracco[78] Giuseppe Zanardelli am 15. Februar 1901 mit der Regierungsbildung beauftragte. Daß der erste vom jungen König ernannte Ministerpräsident ausgerechnet Zanardelli war, der Verteidiger der Irredenta von 1883, dessen gescheiterte Regierungsbildung seinem Vater im Jahre 1893 so viele Schwierigkeiten bereitet hatte und dem in Italien der Ruf eines starrsinnigen liberalen Dogmatikers vorausging,[79] sprach Bände und wurde in Wien als unmißverständliches Zeichen einer Neuorientierung Italiens aufgefaßt. Dort wäre jeder andere Ministerpräsident lieber gesehen worden. Auch die deutsche Regierung hätte gerne

---

75 Sir Francis Bertie an Lansdowne, 20.10.1903, in: BD I, Nr. 366, S. 295. Ebenso Monts an Bülow, 25.4.1904, PA/AA, R 9112: „König Viktor Emanuel, höchstwelchem im Innern durch Kabinett und Parteien die Flügel beschnitten sind, hegte den dringenden Wunsch, sich nach außen zu betätigen. Unerfahren und über die Kräfte-Verhältnisse der Nationen sich täuschend, wollte Er eine Politik im großen Stile einleiten, für die der Rahmen des Dreibundes zu eng erschien." Lowe-Marzari, Italian Foreign Policy, S. 82: „Victor Emanuel certainly had strong opinions on foreign policy." Zu dem Problem der Einflußnahme des Königs auf die Außenpolitik generell: Enrico Serra: Vittorio Emanuele diplomatico, in: Nuova Antologia, 1952, settembre-dicembre, S. 428–436.
76 Dazu ebenda Sir Francis Bertie: „...very advanced views in matters of internal politics."
77 Wedel an Bülow, 8.2.1901, PA/AA, R 7748.
78 Das Kabinett stürzte über seine unklare Haltung zur Gewerkschaftsfrage und vor allem wegen der zunächst erfolgten Auflösung der Arbeiterkammer in Genua, die nach einem Streik der Hafenarbeiter wieder aufgehoben wurde. Die Meinung der breiten Mehrheit des Parlaments war, das Kabinett Saracco habe keine eigene Linie. Dazu Wedel an Bülow, 8.2.1901, PA/AA. R 7748.
79 Farini, Tagebucheintragung vom 1.5.1898, Bd. 2, S. 1293.

eine autoritärere Linie gesehen und deshalb ein Kabinett di Rudinì, Luzzatti und Sonnino begrüßt.[80] Der negative Eindruck wurde noch dadurch verschärft, daß die Regierung Zanardelli ein Minderheitskabinett und deshalb auf die Unterstützung der Radikalen zwingend angewiesen war.

Allerdings war die Annahme, die Ernennung Zanardellis habe außenpolitische Gründe, zum größeren Teil unberechtigt; denn dieser Schritt des jungen Königs war primär innenpolitisch motiviert. Visconti-Venosta, der Vittorio Emanuele gewarnt hatte und „ein weiteres Gravitieren nach links" für „direkt gefährlich" hielt,[81] meinte sarkastisch, der König wolle seine Regierung mit einem „großen Beweis seines Liberalismus" („gran prova di liberalismo") beginnen; außerdem versuche er sich mit den prinzipiellen Opponenten der Monarchie gut zu stellen, weil er vor ihnen Angst habe; denn seiner Unterstützer sei er sich ohnehin sicher.[82] In Wahrheit gingen die Absichten des Königs weiter; er hielt die Lage der Unterschichten für unerträglich und eine Besserung für notwendig.[83] Zanardelli stand für Liberalismus und Legalismus und war ein Gegner jeder Repression. Außerdem war der neue Ministerpräsident in Italien eine hochgeachtete Persönlichkeit und genoß, so urteilte zumindest der deutsche Botschafter, „das volle Vertrauen des Königs"[84]. Andererseits ist schwer vorstellbar, daß dem König und seinen Ratgebern die mit Zanardellis Ernennung verbundene außenpolitische Signalwirkung entgangen sein sollte. Wahrscheinlich wurde sie zur Erreichung des eigentlichen, innenpolitischen Ziels in Kauf genommen. Der neue Ministerpräsident – bei seiner Ernennung immerhin schon 75 Jahre alt und bei schlechter Gesundheit – stand Österreich-Ungarn sehr skeptisch gegenüber. Eine Ursache dafür war vielleicht seine Herkunft aus dem grenznahen Brescia und daß seine Mutter aus Trient stammte; entscheidender wahrscheinlich aber seine geistige Prägung durch den Einigungskampf Italiens.[85] Noch 1902 sagte er bei der Eröffnung eines Schießwettbewerbs: „Wir, die wir als Jugendliche in den Tagen der Knechtschaft aufgewachsen sind, erinnern uns, mit wieviel Mühe wir die Waffen suchten, und sie heimlich unter Lebensgefahr versteckten, als Vorbereitung, Hoffnung, Pfand, Versprechen des Kommenden."[86] Zanardelli hatte sich von der Sichtweise seiner Jugend, in Österreich die blutige Unter-

---

80 Dazu generell den kurzen, aber sehr scharfsinnigen Aufsatz von Hartmut Ullrich: L'opinione pubblica tedesca di fronte al governo Zanardelli, in: Roberto Chiarini (Hg.): Giuseppe Zanardelli, Milano 1985, S. 312–316.
81 Wedel an Bülow, 8.2.1901, PA/AA, R 7748.
82 Visconti-Venosta an seinen Bruder Giovanni, in: DDI 3/V, Nr. 63, S. 30–31.
83 Wedel an Bülow, 9.4.1901, PA/AA, R 7748.
84 Wedel an Bülow, 8.5.1901, PA/AA, R 7748.
85 Dazu unter anderem Lowe-Marzari, Italian Foreign Policy, S. 101.
86 L'inaugurazione della IV Gara di tiro a segno, Il discorso dell'on. Zanardelli, in: La Provincia di Brescia, 19.5.1902, zitiert bei Decleva, Incerto Alleato, S. 112.

drückernation zu sehen, niemals gelöst, und konnte und wollte deshalb auch nicht vergessen, daß die Einigung ohne die noch bei Österreich verbliebenen, ihm schon durch seine familiäre Situation vertrauten Gebiete unvollständig war. Seine Sympathien und Abneigungen waren seit Jahrzehnten auch allgemein bekannt. Die italienische Einheit war erkämpft worden, und Zanardelli war auch jetzt durchaus nicht zum Pazifisten geworden, sondern akzeptierte den Krieg als politisches Mittel und befürwortete auch eine militärische Erziehung.[87] Er war ein Liberaler von hohem Patriotismus, den der „Kult der privaten Interessen" anwiderte; das Vaterland war für ihn ein höherer Wert als ein „vulgärer", ichbezogener Materialismus.[88] Zanardelli war, als er Ministerpräsident wurde, schon aufgrund seines Alters, noch mehr aber in seiner gesamten geistigen Formung ein Mann der Vergangenheit; ein Repräsentant der Einigungsära und einer aussterbenden Spielart des antiklerikalen Linksliberalismus, die zunehmend neuen Strömungen Platz machte, vor allem dem aufkommenden Sozialismus.

Zanardelli war zwar kein blinder Fanatiker im Stile eines Imbriani-Poerio, hatte aber doch eindeutige Sympathien für die Irredenta.[89] Er vertrat seine allgemein bekannten Überzeugungen, das Eintreten für die Freiheit des einzelnen und die Verfassung, sein Wohlwollen für „patriotisches Gefühl" – auch der Irredentismus fiel für ihn in diese Kategorie[90] –, seinen überzeugten Nationalismus und auch entschiedenen Antiklerikalismus, mit großer Entschlossenheit. Zanardelli, ebenso wie Crispi ein alter Anhänger der „sinistra", glaubte an die großmächtige Kraft Italiens; wenn er auch weniger überspannt als Crispi war, so besaß er doch ein genauso leidenschaftliches und dominantes nationales Ehrgefühl. Sein außenpolitisches Ideal war die große Nation Italien, geliebt und als gleichberechtigt anerkannt von allen anderen europäischen Großmächten. Außenpolitisch stand er für eine entschiedene Hinwendung zu Frankreich, ohne aber diesem den alten Hegemonialstatus zubilligen zu wollen, wohl aber den der gleichberechtigten und geliebten „sorella latina"[91]. Den Vatikan wollte er isoliert und ohnmächtig sehen. Und er hatte keine Sympathien für den Dreibund, den er aber, unter reinen Nützlichkeitserwägungen und Außerachtlassung persönlicher Gefühle, für den Moment als in der Vergangenheit übernommene Verpflichtung, gelten lassen wollte. Ob er zu Beginn seiner Amtszeit den Dreibund wirklich ernstlich verlängern wollte, ist zweifelhaft. Seine irredenten Sympathien machten dies für ihn auf jeden

---

[87] Decleva, Incerto alleato, S. 112.
[88] Ebd. Dort zu Zanardellis Außenpolitik generell: Giuseppe Zanardelli: Liberalismo e politica estera, S. 109–144.
[89] Bei Lowe-Marzari, Italian Foreign Policy, wird er durchgängig als Irredentist, auf S. 82 sogar als „arch-irredentist" und auf S. 97 als „veteran irredentist" charakterisiert.
[90] Decleva, Incerto alleato, S. 114.
[91] Ebd., S. 117, 126.

Fall zu einem unangenehmen Vorgang.[92] Er ließ aber zumindest keinen Zweifel daran, daß er willens war, die italienischen Interessen mit aller Entschiedenheit gegenüber den Bündnispartnern zu vertreten. In einem international aufsehenerregenden Interview des „New York Herald" vom 25. März 1901 verlangte Zanardelli, daß die – im nächsten Jahr bevorstehende – Erneuerung des Bündnisses von ökonomischen Abmachungen, von günstigen Handelsverträgen, abhängig gemacht werden müsse.[93] Italien stünde zu seinen Verträgen, werde sich aber zukünftige Bindungen sorgfältig überlegen. Wenn die Verträge erneuert würden, dann dürften sie kein anderes Ziel als den Frieden haben. Und jeder Verdacht der Feindseligkeit gegen Frankreich, für das er, wie der Ministerpräsident betonte, persönlich lebhafte Sympathien habe, müsse ausgeräumt werden.[94] Die französische Regierung reagierte auf dieses Interview sehr positiv.[95] In Deutschland wurde es hingegen sehr ungünstig aufgenommen, und auch Gołuchowski übte öffentliche Kritik an dem Junktim zwischen politischen und ökonomischen Verträgen. Er stellte am 22. Mai 1901 vor den Delegationen unter Berufung auf die bekannten Ansichten Bismarcks fest, es sei eine noch nachzuweisende Behauptung, daß politische Allianzen von einer vollständig befriedigenden Lösung ökonomischer Fragen abhingen.[96] Dies wurde wiederum von der italienischen Regierungspresse sehr kritisch kommentiert, während die oppositionellen Blätter, zum Beispiel die Sonnino nahestehende „Italie", für diesen Standpunkt Verständnis erkennen ließen.[97]

Der Charakter einer außenpolitischen Trendwende durch die Regierung Zanardelli verstärkte sich durch die Wahl seines Außenministers, Giulio Prinetti. Der aus einer adligen norditalienischen Familie stammende Mailänder

---

[92] Bezeichnenderweise fand sich in seinem Nachlaß eine an ihn gerichtete anonyme Postkarte, auf der sich eine Allegorie Italiens und die Marianne die Hand gaben, während der anonyme Schreiber meinte, bevor nicht Österreich zumindest eine Grenzberichtigung zugestanden habe, könne ein Ministerium Zanardelli den Dreibund nicht erneuern. In: Decleva, Incerto alleato, S. 141.

[93] Auch Sonnino erinnerte an Handelsverträge und verlangte in seinem Aufsatz „Quid agendum?", man solle die Agrarzölle senken, selbst auf Kosten der Protektion der Industriegüter. Zitiert bei Candeloro, Storia 7, S. 88.

[94] Dazu auch Decleva, Incerto alleato, S. 131.

[95] Tornielli an Prinetti, 31.3.1901, in: DDI 3/V, Nr. 181, S. 94, 95. „Conosciamo del resto da lunga pezza la cordialità dei sentimenti del Presidente del Consiglio riguardo alla Francia .... Hanotaux: ‚Il movimento è dato, ora le cose cammineranno da sole.'"

[96] Salvatorelli, Triplice, S. 243; Francesco Tommasini: L'Italia alla vigilia della guerra. La politica estera di Tommaso Tittoni, 5 Bände, Bologna 1934–1941, Band 1, S. 96.

[97] Italienischer Pressekommentar zur Entgegnung Gołuchowskis: Regierungsnahe Blätter: Tribuna, Messaggero, Capitan Fracassa; oppositionelle Blätter: Popolo Romano. Italie, ausgewertet in: Wedel an Bülow, 26.5.1901, PA/AA, R 7748.

Fahrradfabrikant (Holstein nannte ihn höhnisch den „père cycliste"[98]), dem der Ruf großen Ehrgeizes voranging,[99] war das einzige Mitglied im Kabinett, das der *destra* angehörte. Infolge seines Eintritts in die Regierung hatte sich der neue Außenminister parlamentarisch weitgehend isoliert. Mit seinen Gesinnungsfreunden der *destra*, mit di Rudinì und Luzzatti, war er wegen seiner Zusammenarbeit mit Zanardelli zerfallen, ohne dafür die sichere Freundschaft der Angehörigen der *sinistra* gewonnen zu haben. Auch Sonnino war nicht bereit, Prinetti zu stützen, obwohl ihre außenpolitischen Ansichten in vielem übereinstimmten. Nicht einmal der Premier war für den Außenminister eine sichere Stütze. Zanardelli hatte ihn aus Gründen der parlamentarischen Arithmetik aufgenommen, nämlich um sein Minderheitskabinett mit einem prominenten Abgeordneten der *destra* zu stärken und die Opposition zu schwächen. Aber er war über seine Entscheidung nicht sehr begeistert und sagte zu den Kritikern dieser Berufung gleichsam entschuldigend: „Ich gab ihm doch nur die Consulta."[100] – Diese Antwort erhellt nicht nur das Verhältnis Zanardellis zu Prinetti, sondern auch das Gewicht, das der primär innenpolitisch interessierte Zanardelli seinem Außenminister einzuräumen bereit war. Zanardelli behielt sich vor, in großen außenpolitischen Entscheidungen das letzte Wort zu sprechen,[101] erörterte diese Fragen stets von einem juristisch-dogmatischen Standpunkt aus und brachte seinen Außenminister damit mehr als einmal an den Rand der Verzweiflung.[102]

Seine parlamentarische Ausgangsbasis setzte Prinetti unter beträchtlichen Erfolgsdruck. Er wollte aber seine Aufgabe durch energisches Zupacken lösen. Prinetti galt als übertrieben, als schon gefährlich selbstbewußt, wie sein Vorgänger, Visconti-Venosta, kritisierte.[103] Während seine Anhänger seine Dynamik lobten,[104] wurde er von seinen politischen Gegnern gern als lächerliche Figur dargestellt und mit einem „Elefanten im Porzellanladen" verglichen.[105]

---

98 Holstein an Bülow, 26[?].2.1902, Holstein, Geheime Papiere 4, Nr. 800. Ebenso Bülow, der abschätzig vom „Mailänder Fahrradfabrikanten" sprach, Bülow an Alvensleben, 23.2.1902, GP 18/2, Nr. 5726.
99 Wedel an Bülow, 14.11.1900, PA/AA, R 7748, sprach einige Monate vor der Regierungsbildung sogar von dem „nach der Macht lechzenden, konservativen Abgeordneten Prinetti".
100 Zitiert bei Lowe-Marzari, Italian Foreign Policy, S. 82.
101 Dazu: Decleva, Incerto Alleato, S. 133–137.
102 Dazu auch Behnen, Rüstung, S. 53.
103 Visconti-Venosta an seinen Bruder Giovanni, 24.2.1901, in: DDI 3/V, Nr. 63, S. 30–31. Visconti-Venosta berichtet aber in demselben Brief, daß Prinetti zu Beginn seiner Amtszeit sehr vorsichtig und auch wegen kleinerer Vorfälle fast schon überbesorgt war.
104 „Uomo di forte fibra, pieno d'energia e di fattività", capace di fare „un ritmo piú rapido allo svolgimento della nostra politica internazionale." (L'Alba, 18.4.1901, Zanardelli e Prinetti, zitiert bei Decleva, Incerto Alleato, S. 115.)
105 Lowe-Marzari, Italian Foreign Policy, S. 82.

Prinetti war zwar ein „homo novus" in der Consulta,[106] aber außenpolitisch trotzdem kein unbeschriebenes Blatt. Er hatte sich in seiner parlamentarischen Vergangenheit scharf gegen den Dreibund ausgesprochen. In Frankreich verschaffte ihm das einen gewaltigen Bonus, und der französische Außenminister Delcassé zeigte sich über Prinettis Berufung hellauf begeistert.[107] Am 1. April schrieb Barrère aus Rom sogar: „Alles läuft gut. Die Stimmung ist exzellent, wir haben die Zügel in der Hand und Sie wissen, daß ich nicht der Mann bin, sie wieder abzugeben. Seit 20 Jahren war unsere Stellung hier nicht mehr so stark."[108] Die französische Selbstsicherheit erhöhte sich weiter, als eine italienische Flotte im April 1901 den französischen Präsidenten Loubet in Toulon besuchte und dieser einen herzlichen Toast auf die italienisch-französische Freundschaft ausbrachte.[109] Dieses Ereignis wurde in Italien von mancher Pressestimme fälschlich als Umschwung der gesamten Politik gewertet.[110] In Wahrheit handelte es sich dabei um einen Höflichkeitsbesuch, nämlich um die Erwiderung des französischen Flottenbesuchs in Cagliari im Jahre 1899.[111] Die französische Diplomatie neigte aber dazu, ihren Erfolg zu überschätzen und Italien schon gänzlich in ihrem Schlepptau zu sehen.[112] In Wien und Berlin

---

106 Behnen, Rüstung, S. 52, spricht vom „viel belächelten, impulsiven und ehrgeizigen homo novus in der Consulta".
107 Tornielli an Prinetti, 31.3.1901, in: DDI 3/V, Nr. 181, schrieb, daß Delcassé ihm sagte: „... tutto ciò che Barrère mi scrive dell'attuale Ministro degli affari esteri, è eccellente."
108 Barrère an Delcassé, 1.4.1901: „Tout va bien. L'air ambiant est excellent, nous tenons la corde et vous savez que je ne suis pas homme à la lacher. Jamais depuis 20 ans notre situation ici n'a été aussi forte." In: Aldo Mola, Il Parlamento Italiano, Bd. 7, S. 123, nach den DDF. Allerdings war Barrères Haltung nicht frei von Schwankungen; später meinte er sogar, Prinetti sei für Frankreich ein zweifelhafter und unsicherer Verhandlungspartner, in dessen Händen sich der Dreibund wiederbelebe. In: Tommasini, L'Italia alla vigilia 1, S. 96 f.
109 Dazu auch Salvatorelli, Triplice, S. 240 f.
110 Decleva, Incerto alleato, S. 114. Als Kommentar zu dem Besuch in Toulon schrieb der radikale „Secolo": „L'Italia nuova che agogna di essere amica di tutte le nazioni, schiava di nessuna, l'Italia democratica s'impone oggi agli stessi governi." Der deutsche Botschafter in Rom, Wedel, befürchtete, die Feiern würden den „Größenwahn in manchen italienischen Schichten" fördern und den Preis der italienischen Freundschaft verteuern. In: Wedel an Holstein, 12.4.1901, in: Holstein, Geheime Papiere 4, Nr. 770.
111 Currie an Lansdowne, BD I, Nr. 352, S. 283.
112 Als im März 1901 Außenminister Delcassè unter Hinweis auf die herzlichen Gefühle in der öffentlichen Meinung in beiden Ländern den Dreibund für praktisch tot erklärte, erntete er den sofortigen und entschiedenen Protest seines Gesprächspartners, des nicht sehr dreibundfreundlichen italienischen Botschafters Tornielli. Delcassès Ansicht habe kein Fundament, denn Italien, das wie jedes andere Land einen stabilen Frieden brauche, sei nicht gleichgültig gegen die seit 20 Jahren genossenen Wohltaten des Dreibunds. Zwar sei er, Tornielli, in den Vorjahren wegen der deutsch-englischen Spannungen beunruhigt gewesen, doch jetzt seien auch diese ausgestanden und die Lage wieder normal. Der Botschafter konzedierte zwar, daß die Annäherung der Regierungen auch zu einer Annäherung der Völker geführt

wurden diese Vorgänge hingegen mit wachsender Skepsis beobachtet. Während die deutsche Presse und Öffentlichkeit den Regierungsantritt Zanardellis eher beiläufig und desinteressiert zur Kenntnis nahm,[113] äußerte sich in der deutschen und österreichischen Diplomatie[114] und in der Wiener Presse Mißtrauen gegen den neuen politischen Kurs Italiens seit dem Regierungsantritt Vittorio Emanueles und besonders gegen den neuen Außenminister.[115] Prinettis Amtsantritt war vor allem in Wien nicht gerade mit Jubel aufgenommen worden, und Kaiser Franz Joseph äußerte sein Erstaunen über diese Berufung[116]. Prinetti suchte dem verständlichen Mißtrauen der Verbündeten durch entsprechende Loyalitätserklärungen vorzubeugen und versicherte dem deutschen Botschafter im Mai 1901: „Er stehe fest auf dem Boden des Dreibundes und werde daraus, trotz der zu erwartenden Angriffe der äußersten Linken gegen denselben, in seinen Ausführungen kein Hehl machen."[117] Im Juni 1901 erklärte er auch im Parlament, er habe einen Fehler gemacht, den Dreibund 1891 zu verurteilen; er habe inzwischen entdeckt, daß er für Italien keine Belastung sei. Und er betonte, daß „die Fakten klar herausgestellt hätten, daß die engsten Verbindungen mit Frankreich perfekt mit dem Dreibund zu vereinen sind"[118]. Durch diese Erklärungen konnte er natürlich den Verdacht der Verbündeten nicht so einfach ausräumen, Italien drifte vom Dreibund weg. Diese Ansicht war jedoch unberechtigt, obwohl sie auch von der französischen Diplomatie geteilt wurde. Zwar hegten Prinetti und Zanardelli erklärtermaßen mehr persönliche Sympathien für Frankreich als für Deutschland, um von Österreich-Ungarn ganz zu schweigen. Auf einer rein emotionalen Ebene wurde die auf prodeutschen Gefühlen aufbauende „teutonische Politik" der Crispi-Ära durch einen frankophilen Kurs abgelöst; durch Sympathien für die „lateinische Schwester"[119], die durch den Enthusiasmus über den jüngst erreichten Ausgleich nach fast zwanzig Jahren der Spannung doppelt wirkte.

---

habe – doch mit dieser Feststellung vergab er sich politisch nichts. Tornielli an Prinetti, 31.3.1901, in: DDI 3/V, Nr. 181, S. 94, 95.
113 Lanza an Prinetti, 20.2.1901, DDI 3/V, Nr. 30, S. 14.
114 Salvatorelli, Triplice, S. 241.
115 Die österreichische Zeitung „Reichswehr" vom 9.8.1901 schrieb: „König Victor Emanuel hat sich in Herrn Prinetti einen Minister des Auswärtigen erwählt, der auf seine Dreibundfreundlichkeit bisher noch nicht geprüft werden konnte, von dem man aber aus seinen eigenen Reden weiß, daß er für Frankreich und das mit ihm alliierte Rußland die stärksten Sympathien besitzt, und der bei entsprechenden Gelegenheiten, wie bei der Flottenrevue zu Toulon, daraus gar kein Hehl machte." In: PA/AA, R 9110.
116 Salvatorelli, Triplice, S. 238; DDF II/1, Nr. 120.
117 Wedel an Bülow, 29.5.1901, PA/AA, R 7748: „Zudem sei seine Position jetzt durch die hinsichtlich der Erneuerung der Handelsverträge abgegebenen, beruhigenden Erklärungen des Grafen Gołuchowski wesentlich erleichtert und gestärkt."
118 Zitiert bei Lowe-Marzari, Italian Foreign Policy, S. 83.
119 Decleva, Incerto alleato, S. 114.

Aber die realen Auswirkungen dieses Trends wurden von deutschen und österreichischen Beobachtern überschätzt[120]. Denn letztlich ließ sich Prinetti, wie schon sein Vorgänger Visconti-Venosta, von Nützlichkeitserwägungen leiten und dachte deshalb nicht daran, den Dreibund aufzugeben, der Italien internationalen Rückhalt gab. Die wahrscheinlichste Alternative zum Bündnis – eine Neutralitätspolitik – war wenig verlockend, da Italien dann zur „quantité negligeable" geworden wäre und international noch weniger Beachtung gefunden hätte, als dies ohnehin schon der Fall war. Ein ebenfalls denkbares Bündnis mit Frankreich mußte zu Spannungen mit den ehemaligen Verbündeten und zur vollständigen Abhängigkeit von der „lateinischen Schwester" führen; und das wollte innerhalb der „classe politica" niemand. Außerdem, und da lag der entscheidende Punkt, schlossen sich doch Dreibund und Annäherung an Frankreich gar nicht aus. Deshalb entschied sich die italienische Diplomatie dafür, die bestehenden Allianzen und die neuen Freundschaften gleichermaßen zu pflegen. „Alleanze ed amicizie" – diese Formel wurde bald schon zum geflügelten Wort, um die neuen Verhältnisse zu beschreiben. Diese Überlegungen hatten schon Visconti-Venosta bewogen, am Dreibund festzuhalten, obwohl er ebenso wie Prinetti und Zanardelli persönliche Sympathien für Frankreich hatte. Diese Politik schien Visconti derart logisch und zwingend, daß er vor seinem Ausscheiden die deutschen und österreichischen Diplomaten beruhigte; wer ihm auch immer nachfolge, „die allgemeine Orientierung der auswärtigen italienischen Politik werde dieselbe bleiben, weil sie unter Berücksichtigung aller Faktoren dieselbe bleiben muß."[121]

Es ist natürlich nicht verwunderlich, daß die diplomatische Szene in Rom das Ausscheiden des sehr kompetenten Außenministers Visconti-Venosta zunächst sehr bedauert hatte. Sogar Barrère beklagte zunächst seinen Abgang;[122] um so mehr die deutschen und österreichischen Diplomaten.[123] Und wie nicht anders zu erwarten, wurde der unerfahrene Prinetti an seinem Vorgänger, dem erfahrensten Außenpolitiker Italiens, gemessen. Trotzdem schnitt er in der Beurteilung der Diplomaten, die ihn kannten, zunächst nicht schlecht ab.[124] Der österreichische Botschafter Pasetti war durch das energische Auftreten des „Kraftmenschen" Prinetti tief beeindruckt,[125] und sein

---

120 Nigra an Prinetti, 13.1.1902, in: DDI 3/VI, Nr. 38, berichtete über das Mißtrauen der deutschen und österreichischen Zeitungen gegen die Absichten der italienischen Regierung.
121 Wedel an Hohenlohe-Schillingsfürst, 19.6.1900, PA/AA, R 7748.
122 Salvatorelli, Triplice, S. 239.
123 Wedel an Hohenlohe-Schillingsfürst, 19.6.1900, PA/AA, R 7748.
124 Nigra machte für Prinetti Werbung: Er empfahl ihn Wedel „als einen ehrlichen, zuverlässigen und unbedingt auf dem Boden unserer Allianzen stehenden Mann". In: Wedel an Bülow, 14.5.1901, GP 18,2, Nr. 5705.
125 Maximilian Claar: Zwanzig Jahre habsburgischer Diplomatie in Rom (1895–1915). Persönliche Erinnerungen, in: Berliner Monatshefte 15 (1937), S. 539–567, S. 545.

deutscher Kollege Wedel urteilte im Mai 1901, daß Prinetti sich „bei Erweiterung seiner Geschäftskenntnisse zu einem guten Minister entwickeln" werde.[126] Er glaubte nicht, daß Prinetti „ein doppeltes Spiel [zwischen Deutschland und Frankreich] zu treiben gedenkt ... doch glaube ich, daß er aus Mangel an Erfahrung noch nicht volle Klarheit über die Grenzen gewonnen hat, die der Kultivierung der französischen Freundschaft durch die moralischen Pflichten gegen die Alliierten gezogen werden"[127].

Prinetti bewegte sich, was das Verhältnis zu den europäischen Großmächten anging, in den politischen Bahnen, die Visconti-Venosta vorgezeichnet hatte. Anderseits wollte er aber über die Politik Visconti-Venostas hinausgehen. Die Ursache dafür lag darin, daß er, anders als sein Vorgänger, einer „aktiven" Politik den Vorzug gab, ja geben mußte, um seine Stellung durch Erfolge festigen zu können.[128] Prinetti suchte diese auf allen klassischen Feldern der italienischen Außenpolitik gleichzeitig, vor allem aber in Tripolis. Dort wollte er einerseits die bestehenden deutschen und französischen Zusagen erweitern, andererseits auch englische und österreichische Garantien erhalten. Anders als Visconti-Venosta dachte Prinetti auch nicht mehr an bloße Absicherungen vor fremdem Zugriff, sondern sogar an einen baldigen Eroberungszug nach Tripolitanien. Ursache dafür war, daß er Tripolis als dünn besiedeltes und fruchtbares Land sah, das als Siedlungskolonie für die 180.000–200.000 Auswanderer pro Jahr dienen solle.[129] Deutscherseits stieß diese Absicht Prinettis nicht gerade auf Zustimmung; hier wurde befürchtet, ein Krieg gegen den Sultan würde die Orientfrage aufrollen, und im übrigen sei das Ganze ein geplanter „Raub", ein „Beutezug", den der Dreibund absichern solle, ohne daß Deutschland oder Österreich davon etwas hätten.[130]

Auch gegenüber der englischen Diplomatie versuchte Prinetti die Zustimmung für eine effektive italienische Verwaltung in Tripolis unter der nomi-

---

126 Wedel an Bülow, 29.5.1901, PA/AA, R 7748: „Im Laufe meines amtlichen Verkehrs mit Herrn Prinetti ist derselbe stetig in meiner Wertschätzung gestiegen, da ich in ihm nicht nur einen Herrn von gutem Willen, sondern vor Allem auch einen sicheren Mann erkannt habe, der sich bei Erweiterung seiner Geschäftskenntnisse zu einem guten Minister entwickeln würde. Herr Prinetti ist dabei willenskräftig und ein geschworener Feind jeder Korruption. Als Fehler haftet ihm für seine jetzige Stellung vielleicht ein hin und wieder etwas überschäumendes Temperament an, obgleich dasselbe bisher im Verkehr mit den fremden Diplomaten niemals zum Ausdruck gekommen ist ... Da man nicht weiß, wer an Herrn Prinettis Stelle treten würde, umsomehr als die Zahl der hierzu geeigneten Männer eine überaus beschränkte ist, so würde ich seinen Rücktritt lebhaft bedauern, obgleich ich ihn lieber nicht in der Gesellschaft des Herrn Giolitti sähe."
127 Vergleiche auch Behnen, Rüstung, S. 60.
128 Lowe-Marzari, Italian Foreign Policy, S. 83.
129 Wedel an Bülow, 27.12.1901, GP 18/2, Nr. 5843.
130 Aufzeichnung Holsteins, 31.12.1901, GP 18/2, Nr. 5844.

nellen Oberhoheit des Sultans zu gewinnen.[131] Eine Folge von Prinettis fortgesetzten Bemühungen war eine englische Erklärung vom 11. Mai 1902, in der erklärt wurde, die britische Regierung sei an der Erhaltung des Status quo interessiert; seien Veränderungen aber irgendwann unvermeidlich, so sollten diese in Tripolis gemäß den italienischen Interessen vorgenommen werden. Diesen Erfolg nutzte Prinetti sogleich, um vor der Kammer zu verkünden, die italienisch-britischen Beziehungen seien nun herzlicher denn je.[132] Auch gegenüber dem deutschen Botschafter erörterte Prinetti ganz offen die Frage einer Inbesitznahme von Tripolis und diskutierte, ob dies gewaltsam geschehen solle oder nach friedlicher Übereinkunft mit dem Sultan,[133] der er bei weitem den Vorzug gab, was indessen von deutscher Seite für unrealistisch gehalten wurde. Die Türkei könne Gebiet nur nach einem verlorenen Krieg abtreten.

Allerdings hinderte der Widerstand des Ministerpräsidenten Prinetti an der Realisierung expansiver Pläne Richtung Tripolis, obwohl der Außenminister einwarf, er habe schon den Kriegs- und den Marineminister für sein Vorhaben gewonnen. Zanardelli entgegnete nur knapp: „Und den Finanzminister?" Der Ministerpräsident hielt den Plan einer Invasion in Tripolitanien für die „Ideen eines Verrückten" („idee da matto") und gab bei dieser Gelegenheit an Prinetti das Motto aus: „Keine Verrücktheiten, keine Feigheiten." („Nessuna pazzia, nessuna vigliaccheria.")[134] Zanardelli wollte wohl das Prestige des Landes gewahrt sehen, aber keine Verstrickung Italiens in unüberschaubare außenpolitische Abenteuer dulden.[135]

Jenseits dieses gefährlichen Anfalls kriegerischer Abenteuerlust – die von ihm übrigens energisch dementiert, aber überall geglaubt wurde, die Engländer entsandten sogar als Warnung zwei Kriegsschiffe nach Tripolis[136] – hatte Prinetti noch weitere Pläne: Er wollte den im italienischen Finanzministerium entwickelten Plan umsetzen, die inzwischen auf den internationalen Geldmärkten stark gesunkenen Zinssätze zu nutzen, um die hochverzinsten italienischen Anleihen in solche mit günstigeren Bedingungen zu konvertieren. Dafür aber brauchte die italienische Staatsfinanz zunächst Geld zum Auslösen der alten Anleihen. Dieses sollte auf dem französischen Finanzmarkt aufgebracht werden. Die Hoffnung, die Zinsbelastung der Staatskasse wesentlich senken zu können, wurde ein weiteres ausgesprochenes Ziel der italienischen Außenpolitik.[137]

---

131 Salvatorelli, Triplice, S. 248.
132 Ebd., S. 248.
133 Wedel an Bülow, 27.12.1901, GP 18/2, Nr. 5843.
134 Decleva, Incerto alleato, S. 134.
135 Ebd., S. 135.
136 Scaniglia an Prinetti, 19.1.1902, DDI 3/VI, Nr. 54. Dementi aggressiver Absichten: Prinetti an Nigra, 10.1.1902, ebenda, Nr. 29.
137 Dazu ausführlich Behnen, Rüstung, S. 19–100.

> Ich kann Ihnen die feierliche Versicherung geben, und zwar auch im Namen meines Königs, daß ich wohl bereit bin, die Freundschaft Frankreichs für den Dreibund zu opfern, niemals aber den Dreibund für die Freundschaft Frankreichs.
>
> Prinetti, am 25. Dezember 1901

> Der Dreibund erfreut sich aber noch immer des besten Wohlseins, und ich denke und hoffe, es wird ihm so gehen, wie solchen Personen, die fälschlich totgesagt werden und nun erst recht lange leben.
>
> Bülow vor dem Deutschen Reichstag, am 8. Januar 1902

d) Prinetti, die Dreibundverlängerung 1902 und die italienische „Extratour" mit Frankreich

Die wahrscheinlich bedeutsamste außenpolitische Frage, mit der sich Prinetti während seiner Amtszeit konfrontiert sah, bestand in der Erneuerung des Dreibunds. Das Bündnis lief, sollte es nicht verlängert werden, im Mai 1903 ab. Die anstehenden Verhandlungen waren in mehrerer Hinsicht der Testfall dafür, wie sich „alleanza" und „amicizie" in der Praxis vertrugen, und zeigen auch exemplarisch, wie der Dreibund in Rom, Berlin und Wien bewertet wurde.

Es lag an Prinetti, über das Ob und die Modalitäten der Verlängerung nachzudenken. Wie es in der Tradition der bisherigen Neuverhandlungen lag, wollte auch er für Italien dabei mancherlei Verbesserungen herausholen. Allerdings war er in vielerlei Hinsicht innen- und außenpolitisch konditioniert, und zwar in einem Umfang, der es erforderlich macht, erst die Grenzen seiner Wahlfreiheit zu skizzieren, dann seine Ziele selbst.

Um bei der Innenpolitik anzufangen: Zanardelli hatte, wie bereits erwähnt, eindeutig und öffentlich ein Junktim zwischen der Erneuerung der Allianz und der Erneuerung günstiger Handelsverträge hergestellt und für seinen Außenminister verbindlich gemacht. Denn kurz nach dem Dreibund liefen auch die Handelsverträge mit Deutschland und Österreich-Ungarn aus, letzterer besonders heikel, weil damit eine für Süditalien günstige Weinklausel zur Disposition gestellt zu werden drohte. Nach den Erfahrungen des französisch-italienischen Handelskrieges war es verständlich, daß die italienische Regierung die Wiederholung solcher Vorgänge befürchtete und vor allem die absurde Situation zu vermeiden suchte, einen Handelskrieg gegen eine verbündete Macht führen zu müssen. Prinetti versuchte nun, durch seinen eigenen Ministerpräsidenten darauf verpflichtet, die gleichzeitige Erneuerung der Handelsverträge bei den Verbündeten durchzusetzen.

Allerdings konnte er den Allianzpartnern gegenüber auch nicht zu massiv auftreten. Die überwältigende Mehrheit im italienischen Parlament verlangte von ihm, einen akzeptablen Mittelweg zwischen der neuerworbenen französischen Freundschaft und der Triplice zu finden. Die Verbesserung der Beziehungen zu Frankreich wurde zwar von der Majorität der Abgeordneten begrüßt und erwartet, aber nicht die exklusive Orientierung nach Paris. Nur die kleine Gruppe der Radikalen, die nach dem Duelltod Cavallottis im Mai 1898 ihre brillanteste Führungsfigur verloren hatten, befürwortete eine Neutralitätspolitik.[138] Die breite Parlamentsmehrheit wollte aus den bereits genannten Gründen am Bündnis festhalten; aus Angst vor Isolierung und vor der deutschen und vor allem der österreichischen Feindseligkeit. Es wurde außerdem allgemein befürchtet, die Franzosen würden die italienische Isolierung sofort ausnutzen, um die Halbinsel in eine vasallenhafte Abhängigkeit zurückzustoßen.[139] Schon die zu Zweifeln und Spekulationen Anlaß gebende Haltung Prinettis und die ostentative Frankophilie der Regierung war vielen italienischen Politikern zu weit gegangen.[140]

Auf der anderen Seite durfte Prinetti auch die Franzosen nicht verärgern, und zwar aus gleichermaßen innen- wie außenpolitischen Gründen. Die Regierung Zanardelli war ein Minderheitskabinett und deshalb auf die Stimmen der frankophilen Radikalen angewiesen; diese drohten abzufallen, sollte die Regierung gegenüber Frankreich auf einen schroffen Konfrontationskurs gehen. Außerdem war das Kabinett sehr daran interessiert, die Rentenkonversion voranzubringen; dazu sollte eine große Anleihe auf dem französischen Geldmarkt, wo die italienische Rente gerade stieg, aufgenommen werden. Wohlverhalten gegen Frankreich war deshalb das Gebot der Stunde. Diese ökonomischen und finanzpolitischen Gründe verboten gleichermaßen, die junge Freundschaft zu Frankreich irgendwelchen Gefährdungen auszusetzen. Hinzu kam aber auch noch das aktive Drängen der französischen Diplomatie. Der französische Botschafter Barrère wollte dem Dreibund jede aggressive Spitze nehmen und von Italien ein Neutralitätsversprechen für den Fall eines deutsch-französischen Krieges erhalten. Er verlangte von Prinetti, den Drei-

---

138 Decleva, Incerto alleato, S. 146 ff.
139 Dazu ebd., S. 114 f.
140 Im März 1902 warnte die „Perseveranza" in einem von Visconti-Venosta und Luzzatti geschriebenen oder inspirierten Artikel vor den Risiken eines radikalen Wechsels der italienischen Außenpolitik, und im Mai schrieb der „Corriere della Sera": „Der Dreibund brachte uns Frieden, Achtung und handfeste ökonomische Vorteile ... In einem Richtungswechsel sehen wir dagegen nichts als Gefahren." In: Lowe-Marzari, Italian Foreign Policy, S. 85. Ähnlich Visconti-Venosta in einem Gespräch mit Wedel, in: Wedel an Bülow, 19.1.1902, GP 18/2, Nr. 5719.

bund umzubauen, animierte seinen Außenminister zu entsprechenden Vorstößen und drohte mit finanzpolitischen Repressalien,[141] während der italienische Außenminister auch öffentlich erklärte, das Bündnis vertrage sich mit der Freundschaft zu Frankreich.[142] Immerhin sagte Prinetti Barrère und den ihn unterstützenden russischen Diplomaten im August 1901 zu, der Vertrag werde nach seiner Verlängerung zu publizieren sein und auch die Franzosen würden an ihm nichts auszusetzen haben.[143] Barrère und Außenminister Delcassé gaben sich deshalb um die Jahreswende 1901/02 betont optimistisch und äußerten sich auch öffentlich über die guten italienisch-französischen Beziehungen.[144] Barrère wollte mehr, als die französische Sicherheit verbessern; er wollte den Boden für eine eventuelle „Revanche" bereiten und die italienische Neutralität auch für den Fall gewährleisten, daß Frankreich angriffe.[145]

Um diesen Forderungen der Partner und der Franzosen gleichermaßen gerecht zu werden, wollte Prinetti den Dreibund zwar verlängern, aber den Italienern, den Franzosen und ganz Europa als ausgesprochenes Friedensbündnis verkaufen. Deshalb dachte er daran, eine entsprechende Präambel für den Vertrag zu entwerfen, in der die friedlichen Tendenzen des Dreibunds unterstrichen werden sollten, und diese dann zu veröffentlichen. Dies würde die Franzosen beruhigen.

Die an ihn herangetragenen Wünsche der Bündnispartner, der Franzosen und Zanardellis waren schwer unter einen Hut zu bringen. Doch Prinetti wollte noch mehr. In der Tradition der bisherigen Vertragsverlängerungen lag es, Zusatzforderungen zu stellen. Und so verlangte er auf dem Balkan, und ganz besonders an der Adriaküste und in Albanien, von Österreich-Ungarn eine Status-quo-Garantie oder zumindest ein italienisches Mitspracherecht im Fall von machtpolitischen Veränderungen. Er dachte sogar daran, das Deutsche Reich in diese Balkan-Garantie miteinzubeziehen, und hoffte dabei auf österreichische Sympathie. Prinetti war gegen jede Konzession an Rußland in der Meerengenfrage[146] und wollte den Dreibund als Instrument nutzen, um jedem Vordringen des Zarenreiches Richtung Mittelmeer einen massiven Riegel vorzuschieben. Er befürchtete, Rußland könne sonst das Gleichgewicht im Mittelmeer verändern und dadurch Italiens Großmachtsta-

---

141 Salvatorelli, Triplice, S. 245.
142 Ebd., S. 243 f., unter Verwendung der DDF.
143 Ebd., S. 245.
144 Ebd., S. 249 f.
145 Albertini, Origins 1, S. 132; Salvatorelli, Triplice, S. 240.
146 Wedel an Bülow, 5.1.1902, GP 18/2, Nr. 5711, mit Prinettis Besorgnis über den russischen Einfluß auf den Balkan. Zu Konstantinopel: Wedel an Bülow, 22.1.1902, ebenda, Nr. 5720; dito, 24.2.1902, ebenda, Nr. 5727. Holstein an Bülow, 21.10.1908, Geheime Papiere 4, Nr. 1145, S. 527, verdächtigte Prinetti, auch in der Konstantinopel-Frage in Absprache mit Barrère zu handeln.

tus gefährden. Doch richteten sich seine Bemühungen, den Status quo auf dem Balkan zu zementieren, gleichermaßen gegen Österreich-Ungarn, dem in Italien nach wie vor Ausdehnungsbestrebungen sei es nach Albanien, sei es nach Saloniki unterstellt wurden. Und sie richteten sich gegen die später noch näher zu behandelnde russisch-österreichische Zusammenarbeit auf dem Balkan, deren Exklusivität für die italienische Regierung ein Gegenstand schwerer Sorge war.

Damit nicht genug, wollte Prinetti außerdem die bisherigen Klauseln des Dreibundvertrages über Tripolis so ausbauen, daß die bisherige Dreibundgarantie, die für den Fall einer französischen Expansion gedacht war, auch dann gelten sollte, wenn Italien ohne vorherige Komplikationen mit Frankreich von sich aus in Tripolis einfalle.

Bei genauem Hinsehen läßt sich in Prinettis Zielsetzung ein Widerspruch erkennen. Denn einerseits wollte er den Franzosen ein Friedensbündnis vorführen, das nichts Aggressives gegen sie enthalte, andererseits aber nicht auf die für Italien vorteilhaften Vertragsbedingungen über Tripolis verzichten, die die Veröffentlichung des gesamten Vertrages unmöglich machten, und diese Klauseln sogar noch in eine potentiell aggressive Richtung ausbauen. Es wäre natürlich möglich gewesen, den Verbündeten vorzuschlagen, den gesamten Vertrag so umzuschreiben, daß eine Veröffentlichung möglich gewesen wäre; Prinetti hätte dabei auf das Vorbild des Zweibundvertrages verweisen können. Doch hätte dies nicht nur den Verzicht auf neue Forderungen, sondern sogar die Preisgabe der von Prinettis Vorgängern, vor allem Robilant, ausgehandelten Sonderbestimmungen bedeutet. Dies kam für die italienische Regierung nicht in Frage, und Prinetti schloß deswegen aus, den gesamten Vertrag zu veröffentlichen.[147]

Insgesamt hatte Prinetti bei der Neuverhandlung des Dreibundvertrages eine Vielzahl unterschiedlicher Interessen zu berücksichtigen, die komplizierte Verhandlungen erwarten ließen. Er ging die schwierige Aufgabe trotzdem mit Optimismus an. Er vertraute auf den kollegialen Geist der Verbündeten und beschloß, gegenüber der deutschen und österreichischen Diplomatie mit offenen Karten zu spielen. Schließlich hatten Wien und Berlin in der Ära Crispi die Italiener immer wieder ermahnt, sich um ein besseres Verhältnis zu Frankreich zu bemühen. Jetzt war dieses Verhältnis hergestellt und Italien aus einer schwer erträglichen Situation herausgekommen. Prinetti nahm nun an, daß die Verbündeten Verständnis dafür haben würden, daß er auf ein möglichst gutes Verhältnis zu Frankreich achten müsse. Er bemühte sich deshalb auch nicht, die italienisch-französische Annäherung irgendwie zu verbergen

---

147 Wedel an Auswärtiges Amt, 9.1.1902, GP 18/2, Nr. 5714. Im übrigen, und darauf wurde Prinetti von Reichskanzler Bülow hingewiesen, hatten Franzosen und Russen ihren Vertrag auch nicht veröffentlicht. Dazu auch Wedel an Bülow, 5.1.1902, GP 18/2, Nr. 5711.

und veröffentlichte am 14. Dezember 1901 die bisher geheime Vereinbarung zwischen Visconti und Barrère über Tripolis, um den Vertrag für die Franzosen bindender zu machen.[148] Und zum deutschen Botschafter sagte Prinetti Anfang Januar 1902, der Dreibund könne erneuert werden, sobald die deutsch-italienischen Handelsbeziehungen geregelt seien. „Er habe völlig freie Hände und nur Herrn Barrère hätte er das Versprechen gegeben, daß der Vertrag nichts Aggressives gegen Frankreich enthalten werde."[149] Er hielt diese Forderung für legitim, zumal er am ersten Weihnachtsfeiertag 1901 dem deutschen Botschafter folgende Loyalitätserklärung abgegeben hatte: „Ich kann Ihnen die feierliche Versicherung geben, und zwar auch im Namen meines Königs, daß ich wohl bereit bin, die Freundschaft Frankreichs für den Dreibund zu opfern, niemals aber den Dreibund für die Freundschaft Frankreichs."[150]

Mit diesen Bemerkungen waren die Neuverhandlungen eingeläutet und die beiden italienischen Hauptforderungen auf dem Tisch. Prinetti glaubte, die Verhandlungen würden kurz sein, denn es gäbe ja nur wenige Punkte zu klären.[151] In Wahrheit hatte Prinetti mit der Annahme, die Verbündeten würden seinen Kurs stützen, einen schweren Fehler begangen. Denn gegenüber der deutschen Seite auf die französischen Wünsche zu verweisen und um Berücksichtigung zu bitten, war eine absolut verfehlte Taktik. Der deutsche Botschafter in Rom, Wedel, empfand diese Vorgehensweise als „töricht",[152] und Bülow ironisierte diese Vorschläge mit der Feststellung, daß „Herr Barrère als Berater des Herrn Prinetti für die Formulierung eines neuen Dreibundvertrages" auftrete.[153] Außerdem sei der Dreibund seit jeher ein Defensivbündnis; das Versprechen gegenüber Barrère, der Vertrag werde „nichts Aggressives" gegen Frankreich enthalten, deshalb unverständlich.[154] Eine weitere unmittelbare Folge war, daß die deutsche Diplomatie mißtrauisch und vorsichtig wurde. Vor allem hatte Prinetti seine Rechnung nicht mit dem deutschen Prestigedenken gegenüber Frankreich gemacht, als dessen Vorreiter sich die Graue Eminenz des Auswärtigen Amtes, Friedrich v. Holstein, profilierte. Dieser war der Ansicht, die deutsche Regierung dürfe jetzt Italien keinesfalls entgegenkommen, weil sonst Prinetti und vor allem Delcassé und Barrère behaupten könnten, der Dreibundvertrag sei auf ihren Einspruch hin verändert worden. Dies wiederum empfand Holstein als „Blamage vor der ganzen Welt", als unerlaubtes Nachgeben gegenüber französischen Pressio-

---

148 Salvatorelli, Triplice, S. 246, unter Verwendung der französischen Dokumente (DDF II,1.)
149 Wedel an Bülow, 5.1.1902, GP 18/2, Nr. 5711, mit Randbemerkung Holsteins.
150 Wedel an Bülow, 26.12.1901, GP 18/2, Nr. 5842.
151 Wedel an Bülow, 9.1.1902, GP 18/2, Nr. 5846.
152 Wedel an Bülow, 5.1.1902, GP 18/2, Nr. 5711.
153 Bülow an Wedel, 9.1.1902, GP 18/2, Nr. 5712. Auch Aufzeichnung Bülows, 12.1.1902, ebenda, Nr. 5715, mit entsprechenden Äußerungen Bülows gegenüber Lanza.
154 Wedel an Bülow, 5.1.1902, GP 18/2, Nr. 5711.

nen.[155] Ein Nachgeben sei außerdem gar nicht erforderlich. Holstein verwies auf die innenpolitischen Zwänge, denen Prinetti ausgesetzt sei, und schlug Bülow vor, diese schonungslos auszunutzen. Der Erfolg werde nicht ausbleiben: „Fünf zu eins, daß Prinetti nachgibt. Tut er es nicht, stocken die Verhandlungen, so lassen Sie sich im Reichstag interpellieren und bekommen für jene beiden Forderungen sicher die Zustimmung der Majorität, während in Italien di Rudinì und Luzzatti voraussichtlich den Anlaß benutzen werden, um Prinetti zu stürzen. Denn die Majorität der Italiener möchte mit Frankreich schachern und kokettieren, aber beileibe nicht mit Frankreich allein sein."[156] Holstein vertrat diese Ansicht mit ungeheurer Hartnäckigkeit und riskierte sogar den Bruch mit Bülow.

Der Reichskanzler vertrat nämlich eine etwas konziliantere Haltung und wäre bereit gewesen, Prinetti in ungefährlichen Kleinigkeiten entgegenzukommen. Indes ließ er sich von Holstein umstimmen. Das Resultat war der Bankrott von Prinettis Verhandlungsstrategie; die deutsche Verhandlungsposition war absolut unnachgiebig, und Bülow ließ deutlich werden, daß er lieber das Bündnis kündigen werde, als den Forderungen Prinettis nachzukommen.[157]

Die deutsche Diplomatie ging ohnehin unwillig an die Verhandlungen heran. Zu Beginn des Jahres 1902 wurde im Auswärtigen Amt sogar geprüft, ob nicht in den Dreibundvertrag eine automatische Verlängerungsklausel hineingelesen werden könne; doch scheiterte dies an den letztlich zu klaren Formulierungen und am vorauszusehenden Einspruch der österreichischen und italienischen Diplomatie.[158] Die Berliner Zentrale hätte viel darum gegeben, die vorauszusehenden italienischen Nachforderungen vermeiden zu können.[159] Der Zweibundvertrag mit Österreich-Ungarn war schließlich soeben reibungslos und ohne jede Veränderung verlängert worden; warum sollte das beim Dreibund nicht auch gehen? Außerdem wurde in Berlin – und ebenso in Wien – die nicht unberechtigte Frage gestellt, woher die italienische Regie-

---

155 Tagebuchaufzeichnung Holsteins, 7.11.1902, Holstein, Geheime Papiere 4, Nr. 811: „Der Dreibund ist unverändert erneuert. Das habe ich durchgesetzt, aber es war zwischen mir und Bülow dicht am Krachen. Er wollte, von Wedel gedrängt, Prinetti zu Gefallen „ungefährliche" Änderungen im Vertrage annehmen. Ich setzte dem den äußersten Widerstand entgegen und erreichte schließlich mein Ziel nach sehr vielem Ärger ... Der Dreibund ist im besten Falle nicht viel wert, hätten wir ihn aber noch gar den Franzosen zu Gefallen abändern lassen, so wäre das eine Blamage vor der ganzen Welt gewesen."
156 Tagebuchaufzeichnung Holsteins, 15.1.1902, Holstein, Geheime Papiere 4, Nr. 795.
157 Zu Bülows „manovra d'intimidazione" gereizt, wenn auch ohne direktes Urteil: Salvatorelli, Triplice, S. 250 f.
158 Dokumentation in: GP 18/2, Nr. 5694–5702; 5710.
159 Dazu beispielsweise: Aufzeichnung des Vortragenden Rats im Auswärtigen Amt, Klehmet, 22.1.1902, in: GP 18/2, Nr. 5697.

rung die Berechtigung nahm, bei jeder Vertragsverlängerung eine neue Konzession zu verlangen. Italien sei schließlich nicht der Gebende, sondern der Empfangende im Bündnis, meinte Bülow, und müsse allein schon für die deutsch-österreichische Rückendeckung in der Römischen Frage dankbar sein.[160]

Eine unveränderte Verlängerung des Bündnisses lag deshalb in der Intention der deutschen – und auch der österreichischen[161] – Diplomatie, noch bevor sie durch Prinettis Verweis auf französische Wünsche deutscherseits zur Conditio sine qua non erhoben wurde. Doch gab es darüber hinaus noch weitere schwere Hindernisse für Prinetti: Die italienische Hauptforderung, nämlich das Junktim zwischen Dreibundverlängerung und neuen Handelsverträgen, wurde als unerfüllbar empfunden. Der Hauptgrund war, daß der deutsch-italienische Handelsvertrag erst über ein Jahr nach dem Dreibund ablief und seine Neuverhandlung eine Sache des Reichstags war, dessen Entscheidung nicht vorweggenommen werden konnte. Im österreichisch-ungarischen Fall galt dasselbe; hier kam hinzu, daß erst noch sehr komplizierte Zollverhandlungen zwischen den beiden Reichshälften selbst abgewartet werden mußten.[162] Dieser Grund leuchtete auch Graf Nigra ein, und er empfand die Koppelung zwischen den Handelsverträgen und dem Dreibund als absurd.[163] Außerdem gab es da noch die rührige deutsche Agrarlobby; die Beamten des Auswärtigen Amtes befürchteten, die Regierung könne von den einflußreichen deutschen Agrariern wegen eventueller handelspolitischer Zugeständnisse an den landwirtschaftlichen Großexporteur Italien unter massiven Druck gesetzt werden.

Die deutsche Strategie absoluter Unnachgiebigkeit gegenüber Italien wurde durch eine optimistische Beurteilung der Weltlage begünstigt. Reichskanzler Bernhard von Bülow sah Deutschland in einer weltpolitisch so günstigen Position, daß es notfalls auch auf den Dreibund – das heißt das Bündnis mit Italien, denn Österreich-Ungarn blieb auf jeden Fall durch den Zweibundvertrag gebunden – verzichten könne. Bülow glaubte, die Beziehung

---

160 Bülows Drohungen mit der Römischen Frage: Bülow an Wedel, 9.1.1902, GP 18/2, Nr. 5712; Bülow an Eulenburg, 9.1.1902, GP 18/2, Nr. Nr. 5713; Aufzeichnung Bülows, 12.1.1902, ebenda, Nr. 5715. Kritik Salvatorellis, Triplice, S. 237, an Bülows Drohung, Deutschland würde ohne Dreibund einer Wiedererrichtung des Kirchenstaats durch die französischen Waffen möglicherweise einfach zusehen. Salvatorelli hält diese Drohung als ein Zeichen für Bülows „arrogante superficialità".
161 Eulenburg an Bülow, 1.1.1902, GP 18/2, Nr. 5710.
162 Siehe dazu Kap. III.4.c: Ökonomische Gegensätze: Die Handelsvertragsfrage.
163 Nigra an Prinetti, 13.1.1902, DDI 3/VI, Nr. 38; Eulenburg an Bülow, 12.1.1902, GP 18/2, Nr. 5716, berichtet, Nigra habe diese Koppelung als „Unding" und „nonsens" bezeichnet: „Wie soll man einen Handelsvertrag, der unmöglich vor zwei Jahren fertig wird, mit einem Vertrag, der in einigen Monaten erneuert werden muß, in Verbindung bringen?"

zwischen Rußland und Frankreich sei wegen unterschiedlicher Ziele gegenüber dem Osmanischen Reich starken Belastungen ausgesetzt,[164] England wegen des Burenkriegs isoliert, der Gegensatz zwischen diesem und dem russisch-französischen Zweibund unüberbrückbar.[165] Vor diesem Hintergrund der sich scheinbar paralysierenden Gegenspieler konnte das Deutsche Reich, so glaubte Bülow selbstgewiß, seine weltweiten Interessen notfalls auch ohne Dreibund verfolgen. Die aktuelle Weltlage gewährleiste zuverlässig die „Freiheit unserer Zukunftsentschließungen"[166]. Eine Fortsetzung der Allianz sollte es nur zu deutschen Bedingungen geben.

Allerdings war Bülow der Dreibund trotzdem alles andere als gleichgültig, und er wünschte keinen Bruch mit Italien. Schon in Hinblick auf die deutsche Öffentlichkeit versuchte er einen Bruch nach Möglichkeit zu vermeiden. Er befürchtete, dieser Schritt würde sofort ungute Assoziationen mit der Kündigung des Rückversicherungsvertrages mit Rußland wecken und in Deutschland das Gefühl des Isoliertseins erzeugen. Hinzu kam, daß Wilhelm II. „auf die Erneuerung des Dreibundes das allergrößte Gewicht" legte.[167] Bülow war an den italienischen Entwicklungen sehr interessiert und ließ die politischen Strömungen in Italien durch die deutsche Botschaft genau beobachten. Er wollte vor allem wissen, ob sich dort Anhänger für Alternativen zum Dreibund, etwa eine französisch-russisch-italienische Kombination, vielleicht sogar eine solche unter Einschluß des Deutschen Reiches fänden, die sich dann gegen Österreich-Ungarn richten sollte; oder ob es Befürworter für eine englisch-italienische Gruppierung gebe. Ansonsten hielt Bülow an seiner bisherigen Attitüde patriarchalischen Wohlwollens für Italien fest. Gegenüber dem deutschfreundlichen italienischen Botschafter Lanza berief er sich darauf, ein Mann zu sein, „an dessen inniger Freundschaft für Italien und dessen Königshaus niemand in Europa zweifeln könne"[168]. Bülow behandelte Italien, um seinen eigenen Vergleich von 1896 zu verwenden, wie das Kind, das vom Vater Deutschland sicher getragen wird, solange es nicht zu sehr zappelt.[169] Um das unartige Kind gefügig zu machen, schüchterte er es auch nach Kräften mit dunklen Drohungen ein. Bülow spielte mit den ihm wohlbekannten Ängsten und Obsessionen der „classe politica", kam auf die Römische Frage

---

[164] Bülow an Eulenburg, 9.1.1902, GP 18/2, Nr. Nr. 5713. Die Franzosen hatten eine Expedition nach Mytilene entsandt, weil die Osmanen ihre Schulden nicht bezahlten; die ursprünglich breiter angelegte Repressalie war auf russischen Einspruch stark vermindert worden. Siehe auch Salvatorelli, Triplice, S. 246.
[165] Bülow an Wedel, 30.11.1900, in: GP 18/2, Nr. 5704.
[166] Bülow an Wedel, 17.12.1901, in: GP 18/2, Nr. 5709.
[167] Randbemerkung Bülows vom 2.5.1902 unter einer Aufzeichnung Holsteins, GP 18/2, Nr. 5855.
[168] Bülow an Wedel, 13.4.1902, GP 18/2, Nr. 5742.
[169] Siehe S. 353.

zu sprechen,[170] versuchte Angst vor einem nationalistisch-klerikalen Umschwung in Frankreich zu erzeugen, erinnerte daran, daß Frankreich sich mit der italienischen Einheit nicht wirklich abgefunden habe und nur darauf warte, diese wieder zu zerstören. Außerdem hob er die Zerstrittenheit des russisch-französischen Zweibunds[171] hervor und betonte dabei ausdrücklich, „daß von deutscher Seite ein Verbleiben Italiens im Bundesverhältnis zwar als sehr erwünscht, jedoch nicht als für uns unter allen Umständen notwendig betrachtet werde"[172]. Für Italien sei das Bündnis hingegen, wegen Frankreich und dem Vatikan, eine „Existenzfrage"[173]. Außerdem, so betonte Bülow, sähe sich Italien nach einem eventuellen Erlöschen des Bündnisses allein und isoliert der erbitterten Feindschaft Österreich-Ungarns gegenüber. Er wolle ja, versicherte er scheinheilig, Italien nicht einschüchtern, wenn er es an die Gefahr österreichischer Feindschaft erinnere.[174] Und Bülow stellte gegenüber dem italienischen Botschafter, Graf Lanza, fest: „Die Erneuerung des Dreibundes wünschte ich für Deutschland mehr aus Pietät gegenüber einer alten und bewährten Einrichtung, für Italien aber als Freund dieses Landes, da für Italien der Dreibund eine Existenzfrage sei und es sonst in völlige Abhängigkeit von Frankreich gerate."[175]

Da nicht zuletzt durch Prinettis und Zanardellis Äußerungen, Interviews und Parlamentsreden die Haltung Italiens gegenüber seinen Partnern in der deutschen Öffentlichkeit ins Zwielicht gekommen war, fühlte sich Bülow zu einer grundsätzlichen Stellungnahme verpflichtet. Am 8. Januar 1902 hielt er seine berühmte „Granitbeißer-Rede", eine außenpolitische Programmrede, deren spektakulärster Teil sich hauptsächlich gegen den britischen Kolonialminister Chamberlain richtete. Dieser hatte zuvor in öffentlicher Rede Grausamkeiten der stark kritisierten englischen Kriegführung in Südafrika mit solchen im Krieg 1870/71 verglichen, aber offenbar nicht in beleidigender Absicht. Nun fühlte sich Bülow veranlaßt, diesen, den Ausgleich mit Deutschland suchenden Politiker in seiner Rede mächtig vor den Kopf zu stoßen.[176] Schon weil diese Rede einen bedeutsamen Wendepunkt in den deutsch-englischen Beziehungen

---

170 Bülow an Wedel, 9.1.1902, GP 18/2, Nr. 5712; Bülow an Eulenburg, 9.1.1902, ebenda, Nr. 5713, mit einer Anspielung auf das päpstliche „Sire, rendez-moi Rome".
171 Bülow an Eulenburg, 9.1.1902, GP 18/2, Nr. 5713.
172 Ebd.
173 Aufzeichnung Bülows, 12.1.1902, GP 18/2, Nr. 7515.
174 Nigra an Prinetti, 11.4.1902, DDI 3/VI, Nr. 353; Bülow an Wedel, 17.4.1902, GP 18/2, Nr. 5745.
175 Aufzeichnung Bülows, 12.1.1902, GP 18/2, Nr. 5715.
176 Wolff-Metternich an Bülow, 19.11.1901, Holstein, Geheime Papiere 4, Nr. 785, warnte ihn, Chamberlain anzugreifen und dadurch die öffentliche Meinung in Großbritannien noch mehr gegen Deutschland aufzubringen. Dabei war Bülow selbst der Ansicht, Chamberlain habe es „nicht bös gemeint", aber in Fragen der militärischen Ehre müsse man fest bleiben. In: Bülow an Holstein, 25.11.1901, Holstein, Geheime Papiere 4, Nr. 787.

vor 1914 bildete, war sie auch für die Geschichte des Dreibunds bedeutend. Ein weiterer Teil von Bülows Ausführungen war dem Bündnis und speziell auch Italien gewidmet, wo sie als „giro di valzer"(„Extratour")-Rede Berühmtheit erlangte. Bülow sagte: „Es hat immer Leute gegeben, die von Zeit zu Zeit sich gedrungen fühlten, den Dreibund totzusagen. Der Dreibund erfreut sich aber noch immer des besten Wohlseins, und ich denke und hoffe, es wird ihm so gehen, wie solchen Personen, die fälschlich totgesagt werden und nun erst recht lange leben. Über die Natur, die Art und das Wesen des Dreibundes bestehen ja vielfach nicht zutreffende Vorstellungen. Der Dreibund ist nicht eine Erwerbsgenossenschaft. Er ist nicht offensiv, sondern er ist defensiv, er ist nicht aggressiv, sondern er ist im hohen Grade friedlich ... Der Dreibund schließt auch gute Beziehungen seiner Teilnehmer zu den anderen Mächten nicht aus." Gemeint war damit Italien, auf das er jetzt direkt zu sprechen kam: „Ich halte es nicht für richtig, wenn in den letzten Tagen ein kleiner Teil, übrigens nur ein sehr kleiner Teil der deutschen Presse anläßlich der französisch-italienischen Abmachungen eine gewisse Unruhe an den Tag gelegt hat. In einer glücklichen Ehe muß der Gatte auch nicht gleich einen roten Kopf kriegen, wenn seine Frau einmal mit einem anderen eine unschuldige Extratour tanzt – Hauptsache ist, daß sie ihm nicht durchgeht; sie wird ihm nicht durchgehen, wenn sie es bei ihm am besten hat. Der Dreibund legt seinen Teilnehmern keinerlei lästige Verpflichtungen auf; insbesondere wird durch den Dreibund in diesem Augenblicke ... keiner der Teilnehmer am Dreibund verpflichtet, seine Land- und Seestreitkräfte auf einer bestimmten Höhe zu halten. Ich möchte sogar annehmen, daß ohne den Dreibund dieser oder jener Teilnehmer am Dreibund in seiner Isolierung zu stärkeren militärischen Anstrengungen und zu größeren militärischen Aufwendungen genötigt sein würde, als jetzt, wo er Mitglied einer starken Gruppe ist. Die französisch-italienischen Abmachungen über gewisse Mittelmeerfragen gehen auch nicht gegen den Dreibund. Sie liegen überhaupt nicht auf dem Dreibundgebiete." Und abschließend stellte der Kanzler fest: „Die Ziele der heutigen, der Weltpolitik erstrecken sich auf Objekte, die fern von Deutschlands Grenzen liegen. Ich nenne in dieser Beziehung beispielsweise die Nordküste von Afrika, Persien, Ostasien. Wenn somit der Dreibund für uns nicht mehr eine absolute Notwendigkeit ist, so bleibt er doch im höchsten Grade wertvoll als stärkste Garantie für den Frieden und für den Status quo, auch abgesehen davon, daß es ein überaus nützliches Bindemittel ist zwischen Staaten, die durch ihre geschichtliche Tradition darauf angewiesen sind, gute Nachbarschaft zu halten."[177]

Diese Rede, die im übrigen von der italienischen Diplomatie zunächst als Meisterwerk der Ironie und wohlwollend für Italien empfunden worden war,[178]

---

177 Singer, Dreibund, S. 140–141.
178 Lanza an Prinetti, 8.1.1902, DDI 3/VI, Nr. 19, charakterisierte die Rede in einem Telegramm

enthielt einige versteckte Drohungen an die italienische Adresse: Nämlich die Feststellung, der Dreibund sei für Italien nötig, für Deutschland aber nicht mehr, und Italien werde seine bisherige Sicherheit ohne das Bündnis verlieren und zu umfangreichen Rüstungen gezwungen sein. Bülow selbst sprach davon, Italien eine „höchst notwendige ... ernste Mahnung" erteilt zu haben.[179]

In Wien wurde die Rede, die Holstein wegen der antienglischen Passage für Bülows ersten großen Fehler hielt und die auch von Bebel im Reichstag kritisiert wurde, weil sie das Mißtrauen der Verbündeten zu erregen geeignet sei,[180] mit Kopfschütteln zur Kenntnis genommen. Gołuchowski meinte, es sei nicht geschickt gewesen, die Bedeutung des Dreibunds derart zu bagatellisieren; es sei für Österreich-Ungarn wahrscheinlich leichter, eine neue Kombination (Frankreich-Rußland-Österreich-Ungarn) zu finden, als für das Deutsche Reich.[181] Die österreichische Regierung zeigte sich denn auch fest entschlossen, den Dreibund zu verlängern, und war diesmal erheblich konzilianter als die deutsche Diplomatie, die einseitig darauf aus war, gegenüber angeblichen französischen Intrigen das Gesicht zu wahren. Kaiser Franz Joseph wünschte, so notierte Bülow bei einem Aufenthalt in Wien, „glühend die ungestörte und unveränderte Fortdauer des Dreibundes"[182]. Sein Außenminister war ebenfalls ein warmer Befürworter des Bündnisses und sang ihm ein „gefühlvolles Loblied"[183]. Die Konzilianz war aber eine Frage mehr der Form, denn in den anstehenden Sachfragen war Gołuchowski ebenso unnachgiebig wie die Deutschen: Er konnte und wollte den komplizierten Zollverhandlungen zwischen den beiden Reichshälften nicht vorgreifen und deshalb auch keinerlei Zugeständnis in Hinblick auf den Handelsvertrag machen. Außerdem war er nicht bereit, Italien an den Balkanabsprachen mit Rußland zu beteiligen, und er weigerte sich auch, die mit Visconti-Venosta vereinbarte Desinteressement-Note über Albanien in den Vertrag aufzunehmen. Was Tripolis anging, wollte er eine entsprechende Erklärung allenfalls

---

als „correttissimo verso noi"; in zwei Berichten vom 9.1.1902 (ebenda, Nr. 22 und Nr. 26) übersetzte Lanza Passagen aus der Rede (aber nicht die „Extratour"-Passage). In Nr. 26 ausdrücklicher Verweis darauf, daß Bülow („che, come è noto, maneggia da maestro l'ironia") an Chamberlain „parole molto pungenti" gerichtet hätte.

179 Zitiert nach Behnen, Rüstung, S. 49.
180 Lanza an Prinetti, 11.1.1902, DDI 3/VI, Nr. 35; Tagebuchaufzeichnung Holsteins, 11.1.1902, Holstein, Geheime Papiere 4, Nr. 792.
181 Behnen, Rüstung, S. 56; Bülow, Denkwürdigkeiten 1, S. 579, beschrieb die Wirkung in Österreich auf seine Feststellung, der Dreibund stelle für Deutschland „keine absolute Notwendigkeit" mehr dar, wie folgt: „Diese meine Wendung beunruhigte den ehrwürdigen Kaiser Franz Josef, sie ärgerte die Wiener Generalstäbler und die ungarischen Chauvinisten. Der arme Phili Eulenburg ... richtete einen lamoryanten Brief an mich, in dem es hieß, Gołuchowski sei ‚fassungslos', Kaiser Franz Josef ‚schwer pikiert', ganz Österreich ‚tief verstimmt'."
182 Bülow an AA, 11.4.1902, GP 18/2, Nr. 5741.
183 Ebd.

separat, nach Abschluß des Vertrages, abgeben. Trotz dieser schroffen Gegenpositionen gelang es dem österreichisch-ungarischen Außenminister aber sehr gut, im Windschatten der deutschen Diplomatie zu bleiben und sich selbst in Rom weniger zu exponieren, als dies ohne die harte Haltung Berlins nötig gewesen wäre.[184]

Tatsächlich spielten sich die Verhandlungen weitgehend zwischen Berlin und Rom ab, sofern die Unterredungen überhaupt Verhandlungen genannt werden konnten. Denn das Schema war immer so, daß Prinetti Vorschläge machte, die von Bülow abgelehnt wurden. Der deutsche Kanzler war sich, übrigens vollkommen zu Recht, sicher, daß Prinetti verlängern mußte, wenn er im Amt bleiben wollte.[185] Außerdem hielt er Prinetti aufgrund seines bisherigen Taktierens für „naiv"[186], dessen Ängste vor dem russischen Panslawismus für spießbürgerlich,[187] den Vorschlag, den Dreibund zum Wächter des Bosporus machen zu wollen, für eine auf französische Einflüsterungen zurückgehende Absurdität.[188] Und schließlich mischten sich neben der Herablassung für den offenbar minderbegabten Kollegen auch noch Befürchtungen in Bülows Kalkül; vielleicht war ja alles, was Prinetti verlangte, ihm nur von Barrère einsoufliert worden, der damit den hinterhältigen Plan verfolge, den Dreibund mit Rußland zu verfeinden.[189] Zu all dem kam noch Holsteins Angst, jede Veränderung des Vertrages könnte von den Franzosen als diplomatischer Erfolg hinausposaunt werden. Das einzige, aber unbedingt wirksame Abwehrmittel schien Holstein und Bülow das Bestehen auf der unveränderten Verlängerung[190]. Demgegenüber fehlte Prinetti jedes Druckmittel, um seine Forderungen durchsetzen zu können. Denn die effektivste Drohung – die mit der Nichtverlängerung – stand ihm nicht zur Verfügung, sein Junktim war deshalb ultimativ nicht durchzusetzen.

Der Minister hatte gleich zu Anfang den Fehler gemacht, an den „bon sens" aller Beteiligten zu glauben; jetzt, wo er vor einem Scherbenhaufen stand, suchte er zu retten, was noch zu retten war. Der deutsche Botschafter, Graf

---

184 Kinsky an Aehrenthal, 4.3.1902, Aus dem Nachlaß Aehrenthal 1, Nr. 197, S. 275: „Gołuchowski hat ganz geschickt Deutschland vorgeschoben und die Auseinandersetzung hierüber den beiden anderen Bundesgenossen übertragen. – Deutschland besteht apodiktisch auf der bisherigen Form und Texierung ohne jede Abänderung und man glaubt, Italien wird sich fügen."
185 Bülow an Wedel, 17.4.1902, GP 18/2, Nr. 5745; Tagebuchaufzeichnung Holsteins, 15.1.1902, Holstein, Geheime Papiere 4, Nr. 795.
186 Bülow an Alvensleben, 22.2.1902, GP 18/2, Nr. 7525.
187 Bülow an Auswärtiges Amt, 28.3.1902, GP 18/2, Nr. 5739.
188 Bülow an Wedel, 24.2.1902, GP 18/2, Nr. 5727.
189 Bülow an Alvensleben, 23.2.1902, GP 18/2, Nr. 7526; Bülow an Wedel, 24.2.1902, GP 18/2, Nr. 5727.
190 Bülow an Wedel, 24.2.1902 GP 18/2, Nr. 5727.

Wedel, schrieb: „Ich glaube aber, daß er sich hin und her windet, um es womöglich jedem recht zu machen."[191] Und tatsächlich versuchte Prinetti, sein Ziel einer Dreibundverlängerung zu akzeptablen Bedingungen durch stückweises Abwerfen des Gepäcks doch noch zu erreichen. Zunächst verzichtete er auf die Forderungen wegen Tripolis und des Balkans, wenn er sie auch später immer wieder ins Spiel zurückzubringen suchte. Dann waren keine eigenen Forderungen mehr da, sondern nur noch die Bedingungen anderer, zu allererst das Junktim des starrköpfigen und dogmatischen Zanardelli, das in der italienischen Öffentlichkeit breiten Widerhall fand und auch vom bedeutendsten Wirtschaftspolitiker Italiens, Luzzatti, gefordert wurde.[192] Zanardelli bestand mit ebensolcher Leidenschaft auf der Gleichzeitigkeit von Bündnis und Handelsverträgen wie die deutsche und österreichische Diplomatie auf der Ablehnung dieser Forderung. Prinetti versuchte daraufhin, durch schrittweises Zurückgehen in dieser Frage einen Kompromiß zu erzielen. So verlangte er zunächst statt des gleichzeitigen Abschlusses nur eine bindende Erklärung der Verbündeten, später die Handelsverträge abschließen zu wollen; als dies abgelehnt wurde, wenigstens eine Bekräftigung der guten Absicht, doch vergebens. Bülow und Gołuchowski verschanzten sich hinter dem verfassungsmäßigen Procedere, das ihnen nicht gestatte, dem Parlament derart vorzugreifen, und klagten Vertrauen ein; wenn sie als Verbündete erklärten, die Verträge schon im Eigeninteresse zu gegebener Zeit verlängern zu wollen, müsse dies doch reichen.

Doch selbst wenn Prinetti persönlich dieses Vertrauen gehabt hätte: Zanardelli verlangte von ihm Verbindlicheres. So kam er dann zwischen Februar und April 1902 auf folgende Ideen, die er nacheinander dem deutschen Botschafter vortrug: Der Dreibundvertrag solle zunächst nur begrenzt verlängert werden, mit jährlicher Kündigungsfrist, bis auch die Handelsverträge erneuert seien; dann erst sollte dieser Vorbehalt fallen. Oder aber der Dreibund solle eine Laufzeit von zunächst nur drei Jahren haben, dann nochmal drei und dann sechs. Auch diese Vorschläge wurden von Bülow abgelehnt, diesmal mit der Begründung, daß der Dreibund Sicherheit und Verläßlichkeit garantieren solle und deshalb nicht auf derart kurzen Zeitetappen aufgebaut werden dürfe. Bülow und Wedel klagten ständig bei Prinetti Vertrauen in den guten Willen der Partner ein und ermahnten ihn, er bedürfe keiner schriftlichen Garantie, denn entscheidend sei nicht der Buchstabe, sondern der Geist des Bündnisses. Doch die deutsche Diplomatie verstieß selbst gegen diese Maxime; sie quälte die Befürchtung, daß Prinetti einen machiavellistischen

---

191 Wedel an Bülow, 2.4.1902, GP 18/2, Nr. 5740, S. 566.
192 Behnen, Rüstung, S. 39; auf S. 51 Verweis auf eine Rede, die Luzzatti am 27.4.1902 in Neapel hielt und in der er nochmals das Junktim einforderte. Auch Wedel an Bülow, 30.4.1902, GP 18/2, Nr. 5758.

Schachzug plane und den dreijährigen Dreibundvertrag nur deshalb abschließen wolle, um sich vorteilhafte und auf anderem Weg nicht zu erlangende Handelsverträge zu erschleichen.[193] Auch Bülow fehlte das Vertrauen in die italienische Regierung, das er von dieser erwartete. Sein Mißtrauen wurde nicht nur durch den pathologischen Holstein geschürt, der ohnehin dazu neigte, überall Intrigen zu sehen, sondern auch durch in dieses Bild passende Gerüchte. So behauptete der rumänische Gesandte in Berlin, erfahren zu haben, daß die italienische Diplomatie alle möglichen Gründe vorschiebe und den Vertragsabschluß verzögere, weil sie in Wahrheit den Dreibundvertrag gar nicht verlängern wolle.[194]

Die deutsche Haltung war stur, mißtrauisch und ohne jedes Entgegenkommen; denn zur Beruhigung der Italiener wäre eine Verlängerung um zunächst nur drei Jahre sicher ohne große Probleme möglich gewesen. Allerdings war auch Prinettis Haltung nicht frei von Widersprüchen. Glaubte er etwa, so fragte ihn der deutsche Botschafter, daß die Handelsverträge leichter zu verhandeln sein würden, wenn zuvor der Dreibund ausgelaufen sei? Das genaue Gegenteil werde doch der Fall sein! Und was bringe es, die möglichen wirtschaftlichen Spannungen durch politische noch zu erschweren und dadurch vielleicht sogar Kriegsklima, vor allem zwischen Österreich-Ungarn und Italien, zu erzeugen? Prinetti mußte überzeugende Antworten auf diese Fragen schuldig bleiben; das Junktim war schließlich nicht seine Idee gewesen, sondern die Zanardellis, und dieser beharrte auf seinem Standpunkt. Prinetti hatte alles versucht, sich Ende März 1902 sogar kurz mit Bülow in der Nähe von Venedig getroffen, doch dann war er eingestandenerweise am Ende seines Lateins. Im April verlor er gegenüber dem deutschen Botschafter die Nerven; mit Tränen der Verzweiflung in den Augen beteuerte er seinen guten Willen und sprach von Rücktritt; er wisse nicht mehr weiter und könne die Verantwortung nicht tragen. Der deutsche Botschafter, Graf Wedel, der gegenüber Prinetti dieselbe Attitüde des besorgten Psychotherapeuten an den Tag legte, mit der schon Bülow seinerzeit Baron Blanc behandelt hatte, wäre Prinetti sicher mehr entgegengekommen als Bülow oder Holstein.[195] Allerdings glaubte er ihm die Rücktrittsdrohung nicht ganz; er kannte Prinettis Ehrgeiz und vor allem den seiner Frau.[196] Und doch wiederholte sich diese Szene wenig später; Prinetti, zwischen Hoffnung und Verzweiflung schwankend, beklagte sich bei Wedel über die unnachgiebige Haltung der deutschen Regierung, die ihm selbst in einer harmlosen Formalie wie der einer anderen Vertragsdauer nicht entgegenkommen wolle. Deshalb trügen Wien und Ber-

---

193 Wedel an Auswärtiges Amt, 24.4.1902, GP 18/2, Nr. 5753.
194 Bülow an Wedel, 23.4.1902, GP 18/2, Nr. 5750.
195 Holstein, Tagebuchaufzeichnung vom 7.11.1902, Holstein, Geheime Papiere 4, Nr. 811.
196 Wedel an Auswärtiges Amt, 20.4.1902, GP 18/2, Nr. 5748.

lin die Verantwortung für die Sprengung des Dreibunds. Wedel entgegnete, Schuld sei Italien, das mit ständigen Nachforderungen käme. Prinetti resignierte: „Er sei am Ende seiner Kräfte, denn er befinde sich wie zwischen zwei Mühlsteinen. Auf der einen Seite Berlin und Wien, die zum Abschluß auf unveränderter Basis drängten, auf der anderen Seite Zanardelli und ein großer Teil der öffentlichen Meinung, die Garantien für die Erneuerung der Handelsverträge verlangten."[197] Wedel appellierte an Prinettis Patriotismus, beschwor ihn, das bewährte Friedensbündnis fortzusetzen, doch zweifelte er inzwischen an einem Erfolg. Der Minister mache, so berichtete er nach Berlin, „momentan einen wirklich gebrochenen Eindruck"[198].

Zu Prinettis Zerknirschung hatte auch Gołuchowski seinen Teil beigetragen. Dieser war inzwischen zu dem nicht unberechtigten Eindruck gelangt, daß sich die Verhandlungen im Kreis drehten, und stellte deshalb in Rom eine Art Ultimatum: Er wolle die Erneuerung des Dreibunds ohne Veränderung und auch ohne Bindung in Fragen der Handelsverträge noch vor dem 6. Mai 1902 vollziehen, so daß er vor den Delegationen das Faktum der Verlängerung verkünden könne.[199] Prinetti war durch das Ultimatum „auf das allerpeinlichste berührt. Er schöpfte daraus die Überzeugung, daß man in Wien auf die Erneuerung des Bündnisses überhaupt keinen Wert lege"[200]. Bülow suchte ihn zu trösten: Prinetti sehe zu schwarz; Gołuchowski werde alles tun, um den Abschluß eines Handelsvertrages zu ermöglichen. Ohne Bündnis indes sei ein Zollkrieg wahrscheinlich.[201]

Tatsächlich demonstrierte Gołuchowski wenige Tage später auf deutschen Ratschlag[202] hin seinen guten Willen. Er erklärte sich bereit, nach englischem Vorbild eine Desinteressement-Erklärung für Tripolis abzugeben – aber erst nach Unterzeichnung des Dreibundvertrages. Er betonte auch, ein Handelskrieg wäre schädlich für beide Länder und müsse deshalb unbedingt vermieden werden; die Allianz gäbe ihm die Möglichkeit, auf die streitenden Reichshälften in der Frage des Handelsvertrages begütigend einzuwirken. Auch erklärte er sich zu einer entsprechenden Formel für die Balkaninteressen Italiens bereit, die er aber nicht in den Dreibundvertrag aufnehmen lassen wollte.[203]

---

197 Wedel an Auswärtiges Amt, 24.4.1902, GP 18/2, Nr. 5753.
198 Völlig verunsichert und das Scheitern der Verhandlungen voraussehend, verabredete Prinetti sich am 15. April zu einer Besprechung mit Visconti-Venosta, offenbar in der Hoffnung, von seinem Vorgänger Rat zu erhalten. In: DDI 3/VI, S. 262 Fußnote 3.
199 Nigra an Prinetti, 15.4.1902, DDI 3/VI, Nr. 375.
200 Wedel an Bülow, 16.4.1902, GP 18/2, Nr. 5744.
201 Bülow an Wedel, 17.4.1902, GP 18/2, Nr. 5745.
202 Salvatorelli, Triplice, S. 253.
203 Nigra an Prinetti, 18.4.1902, DDI 3/VI, Nr. 389; Wedel an Auswärtiges Amt, 18.4.1902, GP 18/2, Nr. 5747.

Jetzt lag es an Italien, ob es nachgeben oder der Dreibund zerbrechen sollte. Hier stellte sich für die römische Regierung die Frage nach dem Wert des Junktims. Denn einerseits war die Verlängerung der Handelsverträge sehr bedeutsam. Auf der anderen Seite war die gesamte Diskussion auch ein aus Mißtrauen geborenes Scheingefecht; die italienische Diplomatie hatte schließlich ebensowenig die Absicht, nach Abschluß der Handelsverträge den Dreibund zu kündigen, wie die Zweibundmächte, mit Italien nach Abschluß des Dreibundvertrages einen Handelskrieg zu beginnen. Immerhin hatten diese donquichottesken Auseinandersetzungen im April 1902 soweit geführt, daß der Vertrag, den alle Seiten eigentlich wollten, nicht zustande zu kommen drohte.

An dieser Entwicklung trug die Haltung Bülows und Holsteins sowie die Ungeschicklichkeit Prinettis wesentliche, die Sturheit und Böswilligkeit Zanardellis die Hauptschuld. Wie selbst Prinetti zugeben mußte, war der Premier durch eine „gewisse Animosität" gegenüber Österreich voreingenommen.[204] Und Zanardelli hatte es letztlich in der Hand, ob die Verhandlungen scheitern würden oder nicht. Nicht nur Prinetti, sondern auch Innenminister Giovanni Giolitti waren der unbedingten Überzeugung, der Dreibund müsse verlängert werden. König Vittorio Emanuele stützte seinen Außenminister und bemühte sich, dessen Position gegen Zanardelli zu stärken.

Schließlich kam es denn doch zur Einigung. Prinetti setzte Ende April 1902 durch, daß der Vertragsabschluß erst nach den heiklen Verhandlungen über das Budget des Äußeren im italienischen Parlament erfolgen solle; am 3. Mai gab er eine verlangte, bindende Erklärung ab, daß die Unterzeichnung am 1. Juli stattfinden werde. Im Fall von Interpellationen könne er dann darauf verweisen, daß der Vertrag noch nicht verlängert sei. In diesem Punkt setzte er sich schließlich durch, und zwar deshalb, weil auch in dieser Forderung die Handschrift des alten Parlamentariers Zanardelli erkennbar war und die deutsche Diplomatie befürchtete, daß die Verlängerung, wenn sie nicht einmal dies konzedieren würde, an dieser zweitrangigen Frage doch noch scheitern könne.

Trotz dieses Trostpflasters hatte Prinetti mit seinen Vorstellungen Schiffbruch erlitten. Der Vertrag war unverändert; er enthielt keine neuen Klauseln und keine Zusage bezüglich des Handelsvertrages, und es war unklar, wie sich die Franzosen bei dieser Form der Verlängerung des Vertrages verhalten würden, nachdem Prinetti anderes zugesagt hatte. Schließlich hatte Prinetti Barrère versprochen, der Dreibund werde „nichts Feindliches" enthalten, und damit eine Änderung des Vertrages zumindest indirekt angekündigt. Um dieser Erwartung zumindest teilweise gerecht zu werden, versuchte Prinetti, in allen öffentlichen Stellungnahmen die Formulierung, der Drei-

---

[204] Wedel an Bülow, 2.5.1902, GP 18/2, Nr. 5760.

bund sei „unverändert" verlängert worden, zu vermeiden. Gołuchowski zeigte Entgegenkommen und sprach vor den Delegationen auf Wunsch Prinettis von der Verlängerung des Dreibunds „in seinem vollen Wert". So ließ sich interpretieren, daß es vielleicht doch kleine Modifikationen gegeben habe. Doch genau diesen Eindruck wollten Bülow und Holstein unbedingt vermeiden; sie wollten den Sieg über die französischen Bestrebungen manifest machen und der ganzen Welt vor Augen führen, daß der Dreibund unverändert geblieben war. Eine halbe Stunde, nachdem am 28. Juni 1902 der italienische Botschafter Lanza, der österreichische Botschafter Szögyény und Bülow den Vertrag in Berlin unterzeichnet hatten, meldete, gegen jede Vereinbarung der Geheimhaltung, Wolffs Telegraphenbüro die „unveränderte Erneuerung" des Dreibunds.[205] In Rom kam diese Agenturmeldung schneller als die telegraphische Vollzugsmeldung Lanzas an. Der italienische Botschafter, immerhin General und deutschfreundlich, war derart getroffen und brüskiert, daß er seine Abberufung aus Berlin erbat.[206]

Auch Prinetti war verärgert. Es sei klar, telegraphierte er an Lanza nach Berlin, was Bülow wolle, nämlich Italien und Frankreich auseinanderbringen.[207] Doch er war schon zuvor tief enttäuscht über seine geringen Erfolge und wütend über die Sturheit der deutschen Diplomatie.[208] Hinzu kam die Befürchtung, daß Barrère und Delcassé, die ihre Ziele nicht durchgesetzt hatten, sich nun irgendwie revanchieren würden. Deshalb beschloß Prinetti, da es nicht mit den Dreibundpartnern ging, dann eben ohne sie ein erträgliches Auskommen mit Frankreich zu finden, was aus den bekannten Gründen zwingend erforderlich schien: Einerseits, um die Annäherung nicht zu unterbrechen, und dann besonders wegen der geplanten großen Staatsanleihe auf dem Pariser Geldmarkt.

Am 8. Mai 1902 informierte Prinetti den französischen Botschafter, der ihn wegen seiner diplomatischen Ungeschicklichkeit insgeheim verachtete,[209] daß die Verlängerung des Dreibunds entschiedene Sache und er bereit sei, auf der Basis des Vertrages die italienisch-französischen Beziehungen neu zu regeln.

---

205 Text des Vertrages: Pribram, Geheimverträge, S. 92 ff.; DDI 3/VI, Nr. 609 Anlage; Text des Wolff-Telegramms: GP 18,2, S. 609, Fußnote **.
206 Lanza an Prinetti, 28.6.1902, DDI 3/VI, Nr. 608; dito, 29.6.1902, ebenda, Nr. 613, mit dem Rücktrittsgesuch.
207 Prinetti an Lanza, 30.6.1902, DDI 3/VI, Nr. 616.
208 Dazu Albertini, Origins 1, S. 127: „Well knowing the temperament of Prinetti, the present writer has several times asked himself whether the man would have concluded the agreement of 30 June 1902 with France, had Berlin and Vienna allowed him to boast of having his proposals, more formal than substantial as they were, accepted in the renewal of the alliance."
209 Lowe-Marzari, Italian Foreign Policy, S. 82. Barrère schrieb: „Ses defauts m'ont servi à mener à bien affaires qui n'eussent peut-etre pas avec un ministre plus rompu aux prudentes tactiques de la diplomatie."

Zwei Wochen später, am 23. Mai, erklärte Prinetti vor der Kammer, der Dreibund sei verlängert worden und enthalte nichts Feindliches gegen Frankreich oder irgend etwas, das im Widerspruch zur französisch-italienischen Freundschaft stehen könne.[210] Dann ging alles sehr schnell: Einen Tag darauf, am 24. Mai, war eine bilaterale Erklärung vorbereitet, die Prinetti indes noch nicht unterzeichnete. Am 4. Juni übergab der italienische Botschafter in Paris, Tornielli, dem französischen Außenminister Delcassé ein Telegramm Prinettis, in dem dieser bekräftigte, der Dreibund enthalte nichts direkt oder indirekt Aggressives gegen Frankreich, nichts, das seine Sicherheit oder Ruhe gefährden könnte, und es gäbe auch keine Protokolle oder Konventionen, die den defensiven Charakter des Bündnisses veränderten[211]. Die französische Diplomatie zeigte sich befriedigt; am 26. Juni erklärte Barrère, die Zulassung einer neuen 3,5 %igen italienischen Staatsanleihe an der Pariser Börse fände keine Schwierigkeiten, wenn die Erklärung unterzeichnet werde.[212] Dies erfolgte schließlich am 30. Juni 1902, nur zwei Tage nach der Unterzeichnung des Dreibundvertrages in Berlin. Um die übergroße zeitliche Nähe zur Dreibunderneuerung zu tarnen, wurden die Dokumente am 1. November 1902 vernichtet und dann entsprechend umdatiert.

Die Erklärung bestand aus einem Brief Prinettis und einem Barrères.[213] Sie lief auf einen Neutralitätsvertrag hinaus, der exakt an den Grenzen des Dreibundvertrages entlanggeschrieben war. Sollte Frankreich ohne direkte Provokation seinerseits überfallen werden oder aber den Krieg nach direkter Provokation erklären, versprach Italien Neutralität; diese Klausel entsprach exakt dem entsprechenden Artikel des Dreibundvertrages. Delcassé wollte die entscheidende Formulierung, nämlich die Definition der „Provokation", möglichst weit verstanden wissen, während Prinetti hier auf Präzision bestand und den Begriff der „direkten Provokation" durchsetzte. Was dies bedeutete, erläuterte er in einem besonderen Schreiben; darin hob er hervor, daß die Provokation den direkten Beziehungen der beteiligten Mächte entstammen mußte. Der Sinn dieser Regelung war klar; Prinetti wollte ausschließen, daß Frankreich beispielsweise die Besetzung einer Südseeinsel durch Deutschland als direkte Provokation ansah und den Krieg erklärte. Als Beispiel einer Provokation nannte Prinetti die Emser Depesche, den Schnaebelé-Zwischenfall und bestimmte Phasen der Faschoda-Krise.[214] Die Entscheidung darüber, ob ein Krieg durch direkte Provokation entstanden sei, behielt sich

---

210 Salvatorelli, Triplice, S. 256 f.
211 Ebd., S. 257.
212 Ebd.
213 Text in: DDI 3/VI, Nr. 619 (Prinetti an Barrère, 1.11.1902); Nr. 620 (Barrère an Prinetti, 1.11.1902).
214 Albertini, Origins 1, S. 130.

das italienische Kabinett vor. Außerdem regelte die Übereinkunft die Besitzverhältnisse in Nordafrika; Frankreich erhielt in Marokko, Italien in Tripolis freie Hand.

Dieses Abkommen wurde erst nach dem Ersten Weltkrieg veröffentlicht und vor allem in Deutschland als der historische Wendepunkt gedeutet, an dem Italiens Dreibundmitgliedschaft zur Makulatur wurde, zu einer reinen Farce. Doch zu Unrecht. Die ausgewogenere historische Betrachtung hat festgestellt, daß sich der Dreibund und das Prinetti-Barrère-Abkommen nicht widersprachen.[215] Der Dreibund und das Prinetti-Barrère-Abkommen waren von der italienischen Regierung perfekt aufeinander abgestimmt worden.

Die französische Diplomatie hatte das Ziel erreicht, das Deutschland verhindern wollte, wenn auch ohne großen Publikumserfolg. Das Prinetti-Barrère-Abkommen ist zu recht oft mit dem deutschen „Rückversicherungsvertrag" mit Rußland von 1887 verglichen worden. Auch hier gab es keinen Widerspruch zwischen den Bestimmungen der einzelnen Verträge. Trotzdem muß ein solches Abkommen grundsätzlich als Zeichen des Mißtrauens angesehen werden; die Regierung, die es abschließt, gibt damit zu verstehen, daß sie keinem Vertragspartner wirklich voll vertraut. Insofern war dieses Abkommen ein Zeichen des auch in den Verhandlungen offenkundig gewordenen Mißtrauens zwischen den Verbündeten.

Ob es von Prinetti geschickt war, dieses Abkommen abzuschließen, ist eine andere Frage. Er rettete, und dies ist sein Verdienst, die französisch-italienische Détente; es wäre unverantwortlich gewesen, diese aufs Spiel zu setzen. Andererseits wurde die italienische Außenpolitik durch das Prinetti-Barrère-Abkommen und den Dreibund in ein Netz von Verpflichtungen eingewoben, das ihre Bewegungsfreiheit beträchtlich einschränkte. Dieses System konnte nur funktionieren, wenn eine direkte Konfrontation zwischen den stärkeren „amici" und „alleati", zwischen Frankreich und dem Deutschen Reich, ausblieb und damit Italien eine klare Stellungnahme erspart blieb. In der Folgezeit wurde die italienische Regierung durch diese Einbindung in verschiedene

---

215 Albertini, Origins 1, S. 127–132: The Franco-Italian Agreement of 30 June 1902. Sehr ausgewogene Argumentation bei Fellner, Dreibund, S. 57–60. Fellner unterstreicht die Kompatibilität der italienischen Rückversicherung mit dem Dreibundvertrag, zieht aber trotzdem ein pessimistisches Fazit: „Die Politik Prinettis war sicherlich nicht von dem Geist rückhaltloser Zusammenarbeit getragen, der zwischen Verbündeten herrschen sollte, aber dieser Mangel an Aufrichtigkeit kennzeichnet das Verhältnis der Dreibundmächte zueinander seit dem ersten Tag des Bestehens der Allianz" (S. 59). Polemisch dagegen die Wertung bei Lowe-Marzari, Italian Foreign Policy, S. 82: „This agreement, which in effect promised Italian neutrality in the event of a Franco-German war, was in complete contradiction to the spirit – if not the actual terms – of the Triple Alliance, renewed by Prinetti two days beforehand." Bei Behnen, Rüstung, S. 19–100, eine sehr starke Akzentuierung der finanzpolitischen Seite des italienisch-französischen Verhältnisses.

Loyalitäten zu einem Spagat gezwungen; zu einer beständigen – und undankbaren – Gratwanderung zwischen den Forderungen mächtiger Nachbarn und Verbündeter. Nicht umsonst verfluchten Prinettis Nachfolger sein Werk und schoben alle ihre Verlegenheiten auf ihn. Dies galt für Morin, Tittoni und auch Sonnino; dieser „beklagte aufs tiefste ... die Arrangements mit Frankreich" und sagte anklagend: „Monsieur Prinetti a fait une politique de fou" – eine Meinung, die von Teilen der Historiographie bis heute geteilt wird.[216]

Eine für die Mentalität der italienischen Führungsschicht bezeichnende Kritik an dem Prinetti-Barrère-Abkommen hat der Journalist und Direktor des „Corriere della Sera", Luigi Albertini, formuliert, als er hervorhob, das Abkommen sei für Italien nicht nützlich gewesen, da es ihm diplomatisch die Hände gebunden habe und es deshalb gegenüber seinen Partnern und Freunden, egal wie es handelte, keinerlei Anspruch auf Dankbarkeit erheben konnte. Außerdem habe es der Sache des Friedens nicht genutzt, der französischen Diplomatie so weit entgegenzukommen; Barrère und Delcassé hätten als „französische Patrioten" immer den Revanchekrieg im Sinn gehabt und für diesen eine möglichst günstige internationale Lage vorbereiten wollen. Albertini urteilte zu recht, daß dies eine Denkrichtung gewesen sei, die zu ermutigen Italien keinerlei Interesse gehabt habe.[217]

Doch Prinetti hatte nach Ansicht Albertinis, der ihn persönlich gekannt hatte, den Dreibundvertrag tief enttäuscht und verbittert unterzeichnet, geradezu unter ihm gelitten. Und dies hatte ihn, aus Trotz, dazu verleitet, das Abkommen mit Barrère zu unterzeichnen, was nicht geschehen wäre, wenn sich Berlin und Wien seinen mehr formalen als inhaltlichen Wünschen gegenüber ein wenig entgegenkommender gezeigt hätten.[218] Bülows und Holsteins sture und auf sekundäre Prestigegesichtspunkte orientierte Verhandlungsführung hatte Barrère den Weg bereitet.[219]

---

[216] Monts an Bülow, 11.3.1906, GP 21/1, Nr. 7103. Lowe-Marzari, Italian Foreign Policy, S. 82 f.
[217] Albertini, Origins 1, S. 132.
[218] Ebd., S. 127.
[219] Luigi Luzzatti schrieb nach Veröffentlichung des Prinetti-Barrère-Abkommens am 1.1.1920 im „Corriere della Sera", der wahre Autor des Abkommens sei Bülow gewesen, der in Venedig Prinetti jede Änderung verweigert habe. Zitiert in: DDI 3/VI, S. 429, Fußnote 1.

> Wer den Kaiser und ihn kenne, wisse, daß sie
> Abenteuer perhorreszierten.
>
> Wedel über Gołuchowski, im April 1905

3. Deutsch-österreichische Entfremdung? Die österreichisch-russische Entente, der Nationalitätenstreit in Österreich-Ungarn und seine Rückwirkungen auf das Bündnis

a) Gołuchowski und die österreichisch-russische Entente

Nach der deutschen und der italienischen Allianzpolitik muß nun auch die österreichische Entwicklung behandelt werden. Denn dem „neuen Kurs" des Deutschen Reiches und dem „colpo di timone" in Italien stand eine ähnliche politische Weichenstellung in Österreich-Ungarn gegenüber, ohne daß es für diese eine vergleichbare Bezeichnung gibt.[1] Und auch hier waren die Auswirkungen auf den Dreibund groß. Ebenso wie im italienischen Fall griffen hier außen- und innenpolitische Faktoren ineinander und müssen deshalb in ihrem Zusammenspiel betrachtet werden: nämlich eine massive Radikalisierung der Nationalitätengegensätze und eine außenpolitische Neuorientierung, die hin zu einer Entente mit Rußland führte. Dieser Ausgleich ist zu Recht mit dem italienischen Abkommen mit Frankreich verglichen worden.

Für diesen war aber nicht mehr Graf Gustav Kálnoky verantwortlich. Er war im Mai 1895, zermürbt durch einen langen Kampf mit ungarischen Opponenten, aus schließlich zweitrangigen Gründen von seinem Posten zurück-

---

1 Salvatorelli, Triplice, S. 219–222. Salvatorelli hat die These der Vergleichbarkeit der österreichischen Rückversicherung mit der deutsch-russischen von 1887 und der italienisch-französischen von 1902 vertreten in seinem Artikel: Leggenda e realtà della Triplice Alleanza, in: Il Messaggero di Roma, 25.11.1950, und kritisiert, daß diese derart im Windschatten der deutschen und italienischen Vereinbarung mit anderen Mächten liegt. Mögliche Alternativen zum Zweibund für die Wiener Politik behandelt Pantenburg, Zweibund. Ihre Untersuchung der Rolle des Zweibunds für die österreichische Politik von der Badeni-Krise bis 1908 kommt zu dem Ergebnis, der Zweibund sei aus innen- wie außenpolitischen Gründen für Österreich-Ungarn unverzichtbar und alternativlos gewesen. Der Dreibund spielt in dieser Untersuchung keine Rolle, was bedauerlich ist, weil in den österreichisch-russischen Abmachungen für Wien vielleicht keine Alternative für das Bündnis mit Deutschland, wohl aber mit Italien gelegen hatte.

getreten[2] und hatte sich verbittert auf sein kleines Landgut zurückgezogen. Sein Nachfolger wurde der schon mehrfach erwähnte Graf Agenor Gołuchowski, ein polnischer Adliger, dessen gleichnamiger Vater Gouverneur von Galizien, Innen- und Staatsminister gewesen war. Mit 45 Jahren war Gołuchowski der jüngste Außenminister, den Franz Joseph je ernannt hatte. Der mit einer französischen Adligen, einer Prinzessin Murat, verheiratete Graf war liebenswürdig, umgänglich[3] und optimistisch bis hin zur Sorglosigkeit[4] – und insofern eine ganz andere Persönlichkeit als sein Vorgänger. In politischer Hinsicht gab es zwischen ihnen manche Ähnlichkeiten. Gołuchowski hatte, ebenso wie Kálnoky, klerikale Sympathien. Und noch mehr als dieser war er ein überzeugter Anhänger des Status quo. Er war der Überzeugung, „daß man mit einem so alten und aus so heterogenen Bestandteilen zusammengesetzten Staatswesen wie Österreich-Ungarn keine Experimente machen" dürfe.[5] In Anbetracht der schwierigen innenpolitischen Verhältnisse sah er die beste Politik für die Donaumonarchie darin, überall die gegenwärtigen Verhältnisse zu zementieren und Veränderungen nach Möglichkeit zu verhindern.[6] Der polnische Graf wurde – wie sein Mitarbeiter Graf Lützow meinte, sehr zu Unrecht[7] – einer quietistischen, geradezu schläfrigen Außenpolitik beschuldigt[8] – ein Vorwurf, der damals nicht nur in Österreich immer

---

2 Dazu: Friedrich Engel-Janosi: Graf Kálnokys Rücktritt als Außenminister im Mai 1895, in: ders., Geschichte auf dem Ballhausplatz, Graz/Wien/Köln 1963, S. 233–259; Bridge, Habsburgermonarchie VI/1, S. 286.
3 Lützow, Dienst, S. 89 f., mit einer Charakterisierung Gołuchowskis.
4 Bülow, Denkwürdigkeiten 1, S. 627. Aufzeichnung Bülows, 20.9.1903, GP 18,2, Nr. 5780: „Graf Gołuchowski nimmt, seinem Naturell entsprechend, die Dinge eher leicht ..." Pantenburg, Zweibund, S. 222, spricht von Gołuchowskis „Naivität".
5 Lützow, Dienst, S. 76. Ebenda, S. 138, führt Lützow diese Erkenntnis auf Andrássy d. Ä. zurück.
6 Diese Ansicht war nicht unerkannt geblieben. Die französische Zeitung „Gaulois" schrieb am 4. Dezember 1899: „Gołuchowski semble avoir merveilleusement compris que la situation intérieure de l'Autriche-Hongrie, dans les conditions ou elle se trouve par rapport au reste de l'Europe, ne comporte pas une politique extérieure à grandes envolées, une politique d'action dangereuse ..." In: Münster an Hohenlohe, 5.12.1899, PA/AA, R 8832.
7 Lützow, Dienst, S. 94.
8 Heinrich Kanner, Kaiserliche Katastrophenpolitik. Ein Stück zeitgenössischer Geschichte, Leipzig/Wien/Zürich 1922, S. 17: „Staatsmännischen Ehrgeiz besaß Gołuchowski nicht, wenn er nur in Ruhe das Leben und die Annehmlichkeiten seiner hohen Stellung genießen konnte. Als Politiker war er der ausgesprochenste Quietist. In allen europäischen Fragen lehnte er sich an Deutschland an wie ein Schläfriger an eine Wand ... Unter Gołuchowski und durch ihn erst erhielt die Staatsleitung der österreichisch-ungarischen Monarchie jenen marastischen Zug, den man, wie sich später zeigte, mit Unrecht dem hohen Alter des Kaisers zuschrieb." Gołuchowski wurde auch in der Bürokratie gehässig „Goluschlaffski" genannt. Ähnlich Tommasini, L'Italia alla vigilia della guerra 3, S. 124: „Gołuchowski, più cortigiano che statista, era uno spirito superficiale ed indolente, aveva saputo abilmente barcamenarsi e con-

wieder gegen eine abgewogene Politik erhoben wurde. Allerdings waren Gołuchowski politisch riskante Manöver ein Greuel. Als ihm im Jahre 1905 berichtet wurde, ein polnischer Adliger habe eine „Diversion nach außen" als einzige Möglichkeit bezeichnet, den inneren Schwierigkeiten zu entrinnen, schlug er sich „vor die Stirn und sagte, die Leute, die etwas derartiges äußerten, seien nicht bei Sinnen. Wer den Kaiser und ihn kenne, wisse, daß sie Abenteuer perhorreszierten. Diversionen nach außen hätten nicht einmal unter Napoleon III. zu Erfolgen geführt und hier liegt die Sache noch ganz anders. Wer eine Verantwortung trage, wende sich von solchen Ideen weit ab ..."[9]

Gołuchowskis konservative Haltung bedeutete im übrigen nicht den Verzicht auf auf Konfrontation, sollte der Besitzstand gefährdet scheinen. Dies kam vor allem im Verhältnis zu Rußland und den Balkanstaaten zum Ausdruck. Hierin lag auch der bedeutsamste politische Unterschied zwischen dem neuen Minister und seinem Vorgänger. Anders als der prinzipiell rußlandfreundliche Kálnoky hegte Gołuchowski ein grundsätzliches Mißtrauen gegenüber dem Zarenreich,[10] das vielleicht auch auf seine polnische Herkunft und seine ultrakatholische Einstellung zurückgeführt werden kann. Der polnische Graf war fest davon überzeugt, daß Rußland Konstantinopel und die Dardanellen nicht erobern dürfe, weil es dann eine zu große Anziehungskraft auf die orthodoxen Slawen der Monarchie ausüben würde.[11] Lieber, als das zuzulassen, sollte Österreich an das Schwert appellieren – das heißt, Konstantinopel war für ihn ein casus belli. In diesem Punkt war Gołuchowski ein ausgesprochener Dogmatiker und wiederholte seine Ansichten häufig bei seinen Zusammentreffen mit dem deutschen Botschafter, Eulenburg, der diese in ironisch gefärbten Berichte nach Berlin weiterleitete.[12] Auch lehnte er eine Aufteilung des Balkans in Interessenzonen strikt ab, da diese Trennung ja nichts bringen würde; denn wie könne Österreich verhindern, daß sich beispielsweise Serbien, auch wenn es in der österreichischen Einflußzone liege, doch

---

    servarsi la benevolenza di Francesco Giuseppe, evitandogli fastidi e studiandosi di seguire la corrente ..."

9 Wedel an Bülow, 8.4.1905, PA/AA, R 9113.

10 Salvatorelli, Triplice, S. 220. Besonders der Botschafter in St. Petersburg, Aehrenthal, warf Gołuchowski eine willens- und konzeptionslose Politik vor, die nicht genug auf Rußland eingehe. Zahlreiche Belege in: Wank: Aus dem Nachlaß Aehrenthal. Zu Gołuchowskis mißtrauischer Haltung gegenüber Rußland auch Pantenburg, Zweibund, S. 224–228. Hingegen behauptet Verosta, Theorie und Realität, S. 185, ohne Quellenangabe, Gołuchowski sei Rußland, obwohl Pole, „gut gesinnt" gewesen; dies ist eine Fehlinterpretation, die sich am Resultat seiner Politik orientiert, nicht an den Intentionen.

11 Bridge, Habsburgermonarchie VI/1, S. 287; Schwertfeger, Wegweiser 2, S. 178 f.; GP 18/1, Nr. 5609.

12 Zur Berichterstattung Eulenburgs: Pantenburg, Zweibund, S. 79–81, 123–127.

nach Rußland hin orientiere? Außerdem, so scheint es, hatte Gołuchowski Vorbehalte gegen die innenpolitische Repression des Zarenreiches und war schon deshalb ein Gegner eines Bündnisses mit Rußland, weil dieses als ein „reaktionärer Bund" betrachtet werden würde[13].

Und trotzdem kam es unter der Regierung des eher russophoben Gołuchowski, nicht unter der des russophilen Kálnoky, zu einem Ausgleich der österreichisch-russischen Spannungen auf dem Balkan. Die Ursachen dafür waren komplex und lagen nur teilweise innerhalb des eigentlichen Spektrums der österreichisch-russischen Beziehungen. Ein Hauptgrund der Annäherung war nämlich darin zu suchen, daß sich Rußland in diesen Jahren zunehmend in Ostasien engagierte und deshalb ein großes Interesse an Ruhe auf dem Balkan hatte. Das Deutsche Reich hatte dadurch, daß es die russische Fernost-Politik unterstützte, zu diesem Kurswechsel massiv beigetragen.[14] Sergej Witte, seit 1892 russischer Finanzminister, hatte den Zaren für grandiose wirtschaftliche Projekte in Sibirien begeistert – in diesem sah er ein Auffangbecken des russischen Bevölkerungsüberschusses, eine Kornkammer und ein Transitland für den Welthandel.[15]

Ein weiterer, mindestens ebenso wichtiger Auslöser der österreichisch-russischen Annäherung war in den Balkanvorgängen zu suchen. 1895 begannen grausame Massaker der Türken an den christlichen Armeniern,[16] die weltweites Entsetzen auslösten und die öffentliche Meinung, besonders in Großbritannien und Italien, aufbrachte. Für die österreichisch-ungarische Politik wurde bedeutsam, daß die britische Regierung unter Führung von Lord Salisbury anders als bisher nicht mehr bereit war, den Sultan zu stützen, einerseits wegen der öffentlichen Abneigung gegen die türkischen Verbrechen, andererseits wegen eines Strategiewechsels; Großbritannien glaubte den Seeweg nach Indien nicht mehr in Konstantinopel verteidigen zu müssen. Dann brach auch noch auf Kreta ein Aufstand gegen die türkische Herrschaft aus, der in einem griechisch-türkischen Krieg mündete. Die Zustände in der türkischen Provinz Mazedonien waren chaotisch; dort herrschte Bandenkrieg. Das britische Desinteressement an den Balkanvorgängen überzeugte

---

13 Gołuchowski an Aehrenthal, 15.9.1906, zitiert bei Verosta, Theorie und Realität, S. 309–312, Zitat S. 312.
14 Japan hatte seine Gewinne aus dem chinesisch-japanischen Krieg auf deutsch-französisch-russischen Widerstand hin (Einspruch von Shimonoseki, 1895) wieder an China zurückgeben müssen, womit dem russischen Ausbreitungsdrang ein weites Feld eröffnet worden war.
15 Wilhelm M.Carlgren: Iswolsky und Aehrenthal vor der bosnischen Annexionskrise. Russische und österreichisch-ungarische Balkanpolitik 1906–1908, Uppsala 1955, S. 7 f.
16 Dazu Wolfgang Gust: Der Völkermord an den Armeniern. Die Tragödie des ältesten Christenvolkes der Welt, München/Wien 1993, S. 105–116; Langer, Diplomacy of Imperialism, S. 303–354.

Gołuchowski davon, daß er bei seinem Bestreben, die Türkei zu erhalten, auf diese Macht nicht bauen dürfe. Er selbst wollte das Osmanische Reich so lang wie möglich stützen; sollte dessen Herrschaft auf dem Balkan zerfallen, war es ihm das liebste, wenn sie durch unabhängige Klein- und Mittelstaaten abgelöst werden sollte, durch ein starkes Bulgarien, Rumänien und Griechenland, ein schwaches Serbien, ein kleines Montenegro und ein autonomes Albanien[17]. In Anbetracht der deutschen Abstinenz auf dem Balkan – Reichskanzler Hohenlohe versicherte immer wieder, der Bismarcksche Ausspruch von den Knochen des pommerschen Grenadiers behalte seine Gültigkeit und Österreich-Ungarn solle sich mit Rußland arrangieren – und der ähnlich gleichgültigen Haltung der englischen Regierung, die jede präzise Zusage verweigerte und erklärte, sie werde von Fall zu Fall gemäß ihren Interessen handeln, drängten die Verhältnisse den polnischen Grafen hin zu einem Ausgleich mit Rußland.

Auch in St. Petersburg war das Terrain für eine Aussöhnung mit dem Mitbewerber auf dem Balkan vorbereitet. In der russischen Regierung hatte sich allgemeine Ernüchterung über die panslawistischen Ideen breitgemacht. Die Bulgaren galten als undankbar, das gesamte Engagement auf dem Balkan als unfruchtbar, und außerdem hatte der russische Panslawismus mit dem Tode des Publizisten Katkow schon im Jahre 1887 seinen bedeutendsten Impulsgeber verloren. Deshalb hatten sich Kálnoky und sein russischer Kollege Giers zu Beginn der 1890er Jahre zunehmend auf eine gemeinsame Haltung in Balkanfragen verständigen können. Diese basierte auf dem Nichteinmischungsprinzip aus der Befürchtung heraus, von den unkontrollierbaren Balkanvasallen in unerwünschte Konflikte hineingezogen zu werden. Es blieb aber Gołuchowski vorbehalten, diese Absprachen in eine regelrechte Entente umzumünzen.

Die Gelegenheit dazu bot sich im Anschluß an einen Besuch Kaiser Franz Josephs in St. Petersburg Ende April 1897. Die Balkanentente wurde nicht durch ein gemeinsames Schriftstück begründet, sondern durch mehrere Schreiben, die inhaltlich erheblich voneinander abwichen. Gołuchowski faßte am 8. Mai 1897 in einem Papier die mündlichen Vereinbarungen zusammen, und Murawiew, der russische Außenminister, antwortete am 17. Mai mit einer eigenen Note. Es handelte sich dabei um einen beidseitigen Verzicht auf Eroberungen für den Fall, daß die türkische Herrschaft in ernste Schwierigkeiten käme und sich Änderungen des Status quo auf dem Balkan nicht mehr vermeiden ließen. Gołuchowski betonte in seinem Schreiben, daß sich Österreich-Ungarn das Recht vorbehalte, gegebenenfalls Bosnien-Herzegowina und

---

17 Bülow, Denkwürdigkeiten 1, S. 627, mit der Wiedergabe eines Gesprächs mit Gołuchowski von 1903.

Teile des Sandschaks von Novibazar zu annektieren; ansonsten sollten auf den Trümmern der türkischen Herrschaft möglichst ausgewogene, autonome Staaten entstehen. Gołuchowski hatte dann noch den eminent europäischen Charakter der Konstantinopel-Frage unterstrichen. Diese Ausführungen liefen aber, in der Sicht des russischen Außenministers Murawiew, darauf hinaus, daß Österreich sich etwas nahm – nämlich Bosnien – und nichts gab, nämlich keinerlei Konzession in der Meerengenfrage. Deshalb formulierte er seine Antwort entsprechend: Wenn die Meerengenfrage eine Angelegenheit des europäischen Konzertes sei, so gelte dies auch für Bosnien-Herzegowina. Diese Antwort war eigentlich zu erwarten gewesen, obwohl Murawiew damit hinter frühere russische Zusagen zurückgegangen war. So hatte beispielsweise im Dreikaiserabkommen das Zarenreich der Donaumonarchie die Annexion Bosnien-Herzegowinas nach eigenem Gutdünken zugesagt. Gołuchowski ging daher auf diesen Vorstoß Murawiews bewußt nicht ein, um die Diskussion über den heiklen Punkt zu vermeiden und der russischen Diplomatie nicht einen Vorwand zu geben, ihre früheren Zusagen formell zu widerrufen. Er wollte nicht erkennen lassen, daß man diese Frage für ungeklärt hielt. Im übrigen empfand der Minister die Angelegenheit wahrscheinlich ohnehin als nicht sonderlich dringlich, da er nicht daran dachte, derzeit am Zustand der Dinge auf dem Balkan etwas zu ändern oder etwa zur formellen Annexion der besetzten Gebiete zu schreiten.

Die Absprache mit Murawiew – sie wurde durch Gołuchowski sofort vollinhaltlich nach Berlin, mit Verzögerung auch nach Rom weitergegeben[18] – hatte gezeigt, daß der russische wie der österreichisch-ungarische Außenminister die inzwischen schon traditionellen Balkanziele ihrer Staaten, nämlich die formelle Annexion Bosniens und die Meerengenfrage, nicht aus dem Auge verloren hatten. Deshalb war die russisch-österreichische Balkanentente kein wirklicher Ausgleich; der österreichisch-russische Gegensatz auf dem Balkan wurde nur überdeckt, aber nicht aufgehoben. Die machtpolitischen Widersprüche zeigten sich schon darin, daß die Noten Gołuchowskis und Murawiews einen unterschiedlichen Inhalt hatten. Und trotzdem war die Entente lebensfähig, weil sie auf einem beiderseitigen starken Interesse basierte: Nämlich die konfliktträchtigen Balkanfragen für den Moment ruhen zu lassen. Hinzu kam der Wunsch, die Einmischung anderer Großmächte auf dem Balkan möglichst auszuschließen. Aus ebendiesem Grund wurde die Zusammenarbeit sogar immer enger, je konfuser die Lage im Osmanischen Reich wurde. Wegen der Exzesse gegen die Armenier und

---

18 Gołuchowski an Szögyény, 5.5.1897, GP 12/1, Nr. 3126; Bülow an Hohenlohe, 25.5.1897, ebenda, Nr. 3129. Dazu auch Salvatorelli, Triplice, S. 222; Tommasini, L'Italia alla vigilia 1, S. 71. Italien informierte Gołuchowski bei einem Treffen in Monza im November 1897.

der chaotischen Zustände in Bulgarien und Mazedonien blieb die öffentliche Meinung in den westlichen Staaten schroff antitürkisch: das Osmanische Reich schien weder die Kraft noch die moralische Berechtigung zum Weiterleben zu haben. Hingegen hatten Rußland und Österreich-Ungarn Interesse daran, die osmanische Herrschaft so lange zu konservieren wie überhaupt nur möglich. Das Deutsche Reich stützte wegen seiner Vorstellung vom Osmanischen Reich als dem großen Absatzgebiet für deutsche Produkte diese Politik.

Zwar wurde immer wieder festgestellt, daß das österreichisch-russische Verhältnis kalt und unherzlich sei, aber es war für beide Seiten vorteilhaft und wurde daher noch weiter ausgebaut. Im Jahre 1903 beschlossen Franz Joseph und Zar Nikolaus in Mürzsteg, die Türken gemeinschaftlich zu Reformen zu zwingen. Und am 15. Oktober 1904 kam es zum Höhepunkt der bisherigen Annäherung; die Donaumonarchie und das Zarenreich unterzeichneten einen Neutralitätsvertrag.[19] Damit befand sich Österreich-Ungarn im gleichen Verhältnis zu seinen Dreibundpartnern wie Italien nach dem Prinetti-Barrére-Abkommen – mit dem Unterschied, daß Gołuchowski, anders als Prinetti, die Information über das Abkommen direkt vertraulich nach Berlin weitergab – nicht aber nach Rom! Franz Joseph machte seinem deutschen Kollegen in einem Handschreiben Mitteilung über den Neutralitätsvertrag mit Rußland.[20] Die Österreicher verhielten sich gegenüber ihrem deutschen Bündnispartner streng korrekt, was vor dem Hintergrund des seinerzeit vor Österreich verheimlichten und erst sechs Jahre nach Ablauf, im Jahre 1896, bekanntgewordenen Rückversicherungsvertrages nicht selbstverständlich war. Auch der Zar ließ daraufhin in Berlin die Vereinbarung mitteilen.

Dort war die Reaktion alles andere als enthusiastisch. Die deutsche Diplomatie hatte zwar seit Bismarcks Zeiten in Wien immer wieder ein möglichst gutes Verhältnis zu Rußland angemahnt und das eigene Desinteressement auf dem Balkan betont. Allerdings fühlte sich die deutsche Führung nur dann sicher, wenn alles über ihre Vermittlung lief. Die ungewohnte Selbständigkeit der Österreicher erfüllte Reichskanzler Bülow mit beträchtlichem Unbehagen; dies wird aus seiner eigenen Schilderung, wie er die Neuigkeit von dem Abkommen aufnahm, überdeutlich. Er habe, so schrieb Bülow, gegenüber dem österreichischen Botschafter Szögyény „weder Pikiertheit noch Überraschung an den Tag gelegt und ihm ohne Enthusiasmus, aber mit ruhiger Freundlichkeit gesagt, daß mir dieses Neutralitätsabkommen höchst verständig scheine"[21]. Diese Haltung – einerseits das Eingeständnis, die Öster-

---

19 Carlgren, Iswolsky und Aehrenthal, S. 49.
20 Verosta, Theorie und Realität, S. 194; GP 22, Nr. 7344, 7366.
21 Telegramm Bülows an Wilhelm II., 21.11.1904, in: GP 22, Anmerkung S. 3.

reicher handelten vernünftig, andererseits der fehlende Enthusiasmus – lag unter anderem daran, daß sich das Deutsche Reich auch seinerseits um Rußland bemüht hatte; zwar konnte das Verhältnis beider Staaten verbessert werden, ein Abkommen wurde jedoch nicht erreicht. Die Ursache dafür war weniger schlechter Wille der Russen als vielmehr, daß sie sich an ihr Abkommen mit Frankreich gebunden fühlten und sich die deutschen und französischen Ansprüche nicht miteinander vereinbaren ließen.

Insgesamt waren die Entente und die Abkommen, die zwischen 1897 und 1904 geschlossen wurden, ein großer Erfolg für die österreichische Diplomatie. Sie konnte ihre Politik ohne jede akute Bedrohung durch fremde Großmächte gestalten und war mit allen ihren wichtigen Nachbarn verbündet oder befreundet. Als Rußland im Januar 1904 von den Japanern angegriffen und in einen überaus verlustreichen, im Jahre 1905 katastrophal endenden Krieg verwickelt und dann durch die erste Russische Revolution gelähmt wurde, vervollständigte sich das für die Wiener Führung erfreuliche Panorama ohne auswärtige Bedrohung.

> Seid hart! Vernunft nimmt der Schädel der Tschechen nicht an, aber für Schläge ist auch er zugänglich.
>
> Theodor Mommsen in der „Neuen Freien Presse", 31. Oktober 1897

b) „Finis tripliciae"? Die Badeni-Krise von 1897, das deutsch-österreichische Verhältnis und die tschechische Opposition gegen den Dreibund

Daß Gołuchowski den durch die Entente mit Rußland entstandenen außenpolitischen Spielraum nicht für „aktive Politik" ausnutzte, wurde ihm von manchem ehrgeizigen österreichischen Diplomaten, vor allem von dem Botschafter in St. Petersburg, Aehrenthal, zum Vorwurf gemacht. Doch abgesehen davon, daß Gołuchowski offenbar Zweifel am Sinn und Gewinn „aktiver Politik" hegte, stand der Habsburgermonarchie dieser Spielraum für expansive Abenteuer auf dem Balkan gar nicht zur Verfügung, da dies, gleichgültig zu welchem Zeitpunkt, sofort wieder Rußland auf den Plan gerufen hätte. Die Entente mit Rußland basierte angesichts der fundamentalen Gegensätze in der Bosnien- und Meerengenfrage schließlich auf der beiderseitigen Nichtintervention. Außenpolitische Experimente verboten sich auch aus einem anderen Grund: Österreich-Ungarn durchlebte in diesen Jahren eine innenpolitische Krise von unerhörter Schwere, die den Bestand des Gesamtstaates massiv in Frage stellte und „alles andere in den Hintergrund" drängte.[22] Vielleicht zeigte sich hier auch das Doppelgesicht der an sich sehr positiven Tatsache, daß äußerer Druck fehlte: Dies gab den untereinander zerstrittenen Völkerschaften die Möglichkeit, ihre nationalen Gegensätze geradezu hemmungslos auszuleben – und dies sollte auch Folgen für das Bündnis haben.

In diesen Jahren, ab 1897 beginnend, kulminierten nicht nur alle Probleme, die sich aus den Ungereimtheiten und Widersprüchlichkeiten des Ausgleichs von 1867 ergaben, sondern die Schwierigkeiten des multinationalen Staates im Zeitalter des Nationalismus überhaupt. Helmut Rumpler hat in einem breitangelegten Panorama der Habsburgermonarchie dargestellt, wie groß die Sprengkraft der seit dem frühen 19. Jahrhundert von den verschiedenen Nationalitäten entwickelten Ideen gewesen ist und betitelt diesen Vorgang als die „Büchse der Pandora"[23]. Ernst Hanisch spricht sogar von einem „Mißlingen des Nationsbildungsprozesses in Richtung einer gesamtösterreichischen Nation" als dem „grundlegenden Problem der Habsburgermonarchie in der Neuzeit"[24]. Von der Krise, die 1897 begann, waren beide Reichshälften massiv betroffen, besonders jedoch die cisleithanische, in der sich inzwischen auch die politischen Verhältnisse wesentlich verändert hatten. Der unmittelbare Auslöser waren die bevorstehenden Verhandlungen über den wirtschaftlichen Ausgleich zwischen den Reichshälften, der am 31. Dezember 1897 auslief. Angesichts der auf eine Personalunionslösung drängenden Ungarn waren komplizierte Verhandlungen zwischen den Reichshälften zu erwarten. Es bestand die Gefahr, daß die Monarchie als einheitlicher Zollraum zerfallen würde, obwohl das allgemeine Urteil war, die Ungarn würden es aus Selbstschutz doch nicht so weit kommen lassen. Doch verlangte die oppositionelle ungarische Unabhängigkeitspartei noch mehr: Eine eigene Armee und Finanzverwaltung, so daß wirklich nur noch der gemeinsame Monarch als Verbindung der Reichshälften übriggeblieben wäre. Diese Politik wäre im Fall ihrer Verwirklichung zum Schaden der Ungarn ausgegangen, da sie infolge des Ausgleichs von der wirtschaftlich potenteren österreichischen Reichshälfte profitierten, die auch die deutlich höheren Beiträge zu den gemeinsamen Finanzen beisteuerte.

Um in den Delegationsverhandlungen mit den Ungarn möglichst stark zu sein, suchte sich der Ministerpräsident Cisleithaniens, Graf Kasimir Badeni, übrigens wie Gołuchowski ein Pole, einer möglichst breiten Mehrheit im

---

22 Kálnoky an Aehrenthal, 6.6.1897, in: Wank, Aehrenthal 1, Nr. 97.
23 Siehe dazu die beeindruckende Darstellung von Helmut Rumpler: Eine Chance für Mitteleuropa. Bürgerliche Emanzipation und Staatsverfall in der Habsburgermonarchie, Wien 1997, dort besonders Kapitel III. Die Büchse der Pandora, S. 154–214.
24 Ernst Hanisch: Der lange Schatten des Staates. Österreichische Gesellschaftsgeschichte im 20. Jahrhundert, Wien 1994, S. 154.

Reichsrat zu versichern. Doch war dies eine ungeheuer schwierige Aufgabe, wie alle bisherigen Ausgleichsversuche mit den Tschechen gezeigt hatten. Auch hatte die innenpolitische Aufsplitterung in der Ära Taaffe (1879–1893) weiter zugenommen. Die vorherige Gliederung des Reichsrats in einen klerikal-föderalen und einen deutschliberal-zentralistischen Block bei Obstruktion der Tschechen gegen die Verfassung sowie der loyalen Mitarbeit der halbwegs saturierten Polen war allmählich zerfallen. Immer deutlicher trat die jeweilige Nationalität als erster Gesichtspunkt der politischen Orientierung hervor; dies ging natürlich auf Kosten des Zusammenhalts im großen. Außerdem aber war der gegen Taaffe opponierende deutsche Liberalismus der große Verlierer.[25] Neue politische Kräfte tauchten auf, und es bildete sich zwischen 1880 und 1900 ein neues, kompliziertes, aber auch moderneres Parteiensystem in Cisleithanien heraus.

Zu diesen neuen Kräften gehörte die österreichische Sozialdemokratie, die sich im Jahre 1888 auf dem Hainfelder Parteitag konstituierte.[26] Sie war aufgrund ihrer marxistischen, klassenorientierten und internationalistischen Einstellung die einzige politische Kraft in der österreichischen Reichshäfte, der es bis kurz vor Ausbruch des Ersten Weltkrieges gelang, ihre übernationale Geschlossenheit zu erhalten. Erst im Jahre 1912 spalteten sich die tschechischen Sozialdemokraten ab. Die Sozialdemokratie war gerade deshalb auch keine Gefahr, sondern eine Stütze des Vielvölkerstaates und wurde deshalb später sogar als „K. k. Sozialdemokratie" bespöttelt. Sie war im übrigen eine Anhängerin des Dreibunds.

Eine andere neue politische Kraft waren die Christlichsozialen, eine neue klerikale Partei, in der sich deutlich die soziale Verunsicherung in der Donaumonarchie widerspiegelte. Die Christlichsozialen waren eine schwarzgelbe, klerikale Partei, die aber, im Gegensatz zu ihren Vorgängern, die soziale Frage und die Besitzstandswahrung des Kleinbürger- und Beamtentums in den Mittelpunkt ihres Wirkens stellte.[27] Die Bewegung, die auch durch starke antisemitische Elemente geprägt war, brachte schließlich gegen starken kaiserlichen Widerwillen ihren Führer, Dr. Karl Lueger, als Bürgermeister ins Wiener Rathaus. Es gelang den Christlichsozialen aber trotz aller Bemühungen nicht, auch nichtdeutsche Wählerschichten zu gewinnen; sie war und blieb eine spezifisch deutschösterreichische Partei.

---

25 Dazu: Lothar Höbelt: Kornblume und Kaiseradler: Die deutsch-freiheitlichen Parteien Altösterreichs, Wien 1993.

26 Dazu Hans Mommsen: Die Sozialdemokratie und die Nationalitätenfrage im habsburgischen Vielvölkerstaat, Bd. 1: Das Ringen um die supranationale Integration der zisleithanischen Arbeiterbewegung (1867–1907), Wien 1963.

27 Eulenburg an Hohenlohe, 11.4.1895, PA/AA, R 8524, zitiert die bezeichnende Bemerkung Kálnokys, „daß die Beamten seines Ressorts *ohne Ausnahme* für die Antisemiten gestimmt hätten, während sich die höheren Beamten der Abstimmung enthielten".

Eine weitere, weniger ihrer Größe als ihrer Wirkung wegen bedeutende Gruppe im Reichsrat waren die „Alldeutschen" um Georg Ritter v. Schönerer und den sudetendeutschen Hermann Otto Wolf.[28] Sie wurden als die „deutschen Irredentisten" bezeichnet, da vor allem Schönerer offen auf den Anschluß der deutschen Gebiete Österreichs an das Deutsche Reich hinarbeitete[29] und sich auch dadurch nicht bremsen ließ, daß Bismarck und seine Nachfolger diese Bestrebungen einmütig ablehnten.[30] Allerdings läßt sich beobachten, daß sich die Kriegserklärung eines Hermann Otto Wolf an das „Slawentum und seine weltlichen und geistlichen Helfershelfer" auch innerhalb der deutschen Diplomatie[31] und erst recht in der deutschen Öffentlichkeit einer gewissen Sympathie erfreute.

In den politisch konfusen Kreisen der deutschen Irredenta gab es neben starken antikatholischen, den Protestantismus favorisierenden Tendenzen – die schließlich zu Schönerers „Los von Rom"-Bewegung führten – auch eine starke antisemitische Strömung. Schönerer und seine Anhänger waren wegen ihrer parlamentarischen Auftritte gefürchtet;[32] hemmungslos vertraten sie ein plumpes deutsches Superioritätsdenken. Am 6. Mai 1897 sprach Hermann Otto Wolf in der Debatte auf Antrag der Ministeranklage gegen Badeni „von den Tschechen, den Slowaken und anderen, im Vergleiche mit dem deutschen Volke kulturell tief minderwertigen Nationalitäten"[33] und löste damit einen berechtigten Entrüstungssturm aus.

Diese Ministeranklage galt den sogenannten „Badenischen Sprachenverordnungen", in denen Badeni im April 1897 die Verwendung der beiden Lan-

---

28 Dazu Andrew G. Whiteside: Georg Ritter von Schönerer. Alldeutschland und sein Prophet, Graz/Wien/Köln 1981.
29 Verosta, Theorie und Realität, S. 189.
30 Bismarck meinte noch am 1.7.1894 zu einem Österreicher: „Sie haben Ihr eigenes Leben im Donaubecken, und das kann nicht von Berlin abhängen. Sie sind uns aber gute Freunde und Bundesgenossen." Zitiert bei Verosta, Theorie und Realität, S. 189. Und Staatssekretär Bülow erinnerte den deutschen Botschafter in Wien daran, das deutsche politische Interesse gehe dahin, die österreichische Großmachtstellung zu erhalten; dashalb müßte sich Deutschland davor hüten, „zersetzende Tendenzen in Österreich, mögen dieselben von tschechischer, polnischer oder deutscher Seite kommen, zu ermutigen". Ebenda, S. 190. Bülow stellte im Juni 1898 fest: „Die Deutschösterreicher dürfen nicht im Zweifel darüber sein, daß, solange es sich bei ihrem Kampfe für die deutsche Sache darum handelt, das Deutschtum als Kitt für den inneren Zusammenhang und ferneren Bestand des österreichischen Staates in seiner jetzigen Gestalt zu retten, wir ihre Bestrebungen mit vollster Teilnahme verfolgen, daß aber, sobald dieser Kampf als letztes Ziel eine Lostrennung der deutschen Landesteile von Österreich und damit die Rückkehr zu dem Status quo ante 1866 im Auge hat, die Deutschnationalen nicht auf eine Förderung ihrer Pläne von hier aus zu rechnen haben." In: Bülow an Lichnowsky, 18.6.1898, GP 13, Nr. 3475.
31 Lichnowsky an Hohenlohe, 13.6.1898, GP 13, Nr. 3474.
32 Dazu Brigitte Hamann, Hitlers Wien, Wien 1996, S. 169–193 und S. 337–393.
33 Habsburgermonarchie III/1, S. 224.

dessprachen in Böhmen und Mähren neu geregelt hatte. Der Hintergrund war, daß Badeni seine Mehrheit im Reichsrat durch Besänftigung der Tschechen stärken und deshalb ihren Reformwünschen entgegenkommen wollte. Er dachte daran, die Verhältnisse in Böhmen zweisprachig zu gestalten: Die staatlichen Behörden sollten von nun an zweisprachig arbeiten und alle ab dem 1. Juli 1901 einzustellenden Richter und Beamte die Kenntnis beider Landessprachen in Wort und Schrift nachweisen müssen. Die Deutschböhmen wandten dagegen ein, daß dies eine Bevorzugung der Tschechen sei, die ohnehin meist Deutsch sprächen. Außerdem kam die Angst auf, amtliche Benachrichtigungen, weil in einer unverständlichen Sprache verfaßt, bald nicht mehr lesen zu können, ganz zu schweigen von der nackten Existenzangst derjenigen, die kein Tschechisch konnten und denen der Weg in den Staatsdienst dadurch versperrt zu werden drohte.[34] Das grundsätzliche Problem nicht nur jeder Sprachenregelung, sondern des gesamten deutsch-tschechischen Gegensatzes war außerdem, daß es in Böhmen geschlossene deutsche Siedlungsgebiete gab, in denen die Einführung des Tschechischen als reine Schikane empfunden wurde. Nach dem nationalen Prinzip hätte die historische Einheit Böhmen also in einen deutschen und einen tschechischen Teil zerlegt werden müssen, wogegen sich aber die Tschechen sträubten. Sowohl Deutsche als auch Tschechen waren nicht bereit, Böhmen als zweisprachiges Land zu verstehen und zu gestalten, sondern einseitig darauf aus, ihrer eigenen Sprache die Vorherrschaft zu erkämpfen.

Badenis Sprachenverordnung, die über ihre sachliche Brisanz hinaus auch politisch ungeschickt eingefädelt worden war, nämlich direkt nach einem national aufgeheizten Wahlkampf, hatte einen Sturm mit gefährlichsten Konsequenzen entfacht.[35] Bisher hatten die verschiedenen deutschen Gruppen in der cisleithanischen Reichshälfte ihre Interessen auf regionaler Ebene autonom vertreten; so hatten sich die mit den Tschechen streitenden Deutschböhmen beispielsweise wenig um die Auseinandersetzungen zwischen den Deutschösterreichern und den Slowenen in der Südsteiermark gekümmert und umgekehrt. Doch nun schien der nationale Besitzstand universal bedroht, und alle Deutschösterreicher vereinigten sich zum Kampf gegen Badeni. Anders als dieser gehofft hatte, waren alle bisherigen regionalen und politischen Trennlinien plötzlich aufgehoben und alle Deutschösterreicher gelobten den böhmischen Landsleuten am 11. Juli 1897 die „Gemeinbürgschaft". Sie sprachen von dem „Gebot der nationalen Ehre", den Kampf gegen diese angeblich diskriminierenden Bestimmungen bis zum Sieg zu führen.[36] Alle deutschen Parteien vereinigten sich in dieser Frage; Schönerer und seine

---

34 Ebd.
35 Dazu Pantenburg, Zweibund, S. 56–59.
36 Habsburgermonarchie III/1, S. 225.

Anhänger blieben zwar ausgeschlossen, konnten aber trotzdem in den parlamentarischen Auseinandersetzungen gegen die Tschechen eine vielbeachtete Rolle spielen, und es gelang ihnen, sich in die nationale Phalanx auch gegen deren Willen einzureihen. Da die Deutschösterreicher im Reichsrat nicht die Mehrheit hatten, griffen sie zum Instrument der Obstruktion und machten einen geregelten parlamentarischen Geschäftsbetrieb unmöglich.

Für die Deutschösterreicher rächte es sich, niemals schlüssig und allgemeingültig definiert zu haben, was sie eigentlich innerhalb des Gesamtreichs als ihren unveräußerlichen nationalen Besitzstand verteidigen wollten; auch im Fall der Badeni-Krise vermochten sie sich nur für ein negatives Ziel, das heißt zur Abschaffung der Sprachenverordnung, aber nicht zur Durchsetzung eines schlüssigen und auch für andere Nationalitäten tragbaren Konzeptes zusammenzuschließen. Insgesamt waren die Deutschösterreicher – und übrigens auch die Reichsdeutschen, die diese Vorgänge mit gespanntem Interesse mitverfolgten – übereinstimmend der Ansicht, den Deutschen komme ein politisches, sprachliches und kulturelles Primat innerhalb ihrer Reichshälfte zu; wie dieses aussehen sollte, darüber konnten sie sich nicht verständigen. Die anderen Völker, vor allem die Tschechen, bestritten eben diese Grundannahme und waren nur auf Basis völliger Gleichberechtigung zu verhandeln bereit.[37]

Mit dem Radikalismus ihrer Opposition gegen die Regierung brachen die Deutschösterreicher mit ihrer Tradition der staatstragenden Politik. Sie hatten sich in der liberalen Ära stets als der „Kitt" der Gesamtmonarchie verstanden; jetzt waren sie von der Regierungspartei zur Fundamentalopposition geworden. Zwar erzwangen sie im November 1897 den Sturz Badenis, verweigerten auch danach jeden Kompromiß und setzten schließlich die Aussetzung der Sprachenverordnung durch, doch wurde dies im allgemeinen als Pyrrhussieg der Deutschösterreicher gewertet. Denn ihr Anspruch, das politisch führende Volk der cisleithanischen Reichshälfte zu sein, wurde durch das von ihnen angerichtete Chaos im Parlament stark in Mitleidenschaft gezogen. Da konnten auch vernünftigere deutschösterreichische Abgeordnete den Schaden nicht mehr begrenzen; im übrigen verlangten auch sie ein Primat des deutschen Elements in Österreich.[38]

---

37 Ebd., S. 232 f.
38 Ebd., S. 229. Einsichtige deutsche Parlamentarier beklagten die Maßlosigkeit engstirniger deutschnationaler Forderungen, wie sie besonders Schönerer und Wolf erhoben, ohne indes den Anspruch auf ein Primat aufzugeben. Dafür beispielhaft ist der freisinnige Deutschtiroler Karl von Grabmayer, der am 15. April 1898 feststellte, man verlange unerreichbares, „wenn man den 14 Millionen Nichtdeutschen zumutet, sich als minderwertige Völker unter die ausschließliche Herrschaft von acht Millionen Deutschen zu beugen; man will den Frieden nicht, wenn man sich das österreichische Völkerkonzert als ein deutsches Solo mit Brummstimmen vorstellt, wobei das Brummen alle anderen Nationen besorgen, anstatt sich damit

Die deutsche Diplomatie vermied eine Unterstützung dieses radikalen Vorgehens der Deutschösterreicher in der Erwartung, daß die dynastischen Kräfte in Österreich ab einem bestimmten Punkt gezwungen sein könnten, sich auf die Tschechen als Staatsvolk und nicht mehr auf die Deutschen zu stützen. Tatsächlich sah es nach Badenis Sturz und während der sich vergeblich um eine Aussöhnung bemühenden Übergangsregierung Gautsch so aus, als ob ein tschechischer Ministerpräsident eingesetzt werden könnte, was Wilhelm II. zu der Randbemerkung „finis tripliciae" veranlaßte.[39]

Diese Vorgänge führten dazu, daß die österreichische Reichshälfte jahrelang parlamentarisch unregierbar war; im Zeichen der parlamentarischen Paralyse mußten die Regierungen zum Mittel der Notverordnung greifen. Auch die Ausgleichsverhandlungen mit Ungarn gestalteten sich als überaus schwierig. Dies alles blieb nicht ohne massive Auswirkungen auf die Außenpolitik. Eine davon wurde bereits erwähnt; Gołuchowskis hartnäckige Weigerung, Prinetti in der Zollfrage irgendwelche Versprechungen zu machen, war aus der Notlage geboren, nicht den schwebenden Ausgleichsverhandlungen mit Ungarn vorzugreifen; die ungarische Regierung beharrte eigensüchtig auf jedem auch noch so kleinen Vorteil.

Doch sollten diese innenpolitischen Probleme für die Monarchie noch weitere Probleme mit den Dreibundpartnern, vor allem mit den Deutschen, zur Folge haben. Die deutsche Diplomatie verstand zwar zu differenzieren und wußte, daß Badeni kein Dreibundfeind war;[40] die deutsche Öffentlichkeit aber nahm an den Vorgängen weit emotionaler Anteil und bezog deutlich zugunsten der Deutschösterreicher Stellung. Der bedeutende Althistoriker und spätere Nobelpreisträger Theodor Mommsen vertrat in mehreren offenen Briefen eine schroff antitschechische Position und forderte in der „Neuen Freien Presse" in seinem Aufruf „An die Deutschen in Österreich" am 31. Oktober 1897: „Seid hart! Vernunft nimmt der Schädel der Tschechen nicht an, aber für Schläge ist auch er zugänglich."[41] Diese Stellungnahme wurde zwar auch hart kritisiert; trotzdem wurde das in der Vorgehensweise intransigente tschechische Streben nach kultureller Gleichrangigkeit von großen Teilen der deutschen Öffentlichkeit als Gefährdung des österreichischen Deutschtums

---

zu begnügen, daß die deutsche Primgeige unter den gleichberechtigten anderen Instrumenten sich als führende Stimme behauptet."

39 Eulenburg an Hohenlohe, 1.3.1898, GP 13, Nr. 3471.
40 Lichnowsky an Hohenlohe, 17.6.1897, PA/AA, R 8526. Badeni sagte, „daß er sich niemals zu Maßregeln hinreißen lassen würde, welche geeignet seien, das Bündnis mit Deutschland zu schädigen oder zu schwächen, das er für eine Existenzfrage Österreichs betrachte".
41 Speziell zu dem Mommsen-Brief: Berthold Sutter: Theodor Mommsens Brief „An die Deutschen Österreichs" (1897), in: Ostdeutsche Wissenschaft 10 (1963), S. 152–225; siehe auch Habsburgermonarchie 3/1, S. 226; Pantenburg, Zweibund, S. 64 f.; Verosta, Theorie und Realität, S. 185.

empfunden. Auch die deutsche Regierung wurde nicht müde, in Wien die Erhaltung der Vormachtstellung der deutschen Bevölkerungsgruppe anzumahnen, vermied aber, in eigenem Interesse, eine allzu deutliche eigene Stellungnahme, die als Einmischung in die inneren Angelegenheiten Österreichs hätte interpretiert werden können. Allerdings bemühte sich der deutsche Botschafter Eulenburg ersatzweise, mit dem ungarischen Ministerpräsidenten Bánffy zu konspirieren und diesen gegen tschechische wie sonstige slawische Bestrebungen ins Feld zu schicken. Gołuchowski wiederum unterließ es nicht, die deutsche Regierung ausdrücklich zu warnen, sich in die inneren Angelegenheiten Österreichs einzumischen.[42]

Die tschechischen Parlamentarier waren über die tatsächliche und vermeintliche deutsche Unterstützung für die Deutschösterreicher äußerst aufgebracht. Deshalb wandten sie sich mit ungezügelter Wut gegen den Dreibund, den sie als pangermanisches Instrument zur Niederhaltung der slawischen Bevölkerungsteile der Monarchie ansahen. Sie entwickelten außenpolitische Gegenmodelle zu den bestehenden Bündnissen; vor allem einer ihrer bedeutendsten Parlamentarier, Karel Kramář, verlangte als Alternative zu der ungeliebten Allianz mit dem Deutschen Reich ein Bündnis mit Rußland,[43] in dem er eine erheblich solidere Friedensgarantie erblickte.

Das gesamtpolitische Konzept, das Kramář und seine Anhänger vertraten, hatte keine Chance auf Mehrheitsfähigkeit und enthielt einige Ungereimtheiten. Kramář war, anders als später, vor allem während des Ersten Weltkriegs behauptet wurde, kein tschechischer Separatist. Sein Bestreben ging in Wahrheit dahin, die Habsburgermonarchie innenpolitisch so umzubauen, daß die einzelnen Völkerschaften einen gleichberechtigten Platz in ihr erhielten. Vor allem wollte er die deutsche Vorherrschaft brechen; immer wieder verwies er darauf, daß die Slawen schließlich die Bevölkerungsmehrheit der Monarchie stellten, und er sah in der Habsburgermonarchie einen slawischen Staat.[44] Darin, eine kompakte Majorität der Slawen zu unterstellen, und in der dem Zeitgeist entsprechenden Idee vom slawisch-germanischen Gegensatz lag allerdings ein gravierender Fehler in Kramařs Rechnung.[45] Denn die zahlen-

---

42 Eulenburg an Hohenlohe, 12.11.1897, PA/AA, R 8527.
43 Rede Kramařs als Anlage in: Eulenburg an Hohenlohe, 5.12.1899, PA/AA, R 8832.
44 Rede Kramařs vom 10.12.1910 in der österreichischen Delegation: „Ich wollte alles machen, was in meinen schwachen Kräften lag, um mitzuhelfen, daß mein Volk stark, glücklich und groß werde in einem freien, mächtigen und von allen geachteten Österreich. Und ich wollte, daß in diesem Österreich auch wir eine entscheidende Rolle, namentlich in der auswärtigen Politik, haben. Ich habe es immer schwer empfunden, daß man, wenn man von Österreich gesprochen hat, immer nur von den Deutschen und den Magyaren sprach, als ob die große Majorität der Slawen nicht da wäre, die eigentlich die größten Opfer tragen muß. Das wollte ich und nie etwas anderes." Zitiert bei Verosta, Theorie und Realität, S. 362 f.
45 Sutter, Badenische Sprachenverordnungen 1, S. 22 f., kritisiert die Theorien des tschechischen

mäßige Mehrheit aller slawischen Völkerschaften der Monarchie war zwar ein Faktum, aber infolge der Uneinigkeit der kulturell, religiös, sozial und politisch außerordentlich unterschiedlichen slawischen Nationalitäten eine politische Fiktion. So waren zum Beispiel die Polen Galiziens, ausgestattet mit einer weitreichenden Autonomie, staatstreu und nicht bereit, die Tschechen zu unterstützen.[46] Wegen ihrer loyalen Haltung waren sie um die Jahrhundertwende massiv in cisleithanischen Spitzenpositionen zu finden. In Wahrheit versuchte Kramář durch diese Argumentation sich und andere darüber hinwegzutäuschen, daß die Tschechen innerhalb der Monarchie isoliert waren, eine hoffnungslose Minderheit, die ihre Forderungen allein durchsetzen mußte.

Kramář war der überzeugteste, eloquenteste und geistig bedeutendste Gegner des Dreibunds in Österreich-Ungarn – natürlich in erster Linie wegen seiner Abneigung gegen das Deutsche Reich, obwohl er auch kein besonderer Freund Italiens war, in dem er nur einen imperialen Mitbewerber um den Einfluß auf dem Balkan sah.[47] Kramář trat 1899 mit einem internationales Aufsehen erregenden Aufsatz in der „Revue de Paris" hervor, in dem er verlangte, die Regierung des Habsburgerreiches solle aus der Entente mit Rußland endlich die Folgen ziehen: „Österreich habe es seit der Entente mit Petersburg nicht mehr nötig, den obersten Lenker seiner Geschicke in der Wiener Deutschen Botschaft zu sehen: Der Dreibund gleiche einem alten abgespielten Luxusklaviere, man mag es noch nicht in die Rumpelkammer stellen, aber man spielt nicht mehr darauf.[48]" Kramářs Satz vom „abgespielten Klavier" sollte ein ebenso hartnäckiges Fortleben führen wie Bülows Wort von der italienischen „Extratour". Auch Gołuchowski, der in der Delegation versicherte, „der Dreibund sei keineswegs ein reparaturbedürftiges Klavier",[49] konnte den Eindruck dieses Ausdrucks nicht mehr verwischen. Kramář blieb in seiner Kritik konstant; im Jahre 1904 bezeichnete er die Dreibundpolitik als „diplomatische Archäologie",[50] später dann den Dreibund als „ehrwürdige Reliquie aus alter Zeit"[51]. Und er bemängelte den Dreibund als einseitig für Deutschland vorteilhaft: „Die slawischen Völker seien nicht dazu da, als ‚Wacht am Rhein' zu stehen."[52]

    Historikers und Politikers František Palacký, der zu sehr auf den Gegensatz zwischen Germanen und Slawen abgehoben habe.
46 Singer, Dreibund, S. 213.
47 Ebd., S. 232, wird eine Kramář-Rede vom 15.11.1912 zitiert, in der er betont, Österreich habe nur ein Lebensinteresse auf dem Balkan, und das gehe dahin, Italien vom Balkan fernzuhalten.
48 Zitiert nach ebd., S. 128 f.
49 Ebd., S. 131.
50 Ebd., S. 152.
51 Ebd., S. 169.
52 Ebd., S. 211 (2.3.1910).

Diese antideutschen Ressentiments erhielten zusätzliche Nahrung durch die deutsche Polenpolitik: Die preußische Regierung ließ Ende der 1890er Jahre polnische Saisonarbeiter rücksichtslos in ihre Heimat nach Österreich ausweisen – übrigens, um einer „schleichenden Slawisierung" Schlesiens vorzubeugen. Dies führte zu begreiflicher Mißstimmung unter den österreichischen Polen. Hier mußte die cisleithanische Regierung – inzwischen war Graf Franz Thun Ministerpräsident, einer der bedeutendsten tschechischen Politiker, Josef Kaizl, sein Finanzminister – auf besonders gefährlichem Gelände agieren. Die galizischen Polen waren loyal und monarchiefreundlich und durften nicht verärgert werden; andererseits sollte auch der Bündnispartner nicht vor den Kopf gestoßen werden. Graf Thun mußte, als er im Reichsrat interpelliert wurde, einen Spagat versuchen. Er verteidigte zunächst das Recht jeder souveränen Regierung, Personen, gegen deren Aufenthalt sie begründete Vorbehalte habe, ausweisen zu können. Denn die Saisonarbeiter seien nicht wegen ihrer Nationalität ausgewiesen worden, sondern weil ihr Arbeitsvertrag ausgelaufen sei. Die preußischen Behörden seien zwar oft mit ungerechtfertigter Härte vorgegangen, haben aber versichert, sie werden in Zukunft rücksichtsvoller verfahren. Thun stellte dann abschließend fest, daß, wenn in Zukunft ähnliches geschehen werde und völkerrechtliche und vertragliche Rechte österreichischer Staatsbürger verletzt würden, er „nicht zögern werde, die Rechte der österreichischen Unterthanen mit allem Nachdrucke zu wahren, eventuell dem Grundsatze der Reciprocität entsprechende Maßregeln in Anwendung zu bringen"[53].

Direkt wurde durch die deutschösterreichische Presse die insgesamt maßvolle Rede durch einseitiges Hervorheben der Drohung an die deutsche Adresse in eine dreibundfeindliche Richtung gedeutet. Sofort intervenierte der deutsche Botschafter, Graf Eulenburg, bei Gołuchowski, jedoch mit gemischtem Erfolg, denn dieser verwies auf den insgesamt freundlichen Tenor der Rede und die Berechtigung des österreichischen Protests.[54]

Was den Dreibund und das deutsch-österreichische Verhältnis anging, hatten diese und ähnliche Vorfälle zwar beiderseitige momentane Verärgerung zur Folge, aber keine wirklich existentielle Bedeutung. Die momentane Aufregung war groß, aber niemand in der deutschen oder österreichischen Führung dachte wirklich daran, die Differenzen bis hin zum tatsächlichen Bruch eskalieren zu lassen. Dazu war das Interesse und das Zusammengehörigkeitsgefühl, das zwischen den Reichsdeutschen und den staatstragenden Schichten des Habsburgerreiches – nämlich der Dynastie, den Deutschösterreichern und den Ungarn – bestand, viel zu groß. Außerdem

---

53 Wiener Abendpost, 29.11.1898, Anlage zu: Eulenburg an Hohenlohe, 30.11.1898, in: PA/AA Bonn, R 8988.
54 Dazu: Pantenburg, Zweibund, S. 90–103.

sprachen sicherheitspolitische Erwägungen gegen einen Wechsel der Allianzen. Dies gilt vor allem für Österreich-Ungarn, dem trotz russischer Entente eine realistische Alternative zum Bündnis mit dem Deutschen Reich fehlte. Denn auch eine russisch-österreichisch-französische Bindung hätte nicht den ungeheuer gefährlichen Gegner Deutschland paralysieren können, um von den unüberwindlichen innenpolitischen Widerständen gegen eine solche Linie, die wahrscheinlich nur von den Tschechen mit Begeisterung mitgetragen worden wäre, ganz zu schweigen. Dies wäre ein Abenteuer gewesen, das Gołuchowski und Franz Joseph niemals gebilligt hätten. Ihnen waren zwar die deutschen Bevormundungsversuche und Einmischungen lästig, aber diese waren ohnehin nicht sehr effektiv. Auch ein Wechsel der staatstragenden Schichten, etwa die Auswechslung der Deutschen durch die Tschechen, war unrealistisch, weil gegen die erbitterte Opposition der zahlenmäßig und wirtschaftlich bedeutendsten Volksgruppe Cisleithaniens, der Deutschen, nun einmal nicht regiert werden konnte; da war die Verbitterung der Tschechen das kleinere Übel.

Auch deutscherseits dachte niemand, trotz momentaner Entsetzensrufe über die angebliche Vergewaltigung der Deutschen in Böhmen, ernsthaft daran, das Bündnis aufzulösen. Statt dessen griff man zum Mittel der Ermahnung an die österreichische Regierung oder machte seiner Empörung publizistisch Luft. Gołuchowskis Haltung in dieser Frage wurde höchstens intern, jene Franz Josephs gar keiner Kritik unterzogen.

Aber die Festigkeit der deutsch-österreichischen Verbindung war nur ein Aspekt des Bündnisses. Denn diese Vorgänge in Österreich-Ungarn, das Unabhängigkeitsstreben der Ungarn, das innenpolitische Chaos in Cisleithanien seit 1897, die an Bedeutung stark zunehmende Opposition der Tschechen waren aus anderen Gründen von ungeheurer Bedeutung für die weitere Geschichte des Dreibunds. Diese Vorgänge hatten in der Donaumonarchie selbst die Zweifel, ob der Gesamtstaat in dieser Form lebensfähig sei, schlagartig erhöht. Allerdings fehlte eine überzeugende und durchsetzungsfähige Alternative, obwohl Reformvorschläge nach der Jahrhundertwende in Hülle und Fülle erarbeitet worden sind.[55]

Auch in Deutschland wuchsen die Zweifel an der Lebensfähigkeit des Verbündeten. Zwar war schon zur Bismarck-Zeit oftmals sehr abfällig über die österreichische Leistungsfähigkeit geurteilt,[56] aber damals ein Zerfall Österreichs als eine rein hypothetische, erst in ferner Zukunft zu erwartende Mög-

---

55 Dazu siehe Kap. IV.1.: „Abrechnung" mit Italien? Der Einfluß Franz Ferdinands und Conrads von Hötzendorfs auf die österreichische Außenpolitik, S. 595–608.
56 Siehe dazu oben, Kap. I.4.b: Battenberg und Boulanger – Bismarcks politisches System in der Krise (1885–1887), mit dem Zitat Herbert von Bismarcks über die „gierigen und dabei impotenten österreichischen Hungerleider".

lichkeit angesehen worden. Das aus der Badeni-Krise und dem Streit zwischen den Reichshälften resultierende Bild heilloser Uneinigkeit sich befehdender Nationalitäten und des offenkundigen Fehlens eines staatserhaltenden Konsenses sorgte dafür, daß sich ab 1897 diese Einschätzung zunehmend modifizierte. Die Möglichkeit eines Zerfalls Österreich-Ungarns rückte in den Bereich des politisch Denkbaren. Die Monarchie wurde mit der Figur des alternden Franz Joseph personifiziert, für die Zeit nach seinem Tod der überfällige Zusammenbruch prognostiziert. Zwar verlief auch diese Entwicklung nicht linear und wurde immer wieder inner- und außerhalb Österreich-Ungarns von wiedergewonnenem Glauben an die Lebenskraft des Vielvölkerreiches unterbrochen. Aber insgesamt begann sich eine eher pessimistische, sich direkt und indirekt bemerkbar machende Grundstimmung durchzusetzen.

Es bleibt allerdings festzuhalten, daß die Monarchie insgesamt stabiler war, als ihre vom Zeitgeist verunsicherten Eliten glaubten.[57] Zwar war diese Stabilität nur relativ; der Zerfall der Monarchie 1918 hatte keine massiven restaurativen Tendenzen zur Folge. Andererseits gab es für die habsburgischen Nationalitäten keine erstrebenswerte Alternative zur Monarchie. Dies galt für die Ungarn, die dann ihre Großmachtstellung eingebüßt hätten; dies galt auch für die Tschechen, die sich bei einem Zerfall der Monarchie wie eine Insel in einem deutschen Meer befunden hätten. Hinzu kam, daß der individuelle Wohlstand innerhalb der Monarchie höher war als in den Nachbarstaaten, mit Ausnahme des Deutschen Reiches. Und was die deutsche „Irredenta" anging: Diese war eine Minderheit. Tatsächlich läßt sich in den Jahrzehnten vor 1914 unter den Deutschösterreichern ein starkes Ansteigen des österreichischen Reichsbewußtseins, des Stolzes auf die eigene Tradition beobachten: der Symbolwert „Österreichs" überstieg den „Deutschlands" um ein

---

57 Eine bedeutsame Einschätzung, wie innerhalb der österreichischen Führung die Gefahren des Nationalismus für die Monarchie und ihre Außenpolitik beurteilt wurden, geht aus einer undatierten Denkschrift Kálnokys mit dem Titel: „Die Nationalitäten-Frage in Österreich-Ungarn in ihrer Rückwirkung auf die äußere Politik der Monarchie" hervor. Er urteilte darin: „Vom rein ethnographischen Standpunkte aus wird man sagen müssen, daß Österreich-Ungarn ausschließlich nur von Staaten umgeben ist, die ein nationales Interesse daran haben, daß die Monarchie sich in eine Anzahl von Beutestücken zur Verstärkung der an ihren Grenzen befindlichen und auf homogener Bevölkerungsgrundlage ruhenden Staatswesen auflöse." in: Ernst Rutkowski (Hrsg.): Briefe und Dokumente zur Geschichte der österreichisch-ungarischen Monarchie, Teil 1, München/Wien 1983, S. 490–499, Zitat S. 495. Und Kálnoky folgerte daraus: „Die Stellung der österreichisch-ungarischen Monarchie im politischen System Europas wird durch nichts so wesentlich und nachdrücklich bestimmt als durch die Tatsachen ihrer nationalen Zusammensetzung." Ebenda, S. 490. Als denkbare außenpolitische Gefahren wurden in der Führungsspitze der Monarchie separatistische Neigungen einzelner Völker von innen nach oder, was wahrscheinlicher war, Anschlußneigungen von außen angesehen, die es zu verhindern gelte.

Mehrfaches.[58] Trotz aller Nationalitätenprobleme: Aus der Kraft des nicht nur nachteiligen Status quo, aus der Tradition und aus dem Fehlen gleichwertiger Alternativen heraus hielten die Nationalitäten an der Gesamtstaatsidee fest. Die multinationale Monarchie war auch im Zeitalter des Nationalstaats nicht zum Tode verurteilt.[59]

Auch die anderen Großmächte waren an einem Zerfall der Monarchie wegen der unkalkulierbaren Konsequenzen für den europäischen Status quo nicht interessiert. Dies galt in besonderer Weise für die deutsche Regierung, da die Dekomposition des Hauptverbündeten die eigene Position unheilbar zu schwächen drohte. Außerdem wollte sie auch keinen Gewinn aus einer Auflösung ziehen; die Aufnahme der katholischen Deutschösterreicher in den Reichsverband wurde schon von Bismarck als destabilisierend und deshalb gefährlich abgelehnt. Allerdings wuchsen die Zweifel an der internationalen Handlungsfähigkeit des zerstrittenen Vielvölkerreichs in Frieden und Krieg weiter an. Nach der Jahrhundertwende entwickelten sich nämlich auch die Verhältnisse in Ungarn immer turbulenter. Die verschiedenen Nationalitäten und nicht zuletzt auch große Teile des ungarischen Volkes selbst wurde von der magyarischen Adelsoligarchie zwar unter straffer Kontrolle gehalten. Aber unter den Ungarn selbst entstand eine mächtige Opposition zum bisherigen Kurs der Ausgleichsbefürworter. Im Jahre 1904 sah es dann tatsächlich so aus, als ob es der bisher oppositionellen Unabhängigkeitspartei gelingen könnte, demnächst die Regierung zu übernehmen. Ein Zerfall oder eine noch konsequentere Zweiteilung der Monarchie war in den Bereich des Denkbaren gerückt.

Vor diesem Hintergrund sowie vor dem der österreichisch-russischen Entente und des Neutralitätsabkommens ist ein bemerkenswerter Entwurf Bernhard von Bülows zu beurteilen, der im Fall seiner Realisierung der europäischen Bündnispolitik eine neue Richtung gegeben und vielleicht sogar die Geschichte dieses Jahrhunderts verändert hätte. Es ging im Kern um nichts weniger, als über eine machtpolitische Neutralisierung der Donaumonarchie eine deutsch-russische Zusammenarbeit herzustellen. Hier war eine wirkliche Alternative zu Drei- und Zweibund geboren, die für Europa

---

58 Untersuchungsergebnisse Katzensteins, zitiert bei Hanisch, Der lange Schatten des Staates, S. 156.
59 Die Diskussion über die Lebenskraft der Habsburgermonarchie hält bis heute an. Dazu Alan Sked, Der Fall des Hauses Habsburg, Berlin 1993 (mit dem programmatischen Untertitel: Der unzeitige Tod eines Kaiserreiches), der mit zahlreichen Literaturhinweisen und Wiedergabe von Forschungsmeinungen. Sked unterstreicht die Lebenskraft der Monarchie. Skeptisch dagegen Fellner, Der Zerfall der Donaumonarchie in weltgeschichtlicher Perspektive, in: Fellner, Vom Dreibund zum Völkerbund, S. 240–249. Weitere Ausführungen dazu in: Holger Afflerbach: Die Selbstpositionierung der multinationalen Habsburgermonarchie im Europa der Nationalstaaten (1866–1918), erscheint in: Europäische Dimensionen österreichischer Geschichte, hrsg. vom Institut für Österreichkunde, Wien.

Sicherheit und für die Donaumonarchie die Chance geboten hätte, in einem neutralen Status zu versuchen, mit ihren inneren Schwierigkeiten fertig zu werden. Österreich-Ungarn als monarchische Riesenschweiz[60] – dies hätte natürlich auch die strikte Abstinenz von jeder Form imperialer Pläne auf dem Balkan vorausgesetzt, wäre also eine Politik gewesen, die innerhalb der Führungsschicht der Monarchie nicht konsensfähig gewesen wäre.[61] Wohl auch deshalb diskutierte Bülow seine Idee nicht etwa mit Gołuchowski, sondern mit dem russischen Außenminister, Graf Lamsdorff. Der deutsche Vorstoß war nicht zum kleinsten Teil auch eine Reaktion auf das österreichisch-russische Neutralitätsabkommen und die bisher gescheiterten deutschen Versuche, mit Rußland zu einem Abkommen zu gelangen. Bülow schlug der durch den Krieg in Ostasien abgelenkten und bereits in vorrevolutionären Schwierigkeiten steckenden zaristischen Regierung im Februar 1905 vor, bezüglich Österreich-Ungarn eine beiderseitige Uneigennützigkeits- und Desinteressements-Erklärung abzugeben[62]. Lamsdorff reagierte zwar sehr positiv, bat aber um einen Formulierungsvorschlag. Und damit war die Initiative steckengeblieben. Denn Holstein, wie schon bei der Dreibundverlängerung 1902 auch hier der böse Geist Bülows, intervenierte und stellte die abenteuerlichsten Hypothesen an, warum Lamsdorff die Vereinbarung nicht selbst redigiert habe. Natürlich witterte er eine russische Intrige und glaubte, Lamsdorff wolle die Franzosen mit einem angeblichen deutschen Bündnisangebot erpressen, um so größere Kredite zu erhalten.

---

60 Theodore Roosevelt drückte einen ähnlichen Gedanken am 16.11.1914 wie folgt aus: „I have always felt, that if only Austria-Hungary could adopt a more democratic outlook and could work toward federating the component races of the Dual Empire on a basis of mutual respect and equality such as to a reasonable degree obtains as between the Germans and the Hungarians they would be giving on a large scale to the world the same vitally important example for good that Switzerland has given on a small scale." Zitiert in: Erwin Matsch: Wien–Washington. Ein Journal diplomatischer Beziehungen 1838–1917, Wien/Köln 1990, S. 646.
61 Siehe unten, Kap. IV.2: „Nibelungentreue"?
62 Verosta, Theorie und Realität, S. 197 f. Der deutsche Botschafter sollte dem russischen Außenminister gegenüber diesen Vorschlag folgendermaßen begründen: „Seit mehreren Jahren wird der Zustand chronischer Gährung, in welchem sich leider die österreichisch-ungarische Gesamtmonarchie befindet, ausgebeutet, um zwischen Rußland und Deutschland Mißtrauen zu säen. Namentlich in Blättern mit revolutionärer Tendenz kehrt die Behauptung wieder, daß heute zwar kein Interessenwiderspruch zwischen Deutschland und Rußland bemerkbar sei, derselbe aber entstehen würde, wenn die innere österreichische Krisis fortdauere und einen Vorwand für fremde Einmischung biete. Dann werde Rußland für die Slawen, Deutschland für die Deutschen eintreten und ein Konflikt zwischen beiden Reichen entstehen. Solche Ausstreuungen verfolgen den offenkundigen Zweck, die Herrscher, Regierungen und Völker der drei Kaiserreiche aufzureizen und zu trennen. Diesen Verdächtigungen den Boden zu entziehen, dürfte sowohl im russischen wie im deutschen Interesse wünschenswert sein." In: Bülow an Alvensleben, 15.2.1905, GP 22, Nr. 7349.

Bülow ließ sich auch diesmal wieder von Holstein ins Schlepptau nehmen, und an der Formulierungsfrage scheiterte das Vorhaben. Wie sehr aber Bülow daran hing, zeigt die Tatsache, daß er sich die Akte insgesamt zehnmal wieder vorlegen ließ, um sie erst nach über einem Jahr endgültig zu den Akten zu geben. Später tauchte der Gedanke an eine Neutralisierung der Donaumonarchie nochmals auf; diesmal wollte Bülow die USA für eine solche Garantie gewinnen. Das Ziel dieser Bestrebungen war eindeutig: Deutschland und Rußland miteinander verbündet, Österreich-Ungarn als protegierter Juniorpartner ohne machtpolitische Ambitionen, dies hätte die Basis für eine stabile Außenpolitik im Stil des Dreikaiserbündnisses sein können. Allerdings war de facto, nicht pro forma, dieser Zustand in den ersten Jahren nach der Jahrhundertwende ohnehin erreicht; auch ohne Abkommen arbeiteten die Dreikaisermächte zusammen. Ein deutsch-russisches Abkommen, wie es im Sommer 1905 bei der Zusammenkunft zwischen Wilhelm II. und Nikolaus in Björkö fast realisiert wurde, scheiterte immer nur daran, daß die Russen nicht wußten, wie sie ein deutsches Bündnis mit ihren Verpflichtungen gegenüber den Franzosen kombinieren könnten. Und letztlich hätte auch die Desinteressements-Erklärung nur so lange Bestand gehabt, wie Österreich-Ungarn sich einer aktiven Balkanpolitik enthielt. Daß Wien dazu nicht bereit war und auch die rechtlichen Fragen – etwa der ungeklärte Status Bosniens – eine solche Abstinenz erschwerten, sollte die Zukunft zeigen.

Für die deutsche Einschätzung des Dreibundpartners Österreich-Ungarn sind diese russischen Bündnisprojekte symptomatisch. Die Berliner Befürchtungen, sich an einen „Leichnam" gekettet zu haben, sollten sich bis 1914 noch weiter verstärken. Hätten Bülows Bemühungen, den Bündnispartner Österreich-Ungarn durch Rußland zu ersetzen oder zumindest zu ergänzen, Erfolg gehabt, wäre ihm damit eine Umwälzung der internationalen Lage gelungen; auch der Dreibund hätte eine Neubewertung erhalten müssen. So zeigte sich jedoch, daß es keine wirkliche Alternative zum Kernstück der Allianz, nämlich dem deutsch-österreichischen Bündnis gab. Dies schien aus deutscher Sicht um so gefährlicher, weil das Gebäude des Dreibunds an anderer Stelle bedenkliche Risse zeigte: nämlich im österreichisch-italienischen Verhältnis.

> Mit großem Ernst und nicht ohne Erregung sprach Graf Gołuchowski über das Verhältnis zwischen Österreich und Italien. Er halte es eines großen Staates für unwürdig, zu reklamieren; doch führe er Buch über alle italienischen Provokationen.
>
> Bülow, am 20. September 1903

4. „Verbündete Feinde?" – Das österreichisch-italienische Verhältnis 1900–1906

a) Die Verschlechterung des österreichisch-italienischen Verhältnisses zwischen 1900 und 1903

Direkt nach der Jahrhundertwende verschlechterte sich das österreichisch-italienische Verhältnis derart, daß in ganz Europa das angeblich auf den Grafen Nigra zurückgehende Wort von den „verbündeten Feinden" oder den „allies, mais pas amis" kursierte und das Bündnis wegen des offenkundigen Antagonismus beider Mächte zum Gespött Europas wurde. Zeitgenossen und Nachwelt konstatierten diese Spannungen ohne näheren Erklärungsversuch; meist mit dem Hinweis darauf, daß die italienisch-österreichischen Beziehungen selbst in ihren besten Zeiten niemals frei von Ressentiments und Vorbehalten gewesen seien und sich nun der zeitweise überdeckte traditionelle Antagonismus wieder auswirke. Dies war zwar zweifellos richtig, doch die alten, ideologisch und historisch bedingten Abneigungen hatten bisher einer nicht idealen, nicht harmonischen, aber doch insgesamt zufriedenstellenden politischen Zusammenarbeit nicht im Wege gestanden. Noch beim Thronwechsel von Umberto I. zu Vittorio Emanuele III. im Sommer 1900 war das österreichisch-italienische Verhältnis von einem deutschen Diplomaten als gut beschrieben worden; ihm schien die weitere Verbesserung in der Logik der Entwicklung zu liegen.[1] In Wahrheit kam es aber in den folgenden Jahren zu einem explosionsartigen Schub von Feindseligkeit zwischen den Verbündeten. Dieser war derart stark, daß nur drei Jahre später Graf Gołuchowski, der in seiner gesamten Art viel konzilianter[2] als sein Vorgänger Kálnoky war, ver-

---
1 Pückler an Hohenlohe-Schillingsfürst, 5.8.1900, PA/AA, R 9110.
2 Wedel an Bülow, 26.2.1904, GP 18,2, Nr. 5794, mit der Empfehlung Wedels an die italienische Adresse, Gołuchowski, „der ein loyaler Charakter sei, bei allen Gelegenheiten offen und rückhaltlos zu begegnen".

bittert feststellte, „daß die österreichisch-italienische Allianz sich vielleicht noch für einige Jahre halten lasse, daß sie aber bei der Fortdauer der jetzigen Verhältnisse in Italien in die Brüche gehen müsse und daß eine Annäherung der Dreikaisermächte dann erwünscht sein werde". Und er klagte, „daß der Irredentismus und die österreichfeindliche Gesinnung in Italien in solcher Weise um sich greifen könnten, wie er zuvor nicht gedacht hätte; sonst würde er niemals in die Erneuerung des Dreibunds eingestimmt haben"[3]. Von italienischer Seite waren ähnlich pessimistische Urteile zu hören. Schatzminister Luzzatti, ein gemäßigter, sehr abwägender Mann, beschrieb im November 1903 das österreichisch-italienische Verhältnis als schlecht; wenn dies so weitergehe, werde nicht nur der Dreibund am Ende sein, sondern es sogar zum Krieg kommen.[4] Giolitti sei, so betonte Luzzatti ausdrücklich, derselben Ansicht. Diese Einzelmeinungen könnten unter Verwendung von Presseartikeln und amtlichen Dokumenten beliebig vermehrt werden.[5] Die allgemeine Stimmung bewog im Mai 1903 Visconti-Venosta, den deutschen Reichskanzler, Graf Bülow, zu ermahnen, daß Italien und Österreich-Ungarn „schon wegen der Vergangenheit und im Hinblick auf den Irredentismus entweder aufrichtige Freunde oder zielbewußte Gegner sein" könnten und es die Aufgabe Deutschlands sei, „sie zum gemeinsamen Marschieren zu bringen"[6].

Da weder die wechselseitigen Ressentiments aufgrund einer unglücklichen Vergangenheit noch der Irredentismus neue Erscheinungen waren, erhebt sich hier die Frage, warum sich die Beziehungen ausgerechnet in dem Zeitraum zwischen 1900 und 1903 derart einschneidend verschlechtert hatten. Schon viele Zeitgenossen verwiesen weniger auf einzelne Gründe als auf die großen außen- und machtpolitischen Ursachen der Entfremdung. Tatsächlich hatten sich die großen politischen Konstanten seit 1896 beträchtlich verändert. Zunächst war das ostafrikanische Abenteuer, das die Aufmerksamkeit der italienischen Öffentlichkeit zuletzt praktisch exklusiv in Anspruch genommen hatte, gescheitert und hatte, nach einer Phase der Erschöpfung, Raum für neue Themen und außenpolitische Ambitionen geschaffen. Diese wiederum eröffneten sich immer im Zusammenhang mit der Donaumonarchie: seien es die sprunghaft zunehmenden Nationalitätenkonflikte in Österreich-Ungarn, von denen auch die Austroitaliener nicht unberührt blieben, sei es die bereits erwähnte Neuorientierung der österreichischen Außenpolitik in

---

[3] Wedel an Bülow, 20.10.1903, GP 18,2, Nr. 5783.
[4] Monts an Bülow, 2.11.1903, PA/AA, R 9111.
[5] Zahlreiche Belege in: PA/AA, R 9110–9113 (Österreich Nr. 102: Beziehungen Österreichs zu Italien).
[6] Bülow, Denkwürdigkeiten 1, S. 609, zitiert Visconti-Venosta wie folgt: „L'Autriche-Hongrie et l'Italie sont deux chevaux très enclins à se mordre; c'est au cocher, c'est-à-dire à l'Allemagne, de les faire marcher ensemble. En somme, tout dépend de l' Allemagne, de l'habilité de sa politique, du doigté de son chancelier."

der Ära Gołuchowski. Denn nachdem das bisherige englisch-österreichisch-italienische Bündnis in Mittelmeerfragen zerbrochen und von Gołuchowski durch die Entente mit Rußland ersetzt worden war, sah sich die italienische Regierung seit 1897 in Balkanfragen wie in der Ära des Dreikaiserbundes wieder auf die Rolle des Zuschauers reduziert – eine Rolle, die sie aber nicht zu akzeptieren bereit war.

Die italienische wie österreichische Außenpolitik orientierte sich noch vor der Jahrhundertwende grundsätzlich um – und dies führte zu einem teilweisen Funktionsverlust des Dreibunds und eine Auflösung des inneren Zusammenhalts zwischen den Bündnispartnern. Die ja nicht neuen österreichisch-italienischen Gegensätze waren in den zurückliegenden Jahrzehnten durch äußeren Druck, nämlich durch anderweitige Gegnerschaften überwölbt worden. Doch nun hatte die Donaumonarchie gegenüber Rußland, Italien gegenüber Frankreich den Rücken frei. Praktisch zeitgleich waren damit in Italien wie in Österreich-Ungarn die akuten außenpolitischen Bedrohungen, die den Dreibund als Notgemeinschaft hatten erscheinen lassen, weggefallen und räumten den Opponenten in beiden Ländern – den Klerikalen und den Militärs in Österreich-Ungarn, den mit der irredentistischen Idee kokettierenden Kreisen in Italien – die Chance ein, gegen den ungeliebten Bündnispartner heftiger als zuvor polemisieren und ihren bisher insgeheim gepflegten Vorurteilen wieder mehr Raum geben zu können. Das erschwerte den Ausgleich gegensätzlicher Interessen, die zwischen beiden Ländern nach der Jahrhundertwende zu klären waren – wie beispielsweise die Balkanfragen, die irredentistische Problematik oder etwa komplizierte Handelsvertragsverhandlungen. Doch nicht nur in großen Dingen, auch in Kleinigkeiten wuchs die Empfindlichkeit. Schon im Juli 1901 beschrieb ein deutscher Diplomat das österreichisch-italienische Verhältnis in einem knappen Satz: „Man beobachtet sich genau!"[7] Schlagartig hatte sich das Mißtrauen auf diplomatischer wie auch auf der Ebene der öffentlichen Meinung aktiviert; jeder Vorfall, jede Pressenotiz, jeder noch so unbedeutende Grenzzwischenfall, jede feindselige Demonstration wurden in aufgeregten und verhetzenden Zeitungsartikeln, ja Zeitungsfehden aufgegriffen. Die Vorfälle selbst waren nicht wesentlich anders als vorher auch; aber sie fanden nun eine große und oft übertriebene Beachtung in der Öffentlichkeit. Davon blieb das Gebiet der zwischenstaatlichen Beziehungen nicht unberührt; schon die Angst vor der eigenen öffentlichen Meinung zwang die Diplomaten, dem scheinbar oder tatsächlich übelwollenden Verbündeten nichts mehr durchgehen zu lassen und auch die kleinsten Zwischenfälle zum Gegenstand hochnotpeinlicher diplomatischer Demarchen zu machen.[8] Später wurden sogar, in klarer Erkenntnis der

---

7 Romberg an Bülow, 14.8.1901, PA/AA, R 9110.
8 Dazu PA/AA, R 9110–9113; Zeugnis für penible Behandlung der italienischen Vorgänge in HHStA, PA XI, 162, 163, Liasse VII: Italienische Irredenta, 1907–1914, vor allem die Punkte: 9.)

fatalen Auswirkungen gegenseitiger, oftmals nachweisbar berufsmäßiger Pressehetze,[9] Vorschläge gemacht, regelmäßige, vermittelnd und verbindend wirkende österreichisch-italienische Journalistentreffen einzurichten. Doch wurde dieser interessante Gedanke nicht ausgeführt.[10]

Das gegenseitige, sich in Schüben weiter verschärfende Mißtrauen, das als Kernübel der österreichisch-italienischen Beziehungen vor 1914 gewertet werden kann und nicht nur große, sondern auch kleine Streitfragen zu existentiellen Angelegenheiten machte, wurde auch durch die gegenläufigen innenpolitischen Entwicklungen in beiden Ländern ungeheuer verstärkt. Das Gefühl der Fremdheit wuchs. Die italienische Demokratisierung sorgte in der österreichisch-ungarischen Führungsschicht per se für Mißtrauen. Und die Verschärfung der Nationalitätenkonflikte in Österreich-Ungarn reizte die italienische Regierung und Bevölkerung, deren Unwissenheit über die realen österreichischen Verhältnisse groß war,[11] ebenso zur Einmischung und Stellungnahme für

---

Ausstellung irredentistischer Postkarten in Venedig 1910; 10.) Irredentistische Zündholzschachteln 1910–1913; 11.) Ausstellung irrredentistischer Fotografien 1910–1911; 13.) Verherrlichung Oberdanks in Italien 1910–1911; PA XI, 167, Liasse IX: 50jährige Feier der Proklamation des Königreiches Italien 1911; PA XI, 173: Italien, Irredenta. Gołuchowski führte schließlich sogar systematisch Buch über italienische „Provokationen", siehe dazu S. 511.

9 Avarna an San Giuliano, 28.7.1910, kritisiert, daß die Korrespondenten der „Tribuna" und des „Giornale d'Italia" in Wien austroitalienischen Ursprungs und außerdem überzeugte Irredentisten seien; er schlug vor, die Berichterstattung aus Österreich unvoreingenommeneren Journalisten anzuvertrauen. Zitiert bei William C. Askew: The Austro-Italian Antagonism, 1896–1914, in: L.P. Wallace/W.C.Askew (Hrsg.): Power, Public Opinion, and Diplomacy, New York 1959, S. 172 ff., S. 195. Ähnlich äußerte sich Avarna in einem Brief an San Giuliano vom 18.7.1910, in: ACS, Carte Luzzatti. Umgekehrt gab es ähnliche Tendenzen auch auf österreichischer Seite: Der Journalist Maximilian Claar wurde von der „Zeit" aufgefordert, Artikel über die Irredenta zu liefern. Als er sich weigerte, weil es nichts zu berichten gebe, insistierte die Zeitung; viele der Abonnenten seien Offiziere und legten Wert darauf, Artikel über irredente Gefahren lesen zu können. In: Lützow an Gołuchowski, 20.3.1906, HHStA, PA XI, 136. Notorisch war auch die Hetze der „Reichswehr" gegen Italien; diese wurde wiederum in Italien sehr kritisch vermerkt, und Botschafter Wedel ermahnte den König, diesen unbedeutenden Hetzartikeln kein übertriebenes Gewicht beizumessen. In: Wedel an Bülow, 16.12.1902, PA/AA, R 9110.

10 Herzog von Avarna bemühte sich mit mäßigem Erfolg, österreichisch-italienische Freundschaftskomitees zu gründen, unter anderem unter Einbeziehung Bertha von Suttners, siehe Askew, Antagonism, S. 189, 195. 1909 bemühte sich Dr. Wilhelm Singer, der Chefredakteur des „Neuen Wiener Tagblatts", einen Pressekongreß italienisch-österreichischer Journalisten ins Leben zu rufen – und zwar sogar an der österreichischen Regierung vorbei, während er die deutsche Diplomatie (vergebens) um Hilfe bat. Tschirschky an Bethmann, 12.10.1909, PA/AA, R 9117.

11 Eine verblüffende Unkenntnis über Österreich-Ungarn ist selbst bei führenden italienischen Abgeordneten zu beobachten, selbst wenn sich diese häufiger vor dem Parlament mit dem Verhältnis zu Österreich auseinandergesetzt hatten. Ein besonders plastisches Beispiel berichtet Lützow an Gołuchowski, 27.12.1905, HHStA, PA XI, 134, der von einer Unterredung mit Alessandro Fortis berichtete: „Er sprach über den Nationalcharakter der Slaven (im Zusammenhange mit der jetzigen Bewegung) und sagte dann in zögerndem Tone: ‚Mi pare, voi pure

die italienischen Untertanen des Habsburgerreiches, wie sich zeitgleich die deutsche Regierung und Bevölkerung lebhaft und polemisch für die Deutschösterreicher engagierte.[12]

Allerdings, um dies vorweg zu sagen, war die Verschlechterung des österreichisch-italienischen Verhältnisses kein linearer Prozeß, der um die Jahrhundertwende begann, sich immer weiter verstärkte und schließlich naturnotwendig im Jahre 1915 mit der italienischen Kriegserklärung an Österreich-Ungarn endete. Die Beziehungen zwischen den Verbündeten litten zwar unter einer eindeutig negativen Grundstimmung, waren aber nicht durchgängig schlecht.[13] Vielmehr handelte es sich um ein ebenso nervöses wie rapides Auf und Ab in den öffentlichen Meinungen, das in extremer Weise von den jeweiligen Tagesereignissen beeinflußt wurde. Im folgenden sollen einige Grundzüge und Entwicklungslinien dieses Antagonismus, vor allem auf der entscheidenden Ebene der Regierungen, näher beleuchtet werden.[14]

> Die Feindschaft gegen Österreich gehe von dem jungen König aus, der Österreich nicht möge, mit den Irredentisten sympathisiere, ein übertriebenes Interesse an den Balkanvorgängen nehme, ehrgeizig und sehr aktiv sei.
>
> Franz Joseph, im September 1903

b) Imperialistische Gegensätze zwischen den Verbündeten auf dem Balkan

Der Wandel in den europäischen Strukturen und die Entspannung nach außen machten ab 1896 das exzessive Ausleben dieser Antipathie überhaupt erst möglich. Allerdings haben sich schon die Zeitgenossen die Frage nach

---

c'avete dei Slavi – in Transsilvania, è vero?!" Und Labriola schrieb 1911, Österreich sei dem öffentlichen Bewußtsein in Italien entlegener als Japan, da es nur im Lichte alter Vorurteile gesehen werde, Habsburgermonarchie VI/2, S. 238.

12 Andere Zusammenhänge sah Holstein, Aufzeichnung vom 3.3.1904, GP 20/1, Nr. 6388: „Es ist wohl kein bloßer Zufall, daß die Hetzereien gegen Österreich und den Pangermanismus ungefähr zu derselben Zeit bemerkbar wurden, wo die englisch-französische Annäherung sich vollzog."

13 Anders Fellner, Dreibund, S. 60: „Und da der Wille zur Zusammenarbeit und zu Rücksichtnahme auf die Interessen des Partners in beiden Länern fehlte, führte von 1902 an der Weg des Dreibundes in gerader Linie zu dessen Auflösung am Beginn des Ersten Weltkrieges."

14 Die Verwurzelung und Politikmächtigkeit von gegenseitigen Ressentiments in den jeweiligen Bevölkerungen wären nur durch eine regional wie schichtenspezifisch vorgehende Detailanalyse zu überprüfen. Dies kann hier nicht geleistet werden. Vorwiegend auf Presse und diplomatischen Akten basierend dazu: Askew, Antagonism, passim; mit starker Betonung rüstungs- und finanzpolitischer Aspekte: Behnen, Rüstung, passim.

dem Initialzünder vorgelegt; nach dem Ereignis oder der Person, die das zuvor latente in akutes Mißtrauen umwandelte. In den österreichischen und deutschen Akten wurde der Auslöser für die neue Welle italienisch-österreichischer Feindseligkeiten in der Haltung, den Zielen und der Wirkung des neuen Königs, Vittorio Emanuele, seines Außenministers Prinetti und in der Person seines Irredenta-freundlichen Ministerpräsidenten Zanardelli gesehen. Die Leiter der österreichischen Außenpolitik unterstellten dem jungen König politische wie persönliche Aversionen und gegen Österreich gerichtete Ambitionen. Kaiser Franz Joseph stellte deutlich verärgert im September 1903 fest: „Die Feindschaft gegen Österreich gehe von dem jungen König aus, der Österreich nicht möge, mit den Irredentisten sympathisiere, ein übertriebenes Interesse an den Balkanvorgängen nehme, ehrgeizig und sehr aktiv sei."[15] Diese Ansicht hatte er wahrscheinlich aus den Berichten seines Botschafters in Rom, Baron Pasetti, vermittelt bekommen; dieser hielt Vittorio Emanuele für „die treibende Kraft der auswärtigen Politik Italiens. Wohl oder übel müßten die beiden anderen Dreibundpartizipienten mit dem Ehrgeiz und dem Tatendurst Seiner Majestät, gepaart mit höchstdessen politischem Dilettantismus, rechnen." Dieses Urteil harmonierte mit dem italienischer Oppositionspolitiker, vorzugsweise der *destra*, oder ließ sich vielleicht sogar direkt auf dieses zurückführen. Auch der langjährige italienische Botschafter in Wien, Graf Nigra, sowie Giolitti, Luzzatti[16] und auch Visconti-Venosta dachten ähnlich.[17]

---

15 Aufzeichnung Bülows, 20.9.1903, GP 18/2, Nr. 5780.
16 Monts an Bülow, 2.11.1903, PA/AA, R 9111.
17 Visconti-Venosta, der offensichtlich ein sehr distanziertes Verhältnis zum jungen König hatte, bezeichnete Vittorio Emanuele gegenüber deutschen und österreichischen Diplomaten unverblümt als „zweifellos antiösterreichisch und in der auswärtigen Politik unternehmungslustig". Zwar wies Visconti-Venosta den Verdacht zurück, der König segle im Schlepptau seiner montenegrinischen Gemahlin. Denn der „eigensinnig und kritisch angelegte König" ließe sich nicht direkt beeinflussen. Doch sähe er, allein schon durch die Informationen, die seine Frau aus Cetinje von ihrer Familie erhalte, die Balkanvorgänge gern durch die montenegrinische Brille. Hinzu käme, so Visconti-Venosta weiter, als Hauptgrund seiner antiösterreichischen Verstimmung die Erbitterung über den ausgebliebenen Gegenbesuch Kaiser Franz Josephs, den er als „Ohrfeige" nicht nur für seinen toten Vater und sich selbst, sondern auch für sein Land und Haus empfinde. Aufzeichnung Bülows, 9.5.1903, GP 18/2, Nr. 5775. Bülow, Denkwürdigkeiten 1, S. 608, erwähnt, der König habe ihm gegenüber den ausgebliebenen Gegenbesuch als „Ohrfeige, nicht nur für seinen toten Vater, sondern auch für ihn selbst, für sein Haus und sein Land" bezeichnet. Und er bezeichnete den König, im Gegensatz zu Zanardelli und Morin, als treibende Kraft der antiösterreichischen Zielsetzung der italienischen Außenpolitik. Ähnlich urteilte der deutsche Botschafter Graf Monts über Vittorio Emanuele: „Denn des sicher nicht unbegabten Herrschers Überlegungen werden, was Österreich betrifft, durch einen geradezu blinden Haß beeinträchtigt. Alles, was mir die Minister von einer Bekehrung oder doch einer Einkehr ihres Souveräns erzählen, glaube ich nicht. König Viktor Emanuel leitet jedes Unglück, das über das schöne Italien im Mittelalter und später hereinbrach, zurück auf die Kir-

Vittorio Emanuele selbst war aber an dem Eindruck, er interessiere sich lebhaft für Außenpolitik und vor allem den Balkan, nicht unschuldig. Denn genau diese präsentierte er beispielsweise Wilhelm II. oder Reichskanzler Bülow als seine politischen Hauptinteressen.[18] Er brachte eine Zweipoligkeit in die italienische Außenpolitik, nämlich die unübersehbare Antipathie gegen Österreich-Ungarn und gleichzeitig den starken Wunsch, auf dem Balkan aktiv zu werden – und zwar nicht mit, sondern gegen das verbündete Österreich-Ungarn. Diese Linie der ersten Regierungsjahre Vittorio Emanueles führte direkt in die Sackgasse des italienisch-österreichischen Balkanantagonismus. Diese Politik war schlecht durchdacht, da sie es unterließ, die russisch-österreichische Balkanentente in Rechnung zu stellen, deren Festigkeit unterschätzte und glaubte, sich in St. Petersburg leicht den Platz Österreichs einnehmen zu können. Der junge König suchte die Unterstützung Rußlands in Balkanfragen, um den österreichischen Ambitionen einen Riegel vorzuschieben und die Mitsprache auf dem Balkan durch Druck auf Österreich-Ungarn zu erreichen. Das enge Zusammengehen mit Rußland akzentuierte er vor allem durch seine Besuchsdiplomatie; nicht zufällig hatte ihn sein erster Antrittsbesuch im Jahre 1902 nach St. Petersburg geführt. Vorher war fest vereinbart worden, daß der Zar im Herbst 1903 den Gegenbesuch in Rom machen werde. Doch dann drohten die Sozialisten, sie würden Nikolaus II. mit Pfiffen empfangen; dies nahm die russische Diplomatie zum Vorwand, im Oktober 1903 den Besuch wieder abzusagen.[19] Die Führer der russischen Politik hatten ohnhin kein Interesse daran, die Italiener in den Balkanfragen zu berücksichtigen; sie waren zu diesem Zeitpunkt entschlossen, dies mit den als zweitklassig empfundenen Österreichern exklusiv auszumachen und nicht auch noch die als noch schwächer angesehenen Italiener zu beteiligen. Dies war ein schwerer Rückschlag für Vittorio Emanueles und Prinettis Pläne, der auch dazu führte, daß beider Ehrgeiz in dieser Richtung etwas gedämpft wurde.

Nach der russischen Verweigerung, die in den politischen Kreisen Italiens schwere und langanhaltende Verärgerung auslöste, blieb als einzige Möglichkeit für die italienischen Außenpolitiker, in den Balkanfragen von Wien eine Beteiligung zu verlangen. Es war psychologisch wie politisch aber von Vittorio Emanuele nicht sehr geschickt gewesen, zuerst auf die russische

---

che und die germanische, später habsburgische Invasion. Daß die Franzosen ebensooft ihre schwere Hand auf Italien legten, und sein eigenes Haus nur durch das treue Grenzwächteramt gegen die Gallier emporgekommen, das haben dem jungen Fürsten wohl seine piemontesischen, frankophilen Erzieher konstant verschwiegen." Monts an Bülow, 25.4.1904, GP 20/2, Nr. 6404.

18 Aufzeichnung Bülows, 9.5.1903, GP 18/2, Nr. 5775; ähnlich Bülow, Denkwürdigkeiten 1, S. 608.
19 Akten dazu in: ASMAE, Cassette Verdi, Cassetta 16, fasc. 4: Viaggio dell'Imperatore di Russia a Roma 6.3.–26.10.1903.

Karte zu setzen und sich ostentativ österreichfeindlich zu verhalten, Franz Joseph als einzigen europäischen Kollegen nicht zu besuchen, Sympathien für die Irredenta durchblicken zu lassen und dann doch von den Österreichern kooperatives Verhalten und Berücksichtigung in den Balkanfragen zu verlangen. Denn das war das einzige, was nun übrigblieb: Keine andere Macht, auch Rußland nicht, war bereit, Italien in einer gegen Österreich-Ungarn gerichteten Balkanpolitik zu unterstützen. Das Deutsche Reich stand im Zweifelsfall zu Österreich, und sowohl in Paris als auch in London gab es starke austrophile Strömungen und keinerlei Bereitschaft, die imperialistischen und schlecht begründeten Begehrlichkeiten Italiens auf dem Balkan zu unterstützen. Sehr vorteilhaft erwiesen sich in diesem Zusammenhang aber für die italienische Regierung die Artikel des Dreibundvertrages, die ein Mitspracherecht in Balkanfragen vorsahen.[20] Diese Bestimmungen wurden aber in Wien begreiflicherweise als höchst lästige Fessel gegenüber einem unwohlwollenden Bundesgenossen empfunden, und deshalb dachte die österreichische Diplomatie nicht daran, ihnen rückhaltlos und aufrichtig nachzukommen. Solange der Status quo nicht angetastet wurde, waren die italienischen Einspruchsmöglichkeiten ohnehin gering. Denn es war für die römischen Diplomaten gar nicht möglich zu überprüfen, ob sie von den Österreichern wirklich über alle Absprachen auf dem laufenden gehalten wurden – und tatsächlich geschah genau dieses nicht.[21] Außerdem fragte man sich am Ballhausplatz, warum den schwachen und feindseligen Italienern freiwillig auf dem Balkan eine Teilhaberschaft eingeräumt werden sollte. Hinzu kam, daß Gołuchowski keinerlei Expansion beabsichtigte und deshalb jede Diskussion darüber als Zeitverschwendung empfand. Als nützlicher betrachtete er gegenseitige Desinteressement-Erklärungen. Es lag ganz auf seiner Linie, im Jahre 1897 mit Visconti-Venosta bezüglich Albaniens ein Uneigennützigkeitsabkommen zu verabreden, das im Jahre 1900 in schriftlicher Form fixiert wurde. Beide Mächte verpflichteten sich, dort keine eigenen Ansprüche zu erheben, sondern die Region sich autonom entwickeln zu lassen.

Allerdings waren damit die italienischen Besorgnisse, von möglichen russisch-österreichischen Schachzügen auf dem Balkan überrascht und einfach

---

20 In Artikel VII des Vertrages hatten sich Österreich-Ungarn und Italien verpflichtet, den territorialen Status quo im Orient so lange wie möglich aufrechtzuerhalten und ihren Einfluß dahin anzuwenden, jeder Gebietsänderung entgegenzuwirken, die die eine oder andere Macht schädigen könnte. Und außerdem hatten sie vereinbart, sich über die eigenen sowie die Pläne fremder Mächte zu unterrichten. Für eventuelle Besetzungen oder Vorteile anderer Art, die über den gegenwärtigen Status quo auf dem Balkan hinausgingen, hatten sie sich Kompensationen versprochen. Italien konnte demnach in den Balkanfragen ein volles Mitspracherecht verlangen. Zum Vertragstext siehe Anhang C, Article VII
21 Die „Rückversicherung" von 1904 wurde nicht nach Rom weitergemeldet, siehe dazu S. 471.

übergangen zu werden, längst nicht ausgeräumt. Hauptquell der Besorgnisse war neben Albanien vor allem Mazedonien, der europäische Hauptunruheherd in den ersten Jahren des Jahrhunderts. Dort hatten sich Rußland und Österreich-Ungarn geeinigt, für die unter katastrophalen inneren Verhältnissen leidende türkische Provinz gemeinsam ein Reformprogramm auszuarbeiten. Die anderen Mächte waren davon ausgeschlossen, was für erhebliche Verärgerung sorgte. Vor allem in Italien wurde befürchtet, bei nächster Gelegenheit werde Österreich, nach dem bosnischen Vorbild, auch Mazedonien besetzen, um dort für Ruhe und Ordnung zu sorgen. Damit wäre die Habsburgermonarchie dem befürchteten Endziel ihrer Expansion, nämlich Saloniki, sehr nahe gekommen. Auch wurde es in Rom für möglich gehalten, daß sich Rußland und Österreich-Ungarn exklusiv über eine Teilung des Balkans verständigen und Italiens Ansprüche unberücksichtigt bleiben könnten.

Um Italien etwas entgegenzukommen, war immerhin der italienische General de Georgis mit der Gendarmeriereform in Mazedonien beauftragt worden. Ansonsten war die österreichische und russische Stellung in Mazedonien jedoch exklusiv, was für beide Mächte auch Probleme mit sich brachte. Denn sie hatten damit auch die Verantwortung und wurden von den anderen Großmächten zu Reformen gedrängt; vor allem die britische Regierung stand unter dem Druck ihrer Öffentlichkeit, die ungeduldig nach sichtbaren Erfolgen verlangte und zunehmend glaubte, in Wahrheit geschehe in Mazedonien nichts. Indes waren diese Reformen einfacher verlangt als ausgeführt. Die türkische Regierung war unwillig, sich dem Druck der europäischen Mächte zu beugen; für durchgreifende Reformen in Mazedonien fehlte ihr vielleicht der gute Wille, sicher aber das Geld. Außerdem waren christliche Banden, die von den auf späteren Erwerb Mazedoniens reflektierenden Nachbarstaaten Serbien und Bulgarien finanziert und gedeckt wurden, wesentlich stärker als die türkische Mißwirtschaft beziehungsweise Ohnmacht für die chaotischen Zustände verantwortlich.

Daß die Befürchtung, die österreichische Regierung könne sich mit russischer Rückendeckung zum Marsch nach Saloniki entschließen, wegen der innenpolitischen Struktur der Donaumonarchie, vor allem des prekären Gleichgewichts zwischen den Reichshälften, und wegen der Nationalitätenkämpfe der realen Grundlage entbehrte, daß im übrigen auch die russische Zustimmung äußerst unwahrscheinlich war, sahen die sachkundigeren Beobachter zwar ein, zumal es ihnen von der deutschen Diplomatie immer wieder in Erinnerung gerufen wurde.[22] Doch wurde selbst die theoretische Möglichkeit eines österreichischen Ausgreifens in Rom als beunruhigend empfunden.

---

22 Weitere Beispiele: Bülow sagte zu Vittorio Emanuele, „daß Österreich-Ungarn nicht daran dächte, sei es in Albanien, sei es in Mazedonien, Gebietserweiterungen anzustreben. Öster-

Nun wurde umgekehrt bereits damals, vor allem natürlich in Wien, die Frage gestellt, warum sich die römische Regierung überhaupt um den Balkan kümmere. Es könne für Italien doch gleichgültig sein, ob Österreich in Saloniki stehe oder nicht, zumal der Besitz des unruhigen Mazedoniens wohl kaum ein erstrebenswerter Gewinn und eher eine Schwächung als Stärkung wäre. Doch die italienische Diplomatie suchte dies zu verhindern: Einerseits wegen des in Rom dominierenden klassischen Gleichgewichtsdenkens; für österreichischen Machtzuwachs wollte die italienische Regierung die ihr vertraglich zustehende Kompensation; dann aus auch innenpolitisch bedeutsamen Prestigegründen – die Historiker Luigi Salvatorelli und Fritz Fellner beurteilten zu Recht die italienischen Balkanambitionen als schlecht begründete, reine Prestigepolitik[23] – und schließlich wegen der albanischen Frage.

Albanien wurde der eigentliche Zankapfel zwischen den Verbündeten. Die italienische Regierung interessierte sich zwar auch für die Vorgänge im Inneren der Balkanhalbinsel, aber am Schicksal Albaniens nahm sie direkt Anteil. Dies basierte wesentlich auf strategischen Überlegungen: Wer Albanien kontrolliere, beherrsche auch die Adria. Dies war Glaubenssatz in Österreich wie in Italien. Allerdings konnten die Österreicher zu Recht einwenden, daß Italien schließlich schon die westliche Küste der Straße von Otranto kontrollierte und der zusätzliche Besitz Albaniens dann den Ausgang der Adria und damit die Seeherrschaft in diesem Meer zu einem exklusiv italienischen Dominium gemacht hätte. Außerdem waren die Albaner, als nichtslawisches Volk, in den Augen der Wiener Außenpolitiker der als unverzichtbar angesehene zentrale Baustein, den slawischen Ring, der die Monarchie an der Südgrenze zu umfassen und von der Türkei abzutrennen drohte, zu durchbrechen und die Serben vom Meer fernzuhalten. In der österreich-ungarischen Öffentlichkeit war die Vorstellung lebendig, die Kontrolle über Albanien sei gleichbedeutend mit der Verbindung zu den Weltmeeren und damit entscheidend für das Schicksal der eigenen Großmachtstellung. Nationales wie internationales Aufsehen erregte die antiitalienische Kampfschrift von Baron Chlumecky „Das westbalkanische Problem und der Kampf Italiens um die Vorherrschaft in der Adria".[24] Der italienische König war wiederum der Auffassung, das Schicksal Albaniens sei für sein Land und die Dynastie von erstrangiger Bedeutung;

---

reich-Ungarn sei nicht nur ein saturierter, sondern auch ein alter und schwerfälliger Staat, der, selbst wenn er wollte, keine Expansionspolitik mehr treiben könne." In: Aufzeichnung Bülows, 9.5.1903, GP 18/2, Nr. 5775. Ähnlich äußerte sich Bülow gegenüber Lanza am 4.3.1904, in: Bülow an Monts, 6.3.1904, ebenda, S. 640, Fußnote *.

23 Salvatorelli, Triplice, S. 266; Fellner, Dreibund, S. 60.
24 Leopold Freiherr von Chlumecky: Österreich-Ungarn und Italien. Das westbalkanische Problem und Italiens Kampf um die Vorherrschaft in der Adria, Leipzig 1907; Vorabrezension: Neue Freie Presse, 2.11.1906.

sollten sich dort die Österreicher festsetzen, würde dies den Sturz der Savoyer zur Folge haben.[25] Gewaltig aufgebauscht wurde auch das Argument der militärischen Bedrohung für den Fall, daß Österreich die gesamte adriatische Gegenküste („l'altra sponda") kontrollieren sollte.

Albanien, das einer losen türkischen Oberherrschaft unterstand, war eine archaische, in tief zerstrittene Clans gespaltene Gesellschaft.[26] Rom und Wien hätte deshalb, in klarer Erkenntnis der ökonomischen wie politischen Rückständigkeit Albaniens, ausgereicht zu wissen, daß im Fall des Zusammenbruches der türkischen Herrschaft der jeweils andere hier nicht Fuß fasse und Albanien selbständig werde. Doch verdächtigten sich beide Seiten geheimer Annexionspläne, die es zu durchkreuzen galte. Die Konkurrenz der Verbündeten um das bettelarme und unwichtige Ländchen nahm im Detail wie in den großen Linien groteske Formen an.[27] Beide Regierungen versuchten, auf Albanien Einfluß zu nehmen und in dem Land künstlich eigene Interessen aufzubauen. Die Österreicher übten ihr katholisches Protektorat in Nordalbanien aus; die Italiener gründeten eine Schiffahrtslinie, Wirtschaftsunternehmen und italienischsprachige Schulen, planten Eisenbahnlinien und Hafenanlagen. In beiden Ländern tauchten periodisch auch immer wieder Pläne auf, Albanien zu besetzen – sie wurden aber immer abgeblockt unter Hinweis auf die internationalen Verwicklungen und die immensen Kosten, die dabei entstanden wären.[28] Beide suchten aber um jeden Preis den anderen daran

---

25 Vittorio Emanuele äußerte sich besonders dogmatisch über Albanien; dort wollte er eine Festsetzung Österreich-Ungarns keinesfalls dulden, denn diese sei gleichbedeutend mit dem „Sturz der italienischen Dynastie." Aufzeichnung Bülows, 9.5.1903, GP 18/2, Nr. 5775; ähnlich Bülow, Denkwürdigkeiten 1, S. 608.

26 Ein besonders plastisches Bild der albanischen Verhältnisse ergibt sich aus: Ekrem Bey Vlora: Lebenserinnerungen, Band I (1885 bis 1912), München 1968; Band II (1912 bis 1925), München 1973 (Südosteuropäische Arbeiten, 66 und 67).

27 Zur italienischen und österreichischen Albanienpolitik siehe Schanderl, Albanienpolitik; Behnen, Rüstung, S. 356–456, besonders S. 371–389.

28 Aus der Rückschau kann festgestellt werden, daß, von letztlich folgenlosen Ausnahmen abgesehen, tatsächlich beide Seiten kein Interesse an einer Inbesitznahme hatten und alle mit viel Geld in Albanien unterstützten Aktionen nichts anderes als eine Verhinderung des Festsetzens des ungeliebten Verbündeten bezweckte. Der Imperialismus in Albanien war demnach im wesentlichen die Folge eines Mißtrauensexzesses – mit einigen Ausnahmen. Prinetti dachte im Zuge seiner „politica attiva" nämlich tatsächlich daran, Albanien zu besetzen, was indes einen sicheren Krieg mit Österreich-Ungarn bedeutet hätte. Zanardelli war jedoch darüber entsetzt und verhinderte dies; Prinettis Nachfolger, Admiral Morin, bemerkte später nur trocken, sein Vorgänger als Nichtmilitär habe ganz ungenügende Vorstellungen von Aufwand und Kosten einer solchen Aktion gehabt. Dazu Monts an Bülow, 11.6.1903, GP 18/2, Nr. 5778: „Der Minister [Morin] bezeichnete die Ideen der Angliederung albanischer Gebietsteile an Italien als Produkte einer völligen Verkennung der Ziele und Kräfte seines Vaterlandes. Selbst wenn man Italien Albanien schenken wollte, würde dies das größte Unglück für sein Land bedeuten. Herrn Prinettis albanische Velleitäten seien nur darauf zurückzuführen, daß derselbe

zu hindern, das Land selbst in Besitz zu nehmen. Der italienische Generalstabschef Saletta bezeichnete im April 1904 Valona als den „Schlüssel des adriatischen Meeres, den sowohl Österreich wie Italien haben wollten und daß daraus einmal, weil man sich darüber niemals werde verständigen können, ein Casus belli entstehen müsse."[29] Und die „Neue Freie Presse" schrieb am 2. November 1906: Albanien könne ein zweites Schleswig-Holstein werden; der adriatische Felsen wurde zum ewigen Zankapfel zwischen den Verbündeten.[30] Die Balkanfrage trug alle Zeichen eines klassisch imperialistischen Gegensatzes, der auch dazu geeignet war, infolge der entsprechenden publizistischen Verarbeitung die Bevölkerungen gegeneinander aufzuhetzen.

> Das ist ja ganz entsetzlich! Das kommt von permanenter Halbheit und Schlappheit!
>
> Wilhelm II., im Januar 1904

c) Ökonomische Gegensätze: Die Handelsvertragsfrage

Doch damit waren die Gegensätzlichkeiten, an denen sich Konflikte entzünden konnten, noch längst nicht erschöpft. Hinzu kam unter anderem auch noch das Gefühl erbitterter ökonomischer Konkurrenz.

Wie sehr ökonomische Rivalitäten das Verhältnis zwischen Völkern vergiften konnten, zeigte das italienisch-französische Beispiel nach 1888 oder das deutsch-englische vor 1914. Um beim Antagonismus zwischen dem Deutschen Reich und Großbritannien zu bleiben: Das Gefühl der Gegnerschaft speiste sich dort zwar aus vielen Quellen, aber die wirtschaftliche Rivalität war, wie die Untersuchung von Paul Kennedy ergeben hat, ein Hauptimpulsgeber.[31] Auch zwischen Österreich-Ungarn und Italien herrschte das Gefühl wirtschaftlicher Konkurrenz, obwohl beide Staaten in der industriellen Entwicklung weit hinter Deutschland und Großbritannien rangierten. Bezeichnenderweise ging es hier denn auch nicht um industrielle Konkurrenz, sondern vorwiegend um Einfuhrquoten und Zölle für landwirtschaftliche Erzeugnisse.

Die bevorstehende Erneuerung der italienischen Handelsverträge mit den Verbündeten hatte, wie bereits erwähnt, schon die Dreibund-Neuverhand-

---

als Nichtmilitär sich keine Vorstellung machen konnte von dem Truppenaufwand und den Kosten, die eine dauernde Besetzung balkanischer Gebietsteile im Gefolge hat."

29 Aus einem Bericht Wedels vom 24.4.1904, zitiert bei Behnen, Rüstung, S. 108.
30 In: Anlage zu Wedel an Bülow, 3.11.1906, PA/AA, R 9114.
31 Kennedy, Anglo-German Antagonism, passim; dazu auch Kap. III.1.d: Die beginnende deutsche „Weltpolitik" – Tirpitz, Bülow, der wachsende deutsch-englische Gegensatz und seine Auswirkungen auf den Dreibund, besonders S. 391–392.

lungen von 1902 außerordentlich belastet. Die Öffentlichkeit in den beteiligten Ländern verfolgte die Handelsvertragsverhandlungen mit gespannter Aufmerksamkeit; sollte es tatsächlich zu einem absurden Handelskrieg zwischen den Verbündeten kommen? Die Verhandlungen zwischen Berlin und Rom kamen schließlich, wenn auch später als ursprünglich erwartet, zu einem reibungslosen Abschluß. Hingegen erwies sich die Erneuerung des italienisch-österreich-ungarischen Vertrages als überaus schwierig. Ursache dafür war die Zerrissenheit zwischen der österreichischen und der ungarischen Reichshälfte, die sich im Rahmen der schwebenden Ausgleichsverhandlungen nicht über die zukünftige Ausgestaltung des Wirtschaftsraums der Monarchie, ja nicht einmal darüber einigen konnten, ob diese ein einheitliches Zollgebiet bleiben sollte. In der italienischen, der österreichischen und ganz besonders in der ungarischen Öffentlichkeit wurde außerdem um eine Bestimmung des bisherigen Handelsvertrages erbittert gestritten: um die Weinklausel des Vertrages von 1891. Der Streit entzündete sich deshalb, weil Italien seinerzeit sehr günstige Zolltarife für Wein erhalten hatte; dies hatte unter anderem daran gelegen, daß 1890–1892 die ungarischen Anbaugebiete von der Reblaus befallen und fast vollständig vernichtet worden waren. Der Wiederaufbau der Weinkulturen war langwierig, und in der Zwischenzeit konnte die italienische Konkurrenz einen boomenden Absatz in der Donaumonarchie verbuchen. Vor allem in den Jahren 1897–1899 wurde der österreichisch-ungarische Markt von italienischen Weinen, vor allem aus preisgünstiger süditalienischer Produktion, überschwemmt;[32] danach sanken die Importe wieder.[33] In der Donaumonarchie hatte sich inzwischen die Produktion erholt. Alle Weinproduzenten Österreich-Ungarns, einschließlich der Austroitaliener im Trentino, wollten die Weinklausel fallen sehen[34]. Damit nicht genug, verlangte die französische Regierung in Wien im Zuge der Meistbegünstigung eine Gleichbehandlung auch beim Weinexport; diese mußte dann für den 1. Januar 1904 zugesagt werden. Damit hätten den französischen Produzenten dieselben Vorteile eingeräumt werden müssen wie den italienischen bisher. Da dies als unmöglich erachtet wurde, wurde der Handelsvertrag und damit auch die Weinklausel Ende Dezember 1902 gekündigt.[35]

---

32 Habsburgermonarchie VI/1, S. 673.
33 Ebd., S. 675. Der Rückgang lag an der Schädigung der sizilianischen Produktion durch die Reblaus, an der apulischen Mißernte im Jahre 1900 und an der Tatsache, daß der norditalienische Markt selbst süditalienische Verschnittweine mit hohem Zuckeranteil brauchte. Daraus resultierte ein Preisanstieg der italienischen Weine.
34 Tommasini, L'Italia alla vigilia 1, S. 95. Habsburgermonarchie VI/1, S. 675: „Nach der Überwindung des größten Notstands betrachtete Österreich-Ungarn die Weinklausel von 1891 als ein Hindernis für den Aufschwung der eigenen Weinproduktion."
35 Habsburgermonarchie VI/1, S. 679.

In Italien waren sich zwar die Fachleute darüber einig, daß der Weinexport nur einen kleinen und keineswegs den wichtigsten Teil des Gesamthandels zwischen beiden Staaten ausmachte und deshalb Flexibilität angezeigt war. Andererseits stammte der Exportwein aus dem wirtschaftlich notleidenden Süden; deshalb wurde ein Beharren auf der Weinklausel zur nationalen Sache, zur Unterstützung für den Mezzogiorno stilisiert. Auch der bedeutende Ökonom Luzzatti kämpfte für ihre Beibehaltung. In der Habsburgermonarchie stieß sie aber auf die erbitterte Gegnerschaft aller Weinproduzenten. Graf Nigra warnte die römische Zentrale dringend davor, sich in dieser Frage irgendwelchen Illusionen hinzugeben und die Einflußmöglichkeiten der österreichisch-ungarischen Zentralregierung zu überschätzen. Doch seine Warnungen verhallten zunächst ungehört. Dabei war der gemeinsame Außenminister tatsächlich machtlos gegen die Opposition der Ministerpräsidenten und vor allem den erbitterten Widerstand der Ungarn, die unter dem Druck ihrer Agrarier jeder Einigung gewaltige Widerstände entgegensetzten.[36] Gołuchowski gestand seinen deutschen Gesprächspartnern seine Ohnmacht ein, setzte aber hinzu, daß er notfalls ein Provisorium abschließen werde, um einen vertragslosen Zustand zu verhindern.[37]

Für die italienischen Unterhändler waren diese Verhandlungen überraschend; sie stellten nämlich die Ohnmacht und Zerstrittenheit der für ein monolithisches Gebilde gehaltenen Donaumonarchie fest. Außerdem waren sie erstaunt, daß sie mit den ungeliebten Österreichern sehr schnell zu einer Einigung gelangt wären, sich eine solche mit den in Italien populären Ungarn hingegen nicht erreichen ließ; mehr noch, daß sich in den Zollverhandlungen mehrfach die absurde Situation ergab, daß die italienischen und österreichischen Delegierten gemeinsam gegen die ungarischen kämpften, die sich sehr kleinlich zeigten und auch über geringste Beträge erbittert feilschten. Durch ihr intransigentes Verhalten verloren die Ungarn bei den italienischen Unterhändlern rapide an Sympathie; dieser Effekt setzte sich in weiteren Kreisen der Öffentlichkeit fort. Und das Prestige der Donaumonarchie litt durch solche Vorgänge in Italien gewaltig; der Eindruck entstand, das Reich würde nächstens auseinanderbrechen. In Deutschland wurden diese Nachrichten mit Entsetzen aufgenommen; Kaiser Wilhelm II. schrieb unter einen Bericht über die verfahrenen Zollverhandlungen: „Das ist ja ganz entsetzlich! Das kommt von permanenter Halbheit und Schlappheit!"[38]

---

36 Monts an Bülow, 31.12.1903, GP 18/2, Nr. 5791.
37 Wedel an Bülow, 16.11.1903, GP 18/2, Nr. 5786, berichtet, daß Gołuchowski notfalls ein Provisorium abschließen und auf die Parlamente äußersten Druck ausüben wolle. Er lehnte es aber ab, sich von Italien „den Irredentismus abkaufen zu lassen" mit Zugeständnissen in der Weinzollklausel; denn die Opposition dagegen sei in beiden Reichshälften zu mächtig, vor allem in Ungarn.
38 Marginalie zu Monts an Bülow, 31.12.1903, GP 18/2, Nr. 5791.

Die politische und ökonomische Bedeutung einer gütlichen Einigung zwischen den Verbündeten wurde natürlich nirgends bestritten. Im Fall eines vertragslosen Zustandes hätten ähnliche Verhältnisse wie seinerzeit zwischen Italien und Frankreich gedroht; ein zwischen Verbündeten ganz unmöglicher Zustand. Giolitti bezeichnete die Erneuerung des Handelsvertrages mit Österreich-Ungarn als eine politische Notwendigkeit und versprach, er werde bis an die Grenze des Möglichen gehen.[39] Hier wirkte sich das Allianzverhältnis positiv aus. Zwar dauerte es quälend lange, bis eine Einigung erzielt wurde, aber immerhin wurde der alte Vertrag immer wieder provisorisch verlängert, um einen vertragslosen Zustand zu vermeiden.[40] Am 11. Februar 1906 wurde schließlich in Rom der neue Handels- und Schiffahrtsvertrag zwischen den Verbündeten unterzeichnet; seine Laufzeit begann am 1. März und er hätte bis zum 31. Dezember 1917 Gültigkeit besessen.[41]

Wie auch im deutsch-englischen Fall, waren in Wahrheit beide Seiten ökonomisch aufeinander angewiesen; der gegenseitige Handel machte einen großen Prozentteil des Gesamtaußenhandels aus.[42]

> Ich denke darüber nach, ob ich in dieser Woche geträumt habe oder wach war, ob wir uns im 20. Jahrhundert befinden oder vollkommen im Mittelalter; und ich versuche zu erklären, wie ein solch tiefer, umfassender Haß zwischen der Bevölkerung zweier alliierter Mächte, zwischen zwei benachbarten Nationen, zwischen den Vertretern zweier großer Kulturen möglich sei.
>
> Alberto Albertini, am 13.11.1904 im „Corriere della Sera"

d) „Irredente" Probleme und die Universitätsfrage in Triest

Neben dem machtpolitischen Gegensatz auf dem Balkan und den ökonomischen Zwistigkeiten gab es aber noch ein weiteres Konfliktfeld zwischen den Verbündeten, der sowohl Regierungen als auch die politisch Interessierten beider Länder in Atem hielt. Denn der Hauptgegensatz wurde von den Zeitgenossen im Wiederaufleben der „Irredenta" gesehen.

Diese Feststellung ist eigentlich sehr überraschend, denn die klassische Irredenta hatte inzwischen jede Lebensfähigkeit verloren. Sie hatte ihre Nach-

---
39 Monts an Bülow, 5.11.1903, GP 18/2, Nr. 5785.
40 Salvatorelli, Triplice, S. 277.
41 Habsburgermonarchie VI,1, S. 681.
42 Zahlen: Ebd., S. 683.

blüte der Begabung des Polit-Clowns Imbriani und vor allem Felice Cavallottis zu verdanken, der sich am Ende seiner Laufbahn nicht mehr in erster Linie mit der irredentistischen Problematik, sondern vor allem mit der Gegnerschaft zu Crispi beschäftigt hatte. Irredentistische Zwischenfälle gab es in sporadischer Form immer wieder; Imbriani und Cavallotti hielten im Parlament flammende Reden, und ersterer organisierte rastlos österreichfeindliche Demonstrationen. Dies hatte zwar für Verärgerung in Diplomatenkreisen, aber nicht zu ernsten Spannungen geführt. Zu Recht waren diese Vorfälle in den neunziger Jahren als Bagatellen behandelt worden, als das Spektakel einer sektiererhaften Minderheit. Nachdem Cavallotti 1898 in einem Duell getötet worden war, hatte die radikal-republikanische *sinistra* ihren bedeutendsten Repräsentanten verloren – ein Verlust, von dem sie sich nie wieder erholte. Als Letzter seiner Art ergriff noch Salvatore Barzilai immer wieder das Wort und konnte dank seiner exzellenten oratorischen Begabung das Parlament fesseln. Doch auch er kam nicht aus der extremen Außenseiterstellung heraus, die schon immer für die Irredenta bezeichnend gewesen war.

Der Irredenta als radikalliberaler Gruppierung mit chauvinistischen Zügen entstand außerdem auf dem linken Flügel die übermächtige Konkurrenz der Sozialisten, die in ihr eine verstaubte, mumifizierte, unfruchtbare bürgerliche Ideologie sahen.[43] Für sie war aus ihrem internationalistischen Verständnis heraus der Nationalstaat nicht eine heilige und ausschließliche Bezugsgröße. Sie lehnten deshalb, anders als die Irredentisten, nationalistische Forderungen ab und waren sogar ausgesprochene Befürworter des Dreibunds. Als erklärte Internationalisten suchten sie den Schulterschluß mit den österreichischen Sozialdemokraten, lehnten die Kriegshetze der Irredenta ab, und es kam sogar vor, daß die Sozialisten irredentistische Demonstrationen sprengten und ihnen die Insignien Trients und Triests entrissen.[44]

Zwar wurden auch nach der Jahrhundertwende immer wieder irredentistische Kundgebungen veranstaltet und Geldsammlungen durchgeführt, die bisweilen sogar zur Waffenbeschaffung gegen Österreich dienen sollten; hinzu kam die verdeckte Propaganda der sich als Kulturgesellschaft gebenden „Società Dante Alighieri" für die irredentistische Sache[45] – in Italien wie auch in den austroitalienischen Territorien. Doch waren es nicht allein diese Aktionen, die die Irredenta plötzlich wieder zum leidenschaftlich diskutierten Begriff machten. Viel gravierender – und zugleich auch die Lebensfähigkeit der

---

43 Siehe die entsprechende Ansicht San Giulianos in einer Aufzeichnung Bethmann Hollwegs vom 5.4.1910, in: ÖUA II, Nr. 2095.
44 Monts an Bülow, 21.11.1904, PA/AA, R 9113.
45 Dazu Behnen, Rüstung, S. 117.

Bewegung stark beeinflussend – war, daß sich die Haltung der Regierung zur Irredenta plötzlich geändert hatte. Seit den Tagen Mancinis und Depretis, seit 1883 war die italienische Regierung auf scharfe Distanz zur Irredenta gegangen und hatte keine Gelegenheit ausgelassen, dies zu zeigen: Die Irredenta wurde amtlicherseits überwacht, von Crispi sogar verfolgt; irredentistische Kommentare amtlicher Würdenträger mit sofortiger Entlassung geahndet. Diese Haltung hatte mit Zanardelli ein Ende. Denn dieser konnte seine alten Sympathien nicht unterdrücken, und damit entstand erstmals seit den Tagen Benedetto Cairolis, also seit 1880, der Eindruck, die italienische Regierung sähe die irredentistischen Aktionen zumindest nicht ungern. Zur zunehmenden Verzweiflung seines Innenministers Giolitti, der an der bisherigen Linie aus Klugheit unbedingt festhalten wollte, weigerte sich Zanardelli, staatlicherseits gegen die Irredenta etwas zu unternehmen. Der Premier war nun einmal ein irredentistisches Fossil und hing den Idealen seiner Jugend an.[46] Idealen, die Rattazzi dazu bewegten, verächtlich von den „48ern und ihren Idioten" zu sprechen.[47] Doch lebten diese Ideale in der jungen Generation weiter, wo sie allerdings, im Gegensatz zur klassischen Irredenta, einen ausgesprochen nationalistischen Einschlag erhielten. Die alten Irredentisten waren Vertreter eines abstrakten Prinzips, nämlich des Nationalstaatsprinzips, gewesen. Dabei hatten zwar die italienischen Belange immer im Vordergrund gestanden und ebenso eine irrationale Feindschaft gegen Österreich, aber im Grundsatz war diese Denkrichtung universal und strebte danach, das Nationalstaatsprinzip überall zur Geltung zu bringen. Ein Fortleben dieser Denkrichtung ist bis 1914/15 zu beobachten; Gaetano Salvemini war ebenso davon beeinflußt wie beispielsweise auch Alessandro Fortis, der am 21. Juni 1904 im Parlament für die Irredenta eintrat unter der Begründung, diese sei die Bewahrerin eines unveräußerlichen Rechts der Nation.[48] Um die Jahrhundertwende machte dieser Gedanke des abstrakten und universalen Nationalstaatsprinzips, das bei der Gründung Italiens Pate gestanden hatte und dann in der Irredenta als Zerrbild weiterlebte, eine Teiltransformation durch; er verband sich mit partikularistischen und rein nationalegoistisch definierten Aspekten und war nunmehr nicht mehr wie bisher auf dem ganz linken, sondern auch auf dem ganz rechten Flügel zu finden. Zu diesem Personenkreis nationalistisch orientierter Irredentisten war der König zu rechnen, der sich im Sommer 1903 bei einem Militärmanöver in der Nähe der österreichischen Grenze sogar mehrfach vor irredentistischen Symbolen verneigte[49] und damit

---

[46] Romano, Giolitti, S. 140: „Zanardelli era vecchio, malato e troppo ancorato a temi politici che avevano scarsa rilevanza, secondo Giolitti, nella situazione politica e sociale dell'Italia d'allora."
[47] Lowe-Marzari, Italian Foreign Policy, S. 101.
[48] Zitiert bei Behnen, Rüstung, S. 218.

einen ausgesprochenen Skandal provozierte. Aus österreichischer Sicht sah es so aus, als ob Regierung und Irredenta harmonisch zusammenwirkten und der alte Feind seinen bislang mühsam getarnten Abneigungen wieder freien Lauf ließe.

Doch war es nicht so, daß der Irredentismus plötzlich das Anliegen einer breiten Mehrheit der Italiener geworden wäre. Als Einzelmeinung soll hier die Ansicht des nicht gerade italienfreundlichen und vor allem chronisch argwöhnischen Grafen Monts, der seit 1903 deutscher Botschafter in Rom war, herangezogen werden. In einem umfangreichen und differenziert argumentierenden Bericht vom 15. Dezember 1903[50] – da war Zanardelli bereits nicht mehr Regierungschef – beschrieb er die Grundstimmung der italienischen „Massen" als nicht antiösterreichisch. Die Feld- und Handarbeiter seien zu arm, um sich für irredentistische Fragen zu interessieren. Aufgrund der sozialpolitischen Rückständigkeit sei ihnen in Norditalien sogar die habsburgische Herrschaft als die „gute alte Zeit" in Erinnerung. Damals seien nur die Gebildeten Opfer des klerikal-reaktionären und durchaus antinationalen Wiener Regimes gewesen; diese nunmehr „ganz alte" und dem Aussterben nahe Generation (gemeint waren wohl Zanardelli und seine Alters- und Gesinnungsgenossen) sei „aus Tradition und im Herzen antiösterreichisch". Die meisten Freunde hätten Deutsche und Österreicher in der Generation, die jetzt im Zenit ihres Lebens stünde; in der Generation der „jetzt reifen Männer", etwa im Alter des verstorbenen Re Umberto. Als Gegner der Irredenta charakterisierte Monts auch die „sozialistischen Organe". Die Quelle der Dreibund- und Österreichfeindschaft sah er in der jungen, gebildeten Generation, in Universitäten und Schulen: „Irredentistisch schlechtweg denkt aber heute eigentlich die ganze gebildete Jugend. Man kann beinahe sagen, daß zur Zeit den italienischen Jünglingen Patriotismus und Irredentismus als identische Begriffe erscheinen." Von einer irredentistischen Mehrheit in Italien war, nach Ansicht des überaus italienkritischen Monts, also nicht die Rede, sondern von einem Minderheitenphänomen, einem Studentenprotest; es würde sich allenfalls in der Zukunft ein Problem ergeben, sollte die akademische Jugend an diesen Ideen festhalten.

Obwohl also von einem Wiederaufleben der Irredenta nicht gesprochen werden kann, sorgte trotzdem ihr Hauptanliegen, nämlich die Stellung der italienischen Nationalität in der Habsburgermonarchie, für massive Probleme und Mißstimmigkeiten zwischen den Verbündeten. Hier hatte sich seit den 1880er Jahren viel verändert. Die Absprache zwischen Robilant und Kálnoky, daß die italienische Regierung die Irredenta unterdrücken und die österreichische Regierung im Gegenzug dafür sorgen solle, daß die Verwaltung in

---

49 Behnen, Rüstung, S. 215.
50 Monts an Bülow, 15.12.1903, GP 18/2, Nr. 5789.

den italienischsprachigen Gebieten der Monarchie keinen Anlaß zu Klagen gebe, wurde allmählich aufgegeben. Kleine und größere Beschwerden gegen diese Regelung waren ohnehin nicht ausgeblieben. In Italien war das Vorurteil weit verbreitet, daß die Austro-Italiener innerhalb der Habsburgermonarchie eine unterdrückte Minderheit seien. In Wahrheit gehörten sie zu den bevorzugten Völkern der Monarchie; sie hatten, pro Kopf der Bevölkerung gerechnet, die meisten Abgeordneten, und italienisch war Handels- und inoffizielle Marinesprache der Monarchie. Doch hatten die Austroitaliener ein sich mit der Zeit verschärfendes Problem, das dem der Deutschen in Böhmen sehr ähnlich war: In Dalmatien wurden sie nämlich zunehmend durch die Slowenen und Kroaten verdrängt; sie betrachteten diese aber als kulturell ebenso minderwertig wie die Deutschen die Tschechen und weigerten sich, dieser Entwicklung tatenlos zuzusehen. Es kam deshalb zu einer Radikalisierung der Haltung der Austroitaliener, im übrigen mit Flankendeckung aus Italien. Schon Crispi hatte zugunsten der Italiener Stellung genommen und sich gegen die angeblich die Slawen zu sehr begünstigende Regierung Taaffe ausgesprochen. Daß diese Linie nach 1897 massiv an Stärke zunahm, war nicht verwunderlich. Die „Regnicoli", die „Reichsitaliener", nahmen ebenso massiv und leidenschaftlich für ihre „Landsleute" Stellung wie die Reichsdeutschen für die Deutschösterreicher. Und mit der Parteinahme der „Reichsdeutschen" für die Österreicher war das Phänomen zu vergleichen, das als Wiederaufleben der Irredenta bezeichnet wurde. Es ging vielen „Regnicoli" – ob Irredentisten oder nicht – nunmehr darum, den angeblich bedrohten Volksgenossen in Österreich-Ungarn gegen das slawische Vordringen – später auch noch gegen den Pangermanismus – beizustehen. Und die Austro-Italiener entfremdeten sich der sie angeblich benachteiligenden Zentralregierung, und sie erhoben deshalb eine Reihe von Forderungen. Unter diesen dominierte neben der ebenfalls wichtigen Autonomiefrage des Trentino die Forderung nach einer italienischen Universität in Österreich-Ungarn. Dies wurde rasch zum zentralen Punkt österreichisch-italienischer Verstimmungen – und zwar auf der Ebene von Regierung und Parlamenten, Presse und öffentlicher Meinung – und verdient deshalb eine nähere Beschreibung.[51]

Die Universitätsfrage war eine Spätfolge des Verlustes der Lombardei und Venetiens 1859 und 1866, denn damit waren dem Habsburgerreich auch seine italienischen Universitäten Pavia und Padua verlorengegangen. Nach 1866

---

51 Zur Universitätsfrage siehe: Adalbert Schusser: Zur Entwicklung der italienischen Universitätsfrage in Österreich (1861–1918), Diss. Wien 1972; eine leider ungedruckte, aber hervorragende Arbeit; Angelo Ara: La questione dell' Università italiana in Austria, in: ders.: Ricerche sugli Austro-italiani e l'Ultima Austria, Roma 1974, S. 9–140; Klaus Gatterer: Die italienische Universität in Österreich, in: ders.: Erbfeindschaft Italien–Österreich, Wien/München/Zürich 1972, S. 77–90.

waren die Austroitaliener dann gezwungen, entweder im Ausland zu studieren oder aber eine deutschsprachige Universität zu besuchen. Deshalb kam sehr bald schon die Forderung nach einer italienischen Universität auf. Allerdings waren die Austroitaliener untereinander zerstritten in der Frage des Standorts; zwischen Trient, Rovereto, Capodistria und Triest tobte ein heftiger Konkurrenzkampf, wobei vor allem die Unterschiede zwischen dem konservativ-katholischen Trentino und dem liberalen Triest eine Rolle spielten. Insgesamt war Triest als rasch wachsende Großstadt der überzeugendste Standort für eine Universität; die Triestiner hatten bereits im Jahre 1848 eine eigene Universität gefordert und wünschten sich diese als Mittelpunkt ihres geistigen und kulturellen Lebens. Doch gab es unter den tonangebenden Triestiner Nationalliberalen auch Bedenken; vielleicht würde die Universität ja nur schwach besucht und deshalb die Gründung ein Fiasko. Das Problem der Finanzierung war auch eine der Hauptursachen für die zögerliche Behandlung dieser Frage durch die cisleithanische Regierung. Das sich zunehmend in den Vordergrund schiebende Hauptargument der Wiener Regierung gegen die italienische Universität war indes, die italienische Universität würde zu einem Zentrum des Irredentismus werden. Daran war richtig, daß in Italien selbst die akademische Jugend (und ihre Lehrer) eine Hauptstütze des irredentistischen Gedankens waren. Allerdings erwies sich die hartnäckige Verweigerung der Universität als noch viel besserer Pflanzboden für irredentistische Gedanken, vor allem bei den Studenten, aber auch in den Kreisen der austroitalienischen Nationalliberalen, unter denen sich weitere wichtige Träger irredentistischen Gedankenguts befanden. Diese instrumentalisierten die ihnen aus finanziellen Gründen nicht ganz geheure Vorstellung einer Universität für ihre politische Arbeit. Felice Venizian, der Führer der Triester Nationalliberalen, pflegte „seinen Getreuen gegenüber zu wiederholen, daß man die Universität in Triest immerzu verlangen müsse, aber in der Hoffnung, sie nie zu bekommen"[52]. Und Silvio Benco sagte: „Die Universitätsfrage war die Königsidee der irredentistischen Politik; klug eingesetzt, leistete sie alle Dienste. Sie zwang die unerlösten Italiener zur Einheit auf der Grundlage einer bestimmten Plattform, zur heiligen Einheit; sie belebte die Kampfeslust, wenn die Agitation zu erlahmen drohte; sie wurde in jeder mißlichen Lage als Retterin hervorgeholt; sie bewies dem Ausland, daß die österreichische Regierung den Italienern mißgünstig gesinnt war und sie offensichtlich ungerecht behandelte; sie machte die Italiener der Halbinsel immer wieder auf Triest aufmerksam und löste zuweilen auch Explosionen der Empörung aus; die Außenminister waren gezwungen, das Problem zu erörtern und sich derart auch mit der Irredenta insgesamt zu befassen." Diese Instrumentalisierung wurde von den Studenten, die den Kampf für ihre Universität ernst

---

52 Gatterer, Erbfeindschaft, S. 83.

meinten, als zynischer Betrug empfunden.[53] Bezeichnend für die Haltung vieler Austroitaliener war auch, daß sie zwar für sich eine Universität forderten, dieses Recht aber den Slowenen entrüstet verwehren.

Die Zentralregierung konnte sich nicht dazu entschließen, den Italienern die Universität zu bewilligen; die Besorgnisse wegen der Irredenta nahmen mit der Zeit sogar noch zu. Außerdem verhinderte seit 1897 die Obstruktion im Reichsrat jede vernünftige Arbeit; nur mittels Notverordnung konnte die Regierung den laufenden Geschäften nachkommen. Schon deshalb mußte die Universitätsfrage immer wieder vertagt werden. Ersatzweise wurde eine Teiluniversität – eine Art Beamtenschmiede, vorzugsweise juristischer und staatsrechtlicher Ausbildung – ins Auge gefaßt. Diese sollte als Annex einer deutschen Universität ein System italienischsprachiger Parallelkurse anbieten. Dieses System hatte eine gewisse Tradition; seit 1864 gab es an der deutschen Universität Innsbruck, der Hauptstadt Tirols, juristische Vorlesungen in italienischer Sprache;[54] später wurden solche Parallelkurse auch an der Universität Wien eingerichtet. Dies stellte die italienischen Forderungen nach einer eigenständigen Universität aber nicht entfernt zufrieden. Als Obstruktionsmaßnahme organisierten die italienischen Studenten einen Massenansturm auf diese Parallelkurse in Innsbruck; erklärtes Ziel war, die Kurse durch Überfüllung zum Scheitern zu bringen und die Wiener Regierung dadurch zur Einrichtung einer eigenständigen italienischen Universität zu zwingen.[55]

Bei dem gespannten Verhältnis der Nationalitäten in der Donaumonarchie ist es nicht verwunderlich, daß die deutschen und die italienischen Studenten an der Universität Innsbruck nicht harmonisch miteinander auskamen. Bei den deutschen Studenten und noch viel mehr bei Teilen der Innsbrucker Bürgerschaft stieß das System der Parallelkurse und die angeblich drohende „Verwelschung" auf Widerwillen. Das Motto der Italiener „Tutti a Innsbruck" erschreckte sie und ließ sie um den deutschen Charakter von Stadt und Universität fürchten. Im Mai 1903 führte dies zu Krawallen in Innsbruck; die Folge waren schwere irredentistische Demonstrationen in Italien, die von Innenminister Giolitti in einer von Zanardelli nicht gutgeheißenen Strenge un-

---

53 Gatterer, Erbfeindschaft, S. 84.
54 Lützow, Dienst, S. 319.
55 Die weiteren Erwartungen gingen dahin, daß sich die Innsbrucker gegen die Errichtung einer italienischen Universität auf ihrem Boden sperren würden und somit der Verwaltung nichts anderes übrigbleiben werde, als diese dann nach Triest zu verlegen. Äquivalente Vorgänge an der Universität Prag (die 1882 in eine deutsche und eine tschechische Schule geteilt worden war) hatten hier vermutlich Pate gestanden, dazu Gatterer, Erbfeindschaft, S. 85. Zu diesem Zweck wurde unter den italienischen Studenten die Parole „Tutti a Innsbruck" ausgegeben. Sie wurden dabei von ihren Eltern und den politischen Führern der Austroitaliener tatkräftig unterstützt.

terdrückt wurden.[56] Im Oktober 1903 wiederholten sich die Krawalle; die Sache kulminierte dann, als am 27. September 1904 eine provisorische rechtswissenschaftliche Fakultät mit italienischer Vortragssprache in Innsbruck-Wilten – als Ersatz für die juristische Fakultät in Rovereto – eingerichtet wurde. Der Reichsratsabgeordnete und deutschnationale Vizebürgermeister der Stadt, Eduard Erler, hetzte im „Tiroler Tagblatt" und auf Kundgebungen gegen die Italiener sowie gegen die Regierung, die angeblich seit Jahrzehnten ein „Entdeutschungssystem" betreibe, in das sich jetzt die Gründung einer solchen „welschen Rechtsfakultät" nahtlos einfüge. Er empfand diese als „welsche Trutzburg", als „brennendes Schandmal auf der bisher reinen Stirn unseres deutschen Innsbruck" und rief zur „Selbsthilfe" gegen die „Verwelschung Innsbrucks" auf.[57] Diese Polemik blieb nicht folgenlos, und schon am Eröffnungstag, dem 3. November 1904, kam es zu schweren Ausschreitungen. Die italienischen Studenten und Professoren – etwa 70 Personen –, die sich zum Feiern in einem Gasthof versammelt hatten, wurden von etwa 2.000 protestierenden Deutschnationalen blockiert; die Polizei blieb untätig. Dann eskalierte die Konfrontation, angeblich nach einem beleidigenden Ruf eines Italieners kam es zu Schlägereien, ja zu Schußwechseln; schließlich mußte Militär herangeholt werden, um die in dem Gasthaus belagerten Italiener abtransportieren zu können. 137 Italiener wurden festgenommen und drei Wochen, andere über einen Monat in Haft behalten. Ein ladinischer Maler kam durch den Bajonettstich eines (im übrigen italienischsprachigen) Soldaten ums Leben.[58] Es schloß sich die Plünderung und Verwüstung italienischer Geschäfte an. Die italienischen Mitglieder der Tiroler Regierung mußten sogar unter Polizeibedeckung aus Innsbruck weggebracht werden, um sie vor dem Volkszorn zu schützen.

Diese Vorgänge, die als die „fatti di Innsbruck" in die italienische Geschichte eingingen, von der deutschen und österreichischen hingegen weitgehend vergessen wurden,[59] waren ein ähnlich katastrophaler Rückschlag für die italienisch-österreichischen Beziehungen wie das Pogrom in Aigues-Mortes seinerzeit für die italienisch-französischen. Die italienische Öffentlichkeit reagierte verständlicherweise entsetzt. Alberto Albertini, Bruder des Heraus-

---

56 Candeloro, Storia 7, S. 283.
57 Zitiert bei Gatterer, Erbfeindschaft, S. 88. Auf Kundgebungen forderte Erler: „deutsche Langmut weiche deutschem Manneszorne!" Und auf einem Manifest hieß es: „Österreichischer Regierungsweisheit hat es in planmäßiger Verfolgung des nun schon seit Jahrzehnten betriebenen Entdeutschungssystems gefallen, auf dem Boden unserer deutschen Landeshauptstadt ... eine welsche Rechtsfakultät zu errichten ... Wer noch einen Funken nationalen Ehrgefühls im Herzen trägt, muß es empfinden, daß diese welsche Trutzburg ein brennendes Schandmal auf der bisher reinen Stirn unseres deutschen Innsbruck bedeutet."
58 Ebd., S. 88.
59 Ebd.

gebers und als (später dann ausgewiesener) Berichterstatter des „Corriere della Sera" in Innsbruck, bezeichnete die Vorgänge als „Rassenverfolgung" der Italiener durch die Deutschen. Und Ottone Brentani schrieb am 13. November 1904 ebenfalls im „Corriere della Sera": „Ich denke darüber nach, ob ich in dieser Woche geträumt habe oder wach war, ob wir uns im 20. Jahrhundert befinden oder vollkommen im Mittelalter; und ich versuche zu erklären, wie ein solch tiefer, umfassender Haß zwischen der Bevölkerung zweier alliierter Mächte, zwischen zwei benachbarten Nationen, zwischen den Vertretern zweier großer Kulturen möglich sei."[60]

Der Vorlesungsbetrieb hatte nach diesen Vorfällen und in dieser aufgeheizten Atmosphäre natürlich nicht aufgenommen werden können. Dies nahm die Zentralregierung zum willkommenen Anlaß, die italienische Fakultät zu schließen. Am 17. November 1904 distanzierte sich Ministerpräsident Koerber im Reichsrat zwar von den Vorfällen in Innsbruck und machte kein Hehl daraus, daß die italienischen Studenten unmenschlich behandelt worden seien. Andererseits teilte er auch lakonisch mit, die italienische Fakultät habe „von selbst zu bestehen aufgehört"[61]. Diese Feststellung allein war ein Faustschlag ins Gesicht der Austroitaliener und auch der mit ihnen verbundenen Italiener. So wurde das auch in den besser informierten Kreisen der Monarchie empfunden. Botschafter Lützow hielt die Innsbrucker Vorfälle für „tief bedauerlich"; sie hätten „der italienischen Regierung berechtigten Grund zu ziemlich ernsten Beschwerden" gegeben.[62]

Aber nicht nur die Regierung, vor allem die Öffentlichkeit reagierte erregt. In ganz Italien demonstrierte man vor den österreichischen Konsulaten und verbrannte schwarz-gelbe Fahnen; die österreichische Botschaft in Rom, der Palazzo Chigi, mußte durch ein Halbbataillon Infanterie gesichert werden. Die Nationalitätenkonflikte in Österreich heizten die irredentistischen Strömungen unter den Austroitalienern an und diese, im zweiten Schritt, auch die irredentistische Propaganda in Italien selbst. Die „Regnicoli" solidarisierten sich mit den Austroitalienern, und die Entrüstung über die Universitätsfrage

---

60 Habsburgermonarchie VI/2, S. 232: „In Innsbruck fuhr man ein paar Tage auf barbarische Weise mit der Jagd auf alles Italienische fort; mit der Beschimpfung, ja Beleidigung des italienischen Volkes und der Nation wurde nicht gespart; jeder Italiener wurde verfolgt und verjagt; jedes italienische Geschäft wurde überfallen und geplündert; jedes italienische Hinweisschild wurde zertrümmert; und der bescheidene Anfang einer Universität mit fünf Professoren und 70 Studenten, welche in einen Vorort der Peripherie verbannt worden war, wurde zerstört wie ein Wespennest, so als ob jener Hauch einer Universität den Fortschritt der Zivilisation der Söhne des Arminius, des Barbarossa und Bismarcks gefährden würde."
61 Gatterer, Erbfeindschaft, S. 88; Lützow S. 118, 319 f. Stenographische Protokolle über die Sitzungen des Hauses der Abgeordneten des österreichischen Reichsrates, XVII. Session, Band 29, Wien 1905, S: 25372–25375. Rede Erlers ebenda, S. 25358–25372.
62 Lützow, Dienst, S. 118.

wurde selbst von amtlichen Würdenträgern öffentlich geteilt – so zum Beispiel im Frühjahr 1903 durch den Präfekten von Piacenza, Reichlin[63] – und dann von den Irredenta-freundlichen Kreisen aufgenommen[64]. Das Gefühl der Verbundenheit war in studentischen Kreisen besonders entwickelt, und nicht von ungefähr waren die Universitäten das Zentrum irredenter Gedanken.

Die Universitätsfrage blieb nicht nur zwischen Italien und der Monarchie, sondern auch innerösterreichisch ein Zankapfel. Sie wurde immer wieder im Reichsrat diskutiert, so in den Jahren 1905, 1908, 1910 und 1911, bevor schließlich am 14. Februar 1913 eine Regierungsvorlage über eine italienische Rechtsfakultät in Triest vom Budgetausschuß angenommen wurde, die spätestens im Wintersemester 1915/16 den Lehrbetrieb aufnehmen sollte.[65] Obwohl die Notwendigkeit und Dringlichkeit der Angelegenheit von allen Verständigen anerkannt wurde, wurde sie lange verschleppt, woran der Thronfolger Franz Ferdinand nicht unschuldig war.[66] Auch die Unruhen wiederholten sich, so zum Beispiel im November 1908, als italienische Studenten die Forderung nach einer eigenen italienischen Universität erhoben und mit ihren deutschen Kommilitonen zusammenstießen.[67]

Die Universitätsfrage wirkte nicht nur schädlich und vergiftend auf das österreichisch-italienische Verhältnis, sondern hatte auch Rückwirkungen auf die Beziehungen zwischen Rom und Berlin. Denn die italienische Öffentlichkeit notierte, wie Botschafter Monts berichtete, sehr aufmerksam, daß die Sympathien der reichsdeutschen Öffentlichkeit in den Innsbrucker Zwistigkeiten auf deutschösterreichischer Seite lagen. In Italien wurden die Innsbrucker Krawalle als Symptom für das Erstarken eines aggressiven Pangermanismus gewertet, der, wie befürchtet wurde, nicht auf Österreich beschränkt sei. Im Gegenteil wurden bereits von Imbriani beschworene Ängste virulent, ein großgermanisches Reich könne dereinst die Erbschaft der zerfallenden Habsburgermonarchie antreten, und zwar auch in den irredenten Gebieten, im Trentino und vor allem in Triest.

Auch hielt sich die deutsche Diplomatie, die von der römischen Regierung als Vermittlerin angerufen worden war, sorgsam bedeckt – und zwar mit voller Absicht. Holstein äußerte in einer Anweisung an Monts die Ansicht, daß die Innsbrucker Angelegenheit oder irredentistische Vorkommnisse in Italien innere Angelegenheiten seien, „welche durch auswärtige Einmischung eher verschlimmert als gebessert werden würden, gleichwie ein Zimmerbrand

---

[63] Romano, Giolitti, S. 137.
[64] Dazu Tommasini, L'Italia alla vigilia 1, S. 91.
[65] Lützow, Dienst, S. 320.
[66] Siehe dazu Kap. IV.1.: Abrechnung mit Italien? Der Einfluß Franz Ferdinands und Conrad von Hötzendorfs auf die österreichische Außenpolitik.
[67] Candeloro, Storia 7, S. 289 f.

durch das Hinzutreten der Außenluft"; außerdem sollten die irredentistischen Neigungen Italiens nicht ermutigt werden.[68] Dies war eine sehr verzerrte Sicht der Realität; auch Holstein unterschied nicht zwischen klassischem Irredentismus und einer Parteinahme der Italiener zugunsten der sprachverwandten Untertanen des Habsburgerreiches, die mit den Solidaritätskundgebungen der Deutschen für die Österreicher nach den Badeni-Sprachverordnungen verglichen werden kann. Allerdings bemühte sich die deutsche Diplomatie trotz ihrer Abstinenz in der Innsbrucker Angelegenheit doch, den Frieden zwischen den Verbündeten zu erhalten. Bülow mahnte Gołuchowski, die italienischen Schweizer seien doch überzeugte Patrioten, die ihrem Schweizertum Monumente setzten; dahin müsse die österreichische Verwaltung ihre Austroitaliener zu bringen suchen.[69] Doch blieben solche guten Ratschläge ohne Folgen; Gołuchowski hatte auch gar nicht die Möglichkeit, als Außenminister in die inneren Angelegenheiten Cisleithaniens direkt eingreifen zu können. Statt Italien und den Austroitalienern entgegenzukommen, verschärfte sich statt dessen sogar die österreichische Haltung gegenüber Italien. Bald schon häuften sich die Klagen des Ballhausplatzes über irredentistische Vorkommnisse in Italien; sie wurden in systematischer Weise notiert und gegenüber der römischen Regierung angemahnt. Hierbei spielte auch das alte System der österreichischen Diplomatie eine Rolle, die Italiener mit der Irredenta unter Druck zu setzen, um damit andere unangenehme Fragen zu überspielen.[70] Schließlich begann sogar Gołuchowski, der die Dinge gerne leicht nahm und dem Pedanterie normalerweise nicht vorgeworfen werden konnte, über die „italienischen Provokationen ... Buch zu führen"[71]. Im Zusammenhang mit der italienischen Annäherung an Frankreich – Barrère ließ übrigens die frankreichfreundlichen Blätter großzügig subventionieren und nahm großen Anteil daran, die österreichfeindliche Stimmung in der italienischen Öffentlichkeit zu schüren – begann in Wien und Berlin die Sorge zu wachsen, die irredentistischen Demonstrationen seien ein Anzeichen für ein irreversibles Abrücken Italiens vom Bündnis.

---

68 Holstein an Monts, 17.11.1904, PA/AA, R 9113, erläuterte in einer internen Anweisung die deutsche Grundlinie in der Frage wie folgt: Italien werde in Sachen Irredenta um so vorsichtiger sein, je weniger es Aussicht auf deutsche Unterstützung habe. In Rom sei zu erklären, „die deutsche Regierung beklage jeden Vorgang, welcher geeignet sei, Österreich-Ungarn und Italien zu entzweien, die jetzigen Innsbruck'er Krawalle ebenso wie die irredentistischen Ausschreitungen der letzten Jahre. Das Eine wie das Andere seien aber innerpolitische Erscheinungen, welche durch auswärtige Einmischung eher verschlimmert als gebessert werden würden, gleichwie ein Zimmerbrand durch das Hinzutreten der Außenluft."
69 Bülow, Denkwürdigkeiten 1, S. 627.
70 Dazu oben, Kap. I.3.d: Irredenta und Ultramontanismus – vom tatsächlichen Gegensatz zum diplomatischen Instrument, S. 135–138.
71 Aufzeichnung Bülows, 20.9.1903, GP 18/2, Nr. 5780.

> Non credo, che nessun paese del mondo possa ritenere che il Governo lasci fare la sua politica da scolaretti che ancora non hanno appreso a coniugare i verbi irregolari.
>
> Giolitti vor dem Senat, am 10. Oktober 1903

e) Die italienische Wiederannäherung an Österreich-Ungarn in der Ära Giolitti/Tittoni (1903–1908)

Während die Universitätsfrage als Dauerstreitfall für eine latent österreichfeindliche Stimmung in Presse und Öffentlichkeit sorgte, wuchs der Unwille in den verantwortlichen politischen und diplomatischen Kreisen Italiens über den außenpolitischen Kurs Zanardellis und Prinettis. Vor allem die mit den Wiener Verhältnissen vertrauten Diplomaten waren über Zanardellis ebenso wohlwollende wie unkluge Toleranz gegenüber der Irredenta entsetzt.[72] Schließlich riß Giovanni Giolitti die Geduld: Der Innenminister war bisher mit großer Strenge gegen die Irredenta eingeschritten, hatte auch von den Präfekten hartes Durchgreifen verlangt und beispielsweise Reichlin, den Präfekten von Piacenza, der öffentlich seine Sympathie für die Studentenproteste in Österreich bekundet hatte, entlassen. Giolitti empfand die Irredentisten als eine kleine Gruppe lästiger Schreier, die das Verhältnis zu Österreich-Ungarn heillos zu vergiften drohten. Nun trat er aus Protest gegen die irredentafreundliche Haltung Zanardellis am 18. Juni 1903 aus der Regierung aus.[73] Als dieser wenig später – ohnehin scharf kritisiert wegen der blamablen Absage des Zarenbesuchs – aus Gesundheitsgründen zurücktrat, wurde Giolitti Ende Oktober 1903 vom König mit der Bildung eines eigenen Kabinetts beauftragt.

Mit seinem Regierungsantritt begann im November 1903 für Italien eine neue, nach ihm benannte Ära.[74] Der Piemontese, der zu Recht als einer der

---

[72] Sowohl Graf Nigra, der Nestor der italienischen Diplomatie, als auch sein Nachfolger als Botschafter in Wien, der Herzog von Avarna, empfanden dies als unverantwortlich, und letzterer verurteilte „auf das entschiedenste das Verhalten der früheren italienischen Regierung, die den irredentistischen Kundgebungen nicht energisch genug begegnet sei. Der Irredentismus habe in den breiteren Schichten des Volkes keinen Boden, wenn man aber die Agitatoren gewähren lasse, so vermehre sich bei dem impulsiven Charakter der Italiener natürlich die Zahl derer, die am Schreien und Demonstrieren Gefallen fänden, und nach außen hin würde dann der Anschein geweckt, als wenn die irredentistische Bewegung eine weitverbreitete und tiefgehende sei." In: Wedel an Bülow, 26.2.1904, GP 18/2, Nr. 5794.

[73] Romano, Giolitti, S. 138, vermutet in dieser Haltung Giolittis einen Vorwand; in Wahrheit sei es ihm darum gegangen, die Bildung seiner eigenen Regierung zu einem günstigen Zeitpunkt vorzubereiten, zumal die Regierung Zanardelli sich in einer parlamentarisch unhaltbaren Position befand.

[74] Zu den innenpolitischen Ideen Giolittis siehe oben Kap. III.2.b: Die Krise des „fine secolo", Giolittis liberale Wende, Sonninos Gegenprogramm und das Urteil der Verbündeten.

größten italienischen Staatsmänner und Parlamentsführer seit der Einigung gewertet wird, war vorrangig Innenpolitiker und Reformer. Was die Außenpolitik anging, war sein Programm ähnlich wie in den neunziger Jahren: nämlich ein ruhiger Kurs, der die innenpolitischen Entwicklungen möglichst wenig stören sollte. Dazu wollte er die bestehende Allianz weiterführen – der italienische Historiker Salvatorelli bezeichnete seine Regierung sogar als „Politik der Restauration des Dreibunds[75]" –, aber auch das gute Verhältnis zu Frankreich erhalten. Giolitti war Pragmatiker in jeder Hinsicht; er dachte deshalb nicht daran, auf alle außenpolitischen Ansprüche zu verzichten, denn ein Totalverzicht auf alle Ambitionen hätte innenpolitisch erhebliche Unruhe hervorrufen und die Basis seiner Regierung gefährden können. Statt dessen ging es ihm darum, auf möglichst unaufgeregte Art die Interessen seines Landes zu wahren. Später sollte sich noch herausstellen, daß Giolitti, wenn er es für notwendig hielt, auch nicht vor großen imperialistischen Unternehmungen zurückschreckte.[76]

Ganz in diese Linie paßte seine Haltung gegenüber der Irredenta. In seiner Amtszeit wurde das Ruder sofort wieder herumgerissen, die Irredenta scharfen Kontrollen unterzogen, notfalls mit Polizei gegen Demonstrationen rücksichtslos vorgegangen. Für Giolitti war der Irredentismus, wie er wenig später im Parlament sagte, die Schwärmerei unreifer Schuljungen, die noch nicht einmal die unregelmäßigen Verben konjugieren könnten; kein Staat dürfe sich von ihnen seine Außenpolitik diktieren lassen.[77]

Die Epoche unruhiger, ehrgeiziger Außenpolitik, betrieben vom jungen König und Prinetti, und des gouvernamentalen Irredentismus, für den Zanardelli gestanden hatte, war damit vorbei. Prinetti war schon zuvor ausgeschieden; er hatte im Januar 1903 einen Schlaganfall erlitten. Zanardelli, dessen Geduld durch den dilettantischen Aktionismus Prinettis stark strapaziert worden war, empfand dies, jenseits der persönlichen Tragödie, direkt als Glücksfall. Prinetti wurde – gegen seinen Willen[78] – abgelöst, statt seiner wurde für die nächsten Monate der gemäßigte und als Dreibundfreund geltende Admiral Morin Außenminister.[79] Giolitti wollte die besonnene Linie in

---

75 Salvatorelli, Triplice, S. 278 („politica di restaurazione triplicistica").
76 Siehe Kap. IV.4.: Der Libyenkrieg.
77 Romano, Giolitti, S. 195. Giolitti sagte vor dem Senat am 10.12.1903: „Non credo, che nessun paese del mondo possa ritenere che il Governo lasci fare la sua politica da scolaretti che ancora non hanno appreso a coniugare i verbi irregolari."
78 Briefe an Baccelli, Carte Prinetti, ASMAE, in denen Prinetti immer wieder betont, er sei gesundheitlich in der Lage, sein Amt demnächst oder notfalls auch sofort wieder zu übernehmen, ferner mit einer Betonung, wie richtig seine Außenpolitik des „equilibrio" gewesen sei.
79 Monts an Bülow, 10.6.1903, GP 18/2, Nr. 5777. Morin versicherte Monts, er kenne, im Gegensatz zu seinem Vorgänger, „keinen persönlichen Ehrgeiz und habe erst nach langem Sträuben das Ministerium übernommen, jedoch nur in der Voraussetzung, die Politik Italiens in den alt-

der Außenpolitik gewährleistet wissen und ernannte zum Außenminister seines Kabinetts den bisherigen Präfekten von Neapel, Tommaso Tittoni, einen außenpolitisch unerfahrenen Beamten. Giolitti erklärte dem deutschen wie dem französischen Botschafter praktisch mit denselben Worten, daß er wüßte, die Wahl Tittonis habe Erstaunen hervorgerufen. Doch „abgesehen davon, daß ihm derselbe seit seiner Studienzeit bekannt und später direkt befreundet gewesen, habe er einen Minister der Auswärtigen Angelegenheiten wählen wollen, der durch keinerlei Reden oder politische Verlautbarungen irgendwie früher engagiert wäre. Ferner disponiere Herr Tittoni über ein beträchtliches Vermögen, sei er sprachgewandt und von guten Formen; auch lasse eine längere Verwendung im Verwaltungsdienst denselben nicht als Neuling in amtlichen Geschäften erscheinen. Betreffs aller größeren Fragen der Politik hätte er sowieso sich und seinem Freunde Luzzatti, dem hervorragendsten Mitglied seines Kabinetts, gemeinsame Entscheidungen vorbehalten."[80]

Bei den ausländischen Diplomaten wurde Tittoni als eher farblose Figur, als ausgesprochen mittelmäßig eingeschätzt; eine Einstellung, die sich über seine gesamte Amtszeit hinweg auch nicht wesentlich änderte.[81] Wilhelm II. empfand Tittoni als „sehr médiocre"[82], und der bissige Graf Monts bezeichnete den „Neophyt Tittoni als gehorsames und willenloses Werkzeug des Königs"[83]. Positiver äußerte sich hingegen Gołuchowski, der Tittoni nach einem

---

bewährten, von Crispi eingeschlagenen Bahnen weiterzuführen. Als überzeugter Anhänger der Tripelallianz sei sein Bestreben vom ersten Tage der endgültigen Amtsübernahme dahin gerichtet gewesen, die allerdings beeinträchtigten Beziehungen zu Österreich zu verbessern." Sein Programm sei „eine ruhige leidenschaftslose Behandlung der äußeren Politik". Daß dies nicht nur Selbststilisierung, sondern feste Absicht war, bestätigte auch Visconti-Venosta; Morin war seiner Ansicht nach „un caractère négatif, der gern zu allem nein sage, vorsichtig, schlau und ganz nüchtern. Das sei unter den gegenwärtigen Verhältnissen nicht von Übel." Aufzeichnung Bülows, 9.5.1903, GP 18/2, Nr. 5775.

80 Salvatorelli, Triplice, S. 276; Monts an Bülow, 4.11.1903, in: GP 18/2, Nr. 5785; DDF II/4, Nr. 99.
81 Der österreichische Botschafter, Baron Pasetti, beurteilte den neuen Außenminister und seine Wirkungsmöglichkeiten skeptisch. Siehe dazu Monts an Bülow, 19.2.1904, GP 18/2, Nr. 5793, der Pasetti zitiert: „Herr Tittoni, ebenso unerfahren wie sein Souverän, wäre ein zu kleiner Mann, um höchstdemselben gelegentlich nein zu sagen. Auch sonst sei Tittonis Stellung keine leichte. Im eigenen Ministerium sowohl wie bei seinen Kollegen fände er wenig Rat und Stütze. Herr Giolitti habe alle Hände voll mit der inneren Politik zu tun und befasse sich nur im alleräußersten Notfalle mit auswärtigen Dingen."
82 Monts an Bülow, 26.3.1904, GP 20/1, Nr. 6399.
83 Monts an Bülow, 25.4.1904, GP 20/1, Nr. 6404, behauptete außerdem, Tittoni spiele in der Außenpolitik keine Rolle. Monts an Bülow, 12.6.1905, GP 20/2, Nr. 6709, schrieb: „Herr Tittoni gehört zu denjenigen Staatsdienern, die sich mehr durch unbedingten Gehorsam dem Staatsoberhaupt gegenüber wie durch Begabung, wenigstens in den eigentlichen politicis, auszeichnen." Und er beschrieb Tittoni als „kränklich, vergnügungssüchtig und durch parlamentarische Pflichten mehr wie billig in Anspruch genommen."

Zusammentreffen in Abbazia im April 1904 als „klugen, besonnenen und vertrauenerweckenden Mann" charakterisierte.[84] Letzteres Urteil verdankte Tittoni zum Teil auch dem großen Vorzug, den auch Giolitti hervorgehoben hatte, daß er sich, anders als beispielsweise Prinetti, niemals durch irgendwelche öffentlichen bündnisfeindlichen Äußerungen kompromittiert hatte. Insgesamt teilte Tittoni Giolittis außenpolitische Grundanschauungen und suchte eine ruhige, leidenschaftslose Politik zu betreiben, Allianz und Freundschaft miteinander möglichst reibungslos zu verbinden und dem Land die Möglichkeit zu ungestörter innerer Entwicklung zu geben. Das bedeutete kein außenpolitisches Desinteressement Italiens; es wurde nur alles zu vermeiden gesucht, was innen- oder außenpolitische Unannehmlichkeiten schaffen konnte. Giolitti erwartete von Tittoni vor allem einen sofortigen Umschwung im Verhältnis zu Österreich. Und dies wurde auch der Hauptprogrammpunkt der Außenpolitik, für die Tittoni stand und an der er so lange zäh festhielt, bis es schließlich Ende 1908 absolut nicht mehr ging: gegen alle Widerstände das österreichisch-italienische Verhältnis zu verbessern und fruchtbar zu machen.

Direkt nach ihrem Amtsantritt begannen Giolitti, sein Freund und Schatzminister Luzzatti und Tittoni gleichermaßen, die Bundesgenossen ihres guten Willens zu versichern. Und sowohl Giolitti als auch Luzzatti sprachen geradezu beschwörend auf den deutschen und den österreichisch-ungarischen Botschafter ein und hoben hervor, wie existentiell wichtig der Dreibund für Italien sei; die Freundschaft mit Frankreich könne das Bündnis nicht ersetzen, denn ohne Dreibund würde Italien, wie in seinen Anfängen, von den überlegenen und hochmütigen Franzosen in eine Vasallenstellung hinabgedrückt werden.

In diesen beschwörenden, fast schon bittenden Freundschaftsappellen läßt sich eine Parallele zur Frühzeit des Dreibunds ziehen; ebenso wie seinerzeit Mancini gezwungen war, sehr viel guten Willen zu zeigen, da die Österreicher der Irredenta wegen verstimmt waren, so war jetzt die italienische Regierung bemüht, den Eindruck zu verwischen, sie betreibe eine unaufrichtige Politik und habe sich heimlich mit Frankreich gegen die Partner abgesprochen. Auf der anderen Seite war die italienische Regierung auch zu einem Drahtseilakt gezwungen, denn die guten Beziehungen zu Frankreich sollten ebenfalls nicht beschädigt werden, zumal die Rentenkonversion, für die man auf die Mithilfe der französischen Regierung und des Pariser Geldmarktes angewiesen war, noch immer nicht durchgeführt war.[85] Tittoni machte sich durch ausdrückli-

---

84 Wedel an Bülow, 14.4.1904, GP 20/1, Nr. 6401.
85 Schon Graf Monts war der Ansicht, die Bedeutung des Pariser Geldmarktes werde in Italien überschätzt. Diese Ansicht erfährt ihre Bestätigung durch die Analyse Michael Behnens, der herausgearbeitet hat, wie sehr sich Italiens finanzielle Unabhängigkeit vergrößert hatte. Am

che Loyalitätsbekundungen an die Dreibundpartner bei Barrére zunächst unbeliebt; der französische Botschafter mußte dann durch Giolitti und Luzzatti beruhigt werden.[86] Wenig später aber gelang es Tittoni, auch mit Barrére ein freundschaftliches Einvernehmen herzustellen; dieser dachte dann sogar daran, die bestehenden Vereinbarungen noch weiter auszubauen.[87]

Auch in der Balkanpolitik bemühte sich Tittoni, Konflikte zu vermeiden. Allerdings war dies nicht gleichbedeutend mit einem Verzicht auf Mitsprache. Tittoni hatte kein naives Vertrauen in die Wiener Politik und bemühte sich auf allen Wegen, für Italien eine möglichst große Beteiligung an den Balkangeschäften zu erreichen. Dazu suchte er den italienischen Einfluß auf dem Balkan, vor allem in Albanien, aber auch in Serbien und Bulgarien zu erhöhen; gegen mögliche Vorstöße Österreichs nach Mazedonien dachte er sogar an eine Balkankoalition Italiens mit Großbritannien, Frankreich und Rußland.[88] Sein Wunsch war es, die russisch-österreichische Zusammenarbeit auf dem Balkan entweder zu sprengen oder aber, und dies war sein außenpolitisches Ideal, in ihre Balkanentente aufgenommen zu werden. Dies war seine interne Linie; von der österreichischen Regierung verlangte er bündniskonformes Verhalten, daß sie weder Albanien noch andere Punkte der Adriaküste besetze und in Mazedonien Italien nicht vor ein „fait accompli" stelle. Für zentral hielt er die albanische Frage; hingegen sei Italien an der östlichen Balkanhalbinsel weniger interessiert und wolle den österreichischen Bestrebungen dort „gern freie Bahn lassen". So würde, wenn Österreich-Ungarn Serbien oder Mazedonien besetzen wolle, ein „rechtzeitiger Avis" genügen.[89]

Ähnliche Gedanken kamen bei einem Treffen zwischen Tittoni und Gołuchowski in Abbazia Anfang 1904 zur Sprache. Gołuchowski sagte seinem italienischen Kollegen nur Tröstliches: „Im übrigen könne Italien völlig beruhigt

---

30. Juni 1901 waren etwa 85% aller Staatspapiere in Italien selbst untergebracht (Behnen, Rüstung, S. 79). Auch erwies es sich für die französische Regierung als schwierig, die Banken, die an der Konversion interessiert waren, unter Kontrolle zu halten. Anders als in den 1890er Jahren liefen die Interessen zwischen Finanz und Regierung in Frankreich nicht mehr parallel; die „arme financiére" hatte stark an Wirkung verloren.

86 Salvatorelli, Triplice, S. 279.
87 Ebd.
88 Ebd., S. 280.
89 Zu Graf Monts sagte Tittoni, das Kabinett Giolitti stehe ganz auf dem Boden des Dreibunds, wolle aber, daß Österreich-Ungarn in Balkanfragen die Konsequenzen aus der Allianz ziehe. „Italien wünsche von Österreich erstens die freundschaftliche Zusicherung, daß es weder Albanien noch einen Punkt des adriatischen Litorale besetzen wird. Zweitens möchte das Wiener Kabinett bezüglich Mazedoniens Italien soweit auf dem Laufenden erhalten, daß man sich hier nicht vor plötzliche faits accomplis oder militärische Überraschungen gestellt sieht. Die öffentliche Meinung hier begreife es nicht, wie eine enge Allianz mit Österreich besteht, und letzteres Italien bezüglich des doch auch diese Macht nahe angehenden Orients als völlig fernstehend behandelt." In: Monts an Bülow, 18.2.1904, GP 18/2, Nr. 5792.

über Österreich-Ungarns Absichten sein. Man habe in Wien durchaus nicht den Wunsch, sich mit noch mehr zweifelhaften Balkanbesitzes zu belasten. Selbst wenn in Wien oder Pest solche Gelüste je aufsteigen sollten, würde Rußland ihnen einen Riegel vorschieben. Denn ebensowenig wie Österreich eine russische Expansion am Balkan, würde Rußland ein Vorgehen Österreichs in jenen Gegenden gestatten, und nur auf dem gegenseitigen Desinteressement beruhe das Balkanübereinkommen der beiden Kaiserhöfe. Was Albanien anlangt, so läge dem Wiener Kabinett jeder Gedanke fern, in dieses unwirtliche Land einzudringen. Vielmehr halte man an dem mit Italien getroffenen Übereinkommen in unbedingter Vertragstreue fest." Tittoni urteilte abschließend: „Auf der Basis dieser Ideen wäre eine vollständige Harmonie zwischen den Kabinetten von Wien und Rom ... unschwer herzustellen."[90] Zwar herrschte nach diesem, wie übrigens auch nach den folgenden Treffen, Übereinstimmung zwischen den Außenministern; diese hielt aber nicht lange an und konnte das tiefsitzende gegenseitige Mißtrauen nur für einen kurzen Augenblick überdecken.

Das nun einmal gestörte Verhältnis beider Länder sollte nicht zur Ruhe kommen, denn auch mit viel gutem Willen konnten die sachlichen Gegensätze nicht unsichtbar gemacht werden. Die Triestiner Universitätsfrage wie die Balkanrivalitäten lösten in Abständen immer wieder explosionsartig öffentlichen Ärger aus. Und die an guter Zusammenarbeit interessierten Regierungen konnten nicht verhindern, daß sich in den Zeitungen andersgeartete Meinungen Gehör verschafften. Das Grundmißtrauen blieb in allen Ebenen vorhanden; der Ausspruch „man beobachtet sich genau" behielt seine Gültigkeit. Die Folgezeit zwischen 1904 und 1908 ist dadurch gekennzeichnet, daß vor allem die italienische Regierung Kooperationswillen und Mißtrauen auszubalancieren suchte und sich außerordentlich viel Mühe gab, den Gegensatz zu Österreich-Ungarn zu überbrücken. Dort wiederum war zwar Gołuchowski nicht auf Konfrontationskurs zu Italien; seine Äußerungen gegenüber Tittoni waren ernst gemeint und er hatte keine aggressiven Absichten. Aber er war inzwischen unrettbar argwöhnisch, wovon der 1904 mit Rußland geschlossene Neutralitätsvertrag Zeugnis gab: Denn dieser war, was Österreich-Ungarn anging, ausschließlich eine Rückversicherung für den Kriegsfall mit Italien. Zwar hatten weder Kaiser Franz Joseph noch Gołuchowski oder Generalstabschef Beck die Absicht, gegen den Verbündeten Krieg zu führen; diese Radikalisierungsstufe blieb dem Nachfolger des letzteren vorbehalten. Aber hier galt ein „Allzeit bereit!" Und es gelang auch Giolitti und Tittoni bei aller Sachlichkeit und Strenge beim Vorgehen gegen die Irredentisten nicht, die Quellen ständigen Verdrusses in der Bevölkerung zu beseitigen. Neben den Innsbrucker Ereignissen von 1904 wurde auch zunehmend wegen angeblicher und tatsächlicher militärischer Maßnahmen der anderen Seite Alarm gegeben.

---

90 Monts an Bülow, 26.2.1904, GP 18/2, Nr. 5795.

> Die Rüstungen Österreich-Ungarns sind an und für sich eine schwere Provokation. Gegen wen sie gerichtet sind, kann man ahnen. Man darf Italien nicht für ohnmächtig halten. Die Regierung muß das Land in den Stand setzen, die Ereignisse ruhig abzuwarten und jedermann ebenbürtig entgegentreten zu können.
>
> Alessandro Fortis vor dem Parlament, am 21. Juni 1904

f) Militärische Bedrohungsgefühle und die österreichisch-italienische Gegeneinanderrüstung

Der Antagonismus der Bündnispartner wurde ohnehin nirgendwo krasser empfunden als in den Büros der militärischen Planer in beiden Ländern, und in der Konsequenz daraus erfolgten sowohl operative als auch rüstungsmäßige Vorbereitungen, um für den Fall eines Krieges gegen den Verbündeten gerüstet zu sein.[91]

Dies verstieß, wie schon die Zeitgenossen bemängelten, gegen Sinn und Geist des Bündnisses. Allerdings war dies nicht unbedingt etwas Neues; während der gesamten Laufzeit des Dreibunds haben sich sowohl die österreichischen als auch die italienischen Militärs zumindest in theoretischer Form mit einem Kriegsfall gegen den Verbündeten auseinandergesetzt. Der Hauptgrund dafür war, daß aus dem damaligen Souveränitätsverständnis heraus jede Großmacht Wert darauf legte, ihre Verteidigung in Eigenregie zu organisieren und sich im Notfall militärisch auch allein behaupten zu können. Trotz des Bündnisses gab es im Frieden auch keine Abgabe militärischer Kompetenzen an die Bündnispartner, nur die Absprache zur parallelen Aktion in Kriegszeiten. Deshalb war der Dreibund mit einem Minimum an militärischen Vereinbarungen ausgekommen und besaß keine übergeordneten Gremien oder Stäbe, die eine gemeinsame Strategie für den Kriegsfall und eine entsprechende Rüstungskoordination im Frieden hätten ausarbeiten können. Die militärischen Vereinbarungen zwischen den Dreibundstaaten bestanden vor allem aus dem geschilderten Plan zu einem gemeinsamen deutsch-italie-

---

[91] Zum folgenden siehe die Untersuchung von Behnen, Rüstung, S. 119–295. Quellenreich und in großem Umfang aus den Archiven gearbeitet, werden hier die Einzelphänomene (Land- und Seerüstung, Stabsplanungen) in dem Kapitel „Rüstung, Kriegspläne und Wettrüsten: Innenpolitische Funktion und außenpolitische Folgen" detailliert und unter reichhaltiger Auswertung deutscher, italienischer, österreichischer und französischer Archivalien untersucht. Behnen neigt dazu, die innenpolitischen Funktionen der Rüstung im Stile von Volker Berghahns „Tirpitz-Plan" zuungunsten der außenpolitischen Gesichtspunkte überzubewerten, ohne sie aber gänzlich zu vernachlässigen.

nischen Landkrieg gegen Frankreich aus dem Jahre 1888; dieser und der dazugehörige Eisenbahntransport italienischer Truppen durch Österreich wurden in Konferenzen im Oktober 1896 in Rom[92] und in Wien im Mai 1898[93] aktualisiert. Die Stimmung zwischen den Verbündeten war bei der Konferenz 1896 betont kameradschaftlich; die deutschen und österreichischen Offiziere gaben sich viel Mühe, ihre italienischen Kollegen, die noch unter dem Schock von Adua litten, freundlich zu behandeln. Diese allianzfreundliche Stimmung unter den Militärs der Dreibundstaaten hielt noch einige Jahre, wenn auch langsam abnehmend, an. Im Jahre 1900 wurde ein Flottenabkommen abgeschlossen.[94] Das deutsche Reich verpflichtete sich, die französische Atlantikflotte zu binden. Die kleine und wenig leistungsfähige österreichische Marine übernahm den adriatischen Küstenschutz, während die italienische Marine im westlichen Mittelmeerraum operieren sollte. Im östlichen Mittelmeer wollten Österreicher und Italiener dann gemeinsam vorgehen. Zu den zahlreichen Bestimmungen des Vertrages gehörten unter anderem auch gemeinsame Signalcodes der Marinen. Insgesamt erleichterte die Marinekonvention zwar die Operationsführung, sah aber eher ein paralleles als ein gemeinsames Handeln vor.

Das Kriegsszenario, das diesen Marineplanungen ebenso wie dem Transport der italienischen Truppen nach Deutschland zugrunde lag, war dasselbe wie in den achtziger und neunziger Jahren: Der Dreibund bereitete sich auf einen Krieg gegen die französisch-russische Allianz vor. Dabei wurde Neutralität oder Mithilfe Großbritanniens erwartet. Bis zur Jahrhundertwende wurde dieser Kriegsfall sowohl in Italien als auch in Österreich-Ungarn als vorrangig wahrscheinlich vorbereitet. In Österreich-Ungarn galt das Hauptaugenmerk dem Zarenreich, in Italien den Franzosen; dort wurde die Alpengrenze gegen Frankreich befestigt, der Westaufmarsch und der Abtransport der 3. italienischen Armee nach Deutschland vorbereitet. General Saletta, seit 1896 Chef des italienischen Generalstabs, ließ 1898 sogar einen detaillierten Plan für den Fall der österreichischen Neutralität in einem deutsch-italienisch-französischen Kriegsfall ausarbeiten. Dieser sah vor, die italienische Armee notfalls unter Bruch der Schweizer Neutralität nach Deutschland zu überführen.[95]

Durch die dann einsetzende politische Entwicklung, durch die österreichisch-russische Entente von 1897 und den französisch-italienischen Ausgleich, der spätestens 1902 abgeschlossen war, brach in beiden Ländern das bisherige militärische Feindbild zusammen. Nicht über Nacht, sondern all-

---

92 Dazu Massimo Mazzetti: L'esercito italiano nella triplice Alleanza, Napoli 1974, S. 175 f.
93 Ebd., S. 177 f.
94 Dazu Mariano Gabriele: Le Convenzioni Navali della Triplice, Roma 1969.
95 Mazzetti, Esercito, S. 178; Behnen, Rüstung, S. 253–255.

10. Verbündete Feinde? Das Foto zeigt den italienischen Generalstabschef Tancredi Saletta zu Besuch bei seinem österreichisch-ungarischen Kollegen, Feldzeugmeister Friedrich Beck, 1906 in Wien. Aus: „Illustrazione Italiana"

mählich kristallisierten sich neue Kombinationen heraus, die schließlich dazu führten, daß in Wien wie in Rom zunehmend der Verbündete als wahrscheinlichster nächster Gegner angesehen wurde.[96] Die Entwicklung dahin eskalierte schließlich in ein offenes Wettrüsten zwischen den alliierten Mächten. Am Anfang standen Maßnahmen, die auf langsam wachsendes internes Mißtrauen hindeuteten: nämlich die generalstabsmäßige Vorbereitung kriegerischer Aktionen gegen den Verbündeten.

Der österreichische Generalstabschef Beck hielt wegen der französisch-italienischen Aussöhnung und des verstärkten italienischen Interesses an den Balkanvorgängen einen Konflikt mit dem Bündnispartner für wahrscheinlicher als früher und ordnete im Jahre 1896 eine Neubearbeitung eines Defensivkonzepts gegen Italien an. Er sah einen Aufmarsch am Tagliamento vor. Der bis dahin gültige Kriegsplan gegen Italien war seit 1885 nicht mehr bearbeitet worden und stark veraltet. Andere Vorbereitungen als Generalstabsstudien gab es nicht. Der Festungsbau im österreichisch-italienischen Grenzgebiet war von beiden Seiten nicht weiter betrieben worden.

Die Neubearbeitung des Kriegsplans gegen Italien war zu einem guten Stück generalstabsmäßige Routinearbeit. Sie war zwar ebenfalls ein deutliches Zeichen des Mißtrauens gegen Italien, andererseits wurden im österreichischen Generalstab ohnehin Kriegspläne für alle überhaupt nur denkbaren Konflikte ausgearbeitet; nicht nur gegen Rußland („R"), Balkan („B"), Serbien („S"), und Italien („I") und Kombinationen daraus (zum Beispiel: „R" und „S"), sondern auch gegen Deutschland („D") und sogar gegen Ungarn („U")[97]; letzterer für den Fall, daß die Reichseinheit nur durch Gewalt, nämlich durch die Besetzung Ungarns aufrechterhalten werden könne. Daß in diesem Reigen von Kriegsplänen Italien nicht fehlen durfte, lag in der Logik und dem Vollständigkeitsdenken des österreichischen Generalstabs, zumal hier die irredentistischen Ansprüche des Verbündeten aus einer spezifisch militärischen Optik heraus ungeheuer ernst genommen wurden. Der Generalstab unterhielt ein breitgestreutes Netz von Konfidenten in Italien und im Grenzgebiet und wurde von diesen mit einer Vielzahl verhetzender und über-

---

96 Im gemeinsamen Ministerrat der Monarchie wurde am 29.1.1897 erstmals Zweifel am Dreibund und Sorge um die Zukunftsfähigkeit des Bündnisses geäußert und daher militärische Sicherungen an der Südgrenze verlangt. In: Die Ministerratsprotokolle Österreichs und der österreichisch-ungarischen Monarchie 1848–1918, 2. Serie: Die Protokolle des gemeinsamen Ministerrates der österreichisch-ungarischen Monarchie 1867–1918, Band 5, Budapest 1991, S. XXXIV.

97 Dazu Dieter Degreif: Operative Planungen des k. u. k. Generalstabes für einen Krieg in der Zeit vor 1914, Mainz 1983; zum für Österreich-Ungarn katastrophalen Ergebnis der Studie „D" auch Pantenburg, Zweibund, S. 206–212. Zu „U" siehe Kurt Peball/Gunther Rothenberg: Der Fall „U". Die geplante Besetzung Ungarns durch die k. u. k. Armee im Herbst 1905, in: Schriften des Heeresgeschichtlichen Museums in Wien 4 (1969), S. 85–126.

treibender Informationen beliefert. Die Irredenta wurde in ihrer Bedeutung in den militärischen Kreisen Österreichs maßlos überschätzt; hier wurde immer wieder mit einem irredentistischen Putsch Richtung Trient oder Triest gerechnet, der die italienische Regierung, notfalls gegen ihren Willen, zum Angriff mitreißen könnte. Doch war diese Gefahr eine Schimäre. Zwar hingen wenige Fanatiker in Italien wie beispielsweise Ricciotti Garibaldi tatsächlich ähnlichen Plänen nach (und auch da ist die Frage, ob es sich nicht um reine Rhetorik handelte), aber an sich war eine solche Wahnsinnsaktion nicht zu befürchten und wäre mit den Mitteln der Grenzpolizei leicht aufzuhalten gewesen. Es ist auch schwer zu sagen, ob der österreichische Generalstab und das k. u. k. Kriegsministerium das Opfer einer Irredentapsychose wurden oder diese Gefahr bewußt übertrieben, um den Etat für eigene Rüstungsmaßnahmen bewilligt zu bekommen.[98] Die Wahrscheinlichkeit spricht für eine Verknüpfung beider Faktoren.

Die nach 1900 sprunghaft ansteigende österreichische Besorgnis vor der Irredenta hing auch mit einer Umorientierung der offiziellen italienischen Militärpolitik zusammen. Vittorio Emanuele III., als Herrscher auch Oberbefehlshaber der italienischen Armee, war mit den Dispositionen für den Kriegsfall, die er bei seinem Amtsantritt vorfand, durchaus nicht einverstanden. Ihm mißfiel die fast ausschließliche Fixierung auf Frankreich als Gegner und noch mehr die Vereinbarung von 1888, die 3. Armee ins Elsaß zu verlegen. Dies glaubte er mit der Sicherheit seines Landes nicht vereinbaren zu können, er befürchtete auch die Gegnerschaft der öffentlichen Meinung. Dem deutschen Militärattaché v. Chelius sagte er offen, er sei kein Freund der Entsendung, denn Italien bleibe schutzlos zurück, wenn es im Mobilmachungsfall fünf der besten Korps und zwei Kavalleriedivisionen außer Landes schicke; außerdem komme die Armee infolge des endlosen Transports durch Österreich doch zu spät, denn bis sie verwendungsfähig sei, werde die Entscheidung wahrscheinlich längst gefallen sein.[99] Dies wurde deutscherseits

---

98 Zur bewußten Übertreibung der irredenten Gefahr siehe S. 490, Fußnote 9.
99 Major v. Chelius an Wedel, 23.2.1901, GP 18/2, Nr. 5818, Anlage: „Der Transport ist sehr schön ausgearbeitet und wird auch der Abmachung gemäß so ausgeführt werden – aber, offen gestanden, ein Freund dieser Sache bin ich nicht und dies kann mir als König von Italien niemand verdenken. Ich habe schon früher als Präses der Landesverteidigungskommission mich dagegen ausgesprochen. Wenn man im Mobilmachungsfall fünf der besten Korps und zwei Kavalleriedivisionen außer Landes schicken soll, so ist das für Italien keine Freude! Was bleibt dann übrig zum Schutz des Landes und seiner Küste? Außerdem dieser endlose Transport durch Österreich bis zum 28. Mobilmachungstag! Die Armee kommt doch zu spät, denn bis zu ihrer Verwendungsfähigkeit ist die Entscheidung wahrscheinlich längst gefallen." Zur Stornierung der Entsendung auch Behnen, Rüstung, S. 255–264, mit der wunderlichen Feststellung, der Fortfall sei auch in deutschem Interesse gewesen und habe den deutschen Absichten entsprochen (S. 259).

als Stornierung des Entsendeversprechens verstanden. Der deutsche Generalstabschef Schlieffen reagierte gelassen;[100] er sah zwar militärische Nachteile, war aber trotzdem bereit, auf die Entsendung zu verzichten, denn dies sei immer noch besser, als wenn Italien aus dem Dreibund austräte. Als v. Chelius Generalstabschef Saletta melden konnte, daß Schlieffen nicht auf der Entsendung bestehe, wirkte dieser sehr erleichtert; er schlug aber vor, die Entsendung als Option weiterhin vorzubereiten. Chelius stimmte dem zu; nicht weil er an eine Realisierungschance glaubte, sondern weil er die dafür nötigen Stabsbesprechungen für ein dauerndes Bindeglied zwischen den beiden Generalstäben hielt, deren Wegfall „allmählich zu einer gewissen Entfremdung führen könnte". Der Militärattaché hatte den Eindruck, die Entpflichtung sei „den Italienern unendlich sympathisch". Von der Verläßlichkeit des Verbündeten hielt er ohnehin nicht viel; sie lebten nach dem Motto „viel versprechen, wenig oder gar nichts halten; sich niemals die Hände derartig binden, daß man nicht mehr entweichen kann"; und das gelte auch für den „unzweifelhaft sehr ernsten und gewissenhaften Generalstabschef"[101]. Die Italiener ahnten diese Einstellung und sie fürchteten die deutsche Verstimmung. Deshalb wurde später das Thema der Armee-Entsendung immer wieder vorgebracht, um bei Bedarf die deutsche Laune positiv zu beeinflussen. Die italienische Rheinarmee geisterte in den Folgejahren wie ein Gespenst, an das keiner wirklich glaubt, durch die deutsch-italienischen Besprechungen; beide Seiten scheuten sich aber davor, diese Illusion wirklich zu zerstören[102].

Gleichzeitig beschloß der König auch wegen seiner antiösterreichischen Grundhaltung und den italienischen Ansprüchen auf dem Balkan, gegenüber der Habsburgermonarchie für alle Fälle die militärische Verteidigungsfähigkeit herzustellen. Wahrscheinlich auf sein Drängen hin ging der Generalstab seit 1901/02 daran, Planstudien für den so lange vernachlässigten nordöstlichen Grenzabschnitt auszuarbeiten. Dies war zwar einerseits, wie auch im österreichischen Fall, das Nachholen routinemäßiger Generalstabsarbeit, andererseits wurde dies auf Druck des Königs mit einem ungewöhnlichen Eifer und einem Engagement betrieben, das die veränderte militärpolitische Grundeinstellung erkennen ließ.[103] Trotzdem dauerte es mehrere Jahre, bis

---

100 Schlieffen an Bülow, 12.3.1901, GP 18/2, Nr. 5819.
101 v. Chelius an Schlieffen, 30.3.1901, GP 18/2, Nr. 5822.
102 Dazu Behnen, Rüstung, S. 261–264. Mazzetti, Esercito, S. 192 f. führt aus, die italienische Seite habe das Entsendeversprechen niemals widerrufen, das ganze sei ein Mißverständnis des deutschen Militärattachés gewesen. Dies würde tatsächlich eine gewisse Folgerichtigkeit in die weiteren Verhandlungen bis in die Pollio-Ära bringen; dieser war der erste, der das Entsendeversprechen offiziell und definitiv stornierte; dazu siehe Kap. IV.8.b: „Warum beginnen wir nicht jetzt den unvermeidlichen Krieg?" Deutsch-österreichisch-italienische Militärplanungen für den Fall eines großen Krieges.
103 Behnen, Rüstung, S. 214.

die Vorbereitungen abgeschlossen waren. Ein vollständiges Aufmarsch-Elaborat gegen Österreich-Ungarn lag zwar schon im Winter 1901/02 vor. Die Mobilisierungs- und Aufmarschplanung gegen die Donaumonarchie wurde aber erst seit 1904 in die Praxis umgesetzt, und erst ab diesem Jahr rechnete die prinzipielle Kriegsbereitschaft Italiens gegen seinen Bündnispartner.[104] Allerdings dauerte es dann noch bis 1906, bis das Kriegsministerium auf wiederholtes Drängen des Generalstabs eine neue Gliederung der Armee durchführte, die der neuen Ausrichtung gegen Österreich-Ungarn entsprach. Der deutsche und der österreichische Generalstab erlangten zwar keine genaue Kenntnis von dieser Umstellung, ahnten aber, daß sich die Italiener in ihren militärischen Planungen allmählich von der West- zur Ostgrenze umorientierten.[105] Dies war schon deshalb nicht mehr zu übersehen, weil schließlich auch Truppen von der französischen Grenze ins Veneto verlegt wurden.[106] Und es gab noch weitere Hinweise dafür, daß sich die italienische Militärführung, König und Generalstab, zunehmend gegen Österreich richtete. Im Jahre 1904 wurde die italienische Armeestärke durch Einberufung von Reservisten zeitweilig um 55.000 Mann erhöht – vordergründig, um die öffentliche Ordnung während der Parlamentswahlen zu gewährleisten, in Wahrheit, wie Giolitti zugab, um Österreich zu drohen.[107] Und in den Jahren 1902, 1903 und 1904 fanden die Manöver ausgerechnet im österreichischen Grenzgebiet statt und spielten, für jeden offensichtlich, einen Konflikt mit Österreich-Ungarn durch.[108] Diese Manöver waren nicht nur, wie auch der italienische Generalstabschef Saletta eingestand, politisch,[109] sondern auch militärisch unklug: Ihr Ausgang zeigte deutlich, daß Italien in einem isolierten Kriegsfall gegen Österreich-Ungarn keine Chance hatte.[110] Tatsächlich war die Heeresüberle-

---

104 Ebd., S. 211.
105 Ebd., S. 214.
106 Ebd., S. 218, mit Angaben über die verlegten Truppen, so zum Beispiel am 9.5.1906 von 4 (von 6) Alpini-Bataillonen von Cuneo (wo sie seit 24 Jahren stationiert lagen) ins Veneto.
107 Ebd., S. 117, 118.
108 v. Chelius, 15.5.1904, PA/AA, R 9112: „Daß die einzigen größeren Übungen wiederum im Bereiche des V. Armeekorps an der österreichischen Grenze stattfinden, dürfte nicht klug sein, nachdem man im vorigen Jahre hierdurch bereits peinliche Erfahrungen gemacht hat, es wurde mir aber von einem Generalstabsoffizier als Grund hierfür angegeben, daß die Landesverteidigungskommission ihr ganzes Interesse nach der österreichischen Grenze verlegt habe und die für den Ausbau derselben erforderlichen Erkundigungen und Angaben am leichtesten und unauffälligsten bei Gelegenheit solcher Manöver erlangen könne; die Überwachung durch Österreich sei eine derartige, daß ein eingehendes Studium der Grenze ohne Aufsehen zu erregen, überhaupt nicht möglich sei und dieses sollte vermieden werden."
109 v. Chelius an Schlieffen, 17.2.1905, PA/AA, R 9113.
110 Bericht v. Chelius, 25.10.1903, PA/AA, zitiert bei Behnen, Rüstung, S. 215. Major v. Chelius berichtete über die Herbstmanöver 1903 – der König selbst begab sich in das grenznahe Udine – daß die Manöverzuschauer lautstark schimpften: „Gli austriaci, queste bestie, hanno vinto."

genheit der Österreicher zu groß, außerdem waren diese durch erheblich bessere Verbindungen bei ihrem Aufmarsch im Grenzgebiet begünstigt: Ihnen standen sechs Bahnen zur Verfügung, dem italienischen Heer nur zwei;[111] den Transport sah der Generalstab außerdem noch durch Streiks des sozialistisch organisierten Eisenbahnpersonals gefährdet. Der italienische Aufmarsch dauerte deshalb viel zu lange. Eine Abhilfe hätte in einem Ausbau der Bahnen bestanden; indes war dieser kaum zu finanzieren. War die Bilanz für Italien zu Lande eher trübe, so galt dies für Österreich-Ungarn auf dem Wasser: die Analysen der hoffnungslos unterlegenen österreichischen Marine ließen für einen Kriegsfall wenig hoffen.

Durch diese italienischen Manöver wurde die ohnehin vorhandene Feindseligkeit der österreichischen Militärführung gegen Italien weiter geschürt und vor allem das schwelende Mißtrauen im Frühjahr 1904 „nahezu eruptiv zum Ausbruch" gebracht[112]. Um den Einfall „irredentistischer Freischärler" abwehren zu können, beantragte das Kriegsministerium eine unvorhergesehene Verdoppelung einer für Heeresreformen vorgesehenen Summe; diese Geldmittel sollten einerseits den Grenzbefestigungen im Südwesten, andererseits der Verstärkung der Marine zugutekommen[113]. Außerdem begann der Generalstab, in voller Übereinstimmung mit der politischen Führung, die militärische Präsenz im italienischen Grenzgebiet zu erhöhen. Dies stand wiederum auch im Zusammenhang mit der russisch-österreichischen Entente; der österreichische Generalstab begann als Zeichen des guten Willens Truppen aus Galizien wegzuverlegen, die dort seit der europäischen Doppelkrise von 1887 stationiert waren[114]. Diese Einheiten wurden dahin verlegt, von wo sie damals abgezogen worden waren – nämlich an die Südwestgrenze. Dies empfanden die Italiener als gegen sie gerichtet und weder das vergleichsweise bescheidene Ausmaß dieser Verlegungen – insgesamt ca. eineinhalb Divisionen[115] – noch die von österreichischer Seite zur Entschuldigung vorgebrachten militärtechnischen Gründe konnten darüber hinwegtäuschen, daß sich hier die wahre österreichische Einstellung manifestierte: Vertrauen zu Rußland, Mißtrauen gegen Italien. Gołuchowski plante keinen Angriff gegen Italien und bemühte sich deshalb auch, jeder Deutung dieser Maßnahmen als Offensivvorbereitung vorzubeugen, indem er die Truppenverlegung vorab in Rom meldete und ausdrücklich erklärte, damit sei keine „demonstrative oder gar feindselige Absicht gegen Italien" verbunden und er habe nichts gegen

---

111 Behnen, Rüstung, S. 216, schildert das verkehrstechnische Kernproblem: den Transport von 150.000 Mann an die Piave mit 2.943 Transporten auf unzureichenden Bahnlinien.
112 Habsburgermonarchie V, S. 715; zum „war scare" von 1904, seinen Folgen und seiner Deutung Behnen, Rüstung, S. 100–109.
113 Habsburgermonarchie V, S. 715 f.
114 Behnen, Rüstung, S. 116.
115 Ebd., S. 114.

äquivalente Schritte. Aber er brachte doch die eigentliche Intention auch deutlich zum Ausdruck: die Verlegung sei erfolgt, um irredentistische Handstreiche abzuschrecken.[116]

Die militärische Drohung der Österreicher verstärkte sich in den folgenden Jahren, als die Truppen im Grenzgebiet durch weitere schrittweise Verlegungen um zwei Armeekorps verstärkt wurden – wenn auch immer mit dem Hinzufügen, diese Maßnahmen seien nicht feindselig gemeint.[117] In den militärischen Führungseliten Österreich-Ungarns und Italiens, in den Generalstäben und Kriegsministerien sowie in den Planungsstäben der Marinen wuchs die Überzeugung, es werde über kurz oder lang zum Konflikt mit dem Verbündeten kommen, und zwar wegen des allgemeinen Antagonismus, vor allem der Irredenta, besonders aber wegen der Balkan- und Adriafragen. Dies war in Wien und Rom mit der parallelen Feststellung von Mängeln in der Grenzverteidigung und in der Marinerüstung verbunden. Mit der Feststellung eigener militärischer Defizite gegenüber dem Verbündeten war jedoch – und zwar auf beiden Seiten der Grenze – eine gefährliche Eskalation zwischen den Verbündeten erreicht: In der Armeeführung des Habsburgerreiches wuchs die Neigung, die momentane militärische Überlegenheit zu einem Präventivschlag gegen Italien auszunutzen, solange es noch ging[118]. Solch extreme Lösungen waren indes nicht mehrheitsfähig und stießen auf den extremen Widerstand Gołuchowskis und des Kaisers; auch Generalstabschef Beck war dafür nicht zu haben. Aber alle drei befürworteten immerhin eine mächtige Aufrüstung, um für alle Fälle gewappnet zu sein, und Feldzeugmeister Beck stellte am Ende seiner langen Dienstzeit in seiner letzten Denkschrift aus dem Jahre 1905 fest, daß ein Krieg gegen Italien inzwischen „merklich nähergerückt" sei.[119] Und ähnlich war die Stimmung auch auf der anderen Seite der Alpen. Niemand in den verantwortlichen militärischen und politischen Kreisen Italiens dachte an einen selbstmörderischen Angriff auf die Donaumonarchie; viele wollten sich aber nicht nur auf den guten Willen der Österreicher verlassen müssen und verlangten, für den Fall einer kriegerischen Verwicklung die klaffenden Lücken in der Verteidigungsfähigkeit, den Mangel an strategischen Eisenbahnlinien, an Straßen, Artillerie und Grenzbefestigungen zu schließen.[120]

---

116 Gołuchowski an Lützow, 7.12.1904; auszugsweise zitiert bei Behnen, Rüstung, S. 115.
117 v. Chelius an Schlieffen, 17.2.1905, PA/AA, R 9113, berichtet von einer erneuten Verlegung aus Galizien an die Südwestgrenze: „Italien möge hierin keinerlei Feindseligkeit erblicken, sondern es nur als eine organisatorische Notwendigkeit betrachten, welche schon lange ins Auge gefaßt sei; die österreichische Regierung werde ihrerseits, falls von Seiten Italiens Truppenverstärkungen an der österreichisch-italienischen Grenze vorgenommen werden sollten, hierin gleichfalls keine Spitze erblicken."
118 Dazu Kap. IV.1.
119 Habsburgermonarchie V, S. 122.

Auch in den politischen Kreisen der Parlamente und in den öffentlichen Meinungen war das Vertrauen in das Bündnis nicht fest genug, um der Forderung nach Rüstungen gegen den „verbündeten Feind" energisch zu widerstehen; Opposition dagegen machten nur die Sozialdemokraten auf beiden Seiten der Alpen, und zwar aus ihrem internationalistischen Verständnis heraus. Eine wichtige Rolle spielten auch verhetzende Presseartikel; in Italien wurden immer wieder Panikmeldungen über angebliche Grenzverletzungen durch österreichische Militärs und nächtliche österreichische Flottenvorstöße Richtung Venedig verbreitet.[121] In Österreich wurde hingegen die zwischen Alliierten unnatürliche Gegeneinanderrüstung an der Grenze kritisiert,[122] über die italienische Aufrüstung und expansive Politik auf dem Balkan, über angebliche italienische Putschvorbereitungen und irredentistische Übergriffe berichtet.[123] In einem erfolgreichen Roman mit dem Titel „Unser letzter Kampf" von 1906 schilderte ein Generalstabshauptmann einen für 1908 angenommenen Zukunftskrieg; dieser wurde durch Italien ausgelöst und endete mit dem Auseinanderbrechen der Monarchie[124]. Neben diesen Angstvorstellungen fehlten aber auch nicht die ehrverletzenden und höhnischen Bemerkungen über die geringe militärische Leistungsfähigkeit der Italiener. Eine besondere Rolle spielte hier das Blatt „Die Reichswehr", das Organ der Armee und eine Hochburg der Italienfeindschaft, in zweiter Linie „Danzers Armee-Zeitung". Diese Blätter wurden in Italien mit einer übertriebenen, ihrem tatsächlichen Gewicht nicht angemessenen Aufmerksamkeit verfolgt und für offiziöse Organe gehalten; König Vittorio Emanuele selbst verwies deutsche und österreichische Diplomaten auf die Artikel dieses Blattes, um seinen Argwohn gegen die Donaumonarchie zu begründen[125]. Diese militärischen Zeitungen waren zwar nicht repräsentativ für die Stimmung des politischen Österreichs, spiegelten aber die Ansichten mancher Scharfmacher innerhalb der Armee- und Marineführung wieder.

Die Herstellung einer wirksamen Verteidigungsfähigkeit war in beiden Ländern nur unter großen finanziellen Aufwendungen zu erreichen, und über diese mußten die Parlamente entscheiden. Offen bündnisfeindliche Begrün-

---

120 Der französische Militärattaché in Rom schrieb am 10.11.1904: „On ne saurait donc douter qu'en Italie on prévoit comme très possible une lutte prochaine contre l'Autriche et ce n'est que prudence de se préparer dès maintenant à cette lutte. Le gouvernement a-t-il compris cette nécessité? Il semble que oui, en tout cas l'avenir nous apprend bientot." Zitiert bei Behnen, Rüstung, S. 118.
121 Siehe dazu „Reichswehr", 9.8.1901, PA/AA, R 9110. Der Artikel zitiert Berichte italienischer Zeitungen.
122 Beispiel: „Neue Freie Presse", 16.3.1905, zitiert bei Wedel an Bülow, 17.3.1905, PA/AA, R 9113.
123 Habsburgermonarchie V, S. 716, über einen angeblichen Putsch Ricciotti Garibaldis gegen Triest vom April 1904.
124 Dazu Habsburgermonarchie V, S. 135.
125 Wedel an Bülow, 16.12.1902, PA/AA, R 9110.

dungen verboten sich, da sie in absurder Weise gegen den Geist des Bündnisses verstoßen hätten. Andererseits ließen sich Ausgaben für Grenzbefestigungen, Schiffsbauten und Artillerie plausibel nur mit der Wahrheit begründen, zumal diese in der Öffentlichkeit auf Sympathie rechnen konnte. Deshalb kam es immer wieder zu offenen, bündnisfeindlichen Erklärungen vor allem im italienischen Parlament. Am 21. Juni 1904 erklärte beispielsweise der Abgeordnete Alessandro Fortis die Rüstungen Österreich-Ungarns für eine „schwere Provokation" und verlangte Gegenmaßnahmen.[126] In den österreichischen und ungarischen Delegationen waren solch offene Äußerungen weit seltener; doch intern dachten die politischen und militärischen Eliten der Donaumonarchie genauso oder noch radikaler.

Es erwies sich vor diesem Hintergrund auch als nachteilig, daß beide Armeen, nach internationalen Maßstäben gemessen, einen Nachholbedarf in der Rüstungspolitik hatten. Die italienische Armee war finanziell, organisatorisch und moralisch geschwächt durch die jahrelange Debatte um die zwölf Armeekorps, den Sparzwang der Regierung und die Niederlage bei Adua. Auch in den ersten Jahren nach der Jahrhundertwende waren keine großen Rüstungsausgaben möglich, weil alle verfügbaren Geldmittel für die geplante Rentenkonversion gebraucht wurden.[127] In Österreich-Ungarn wiederum verhinderte die Verfassungskrise jede zielgerichtete Militärpolitik; die Ungarn verlangten, daß Ungarisch in ihren Einheiten Kommandosprache würde. Gegen diesen auf eine Zweiteilung der Streitkräfte hinauslaufenden Plan bezog zwar Franz Joseph in seinem Armeebefehl von Chlopy vom 16. September 1903 scharf Position; er wollte die Einheitlichkeit der Armee unbedingt gewahrt sehen. Allerdings war der Konflikt, der im Zusammenhang mit den ewig laufenden Ausgleichsverhandlungen gesehen werden muß, erst 1906 wirklich abgeschlossen.

Diese Situation begünstigte nicht die Einbringung langfristiger Rüstungsprojekte. Und trotzdem reichte das Vorhandene, um ein Wettrüsten zwischen den Verbündeten in Gang zu setzen, das sich verschärfte, als beide Armeen und Flotten schließlich infolge der innen- und finanzpolitischen Stabilisierung großangelegtere Modernisierungsprogramme durchsetzen konnten. Bei der allgemeinen Ausrichtung der Politik und dem Bewußtsein der Militärführungen war es nicht erstaunlich, daß sich hier bald schon auf den verschiedenen Feldern der Rüstungspolitik ein Wettlauf der Verbündeten entwickelte.

---

[126] Zitiert bei Behnen, Rüstung, S. 126: „Die Rüstungen Österreich-Ungarns sind an und für sich eine schwere Provokation. Gegen wen sie gerichtet sind, kann man ahnen. Man darf Italien nicht für ohnmächtig halten. Die Regierung muß das Land in den Stand setzen, die Ereignisse ruhig abzuwarten und jedermann ebenbürtig entgegentreten zu können."

[127] Ebd., S. 227: Im Jahre 1902/03 gab es in Italien beispielsweise keine aufsehenerregenden Marinedebatten wegen der Kosten der Konversion; trotzdem wurde am Ziel der Seeherrschaft in der Adria und dem Mitspracherecht auf dem Balkan festgehalten.

Zunächst wäre der Festungsbau im jeweiligen Grenzgebiet zu nennen; eine Maßnahme, für die es natürlich keinerlei bundeskonforme Erklärung geben konnte. Ähnliches galt für den strategischen Eisenbahn- und Straßenbau im Grenzgebiet. Besonders auf italienischer Seite wurde immer wieder erwogen, das Eisenbahnnetz Richtung österreichische Grenze auszubauen, um den Aufmarsch zu beschleunigen. Hier verquickten sich militärische Wünsche mit ökonomischen Interessen; die Abgeordneten der betreffenden Regionen setzten sich sehr für diese Verkehrsbauten in ihren Wahlkreisen ein.[128]

Schließlich kam es auch noch zum maritimen Wettrüsten zwischen den Verbündeten. Dieses bestand aus dem Bau von befestigten Kriegshäfen an der Adriaküste und auch dem einer Flotte moderner Kriegsschiffe. In beiden Staaten brach die zeittypische Begeisterung für Schlachtflotten aus; verstärkt nach der Seeschlacht von Tsushima im Mai 1905 und noch mehr nach dem sogenannten Dreadnoughtsprung von 1906. Damit setzte sich eine Spirale in Gang, die einerseits zur Rechtfertigung der immensen Kosten ein überzeugendes Bedrohungsprofil voraussetzte, dann aber auch aus rüstungstechnischen Gründen ein Wettrüsten sehr begünstigte. Der Bau solch großer Schiffe war technisch sehr aufwendig und ungeheuer kostspielig; die Werften mußten sich entsprechend vergrößern und Facharbeiter einstellen und anlernen, während die Marineverwaltung versuchen mußte, die benötigten Geldmittel dem Parlament abzutrotzen. Da beide an der Erstellung von Großkampfschiffen interessiert waren, kam es zu einer Allianz zwischen Werftindustrie und Marineführung. In Österreich bauten die Werften die Schiffe zunächst auf eigene Kosten, mit dem Versprechen der Marineführung, sie anzukaufen, sobald die Haushaltsmittel bewilligt seien. Und in Italien forcierten die Werften und Panzerplattenproduzenten ebenfalls den staatlichen Absatz, und das, obwohl sie preislich teilweise beträchtlich von ausländischen Anbietern unterboten wurden; hier entstand auch der unerfreuliche Eindruck privater Vorteilsnahme bei der Vergabe von Bauaufträgen.[129] So entstand Rüstungsdruck; die Werften konnten nur durch den kontinuierlichen Schiffbau ihre Facharbeiter beschäftigen und halbwegs erträgliche Gestehungspreise garantieren. Und immer einseitiger wurden die Ressourcen in den Großkampfschiffbau gesteckt und dieser mit dem Vorgehen des „verbündeten Feindes" begründet.[130] In den üblichen Schiffs- und Tonnagevergleichen rangierten beide Flotten

---

128 Ebd., S. 222, mit der Schilderung des Baus von Sperrforts seit 1900; den Straßenbau im Veneto seit 1904 charakterisiert er als rein strategisch. Auch bei der Flottenrüstung spielten Lokalinteressen eine wichtige Rolle, dazu ebenda, S. 229.

129 Ebd., S. 233, mit der Schilderung der Korruptionsvorwürfe gegen die Marineführung und die komödiantischen Klagen des Marineministers dagegen.

130 Zur Marineplanung mit Schlachtschiffen mit antiösterreichischer Begründung siehe die Diskussion im Parlament im Juni 1907, dazu ebd., S. 236.

gegeneinander,[131] und beide Staaten schufen sich eine Flotte, die sich in Größe und Baugeschwindigkeit offen an der des Bundesgenossen orientierte. In Italien wurde der Schlüssel von 1:2 zum Dogma erhoben; hier wollte man immer der doppelten Überlegenheit über die Österreicher sicher sein, während dort, unter Zusammenrechnung des gesamten schwimmenden Materials, immer wieder auf die dreifache Übermacht der Italiener und den daraus entstehenden Nachrüstungsbedarf verwiesen wurde. Das Verhältnis zwischen den reinen Kampfeinheiten war für die österreichische Flotte hingegen weit günstiger.

Doch rüsteten die Verbündeten mit Schiffen gegeneinander, die für einen Kampf in der Adria ungeeignet waren. Die Kriegführung in dem flachen und engen Meer hätte eigentlich nach kleinen und schnellen Fahrzeugen, nach Torpedobooten und Zerstörern verlangt, sowie nach dem Ausbau geeigneter Häfen; letzterer wurde vor allem in Italien zugunsten der Prestigeflotte vernachlässigt. Dies war eine direkte Auswirkung des zeitgenössischen Mahanismus und der Fixierung auf die Schlachtschiffe, der sich keine europäische oder amerikanische Großmacht entziehen wollte. Dies führte aber, gewissermaßen im Nebeneffekt, dazu, daß der Dreibund zunehmend auch zu einer bedeutenden Seemacht heranwuchs, die immer mehr in die Lage versetzt wurde, die französische Mittelmeerherrschaft ernsthaft zu gefährden. Nicht zuletzt deshalb zog die französische Marine 1912 ihre Einheiten vom Atlantik ins Mittelmeer ab; den Schutz der Kanalküste übernahmen die Briten. Im Mittelmeer wuchs die Stärke der Dreibundflotten immer mehr an und stellte schließlich sogar für die englisch-französische Flotte eine ernsthafte Bedrohung dar.[132]

Doch wie die maritimen Planungen, die Verteilung der Seestreitkräfte als auch die Literatur über den Zukunftskrieg zeigen, stand für Italiener wie Österreicher das Flottenwettrüsten mit dem „verbündeten Feind" im Vordergrund. Auch wurde die Rivalität durch einzelne Maßnahmen geschürt, wie zum Beispiel, als die italienische Admiralität im Jahre 1904 aus älteren Schiffen eine Reservedivision bildete und, deutlich erkennbar für die Adria bestimmt, nach Tarent verlegte. Hier galt als symptomatisch, daß der Admiral seine Flagge ausgerechnet auf der „Dandolo" hißte und die italienische Presse darauf verwies, der Doge Dandolo habe die Adria beherrscht. Generalstabschef Saletta machte denn auch gegenüber dem deutschen Militärattaché kein Geheimnis daraus, daß sich die Maßnahme gegen die „neuerlich drohende Haltung Österreichs" richtete.[133] Die Debatte im italienischen Par-

---

131 Marine-Attaché Rampold an das Reichs-Marine-Amt, 23.12.1905 (abschriftlich) in: PA/AA, R 9113; auch Behnen, Rüstung, S. 151.
132 Siehe unten, Kap. IV.8.: Der Dreibund und das militärische Gleichgewicht in Europa 1911–1914.
133 Berichte v. Chelius vom 8.5.1904 und Monts vom 10.5.1904, zitiert bei Behnen, Rüstung, S. 228.

lament über den Marineetat im Mai/Juni 1904 wurde mit offen antiösterreichischen Argumenten geführt und schließlich sprach sich eine breite Mehrheit für die Aufrüstung aus.[134] Der treibende Gedanke war dabei, der österreichischen Balkanpolitik entgegentreten zu wollen. Und außerdem wurde dies als Reaktion auf umfangreiche österreichische Heeres- und Marinekredite vom Juni 1904 ausgegeben – zu Unrecht, denn die diesem Aufrüstungsplan zugrundeliegende Untersuchung des Generalstabs mit einem österreichisch-italienischen Flottenvergleich hatten schon im Januar 1904 vorgelegen, also zeitlich vor dem Bekanntwerden der österreichischen Rüstungskredite.[135]

Doch die Begründung eigener Rüstungsvorhaben mit denen des „verbündeten Feindes" wurde zu einer schlechten Gewohnheit diesseits wie jenseits der Alpen, die sich auch durch politische Schönwetterphasen nicht beeinflussen ließ. So wurden, trotz exzellenter italienisch-österreichischer Beziehungen auf Regierungsebene, im Juli 1907 Rüstungskredite im italienischen Parlament offen und ohne Widerspruch der Regierung mit der Vorbereitung auf einen Krieg gegen Österreich-Ungarn begründet. Außenminister Aehrenthal nahm dies sofort zum Anlaß, um seinem italienischen Kollegen Tittoni sein berechtigtes Erstaunen auszudrücken. Durch solche Vorkommnisse blieb auf beiden Seiten trotz aller Freundschaftsbekundungen der unangenehme Eindruck von Unaufrichtigkeit statt von Partnerschaft zurück.[136]

Auch wenn die österreichischen und italienischen Vorbereitungen nicht nur unter dem Aspekt des Gegeneinanderrüstens, sondern auch unter dem der Vorbereitung auf alle Eventualitäten gesehen werden, so bleibt der Eindruck extrem bündnisfeindlichen Verhaltens bestehen.[137] Graf Monts mahnte deshalb auch im November 1904: „Etwas Furcht mag ja ganz natürlich sein, sie

---

134 Behnen, Rüstung, S. 230. Das Abstimmungsergebnis lautete 172:41 für die Aufrüstungsmaßnahme.
135 Ebd., S. 231.
136 Wedel an Bülow, 11.7.1907, GP 21/2, Nr. 7171.
137 Monts an Bülow, 21.5.1905, PA/AA, R 9112, schrieb: „Auf italienischer Seite lassen namentlich die vertraulichen Äußerungen hoher Militärs keinen Zweifel darüber, daß die Rüstungen als Präventivmaßregeln gegen Österreich gedacht sind. Auch der Kaiserstaat scheint in erster Linie an Erhöhung seiner Defensiv-Kraft im Südosten zu denken. Beide Reiche aber stehen im Verhältnis von Verbündeten und versichern sich neuerdings gegenseitig unausgesetzt der vollen Übereinstimmung ihrer Pläne und Balkanabsichten." Ähnlich v. Chelius an Schlieffen, 18.12.1904, GP 20/1, Anlage zu Nr. 6424, S. 92: „... das militärpolitische Bild, wie es sich am Ende dieses Jahres für Italien darstellt. Im besten Verhältnis zu England und Frankreich im Mittelmeer, unter aufrichtiger Wahrung der Freundschaft mit Deutschland hat sich die militärische Waage erheblich nach Osten gesenkt, da man von dort eine ernste Gefahr drohen sieht und gleichzeitig einen Gewinn erhofft, der die Vorherrschaft Italiens über die Adria in sich trägt."

trägt aber andererseits zur weiteren Entfremdung der Geister bei, was dem Fortbestehen der Allianz nur abträglich sein kann"[138].

Tatsächlich waren die militärischen Rüstungen in Österreich und Italien das gravierendste Krisensymptom innerhalb des Dreibunds und ein unter Alliierten unverzeihliches Verhalten. Hier hat das Bündnis und der Bündnisgedanke eindeutig versagt; es stellt sich aber die Frage, ob sich nicht ohne Allianzverhältnis das Verhältnis beider Staaten noch katastrophaler entwickelt hätte. Außerdem hatten die Regierungen über das Bündnis noch eine gewisse Kontrolle über die Entwicklung; das Wettrüsten eskalierte nicht in die unmittelbare Kriegsgefahr hinein. Die Stimmung zwischen beiden Staaten war, infolge der sachlichen Gegensätze auf mehreren Gebieten und der erregten öffentlichen Meinungen, so schlecht, daß auch das Kabinett Giolitti/Tittoni trotz seiner Bemühungen das Verhältnis zu Österreich-Ungarn nicht sofort wieder verbessern konnte. Immerhin war die Grundlage aber solide genug, um ab 1906 eine neue Blütezeit der Beziehungen zwischen Rom und Wien zu ermöglichen. Und auch in diesem Fall lag eine wesentliche Ursache in der internationalen Konstellation, genauer nämlich darin, daß sich das Verhältnis zwischen Rom und Berlin spätestens seit 1904 zunehmend abkühlte.

---

138 Monts an Bülow, 19.11.1904, GP 20/1, Nr. 6423.

> Denn mit Advokatenkniffen, Zweideutigkeiten und Unaufrichtigkeiten kann unmöglich die Politik eines großen Landes dauernd erfolgreich geleitet werden. Italien zumal ... kommt dadurch in die üble Lage, sich zwischen zwei Stühle auf die Erde zu setzen.
>
> Monts, am 24. April 1905

5. Italien als Diener zweier Herren

a) Das „Totenglöcklein" des Dreibunds? Die Besuche Loubets in Rom und Wilhelms II. in Neapel

Nicht nur das österreichische, sondern auch das deutsche Vertrauen in die Verläßlichkeit der römischen Regierung war sehr zurückgegangen. Beide Verbündete zeigten sich irritiert über die zunehmende Intimität der französisch-italienischen Beziehungen. Für besondere Mißstimmung sorgte ein Besuch Vittorio Emanueles in Paris vom 14.–18. Oktober 1903 und vor allem die Herzlichkeit, mit der er dort begrüßt wurde.[1] Diese wuchs weiter, als die ersten Nachrichten über aufwendige italienische Vorbereitungen für den Gegenbesuch des französischen Präsidenten Loubet in Rom bekannt wurden. Für die österreichische Diplomatie war das Thema denkbar unangenehm, da sich hier zeigte, daß auch das Staatsoberhaupt eines katholischen Landes nach Rom reisen könne; unliebsame Parallelen zu Franz Josephs Haltung in der Gegenbesuchsfrage waren unvermeidlich. Doch mindestens ebenso groß war die Beunruhigung in Deutschland. Der deutsche Botschafter, Graf Monts, berichtete nach Berlin von den Planungen für ein ausgedehntes Festprogramm, das unter anderem eine gemeinsame Flottenparade in Neapel und einen Stapellauf in La Spezia umfassen sollte. Der Besuch drohte prunkvoller und aufwendiger zu werden als der seinerzeitige Empfang des deutschen Kaisers. Der Vergleich wurde um so unangenehmer, weil sich Wilhelm II. im Zuge einer Mittelmeerreise am 26. und 27. März 1904 mit Vittorio Emanuele in Neapel treffen wollte und das Programm für diesen eher inoffiziellen Besuch natürlich erheblich bescheidener war als das für den Empfang Loubets in Rom.[2]

---

1   Bülow an Jagow, 10.10.1903, GP 18/2, Nr. 5781; Jagow an AA, 11.10.1903, ebenda, Nr. 5782; Wedel an Bülow, ebenda, Nr. 5783; Monts an Bülow, 22.10.1903, ebenda, Nr. 5784.
2   Aufzeichnung Holsteins, 3.2.1904, GP 20/1, Nr. 6388: „Auch das amtliche Programm für den

Bülow und Holstein beschlossen, der italienischen Regierung eine deutliche Warnung zukommen zu lassen, um sie davon abzuhalten, „den Flirt mit Frankreich in ein dauerndes Verhältnis" zu verwandeln. In einem Gespräch mit dem italienischen Botschafter in Berlin, Lanza – der als überzeugter, geradezu fanatischer Anhänger des Dreibunds bekannt war –, verlangte Bülow ein unzweifelhaftes, öffentliches italienisches Treuebekenntnis zur Allianz. Sollte der Besuch Loubets vorübergehen, ohne daß des Dreibunds gedacht werde, beispielsweise im Toast des italienischen Königs, so sei dies das „Totenglöcklein" („le glas funèbre") des Dreibunds. Schließlich ließen sich das deutsche Volk und die deutschen Regierung nicht alles zumuten, und er könne sich andernfalls gezwungen sehen, vor dem Reichstag zu erklären, das Bundesverhältnis zwischen Deutschland und Italien bestehe „virtuellement" nicht mehr.[3] Er wiederholte – ebenso wie Monts – bei jeder Gelegenheit die Drohung, von dem Verlauf des Loubet-Besuches, dem Verhalten des Kabinetts und vor allem dem des Königs hinge die Zukunft des deutsch-italienischen Bündnisses ab.[4]

Dieses deutsche Drängen war der italienischen Regierung sehr unangenehm, da sie schon aus Prestigegründen sehr daran interessiert war, den Besuch Loubets programmgemäß und möglichst repräsentativ zu gestalten. Außerdem war auch der König nicht bereit, auf diesen Besuch, den er als seine ureigenste Angelegenheit ansah, zu verzichten oder ihn wesentlich zu modifizieren. Und schließlich war da auch noch Barrère, der jede Änderung des Besuchsprogramms ablehnte und Gegenforderungen erhob, was die Be-

---

Empfang des Präsidenten Loubet zeigt deutlich die Absicht, das Staatsoberhaupt Frankreichs gegen andere Staatsoberhäupter zu bevorzugen."

3   Bülow an Monts, 6.3.1904, GP 20/1, Nr. 6389.

4   Bülow an Monts, 15.3.1904, GP 20/1, Nr. 6395. Ebenso Bülow an Monts, 26.3.1904, ebenda, Nr. 6398. Monts an Bülow, 16.4.1904, ebenda, Nr. 6402. Botschafter Graf Monts verfolgte eine eigenartige doppelpolige Strategie. Einerseits verschärfte er die Forderungen weiter und verlangte von Tittoni auch, daß die italienisch-französische Flottenparade in Neapel entfallen solle. Andererseits gab er der Berliner Zentrale zu bedenken, dies würden die Franzosen wahrscheinlich nicht hinnehmen und dies könne zum Ausfall des gesamten Besuches führen. Das wiederum wäre, nach dem Ausbleiben des russischen Gegenbesuchs, ein schwerer Schlag für König und Dynastie. Auch würde der König ein Zurückweichen als Demütigung empfinden und dieses weder „den jetzigen Ministern noch uns je vergessen" (Monts an Bülow, 11.3.1904, GP 20/1, Nr. 6393). Holstein fand diese Überlegungen zu entgegenkommend und notierte: „Merkwürdig. Auch dieser Botschafter scheint weich zu werden. An deutsche Regierung und deren Stellung vor der deutschen öffentlichen Meinung denkt er nicht" (Marginalie zu Monts an Auswärtiges Amt, 7.3.1904, GP 20/1, Nr. 6390). Von „Weichwerden" konnte bei Monts jedoch wahrlich nicht die Rede sein, wie sich noch zeigen wird, eher noch bei dem konzilianteren Bülow, dem diese Argumente einleuchteten. Dieser gab seinen Widerstand gegen die Flottenparade in Neapel auf, zumal italienischerseits versprochen worden war, sie in engen Grenzen zu halten.

grüßung Wilhelms II. in Neapel anging. Er drohte sogar, sollte diese zu aufwendig gestaltet werden, mit dem Ausfall des gesamten Loubet-Besuches. Und dieses durfte, aus italienischer Sicht, nicht geschehen; das gute Verhältnis zu Frankreich und auch die geplante Rentenkonversion auf dem Pariser Kapitalmarkt standen auf dem Spiel. Andererseits sollten aber auch die Deutschen nicht verärgert werden.

Der Ausweg lag im Lavieren nach beiden Seiten. Giolitti persönlich gab sich viel Mühe, dem deutschen Botschafter die Harmlosigkeit des Loubet-Besuchs zu demonstrieren. Er stellte, ebenso wie sein Außenminister Tittoni, dieses Arrangement als eine „vom vorigen Kabinett übernommene Erbschaft" hin; die „mit Genehmigung des Souveräns seinerzeit getroffenen italienisch-französischen Besuchsabmachungen" müßten jetzt „wohl oder übel" erfüllt werden.[5] Die italienische Regierung mußte nun einmal, wie sich Monts ausdrückte, mit diesem Besuch „zwischen der deutschen Scylla und der französischen Charybdis hindurchsteuern"[6]. Tittoni war aber geneigt, eher dem französischen als dem deutschen Druck nachzugeben, nicht zuletzt deshalb, weil er in den deutschen Pressionen einen teilweisen Alleingang von Monts vermutete. Zum Entstehen dieses Eindrucks hatte auch beigetragen, daß die Begegnung zwischen Kaiser Wilhelm und Vittorio Emanuele in Neapel am 26. März 1904 sehr zur Zufriedenheit des ersteren verlaufen war;[7] der dreibundfreundliche Trinkspruch Vittorio Emanueles hatte sogar Barrère zu energischen Protesten und Drohungen provoziert.[8] Der Kaiser ließ danach von seiner Mittelmeerkreuzfahrt aus zwei freundliche Dankestelegramme nach Italien abschicken, die keine Spur von Verstimmung erkennen ließen.

Einen Monat nach dem Kaiser war der französische Präsident in Italien. Loubet hielt sich vom 24.–27. April 1904 in Rom auf; am 25. April war ein großes Galadiner mit Trinksprüchen, am 26. ein Essen in militärischer Umgebung, in dem der gemeinsamen Waffentaten der Vergangenheit gedacht wurde; am 28. April reiste Loubet nach Neapel ab, wo er sich auf einem französischen Kriegsschiff für die Heimreise einschiffte. Tittoni hatte von Anfang an den Fehler gemacht, die deutschen Forderungen auf Redimensionierung des Besuchsprogramms nicht einfach als unbillig abzuweisen; dies wäre möglich gewesen beispielsweise unter Hinweis darauf, daß die italienische Regierung ja auch noch nie versucht habe, den Empfang beispielsweise des Zaren in Berlin mit restriktiven Auflagen zu versehen. Statt dessen hatte er sich

---

5 Monts an Bülow, 11.3.1904, GP 20/1, Nr. 6394; Monts an AA, 17.3.1904, ebenda, Nr. 6396. dito, 2.4.1904, ebenda, Nr. 6400.
6 Monts an Bülow, 25.4.1904, GP 20/1, Nr. 6404.
7 Monts an AA, 26.3.1904, GP 20/1, Nr. 6399.
8 Tommasini, L'Italia alla vigilia 1, S. 335; DDF II/4, Nr. 353, 369, 374, 385; Salvatorelli, Triplice, S. 285.

einschüchtern lassen und die Erfüllung der Forderungen zugesagt, ohne sie dann gegen den Widerstand des Königs und der Franzosen einlösen zu können. So versprach Tittoni beispielsweise die Herabsetzung der zur Begrüßung des Präsidenten in Neapel zu versammelnden Flottenteile. In Wahrheit wurde dann aber, um eine dem französischen Flottenverband entsprechende Größe zu erreichen, doch eine Escadre von 130.000 BRT entsandt. Dann sagte der Außenminister wenn auch in ausweichender Form zu, daß der König in einem Toast auf Loubet des Dreibunds gedenken werde. Doch dies geschah einfach nicht; in dem Toast gab es nicht die leiseste Anspielung auf den Dreibund.[9] Dies wäre übrigens auch in diesem Zusammenhang vollkommen unpassend gewesen, zumal Loubet gedroht hatte, dann ausführlich der russisch-französischen Allianz zu gedenken. Und schließlich hatte Luzzatti – damals ohne Ministeramt, aber der Regierung nahestehend – versprochen, daß wenigstens in Neapel kein erneuter Toast erfolgen werde. Doch auch dieses Versprechen wurde nicht eingehalten, und dort wurde sogar besonders ausgiebig der französisch-italienischen Mittelmeerentente gedacht.

Tittonis Handhabung der Angelegenheit war denkbar ungeschickt gewesen und hatte die italienische Regierung in die ungünstige Lage gebracht, nun in Berlin um Verzeihung bitten zu müssen. Doch noch ungünstiger war die Lage der deutschen Diplomatie, da sie nun unter Zugzwang stand. Nach den bisherigen barschen Drohungen hätten nun eigentlich die Konsequenzen folgen müssen: Nämlich die „virtuelle Kündigung" des Dreibunds. Monts, ein ungewöhnlich taktloser Diplomat, ließ es nicht an plumpem und unmißverständlichem Protest fehlen. Er drängte sich während des Loubet-Besuchs dem König auf, stellte sich ihm geradezu in den Weg, verlangte dann später eine besonders freundliche Ansprache durch den Monarchen; er nahm seine normalen Audienztermine bei dem von ihm als verlogen bezeichneten Tittoni nicht mehr wahr und wartete, daß der Minister zu ihm kam. Zwar entschuldigte sich Luzzatti für Tittonis „fortgesetzte Unaufrichtigkeit"[10], doch verlangte Monts weitergehende „Satisfaktion". Doch an diesem Punkt angelangt, bremste ihn Bülow ab und trat lieber den Rückzug an; für ihn war die vollkommen berechtigte Sorge maßgebend, die deutsche Öffentlichkeit würde die Kündigung des Dreibunds nicht verstehen und darin einen weiteren Schritt hin zur Selbstisolierung erblicken.

Obwohl dieser Versuch, auf Italien Druck auszuüben, ein klarer Mißerfolg war – Luigi Salvatorelli bezeichnete sie sogar als „tragikomische Episode"[11] – wurde die deutsche Diplomatie aus Schaden nicht klug. Wenig später, im Januar 1905, versuchte sie, die römische Regierung mit ihr angeblich vorliegen-

---

9 Monts an AA, 26.4.1904, GP 20/1, Nr. 6405.
10 Monts an AA, 27.4.1904, GP 20/1, Nr. 6408.
11 Salvatorelli, Triplice, S. 284 („l'episodio tragicomico").

den Nachrichten eines italienisch-französischen Neutralitätsvertrages einzuschüchtern und damit eine klare Negation zu erzwingen. Giolitti und Tittoni traten die Flucht nach vorn an und beteuerten in einem Brief ihre Dreibundtreue; Italien sei ein Verbündeter, auf den Deutschland zählen könne, und es gäbe keinen militärischen oder politischen Vertrag mit Frankreich, der mit dem Dreibund unvereinbar sei oder Italiens Bündnisverpflichtungen mindere; Prinetti habe seinerzeit nur den defensiven Charakter des Bündnisses betont und der französischen Regierung versichert, daß Italien, sollte Frankreich angegriffen werden, neutral bleibe[12]. Damit hatten sie etwas gewunden, aber der Wahrheit entsprechend eingestanden, daß es tatsächlich eine italienisch-französische Absprache gab, und auch ihren Inhalt preisgegeben. Bülow hakte nicht nach, sondern gab sich damit zufrieden, „Italien eingeschüchtert" zu haben.[13] In einem Brief an den Kaiser erklärte er seine zahme Reaktion damit, die „allgemeine Weltlage" sei „doch so gespannt, daß wir bestrebt sein müssen, möglichst wenig Stiche zu vergeben. Wir dürfen Italien nicht ganz in das französische Lager treiben, denn es macht einen verwünschten Unterschied, ob Italien eventuell seine Armee mit Frankreich marschieren läßt oder mindestens neutral bleibt."[14] Wilhelm II. hielt zwar Deutschlands internationale Stellung ebenfalls für kritisch, warf Bülow aber doch übergroße Genügsamkeit vor, denn schließlich hätten sein Großvater und er zu Zeiten König Humberts ein Mitmarschieren Italiens „als selbstverständlich angesehen. Das muß auch im Angriffsfalle Frankreichs gegen uns festgehalten werden"[15]. Zwar hatten Giolitti und Tittoni die Bündnishilfe im Falle eines französischen Angriffs nicht verweigert. Trotzdem war der Zweifel Bülows und Wilhelms II. verständlich, ob Italien seinen Bündnisverpflichtungen im Falle eines deutsch-französischen Krieges nachkommen werde.

---

12 Ebd., S. 297 f.; Tommasini, L'Italia alla vigilia 1, S. 466; GP 20/1, Nr. 6426–6429.
13 Bülow an Wilhelm II., 5.3.1905, GP 20/1, Nr. 6428, schrieb: „… daß wir Italien eingeschüchtert haben, war nützlich, schon um dessen Stimmung zu sondieren, und auch als Warnung. Aber keinenfalls liegt es im deutschen Interesse, die Italiener jetzt, wo sie reuig und mit der Versicherung, „es nicht wiederzutun", ankommen, ganz zurückzustoßen oder durch Verletzung der bei ihnen ganz besonders stark entwickelten nationalen Eitelkeit auf die feindliche Seite zu treiben. Für Friedenszeiten und für alle internationalen Kombinationen liegt es in unserem Interesse, die Fassade des Dreibundes möglichst intakt zu erhalten, schon deshalb, weil den Italienern, solange sie noch im Dreibund sind, auf feindlicher Seite mit Mißtrauen begegnet werden wird. Für den Fall von Komplikationen brauchen wir uns über aktive italienische Kooperation freilich keine Illusionen zu machen. Immerhin aber ist es ein nicht zu unterschätzender Gewinn, wenn Italien dann neutral bleibt, anstatt mit Frankreich zu gehen."
14 Bülow an Wilhelm II., 10.3.1905, GP 20/1, Nr. 6429.
15 Marginalie zu Bülow an Wilhelm II. 10.3.1905, GP 20/1, Nr. 6429. Salvatorelli, Triplice, S. 298, kritisiert hier, wie auch an anderer Stelle, den „olimpico Bülow" wegen seiner arroganten Oberflächlichkeit und hält dem Kaiser zugute, er habe, „per una volta tanto", mit seiner Kritik „più buon senso" bewiesen.

Die deutsche Reaktion auf den Loubet-Besuch und den Brief Giolittis und Tittonis von 1905 zeigt überdeutlich, wie sehr in Berlin bereits an der Bündnistreue Italiens gezweifelt wurde. Für Italien hingegen zeigten sich die Schattenseiten der „Alleanza ed amicizie"-Konstruktion: Eine eigenständige, selbstbewußte Außenpolitik wurde durch das wachsende Gestrüpp von Verabredungen und Rückversicherungen praktisch unmöglich gemacht. Nur durch Lavieren konnte den Forderungen der deutschen und der französischen Diplomatie entsprochen werden, richtig zufrieden war trotzdem keiner von beiden, da Entgegenkommen in Berlin und Paris als selbstverständliche Vertragsverpflichtung angesehen wurde, Nichterfüllung irgendwelcher Wünsche jedoch als unverzeihlicher Treubruch. Der polemische Monts sprach im April 1905, als Quintessenz einer langen Unterredung mit di Rudinì, von den „vielen Winkelzügen, die sich jetzt unausgesetzt als eine Quelle von Verlegenheiten für die hiesige Regierung erweisen. Denn mit Advokatenkniffen, Zweideutigkeiten und Unaufrichtigkeiten kann unmöglich die Politik eines großen Landes dauernd erfolgreich geleitet werden. Italien zumal, um mich der Worte di Rudinis über dessen heutige politische Situation zu bedienen, kommt dadurch in die üble Lage, sich zwischen zwei Stühle auf die Erde zu setzen"[16]. Der Augenblick, wo sich die Wahrheit der Rudinìanischen Einsicht in aller Deutlichkeit herausstellen sollte, war zu diesem Zeitpunkt nicht mehr fern: Die Erste Marokkokrise.

> Wenn in der verhältnismäßig gefahrlosen Marokkofrage Italien sich uns bisher glatt versagte, so gibt dies einen Vorgeschmack für das, was wir von diesem Alliierten in wirklich ernsten oder gefährlichen Momenten zu erwarten haben.
>
> Graf Monts, am 12. Juni 1905

b) Die Erste Marokkokrise und der Dreibund

Die Erste Marokkokrise war ein Produkt der internationalen Lage, die sich nach der Jahrhundertwende herausgebildet hatte. In ihr prallten mehrere bislang nur potentiell gegenläufige internationale Entwicklungen zusammen: nämlich die wilhelminische „Weltpolitik" einerseits, der französische Imperialismus in Nordafrika andererseits, der sich wiederum durch bilaterale Verträge mit Italien und Großbritannien abgesichert hatte. Das erwähnte

---

16 Monts an Bülow, 24.4.1905, GP 20/1, Nr. 6430.

Bestreben der Londoner Regierung, sich mit ihren Konkurrenten zu vergleichen, hatte dazu geführt, daß sich der nach der Faschodakrise beginnende Ausgleich mit Frankreich weiter intensiviert hatte. Zu den Befürwortern einer verstärkten britisch-französischen Zusammenarbeit gehörten König Edward VII., der im Jahre 1901 die Nachfolge seiner Mutter angetreten hatte, und der französische Außenminister Delcassé, der wiederum eine antideutsche Haltung vertrat. Diese Bemühungen gipfelten in der „Entente Cordiale" vom 8. April 1904, in der sich Großbritannien und Frankreich auf eine globale Übereinkunft in kolonialen Fragen verständigten. Frankreich gab endgültig seine Opposition in der ägyptischen Frage auf und erhielt dafür freie Hand in Marokko.

Dies wurde in der deutschen Führung, von Wilhelm II. und Bülow, zunächst ohne große Aufregung zur Kenntnis genommen, obwohl damit die ägyptische Frage wegfiel, die bisher als anglo-französischer Dauerstreitpunkt einen guten Hebel gegen England dargestellt hatte.[17] Doch nur wenig später wurde die „Entente Cordiale" im Auswärtigen Amt – und weit über dieses hinaus – als Beginn eines von Edward VII. inszenierten, gegen Deutschland gerichteten Einkreisungsmanövers verstanden. Denn eines war den Planern in der Wilhelmstraße aufgegangen: Die deutsche Bewegungsfreiheit in Übersee wurde durch diese neue außenpolitische Konstellation ungeheuer eingeschränkt, jeder deutsche Einmischungsversuch gewaltig erschwert. Die Bülowsche „Weltpolitik", die letztlich als Anspruch auf Mitsprache bei allen politischen Veränderungen, wo sie auch immer in der Welt stattfanden, verstanden werden muß, war in Gefahr. Holstein schrieb: „Jetzt haben wir die Bescherung. England und Frankreich werden uns schwerlich angreifen ... aber wir sind außerstande, irgendwelche überseeischen Erwerbungen zu machen. Ich verlange solche Erwerbungen nicht, aber eine Menge Leute schreien danach und wundern sich, daß für Deutschland nichts abfällt ... Gegen England und Frankreich ist keine überseeische Politik möglich."[18]

Die für die deutsche Regierung unerwünschten Auswirkungen der französisch-englischen Übereinkunft wurden aber zunächst durch die Ereignisse im Fernen Osten, durch den russisch-japanischen Gegensatz, ausbalanciert. Nicht umsonst war die deutsche Diplomatie an diesem Konflikt sehr interessiert und hatte ihn vorsichtig angeheizt.[19] Im Februar 1904 löste der japanische Überfall auf Port Arthur den Russisch-Japanischen Krieg aus; dieser führte sehr bald zur militärischen wie machtpolitischen Paralyse des Zaren-

---

17 Dazu Kröger, baton égyptien, passim.
18 Zitiert nach Mommsen, Großmachtstellung, S. 167.
19 Reichskanzler Bülow gab 1901 die Losung aus: „Sehr wichtig ist und bleibt, daß eine Verständigung zwischen Japan und Rußland unauffällig verhindert wird." Mommsen, Großmachtstellung, S. 163; Rich, Holstein 2, S. 678.

reiches, das seine Rolle als europäische Macht für mehrere Jahre nicht mehr effektiv spielen konnte. Obwohl sich die weitergehende deutsche Hoffnung, daß auch England auf seiten seines japanischen Verbündeten in den Krieg gegen Rußland hineingezogen würde, nicht erfüllte, war dies der Beginn einer mehrere Jahre dauernden militärischen Dominanz des Deutschen Reiches auf dem Kontinent. Nach der wahrscheinlich begründeten Ansicht des Generalstabs hatte das Deutsche Reich gute Chancen, jeden Landkrieg, der damals ausbrechen sollte, zu gewinnen.[20] Ende 1905 entstand die Endfassung des Schlieffen-Plans, des großen Niederwerfungsunternehmens gegen Frankreich. Gerade in militärischen Kreisen machten sich Präventivkriegsneigungen gegen Frankreich bemerkbar; die Militärs verstanden nicht, warum dieser günstige außenpolitische Moment nicht genutzt wurde.[21] Doch waren die politischen Stellen nicht bereit, diesem auch von Generalstabschef Graf Schlieffen erhobenen Ansinnen zu folgen; schließlich hatte ein großer Krieg auch politische Implikationen und konnte nicht einfach, weil die militärische Lage günstig war, ohne jede politische Rechtfertigung unternommen werden. Außerdem war die britische Regierung, in klarer Erkenntnis der schwachen französischen Position, bereit, sich in ungewöhnlicher Weise zu engagieren, um einen solchen deutschen Schlag gegen Frankreich zu verhindern. Dies ging hin bis zum Versprechen militärischer Unterstützung. Bei dieser für britische Verhältnisse ungewöhnlich entschlossenen Parteinahme spielte nicht nur das klassische europäische Gleichgewichtsdenken, sondern auch die Sorge um die Entente mit Frankreich und natürlich der wachsende deutsch-britische Antagonismus eine bedeutsame Rolle.[22]

Im Auswärtigen Amt wurde die Festigkeit der englisch-französischen Zusammenarbeit unterschätzt. Deshalb kamen Bülow und vor allem Holstein zu der Ansicht, sich die Chance militärstrategischer Rückenfreiheit nicht entgehen zu lassen, um Engländern und vor allem den Franzosen zu zeigen, daß sie ohne die Mitsprache und das Einverständnis des Deutschen Reiches doch nichts erreichen konnten. Ein Hebel dazu bot sich in Marokko. Das scherifische Kalifenreich war ein rückständiges, dringend reformbedürftiges Land, in dem Stammeshäuptlinge gegen den Sultan rebellierten und auch vor Entführung von Ausländern nicht zurückschreckten. Sir Arthur Nicholson, britischer Gesandter in Marokko, beschrieb das Land als eine „lose Anhäufung

---

20 Dazu Rich, Holstein 2, S. 696–699.
21 Mommsen, Großmachtstellung, S. 168, zitiert Schlieffen: „Wenn die Notwendigkeit eines Krieges mit Frankreich sich also für uns ergeben sollte, so wäre der gegenwärtige Augenblick wohl zweifellos hierzu günstig." Monts, Erinnerungen, S. 191, spricht von der „auf den Bruch mit Frankreich gerichtete Politik", mit der Holstein den günstigen Moment der russischen Lähmung ausnutzen wollte.
22 Nipperdey, Deutsche Geschichte 2, S. 665; Gade, Gleichgewichtspolitik, passim.

unruhiger Berberstämme, korrupter Gouverneure und allgemeiner Armut und Not"[23]. Er hielt das Land für reformunfähig, das Kalifat zum Untergang verurteilt. Ähnlich urteilten im übrigen seine deutschen Kollegen. An Marokko, dem einzigen nichtkolonisierten Land des nördlichen Afrika, hatten drei Staaten ein besonderes Interesse: Spanien, wegen seiner geographischen Nähe und seiner nördlich von Marokko gelegenen afrikanischen Besitzungen; dann Großbritannien als mit Abstand wichtigster Handelspartner Marokkos, das an dem Land auch aus seestrategischen Gründen interessiert war, und schließlich und ganz besonders Frankreich. Dieses wollte, schon wegen seines angrenzenden algerischen Besitzes, Marokko, ähnlich wie seinerzeit Tunesien, unter seinen Einfluß bringen. Ein wesentlicher Grund für die „penetration pacifique" war, daß die französische Regierung die unruhige algerisch-marokkanische Grenze befrieden wollte. Sie setzte den Kalifen unter Druck und verlangte Reformmaßnahmen unter französischer Aufsicht, vor allem eine Neustrukturierung des Polizeiapparates. Allerdings befand sich das französische Ausgreifen im Widerspruch zum Marokko-Vertrag von 1880, in dem durch die Mächte die Unabhängigkeit dieses Staates garantiert wurde; dies hatte damals dazu dienen sollen, einen möglichen imperialistischen Konfliktherd zu neutralisieren. Um sich nun Marokko zu sichern, hatte die französische Diplomatie mit England, Spanien[24] und auch mit Italien bilaterale Verträge abgeschlossen, mit letzterem im Gegenzug zur Anerkennung des italienischen Erstzugriffsrechts in Tripolis. Außenminister Delcassé machte aber den Fehler, die Deutschen nicht zu informieren und als offensichtliche „quantité negligeable" zu behandeln; seinen Kritikern begegnete er mit dem Argument, aus Berlin sei kein Widerstand zu erwarten. Dabei hatte das Deutsche Reich seinerzeit zu den Unterzeichnerstaaten des Marokko-Vertrages gehört.[25] Delcassés Haltung war durch die Tatsache beeinflußt, daß die deutsche Diplomatie seit Bismarcks Zeiten das französische Vordringen in Afrika großzügig begünstigt hatte.[26] Hinzu kam auch noch, daß Wilhelm II. dem spanischen König im März 1904 versichert hatte, Deutschland habe in Marokko nur ökonomische Interessen.[27] Doch Bülow

---

23 Massie, Schalen des Zorns, S. 355.
24 Französisch-spanisches Abkommen vom 3.10.1904, in: DDF II/5, S. 428–432; GP 20/1, Kap. 144; Rich, Holstein 2, S. 692.
25 Siehe dazu Parsons, Origins of the Morocco Question, passim.
26 Schoen an Bülow, 7.4.1906, GP 21/1, Nr. 7144, berichtete, daß der französische Botschafter in St. Petersburg, Bompard, ihm sagte: „In Frankreich könne man sich noch heute keine klare Vorstellung über die Motive der deutschen Marokkopolitik machen. Nachdem Deutschland 35 Jahre hindurch zahlreiche Beweise friedfertiger Gesinnung und einer gewissen, zu schönen Hoffnungen berechtigenden Freundlichkeit gegeben, sei es plötzlich Frankreich in seiner afrikanischen Politik in aufsehenerregender Weise in den Weg getreten."
27 Rich, Holstein 2, S. 692.

und Holstein wollten nicht zulassen, daß Delcassé sie einfach überging. Sie wußten das formale Recht auf ihrer Seite, als sie die Unabhängigkeit Marokkos einklagten, und nahmen an, bei einem Vorstoß auch auf die Sympathie der anderen Unterzeichnerstaaten des Marokko-Abkommens zu stoßen, vor allem der USA, die schließlich weltweit, vor allem in China, das Prinzip der „Open-door-Policy" vertraten. Besonders der Zustimmung des amerikanischen Präsidenten Theodore Roosevelt glaubte sich Bülow sicher zu sein, ja er versuchte sogar, diesen weitmöglichst in den Vordergrund zu spielen.[28] Der wahre Hintergrund der sich anspinnenden Verwicklungen war natürlich nicht die deutsche Sorge um die Unabhängigkeit des nordafrikanischen Landes – dies wurde schon wegen der katastrophalen, für Ausländer gefährlichen inneren Zustände Marokkos von niemandem geglaubt –, sondern der Wunsch, den Franzosen zu demonstrieren, daß sich das Deutsche Reich nicht so einfach machtpolitisch neutralisieren ließ und daß die englische Unterstützung allein nichts wert sei. Mit der komplexen marokkanischen Affäre hing außerdem zumindest indirekt ein weiteres, größeres Ziel der deutschen Außenpolitik zusammen, nämlich die Idee eines Bündnisses der Kontinentalmächte. Der Kaiser und auch Bülow hegten zu diesem Zeitpunkt die Hoffnung, mit Rußland ein Bündnis abschließen zu können, in das dann auch Frankreich einbezogen werden könne.[29]

Nicht untypisch für die „Weltpolitik" der Bülow-Ära, spielten Prestigegründe auch in der marokkanischen Angelegenheit eine zentrale Rolle. Holstein äußerte sich am 3. Juni 1904 besorgt über „die Schädigung, welche das Ansehen Deutschlands erleiden würde, wenn wir uns stillschweigend gefallen ließen, daß über deutsche Interessen ohne deutsche Mitwirkung verfügt wird. Zu den Aufgaben einer Großmacht gehört nicht nur der Schutz ihrer Territorialgrenzen, sondern auch die Verteidigung der außerhalb dieser Grenzen gelegenen berechtigten Interessen ... Daß Frankreich als Nachbar in Marokko ein stärkeres Recht hat als wir, kann keinenfalls zugegeben werden. Ein aus der Nachbarschaft herzuleitendes Recht auf Aneignung würde, falls

---

[28] Allerdings war er hier einem Irrtum aufgesessen. In einem Bericht des österreichisch-ungarischen Gesandten Hengelmüller vom 5.2.1906 stand: „An Marokko liegt dem Präsidenten Roosevelt gar nichts, und wenn Deutschland im vorigen Frühjahr die Frage nicht in der bekannten Weise aufgeworfen hätte, würde man sich hier mit der französischen ‚pénétration pacifique' ganz gut abgefunden haben. Frankreich hat hier immer einen Stein im Brett, Deutschland aber und seinem Kaiser mißtraut man ungeachtet aller Liebeswerbungen." Zitiert bei Fritz Fellner: Die Haltung Österreich-Ungarns während der Konferenz von Algeciras 1906, in: ders.: Vom Dreibund zum Völkerbund, S. 92–106, S. 95.

[29] Nipperdey, Deutsche Geschichte 2, S. 666 f., schreibt: „Das Reich inszenierte geradezu eine ‚erste Marokko-Krise', diesmal nicht aus Gründen der ‚Weltpolitik', sondern der Bündnisstrategie." Dieses sehr dezidierte Urteil läßt aber außer acht, daß die Erfordernisse der „Weltpolitik" und der „Bündnisstrategie" unauflöslich miteinander verknüpft waren.

anerkannt, das bisherige Völkerrecht auf den Kopf stellen ... Deutschland hat nicht nur aus materiellen Gründen, sondern mehr noch zur Wahrung seines Prestiges gegen die beabsichtigte Aneignung Marokkos durch Frankreich Einspruch zu erheben ... Lassen wir uns aber jetzt in Marokko stillschweigend auf die Füße treten, so ermutigen wir zur Wiederholung anderswo".[30]

Deshalb entstand nach einigem Nachdenken die Idee, durch eine weithin sichtbare und unmißverständliche Demonstration das eigene Mitspracherecht in Marokko zu betonen, zumal sich auch die Regierung des Sultans gegenüber dem französischen Ausgreifen hilfesuchend an Deutschland wendete. Holstein, der Architekt der deutschen Marokkopolitik – Bülow segelte auch hier im Schlepptau seines Ratgebers[31] –, dachte zunächst an die Entsendung einer Flottenabteilung nach Tanger. Doch dann tauchte als neue Idee auf, daß der Kaiser selbst, der einmal beiläufig den Wunsch geäußert hatte, nach seinen vielen Orientreisen bei nächster Gelegenheit auch einmal afrikanischen Boden betreten zu wollen, auf einer Mittelmeer- und Atlantikfahrt im Frühjahr 1905 in Tanger landen solle.

Anders als viele Zeitgenossen glaubten, sträubte Wilhelm II. sich lange gegen diesen Plan – und zwar aus vielerlei Gründen. Einer davon war die Sorge um seine persönliche Sicherheit; Tanger galt ihm als von exilierten spanischen und europäischen Anarchisten verseucht, die Landung als lebensgefährlich. Dann hatte der Kaiser offenbar, ohne dies aber geschickt vorzubringen, Zweifel am politischen Sinn der Aktion; er fürchtete einen Krieg mit Frankreich, den wegen Marokko zu führen ihm als ganz unverhältnismäßig erschien. Schon deshalb hielt er direkt vor seiner Abreise, am 22. März 1905, in Bremen eine Rede, in der er außerordentlich friedliche Töne anschlug; er strebe nicht nach einer „öden Weltherrschaft", und das deutsche Reich solle „von allen Seiten das absoluteste Vertrauen als eines ruhigen, ehrlichen Nachbarn" genießen.[32] Natürlich stand diese Absicht in krassem Gegensatz zu dem geplanten diplomatischen Erpressungsmanöver, bei dem es in erster Linie darauf ankam, den französischen Politikern möglichst viel Angst zu machen und sie so zu Konzessionen zu zwingen. Bis zuletzt zauderte Wilhelm II. und suchte die Bedeutung des Besuches herunterzufahren, indem er betonte, er mache in Marokko eine reine Privatvisite. Schließlich brauchte er dann vor Tanger mehrere Stunden, bis er sich zur Landung durchrang. Daran waren zuletzt auch noch der Wind und der zunächst beträchtliche Seegang schuld, die das Ausschiffen aus dem auf Reede liegenden Schiff erschwerte; beide flauten aber nach einigen Stunden ab. Die Anlandung war trotzdem, schon wegen der körperlichen Behinderung des Kaisers, ein Abenteuer; dieses setzte sich an Land fort, wo er

---

30 Aufzeichnung Holsteins, 3.6.1904, GP 20/1, Nr. 6521.
31 Rich, Holstein 2, S. 692.
32 Wilhelm II., Reden 3, S. 240–244; Afflerbach, Falkenhayn, S. 58.

ein ihm unbekanntes, scheues Pferd besteigen mußte. Dann hielt der Kaiser bei einem Empfang in der deutschen Gesandtschaft eine Ansprache, in der er, als Redner zur üblichen Forschheit findend, mehr sagte, als Bülow eigentlich gewünscht hatte. Der Monarch betonte, daß Marokko ein unabhängiges Land sei und bleiben werde und daß sein Sultan ein freier und selbständiger Herrscher sei.[33] Später faßte Wilhelm II. seine offenbar traumatischen marokkanischen Erfahrungen Bülow gegenüber wie folgt zusammen: „Vergessen Sie nicht, daß Sie mich persönlich gegen meinen Willen in Tanger eingesetzt haben, um einen Erfolg in Ihrer Marokkopolitik zu haben ... Ich bin Ihnen zuliebe, weil es das Vaterland erheischte, gelandet, auf ein fremdes Pferd trotz meiner durch den verkrüppelten linken Arm behinderten Reitfähigkeit gestiegen, und das Pferd hätte mich um ein Haar ums Leben gebracht, was Ihr Einsatz war! Ich ritt mitten zwischen den spanischen Anarchisten durch, weil Sie es wollten und Ihre Politik davon profitieren sollte!"[34] Nach außen hin sah es aber so aus, als sei die Tangerreise ein persönlicher Einfall des im Volksmund ohnehin als „Reisekaiser" bekannten Wilhelms II. gewesen; die Zeitgenossen beurteilten sie als ein „divertissement S.M."[35]

Die spektakuläre Landung war der Anfang und Auslöser der Marokkokrise. Denn nun war der Kaiser und damit die ganze deutsche Außenpolitik voll engagiert, die Unabhängigkeit Marokkos ein deutsches Versprechen und damit zur Prestigefrage geworden und ein Rückzug undenkbar. Holstein wollte den Franzosen den deutschen Willen aufzwingen; in einem Zurückweichen sah er ein neues „Olmütz", das die Franzosen den Rückschlag von Faschoda vergessen machen werde.[36] Doch innerhalb des Auswärtigen Amtes wurden sehr unterschiedliche Strategien erörtert, wie das eigene Mitspracherecht in Marokko aufrechtzuerhalten sei und vor allem, welcher Nutzen aus der Angelegenheit gezogen werden solle. Für die wilhelminische Außenpolitik typisch, wurden die verschiedenen Ansätze aber nur äußerst unzureichend miteinander koordiniert.

Zunächst gab es einen ganz großen Gegensatz zwischen dem Kaiser, der Mitte 1905, wenn auch in der für ihn typischen wenig konsequenten und sprunghaften Art eine große Kontinentalliga favorisierte; er wollte den Ausgleich mit Rußland und Frankreich gleichzeitig. Deshalb versicherte er auch im Juni 1905 dem französischen General de Lacroix, Gast bei Kavalleriemanövern in Döberitz, seinen Friedenswillen; Holstein argwöhnte später, er habe vielleicht auch sein Desinteressement an Marokko zum Ausdruck gebracht und damit die gesamte deutsche Marokkopolitik zur Lächerlichkeit ver-

---

33 Schoen an AA, 31.3.1905, GP 20/1, Nr. 6589.
34 Wilhelm II. an Bülow, 11.8.1905, GP 19/2, Nr. 6237.
35 Falkenhayn, 1.8.1905, zitiert bei Afflerbach, Falkenhayn, S. 58.
36 Aufzeichnung Holsteins, 4.4.1905, GP 20/2, Nr. 6601.

urteilt.[37] Mit der Haltung des Kaisers war die gesamte Linie des Auswärtigen Amtes nicht in Einklang zu bringen, das in der Marokkofrage auf Konfrontationskurs zu Frankreich lief. Hier herrschte Einigkeit in der Frage, die von Frankreich angebotene Möglichkeit direkter Verhandlungen abzulehnen. Sie sei zwar, so wurde argumentiert, für das deutsch-französische Verhältnis vorteilhaft, widerspräche aber der inzwischen öffentlich getroffenen Festlegung auf die marokkanische Unabhängigkeit und wäre deshalb ein inakzeptabler Gesichtsverlust. In der Frage der weiteren Ausgestaltung der Marokkofrage wurden dann wiederum zwei unterschiedliche Konzeptionen verfolgt. Der Pressechef des Auswärtigen Amtes, Hammann, verfocht öffentlichkeitswirksam die bisherige Linie, nur direkt mit dem Sultan von Marokko zu verhandeln und Paris nicht zu beachten. Holstein war anderer Meinung; er wollte die Frage auf einer Konferenz der Mächte klären lassen, die seinerzeit die marokkanische Unabhängigkeit garantiert hatten: diese sollten nun über die notwendigen Reformen beraten.[38] Mit dieser Linie setzte er sich bei Bülow durch.

Natürlich glaubte er dabei, eine solche Konferenz werde mit einem triumphalen diplomatischen Erfolg über Frankreich zu Ende gehen. Außerdem könnte die Aufsicht und Durchführung der zweifellos notwendigen innenpolitischen Reformen von der Konferenz einem Mächtekonsortium übertragen und die französische Stellung in Marokko damit vollständig abgebaut werden. Die deutsche Diplomatie bearbeitete die marokkanische Regierung schließlich mit Erfolg, eine Zusammenkunft der Großmächte zu erbitten, die über die notwendigen Reformen beraten sollte.

Die französische Regierung hingegen dachte nicht daran, sich dem Urteil einer internationalen Konferenz zu unterwerfen. Vor allem Außenminister Delcassé sah die französische Stellung in Marokko in Gefahr und in der Übertragung der Reorganisationsaufgabe an andere Staaten eine unerträgliche Einbuße an Prestige, die auch Frankreichs Stellung gegenüber den Berberstämmen in Algerien erschweren würde. Der französische Außenminister glaubte im übrigen – nicht unverständlicherweise nach den sehr widersprüchlichen Äußerungen des Kaisers und Bülows –, die Deutschen blufften nur, und ließ sich deshalb in seinem Kurs nicht beirren. Indes wurde seine Zuversicht innerhalb der französischen Regierung nicht geteilt. Ministerpräsident Rouvier legte großen Wert auf gute Beziehungen zum Deutschen Reich und hegte zunehmend die Befürchtung, daß es über der von ihm als zweitrangig angesehenen marokkanischen Angelegenheit zu gefährlichen, vielleicht sogar kriegerischen Verwicklungen mit dem Deutschen Reich kommen könne. Delcassé war ohnehin ein unbeliebter Minister, der von allen Seiten gleichzeitig kritisiert wurde. Die Ultranationalisten zogen aus dem Streit um Marokko den Schluß,

---

37 Rich, Holstein 2, S. 709 f.
38 Schwertfeger, Wegweiser 4/1, S. 98.

daß er sich bei seinem Abkommen mit Großbritannien habe übertölpeln lassen und die französischen Ansprüche in Ägypten nicht für einen sicheren Besitztitel in Marokko, sondern für gar nichts eingetauscht habe. Die politische Linke warf dem Minister hingegen vor, Frankreich durch seine unnachgiebige Haltung gegenüber Deutschland an den Rand eines Krieges zu führen. Die Stimmung der französischen Bevölkerung war aber, nach Ansicht diplomatischer Beobachter, deutlich friedfertig, und so war auch die des Ministerpräsidenten. Rouvier distanzierte sich dem deutschen Botschafter Fürst Radolin gegenüber von Delcassé und betonte ostentativ seinen Willen zur Kooperation. Beide Länder seien auf gute Zusammenarbeit angewiesen und dürften sich nicht zanken, erst recht nicht wegen Marokko. Der Gegensatz zwischen Rouvier und dem von Präsident Loubet lauwarm unterstützten Delcassé kulminierte, als letzterer den Sultan durch Entsendung von Kriegsschiffen einschüchtern und zu Reformen nach französischen Vorstellungen und unter französischer Kontrolle zwingen wollte. Rouvier machte sich wegen dieser Brüskierung der Deutschen ernsthafte Sorgen um den Frieden und befürwortete deshalb eine konziliantere Linie.[39] In dem Zwist spielte auch die Einschätzung der „Entente Cordiale" eine wichtige Rolle; Delcassé glaubte an ihre Tragfähigkeit, während Rouvier an der britischen Verläßlichkeit zweifelte.

Delcassé merkte, daß seine Position in Kabinett und Öffentlichkeit nicht sehr stark war, und versuchte, das Problem gütlich aus der Welt zu schaffen. Er bot über Rom, über seinen Freund Barrére und den Grafen Monts, den Deutschen einen Kompromiß an: Frankreich sei zur Genugtuung bereit und zur gemeinsamen Regelung der Marokkofrage. Doch lehnte es Bülow nun ab, mit Delcassé zu verhandeln. Dieser sah sich auch innerhalb seines Kabinetts isoliert; als er in einem Votum über das weitere Vorgehen in der Marokkofrage mit seiner Ansicht allein blieb, wurde klar, daß er mit seiner harten antideutschen Linie gescheitert war. Am 6. Juni 1905 trat Delcassé zurück.

Die deutsche Drohdiplomatie hatte damit ihre Wirksamkeit demonstriert. Die französische Regierung hatte sich, gemessen immer in den Kategorien damaliger Ehrbegriffe, außergewöhnlich tief gedemütigt, damit Angst und gleichzeitig guten Willen gezeigt. Wilhelm II. setzte einen zusätzlichen, wenig geschickten und kränkenden Akzent, indem er Bülow am Tag von Delcassés Rücktritt in den Fürstenstand erhob. Zwar bestritt Bülow in seinen Memoiren jeden Zusammenhang zwischen den beiden Vorgängen und behauptete, der Anlaß dafür sei die Vermählung des deutschen Kronprinzen am gleichen Tage gewesen, doch wäre dies ein schwer glaublicher Zufall.[40] Es fragte sich nun aber auch, welche praktischen Auswirkungen, jenseits des Triumphgefühls über die offenkundige französische Ohnmacht und die Abhalfterung des germanopho-

---
39 Radolin an Bülow, 11.6.1905, GP 20/2, Nr. 6685.
40 Bülow, Denkwürdigkeiten 2, S. 121.

ben Delcassé, dieser Erfolg jetzt noch haben konnte. Ministerpräsident Rouvier hatte gedacht, nunmehr käme auch von der deutschen Seite Entgegenkommen und Einlenken, etwa dergestalt, daß sie den Konferenzgedanken fallenlasse als Zeichen dafür, daß sich die deutsche Freundschaft lohne. Für einen Augenblick bot sich die Möglichkeit, die marokkanische Affäre zu einer vielleicht sogar dauerhaften Verbesserung des deutsch-französischen Verhältnisses nutzen zu können. Doch diese Chance wurde von der deutschen Diplomatie vertan. Obwohl die Franzosen zu Zugeständnissen bereit waren und für Marokko eine Kompensation anboten, so etwa bei der Bagdadbahn oder in Kamerun,[41] bestand das Auswärtige Amt aufgrund der frühzeitigen unklugen Festlegung auf die marokkanische Unabhängigkeit unerbittlich und stur auf der Konferenz. Systematisch verbreitete die deutsche Diplomatie auch Kriegsangst und ließ die Meinung hochkommen, daß im Falle des Scheiterns der Konferenz das Deutsche Reich Frankreich angreifen werde.[42] Und spätestens damit verließ die Marokkokrise den Bereich der deutsch-französischen Beziehungen und wurde endgültig zu einem Problem der internationalen Politik, in dem auch der Dreibund eine wesentliche Rolle spielte.

> Über Italien wolle er nicht viel Worte verlieren und nur die Versicherung abgeben, es würde ihm eine große Genugtuung gewähren, bei gegebener Gelegenheit, welche bei der unverläßlichen Politik des Königreichs nicht ausgeschlossen sei, dem letzteren im Verein mit uns, eventuell auch mit den Waffen in der Hand, eine heilsame Lektion zu erteilen.
>
> Szögyény über Wilhelm II, 8. April 1906

c) Die Konferenz von Algeciras und Visconti-Venostas angeblicher „Verrat" am Dreibund

Bülow hatte einen Sondergesandten, Friedrich Rosen, nach Paris entsandt, der dort mit dem Beauftragten des französischen Ministerpräsidenten, Amédée Révoil, über die Konferenz und deren Ausgestaltung beraten sollte.

---

41 Fellner, Haltung Österreich-Ungarns, S. 95; Eugene Anderson: The First Moroccan Crises 1904–06, Chicago 1930, S. 271; Tommasini, L'Italia alla vigilia 2, S. 232, erwähnt folgende Konzessionen: Offene Tür in Marokko; deutsche Kapitalbeteiligungen bis zu 45 % bei allen marokkanischen Staatsaufträgen; territoriale Kompensationen im Kongo; Abtretung des Übernahmerechts des belgischen Kongo.

42 Albertini, Origins 1, S. 166; Salvatorelli, Triplice, S. 301; DDF II/6, Nr. 491, 498; BD III, Nr. 122; Tommasini, L'Italia alla vigilia 2, 97.

Sie vereinbarten am 28. September 1905, daß sich die Konferenz mit der Frage der marokkanischen Souveränität, der Handelsfreiheit, der Polizeireform, der Unterbindung des Schmuggels, der Einrichtung einer Staatsbank und weiteren wirtschaftlichen Fragen befassen sollte.[43] Allerdings kamen deutscherseits schon jetzt die ersten und vollkommen berechtigten Zweifel auf, ob es eine gute Idee gewesen war, auf der Konferenz zu bestehen. Denn es zeichnete sich ab, daß Frankreich von Spanien unterstützt werden würde, mit dem es sich über die Aufteilung jeweiliger Einflußsphären in Marokko bereits abgesprochen hatte; der Beistand von Russen und Engländern war der Pariser Regierung ebenfalls sicher. Sir Edward Grey, seit 1905 britischer Außenminister, hatte dem deutschen Botschafter in London, Wolff-Metternich, sogar ausdrücklich versichert, im Kriegsfalle werde England an Frankreichs Seite stehen.[44] Um die eigene Sache zu stärken, suchte die deutsche Diplomatie die Unterstützung der USA zu gewinnen.[45] Besonders wurde im Vorfeld der Konferenz aber die bedingungslose Unterstützung der Dreibundpartner eingefordert.

Damit brachte die deutsche Diplomatie die italienische wie die österreichische Regierung in so beträchtliche Verlegenheit, daß Barrère schon höhnisch feststellte, beide seien offenbar der deutschen Bevormundung überdrüssig.[46] Gołuchowski stimmte zwar im Juni 1905 dem Konferenzplan zu und stellte fest, daß der deutsche Rechtsstandpunkt in der Marokkofrage „unanfechtbar" sei. Allerdings schränkte er die Zusage sogleich wieder ein; Österreich-Ungarn werde nur dann an der Konferenz teilnehmen, wenn die anderen Mächte zustimmten. Denn er habe „gegen eine Rumpfkonferenz ernste Bedenken"[47]. Die schon aus diesen Formulierungen erkennbaren Reserven deuteten darauf hin, wie ungelegen der deutsche Vorstoß für die k. u. k. Regierung kam. Der Kaiser und Gołuchowski waren zwar bündnistreu wie eh und je, aber sie wollten keinen Streit mit Frankreich. Gołuchowski verstand auch nicht, warum sich die deutsche Außenpolitik derart für Marokko engagierte. Aus dieser Beurteilung resultierte der Wiener Kurs, den der österreichisch-ungarische De-

---

43 Radolin an AA, 8.7.1905, GP 21/2, Nr. 6767; Albertini, Origins 1, S. 168; Fellner, Haltung Österreich-Ungarns, S. 95; Andersen, Morocco Crisis, S. 259–279.
44 Albertini, Origins 1, S. 166 f., mit ausführlichen Erwägungen Greys über die englische Lage im Fall eines französisch-deutschen Krieges, die Möglichkeit einer englisch-französisch-russischen Allianz und die von ihm unterstrichene Notwendigkeit, zur eigenen diplomatischen Selbstbehauptung Frankreich im Fall eines deutschen Überfalls selbst um den Preis eines europäischen Krieges beizuspringen.
45 Bülow an Speck v. Sternburg, 25.2.1905, GP 20/1, Nr. 6558; Speck an AA, 9.3.1905, ebenda, Nr. 6559; Bülow an Speck, 11.3.1905, ebenda, Nr. 6560; Bülow an Kühlmann, 10.3.1905, ebenda, Nr. 6561; Schwertfeger, Wegweiser 4/1, S. 89.
46 Salvatorelli, Triplice, S. 302; dort Auswertung der DDF II/7, Nr. 10, 16, 87, 164, 178, 267.
47 Wedel an AA, 6.6.1905, GP 20/2, Nr. 6691.

legierte Graf Welsersheimb auf der Konferenz zu vertreten hatte: nämlich zu versuchen, eine freundschaftliche Versöhnung der streitenden Parteien herbeizuführen, im Zweifelsfall aber das Deutsche Reich zu unterstützen.[48]

Anders und viel komplizierter war es im italienischen Fall. Am 12. April 1905 – noch vor dem Rücktritt von Delcassé und auf dessen Nachfrage hin – forderte der französische Botschafter Barrère von Tittoni, daß Italien die Einladung zur Konferenz ablehnen müsse. Am gleichen Tag erschien aber auch Monts bei Tittoni und verlangte, Italien müsse die Einladung annehmen.[49] Er wurde von Tittoni darauf hingewiesen, daß die italienische Regierung zwar an einer Tunifizierung Marokkos nicht interessiert sei, aber seinerzeit den Franzosen ihr Desinteressement an Marokko erklärt habe.[50] Der deutsche Botschafter war in seinen Drohungen an die italienische Adresse zwar hemmungslos[51] und drohte seinen römischen Gesprächspartnern, daß „ein Versagen Italiens in der Konferenzfrage als eine reductio ad absurdum der Tripelallianz erscheinen müsse"[52]. Aber er warnte in Berlin davor, mit mehr als der italienischen Neutralität zu rechnen, sollte England sich auf Frankreichs Seite schlagen.[53]

Die deutsche Diplomatie konnte sich bei ihrem Wunsch nach italienischer Unterstützung in der Konferenzfrage auf die Klausel des Dreibundvertrages stützen, in der sich die Partner in gemeinsam interessierenden Fragen internationale Unterstützung zusagten. Aber gerade die deutsche Seite hatte sich bisher um diese Bestimmung nicht sehr gekümmert und Italien, wenn es ihr paßte, gern unbeachtet gelassen. Und außerdem war speziell das marokkanische Problem in der Vergangenheit von der deutschen Diplomatie mit betonter Geringschätzung behandelt worden; als Mancini im Jahre 1884 deutschen Beistand zur Sicherung des Status quo in dem nordafrikanischen Land errei-

---

48 Dazu Fellner, Haltung Österreich-Ungarns, passim.
49 Albertini, Origins 1, S. 162.
50 Monts an AA, 12.4.1905, GP 20/2, Nr. 6617.
51 Seine feindselige Haltung stieß inzwischen bei Tittoni auf kaum minder heftige Antipathie; diesem war bekanntgeworden, daß Monts ihn öffentlich als „cet imbecile" bezeichnete (Forgách an Gołuchowski, 3.10.1905, HHStA, PA XI, 134), und der italienische Minister dachte sogar daran, Bülow um Monts Abberufung zu bitten. Zum Schaden der deutsch-italienischen Beziehungen ließ er sich diesen Gedanken aber von seinem Botschafter in Berlin, Lanza, wieder ausreden. Dazu auch Tommasini, L'Italia alla vigilia 2, S. 156 f.; Salvatorelli, Triplice, S. 302.
52 Monts an Bülow, 12.6.1905, GP, 20/2, Nr. 6709. Ähnlich Bülow an Monts, 31.5.1905, ebenda, Nr. 6670. Trotzdem leitete die italienische Regierung, wie Monts beklagte, zunächst einen Meinungsaustausch mit London und Paris ein.
53 Monts an AA, 12.4.1905, GP 20/2, Nr. 6617; dort auch Bericht Monts vom 13.4.1905, ebenda, S. 324, Fußnote **, mit wilden antiitalienischen Tiraden („Im übrigen dürfte man sich hier, klein und schwach wie man ist, möglichst ducken und nach keiner Seite zu sehr anzustoßen bestrebt sein").

chen wollte, hatte Bismarck jede Unterstützung verweigert und verächtlich von der italienischen „Gespensterseherei an entfernten Küsten" gesprochen.[54] Ähnlich hätte die italienische Diplomatie auch reagieren und in Kopie zahlreicher deutscher Auskünfte einfach kühl darauf verweisen können, daß Marokko außerhalb des Geltungsbereichs des Dreibundvertrages läge. Doch bot sich eine solche, die deutsche Führung mit Sicherheit aufs äußerste reizende Antwort nicht an. Die Gefahr war groß, daß bei der ohnehin bereits massiven deutschen Mißstimmung gegen Italien dann der endgültige Bruch vollzogen worden wäre; außerdem hätte sich die deutsche Diplomatie revanchieren und Italien dann Schwierigkeiten in der Tripolis-Frage machen können.

Ende September 1905 reiste Tittoni, inzwischen beim deutschen Kaiser und dem Auswärtigen Amt Persona ingrata, nach Deutschland und traf mit Bülow zusammen. Beide umgingen es, die in der Konferenzfrage vorauszusehenden unangenehmen Probleme wirklich gründlich zu erörtern und berauschten sich statt dessen wechselseitig mit Beteuerungen ihrer freundschaftlichen Gefühle.[55] Während Tittoni in dem angenehmen Glauben nach Hause fuhr, zwischen Deutschland und Frankreich sei im Vorfeld bereits alles ausgehandelt worden und Italien müsse auf der Konferenz nur noch „Ja und Amen" sagen,[56] glaubten Bülow und Holstein, Italien müsse und werde dem Deutschen Reich auf der Konferenz folgen, und telegraphierten entsprechende Verhaltensmaßregeln für die italienische Regierung nach Rom.[57] Optimismus trug der Kanzler auch vor dem Reichstag zur Schau, wo inzwischen die Haltung Italiens Gegenstand lebhafter Diskussion geworden war. Auf eine Anfrage des Zentrumsabgeordneten Fritzen, der an der Bündnistreue Italiens zweifelte, erklärte Bülow im Dezember 1905, daß eine Abwendung Italiens vom Dreibund nicht zu befürchten sei. Es habe sich dem Dreibund seinerzeit „nicht in unklarer Sentimentalität angeschlossen, sondern weil es dabei auch seine Rechnung findet". Zwischen Italien und dem Deutschen Reich gäbe es, ebenso wie zwischen Österreich-Ungarn und Deutschland, nicht den mindesten Interessengegensatz. Italien werde schon aus eigenem Interesse treu zum Dreibund stehen.[58]

Inzwischen hatten sich die Großmächte auf den spanischen Ort Algeciras als Konferenzort geeinigt. Die italienische Regierung überlegte sich nun, wie sie sich auf der Konferenz verhalten sollte, um weder deutschen noch französischen Unmut zu erregen.[59] Es wurde, wenn auch offenbar nur sehr akade-

---

54 Siehe oben, S. 153.
55 Salvatorelli, Triplice, S. 302; Tommasini, L'Italia alla vigilia 2, S. 205.
56 Monts an Bülow, 11.3.1906, GP 21/1, Nr. 7103.
57 Salvatorelli, Triplice, S. 303; Bülow an Monts, 22.12.1905, GP 21/1, Nr. 6912.
58 Tommasini, L'Italia alla vigilia 2, S. 234–236; Singer, Dreibund, S. 156 f.
59 Monts an Bülow, 9.1.1906, PA/AA, R 9114, zitiert einen Sonnino-Artikel im „Giornale d'Italia"

misch, in der Consulta erwogen, ob Italien nicht auf eine Beteiligung an der Konferenz gänzlich verzichten sollte, um sich nicht zu kompromittieren. Dem stand aber die eigene öffentliche Meinung im Weg, die dies als unverständlichen Verzicht auf das Recht einer Großmacht zur Mitsprache empfunden hätte. Tittoni war der wohl richtigen Ansicht, es käme für das beidseitig gebundene Italien hauptsächlich darauf an, nicht aufzufallen. Der Vorgehensweise der anderen Großmächte folgend, ernannte er den italienischen Botschafter in Madrid, Silvestrelli, zum Konferenzbevollmächtigten und gab ihm den Auftrag, höchste Reserve zu wahren, keine Vorschläge zu machen und alles zu vermeiden, was französische Proteste hervorrufen könnte.[60] Silvestrelli galt als nicht gerade hellstes Licht des italienischen Diplomatenhimmels und war bei einer vorangegangenen Mission in Genf wegen seines unbeherrschten Wesens unangenehm aufgefallen. Hinzu kam, daß er ein Cousin Tittonis war. In der italienischen Öffentlichkeit erhob sich sogleich vehementer Protest gegen diesen scheinbaren Akt des Nepotismus, und es wurde die Entsendung eines glänzenden und befähigten Diplomaten gefordert; gehandelt wurden die Namen Nigra, di Rudinì und Visconti-Venosta. Nach dem durch einen Kabinettswechsel bedingten Rücktritt Tittonis wurde am 27. Dezember 1905 Antonio di San Giuliano[61] sein Nachfolger in der Consulta. Dieser hielt die Konferenz für so wichtig, daß er den besten überhaupt zur Verfügung stehenden italienischen Diplomaten dorthin entsenden zu müssen glaubte. Am 4. Januar 1906 wurde Altmeister Visconti-Venosta zum italienischen Bevollmächtigten für die Konferenz von Algeciras ernannt.[62]

Damit war Italien tatsächlich durch eines seiner größten diplomatischen Talente in Algeciras vertreten. Doch es blieb nicht aus, daß damit die italienische Haltung plötzlich international sehr ins Rampenlicht rückte. Dabei hatte auch Visconti keinen anderen Vorsatz als den, ehrlich zu vermitteln. Das italienische Konzept der „alleanza ed amicizia" ging schließlich nur auf, wenn deutsch-französische Spannungen und damit für Italien der Zwang zur klaren Parteinahme vermieden wurden. Doch war die deutsch-französische Konfrontation die Achse der Marokkokrise und auch der Konferenz; neutrale Objektivität und Vermittlungswunsch war Franzosen und Deutschen zu wenig; beide Seiten verlangten die bedingungslose italienische Gefolgschaft, um diese Konferenz in einen Sieg verwandeln zu können. Bülow ließ Visconti über Monts mitteilen, es gehe in Algeciras darum, die Polizei in Westmarokko nicht

---

vom 8.1.1906, in dem auf die Gefahr eines Konfliktes beider Machtgruppen hingewiesen wird. Die Antwort des „Popolo d'Italia" vom 9.1.1906 darauf war, die Lage Italiens sei zwar „delicatissima", wenn es zu keiner Einigung komme; aber die Aussichten auf eine Übereinkunft seien so gut, daß diese Sorgen überflüssig seien.

60 Tommasini, L'Italia alla vigilia 2, S. 229, 231; Salvatorelli, Triplice, S. 303.
61 Zu San Giuliano siehe unten, S. 687–688.
62 Dazu Albertini, Origins 1, S. 165.

auch noch französischem Einfluß zu unterstellen, denn dies würde das Prinzip der „offenen Tür" in dem Lande illusorisch machen. Visconti gestand dies zwar ein, gab aber zu verstehen, daß ihm durch die Verabredungen Prinettis die Hände gebunden seien und er deshalb, sollte eine offenkundige „Disharmonie" zwischen den Dreibundpartnern vermieden werden, jede Abstimmung vermeiden müsse.[63] Monts hatte schneller als die Berliner Zentrale begriffen, daß Italien die deutsche Position nicht voll unterstützen könne und wolle, und das, obwohl er vom (nur wenig mehr als einen Monat im Amt bleibenden[64]) neuen Außenminister, San Giuliano, einen sehr günstigen Eindruck gewonnen hatte und ihn für einen entschiedenen Dreibundfreund hielt.[65] In diesem Punkt deutlich weitsichtiger als Holstein und Bülow, hielt er den Konferenzgedanken ohnehin für einen gewaltigen Fehler und befürwortete eine separate deutsch-französische Übereinkunft.[66]

Am 16. Januar 1906 versammelten sich die Vertreter der an Marokko interessierten Mächte in Algeciras. Hauptprotagonisten waren der französische Unterhändler Révoil sowie der britische Botschafter in Madrid, Sir Arthur Nicolson.[67] unterstützt vom russischen Gesandten Graf Arthur Cassini. Die Gegenseite bildeten die Vertreter des Deutschen Reiches, nämlich der Madrider Botschafter Wilhelm von Radowitz und sein Gehilfe, Graf Christian Tattenbach, als Spezialist für Marokko, sowie die Abgesandten des Sultans von Marokko. Waren die genannten Delegierten eindeutig Partei, so suchten der amerikanische Unterhändler White, der österreichisch-ungarische Delegierte Welsersheimb und der italienische Delegierte, Visconti-Venosta, zu vermitteln.

Vor allem die Stellung der beiden letzteren war von Interesse. Welsersheimb hatte von Gołuchowski die Weisung erhalten, die deutschen Delegierten zu unterstützen, aber gleichzeitig nach Möglichkeit einen Ausgleich herbeizuführen. Er wurde indes von allen anderen Delegierten nicht wirklich für voll genommen und ungerechterweise für zwar gutwillig, aber beschränkt gehalten.[68] Visconti wiederum hatte von San Giuliano freie Hand erhalten und wurde nur noch einmal auf die Bedeutung der Konferenz für die italienische

---

63 Monts an Bülow, 6.1.1906, GP 21/1, Nr. 6928; Salvatorelli, Triplice, S. 304.
64 San Giuliano war bis zum 8.2.1906 Außenminister. Danach trat das 2. Ministerium Fortis zurück und wurde durch das Ministerium Sonnino – Außenminister Giucciardini – ersetzt.
65 Albertini, Origins 1, S. 167. Positive Charakteristik, auch durch Lützow, in Monts an Bülow, 26.12.1905, PA/AA, R 9113; Mißtrauen Gołuchowskis: Monts an Bülow, 17.1.1906, PA/AA, R 9114, nach Angaben Lützows.
66 Albertini, Origins 1, S. 165.
67 Dazu Harold Nicolson: Die Verschwörung der Diplomaten. Aus Sir Arthur Nicolsons Leben 1849–1928, Frankfurt a.M. 1930.
68 Fellner, Haltung Österreich-Ungarns, S. 94, zitiert Révoil, den französischen Delegierten in Algeciras, der über Welsersheimb sagte: „Personellement ce dernier est très porté de bonne volonté, mais il parait peu intelligent."

Politik hingewiesen.[69] Er glaubte selbstbewußt, seine Mission erfüllen zu können, und riet San Giuliano deshalb ab, in Berlin den Inhalt der französisch-italienischen Vereinbarungen über Marokko mitzuteilen – was loyal und vielleicht auch klüger gewesen wäre.[70] Skeptischer äußerte sich Visconti-Venosta gegenüber dem belgischen Botschafter in Paris, dem er vor Konferenzbeginn sagte, wie ernst er die Vermittlerrolle nehme und daß er seinen Kollegen empfehle, keine Vorschläge einzubringen, die nicht zuvor in den großen Linien von Frankreich und Deutschland abgesegnet worden seien. Er hoffe auf einen guten Ausgang, aber manche Ansprüche ließen ihn doch an der Möglichkeit einer freundschaftlichen Einigung zweifeln.[71]

Noch vor Konferenzbeginn war Bülow endgültig klargeworden, daß die Konferenz ein kompletter Mißerfolg zu werden drohte und ihr Ende das Deutsche Reich möglicherweise allein, oder nur in Gesellschaft Marokkos, zeigen werde. Die Ursache dafür lag auch wesentlich darin, daß die eingeladenen Mächte nicht glaubten, daß es dem Deutschen Reich wirklich um Marokko gehe; sie sahen darin einen Versuch, Frankreich unter Druck zu setzen, und wollten dies nicht unterstützen.[72] Übereinstimmend wurde von den Konferenzteilnehmern von einem „französischen Wind" oder einer „antideutschen Stimmung" in Algeciras gesprochen. Bülow gab deshalb die Instruktion aus, daß zumindest der Eindruck deutscher Isolierung tunlichst zu verhindern sei. Es sei nicht das deutsche Ziel, hieß es plötzlich, Frankreich eine diplomatische Niederlage zu bereiten, sondern eine offenkundige deutsche Isolierung zu vermeiden. Aus diesem Grund wurde bei jeder Abstimmung, egal welchen Inhalts, sorgfältig darauf geachtet, ob Österreicher und Italiener Solidarität zeigten und loyal mit den deutschen Delegierten stimmten.

Von den Sachfragen her standen zwei Hauptfragen im Vordergrund und mußten auf der Konferenz geklärt werden: Die Frage der Organisation der marokkanischen Staatsbank und die Reform und Kontrolle der Polizei. Die französische Seite schob die technischen und wirtschaftlichen Aspekte in den Vordergrund, vor allem die Frage der Staatsbank, und hoffte, durch das Versprechen der „offenen Tür" in wirtschaftlichen und finanziellen Fragen die anderen Mächte für die französische Leitung der Polizeireform zu gewinnen. Aus Prestigegründen war Paris aber nicht bereit, in der Polizeifrage nachzugeben

---

69 Giucciardini an Visconti-Venosta, 9.1.1906, ASMAE, Serie Politica P (1891–1916) 24 (Marocco), Pac 210. Tommasini, L'Italia alla vigilia 2, S. 256; Francesco Cataluccio: La politica estera di E. Visconti Venosta, Firenze 1940, S. 106.
70 Cataluccio, Visconti, S. 107.
71 Cataluccio, Visconti, S. 106 f.
72 Monts an Tschirschky, 10.1.1906, Monts, Erinnerungen, S. 421: „In Marokko verteidigen wir ganz sicher die Interessen Aller. Aber alle sind im Grunde gegen uns, bloß weil wir immer so präpotent sind und soviel Haß auf uns laden."

und beharrte darauf, das Reformmandat mit Spanien gemeinsam auszuüben. Die französische Position hatte sich verschärft; Frankreich sei, so äußerte der über das ausgebliebene deutsche Entgegenkommen erbitterte Ministerpräsident Rouvier, aufgrund seines nordafrikanischen Kolonialbesitzes eine islamische Macht, die wegen Algerien nicht auf die Einflußnahme in Marokko verzichten könne.[73]

Für die deutsche Regierung war hingegen die Polizeireform die Kernfrage marokkanischer Unabhängigkeit, und deshalb legte sie hierauf auch ihr Schwergewicht. Sie bestritt nicht die Notwendigkeit von Reformen, wollte diese aber in internationale Hände legen. Dazu wurde eine Reihe von Vorschlägen entwickelt und diskutiert, so beispielsweise die Idee, Marokko in Distrikte aufzuteilen; jeweils eine Macht sollte die Reformen in einem Distrikt leiten. Ein Alternativvorschlag war, daß Offiziere der kleinen Mächte, beispielsweise aus den Niederlanden und der Schweiz, die Reformen beaufsichtigen sollten. Dann tauchte sogar der Gedanke auf, Italien mit der Polizeireform zu beauftragen.[74] Großen Wert legte die deutsche Seite auch darauf, daß der Sultan, als angeblich selbständiger Herrscher, formal den Reorganisationsapparat bestellte. Schließlich, und dies war bereits ein erstes Entgegenkommen, bot die deutsche Diplomatie an, daß Frankreich und Spanien zwar die Polizeiinstrukteure stellen durften, daß aber ein dem Sultan verantwortlicher Zentralinspektor einer unabhängigen Macht die Reformen beaufsichtigen solle. Damit er auch über reale Befehlsgewalt verfügte, sollte dieser Polizeichef von Casablanca werden. Doch diese letzte Konzession verweigerten die Franzosen. Während sie in den übrigen Punkten nachgaben, waren sie nicht bereit, andere als spanische und französische Offiziere mit einem Reformmandat zu betrauen.

Der erste deutsche Delegierte, v. Radowitz, schätzte bald schon die deutschen Erfolgschancen in Algeciras als sehr begrenzt ein. Doch in Berlin sah man weniger klar, was auch daran lag, daß sich parallel zu dem beständigen Diskutieren und Aushandeln der nächsten diplomatischen Schritte die Krisis um den alten Holstein[75] verschärfte. Dieser befürwortete einen kompromißlosen Kurs und war bereit, Frankreich notfalls mit Krieg zu drohen, vielleicht ihn sogar zu führen.[76] Er glaubte, festes deutsches Auftreten werde die anderen Mächte zum Einlenken bringen und machte die „schwachen Nerven" Wilhelms II. für den Mißerfolg verantwortlich.[77] Doch Holstein verkannte die

---

73 Albertini, Origins 1, S. 169.
74 Ebd.
75 Dazu Rich, Holstein 2, S. 746 ff.; GP 21/1, S. 338, Fußnote *, mit dem Ergebnis der Untersuchung der Akten über die „Holstein-Krise".
76 So argumentiert Rich, Holstein 2, S. 697–699; Holstein, Geheime Papiere 1, S. LIII; Holstein, Lebensbekenntnis, S. XXXV; Monts, Erinnerungen, S. 191, 282–3.
77 Seiner Cousine schrieb Holstein wenig später: „In der Marokkofrage vertrat ich die Ansicht,

Italien als Diener zweier Herren   555

tatsächlichen Verantwortlichkeiten; in Wahrheit versuchte nämlich nicht nur
Wilhelm II., sondern auch Bülow, die Marokkoangelegenheit mit möglichst
geringem Prestigeverlust, aber doch auch durch Nachgiebigkeit zu Ende zu
bringen. Aus verstreuten Bemerkungen wurde immer wieder deutlich, daß
der Reichskanzler, obwohl er sich von Holstein in die Affäre hatte hinein-
manövrieren lassen, die marokkanische Frage, anders als dieser, nicht für das
entscheidende Kräftemessen zwischen dem Deutschen Reich und der Entente
Cordiale hielt, sondern für eine kolonialpolitische Quisquilie minderer Bedeutung.[78] Als Holstein zeitweise wegen Krankheit ausfiel, blieben die politischen Folgen nicht aus.[79] Bülow versteckte sich Holstein gegenüber bei seiner
allmählichen Kursänderung gerne hinter angeblichen kaiserlichen Entscheidungen. Der Zorn des krankhaft reizbaren und mißtrauischen Holstein über
den konzeptlosen und schwachen Kurs richtete sich deshalb ganz einseitig gegen Wilhelm II. Dabei suchte Bülow vor allem in der zweiten Hälfte der Ma-
rokkokonferenz Holsteins harte Haltung zu unterlaufen, arbeitete plötzlich,
anders als früher, alle Akten selber durch und suchte überall nach den von
Holstein ausgelegten Fußangeln, was auch dazu führte, daß er sich heillos
überarbeitete und bei der Besprechung der Marokko-Angelegenheit im
Reichstag einen schweren Ohnmachtsanfall erlitt und für Wochen ausfiel.[80]

---

daß wir fest auf unserem Standpunkt bleiben sollten in der sicheren Erwartung, daß die Neutralen mit Vermittlungsvorschlägen kommen würden ... Die wären sicher mit Vorschlägen gekommen, sobald sie gesehen hätten, daß die Konferenz in Gefahr war zu scheitern. Diese Ansicht teilten mit mir der Reichskanzler, der Staats- und Unterstaatssekretär. Der Kaiser aber
bekam plötzlich einen Schreck ..., als die Zeitungen meldeten, Delcassé sei zum König von
England berufen worden [dazu GP 21/1, S. 240, 241, Fußnote X.]. Unser Allergnädigster hat
viel Phantasie und schwache Nerven. Er schrieb an Bülow, man solle nachgeben. Ich bedaure
das für die Zukunft, denn die andern Kabinette werden sich's natürlich merken, wenn's mal
wieder so kommt, daß Deutschland vor einem Drucke zurückgewichen ist. Die gleiche Methode wird dann wieder versucht werden; darin liegt eine wirkliche Gefahr, während die Marokkofrage ganz ungefährlich war." In: Holstein, Lebensbekenntnis, S. 246 f.

78 Bülow schrieb beispielsweise am 19.3.1906: „Im Hinblick auf die verschiedenen großen politischen Erfolge des deutsch-amerikanischen Zusammengehens während der letzten zwei Jahre
– Lokalisierung des (russisch-japanischen) Krieges, Wahrung der internationalen Ordnung
und endlich Wiederherstellung des Friedens – erscheint mir die Erhaltung des bisherigen Vertrauens zwischen Berlin und Washington, die unverzügliche Beseitigung aller Mißverständnisse wichtiger als die ganze Marokkoangelegenheit." Dieser Satz wurde von Bernhard
Schwertfeger zu Recht wie folgt gewertet: „Damit hat Bülow über die deutsche Marokkopolitik
bis zu diesem Zeitpunkte ein vernichtendes Urteil gesprochen." In: Schwertfeger, Wegweiser
4/1, S. 136.

79 Tschirschky an Monts, 13.12.1905, Monts, Erinnerungen, S. 438 f., schrieb: „Holstein hatte Marokko bis dahin ganz allein besorgt und hatte keinen andern rangelassen. Plötzlich bricht er
mit den Nerven total zusammen, und nun war buchstäblich niemand da, der den Faden hätte
weiterspinnen können."

80 Schwertfeger, Wegweiser 4/1, S. 137 f. Tschirschky an Monts, 28.3.1906, Monts, Erinnerungen,

In diesen Zeitraum fiel auch Holsteins Entlassung, basierend auf einem seiner üblichen Rücktrittsgesuche, das diesmal aber von Bülow wegen dessen Krankheit nicht aufgefangen werden konnte, sondern auf dem Schreibtisch des Staatssekretärs Tschirschky landete. Dieser, ein Holstein-Gegner, war froh, ihn endlich loszuwerden. Bülow war es, ohne sein direktes Zutun, aber wahrscheinlich ohne allzugroßes Bedauern, gelungen, sich von seinem starrsinnigen außenpolitischen Mentor zu trennen,[81] ohne daß es zwischen beiden zum Bruch gekommen wäre.

Aus diesen Berliner Machtkämpfen resultierte die große deutsche Linie während der Konferenz, die sich durch übergroße, von Holstein inspirierte Starrheit in der ersten Hälfte, durch plötzliche, von Bülow ausgehende Kompromißbereitschaft in der zweiten Hälfte auszeichnete. Während der gesamten Konferenz aber waren angesichts der unversöhnlichen deutschen und französischen Standpunkte gute Vermittlerdienste essentiell, um ein Scheitern mit den unabsehbaren Folgen für den europäischen Frieden zu vermeiden. Dieser Aufgabe unterzogen sich Welsersheimb, Visconti-Venosta und der amerikanische Delegierte White mit insgesamt gutem Erfolg; sie suchten gleichermaßen zwischen Deutschland und Frankreich, zwischen Révoil und v. Radowitz zu vermitteln. Visconti-Venosta sah die Aufgabe der Konferenz darin, die allgemeinen und besonders die ökonomischen Verhältnisse in Marokko zu verbessern;[82] er war aber skeptisch, was die Polizeifrage anging, und

---

S. 441 f.: „Holstein muß beseitigt werden. Es geht unmöglich mit ihm weiter. Er arbeitet nicht mehr, schießt nur ab und zu mit einem aus persönlichen Motiven entsprungenen Plane dazwischen. Die letzte Zeit war sein ganzes Streben, von uns aus die Konferenz noch scheitern zu lassen; ob er damit B[ernhard] B[ülow] ein Bein stellen wollte, lasse ich unerörtert." Tschirschky an Monts, 13.4.1906, Monts, Erinnerungen, S. 442–444, macht Holstein auch für Bülows Zusammenbruch direkt verantwortlich: „Es besteht bei mir und allen, die in letzter Zeit mit B.B. intim verkehrt und gearbeitet haben, kein Zweifel, daß in erster Linie Holstein die Schuld an dem geistigen und körperlichen Zusammenbruch des Kanzlers trägt. Sie machen sich keinen Begriff, wie raffiniert und unausgesetzt Holstein den armen B.B. gepeinigt hat! ... B. hat wegen H. wohl die vierfache Arbeit machen müssen. In der wohl leider richtigen Annahme, daß H. nie sachliche Gründe für seine täglich wechselnden Vorschläge in der Politik habe, zerbrach sich B. den Kopf jedesmal darüber, was jener wohl damit im Schilde führe; ob er gegen ihn selbst oder mich oder einen Botschafter oder sonst jemanden intrigiere. Es war bei B.B. vollkommen zur fixen Idee geworden, und keine Unterhaltung war mehr möglich, ohne endlose Suppositionen über H.s dunkle Pläne."

81 So Tschirschky an Monts, 13.4.1906, Monts, Erinnerungen, S. 442 f. Balfour, Wilhelm II., S. 494, Anm. 8, zu dem auf Raschdau zurückgehenden Gerücht, Bülow sei von Holstein mit „Tatsachen sehr ernsten Charakters" (Homosexualität?) erpreßt worden. Balfour hält dies mit Blick auf die Holstein-Papiere für nicht zutreffend und vermutet, Bülow habe nur die herausragenden Fähigkeiten Holsteins zu schätzen gewußt. Siehe auch Holstein an Bülow, 24.6.1899, Holstein, Geheime Papiere 4, Nr. 689, und Bülow an Holstein, 24.6.1904, ebenda, Nr. 690, mit einer Diskussion über ein Abschiedsgesuch Holsteins und den Gründen Bülows, ihn zurückzuhalten.

82 Visconti-Venosta referiert detailliert seinem Außenminister über die Debatten zur Verbesse-

hatte sie bereits vor Konferenzbeginn für „unlösbar" erklärt. Darin lag auch der wesentliche Unterschied zwischen seiner Haltung und der Welsersheimbs, der sich bald schon als wesentlich herausstellen sollte.[83] Welsersheimb versuchte in der Polizeifrage zu vermitteln und wirkte damit als Vertreter der deutschen Politik. Auch war deutlich, daß er im Zweifelsfall immer mit Deutschland stimmen werde. Visconti-Venosta hingegen kümmerte sich um die Banken- und Finanzenfrage. Sein Verhalten wurde von deutscher Seite so interpretiert, daß er die Marokkofrage als vorwiegend wirtschaftliches Problem ansah und sich damit dem französischen Standpunkt angenähert hatte.[84] Dieser Eindruck war zutreffend. Visconti-Venosta hatte bei Übernahme des Mandats keinen Zweifel daran gelassen, daß er aufgrund der vertraglichen Verpflichtungen Italiens lavieren mußte und den deutschen Standpunkt nicht aktiv unterstützen konnte. Bülow beklagte sich schon im Februar 1906 bei San Giulianos Nachfolger, Giucciardini, über Visconti-Venosta; dieser habe sich „in der Polizeifrage, also in dem wichtigsten Punkt des Konferenzprogramms, ganz auf den französischen Standpunkt gestellt. Er identifiziert sich mit dem französischen Vorschlag eines Doppelmandats an Frankreich und Spanien und zeigt gegenüber unserm Prinzipalvorschlage wegen internationaler Gestaltung der Polizei keinerlei Entgegenkommen"[85]. Bülow scheute auch nicht vor dem Versuch zurück, über seine Schwiegermutter, Donna Laura Minghetti, auf Visconti-Venostas Haltung Einfluß nehmen zu wollen.[86] Indes war dies ein aussichtsloses Unterfangen, da Visconti-Venosta ein viel zu unabhängiger Kopf war, der sich nicht einmal von seinem Außenminister in seine Verhandlungsführung hineinreden ließ. Im übrigen war der deutsche Delegierte in Algeciras, v. Radowitz, über die von Bülow gegen Visconti-Venosta erhobene Anschuldigung überrascht; er empfand nämlich (ähnlich wie der amerikanische Unterhändler White, der gleicher Ansicht war[87]) dessen ausgleichende Haltung als ausgesprochen hilfreich. Und noch überraschter reagierte Visconti-Venosta selbst, der, als ihm der Vorwurf bekannt

---

rung der ökonomischen Situation des Landes. Im Zusammenhang mit auf der Konferenz diskutierten Zollfragen schrieb er beispielsweise am 4.2.1906: „... lo scopo che la conferenza aveva in vista, quello cioé di applicarne l'aumento a qualche opera di utilità economica di cui il commercio potesse giovarsi e, in particolar modo, al miglioramento dei porti." In: Visconti-Venoata an San Giuliano, 4.2.1906, ASMAE, Serie Politica P (1891–1916) 24 (Marocco), Pac 210.

83 Dazu ausführlich Fellner, Haltung Österreich-Ungarns, S. 97.
84 Ebd., S. 97.
85 Bülows Beschwerde über Visconti-Venoata: Bülow an Monts, 10.2.1906, GP 21/1, Nr. 6995. Dazu Albertini, Origins 1, S. 169; Tommasini, L'Italia alla vigilia 2, S. 276–280.
86 Tschirschky an Monts, 13.4.1906, Monts, Erinnerungen, S. 442–444.
87 Monts an Bülow, 12.4.1906, GP 21/1, Nr. 7142, zitiert White: „Marquis Visconti Venosta hat hinter der Szene viel Gegensätze ausgeglichen und manches Urteil verhindert. Ohne ihn wäre es wahrscheinlich sehr schnell zum Bruch gekommen."

wurde, v. Radowitz ausgesprochen indigniert zur Rede stellte: „Er, als Vertreter einer mit Deutschland verbündeten Regierung, hätte niemals einen deutschen Vorschlag bekämpft, noch einen Gegenvorschlag unterstützt und immer nur den Ausgleich erstrebt."[88] Radowitz mußte dies auch zugeben.

Am 16. Februar 1906 legten White, Visconti-Venosta und Welsersheimb einen Kompromiß in der Polizeifrage vor, der von Bülow aber abgelehnt wurde. Die starre Haltung der Berliner Regierung in der marokkanischen Frage erregte bei v. Radowitz zunehmende Beklemmung, und er animierte seinen österreichischen Kollegen dazu, über Wien bei seinen Berliner Vorgesetzten größere Nachgiebigkeit einzufordern.[89] Dies blieb nicht folgenlos; Gołuchowski betonte der deutschen Seite gegenüber die Notwendigkeit einer Kompromißlösung, Marokko sei schließlich keinen Krieg wert. Und am 23. Februar 1906 griff sogar Kaiser Franz Joseph ins Geschehen ein; er mahnte, die ungünstigen Mehrheitsverhältnisse auf der Konferenz ließen für die deutsche Sache eine Kampfabstimmung als wenig rätlich erscheinen, auch wollte er eine Spaltung der Mächtegruppen vermieden sehen.[90] Als Kompromiß schlug der österreichisch-ungarische Gesandte Welsersheimb schließlich vor, die Polizeireform solle unter die Oberhoheit des Sultans gestellt werden, der französische und spanische Offiziere zu berufen habe; in Casablanca sollte ein schweizer, belgischer oder holländischer Offizier die Polizei befehligen.[91] Bülow mißfiel dieses; er verlangte, nicht nur französische und spanische, sondern auch deutsche, österreichische und italienische Beamte sollten in die Reorganisation berufen und dieser neue Vorschlag durch den österreichischen und italienischen Delegierten eingebracht werden.[92] Visconti-Venosta reagierte darauf mit Unverständnis: Er könne nicht begreifen, warum Berlin ständig mit Vorschlägen käme, die keine Chance hatten, angenommen zu werden. Außerdem warnte er wie schon oft davor, daß Italien eigene Initiativen setze; dies würde die Widersprüche zwischen der Allianz und dem Mittel-

---

88 Visconti-Venosta an Außenministerium, 12.2.1906, Telegramm 426, ASMAE, Serie Politica P (1891–1916) 24 (Marocco), Pac 210, schildert, wie er v. Radowitz klarmachte, daß er sich immer nur um Ausgleich bemüht habe, was dieser auch nicht bestreiten konnte: „... come Rappresentante di un Governo Alleato alla Germania non avrei mai né combattuto una proposta germanica, né sostenuta una proposta contraria, pur desiderando la conciliazione." Albertini, Origins 1, S. 169, vermutet, Bülows Beschwerden hätten wahrscheinlich dazu gedient, den neuen Premierminister Sonnino zu überzeugen, Visconti durch bindende Anweisungen zu deutschfreundlichem Verhalten zu verpflichten.
89 Fellner, Haltung Österreich-Ungarns, S. 101, zitiert ein entsprechendes Telegramm Welsersheimbs an Gołuchowski vom 17.2.1906.
90 Aufzeichnung Bülows, 24.2.1906, GP 21/1, Nr. 7039.
91 Albertini, Origins 1, S. 170.
92 Giucciardini an Visconti-Venosta, 1.3.1906, ASMAE, Raccolta Telegrammi in Partenza (RTP) 270, 16.9.1905–11.3.1906, Nr. 527.

meerabkommen mit Frankreich offenbar werden lassen.[93] Tatsächlich protestierte Barrére bereits in Rom; seiner Ansicht nach war Italiens Verhalten in Algeciras ein Bruch des französisch-italienischen Abkommens.[94] Visconti-Venosta weigerte sich auch unter Vorwänden, zwei deutsch-österreichische Anträge mit zu tragen. Nicht zu Unrecht befürchtete er Schwierigkeiten mit Frankreich, das darin einen antifranzösischen „triplicistischen Schachzug" sehen könnte.[95] Und er wies jeden Gedanken, Italien die Organisation der Polizei zu übertragen, energisch zurück: „Italien hat hier die Mission, die Streitigkeiten zu schlichten, nicht sie auszunutzen."[96]

Die Einigung auf der Konferenz erfolgte durch deutsches Nachgeben; am 27. März 1906 wurde eine Einigung im Polizeireglement erreicht und am 31. März schließlich die Schlußakte unterzeichnet.[97] Radowitz hatte auf die ohnehin nicht unbedingt sinnvolle eigenständige Befehlsgewalt des Generalinspekteurs in Casablanca verzichtet[98] und auch der ausschließlichen Beschickung der marokkanischen Polizei durch französische und spanische Offiziere zugestimmt. Die Franzosen wiederum hatten auch eine wesentliche Konzession gemacht: Sie hatten sich in die Ernennung eines niederländischen oder schweizerischen Generalinspekteurs der Polizei gefügt und auch zugestanden, daß die Polizeireform der Aufsicht und Kontrolle des diplomatischen Korps unterstehen sollte. Die Internationalisierung Marokkos war damit gewährleistet. Auch wirtschaftlich war das System der „Open-Door-Policy" in vertretbarer Weise geregelt worden. Damit konnte die Konferenz, was das Sachliche anging, als perfekter Kompromiß angesehen werden; weder Deutsche noch Franzosen konnten sagen, alle oder keines ihrer Ziele erreicht zu haben. Der Ansicht, faktisch das Notwendige erreicht zu haben, waren sowohl Bülow als auch Holstein. Der Reichskanzler schrieb am 25. März 1906: „Wir haben politisch und wirtschaftlich alles erreicht, worauf es ankommt." Nur aus taktischen Gründen sei mehr verlangt worden. „Mit dem Gesamtresultat wie speziell mit dem in der Bank- und Polizeifrage Erreichten" könne man

---

93 Visconti-Venosta an Außenministerium, 4.3.1906, ASMAE, Raccolta Telegrammi in Arrivo 271, Nr. 621–624; Albertini, Origins 1, S. 170, 171. Tommasini, L'Italia alla vigilia 2, S. 293.
94 Tommasini, L'Italia alla vigilia 2, S. 282–284.
95 Salvatorelli, Triplice, S. 307. Visconti-Venosta an Außenministerium, 8.3.1906, Telegramma in arrivo 653, ASMAE, Politica P (1891–1916) 24 (Marocco), Pac 210.
96 Cataluccio, Visconti, S. 110: „L'Italia ha qui la missione di comporre i dissidi, non di sfruttarli."
97 Radowitz an AA, GP 21/1, Nr. 7138.
98 Die Gründe gegen eine solche Regelung waren: Die Ausbildung einer Polizeitruppe in Casablanca würde den Generalinspektor in seinen sonstigen Tätigkeiten beeinträchtigen; möglicherweise wären seine Erfolge in Casablanca aufgrund seiner Ortsfremdheit geringer als die der kundigen französischen und spanischen Offiziere etc. Diese und weiteres z.B. in: Wolff-Metternich an AA, 13.3.1906, GP 21/1, Nr. 7100. Gegnerschaft der USA: Speck v. Sternburg an AA, 14.3.1906, ebd, Nr. 7102.

ganz zufrieden sein.⁹⁹ Und Graf Tattenbach, der zweite deutsche Delegierte, meinte, das Deutsche Reich sei „mit einem ‚œil bleu' aus dem üblen Handel herausgekommen. Namentlich hätten wir die Möglichkeit behalten, je nachdem Frankreich in Marokko unendliche Schwierigkeiten zu machen oder große Gefälligkeiten zu erweisen"¹⁰⁰.

Da aber die eigentlich marokkanischen Angelegenheiten nur einen Aspekt der Krise bildeten, der andere eben das Kräftemessen zwischen dem Deutschen Reich und seinen Verbündeten einerseits und den Franzosen und ihren Verbündeten andererseits war, fiel die Bilanz aus deutscher Sicht doch negativ aus. Nämlich allgemein wurde die Konferenz als eine katastrophale deutsche Niederlage gewertet,¹⁰¹ mit unabsehbaren Konsequenzen für die Zukunft. Der französische Botschafter in St. Petersburg, Bompard, bestritt zwar nicht, daß die Konferenz „weder Sieger noch Besiegte hinterlassen" habe, „Deutschland die Internationalisierung, Frankreich eine gewisse Anerkennung seiner Sonderstellung in Marokko erreicht habe". Aber er sah, wie er gegenüber seinem deutschen Kollegen v. Schoen betonte, das Konferenzergebnis als Hypothek für die Zukunft: „Zwar sei in Algeciras eine Verständigung zwischen Deutschland und Frankreich erreicht, aber im Grunde nicht zugunsten einer rückhaltlosen Freundschaft, die doch beide Nationen ersichtlich wünschen, sondern eher auf Kosten einer solchen ... Was habe nun die Konferenz in Algeciras, zu welcher Deutschland so sehr gedrängt, ergeben? Zunächst eine Zusammenschweißung Frankreichs und Englands, die ersterem in diesem Maße gar nicht erwünscht war. Sodann eine nahezu vollständige Isolierung Deutschlands und vermutlich ein nicht unerhebliches Quantum von übler Laune bei allen Mächten, die sich genötigt sahen, zu Fragen öffentlich Stellung zu nehmen, für die sie eigentlich wenig Interesse hatten. Schließlich auch anscheinend noch eine Verstimmung zwischen Rußland und Deutschland."¹⁰²

Während Bompard besonders die negativen Folgen für das deutsch-französische Verhältnis hervorhob, sah Kaiser Wilhelm die Ergebnisse der Konferenz vor allem unter dem Zeichen der deutschen Isolierung. Er hatte, auch infolge der Berichterstattung des Grafen Monts,¹⁰³ den fatalen Eindruck erhalten, das Deutsche Reich stehe nun allein mit Österreich-Ungarn einer Welt von Feinden gegenüber. Das Bündnis zwischen England und Frankreich

---

99 Aufzeichnung Holsteins, 29.3.1906, Geheime Papiere 4, Nr. 948.
100 Monts an Tschirschky, 19.4.1906, in: Monts, Erinnerungen, S. 427.
101 Sehr kritische Bewertung des Konferenzergebnisses für Deutschland bei Rich, Holstein 2, S. 743–745.
102 Schoen an Bülow, 7.4.1906, GP 21/1, Nr. 7144.
103 Monts an Tschirschky, 10.4.1906, Monts, Erinnerungen, S. 425, schrieb über seine „bescheidene Berichterstattung, die oft recht bittere Pillen verabreicht. So unbegabt ist S.M. doch nicht, daß er die avis au lecteur nicht verstünde."

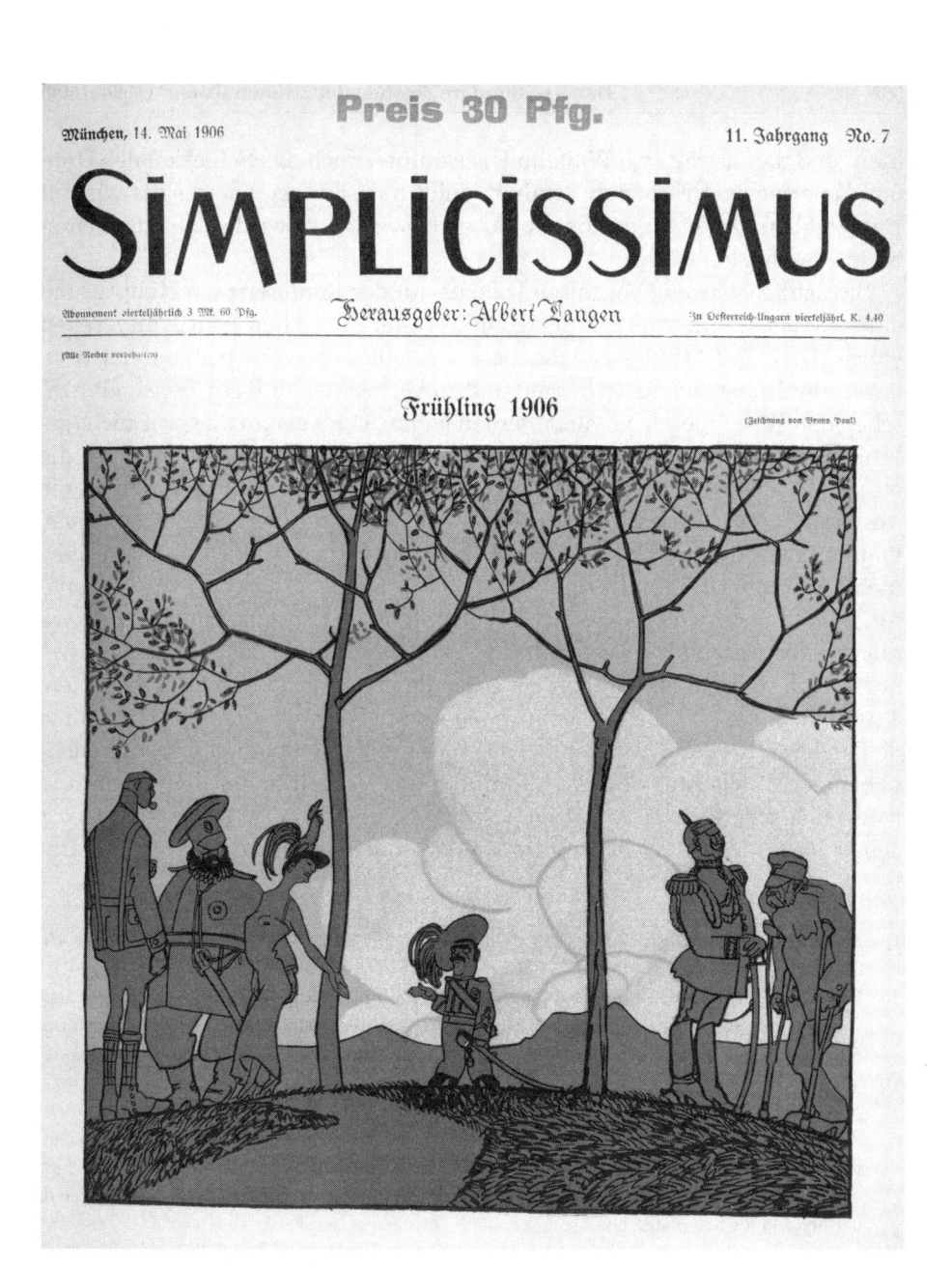

11. Das Verhalten Italiens auf der Konferenz von Algeciras wurde in Deutschland in Regierung und Öffentlichkeit als skandalöser Beweis der italienischen Unverläßlichkeit angesehen. Die Karikatur aus dem „Simplicissimus" vom 14. Mai 1906 zeigt die europäischen Machtverhältnisse, wie sie den Zeitgenossen nun schienen: Auf der linken Seite England und Rußland, in dessen Arm die französische Marianne; rechts Deutschland, symbolisiert durch Wilhelm II., und Österreich-Ungarn, symbolisiert durch den auf Krücken gehenden Franz Joseph (dies eine Anspielung nicht nur auf dessen Alter, sondern vor allem auf die brüchigen inneren Verhältnisse in der Donaumonarchie), und in der Mitte zwischen den beiden Gruppen Italien, symbolisiert durch den auffallend kleinen Vittorio Emanuele III., der mit der Marianne flirtet.

hielt, und damit war, wie Wilhelm II. erkannte, auch das Schicksal des Dreibunds besiegelt. Er schrieb: „Italien bleibt nur so lange bei uns als wir mit England befreundet sind. Kommt das nicht wieder, so wird es aus dem Dreibund ausscheiden."[104]

Tatsächlich war das Verhalten Italiens auf der Konferenz ein Hauptgrund dafür, daß diese als vollständiger Bankrott der deutschen Politik angesehen wurde. Denn das Mindestziel der Berliner Politik war gewesen, auf der Konferenz die Isolierung zu verbergen und zu vermeiden, daß ein Zwiespalt zwischen den Verbündeten offenbar werden könne. Doch genau dies war nicht gelungen. Zwar war es Visconti-Venosta bis Anfang März 1906 geglückt, die eigentlich unvereinbaren Forderungen der Deutschen und Franzosen an die italienische Adresse halbwegs zufriedenzustellen und eine allgemein anerkannte Linie strenger Unparteilichkeit nicht zu verlassen.[105] Obwohl Marokko nicht unter die Dreibund-Stipulationen falle, sei er, so Visconti-Venosta später, „soweit als irgend angängig, und beinah unter Hintansetzung des accord mit den Franzosen für uns eingetreten." Von dieser Linie ließ sich Visconti-Venosta auch von seinem Widerwillen gegen den zweiten deutschen Delegierten, Tattenbach, der sich im übrigen wegen seiner Feldwebelmanieren auch bei den anderen Konferenzteilnehmern keiner großen Beliebtheit erfreute, nicht abbringen.[106] Visconti-Venosta sah durch das Verhalten der deutschen und österreichischen Vertreter „seine persönliche und seine Würde als Vertreter seines Vaterlandes" verletzt und war erbost darüber, daß die Deutschen Ita-

---

104 Marginalie in Monts an Bülow, 11.3.1906, GP 21/1, Nr. 7103; Schwertfeger, Wegweiser 4/1, S. 137.
105 Ein Telegramm, das besonders gut die italienische Situation und Haltung widerspiegelt, ist: Giucciardini an Visconti-Venosta, 28.2.1906, RTP 16.9.1905–11.3.1906, Vol. 270, Telegramm 514: „L'Ambasciatore d'Inghilterra mi esprimeva negli scorsi giorni la speranza che per la questione della Banca, l'Italia potesse uscire dal suo contegno di rigida imparzialità e favorire il progetto francese. Lo stesso concetto mi manifesta con maggiore insistenza l'Ambasciatore di Francia quasi come un corollario dei reciproci accordi a V. E. noti. Queste enunciazioni confermano la bontà della nostra linea di condotta, dalla quale non dobbiamo deviare. Esse inoltre mostrano vieppiù la necessità di evitare che la conferenza finisca con una rottura, e di evitare una formale votazione."
106 Visconti-Venosta empfand Tattenbach als „gräßlichen Kerl" und fühlte sich von ihm „fortgesetzt brüskiert." Auch den österreichischen Vermittler Welsersheimb empfand Visconti als „höchst unerquickliches Subjekt" und warf ihm vor, ihn wie einen Befehlsempfänger behandelt zu haben. Tattenbach wiederum meinte über Visconti-Venosta, „der alte Mann sei ungewöhnlich leidenschaftlich gewesen. Der Österreicher hätte wie ein rotes Tuch auf ihn gewirkt. Was er schließlich zur Ausgleichung der Gegensätze getan, sei nur aus persönlichem und auch aus nationalem Egoismus geschehen." In: Monts an Tschirschky, 19.4.1906, Monts, Erinnerungen, S. 426– 428. Cataluccio, Visconti, S. 110, schreibt, Tattenbach habe zu Beginn der Konferenz zu Visconti-Venosta gesagt, „Saremo irremovibili come rocce", woraufhin Visconti erwidert habe: „Non ho mai veduta una conferenza di uomini di pietra."

lien wie einen „willenlosen Knecht" behandelten.[107] Visconti-Venostas nationales Ehrgefühl war getroffen; er stellte fest, „Italien wäre der Alliierte, aber nicht der Vasall Deutschlands."

Trotzdem übte Visconti-Venosta eine verdienstvolle Mittlertätigkeit aus und wurde sogar von Radowitz gebeten, ihm zu helfen, untaugliche Anweisungen der Berliner Zentrale abzuändern.[108] Nur für einen entscheidenden Augenblick wurde er, der ansonsten von einer förmlichen und nicht unbemerkt gebliebenen „Wahlphobie" befallen schien,[109] nicht vom Können, aber vom Glück verlassen, und zwar, als er am 3. März 1906 vorschlug, eine für den übernächsten Tag angesetzte weitere Diskussion über die Bankenfrage zu vertagen, da für die Ausarbeitung neuer Vorschläge zwei Tage zu wenig seien; diesem Gedanken stimmten sowohl der russische als auch der deutsche Delegierte, Cassini und v. Radowitz, zu. Der englische Gesandte, Arthur Nicholson, griff die Idee auf und forderte, den Termin nicht einfach entfallen zu lassen, sondern anders zu nutzen und am 5. März statt der Bankenfrage die Polizeifrage zu erörtern. Radowitz protestierte. Man solle doch zuerst die Bankenfrage zu Ende bringen und dann erst mit dem neuen Thema beginnen. Trotzdem stimmte die Mehrheit der Delegierten dieser Änderung der Tagesordnung zu, natürlich auch Visconti-Venosta, auf den dieser Vorschlag schließlich zurückging und der als Kompromiß noch vorschlug, man solle zwar die Bankenfrage weiter behandeln, dann aber auch schon mit einem Ideenaustausch in der Polizeifrage beginnen. Die deutschen, der österreichische und der marokkanische Gesandte stimmten gegen eine Änderung der Tagesordnung, konnten sich aber nicht durchsetzen. Visconti-Venosta war der Ansicht, es handele sich bei der Änderung der Tagesordnung um eine reine Verfahrensfrage, einen formalen Akt, der keine Einheitlichkeit bedinge. Hinzu kam wahrscheinlich das Gefühl, daß er sich lächerlich gemacht hätte, wenn er gegen seinen eigenen Vorschlag gestimmt und sich so in peinlicher Weise als reiner Befehlsempfänger der deutschen und österreichischen Delegierten dargestellt hätte. In seinem Bericht nach Rom schilderte er diese Abstimmung auch als reinen Routinevorgang.[110] Diese Einschätzung

---

107 Monts an Tschirschky, 19.4.1906, in: Monts, Erinnerungen, S. 426, 427.
108 Visconti-Venosta an Außenministerium, 3.3.1906, ASMAE, RTA, 271, schrieb: „Egli (Radowitz) convenne con me, raccomandandomi però di non fare uso delle sue parole, che quei progetti non avevano alcuna probabilità di essere accettati dalla Francia e dissemi che si proponeva di fare qualche nuovo passo perchè si ritornasse verso la cosidetta proposta Welsersheimb ... Welsersheimb è venuto a dirmi di avere avuto notizia dei progetti suggeriti da Berlino e di avere telegrafato al suo Governo l'opinione che essi non offrivano la base di buoni uffici che avessero qualche probabilità di riuscita."
109 Cataluccio, Visconti, S. 109 („preso dalla fobia del voto"); ähnlich Albertini, Origins 1, S. 171 („phobia about voting").
110 Visconti-Venosta an Giucciardini, 6.3.1906, ASMAE, Serie Politica P (1891–1916) 24 (Marocco), Pac 210; Telegramm Visconti-Venostas an das Außenministerium, 3.3.1906, Raccolta Telegrammi in Arrivo 271, Nr. 614; Cataluccio, Visconti, S. 109.

wurde im übrigen zunächst auch (später dann nicht mehr) von seinem deutschen Kollegen Radowitz geteilt.[111] Womit Visconti aber nicht rechnen konnte und auch nicht gerechnet hat, war, daß die französische Presse sein Abstimmungsverhalten breit aufgriff und es, unter Außerachtlassung des rein formalen Inhalts des Votums, dahingehend interpretierte, daß Italien nun gegen seinen Verbündeten gestimmt habe; das Deutsche Reich sei in Algeciras damit endgültig isoliert. In diesen Chor stimmten Teile der italienischen Presse ein. Auch die deutschen Zeitungen wurden nun hellhörig; anstatt den Sachverhalt richtigzustellen oder zumindest differenziert darzustellen, wurde Visconti-Venosta gehässig kritisiert.[112] Dieser hatte vielleicht durch seine Abstimmung in dieser Verfahrensfrage den deutschen Unterhändlern demonstrieren wollen, daß er als Delegierter Italiens ein unabhängiges Abstimmungsverhalten besitze und nicht zur unkonditionierten Unterordnung auch in belanglosen Fragen bereit sei.[113] Indes waren die Folgen seines Schrittes katastrophal für das Bundesverhältnis. So sprach Gołuchowski von der „Fahnenflucht des Marquis Venosta" und kritisierte scharf den italienischen Abfall, „den er für um so ernster und bedeutungsvoller hält, als derselbe ohne jeden zwingenden Grund in einer die italienischen Interessen gar nicht berührenden Formfrage erfolgt

---

111 Tommasini, L'Italia alla vigilia 2, S. 292 f.; v. Radowitz an AA, 3.3.1906, GP 21/1, Nr. 7053; Albertini, Origins 1, S. 171. Allerdings war v. Radowitz schon zwei Tage später doch der Ansicht, Visconti-Venosta habe, von Révoil verführt, durch sein Abstimmungsverhalten dazu beigetragen, die Polizei- und Bankfrage miteinander zu verquicken. In: v. Radowitz an Bülow, 5.3.1906, GP 21/1, Nr. 7060.
112 Tommasini, L'Italia alla vigilia 2, S. 293. Die Indignation der italienischen Seite zeigt deutlich das Telegramm Giucciardinis an Botschaft Berlin, 6.3.1906, ASMAE, RTP, Vol. 270, 16.9.1905–11.3.1906, Nr. 567: „rincrescevole che malgrado nostra rigida correttezza persistano cosi infondati dubbi a nostro riguardo. Inutile parlare della stampa sulla quale V.E. sa essere impossibile efficace controllo e che d'altronde non mi sembra avere sensibilmente parteggiato per la Francia." Dies war eine Antwort auf: Lanza an Außenministerium, 5.3.1906, ASMAE, RTA, Vol. 271, Nr. 627, in dem Lanza von einer Anzahl unberechtigter und kleinlicher Vorwürfe gegen die italienische Presse berichtete, so zum Beispiel, daß die italienische „Agenzia Stefani" und die französische „Agence Havas" denselben Korrespondenten in Algeciras hatten, was als Kennzeichen einer frankreichlastigen Berichterstattung gesehen wurde. In Wahrheit jedoch hatte die „Agenzia Stefani" keinen eigenen Korrespondenten in Algeciras, sondern übernahm die Berichte von „Havas", aber auch von Wolffs Telegraphenbüro, die vollständig abgedruckt wurden, hingegen wurden jene Berichte von Havas, die zu frankreichlastig schienen, nicht verwendet. Giucciardini wies in seinem Telegramm auch auf die bezeichnende Tatsache hin, daß das Wiener „Correspondenz-Bureau" alle Havas-Berichte abgedruckt hatte. Dieser Vorgang zeigt, wie verengt die deutsche Wahrnehmung in bezug auf das Verhalten der Verbündeten Anfang März 1906 bereits war.
113 Daß er sehr bewußt so abgestimmt hatte, könnte daraus geschlossen werden, wie er sein Abstimmungsverhalten deutete: „Bisognava pur venirci un giorno o l'altro, io non sono, dopo tutto, di quei diplomatici che spingono il tatto fino a non toccarsi." In: Cataluccio, Visconti, S. 109.

sei"[114]. Daß Visconti-Venosta sich ansonsten aufrichtig und erfolgreich um Ausgleich bemüht habe, gestanden v. Radowitz und auch Bülow später offen ein.[115] Doch kam an weiteren Kritikpunkten auch noch hinzu, daß sich Visconti unter Vorwänden zweimal geweigert hatte, einen österreichischen Vermittlungsvorschlag in der Casablanca-Frage mit zu tragen; er wollte seine Neutralität nicht aufgeben.[116] Die verdienstvolle Vermittlertätigkeit des alten Meisterdiplomaten wurde von der Diskussion über den italienischen „Verrat" überlagert. Es war Visconti-Venosta trotz aller sonstigen Erfolge nicht gelungen, sich in der entscheidenden Frage zu behaupten: Nämlich eine klare Stellungnahme Italiens zu vermeiden und dieses damit aus der Schußlinie zu halten. Visconti-Venosta hatte, so wurde dies in den Kreisen der deutschen Diplomatie gesehen, „vor Europa den Dreibund bloßgestellt"[117].

Die Folgen für die italienische Außenpolitik und das Bündnis waren unabsehbar. Denn der geballte deutsche Ingrimm über die schlechte internationale Lage des Reiches, die in Algeciras offenkundig gewordene Isolierung, die Wut und Angst über die doch besorgniserregenden außenpolitischen Zukunftsaussichten, die Befürchtung, sich demnächst einer russisch-französisch-englischen Koalition gegenüberzusehen, die Verzweiflung über die vollzogene „Einkreisung" fanden das ersehnte Ventil in dem Ärger über den ungetreuen Verbündeten. Im Deutschen Reich brach eine – langandauernde – Wut gegen Italien aus, als sei dieses allein an der angeblichen Niederlage in Algeciras schuld. Darin kulminierte auch das seit Jahren angestaute Mißtrauen gegen das mit Frankreich kokettierende Italien; aus der „Extratour" des Jahres 1902 war jetzt doch ein festes Verhältnis geworden, wie die deutschen und auch die österreichischen Zeitungen feststellten. Hinzu kam, vor allem in Süddeutschland, die antiitalienische Solidarisierung der öffentlichen Meinung mit den Deutschösterreichern in den zeitgleichen Innsbrucker Unversitätsstreitigkeiten.[118] Die offiziösen deutschen Zeitungen bemühten sich zwar um eine faire Sprache und lobten Visconti-Venostas Vermittlungsbemühungen, die anderen Blätter hingegen und die Volksstimmung waren anderer Meinung. Auch Wilhelm II. hegte nach der Konferenz von Algeciras gegen Italien eine ungeheure Wut; er las jeden der bissigen Berichte des Grafen Monts und versah sie mit langen und empörten Randbemerkungen. Anfang April 1906 bot sich die Möglichkeit, protokollarischen Unwillen spüren zu lassen, als der Vesuv ausbrach (4. 4. 1906) und alle Mächte sich beeilten, zu kondolieren, die Franzosen und

---

114 Wedel an AA, 4.3.1906, GP 21/1, Nr. 7056. Weitere scharfe Kritik Gołuchowskis über das „Ausbrechen des Marquis Visconti Venosta" in: Wedel an AA, 11.3.1906, ebenda, Nr. 7087.
115 Radowitz an AA, 11.3.1906, GP 21/1, Nr. 7088, mit Anmerkung Bülows.
116 Monts an Bülow, 18.4.1906, GP 21/1, Nr. 7148.
117 Ebd.
118 Monts an Bülow, 11.3.1906, GP 21/1, Nr. 7103.

Engländer sogar demonstrativ Schiffe nach Neapel entsandten, während die deutsche Führung später als alle anderen ihr Beileid ausdrückte und, anders als bei ähnlichen Vorfällen in der Vergangenheit, auch keine Hilfe entsandte. Am 8. April 1906 sagte der Kaiser, überaus erbittert, zum österreichischen Botschafter Szögyény: „Über Italien wolle er nicht viel Worte verlieren und nur die Versicherung abgeben, es würde ihm eine große Genugtuung gewähren, bei gegebener Gelegenheit, welche bei der unverläßlichen Politik des Königreichs nicht ausgeschlossen sei, dem letzteren im Verein mit uns, eventuell auch mit den Waffen in der Hand, eine heilsame Lektion zu erteilen." In ähnlicher Laune verfaßte Wilhelm II. auch ein Telegramm an Gołuchowski. Am 13. April 1906 schrieb er nach Wien, es dränge ihn, „von Herzen aufrichtigen Dank zu sagen für ihre unerschütterliche Unterstützung meiner Vertreter. – Eine schöne Tat des treuen Bundesgenossen. – Sie haben sich als brillanter Sekundant auf der Mensur erwiesen und können gleichen Dienstes in gleichem Falle auch von mir gewiß sein."[119] Der ostentative Dank für den einen Bundesgenossen war gleichzeitig als schallende Ohrfeige für den anderen gedacht.

Dieses Telegramm wurde sogleich veröffentlicht. Es war von den vielen ungeschickten Äußerungen, die sich der Kaiser in seiner Regierungszeit zuschulden kommen ließ, sicher eine der inopportunsten. Denn bei Gołuchowski löste es außerordentliches Befremden aus; er sah die Großmachtehre der Monarchie dadurch beeinträchtigt, daß die österreichisch-ungarische Vermittlungstätigkeit in Algeciras auf „treues Sekundantentum" für die deutsche Sache reduziert worden war. Andererseits sah der Minister, und mit ihm der gesamte diplomatische Apparat der Habsburgermonarchie, die deutsche Verstimmung gegen den Verbündeten nicht ungern. Gołuchowski schürte sogar noch das deutsche Mißtrauen gegen Italien und ritt in Gesprächen mit deutschen Diplomaten auf dem angeblichen Fehlverhalten des Marquis Visconti-Venosta herum. Das ganze diente offenbar auch der Verbesserung der eigenen Position im Bündnis, denn er bemühte sich parallel um ein möglichst korrektes Verhältnis zum südlichen Nachbarn. Denn, so betonte er gegenüber seinen deutschen Gesprächspartnern wiederholt, „zwischen Österreich und Italien gäbe es nur zwei Möglichkeiten: entweder Bündnis oder Krieg, und die erste Alternative sei immer noch die bessere"[120].

In Italien wiederum herrschte angesichts der universalen und massiven deutschen Feindseligkeit[121] eine Mischung aus Verärgerung und Entset-

---

119 Wilhelm II. an Franz Joseph, 5.4.1906, GP 21/1, Nr. 7139; das hier zitierte Telegramm ebenda, S. 332, Fußnote **, und dort auch die Äußerung des Kaisers gegenüber Szögyény.
120 Aufzeichnung Tschirschkys, 8.6.1906, GP 21/2, Nr. 7155.
121 Monts an Bülow, 10.11.1906, GP 21/2, Nr. 7163, schrieb: „Nach allen meinen Nachrichten und den persönlich während meines Urlaubs in Deutschland gehabten Eindrücken stellt sich jetzt die öffentliche Meinung Deutschlands mit seltener Einmütigkeit sehr kühl, rectius feindlich zum italienischen Bundesgenossen."

zen.[122] Die amtierende Regierung, das kurzlebige erste Kabinett des als Ultratriplicist bekannten Sonnino, neigte dazu, für die Verhandlungsführung keine Verantwortung zu übernehmen, alles auf Prinettis seinerzeitige Abmachungen zu schieben und notfalls Visconti-Venosta, der von dem Vorgängerkabinett Fortis weitgehende Vollmachten erhalten habe, „als Sündenbock in die Wüste zu entsenden"[123]. Außenminister Graf Giucciardini sagte am 9. April 1906 zu Monts „bekümmerten Tons, die ihm aus Deutschland zugehenden Nachrichten über die Stimmung der Nation, Italien betreffend, beunruhigten ihn aufs lebhafteste" – eine Nachricht, die Wilhelm II., noch immer überaus erregt, mit einem „Na! Das ist doch eine kleine Freude." kommentierte.[124] Viele Regierungsmitglieder und auch Oppositionspolitiker hielten es für notwendig, sich von Visconti-Venosta scharf zu distanzieren; sie meinten, die italienische Diplomatie hätte in Algeciras versagt;[125] noch nie in der gesamten Geschichte des Bündnisses habe das Deutsche Reich Italien um seine Hilfe gebeten, und jetzt, wo dies zum ersten Mal geschehen sei, habe Italien diesen Beistand verweigert.[126] Allerdings kamen die wirklich informierten Persönlichkeiten, wie zum Beispiel Ex-Außenminister San Giuliano, schließlich zu dem Urteil, Visconti-Venosta habe aus den Umständen das Beste gemacht.[127] Trotzdem wurde in Rom nicht ganz zu Unrecht befürchtet, daß sich die deutsche Diplomatie nun zur Kündigung des Dreibunds und damit zu einer vollkommenen Neugestaltung der europäischen Machtverhältnisse entschließen könne.

---

122 Szögyény an Ministerium des Äußern, 3.5.1906, HHStA, PA XI, 136, schrieb, Lanza habe ihm gesagt: „König Victor Emanuel und die italienische Regierung seien über die wegen des Verhaltens Italiens auf der Marokko-Konferenz in demonstrativer Weise kundgegebene üble Laune Kaiser Wilhelm's höchst aufgebracht. König Victor Emanuel fasse die Dankdepesche des deutschen Kaisers an Euer Exzellenz als eine absichtliche Beleidigung Italiens auf und bezeichne die Ignorierung der Vesuvkatastrophe als Gefühlsrohheit, welche er nie vergessen werde."
123 Monts an Tschirschky, 19.4.1906, Monts, Erinnerungen, S. 427.
124 Monts an Bülow, 9.4.1906, GP 21/1, Nr. 7146.
125 Monts an Bülow, 8.4.1906, GP 21/1, Nr. 7145, mit einem Gespräch mit San Giuliano, in dem dieser harte Kritik an Visconti-Venosta übte.
126 Monts an Bülow, 3.4.1906, GP 21/1, Nr. 7140, mit einem Gespräch mit Marquis Vitelleschi.
127 San Giuliano hatte zunächst Zweifel, ob Visconti-Venosta wirklich unparteiisch gewesen sei. Er schrieb am 11.4.1906 seiner Tochter Maria: „Pare che Visconti Venosta sia stato nella conferenza un po' più francofilo del gusto, ed oggi è assai critica la situazione dell'Italia per il malcontento che contro di essa è assai vivo in Germania. Fichè ci fui io, con forma riguardosa, riescìi a frenare Visconti Venosta sulla corda sottile, ed il 7 febbraio egli riscosse ancora i ringraziamenti di ambe le parti." Nach Gesprächen mit Visconti-Venosta urteilte er dann anders und schrieb am 19. April seiner Tochter: „Ieri ho avuto un colloquio di tre ore con Visconti Venosta. Egli ha fatto benissimo ed il malumore tedesco è ingiustificato. Credo però che tutto si appianerà." Und am 23. April: „Mi sono sempre più rafforzato nel convincimento che Visconti Venosta abbia fatto il meglio che le circostanze permettessero." In: Cataluccio, Visconti, S. 110.

> Italien bleibt nur so lange bei uns als wir mit England befreundet sind. Kommt das nicht wieder, so wird es aus dem Dreibund ausscheiden.
>
> Wilhelm II., im März 1906

d) Deutsche Überlegungen über den Wert Italiens als Verbündeten und Dreibund-Reformprojekte

Eine Gelegenheit dazu bot sich schon bald. Denn im Juni 1907 lief die Frist aus, innerhalb derer der Dreibund gekündigt werden konnte; andernfalls verlängerte sich seine Laufzeit, nach der Vereinbarung von 1902, im Jahre 1908 um sechs weitere Jahre bis in das Jahr 1914. Dieser Termin wurde innerhalb des deutschen diplomatischen Apparates zum Anlaß genommen, über das Ergebnis von Algeciras und die daraus zu ziehenden Folgerungen grundsätzlich nachzudenken.

Als Vordenker profilierte sich hier Graf Monts. Er war derjenige, der so vehement wie polemisch verlangte, daß aus der veränderten internationalen Lage Konsequenzen gezogen werden müßten. Viel früher als die Berliner Zentrale hatte Monts erkannt, daß sich ein englisch-französisches Bündnis abzeichnete, das, schon aufgrund seiner Seeherrschaft im Mittelmeer, den Wert Italiens als Bundesgenossen für die Mittelmächte auf Null zu reduzieren drohte. Anders als Holstein hielt er auch die „Entente Cordiale" für dauerhaft und glaubte, die Engländer hätten sie „mindestens für ein Menschenalter" abgeschlossen.[128] Und er sah das Deutsche Reich isoliert; ohne die russische Niederlage in Ostasien hätte das Deutsche Reich es längst schon mit dem „Dreigestirn Rußland, England, Frankreich" zu tun.[129] Er sah im deutsch-englischen Verhältnis den Schlüssel nicht nur der deutsch-italienischen Beziehungen und des Dreibunds, sondern der gesamten deutschen Stellung in Europa. In England hege zwar niemand aggressive Absichten gegen Deutschland, „wohl aber glauben viele Politiker aus allerhand Reden und Zeitungsartikeln schließen zu müssen, daß Deutschland nach dem Dreizack greifen

---

[128] Monts an Bülow, 3.3.1906, GP 21/1, Nr. 7064: „Die englisch-französische Entente ist nicht als etwas Vorübergehendes anzusehen. Die Engländer wenigstens haben sie in der Absicht abgeschlossen, daß sie mindestens für ein Menschenalter ihre Nachwirkung äußert."

[129] Monts an Tschirschky, 10.1.1906, Monts, Erinnerungen, S. 420: „Enge Freundschaft mit Österreich, daher auch schon Einfluß auf Orient, und weiter ein Arrangement mit Frankreich und England, das wäre mein Wunsch. Aber die Sache ist schon viel zu liberal den Berliner Leuten. Unser Dreibund ist zu schwach. Denken Sie sich, kein Japansieg, dann hätten wir das Dreigestirn Rußland, England, Frankreich dank den Seiltänzereien in Berlin auf dem Halse."

will"¹³⁰. Diese Anspielung richtete sich deutlich auch gegen den Kaiser, der schließlich der Protektor und Initiator des deutschen Flottenbaus war und von dem auch der Ausspruch stammte, der Dreizack gehöre in die deutsche Faust. Doch solange das Deutsche Reich und England sich derart auseinanderentwickelten, war auch keine Harmonie in den Dreibund hineinzubekommen. Monts betonte es immer wieder: Gegen England, erst recht gegen eine französisch-englische Allianz würde und dürfe Italien niemals militärisch mittun.¹³¹ Die Verachtung, die er immer schon für Italien empfunden hatte, erreichte neue Gipfel; immer schneidender wurde seine Kritik an der „Schwäche" und „Erbärmlichkeit" der „Pseudo-Großmacht" Italien; dem „unendlich schwächeren Genossen", der „stets als der nehmende erscheint"¹³². Andererseits erkannte Monts an, daß gerade wegen der geringen verfügbaren Kräfte die italienischen Außenpolitiker, wenn sie wirklich das nationale Interesse ihres Landes im Auge behielten, eine sich nach allen Seiten hin orientierende Politik betreiben müßten, die eine ausschließliche Fixierung auf den Dreibund und erst recht die Teilnahme an einem Krieg gegen die mittelmeerbeherrschenden Westmächte streng verbot. Er mahnte in Berlin an, die Beurteilung der italienischen Haltung nicht an abstrakten Treueprinzipien, sondern an den realen Interessen und Bedingungen des Landes zu messen und vor allem mit kühlem Kopf zu urteilen und nicht etwa eine „Gefühlpolitik" zu betreiben.¹³³ In diesen Berichten spiegelten sich auch die von Monts in seine eigenen Überlegungen integrierten Ansichten führender italienischer Politiker wider; nicht nur Sonnino als Regierungschef, sondern auch Oppositionspolitiker wie der Marquis Vitelleschi und ganz besonders der Marquis di Rudinì redeten in einer verblüffenden Offenheit über die außenpolitischen Zwänge ihres Landes.¹³⁴ Letzterer fragte Monts im Februar 1907 gesprächsweise, ob die deutsche Seite jetzt endlich erkannt habe, daß das italienisch-französische Verhältnis relativ harmlos, der Pivot der italienischen Politik aber mehr und mehr London geworden sei.¹³⁵

Aus der besonderen Situation Italiens wollte Monts die Konsequenzen ziehen und den Dreibund so reformieren, daß er den veränderten Gegebenheiten entsprach.¹³⁶ Die gesamteuropäische Lage habe sich seit Abschluß des Bündnisses in der Bismarck-Zeit doch erheblich gewandelt, und deshalb müsse der

---

130 Monts an Bülow, 3.4.1906, GP 21/1, Nr. 7064.
131 Monts an Tschirschky, 8.6.1906, GP 21/2, Nr. 7156.
132 Monts an Tschirschky, 8.6.1906, GP 21/2, Nr. 7156.
133 Monts an Bülow, 10.11.1906, GP 21/2, Nr. 7163.
134 Salvatorelli, Triplice, S. 309, 310, spricht von der „scarsa opportunità" der Mitteilungen di Rudinìs an Monts, und meint, derartig unverblümte, ultratriplicistische Äußerungen hätten nur das deutsche Mißtrauen weiter angeheizt.
135 Monts an Bülow, 5.2.1907, GP 21/2, Nr. 7165.
136 Monts an Tschirschky, 8.6.1906, GP 21/2, Nr. 7156.

Vertrag den neuen Realitäten angepaßt werden. Er wollte die Allianz mit Österreich-Ungarn noch gestärkt sehen und schlug in Berlin vor, in Streitfällen zwischen Italien und Österreich nicht mehr zu vermitteln, sondern sich auf die österreichische Seite zu stellen.[137] In Italien sah er den einseitigen Profiteur des Dreibunds; es genieße beträchtliche Vorteile, ohne dafür andere als papierne Versprechen zu machen. Hier wollte er ansetzen. Italien sollten die doch ohnehin wertlosen Versprechungen der Hilfeleistung für den Fall eines deutsch-französischen Krieges und eines Krieges der Zweibundmächte gegen England erlassen werden. In beiden Fällen würde Italien ohnehin höchstens wohlwollende Neutralität wahren; deshalb könne auf die bisherige Beistandsverpflichtung auch verzichtet werden. Zum Ausgleich für diese „papierne" Entlastung sollte Italien etwas versprechen, über das es verfüge und das als realistische Gegenleistung angesehen werden könne: nämlich eine Desinteressement-Erklärung am Osmanischen Reich, das inzwischen, so Monts, zum Objekt der deutschen „penetration pacifique" geworden sei.[138]

Mit diesem Vorschlag wäre der Dreibund seiner sicherheitspolitischen europäischen Komponente weitgehend entkleidet und zu einem wechselseitigen imperialistischen Beistandspakt im Mittelmeerraum geworden. Diese Akzentverschiebung war von Monts durchaus gewollt. Das „Bündnis mit Italien als Basis unserer äußeren Politik" hielt er für einen „Nonsens, der Dreibund, selbst wenn er virtuell noch bestände, ist zu schwach, selbst für europäische, eventuell denkbare Konstellationen"[139]. Statt dessen schlug er vor, eine Annäherung an England und Frankreich zu suchen. Die von ihm vorgeschlagene Alternative zeigte, daß auch dieser Kritiker der Bülowschen Außenpolitik ganz in den Bahnen wilhelminischer „Weltpolitik" dachte. Er schrieb an Staatssekretär Tschirschky, wie er sich einen neugefaßten Dreibund vorstellte: „Wenn wir ihnen [= den Italienern] Garantien gegen Österreich und Frankreich gewähren sollen, so mögen sie uns dafür ihren unbedingten Beistand in unserer ja rein wirtschaftlichen türkischen Politik versprechen. Daß wir dort open door haben, wird für uns mit jeder neugeborenen Million Kinder mehr und mehr eine Lebensfrage"[140]. Und darin lag das Zeitgebundene seiner Lagebeurteilung: Er beurteilte das Osmanische Reich mit seinen angeblichen Zukunftsaussichten als wertvoller denn das „erbärmliche Italien". Dabei ist es bei dem polemischen und arroganten Charakter des Botschafters

---

137 Monts an Tschirschky, 10.4.1906, Monts, Erinnerungen S. 425: „Geben Sie mir Anweisung, in den nicht aussetzenden Streitfällen mit Italien, statt den oft nur zu sehr den Italienern zuneigenden Vermittler, den Helfer Österreichs zu spielen. Die Italiener müssen fühlen lernen, da sie nicht hören wollen."
138 Monts an Tschirschky, 10.1.1906, ebd., S. 420, schrieb: „Die Türkei ist für uns viel wichtiger wie das erbärmliche Italien."
139 Ebd., S. 422.
140 Ebd., S. 428.

12. Noch eine Karikatur, aus der die tiefe deutsche Verärgerung über das italienische Verhalten in Algeciras hervorgeht: Der Dreibund existiert zwar weiter, ist aber tatsächlich wertlos. Die Bildunterschrift lautet: „Der Dreibund ist dem erstaunten Europa auf ein neues präsentiert worden; aber unter Glas als Dekorationsstück; für den Gebrauch ist er zu zerbrechlich." Aus: Simplicissimus, 17. Dezember 1906

offensichtlich, daß er, wäre er nach Konstantinopel versetzt worden, die Türken bald noch viel abfälliger beurteilt hätte als jetzt die Italiener.[141]

Übrigens versah Wilhelm II. in dieser Zeit alle Berichte von Monts mit enthusiastischem Lob, sehr temperamentvoll zustimmenden Randbemerkungen und wollte ihm im April 1906 sogar einen Orden verleihen.[142] In der großen Lagebeurteilung war er sich mit Monts einig: Italien war ein unzuverlässiger und schwacher Verbündeter und der Dreibund wertlos, da die Haltung Englands für den Zusammenhalt der Allianz eine ausschlaggebende Rolle spielte. Schon vor Ende der Algeciras-Konferenz war Wilhelm II. ebenso wie Monts der Ansicht, daß sich die außenpolitische Lage des Deutschen Reiches unheilvoll gestaltet hatte.[143] Im März 1906 urteilte er, nach der Lektüre eines Berichtes über eine Rede Tittonis, in der dieser die Treue Italiens zum Dreibund und die Freundschaft zu den Westmächten gleichermaßen unterstrichen hatte: „Niemand kann Zween Herren dienen, steht in der Bibel; also drei Herren erst recht nicht! Frankreich, England und dem Dreibund, das ist völlig ausgeschlossen! Es wird darauf hinauskommen, daß Italien sich zur Britisch-Gallischen Gruppe hält! Wir thun gut damit zu rechnen, und diesen ‚Alliierten' in den Rauch zu schreiben!"[144]

In einem, allerdings entscheidenden Punkt folgte Wilhelm II. aber der Kritik seines römischen Botschafters nicht: Nämlich der Erkenntnis, daß bei der Verschlechterung des deutsch-englischen Verhältnisses die Tirpitz-Flottenrüstung eine ausschlaggebende Rolle spiele. Dieser Gedanke prallte, obwohl von Monts offen ausgesprochen, am Kaiser einfach ab;[145] er empfand die Marinerüstung als selbstverständliches Privileg einer unabhängigen Großmacht und sah die Verbesserung der Beziehungen zu Großbritannien, die auch er als

---

141 Tatsächlich lagen im kleinasiatischen Raum, den Monts sich von Italien garantieren lassen wollte, Konfliktfelder, die nur wenige Jahre später virulent wurden und, wäre der Ausbruch des Ersten Weltkrieges nicht dazwischengekommen, zu allerschwersten Spannungen zwischen den Verbündeten um die Verteilung der türkischen Beute hätten führen können. Siehe unten, Kap. IV.7.b: Der Dreibund und der türkische Teilungsplan.
142 Tschirschky an Monts, 13.4.1906, Monts, Erinnerungen, S. 442.
143 Monts an Bülow, 3.3.1906, GP 21/1, Nr. 7064. Vor allem die Hoffnung auf einen Ausgleich zu Frankreich waren definitiv verschwunden; der Kaiser schrieb unter diesen Bericht: „Also für meine Generation ist eine Beziehung zu Gallien nicht mehr zu erhoffen." Und er zog aus der gegenwärtigen politischen Lage die Konsequenz, England sei „mit Frankreich von der Deutschen Presse ‚zusammengeschimpft' worden und nun sind sie zusammen und Gallien unter engl[ischem] Einfluß; das ist uns für das erste verloren. Italien hält sich dazu – Krimkriegs-Coalition – und wir haben das Nachsehen."
144 Marginalie zu Monts an Bülow, 8.3.1906, GP 21/2, Nr. 7150.
145 Wilhelm II. kommentierte die entsprechende Passage in dem Bericht vom 3.3.1906 (siehe Anm. 143), daß man in England befürchte, Deutschland greife nach dem Dreizack, nur mit dem Kommentar: „Ist schon dabei." Mit anderen Worten: Der Kaiser hielt an seinem Lieblingsplan, Deutschland zur Seemacht zu erheben, gegen alle Widerstände fest.

dringend notwendig empfand, als reines Problem der Diplomatie und der Vermeidung wechselseitiger Pressehetze an.

Der deutsche Unmut über Italien war nach Algeciras natürlich nicht auf Monts und Wilhelm II. beschränkt, sondern ein universales Phänomen in der deutschen Führungsschicht. Der Staatssekretär des Auswärtigen Amtes, v. Tschirschky, teilte ihn ebenso wie der sanguinische Reichskanzler Bülow, dem aber inzwischen hinter vorgehaltener Hand Führungsschwäche, Ideenlosigkeit und vor allem in Anspielung auf die Herkunft seiner Frau familiär bedingte Italophilie vorgehalten wurden.[146] In der Einschätzung von Italiens Schwäche und Unverläßlichkeit bestand Konsens, nicht aber in der Frage nach dem pragmatischen Vorgehen. Denn was sollte nun geschehen? Die radikalste Lösung schlug Monts vor. Er verlangte, die Anpassung der Bündnisbedingungen an die geänderten Verhältnisse Italien in ultimativer Form vorzulegen. Sollte Italien die Neufassung der Vertragsbestimmungen ablehnen, „die eine zweite Auflage seiner Haltung in Algeciras ausschließen, so würde es damit einen solchen Beweis von Untreue erbringen, daß je eher je besser ein ebenso schwacher wie illoyaler Alliierter abzuschütteln wäre"[147].

Doch da lag der kritische Punkt: Durfte man mit der Kündigung des Bündnisses drohen? Das Deutsche Reich war isoliert; dies hatte die Konferenz von Algeciras überdeutlich gezeigt. War dies der richtige Zeitpunkt, sich auch noch definitiv von Italien zu trennen und dann auf Gedeih und Verderb dem österreichischen Wohlwollen ausgeliefert zu sein?[148] Außerdem wurde bekannt, daß Barrère alle Hebel in Bewegung gesetzt hatte, um die italienischen Politiker zur Aufgabe der Allianz zu bewegen.[149] Eine deutsche Kündigung des Dreibunds hätte diesen französischen Bemühungen also nur in die Hände gearbeitet. Und außerdem hätte sie, wie Bülow und Staatssekretär Tschirschky feststellten, auch das Bündnis mit Österreich belastet; einerseits, weil sich die Österreicher ihrer Unersetzlichkeit zu sicher geworden wären, andererseits auch, weil Wien eine zusätzliche Belastung des ohnehin gespannten Verhältnisses zu Italien vermeiden wollte. Tschirschky faßte die Bedenken gegen eine Kündigung des Vertrages wie folgt zusammen: „Für mich liegt der springende Punkt in der Unmöglichkeit, für Deutschland irgendeine andere politische Kombination zu finden, wie die Dinge jetzt liegen, und in der Gefahr, die Österreicher dauernd mißtrauisch gegen uns zu machen, falls wir an dem Dreibund rütteln. Denn Franz Joseph", der keine Änderung des Drei-

---

146 Tschirschky an Monts, 13.4.1906, Monts, Erinnerungen, S. 444.
147 Aufzeichnung Monts, 16.6.1906, GP 21/2, Nr. 7158.
148 Die Diskussion wurde noch angeheizt durch einen Zeitungsartikel der „Neuen Freien Presse" vom 6. Oktober 1906, in dem im Zusammenhang mit einer Reise des Staatssekretärs Tschirschky nach Wien und Rom die Möglichkeit der Kündigung des Bündnisses erörtert wurde.
149 Wedel an Bülow, 2.11.1906, GP 21/2, Nr. 7162.

bunds wolle, „wird denken, wir wollten das schützende Band zwischen Österreich und Italien zerreißen."[150]

Bülow, der ohnehin dreibundfreundlichste in der deutschen Führungsspitze, war schon längst zu dieser Ansicht gelangt. Er suchte den Kaiser schon im Frühjahr 1906 zu überzeugen, daß jetzt nicht die Zeit für beleidigte Reaktionen gegen Italien sei, gerade auch im Zusammenhang mit Österreich.[151] Dieser Ratschlag, erfolgt, bevor Wilhelm II. am 6. und 7. Juni 1906 Kaiser Franz Joseph in Wien besuchte, fiel auf fruchtbaren Boden. Der alte Kaiser war ohnehin fest entschlossen, am Dreibund festzuhalten, und sagte zu seinen deutschen Gesprächspartnern: „Wir zwei müssen die Italiener festhalten; denn diese Leute könnten doch sonst sehr unbequem werden, wenigstens für uns hier."[152] Deshalb beschlossen die beiden Monarchen, um in Italien nicht den Verdacht aufkommen zu lassen, es handle sich um eine antiitalienische Zusammenkunft, ein Telegramm an ihren italienischen Kollegen zu schicken. Dieses war zwar so kurz wie nur irgend möglich gehalten,[153] sorgte aber doch in Italien für große Erleichterung.

Sowohl Gołuchowski[154] als auch Kaiser Franz Joseph sahen die deutsch-italienische Entfremdung nicht ungern, da sie diese als Stärkung ihrer eigenen Position im Bündnis ansahen. Und sie waren fest entschlossen, den Dreibund fortzusetzen. Im Herbst 1906 äußerte Gołuchowski die Ansicht, das wieder amtierende Kabinett Giolitti/Tittoni sei bündnistreu.[155] Auch der Nachfolger

---

150 Tschirschky an Monts, 18.11.1906, Monts, Erinnerungen, S. 446.
151 Bülow an Wilhelm II., 31.5.1906, GP 21/2, Nr. 7154, schrieb am 21. Mai 1906: „Ich stimme mit Tschirschky darin überein: Erstens, daß unsere Beziehungen zu Österreich jetzt wichtiger denn je geworden sind, da der Kaiserstaat unser einziger wirklich zuverlässiger Bundesgenosse ist; zweitens, daß wir unsere relative politische Isolierung den Österreichern gegenüber so wenig wie möglich merken lassen müssen. Es liegt nun einmal in der menschlichen Natur, daß, wenn ich jemandem sage, ich brauche sein Pferd, der betreffende mich dann hoch nimmt. Deshalb brauchen wir in Wien weder ein zu starkes Bedürfnis nach Anlehnung an Österreich durchblicken lassen, noch tun, als ob wir uns irgendwie isoliert fühlten. Die Österreicher müssen den Eindruck gewinnen, daß wir volles Vertrauen jeder Eventualität gegenüber zu uns selbst haben. Wir müssen deshalb auch unsere Beziehungen zu Rußland, Italien und England als besser hinstellen, als sie vielleicht in Wirklichkeit sind, und selbst mit begründetem Verdruß zum Beispiel Italien gegenüber zurückhalten." Siehe auch Verosta, Theorie und Realität, S. 304 f.
152 Aufzeichnung Tschirschkys, 8.6.1906, GP 21/2, Nr. 7155.
153 „Réunis à deux nous envoyons au troisième Allié fidèle l'expression de notre amitié inaltérable." In: GP 21/2, S. 363, Fußnote **.
154 Dazu Aufzeichnung Tschirschkys, 8.6.1906, GP 21/2, Nr. 7155, mit bissigen Bemerkungen Gołuchowskis über die angebliche Dreibundfeindschaft Visconti-Venostas in Algeciras. Bülow an Wilhelm II., 31.5.1906, GP 21/2, Nr. 7154; mit Verweis Bülows auf die herzlichen österreichischen Beileidsbekundungen wegen der Vesuvkatastrophe 1906.
155 Wedel an Bülow, 10.10.1906, GP 21/2, Nr. 7160. Gleiches versicherte übrigens auch Tittoni dem Staatssekretär Tschirschky bei dessen Besuch in Rom im Oktober 1906. Aufzeichnung Tschirschkys, 20.10.1906, GP 21/2, Nr. 7161.

des am 22. Oktober 1906 zurückgetretenen Gołuchowski, Aehrenthal, wollte abwarten, „was Italien macht. Wenn es nicht seinen Austritt aus dem Dreibund erklärt oder für dessen Erneuerung unannehmbare Bedingungen stellt, lassen wir selbstverständlich den Dreibund weiterlaufen"[156].

Doch war die italienische Regierung weit davon entfernt, das gespannte Verhältnis zum Deutschen Reich durch Änderungswünsche zu belasten. Denn hier herrschte große Verunsicherung über die künftige Haltung des deutschen Verbündeten. Es wurde zum Hauptanliegen der aufeinanderfolgenden Kabinette Sonnino und Giolitti und der Außenminister Giuccardini und Tittoni, den Verbündeten ihre unverbrüchliche Treue zu versichern und vorsichtig um Verständnis zu werben. So beteuerte beispielsweise Sonnino, daß für Italien die Dreibundpolitik die einzig richtige sei und wie sehr er die Trübung der guten Beziehungen bedauere. Andererseits hob aber auch er hervor, daß es sich Italien mit Frankreich nicht verderben dürfe; dieses sei nun einmal der große Bankier Europas.[157] Ähnlich zerknirscht äußerte sich sein Außenminister Giucciardini,[158] und der italienische Botschafter in Berlin, Lanza, war in „niedergedrückter Stimmung" wegen der „Mißverständnisse" zwischen Rom und Berlin.[159] Das Ausmaß der italienischen Verunsicherung zeigte sich an der Tatsache, daß erstmalig in der Geschichte des Dreibunds bei dem Verlängerungstermin 1907 Rom keine Änderungswünsche erhob. Der Dreibund verlängerte sich unverändert bis in den Mai 1914.

---

156 Bülow an Monts, 16.11.1906, GP 21/2, Nr. 7165; Aehrenthal berief sich auf eine Weisung seines Kaisers. Wedel an Bülow, 2.11.1906, GP 21/2, Nr. 7162, schrieb, Aehrenthal habe gesagt, man solle abwarten, „ob etwa Italien mit diesbezüglichen Wünschen oder Forderungen hervortrete. Dann sei es immer noch Zeit, zu der Sache Stellung zu nehmen". Wedel an Bülow, 2.11.1906, GP 21/2, Nr. 7162, berichtete über die Ansicht Aehrenthals, die italienische Regierung sei verläßlich, Tittoni „ein loyaler und verständiger Staatsmann". Aehrenthal hielte es für das Richtige, wenn man die Frage einer möglichen Kündigung des Dreibundes gar nicht anrührte, vielmehr ruhig abwartete. Wenig später, nämlich am 14. und 15. November 1906, besuchte Aehrenthal Bülow in Berlin; in ihren Gesprächen wurde natürlich auch die Dreibundproblematik erörtert. Erneut bekräftigte Aehrenthal seine – von Bülow geteilte – Ansicht, es sei unklug, am Dreibund zu rütteln. Bülow notierte nach der Unterredung: „Mit großer Entschiedenheit sprach Baron Aehrenthal sich dahin aus, daß es in Italien viele unverläßliche Elemente gebe; aber wenn Italien auch formell aus dem Dreibunde austrete, würde das nicht nur den Übermut der kriegerischen Elemente in Frankreich und England steigern, sondern im gleichen Maße auch den Irredentismus in Italien." Aufzeichnung Bülows, 16.11.1906, GP 21/2, Nr. 7164.
157 Aufzeichnung Jagows, 15.4.1906, GP 21/2, Nr. 7151.
158 Monts an Bülow, 19.4.1906, GP 21/2, Nr. 7152.
159 Aufzeichnung Tschirschkys, 3.5.1906, GP 21/2, Nr. 7153.

> Laue Lüfte wehen von Italien über die Alpen zu uns herüber. Das politische Barometer steht auf „Schönwetter", die Wogen der Erregung haben sich geglättet ...
>
> Lützow, am 13. November 1906

e) Der österreichisch-italienische „Flirt" 1906–1908

Allerdings resultierte aus der deutsch-italienischen Krise auch ein bemerkenswerter Nebeneffekt: nämlich eine spürbare Verbesserung des österreichisch-italienischen Verhältnisses.

Für eine Annäherung gab es für beide Partnermächte, vor allem aber für die römische Regierung viele und gute Gründe. Einer davon war die Befürchtung der Italiener, wegen der deutschen Verstimmung auf die deutsche Unterstützung in internationalen Fragen und auch in Wien verzichten zu müssen. Hinzu kam, daß die Lähmung Rußlands nach der ersten Revolution dazu führte, daß Wien plötzlich Rückenfreiheit genoß und sich die italienische Regierung doch erheblich vorsichtiger gegenüber dem militärisch deutlich überlegenen Nachbarn zeigen mußte. Außerdem hegten die Regierungen in Rom und Wien eine gemeinsame Abneigung gegen den anti-englischen Konfrontationskurs des Deutschen Reiches[160] und suchten Konflikte mit Frankreich zu vermeiden. Allerdings war die römische Regierung auch sehr skeptisch gegenüber der französischen Politik, die durch allzu ostentative Beweise ihrer Freundschaft die italienische Regierung gegenüber den Dreibundpartnern, vor allem gegenüber Deutschland, zu kompromittieren versuchte[161]. Aus dem gesamten Verhalten der französischen Diplomatie entstand der zwingende Eindruck, daß Frankreich nicht wirklich bereit war, Italien die Gleichrangig-

---

160 Lützow an Aehrenthal, 8.12.1906, HHStA, PA XI, 136, über eine bevorstehende außenpolitische Kammerrede Tittonis, in der er dann Opposition befürchtete, wenn es um den Gegensatz zwischen dem Dreibund und England gehen werde. Dito, 11.12.1906, ebenda, mit einer Absprache zwischen Tittoni und Aehrenthal, daß Tittoni in der Kammerrede das Thema eines möglichen deutsch-englischen Konfliktes ausließ. Und Aehrenthal drückte gegenüber Bülow die Hoffnung aus, daß sich die deutsch-englischen Beziehungen verbessern würden; „dies würde auch die Gefühle der Italiener für den Dreibund erwärmen". Aufzeichnung Bülows, 16.11.1906, GP 21/2, Nr. 7164.

161 Als Beispiel dafür galten die Entsendungen des überdimensionierten Flottengeschwaders nach Neapel. Es wurde gefragt, was die Flotte gegen den Vulkanausbruch und seine Verwüstungen machen könne. Siehe Aufzeichnung Jagows, 15.4.1906, GP 21/2, Nr. 7151, mit Klagen Sonninos: „Frankreich suche durch seine fortgesetzten Liebesbezeugungen jetzt Italien gewissermaßen zu kompromittieren: Danksagungen, Sympathiekundgebungen, die im Grunde ganz überflüssige Entsendung der Flotte nach Neapel – ‚au fond ce n'était qu'un embarras'."

keit zuzugestehen.¹⁶² In dieser mangelnden Bereitschaft, mit Italien von gleich zu gleich zu verhandeln, ähnelte sich die deutsche und die französische Haltung gegenüber Italien; dies hatte die Konferenz von Algeciras deutlich gezeigt. Die römische Regierung war die ewigen Drängeleien und Bevormundungen aus Berlin und Paris ebenso leid wie das anmaßende Auftreten ihrer diplomatischen Vertreter in Rom. Da auch in Wien jede Möglichkeit gern wahrgenommen wurde, sich aus der Berliner Patronage zu befreien, lag hier die Ursache des österreichisch-italienischen „Flirts" zwischen 1906 und 1908. Er basierte auf dem Faktum, daß sich hier zwei Großmächte zusammenfanden, die den Bevormundungen der anderen aus dem Weg gehen wollten.

Das Ergebnis all dieser Gründe war eine regelrechte Blütezeit der Beziehungen zwischen Rom und Wien. Botschafter Lützow urteilte sogar, daß ein Maximum an Freundschaftlichkeit erreicht wurde, das, zumindest seiner Meinung nach, angesichts der historischen und politischen Belastungen gar nicht mehr überboten werden könne.¹⁶³ Allerdings war der österreichisch-italienische „Flirt" keine Freundschaft ohne Vorbehalt. Gołuchowski war zuletzt sehr mißtrauisch und pedantisch gegen Italien gewesen, was sich auch in der Presse niederschlug.¹⁶⁴ Sein Nachfolger Aehrenthal wollte zwar einen möglichst unabhängigen Kurs steuern und setzte deshalb auf betont gute Zusammenarbeit mit Italien, ohne das traditionelle Mißtrauen habsburgischer Diplomaten gegen den südlichen Nachbarn abzulegen.¹⁶⁵ Ebenso wie die Außenminister verharrte die gesamte österreichische Führungsspitze in ihrer prinzipiellen Skepsis; das galt sogar für Lützow, der sich die Pflege der österreichisch-italienischen Beziehungen besonders zu Herzen genommen

---

162 Die deutschen und österreichischen Diplomaten bemühten sich, diesen Eindruck in Rom zu unterstreichen. Bülow tat dies schon seit den 1890er Jahren, Lützow mühte sich nun. Beispiele: Lützow an Gołuchowski, 10.7.1906, 29.7.1906, Lützow an Aehrenthal, 30.10.1906, HHStA, PA XI, 136.
163 Lützow an Gołuchowski, 10.7.1906, HHStA, PA XI, 136, urteilte im Anschluß an einen Freundschaftsbesuch des italienischen Generalstabschefs Saletta in Wien: „Hiermit ist wohl in den wechselseitigen Beziehungen ungefähr der Maximalstand erreicht, der mit Rücksichtnahme auf die inhaerente Lage der Dinge als erreichbar bezeichnet werden kann. Es handelt sich somit vornehmlich für die Zukunft darum, womöglich die Barometersäule auf der gegenwärtigen Höhe zu erhalten, worauf bei der Unbeständigkeit der hiesigen öffentlichen Meinung keineswegs zu rechnen ist."
164 Monts an Bülow, 17.1.1906, PA/AA, R 9114.
165 Aehrenthal versuchte schon zu diesem frühen Zeitpunkt, die Italiener zu einem Feldzug nach Tripolis zu verlocken, siehe dazu Kap. IV.5.: Italien und der Dreibund während des Libyenkriegs (1911/12), besonders S. 701 f. In einem Promemoria vom 18.4.1907 schrieb er, er komme zu „keiner anderen Conclusion, als daß ein Waffengang mit Italien immerhin zu den Möglichkeiten der nächsten Zukunft gerechnet werden muß. Eine vorsichtige, den Gegner nicht allzu sehr aufmerksammachende Vorbereitung ist daher gewiß am Platze". Zitiert bei Behnen, Rüstung, S. 146.

hatte.¹⁶⁶ Auf österreichischer Seite wurde die eigene militärische Überlegenheit als wesentlicher Grund für das italienische Wohlverhalten angesehen; zwar sollte auf Provokationen verzichtet werden, doch das Faktum an sich ruhig klar erkennbar bleiben.¹⁶⁷ Angesichts der Vorgeschichte ist es nicht verwunderlich, daß sich nicht alle gesellschaftlichen Kräfte in Österreich gleichermaßen um den Ausgleich mit Italien bemühten. Eigenartigerweise war es die „Neue Freie Presse", die, obwohl bisher notorisch italienfreundlich, plötzlich einen anderen Kurs einschlug und das italienisch-österreichische Verhältnis für nicht gut erklärte, was entschiedene Proteste von beiden Seiten auslöste.¹⁶⁸ Daß der antiitalienische Publizist Baron Chlumecky¹⁶⁹ auf

---

166 Avarna an Tittoni, 30.12.1907, zitiert bei Askew, Antagonism, S. 190, Fußnote 61: Österreichs politische Kreise fühlten, daß die meisten Italiener feindselig seien. Und Aehrenthal urteilte, im Kriegsfall werde Italien unzuverlässig sein, in: Aehrenthal an Lützow, 27. 6.1908, zitiert ebenda, S. 190. Lützow an Aehrenthal, 11.12.1906, HHStA, PA XI, 136, war skeptisch, ob man von einer „neuen Ära" der italienisch-österreichischen Beziehungen sprechen könne, und schrieb: „Das Wort ‚Vertrauen' kehrt in meinen Unterredungen mit Herrn Tittoni beiderseits häufig genug wieder, aber ich bin überzeugt, er hat dabei nicht minder als ich das Gefühl der Auguren, von denen Horaz sagte, er staune, daß sie sich nicht gegenseitig ins Gesicht lachten!" Lützow war trotzdem der Ansicht, dieser Zustand könne, wenn der Orient ruhig bleibe, für Jahre erhalten bleiben.
167 Aehrenthal begründete am 30.4.1908 im gemeinsamen Ministerrat eine Aufrüstungsmaßnahme wie folgt: „Wir haben Italien das Gefühl unserer militärischen Überlegenheit beigebracht. Dies müsse so bleiben!" Und er begründete damit auch den Rückgang der Irredenta. Zitiert bei Behnen, Rüstung, S. 149. Bezeichnend für diese Einstellung: Mérey an Aehrenthal, 31.1.1911, schrieb von dem in Italien tiefverwurzelten Gefühls der „paura", dem „italienischsten aller Gefühle." Zitiert bei Renate Vietor: Die Tätigkeit des österreichisch-ungarischen Botschafters am Quirinal Kajetan Mérey von Kapos-Mére 1910–1912, Dissertation Wien 1962, S. 43.
168 Monts an Bülow, 17.1.1906, PA/AA, R 9114; Lützow an Gołuchowski, 19.10.1906, HHStA, PA XI, 136, berichtete, Tittoni habe ihn wegen der Artikel der „Neuen Freien Presse" kommen lassen und festgestellt: „Man schlage der Wahrheit ins Gesicht, wenn man behaupte, sie seien im letzten Decennium schlechter geworden." Lützow an Aehrenthal, 21.11.1906, ebenda, berichtet über einen Artikel des „Popolo Romano" vom 21.11.1906, der nicht verstehe, warum die „Neue Freie Presse" die italienisch-österreichischen Beziehungen plötzlich so schwarz sehe; sie hätten sich in Wahrheit doch deutlich gebessert. Dito, 22.11.1906, ebenda, berichtet, daß der römische „Times"-Korrespondent einen Artikel der „Neuen Freien Presse" vom 19.11.1906 über die Verschlechterung der italienisch-österreichischen Beziehungen als „leeres Geschwätz" bezeichnet habe; der Irredentismus sei eine „quantité négligeable".
169 Askew, Antagonism, S. 189, zitiert die „Österreichische Rundschau", daß es „keine Herzlichkeit in den Völkern für eine wirkliche Entente" gebe. Zu Chlumeckys Publikation: Österreich-Ungarn und Italien. Das westbalkanische Problem und Italiens Kampf um die Vorherrschaft in der Adria, Leipzig 1907, und der Wirkung in Italien siehe Lützow an Aehrenthal, 27.11.1906, HHStA, PA XI, 136: Das Buch habe in Italien Furore gemacht; auch die Botschafter sprächen davon. Das Interesse habe aber abgenommen, als bekanntwurde, daß der Verfasser ein „giovane studioso" sei und nicht der bekannte Staatsmann (Leopold von Chlumeckys Vater war einer der führenden österreichischen Parlamentarier). Die Studie enthalte wenig Neues; es sei aber gut, urteilte Lützow, daß dem italienischen Publikum ein

dem Balkangegensatz beider Mächte herumritt und die „Zeit" auch weiterhin der Ansicht war, die Mehrzahl der Italiener sei österreichfeindlich und der Antagonismus könne nur durch Krieg oder positive Absprachen beseitigt werden, ist weniger erstaunlich.[170] Überhaupt konnten bestimmte österreichische Zeitungen nicht davon lassen, ihren Lesern liebgewordene Vorstellungen über Italien zu servieren und den irredentistischen Popanz zu pflegen.[171] Auch auf italienischer Seite verzichteten einzelne Abgeordnete nicht darauf, ohne Rücksicht auf politische Opportunität Abwehrmaßnahmen an der „offenen Ostgrenze" zu fordern oder Aufrüstungsmaßnahmen für die eigene Marine mit denen der österreichischen zu begründen.[172] Doch die Regierung selbst gab sich außerordentliche Mühe, Streitfälle gar nicht erst aufkommen zu lassen, und hatte dabei auch beträchtliche Erfolge. Mit außerordentlicher Sorgfalt suchten das Kabinett und die regierungsnahen Blätter jede feindselige Äußerung zu unterbinden. Dies bezog sich auf den Versuch, die militärische Gegeneinanderrüstung abzubauen und die Feindgefühle zu mindern. Militärische Maßnahmen, die als gegen die Donaumonarchie gerichtet interpretiert werden konnten, wurden dem österreichischen Botschafter vorher angezeigt und ihre Bedeutung erklärt.[173] Auch suchte Giolitti jede Form von irredenter Demonstration mit aller Strenge zu verhindern.[174] Die Resultate blieben nicht

---

„Hands off, Hände weg von Albanien" zugerufen und die Gefahren des Geredes von der „altra sponda" und „Verso la guerra" klargemacht würde. Die allgemeine Reaktion sei jedenfalls eher freundlich gewesen; der Tenor sei, Chlumecky renne offene Türen ein; niemand wolle Albanien in Besitz nehmen!

170 Askew, Antagonism, S. 189–190, zitiert die „Zeit" vom 27. Dezember 1907 mit der Behauptung, eine Mehrzahl der Italiener sei noch österreichfeindlich, und vom 11. August 1908 mit der Aussage, der Antagonismus könne nur durch Krieg oder positive Absprachen beseitigt werden.

171 Zu dem Vorfall mit dem Journalisten Maximilian Claar und der getürkten Irredenta-Berichterstattung siehe oben, III.4.a. Die Verschlechterung des österreichisch-italienischen Verhältnisses zwischen 1900 und 1903, Fußnote 9.

172 Lützow an Gołuchowski, 16.10.1906, HHStA, PA XI, 136.

173 Riedl an Gołuchowski, 26.9.1906, HHStA, PA XI, 136, berichtet über einen Zeitungsartikel der „Italie" mit der Frage, wo Österreich denn seine Flottenmanöver machen solle, wenn nicht in der Adria. Lützow an Aehrenthal, 27.10.1906, ebenda, berichtet, Giolitti habe ihm spontan gesagt, das Ordinarium des Heeresbudgets sei unveränderlich, die Erhöhung des Extraordinariums für 6 Jahre von 16 auf 20 Mio., also pro Jahr um 4 Millionen, nur wegen der Erhöhung der Lebensmittel- und Futterpreise erfolgt.

174 Riedl an Gołuchowski, 7.8.1906, HHStA, PA XI, 136, schrieb, das Kabinett habe „die ehrliche Absicht, alles zu vermeiden, was auf dasselbe auch nur den Schein des Irredentismus werfen könnte und daß es in diesem Sinne sowohl auf die Presse einwirkt, als auch den Präfecten zur Pflicht gemacht hat, bei allem Anlaß zu irredentistischen Auslassungen und Demonstrationen gebenden Gelegenheiten sich einer möglichst taktvollen und correcten Haltung zu befleißigen. Eine Aufgabe, die, wenn man dem hiesigen Volkscharakter und der gegen uns in Oberitalien unter dem Volke herrschenden Stimmung Rechnung trägt, nicht so leicht erscheint."

aus; der Irredentismus wurde derart hartnäckig für tot erklärt und war es wohl auch, daß die österreichischen Diplomaten dieses Thema gar nicht mehr anschnitten.[175] Auch wurden in Italien selbst Stimmen laut, wie etwa im sozialistischen „Avanti", der beklagte, daß in der Vergangenheit der König und die Regierung sich irredente Provokationen hatten zuschulden kommen lassen.[176]

Aus der neuen, relativen Herzlichkeit zwischen den Verbündeten resultierten sogar erste Gedanken über eine grundlegende Neuorientierung der internationalen Politik. Vor allem auf italienischer Seite kam die Idee eines französisch-italienisch-österreichischen Bündnisses auf; dieses wurde nicht nur in den Zeitungen diskutiert, sondern sogar im Außenministerium dem österreichischen Botschafter gegenüber als politisches Ideal ins Gespräch gebracht.[177] Auch der französische Botschafter Barrère suchte für dieses Vorhaben, das in der Tat den französischen Wünschen sehr entsprochen hätte, Propaganda zu machen.[178] Diese Idee war keine isolierte Einzelmeinung, sondern wurde von verschiedenen Seiten aus gleichzeitig laut. Arturo Labriola verlangte im „Avanti" im Mai 1906, Italien solle den Dreibund verlassen und dafür eng mit Frankreich und Österreich-Ungarn kooperieren.[179] Diese Gedanken hatten natürlich eine deutliche antideutsche Note, die noch offensiver von dem Sozialisten Bissolati vertreten wurde:: dieser verlangte im „Tempo" vom 29. Juli 1907, Italien und Österreich-Ungarn sollten sich enger zusammenschließen, um sich von der deutschen Bevormundung zu befreien.[180] Tatsächlich begann sich Bülow im Januar 1907 bereits wegen der „zu großen Intimität zwischen Rom und Wien" zu sorgen.[181]

---

175 Lützow an Gołuchowski, 23.1.1906, HHStA, PA XI, 135, schrieb, daß ihm Luzzatti gesagt habe: „Jamais l'irredentisme n'a été coté aussi bas – on peut dire qu'il est devenu une quantité négligeable ... und der gleichen Auffassung begegne ich von allen Seiten." Vgl. auch Lützow an Gołuchowski, 10.7.1906, HHStA, PA XI, 136. Lützow an Gołuchowski, 17.4.1906, HHStA, PA XI, 135, berichtet, San Giuliano habe ihm gesagt, die Irredenta existiere nur noch im Gehirn einiger österreichischer Funktionäre, und schloß mit der Feststellung, wäre für Trient und Triest der Preis die Zerstörung der Monarchie, niemand in Italien würde sie wollen! Lützow folgerte: In der irredenten Frage hinge grundsätzlich alles von der Regierung ab.
176 „Avanti", 14.9.1906.
177 Lützow an Gołuchowski, 18.4.1906, 19.4.1906, HHStA, PA XI, 135.
178 Lützow an Aehrenthal, 30.10.1906, HHStA, PA XI, 136, berichtete über eine Unterredung mit Barrère, in der dieser sagte, daß die Beziehungen zwischen Rom und Wien „auch derzeit noch unverändert die besten seien". Es sei ein Irrtum zu glauben, daß Frankreich Unfrieden zwischen Österreich und Italien stiften wolle. Frankreich wolle wie Großbritannien den Frieden, und sei deshalb für gute österreichisch-italienische Beziehungen.
179 Askew, Antagonism, S. 188; Bericht Flotow an Gołuchowski, 29.5.1906, HHStA, PA XI, 135.
180 Askew, Antagonism, S. 188.
181 Tschirschky an Monts, 10.1.1907, Monts, Erinnerungen, S. 447.

Insgesamt waren die österreichisch-italienischen Beziehungen in den gut zwei Jahren, die zwischen Algeciras und der Bosnischen Krise liegen, wahrscheinlich auf dem besten Stand, auf dem sie sich vor 1914 jemals befunden haben.[182] Allerdings muß immer wieder auf die Grenzen hingewiesen werden, die der italienisch-österreichischen Annäherung aufgrund wechselseitiger Vorbehalte gesetzt waren. Lützow urteilte im Juli 1906, „daß eine weitere Ausgestaltung der Beziehungen kaum zu erhoffen ist; nichtsdestoweniger halte ich sie für richtig. – Nicht etwa wegen der Schrecken des Irredentismus, der mir aller Confidenten-Berichte zum Trotze keine großen Sorgen einflößt, sondern wegen der italienischen Begehrlichkeit an der Ostküste der Adria – (wenn auch vorerst zunächst auf culturellem und commerciellen Gebiete) – und wegen des zunehmenden Bestrebens, in Balcanfragen pari passu mit uns gehen zu wollen." Die italienische Regierung habe sich nun einmal mit der österreichisch-russischen Entente nicht abgefunden. Deshalb prophezeite Lützow auch, „ein etwaiger Zusammenbruch des vielbesprochenen status quo am Balkan müßte selbstverständlich unsere Beziehungen zu Italien sofort einer bedrohlichen Belastungsprobe aussetzen"[183]. Diese Prüfung der Freundschaft sollte noch zwei Jahre auf sich warten lassen – dann aber die Schönwetterperiode zwischen Wien und Rom abrupt beenden.

---

182 So auch Askew, Antagonism, S. 189.
183 Lützow an Gołuchowski, 10.7.1906, HHStA, PA XI, 136.

> Italien im Dreibund ist daher im offensiven oder richtiger aktiven Sinne eine Fiktion, im defensiven aber ein moralischer Faktor und daneben eine wenigstens annähernde Garantie für den Frieden zwischen den beiden verbündeten Nachbarn.
>
> Graf Wedel, am 2. November 1906

6. Äussere Entspannung, innere Entfremdung, neue Konstellationen – eine Bilanz

Da der Dreibund seit dem Herbst 1908 mit ganz anderen Ereignissen und Problemen konfrontiert wurde, soll hier ein Einschnitt gemacht und eine Bilanz des Bündnisses vom Ausscheiden Bismarcks bis zur ersten Marokkokrise gezogen werden.

Prägend war für die nachbismarckische Ära, daß die deutsche Politik schrittweise die Kontrolle über die europäischen Entwicklungen verlor. Mit der Kündigung des Rückversicherungsvertrages hatte sie die russisch-französische Annäherung begünstigt, die schließlich zu einer Allianz zwischen Paris und St. Petersburg führte. Damit hatte sich ein Gegenbündnis zum Dreibund gebildet und ein europäisches Gleichgewicht ersetzte Bismarcks „halbhegemoniales" System. Das war, aus einer gesamteuropäischen Sicht gesehen, nicht unbedingt nachteilig;[1] die Stimmung auf dem Kontinent war in den neunziger Jahren entspannter als in den letzten Jahren der Ära Bismarck, dessen „ewige Beunruhigungspolitik" schließlich auch negative Seiten hatte. Doch hatte die deutsche Regierung unzweifelhaft politische Optionen verloren. Und als sich dann Großbritannien während und nach dem Burenkrieg zur Sicherung des Empires entschloß, eine Annäherung an Frankreich und Rußland zu suchen, stand dem Deutschen Reich und damit dem Dreibund spätestens in Algeciras ein Dreiverband gegenüber. Zwar wird oft eingewendet, dieser habe keinen wirklichen Allianzcharakter gehabt und nur aus einzelnen Absprachen kolonialen Charakters bestanden. Trotzdem kann schwerlich bestritten werden, daß Bismarcks Maxime, in einem Europa der fünf immer zu dritt zu sein, sich nun auf diese Kombination genausogut (oder besser, wenn der zweifelhafte Großmachtstatus Italiens berücksichtigt wird) als auf den Dreibund anwenden ließ, und daß die Verbindung dieser Mächte

---

[1] Schroeder, Alliances, S. 244 f., urteilt: „...from a balance-of-power standpoint it was a normal, healthy development."

die gesamteuropäische Politik nachhaltig beeinflußte. Europa war spätestens ab 1907, als Großbritannien und Rußland eine eigene Entente über die persische Frage abschlossen, in zwei Machtgruppen aufgeteilt. Und es gab keine europäische Führungsmacht mehr, die alle Entwicklungen in ihrer Hand bündeln konnte; auch die britische Außenpolitik ließ sich immer mehr von den Rücksichten auf ihre Ententen leiten.[2]

Zu dieser die deutsche Handlungsfreiheit beschneidenden Entwicklung hatten Fehler der deutschen Diplomatie beträchtlich beigetragen. Diese waren unter anderem auch aus dem Gefühl entstanden, daß es auf dem Kontinent keine ernsthaften Gefahren gäbe; dieses sorglose Gefühl kontinentaler Entspannung herrschte in Berlin vor allem um die Jahrhundertwende und in den ersten Jahren der Ära Bülow. Die europäischen Großmächte befürchteten in diesem Zeitraum keinen kontinentalen Krieg und engagierten sich deshalb in anderen Teilen der Welt, die Russen in Ostasien, die Franzosen und Engländer überall auf der Welt und ebenso das ihnen nacheifernde Deutsche Reich. In Europa verglichen sich die Mächte. Der russisch-französische Zweibund richtete sich in den ersten Jahren seines Bestehens mehr gegen Großbritannien als gegen den Dreibund und seine Führungsmacht Deutschland. Zwar blieben Konflikte nicht aus, diese betrafen aber nicht den Kontinent: Neben den Problemen im Orient, in Armenien und Kreta gab es die alten Spannungen zwischen Großbritannien und Frankreich wegen der ägyptischen Frage; diese gipfelten in der Faschoda-Krise 1898. Doch dann begann sich der Ausgleich zwischen beiden Mächten abzuzeichnen, was in Berlin ebenso verkannt wurde wie die Möglichkeit eines russisch-britischen Ausgleichs. Allzu lange in dem Glauben an die freie Wahlmöglichkeit zwischen russischem Bär und britischem Walfisch gefangen, sah sich die deutsche Diplomatie in Algeciras einer russisch-französisch-englischen Koalition gegenüber, wovor die italienische Diplomatie schon in den 1890er Jahren mehrfach gewarnt hatte.

Bei der Begründung, warum das Deutsche Reich zunehmend in die Isolation geriet, müssen nicht nur die Fehler der Berliner Diplomatie, sondern auch die davon unabhängigen Entscheidungen der anderen Mächte Berücksichtigung finden. So gab es, besonders wichtig, die von der deutschen Haltung unabhängigen Motive der britischen Politik, nämlich die Sicherung des Empire vor dem „overstretching", die London zum Ausgleich mit Frankreich und Rußland veranlaßte, was wiederum die Entfremdung zum Deutschen Reich förderte. Ausgerechnet in diesem entscheidenden Augenblick tat dann Berlin unklugerweise vieles, was den deutsch-britischen Antagonismus vergrößern mußte. In der Wilhelmstraße überwog bis Algeciras, angesichts der russischen Schwächung in Ostasien sogar noch darüber hinaus, ein Gefühl

---
2 Dazu Gade, Gleichgewichtspolitik, passim.

der Sicherheit und des Vertrauens in die Situation und die eigene Kraft. Im Flottenbau und in der „Weltpolitik" spiegelte sich letztlich ein Effekt dieser Einschätzung wieder: Die deutsche Position auf dem Festland schien gesichert und das ermöglichte den Luxus, Großbritannien herausfordern zu können. Dies wiederum ließ die britisch-deutsche Entfremdung wachsen und auch die – in Berlin hartnäckig unterschätzte – Neigung der Briten, sich mit den anderen Mächten zu vergleichen. Der deutsch-englische Antagonismus wirkte auch auf die Verbündeten zurück und ließ innerhalb des Dreibunds eine fast unüberwindliche Strukturschwäche entstehen. Österreich-Ungarn konnte den Nachteil der Entfremdung zu Großbritannien durch die russische Entente kompensieren. Italien stand jedoch vor einem machtpolitischen Dilemma: nämlich vor dem Zwang, zwischen dem Dreibund und England wählen zu müssen. Doch während die Entscheidung wegen der strategischen Verhältnisse im Mittelmeer niemals gegen England hätte ausfallen können, war auch eine Option gegen die zu Lande weit überlegenen Bündnispartner nicht möglich. Italien wurde durch seine maritimen und kontinentalen Sicherheitsprobleme zum Lavieren gezwungen. Parallel mit dem sich verschärfenden deutsch-englischen Gegensatz wuchs die Wahrscheinlichkeit, daß Rom seinen Bündnispflichten in einem möglichen Kriegsfall nicht mehr würde nachkommen können. Baron Blanc und di Rudinì hatten schon vor 1896 mehrfach auf diese Zusammenhänge warnend hingewiesen. Doch wurden die Konsequenzen des deutsch-englischen Gegensatzes auf den Dreibund in der Berliner Optik allzulange überlagert durch die Befürchtung, Italien suche eine zu enge Annäherung an Frankreich. Daß aber nicht die italienisch-französische Freundschaft, sondern die Abhängigkeit Italiens von Großbritannien die wahre Achillesferse des Dreibunds war, sahen spätestens 1906 auch alle beteiligten deutschen Diplomaten ein.

Auch die Außenpolitik der Bundesgenossen wurde dadurch geprägt, daß äußerer Druck seitens anderer Mächte nachließ, was wiederum auf das Bündnis zurückwirkte. Nach dem Sturz Crispis war es für die italienische Politik das Hauptziel gewesen, den überscharfen Antagonismus zu Frankreich abzubauen. Visconti-Venosta erreichte den Ausgleich, Prinetti baute ihn aus. Doch auch hier wirkte dieses Element der Entspannung auf das Bündnis zurück: Der äußere Druck ließ nach, der Dreibund erschien daher weniger dringlich, wenn auch nach wie vor unverzichtbar, und vor allem die Ergänzung durch andere Absprachen, besonders mit Frankreich, notwendig. Dies wiederum erzeugte Mißtrauen der Verbündeten, das durch Bülows Ausspruch von der „Extratour" eher verharmlost wurde.

Ein ähnlicher Mechanismus ließ sich auch für Österreich-Ungarn beobachten. Der russisch-österreichische Antagonismus hatte sich spätestens durch die Balkanentente von 1897 gemildert. Zwar wurde der Dreibund in Wien nach wie vor als unverzichtbar angesehen, doch schien es nun möglich, gegenüber den Verbündeten selbstbewußter aufzutreten, vor allem gegenüber den Italienern.

Um die Jahrhundertwende fühlten sich alle drei Allianzpartner von äußerem Druck entlastet. Die Folgen für den Dreibund waren sofort spürbar. Wenn Bülow im Januar 1902 im Reichstag den Dreibund „nicht mehr [als] absolute Notwendigkeit" bezeichnete, so spricht dies für seine Einschätzung, daß es auf dem Kontinent für das Deutsche Reich keine sicherheitspolitischen Probleme gebe, für die man das Bündnis unbedingt brauche. Die Entlastung vom französischen beziehungsweise russischen Druck hatte in Italien und Österreich-Ungarn noch einen weiteren, fatalen Effekt: Hier eskalierte in den ersten Jahren nach der Jahrhundertwende die wechselseitige Antipathie zu offenem Antagonismus, nachdem die Gründe, die den Dreibund als Notgemeinschaft hatten erscheinen lassen und Bündnisdisziplin erzwungen hatten, weggefallen waren. Dieser Effekt, nämlich daß der Wegfall des äußeren Drucks für inneren Hader sorgte, ließ sich nicht nur auf zwischenstaatlicher Ebene zwischen den Dreibundpartnern, sondern, dies soll hier als Hypothese geäußert werden, sogar innenpolitisch innerhalb der Donaumonarchie beobachten. Eine der Ursachen, warum der Nationalitätenkampf in den Jahren vor der Jahrhundertwende derart an Intensität zunahm, lag vielleicht auch darin, daß es keine akute äußere Bedrohung gab, die zu mehr innerem Zusammenhalt gezwungen hätte. Und auch der Dreibund geriet in die politische Diskussion zwischen den Nationalitäten und wurde von den opponierenden Tschechen als pangermanisches Zwangsinstrument empfunden. Allerdings war schon aus den Gründen der ethnischen Zusammensetzung für die Monarchie eine Alternative zum Dreibund/Zweibund nicht denkbar: Einen anderen außenpolitischen Kurs hätten die Deutschösterreicher und Ungarn, die von der Führung der Monarchie als innenpolitisch unverzichtbare Elemente des Staatszusammenhalts angesehen wurden, nicht mit getragen.

Als Fazit dieser Entwicklung kann festgehalten werden, daß es für das Deutsche Reich und Österreich-Ungarn nach dem Ende der europäischen „Doppelkrise", für Italien ab 1896 zu einer außenpolitischen Entspannung und zu einem Nachlassen äußeren Drucks kam, die innerhalb des Dreibunds zu Mißtrauen, inneren Hader und zur Auseinanderentwicklung führte. Zwar war die Allianz im Jahre 1906 unverändert verlängert worden und auch die Militärabsprachen nach wie vor in Kraft. Doch hatte die Gesamtentwicklung seit den neunziger Jahren zu einer tiefgehenden Entfremdung unter den Bündnispartnern geführt.

Außerdem entstanden aus den politischen Neuorientierungen, die sich hinter den Schlagworten vom „neuen Kurs" oder „colpo di timone" verbargen, weitere Probleme. Um bei Italien anzufangen: Die italienische Politik sah sich seit der Jahrhundertwende neuen Schwierigkeiten gegenüber. Seit 1896 hatten die Leiter der italienischen Außenpolitik zwar den in der Ära Crispi ungeheuer angewachsenen Konflikt mit Frankreich beenden können. Visconti-Venosta und Prinetti normalisierten die Beziehungen zu Frankreich und nahmen damit von Italien einen großen politischen und ökonomischen Druck. Doch hörte die Pariser Politik nicht auf, weitergehende Forderungen an die römische Adresse zu stellen, die auf eine Kündigung des Dreibunds hinausliefen, und auch nicht, sich gegenüber Italien als Hegemonialmacht (als „Souzerän") zu gerieren.[3] Das System der „alleanza ed amicizie", der Verbindung von Dreibund und anderen Absprachen, vor allem mit Frankreich, führte nicht zu größerer Handlungsfreiheit für Italien, sondern im Gegenteil zu einer außenpolitischen Einengung infolge des Zwanges, nun entgegengesetzten machtpolitischen Forderungen gerecht werden zu müssen. Graf Nigra sprach von einem ständigen Drahtseilakt.[4] Dieses System hätte nur dann reibungslos funktionieren können, wenn sich die unterschiedlichen Bündnisse in Europa vernetzt hätten oder aber zwischen Frankreich und dem Deutschen Reich keine Spannungen aufgekommen wären. Doch spätestens mit der Konferenz von Algeciras zeigte sich, daß die italienische Diplomatie in einer Zwangsjacke gegensätzlicher Loyalitäten und Verpflichtungen steckte, die eine klare Politik ausschlossen und zum Lavieren zwangen. Dabei zeigte sich, daß der deutsche Versuch, den Dreibund für seine „Weltpolitik" zu instrumentalisieren, nur unvollkommen gelang: Italien konnte keine volle Unterstützung gewähren, und auch Österreich-Ungarn war ein eher unfreiwilliger „brillanter Sekundant". Hier wurden die grundsätzlichen Probleme, die aus dem Machtgefälle zwischen den Verbündeten resultierten, sichtbar. Es kann kein Zweifel daran bestehen, daß die italienischen Außenpolitiker fest entschlossen waren, am Dreibund festzuhalten, ihn aber durch entsprechende andere Abkommen ergänzen wollten. In Berlin wurden die Dinge einfacher, nämlich nur schwarz-weiß gesehen, von Rom vasallenartige Treue gegenüber dem Dreibund verlangt und, weil diese ausblieb, die italienische Dreibundmitgliedschaft in den Monaten nach der Konferenz von Algeciras als heuchlerische Farce betrachtet. Deshalb kam es auch innerhalb der deutschen Diplomatie zu Überlegungen, diese Kombination doch einfach fallenzulassen, die aber dann aus guten Gründen nicht realisiert wurden.

Von derartigen fundamentalen Bedenken war das deutsch-österreichische Bündnis frei. Sowohl in Berlin als auch in Wien suchte man, seine eigene Position gegenüber dem Partner zu verbessern und gegebenenfalls auch andere diplomatische Beziehungen auszubauen, um eine allzu starke Abhängigkeit

---

3 Monts an Bülow, 10.11.1906, GP 21/2, Nr. 7163.
4 Lützow an Gołuchowski, 4.4.1906, HHStA, PA XI, 136, sagte zu Nigra, daß die auswärtige Politik Italiens „eine complizierte und schwierige" sei: „Das Balancieren zwischen ‚Allianz' und ‚Freundschaft' erfordere eine wahre Meisterschaft der Equilibrierkunst", woraufhin Nigra einwarf: „C'est vrai, c'est comme si l'on dansait sur une corde."

zu vermeiden. Aber letztlich zählt, daß die Außenpolitiker beider Mächte nicht daran dachten, das bestehende Bündnis aufzugeben und es nur durch andere Abkommen ergänzen wollten, etwa durch einen erneuerten Dreikaiserbund. Sowohl in Berlin als auch in Wien wurde die Wiederherstellung des Allianzverhältnisses zu Rußland als wünschenswerteste außenpolitische Kombination angesehen und auch beträchtliche, aber nur teilweise erfolgreiche Anstrengungen in diese Richtung unternommen, die aber, was Deutschland anging, immer an der russisch-französischen Allianz und der Pariser Weigerung, sich mit Deutschland definitiv auszugleichen, scheiterten. Die Wiener Diplomatie, nicht beschwert durch diese Hypotheken, hatte es hingegen geschickt verstanden, das Bündnis mit dem Deutschen Reich und Italien durch eine gleichzeitige Entente mit Rußland zu ergänzen. Dadurch war die Donaumonarchie mehr in der Position des gleichrangigen Partners des Deutschen Reiches als in der Ära Kálnoky, und dies verstärkte sich sogar noch nach der Konferenz von Algeciras. Die deutsche Diplomatie war nach der ersten Marokkokrise mehr denn je auf Österreich-Ungarn angewiesen. Doch dies war eine gespenstische Perspektive vor dem Hintergrund der brüchigen inneren Verhältnisse in der Donaumonarchie, die mit dem Streit um die Forderung der Magyaren nach der ungarischen Kommandosprache in der Armee einen neuen Höhepunkt erreichten. Der einzig wirklich verläßliche Verbündete, als der Österreich-Ungarn nunmehr galt, war gleichzeitig einer, dessen innenpolitisch bedingter Zerfall von den Zeitgenossen immer mehr in den Bereich mittelfristiger Wahrscheinlichkeiten gerückt und dessen Zusammenhalt einzig in der Figur des fast achtzigjährigen Monarchen gesehen wurde.[5] Schon kurz nach der Jahrhundertwende wurde bezweifelt, ob die Monarchie überhaupt noch zu den für einen Großmachtstatus erforderlichen Militärleistungen befähigt sei.[6] Und doch wurde die Verbindung zur Donaumonarchie in Berlin als alternativlos angesehen, ja man fühlte sich von Wien abhängig.[7] Zwischen Algeciras und der Bosnischen Krise gelang es der Donaumonarchie, eine sehr unabhängige Außenpolitik zu führen;

---

5 Die Donaumonarchie wurde in reichsdeutschen Augen immer mehr zu dem „Kadaver", dem „Leichnam", an den sich zu binden geradezu lebensgefährlich schien; Urteile, die bis in den Ersten Weltkrieg hinein Bestand hatten, siehe Afflerbach, Falkenhayn, S. 327. Bülow urteilte in seinen Memoiren über den österreichisch-ungarischen Bundesgenossen: „Über seine innere Schwäche und fortschreitende Zersetzung durch die Hybris der Magyaren, die Arroganz der Polen, die durch den österreichischen Hochadel genährte Überhebung der Tschechen war ich mir nie im Zweifel gewesen. Die Zertrümmerung der Doppelmonarchie durften wir nicht zulassen, denn dann standen wir ... allein auf weiter Flur." Bülow, Denkwürdigkeiten 1, S. 399.
6 Behnen, Rüstung, S. 124, mit einer entsprechenden Einschätzung des französischen Militärattachés vom 8.9.1902, daß die österreichisch-ungarische Armee bald nur noch zu mittelmäßiger Defensive befähigt sein werde.
7 Verosta, Theorie und Realität, S. 304 f.

mehr noch, dem Deutschen Reich in den Orientfragen das „Leitseil um den Hals" zu werfen, wie sich spätestens im Herbst 1908 zeigen sollte. Bleibt, in diesem Zusammenhang nochmals Bülows Idee der machtpolitischen Neutralisierung der Monarchie unter deutsch-russischer Patronage zu erwähnen. Die Idee war zwar nicht realisierbar, weil die österreichische Führung nicht, was Voraussetzung gewesen wäre, auf ihre Großmachtpolitik auf dem Balkan verzichtet hätte. Trotzdem verdient die Überlegung Erwähnung, da hier eine Konstruktion entstanden wäre, die unter Ablösung oder Ergänzung der bestehenden Bündnisse den europäischen Frieden auf Dauer hätte garantieren können.

Ein Kapitel für sich, und zwar ein schwieriges und widersprüchliches, waren die österreichisch-italienischen Beziehungen. Aus einer Vielzahl innen-, außen- und handelspolitischer Gründe hatten sich die ohnehin durch historische Antipathie belasteten Verbündeten in den ersten Jahren nach der Jahrhundertwende in erschreckender Weise auseinandergelebt. In den Regierungen, bei den Monarchen, in den Generalstäben und bei der politisch interessierten Bevölkerung war die wechselseitige Abneigung sprunghaft angestiegen. Das nicht problemlose, aber doch erträgliche Verhältnis bis zur Jahrhundertwende wurde fünf Jahre später allseitig nur noch unter dem Stichwort der „verbündeten Feinde" gesehen, und häufig wurde Graf Nigras Warnung, Italien und Österreich könnten nur Freunde oder Feinde sein, zitiert; die Alternative hieß also Allianz oder Krieg. Das Bundesverhältnis zwischen Italien und Österreich wurde einerseits durch Interessengegensätze und historisch gewachsene Abneigungen geprägt, andererseits durch das Gefühl, aufeinander angewiesen zu sein. Nach 1900, als Österreich mit Rußland gute Beziehungen pflegte und Italien mit Frankreich, lag das Charakteristikum des Verhältnisses der beiden Länder in einem raschen Auf und Ab, einem Wechsel von Hochs und Tiefs, die eng gedrängt aufeinanderfolgten. Auf Erklärungen und Empfindungen, das österreichisch-italienische Verhältnis sei besser und herzlicher denn je, wurde der Dreibund wenig später für praktisch beendet erklärt, ja ein österreichisch-italienischer Krieg für wahrscheinlich gehalten[8]. Die Beziehungen zwischen

---

8 Radolin an Bülow, 2.11.1903, PA/AA, R 9111, berichtet, Luzzatti empfinde die österreichisch-italienischen Beziehungen als schlecht und rechne mit einem Krieg; Monts an Bülow, 15.12.1903, PA/AA, R 9111: Vittorio Emanuele III. behauptet, das österreichisch-italienische Verhältnis sei „normal"; Alvensleben an Bülow, 20.12.1903, ebenda: Aehrenthal hält das österreichisch-italienische Verhältnis für schlecht; Monts an Bülow, 16.4.1904, PA/AA, R 9112: Gołuchowski erklärt, das alte, gute Allianzverhältnis zwischen Italien und Österreich sei wiederhergestellt; Monts an Bülow, 13.5.1904, ebenda: Das Verhältnis seit langem nicht mehr so intim wie jetzt; Monts an Bülow, 21.1.1905, PA/AA, R 9113: das österreichisch-italienische Verhältnis war niemals herzlicher als jetzt; Wedel an Bülow, PA/AA, R 9113: Sektionschef Merey behauptet, das österreichisch-italienische Verhältnis könne niemals herzlich werden, „schon weil die geschichtlichen Ereignisse dem entgegenstänsen". Monts an Bülow, 19.7.1907, R 9114:

beiden Mächten waren wie ein Barometer, in dem sich der äußere Druck widerspiegelte; Probleme mit anderen Mächten, sogar auch mit dem Deutschen Reich, ließen die Bündnisdisziplin gegenüber dem ungeliebten Alliierten sofort wieder wachsen.

Später hat sich Riccardo Bollati, italienischer Botschafter in Berlin, gefragt, ob das Diktum des Grafen Nigra, daß die „verbündeten Feinde" nur die Wahl hätten, Alliierte zu sein oder miteinander Krieg zu führen,[9] vielleicht gar nicht stimme und in Wahrheit die Allianz an dem schlechten Verhältnis mit schuldig sei; denn an einen Bündnispartner würden besondere Anforderungen gestellt, während von einem normalen guten Nachbarn weniger verlangt werde.[10] Wahrscheinlich hat der Dreibund tatsächlich dazu beigetragen, das komplexe, historisch belastete und verworrene Verhältnis beider Staaten zueinander weiter zu verkomplizieren. Doch gab es, was das anging, eine überzeugende Alternative zum Dreibund, wenn sie selbst aus der Rückschau nicht zu erkennen ist? Die italienisch-österreichischen Probleme wären ohne Allianz nicht geringer gewesen. Da außerdem die Allianz nun einmal existierte, hätten die vorhandenen Konfliktpunkte nach einer Kündigung durch eine der beiden Seiten ein großes Gefahrenpotential eröffnet. Gołuchowski hatte im Juni 1906 gesagt, „zwischen Österreich und Italien gebe es nur zwei Möglichkeiten: entweder Bündnis oder Krieg, und die erste Alternative sei immer noch die bessere."[11] Damit hatte er eine der bedeutsamsten Funktionen beschrieben, die der amerikanische Historiker Paul Schroeder europäischen Bündnissen der Epoche zuschreibt: nämlich der politischen Kontrolle („management and control") zwischen Allianzpartnern, in diesem Fall zwischen verfeindeten Partnermächten.[12] Die Allianz machte den österreichisch-italienischen Antagonismus, so katastrophal dieser auch war, immerhin kontrollierbar und minderte damit die Kriegsgefahr erheblich.

Das österreichisch-italienische Verhältnis nach 1900 war aber nicht nur infolge von politischen Fehlern einzelner Personen und tradierter Vorurteile derart schlecht; es spielte auch simples Pech eine Rolle: Eine praktisch ununterbrochene Reihe ungünstiger Vorfälle und sachlicher Zwänge, wie etwa die Erneuerung der Handelsverträge, die von den Außenpolitikern nicht zu beeinflussen waren, sorgte dafür, daß sich in den wechselseitigen öffentlichen Meinungen die Woge der Antipathie immer wieder hochschaukeln konnte.

Graf Lützow beurteilt die österreichisch-italienischen Beziehungen als „so freundschaftlich, wie sie kaum jemals gewesen sind".

9 Pribram, Geheimverträge, S. 262; Fellner, Dreibund, S. 63; Wedel an Bülow, 21.1.1903, PA/AA, R 9110, urteilte, der einzige Zweck des Dreibunds sei die Verhinderung einer offenen italienisch-österreichischen Feindschaft; ähnlich Aufzeichnung Bülows, 9.5.1903, ebenda.
10 Carlo Avarna di Gualtieri: Il Carteggio Avarna-Bollati Luglio 1914-Maggio 1915, Napoli 1953.
11 Siehe oben, S. 566, GP 21/2, Nr. 7155.
12 Schroeder, Alliances, passim, besonders S. 243.

Luigi Salvatorelli hat dies, mit einem lyrischen Vergleich, so ausgedrückt: „Der Dreibund war wie das Schiff des Horaz, das die ... Wellen immer wieder in die hohe See zurücktrieben."[13] Als auch sehr nachteilig erwies sich die wechselseitige „consequent gehässige und die Thatsachen in perfider Weise entstellende" Presseberichterstattung.[14] Allerdings sollte das Bild der österreichisch-italienischen Beziehungen nicht zu einseitig gesehen werden. An Versuchen, das Verhältnis zu verbessern, hat es nicht gefehlt, und auch nicht an Erfolgen auf diesem Weg. Diese waren vor allem nach der Konferenz von Algeciras zu beobachten. Von 1906 bis 1908 war das österreichisch-italienische Verhältnis sogar besser als das deutsch-italienische.

Insgesamt hatten sich innerhalb der Allianz beträchtliche gegenläufige Entwicklungen und Widersprüchlichkeiten angesammelt.[15] Und trotz dieser Probleme, die sowohl die Rolle des Dreibunds im europäischen Staatensystem betrafen als auch das Verhältnis der Partner untereinander, erwies sich das Bündnis als hinreichend stabil. Es zog seine Kraft vor allem aus dem Fehlen einer besseren Alternative. Ein interessantes Urteil über den Wert des Bündnisses für den Frieden lieferte im November 1906 der deutsche Botschafter in Wien, Graf Wedel – übrigens zuvor Botschafter in Rom und daher, aus seiner guten Kenntnis der drei Staaten heraus, in Dreibundfragen ein sehr kompetenter Experte. Er befürwortete eine Verlängerung des Dreibunds und war der Ansicht, daß Italien auf die Allianz angewiesen sei und sie nicht leichthin aufkündigen werde. Zwar hatte er keinen Zweifel daran, daß Italien in einem Krieg der Mittelmächte gegen England und Frankreich keine militärische Hilfe leisten und vielleicht sogar die Seiten wechseln würde. Aber Wedel, der ursprünglich Berufssoldat war und trotzdem ein politisch denkender Mann, zog daraus ganz andere Schlüsse auf die Funktion und die gesamteuropäische Lage des Dreibunds als beispielsweise der Polemiker Monts oder der Schönredner Bülow: Schlüsse, die erneut in die Richtung von „management and control" gingen und deren Richtigkeit durch die nachfolgende Entwicklung er-

---

13 Salvatorelli, Triplice, S. 296: „La Triplice era ormai la nave d'Orazio che i flutti procellosi risospingono sempre in alto mare."
14 Lützow an Gołuchowski, 4.4.1906, HHStA, PA XI, 136, zitiert Nigra: „Er könne nicht leugnen, daß die Sprache der italienischen Journalistik uns gegenüber eine consequent gehässige und die Thatsachen in perfider Weise entstellende sei; er habe auch der jetzigen Regierung gegenüber aus dieser seiner Überzeugung kein Hehl gemacht und ihre Aufmerksamkeit auf das Gefährliche dieses Treibens gelenkt, mit dem gleichzeitigen Rathe, nach dieser Richtung ja nicht mit dem Dispositionsfonde zu geizen."
15 Diese wurden von Wilhelm II. wie folgt charakterisiert: „Der Dreibund durch Entzweiung Oesterreichs und Italiens gelockert, Rußland uns gegenüber unverändert oder indifferent, England feindlich, Gallien auf Revanche ausgehend." Nach Algeciras kamen dann auch noch die deutsch-italienischen Spannungen hinzu. In: Marginalie zu Bülow an Wilhelm II.10.3.1905, GP 20/1, Nr. 6429.

wiesen wurden: „Italien im Dreibund ist daher im offensiven oder richtiger aktiven Sinne eine Fiktion, im defensiven aber ein moralischer Faktor und daneben eine wenigstens annähernde Garantie für den Frieden zwischen den beiden verbündeten Nachbarn. Ich vermag den Vorteil nicht zu erkennen, den ein wahrscheinlicher baldiger Krieg zwischen Österreich und Italien nach Ausscheiden des letzteren aus dem Dreibunde uns zu bringen vermöchte. Österreich würde Italien allein zweifellos abermals besiegen, das Königreich aber dürfte in solchem Falle die Unterstützung der Westmächte finden. Ebenso habe ich die Überzeugung, daß wir mit Frankreich allein abermals fertig werden würden; solange wir aber Rußlands Neutralität nicht sicher sind, während England sich unbedingt gegen uns wenden würde, wäre auch unsere strategische Lage zum mindesten keine günstige. Deshalb erachte ich es für bedenklich, die Steine des Friedensbaues, als welcher der Dreibund sich während eines Vierteljahrhunderts bewährt hat, unsererseits ohne zwingenden Grund zu lockern und damit die Möglichkeit eines Weltkrieges näherzurücken, für dessen günstigen Ausgang die augenblickliche europäische Konstellation uns keine sicheren Chancen bietet."[16] Diese Bilanz war zutreffend. Trotz aller Fehler, die das Bündnis unverkennbar hatte, trotz oder gerade wegen der Antagonismen zwischen den Partnern und trotz der daraus entstehenden allseitigen und verständlichen Unzufriedenheit war es für die verbündeten Regierungen immer noch vorteilhafter, daran festzuhalten, als es aufzugeben.

---

16 Wedel an Bülow, 2.11.1906, GP 21/2, Nr. 7162.

IV. DIE ROLLE DES DREIBUNDS IM EUROPÄISCHEN KRISENMANAGEMENT 1908–1914

> Die Monarchie hat allen Grund, in Italien eine
> feindliche Macht zu sehen und sich mit aller En-
> ergie zum Kriege gegen diesen Staat vorzuberei-
> ten.
>
> Conrad im Oktober 1910

1. „Abrechnung" mit Italien? Der Einfluss Erzherzog Franz Ferdinands und Conrad von Hötzendorfs auf die österreichische Aussenpolitik

Die nun folgenden Kapitel werden sich verstärkt mit der österreichischen Politik auseinandersetzen müssen, weil von hier wesentliche Impulse ausgingen, die 1908 und 1912/13 zu europaweiten Krisen, 1914 zum Ausbruch des Ersten Weltkrieges führten. Damit ist selbstverständlich nicht gemeint, daß es eine österreichische Alleinschuld am Ersten Weltkrieg gegeben habe. Aber dessen Ausbruch steht in unlösbarem Zusammenhang mit der Entwicklung innerhalb der multinationalen Donaumonarchie. Die innere Krise des Habsburgerreiches war um die Jahrhundertwende, wie geschildert, derart eskaliert, daß der Staatszerfall den Zeitgenossen als realistische Möglichkeit erschien. Diese Annahme wirkte mächtig auf die europäische Staatenwelt und den Dreibund zurück, aber vor allem auf die österreichische Politik selbst. Die innenpolitischen Probleme der Monarchie und der Kampf der Nationalitäten gegen den Staat hatten innerhalb der schwarz-gelben Führungsschicht zunehmende Sorge um den Fortbestand der Monarchie entstehen lassen. Sicher gab es auch viele, die an die Lebenskraft und Reformierbarkeit des Staates glaubten; diese fanden sich aber teilweise außerhalb der klassischen Eliten, wie etwa in der Sozialdemokratie. Teile der Führungsschicht glaubten dagegen, mit dem Rücken zur Wand zu stehen. Und genau deshalb kamen hier immer radikalere Rezepte auf, wie diese negative Entwicklung gestoppt oder in ihr Gegenteil verkehrt werden könnte.[1] Zwar stießen alle zu weitreichenden Konzepte auf den zähen und erfolgreichen Widerstand des Kaisers und seiner Außenminister, deren konservative Linie die Entwicklung dominierte. Und doch müssen hier die Vorstellungen zweier herausragender Repräsentanten der politischen und militärischen Führungsschicht Erwähnung finden, weil

---

1 Bülow, Denkwürdigkeiten 1, S. 399, verglich (ex post!) die habsburgische Monarchie mit „einem alten, halb ruinierten Kavalier, der allmählich in die Stimmung geraten ist, mit Galgenhumor alles auf eine Karte zu setzen".

jeder von ihnen nicht nur auf die Geschichte der Donaumonarchie, sondern auch des Dreibunds bedeutsamen Einfluß genommen hat. Die Rede ist von Erzherzog-Thronfolger Franz Ferdinand sowie von Generalstabschef Franz Conrad v. Hötzendorf, die beide, bei allen individuellen Besonderheiten, so charakteristisch wie prägend für die politische Führungsschicht der späten Habsburgermonarchie waren. Und beide versuchten eine scharf gegen Italien und damit auch gegen den Dreibund gerichtete Neuausrichtung der österreichischen Außenpolitik herbeizuführen.

Franz Ferdinand, der Neffe Kaiser Franz Josephs, war nach dem Selbstmord von Erzherzog Rudolf 1889 Thronfolger geworden. Er war die Verkörperung der altösterreichischen, der „schwarz-gelben" Gesinnung; er war antiliberal, ein militanter Katholik, ein ausgeprägter Antisemit[2] und ein Hasser der Freimaurer, ein überzeugter Verfechter der übernationalen Monarchie und deshalb auch gegenüber dem Nationalstaatsprinzip von unüberwindlicher Abneigung beseelt. Alle Übel der Monarchie führte Franz Ferdinand auf die Sonderstellung der ungarischen Führungsschicht zurück, die er deshalb geradezu haßte; schon bevor er nach dem Tod Rudolfs zum Thronfolger ernannt wurde, erklärte er den „Ausgleich" für einen schweren Fehler, sprach sich scharf gegen die Ungarn aus und machte auch später, trotz aller guten Ermahnungen, aus seinen Ansichten kein Hehl.[3]

In der Umgebung Franz Ferdinands sind die unterschiedlichsten Reichsreformpläne – vor allem der sogenannte „Trialismus", nämlich die Schaffung eines dritten, eines südslawischen Reichsteils – mit ihrem Für und Wider erörtert worden. Obwohl in seiner Umgebung weitausschauende Pläne erwogen wurden, war der Thronfolger ein Mann ohne moderne, nach vorne weisende Ideen; er war mehr ein radikaler Reaktionär denn ein Reformer. Ob er seinen rückwärtsgewandten Reformprojekten auch als Kaiser treu geblieben wäre und die Durchsetzung hätte erzwingen können, muß offenbleiben.[4] Auf jeden

---

2 Gerd Holler, Franz Ferdinand von Österreich Este, Wien/Heidelberg 1982, S. 129, zitiert den Vorstand der Militärkanzlei des Thronfolgers Bardolff: „Vertreter der jüdischen Rasse haben das Belvedere niemals betreten. Denn Franz Ferdinand war gleich mir kein Freund des Judentums, ... nach seiner unerschütterlichen Überzeugung standen Freimaurertum und Materialismus, Liberalismus und Marxismus ... sowie der gesamte Großkapitalismus unter jüdischer Führung."

3 Zur Ungarnpolitik Franz Ferdinands grundlegend: Robert A. Kann: Franz Ferdinand der Ungarnfeind? In: ders.: Erzherzog Franz Ferdinand Studien, München 1976, S. 100– 126; siehe auch Holler, Franz Ferdinand, S. 119; 144 f. „Nur die Chauvinisten und die Talmi-Magyaren, die ihren Lebenslauf darin sehen, unaufhörlich gegen die Gemeinsamkeit mit Österreich gegen die gemeinsame Armee zu hetzen, die bringen mich in Wut. Um sie zu bändigen, werde ich, wenn nötig, auch bis zum Staatsbruch gehen."

4 Bollati an San Giuliano, 30.6.1914, in: DDI 4/XII, Nr. 25, berichtet, daß Unterstaatssekretär Zimmermann ihm nach der Ermordung des Thronfolgers im strengsten Vertrauen gesagt habe: „E poi aveva troppe antipatie e partiti presi: contro gli ungheresi, contro gli italiani, contro tutto ciò che è liberale; era mutevole, violento, soggetto ad influenze retrive ed esclusive."

Fall drehten sich seine Pläne im wesentlichen um innenpolitische Fragen: um die Wiederherstellung der inneren Handlungsfähigkeit und die Zurückdrängung der Ungarn. Denn eines hatten alle seine Ideen gemeinsam: Sie waren nur gegen den äußersten Widerstand der ungarischen, meist adligen Führungsschicht und auf deren Kosten zu erreichen.

Der Erzherzog-Thronfolger hatte aber nicht nur innenpolitische Änderungswünsche, sondern auch außenpolitisch klar konturierte Grundideen, wie überhaupt die innere Gesundung die Basis für eine dann auch starke Außenpolitik bilden sollte. Allerdings war für ihn die Reihenfolge klar: Erst die innere Erstarkung, dann eine starke Außenpolitik – und nicht umgekehrt. Deshalb wollte er auch den Frieden. Im Februar 1913 sagte er: „Ohne daß wir uns etwas vergeben, sollten wir alles tun, um für uns den Frieden zu erhalten!"[5] – und Äußerungen dieser Art lassen sich viele finden. Trotzdem ist Franz Ferdinand immer wieder der Wille zu außenpolitischen Abenteuern unterstellt worden und das Ausland sah in ihm das Haupt einer österreichischen „Kriegspartei". Doch im wesentlichen zu Unrecht; bis zum Abschluß der umfassenden österreichischen Heeresmodernisierung, die für das Jahr 1919 erwartet wurde, lehnte Franz Ferdinand gewagte oder gar kriegerische Manöver konsequent ab, wenn auch mehr aus machtpolitischen denn aus humanitären Erwägungen.[6]

Bei der politischen Grundausrichtung des Thronfolgers war es nicht überraschend, daß er sein außenpolitisches Ideal in der Wiederherstellung der Einheit der konservativen Kaisermächte, in der Wiedergeburt des Dreikaiserbundes sah. Zum Deutschen Reich und zu Wilhelm II. hatte er, nach einigen Anlaufschwierigkeiten, ein sehr positives Verhältnis. Der Dreibund hingegen war ihm ein Notbehelf, den er allenfalls aus Vernunftgründen und für den Augenblick gelten lassen wollte. Dies lag an seiner ungewöhnlich starken, an Haß grenzenden Antipathie gegen Italien. Dort floß alles zusammen, was der Erzherzog verabscheute: der Antiklerikalismus, die Frontstellung gegen

---

5 Franz Ferdinand schrieb am 1.2.1913: „Dann kann das Ausland in seinen Zeitungen ... uns nicht mehr als quantité négligeable ausrufen, als ein im Zugrundegehen begriffener Staat, dann werden wir wieder Achtung im Konzerte der Völker genießen und dann kann man kräftige äußere Politik machen. Daher zuerst kraftvolle Ordnung im Innern und für uns Frieden nach außen. Dies ist mein Glaubensbekenntnis; für das werde ich mein ganzes Leben arbeiten und kämpfen." Zitiert nach Verosta, Theorie und Realität, S. 420.

6 Von Franz Ferdinand sind viele Aussagen überliefert, die in eine andere Richtung gedeutet werden können. Doch dazu meinte Robert Kann, daß der Erzherzog gern nach dem Motto „fortiter in modo, suaviter in re" agierte und mit seiner Polemik oft einen sachlichen Rückzug oder die Empfehlung zur Nachgiebigkeit kaschierte. Die „rein verbale Überkompensation einer leidenschaftlichen Phraseologie" und „exzessive Ausdrucksweise" habe die „im Grundsätzlichen vernünftige Anschauungsweise" nicht verdecken können. In: Robert A. Kann: Erzherzog Franz Ferdinand und Graf Berchtold als Außenminister. In: ders.: Erzherzog Franz Ferdinand Studien, S. 206–240, S. 238.

den Papst, das Nationalitätenprinzip, das parlamentarische Regierungssystem und schließlich auch noch die Enterbung seiner Vorfahren (er trug den Namen Habsburg-Este, seine Mutter war eine Prinzessin des Königreichs beider Sizilien). Und wenn er auf lange Sicht an Krieg dachte, dann nicht gegen das Zarenreich; denn Franz Ferdinand befürchtete, Zar und Kaiser würden sich damit nur „gegenseitig vom Thron stochern"; und deshalb auch nicht gegen die mit dem Wunschpartner Rußland verbündeten Balkanstaaten Serbien und Montenegro. Wenn Krieg, dann gegen Italien. Hier träumte Franz Ferdinand von einer Wiedergewinnung Venetiens und der Lombardei.[7] Und gegen Italien richtete sich auch der österreichische Flottenbau, für den sich Franz Ferdinand – im Gegensatz zu seinem maritim vollkommen desinteressierten Onkel – sehr einsetzte und dem er neue Impulse verlieh. Im Jahr 1908 wurde er Vorsitzender des österreichischen Flottenvereins, der daraufhin einen gewissen Aufschwung nahm.[8] Schließlich wurde auch noch der Publizist Baron Chlumecky, der sich die Hetze gegen die italienischen Ambitionen auf dem Balkan zur Lebensaufgabe gemacht hatte, zur Umgebung Franz Ferdinands gerechnet. Diese Einstellung des österreichischen Thronfolgers war allgemein und auch in Italien bekannt. Seine Thronbesteigung hätte für den Dreibund eine schwere Belastungsprobe bedeutet, und es ist fraglich, wie lange er sie überstanden hätte.

Kaiser Franz Joseph hatte ein gespanntes Verhältnis zu Franz Ferdinand[9] und suchte ihn von der Macht fernzuhalten. Es gelang dem Thronfolger aber, infolge des hohen Alters seines Onkels seinen politischen Einfluß allmählich auszubauen, und schließlich wurde in den letzten Jahren vor 1914 von der „Nebenregierung im Belvedere" geredet – und zwar zu Recht. Dieser „Nebenregierung" – einer Schar militärischer und ziviler Berater des Thronfolgers – gelang es, immer mehr Einfluß auf die Regierungsgeschäfte zu nehmen. Eine herausragende Rolle spielte dabei die Militärkanzlei, die Franz Ferdinand in seinen militärischen Aufgaben unterstützen sollte.[10] Das Wirken der Militär-

---

7 Holler, Franz Ferdinand, S. 170.
8 Ebd., S. 191–193.
9 Dazu Josef Redlich, Kaiser Franz Joseph von Österreich. Eine Biographie, Berlin 1928, S. 427 f.
10 Er hatte, wie alle Erzherzöge, eine militärische Schnellausbildung durchlaufen; diese war natürlich viel zu oberflächlich gewesen, um ihm eine wirkliche Sachkompetenz vermittelt zu haben. Für seine militärischen Aufgaben stand ihm seit März 1898, als er „zur Disposition des Allerhöchsten Oberbefehls" gestellt wurde, eine kleine Militärkanzlei zur Verfügung. Dieser Titel besagte im Grunde nur, daß der Thronfolger keine eigene Funktion hatte – und damit auch formal keine Befehlsgewalt. Aus dem Schattendasein wurde die Militärkanzlei durch Major Alexander Brosch von Aarenau herausgeführt, der 1906 zum Flügeladjutanten des Erzherzog-Thronfolgers ernannt worden war. Dieser sehr rührige und befähigte Offizier, der auch vor Intrigen nicht zurückscheute, seinem Herrn aber streng ergeben war, balancierte durch seine Zielstrebigkeit die Sprunghaftigkeit Franz Ferdinands aus und erreichte eine erhebliche personelle Verstärkung und Ausweitung des Einflusses der Militärkanzlei. Der öster-

kanzlei ist von dem österreichischen Militärhistoriker Allmayer-Beck in zwei Phasen eingeteilt worden: eine konspirative, die von 1906–1911 dauerte, und eine bürokratisch-legale Phase von 1911–1913. In diesem Jahr schließlich wurde der Thronfolger zum Generalinspekteur der gesamten bewaffneten Macht ernannt und hatte über diese reguläre Kommandostelle auch eine ganz offizielle Einflußmöglichkeit auf die Armeebelange.

Diese Militärkanzlei wurde zum Herz der „Nebenregierung" im Belvedere. Zu den von dort inszenierten Schachzügen gehörten neben immer weitergehenden Eingriffen in die Außenpolitik beispielsweise der Sturz des cisleithanischen Ministerpräsidenten Beck im Jahr 1908,[11] die Demissionierung Kriegsminister Schönaichs und die Berufung Auffenbergs sowie im Jahr 1906 die folgenreiche Absetzung des Generalstabschefs, des alten Feldzeugmeisters Beck. Er wurde auf langjähriges Drängen des Thronfolgers, der Beck für unfähig hielt und in ihm auch ein Hindernis für seinen eigenen Aufstieg sah,[12] schließlich abgelöst und durch Franz Conrad v. Hötzendorf ersetzt, einen General, der dem Thronfolger schon 1901 bei einem Manöver positiv aufgefallen war.[13]

Damit war durch Franz Ferdinands Protektion einer der problematischsten Charaktere der österreichischen und europäischen Geschichte vor 1914 ins Zentrum der Macht vorgerückt. Conrad, geboren 1852,[14] war ein extremer Ver-

---

reichische Professor und Politiker Josef Redlich schrieb zu Recht von dem Ausbau der Militärkanzlei zu „einer neuen, der Verfassung natürlich vollkommen unbekannten Zentralstelle". Redlich, Franz Joseph, S. 427. Zur Militärkanzlei: Habsburgermonarchie V, S. 131 f.; Rainer Egger: Die Militärkanzlei des Erzherzog-Thronfolgers Franz Ferdinand und ihr Archiv im Kriegsarchiv Wien, in: Mitteilungen des Österreichischen Staatsarchivs 28 (1975), S. 141–163.

11 Dazu Holler, Franz Ferdinand, S. 137. Beck gehörte vor seinem Amtsantritt zu den Vertrauten Franz Ferdinands und war dessen Protegé.
12 Edmund von Glaise-Horstenau, Franz Josephs Weggefährte. Das Leben des Generalstabschefs Grafen Beck, Leipzig/Wien 1930, S. 428.
13 Habsburgermonarchie V, S. 133; Holler, Franz Ferdinand, S. 160.
14 Quellen: Franz Conrad von Hötzendorf: Aus meiner Dienstzeit 1906–1918, 5 Bände, Wien/Berlin/Leipzig/München 1921–1925. Zu Conrad: Oskar Regele: Feldmarschall Conrad. Auftrag und Erfüllung 1906–1918, Wien/München 1955 (Apologetik); sehr differenziert und hochinformativ, aber nur Teilbereiche behandelnd: Hans Jürgen Pantenius: Der Angriffsgedanke gegen Italien bei Conrad von Hötzendorf. Ein Beitrag zur Koalitionskriegsführung im Ersten Weltkrieg, 2 Bände, Köln/Wien 1984. Zu Conrads Tätigkeit im Weltkrieg Afflerbach, Falkenhayn, S. 147–456, besonders S. 249–254. Sehr informativ auch Habsburgermonarchie V, S. 133 f. Rudolf Kißling: Conrad von Hötzendorf, in: Heerführer des Weltkrieges, hrsg. von der deutschen Gesellschaft für Wehrpolitik, Berlin 1939, S. 102–120. Der Conrad-Nachlaß im Kriegsarchiv Wien ist sehr umfangreich und praktisch ein Archiv für sich. Dazu: Peter Broucek: Der Nachlaß Feldmarschall Conrads und das Kriegsarchiv, in: Mitteilungen des österreichischen Staatsarchivs 28 (1975), S. 164–182; ders.: Über den Schriftennachlaß des Feldmarschalls Franz Conrad von Hötzendorf im Kriegsarchiv, in: Mitteilungen des österreichischen Staatsarchivs 43 (1993), S. 156–167.

treter der im österreichisch-ungarischen Offizierkorps seit der Jahrhundertwende zunehmenden Weltuntergangsstimmung. Bei vielen seiner Pläne ist ein pessimistischer Zug, die Befürchtung, letztlich würden alle Anstrengungen vergebens sein, zu erkennen. Conrad war eine impulsive, übernervöse Natur und sprudelte über von ständig neuen Ideen und Plänen, Ressentiments und Widersprüchen.[15] Sein Vorgänger Beck war ein nüchterner Realist gewesen, ein Menschenkenner und Praktiker, der keinen Anspruch auf Genialität erhoben hatte. Conrad war anders. Kaiser Franz Joseph sagte von ihm einmal, er weise „den für einen Österreicher empfindlichen Fehler auf, nicht mit Wasser kochen zu können"[16]. Und in der Tat war Conrad ein weltfremder Theoretiker, ja ein Phantast, der eben jenen nüchternen Realismus vermissen ließ, der die Amtszeit des Generalfeldzeugmeisters Beck geprägt hatte.

Auf seine spezifische Art war Conrad ein ebenso schwarz-gelber Österreicher wie der Erzherzog-Thronfolger, und dies verband sie. Auch fühlte sich die Armee als Wahrerin des Staates und der Dynastie. Dieser Gedanke hatte eine mindestens auf 1848, wahrscheinlich viel weiter zurückgehende Tradition. Diese Vorstellung („In Deinem Lager ist Österreich"), der Grillparzer in seinem Gedicht „Feldmarschall Radetzky" Ausdruck verliehen hatte,[17] prägte die Führung des österreichischen Heeres und auch Conrad, der die drückende Verantwortung auf sich lasten fühlte, Staat und Dynastie retten zu müssen. Und doch überwog auch hier sein Pessimismus. Er glaubte die Monarchie von Feinden umstellt: von den italienischen, serbischen und rumänischen Irredentisten, die darauf lauerten, im geeigneten Augenblick, am besten alle gleichzeitig, über die Monarchie herzufallen und ihre nationalen Ambitionen zu befriedigen. Er sah den alten Kaiserstaat außerdem gefährdet von ungarischen Chauvinisten und russischen Panslawisten. Conrad war ein ungeheuer einseitiger Militär, dem immer nur ein Mittel einfiel, um eine Änderung dieser kritischen Lage herbeizuführen: der Krieg. Der Generaladjutant Franz Josephs, Feldmarschalleutnant Margutti, schrieb später über Conrad: „Kaum war dieser General im Herbste 1906 auf seinen prominenten Posten berufen worden, begann er auch schon dem Monarchen in ununterbrochener Folge Denkschriften vorzulegen, in welchen er mit allen möglichen Begründungen darlegte, daß die Monarchie einem gleichzeitigen Kriege mit Italien, Serbien, Montenegro und Rußland nicht gewachsen sei und daher jede günstige Gelegenheit benützen müsse, um die voraussichtlichen Gegner einzeln abzutun.

---

15 Ritter, Staatskunst 3, S. 55, schildert Conrad als ausgesprochenen Querulanten.
16 Glaise, Franz Josephs Weggefährte, S. 449. Ähnlicher Ausspruch Franz Josephs bei Redlich, Kaiser Franz Joseph, S. 429: „Er ist klug, aber nicht gescheidt."
17 Franz Grillparzer hatte in seinem Gedicht „Feldmarschall Radetzky" geschrieben: „Glück auf, mein Feldherr, führe den Streich/nicht blos um des Ruhmes Schimmer/in Deinem Lager ist Österreich/wir anderen sind einzelne Trümmer/Aus Thorheit und aus Eitelkeit/sind wir in uns zerfallen/In denen, die Du führst zum Streit,/lebt noch ein Geist in Allen."

Conrad faßte seine Anschauung in den Begriff des ‚Präventivkrieges' zusammen, das heißt, er befürwortete einen unter aussichtsreichen Auspizien geführten ‚Krieg aus eigenem Willen', um einen ‚aufgezwungenen Krieg' dann, wenn er den Feinden genehm sein könnte, zu vermeiden"[18].

Conrad, der Prototyp des Schreibtischgenerals, arbeitete in seiner Amtszeit eine ungeheure Fülle von Memoranden aus, die er an den Kaiser, den Außenminister und auch an den deutschen Verbündeten schickte und die sehr oft die (politisch fast immer konfusen) Rezepte für irgendwelche Präventivkriege enthielten. Die alles durchziehende Grundidee war der Systemerhalt durch Ausschaltung der außenpolitischen Gegner, vor allem jener, die irredente Ansprüche auf Teile der Monarchie erhoben. Conrad war von ihren schlechten Absichten fest überzeugt, und es ging für ihn darum, ihnen zuvorzukommen und sie militärisch auszuschalten, solange es noch ging. Aus Conrads Warte gesehen, war diese Strategie defensiv, da es darum ging, als sicher unterstellten Angriffen zuvorzukommen.

An erster Stelle dieser Gegner standen bei Conrad Serbien und das verbündete Italien, gegen das er „frenetischen Haß" empfand.[19] Die Italophobie Conrads – überflüssig zu sagen, daß er sich damit in diametralem Gegensatz zum politischen Bündnis bewegte[20] – streifte zwar ans Pathologische, war aber an sich kein rein individuelles Problem. Der General war in diesem Punkt, wie in manch anderer Hinsicht auch, nur ein extremer Vertreter einer im österreichischen Offizierkorps verbreiteten Mehrheitsmeinung.[21] Denn die Führung der gesamten bewaffneten Macht der Monarchie, ob Armee oder Flotte, war durchgängig italophob und fühlte sich, aufgrund von 1866, den Italienern haushoch überlegen. Schon 1859 wurde in Wiener Salons über „Italien – das Land der Feigen" gewitzelt.[22] Das Urteil über den Verbündeten war im besten Fall abschätzig, normalerweise dazu auch noch feindselig.[23] Auch Conrads Vorgänger, Feldzeugmeister Beck, hatte keine Sympathien für Italien gehegt und einen Krieg gegen den Verbündeten immerhin für möglich gehal-

---

18 Adriano Alberti, General Falkenhayn, Rom/Berlin 1924, S. 84. Conrad selbst schrieb in einer Denkschrift vom 31.12.1907: „Nur eine aggressive Politik mit positiven Zielen vermag vor dem Untergang zu bewahren und Erfolge zu erzielen." In: Conrad, Dienstzeit 1, S. 537.
19 Nach einem Urteil General v. Cramons von Februar 1916, zit. bei Afflerbach, Falkenhayn, S. 355.
20 Behnen, Rüstung, S. 149: „Damit verstieß er bewußt gegen das Gebot der Bündnistreue, auch wenn ihm der Wortlaut des Dreibundvertrags nicht bekannt war."
21 Tschirschky an Bethmann, 13.10.1911, PA/AA, R 9118, schrieb, in der Italophobie seien sich der Thronfolger, der Generalstabschef und das Offizierkorps bis zum jüngsten Leutnant einig. Ähnlich Major Laffert, 23.10.1913, PA/AA, R 9119; auch GP 36, S. 187.
22 Georg Büchmann, Geflügelte Worte,26. Aufl., Berlin 1919, S. 320.
23 Schon Erzherzog Albrecht, der Sieger von Custozza, hatte immer wieder Präventivkriegspläne gegen Italien erwogen, Allmayer, Der stumme Reiter, passim; Stickler, Erzherzog Albrecht, passim.

ten.[24] Und der Marinekommandant Montecuccoli war, ungeachtet seines Namens und seiner italienischen Abkunft, ein mindestens ebenso italophober Offizier wie Conrad.[25] Die Italienfeindschaft des neuen Generalstabschefs sprengte wegen ihres unermüdlichen Eifertums trotzdem das übliche Ausmaß der im Offizierkorps weitverbreiteten, aber eher passiven Antipathie gegen den Verbündeten. Im Vergleich zu ihm hatte beispielsweise Beck die italienische Frage geradezu sachlich betrachtet. Der neue Generalstabschef war besessen von der Idee, mit Italien „abzurechnen". Oder, mit eigenen Worten, seit seiner Zeit als Brigadier in Triest (von 1899–1903) träumte er davon, „diese Hunde von Katzelmachern zu hauen."[26] Hier muß nach Gründen gesucht werden. Diese liegen einerseits sicher in negativen persönlichen Erfahrungen, die er in Triest mit den dortigen Nationalitätenkonflikten hatte machen können, mit der intransigenten und der, aus seinem schwarz-gelben Blickwinkel heraus, als unloyal empfundenen Politik der italienischen Nationalliberalen im Triester Gemeinderat.[27] Auch das von 1866 tradierte Überlegenheitsgefühl der Habsburgerarmee gegenüber den Italienern spielte eine wichtige Rolle. Doch dann war da noch etwas anderes: Conrad unterstellte, auch darin an den Realitäten vorbeigehend, Italien eine zielgerichtete, kühl machiavellistische Politik, die sich hinter der Maske des Bündnispartners nur tarne.[28] Er befürwortete deshalb einen Angriff auch dann, „wenn Italien sich äußerlich korrekt, neutral und selbst formell freundschaftlich verhalte."[29] Gleichzeitig schien er, ohne dies auszusprechen, die von ihm unterstellte Politik Italiens, aus dessen Warte gesehen, vollkommen richtig zu finden, und

---

24 Habsburgermonarchie V, S. 122. Ähnlich berichtete Monts an Bülow, daß „... auch nach meinen Beobachtungen in österreichischen Militärkreisen ein kriegerischer Konflikt mit Italien für unvermeidlich erachtet wird". In: GP 21/2, Nr. 7170. In seiner letzten diesbezüglichen Denkschrift von 1905 hatte Beck festgestellt, daß der Krieg gegen Italien „merklich nähergerückt" sei.
25 Habsburgermonarchie V, S. 716; Vietor, Mérey, S. 42, mit einem Interview Montecuccolis und des Vizeadmirals Chiari gegenüber italienischen Journalisten, in dem sie (zum Entsetzen der österreichischen Diplomatie) Anfang 1911 von einem unvermeidlichen Krieg gegen Italien redeten.
26 Afflerbach, Falkenhayn, S. 355.
27 In dem Buch: Unser Conrad. Ein Lebensbild, dargestellt von einem Österreicher, Wien/Leipzig 1916, findet sich auf S. 34 eine Schilderung, wie Conrad am 14.2.1902 Unruhen infolge eines Streiks der Heizer des Lloyd niederschlug; 8 Tote und 25 Verwundete waren zu beklagen. Eigenartigerweise hat dieser brutale Vorfall weniger Aufsehen erregt als viele andere, unblutigere Vorgänge in Triest.
28 Conrad, Dienstzeit 1, S. 507; Denkschrift vom 6.4.1907, zitiert bei Behnen, Rüstung, S. 149. Er glaubte, diese Politik sei für die Donaumonarchie extrem gefährlich; das militärische Prävenire schien ihm die „äußerste und gefährlichste Konsequenz einer entscheidenden Aktion zur Herstellung und Wahrung der Einheitlichkeit von Heer und Monarchie".
29 Denkschrift Conrads vom 28.4.1908, Conrad, Dienstzeit 1, S. 577. Siehe auch Behnen, Rüstung, S. 149.

13. Conrad von Hötzendorf, seit 1906 als Nachfolger Becks Generalstabschef, entwarf in rascher Folge Angriffspläne gegen Italien.

er bedauerte, daß die politische Führung der Monarchie diesem Beispiel nicht folgte. Ein weiterer, überaus wichtiger Grund für Conrads (nur in den letzten Jahren vor 1914 unterlassene) Angriffspläne gegen Italien war, daß er das scheinbar unfehlbare Siegesrezept gegen den südlichen Nachbarn entwickelt zu haben glaubte. Er wollte nicht nur am Isonzo, an der Grenze, linear aufmarschieren, sondern dem dort versammelten italienischen Heer durch einen Vorstoß aus Tirol in den Rücken fallen und es so in einer gewaltigen Zangenbewegung vernichten.[30] Ähnlich wie seine deutschen Kollegen, Schlieffen und Moltke, mit ihrem Plan gegen Frankreich, so glaubte auch Conrad, im Besitz eines gewagten, aber doch siegverheißenden Rezepts zu sein, und er traute sich auch zu, diesen Plan in die Praxis umzusetzen.

Er schlug schon ein Jahr nach seinem Amtsantritt, nämlich 1907,[31] einen Präventivkrieg gegen Italien vor; 1909, im Zuge der bosnischen Krise, einen gegen Serbien; 1911, während des Libyenkrieges, wieder einen gegen Italien, 1913 im Zusammenhang mit den Balkankriegen einen gegen Serbien, und dabei blieb es bis 1914, bis sein „Traum" schließlich in Erfüllung ging. Alle diese Planungen muten konfus an: Conrad kalkulierte nämlich immer nur die militärische Stärke Österreichs und des zu überfallenden Staates ein und errechnete einigermaßen plausibel die Siegeschancen. Daß aber bei einem solchen Konflikt noch zahlreiche weitere Faktoren zu berücksichtigen waren, wie beispielsweise die Volksmeinung im eigenen, im überfallenen und den neutralen Ländern, die Möglichkeit, daß der Überfallene von anderen Staaten Hilfe erhalten würde, oder auch die katastrophalen politischen Auswirkungen einer solchen Handlungsweise bedachte er nicht oder vernachlässigte sie mit dem Argument, der Präventivkrieg nehme die als unvermeidlich angesehene Auseinandersetzung zwischen der Monarchie und den irredenten Zielen der Italiener und Balkanvölker nur vorweg. Der Reichsratsabgeordnete Josef Redlich hatte sehr recht, als er schrieb, Conrad „fehlt alles ‚Dämonische', er ist durch und durch ‚technisch'. In der Politik sieht er nur die meß- und wägbaren Kräfte, die Korps, Kanonen, Festungen usw. Öffentliche Meinung, Volksidee, alle immateriellen Probleme moderner Politik sind ihm unbekannt"[32]. Mit anderen Worten: Conrad war – und so urteilten auch schon seine Zeitgenossen über ihn – politisch von ungeheurer und verblüffender Naivität; er übersah nicht entfernt die gesamten Implikationen eines modernen Volkskrieges und dachte in den Kategorien der Kabinettskriege des 18. Jahrhunderts. Dieser Blinde[33] hielt sich selbst aber für außerordentlich weitsichtig; er glaubte, so

---

30 Dazu Pantenius, Angriffsgedanke, passim.
31 GP 21/2, S. 395: Conrad schlägt am 6.4.1907 Präventivkrieg gegen Italien vor; Dienstzeit 1, 63 f., 509 f.
32 Habsburgermonarchie V, S. 133.
33 Salvemini, Politica estera, S. 370, bezeichnete Conrad als „l'austriaco cieco".

ziemlich als einziger die lauernden außenpolitischen Gefahren vollständig erkannt zu haben. Deshalb war er nicht nur ein Kriegshetzer, sondern auch ein radikaler Aufrüstungsbefürworter,[34] der bald den allergrößten Ärger mit dem Kriegsministerium hatte, weil dieses seinen exzessiven Anforderungen nicht nachkommen konnte. Im übrigen sah Conrad als typischer Sozialdarwinist der Jahrhundertwende im Krieg einen Jungbrunnen; ein Allheilmittel aller inneren und äußeren Gebrechen des Staates. Ob er die Erscheinungsformen des modernen Krieges realistisch einschätzte, ist eine andere Frage. In der Armee wurde er immerhin als taktische Koryphäe bewundert;[35] sein Lehrbuch der Taktik hatte den Stellenwert einer Soldatenbibel. Doch hatte er damit auch das Wesen des technisierten Volkskrieges durchschaut? Selbst hatte er als junger Offizier die seinerzeitige Besetzung Bosniens mitgemacht.[36] Jede weitere Kampferfahrung fehlte ihm, und ebenso wie viele seiner Kollegen aus dem deutschen Generalstab scheint er an einen raschen Bewegungskrieg napoleonischer oder Moltkescher Art gedacht zu haben, nicht aber an den blutigen Schützengrabenkrieg, der tatsächlich auf Europa zukam. Auch später, im Weltkrieg, läßt sich nicht erkennen, womit Conrad den Ruhm eines großen Strategen verdient haben könnte.[37]

Conrad ließ außerdem in seinen Überlegungen völlig außer acht, daß sich eine Besserung der Verhältnisse nicht durch Krieg, sondern durch Abwarten und Reformieren ergeben könne. Mehr noch, ihm schien die Habsburgermonarchie als unfähig zur inneren Reform, und er glaubte, „daß der Strom der nationalistischen Einigungsbewegungen nur mit Kanonenschüssen aufgehalten werden könne"[38]; allenfalls nach einem siegreichen Krieg könnten die inneren

---

34 Holler, Franz Ferdinand, S. 166 f.
35 Habsburgermonarchie V, S. 133.
36 Franz Conrad v. Hötzendorf: Mein Anfang. Kriegserinnerungen aus der Jugendzeit 1878–1882, Berlin 1925. Das Buch endet mit der bezeichnenden Feststellung, daß sein nächster Krieg der Weltkrieg gewesen sei.
37 Dazu Afflerbach, Falkenhayn, S. 147–456.
38 Ekrem Bey Vlora: Lebenserinnerungen, Band II (1912 bis 1925), München 1973 (Südosteuropäische Arbeiten, 67). Auf S. 42 berichtet Vlora über ein Gespräch, das er mit Conrad Ende 1913 geführt hatte: „Das Leitmotiv seiner Gespräche war die fixe Idee, daß Serbien der alleinige Störenfried sei und ein im richtigen Augenblick geführter Präventivkrieg die Gefahren der Haltung dieses Landes für die Monarchie (und Albanien) beseitigen könnte. Daß aber auch ohne Krieg, nur mit friedlichen Mitteln, einfach durch die unwiderstehliche Anziehungs- und Überzeugungskraft einer reformierten, florierenden Habsburger Monarchie die südslawische Welt gewonnen werden könnte, an eine solche Lösung dachte der sympathische, tatkräftige und tüchtige Kriegsmann allzu wenig." Als Vlora vorschlug, die Anziehungskraft der Monarchie durch Reformen zu erhöhen, beispielsweise durch die Schaffung des Trialismus, zählte Conrad „100 Einwände dynastischer, nationaler, traditioneller und bürokratischer Art auf, die alle in der Überzeugung mündeten, daß der Strom der nationalistischen Einigungsbewegungen nur mit Kanonenschüssen aufgehalten werden könne".

Schwierigkeiten überwunden werden.[39] Insofern klaffte auch zwischen seiner Einstellung und der des Thronfolgers ein Abgrund, der sich aber erst mit der Zeit in seiner ganzen Deutlichkeit offenbaren sollte. Franz Ferdinand, der Conrad in seine Stellung hineinbugsiert hatte, rückte später in jeder Hinsicht von ihm ab; vor allem kritisierte er Conrads Präventivkriegspläne, die er, mit mehr politischem Verständnis ausgestattet, als selbstmörderischen Unsinn empfand.[40] Conrad wollte den Krieg aus Notwehr, „gedacht als ein letztes Zaubermittel zur Bewältigung einer heillos gewordenen Situation und gegründet nicht in der Lebenskraft des Staates, sondern gerade in seiner Schwäche"[41]. Allerdings waren in seiner Präventivkriegskonzeption auch noch massiv imperialistische Ziele verborgen; so wollte Conrad beispielsweise den Antagonismus mit Serbien durch Annexion des Landes lösen und tendierte auch sonst dazu, die Gelegenheit eines siegreichen Krieges zu großzügigen territorialen Arrondierungen nutzen zu wollen – was auch Italien betroffen hätte.[42]

Doch klafft zwischen politischem Wollen und Tun immer ein Abgrund, vor allem wenn man in ein kompliziertes Entscheidungsgefüge eingebunden ist und nicht so handeln kann, wie man möchte. Dies sei festgestellt, um darzulegen, daß sich die Pläne Conrads und Franz Ferdinands auf die österreichische Außenpolitik und damit auch auf den Dreibund weniger fatal auswirkten, als man denken sollte.

Zunächst einmal zu Conrad: Allgemein genoß er zwar die Reputation, ein ungewöhnlich befähigter Soldat und ein „großer Stratege" zu sein, aber gleichzeitig wurden seine Kriegspläne von den politisch verantwortlichen Instanzen als gefährlicher Unsinn erkannt und abgeblockt. Franz Ferdinand sprach von der „Räuberpolitik", Aehrenthal von der „Wegelagererpolitik" Conrads; beide waren für diese Konzepte, bei aller Antipathie gegen Italien und die Balkanvölker, nicht zu gewinnen, und ebensowenig der Kaiser. Und daran scheiterte Conrad; er konnte nur vorschlagen, mehr nicht; es lag nicht in seiner

---

39 Am 4.9.1907 schrieb Conrad in einer Denkschrift für den Kaiser: „Ich konnte mich überdies der Überzeugung nicht entschlagen, daß auch der ungesunde Zustand der innerpolitischen Verhältnisse am besten durch eine Aktion auch auswärts temporär zu beheben gewesen wäre, um ihn nach gefallener Entscheidung dauernd zu sanieren." In: Conrad, Dienstzeit 1, S. 64; siehe auch Behnen, Rüstung, S. 147.

40 Franz Ferdinand schrieb im Zusammenhang mit Kriegsplänen Conrads gegen Serben und Montenegriner an Brosch: „Bitte, bändigen Sie nur Conrad! Er soll doch diese Kriegshetze aufgeben! ... Conrad soll Ruhe geben und nicht zum Krieg hetzen. Zum Schluß fällt dann noch Italien über uns her und England macht uns Schwierigkeiten und wir können mit zwei Fronten kämpfen! Das wird das Ende vom Lied sein!" Zitiert bei: Holler, Franz Ferdinand, S. 166.

41 Habsburgermonarchie V, S. 135, zitiert Heinz Angermeier.

42 Horst Brettner-Messler: Die militärischen Absprachen zwischen den Generalstäben Österreich-Ungarns und Italiens vom Dezember 1912 bis Juni 1914, in: Mitteilungen des österreichischen Staatsarchivs 23 (1970), S. 225–249, S. 225 f., mit Conrads Kriegszielen gegen Italien von 1911.

Macht, einen Krieg zu beginnen. Allerdings sollen Conrads Kriegstreibereien auch nicht verharmlost werden, besonders nachdem sie in der Öffentlichkeit bekanntgeworden waren. In Italien wurde allgemein seine Absetzung ersehnt; ein solcher Generalstabschef war eine ungeheure Belastung für das Bundesverhältnis. Auch Aehrenthal hatte schließlich genug von diesen ständigen Kriegsplänen, und auch Franz Josephs Geduld mit Conrad war erschöpft; er sah dessen Nörgeln an Aehrenthals Friedensliebe als Kritik an seiner eigenen politischen Linie – nämlich der Bewahrung des Friedens.[43] Conrad wurde deshalb nach einem Streit 1911 – wenn auch nur vorübergehend – seines Amtes enthoben.[44]

Der tatsächliche Einfluß des Erzherzogs Franz Ferdinand auf die auswärtige Politik war hingegen stärker und mit der Zeit auch zunehmend.[45] Zwar behielten Franz Joseph und seine Außenminister die Leitung der Politik in der Hand, aber der Thronfolger konnte doch seinen Willen immer besser durchdrücken, vor allem dann ab 1912 in der Ära Berchtold.[46] Eines seiner Mittel war dabei die Personalpolitik; er sicherte sich eine Mitentscheidung über die Besetzung der politischen und militärischen Spitzenfunktionen. Bei den beschränkten Befugnissen des Außenministers konnte er diesem immer Steine in den Weg legen, vor allem in dem Feld zwischen Innen- und Außenpolitik, zu dem beispielsweise auch die austroitalienische Frage gehörte.[47]

Es zeichnete sich ab, daß Franz Ferdinand nach seinem Regierungsantritt in der Tat eine andere Außenpolitik verfolgt hätte; zwar hatte er keine aggressiven Pläne gegen Italien, aber seine feindselige Haltung wäre trotzdem zu einer tödlichen Gefahr für den Dreibund geworden.[48] Selbst wenn er das

---

43 Conrad, Dienstzeit 2, S. 282; Vietor, Mérey, S. 47.
44 Siehe dazu S. 716.
45 Mérey an seinen Vater, 4.1.1911, zitiert bei Vietor, Mérey, S. 36: „…die beginnende Campagne des Belvedere und den dortigen Gruppen (Klerikale und Feudale) gegen ihn [Aehrenthal] ist vielfach zu merken, Berlin wird sich schwerlich für sein Bleiben einsetzen und für die von derselben Gruppe geplante völlige Aussöhnung mit Rußland ist er ein Hindernis."
46 Dazu Kann, Erzherzog Franz Ferdinand und Graf Berchtold als Außenminister.
47 Zur gegenläufigen Tendenz in der österreichisch-ungarischen Politik vor 1914: Bollati an San Giuliano, 30.6.1914, in: DDI 4/XII, Nr. 25. Ein Beispiel waren die – später noch zu schildernden – Hohenlohe-Dekrete in Triest 1913; siehe dazu Kap. IV.9: „Ein stets reparaturbedürftiges Haus"? Die Krise im österreichisch-italienischen Verhältnis 1912–1914, S. 788–812.
48 Robert A. Kann: Die Italienpolitik des Thronfolgers Erzherzog Franz Ferdinand, in: Mitteilungen des österreichischen Staatsarchivs 31 (1978), S. 361–371, erkennt beim Thronfolger ein „allerdings völlig illusionsfreies Bekenntnis zum Dreibund" (S. 370). Und er schreibt auf S. 371: „Erzherzog Franz Ferdinand war gewiß kein Freund Italiens, aber alles spricht dafür, daß er auch als Regent dem Bündnis treu geblieben wäre, solange nicht entscheidende Veränderungen im Lager der Tripleentente oder ein radikales Umschwenken Deutschlands von dessen außenpolitischer Linie eingetreten wären." Diese stark relativierende Sicht widerlegt zwar überzeugend ältere Ansichten von aggressiven Plänen des Thronfolgers gegen Italien, blendet

Bündnis nicht gekündigt hätte, so hätte er es doch enorm verkompliziert. Schon die bloße Erwartung seines Thronantritts sorgte für außerordentliche Besorgnisse in Berlin und Rom um den Fortbestand der Allianz.[49] Franz Joseph, die Personifikation der multinationalen Monarchie, wurde angesichts der allgemein bekannten Tendenzen seines potentiellen Nachfolgers auch mehr denn je zum Symbol des Dreibunds in Österreich und es ist wohl kein Zufall, daß die erwähnte deutsch-italienisch-österreichische Initiative anläßlich seines 65. Regierungsjubiläums im Jahr 1913 und des dreißigjährigen Bestehens der Allianz ihm ein großes Dreibund-Denkmal in oder bei Wien errichten wollte[50]. Solange der alte Kaiser lebte und regierte, konnten Franz Ferdinand und Conrad keinen letztlich entscheidenden politischen Spielraum erwerben; die wirklich maßgeblichen Fragen wurden nach wie vor am Ballhausplatz und in der Hofburg entschieden. Auch wenn Franz Ferdinand zugutegehalten werden muß, daß er in Fragen von Krieg und Frieden zumeist einen mäßigenden Einfluß innerhalb der habsburgischen Führungsschicht ausübte, war er für das Bündnis mit Italien eine Belastung. Conrad hingegen war mehr als das; obwohl er seine Pläne politisch nicht durchsetzen konnte, vergiftete er durch seine Kriegshetze systematisch das österreichisch-italienische Verhältnis.

---

allerdings die negativen Effekte, die Franz Ferdinands Feindseligkeit gegen Italien (etwa die Weigerung, Rom zu besuchen, oder die Behandlung der Austroitaliener und der Universitätsfrage, zu anti-italienischen Plänen Franz Ferdinands im Trentino siehe Kann, Franz Ferdinand und Graf Berchtold, S. 237 Anm. 35) zwangsläufig hätte haben müssen, aus.
49 Siehe dazu S. 710 f.
50 Siehe Einleitung, S. 17. Und San Giuliano sagte im Juni 1911 zu Mérey: er glaube an die Loyalität Graf Aehrenthals und an den Friedenswillen des Kaisers, aber er wüßte, mit welchen Schwierigkeiten beide in Wien zu kämpfen hätten. Das Militär und der Thronfolger verübelten ihnen ihre italienfreundliche Politik. Aus einem Bericht Méreys vom 6.6.1911, zitiert bei Vietor, Mérey, S. 38.

> Es wäre ja großartig und sehr verlockend, diese Serben und Montenegriner in die Pfanne zu hauen, aber was nützen diese billigen Lorbeeren, wenn wir uns dadurch eine allgemeine europäische Verwicklung hinaufdividieren und dann womöglich mit zwei oder drei Fronten zu kämpfen haben.
>
> Franz Ferdinand, am 20. Oktober 1908

2. „Nibelungentreue"? Österreich-Ungarn, die bosnische Annexion und die Reaktion der Verbündeten

a) Die Umorientierung der österreichisch-ungarischen Balkanpolitik in der Ära Gołuchowski

Doch während dies Entwicklungen waren, die erst allmählich ihre Wirkung zeigten, wurden am Ballhausplatz die ersten Weichenstellungen für größere außenpolitische Veränderungen vorgenommen, die sich als entscheidend für die Geschichte der Monarchie, des Dreibunds und ganz Europas erweisen sollten. Gołuchowski führte zwar eine ruhige, konfliktvermeidende Politik, sofern es um die Großmächte ging, und suchte mit diesen möglichst gut auszukommen. Diese Mäßigung besaß er jedoch nicht in Balkanfragen. In der für Angehörige der habsburgischen Führungsschicht typischen Herablassung[1] und darin seinem Vorgänger, dem Grafen Kálnoky, zum Verwechseln ähnlich, sah er in den Balkanstaaten nur halbzivilisierte, chaotisch organisierte Gebilde, von denen er jederzeit die Anerkennung der Großmachtstellung und Dominanz der Monarchie zu erzwingen bereit war. Zwar lag Gołuchowski ein aktiver Balkanimperialismus fern, aber er suchte das wirtschaftliche Übergewicht der Monarchie gegenüber ihren südlichen Nachbarn auszubauen und auf diese Weise vor allem Serbien unter Kontrolle zu halten. Doch gerade diesem gegenüber hatte Gołuchowski eine unglückliche Hand. Allerdings war dies nicht allein seine Schuld, sondern ebenso wie im deut-

---

1 Die Einstellung der habsburgischen Elite gegenüber den Balkanvölkern ist noch nicht zum Gegenstand einer umfassenden kritischen Analyse geworden. Bis eine solche vorliegt, müssen charakteristische Einzelstimmen Beachtung finden. Ein besonders aussagekräftiges Beispiel sind die Tagebücher Joseph Redlichs, hrsg. von Fritz Fellner: Schicksalsjahre Österreichs 1908–1919. Das politische Tagebuch Josef Redlichs, 2 Bände, Graz/Köln 1953–1954.

schen und italienischen Fall eine Auswirkung der Nationalitätenkonflikte innerhalb der Monarchie selbst, vor allem der Ungleichbehandlung der Südslawenvölker durch die Ungarn, die Deutschen und die Austroitaliener. Außerdem war auch die serbische Politik dafür mitverantwortlich, daß sich Reibungsflächen ergaben. Die in Serbien dominierenden Parteien, vor allem die Radikale Partei, aber auch die gemäßigtere Fortschrittspartei[2] hatten sich großserbische und später sogar südslawische Ideen voll zu eigen gemacht, die nur auf Kosten des Habsburgerreiches zu realisieren waren. Die an Stärke zunehmende südslawische Irredenta war eines der Schreckgespenster der österreichischen Führungsschichten, und die Angst, ein 1866 könne sich auf dem Balkan wiederholen und die Monarchie auch aus ihrem dritten Wirkungskreis, dem balkanischen, ausschließen, verstärkte sich parallel mit der Zunahme der Nationalitätenkonflikte innerhalb der Monarchie. Es war der politischen Führung der Doppelmonarchie nicht verborgen geblieben, daß sich Teile der kroatischen Mittelschicht für südslawische Ideen empfänglich zeigten.[3]

Dies war um so brisanter vor dem Hintergrund, daß sich Serbien allmählich von der erdrückenden österreichischen Dominanz freizuschwimmen suchte. Noch König Milan (1868–1889)[4] war ein praktisch bedingungsloser österreichischer Vasall gewesen, der die Erhaltung seiner Herrschaft auch wesentlich der österreichischen Unterstützung verdankte. Doch bereits sein Sohn und Nachfolger, König Alexander (1889–1903), orientierte sich deutlich mehr nach Rußland hin. Die spektakuläre Wende der österreichisch-serbischen Beziehungen war aber erst die Mordnacht von Belgrad am 11. Juni 1903. Der in Serbien aus vielen Gründen, nicht zuletzt wegen der Ehe mit einer Hofdame seiner Mutter sehr unbeliebte König Alexander wurde mit seiner Gemahlin von einer Gruppe von Offizieren bestialisch ermordet, die Dynastie Obrenović damit abgelöst und durch Peter I. aus dem Haus Karadjordjević ersetzt. Das Attentat und seine blutrünstigen Begleitumstände entsetzten Europa, und selbst aus St. Petersburg gingen in Wien Aufforderungen ein, doch jetzt Serbien zu besetzen. Doch Gołuchowski reagierte darauf nicht.

---

2 Freiherr von Musulin: Das Haus am Ballplatz. Erinnerungen eines österreich-ungarischen Diplomaten, München 1924, S. 199 f.

3 Zum Problem des serbischen und kroatischen Nationalgedankens: Wolf Dietrich Behschnitt: Nationalismus bei Serben und Kroaten 1830–1914. Analyse und Typologie der nationalen Ideologie, München 1980 (Südosteuropäische Arbeiten, Band 74). Siehe auch die Bemerkung Musulins (der selbst kroatischer Herkunft war), Haus am Ballplatz, S. 207 f.: „Während der kroatische Bauer noch immer dynastisch und im Grunde reichstreu blieb, hat sich in einem Teil der kroatischen Intelligenz, in den organisierten intellektuellen Milieus des Kroatentums, in der Schule und am Katheder die Auffassung geltend gemacht, daß es vielleicht doch richtig wäre, die Einigung des Südslawentums von Belgrad aus zu erwarten."

4 Zu König Milan: Stefan Cakić: König Milan Obrenović 1854–1901, Novi Sad 1975.

Die Wiener Regierung glaubte sogar, durch die Ablösung des unfähigen Alexander würden sich die chaotischen innenpolitischen Zustände in Serbien verbessern, und deshalb war sie die erste, die den neuen Regenten anerkannte. Erst nach einigen Monaten erkannten die Beamten am Ballhausplatz, daß der neue König schon aus Selbsterhaltungstrieb konstitutionell dachte und die Regierung der Radikalen Partei und dem Ministerpräsidenten Pašić überließ; dieser setzte in Serbien eine russophile und schroff antiösterreichische Linie durch.[5] Diese war zum Teil die Reaktion auf die austrophile Linie der abgelösten Dynastie Obrenović, vor allem aber die logische Politik der antiösterreichischen ideologischen Ausrichtung und auch ein Aufbäumen gegen die geradezu drückende wirtschaftliche Abhängigkeit Serbiens von der Donaumonarchie. Der Anteil der österreichisch-ungarischen Monarchie am gesamten Außenhandel Serbiens – Importe wie Exporte – betrug im Jahre 1885 über 85 %. Die Wiener Politik nutzte die ökonomische Abhängigkeit Serbiens planvoll zur Durchsetzung eigener, manchmal direkt eigensüchtiger Ziele aus, letzteres vor allem unter dem Druck der mächtigen Agrarlobby.[6] In Serbien war das Gefühl allgemein, ein bloßer Spielball der österreichischen politischen und ökonomischen Interessen zu sein. Im Jahre 1905 war die Abhängigkeit von Österreich erdrückend wie eh und je; 89,5 % der serbischen Exporte gingen nach Österreich-Ungarn, der Viehexport sogar zu 98 %; ähnlich österreichisch dominiert war auch der serbische Import.[7]

Allerdings war die Wiener Politik gegenüber Serbien immer noch weniger von eigensüchtiger Bösartigkeit als vielmehr von einem durchsetzungsfreudigen patriarchalischen Überlegenheitsgefühl und Groll über die serbische „Undankbarkeit" geprägt; hätte sich die serbische Regierung in die ihr zugedachte Rolle als braver österreichischer Vasall gefügt, wäre in Wien wohl einiges zu erreichen gewesen.[8] Doch dazu war die serbische Führungsschicht, die sich schließlich ihre Unabhängigkeit bereits von den Türken teuer erkämpft hatte und daraus auch ein beträchtliches Selbstbewußtsein schöpfte, nicht bereit. Sie versuchte sich nach 1903 von Österreich-Ungarn wirtschaftlich freizuschwimmen und wollte deshalb große Kredite für den Eisenbahnbau in Frankreich aufnehmen.[9] Als dann im Jahre 1905 ein neuer österreichisch-ser-

---

5 Bernadotte E. Schmitt: The Annexation of Bosnia.Nachdruck der Ausgabe von 1937, New York 1970, S. 6.
6 Habsburgermonarchie VI/2, S. 358–363.
7 Ebd., S. 364.
8 Beispiele für die Mißverständnisse, die zwischen Österreich-Ungarn und Serbien aus diesem von Wien gewünschten und von Belgrad nicht akzeptierten Rollenverständnis Großmacht und Kleinstaat erwachsen sind, finden sich während des Balkankrieges, siehe Kap. IV.6.: Die Balkankriege und der Zusammenbruch des Status quo auf dem Balkan; auch Musulin, Haus am Ballplatz, S. 202.
9 Habsburgermonarchie VI/1, S. 621 f.

bischer Handelsvertrag ausgehandelt werden mußte und in Wien Nachrichten über eine serbisch-bulgarische Zollunion bekannt wurden, verlangte Gołuchowski ultimativ deren Aufkündigung. Als die Serben sich nicht bereitfanden, seinen Wünschen vollständig nachzukommen, ließ er den serbischen Viehimport in die Monarchie vollständig sperren. Die Balkanländer seien, so wurde im k. u. k. Ministerrat argumentiert, der Monarchie wirtschaftlich derartig ausgeliefert, daß man ruhig harte Forderungen an sie stellen dürfe, da sie ohnehin nachgeben würden.[10] Gołuchowski tat jedoch noch mehr; er stellte die gesamte Balkanpolitik der Monarchie auf neue Grundlagen. Er setzte seine Hoffnungen auf Bulgarien; in diesem sah er, anders als in dem chaotisch regierten Serbien, einen starken und lebensfähigen Staat und einen künftigen Bündnispartner. Damit hatte Gołuchowski eine ungeheuer folgenreiche strategische Weichenstellung der österreichischen Balkanpolitik vorgenommen, die bis in den Ersten Weltkrieg hinein ihre Gültigkeit behielt, ja sogar notwendige Voraussetzung für dessen Ausbruch war. Als auch noch der Streit um einen großen, an die französische Waffenfabrik Schneider-Creuzot ergangenen serbischen Rüstungsauftrag hinzukam, um den sich auch die Škoda-Werke bemüht hatten, war der Bogen überspannt und der Handelskrieg unvermeidlich. Am 7. Juli 1907 – da war Gołuchowski allerdings schon nicht mehr im Amt – kündigte Wien den noch geltenden provisorischen Handelsvertrag auf, und der Zollkrieg begann. Es gelang den Serben jedoch, den „Schweinekrieg" gegen jede Erwartung gut zu überstehen: der wirtschaftliche Zusammenbruch blieb aus, und statt dessen gelang es den Serben, sich durch Erschließung neuer Märkte und Verkehrswege, vor allem über Saloniki, von dem bisherigen österreichischen Übergewicht zu befreien. Händler und Finanziers aus anderen europäischen Staaten, gerade auch aus dem Deutschen Reich, standen schon bereit, den Platz der Monarchie auf dem Balkan zu übernehmen. Serbien emanzipierte sich infolge dieser fehlerhaften österreichischen Politik von seiner bisherigen Hegemonialmacht, und die antiösterreichische Tendenz seiner Politik verstärkte sich.

Gołuchowski hatte auch erwogen, die wirtschaftliche Expansion auf dem Balkan voranzutreiben. Unter seinen diesbezüglichen Plänen nahm die sogenannte Sandschakbahn einen hervorragenden Platz ein. Dabei handelte es sich um ein Bahnprojekt, das die Balkanhalbinsel in Nord-Süd-Richtung durchqueren, im Anschluß an die bosnischen Bahnen den nominell türkischen, seit dem Berliner Kongreß aber österreichisch besetzten Sandschak, einen Landstreifen zwischen Serbien und Montenegro, passieren und den Anschluß an die türkischen Bahnen in Mazedonien herstellen sollte. In der Verlängerung sollte diese Linie ihre Endpunkte in Athen und Konstantino-

---

10 Habsburgermonarchie VI/1 S. 623.

pel und natürlich auch in Saloniki, dem mythischen Fernziel der österreichischen Balkanimperialisten, finden und dazu dienen, das Innere des Balkan verkehrsmäßig und wirtschaftlich zu erschließen. Indes war dieses Vorhaben von Anfang an mit schwersten Hypotheken belastet. Erstens war die türkische Zustimmung zum Bahnbau unsicher, und zweitens bestanden die bereits existierenden Teilstücke der Linie aus Schmalspurbahnen, die zwar in der Errichtung erheblich billiger waren, jedoch keinen wirtschaftlichen Betrieb ermöglichten und, an den Endpunkten, jeweils zum Umladen auf die Normalspurbahnen gezwungen hätten. Wahrscheinlich wäre die Sandschakbahn ein beständiges Zuschußgeschäft gewesen, das um der Handelskontrolle und – limitierter – militärstrategischer Vorteile willen durchgeführt worden wäre. Doch dieses Bahnprojekt scheiterte ohnehin am russischen Widerspruch – in St. Petersburg wurde nicht zu Unrecht befürchtet, Österreich wolle die Balkanregion durch solche Maßnahmen wirtschaftlich in den Griff bekommen – und der höchstens lauwarmen Unterstützung des Deutschen Reiches. Dort wurde befürchtet, die ohnehin schon reichlich verworrene mazedonische Angelegenheit werde durch dieses Projekt noch weiter belastet. Gołuchowski hatte das Sandschakbahnprojekt deshalb im Jahre 1903 fallengelassen.[11]

Auch ohne das Bahnprojekt war die russisch-österreichische Zusammenarbeit in Mazedonien kompliziert genug. Sie krankte an der Unlösbarkeit des mazedonischen Problems[12] und später auch daran, daß infolge der ostasiatischen Niederlage die zaristische Regierung ungeheuer an Handlungsfähigkeit wie Prestige eingebüßt hatte. Zumindest aus St. Petersburger Sicht schlug deshalb die Balkanentente einseitig zum Vorteil Österreich-Ungarns aus, das von den Türken viel ernster genommen wurde als das angeschlagene Zarenreich. Und deshalb setzte Außenminister Iswolsky, der im Jahre 1906 sein Amt angetreten hatte, einen Kurswechsel in der gesamten russischen Außen- und Balkanpolitik durch, der als Ergebnis des Russisch-Japanischen Krieges und der Enttäuschungen in Asien zu erwarten gewesen war: die Rückbesinnung auf Europa. Iswolsky, der sich seinerzeit immer entschieden gegen die Fernostpolitik des Zarenreiches ausgesprochen hatte, war der Exponent dieses Umschwungs. Seine politischen Ziele sah er darin, die russische Außenpolitik nach dem ostasiatischen Debakel in die traditionellen Bahnen zurückzuführen und das Hauptaugenmerk auf den Balkan, den Bosporus, die Dardanellen und Konstantinopel zu richten.[13] Iswolsky war

---

11 W. M. Carlgren: Iswolsky und Aehrenthal vor der bosnischen Annexionskrise. Russische und österreichisch-ungarische Balkanpolitik 1906–1908, Uppsala 1955, S. 47. Zum Bahnbau auf dem Balkan siehe besonders Behnen, Rüstung.
12 Siehe Kap. III.4.b: Imperialistische Gegensätze zwischen den Verbündeten auf dem Balkan.
13 Carlgren, Iswolsky und Aehrenthal, S. 86. Wie Carlgren darstellt, war Iswolskys Hauptziel,

kein Panslawist,[14] er war aber überzeugt davon, daß der Balkan und die Meerengen „das primäre, das unvergleichlich wichtigste Aktionsgebiet der Außenpolitik Rußlands bildeten"[15]. Das momentane österreichische Übergewicht versuchte der ausgesprochen anglophile Minister durch die Einschaltung Englands auch in Balkanfragen auszugleichen.[16]

Die innenpolitischen Rahmenumstände zur Durchsetzung seiner Politik waren für den neuen Außenminister relativ günstig. Er wußte den Zaren hinter sich;[17] das war letztlich wichtiger als die Tatsache, daß die russische Hofgesellschaft eher reaktionär und dynastisch orientiert, deshalb anders als Iswolsky ebenso dreikaiserbundfreundlich wie englandfeindlich war. Die Duma war paralysiert durch die Auswirkungen der Revolution und befaßte sich fast ausschließlich mit inneren Fragen und innenpolitischen Reformplänen.[18] Die übrigen Minister, besonders der Finanzminister, und sogar die Spitzen der Armee befürworteten einen möglichst ruhigen und reibungslosen Ablauf der Außenpolitik.[19]

Iswolskys außenpolitische Pläne wurden von dem allgemeinen politischen Trend im Zarenreich begünstigt. In der russischen Presse überwogen demokratische und freiheitliche Tendenzen, die sich auch in außenpolitischen Sympathien und Abneigungen widerspiegelten; es überwog deutlich der Wunsch nach einer Zusammenarbeit mit England bei gleichzeitiger Ablehnung Österreich-Ungarns und des Deutschen Reiches.[20] Die öffentliche Meinung des Zarenreiches war also für Iswolskys Pläne sehr günstig. Das war schon deshalb von Bedeutung, weil auch in Rußland der Faktor „Öffentlichkeit" eine zunehmend wichtigere Rolle zu spielen begann. Hinzu kam, daß Iswolsky sich durch Proteste leicht verunsichern ließ; stieß seine Politik auf öffentliche Kritik, modifizierte er diese schnell. Auch scheute er vor Unaufrichtigkeiten nicht zurück, was sich später noch als ausgesprochen problematische Eigenschaft erweisen sollte.

Mit Iswolsky war in Rußland eine Richtung ans Ruder gekommen, die mit der Aktivierung der russischen Balkanpolitik gleichbedeutend war. Damit zeichneten sich Schwierigkeiten mit Österreich-Ungarn ab; denn die Entente von 1897, auf der auch alle weiteren Verträge aufbauten, basierte auf der Pas-

---

anders, als er es in seinen Memoiren darstellte, keineswegs der Kampf gegen die deutschen Welthegemonialansprüche.
14 Carlgren, Iswolsky und Aehrenthal, S. 97.
15 Ebd., S. 87.
16 Ebd., S. 97. Trotz seiner bekannten Anglophilie wurde Iswolsky aber in England eher negativ beurteilt. Dazu Mensdorff an Aehrenthal, 12.11.1909, ÖUA II, Nr. 1799.
17 Ebd., S. 88, 89.
18 Ebd., S. 90.
19 Ebd., S. 91.
20 Ebd., S. 95.

sivität beider Staaten. Erschwerend kam hinzu, daß sich praktisch gleichzeitig auch im österreichischen Außenministerium ein Wachwechsel vollzog, aus dem ebenfalls eine aktive Balkanpolitik resultierte.

> Kurz, die Monarchie wurde wie ein Kranker behandelt, dessen Auflösung man befürchtete, dessen Ende man aber nicht durch die Anwendung kräftig wirkender Arzneien, deren günstige Wirkung nicht absolut sicher stand, beschleunigen wollte.
>
> Musulin

b) Aehrenthals Aktivierung der österreichischen Außen- und Allianzpolitik

Am 24. Oktober 1906 hatte Kaiser Franz Joseph seinen Außenminister Gołuchowski entlassen. Der Minister war bei der immer radikaler und separatistischer auftretenden magyarischen Führungsschicht in Mißkredit geraten, weil er deren Forderung nach der ungarischen Kommandosprache im Heer zurückgewiesen hatte. Aus einem vergleichsweise unbedeutenden Anlaß richtete sich Ende September 1906 die geballte, auch vor persönlichen Invektiven nicht zurückschreckende Wut der ungarischen Delegation in einer solchen Vehemenz gegen Gołuchowski, daß dieser persönliche Konsequenzen zog und mit der ihm eigenen Grandezza abtrat. Er wolle, so verabschiedete er sich von den versammelten Beamten des Außenministeriums, mit derselben Gelassenheit, mit der er seinerzeit die Stufen zur Macht emporgeschritten sei, jetzt wieder in der Versenkung verschwinden und aus ihr auch nicht mehr emporsteigen. Er ist seinem Wort treu geblieben.[21]

Mit Gołuchowski, der damit ebenso wie sein Vorgänger Kálnoky an der magyarischen Führungsschicht gescheitert war, schied ein Minister aus dem Amt, dessen politisches Wirken von Zeitgenossen wie Nachwelt überwiegend negativ, nämlich als passiv und treibend, gewertet wurde.[22] Andere hingegen

---

21 Schilderung bei Musulin, Haus am Ballplatz, S. 155 f.
22 Kanner: Kaiserliche Katastrophenpolitik, S. 17, urteilte über Gołuchowski: „... in allen europäischen Fragen lehnte er sich an Deutschland an wie ein Schläfriger an eine Wand." Kritisches Urteil auch bei Friedjung, Imperialismus 1, S. 163 f. Eher kritische Bewertung Gołuchowskis auch bei Pantenburg, Zweibund, S. 364 f. (dort auch eine Auswertung der Urteile der Literatur), die ihm an mehreren Stellen auch eine gewisse Naivität und Pessimismus (S. 479 f.) vorwirft. Bezeichnend ihr Urteil: „Zu der Einschätzung der Habsburgermonarchie

interpretierten Gołuchowskis Haltung als „klugen Quietismus"[23], als heilsame Einsicht in die begrenzten Möglichkeiten der Monarchie; denn nur durch die außenpolitische Enthaltsamkeit sei es Gołuchowski gelungen, das gute Verhältnis zu Rußland herzustellen und zu erhalten; außerdem hätten die schweren innenpolitischen Auseinandersetzungen seiner Amtszeit gar keine aktive Politik gestattet.[24]

Doch gegen eine zu positive Wertung seiner Politik müssen Einwände erhoben werden. So war die von Gołuchowski geprägte Balkanpolitik, vor allem gegenüber Serbien, ein ausgesprochener Fehlschlag. Und die Bosnische Frage hinterließ er als Hypothek seinem Nachfolger.[25] Um von den Einzelheiten zur großen Linie zu kommen: Auch wer die vorsichtige Grundhaltung Gołuchowskis als vollkommen berechtigt anerkennt, kann die Gefahren dieser Politik nicht wegdiskutieren. Denn das bloße Erhaltenwollen der unbefriedigenden Zustände in der Habsburgermonarchie war eine Politik, die ein für den Staatserhalt gefährliches Klima der Unzufriedenheit schuf. Allerdings kann Gołuchowski hier zugute gehalten werden, daß diese Mißstimmung schließlich primär auf innenpolitische Faktoren zurückzuführen war und Reformen auf diesem Sektor nicht seine Aufgabe waren. Er war eben kein Reichskanzler, sondern nur Außenminister und damit, um sein eigenes Wort aufzugreifen, nur Briefträger der beiden Ministerpräsidenten,[26] die sich nicht in ihre Angelegenheiten hineinreden ließen.

Gołuchowski hatte mit seiner zurückhaltenden, aber schläfrig und energielos wirkenden Politik („Goluschlafski") bei den politisch interessierten Zeit-

---

als Trabant des Deutschen Reiches hatte die Politik Gołuchowskis nicht unwesentlich beigetragen" (S. 364). „Es ist schwer zu beurteilen, ob sich dahinter ein Gefühl für das politisch Machbare oder ein geistiges Phlegma verbarg" (S. 375). Zum Vorwurf, während seiner Amtszeit viele außenpolitische Chancen versäumt zu haben, so zum Beispiel die Vorgänge in Serbien 1903 nicht zur Intervention oder die Schwäche Rußlands während des Russisch-Japanischen Krieges nicht zur Erringung weiterer Vorteile auf dem Balkan oder auch zur endgültigen Annexion Bosniens und der Herzegowina ausgenutzt zu haben, ebenda, S. 365, Fußnote 660.

23 Albertini, Origins 1, S. 191 („prudent quietism"); Musulin, Haus am Ballplatz, S. 157, sprach von Gołuchowskis „vorsichtiger Zurückhaltung". Eurof Walters: Gołuchowski and Aehrenthal, in: Contemporary Review 178 (1950), S. 217–224, mit kritischer Bewertung Aehrenthals und positiver Deutung von Gołuchowskis vorsichtiger Haltung.

24 Verosta, Theorie und Realität, S. 316, beurteilt Gołuchowski als den besten Außenminister, den Franz Joseph je gehabt habe, und zwar wegen des Maximums an außenpolitischer Handlungsfreiheit, den die von ihm zustandegebrachte russische Entente der Donaumonarchie gegenüber Deutschland gebracht habe.

25 Dazu Schmitt, Annexation, S. 3 f.

26 Verosta, Theorie und Realität, S. 68. Zur fehlenden innenpolitischen Machtstellung des Außenministers und zum Nichtvorhandensein einer entsprechenden „öffentlichen Meinung" auch Musulin, Haus am Ballplatz, S. 179–181.

genossen zwar manchmal Verständnis, niemals jedoch Begeisterung hervorrufen können. Und gerade deshalb gelang es seinem Nachfolger besonders leicht, innerhalb des diplomatischen Apparates – und weit darüber hinaus – regelrechte Aufbruchstimmung zu erzeugen. Kaiser Franz Joseph berief Baron Aehrenthal, den bisherigen Botschafter in St. Petersburg, der schon seit Jahren offen gegen die Politik Gołuchowskis opponiert hatte, zum neuen Außenminister. Tatsächlich wurde die Ernennung Aehrenthals, eines intelligenten, willensstarken und versierten Diplomaten,[27] schon von den Zeitgenossen als vollständiger Systemwechsel in der Außenpolitik empfunden. Alexander v. Musulin, damals Referent im k. u. k. Außenministerium, beschrieb den Umschwung als Gegensatz von Optimismus und Pessimismus. Gołuchowski sei bewußt oder unbewußt Pessimist gewesen; er habe das einzige Heil der Monarchie in einem Sich-Dahinschleppen gesehen und geglaubt, „daß die österreichisch-ungarische Monarchie infolge ihrer inneren Struktur ... jeder auswärtigen Verwicklung ängstlich aus dem Wege gehen und nur darauf bedacht sein müsse, das bestehende, soweit und so lang als möglich zu erhalten". Auch der Mut zu innenpolitischen Reformen habe gefehlt, weil befürchtet wurde, sie würden vielleicht „eine weitere verhängnisvolle Lockerung des Staatsgebildes" mit sich bringen. Musulin schloß diese Betrachtungen mit folgendem Urteil: „Kurz, die Monarchie wurde wie ein Kranker behandelt, dessen Auflösung man befürchtete, dessen Ende man aber nicht durch die Anwendung kräftig wirkender Arzneien, deren günstige Wirkung nicht absolut sicher stand, beschleunigen wollte."[28]

Hingegen war Aehrenthal nach Musulins Ansicht der Optimist; der Außenminister, der noch fest an den „österreichischen Gedanken" glaubte und durch innere Reformen das vorhandene Gefühl der Reichsverdrossenheit beseitigen, durch aktive Politik nach außen das Zusammengehörigkeitsgefühl stärken wollte.[29]

---

[27] Zu Aehrenthal Wank, Aus dem Nachlaß Aehrenthal, passim; ders.: Varieties of Political Despair: Three Exchanges between Aehrenthal and Gołuchowski 1898–1906, in: Stanley B. Winters/Joseph Held (Hrsg.): Intellectual and Social Developments in the Habsburg Empire from Maria Theresa to World War I. Essays in Honor of Robert Adolph Kann, New York 1975, S. 203–240; Albertini, Origins 1, S, 189–197; sogar der ehemalige serbische Außenminister Ninčič ist in seiner monumentalen Darstellung der bosnischen Krise nicht frei von Bewunderung für Aehrenthals „nerveless calm" in der Behandlung Serbiens und Iswolskys, siehe Schmitt, Annexation, S. 255; Pantenburg, Zweibund, S. 364–381.

[28] Musulin, Haus am Ballplatz, S. 158, 159. Andere Deutung bei Wank: Varieties of Political Despair, S. 227, der den Unterschied zwischen Gołuchowski und Aehrenthal nicht in der „aktiven" oder „passiven" Politik findet, sondern sie beide von der Verzweiflung über Österreichs innere und äußere Probleme getrieben sieht.

[29] Musulin, Haus am Ballplatz, S. 159, schrieb, Aehrenthal habe den Gedanken gehabt, „daß es über dem nationalen Staate ein Staatensystem höherer Ordnung gebe, eine Art von vorweggenommenen Völkerbund, daß die Monarchie dazu bestimmt sei, den verschiedenen Natio-

Die inneren Voraussetzungen für eine aktivere Außenpolitik hatten sich auch dadurch verbessert, daß die heftigsten innenpolitischen Turbulenzen in den Jahren 1906 und 1907 überwunden worden waren. 1906 erzielten Franz Joseph und Gołuchowski einen Kompromiß mit den Ungarn in der Frage des transleithanischen Wahlrechts, der gemeinsamen Armee und der Kommandosprache.[30] Auch der wirtschaftliche Ausgleich wurde erneuert und damit der lähmende Konflikt zwischen den Reichshälften beseitigt. Und 1907 endete mit der Einführung des allgemeinen und gleichen Männerwahlrechts statt des bisherigen Kuriensystems und der Ernennung Baron Becks zum österreichischen Ministerpräsidenten die akute parlamentarische Krise in Cisleithanien.

Doch wie stellte sich Aehrenthal zu Beginn seiner Amtszeit die aktive Politik vor? Tatsächlich gibt es hier verschiedene Interpretationen, die indes in mehreren grundsätzlichen Punkten übereinstimmen. So besteht allgemeiner Konsens darin, daß Aehrenthal bewußt auf eine Aktivierung der österreichischen Außenpolitik hinarbeitete. Auch ist gesichert, daß er die Allianzpolitik der Monarchie weiterführen wollte. Aehrenthal war ein Befürworter des Dreibunds und zunächst auch sehr darauf aus, das Verhältnis zu Italien besonders freundlich zu gestalten, um Wien an Stelle von Berlin zum Zentrum und Mittler der Allianz zu machen.[31] In Rom wurde sein Amtsantritt nach wenigen

---

nen, die auf ihrem Territorium angesiedelt waren, ein wohnliches Heim zu bieten und sie gleichzeitig des Vorzuges der Zugehörigkeit zu einer europäischen Großmacht teilhaftig werden zu lassen. Er war überzeugt davon, daß eine Bejahung unserer Existenz nach außen hin auch belebend auf das Zusammengehörigkeitsgefühl der einzelnen Teile der Monarchie wirken und daß es möglich sein würde, durch innere Reformen das vorhandene Gefühl der Reichsverdrossenheit zu bekämpfen und zu beseitigen." Durch aktive Politik nach außen wollte Aehrenthal die Monarchie stärken und glaubte auch fest daran, „daß das Zusammengehörigkeitsgefühl in der Monarchie über die trennenden Momente das Übergewicht behalten würde". Sehr ähnliche Deutung bei Redlich, Tagebuch 1, 18.2.1912, der bei Aehrenthals Tod schrieb: „Anima nobilissima, maxima virtute vir et sapiens causas gravissimas peregit, nos omnes tranquilissima fortitudine direxit et duxit. Er war vielleicht der letzte, der die großen Seiten des Altösterreichertums in sich verkörperte: Den Glauben an die Dynastie und ihre providentielle Sendung in diesem Reiche, den Glauben an die ‚Monarchie', in der sich für ihn die höchste Lebensaufgabe darstellte. Der neuen Zeit nicht fremd, aber ihr doch nicht innerlich angehörig, war er von dem stärksten Gefühl für die Macht beseelt, in der er mit der Sicherheit des geborenen Staatsmannes das Fundament aller Politik sah. Seine Vorzüge und seine Schwächen lassen sich alle von diesem Gesichtspunkte aus übersehen und erfassen: aber beide zusammen gaben eine harmonische Persönlichkeit, die voll war des Glaubens an sich selbst und ihren Beruf. Er war eine Persönlichkeit, und zwar eine kraftvolle Persönlichkeit in diesem Lande der ererbten Müdigkeiten und Halbheiten ...Von diesem Altösterreichertum muß eine Brücke zu dem neuen, modernen Österreichertum der nahen Zukunft geschlagen werden, eine Brücke über diese traurige Gegenwart des Verfalls, der Verirrung, der planlosen Kämpfe."

30 Habsburgermonarchie VI/1, S. 309.
31 Aehrenthal sagte am 24.10.1906 zu dem Historiker Friedjung: „Es sei seine Überzeugung, daß

Monaten bereits als Beginn einer „neuen Ära" der österreichisch-italienischen Beziehungen interpretiert.[32] Außerdem befürwortete der innen- wie außenpolitisch ultrakonservativ orientierte Minister ein Bündnis der Dreikaisermächte zur Stärkung des monarchischen Gedankens gegen die „proletarische Revolution"[33]. In der Entente mit Rußland sah er ohnehin einen eigenen, während seiner Botschafterzeit in St. Petersburg errungenen Erfolg und hatte Gołuchowski immer vorgeworfen, längst nicht genug auf das Zarenreich einzugehen. Sein außenpolitisches Ideal war ein erneuerter Dreikaiserbund,[34] in dem aber Wien die Führungsrolle übernehmen sollte. Er mußte sich aber sehr bald schon davon überzeugen, daß dieses Ziel angesichts der gesamteuropäischen Lage vorerst nicht zu erreichen war. Die Zusammenarbeit mit Rußland hatte für ihn trotzdem einen sehr hohen Stellenwert.

Erheblich flexibler als Gołuchowski war Aehrenthal – zumindest zu Beginn seiner Amtszeit – in den Balkanfragen. Er gestand intern ein, daß die bisherige Serbienpolitik ein „kompletter Fehlschlag" gewesen sei[35] und vertrat eine erheblich moderatere Linie, bot auch Serbien einen neuen Handelsvertrag an. Erst als die entsprechenden Verhandlungen mit Serbien scheiterten und er nicht mehr an die Möglichkeit eines gedeihlichen Auskommens mit Serbien glaubte, setzte er, wie Gołuchowski, auf Bulgarien statt auf Serbien.[36] Die Zukunft des Balkans stellte er sich dann so vor, daß Albanien ein selbständiger Staat unter österreichischer Dominanz werden, Montenegro als befreundeter Kleinstaat weiterexistieren und ein Großbulgarien die führende Balkannation werden solle, die sich aber Österreich verpflichtet fühlen werde.[37]

---

es keinen Gegensatz zwischen den beiden Staaten gebe und daß man bemüht sein müsse, die Verstimmung in der öffentlichen Meinung zu überwinden." In: Heinrich Friedjung: Geschichte in Gesprächen. Aufzeichnungen 1898–1919. Hrsg. von Franz Adlgasser und Margret Friedrich, 2 Bände, Wien 1997 (Veröffentlichungen der Kommission für neuere Geschichte Österreichs, Band 88), Bd. 2, S. 42.

32 Lützow an Aehrenthal, 11.12.1906, HHStA, PA XI, 136.
33 Habsburgermonarchie VI/1, S. 310 f., Zitat aus einem Brief Aehrenthals an Gołuchowski vom 23.8.1906.
34 Aufzeichnung Bülows, 16.11.1906, GP 21/2, Nr. 7164: „In Bezug auf Rußland verhehlte mir Baron Aehrenthal nicht, daß ihm ein Dreikaiserbündnis als Ideal vorschwebe, doch schien er nicht zu glauben, daß ein solches bald zu realisieren wäre." Siehe auch Pantenburg, Zweibund, S. 364–381.
35 Schmitt, Annexation, S. 6; Joseph Maria Baernreither, Der Verfall des Habsburgerreiches und die Deutschen. Fragmente eines politischen Tagebuches 1897–1917, hrsg. von Oskar Mitis, Wien 1938, S. 74.
36 Schmitt, Annexation, S. 5; Conrad, Dienstzeit 1, S. 528, berichtet, im Dezember 1907 habe Aehrenthal den Plan erörtert, Bosnien-Herzegowina annektieren und die nicht-bulgarischen Teile Serbiens der habsburgischen Herrschaft eingliedern zu wollen. Zu diesen Plänen: Pantenburg, Zweibund, S. 376 f.
37 Schmitt, Annexation, S. 12; Denkschrift, 9.8.1909, ÖUA I, Nr. 32.

Ganz konkret wurde Aehrenthal aber zunächst in den Eisenbahnfragen. Er griff Anfang 1908 das von Gołuchowski auf Eis gelegte Sandschakbahnprojekt wieder auf und es gelang ihm tatsächlich, die Zustimmung des Sultans für die Planung dieser neuen Trasse zu erwirken. Viele Freunde hatte er sich damit aber bei den anderen Mächten nicht gemacht, denn hier wurde vermutet, Aehrenthal habe dafür dem Sultan in der mazedonischen Frage insgeheim den Rücken gestärkt und damit eine von Rußland und England geforderte Rechtsreform zum Scheitern gebracht. Das italienische wie das russische Mißtrauen gegen die österreichischen Balkanpläne war schlagartig wieder geweckt; hier wurde dann im Gegenzug das Projekt der Transversalbahn, einer Ost-West-Trasse durch den Balkan, forciert. Über dem Sandschakbahnprojekt ging das Mürzsteger Abkommen,[38] Mazedonien betreffend, zugrunde, und nur mühsam erholte sich das österreichisch-russische Verhältnis von diesem Schlag.

> Wollte er seine wahre Meinung verbergen oder jemanden auf eine falsche Fährte locken, dann setzte er seine Worte so zweideutig, wie ihm gut schien.
>
> Heinrich Friedjung über Aehrenthal

c) Aehrenthals Alleingang: die Vorbereitung der Annexion Bosnien-Herzegowinas

Allerdings waren die von der Sandschakbahn ausgehenden Verstimmungen nur ein kleiner Vorgeschmack auf die große internationale Krise, die, ausgelöst von der Annexion Bosnien-Herzegowinas durch Österreich-Ungarn im Oktober 1908, weit bis ins Frühjahr 1909 Europa und auch den Dreibund erschütterte.

Die bosnische Frage wurde in der europäischen Diplomatie als „Büchse der Pandora" angesehen.[39] Schon Andrássy, der auf dem Berliner Kongreß 1878 das Besatzungsrecht für diese Provinzen erworben hatte, dachte nicht daran, sie jemals wieder an die Türkei zurückzugeben. Allerdings hatte er, um die türkische Opposition zu überwinden, eine formale Annexion vermieden. Außerdem war die öffentliche Meinung der Doppelmonarchie damals vehement gegen eine Inbesitznahme der rückständigen Gebiete. Seit der Ära

---

38 Zum Mürzsteger Abkommen siehe S. 471.
39 Bülow, Denkwürdigkeiten 2, S. 333, schreibt, ein serbischer Diplomat habe die Bosnische Frage als „cette boite de Pandore pleine de surprises, de périls et de graves possibilités" bezeichnet.

Andrássy hatte sich indes das Problem nicht verkleinert – im Gegenteil. Die beiden Provinzen waren nominell noch türkischer Besitz. Doch von den ursprünglich vereinbarten Reservaten türkischer Herrschaft waren nur noch rein formale, religiös bedingte Reste geblieben: in den Moscheen die Einschließung des Sultans als Landesherr in das Gebet und die Bestimmung, daß der oberste islamische Geistliche sich seine Investitur in Konstantinopel holen mußte.[40] Alles andere war aus pragmatischen Gründen längst aufgegeben worden; die türkische Währung war aus dem Verkehr gezogen und durch österreichische ersetzt, Bosnien in den Zollverband der Monarchie aufgenommen, die Wehrpflicht auch auf diese Territorien ausgedehnt worden.[41] Die österreichische Verwaltung hatte beträchtliche Summen in das Verkehrs- und Bildungswesen investiert; und wenn auch die Analphabetenrate noch hoch war und auch deutlich höher als im Durchschnitt der Monarchie, waren die Verbesserungen doch spürbar.

Obwohl sich in den europäischen Hauptstädten – vielleicht mit Ausnahme Belgrads – niemand Illusionen darüber machte, daß die Österreicher ihre Präsenz in Bosnien-Herzegowina als endgültigen Zustand ansahen, blieben beide Provinzen in dem unnatürlichen Status eines besetzten Gebietes.[42] Sie wurden, infolge der Zufälligkeit der Kállayschen Ministerlaufbahn und dessen Wechsel aus dem Außen- ins Finanzministerium, zunächst vom Außenministerium, dann vom gemeinsamen Finanzministerium der Doppelmonarchie verwaltet, dessen Chef Kállay über lange Jahre blieb. Die Bevölkerung hatte keinerlei politisches Mitspracherecht und auch keinen Anteil an den Verwaltungsgeschäften; deshalb galt die österreichische Verwaltung auch als „Fremdherrschaft"[43] und die Bevölkerung entwickelte keine wirkliche Anhänglichkeit an die Monarchie.[44] Hinzu kam, daß Serbien unter Berufung auf den provisorischen Charakter der Besetzung diese Gebiete für sich reklamierte und auch in der bosnischen Bevölkerung zunehmend Anhänger fand.

Insofern wurde eine Klärung der Verhältnisse langsam dringend. Kálnoky und Gołuchowski[45] waren der Annexionsfrage aber mit gutem Grund aus dem

---

40 Musulin, Haus am Ballplatz, S. 164.
41 Schmitt, Annexation, S. 2.
42 Charakteristisch für diese Einschätzung: Avarna an Tittoni, 6.8.1908, mit der Feststellung: „Sebbene nessuna potenza possa pensare seriamente a contrastare il possesso di tali regioni alla monarchia …" In: ASMAE, Serie Politica P (1891–1916), Pac. 496, Pos. 122.
43 Stephan Graf Burián: Drei Jahre. Aus der Zeit meiner Amtsführung im Kriege, Berlin 1923, S. 220.
44 Pilgrim an AA, 13.10.1906, PA/AA, R 9114, berichtete, daß die Stimmung in Bosnien-Herzegowina „durchaus österreichfeindlich sei".
45 Salvatorelli, Triplice, S. 337: Gołuchowski brachte das Thema 1906 gegenüber dem russischen Botschafter zur Sprache, der ihn jedoch abwies.

Weg gegangen. Sie hatten die grundsätzliche Problematik gesehen, als konservative Macht, die ihre Herrschaft durch historisch erworbene Rechte legitimierte, in den ebenso legitimen Besitzstand anderer Staaten eingreifen zu müssen. Jenseits dessen gab es noch ein weiteres großes Problem: Die Annexion Bosniens bedeutete eine klare Verletzung des Berliner Vertrages von 1878 und damit ein Wiederaufrollen der gesamten Orientfrage, doppelt gefährlich deshalb, weil die Festigkeit der türkischen Herrschaft in den vergangenen Jahrzehnten abgenommen hatte. Daran hatte niemand ein Interesse.

Außerdem stellte sich die Frage nach der administrativen Neugliederung der beiden Provinzen nach vollzogener Annexion. Schon in der Ära Andrássy war vollkommen offen, in welcher Form Bosnien und Herzegowina an das komplizierte Gefüge des habsburgischen Dualismus angeschlossen werden könnten; ein heftiger Streit zwischen den Reichshälften war vorauszusehen. Einerseits lehnte die magyarische Führungsschicht die Aufnahme zusätzlicher Slawen in den Staatsverband ab, andererseits war aber sicher, daß die Ungarn unter Berufung auf historische Rechte der Stephanskrone die neuen Territorien für sich verlangen würden. Allerdings entstand in diesem Zusammenhang ein weiterer Gedanke, der einer grundlegenden Reform und Erweiterung des Dualismus gleichgekommen wäre. Nicht nur von den Bosniaken, sondern auch von Kroaten, Serben und Slowenen wurde zunehmend die administrative Dreiteilung der sprachlich eng verwandten Südslawenvölker innerhalb der Monarchie bemängelt: In Bosnien herrschte das Besatzungsregime, die Kroaten und Serben gehörten zum Königreich Ungarn und die Slowenen nach Cisleithanien. Daraus entstand die Idee, durch eine Neugliederung diese Völker der Monarchie in einem neuen Teilstaat zusammenzufassen und den Dualismus durch eigenen Trialismus zu ersetzen. Eine wesentliche Voraussetzung dafür war aber der definitive Besitz Bosniens.

Aehrenthal war ein Freund derartiger trialistischer Ideen, da sie in sein Programm innerer Gesundung und starker Außenpolitik paßten. Als die Beziehungen mit Serbien sich weiter verschlechterten, dehnte er den Gedanken sogar dahin aus, daß Serbien zwischen Bulgarien und der Monarchie aufgeteilt und alle südslawischen Völker unter habsburgischem Zepter vereint werden sollten.[46] Allerdings entwickelte er diese Pläne erst während seiner Amtszeit. Er hatte zwar wahrscheinlich die Annexion für notwendig befunden, aber nicht mit einem vorgefertigten Annexionsplan sein Amt angetreten. Dies wird daran deutlich, daß er, im April 1908 von Finanzminister Burián auf die Notwendigkeit einer Regelung angesprochen, zunächst das heikle Thema zu ver-

---

46 Memorandum Aehrenthals vom 8.8.1908, ÖUA I, Nr. 32. Salvatorelli, Triplice, S. 336 f., schließt daraus, die Absicht zur Vernichtung Serbiens sei ein Leitmotiv der bosnischen Krise gewesen, die Aehrenthal sich als einen Stufenplan vorstellte: 1. Annexion, 2. Ausnutzung der vermutlich heftigen serbischen Reaktionen zu einem Vorgehen gegen dieses Land.

tagen suchte und eine Annexion unter Verweis auf die großen diplomatischen Schwierigkeiten ablehnte.[47]

Burián, der für die Verwaltung der beiden Provinzen zuständige gemeinsame Finanzminister, verwies auf die anormale Lage der seit dreißig Jahren besetzten Gebiete, die Unbeliebtheit der als Besatzung empfundenen Verwaltung und die daraus resultierende Anfälligkeit der Bevölkerung für die serbische Propaganda. Schon die ungeklärte rechtliche Lage der Bosniaken und der Versuch, sie in die Monarchie zu integrieren, zwangen zum Handeln. Hinzu kam auch noch, daß das im Berliner Vertrag vereinbarte Besatzungsmandat nach dreißig Jahren, also im Jahre 1908 auslaufen sollte. Doch diese Gründe allein hätten vielleicht noch nicht ausgereicht, den widerstrebenden Aehrenthal zur Annexion zu veranlassen. Den Ausschlag gab ein weiteres, ganz aktuelles Ereignis: Die jungtürkische Revolution, die Anfang Juli 1908 in Mazedonien ausbrach und sich überraschend schnell durchsetzte; der Sultan wurde weitgehend entmachtet und mußte sich am 24. Juli in die Proklamierung einer Verfassung und die Einberufung des Parlaments fügen. Die „Jungtürken" wollten das marode Osmanenreich gründlich reformieren und die Staatsgewalt auf eine breitere, moderne Grundlage stellen. Sie dachten deshalb auch an die Durchführung allgemeiner Wahlen. Damit drohte der österreichischen Verwaltung in Bosnien jedoch ein gewaltiges Problem. Was wäre, wenn die türkische Regierung, unter Verweis darauf, daß sie jetzt wieder in der Lage sei, Ruhe und Ordnung in den bislang besetzten Provinzen selbst zu erhalten, die Rückgabe Bosniens fordern würde? Entsprechende Gerüchte kursierten, und auch, daß die von den Jungtürken versprochenen allgemeinen Wahlen auch auf Bosnien-Herzegowina ausgedehnt werden sollten, auf ein Land, das bisher keinerlei politische Selbstvertretung besaß und nach Besatzungsrecht regiert wurde. Hier hatte sich eine akute Gefährdung der österreichischen Herrschaft über Bosnien herausgebildet und irgendwie mußte reagiert werden. Doch war die Annexion die einzige Lösung, oder hätten sich auch Alternativen finden lassen?

Die erste Alternative, nämlich eine Aufgabe Bosniens und der Herzegowina, lag vollkommen außerhalb der Vorstellungswelt der österreichisch-ungarischen Führungsschicht.[48] Der Kaiser sah in den beiden Provinzen einen Zugewinn, der die territorialen Verluste seiner Regierungszeit in Italien ein wenig kompensierte.[49] Die Bevölkerung der Doppelmonarchie sah, wieviel in das Land bereits investiert worden war, Summen aus Steuermitteln, die nicht umsonst ausgegeben sein durften. Eine Aufgabe wäre wie eine vollständige

---

47 Burián: Drei Jahre, S. 221 f.
48 Siehe etwa: Avarna an Tittoni, 8.8.1908, ASMAE, Serie Politica P (1891–1916), Pac. 496, Pos. 122, und jede andere diplomatische und politische Quelle der Epoche.
49 Erich Graf Kielmansegg: Kaiserhaus, Staatsmänner und Politiker, Wien 1966, S. 101.

Bankrotterklärung der Monarchie erschienen, als eine sofortige Abdankung als Großmacht, und außerdem als Verzichterklärung gegenüber Serbien, mit dem möglichen Resultat, daß dessen Ansprüche auf die südslawischen Gebiete der Monarchie nach diesem Schwächezeichen noch weiter zugenommen hätten.

An eine Rückgabe wurde nicht gedacht. Doch was war ersatzweise zu tun? Zwar gab es Befürworter des Status quo, die einfach alles beim alten lassen wollten, doch wurde er mehrheitlich als unhaltbar interpretiert.[50] Die Beurteilung dessen, was zu tun war, hing auch wesentlich von der Zukunft des Osmanischen Reiches ab. Sollte es sich nach der Revolution kräftigen, so war es in der Tat gefährlich, nicht sofort in Bosnien klare Verhältnisse zu schaffen. Sollte es sich dagegen schwächen, so hätte der so oft schon prognostizierte Zusammenbruch der europäischen Türkei abgewartet werden können, und die verbliebenen Ansprüche des Sultans auf Bosnien hätten sich ohne weiteres Hinzutun des Habsburgerreiches erübrigt. Doch wurde in Europa eher mit einer mittelfristigen Stärkung der Türkei infolge der Revolution gerechnet. Dies spielte auch eine Rolle bei der Planung der nächsten Schritte. Innerhalb des k. u. k. Ministerrates erhob nämlich der österreichische Ministerpräsident Beck vorsichtige Zweifel am Sinn einer Annexion und schlug vor, die bosnische Frage durch bilaterale Verhandlungen mit der Türkei einer gütlichen Einigung zuzuführen. Aehrenthal hatte vor den Ministerpräsidenten erklärt, gleichzeitig auf das im Berliner Vertrag festgelegte österreichische Besatzungsrecht im Sandschak Novipazar verzichten zu wollen; dieses war schon jetzt ungemein kostspielig und drohte in der Zukunft unfinanzierbar zu werden. Vielleicht wäre ja die türkische Regierung bereit, auf ihre eher theoretischen bosnischen Ansprüche zu verzichten, um dafür die effektive Kontrolle über den Sandschak wieder übernehmen zu können. Doch war dies sehr unwahrscheinlich; der Sultan konnte und würde freiwillig niemals auf zwei Provinzen verzichten, schon des Präzedenzfalles wegen. Nur nach einem verlorenen Krieg konnte er ehrenvoll Gebiete abtreten, aber dies schon im Frieden

---

50 Avarna charakterisierte die Stimmung in mehreren Berichten: Am 8.10.1908 schrieb er aus Budapest, die Annexion sei in Ungarn ohne jede Opposition aufgenommen worden. Die Gründe für diese Haltung beschrieb er wie folgt: „Nessuno pone in discussione le ragioni addotte per giustificare tale avvenimento, e cioé la situazione politica interna delle due provincie occupate, dopo l'inizio della nuova era costituzionale in Turchia; il contrasto ormai insostenibile tra la situazione di diritto e di fatto, il processo civile e culturale verificatosi sotto l'amministrazione austriaca in questi ultimi 30 anni nella Bosnia ed Erzegovina, e pertanto la maturata necessitá che la situazione internazionale di quesi paesi venisse definitivamente regolata nell'interesse di quelle popolazioni, della Monarchia, e della pace europea." In: Avarna an Tittoni, 8.10.1908, ASMAE, Serie Politica P (1891–1916), Pac. 496, Pos. 122. Und am 11.10.1908 schrieb er, ebenfalls aus Budapest: „I delegati si trovarono sopratutto quasi unanimi nel riconoscere che l'annessione era divenuta una assoluta necessitá." Ebd.

zu tun, wäre dem Eingeständnis seiner Ohnmacht, einer vollständigen Bankrotterklärung gleichgekommen. Das galt natürlich um so mehr für die unter Erfolgszwang stehende jungtürkische Regierung.

Innerhalb der österreichisch-ungarischen Führungsschicht wurde nicht daran gedacht, der Bevölkerung der Provinzen wirkliche Mitspracheöglichkeiten zu geben oder ihr gar die Entscheidung über ihre Zukunft vollständig selbst zu überlassen. So wäre es beispielsweise möglich gewesen, in den okkupierten Provinzen einen Landtag zu schaffen, der dann die Angliederungsformalitäten hätte verhandeln können. Doch sprachen gegen eine solche Lösung die Feindseligkeit von Teilen der bosnischen Bevölkerung gegen die österreichische Herrschaft, die Agitation der Serben und dann auch die charakteristische Angst, der Landtag könne anders beschließen, als es der kaiserlich-königlichen Okkupationsmacht genehm sei.[51] Eine weitere Befürchtung war, daß die Einführung einer konstitutionellen Regierung sehr schnell zu erbitterten Streitigkeiten zwischen der dreigeteilten Bevölkerung Bosniens, zwischen Mohammedanern, orthodoxen Serben und katholischen Kroaten, führen würde.[52] Burián wünschte sich zwar eine liberale Entwicklung in den beiden Provinzen, glaubte aber, daß die dortige Bevölkerung zum gegenwärtigen Zeitpunkt politisch noch zu unreif und deshalb die Einrichtung einer eigenen regionalen Vertretung nicht zu verantworten sei.[53]

So blieb denn, als Resultat aller Überlegungen,[54] nur die Annexion der beiden Provinzen übrig, wenn auch, und dies war wieder typisch für die kompli-

---

51 Der italienische Generalkonsul in Sarajevo, Giuseppe Giacchi, an Tittoni, 29.8.1908, ASMAE, Serie Politica P (1891–1916), Pac. 496, Pos. 122, beschrieb die Stimmung der bosnischen Bevölkerung wie folgt: Die Kroaten wollten die Annexion an die Monarchie, die Muslime eine Verfassung und die Entsendung von Abgeordneten nach Konstantinopel, und die Serben nutzten die Unzufriedenheit der beiden anderen Bevölkerungsgruppen für „la grande idea panslavistica". Der Generalkonsul hielt eine Annexion aufgrund der inneren Schwierigkeiten der Monarchie für sehr unwahrscheinlich.

52 Avarna an Tittoni, 6.8.1908, ASMAE, Serie Politica P (1891–1916), Pac. 496, Pos. 122, urteilte: „Secondo ogni probabilità, un regime costituzionale non mancherebbe di provocare aspri conflitti fra le diverse nazionalità."

53 Ebd.: „Il Barone di Burián non crede il paese abbastanza progredito per accordargli una rappresentanza nazionale." In öffentlicher Rede brachte Burián zum Ausdruck, in Bosnien werde nicht „gleich der vollständige Parlamentarismus" eingeführt werden können; er hoffe aber, daß „Bosnien und die Herzegowina sich in liberaler Richtung entwickeln". In: „Die Zeit", 10.9.1908. Siehe auch: Avarna an Tittoni, 10.9.1908, ASMAE, Serie Politica P (1891–1916), Pac. 496, Pos. 122.

54 Pläne zur Neugestaltung der politischen Verhältnisse in Bosnien gab es sehr viele. So fertigte ein besonders aus habsburgerfreundlichen Türken bestehendes bosnisch-herzegowinisches Komitee einen Plan aus, die beiden Provinzen unter der Herrschaft eines österreichischen Erzherzogs in die Unabhängigkeit zu entlassen. Dieser Plan, obwohl sicher eine diskussionswürdige Alternative, wurde innerhalb der österreichischen Verwaltung nicht ernst genommen,

zierte dualistische Struktur, sich die Reichshälften nicht über die administrative Zukunft Bosniens verständigen konnten.[55] Deshalb sollte erst die Annexion ausgesprochen, dann über die konkrete Form der politischen Eingliederung befunden werden. Ein herrschaftspolitisches Provisorium sollte damit das alte ablösen, da eine definitive Lösung nicht durchsetzbar war.

Bei der Annexion waren wieder zwei Wege denkbar: Nämlich einerseits, in Anbetracht der ungeschriebenen Regeln europäischer Großmachtpolitik, der „legale" Weg, nämlich der Appell an die Signatarmächte des Berliner Vertrages; das hätte bedeutet, daß die Frage auf einer Konferenz von den europäischen Großmächten hätte geklärt werden müssen. Oder aber die Annexion im Alleingang, vielleicht nach bilateraler Absicherung mit den interessierten Großmächten.

Es ist nicht erstaunlich, daß sich Aehrenthal zur zweiten Lösung entschloß. Die Annexionsfrage einem Kongreß der Großmächte vorzulegen, hätte ein unkalkulierbares Risiko bedeutet. Es war nach den Erfahrungen der Vorjahre vorauszusehen, daß Rußland und Italien Kompensationen fordern würden, sei es für sich selbst, sei es für die Balkanstaaten, besonders Serbien. Darüber hinaus bestand die reale Gefahr, daß die Konferenz ebenso in den Streit der Bündnisse geraten könnte wie zwei Jahre zuvor die Algeciras-Konferenz, und Österreich-Ungarn stünde mit dem Deutschen Reich allein. Und was sollte die österreichische Regierung machen, wenn die anderen Großmächte die Annexion untersagen oder diese an unangenehme Auflagen und Kompensationsansprüche knüpfen würden?

Statt diese Gefahren einzugehen, ersann sich Aehrenthal eine ganz eigene Methode der Annexion: im Alleingang, und durch Überrumpelung.[56] Er ging

---

schon wegen der unbekannten Verfasser, die ihr Memorandum an den Ballhausplatz und auch an alle großen Botschaften geschickt hatten. Dazu: Avarna an Tittoni, 12.9.1908, ebenda, mit einem Gespräch mit Sektionschef Müller vom Ballhausplatz und Informationen des italienischen Generalkonsuls in Sarajevo. Siehe auch: Giacchi an Tittoni, 11.9.1908, ebenda.

55 Diese Probleme waren von allen informierten Zeitgenossen vorausgesehen worden. Charakteristisch beschrieb dies Avarna in dem zitierten Bericht vom 6.8.1908 (vgl. Anm. 52): „A chi sa quante pene costi, ogni giorno, il regolamento della più semplice questione economica, che tocchi insieme gl'interessi dell'Austria e dell'Ungheria, non riuscirà arduo il prevedere tutte le difficoltà che sorgerebbero fra i due stati che si volesse tentare di risolvere la questione della proprietà delle Provincie occupate che si complica di tradizioni e rivendicazioni storiche, delle pretese della corona di Santo Stefano."

56 Innerhalb der Monarchie kursierende Annexionsgerüchte ließ Aehrenthal dementieren. Im „Fremdenblatt" vom 12.9.1908 wurden alle Annexionspläne des „Okkupationsgebietes", die sich an die Ministerkonferenz vom 10.9. knüpften, in Anlehnung an Äußerungen Buriáns „in den Bereich der Fabel" verwiesen. (Avarna an Tittoni, 14.9.1908, ebenda.) Am 3.10.1908 berichtete Avarna aus Budapest von Pressestimmen, die eine „prossima annexione della Bosnia-Erzegovina" voraussahen. „Tali voci cominciano a venir ripetute anche qui con

dabei von der übertrieben optimistischen Annahme aus, daß es sich in Europa niemand mit der Donaumonarchie verscherzen wolle und deshalb alle die Kröte schlucken würden; vor allem die Russen glaubte er fest im Griff zu haben.[57] Deshalb käme es nur darauf an, die Angelegenheit schnell und überraschend durchzuziehen und allenfalls im Vorfeld einige Sondierungsgespräche zu führen. Dem stand allerdings im Weg, daß nicht nur aufgrund politischer Freundschaften, sondern sogar aufgrund von Verträgen die k. u. k.-Regierung verpflichtet war, diesen den Status quo auf dem Balkan beträchtlich verändernden Schritt in St. Petersburg, Berlin und Rom vorab mitzuteilen. Aehrenthal tat dies auf seine eigene Weise: Er versuchte, ganz wie ein Kabinettsdiplomat des 18. Jahrhunderts, seine außenpolitischen Gegenspieler auszutricksen und glaubte, dies würde dann reichen. Daß sich die öffentlichen Meinungen empören könnten, sah er dann als Problem seiner Gesprächspartner.[58] Außerdem griff Aehrenthal zu einem gewagten Bluff: Er verstand es, in den bilateralen Gesprächen den Eindruck zu erwecken, als ob alle anderen Staaten bereits einverstanden seien: So erzählte er Iswolsky, Berlin habe seine Zustimmung erteilt; dort wiederum, daß Iswolsky mit ihm einer Meinung sei. Vielleicht verwandte er dieses System auch gegenüber Tittoni.[59] Dadurch wollte er seine Gesprächspartner dazu bringen, sich mit dem scheinbaren „fait accompli", das doch schon so breite Zustimmung gefunden habe, lieber direkt abzufinden.

---

una insistenza sempre maggiore e sono ampiamente riportate dai principali giornali locali." Ebd.

57 Bülow, Denkwürdigkeiten 2, S. 335, zitierte Aehrenthal: „Je tiens les Russes dans ma poche."
58 Friedjung, Imperialismus 2, S. 238f., beschrieb Aehrenthal als methodischen Kopf, der die Dinge grundsätzlich zu Ende denke; gleichzeitig auch als leidenschaftliche, sich nur mühsam zügelnde Natur. Ihm habe eine ansehnliche dialektische Kunst zu Gebote gestanden, wenn er etwas zu verhüllen hatte oder seine Gesprächspartner hinhalten wollte. Gerade diese Kunst habe er beherrscht wie nur irgendein Diplomat der alten Schule. Friedjung wörtlich: „Wollte er seine wahre Meinung verbergen oder jemanden auf eine falsche Fährte locken, dann setzte er seine Worte so zweideutig, wie ihm gut schien." So vermochte er, „in bedenklichen Fällen das nun einmal nicht Wegzuleugnende in längere Perioden einzuwickeln oder die Tatsache, von der er den Hörer ablenken wollte, in einem tonlos gesprochenen Nebensatze zu verstecken. Dort wurde sie nur bemerkt, wenn man gut zuzuhören verstand. Da er selbst rasch und sicher auffaßte, so fand er, sei es Schuld des anderen, wenn er nicht in den Sinn seiner Worte eindrang." Aehrenthals eigene Mitarbeiter beklagten sich über seinen chronischen Mangel an Wahrheitsliebe, siehe Lützow, Dienst, S. 135.
59 Salvatorelli, Triplice, S. 342; Marschall an AA, 4.10.1908, GP 26/1, Nr. 8982, der nach einem Gespräch mit seinem russischen Kollegen Sinowiew schrieb: „Mir scheint, daß Aehrenthal in seiner Unterredung mit Iswolsky sich seines Einverständnisses mit uns gerühmt hat und nun uns gegenüber sich auf die Zustimmung Iswolskys beruft. Dieselbe Taktik dürfte er auch Tittoni gegenüber angewendet haben." Tschirschky an AA, 2.10.1908, GP 26/1, Nr. 8941, mit einem entsprechenden Verdacht Avarnas.

Besonderes Augenmerk legte Aehrenthal auf eine Einigung mit Iswolsky. Der russische Außenminister war seit August 1908 über die bevorstehende Annexion unterrichtet, erklärte sein prinzipielles Einverständnis aber nur deshalb, weil er im Gegenzug die österreichische Zustimmung zur Öffnung der türkischen Meerengen für russische Kriegsschiffe verlangte. Dies war auch Hauptgegenstand einer Zusammenkunft der beiden Außenminister am 16. September 1908 auf Schloß Buchlau, dem mährischen Besitz des österreichisch-ungarischen Botschafters in St.Petersburg, Berchtold.[60] Iswolsky versprach, nach den Aufzeichnungen Aehrenthals, daß Rußland gegenüber der Annexion eine freundschaftliche Haltung einnehmen werde. Zum Ausgleich dafür verlangte er die gleichermaßen freundschaftliche Haltung Österreich-Ungarns in der Meerengenfrage. Aehrenthal sagte ihm dies zu, während er die weitergehende Forderung Iswolskys nach Kompensationen für Serbien und Montenegro im Falle der Annexion ablehnte. Er war allenfalls bereit, auf das im Berliner Vertrag festgesetztn Vorrechte Montenegros zu verzichten.

Diese Unterredung Aehrenthals mit Iswolsky hat Anlaß zu geradezu endlosen Diskussionen in der historischen Literatur gegeben, da nämlich Iswolsky später bestritten hat, in die Annexion Bosniens eingewilligt und sogar auch noch den Zeitpunkt gekannt zu haben. Die Mehrheitsmeinung, so zum Beispiel auch die jüngste Analyse des Gesprächs durch den tschechischen Historiker Skřivan, geht dahin, daß Aehrenthal Iswolsky die fraglichen Informationen tatsächlich vermittelt hat; dies entspricht auch am ehesten dem, was den Akten zu entnehmen ist.[61] Iswolsky wußte mehr als alle seine euro-

---

60 Das kleine Kaminzimmer des Schlosses, in dem die Unterredung stattfand, ist, mit gut erhaltener Originalmöblierung, heute noch zu besichtigen.
61 Aleš Skřivan: Schwierige Partner. Deutschland und Österreich-Ungarn in der europäischen Politik der Jahre 1906–1914. Hamburg 1999 (Hamburger Veröffentlichungen zur Geschichte Mittel- und Osteuropas, Band 6), S. 88–93. In den Akten findet sich folgende Version: Fürstenberg an Aehrenthal, 1.1./16.12.1909/08, HHStA, PA XII, 353, berichtet von einer erregten Diskussion mit Iswolsky über dieses Thema: „Es schiene mir auch, dass der Herr Minister Eure Exzellenz durch seine in der Zirkularnote zum Ausdruck gebrachte Haltung in eine peinliche Lage bringen wollte, da dieselbe den Glauben zu befestigen geeignet war, dass er, der Herr Minister, tatsächlich von der Annexion überrumpelt worden wäre. Diese meine Ausführungen konnte ich so zu sagen nur ruckweise hervorbringen, da der wohlerwogene Wortschwall des Herrn Ministers sich unaufhaltsam über mich ergoss. Neu war vielleicht seine Behauptung, dass er in Buchlau unter gewissen Bedingungen sich zu einer wohlwollenden Haltung dem fait accompli gegenüber verpflichtet hätte, dies aber nur auf einer künftigen Konferenz und auch das nur unter der Reserve der Zustimmung seines kaiserlichen Herrn, die er in Buchlau nicht besessen habe. Als er ins Treffen führte, daß er erst 4 Stunden vor der öffentlichen Mitteilung von der bevorstehenden Annexion verständigt worden sei, bemerkte ich, dass Euer Exzellenz ihm in Buchlau doch den Zeitraum derselben als nahe gerückt und im Zusammenhange mit dem Zusammentritt der Delegationen stehend, bezeichnet hätte [Aehren-

päischen Kollegen und konnte Tittoni bei einem Treffen in Desio am 29. und 30. September von der beabsichtigten Annexion, wenn auch ohne genaue Terminangabe berichten; ein weiteres Indiz dafür, daß er von dem Vorhaben zumindest prinzipiell unterrichtet war.[62] Iswolsky wollte letztlich das gleiche wie Aehrenthal: auf dem Balkan auf Kosten der Türkei für sein Land etwas heraushandeln, was auf eine Verletzung des Berliner Vertrages hinauslief. Er ging aber irrtümlicherweise davon aus, daß beide Schritte – die Annexion und die Meerengenfrage – in der Zukunft parallel behandelt werden und Rußland und Österreich ihren Gewinn gleichzeitig erhalten würden. Aehrenthal ließ ihn in diesem Glauben und verkündete die Annexion dann im Alleingang. Iswolsky schätzte vor allem die britische Haltung zu dem Problem falsch ein und ahnte nicht, daß London zum Hauptgegner des eigenmächtigen österreichischen Vorgehens werden und auch jede Konzession in der Meerengenfrage ablehnen würde.[63]

thals Randbemerkung: habe ich gethan]. Der Herr Minister leugnete dies kategorisch und stellte die Behauptung auf, Euer Exzellenz hätten sich auf eine diesbezügliche Anfrage nur in ganz vager Form geäussert." Harold Nicolson: Die Verschwörung der Diplomaten. Aus Sir Arthur Nicolsons Leben 1849–1928, Frankfurt 1930, S. 301–306, äußert die These eines von Iswolsky verschuldeten Mißverständnisses, das auf einer fehlerhaften Interpretation des Begriffs „Öffnung der Dardanellen" beruhte, dort S. 301 f. Auf S. 305 f. auch eine Einschätzung Nicolsons: „Ich kenne Iswolsky sehr gut und glaube nicht, daß er dem österreichischen Plan ‚zugestimmt' hat; doch ist es möglich, daß er etwas weiter gegangen ist, als man mit der Vorsicht vereinbaren konnte, und es an dem erforderlichen Widerstand ermangeln ließ, den die Umstände forderten. Er ist im persönlichen Gespräch häufig unentschlossen – und sagt ungern etwas, das seinem Gesprächspartner unangenehm sein könnte, vor allem, wenn er dessen Gast ist. Er liebt akademische Debatten, bei denen er die ganze Welt von China bis Peru überprüfen kann, aber er hat eine Abneigung gegen die strenge Präzision der Argumente. Meiner Ansicht nach war er zu schwächlich im Widerstand und zu weitschweifig bei der Prüfung eventueller Entschädigungen." Andere Interpretation bei Pantenburg, Zweibund, S. 464; Francis Roy Bridge: Izvolsky, Aehrenthal, and the End of the Austro-Russian Entente 1906-08, in: Mitteilungen des Österreichischen Staatsarchivs 29 (1976), S. 315–362. Auch GP 26/1, S. 30, Fußnote *, mit dem aktenmäßigen Nachweis, daß Iswolsky über den Termin der Annexion unterrichtet gewesen sein muß.
62 Tschirschky an Bülow, 12.10.1908, PA/AA, R 9116, zitiert eine entsprechende Erzählung des Herzogs von Avarna, der wiederum von Tittoni informiert worden war. Weitere ähnliche Angaben in GP 26/1, S. 30, Fußnote*.
63 Nicolson, Verschwörung, S. 301 f., bringt folgende Chronologie: Am 23.9.1908 habe Iswolsky eine Antwort auf das österreichische Memorandum entworfen und dem Zaren vorgelegt. Am 25.9. erwähnte er gegenüber Schoen in Berchtesgaden die Annexion. Am 8.10. erfuhr er in Paris von der vollzogenen Annexion und nahm dies ruhig auf. Erst in London explodierte er, als er feststellen mußte, daß über die „Öffnung der Meerengen" zwischen der russischen und englischen Auffassung gravierende Unterschiede bestanden und er das Durchfahrtsrecht nicht so einfach bewilligt bekommen würde. Da er diesen von ihm gemachten Fehler in der Meerengenfrage dem Zaren nicht eingestehen wollte – dies hätte ihn wahrscheinlich seine Stellung gekostet –, hob er von nun an auf Aehrenthals Falschheit ab.

Aehrenthal setzte im Vorfeld der Annexion auch gegenüber den anderen Mächten auf die Überraschung. König Edward, in Ischl bei Franz Joseph zu Gast, wurde über das unmittelbar bevorstehende Ereignis nicht informiert, und ebensowenig die französische Regierung, geschweige denn die benachbarten Balkanstaaten wie zum Beispiel Serbien. Auch die Dreibundpartner wurden überrumpelt. Der österreichische Außenminister war sich des diplomatisch isolierten Deutschen Reiches sicher;[64] deshalb war es keine zentrale Frage, wie Berlin zur geplanten Annexion stand. Natürlich hielt sich Aehrenthal in Berlin nicht aus Vergeßlichkeit zurück; auch dies geschah voller Bedacht. Er befürchtete, wie er später offen eingestand, die deutsche Diplomatie würde sich bemühen, ihm den Schritt aus Angst vor internationalen Verwicklungen wieder auszureden. Infolge der jungtürkischen Revolution hatte der deutsche Einfluß am Bosporus ohnehin schon einen Schlag erlitten, weil sich die Sympathien der parlamentarisch gesinnten Jungtürken nach England und auch nach Frankreich hin orientierten.[65] Die Annexion zwang die Berliner Regierung, zwischen der Türkei und Österreich-Ungarn, das heißt zwischen zwei befreundeten Staaten, zu wählen; eine überaus unangenehme Situation. Aehrenthal traf sich am 5. September 1908 mit dem deutschen Staatssekretär des Auswärtigen Amtes, Schoen, in Berchtesgaden. Aehrenthal entwarf dort ein weites Panorama der österreichischen Politik: Die Annexion Bosniens und der Herzegowina sei notwendig, dafür könne Rußland die Durchfahrt durch die Meerengen gewährt werden; Serbien sei zwischen Österreich und Bulgarien aufzuteilen. Die Monarchie selbst solle dann in trialistischer Weise umgebaut werden.[66] Erst am 26. September schrieb Aehrenthal an Bülow und informierte ihn über den bevorstehenden Schritt. Rußland habe eingewilligt, behauptete er, und er habe Iswolsky in Buchlau dafür Entgegenkommen in der Meerengenfrage zugesichert. Sein Brief schloß mit einem Appell, der an das „Sekundantentum" in Algeciras erinnern sollte: „Wir rechnen mit vollem Vertrauen auf Deutschlands Unterstützung, wie auch letzteres von uns Beweise erhalten hat, daß wir in ernster Stunde fest zu unseren Freunden stehen."[67]

Spielte der Minister schon gegenüber der deutschen Diplomatie nicht gerade mit offenen Karten, so griff er gegenüber seinem italienischen Kollegen, Tittoni, sogar zum Mittel bewußter Täuschung. Er befürchtete, daß die italienische Regierung, sollte sie rechtzeitig von dem Annexionsplan erfahren, alles versuchen würde, diesen zu verhindern oder eine Kompensation herauszuschlagen. Deshalb dürfe die römische Regierung erst ganz kurz vor der An-

---

64 Protokoll des Ministerrats vom 19.8.1908, ÖUA I, Nr. 40; Salvatorelli, Triplice, S. 336.
65 Mehrere Berichte Szögyénys vom Sommer 1908 in: HHStA, PA III, 166.
66 Schoen an Bülow, 5.9.1908, GP 26/1, Nr. 8927; weitere Dokumente ebenda, S. 28, Fußnote**; Schwertfeger, Wegweiser 5/1, S. 5; Salvatorelli, Triplice, S. 339 f.
67 Aehrenthal an Bülow, 26.9.1908, GP 26/1, Nr. 8934.

nexion von dieser erfahren. Dies hinderte ihn zwar nicht, in mehreren Zusammenkünften mit Tittoni das Thema der Annexion anzuschneiden, er behandelte diese aber als noch fernliegende Eventualität. Am 4. September 1908 traf er seinen italienischen Kollegen in Salzburg. Tittoni wurde mit einer Fülle unbestimmter Andeutungen konfrontiert. Tittoni, in Italien das Symbol des Ausgleichs mit Österreich-Ungarn, beteuerte seinen Willen zur guten Zusammenarbeit mit den Alliierten.[68] Aehrenthal notierte: „Die Unterredung mit Herrn Tittoni trug einen sehr freundschaftlichen und vertrauensvollen Charakter. Er war sichtlich bemüht, in allen Fragen einen konzilianten Ton anzuschlagen und hob mit großem Nachdruck die Übereinstimmung der Kabinette der Dreibundmächte hervor." Der italienische Minister bat Aehrenthal darum, doch in der Frage des Gegenbesuchs einen neuen Anlauf zu unternehmen und im Vatikan zu sondieren, was Aehrenthal versprach, ohne viel Hoffnungen zu machen. Die Freundschaftsbeteuerungen Tittonis hatten aber nicht zur Folge, daß Aehrenthal seine Karten auf den Tisch legte. Er schnitt zwar das Thema der Annexion Bosniens an und stellte auch klar, daß diese kein Gegenstand von Kompensationen für Italien sein könne. Aber er vermittelte Tittoni bewußt den Eindruck einer akademischen Erörterung über eine reine Eventualität der Zukunft.[69] Und dies geschah, wie Aehrenthal am 19. August 1908 im Gemeinsamen Ministerrat eingeräumt hatte, mit voller Absicht. Dort war seine Vorgehensweise gegen Italien nicht nur auf Zustimmung gestoßen. Auf vorsichtige Einwendungen des österreichischen Ministerpräsidenten Beck hin meinte Aehrenthal, es werde „infolge der Annexion in Italien zwar einiger Lärm entstehen, daß sich diese Macht aber im übrigen ruhig verhalten werde". Italien habe nach dem Dreibundvertrag kein Recht auf Kompensation. Den Tatsachen nicht entsprechend behauptete er dann noch, das Kompensationsobjekt für Veränderungen auf dem Balkan sei Tripolis; im übrigen habe Gołuchowski im Jahre 1904 Tittoni klar zu verstehen gegeben, daß die Annexion Bosniens keinesfalls Kompensationen nach sich ziehen könne. Tittoni wirklich ins Vertrauen zu ziehen, hielt Aehrenthal für geradezu gefährlich: „Eine Sondierung des italienischen Ministers des Äußern bezüglich seiner Haltung gegenüber den Annexionsabsichten der Monarchie würde Redner entschieden nicht ratsam finden. Jedenfalls könne eine einschlägige Mitteilung an denselben nur ganz kurz vor der Proklamierung der Annexion erfolgen, wenn deren Termin schon ganz bestimmt festgesetzt sei."[70] Erst in einem Privatbrief vom 25. September teilte Aehrenthal seinem italienischen Kollegen die tatsächlich bevorstehende Annexion mit.[71]

---

68 Salvatorelli, Triplice, S. 339.
69 Aufzeichnung Aehrenthals, 5.9.1908, ÖUA I, Nr. 67.
70 Protokoll des gemeinsamen Ministerrates vom 19.8.1908, in: ÖUA I, Nr. 40.
71 Salvatorelli, Triplice, S. 341.

Aehrenthals Vorgehen gab allen anderen Mächten, auch den Verbündeten, Grund zur Kritik. Doch ist bei der Beurteilung seines Verhaltens immer in Rechnung zu stellen, daß der Annexionswunsch der Mehrheitsmeinung innerhalb der habsburgischen Führungselite entsprach und, aus der zeitgenössischen Perspektive beurteilt, verständlich war. Außerdem handelte es sich dabei österreichischerseits um einen klaren Rechtsbruch, der unmöglich auf das vorherige Einverständnis oder gar den Beifall der anderen Mächte hoffen und deshalb nur durch List oder durch Gewalt durchgesetzt werden konnte. Im übrigen, und dies ist für die Geschichte des Dreibunds äußerst wichtig, zeigt der Blick auf die unmittelbare Vorgeschichte der bosnischen Frage, daß die Annexion aus diesen Gründen ein nationaler Alleingang der Donaumonarchie war und kein Unternehmen, hinter dem die Allianz stand. Mehr noch, die Vertragsbedingungen – nämlich Konsultation in gemeinsam interessierenden politischen Fragen sowie der Status quo auf dem Balkan – wurden durch diese Vorgehensweise von Aehrenthal in Frage gestellt, vor allem gegenüber Italien. Und gerade deshalb war die bosnische Krise einer der bedeutsamsten Wendepunkte in der Geschichte des Dreibunds.

> He is a little slippery.
>
> Edward VII. über Aehrenthal

d) Die europäischen Reaktionen auf die Annexion

Die Verletzung des Berliner Vertrages durch die Annexion und die Gefährdung des mühsam aufrechterhaltenen Status quo auf dem Balkan erhielten durch ein unerwartetes Ereignis noch zusätzliches Gewicht. Einen Tag vor der Annexionserklärung erklärte Bulgarien, bisher ein tributpflichtiger Vasallenstaat des Osmanischen Reiches, dessen Landesteil Ostrumelien sogar nur mittels Personalunion mit dem Kernland verbunden und eigentlich eine osmanische Provinz war, seine staatliche Unabhängigkeit. Daß dies nicht mit der unmittelbar bevorstehenden Annexion Bosniens zusammenhing und auf eine bulgarisch-österreichische Absprache hindeutete, konnte in den europäischen Hauptstädten zu Recht keiner glauben.[72] Damit entstand der Eindruck,

---

[72] Aehrenthal schilderte später den Sachverhalt in einer Art, die doch auf eine gewisse, wenn auch nicht im Detail konkrete Absprache zwischen ihm und König Ferdinand hindeutet, in: Erlaß Aehrenthals, 23.6.1911, ÖUA III, Nr. 2547. Dazu auch Nicolson, Verschwörung der Diplomaten, S. 302. Marschall an AA, 5.10.1908, GP 26/1, Nr. 8987, mit einem Bericht von Constans über die Nachricht des österreichisch-ungarischen Botschafters in Paris, Rudolf Graf

Österreich-Ungarn habe sich mit Bulgarien verabredet, um eine weitgehende Revision des Berliner Vertrages zu erzwingen.

Die europäische Reaktion auf diesen Schritt war ungeheuer heftig, was in erster Linie auf die britische Regierung und Öffentlichkeit zurückzuführen war. Hier wurde schärfstens gegen diesen Bruch internationalen Rechts protestiert;[73] außerdem wurden in London große Hoffnungen auf die Jungtürken und eine demokratische Entwicklung im Osmanischen Reich gesetzt, die durch diese Aktion gefährdet schien.[74] Wie eigentlich nicht anders zu erwarten, rückten sogleich alle, deren Einverständnis Aehrenthal sich gesichert zu haben glaubte, sofort von ihm ab. Ganz allgemein wurde Aehrenthal als Lügner hingestellt; ein Vorwurf, den der ungeheuer arrogante Mann ruhig und sarkastisch zur Kenntnis nahm und seinerseits seine Gesprächspartner als „Schlafmützen" charakterisierte, die nicht zuzuhören verstanden.[75] In einer besonders heiklen Situation war Iswolsky, dem, zu dem Zeitpunkt auf Europareise, in London klar wurde, daß auf ein britisches Einverständnis in der Dardanellenfrage nicht zu rechnen war und Rußland deshalb leer auszugehen drohte. Deshalb suchte er seine Mitwisserschaft zu verschleiern und dementierte sofort, der Annexion zugestimmt zu haben; er habe immer den europäischen Charakter der Frage betont und geglaubt, Österreich-Ungarn werde den Konsens aller Mächte einholen. Er verlangte, die Frage nun auf einem Kongreß der Großmächte zu verhandeln.[76] Er stand um so mehr unter

---

Khevenhüller-Metsch, Bulgarien werde Österreich um einen Tag zuvorkommen. Wilhelm II. schrieb unter den Bericht: „Der Rudi hat was schönes angerichtet."

[73] Mensdorff an Aehrenthal, 8.10.1908; unterschrieben in Vertretung Szechenyi, HHStA, PA XII, 358: Die britische Regierung und Öffentlichkeit seien nur aus legalistischem Verständnis gegen den österreichischen Rechtsbruch. Die Stimmung der Presse sei einhellig, der Vertragsbruch werde verurteilt. Nur schüchterne Gegenstimmen seien zu beobachten. Allgemein werde eine Konferenz der Großmächte gefordert. Kritisch: „Times" 7.10.1908; giftige Artikel im „Daily Telegraph", 8.10.1908, Rede Greys in Northumberland. Mensdorff, 9.1.1909, HHStA, PA XII, 353, schrieb: „Respekt vor internationalen Verträgen sei einmal hier in der öffentlichen Meinung festgewurzelt und das Misstrauen, das zum Beispiel hier bis vor kurzem gegen Rußland bestand, war basiert auf der Ansicht, daß Rußland gewöhnlich ein zu elastisches Gewissen für solche Abmachungen habe. Die öffentliche Meinung Englands hätte sich gegen jede Macht unter analogen Verhältnissen ebenso ausgesprochen, wie sie es gegen uns getan hat."

[74] Dazu die Rede Aehrenthals vor der österreichischen Delegation am 27.10.1908, in: Avarna an Tittoni, 28.10.1908, Serie Politica P (1891–1916) Pac. 496 Pos. 122. Bosnia, in der er auf die heftigen englischen Reaktionen einging.

[75] Redlich, Tagebuch 1, 9.12.1908: „Fand ihn [Aehrenthal] ruhig und freundschaftlich wie immer ... Ich schildere ihm, wie er in England persönlich aufgefaßt, als unzuverlässig bezeichnet werde. Aehrenthal lacht und sagt: ‚Das weiß ich.' Ich verweise auf Goschen (Budapest). Aehrenthal leugnet das nicht ab, nennt Goschen eine Schlafmütze." Zum Sachverhalt siehe S. 634, Anm. 79.

[76] Salvatorelli, Triplice, S. 342.

Druck, als in der russischen Presse allgemein die Kritik an ihm zunahm; ihm wurde vorgeworfen, er habe sich von Aehrenthal übertölpeln lassen.[77] Dies führte dazu, daß Iswolsky intransigenter in seinem Verlangen nach einer Konferenz wurde und gleichzeitig die Zuflucht zu immer dreisteren Lügen nahm; er leugnete hartnäckig ab, über das Annexionsvorhaben zuvor informiert worden zu sein. Allerdings wurde Iswolsky dadurch erpreßbar; er mußte damit rechnen, daß die Österreicher durch Publikation einschlägiger Schriftstücke seine Mitwisserschaft aufdecken würden. Iswolsky raste vor Wut gegen Aehrenthal, dessen Rücktritt er zu erzwingen suchte, und wurde gleichzeitig von der nunmehr schroff anti-österreichischen russischen öffentlichen Meinung in diese Richtung gehetzt. Deshalb versuchte er auch beständig, die englische, französische und gelegentlich auch die deutsche Regierung für seine Konferenzpläne gegen die österreichisch-ungarische Diplomatie ins Spiel zu bringen, und parallel dazu verfolgte er auch noch seine Meerengenpläne weiter. Iswolsky verfiel in seiner Bedrängnis darauf, den Zaren vorzuschieben; er konnte Nikolaus II. dazu veranlassen, einen scharf gehaltenen Absagebrief an Franz Joseph zu schreiben, der die Kündigung der Balkanentente und des Neutralitätsabkommens enthielt, und Ende Dezember 1908 unterschrieb der Zar sogar wegen angeblich mißbrauchten russischen Vertrauens die bindende Anweisung, mit der österreichisch-ungarischen Diplomatie nur noch schriftlich zu verkehren.[78] Die Annexion hatte somit die ungeheuer folgenreiche Auswirkung, daß die seit 1897 zu beiderseitigem Vorteil bestehende Entente aufgelöst war; Österreich-Ungarn war nun mehr denn je außenpolitisch auf das Deutsche Reich angewiesen und hatte seinen relativen Spielraum vollständig eingebüßt.

Die russische Diplomatie wurde in ihrem ungestümen Verlangen nach einer Konferenz besonders von Großbritannien unterstützt oder sogar vorangetrieben. Aehrenthals Prestige hatte auch bei den führenden englischen Persönlichkeiten stark gelitten. Der englische König hielt ihn für „a little slippery", und Steed, der Wiener Korrespondent der „Times", sagte, Aehrenthal sei „hinterhältig" und kümmere sich nicht um die Wahrheit.[79] Die britische

---

77 Schwertfeger, Wegweiser 5/1, S. 23.
78 Verosta, Theorie und Realität, S. 334 f.
79 Redlich, Tagebuch 1, 8.12.1908, notierte folgendes Gespräch: „Steed sagt: Aehrenthal hat alles Vertrauen bei den europäischen Kabinetten verloren. Eduard VII. sagte in Marienbad im Gespräch mit Steed: ‚Aehrenthal is a little slippery.' Steed erzählt, daß Goschen [der britische Botschafter] fünf Tage vor der Publikation der Annexion im Auftrage des Londoner Kabinetts – das durch den Sofioter politischen Agenten Englands aufmerksam gemacht war – in Budapest bei Aehrenthal angefragt habe, der ihm jede Annexionsabsicht leugnete. Als das Telegramm in London eintraf, kam gleichzeitig das Telegramm der Pariser Botschaft, das von der eben (um zwei Tage zu früh) erfolgten Mitteilung Khevenhüllers an Fallières Mitteilung gab. Steed bezeichnet Aehrenthal als einen Mann, der hinterhältig sei, sich um die ‚facts' nicht

Regierung wurde gemeinsam mit Rußland zum Hauptgegenspieler Österreich-Ungarns in der monatelang schwelenden Annexionskrise. Grey, Iswolsky und Cambon arbeiteten gemeinsam ein Konferenzprogramm aus, das unter anderem Kompensationen für Serbien und Montenegro vorsah, und überreichten es am 15. Oktober 1908 den deutschen, österreichisch-ungarischen, italienischen und türkischen Botschaftern in London.[80]

Besonders scharf war natürlich die Reaktion der direkt betroffenen Regierungen – der Türkei, Serbiens und Montenegros. Die osmanische Regierung protestierte scharf gegen die Annexion und verhängte ein für Österreich-Ungarns Ausfuhr bald schon überaus kostspieliges Handelsembargo.[81] Und noch vehementer war die Reaktion in Serbien, wo sich Regierung und Volk selbst Chancen auf den Erwerb Bosniens ausgerechnet hatten und sich nun bitter enttäuscht sahen. Der serbische Außenminister sagte zum englischen Gesandten in Belgrad, die Annexion würde dem Land jede Hoffnung auf nationale Entwicklung nehmen; eine vollständige Annexion Serbiens durch Österreich sei da auch nicht schlimmer.[82] Der Kronprinz stellte sich an die Spitze der Empörten und erklärte, er sei bereit, „mit allen Serben für die großserbische Idee zu sterben"[83]. Und auch der Fürst von Montenegro meinte, durch die Annexion der Herzegowina, der man durch verwandtschaftliche und Blutsbande verbunden wäre, seien, wenn auch unrealisierbare, Hoffnungen zerstört worden, welche seinen Untertanen zu ihrem dürftigen Leben notwendig waren.[84] Montenegro betrachtete dies als Verletzung des Berliner Vertrages und erklärte sich der bindenden Bestimmungen für ledig.[85] Die österreichische Diplomatie machte im übrigen die englische Presse dafür verantwortlich, daß sich in Serbien und Montenegro eine derart gereizte Stimmung entwickelt hatte.[86]

---

kümmere. Goschen habe von ihm gesagt, er gehöre zu den Leuten die nicht ‚yes' sagen können. Steed weist auf seine Zweideutigkeit gegenüber der Türkei und Rußland hin."

80 Salvatorelli, Triplice, S. 348; Lancken an AA, 15.10.1908, GP 26/1, Nr. 9044; Wolff-Metternich an AA, 15.10.1908, ebenda, Nr. 9045. Antwort Aehrenthals: 19.10.1908, ÖUA I, Nr. 335; 21.10.1908, ebenda, Nr. 355.

81 Aehrenthal an Bülow, 8.12.1908, in: ÖUA I, Nr. 703: „Wiewohl die Verluste unserer Industrie infolge des Boykotts bedeutende sind und meine Stellung gegenüber den Beschwerden und Reclamationen der interessirten Kreise keine leichte ist, bin ich entschlossen auszuhalten, von der Annahme ausgehend, daß die leitenden jungtürkischen Kreise, sobald sie sehen werden, daß wir uns nicht einschüchtern lassen, vernünftig werden dürften."

82 Salvatorelli, Triplice, S. 343, BD V, Nr. 273. Ferner Schwertfeger, Wegweiser 5/1, S. 27 f., über die Erbitterung, die Angst, den Chauvinismus und das nationale Pathos der serbischen Führung.

83 Bülow, Denkwürdigkeiten 2, S. 337.

84 Kuhn an Aehrenthal, 8.10.1908, ÖUA 1, Nr. 188.

85 Note des montenegrinischen Außenministeriums, 7.10.1908, ÖUA I, Nr. 190.

86 Mensdorff an Aehrenthal, 16.12.1908, HHStA, PA XII, 353.

Infolge dieser negativen Entwicklungen schlug sogar die anfänglich sehr positive Stimmung in Österreich-Ungarn selbst um. In der Öffentlichkeit wurde Aehrenthal wegen seiner riskanten Politik scharf kritisiert, die Exportindustrie, die unter dem türkischen Embargo litt, murrte, und selbst in Regierungskreisen äußerte sich Mißmut.[87] Aehrenthal war deutlich in die Defensive geraten und versuchte nun, trotz scheinbarer Zustimmung, den Konferenzgedanken zu torpedieren; sollte ein Kongreß doch stattfinden, dürfe er ausschließlich dem Zweck dienen, die neuen Tatsachen zu registrieren, sie aber nicht zur Debatte zu stellen.[88] Aehrenthal war, wie übrigens auch Bülow, der Ansicht, daß die Konferenz gefährlich werden könne; ebenso wie in Algeciras könne es zu einer Dreierkoalition gegen Österreich-Ungarn und Deutschland kommen; Italien werde sich vermutlich eher den Gegnern zuwenden.[89] Mit dieser nicht unberechtigten Vermutung war ein Zusammenhang umschrieben, der im Verlauf der Krise immer deutlicher hervortrat: die bosnische Aktion spaltete den Dreibund. Die Allianz, mit den Zentralmächten auf der einen und Italien auf der anderen Seite, zeigte, wie Luigi Salvatorelli zu Recht urteilte, nicht die geringste Spur einer gemeinsamen Linie. Allerdings ging es den Dreiverbandsstaaten ähnlich, weil hier die Engländer gar nicht begeistert von dem russischen Wunsch waren, nun ihrerseits etwas auf türkische Kosten zu erwerben, nämlich die Durchfahrt durch die Meerengen.[90] Und die Franzosen hielten sich während der Krise doch sehr stark zurück. Trotz harscher Worte Clemenceaus gegen den Vertragsbruch war die Aufnahme der Annexionserklärung in Paris am mildesten, der Ministerpräsident selbst schloß ein gewaltsames Vorgehen aus,[91] und bei dieser Haltung blieb es die gesamte Zeit über: Frankreich wollte wegen Bosnien keinen Krieg führen.

---

87 Über die scharfe Opposition des (dann schon ehemaligen) Ministerpräsidenten Beck gegen Aehrenthals Annexionspolitik siehe Redlich, Tagebuch 1, 3.3. und 4.3.1909. Zur politischen Mißstimmung Tschirschky an Bülow, 29.11.1908, GP 26/2, Nr. 9234. Dazu auch Joseph Sander: Die Stellung der deutschen Presse zur Annexion Bosniens und der Herzegowina, in: Mitteilungen des österreichischen Staatsarchivs 23 (1970), S. 199–224, in der hervorgehoben wird, daß die deutsche Presse wegen des Embargos und der daraus auch für Deutschland entstehenden Verluste sehr aufgebracht war und eine zunehmend anti-österreichische Stimmung entstand.
88 Salvatorelli, Triplice, S. 346; Schoen an Wilhelm II., 11.10.1908, GP 26/1, Nr. 9025; Telegramm Aehrenthals nach Rom, 30.10.1908, ÖUA I, Nr. 457.
89 Telegramm Szögyénys, 13.10.1908, ÖUA I, Nr. 266.
90 Salvatorelli, Triplice, S. 347.
91 Ebd., S. 342; BD V, Nr. 294.

> Bezüglich des Eindrucks, den die Annexion Bosniens und der Herzegovina hierlands gemacht hat, glaube ich nicht fehl zu gehen, wenn ich behaupte, daß die für die Politik Deutschlands dadurch erzeugte unbequeme Situation anfangs vorwiegend mit Unbehagen empfunden wurde.
>
> Gesandter Braun aus Dresden, am 28. Oktober 1908

e) Die Reaktion von Regierung und Öffentlichkeit im Deutschen Reich und in Italien

Gar nicht unbeteiligt blieb die deutsche Regierung und zeigte sich spontan bereit, sich entschieden hinter Österreich-Ungarn zu stellen. Bülow war der Ansicht, Österreich als der einzig wirklich verläßliche Bundesgenosse müsse jetzt praktisch bedingungslos unterstützt werden, auch wenn daraus ein Krieg gegen Serbien resultiere.[92] Er sah sogar in der Angelegenheit den positiven Effekt, daß Österreich-Ungarn jetzt wieder gänzlich auf das Deutsche Reich angewiesen sei und dieses daher das Übergewicht im Zweibund erhalten werde.[93] Auch Staatssekretär Schoen war der gleichen Ansicht; es liege im deutschen Interesse, Österreich-Ungarn zu helfen, denn „nur als Großmacht hat der Bundesgenosse für uns Wert"[94]. Dieser Kurs wurde von Bülow schließlich auch durchgesetzt; aber zunächst mußte er Wilhelm II. umstimmen. Dieser war außer sich vor Empörung, weil er als einer der letzten in Europa von der bevorstehenden Annexion erfahren hatte; beispielsweise war die französische Regierung Tage früher als der deutsche Kaiser offiziell über die Annexion unterrichtet worden.[95] Außerdem sah er durch die Annexion und ihre Folgen die gesamte Orientpolitik des Deutschen Reiches gefährdet.[96] Im

---

92 Schwertfeger, Wegweiser 5/1, S. 24. Bülows unbedingte Treuezusage gegenüber Aehrenthal, auch wenn daraus ein Krieg gegen Serbien resultiere, wird von Schwertfeger als „Blankovollmacht" bezeichnet.
93 Verosta, Theorie und Realität, S. 334.
94 Ebd., S. 333.
95 Diese Panne bei dem ohnehin heiklen Manöver der Annexion war folgendermaßen zustande gekommen: Am 3. Oktober 1908 ging den k. u. k. Botschaftern in Paris und London die gleichlautende Annexionserklärung zu, die sie den Regierungen am 5. Oktober zu übergeben hatten. Doch als der k. u. k. Botschafter in Paris, Khevenhüller, für diesen Termin eine Audienz erbat, wurde ihm bedeutet, er könne noch am selben Nachmittag oder erst am 7. Oktober den Präsidenten sprechen. Spontan entschloß sich Khevenhüller, sein Anliegen sofort vorzutragen, wodurch die französische Regierung einen Informationsvorsprung erhielt.
96 Wilhelm II. schrieb am 12. Oktober 1908: „Die Tat Aehrenthals gewinnt immer mehr den Schein eines Fähnrichsstreichs! uns hat er nichts gesagt; Iswolsky und Tittoni so verschleierte Andeutungen gemacht, daß sie sich als total betrogen vorkommen; den Sultan total un-

Gespräch mit dem österreichischen Botschafter monierte er seine verspätete Unterrichtung, mußte dann aber zu seiner Verblüffung erfahren, daß der Reichskanzler und Staatssekretär Schoen seit über einem Monat über die österreichischen Pläne im Bilde waren, ohne ihn aber unterrichtet zu haben! Die unausgesprochene Frage des Botschafters dabei war, warum diese ihren Monarchen nicht beizeiten informiert hätten.[97] Inwieweit sich der kaiserliche Unwille nunmehr gegen seinen eigenen Apparat richtete, ist nicht überliefert, zumal sehr bald schon die „Daily Telegraph"-Affäre die gesamte außenpolitische Führungsspitze für Monate fast vollständig lähmte.[98] Es ist aber anzunehmen, daß die bosnische Krise nicht dazu beitrug, das Vertrauensverhältnis zwischen Kaiser und Kanzler zu verbessern. Es scheint ohnehin, daß Bülow, im Spätsommer 1908 in Norderney im Urlaub, die Zügel nicht mehr in der Hand hatte oder zumindest unverantwortlich schleifen ließ. Einerseits unterlief ihm die Panne, das Daily-Telegraph-Interview nicht zu lesen oder wenigstens dafür gesorgt zu haben, daß es von einem seiner Mitarbeiter kritisch durchgesehen wurde. Dann fehlte auch noch jede Vorbereitung des Kaisers auf die bosnische Krise. Dabei war letztere bei der bekannten Haltung Wilhelms II. eigentlich unproblematisch. Dies zeigt sich schon daran, daß es Bülow nur wenig später gelang, den erbosten Kaiser innerhalb von eineinhalb Stunden „völlig umzudrehen"[99]. Wilhelm II. wandelte sich zum überzeugten Anhänger der Annexion und verlieh nun seiner unbedingten Bundestreue bei jeder Gelegenheit Ausdruck. So meinte er wenig später beispielsweise, Aehrenthal habe einen frischen Zug in die österreichische Außenpolitik gebracht; auch hielt er nunmehr die vorherige Informierung Iswolskys für ausreichend.[100]

---

  berücksichtigt gelassen, auf den es doch vor allen Dingen ankommt; den Schein der Verabredung mit dem Vertrags- und Friedensbrecher Ferdinand auf seinen Herrn geladen; die Serben zur Siedehitze gebracht; Montenegro aufs äußerste gereizt; die Kretenser zur Empörung veranlaßt; unsere zwanzigjährige mühsam aufgebaute Türkenpolitik über den Haufen geworfen; die Engländer erbost und in Stambul an unsere Stelle befördert; die Griechen schwer geärgert durch seine Bulgarenfreundlichkeit; den Berliner Vertrag in Stücke geschlagen und das Konzert der Mächte auf das Heilloseste verwirrt; die Ungarn aufgebracht, weil Bosnien an sie hätte angegliedert werden sollen; die Kroaten empört, weil sie die Angliederung an sich beabsichtigen! Das ist für eine Gesamtleistung ein europäischer Rekord, wie ihn noch kein Diplomat je fertig bekommen hat. Ein weitblickender Staatsmann ist er jedenfalls nicht! Wir müssen trachten, in diesem heillosen Wirrwarr mit England wieder auf besseren Fuß zu kommen." Marginalie zu Marschall an AA, GP 26/1, Nr. 9026; Schwertfeger, Wegweiser 5/1, S. 18 f.

97 Telegramm Szögyénys, 8.10.1908, ÖUA I, Nr. 182.
98 Dazu: Wilhelm Schüssler: Die Daily-Telegraph-Affäre. Fürst Bülow, Kaiser Wilhelm und die Krise des zweiten Reiches 1908, Göttingen 1952.
99 Bülow, Denkwürdigkeiten 2, S. 341 f.
100 Schwertfeger, Wegweiser 5/1, S. 25; Jenisch an Bülow, 7.11.1908, GP 26/1, Nr. 9088.

Die deutsche Öffentlichkeit und auch der Reichstag waren mehrheitlich auf österreichischer Seite,[101] obwohl sich auch hier Kritik erhob; so wurde die für die Politik Deutschlands dadurch erzeugte unbequeme internationale Situation bemängelt und gefragt, ob denn die Annexion jetzt wirklich nötig gewesen sei. Ein Stimmungsbild bot der Bericht des österreichischen Gesandten in Dresden von Ende Oktober 1908; dieser berichtete zwar von Überraschung und auch Kritik, aber es seien „auch Stimmen vernehmbar, welche die aktive Politik Euerer Exzellenz als günstig commentirten: es gelangte eine Art erstaunten Respekts über unsere Energie zum Durchbruch"[102]. Andere verwiesen auf die Rückwirkung der Annexion auf die deutsche Stellung in der Türkei oder aber auf die Verletzung alter Bismarckischer Grundsätze der strikten Abstinenz in Orientfragen.[103] Doch eine breite proösterreichische

---

[101] Dazu Sander, Stellung, passim.

[102] Braun an Aehrenthal, 28.10.1908, HHStA, PA XII, 358: „Bezüglich des Eindrucks, den die Annexion Bosniens und der Herzegovina hierlands gemacht hat, glaube ich nicht fehl zu gehen, wenn ich behaupte, daß die für die Politik Deutschlands dadurch erzeugte unbequeme Situation Anfangs vorwiegend mit Unbehagen empfunden wurde. War denn die Annexion jetzt wirklich so nötig? Es ging ja in den occupirten Provinzen alles so gut! Wegen der eventuellen Paar bosnischen Deputirten zum türkischen Parlament ein solch' einschneidender Schritt! Nur um Gotteswillen keine Conferenz! In diese paar Sätze läßt sich dieser anfängliche Eindruck resumiren. Daneben aber waren auch Stimmen vernehmbar, welche die aktive Politik Euerer Excellenz günstig commentirten: es gelangte eine Art erstaunten Respekts über unsere Energie zum Durchbruch."

[103] Callenberg (Stuttgart) an Aehrenthal, 10.10.1908, HHStA, PA XII, 358: Die Annexion „hat im grössten Teil der lokalen Presse Württembergs, Badens und Hessens keine ausgesprochen ungünstige Beurteilung gefunden. Man gibt zu, daß durch die definitive Angliederung Bosniens und der Herzegovina an die Monarchie der faktisch bereits bestehende Zustand kaum geändert erscheint, und daß die letzten verfassungsrechtlichen Ereignisse in der Türkei sowie die seitens der Monarchie für die okkupirten Provinzen geplante Einführung einer konstitutionellen Selbstverwaltung zur Maßnahme der Annexion drängten." Aber: Die Verletzung des Berliner Vertrages werde zugegeben, besonders wegen des Vorgehens Bulgariens. Die „Frankfurter Zeitung" vermute eine österreichisch-bulgarische Verabredung. Die Gegenkonzession des Sandschaks werde in der Öffentlichkeit wenig beachtet. Dagegen gebe es große Aufmerksamkeit für die Schwächung des deutschen Einflusses am Goldenen Horn. „Das ist begreiflicher Weise ein empfindlicher Punkt." Velics (München) an Aehrenthal, München 7.10.1908, ebenda, berichtet von sachlicher Aufnahme der Annexion, aber vor allem in liberalen Blättern kursiere doch die Angst um das deutsch – türkische Verhältnis. Die „Frankfurter Zeitung" werfe „sich zu Verfechtern des strikten Vertragsrechtes auf". Die „Hamburger Nachrichten" vom 4.10.1908 schrieben, die Bismarck-Traditionen warnten davor, österreichischer als die Österreicher zu sein. Man dürfe Österreich zwar keine Schwierigkeiten bereiten, sich aber doch nicht festlegen lassen. Deutschland sei zu keiner diplomatischen Hilfeleistung verpflichtet, es gebe keinen Casus foederis auf dem Balkan. Und im „Berliner Tageblatt" vom 15.10.1908 schrieb der Völkerrechtler Prof. v. Martitz über die Umwälzung auf dem Balkan: „Das Völkerrecht ist eine Materie, die den Tatsachen nicht vorausgeht, sondern ihnen folgt, eine Wissenschaft, die das Geschehene registriert und erst aus dem Geschehenen allgemeine

Mehrheit in der deutschen Öffentlichkeit und auch im Reichstag befürwortete, selbst wenn Kritik geäußert wurde, eine praktisch unkonditionelle Stützung des Bundesgenossen. Aehrenthal selbst räumte im November 1908 ein, „daß die Haltung der deutschen Regierung in der ganzen Zeit der Krise eine wahrhaft bundestreue und freundschaftliche war". Vielleicht hatte Berlin sogar mehr getan, als er zuvor erwartet hatte. Denn zynisch stellte er fest, daß sich die deutsche Regierung durch diese Haltung in ihren Orientinteressen selbst geschadet habe, was er keineswegs sonderlich zu bedauern schien.[104] Die Aufmerksamkeit der deutschen Öffentlichkeit wurde aber sehr bald nach Ausbruch der bosnischen Krise gänzlich von den Auswirkungen der „Daily Telegraph"-Affäre in Anspruch genommen. Kaiser, Regierung, Reichstag und auch die deutsche Öffentlichkeit befaßten sich bald nur noch mit diesem, den deutschen Konstitutionalismus aufs schwerste erschütternden Vorfall. Erst im März 1909 spielte die deutsche Diplomatie in der bosnischen Krise wieder eine Hauptrolle. Zu diesem Zeitpunkt nahm die bisher nur verhaltene Kritik in der deutschen Öffentlichkeit und im Reichstag zu, die der deutschen Regierung vasallenmäßiges Verhalten gegenüber der Donaumonarchie und eine doch zu weit gehende, geradezu selbstgefährdende Hilfestellung vorwarfen.[105] Tatsächlich versicherten sowohl Wilhelm II. als auch Bülow den Österreichern über den gesamten Zeitraum hinweg ihren praktisch uneingeschränkten guten Willen.

Während in Deutschland ein bundesfreundliches Verhalten überwog, war die Reaktion in Italien nach zögerndem Beginn[106] überaus heftig und feind-

---

Gesetze ableitet." Daher seien die bulgarischen Vorgänge und die Annexion nichts Ungeheuerliches, sondern nur eine Modifikation des Berliner Vertrages.
104 Privatbrief Aehrenthals an Pallavicini, 12.11.1908, HHStA PA XII, 353: „Dass die Haltung der deutschen Regierung in der ganzen Zeit der Krise eine wahrhaft bundestreue und freundschaftliche war, will ich hier nicht noch besonders hervorheben. [Dann gestrichen: Es wird dem Berliner Kabinett nicht leicht gefallen sein, seine eigenen Interessen so ganz zurückzustellen, wie es dies getan hat, und] es ist [schließlich, gestr.] aber nur natürlich, daß Baron Marschall, dessen Einfluß seit der politischen Umwälzung in Konstantinopel nicht mehr der frühere sein konnte, die Dienste, die die deutsche Regierung uns leistet, dadurch zu relativieren bemüht ist, daß er den Verlust seiner Ausnahmestellung mit unsrer Aktion in Zusammenhang bringt." Ausfertigung ohne diese bezeichnenden Streichungen in: ÖUA I, Nr. 556. Eine ähnliche Haltung hatte Dr. Kramář, der schon im Oktober 1908 in der Delegation feststellte, jetzt könne das Deutsche Reich zeigen, daß es ebenfalls den treuen Sekundanten spielen könne und Österreich bei der Durchsetzung seiner legitimen Interessen unterstütze, auch wenn es ihm vielleicht nicht sehr angenehm sei. Dazu Avarna an Tittoni, Budapest, 11.10.1908, ASMAE, Serie Politica P (1891–1916) Pac. 496 Pos. 122. Bosnia.
105 Bülow versicherte am 29.3.1909 im Reichstag, es sei einfältig, von einer Vasallenstellung gegenüber Österreich-Ungarn zu sprechen. Dabei fiel auch das Wort von der Nibelungentreue, siehe unten, S. 660. Zitiert bei Verosta, Theorie und Realität, S. 359.
106 Lützow an Aehrenthal, 8.10.1908, ÖUA I, 195: „Regierung, öffentliche Meinung und Presse bewahrten bisher eine nachahmenswerte Ruhe." Ähnliche Einschätzung: Lützow an Aeh-

selig. Die Radikalen verlangten nach einer Kompensation für Italien, die Gemäßigten nach einem Zusammengehen mit England, und die Gegner Tittonis formierten sich, um die Situation gegen ihn auszunutzen.[107] Nach dem Eindruck des französischen Geschäftsträgers Legrand herrschte im Land ein Gefühl von Enttäuschung und Erniedrigung wie nach der seinerzeitigen französischen Besetzung Tunesiens.[108] Die französische Diplomatie gab sich allerdings Mühe, die Erregung durch entsprechende Pressebeeinflussung noch zu steigern.[109] Dies bedarf natürlich der Erklärung. Wie kam es, daß die Wogen der Empörung in Italien derart hoch gingen? Denn letztlich konnte es den Italienern doch gleichgültig sein, ob Bosnien von Österreich-Ungarn okkupiert oder annektiert war. So sah das zwar Giolitti und vielleicht anfänglich auch Tittoni; doch wagten es beide aus gutem Grund nicht, diese ihre Ansicht dem Land wirklich ungeschminkt mitzuteilen. Denn der öffentliche Unwille war gewaltig, noch angespornt durch den Proteststurm in der britischen Presse. Die italienische Empörung basierte auf mehreren Ursachen. Erstens hatte der Verbündete gehandelt, ohne Italien zuvor zu informieren, was gegen den Geist der Allianz und auch gegen ihren Buchstaben verstieß. Zweitens hatte er sich über internationales Recht hinweggesetzt. Drittens versprachen sich einflußreiche Kreise innerhalb der Publizistik und der Politik für Italien eine Kompensation, was aber ein unrealistischer Gedanke war. Und viertens kam schlicht und einfach ein Gefühl der Ohnmacht auf; nun hatte die Regierung Giolitti-Tittoni jahrelang alles versucht, um mit Wien ein erträgliches Verhältnis aufzubauen, und es hatte nichts genützt – gar nichts. Im Gefühl der eigenen machtmäßigen und militärischen Überlegenheit war der Wiener Diplomatie Italien offensichtlich vollkommen gleichgültig. Diese, so auch Botschafter Lützow, der sich ansonsten während der Krise als Italienfreund profilierte, führte übrigens den italienischen Protest einseitig auf die ausbleibende Kompensation zurück, während der „Rechtsbruch" hier, anders als in Großbritannien, keine wirkliche Rolle spiele. Den italienischen Kritikern wurden damit letztlich Heuchelei und eigensüchtige Motive unterstellt, womit Lützow nur einen (wenn auch den dominierenden) Teil der komplexen Be-

---

renthal, 12.10.1908, HHStA PA XII, 358: Die italienische Haltung sei ruhiger als international, anders als die englische Hetze. In Venedig kommentierte der Generalkonsul di Rosa in einem Bericht an Aehrenthal, 9.10.1908, ebd., daß alles über die Annexion spreche. Der Verzicht auf den Sandschak werde günstig kommentiert; dies verunmögliche den Marsch auf Saloniki. Aber es werde auch die Aufgabe des Artikels 29 (der Begrenzung der Hoheitsrechte in montenegrinischen Gewässern) gefordert. Es seien aber auch Presse-Stimmen laut geworden, „welche unser Vorgehen mit einem beinahe komischen Pathos moralischer Entrüstung denunzieren".

107 Lützow an Aehrenthal, 8.10.1908, ÖUA I, Nr. 195.
108 Askew, Antagonism, S. 191; Legrand an Pichon, 8.10.1908, DDF II/11, S. 825 f.
109 Lützow, 12.10.1908, ÖUA I, Nr. 263 (Telegramm), 264 (Bericht).

weggründe erfaßte.[110] Eines war allerdings offensichtlich: Die italienische Öffentlichkeit war nicht bereit, sich von der Wiener Diplomatie als „quantité négligeable" behandeln zu lassen. Ein gemäßigter Mann wie Luzzatti verlangte einen vollkommenen außenpolitischen Kurswechsel und sagte, er wolle mit Tittoni brechen, wenn dieser jetzt nicht seine Politik nach Paris und London hin orientiere,[111] und Österreich wurde als der einzige Feind bezeichnet, mit dem Italien realistischerweise zu rechnen habe.[112]

Besonders in der Schußlinie der Kritik stand Außenminister Tittoni, der sich gegen einen zweifachen Vorwurf zur Wehr setzen mußte. Er wurde einerseits dafür kritisiert, daß seine österreichfreundliche Politik letzlich ein Fehler gewesen und fruchtlos geblieben sei; außerdem wurde ihm vorgehalten, er habe sich von Aehrenthal übertölpeln lassen.[113] Tatsächlich war Tittonis politischer Kurs im Oktober 1908 nicht sehr geschickt. Drei Tage vor der Annexion informiert, suchte er sie zu verhindern und schickte sofort einen Protestbrief an Aehrenthal, indem er darauf hinwies, daß in Salzburg von einer unmittelbar bevorstehenden Aktion nicht die Rede gewesen sei; auch wollte er diese von einer vorhergehenden österreichisch-russisch-italienischen Absprache abhängig machen. Sein Ziel war klar: Er wollte die Gelegenheit nutzen, um Italien endlich als dritte Balkangroßmacht ins Spiel zu bringen.[114] Doch damit überschätzte er die Festigkeit der österreichisch-russischen Entente. Offenbar glaubte er an eine entsprechende russisch-österreichische Absprache bezüglich Bosniens und nahm deshalb an, die Entente beider Mächte werde die Annexionskrise unbeschadet überstehen. Ebenso wie Aehrenthal glaubte er in der Anfangsphase der Krise, die Angelegenheit werde durch bi-

---

110 Bericht Lützows, 26.10.1908, ÖUA I, Nr. 414: „Vor allem ist hervorzuheben, daß die ‚Entrüstung' der öffentlichen Meinung in Italien nicht wie jene England's den unsererseits begangenen ‚Vertragsbruch' zum Ausgangspunkte hat. Mit Letzterem würde man sich unschwer zurechtfinden. Das Gravamen Italien's ist, dass es keine – oder jedenfalls keine genügende – Compensation erhalten hat."
111 Askew, Antagonism, S. 191; Legrand an Pichon, 8.10.1908, DDF II/11, S. 825 f.
112 Jullian an Picquart, 26.10.1908, DDF II/11, S. 860–863.
113 Der Generalkonsul in Venedig, di Rosa, an Aehrenthal, 9.10.1908, HHStA, PA XII, 358: „Gleichzeitig wird die italienische auswärtige Politik einer scharfen Kritik unterzogen. Man hätte von uns ganz andere Kompensationen verlangen müssen. Die italienische Diplomatie sei von der österreichisch-ungarischen arg überlistet worden. Die letzte Thronrede ‚scheine eine grausame Ironie gegen die italienische Nation' zu sein. Tittoni müsse abdanken u.s.w. Diese journalistischen Auslassungen werden jedoch im großen und ganzen nicht ernst genommen, wozu die objektiven Ausführungen des hier sehr verbreiteten Mailänder ‚Corriere della Sera' viel beigetragen haben. Bezüglich des Wertes eines Kongresses äußert man sich hier sehr skeptisch, dagegen befürchtet man von der tollen Kriegsstimmung in Serbien und in Montenegro allerlei kritische Verwicklungen."
114 Salvatorelli, Triplice, S. 341 f.; Tschirschky an AA, 3.10.1908, GP 26/1, Nr. 8942; Tschirschky an Bülow, 12.10.1908, ebenda, Nr. 8945.

laterale Gespräche und Abmachungen ohne größere Probleme erledigt werden. Dies war jedoch eine Täuschung, ebenso wie sein Vertrauen in Aehrenthals Politik. Dieser machte sich über den Protest seines italienischen Kollegen nur lustig und sagte mit gespieltem Erstaunen: „Comment, Monsieur Tittoni n'a pas compris ce que je lui ai dit à Salzbourg?"[115] Es ist Tittoni nicht zu verdenken, daß er in den folgenden Monaten immer wieder große Verärgerung gegen Österreich-Ungarn erkennen ließ und auch einen grundsätzlichen Kurswechsel der italienischen Außenpolitik weg vom Dreibund nicht mehr ausschloß. Zum russischen Botschafter Murawiew sagte er im November 1908, Italien werde in jedem Krieg zwischen Deutschland und Frankreich neutral bleiben. Auch in einem österreichisch-russischen Konflikt würde Italien derzeit neutral bleiben, dies könnte aber anders werden, wenn die Reorganisation der italienischen Armee abgeschlossen sei.[116] Luzzatti gab ein bezeichnendes Stimmungsbild innerhalb der „classe politica" wieder, als er gegenüber dem französischen Botschafter im November 1908 feststellte, es gebe keine Gemeinsamkeiten zwischen Italien und der Habsburgermonarchie, die Verträge breche und das italienische Nationalgefühl verletzt habe; der Dreibund werde von niemandem in Italien mehr gewünscht, er sei tot.[117]

Für Tittoni kündigte sich ein Desaster an. Seine gesamte Außenpolitik, die auf dem Ausgleich mit Österreich-Ungarn aufbaute, drohte zusammenzubrechen. Dazu kam noch, daß er sich in überaus unkluger Weise persönlich in die bosnische Affäre verstrickt hatte – und zwar sowohl was den internationalen als auch was den innenpolitischen Teil der Angelegenheit anging. Einerseits hatte er Aehrenthal in der Anfangsphase der Krise versichert, die bosnische Angelegenheit trage keinen internationalen Charakter, und ihm geraten, er solle sich doch mit der Türkei über die Annexion einigen. Damit verkannte er, daß die Annexion den Berliner Vertrag verletzt hatte und damit auch die Rechte sämtlicher Vertragsunterzeichner, und unterschätzte also die zu erwartenden internationalen wie auch innenpolitischen Reaktionen.[118] Dann hatte er den Österreichern sogar zu verstehen gegeben, ihm selbst sei die Annexion sehr recht;[119] dies war aber eine denkbar schlechte Ausgangsbasis für

---

115 Tschirschky an Bülow, 12.10.1908, GP 26/1, Nr. 8945.
116 Barrère an Pichon, 19.11.1908, DDF II/11, S. 938–940; Askew, Antagonism, S. 191.
117 Barrère an Pichon, 24.11.1908, DDF II/11, S. 942 f.; Askew, Antagonism, S. 193.
118 Scharfe Kritik daran bei Albertini, Origins 1, S. 214, der Tittoni vorwirft, einen „colossal blunder" begangen zu haben, sowie auf S. 220 wegen seiner Fehleinschätzung der italienischen öffentlichen Meinung.
119 Telegramm Lützows, 7.10.1908, ÖUA I, Nr. 179, berichtete, daß Tittoni ihm im Vertrauen gesagt habe: „Ne me trahissez pas, mais au fond je suis presque content de votre annexion; ce sont ces situations mal définies et manquant de netteté que je crains et qui sont une source de danger." Monts kommentierte das später spöttisch so: „Herr Tittoni für seine Person kommt natürlich bei dieser Sachlage zwischen zwei Feuer. Er hat seine Uhr nolens volens

spätere Forderungen nach Modifikationen. Und schließlich kompromittierte er sich auch noch innenpolitisch. Seiner Sache allzu sicher, betonte er noch am 6. Oktober 1908 im lombardischen Carate Brianza in einer politischen Rede, er sei über alle Vorgänge informiert gewesen und es werde bei den balkanischen Veränderungen eine Kompensation herausspringen.[120] Damit meinte er die Aufgabe des Sandschaks und die Preisgabe von Hoheitsrechten in montenegrinischen Gewässern durch Österreich[121] sowie, wahrscheinlich, das Zustandekommen einer – dann nicht realisierten – österreichisch-russisch-italienischen Balkanentente;[122] doch die italienische Öffentlichkeit dachte dabei an eine Gebietsabtretung an Italien.[123] Bald schon unter ungeheurem Druck wegen dieser Worte, war Tittoni nun gezwungen, für Italien eine Kompensation beizubringen, was ihm, nach seinem bereits erklärten Einverständnis, sehr schwer fiel. In Italien wurde er, gerade wegen seiner halb eingestandenen Mitwisserschaft, als von Aehrenthal überlistet angese-

---

und wohl zu früh auf die des Baron Aehrenthal eingestellt und sieht sich jetzt Strömungen im eigenen Lande gegenüber, auf die er nicht rechnete und auch im Falle größerer Umsicht seines Wiener Freundes nicht zu rechnen brauchte." In: Monts an Bülow, 28.11.1908, PA/AA, R 9116.

120 Candeloro, Storia 7, S. 289. Tittoni sagte: „Non è da meravigliare se certi troppo sottili avvedimenti, con i quali la diplomazia creò situazioni di diritto che sono mere finzioni, ed alle quali contraddice uno stato di fatto da essa contemporaneamente creato, non resistano a lungo all'azione del tempo. Una cosa sola a noi importa, ed è, da un lato, che la pace non sia messa in pericolo, e dall' altro, che le possibili variazioni nella penisola balcanica non turbino l'equilibrio degli interessi, e sopratutto non lo turbino a nostro danno. Come noi ci siamo premuniti in tempo contro una simile eventualità, lo dirò quando sarà il momento di dirlo, e forse gli avvenimenti lo diranno per me prima che parli." Warum Tittoni diese Sätze sprach, ist nicht eindeutig zu klären; auch die Literatur, zum Beispiel Tommasini, Italia alla vigilia della guerra, gibt keine überzeugende Auskunft. Monts urteilte in einem Bericht an Bülow vom 16.11.1908, PA/AA, R 9116: „Aus weiteren Andeutungen des Ministers entnehme ich, daß er anfänglich die Schwierigkeiten, welche aus dem Vorgehen Österreichs erwachsen würden, unterschätzt hat. Nur so erklärt sich auch seine in Carate gehaltene Rede, auf welche ihn jetzt seine Gegner immer erneut festnageln. Jedenfalls hat er sich durch seine bedingungslose Anerkennung der Annexion jeder Möglichkeit, auf Baron Aehrenthal eine Pression auszuüben, begeben." Am 4.12.1908 sprach Tittoni im Parlament auch über seine Rede von Carate und betonte, er habe darin drei Fehler gemacht, nämlich einen „errore di ommissione", einen „errore di eccessiva sincerità" und einen „errore di prospettività". Er glaubte, das Publikum würde der Aufhebung der Artikel 25 und 29 des Berliner Vertrages dieselbe Bedeutung („grandissima importanza") geben wie er selbst. Tommasini, Italia alla vigilia della guerra, S. 304 f., urteilt: „Queste parole dimostrano che lo stesso Tittoni riconobbe che avrebbe fatto meglio a non aprir bocca a Carate in quel momento delicatissimo, in cui non era ancora in grado di dire chiaramente ed esattamente come staranno le cose."
121 Diese Annahme macht Albertini, Origins 1, S. 220.
122 Tschirschky an Bülow, 12.10.1908, PA/AA, R 9116.
123 Monts an Bülow, 27.10.1908, PA/AA, R 9116, berichtet davon, daß selbst Senatoren und regierungsfreundliche Kreise an die Zession des Trentino als Kompensation glaubten.

hen; wegen der von ihm bewiesenen „äußersten Naivität" sein Rücktritt gefordert.[124] Aus dieser sehr massiv über ihm hereinbrechenden Kritik läßt sich auch seine folgende Politik erklären, die atem- und würdelos einem beliebigen Erfolg hinterherjagte, den er der Öffentlichkeit als erbrachte Kompensationsleistung Österreich-Ungarns hätte verkaufen können. Seine ursprüngliche Idee, den Zugang Italiens zum russisch-österreichischen Bündnis zu erzwingen, gab er nach kurzem Schwanken zugunsten der von England und Rußland so vehement geforderten Konferenzidee auf.[125] Es blieb ihm auch nichts anderes übrig. Sir Edward Grey hatte die Forderung erhoben, daß erst alle Signatarmächte der Berliner Konferenz den jüngsten Veränderungen zustimmen müßten, bevor sie rechtsgültig würden. Es war für Tittoni eine Frage des politischen Überlebens, sich dem englischen Vorgehen anzuschließen.[126] Später brachte er Rom als Konferenzort in die Diskussion[127] und steigerte sich derart in die Konferenzidee hinein, daß er Aehrenthal sogar mit der Kündigung des Dreibunds drohte; er holte sich aber damit eine Abfuhr.[128] Dieser machte sich auch diesmal wieder über Tittoni lustig und meinte nur, Italien wolle wohl durch die Konferenz in Rom seinen Fremdenverkehr ankurbeln. Botschafter Lützow war hingegen der Ansicht, eine Konferenz in Rom könne die schwierige Stellung Tittonis etwas verbessern.[129] Dann suchte Tittoni, die bereits gewährten Zusagen an Montenegro, wo der Schwiegervater Vittorio Emanueles regierte, als Kompensation besser herauszustellen,[130] oder viel-

---

124 Die „Giornale d'Italia", 14.10.1908, warf Tittoni höhnisch sein Kommuniqué in Salzburg und dann seine „prova della suprema ingenuità e dell'inganno del ministro austriaco" vor. Das Wort von der „buona fede" Tittonis sei nur ein „eufemismo per ingenuità". Die Zeitung war der Ansicht, Tittoni müsse seinen Posten räumen.

125 Diese hatte er zuerst abgelehnt, Telegramm Lützows, 7.10.1908, ÖUA I, Nr. 179: „Tittoni steht der Konferenzidee wenig sympathisch gegenüber und wird auf vertraulichem Wege Alles tun, um sie zu verhindern."

126 Zu Monts sagte Tittoni Ende Oktober 1908, „daß sein Portefeuille an der Konferenz hinge". In: Monts an Bülow, 26.10.1908, PA/AA, R 9116.

127 Telegramm Lützows, 21.10.1908, ÖUA I, Nr. 360; Salvatorelli, Triplice, S. 348.

128 Aehrenthal an Lützow, 30.10.1908, ÖUA I, Nr. 457.

129 Rom als Konferenzsitz: Telegramm Lützows, 3.11.1908, ÖUA 1, Nr. 492, berichtet über ein Telegramm Pansas, daß die deutsche Regierung und, nach einer Äußerung Iswolskys gegenüber dem italienischen Botschafter in Berlin, „auch russische Regierung gegen Rom als Konferenzsitz nichts einzuwenden hätte. Herr Tittoni legt der Sache eine ‚enorme' Bedeutung bei, um nicht ‚als Knecht Österreich-Ungarns und des Vatikans' verschrieen zu werden … Wie die Dinge liegen, hätte die Sache für ihn tatsächlich eine grosse Bedeutung und könnte ihn möglicherweise wieder sattelfest machen." Lützow folgerte: „Graf Monts ist in seiner Opposition gegen Rom viel zu weit vorgegangen." Monts an Bülow, 16.11.1908, PA/AA, R 9116, schrieb, daß Tittoni durch das „Giornale d'Italia" als „Mitglied des Vereins zur Förderung des Fremdenverkehrs" verspottet wurde; keinesfalls könne die Wahl Roms als Konferzort als Kompensation gelten.

130 Hierbei dachte Tittoni an die – von Aehrenthal aber bereits zugesagte – Aufgabe des monte-

leicht eine Konzession in der Frage der Donau-Adria-Bahn zu erlangen.[131] Schließlich und endlich verfiel er darauf, die Kompensation in der Einrichtung einer italienischen Universität in Triest zu sehen; in diesen Gedanken verbiß er sich vollkommen.[132] Hierbei ließ er auch nicht den massiven Hinweis fehlen, daß er zum parlamentarischen Überleben einen Erfolg brauche.[133] Gehetzt von seinen Kritikern, allen voran von Sonnino,[134] flehte er den österreichischen Botschafter um ein Entgegenkommen an. Nur ein Akt spontaner Großmut – Tittoni sprach von einem „acte gracieux" des Kaisers – könne die Lage retten; nämlich die Einrichtung einer italienischen Universität im Trentino. Er wisse, daß dies innenpolitisch viel Ärger bereiten werde; doch seien „die italienisch-österreichischen Beziehungen dies nicht wert?"[135]

Doch so berechtigt das Anliegen auch war, dieser Einfall war trotzdem nicht sehr glücklich. Aehrenthal war zwar in dieser Frage mit ihm einer Meinung und hielt die Forderung nach einer italienischen Universität für sachlich gerechtfertigt. Er hatte ihm gegenüber zu einem früheren Zeitpunkt die Einrichtung einer Universität vage angedeutet,[136] was Tittoni vielleicht bewogen hatte, sich auf dieses gefährliche Terrain zu begeben. Doch die Verwirklichung lag nicht in Aehrenthals Kompetenz, und er mußte sich mit der cisleithanischen Regierung, dem Reichsrat und Franz Ferdinand auseinandersetzen. Und hier blieb das Vorhaben auch hoffnungslos hängen, obwohl Tittoni diesem die allergrößte Dringlichkeit gab und die Zukunft nicht nur der Regierung, sondern sogar des Dreibunds daran knüpfte.[137]

---

negrischen Vasallentums (Art. 29 des Berliner Vertrages) gegenüber der Monarchie. In: Lützow an Aehrenthal, 7.10.1908, ÖUA I, Nr. 179.

131 Monts an Bülow, 26.10.1908, PA/AA, R 9116.
132 Schusser, Entwicklung, S. 283: Am 9.10.1908 sagte Luzzatti zu Lützow, Österreich müsse durch einen „großmütigen Akt" die Herzen der italienischen Nation gewinnen und die Position Tittonis stärken. Und am 13.10.1908 sprach Tittoni gegenüber Lützow von einem „Act de grace spontané". Es sei vielleicht unmöglich, die Universität in Triest einzurichten, aber vielleicht doch im kaisertreuen Trient. Aehrenthal wollte die Bitte erfüllen (ebenda, S. 284) und am 15.10.1908 wurden Lützows Informationen an Ministerpräsident Beck weitergegeben.
133 Er schickte Luzzatti vor, Telegramm Lützows, 9.10.1908, ÖUA I, 217; daß er im Einverständnis mit Tittoni handelte, glaubt Salvatorelli, Triplice, S. 345.
134 Sonnino gab an den Direktor des „Giornale d'Italia", Bergamini, die Losung aus, bei den Kommentaren zur bosnischen Krise weniger die Allianz an sich anzugreifen als vielmehr die Regierung, daß Tittoni „una buona lezione" verdiene, daß aber vor allem Giolitti wegen seines Desinteresses und seiner Gleichgültigkeit die Armee habe verfallen lassen. Sonnino an Bergamini, 13.10.1908, in: Sonnino, Carteggio 1891–1913, S. 480–482; dazu auch Decleva, Politica estera nella stampa liberale italiana, in: L'Incerto Alleato, S. 50.
135 Telegramm Lützows, 13.10.1908, ÖUA I, Nr. 271.
136 Gegenüber Rennell Rodd sagte Tittoni, Aehrenthal habe ihm dies in Desio im Juli 1907 versprochen, BD V, Nr. 827; Salvatorelli, Triplice, S. 345.
137 Tittoni an Avarna, 28.11.1908: „Wir befinden uns wirklich in einem für den Dreibund kritischen und entscheidenden Augenblick und es gibt keinen Staatsmann, der das nicht verste-

Die Diskussion wurde dadurch angeheizt, daß es an der Universität Wien, wohin die italienischsprachigen Parallelkurse verlegt worden waren, zu massiven Studentenunruhen kam. Am 23. November 1908 gerieten etwa 400 deutsche und 200 bis 250 italienische Studenten aneinander; plötzlich fielen Schüsse, und es kam zum Handgemenge, bei dem sechs Personen verletzt wurden.[138] Den unglückseligen „Fatti di Innsbruck" von 1904 waren nun auch noch die „Fatti di Vienna" hinzugesellt worden, was die österreichisch-italienischen Animositäten weiter anheizte. Für 14 Tage mußten die Vorlesungen an der Universität Wien eingestellt werden, aus Angst vor weiteren Unruhen durch italienische oder slawische Studenten. Der Ingrimm der Austroitaliener wurde besonders dadurch provoziert, daß schließlich vor Gericht nur fünf Italiener, aber kein Deutscher verurteilt wurden[139]. In Italien kam es am 24. November 1908 überall zu spontanen, großen Protestdemonstrationen, auf denen „Abbasso l'Austria", „Abbasso Giolitti e Tittoni" gebrüllt und schwarzgelbe Fahnen ostentativ verbrannt wurden.[140] Vor der österreichischen Botschaft mußten Krawalle und Steinewerfen durch ein „riesiges Polizeiaufgebot und schließlich durch Militärassistenz unterdrückt werden"[141]. Aehrenthals unermüdliche Versuche, die Universitätsfrage voranzubringen, scheiterten.[142]

Tittonis Wunsch, seine Stellung durch irgendeinen Prestigeerfolg wieder zu festigen, nahm international unübliche Ausmaße an. Er spannte für diese Zwecke Botschafter Lützow ein, der das ihm mögliche tat, um Tittoni zu helfen. Denn er sah in Tittoni tatsächlich die Verkörperung der italienischen Dreibundpolitik und des österreichisch-italienischen Ausgleichs; ihn irgendwie zu stützen, schien ihm im österreichischen Interesse zu liegen.[143] Lützow war

---

hen würde. Wenn die österreichische Regierung der Universität in Triest ihre Zustimmung gibt, wird der Dreibund in Italien wieder populär werden, und seine Freunde werden mit mir an der Spitze wieder die Oberhand gewinnen. Im gegenteiligen Falle aber werden weder Giolitti, noch ich oder die Freunde des Dreibunds imstande sein, der Situation erfolgreich zu begegnen und werden den Platz den Partisanen einer anderen Politik räumen müssen, selbst wenn für den Moment das Parlament noch auf unserer Seite ist." In: Habsburgermonarchie VI/2, S. 223.

138 Schusser, Entwicklung, S. 270–281.
139 Ebd., S. 274.
140 Monts an Bülow, 25.11.1908, PA/AA, R 9116, mit einer Schilderung der Unruhen.
141 Lützow an Aehrenthal, 24.11.1908, HHStA PA XL, fasc. 225, berichtet, daß Tittoni von der Menge ausgepfiffen wurde. Am 25.11.1908 wurde die österreichische Botschaft mit Steinen beworfen, die italienische Regierung entschuldigte sich dafür. In dem Faszikel befinden sich auch weitere Konsulatsberichte über die antiösterreichischen Demonstrationen in ganz Italien.
142 Schusser, Entwicklung, S. 281.
143 Ebd., S. 285. An der bisherigen österreichischen Haltung fand Tittoni vieles auszusetzen, fühlte sich „gänzlich ignoriert" und beklagte sich Ende Oktober 1908 bei Lützow darüber, „daß wir keinen Finger rühren wollen, um ihm zu Hilfe zu kommen, ihm, der, wie er selbst sagt, die Incarnation des Allianzgedankens mit uns ist".

hilfsbereit, was ihm aber auch deshalb leicht fiel, da er Tittonis Forderungen nur nach Wien weitergeben, aber nicht innenpolitisch durchsetzen mußte. Doch anders Aehrenthal: Er empfand diese ständigen Interventionen Tittonis als ein würdeloses Gefeilsche und Betteln, das ihm zunehmend auf die Nerven ging. Als Tittoni Ende Oktober mit der Idee einer Grenzberichtigung in Friaul ankam – es ging um die Ruinenstätte von Aquileia, die Österreich-Ungarn doch abtreten solle – und Lützow diese Anregung nach Wien übermittelte, war Aehrenthals Maß voll, und er stellte am 3. November zu diesen Vorschlägen – Universitätsfrage und Gebietsabtretung – grundsätzlich fest: „Was die von Herrn Tittoni gewünschten Gefälligkeiten betrifft, so ist es E.E. bekannt, daß die Creierung einer italienischen Universität bei uns nicht von einem acte gracieux S.M., sondern von den Beschlüssen der Legislative abhängt. Mir liegt die Sache sehr am Herzen, ich urgiere deren Erledigung bei jeder Gelegenheit, nicht etwa, um Herrn Tittoni einen Gefallen zu tun, sondern in unserem eigenen Interesse, und weil ich die Ansprüche unserer italienischen Staatsangehörigen für berechtigt halte. Wir legen höchsten Wert auf das Festhalten Italiens im Dreibund, können und wollen es aber nicht um den höchsten Preis erkaufen." Und er äußerte sein Erstaunen darüber, daß Lützow die Bereitschaft gezeigt habe, die Diskussion über eine Grenzregulierung auch nur in Erwägung zu ziehen. Schließlich meinte er noch, daß Tittoni sehen müsse, wie er aus eigener Kraft über Wasser bleibe.[144] Damit hatte Aehrenthal deutlich zu verstehen gegeben, daß er weder die Macht noch den Willen hatte, Tittoni durch irgendwelche Maßnahmen zu stützen. Auch die deutsche Seite, von Tittoni um Hilfe angegangen unter Hinweis auf die innenpolitische Gefährdung des Dreibunds, verhielt sich reserviert. Bülow hatte für Tittoni nur die Weisheit übrig, Österreich und Italien könnten nur Freunde oder Feinde sein, und deshalb müsse sich Italien doch sehr sorgfältig überlegen, ob es wegen eines solchen Anlasses aus dem Bündnis ausscheiden und sich dann der weit überlegenen Donaumonarchie allein gegenübersehen wolle.[145]

Dies alles befrachtete die Position Tittonis und der Regierung und sorgte dafür, daß diese bei der Anfang Dezember 1908 stattfindenden außenpolitischen Generaldebatte des Parlaments über die bosnische Annexion einen außerordentlich schweren Stand hatte.[146] Die Stimmung war, zumal nach den unmittelbar vorangegangenen Studentenunruhen, auf dem Siedepunkt.[147]

---

144 Aehrenthal an Lützow, 3.11.1908, HHStA PA XL, fasc. 225. In ÖUA 1, Nr. 490, findet sich das Telegramm ohne den letzten Satz. In seiner Antwort vom 4.11.1908 (ÖUA I, Nr. 503) stellte Lützow fest, er sehe in der Weitergabe von Tittonis Bitten nichts Unehrenhaftes. Zu der Angelegenheit Lützow, Dienst, S. 149–152.

145 Tschirschky an Bülow, 30.10.1908, PA/AA, R 9116, mit der Zustimmung Aehrenthals zur Haltung Bülows.

146 Zur Debatte, die vom 1.–4.12.1908 dauerte, Albertini, Origins 1, S. 257–262.

147 Dazu Monts an Bülow, 26.11.1908 und 28.11.1908, PA/AA, R 9116. In letzterem Bericht äußert

Sidney Sonnino nutzte die Chance, um die Regierung scharf anzugreifen. Er bedauerte, gerade als überzeugter und erklärter Anhänger des Dreibunds, die Leichtigkeit, mit der sich zwischen den Verbündeten in großen Fragen solche Differenzen auftun konnten, und beklagte die mangelnde österreichische Rücksichtnahme[148] ebenso wie die verkehrte Politik Tittonis. Allerdings kritisierte er auch „die geisteskranke Agitation gegen das benachbarte und verbündete Kaiserreich"[149] mit äußerster Schärfe und distanzierte sich von denjenigen, die glaubten, nun die Allianz aufkündigen und 25 Jahre Außen- und Allianzpolitik auf den Kopf stellen zu müssen. Sonninos Linie ließ sich in einem Satz so zusammenfassen: Protest gegen die österreichische Balkanpolitik, trotzdem aber unbedingte Dreibundtreue und gleichzeitig scharfe Kritik an Tittonis Außenpolitik. Sonnino sagte aber nicht, was die italienische Regierung besser hätte tun sollen.

In Wahrheit ging die Stimmung des Hauses zwar auch gegen Tittoni, aber vor allem gegen Österreich. Dem ehemaligen Ministerpräsidenten Fortis gelang es, die Stimmung der Parlamentarier exakt in Worte zu fassen. Dem Dreibund treu zu bleiben, sagte Fortis, werde täglich schwieriger[150] – und trotzdem versicherte er, „ich und meine Freunde wollen im Dreibund bleiben". Allerdings beklagte er „das ungewöhnliche Ausmaß der Rüstungen unseres Nachbarn und Verbündeten". Er ersehne den Tag, an dem Aehrenthal oder seine Nachfolger Klarheit in ihr Verhalten brächten. Entweder, so gipfelte Fortis, ende diese vollkommen widernatürliche Situation, in der Italien von niemandem den Krieg zu fürchten habe außer von dem Verbündeten – und er hoffe von ganzem Herzen, daß dieser unerträgliche Zustand bald aufhöre. Oder er höre nicht auf, dann müsse Italien auf die Allianz verzichten und seine Streitkräfte so verstärken, daß sie das Land auch gegen den ehemaligen Verbündeten verteidigen könnten.[151]

    Monts sogar den Verdacht, die Unruhen seien von irredenten Gruppen geplant gewesen, um die Parlamentsdebatte zu beeinflussen, und daß die Regierung diese zumindest durch Gleichgültigkeit begünstigt habe.

148 Sonnino sagte: „Sono stato sempre un convinto sostenitore della Triplice, considerandola come un elemento di pace in Europa e di sicurezza per il nostro paese. Ma, oltrechè alleanza implica cordialità di rapporti e cordialità richiede reciproci riguardi, vorrei anche, appunto come amico sincero della Triplice, vedere meglio allontanata ogni probabilità del facile succedersi di divergenze stridenti nell'azione degli alleati in occasione di tante fra le maggiori questioni, che sfilano via via sull'orizzonte politico europeo." Und er betonte erneut seine Dreibundtreue: „Per la stessa bocca di un noto fautore, quale sono io, dell'attuale sistema di alleanze, una voce di protesta contro il contegno tenuto dal ministro degli esteri in quest'ultimo periodo." Zitiert bei Tommasini, Italia alla vigilia della guerra 4, S. 497.

149 „... suscitare una folle agitazione contro il vicino Impero alleato".

150 „Malgrado tutto, perche fedeltà alla Triplice Alleanza, ci viene resa di giorno in giorno più difficile."

151 Fortis beklagte sich über die „misura veramente straordinaria degli armamenti della nostra

Damit hatte Fortis ausgesprochen, was die anderen dachten. Die Kammer war, wie die Quellen übereinstimmend berichten, tief beeindruckt („profonda impressione") und dankte dem Redner mit einem nicht enden wollenden stürmischen Beifall. Giolitti hörte sich die Ovationen ebenso wie die anderen Minister ruhig und unbeweglich fünf Minuten lang an, dann ging er auf Fortis zu und drückte ihm unter dem tosenden Applaus der Kammer die Hand. Gleiches taten alle Minister außer Tittoni, der auf seiner Bank sitzen blieb.

Warum nahm die Kammer die Rede Fortis mit derartiger Begeisterung auf? Die Ursache liegt wahrscheinlich darin, daß er, ohne sich vom Dreibund loszusagen, doch Österreich-Ungarn ein Ultimatum stellte: Entweder ihr verhaltet euch wie Verbündete, oder wir verlassen die Allianz und bauen dann lieber auf unsere eigene militärische Stärke. Fortis empfand die bosnische Krise als den Tropfen, der das Faß zum Überlaufen gebracht hatte; denn schon in den Vorjahren hatte er immer wieder die österreichischen Rüstungen beklagt und eigene Verstärkungen angemahnt. Nun rächte es sich für die Österreicher, daß sie gegenüber Italien immer wieder mit einer latenten militärischen Drohung gearbeitet hatten.[152] Dies zeigt auch ein Brief, den Aehrenthal an Bülow am 8. November 1908 schrieb und in dem er die italienische Mißstimmung darauf zurückführte, daß Italien weder eine große Rolle spielen könne noch Kompensationen erhalten habe. Diese Ansichten krönte Aehrenthal mit seiner Erkenntnis, daß die fügsame Haltung Italiens nur „unserer militärischen Stärke zu verdanken" sei.[153] Hier zeigten sich die Grenzen der Strategie Giolittis und Tittonis, durch Anpassung das österreichische Wohlverhalten zu erkaufen; Grenzen, auf die Fortis hingewiesen hatte.

Giolitti war die bosnische Frage eigentlich relativ gleichgültig. Und doch hatte er sich mit Fortis solidarisiert und damit seinen Außenminister parlamentarisch in eine überaus schwierige, isolierte Lage gebracht. Dies erach-

---

vicina ed alleata". Es komme der Tag, an dem man zu Aehrenthal oder seinem Nachfolger sagen müsse: „patti chiari ed amicizia lunga." „O cessa questa condizione anormalissima di cose, per cui l'Italia non ha ormai da temere la guerra che da una potenza alleata... Ed io spero ed auguro con tutto il cuore che questa condizione di cose intollerabile possa cessare. Ovvero non può cessare, ed allora riprendiamo serenamente la nostra libertà d'azione...." paese e governo „il sacrificio che occorre per completare la nostra difesa, per mettere la nostra potenza militare in condizione di garentire la pace."

152 Siehe Kap. III.5.e: Der österreichisch-italienische „Flirt" 1906–1908.
153 Aehrenthal an Bülow, 8.12.1908, ÖUA I, Nr. 703. Aehrenthal schrieb: „Die letzte Kammerdebatte stand unter dem Zeichen des Unmuts, daß Italien in der gegenwärtigen Krise keine besondere Rolle spielen oder Kompensationsansprüche anmelden könne. Darin zeigt sich die Wirkung unserer militärischen Stellung an der italienischen Grenze, an der wir festhalten müssen, dabei aber selbstverständlich immer von dem Bestreben geleitet, die Differenzen zwischen uns und Italien auszugleichen." Und er zog daraus die Folgerung, daß Italien möglicherweise nicht verläßlich sei und deshalb Besprechungen notwendig seien. Er glaube aber nicht, daß „Italien sein Wort brechen und sich an die Seite unserer Gegner stellen würde".

tete der Ministerpräsident wahrscheinlich aus einem politischen Kalkül heraus als unumgänglich. Dadurch, daß er Fortis durch den Händedruck vereinnahmte, hatte er die Gefahr eines plötzlichen Sturzes seiner Regierung – etwa durch eine spontane Abstimmung über die Außenpolitik des Kabinetts, der dann die Demission der Regierung hätte folgen müssen – abgebogen.[154] Vielleicht war Giolitti aber auch der Ansicht, daß die österreichisch-ungarische Regierung nur eine deutliche und massive Sprache wie die von Fortis verstünde, womit er ebenfalls nicht falsch lag. Oder es war eine Mischung aus beiden Gründen. Der Leidtragende des Ganzen war Tittoni, der sich nunmehr als Außenminister auf Abruf bezeichnete und auch wenig später seinen Rücktritt anbot, den Giolitti aber fürs erste ablehnte.

Im übrigen gelang es Tittoni, sich in den nächsten Tagen mit seiner Rede im Rahmen des Möglichen zu stabilisieren.[155] Er verteidigte seine Außenpolitik, verlangte von Österreich-Ungarn verdeckt die italienische Universität, betonte den Wert der bisherigen österreichischen Zugeständnisse (Verzicht auf den Artikel 25 des Berliner Vertrages, die Aufgabe des Sandschaks, der daraus resultierende Verzicht auf den Marsch auf Saloniki und die Aufgabe des Artikels 29 des Berliner Vertrages, der sich auf die Küstenrechte der Monarchie in Montenegro bezog) und betonte, ihn habe die Annexion weniger beeindruckt als jene, die die Vorgeschichte nicht kannten.[156] Allerdings lehnte er jede Verantwortung für die Annexion ab. Seine Rede schloß mit der Feststellung, daß die italienische „alleanza ed amicizia"-Politik nicht einfach sei, aber den Wünschen der Kammer entspreche. Die Schlußabstimmung war schließlich ein Erfolg der Regierung Giolitti.[157]

Nach der italienischen Kammerdebatte brachte es Aehrenthal fertig, sich bei Avarna darüber zu beklagen, daß Tittoni die Annexionspolitik Österreich-Ungarns kritisiert habe.[158] Auch die österreichische Presse zeigte sich über Italiens Haltung enttäuscht.[159] Und der Reichsratsabgeordnete Josef Redlich,

---

154 Dies vermutet Tommasini, Italia alla vigilia della guerra 5, S. 502.
155 Tittonis Rede vom 4.12.1908 bei Tommasini, Italia alla vigilia della guerra 5, S. 503 f. Günstige Bewertung bei Albertini, Origins 1, S. 258.
156 Tommasini, Italia alla vigilia della guerra 5, S. 507.
157 Von 437 Abgeordneten stimmten 297 für, 140 (Sonnino, Ex-Rudiniani, Luzzatti, Martini) gegen die Außenpolitik der Regierung. Angabe bei Tommasini, Italia alla vigilia della guerra 5, S. 516.
158 Ebd., S. 518.
159 Avarna berichtete am 14.12.1908, die österreichischen Regierungskreise und die Öffentlichkeit seien über die Kammerdiskussion verstimmt. Hier sei gedacht worden, die Allianz habe endlich Fuß gefaßt in Italien, umso größer sei die Enttäuschung. Die „Neue Freie Presse" kommentierte pessimistisch, der Dreibund sei zwar in Kraft geblieben, habe aber doch eine Störung erfahren. Auch sei eine Verbindung Italiens mit Rußland zu befürchten. Die Rede Tittonis habe für den Moment nicht enttäuscht, aber Italien werde viel Mühe haben, eine Po-

einer der überzeugtesten Anhänger Aehrenthals, beurteilte die Kammerdebatte als sehr ernst zu nehmendes Krisensymptom im Dreibund. Dies wog um so schwerer, weil sich die Annexionskrise für Österreich-Ungarn sehr unerfreulich entwickelte, besonders weil überhaupt kein Ende der internationalen Verwicklungen abzusehen war. Zumindest Redlich zog daraus den Schluß, daß aus innen- wie außenpolitischen Gründen schnell eine Verhandlungslösung gefunden werden müsse: „Wir müssen entweder mit Rußland in geheime Verhandlung treten und die anglorussische Entente auflösen oder wir müssen rasch mit der Türkei handelseins werden. Sonst treiben wir in den Krieg: Krieg mit Serbien, Montenegro, Türkei und – Italien. Wollen wir das? Der alte Herr gewiß nicht! – Die Stimmung aller Parteien ist gegen Aehrenthal, selbst die der Christlichsozialen!"[160]

> Sie, lieber Freund, sehen ein, was andere hier nicht sehen wollen, daß es sich bei der bosnisch-serbischen Frage um einen Staatsbildungsprozeß handelt, bei dem nach dem Lauf der Welt schließlich Gewalt nicht zu vermeiden sein dürfte.
>
> Aehrenthal, am 18. Februar 1909

f) „Nibelungentreue"? Der Pyrrhussieg der Mittelmächte von 1909

Während Tittoni auch aus innenpolitischen Gründen mehr denn je auf der Konferenzidee insistierte, spitzte sich die Krise weiter zu und erreichte ihren Höhepunkt in den ersten Monaten des Jahres 1909. Allerdings war nicht die Konferenzidee der Hauptkonfliktpunkt. Neben den überaus zähen Verhandlungen mit der türkischen Regierung verlagerte sich der Hauptstreitpunkt hin zu dem Gegensatz zwischen Österreich-Ungarn und seinen südslawischen Nachbarn Serbien und Montenegro. In beiden Staaten verstärkte sich der öffentliche Unwille derart, daß überhaupt nicht mehr zu sehen war, wie die Affäre ohne Krieg aus der Welt zu schaffen sein werde.

Aehrenthal suchte die Krise vor allem dadurch zu lösen, daß er mit dem Hauptbetroffenen, der Türkei, eine Einigung zu erzielen und somit die Angelegenheit zu einem Abschluß zu bringen suchte. Dabei mußte er den von ihm anfänglich gebotenen Preis – nämlich die Überlassung des Sandschaks – beträchtlich erhöhen und den Türken vor allem finanziell entgegenkommen.

---

litik beizubehalten, die daraus bestehe, sich weder für die eine noch die andere Seite zu entscheiden. In: Ebd., S. 516 f.; dort auch Pressestimmen zur Tittonirede.
160 Redlich, Tagebuch 1, 8.12.1908.

Tatsächlich gelang es ihm schließlich, der türkischen Regierung gegen die Überlassung einer beträchtlichen Entschädigungssumme in Höhe von 2.500.000 türkischen Pfund die Anerkennung der Annexion abzuhandeln;[161] das Abkommen wurde schließlich am 26. Februar 1909 unterzeichnet. Doch damit war die Angelegenheit noch nicht aus der Welt. Iswolsky hatte sich mit seiner Niederlage nicht abgefunden und verharrte in seiner Opposition. Er verlangte gemeinsam mit der englischen Diplomatie, daß eine Konferenz über die bosnische Annexion befinden müsse. Gleichzeitig ängstigte ihn die Vorstellung, der russischen Öffentlichkeit könne durch österreichische Indiskretionen das Ausmaß seiner bislang abgeleugneten Verstrikkung in die Annexionsfrage bekanntwerden. Diese wiederum entflammte in unvorhergesehenem Ausmaß in panslawistischen Sympathien für Serbien und interessierte sich für die von Iswolsky nebenbei weiterbetriebene Meerengenfrage nur am Rande. In Serbien wiederum hatten der Tenor der englischen Presse und das Gefühl der russischen Sympathie ganz irreale Hoffnungen und Illusionen erweckt, an deren Spitze sich der Kronprinz setzte, der extreme nationalistische Reden hielt und schließlich auch nach St. Petersburg reiste. Das serbische Parlament beschloß im Dezember 1908 einen zusätzlichen Kriegskredit, und der serbische Außenminister Milovanović äußerte sich scharf anti-österreichisch und verlangte für Bosnien eine Autonomie.[162] Die serbische Regierung forderte schließlich am 10. Februar 1909 für die Anerkennung der Annexion von der Donaumonarchie eine Kompensation: Entweder würde Bosnien eine tatsächliche Autonomie erhalten und es zu einer Regelung der serbisch-bosnisch-montenegrinischen Beziehungen kommen, oder, wenn es bei einer bloßen bosnischen Verwaltungsautonomie bliebe, müsse aus bosnischem Gebiet eine Abtretung erfolgen, so daß Serbien einen Anschluß an Montenegro gewinne und darüber einen Ausgang zum Meer.[163]

Doch die österreichisch-ungarische Regierung erkannte den Serben kein wie auch immer geartetes Kompensationsrecht zu. Diesen wiederum fehlte die Macht, um ihre Forderung durchzusetzen, zumal Rußland, England,[164] Frankreich und Italien sich nicht dahinterstellten, sondern in Belgrad dringend warnten. Es wurde klar, daß Serbien im Kriegsfall allein stünde. Allerdings bereitete besonders der zaristischen Regierung diese Entwicklung zunehmend Kummer, und sie prüfte mehrfach ernsthaft, ob nicht ihre Mittel

---

161 Schmitt, Annexation, S. 119, mit den Bestimmungen; die Zahl von 2,5 Millionen Pfund auch bei Wank, Aehrenthal, S. 644 Anm. 1. Albertini, Origins 1, S. 277, spricht hingegen von 2.200.000 Pfund.
162 Schmitt, Annexation, S. 145.
163 Salvatorelli, Triplice, S. 359.
164 Schmitt, Annexation, S. 158: Großbritannien gab, um den Frieden zu sichern, Ende Februar 1909 eine Position auf, die es seit Oktober 1908 eingenommen hatte.

und innere Festigkeit doch für einen Krieg ausreichten; doch mit negativem Ergebnis.[165]

Insgesamt erlangte die bosnische Annexionskrise damit eine neue, für den europäischen Frieden gefährliche Dimension: nämlich eine Zuspitzung des österreichisch-serbischen Konfliktes, die in einen Krieg zu münden drohte. Aehrenthal wollte den Serben, wenn überhaupt, als Kompensation wirtschaftliche Vorteile anbieten; aber diese sollten, mit Rücksicht auf die mächtigen Agrarier, möglichst gering und unaufwendig sein.[166] Er sah eine Auseinandersetzung mit Serbien zeitweilig als unvermeidlich an und sagte am 18. Februar 1909 zu dem ihm befreundeten Redlich: „Sie, lieber Freund, sehen ein, was andere hier nicht sehen wollen, daß es sich bei der bosnisch-serbischen Frage um einen Staatenbildungsprozeß handelt, bei dem nach dem Lauf der Welt schließlich Gewalt nicht zu vermeiden sein dürfte."[167] Innerhalb der österreichischen Führungsschicht wuchs die Neigung, die günstige außenpolitische Konstellation zu einer Abrechnung mit Serbien auszunutzen. Einiges schien dafür zu sprechen. Die Serben hatten den mächtigen Nachbarn provoziert; Rußland war nicht kriegsbereit, was jeder wußte, und daher nicht in der Lage, den Serben zu helfen, und kein anderer Staat würde sich für Serbien in einen großen Krieg hineinziehen lassen. Die Kriegsstimmung wuchs ab Ende Februar 1909 täglich.[168] Allerdings gab es auch Opposition gegen die-

---

165 Pourtalès an Bülow, 11.3.1909, GP 26/2, Nr. 9427, über die friedliche Stimmung in Rußland; Schmitt, Annexation, S. 161 f.
166 Aehrenthal sagte am 28.3.1909 zu Redlich, Tagebuch 1: „Wir werden ihm [Serbien] doch keine Belohnung, wie z.B. ein Viehkontingent hinhalten. Ich kann auch die beiden Regierungen der Agrarier wegen solchen Belastungen nicht aussetzen. Wir werden ihnen die Bahn geben (Užice-Vardište) und eventuell einen porto franco in Dalmatien."
167 Redlich, Tagebuch 1, 18.2.1909. Redlich stimmte diesem Gedankengang bezeichnenderweise zu und zitierte: „Die Gewalt ist die Geburtshelferin der Geschichte."
168 Die Gedankengänge, die im Frühjahr 1909 in Teilen der österreichischen Führungsschicht in der Luft lagen, gehen aus einer Tagebuchaufzeichnung Josef Redlichs vom 22. Februar 1909 (Redlich, Tagebuch 1) hervor: „Kriegsstimmung verschärft. Ich beobachte die zunehmende Feigheit der Menschen. Die Sache liegt so, daß wir meines Erachtens Bosnien, Herzegowina und Dalmatien nicht halten können, ohne einmal das Serbentum unter der Führung der Karageorgević aufs Haupt zu schlagen. Nie aber kann das besser geschehen als jetzt: die Armee ist durch Conrad und Schönaich von unfähigen Elementen (FZM. Beck) befreit, wir haben jetzt 200 Millionen ausgegeben und damit unser Heer aufs beste ausgerüstet. Rußland ist marsch- und aktionsunfähig, Italien hat anläßlich des Unglücks von Messina seine ganze militärische und administrative Schwäche erkannt, Frankreich und Deutschland wollen nur den Frieden. Wir müssen mit den ersten Frühlingstagen losschlagen, aber selbst unsere besten Männer können nur kritisieren, nicht handeln." Diese Kriegsstimmung in Österreich-Ungarn stieg im März 1909 weiter. Redlich, Tagebuch 1, 18.3.1909: „Seit drei Tagen große Kriegsstimmung: Die ‚Christen' sind für den Krieg, die ‚Juden' dagegen, sagt Hainisch." Tschirschky habe von der direkten deutschen Demarche in St. Petersburg erzählt. „Ich bin von dem Ausbruch des Krieges in längstens acht Tagen fest überzeugt."

sen Kriegskurs. Zu denen, die keinen Konflikt wollten, gehörte der inzwischen abgelöste österreichische Ministerpräsident Beck, der in diesen Wochen aufs schärfste Aehrenthals Abenteuerpolitik kritisierte.[169] Auch Karl Renner lehnte Aehrenthals Politik ab und schrieb: „Man hat aber die Annexion in einer Form und Art durchgeführt, daß man sie nicht anders bezeichnen kann denn als ein frivoles Spiel mit unserer Reputation vor Europa, als ein frivoles Spiel mit unserer Volkswirtschaft, mit unserer Industrie, mit unserer Arbeiterschaft, mit unserem parlamentarischen Bewilligungsrechte und als ein frivoles Spiel mit dem europäischen Frieden."[170] Anders natürlich Conrad, der sich zum unermüdlichen Anwalt aggressiver Pläne machte; unter diesen stach durch besondere politische Abstrusität der hervor, das Erdbeben von Messina vom 28. Dezember 1908 und die daraus entstandene Situation in Italien zu einem Überfall und zur „Abrechnung" mit dem Verbündeten zu nutzen. Derlei wirre und außenpolitisch höchst schädlich wirkende Gedanken wurden sogar in „Danzers Armeezeitung" diskutiert. Allerdings hatten bei Aehrenthal derartige Ideen keine Chance. Er lehnte einen Krieg gegen Italien ab und war auch kein unbedingter Befürworter einer bewaffneten Auseinandersetzung mit Serbien. Er erwog einen solchen Krieg nur als eine von mehreren Varianten und keinesfalls als die wünschenswerteste.[171] Was ihm vorschwebte, war eine deutliche Demütigung Serbiens, das nicht ungestraft aus der Krise herauskommen sollte. Seine Ansichten spiegeln sich sehr gut in einer Äußerung wider, die er am 27. März 1909 in einem privaten Gespräch fallen ließ: „Es handele sich nicht nur darum, einen diplomatischen Sieg zu erfechten, sondern auch im Südosten Ruhe zu schaffen ... Der serbische Lausbub hat in unserem Garten Äpfel stehlen wollen, wir haben ihn gepackt und werden ihn erst loslassen, wenn er dauernde Besserung verspricht."[172]

Eine Lösung der Krise zeichnete sich jedoch ab, nachdem Aehrenthal die Einigung mit der Türkei geglückt war, alle Mächte in Belgrad beschwichtigend wirkten und sich auch dort die Einsicht verbreitete, daß die Annexion hingenommen werden müsse. Beendet waren diese Auseinandersetzungen jedoch noch nicht, zumal auch noch die Konferenzfrage zu klären war. Der österreichische Außenminister zeigte Bereitschaft, auf Tittonis Vorschlag

---

169 Redlich, Tagebuch 1, 3.3.1909, berichtet, wie Ex-Ministerpräsident Beck über das Belvedere klagte, das ihn zu Fall gebracht habe. „Er sprach aufs schärfste gegen Aehrenthal und dessen Politik der Abenteuer. Er erzählte, daß er schon Anfang August die Annexion kontempliert, dennoch nichts vorbereitet habe usw."
170 Verosta, Theorie und Realität, S. 374.
171 Aehrenthal sagte dazu, er sei froh, daß es keinen Krieg und keine Einverleibung Serbiens gegeben habe. „Eine derartige Gewaltpolitik sei in unserem Jahrhundert schwer zu rechtfertigen und würde für die Zukunft eine bedrohliche Menge von Zündstoff angehäuft haben." In: Tschirschky an Bülow, 28.3.1909, GP 26/2, Nr. 9493.
172 Redlich, Tagebuch 1, 28.3.1909.

einer Konferenz mit genau limitierten Zielen einzugehen, zumal inzwischen Serbien auf Entschädigungsansprüche verzichtet hatte.[173] Doch wurde eine solche dann durch einen unerwarteten und hastigen deutschen Schritt überflüssig. Bülow war nämlich von Kiderlen-Waechter, der, normalerweise als deutscher Gesandter in Bukarest eingesetzt, den erkrankten Staatssekretär Schoen vertrat, auf eine harte Linie gebracht worden. In Berlin stand man dem Konferenzgedanken skeptisch gegenüber[174] und Kiderlen glaubte, nach dem Vorbild Bismarcks durch eine Politik des Einschüchterns diplomatische Erfolge erringen zu können.[175] Statt auf eine Konferenz zu warten, wollte das Auswärtige Amt in Berlin durch ein Machtwort den protestierenden Ententemächten ihre Ohnmacht beweisen und somit die leidige Annexionsfrage triumphal zu einem definitiven Abschluß bringen. Kiderlen und Bülow beschlossen daher, die endlose Debatte durch eine Demarche in St. Petersburg abzukürzen. Der deutsche Vorschlag vom 21. März 1909 lief darauf hinaus, daß Rußland und alle anderen Mächte ihre Zustimmung zur Annexion durch Verzicht auf Art. 25 des Berliner Vertrages mittels entsprechender Noten mitteilen und das Thema damit beenden sollten. Der Text der deutschen Demarche an Iswolsky wurde später als „Ultimatum" bezeichnet, da in ihr mit klaren Worten ein „Ja" oder „Nein" verlangt wurde; jede ausweichende Antwort, so hieß es, werde als Nein gedeutet und die Dinge würden dann ihren Lauf nehmen. Iswolsky mußte auch befürchten, daß dann die ihn belastenden Schriftstücke publizierten und er restlos kompromittiert werden würde.[176] Nach weiteren Beratungen gab er nach.[177] Er hatte dabei, wie ein Mitarbeiter urteilte, weniger dem deutschen Ultimatum nachgegeben als vielmehr der praktischen Unmöglichkeit, mit Österreich Krieg zu führen – und darauf wäre eine Weigerung wahrscheinlich hinausgelaufen.[178] Sein Zurückweichen erregte großes Mißfallen der englischen Regierung, und auch Tittoni gab den Konferenzgedanken nun endgültig verloren. Mit diesem Einverständnis des russischen Außenministers war die Krise im wesentlichen ausgestanden, Rußland hatte, so hieß es, „kapituliert", und ebenso Serbien, das sich auf

---

173 Albertini, Origins 1, S. 284; Tschirschky an AA, 21.3.1909, GP 26/2, Nr. 9521.
174 Schwertfeger, Wegweiser 5/1, S. 20, zitiert Wilhelm II: Österreich wolle nicht, daß die bosnische Frage auf der Konferenz behandelt werde, Rußland nicht, daß die Meerengenfrage zur Sprache käme; was solle da noch die Konferenz?
175 Schmitt, Annexation, S. 195; Hildebrand, Das vergangene Reich, S. 257.
176 Bülow an Pourtalès, 21.3.1909, GP 26/2, Nr. 9460. Zum Thema des deutschen „Ultimatums": GP 26/2, S. 693, Fußnote *; Albertini, Origins 1, S. 285–288; Salvatorelli, Triplice, 363; Schmitt, Annexation, S. 194–202, besonders Fußnote 2 auf S. 196. Zur „Erpreßbarkeit" Iswolskys: Aehrenthal an Bülow, 8.12.1908, ÖUA I, Nr. 703.
177 Bülow an Tschirschky, 24.3.1909, GP 26/2, Nr. 9468, mit einem Zitat eines Pourtalès-Telegramms vom 23.3.1909.
178 Schmitt, Annexation, S. 199.

Druck der Mächte mit der Annexion abfand und diese in einer Note vom 31. März 1909 anerkannte und gute Nachbarschaft („pour vivre désormais ... sur le pied d'un bon voisinage") versprach.[179] Und nun bedurfte es nur noch eines Memorandums der österreichischen Regierung an die Signatarmächte des Berliner Vertrages, in dem um die Zustimmung zur Beseitigung der entsprechenden Bestimmungen gebeten wurde – eine Zustimmung, die von niemandem mehr verweigert werden konnte. Am 19. April 1909 gingen die letzten Anerkennungen des neuen Tatbestandes in Wien ein.[180]

Von den Zeitgenossen wurde dieser Ausgang der Krise als „Sieg" der Mittelmächte, als „Kapitulation" Rußlands und als Niederlage der Entente gewertet. Grund für diese Annahme war die Tatsache, daß beide Mächte ihren politischen Willen vollständig durchgesetzt hatten: Die Annexion war vollzogen und anerkannt, eine Konferenz vermieden worden. Vor allem in Österreich-Ungarn, wo sich die Öffentlichkeit zunehmend beunruhigter über den langen Verlauf der Annexionskrise gezeigt hatte, herrschten nun offen Triumphgefühle. Aehrenthal erschien plötzlich, wie Redlich urteilte, als „ein ganzer Mann und tüchtiger Diplomat", die Gegner gedemütigt: „Serbien ist völlig eingeknickt, die Blamage Rußlands vollendet, ebenso Englands."[181]

Kurzfristig gesehen, war dies wirklich ein Sieg, da sich die Triple-Entente als politisch ohnmächtig und deshalb erzwungenerweise auch als nachgiebig erwiesen hatte, woraus auch eine beträchtliche Verunsicherung erwuchs. Damit war diese Behauptung eines „Sieges" zunächst einmal gerechtfertigt, wenn auch Bülows euphorisches Urteil, nun sei die „Entente" gesprengt, mehr dem Enthusiasmus des Augenblicks als nüchterner Betrachtung entsprang und nicht lange anhielt.

Als „Niederlage" wurde die Krise auch in den Ententestaaten gedeutet.[182] Die öffentliche Meinung und die Regierung in Rußland waren äußerst erregt über diesen Ausgang; zur Antipathie gegen Österreich und seinen Außenminister gesellte sich nun auch noch der Unwille über Deutschland, das die zaristische Regierung gezwungen habe, den Erfolg des germanischen Dranges nach Osten, den „Raub slawischer Länder" anzuerkennen.[183] Diese Urteile

---

179 Salvatorelli, Triplice, S. 363 f.; Schmitt, Annexation, S. 208–229; Albertini, Origins 1, S. 288–292. Text der serbischen Antwort vom 31.3.1909: ÖUA II, Nr. 1425.
180 Das Memorandum war vom 3.4.1909, in dem die Mächte um Beseitigung des Art. 25 gebeten wurden. Deutschland unterzeichnete am 7.4.1909, Italien am 11.4., England am 17.4., Rußland und Frankreich am 19.4.1909.
181 Redlich, Tagebuch 1, 6.4.1909.
182 Albertini, Origins 1, S. 288; BD V, Nr. 764, mit einem Statement Nicolsons, daß sich nun Rußland und Frankreich hin zu den Mittelmächten orientieren würden; zur Deutung der Krise für das europäische Gleichgewicht siehe auch unten die Ansichten San Giulianos, S. 688.
183 Pourtalés an Bülow, 1.4.1909, GP 26/2, Nr. 9501.

suchte Iswolsky schon deshalb zu verstärken, um damit seine eigene Niederlage zu erklären. Andere bemängelten die geringe Effizienz ihrer politischen Allianzen und fragten sich, wo die effektive Unterstützung ihrer Freunde geblieben sei, eine massive Hilfe, die mit der deutschen Hilfe für Österreich-Ungarn vergleichbar gewesen wäre. Aus diesen Überlegungen resultierte mittelfristig sogar eine politische Annäherung an das Deutsche Reich. Noch bevor Iswolsky, der jedes politische Prestige verloren hatte, als Außenminister durch Sasonov ersetzt worden war, wurde russischerseits versucht, die Beziehungen zu Berlin zu verbessern; dies gipfelte in einer Absprache über Persien und einem russisch-deutschen Abkommen, das sowohl anti-österreichische als auch anti-englische Elemente enthielt. Beide Mächte versicherten, daß sie einer aggressiven Politik ihrer Bündnispartner keine Unterstützung leihen würden.[184]

Langfristig schlug die russische Politik aber doch eine Richtung ein, die sich für die Mittelmächte als außerordentlich nachteilig erweisen sollte. Die russische Regierung wie die öffentliche Meinung fühlten sich tief gedemütigt, daß sich das Zarenreich wegen seiner militärischen Schwäche als derart erpreßbar gezeigt hatte. Eine solche Situation dürfe sich nicht wiederholen; statt dessen müsse Rußland danach trachten, militärisch zu erstarken und dann seinerseits die Verhältnisse auf dem Balkan umzugestalten.[185] Dies führte zu einem gewaltigen russischen Aufrüstungsprogramm, das sich schon wenige Jahre später gesamteuropäisch massiv bemerkbar machte und ein europäisches Wettrüsten auslöste.[186]

Auch wurden durch diesen Ausgang der Krise die panslawistischen Strömungen in Rußland gestärkt; man müsse den Kampf des Slawen- gegen das Germanentum vorbereiten. Die Sympathien für die Serben, denen man diesmal nicht wirksam hatte helfen können, waren weiter gewachsen. In Serbien wiederum war die Stimmung nach wie vor äußerst feindselig gegen Österreich-Ungarn, und in beiden Ländern wurde ganz allgemein angenommen, der Konflikt sei diesmal nur vertagt, aber nicht aufgehoben worden. Damit waren in der bosnischen Krise wesentliche Weichenstellungen vorgenommen worden, die schließlich in die Julikrise 1914 mündeten, die ohnehin von der diplomatischen Grundkonstellation her gewisse Parallelen zur bosnischen Krise besaß.

Allein schon diese historischen Folgen, die sich natürlich erst in der Rückschau erschließen, machen es schwer, von einem wirklichen „Sieg" der Mit-

---

184 Taylor, Stuggle, S. 463, ist der Ansicht, dies sei für Deutschland ein schlechtes Geschäft gewesen, das aber Sinn gemacht habe, um das englisch-russische Einvernehmen zu stören.
185 Albertini, Origins 1, S. 293, zitiert einen entsprechenden Bericht Nelidovs, des russischen Botschafters in Paris, vom 1.4.1909.
186 Dazu Kap. IV.8, besonders S. 765 f.

telmächte zu sprechen. Dieser wurde denn auch von bedeutenden Historikern wie Schmitt, Hildebrand oder Albertini zu Recht als „Pyrrhussieg" charakterisiert – als einen Sieg, dessen Kosten zu hoch waren und der die unmittelbare Vorgeschichte des Ersten Weltkriegs einläutete.[187]

Selbst im Deutschen Reich herrschte nach der ersten Euphorie bald schon Katzenjammer, und es wurde versucht, die strapazierten Beziehungen zu den anderen Mächten, vor allem zu Frankreich und Rußland, wieder zu verbessern. Auch der Dreibund war nicht unbeschadet aus der bosnischen Krise hervorgegangen. Die öffentliche Meinung in Italien hatte eine massive anti-österreichische, direkt feindselige Grundstimmung angenommen,[188] ein ständiges Mißtrauen gegen den Verbündeten, das alte Vorurteile wiederbelebt hatte und sich bis 1914 nicht mehr vollständig wieder abbauen sollte. Die Schönwetterperiode zwischen Italien und Österreich-Ungarn der Jahre 1906–1908 war – vorerst – beendet, selbst der österreichfreundliche Tittoni desillusioniert und der Ansicht, mit Österreich käme man nur klar, wenn man stark sei und ihm die Zähne zeige.[189] Im übrigen war er, ebenso wie Iswolsky, infolge der bosnischen Krise ein Außenminister auf Abruf. Allerdings dürfen die Auswirkungen der Krise auf das innere Gefüge des Dreibunds und die österreichisch-italienischen Beziehungen auch nicht überschätzt werden, da ein Jahr später unter der Ägide San Giulianos eine neue, besonders intensive Phase der österreichisch-italienischen Zusammenarbeit beginnen sollte, die gerade wegen der offenkundigen Ohnmacht der Ententestaaten von Rom gesucht wurde.

Auch die Beziehung zwischen dem Deutschen Reich und Österreich-Ungarn hatte sich verändert. Der wesentliche Punkt war, daß erstmals das Deutsche Reich sich zum unkonditionierten Verfechter österreichischer Balkaninteressen gemacht hatte. Ursache war das deutsche Gefühl der Isolation gewesen; der Eindruck, jetzt müsse Österreich um jeden Preis gestützt werden, sonst werde sich auch der letzte verläßliche Bundesgenosse von Deutschland abwenden. Die bosnische Krise verstärkte das Zusammengehörigkeitsgefühl der Mittelmächte; das Gefühl, eine „Schicksalsgemeinschaft" zu sein,

---

187 Schmitt, Annexation, S. 244–253; S. 245: „Yet the victory was a pyrrhic one …". Albertini, Origins 1, S. 292–297; 300; Hildebrand, Das vergangene Reich, S. 246, spricht von einem „insgesamt verhängnisvollen Sieg".

188 Salvatorelli, Triplice, S. 366, besonders S. 367. Ein aussagekräftiges Indiz: Am 2.12.1908, dem 60. Jahrestag der Thronbesteigung Franz Josephs I., kam niemand in die österreichisch-ungarische Botschaft in Rom, um zu gratulieren. Die Österreicher stellten indigniert fest, nicht einmal in Belgrad und Cettinje sei eine solche Unhöflichkeit vorgekommen. Tittoni suchte sich dann später via Avarna dafür zu entschuldigen. Alexander de Grand: The Italian Nationalist Association and the Rise of Fascism in Italy, Lincoln 1972, sieht in der Bosnischen Krise sogar die Geburtsstunde der italienischen nationalistischen Bewegung.

189 Costa an Tittoni, 21.12.1908, mit zustimmender Antwort Tittonis; zitiert bei Askew, Antagonism, S. 193.

die gegen äußeren Druck zusammenstehen müsse. Bülow prägte in einer Reichstagsrede vom 29. März 1909 das Wort von der „Nibelungentreue", mit der die Mittelmächte zusammenstünden.[190] Auch waren im Deutschen Reich nun vermehrt Stimmen zu hören, die vom bevorstehenden Rassenkampf zwischen Germanen und Slawen sprachen; Österreich-Ungarn wurde dabei großzügig als germanische Macht gerechnet.[191] Besonders der Kaiser kam immer wieder auf diese Idee zu sprechen.

Allerdings ist die bosnische Krise trotzdem nicht der Wendepunkt, an dem die deutsch-österreichische Allianz von einem Defensiv- zu einem Offensivbündnis wurde. Obwohl Wien mit der Annexion einen klaren Bruch internationaler Verträge begangen hatte, Berlin diesen deckte und dieser Rechtsbruch dem Landerwerb diente, wäre es eine Verkürzung, von einer offensiven imperialistischen Aktion zu sprechen. Denn hier wurde nur ein seit über dreißig Jahren andauernder, ohnehin auf Permanenz angelegter Zustand legalisiert.[192]

Die Folgen der Aktion lasteten vorrangig auf dem Nutznießer. Österreich-Ungarn war isoliert und machtpolitisch nun mehr auf das Deutsche Reich angewiesen als je zuvor.[193] Das Deutsche Reich konnte hingegen seine Beziehungen zu Rußland und auch zu Frankreich in der Folgezeit verbessern, während Österreich-Ungarn zum Bedauern Aehrenthals zunächst vollständig isoliert blieb.

Unter einem gesamteuropäischen Gesichtspunkt hatte die bosnische Krise einen bedeutsamen Wandel offenbar gemacht: Die Spaltung Europas in zwei Machtgruppen hatte derart zugenommen, daß deutscher- wie österreichischerseits die Konferenzidee vehement abgelehnt wurde. Dies ist als Nachwirkung der Konferenz von Algeciras zu erklären. Der Glaube daran, daß eine Konferenz der Großmächte noch einen zufriedenstellenden Konsens finden könne, war in Berlin noch mehr als in Wien verlorengegangen; statt dessen dominierte die Annahme, daß es auf einer Konferenz zu einer scharfen Scheidung kommen würde, wo nicht mehr nach allgemeinen, sondern nur nach Parteigesichtspunkten abgestimmt würde. Allerdings lag es auch an der Natur des österreichischen Vorgehens, daß auf einer Konferenz keine Zustimmung zu erwarten war. Dabei gab es Bemühungen um einen Konsens: Zwar standen in der Annexionsfrage Österreich-Ungarn und das unkonditioniert Beistand leistende Deutsche Reich Großbritannien und Rußland gegenüber, die, wenn

---

190 Bülow, Reden III, S. 179 f.; Holstein, Lebensbekenntnis, S. 336; Bülow, Denkwürdigkeiten 2, S. 409.
191 Aufzeichnung Franckensteins, 23.11.1909, ÖUA II, Nr. 1828, mit Äußerungen Wilhelms II.
192 Pantenburg, Zweibund, S. 464, wertet die Annexion als „eklatante Verletzung des Berliner Vertrages", dann aber als „in erster Linie eine Formsache" – und dürfte mit diesen beiden, scheinbar divergierenden Beurteilungen den Kern der Dinge treffen.
193 Verosta, Theorie und Realität, S. 362.

auch aus verschiedenen Gründen, eine scharfe Gegenposition einnehmen. Frankreich und (zumindest zeitweise) Italien suchten hingegen zu vermitteln und dafür auch das Deutsche Reich vergebens zu gewinnen. Die französische Regierung verspürte keine Neigung, sich wegen Serbiens von Rußland in einen Krieg hineinziehen zu lassen. Daß Frankreich insgesamt eine nicht feindselige Politik betrieb, gab auch Bülow in seinen Memoiren offen zu.[194] Parallel zur bosnischen Krise liefen sogar deutsch-französische Verhandlungen über eine Reihe offener marokkanischer Fragen. Im Februar 1909 wurde ein entsprechendes Abkommen unterzeichnet. Allerdings soll, trotz dieser Ausgleichstendenzen, nicht bestritten werden, daß Frankreich im Zweifelsfall auf einem Kongreß doch immer für seine Verbündeten gestimmt hätte.

Die bosnische Krise ist oft als Beginn der unmittelbaren Vorgeschichte des Ersten Weltkriegs interpretiert worden.[195] Der große Verlierer sei das europäische Staatensystem gewesen, das erkennbar seine Konsensfähigkeit verloren habe, und in der Folge habe sich die politisch-militärische Blockbildung, das Wettrüsten und das Gefühl des Eingekreistseins in Deutschland verschärft.[196] Dies ist aber nur zum Teil richtig, weil die Folgen dieser Krise vielfältiger sind. Neben sehr negativer Auswirkungen auf das russisch-serbisch-österreichische Verhältnis ist nämlich auch zu beobachten, daß gerade die Nachwirkung dieser Krise eine Revitalisierung der Konferenzidee zur Folge haben sollte.[197]

> Tittoni will, als echter Sohn seines Landes, womöglich nach allen Seiten hin politische Geschäfte entrieren, zu dem Zwecke, Italiens Stellung unter den Mächten zu einer tonangebenden, womöglich entscheidenden zu gestalten.
>
> Aehrenthal, am 24. November 1909

g) Eine neue „Extratour"? Das italienisch-russische Abkommen von Racconigi

Im Nachspann der bosnischen Krise kam es zu einem Bündnis derer, die sich von Aehrenthal geprellt fühlten. Iswolsky, durch seine Niederlage in der bosnischen Krise fast entmachtet, tat alles, was in seiner Macht stand, um eu-

---

194 Bülow, Denkwürdigkeiten 2, S. 409.
195 Mommsen, Großmachtstellung, S. 202; Albertini, Origins I, S. 379 f.
196 Hildebrand, Das vergangene Reich, S. 246 f.; zur britischen Bündnispolitik nach 1909 Gade, Gleichgewichtspolitik (ohne Behandlung der bosnischen Krise).
197 Siehe Kap. IV.6.

ropaweit Verbündete gegen seinen erfolgreichen Rivalen zu rekrutieren. Daß er dabei auch auf die Idee kam, sich um Italien zu bemühen, darf nicht überraschen. Dieses hatte sich in der Vergangenheit oftmals an Rußland gewandt, war dort aber meist auf eisige Verachtung gestoßen und auf die Weigerung, Italien als Großmacht wirklich für voll zu nehmen.[198] Auch war der Besuch, den König Vittorio Emanuele kurz nach seiner Thronbesteigung in Peterhof gemacht hatte, bislang unerwidert geblieben, nicht zuletzt wegen der Drohungen der italienischen Sozialisten und Anarchisten gegen den Zaren. Große Teile der italienischen Öffentlichkeit sahen in Nikolaus II. einen „despotischen Blutsauger"[199]. Hinzu kam Tittonis auch in St. Petersburg bekannter Wunsch, Italien als dritte Balkangroßmacht neben Österreich-Ungarn und Rußland zu etablieren. Hier lag Iswolskys Chance, und er nutzte sie. Der Anknüpfungspunkt bot sich von selbst – nämlich den seit sieben Jahren suspendierten Gegenbesuch des Zaren endlich stattfinden zu lassen. Im Oktober 1909 reiste der Zar nach Italien, allerdings nicht nach Rom, sondern nach Racconigi, in das Jagdschloß des italienischen Königs in der Nähe von Turin. Dieser Staatsbesuch war weit mehr als die längst überfällige Erwiderung einer monarchischen Höflichkeit. Dies wurde schon rein äußerlich durch den Zeitpunkt und auch durch die Umstände der Anreise deutlich. Der Zar machte nämlich einen riesigen Bogen durch Deutschland und Frankreich, um nicht durch österreichisches Gebiet reisen zu müssen. Spöttisch wurde in österreichischen Diplomatenkreisen von einer „Rundreise um die Monarchie" gesprochen,[200] die Routenplanung als „kleinliche Rache" Iswolskys an Aehrenthal interpretiert.[201] International wurde sofort vermutet, daß sich beide Mächte miteinander absprechen und ein Abkommen mit antiösterreichischer Spitze abschließen wollten, zumal sich in Racconigi nicht nur die Monarchen trafen, sondern auch Iswolsky und Tittoni, der wiederum seinen Generalsekretär Bollati mitgebracht hatte. Auch Giolitti war erschie-

---

[198] Der russische Botschafter, Graf Uexküll, hatte gegenüber dem italienischen Außenminister Mancini im Oktober 1881 mit brutaler Deutlichkeit zum Ausdruck gebracht, daß Italien keine Großmacht sei und auf internationale Kongresse nur aus Höflichkeit eingeladen werde. In: Wimpffen an Kálnoky, 31.10.1881, HHStA, PA XI, 94. Diese Haltung offener Verachtung blieb konstant, wie viele Beispiele zeigen. Nur eines: Lützow an Aehrenthal, 27.11.1906, HHStA, PA XI, 136, berichtet, der russische Botschafter Muraview habe Vittorio Emanuele, als der ihm nach den Wirren der ersten Russischen Revolution riet, „de faire comme chez nous et de donner la constitution la plus libérale possible", geantwortet: „Sire, Vous oubliez que la Russie n'est pas le Piémont."
[199] Somssich an Aehrenthal, 31.10.1909, ÖUA II, Nr. 1775.
[200] Szilassy an Aehrenthal, 3./16.10.1909, ÖUA II, 1757.
[201] Telegramm Somssichs an Aehrenthal, 29.10.1909, ÖUA II, Nr. 1771. Später versuchte sich Iswolsky herauszureden und die Reiseroute auf das Konto des Zaren zu schieben, siehe Szilassy, 31.10/13.11.1909, ÖUA II, Nr. 1806.

nen;[202] er hatte durch drakonische Sicherheitsmaßnahmen und ein Großaufgebot an Polizei, Carabinieri und Militär verhindert, daß der Besuch durch Demonstrationen gegen den Zaren gestört wurde.[203]

Während dieser Zusammenkunft wurden sich der italienische und der russische Außenminister über die Grundzüge einer Balkanentente einig. Iswolsky erwies sich bei dieser Gelegenheit als Intrigant, der alles tat, um Tittonis Loyalität zur Donaumonarchie zu erschüttern. Er gab seinem italienischen Kollegen nämlich den Text des streng geheimen österreichisch-russischen Neutralitätsabkommens von 1904 zu lesen, das die ungeheuer kompromittierende Klausel enthielt, in der sich die Österreicher die russische Neutralität für den Fall eines Krieges mit Italien versprechen ließen[204]. Iswolsky sagte, er wolle damit die österreichische Doppelzüngigkeit gegenüber Italien entlarven und Tittonis Skrupel beseitigen, seinerseits ein Abkommen zu schließen, von dem Österreich keine Kenntnis erhalten sollte. Am 24. Oktober 1909 wurde ein italienisch-russischer Vertrag unterzeichnet; er bestand aus zwei von Iswolsky und Tittoni eigenhändig geschriebenen, inhaltlich fast identischen Briefen, die dann ausgetauscht wurden.[205] Die Schreiben enthielten fünf Punkte: In diesen versicherten sich beide Mächte, den Status quo auf dem Balkan erhalten und diesen gemeinsam sichern zu wollen; sollte er sich aber nicht beibehalten lassen (also im Fall des Zusammenbruchs der Türkei), würde das Nationalitätenprinzip zur Geltung gebracht. Außerdem versprachen sich beide, daß sie ohne vorherige gegenseitige Information keine den Orient betreffenden neuen Abkommen mit dritten Mächten unterzeichnen wollten. Und schließlich erkannte Italien die russischen Interessen in der Meerengenfrage und Rußland die italienischen in Tripolis und der Cyrenaica an.[206]

In der internationalen Presse wurde berichtet, daß in Racconigi über Balkanfragen verhandelt worden war.[207] Damit wurden aber sowohl österreichische als auch türkische Bedenken hervorgerufen.[208] Tittoni mußte sich oh-

---

202 Einzelheiten des Besuchsablaufs bei: Berichte Somssichs vom 26.10.1909, ÖUA II, Nr. 1766, 1767.
203 Somssich an Aehrenthal, 31.10.1909, ÖUA II, Nr. 1775.
204 Albertini, Origins 1, S. 307.
205 Zum Inhalt: Tommasini, Italia alla vigilia della guerra 5, S. 495–498; Albertini, Origins 1, S. 307 f.
206 Albertini, Origins 1, S. 308.
207 Umfangreicher internationaler Pressespiegel in: ASMAE, Archivio di Gabinetto 1910–1914, Pacco 24. Das Echo der deutschen und österreichischen Zeitungen war zwar in vielen Fällen das Ergebnis von Racconigi relativierend, aber doch überwiegend sehr skeptisch gegen Italien.
208 Telegramm Aehrenthals, 9.11.1909, ÖUA II, Nr. 1791, mit der vom türkischen Botschafter mitgeteilten Besorgnis der osmanischen Regierung wegen Racconigi und der Wendung von der „weiteren Entwicklung der Balkanstaaten".

nehin gegen den sofort lautwerdenden Verdacht wehren, Italien tanze schon wieder einen Extrawalzer[209] und verrate den Dreibund, oder gegen die Behauptung, die Allianz sei nun endgültig an ihr Ende gelangt. Diesen Verdacht wies er weit von sich und betonte gegenüber den deutschen wie österreichischen Diplomaten sein bundeskonformes Verhalten.[210] Der Inhalt der Besprechungen blieb aber vertraulich, und die beiden Außenminister hielten sich lange an das absolute Geheimhaltungsgebot. Tittoni informierte Aehrenthal zwar darüber, daß eine Aussprache über die Balkanfragen, über den Status quo und das Nationalitätenprinzip stattgefunden habe. Aber er leugnete hartnäckig, daß es irgendwelche schriftlichen Vereinbarungen gebe. Obwohl er in diesem Punkt die Unwahrheit sagte, verhielt sich Tittoni gegenüber Österreich-Ungarn fair und suchte nicht, es in Balkanfragen durch eine exklusive russisch-italienische Zusammenarbeit zu überspielen. Er hoffte statt dessen auf die Verwirklichung seines alten Planes eines „accords à trois" zwischen Italien, Rußland und Österreich-Ungarn bezüglich der Balkanfragen; dies wohl darum, um die Verabredung möglichst kompatibel mit dem Dreibund zu halten und den ohnehin schmalen Bewegungsspielraum Italiens zwischen den „alleanze ed amicizie" nicht durch neue Separatverpflichtungen noch weiter einzuengen.[211]

Aehrenthal hatte Tittonis Absichten genau durchschaut und urteilte: „Die italienisch-russische Übereinstimmung über das, was nach Zusammenbruch des Status quo in der Türkei zu geschehen hätte, soll wohl die Grundlage des von Tittoni stets sehnlichst gewünschten accord à trois – Österreich-Ungarn, Rußland und Italien und zwar auf Basis des gegenseitigen désintéressements bilden."[212] Doch war in der österreichischen Diplomatie keine Neigung vorhanden, Italien „einen dem unsrigen äquiparierenden Einfluß am Balkan [zu] sichern, einen Einfluß, der weder durch historische Rechte, noch durch die Machtstellung Italiens begründet ist"[213]. Aehrenthal versuchte zwar einerseits die Beziehungen zu Rom zu verbessern, um das deutsche Übergewicht im

---

209 Lützow an Aehrenthal, 10.11.1909, ÖUA II, Nr. 1794, berichtet die symptomatischen Worte Bollatis: „Je Vous assure, on n'a pas même dansé la fameuse Extratour."
210 Telegramm Somssichs an Aehrenthal, 29.10.1909, ÖUA II, Nr. 1771: Tittoni weist die Gerüchte vom Ende des Dreibunds zurück, die in Teilen der reichsdeutschen Presse geäußert werden; Somssich an Aehrenthal, 31.10.1909, ÖUA II, Nr. 1775, meint, das Bündnis sei in Italien nicht gefährdet; es gäbe nicht nur keinen Wunsch der „maßgebenden Faktoren", den Dreibund aufzulösen; dies würde beim Volke selbst, „welches uns haßt und fürchtet, welches sich aber im Dreibunde sicher und bequem fühlt, auf lebhaften Widerstand stoßen". Lützow an Aehrenthal, 10.11.1909, ÖUA II, Nr. 1794, war der Ansicht, es läge keine Untreue Tittonis vor; dieser wolle nach wie vor den „accord à trois".
211 Telegramm Somssichs an Aehrenthal, 29.10.1909, ÖUA II, Nr. 1771.
212 Aufzeichnung Aehrenthals, 5.11.1909, ÖUA II, Nr. 1784.
213 Somssich an Aehrenthal, 31.8.1909, ÖUA II, Nr. 1728.

Dreibund auszubalancieren; aber es mißfiel ihm, daß Tittoni nach Gleichrangigkeit oder gar Überlegenheit strebte; er vermutete, daß dieser – darin ein „echter Sohn seines Landes, ... Italiens Stellung unter den Mächten zu einer tonangebenden, womöglich entscheidenden" gestalten wolle. Denn es sei Tittonis Traum, „den Vermittler zwischen Österreich-Ungarn und Rußland zu spielen".[214] Doch diese Rolle wollte Aehrenthal seinem italienischen Kollegen nicht überlassen, zumal er die Rolle der „tonangebenden" Macht der Donaumonarchie reservieren wollte. Auch ging es ihm gehörig gegen den Strich, sich für die Zukunft durch eine trilaterale Status-quo-Erklärung und durch die Anerkennung des Nationalitätenprinzips auf dem Balkan die Hände binden zu lassen. Er hatte zwar auf einen Krieg gegen Serbien verzichtet, aber mehr als einmal mit einem solchen und der Annexion dieses Landes und der Einigung aller Südslawen unter habsburgischem Szepter kokettiert. Nicht, daß er für die Zukunft konkrete aggressive Pläne gegen Serbien hatte; aber er wollte sich zumindest die Option auf eine solche Lösung nicht verbauen lassen.

Allerdings sah er sich angesichts der isolierten Stellung Österreich-Ungarns dann doch gezwungen, auf den wenig später erfolgenden konkreten Vorstoß seines römischen Kollegen einzugehen.[215] Es wurde ein Abkommen angefertigt, das als Ergänzung zum Dreibundvertrag gedacht war und genausolange in Kraft bleiben sollte wie dieser selbst. Der Sandschak wurde darin dem Artikel VII des Dreibundvertrages zugerechnet, was bedeutete, daß Österreich-Ungarn für den Fall der Wiederbesetzung dieses Landstreifens Italien sowohl zuvor informieren mußte als auch in Kompensationsverhandlungen einzutreten hatte. Dieses Abkommen wurde am 9. Dezember 1909 rechtskräftig;[216] infolge eines Kabinettswechsels war Tittoni da nicht mehr Außenminister, und die Unterschrift leistete bereits sein Nachfolger Giucciardini. Doch war damit zumindest formal Tittonis alter Traum wahr geworden: Italien war von Rußland und Österreich-Ungarn anerkannte, gleichberechtigte Balkangroßmacht, die Erhaltung des Status quo das gemeinsame Ziel, ein erweiterter Kompensationsanspruch verbrieft. Auf diese Weise wurde Italien zum mittelbaren Gewinner der bosnischen Krise. Hinzu kam, daß die alten, in Rom gehegten Ängste, die beiden östlichen Kaiserreiche könnten den Balkan einfach unter sich aufteilen, für die unabsehbare Zukunft jedes Fundament verloren hatten. Die Balkanentente der beiden Kaiserstaaten war unwiderbringlich zerstört. Doch fand sich trotz dieser erschwerten Bedingungen die Wiener Diplomatie nicht zu einer aufrichtigen und vertrauensvollen Zusammenarbeit mit Italien in Balkanfragen bereit. Und auch die römische Po-

---

214 Aehrenthal an Bethmann Hollweg, 24.11.1909, ÖUA II, Nr. 1833.
215 Telegramm Lützows, 8.11.1909, ÖUA II, Nr. 1787: Tittoni schlägt in der Tat „accord à trois" auf Basis des „désintéressement" vor.
216 Text: Pribram, Dreibund, S. 99 f.; Taylor, Struggle, S. 463; Salvatorelli, Triplice, S. 377.

litik blieb prinzipiell mißtrauisch und dachte ihrerseits schon über eine geeignete Kompensation nach, die im Fall eines österreichischen Ausgreifens verlangt werden sollte.[217] Realiter änderte sich die österreichische Politik gegenüber Italien und auf dem Balkan nicht – nur waren die aus dieser Haltung resultierenden Gefahren nach dem Verlust der russischen Freundschaft stark angewachsen. Die österreichischen Optionen waren geringer geworden, und das Abkommen von 1909 wurde wenige Jahre später am Ballhausplatz als außerordentliche Behinderung empfunden – ein Umstand, der auf die österreichische Politik während der Balkankriege wesentlichen Einfluß nehmen sollte.

---

217 Auf Betreiben Avarnas wurde dafür zunehmend des Trentino angesehen. Siehe dazu Kap. IV.5, besonders S. 714, und Kap. IV.10, besonders S. 834–846.

> Die Situation schiebt sich immer mehr in der Richtung zusammen, daß die Beziehungen zwischen allen Mächten sich glätten, nur zwischen uns und England wird durch die Flottenfrage der Gegensatz schärfer, neben England aber steht Frankreich und neben Frankreich Rußland.
>
> Bülow am 30. September 1908

3. Von Potsdam bis Agadir – die deutsche Aussen- und Allianzpolitik in der Ära Bethmann Hollweg

a) Die Neuorientierung der deutschen Außenpolitik nach 1908

Nicht nur die italienische, sondern auch die deutsche Führung überprüfte nach der bosnischen Krise grundsätzlich ihre Außen- und Allianzpolitik. Zwar herrschte innerhalb der deutschen Diplomatie Genugtuung über den diplomatischen „Sieg", gleichzeitig aber auch Besorgnis darüber, wie sehr man ins Wiener Fahrwasser geraten war. Schon vor der Krise war das Bestreben der deutschen Außenpolitiker darauf ausgerichtet gewesen, aus der diplomatischen Isolierung, der vielbeschworenen „Einkreisung", wieder herauszukommen und die Beziehungen zu den anderen Mächten zu verbessern. Diese Bemühungen verstärkten sich nun. Sie führten im französischen Fall auch zum Erfolg. Mit der Pariser Regierung wurde am 9. Februar 1909 ein Abkommen unterzeichnet, das die marokkanischen Angelegenheiten scheinbar endgültig regelte. Die politische und wirtschaftliche Vormachtstellung Frankreichs in Marokko wurde anerkannt, aber gleichzeitig wurde die Stellung Marokkos als unabhängiger Staat, wie in der Algeciras-Akte vereinbart, bestätigt.[1] Deutschen Unternehmen wurde in Marokko Handelsfreiheit zugesagt, was trotzdem einige Firmen, wie zum Beispiel die Gebrüder Mannesmann, nicht daran hinderte, gegen den angeblichen Ausverkauf deutscher Interessen zu agitieren. Das Abkommen hatte immerhin den Erfolg, für den Augenblick die deutsch-französischen Beziehungen zu verbessern.[2]

---

1 Mommsen, Großmachtstellung, S. 205.
2 Zu den Strukturen des deutsch-französischen Verhältnisses in diesen Jahren grundsätzlich: Klaus Wilsberg: „Terrible ami – aimable ennemi": Kooperation und Konflikt in den deutsch-französischen Beziehungen 1911–1914, Bonn 1998.

Auch mit Rußland kam es zu einer politischen Übereinkunft, die dann schon in die Ära Bethmann fiel. Kaiser und Zar, der auch seinen Außenminister Sasonov mitbrachte, trafen sich am 3. und 4. November 1910 in Potsdam. Das Ergebnis des Treffens war ein Abkommen, in dem die Deutschen den Russen ein Vordringen in Persien gestatteten; dafür erklärten sich die Russen mit dem Weiterbau der Bagdadbahn einverstanden. Am 10. Dezember 1910 gab Bethmann im Reichstag bekannt, „daß sich beide Regierungen in keinerlei Kombination einlassen" würden, „die eine aggressive Spitze gegen den anderen Teil haben könnte". Rußland und das Deutsche Reich hätten „ein gleichmäßiges Interesse an der Aufrechterhaltung des Status quo am Balkan und überhaupt im nahen Orient"[3]. In Wien wurde sehr wohl verstanden, an wen diese Worte adressiert waren. Die Verärgerung der österreichischen Diplomatie war beträchtlich und langanhaltend, aber ohnmächtig. Sie mußte zusehen, wie sich das Deutsche Reich gerade infolge der Nachwirkungen der bosnischen Krise von der Donaumonarchie wieder freigeschwommen hatte, während diese selbst auf Berlin mehr als je zuvor angewiesen blieb.[4] Der „Geist von Potsdam" blieb eine stehende Redewendung in den österreichischen Akten der nächsten Jahre. In diese Atmosphäre paßten die Worte des alten Dreibundgegners Kramář, der 1910 die bosnische Krise als Katastrophe wertete, da Österreich-Ungarn es sich mit allen anderen Mächten verdorben und seinen außenpolitischen Spielraum verloren habe und es deshalb keine Alternative mehr zum Bündnis mit Deutschland gebe.[5]

Den deutschen Bemühungen um die anderen Mächte ließ Bülow den Versuch folgen, auch die Beziehungen zu Großbritannien zu verbessern. Daß dies notwendig sei, war schon vor der bosnischen Krise zum Gemeingut in großen Teilen der deutschen Führungsschicht geworden. Genau dieses Ziel hatte Wilhelm II. dazu veranlaßt, das berüchtigte „Daily Telegraph"-Interview zu geben; dies war ein stümperhafter Versuch gewesen, um die englische Freundschaft zu buhlen und nachzuweisen, daß er, der Kaiser, englandfreundlich sei und immer gewesen war. Auch Bülow hatte die Zeichen der Zeit erkannt und war bereit, zur Erreichung einer Entspannung auch die Flottenrüstung einzuschränken. Dies hätte den zusätzlichen Vorteil gehabt, die prekäre Finanzlage des Deutschen Reiches zu entspannen. Das politisch beherrschende Thema im Frühjahr 1909 war ohnehin eine Reichsfinanzreform und die Einführung der Erbschaftssteuer.

---

3 Mommsen, Großmachtstellung, S. 210.
4 Aehrenthal an Szögyény, 4.7.1911, ÖUA III, Nr. 2554. Bethmann hatte in Potsdam betont, Deutschland habe sich niemals verpflichtet, expansive Pläne Österreich-Ungarns am Balkan zu unterstützen, und erhielt dafür die Zusicherung, „daß Rußland sich niemals mit England in eine gegen Deutschland gerichtete feindselige Kombination einlassen werde."
5 Verosta, Theorie und Realität, S. 362.

Doch stieß er, was die Einschränkung der Seerüstung anging, auf den erbitterten Widerstand des Organisators des deutschen Flottenbaus, des Admirals v. Tirpitz. Dabei war dessen Plan, der anfänglich davon ausgegangen war, sich halb verborgen an die Engländer heranrüsten zu können, inzwischen längst in ein kritisches Stadium getreten. Nach der Indienststellung der „Dreadnought", des ersten modernen Großkampfschiffes, durch die britische Flotte im Jahre 1906 mußte Tirpitz diesen technischen Sprung mitmachen, da die bisherigen Linienschiffe damit schlagartig überholt waren. Sollten Neubauten militärischen Nutzen haben, mußten sie ebenfalls in dieser neuen Schiffsklasse erfolgen. Da aber auch die Engländer in der Dreadnought-Kategorie bei Null angefangen hatten, war die Situation eines direkten und offensichtlichen Wettrüstens entstanden. Die Engländer waren nicht willens, auf ihre Seeherrschaft zu verzichten; sie betonten immer wieder den defensiven Charakter der britischen Flotte – beispielsweise verwies Winston Churchill stets darauf, daß die englischen Schiffe allein kein einziges deutsches Dorf erobern könnten, hingegen trüge die deutsche Seerüstung einen aggressiven Charakter, da sie mit der leistungsfähigsten Landarmee der Welt kombiniert sei – und nahmen deshalb die deutsche Herausforderung sofort an. Im Jahr 1908 wurde in London beschlossen, gleich acht neue Großkampfschiffe auf Kiel zu legen – ein Sprung, den das Deutsche Reich weder finanziell noch von den Werftkapazitäten her mitmachen konnte. Der Tirpitz-Plan hatte bis dahin auf kontinuierlichen Ausbau gesetzt. Doch ohne gravierende und offensichtliche Modifikationen kam das Unternehmen nun nicht mehr aus.

Doch nicht nur deshalb dämmerte es der deutschen politischen Führung, daß jede weitere Verfeindung mit Großbritannien politisch katastrophale Konsequenzen nach sich ziehen würde. Bülow sah spätestens 1908 ein, daß es sowohl aus außen- wie finanzpolitischen Gründen dringend notwendig geworden war, die Flottenrüstung zu bremsen. Bisher hatte er immer seine Außenpolitik auf den Flottenbauplan abgestimmt, auf das Durchlaufen der „Risikophase", in der die deutsche Flotte zwar von England schon als Bedrohung wahrgenommen würde, aber noch nicht in der Lage sein würde, einem englischen Angriff standzuhalten. Daß tatsächlich die deutsche Flotte einem befürchteten englischen Angriff (der unter dem Stichwort „Kopenhagen" sowohl in England als auch in Deutschland in radikalen Kreisen erörtert wurde) nicht standhalten könne, mußte Tirpitz auf Bülows Befragung hin einräumen. Der Reichskanzler war beunruhigt und schrieb Ende September 1908: „Cui bono? Die Engländer beunruhigt und reizt nichts mehr als der Gedanke, daß wir in infinitum Schiffe bauen wollen. Im Inlande befördern solche Übertreibungen nicht die Finanzreform, sondern sind eher geeignet, sie zu erschweren ... Die Situation schiebt sich immer mehr in der Richtung zusammen, daß die Beziehungen zwischen allen Mächten sich glätten, nur zwischen uns und

England wird durch die Flottenfrage der Gegensatz schärfer, neben England aber steht Frankreich und neben Frankreich Rußland."[6]

Diese fatalen außenpolitischen Konsequenzen seines Planes wollte aber Tirpitz keinesfalls eingestehen. Dem Herrn über einen gewaltigen militärisch-politisch-propagandistisch-industriellen Komplex gelang es, sich gegenüber den anderslautenden Konzepten der zivilen Führung durchzusetzen, und zwar deshalb, weil er in entscheidenden Momenten immer den Kaiser auf seine Seite zu bringen wußte. Ihm machte er in diesem zunehmend hoffnungsloser werdenden Stadium des Wettrüstens klar, daß eine Einstellung oder Stagnation des Flottenbaus ein weltgeschichtliches Scheitern bedeuten würde; der gesamte große Plan, Deutschland zur Seemacht zu erheben, sei dann ein Irrweg gewesen, alle Opfer umsonst erbracht. Außerdem schürte er antienglische Ressentiments nach Kräften. Darüber hinaus machte Tirpitz immer wieder Scheinzugeständnisse an die politische Führung und erklärte sich zu Einschränkungen des Flottenbauprogramms bereit; diese waren aber immer, bei genauer Betrachtung, für England äußerst ungünstig oder sogar nur rein werfttechnisch bedingte Verlangsamungen des Bautempos.[7] Der Admiral behauptete, an dem gespannten deutsch-englischen Verhältnis sei nicht die für defensive Zwecke gebaute Flotte schuld, sondern ökonomische Rivalitäten, der englische „Handelsneid"[8]. Aber auch innerhalb des diplomatischen Apparates selbst gab es Stimmen, die es auch weiterhin für möglich hielten, irgendwann die britische Alleinherrschaft zur See zu brechen,[9] oder die dafür plädierten, die Engländer mit der Flottenrüstung politisch-diplomatisch wie bisher unter Druck zu setzen. Dies war beispielsweise die Argumentation des Geschäftsträgers an der Botschaft in London, Stumm. Im September 1908 wies er Bülow darauf hin, daß „die geradezu panische Angst, mit der ganz England das Anwachsen der deutschen Streitkräfte zur See beobachtet, die schweren finanziellen Lasten, die ihm der Grundsatz auferlegt, stets doppelt so stark gerüstet zu sein wie wir, die großen Verlegenheiten, die ihm bezüglich seiner Weltstellung die Notwendigkeit bereitet, beinahe seine gesamten Streitkräfte in der Nordsee zu immobilisieren, alles das sind Momente, die mir zu erweisen scheinen, ein wie wertvolles Atout wir in unserer Flottenpolitik England gegenüber in der Hand haben."[10] Diese Ansicht – von Tirpitz selbst der „Risiko-Gedanke"[11] genannt – hielt sich bis 1914 in der deutschen Diplomatie.[12]

---

6 Bülow an Stemrich, 30.9.1908, GP 26/1, Nr. 8937. Epkenhans, Flottenrüstung, S. 32.
7 Epkenhans, Flottenrüstung, S. 49.
8 Ebd., S. 38 f., mit dem Zitat der „Saturday Review" von 1897, die Tirpitz immer als Nachweis für den englischen „Handelsneid" diente.
9 Schoen in: Berckheim an Marschall, 22.9.1908, zitiert ebd., S. 36.
10 Stumm an Bülow, 8.9.1908, GP 24, Nr. 8244; Epkenhans, Flottenrüstung, S. 35.
11 Afflerbach, Falkenhayn, S. 166.
12 Beispiel: Jagow an Lichnowsky, 26.2.1914, GP 37/1, Nr. 14697: „Also seien Sie etwas optimisti-

Gebunden durch Tirpitz und eigene innere Zweifel, gelang es den deutschen Außenpolitikern weder jetzt noch in den Folgejahren, aus dieser äußerst schwierigen Situation zwischen den englischen Forderungen und denen des Admirals v. Tirpitz einen befriedigenden Ausweg zu finden und das deutsch-britische Wettrüsten zu beenden oder zumindest deutlich zu verlangsamen. Daß dadurch sowohl die internationale Situation des Deutschen Reiches als auch die Stabilität des Dreibunds massiv beeinträchtigt wurde, lag auf der Hand. Noch mehr als Bülow war seinem Nachfolger Bethmann Hollweg der Ausgleich mit Großbritannien ein zentrales Anliegen; er hielt ihn schon vor seinem Amtsantritt für die Hauptaufgabe der deutschen Außenpolitik.[13] Er versuchte in der Folgezeit, eine – allerdings unzureichende – Einschränkung der deutschen Flottenrüstung für das Versprechen englischer Neutralität im Fall des Kontinentalkrieges einzutauschen. Doch blieben diese Verhandlungen, die sich mit Unterbrechungen über Jahre hinzogen und in der „Haldane-Mission" im Frühjahr 1912 gipfelten, ohne dauernde Erfolge.[14] Der deutsch-britische Gegensatz ließ sich bis 1914 nicht in dem Umfang eingrenzen, der für das reibungslose Funktionieren des Dreibunds erforderlich gewesen wäre. Dafür waren aber auch die außerhalb des eigentlichen Spektrums der deutsch-britischen Beziehungen liegenden Probleme, etwa die anderweitigen Allianzverpflichtungen Großbritanniens, ausschlaggebend.

Es blieb Bülow erspart, den Machtkampf mit Tirpitz wirklich austragen zu müssen. Seine Stellung beim Kaiser war durch die „Daily Telegraph"-Affäre zerrüttet worden. Und als er dann im Juni 1909 bei der Behandlung der Reichsfinanzreform im Reichstag keine Mehrheit fand, da ihm die Konservativen die Zustimmung versagten, nutzte Wilhelm II. die Gelegenheit, um sich von seinem Kanzler zu trennen.

Doch wer sollte Bülow ersetzen? Zunächst war dessen erbitterter Widersacher Graf Monts im Gespräch; doch dann folgte man Bülows eigener Empfehlung und ernannte Theobald v. Bethmann Hollweg zum Kanzler.[15]

---

scher in Beurteilung unserer englischen Freunde. Ich möchte glauben, Sie sehen manchmal etwas zu schwarz, auch wenn Sie der Ansicht Ausdruck verleihen, im Kriegsfalle werde England auf alle Fälle an der Seite Frankreichs gegen uns zu finden sein. Wir haben doch nicht umsonst unsere Flotte gebaut, und man wird sich meiner Überzeugung nach im gegebenen Falle in England doch sehr ernstlich die Frage vorlegen, ob es denn ganz so einfach und ungefährlich ist, den Schutzengel Frankreichs gegen uns zu spielen."

13 Auch einen Ausgleich mit Rußland sah Bethmann, wie er am 27.12.1910 an Carl von Eisendecher schrieb, nur als Sprungbrett für eine Verständigung mit England, zitiert bei Mommsen, Großmachtpolitik, S. 211.

14 Zur Haldane-Mission: Albertini, Origins 1, S. 334–340; Epkenhans, Flottenrüstung, S. 113–137 (mit weiterer Literatur besonders auf S. 113 Fußnote 1); Hildebrand, Das vergangene Reich, S. 269–277; Mommsen, Großmachtpolitik, 228–239; Ritter, Staatskunst II, S. 223–238.

15 Bülow, Denkwürdigkeiten 2, zu Monts: S. 468–470, 511; zu Bethmann und möglichen anderen Nachfolgern: S. 511–516.

Bethmann Hollweg, aus einer Frankfurter Bankiersfamilie stammend, war weder Diplomat noch Militär; er kam aus der höheren Verwaltung und war zuvor Staatssekretär des Innern. Er wurde berufen, weil angesichts der komplizierten Finanzlage des Reiches nunmehr ein Verwaltungsfachmann benötigt wurde.[16] Ein solcher war Bethmann; hingegen war er mit außenpolitischen Fragestellungen bislang nicht in Berührung gekommen. In der neueren historischen Forschung wird praktisch durchgängig der Wechsel von Bülow zu Bethmann als deutliche Verbesserung in der deutschen Führung charakterisiert.[17] Dies liegt natürlich vor allem daran, daß Bülow mit seiner Weltpolitik Schiffbruch erlitten und sich die außenpolitische Lage des Deutschen Reiches in seiner Amtszeit deutlich verschlechtert hatte.[18] Das Deutsche Reich war isoliert und auf seinen Verbündeten Österreich-Ungarn in beunruhigender Weise angewiesen. Da Bülow das Deutsche Reich zur See- und Kolonialmacht, eben zur „Weltmacht" hatte erheben wollen, ging die daraus resultierende Entfremdung zu England zu einem Großteil auf sein Debetkonto. Das deutsch-englische Verhältnis war während seiner Amtszeit von relativ freundlicher Neutralität zu latenter Gegnerschaft geworden und heillos belastet durch den Flottenbau. Daraus resultierte wiederum ein schleichender Bedeutungsverlust der Bindung zu Italien. Frankreich und Rußland standen, nach der bosnischen Krise gedemütigt, fest zusammen. Bülows zahlreiche Versuche, das Verhältnis zu Rußland wieder auf ein Allianzniveau zu bringen, waren vergeblich gewesen. Bülow war für alle Fehler und Unterlassungen zwar der politisch Verantwortliche gewesen, hatte aber die politischen Konzepte nicht alle selbst entworfen. Das galt nicht nur für den Tirpitzschen Flottenbau, für den er die innen- wie außenpolitische Basis organisiert hatte, sondern auch für die eigentliche Sphäre der Diplomatie. In großen Krisen war er oft ins Schlepptau genommen worden; in der ersten Marokkokrise von Holstein, in der bosnischen Krise von Kiderlen. Die Beurteilung seiner Außenpolitik läuft auf eine Feststellung hinaus: Die Grundidee des Tandems Bülow-Holstein, daß sich das Deutsche Reich zwischen den antagonistischen Flügelmächten, zwischen dem russischen Bären und dem englischen Walfisch

---

16 So Wilhelm II. zu Bülow; Bülow, Denkwürdigkeiten 2, S. 511–12.
17 Mommsen, Großmachtpolitik, S. 205–208; Hildebrand, Das vergangene Reich, S. 249 f. Zu Bethmann: Konrad H. Jarausch: The Enigmatic Chancellor. Bethmann Hollweg and the Hybris of Imperial Germany, New Haven/London 1973; Eberhard v. Vietsch: Bethmann Hollweg. Staatsmann zwischen Macht und Ethos, Boppard 1969; Willibald Gutsche: Aufstieg und Fall eines kaiserlichen Reichskanzlers. Theobald von Bethmann Hollweg 1856–1921, Berlin 1973; Klaus Hildebrand: Bethmann Hollweg. Der Kanzler ohne Eigenschaften? Urteile der Geschichtsschreibung, Düsseldorf 1970; Fritz Fischer: Theobald von Bethmann Hollweg, in: Wilhelm v. Sternburg (Hrsg.): Die deutschen Kanzler. Von Bismarck bis Kohl, Frankfurt 1994, S. 87 ff., Günter Wollstein: Theobald von Bethmann Hollweg. Letzter Erbe Bismarcks, erstes Opfer der Dolchstoßlegende, Göttingen/Zürich 1995; Ullrich, Die nervöse Großmacht, S. 159 f.
18 Mommsen, Großmachtstellung, S. 205.

Die deutsche Außen- und Allianzpolitik in der Ära Bethmann Hollweg   673

politisch frei bewegen könne, hatte sich als grundlegend falsch erwiesen. Die Bilanz von Bülows Außenpolitik war demnach niederschmetternd.

Auf der anderen Seite ist die Bilanz von Bethmanns Amtszeit noch viel katastrophaler, denn er führte das Deutsche Reich in einen Weltkrieg, den es verlor. Vielleicht ist die deutlich positivere Bewertung Bethmann Hollwegs auf ein moralisches Urteil zurückzuführen. Bülow wird als intriganter Höfling gewertet, dem jeder große Zug abgegangen sei.[19] Hingegen wurden Bethmann, der bald im Reichstag wegen der Kant-Zitate in seiner Eröffnungsrede als der „Philosoph von Hohenfinow" bezeichnet wurde, immer seine angebliche oder tatsächliche Aufrichtigkeit und seine guten Absichten zugute gehalten.[20] Schon die Zeitgenossen sahen dies so; in England beispielsweise wurde Bethmann „für absolut ehrlich und sehr verständig (honest and sensible)" gehalten – „im Gegensatz zu seinem Vorgänger"[21]. Doch ist dieses Urteil, was die Außenpolitik angeht, wirklich berechtigt? Zweifellos trug Bülow an der schlechten außenpo-

---

19 Ein wesentliches Element der Bewertung sind auch seine posthum erschienenen, klatschsüchtigen und selbstgerechten Memoiren, mit denen er seinen Charakter unfreiwillig selbst enthüllte (Bernhard Fürst von Bülow: Denkwürdigkeiten. Hrsg. von Franz von Stockhammern. Erster Band: Vom Staatssekretariat bis zur Marokko-Krise, Berlin 1930. Zweiter Band: Von der Marokko-Krise bis zum Abschied, Berlin 1930. Dritter Band: Weltkrieg und Zusammenbruch, Berlin 1931. Vierter Band: Jugend- und Diplomatenjahre, Berlin 1931). Wilhelm II. sagte nach ihrer Veröffentlichung sehr treffend, Bülow sei der einzige Mensch, dem es gelungen sei, noch nach seinem Tode Selbstmord zu begehen. Die Bülow-Memoiren haben eine regelrechte Presseschlacht entfesselt. Dazu: Edgar von Schmidt-Pauli: Fürst Bülows Denk-Unwürdigkeiten. Ein Protest, Berlin 1931; Friedrich Frh. Hiller von Gaertringen: Fürst Bülows Denkwürdigkeiten. Untersuchungen zu ihrer Entstehungsgeschichte und ihrer Kritik, Tübingen 1956; Friedrich Thimme (Hrsg.): Front wider Bülow. Staatsmänner, Diplomaten und Forscher zu seinen Denkwürdigkeiten, München 1931. Nachwirkungen: Hull, Persönliches Regiment, S. 13, spricht von Bülows „erstaunlicher Verlogenheit"; Wehler, Gesellschaftsgeschichte 3, S. 1002, urteilt über Bülow: „Der geschmeidige Höfling erwies sich indes allenfalls als geschickter Taktierer, dem außer seiner grandiosen Selbstüberschätzung jeder große Zug abging." Weiterführend ist der Gedanke John Röhls, die einhellige Abneigung gegen Bülow und seine Memoiren sei in den dreißiger Jahren auch darauf zurückzuführen gewesen, daß Bülow schwere Vorwürfe an Bethmann und die deutsche Politik während der Julikrise 1914 erhoben und somit den damaligen Konsens in der Kriegsschuldfrage verlassen hatte.

20 Hildebrand, Das vergangene Reich, S. 254, charakterisiert Bethmann sogar als „lichte Gestalt"; sehr positive Sicht auch bei Mommsen, Großmachtpolitik, S. 207 f. Apologetische Prononcierung der Sicht des ethischen Bethmann bei Vietsch, Kanzler zwischen Macht und Ethos, passim. Schon Bülows Gegner verbreiteten diese Sicht, so schrieb Monts an Tschirschky am 28.1.1910: „Und das dumme deutsche Volk weint diesem Schwindler Tränen nach und verkennt ganz und gar den guten, ja trefflichen Kern seines Nachfolgers." In: Monts, Erinnerungen, S. 432.

21 Mensdorff an Aehrenthal, 17.3.1911, ÖUA III, Nr. 2486; Kurt Riezler, zuerst Vertrauter Bülows, dann Bethmanns, veröffentlichte unter dem Pseudonym Rüdorffer ein Buch „Grundzüge der Weltpolitik in der Gegenwart", in der er die Politik Bülows schwarz in schwarz malte und die Erfolge Bethmanns hell erstrahlen ließ. Dazu Bülow, Denkwürdigkeiten 3, S. 24 f. Sehr positive Bewertung Bethmanns auch bei Nicolson, Verschwörung der Diplomaten.

litischen Lage bei seiner Entlassung eine beträchtliche Mitschuld. Aber Bülow, ein klassischer Diplomat mit allen Vorzügen und Schwächen seines Berufs, hatte auch Verdienste; er glaubte an einen internationalen Konsens und suchte internationale Streitigkeiten nicht hin zum äußersten, zum Krieg, zu treiben. Als Holstein 1905/06 während der ersten Marokkokrise auf Kriegskurs gehen wollte, spielte Bülow nicht mehr mit und gab lieber den Franzosen nach. Von seinem Nachfolger unterschied ihn auch seine Einstellung zum Krieg. Zwar waren weder Bülow noch Bethmann fanatische Militaristen, die sich politische Konfliktlösungen nur in Form von Waffenentscheidungen vorstellen konnten. Und beide waren gleichermaßen von der Überzeugung durchdrungen, daß das Deutsche Reich eine möglichst starke Rüstung brauche, um sich in der Mitte Europas behaupten und diplomatisch durchsetzen zu können,[22] hofften aber doch, den Frieden erhalten und eine „Weltpolitik ohne Krieg" führen zu können. Und doch gab es einen entscheidenden Unterschied. Bethmann war nämlich ein hochgradiger Fatalist, der glaubte, daß Europa auf die vielbeschworene Entscheidung zwischen Slawen und Germanen zutriebe; der für die Zukunft so schwarz sah, daß er an seinem Gut Hohenfinow an der Oder keine Bäume mehr pflanzen wollte, weil bald ohnehin die Russen da seien;[23] der die zeitgenössischen Ideen vom Kampf der Rassen, in sich aufgenommen hatte,[24] während Bülow in diesem Punkt noch ein Außenpolitiker alten Stils war und durchaus nicht den Rassenendkampf, sondern allenfalls traditionelle Machtkonflikte voraussah und Warnungen vor einem großen Krieg als „ultrapessimistisch, flau machend, alarmistisch" kritisierte.[25] Vielleicht war, vom außenpolitischen

---

22 Mommsen, Großmachtstellung, S. 212.
23 Hildebrand, Das vergangene Reich, S. 258.
24 Viele Beispiele dieser Weltsicht in: Theobald von Bethmann Hollweg, Betrachtungen zum Weltkrieg, 2 Bände, Berlin 1919/21, 1, S. 118: „Dabei machte sich der elementare Gegensatz zwischen Slawentum und Germanentum doch stark geltend." Bethmann unterstellte der russischen Politik eine zielbewußte Vorbereitung des Weltkrieges zur Realisierung ihrer Konstantinopel- und panslawistischen Ziele. Dazu auch Ralf Forsbach: Alfred von Kiderlen-Wächter (1852–1912): Ein Diplomatenleben im Kaiserreich, 2 Bände, Göttingen 1997 (Schriftenreihe der Historischen Kommission bei der Bayerischen Akademie der Wissenschaften, 59), Band 2, S. 774, der diese Aussagen auf das Ausscheiden Kiderlens zurückführt: „Erst 1913 fand der Reichskanzler zu ideologiegeprägten Aussagen über den vermeintlichen Gegensatz von Slawen und Germanen."
25 Bülows Kommentar unter einen Artikel Schlieffens in der „Deutschen Revue" vom 1.1.1909, in der dieser die Möglichkeit eines Angriffs der Entente auf die Zweibundmächte beschrieben hatte. In: Angelow, Zweibund zwischen politischer Aufwertung und militärischer Abwertung, S. 58. Interessant in diesem Zusammenhang ist auch die Charakterisierung, die Giolitti in seinen Memoiren (Memorie, S. 154) von Bülow gibt: „Io ho del resto sempre avuta ed ho ancora la convinzione che il principe di Bülow sia stato costante e sinceissimo amico dell'Italia, pure mettendo sempre, come è naturale, in primissima linea gli interessi del suo paese ... L'impressione personale mia di lui è sempre stata di uomo intelligentissimo, che conosceva profondamente le situazioni ed i problemi della politica europea, e la cui mente era rivolta a mantenere la pace d'Europa, e non spingere alla guerra."

Standpunkt aus gesehen, der Wechsel deshalb sogar nachteilig, denn Bülow wäre, gerade weil er ein traditioneller Diplomat war, der glaubte, durch Verhandlungen und gegebenenfalls durch Nachgeben in sekundären Fragen alles regeln zu können, der zunehmenden Endzeitstimmung innerhalb von Teilen der deutschen Führungsschicht weniger erlegen als der Fatalist Bethmann, der in Alles-oder-nichts-Kategorien dachte.

Allerdings läßt sich, trotz dieses gravierenden Unterschieds, zwischen Bülow und Bethmann auch eine Gemeinsamkeit erkennen. Bethmann ließ sich nämlich ins Schlepptau zunächst Kiderlens, dann der Österreicher nehmen, genauso, wie Bülow es während der bosnischen Krise getan hatte.[26] Deshalb gab es trotz der so ungeheuer unterschiedlichen politischen Persönlichkeiten Bethmann Hollweg und Bülow eine gewisse Kontinuität in der deutschen Außenpolitik der nächsten Jahre.

> Es sei wiederum ein echtes Berliner procédé, was immer sie erreichen wollen, mit dem Maximum an Mitteln und voraussichtlichem Minimum an Erfolg durchzusetzen.
>
> Grey, am 5. Juli 1911

b) Nur „laue Unterstützung der Bundesgenossen": die zweite Marokkokrise

Bethmann Hollweg war in diplomatischen Dingen unerfahren und deshalb in seiner Außenpolitik auf erfahrene Berater angewiesen. Sein wichtigster wurde hier Kiderlen-Waechter, der im Juni 1910 endgültig als Staatssekretär ins Auswärtige Amt überwechselte. Kiderlen, 1852 in Stuttgart geboren, hatte

---

[26] Holstein an Bülow, 24.6.1899, in: Holstein, Geheime Papiere 4, Nr. 689, begründete ein Rücktrittsgesuch damit, daß er nicht mehr sicher sei, „daß Sie in einer schwierigen Lage durchhalten würden. Man vereinbart einen Plan, man beginnt mit der Ausführung, aber wenn der Gegendruck sich nach und nach fühlbarer macht, zeigen Sie plötzlich Neigung zur Hinfälligkeit – ich möchte es politische Seekrankheit nennen ... Die Neigung zum Umfallen ist bei Ihnen besonders nach der russischen Seite hin bemerkbar, sogar eigentlich nur da." Monts an Tschirschky, 28.1.1910: „Aber er [Bülow] ist um Jahre zu spät beseitigt worden. Schon daß er den trotz aller Tüchtigkeit und Geistesschärfe doch halbverrückten Holstein so unumschränkt schalten ließ. Aber das war ein Mann mit Willen, während ce cher Bernhard nur ein Intrigant war und ein Opportunist gewöhnlicher Art." In: Monts, Erinnerungen, S. 431. Tschirschky an Monts, 28.3.1906, ebenda, S. 441: „Ein Staatsmann ist er [Bülow] leider nicht und besonders kein ‚leitender'." Ebenda, S. 193 schrieb Monts, daß Holsteins „starker Wille den hin- und herschwankenden staatsmännischen Schwachmatikus dauernd in den meist falschen Bahnen seiner Aktenweisheit festhielt". Viele weitere Angaben, aus denen die Abhängigkeit Bülows von seinen Mitarbeitern hervorgeht, ebenda im Briefwechsel Monts–Tschirschky.

seine Lehrjahre noch in der Zeit des „eisernen Kanzlers" gemacht und später dann eng mit Holstein zusammengearbeitet.[27] Ebenso wie dieser neigte Kiderlen zu außenpolitischen Alleingängen. Seine Diplomatie verfolgte drei große Ziele: nämlich die Bewahrung des europäischen Friedens,[28] den Schutz der deutschen Orientinteressen und den Aufbau eines deutschen Kolonialimperiums in Mittelafrika.[29] Kiderlen war ein unbedingter Befürworter des Dreibunds, der für ihn im Mittelpunkt der deutschen Sicherheitspolitik stand und damit auch notwendiges Fundament jeder „Weltpolitik" war. Mit Bethmann stimmte er darin überein, daß ein Ausgleich mit Großbritannien gesucht werden müsse, das er wieder an den Dreibund heranziehen und diesen damit kräftigen wollte. Kiderlen hatte gegen Tirpitz eine starke Abneigung[30] und suchte den Flottenbau langfristig einzudämmen. Für den Augenblick befürwortete er eine allmähliche Annäherung an Großbritannien, die über kleine Fragen und Zugeständnisse eine Verbesserung des Klimas erreichen und sich allmählich den großen Streitpunkten nähern sollte. Bethmann wollte hingegen gleich zum Kern kommen: Einschränkung des Flottenbaus gegen eine britische Neutralitätserklärung – ein angesichts der britischen Bündnisverpflichtungen und des Tirpitzschen Widerstandes utopisches Programm. Kiderlen war in diesem Punkt realistischer. Er war darüber hinaus auch ein Politiker, der an dem Ziel deutscher Weltmacht festhielt und auch auf koloniale Erwerbung aus war. Auf diese Motive war auch die Neuauflage der Marokkokrise zurückzuführen, die er 1911 in Szene setzte.[31]

Eigentlich war die Marokkofrage mit dem deutsch-französischen Abkommen von 1909 abgeschlossen worden. Doch es hatte sich erneut Zündstoff angehäuft. Neben wirtschaftlichen Streitigkeiten wie zum Beispiel den Schürfrechten der Brüder Mannesmann, die in Marokko ihre privaten Interessen durchzusetzen und dafür auch die Alldeutschen und die Nationalliberalen einzuspannen suchten, entstanden Spannungen vor allem durch die schleichende „Tunifizierung" Marokkos durch die Franzosen, die das Land schrittweise in eine französische Kolonie verwandelten. Im Februar 1911 stellte der deutsche Generalkonsul in Casablanca bereits fest, man könne sich des Eindrucks nicht mehr verschließen, in einer rein französischen Kolonie zu le-

---

27 Zu Kiderlen: Forsbach, Kiderlen; Ernst Jäckh (Hrsg.): Kiderlen-Wächter, der Staatsmann und Mensch. Briefwechsel und Nachlaß, 2 Bände, Berlin/Leipzig 1924.
28 Nicolson, Verschwörung, S. 416, schreibt, Kiderlen habe „den Krieg im allgemeinen" gehaßt.
29 Dazu Forsbach, Kiderlen 2, S. 775.
30 Nicolson, Verschwörung, S. 416.
31 Zur Agadirkrise: Emily Oncken: Panthersprung nach Agadir. Die deutsche Politik während der Zweiten Marokkokrise 1911, Düsseldorf 1981; Jean-Claude Allain: Agadir 1911. Une crise impérialiste en Europe pour la conquête du Maroc, Paris 1976 (Publications de la Sorbonne, Série internationale, Band 7).

ben.³² Ein Aufstand einheimischer Stämme gegen den französenhörigen Sultan gab den Franzosen schließlich den ersehnten Vorwand, im Mai 1911 Truppen nach Fez zu entsenden – was einen klaren Bruch der Bestimmungen von Algeciras darstellte. Wenig später, nämlich am 8. Juni 1911, rückten die Spanier in Laraiche und El Kasr ein, um sich noch rechtzeitig ihren Anteil zu sichern.³³ Es sah zunehmend so aus, daß Marokko zwischen Franzosen und Spaniern aufgeteilt würde – unter Bruch der Algeciras-Akte. Eine ähnliche Situation wie vor der ersten Marokkokrise war heraufgezogen: Die französischen Aktionen waren, wie auch die englischen Diplomaten zugeben mußten, ein klarer Verstoß gegen internationales Recht.³⁴ Rein formal war also der deutsche Protest in Paris berechtigt; dieser verhallte jedoch ergebnislos, da sich die Franzosen hinter dem Argument verschanzten, nur die Europäer in Fez vor den Aufrührern schützen und danach die Truppen wieder zurückziehen zu wollen. Daß dies geschehen würde, glaubte indes niemand. Deshalb entwarf ein Beamter des Auswärtigen Amtes den Plan, doch Gleiches mit Gleichem zu vergelten. Zwar war es nicht möglich, es den Franzosen buchstäblich gleichzutun und deutsche Landtruppen nach Marokko zu bringen, aber es könnte doch ein deutsches Kriegsschiff in einem Hafen, etwa Agadir oder Mogador, landen, ebenfalls unter dem Vorwand, deutsche Staatsbürger vor aufrührerischen Einheimischen schützen zu müssen, und so lange dort bleiben, bis die Franzosen sich bequemten, eine Kompensation für ihr eigenmächtiges Vorgehen in Marokko zu zahlen. Kiderlen, dessen an Dringlichkeit zunehmende Ermahnungen in Paris ohne Ergebnis geblieben waren, griff diesen Plan auf. Anders als Holstein während der ersten Marokkokrise wollte er nicht die Freiheit des nordafrikanischen Landes retten, sondern in Marokko ein Faustpfand besetzen und dieses erst dann wieder freigeben, wenn die Franzosen eine koloniale Kompensation herausrückten. Er dachte dabei vorzugsweise an den Französisch-Kongo, der den Anschluß Deutsch-Kameruns an den Belgisch-Kongo herstellen und im Fall des Erlöschens des belgischen Kolonialreiches die Möglichkeit zu dessen Annektierung schaffen sollte. Das Endziel war, die verstreuten afrikanischen Kolonien zu einem zusammenhängenden mächtigen „Mittelafrika" zusammenschmieden zu können. Er sah hier auch die letzte Gelegenheit zu einer kolonialen Erwerbung in Afrika ohne Krieg.³⁵ Nur ersatzweise dachte Kiderlen auch an den Erwerb eines Stücks Südmarokko; doch wäre dies auf den energischen Widerstand des Kaisers gestoßen und hätte auch die Beziehungen zu England belastet. Neben diesen materiellen Interessen verfocht Kiderlen auch eine Prestigepolitik: Erneut

---

32 Dazu Mommsen, Großmachtpolitik, S. 213–216; Zitat S. 215.
33 Telegramm Szögyénys, 1.7.1911, ÖUA III, Nr. 2550.
34 Mommsen, Großmachtpolitik, S. 217.
35 Zitiert bei Hildebrand, Das vergangene Reich, S. 261.

setzten sich die Franzosen über vertragliches Recht hinweg, ohne das Deutsche Reich zu befragen; nun sollte ihnen aus grundsätzlichen Erwägungen heraus gezeigt werden, daß die deutsche Führung sich das nicht gefallen ließ, und damit wäre dann auch die Scharte von Algeciras ausgewetzt. Dies war auch die Parallele zur ersten Marokkokrise: Die Franzosen sollten begreifen, daß sie ohne deutsche Zustimmung keine Erfolge zu erzielen vermochten und daß es nicht reichte, die englische Einwilligung zum kolonialen Erwerb zu haben. Großbritannien war schließlich nicht der Welteigentümer und das Deutsche Reich müsse auch gefragt werden. Damit richtete sich die Marokkoaktion indirekt auch gegen Großbritannien und wurde zum Testfall für die Stabilität der französisch-englischen Entente. Was Kiderlen anschließend vorhatte, ob er nach Lösung der marokkanischen Frage vorzugsweise die Beziehungen zu England oder zu Frankreich oder zu beiden gleichzeitig verbessern wollte, muß offenbleiben.

Ein großer Unterschied zur ersten Marokkokrise war, daß Kiderlen diesmal eine exklusiv bilaterale Verhandlung mit Frankreich und keinesfalls eine Internationalisierung der Frage oder gar einen neuen Kongreß anstrebte. Die anderen Mächte, auch die Verbündeten, wurden über die Aktion nicht informiert, und auch nicht England. Dies sah Kiderlen als nicht sehr schwerwiegend an; sein Unterstaatssekretär Zimmermann vertraute dem österreichischen Botschafter die reichlich optimistische Einschätzung an, „daß sich die englische Regierung mit den Tatsachen abfinden würde"[36].

In der innenpolitischen Vorbereitung der Aktion griff Kiderlen zu einem gefährlichen Mittel: zur Aufpeitschung der öffentlichen Meinung.[37] Kiderlen wollte die Franzosen darauf verweisen können, daß die deutsche Öffentlichkeit massiv nach einer Kompensation verlange, um so den Druck auf Frankreich zu erhöhen und sich selbst als den Getriebenen hinstellen zu können. Auf Betreiben des Auswärtigen Amtes ersuchten elf deutsche Firmen um Schutz ihrer wirtschaftlichen Interessen in Marokko, unter ihnen waren nicht die Mannesmann-Brüder, da es hier um einen Vorwand zur Entsendung von Kriegsschiffen, nicht aber um die tatsächlich beabsichtigte Inbesitznahme Marokkos ging. Kiderlen schwor die regierungstreue Presse auf Marokko ein: die Besetzung von Fez sei eine Verletzung des Vertrags von Algeciras und die

---

36 Telegramm Szögyénys, 1.7.1911, ÖUA III, Nr. 2550.
37 Siehe Thomas Meyer: Endlich eine Tat, eine befreiende Tat ... Alfred von Kiderlen-Wächters „Panthersprung nach Agadir" unter dem Druck der öffentlichen Meinung, Husum 1996. Die an sich informative und gut recherchierte Arbeit leidet darunter, daß sie die Agadir-Krise mehr, als gut ist, als Symbol gesellschaftlicher und politischer Entwicklungen deutet. Meyer versucht, in Anlehnung an entsprechende Theorien Wolfgang J. Mommsens die Agadir-Krise als Symptom für die „Divergenz zwischen der gesellschaftlichen Verfaßtheit und der politischen Verfassung" (S. 308) und als direkten Ausgangspunkt für die Julikrise 1914 zu deuten (S. 310, letzteres in beträchtlicher Verkürzung der tatsächlichen Zusammenhänge).

Zukunft Marokkos damit von neuem offen. Er schreckte nicht einmal davor zurück, mit dem Vorsitzenden des Alldeutschen Verbandes, Claß, Verbindung aufzunehmen – ein Kontakt, der für Kiderlen noch außerordentlich unbequem werden sollte. Gleichzeitig schuf das Auswärtige Amt Gründe zur Intervention, die indes eine Farce waren; ein vereinzelter deutscher Staatsbürger wurde nach Agadir in Marsch gesetzt, um dort den Schutz des Reiches in Anspruch nehmen zu können.

Am 1. Juli 1911 landete das deutsche Kanonenboot „Panther" in Agadir, angeblich zum Schutz der dort lebenden deutschen Staatsbürger; „der bedrohte Deutsche", wie er spöttisch genannt wurde, war zu dem Zeitpunkt aber noch gar nicht eingetroffen. Doch um realen Schutz deutscher Interessen ging es ja ohnehin nicht. Die bürgerliche Presse war begeistert und empfand dies als Befreiungsschlag, als Ausbruch aus einer immobilen Außenpolitik. Die „Kreuz-Zeitung" schrieb am 3. Juli 1911 in ihrem Leitartikel, es beginne „ein Alpdruck resignierten Mißbehagens vor dem Strahl der Morgensonne zu weichen", und der „Berliner Börsen-Curier" begrüßte die Aktion mit einem „Endlich!" Der Alldeutsche Verband tat das Seine, die Aufregung zu vergrößern: Heinrich Claß veröffentlichte die Schrift „Westmarokko deutsch". Doch das Ganze lief in eine von Kiderlen nicht gewünschte Richtung. Denn in der deutschen Öffentlichkeit entstand der falsche Eindruck, es gehe bei dieser Aktion um einen Teil Marokkos, den Deutschland für sich reklamiere. Und es wurde bei der zunehmenden Versteifung der Presse auf marokkanische Besitztümer immer schwieriger, hinterher das eigentliche Ziel – den Kongo – anzusteuern, ohne daß dieser für einen bloßen Trostpreis und eine notdürftig getarnte Kapitulation vor französischer Entschlossenheit angesehen würde.

Die deutsche Diplomatie hatte sich auf das gewagte Erpressungsmanöver eingelassen, ohne ihre Verbündeten vorab in ihre Pläne einzuweihen. Tatsächlich hatte sogar Bethmann Hollweg selbst Probleme, von dem selbstherrlichen Kiderlen zu erfahren, worauf dieser eigentlich hinauswollte; sein Sekretär Riezler notierte den bezeichnenden und entlarvenden Satz des Kanzlers, er wolle Kiderlen feste zu trinken geben, damit er endlich sage, was er eigentlich wolle.[38] Vor diesem Hintergrund ist es nicht überraschend, daß auch die Verbündeten erst gleichzeitig mit allen anderen Mächten über den „Panthersprung" informiert wurden[39] und sich aus der Zeitung informieren mußten. Allerdings waren sie auch nicht unglücklich darüber, daß die deutsche Diplomatie sie mit dieser Sache verschont hatte. Aehrenthal schrieb beispielsweise am 13. Juli 1911, er habe „keine Kenntnis über die eigentlichen Intentionen des Berliner Kabinettes und lege auch keinen allzu großen Wert darauf, dieselben schon

---

38 Kurt Riezler: Tagbücher, Aufsätze, Dokumente. Eingeleitet und hrsg. von Karl Dietrich Erdmann, Göttingen 1972, S. 178 f.
39 Aehrenthal an Khuen, 12.7.1911, ÖUA III, Nr. 2562.

jetzt zu kennen"[40]. Er behandelte die Angelegenheit als deutsche Prestigefrage und bewahrte selbst eine „reservierte Haltung". Zu seinem Bewunderer Redlich sagte Aehrenthal: „Wir halten den Deutschen treueste Wacht im Osten und werden immer treu unsere Bundespflicht erfüllen, aber nach Agadir kann ich Kiderlen nicht folgen."[41] Seine Zurückhaltung war zu einem Teil auch die Revanche für die deutsch-russischen Absprachen in Potsdam und die erklärte deutsche Absicht, Österreich-Ungarn bei aggressiven Plänen auf dem Balkan oder gegen Rußland nicht zu stützen.[42] Ebenso wie Aehrenthal war auch die breite Mehrheit der österreichischen öffentlichen Meinung nicht bereit, sich für die marokkanische Angelegenheit zu engagieren. Der ungarische Ministerpräsident Graf Khuen sagte in Beantwortung einer Anfrage am 5. Juli 1911 in der ungarischen Delegation, „die marokkanische Frage liege abseits von jenen Fragen, auf welche sich das Bundesverhältnis zu Deutschland beziehe". Die deutsche Diplomatie war getroffen; war dies der Dank für die „Nibelungentreue" während der bosnischen Krise? Kiderlen protestierte gegenüber dem österreichischen Botschafter, da diese Äußerung Khuens die österreichisch-ungarische Presse beeinflußt habe, was „in einer nunmehr recht lauen Unterstützung des Bundesgenossen zum Ausdruck komme. Gegen die Worte des Grafen Khuen-Hederváry lasse sich sachlich absolut nichts einwenden, aber gerade im gegenwärtigen Augenblicke gesprochen hätten sie seinem sentiment wehegetan. Bedauerlicherweise hätten sie auch zur Folge gehabt, dass die Triple-entente sie möglichst unterstreiche und daraus Kapital zu schlagen suche."[43] Aehrenthal reagierte auf diesen Einwand Kiderlens gereizt; er beklagte Kiderlens übergroße Sensibilität, verwies auf das für Österreich wenig schmeichelhafte deutsche Presseecho nach der Potsdamer Entrevue und verbat sich für die Zukunft „nörgelnde Bemerkungen, die durch nichts begründet sind"[44]. Allerdings stieß Aehrenthals Haltung innerhalb der österreichischen Führungsschicht auch auf Kritik; Thronfolger Franz Ferdinand war mit dieser antideutschen Linie absolut nicht einverstanden und wandelte sich auch deshalb immer mehr zum entschiedenen und unversöhnlichen Gegner des Außenministers.

Die italienische Haltung zur Agadir-Krise war scheinbar unverbindlich neutral, das Presseecho für Deutschland vergleichsweise freundlich. Aber sowohl in der Presse[45] als auch in den Kreisen der Regierung wurden weitreichende Konsequenzen aus dem Marokkozwischenfall gezogen, die später noch ausführlich zu erörtern sind.

---

40 Erlaß Aehrenthals, 13.7.1911, ÖUA III, Nr. 2564.
41 Redlich, Tagebuch 1, 7.8.1911; Maria Breuer, Die Entwicklung des Dreibundverhältnisses von 1908–1913, Diss. Wien 1950, S. 54.
42 Aehrenthal an Szögyény, 4.7.1911, ÖUA III, Nr. 2554; Redlich, Tagebuch 1, 20.7.1911; 7.8.1911.
43 Telegramm Szögyénys, 11.7.1911, ÖUA III, Nr. 2560.
44 Erlaß Aehrenthals, 14.7.1911, ÖUA III, Nr. 2565.
45 Singer, Dreibund, S. 219.

Es bleibt festzuhalten, daß der „Panthersprung" bei den europäischen Kabinetten und der Öffentlichkeit der Großmächte mehrheitlich auf Befremden und Ablehnung stieß. Von entscheidender Bedeutung war natürlich, wie Frankreich auf die deutsche Provokation reagierte. Dies lief jedoch anders, als von Kiderlen erhofft. Denn die französische Diplomatie hatte zwar einen einwandfreien Bruch der Akte von Algeciras zu verantworten. Aber gleichzeitig konnte sie auf eine Fülle bilateraler Verabredungen zurückgreifen, die ihr in Marokko freie Hand garantierten. England und Italien hatten der französischen Regierung Marokko im Gegenzug für die Überlassung anderer Einflußzonen fest zugesagt. Die marokkanische Regierung war eine französische Marionette, ein Kollaborationsregime,[46] das seine Existenz dem französischen Militär verdankte. Und das ebenfalls in Marokko ausgreifende Spanien war zwar ein mißtrauisch beobachteter kolonialer Mitbewerber,[47] aber gleichzeitig auch ein imperialistischer Komplize. Von Rußland waren keine Proteste gegen das Vorgehen seines Alliierten zu erwarten. Und schließlich gab es auch mit dem Deutschen Reich Verträge, die indes alle auf der Akte von Algeciras basierten.[48] Insgesamt bleibt festzustellen, daß das Deutsche Reich auf keine internationale Unterstützung in dieser Angelegenheit rechnen konnte und auch keine anstrebte.

Zur internationalen Verstimmung über den „Panthersprung" trug wesentlich bei, daß die wahren deutschen Motive überall unbekannt waren. Es wurde gemutmaßt, das Ziel sei die Sicherung der „open door", der wirtschaftlichen Freiheit in Marokko, oder aber die Rettung der Reste der Algeciras-Akte. Dann wurde angenommen, daß Deutschland die Tunifizierung des Landes verhindern wolle, vielleicht aus der Angst heraus, daß Frankreich „schwarze Hilfstruppen" schaffen würde, die auch bei einem Kontinentalkrieg Verwendung finden könnten.[49] Dann wurde geglaubt, das deutsche Ziel sei ein Besitz in Marokko selbst. Schließlich wurde auch der tatsächliche Wunsch nach einer Kompensation hinter dem „Panthersprung" vermutet, zumal sich Kiderlen gegenüber dem Botschafter Cambon in dieser Richtung geäußert hatte. Doch was auch immer die deutschen Motive sein mochten, die französische Bereitschaft nachzugeben war äußerst gering – was wesentlich auf die Haltung des englischen Verbündeten zurückzuführen war.

---

46 Dazu Mommsen, Großmachtstellung, S. 216.
47 Von starker Verstimmung der französischen Öffentlichkeit gegen Spanien berichtet Szécsen aus Paris, 16.7.1911, ÖUA III, Nr. 2566.
48 Bericht Szécsens, 8.7.1911, ÖUA III, Nr. 2559.
49 Ebd. Siehe dazu auch: Gregory Martin: German and French Perceptions of the French North and West African Contingents, 1910–1918, in: Militärgeschichtliche Mitteilungen, 56 (1997), S. 31–68.

Das englische Kabinett fand trotz heftiger interner Kritik an dem „dummen und unehrlichen" französischen Verhalten[50] die deutsche Vorgehensweise in Marokko „unerklärlich". Schließlich seien die englischen Handelsinteressen in Marokko viermal größer als die deutschen, und England habe nicht gegen das französische Vorgehen protestiert. Sir Edward Grey und sein Sekretät Tyrrell beklagten sich über diesen Schritt um so mehr, „nachdem deutscher Reichskanzler und andere massgebende deutsche Persönlichkeiten erst vor kurzem erklärten, Marokko werde zu keinen Friktionen führen! ... Es sei wiederum ein echtes Berliner procédé, was immer sie erreichen wollen, mit dem Maximum an Mitteln und voraussichtlichem Minimum an Erfolg durchzusetzen."[51] Kabinett wie Öffentlichkeit waren erregt.[52] Dabei war in der britischen Presse das deutsche Vorgehen zunächst relativ ruhig aufgenommen worden, da die französischen Aktionen in Marokko auf wenig Sympathie stießen.[53] Doch dann wuchs die Erregung, als die deutschen Forderungen bekannt wurden. Außerdem wurde befürchtet, Deutschland wolle eine gegen England gerichtete Flottenbasis in Marokko schaffen und Agadir zum Kriegshafen ausbauen.[54] Obwohl Analysen des britischen Admiralstabs nachwiesen, daß ein marokkanischer Stützpunkt für die deutsche Flotte eine ungeheure strategische Schwächung bedeuten würde und deshalb wenig wahrscheinlich sei,[55] blieben die Besorgnisse bestehen. Hinzu kam auch noch die Befürchtung, die Deutschen würden die Affäre zum Krieg eskalieren lassen, und ebenso die Sorge, von ihren französischen Verbündeten als unverläßlich eingestuft zu werden; auch wurde die Aussicht auf eine bilaterale deutsch-französische Einigung mit Sorge betrachtet.[56] Daraus entstand der Gedanke, Deutschen und Franzosen unzweideutig mitzuteilen, daß England in einem Konfliktfall an der Seite Frankreichs zu finden sein würde. Der als deutschfreundlich bekannte Schatzkanzler David Lloyd George kam auf die Idee, in einer Rede im „Mansion-House" am 21. Juli 1911 verklausuliert, aber trotzdem unmißverständlich eine Warnung zu formulieren und Berlin zu verstehen zu geben, daß England den Franzosen in einem Kriegsfall beispringen werde. Diese Rede war im Ministerrat aufgesetzt worden und entsprach den Ansichten der britischen Regierung. Seine Rede schlug in Deutschland tatsächlich wie eine Bombe ein und sorgte für einen neuen Gipfel antibritischer Gefühle.[57]

---

50 Gade, Gleichgewichtspolitik, S. 88, zitiert Tyrrell.
51 Telegramm Mensdorffs, 5.7.1911, ÖUA III, Nr. 2555.
52 Telegramm Mensdorffs, 6.7.1911, ÖUA III, Nr. 2557.
53 Meyer, Endlich eine Tat, S. 230.
54 Telegramm Szögyénys, 27.7.1911, ÖUA III, Nr. 2572.
55 Massie, Schalen des Zorns, S. 605 f.
56 Zu der britischen Politik in der Agadirkrise kurz, aber grundlegend: Gade, Gleichgewichtspolitik, S. 81–101.
57 Zur Rede selbst: Richard A. Cosgrove: A Note on Lloyd George's Speech at the Mansion House,

Die Lösung der Marokkokrise wurde durch Lloyd Georges Intervention allerdings ungeheuer erschwert. Weil Prestigegesichtspunkte nun noch mehr als zuvor eine unheilvolle Rolle spielten, noch dazu das Zurückweichen vor Drohungen als ehrlos galt, wurde die Situation gefährlich. Die französische Diplomatie wurde im Bewußtsein britischer Unterstützung nach der Lloyd-George-Rede vollkommen „intraitable"⁵⁸ und setzte ihre Hoffnungen ganz auf ein deutsches Einlenken. Ein wesentlicher Teil in ihrem Spiel war die bekannte Abneigung Wilhelms II., wegen Marokko irgendwelche europäischen Verwicklungen zu riskieren. Er hatte auch gegen den „Panthersprung" bereits protestiert, seine Bedenken dann aber aufgrund der entschlossenen Haltung Kiderlens und Bethmann Hollwegs wieder aufgegeben und war danach auf Nordlandreise gegangen. Nach Ansicht des österreichischen Botschafters in Berlin, Szögyéni, setzte man „französischerseits grosse Hoffnung auf die Rückkehr Kaiser Wilhelms, von dem man größere Nachgiebigkeit erwarten zu können glaubt. Staatssekretär sagte mir: ‚Wir dürfen jetzt nicht nachgeben' und meinte, der nächste Samstag, an dem er nach Swinemünde zu Seiner Majestät befohlen ist, werde für ihn ein entscheidender Tag werden."⁵⁹ Kiderlen war, auch darin Holstein während der ersten Marokkokrise ähnlich, fest entschlossen, in dieser Krise hart zu bleiben und diese Prestigefrage notfalls bis zum Krieg eskalieren zu lassen. „Unser Ansehen ist heruntergewirtschaftet, im äußersten Falle müssen wir fechten"⁶⁰, klagte er. Hinzu kam der Zwang, der aufgebrachten deutschen Öffentlichkeit respektable Kompensationen präsentieren zu können. Kiderlen wollte „für unseren Rückzug aus Marokko …[ein] Äquivalent, das ein Staatsmann vor dem deutschen Volke verteidigen könnte … Wir müssen den ganzen französischen Kongo haben – es ist die letzte Gelegenheit, ohne zu fechten, etwas Brauchbares in Afrika zu erhalten"⁶¹. Aus diesen Gründen übte Kiderlen äußersten Druck auf Wilhelm II. aus. Und nur seine Rücktrittsdrohung, der Bethmann seine eigene anschloß, konnte den Kaiser bewegen, den weiteren Kurs in der marokkanischen Angelegenheit zu stützen. Diese Meinungsverschiedenheiten gelangten ab Anfang August auch in die Öffentlichkeit. Wilhelm II. wurde beschuldigt, durch seine Nachgiebigkeit jede erfolgreiche Drohpolitik unmöglich zu machen und den Franzosen gegenüber zu nachgiebig zu sein.⁶²

Historical Journal 10 (1969), S. 698 ff. Zur Wirkung der Rede in Deutschland: Mommsen, Großmachtstellung, S. 223; Meyer, Endlich eine Tat, S. 230–234.; zeitgenössische Interpretation: Telegramm Mensdorffs, 24.7.1911, ÖUA III, Nr. 2570.
58 Telegramm Szögyénys, 27.7.1911, ÖUA III, Nr. 2572.
59 Ebd.
60 Mommsen, Großmachtstellung, S. 222.
61 Ebd., S. 221.
62 Zuerst in der „National-Zeitung" vom 3.8.1911. Zu weiteren Kommentaren siehe Afflerbach, Falkenhayn, S. 76.

Die Stimmung in der europäischen Öffentlichkeit war im Sommer 1911 nervös. Es kam zu wirklicher Kriegspanik mit Kursstürzen an den Börsen. Indes gelangten viele Beobachter des Geschehens zu der nicht unberechtigten Ansicht, daß sich in Wahrheit beide Parteien auszubluffen versuchten, um möglichst viel herauszuschlagen, und dabei auch vor der Drohung mit Krieg nicht zurückschreckten, ohne ihn aber tatsächlich anzusteuern.[63] Und so war es auch. Die deutsche und französische Diplomatie hatten sich festgeblufft, und nun hemmten Prestigerücksichten, die Aufgeregtheit der öffentlichen Meinung und wechselseitige Sturheit jede Lösung. In Paris wirkte aber auch die russische Diplomatie bremsend, ebenso wie in Berlin das Desinteresse der Bundesgenossen zusätzlich abkühlend wirkte. Iswolsky, inzwischen Botschafter in der französischen Hauptstadt, gab seinen französischen Gesprächspartnern zu verstehen, Rußland stehe treu zu seiner Allianz, aber diese sei defensiver Natur und Marokko kein Bündnisfall.[64] Erneut zeigte sich hier die Bremswirkung der kontinentaleuropäischen Allianzen, die sich nicht für offensive Belange gebrauchen ließen. Erst nach langen und mühsamen Verhandlungen gelang es, einen Ausweg aus der Krise zu finden. Am 4. November 1911 wurde ein deutsch-französischer Vertrag unterzeichnet, der die Krise beilegte. Die Franzosen gaben ein Stück Kongo heraus, das aber durch Grenzkorrekturen in Togo bezahlt werden mußte; sie erhielten dafür Handlungsfreiheit in Marokko, das damit als internationales Problem endlich aus der Welt geschafft war.

Trotz des friedlichen Ausgangs waren die internationalen Folgen der zweiten Marokkokrise sehr nachteilig für das europäische Staatensystem. Es kam zu einer Verhärtung der Fronten zwischen dem Deutschen Reich einerseits und England und Frankreich andererseits und in allen drei Ländern zu jener gespannten Atmosphäre, die später, in Kenntnis der Abläufe, als „Vorkriegsstimmung" bezeichnet wurde. In Teilen der politischen und militärischen Führungsschicht und der Öffentlichkeit sowie in radikalen militärischen und nationalistischen Agitationsverbänden wurde die fatale Ansicht geäußert, ein kriegerischer Austrag der Differenzen zwischen den Großmächten sei „un-

---

63 Afflerbach, Falkenhayn, S. 77, mit dem Zitat eines Falkenhayn-Briefes an Arlabosse vom 27.10.1911, in der er die zweite Marokkokrise als wechselseitigen „bluff" deutet. Zum Problem des „Bluffs" in der Politik schrieb Kiderlen selbst im Zusammenhang mit den Balkankriegen: „Das kennen Sie doch! Bluff, alles Bluff! Ich erlebe das nun zum dritten Male: Algeciras, Marokko und jetzt. Nur, jetzt versucht immer einer den andern im Bluffen zu übertrumpfen! Krieg gäbe es nur, wenn einer so mordsdämlich wäre, sich so zu verbluffen, daß er nicht mehr zurück kann und schießen muß. Für einen solchen Ochsen halte ich aber keinen der jetzt in Frage kommenden Staatsmänner!" Zeitungsausschnitt vom 11.1.1913, zitiert bei Forsbach, Kiderlen 2, S. 773.
64 Albertini, Origins 1, S. 369–70, verweist auch darauf, daß sich Iswolsky damit für die Haltung rächte, die Frankreich 1909 während der Bosnischen Krise eingenommen hatte.

vermeidlich"[65]. Im Reichstag wurden im Herbst 1911 ungeheuer scharfe antienglische Reden gehalten, wobei die Stimmung durch den bevorstehenden Wahlkampf ohnehin sehr aufgeladen war. Der konservative Abgeordnete Heydebrand bezeichnete die Briten als den „Feind" des deutschen Volkes.[66] In Frankreich kam es ebenfalls zu einer nationalistischen Verhärtung, da hier die Konzession im Kongo den scharfen Widerstand der Nationalisten fand und als schwächliche Nachgiebigkeit angesehen wurde. Die deutsche Politik wurde, bis in das Lager der politischen Linken hinein, als erpresserisch und aggressiv empfunden.[67] Für die Stimmung im Lande war bezeichnend, daß mit Raymund Poincaré im Januar 1912 ein konservativer Republikaner und schroffer Nationalist die Regierung übernahm und im Januar 1913 sogar zum französischen Präsidenten gewählt wurde. Poincaré stammte aus Lothringen und war fixiert auf 1870/71; er war Rechtsberater des Rüstungskonzerns Schneider-Creuzot und anders als seine friedfertigeren Vorgänger Rouvier und Caillaux fest entschlossen, mit Deutschland nur noch von gleich zu gleich zu reden und sich nicht mehr einschüchtern zu lassen.[68]

Die Marokkokrise hatte Auswirkungen nicht nur auf die politische, sondern auch auf die militärische Lage in Europa. Der englische und französische Generalstab begannen, einen gemeinsamen Operationsplan gegen das Deutsche Reich zu entwerfen.[69] Und ein Jahr später wurde die englische Mittelmeerflotte teilweise in die Nordsee und zum Ausgleich dafür die französische Kanalflotte ins Mittelmeer entsandt.[70] Durch diese Kooperation wurde es faktisch unmöglich oder zumindest sehr schwer vorstellbar, daß einer der beiden Staaten in einen europäischen Krieg verwickelt werden könnte und der andere trotzdem neutral blieb.

Die Agadir-Krise hatte einen beschleunigenden Effekt auf die europäische Aufrüstung, beispielsweise, da sich in Frankreich die Anhänger offensiver – und daher kräfteintensiver – Militärpläne durchsetzen konnten.[71] Auch Tir-

---
65 Zu den Fernwirkungen: Wolfgang J. Mommsen: Der Topos vom unvermeidlichen Krieg: Außenpolitik und öffentliche Meinung im Deutschen Reich im letzten Jahrzehnt vor 1914, in: ders: Der autoritäre Nationalstaat, S. 380–406.
66 Afflerbach, Falkenhayn, S. 78.
67 Dazu Gerd Krumeich, Aufrüstung und Innenpolitik in Frankreich von dem Ersten Weltkrieg. Die Einführung der dreijährigen Dienstpflicht 1913–1914, Wiesbaden 1980, passim; Gilbert Ziebura: Die deutsche Frage in der öffentlichen Meinung Frankreichs von 1911–1914, Berlin 1955, S. 118.
68 Kurzcharakteristik Poincarés bei Taylor, Struggle, S. 486. Zur französischen Politik nach Agadir Krumeich, Aufrüstung, passim, besonders aber S. 17 f., der sich fast ausschließlich mit der französischen Militär- und Allianzpolitik beschäftigt; Wilsberg, Ami, bietet ein breites Panorama der deutsch-französischen Beziehungen.
69 Hildebrand, Das vergangene Reich, S. 268.
70 Siehe Kap. IV.8: Der Dreibund und das militärische Gleichgewicht in Europa 1911–1914.
71 Krumeich, Aufrüstung, passim.

pitz nutzte die antienglische Konjunktur nach der zweiten Marokkokrise, um sogleich eine neue Flottennovelle einzubringen. Diese wurde dann zum Ausgangspunkt für die letzten deutsch-britischen Flottenbegrenzungsverhandlungen vor 1914, nämlich die ergebnislose „Haldane-Mission" im Frühjahr 1912.[72]

Allerdings sollte das Argument, die zweite Marokkokrise sei eine entscheidende Weichenstellung hin zum Kriegsausbruch 1914 gewesen, auch nicht überdehnt werden. Wie A. J. P. Taylor zu Recht anmerkt, bedeutete die Phase zwischen der zweiten Marokkokrise und den gescheiterten Abrüstungsverhandlungen des Frühjahrs 1912 gleichzeitig den Höhepunkt des deutsch-britischen Antagonismus. Danach beruhigten sich die Gemüter. Die Briten sahen, daß die Gefährdung der französischen Großmachtstellung nicht mehr bestand und auch daß sie das maritime Wettrüsten für sich entschieden hatten. Sie wurden deshalb gelassener und kamen der deutschen Diplomatie in Kolonialfragen entgegen, was wiederum auch in Berlin zu einer freundlicheren und entspannteren Stimmung führte. Der deutsch-britische Gegensatz war zwar eine Belastung für das europäische Mächtesystem. Aber trotzdem führte von der Agadir-Krise keine Einbahnstraße hin zur Julikrise 1914; im Gegenteil war sie ein Wendepunkt hin zu einer behutsamen Annäherung beider Mächte.[73]

Noch ein anderer Effekt der zweiten Marokkokrise war überaus bedeutsam für das gesamte europäische System. Wegen des französischen Ausgreifens in Marokko wuchs in Italien die Überzeugung, daß die nordafrikanischen Küsten nun endgültig verteilt würden und es deshalb gelte, den eigenen Anteil möglichst schnell in Sicherheit zu bringen. Die römische Regierung wurde aktiv und läutete mit ihrer Aktion das ein, was, wenn auch ebenfalls nicht linear und alternativlos, tatsächlich zur Julikrise 1914 führen sollte: das Ende der osmanischen Herrschaft in Afrika und Europa und den Streit um das türkische Erbe.

---

72 Hildebrand, Das vergangene Reich, S. 269–277.
73 Taylor, Struggle, S. 481 f. Zu diesem Thema ausführlich: R. J. Crampton: The Hollow Detente. Anglo-German Relations in the Balkans, 1911–1914, London/Atlantic Highlands (New Jersey) 1979. Dort auch Charakterisierung der Natur und des Ausmaßes der deutsch-britischen Zusammenarbeit zwischen 1912–1914.

Io non ho intrapreso l'impresa di Libia per enthusiasmo: tutt'altro.

Giolitti

4. Italien und der Dreibund während des Libyenkriegs (1911–1912)

Schon die Agadir-Krise hatte Giovanni Giolitti wieder im Amt des Ministerpräsidenten gesehen. Im Jahre 1909 war die damalige Regierung Giolitti/Tittoni zurückgetreten und durch das kurzlebige zweite Kabinett Sonnino ersetzt worden, dem wiederum ein Kabinett Luzzatti folgte. Dieser galt aber, mit einiger Berechtigung, als bloßer Platzhalter Giolittis, der durch seine parlamentarische Mehrheit letztlich jede Regierung in der Hand hatte. Am 30. März 1911 übernahm Giolitti zum nunmehr vierten Mal die Regierungsgeschäfte.

Aus dem Kabinett Luzzatti übernahm er den Außenminister San Giuliano, der bis zu seinem Tod im Oktober 1914 die Consulta leiten sollte. Antonio di San Giuliano[1] prägte die italienische Außenpolitik dieser Jahre; er wurde bald schon als so unverzichtbar in seinem Amt angesehen, daß er unter drei verschiedenen Regierungschefs, nämlich Luzzatti, Giolitti und Salandra, ohne Unterbrechung in seiner Funktion blieb. Nach dem Urteil in- und ausländischer Gesprächspartner[2] war er ein intelligenter und nach Ausbildung, Kenntnissen und Erfahrung für seine Aufgabe als Außenminister ausgezeichnet vorbereiteter Politiker. Seine Ansichten spiegelten in vielem die Urteile und Vorurteile der italienischen Führungsschicht vor 1914 wider. Er dachte in den klassischen Gleichgewichtstheorien der italienischen Außenpolitik, und sein zentraler Grundsatz war, daß Italien einen ihm zustehenden Anteil an allen Gewinnen erhalten müsse; dies sei schon allein deshalb notwendig, um die Probleme der wirtschaftlichen Expansion, der Bevölkerungsexplosion und des nationalen Substanzverlusts infolge der stets wachsenden Emigration in den Griff zu bekommen.[3]

Der italienische Minister war alles andere denn ein Pazifist. Schon 1866, als Vierzehnjähriger, hatte er während des Krieges anti-österreichische,

---
1 Zu San Giuliano: Francesco Cataluccio: Antonio di San Giuliano e la Politica estera italiana dal 1900 al 1914, Firenze 1935; Charakterisierung San Giulianos bei Bosworth, Italy, S. 68–94.
2 Bosworth, Italy, S. 68 ff.; Beschreibung San Giulianos bei Lützow, Dienst, S. 164.
3 Ebd., S. 68–94, besonders S. 81–84.

kriegsverherrlichende Gedichte geschrieben, und auch später meinte er, das Volk wolle vielleicht den Frieden, aber es gebe doch Fragen, die nur das Schwert entscheiden könne.[4] Auch nach der Schlacht von Adua 1896 – er hatte im übrigen in der Crispi-Ära ohne großen Erfolg zwischen dem Kolonialismus Crispis und dem Antikolonialismus di Rudinìs eine mittlere Linie zu fahren versucht – betonte er, zwar sei jetzt für viele Jahre eine vorsichtige Politik nötig, aber das Ziel dürfe nicht aus den Augen verloren werden.[5] Dieses Ziel war Italiens Größe, Macht und Ausdehnung vor allem im Mittelmeerraum. Und hier, in diesem nationalistischen und imperialistischen Wunschziel, ist wahrscheinlich die Hauptkonstante seiner politischen Auffassungen zu sehen. Seine außenpolitischen Überzeugungen waren wesentlich durch die Ereignisse der bosnischen Krise geprägt worden. Er hatte daraus die Folgerung gezogen, daß die Ententemächte zu uneinig und zerstritten waren, um einen wirklich konsistenten Machtfaktor darzustellen, während die beiden verbündeten Kaiserreiche durch ihre militärische Macht und ihre Entschlossenheit eine hegemoniale Stellung in Europa besaßen und daher ihren Willen durchzusetzen in der Lage waren. Rußland war in San Giulianos Augen „una grande impotenza", Frankreich dekadent und schwach.[6] Für Italien gab es in seinen Augen keine machtpolitische Alternative zum Dreibund.

Bei den deutschen und österreichischen Diplomaten genoß er bald hohes Ansehen. Er wurde mit seinem Vorgänger Tittoni verglichen, und allgemein hieß es, daß er diesem an Intelligenz und diplomatischem Geschick weit überlegen sei. Auch wurde ihm positiv angerechnet, daß er ein überzeugter Anhänger des Dreibunds war. Ebenso wie Tittoni befürwortete San Giuliano eine enge Zusammenarbeit mit Österreich-Ungarn, setzte aber mehr als dieser auch auf eine enge Zusammenarbeit mit dem Deutschen Reich.[7] Und was ihn von Tittoni unterschied, was vielleicht aber auch an den veränderten politischen Rahmenbedingungen lag – San Giuliano war ein entschlossener Imperialist, der jeden machtpolitischen Vorteil für Italien rücksichtslos wahrzunehmen bereit war.

Allerdings mußte er sich, mehr als seine Vorgänger, den Handlungsspielraum in der Gestaltung der auswärtigen Politik mit dem Ministerpräsidenten teilen. Giolitti, der bisher die Außenpolitik weitgehend seinen Außenministern überlassen und sich vorzugsweise der Innenpolitik gewidmet hatte,

---

4 Ebd., S. 83.
5 Ebd., S. 84.
6 Salvemini, Politica Estera. Zur außenpolitischen Lagebeurteilung San Giulianos: Augusto Torre: La politica estera dell'Italia dal 1896 al 1914, Bologna 1960, S. 405. Lützow an Aehrenthal, 10.11.1909, ÖUA II, Nr. 1794, urteilte, daß „seit vergangenem Winter die militärische Impotenz Rußlands ein Axiom geworden" sei.
7 Habsburgermonarchie VI/2, S. 234.

zeigte sich nun gewillt, seinen Schwerpunkt zu verlagern und sich selbst um die auswärtigen Angelegenheiten zu kümmern. Vielleicht auch dadurch bedingt, daß Giolitti inzwischen siebzig Jahre alt und seiner Aufgabe müde war, hatte sich sein Führungsstil geändert; er war autokratischer und auch ungeduldiger geworden und führte das Kabinett mit diktatorischer Strenge. Er war auch nicht gewillt, San Giuliano, mit dem er aber in vielem übereinstimmte, die Führung der Außenpolitik einfach zu überlassen. Dies hing auch wesentlich damit zusammen, daß während seiner Regierungszeit eine wichtige Entscheidung akut wurde, nämlich die Tripolis-Frage, die nunmehr seit drei Jahrzehnten die italienische Außen- und auch Innenpolitik überschattet hatte.[8]

Dies war vor allem eine Folge des französischen Vorgehens in Marokko. San Giuliano war ebenso wie Tittoni, letzterer in seiner neuen Eigenschaft als italienischer Botschafter in Paris, zu der Ansicht gelangt, daß Italien nun handeln müsse. Sie befürchteten nämlich, die Franzosen würden, wenn sich ihre Herrschaft in Marokko erst einmal stabilisiert haben würde, dann auch nach Libyen hin ausgreifen und Italien hier vielleicht zuvorkommen. Auch Giolitti gelangte zu der Ansicht, daß, wenn sich die infolge der Agadir-Krise aufgepeitschte internationale Erregung etwas besänftigt und sich die Gefahr eines europäischen Krieges verzogen habe, für Italien der Moment zum Handeln gekommen sei.[9] Diesen Augenblick sah die italienische Diplomatie Mitte September 1911 gekommen.

Schon die Zeitgenossen unterstellten Giolitti bei seinem Libyen-Abenteuer innenpolitische Motive. Doch hat er selbst diesen Verdacht in seinen Memoiren überzeugend zurückgewiesen. Er schrieb, der libysche Feldzug sei kein Ablenkungsmanöver gewesen, um innenpolitische Reformen gegen den Widerstand der Konservativen voranzubringen. „Ich war immer dagegen, in der Außenpolitik Diversive für die Innenpolitik zu suchen."[10] In der Tat bedarf es auch in der historischen Rückschau keiner verschachtelten Gedankengänge, um einen Vorgang zu erklären, dessen Beweggründe offensichtlich waren: Im Parlament führte Giolitti im Dezember 1913 aus, daß die marokkanischen Entwicklungen ausschlaggebend für seinen Entschluß gewesen seien.[11] Giolitti meinte aber 1912 auch, er habe das Unternehmen „nicht aus Enthusias-

---

8 Giolitti, Memorie 2, S. 331, behauptete, er habe seine Regierungszeit mit dem festen Entschluß begonnen, die libysche Frage zu lösen. Dagegen überzeugend Luigi Albertini, Vent anni di vita politica 1898–1918, 5 Bände, Bologna 1950–52, Band 2, S. 118 ff., in denen er den Zusammenhang zwischen der Agadir-Krise und der Libyenaktion unterstreicht und Giolittis Theorie von einem schon lange feststehenden Entschluß in den Bereich der Legende verweist. Die Akten sowie die übrigen Zeugnisse Giolittis stützen diese Version.
9 Giolitti, Memorie 2, S. 335; Salvatorelli, Triplice, S. 397.
10 Giolitti, Memorie 2, S. 213–216; Gaeta, Crisi di fine secolo, S. 353.
11 Gaeta, Crisi di fine secolo, S. 355.

mus, sondern nur aus Berechnung" unternommen.[12] Denn letztlich sah sich Giolitti in einer Zwangslage, in der sich außen- und innenpolitische Motive untrennbar vermischten. Die italienische Öffentlichkeit hatte sich seit Jahrzehnten in den Gedanken verrannt, auf Tripolis ein Anrecht zu haben; mehr noch, das Land wurde praktisch schon als italienischer Besitz angesehen. Die angeblichen Reichtümer des Landes (der tatsächliche, nämlich das Erdöl, war damals noch unentdeckt) wurden in lächerlicher Weise übertrieben. Tripolis war seit Beginn der 1880er Jahre und von so unterschiedlichen Politikern wie Mancini, Robilant und Zanardelli als eine Lebensfrage Italiens und als Überlebensfrage seiner politischen Ordnung angesehen worden.[13]

Allerdings hatten Erwägungen vielfältiger Art, so beispielsweise die unkalkulierbaren politischen, militärischen und finanziellen Risiken dieser Aktion, sowie die Angst vor europäischen Verwicklungen dazu geführt, daß der römischen Regierung bislang die Anwartschaft ausgereicht hatte. Sie begnügte sich mit der ökonomischen Durchdringung des nordafrikanischen Landes und mit dem Versuch, eine Art Monopolstellung zu gewinnen. Hier tat sich vor allem die „Banco di Roma" hervor, die seit 1910 in Libyen nach Schwefel und Phosphatvorkommen suchen ließ.[14] Dabei kam es natürlich zu unvermeidlichen, an Intensität zunehmenden Konflikten mit dem Osmanischen Reich, denn die Regierung in Konstantinopel akzeptierte verständlicherweise nicht, daß sich Italien zunehmend als künftiger Besitzer dieser Provinzen gerierte. Deshalb versuchten die osmanischen Behörden auch, die italienische Durchdringungstaktik zu blockieren; so wurden beispielsweise bei Ausschreibungen öffentlicher Arbeiten in Tripolitanien nach Möglichkeit nichtitalienische Anbieter berücksichtigt. Als genau dies beim Bau von Hafenanlagen in Tripolis geschah, war die Aufregung in Italien ungeheuer.[15] Hier wurde es als unerhörte türkische Schikane empfunden, daß nicht das preiswerteste Angebot, nämlich das italienische, zum Zuge gekommen war. Durch diesen objektiven Interessengegensatz und eine ganze Reihe ähnlicher Vorfälle[16] war das italienische-türkische Verhältnis bereits seit vielen Jahren gespannt. Schon dies führte dazu, daß sich in der italienischen Öffentlichkeit allmählich der Wunsch aufbaute, die libysche Frage definitiv zu lösen. Gottlieb v. Jagow, als Nachfolger des Grafen Monts seit 1909 deutscher Botschafter in Rom, berich-

---

12 Ebd., S. 355. „Non vi entrai per entusiasmo, ma unicamente per ragionamento."
13 Siehe Kap. I.3.f.2: Der Dreibund und Italiens Kolonialpolitik in Ostafrika; Kap. I.4: Vom ersten zum zweiten Dreibund – die Neuverhandlung des Bündnisses 1886/87; Marzari/Lowe, Italian Foreign Policy, S. 79.
14 Gaeta, Crisi di fine secolo, S. 395, mit Literaturhinweisen.
15 Erlaß Aehrenthals, 31.7.1911, ÖUA III, Nr. 2576.
16 Zu den fortwährenden kleineren Konflikten wie der Affäre Guzman siehe Salvatorelli, Triplice, S. 396.

tete von der „Tripolitis", einer fieberhaften Erregung, von der die gesamte italienische Öffentlichkeit befallen worden sei.[17] Ähnlich beschreibt der italienische Historiker Franco Gaeta die Stimmung in Italien vor Ausbruch des Libyenkrieges: „Das Elend der Emigranten, die Misere der süditalienischen Bauern, die Illusionen der Literaten, religiöses Eiferertum, Erinnungen an die Größe einer fernen Vergangenheit, strategische Erwägungen, expansionistische Tendenzen, riskante Geschäfte – dies alles erzeugte ein libysches Fieber, das täglich ansteckender wurde, das diesmal auch Kreise erreichte, die traditionell eine Politik der Abenteuer und der Eroberungen ablehnten."[18]

Eines war bei dieser Stimmungslage einem politischen Pragmatiker wie Giolitti klar: Sollte Tripolis von einer anderen Großmacht besetzt werden – nicht nur Frankreich, sondern auch das Deutsche Reich wurden der Ambitionen auf das nordafrikanische Land verdächtigt –, waren die politischen Konsequenzen vollständig unkalkulierbar. Daraus resultierte sein Wunsch, Fakten zu schaffen und die Tatsache auszunutzen, daß dieses Unternehmen auf eine jahrzehntelange diplomatische Vorbereitung zurückgreifen konnte. Diese war in der Tat exzellent. Wahrscheinlich gab es in der Geschichte kein zweites imperialistisches Unternehmen, das auf außenpolitischer Ebene derart langfristig und sorgfältig vorbereitet worden ist.[19] Gerade weil Tripolis seit Jahrzehnten das Hauptziel der italienischen Außenpolitik war, hatte sich das Land von allen Großmächten Garantien für seine Anwartschaft erworben. Das Deutsche Reich hatte ihm bei der 2. Dreibundverlängerung 1887 eine Garantie für Libyen gegeben, im gleichen Jahr gab auch England eine entsprechende Erklärung; dann folgte die französische Garantie für Tripolis 1900 durch Delcassé. Dort war bereits die Kondition formuliert, die im Prinetti-Barrère-Abkommen von 1902 nochmals präzisiert wurde: Nämlich im Fall der französischen Besitznahme Marokkos sollte Italien das Zugriffsrecht auf Tripolis haben. Schließlich hatte auch Österreich-Ungarn 1902 die italienischen Ansprüche auf Tripolis garantiert. Die letzte europäische Großmacht, die sich noch nicht geäußert hatte, nämlich Rußland, erklärte sich im Abkommen von Racconigi 1909 mit der italienischen Anwartschaft auf Tripolis einverstanden.[20] Damit war vertraglich gesichert, daß keine der europäischen Großmächte etwas gegen einen italienischen Zug nach Libyen unternehmen konnte: „Alleati" und „amici" hatten sich alle gleichermaßen zu italienischen Gunsten festgelegt. Hier zahlte sich die ansonsten so schwierige Stellung Ita-

---

17 Jagow an Bethmann, 13.6.1911, GP 30/1, Nr. 10816.
18 Gaeta, Crisi di fine secolo, S. 396. Übersetzung durch H.A.
19 Jens Petersen, Italien, Deutschland und der türkische Krieg 1911/12 im Urteil Rudolf Borchhardts (Manuskript) schreibt: „Der Zugriff auf Libyen war das diplomatisch vermutlich am besten vorbereitete Kolonialunternehmen einer europäischen Großmacht vor 1914 überhaupt."
20 Auflistung bei Albertini, Origins 1, S. 340, 341; Lowe/Marzari, Italian Foreign Policy, S. 80.

liens zwischen den europäischen Mächten aus; alle waren gleichermaßen an der italienischen Freundschaft interessiert und deshalb nicht willens, sie wegen Tripolis aufs Spiel zu setzen. Es blieb nur eine Aufgabe zu tun übrig: das Land zu erobern. Doch das schien kein unlösbares Problem. Die Türkei war durch innere Unruhen geschwächt und schon aus geographischen Gründen nicht in der Lage, den isolierten nordafrikanischen Besitz wirkungsvoll zu verteidigen. Die Eroberung schien den italienischen Militärexperten nicht sehr schwierig zu sein; sie glaubten auch, in Überschätzung der Spannungen zwischen der türkischen Zentralgewalt und der libyschen Bevölkerung, daß die Einheimischen die türkische Herrschaft haßten und deshalb die Italiener wohlwollend begrüßen würden.

Die unmittelbare diplomatische Vorbereitung für das Unternehmen begann, als San Giuliano am 28. Juli 1911 das libysche Unternehmen mit einem Promemoria auf die Tagesordnung setzte. Zuerst wurden die „amici" informiert.[21] Am 31. Juli meinte San Giuliano zum englischen Botschafter, Sir Rodd, daß Italien nicht gegen die französische Inbesitznahme Marokkos protestieren werde, aber doch darüber nachdenken müsse, inwieweit seine Interessen und das Gleichgewicht im Mittelmeer gefährdet seien und ob es nicht definitive Schritte in Tripolis unternehmen müßte.[22] Die englische Diplomatie war nicht begeistert über die sich ankündigenden Entwicklungen und versuchte zu vermitteln, vor allem von der türkischen Regierung möglichstes Entgegenkommen zu erwirken. Und die protestierende osmanische Diplomatie wurde von London nach Berlin geschickt, einerseits, da wegen der noch laufenden Marokkokrise die Italiener nicht verärgert werden sollten, andererseits vielleicht auch, um der deutschen Regierung damit große Ungelegenheiten zu bereiten.

Die französische Diplomatie hingegen hatte vor dem Hintergrund der zweiten Marokkokrise ein starkes Eigeninteresse an einer freundlichen italienischen Haltung und versicherte deshalb sogleich, daß sie treu zu dem Abkommen von 1902 stehen und nichts gegen eine Aktion in Tripolis unternehmen werde.[23] Auch die russische Regierung, die Ende August 1911 von den italienischen Absichten informiert wurde, reagierte freundlich und erklärte, sie stünde zu der Abmachung von Racconigi.

---

21 Salvatorelli, Triplice, S. 397: Schon am 26. Juli hatte San Giuliano Sir Edward Grey im Zusammenhang mit dem Streit um den Bauauftrag für die Hafenanlagen in Tripolis mitteilen lassen, wenn die Türken so weitermachten, dann sei Italien zu einem Gewaltakt gezwungen. Ebenfalls in das Bild einer sich schrittweise verhärtenden Haltung paßte die Abberufung des als zu milde und türkeifreundlich beurteilten italienischen Botschafters aus Konstantinopel. In: Bericht Pallavicinis, 29.7.1911, ÖUA III, Nr. 2573.
22 BD VII, 445; Albertini, Origins 1, S. 341 f.
23 Salvatorelli, Triplice, S. 398.

Aufgrund alter vertraglicher Verpflichtungen und wegen der Marokkokrise hatten die Westmächte und Rußland auf die italienische Initiative sehr entgegenkommend reagiert. Hingegen wurden die Verbündeten viel später, nämlich erst im allerletzten Moment informiert. San Giuliano war klar, daß die deutsche und die österreichisch-ungarische Regierung durch den Angriff auf die Türkei in einen höchst schwierigen Interessengegensatz zwischen ihren Pflichten als Alliierter Italiens und Freund der Türkei gebracht würden. Das Deutsche Reich war politisch, ökonomisch und militärisch auf die Freundschaft mit der Türkei festgelegt und an deren Erhalt ebenso interessiert wie Österreich-Ungarn, das vor allem die Stabilität auf dem Balkan im Auge hatte. Auch in Rom wurde befürchtet, daß die libysche Aktion unerwünschte Rückwirkungen auf die politische Stabilität der Türkei haben und unfreiwillig die Orientfrage aufrollen könnte, doch war man bereit, dieses Risiko einzugehen. San Giuliano war vollkommen klar, daß die libysche Aktion weder in Wien noch in Berlin auf Begeisterung stoßen werde und beide Mächte, vor allem das Deutsche Reich, sogleich anfangen würden zu vermitteln – und dies war nicht in italienischem Sinne. Um diese unerwünschten Vermittlungsversuche zu vermeiden, erfolgte die offizielle Informierung erst, als das Unternehmen auch vom Datum her feststand. Giolitti hatte jede Aktion untersagt, solange die Agadir-Krise nicht beigelegt war; er wollte diese ihm gefährlich scheinende Verwicklung nicht noch weiter komplizieren. Deshalb, so folgerte der Herausgeber des „Corriere della Sera", Luigi Albertini, überzeugend, war das Datum der vorläufigen deutsch-französischen Einigung, nämlich der 23. September 1911, auch der Termin, an dem die italienische Regierung sich definitiv zum Angriff entschloß.[24]

Doch erfolgten bereits zuvor diplomatische Sondierungen, und die italienische Diplomatie ließ es nicht an versteckten Hinweisen fehlen, daß eine Aktion bevorstand. Ende Juli 1911 gab der italienische Botschafter in Wien, Herzog Avarna, zu verstehen, daß Italien zu „extremen Maßnahmen" in Tripolis gezwungen sein könnte. Und San Giuliano beklagte sich Mitte August in Berlin darüber, daß die deutsche Haltung in Konstantinopel dazu führe, daß die italienischen Forderungen nicht ernst genommen würden. Die Eventualität einer kriegerischen Aktion wurde in Berlin und Wien angedeutet, aber noch nicht von einer bereits gefallenen und unmittelbar bevorstehenden Entscheidung gesprochen.[25] Aus Italien gelangten eine Reihe widersprüchlicher Informationen nach Wien und Berlin, die den Eindruck erwecken konnten, daß eine Aktion längst noch nicht beschlossen sei und noch verhindert werden

---

24 Albertini, 20 Anni II, S. 121.
25 Salvatorelli, Triplice, S. 400: „Risulta dunque che accenni abbastanza chiari all'eventualità di un'azione bellica vennero fatti a Berlino e a Vienna; non si parlò tuttavia di una decisione già presa e imminente."

könne.[26] Erst bei Übergabe des italienischen Ultimatums an die Türkei wurde die deutsche und österreichische Führung offiziell unterrichtet[27]. Diese Informierung in allerletzter Minute erklärte sich auch aus der Überstürzung, mit der die Regierung Giolitti das Unternehmen anging. Dieses Vorgehen widersprach gegen Buchstabe und Geist des Dreibundvertrages, aber Verstöße gegen die Konsultationspflicht hatten inzwischen infolge mehrfacher Wiederholung bereits Tradition.

Die Türkei lebte in einem Gefühl trügerischer Sicherheit, weil sie sich unter deutscher und österreichisch-ungarischer Protektion wähnte. Schon seit Jahren hatten sich Wien und Berlin bei italienisch-türkischen Streitigkeiten um Vermittlung bemüht.[28] Deshalb begriff die Regierung in Konstantinopel auch erst sehr spät, daß Deutschlands Verbündeter Italien wirklich angreifen würde und von Berlin nicht zurückgehalten werden könne. Die Zentralmächte suchten bis zum letzten Moment einen Krieg zu verhindern; sie lebten, ähnlich wie die Türken, in dem Irrglauben, daß Rom nicht Ernst machen wolle. Die Türkei war sich der deutschen Protektion so sicher,[29] daß der österreichische Botschafter Pallavicini, der am 5. August 1911 der türkischen Regierung äußerste Rücksichtnahme auf die italienische Empfindlichkeit empfahl, zur Antwort erhielt, Italien habe nun einmal keine privilegierte Position in Tripolis. Immerhin änderte die türkische Führung ihre Haltung kurz vor Ausbruch des Krieges und zeigte dann echte Verhandlungsbereitschaft. Am 25. September 1911 erklärte sie sich zu jeder ökonomischen Konzession in Libyen bereit, Italien müsse nur die Forderungen präsentieren. Doch die italienische Antwort beschränkte sich auf ein „Zu spät!" des Kolonialministers de Martini. Die italienische Regierung wollte nun den Krieg. Dies wurde in Berlin bis zum Schluß verkannt; man glaubte, Italien wolle zurückgehalten werden, vermittelte bis zum letzten Moment und bat in Rom darum, doch präzise Vorschläge zu machen.[30] Vor allem Kiderlen-Waechter arbeitete ein regelrechtes Programm zur Verhinderung des Tripoliskrieges aus, warnte dringend vor den daraus resultierenden Folgen für den europäischen Frieden infolge des drohenden Zerfalls der Türkei und versprach den Italienern unter anderem eine umfassende deutsche Garantie gegen jede französische Inbesitznahme des Landes – doch er konnte die Ereignisse nicht mehr aufhalten.[31]

---

26 Beispielsweise wurde dem deutschen Geschäftsträger noch am 19. September 1911 in der Consulta mitgeteilt, Italien strebe nur die Anerkennung seiner privilegierten Stellung in Tripolis und freie ökonomische Expansion in Libyen an, Stolberg an Bethmann, 19.9.1911, GP 30/1, Nr. 10827.
27 Belege dafür in: ASMAE, Cassette Verdi, Cassella 4.
28 Zur vorherigen Vermittlung der Zweibundmächte in italienisch-türkischen Streitfragen siehe Salvatorelli, Triplice, S. 395 f.
29 Ebd., S. 400.
30 Ebd., S. 401.
31 Pansa an Gabinetto Ministri, 23.9.1911, ASMAE, Cassette Verdi, Cassetta 4.

Am 28. September 1911 wurden die Zentralmächte über die konkreten italienischen Forderungen unterrichtet; ein Ultimatum an die Türkei war bereits übergeben worden. In Wien und Berlin machte man notgedrungen gute Miene zum bösen Spiel.[32] Die italienischen Diplomaten suchten ohnehin beiden Bundesgenossen die bittere Pille zu versüßen und versprachen, den Konflikt zu lokalisieren; auch werde nach der Eroberung Libyens der Dreibund noch viel enger als bisher werden. Die späte Unterrichtung erklärten sie damit, daß sie den Alliierten eine unangenehme Stellungnahme und fruchtlose Vermittlungsversuche ersparen wollten.[33] Gegenüber dem deutschen Botschafter, v. Jagow, führte San Giuliano aus, daß zwar das italienische Vorgehen in Tripolis europäische Proteste auslösen werde, aber letztlich eine akute Krise besser als eine chronische Krankheit sei. Und dem Deutschen Reich wurde sogar die Sorge um die in der Türkei lebenden italienischen Staatsbürger anvertraut.[34]

Die unmittelbaren militärischen Vorbereitungen erfolgten in großer Hast, wodurch es zu kleineren und größeren Pannen kam.[35] Doch dann ging es schlagartig in Richtung Krieg. Die italienische Regierung stellte der Türkei am 27. September 1911 ein Ultimatum, in dem sie forderte, die Türkei solle innerhalb von 24 Stunden der militärischen Besetzung des Landes zustimmen. Als Grund für den Einmarsch wurde die Vernachlässigung und Unordnung dieser türkischen Provinzen genannt; die osmanische Regierung sei weder willens noch fähig, das Land zu entwickeln. Zu Recht hat Luigi Albertini die-

---

32 Zu Aehrenthals Reaktion auf das italienische Ultimatum: Oberndorff an AA, 28.9.1911, GP 30/1, Nr. 10842; Salvatorelli, Triplice, S. 402.

33 Tagesbericht Aehrenthals, 26.9.1911, ÖUA III, Nr. 2654; Salvatorelli, Triplice, S. 402. Ähnliche Argumente verwendete Pansa gegenüber Kiderlen-Waechter, in: Pansa an Gabinetto del Ministro, 23.9.1911, ASMAE, Cassette Verdi, Cassetta 4: Italien habe alles zur Lokalisierung des Konfliktes getan, und hätte man bis zum Frühjahr gewartet, wäre es für den Balkan nur schlimmer geworden. Im Zuge der Marokkokrise habe Italien den Franzosen in Tripolis zuvorkommen müssen. Sei einmal erst Tripolis in Ordnung gebracht, bräuchte Italien keine „Extrawalzer" mehr und würde noch viel dreibundtreuer werden. Die Verbündeten seien erst im letzten Augenblick informiert worden, um ihnen sinnlose Vermittlungsversuche zu ersparen. Eine ähnliche Linie vertrat Herzog Avarna in Wien; er versicherte, wenn die Tripolisfrage gelöst sei, werde Italien vollkommen saturiert sein und um so dreibundtreuer werden; vgl. Salvatorelli, Triplice, S. 401. Jagow an Bethmann, 28.9.1911, GP 30/1, Nr. 10841, mit San Giulianos Zusicherung einer Lokalisierung des Konflikts.

34 Pansa an San Giuliano, 26.9.1911; San Giuliano an Pansa, 27.9.1911, ASMAE, Cassette Verdi, Cassetta 4.

35 Albertini, Origins 1, S. 343, erwähnt folgende Beispiele: 1.) Am 3. September 1911 wurde der Soldatenjahrgang 1889 entlassen. Dann mußte jedoch, um die Armee auf Sollstärke zu bringen, plötzlich der Jahrgang 1888 wieder einberufen werden und im November dann auch noch der gerade entlassene Jahrgang 1889. 2.) Die großen Septembermanöver erschwerten effektive Kriegsvorbereitungen.

ses Ultimatum später als reinen Vorwand bezeichnet;[36] es war unannehmbar und ein Zeichen dafür, daß die italienische Regierung sich nicht einmal besondere Mühe gab, einen beschönigenden und glaubhaften Casus belli zu schaffen. Am 29. September 1911 folgte die italienische Kriegserklärung an die Türkei. 35.000 italienische Soldaten wurden in Tripolis und in der Cyrenaika gelandet. Die italienische Führung glaubte an einen raschen Zusammenbruch des türkischen Widerstandes. Die türkische Regierung, geschockt über das in dieser Form nicht erwartete harte italienische Vorgehen, hatte nur 5.000 Mann in Tripolitanien, 2.200 in der Cyrenaica stationiert[37] – zuwenig für eine erfolgreiche Kriegführung gegen die Italiener, an deren schnellen militärischen Sieg man auch in Konstantinopel glaubte. Deshalb zeigte sich die Pforte nachgiebig. Nur einen Tag nach der italienischen Kriegserklärung erklärte sie sich zu Verhandlungen bereit; sie war bereit, das Land faktisch verloren zu geben und wollte nur die nominelle Oberherrschaft des Sultans über Tripolis retten.[38] Doch sehr bald änderte sich ihre Haltung, was damit zusammenhing, daß sich der türkische Widerstand gegen die Invasoren als überraschend erfolgreich erwies. Die einheimische Bevölkerung solidarisierte sich mit den Türken, die sich auf eine erfolgreiche Guerillakriegführung verlegten. Die türkischen Garnisonen verschmolzen mit den Einheimischen und bildeten militärisch kaum zu fassende Banden. An einen raschen italienischen Sieg war bei der Größe des Landes und dem schwierigen Gelände nicht zu denken. Hinzu kam, daß die italienischen Befehlshaber eine Strategie möglichst großer Sicherheit verfolgten und riskante Operationen tief im Landesinnern ablehnten; hier mag der Schock von Adua seine Spätfolgen entfaltet haben. Deshalb blieben zwar ernste Rückschläge aus, aber der italienische Machtbereich blieb weitgehend auf den Küstenstreifen beschränkt. Parallel dazu führte die Türkei über Tunesien und Ägypten sowie auf dem Seeweg Nachschub heran, den die italienische Marine zu unterbinden suchte. Doch reichte all dies nicht aus, um den Widerstand zu brechen, zumal dieser inzwischen ein autonom libyscher geworden war; der türkische Befehlshaber vor Ort weigerte sich später, einen Friedensschluß anzuerkennen und drohte an, dann den Kampf auf eigene Faust weiterzuführen.[39] Die Regierung in Konstantinopel war zwar sehr bedenklich wegen des Balkans, aber was Libyen allein anging, sah sie keinen Zwang zur raschen Aufgabe. Auch ökonomisch kam Italien der Krieg teuer zu stehen, da der italienische Levantehandel schmerzhafte Einbußen erlitt. Insgesamt führte dies dazu, daß für die Türken

---

36 Ebd.
37 Ebd.
38 Salvatorelli, Triplice, S. 403.
39 Albertini, Origins 1, S. 362.

jeder Grund zur Nachgiebigkeit entfiel; ihre Haltung verhärtete sich und parallel dazu aber auch die italienische.

San Giuliano hatte zu Beginn des Krieges mehrfach versichert, er könne sich eine faktische Inbesitznahme des Gebietes vorstellen, die den Türken die nominelle Oberhoheit lasse;[40] also eine Lösung, die dem englischen Vorgehen in Ägypten, dem französischen in Tunesien oder auch den Verhältnissen in Bosnien vor der Annexion entsprochen hätte. Doch als die Mächte diese Anregung in vermittelnder Absicht aufgriffen, stießen sie plötzlich auf San Giulianos Ablehnung.[41] Verantwortlich dafür war Giolitti, der ein für allemal klare Verhältnisse schaffen wollte. Deshalb lehnte er auch eine „bosnische Lösung" ab, die dem Sultan auch nur einen Schatten der Souveränität gelassen und damit vielleicht künftige Komplikationen heraufbeschworen hätte, ähnlich denen, die der österreichischen Politik während der Annexionskrise so zu schaffen gemacht hatten. Giolitti folgend erklärte San Giuliano dem deutschen Botschafter, Gottlieb v. Jagow, am 13. Oktober 1911, daß die italienische Regierung und Öffentlichkeit die Annexion wollen und deshalb eine nominelle türkische Herrschaft ausschließen; allenfalls seien sie bereit, die geistliche Autorität des Kalifen zu tolerieren.[42] Alle Versuche der Mächte, eine frühzeitige Festlegung Italiens zu verhindern,[43] scheiterten. Die italienische Regierung verkündete am 5. November 1911 die Annexion von Tripolis und der Cyrenaica und schloß damit jede Kompromißlösung kategorisch aus.

Doch die Annexion lief den militärischen Ereignissen voraus. Das annektierte Land war längst noch nicht unter der Kontrolle der italienischen Armee. Die Türken hatten nach der Annexionserklärung ohnehin nichts mehr zu verlieren und richteten sich nun darauf ein, in dem weit entfernten Tripolitanien einen notfalls endlosen Guerillakrieg zu führen. Außerdem waren sie aus Prestigegründen gegenüber ihren muslimischen Untertanen dazu verpflichtet, dem italienischen Vordringen möglichst energischen Widerstand entgegenzusetzen.[44] Rein militärisch war Italien trotz großer militärischer Überlegenheit nicht in der Lage, den Krieg schnell zu beenden. Obwohl nach und nach die Truppenstärke auf über 100.000 Mann angehoben wurde, konnte der Guerillakrieg nicht unter Kontrolle gebracht werden, was wiederum in militärischen Kreisen, vor allem in Österreich, als Beispiel für die mangelhafte soldatische Tüchtigkeit der Italiener hämisch kommentiert wurde. Der österreichische Kriegsminister Auffenberg sagte zum deutschen

---

40 Jagow an Bethmann, 28.9.1911, GP 30/1, Nr. 10841.
41 Salvatorelli, Triplice, S. 404.
42 San Giuliano sagte beispielsweise am 5. Oktober 1911, daß er selbst kein Gegner einer ägyptischen oder bosnischen Lösung sei, aber es sei doch im europäischen Interesse, die Frage ein für allemal zu liquidieren, siehe Salvatorelli, Triplice, S. 404.
43 Aehrenthal an Mérey, 1.11.1911, ÖUA III, Nr. 2861; Salvatorelli, Triplice, S. 405.
44 Albertini, Origins 1, S. 362.

Botschafter: „Mir scheint, der italienische Soldat stirbt nicht gern; das Soldatenhandwerk ist aber keine Lebensversicherung."[45]

Da Italien den Großmächten versprochen hatte, die Kriegshandlungen auf Tripolis zu beschränken, wiegten sich die Türken im Mutterland in Sicherheit und waren nicht bereit einzulenken. In Italien wurde deshalb erwogen, diese Fessel, die den Krieg ins Endlose zu verlängern drohte, abzustreifen und durch Marineexpeditionen in die Ägäis und in die Dardanellen die Türken friedensbereit zu machen. Doch mußte hier zunächst der zunehmende Widerstand der Großmächte überwunden werden.

Denn das italienische Vorgehen war zwar nicht auf diplomatische Proteste gestoßen, sondern auf die verlegene Zustimmung der anderen Mächte. Die Regierungen verhielten sich, durch die diplomatische Lage genötigt, neutral oder freundlich gegenüber der italienischen Aggression, obwohl sie ein erheblich schwerwiegenderer Akt als die solch große internationale Aufregung verursachende Annexion Bosniens war. Allerdings wurde mit dem Überfall auf Libyen kein internationaler Vertrag, sondern „nur" das Gerechtigkeitsgefühl der europäischen Öffentlichkeit verletzt. Begeistert war von diesem italienischen Gewaltakt niemand. Die europäischen Regierungen rieten der protestierenden türkischen Regierung dringend zur Nachgiebigkeit und hofften, daß dieser Krieg möglichst rasch und ohne weitere Folgen zu Ende gehen würde. Intern wurde das italienische Vorgehen als das gesehen, was es war – als brutaler imperialistischer Raubzug. Sir Edward Grey bezeichnete das italienische Vorgehen „als noch nicht dagewesene Friedensstörung und Aggression"[46] und Wilhelm II. war „gegen Italien sehr gereizt"[47].

Was die Kabinette insgeheim dachten, wurde in den Zeitungen offen ausgesprochen. Der italienische Überfall wurde in der europäischen Presse außerordentlich scharf kritisiert. Als sich der italienische Botschafter über die feindselige Sprache der englischen Presse bei Sir Edward Grey beklagte, erklärte dieser, ohne die Freundschaft für Italien wäre diese noch viel feindseliger; die italienische Aktion sei „a great shock" für die englische Öffentlichkeit gewesen.[48] Und doch bemühte er sich, die „Times" zu einer freundlicheren Sprache gegenüber Italien zu bewegen.[49] Noch stärker war der publizierte Unwillen in Deutschland, wo man durch den Angriff der verbündeten Macht Italien einen deutschen Freund, nämlich die Türkei, schwer gefährdet sah. Die deutsche Öffentlichkeit war entrüstet und ihre Sympathien lagen ganz auf türkischer Seite; es wurde gehofft, daß die Türken durch Beharrlichkeit

---

45 Tschirschky an Bethmann, 18.11.1911, GP 30/2, Nr. 11235.
46 Telegramm Mensdorffs, 3.10.1911, ÖUA III, Nr. 2698; Salvatorelli, Triplice, S. 403.
47 Bethmann an Tschirschky, 24.11.1911, GP 30/2 Nr. 11239.
48 Salvatorelli, Triplice, S. 403; BD IX/1, Nr. 256, 264.
49 Taylor, Struggle, S. 474; Bemerkung Greys vom 30.9.1911, BD IX/1, Nr. 256.

14. Der italienische Überfall auf Tripolis und die Cyrenaica Ende September 1911 wurde in der großen Politik zwar aufgrund vertraglicher Absicherungen Italiens hingenommen, war aber in der europäischen Öffentlichkeit, auch in der deutschen, überaus unpopulär. Die bittere Karikatur aus dem „Kladderadatsch" vom 26.11.1911 zeigt den deutschen Staatssekretär v. Kiderlen-Waechter, der sich vergeblich bemüht, das als abstoßenden Briganten charakterisierte Italien als kreuzbraves Mitglied der Dreibundfamilie zu porträtieren.

den italienischen Angriff abschlagen würden. Und es wurden politische Konsequenzen gefordert: Der Dreibund sollte aufgelöst und durch ein Bündnis mit dem Osmanischen Reich ersetzt werden. Die „Frankfurter Zeitung" schrieb am 29. September 1911: „Es ist ein offener Raubzug, den Italien angetreten hat, eine Gewalttat mitten im Frieden, gegen die das ganze zivilisierte Europa ... einmütig protestieren müßte." Der „Vorwärts" vom 1. Oktober 1911 sprach vom „Wahnsinn" der „italienischen Verbrecherbande" und das „Berliner Tageblatt" von Italiens „Sprache der Brutalität"[50]. Nicht nur in der deutschen Presse dominierte eine scharfe Ablehnung der italienischen Aggression, sondern auch in der Führungsschicht herrschte Skepsis. Der spätere Kriegsminister v. Falkenhayn hoffte, die Italiener würden sich in Tripolis verbluten,[51] und die Baronin v. Spitzemberg sprach im Zusammenhang mit dem Annexionsdekret von der „tollsten Räuberei größten Stils, die die moderne Geschichte kennt"[52]. In den anderen europäischen Ländern war die Stimmung ähnlich gereizt gegen Italien, beispielsweise in Frankreich, wie sich sehr bald schon herausstellen sollte.

Das italienische Vorgehen verstieß, wie die Reaktion der europäischen Öffentlichkeit zeigte, eklatant gegen das allgemeine Rechtsempfinden. Ein unverhüllter imperialistischer Raubkrieg entsprach nicht mehr dem Politikstil der Zeit. Hinzu kamen sehr schwerwiegende und berechtigte Bedenken wegen des Status quo auf dem Balkan. Obwohl die diplomatische Absicherung dazu geführt hatte, daß Italien keine Gegenaktionen der Großmächte zu befürchten hatte, waren doch nicht alle Gefahren damit ausgeschaltet. Mit der Länge des Krieges wuchs der militärische und finanzielle Aufwand und auch die Gefahr, daß der Türkei indirekte Hilfestellung geleistet werde. Besonders tat sich da die französische Regierung hervor, die den türkischen Nachschub an Soldaten und Material durch Tunesien zuließ, ja sogar protegierte. Gleichermaßen, nur auf diplomatisch-rechtlichem statt auf materiellem Gebiet, suchte die österreichische Regierung die italienische Kriegführung zu hemmen, indem sie auf der strikten Lokalisierung bestand.

Deshalb mußte die italienische Regierung damit rechnen, daß im Fall einer Ausweitung des Kriegsschauplatzes der Unwillen der europäischen öffentlichen Meinung die Kabinette erreichen und zu Gegenmaßnahmen zwingen würde. Andererseits schien eine Ausweitung der Operationen auf den Bereich des türkischen Mutterlandes der einzige Weg, die Annexion zumindest juri-

---

50 Diese und weitere Zitate bei Petersen, Italien, Deutschland und der türkische Krieg, unveröffentlichtes Manuskript, S. 4. Unterstaatssekretär Zimmermann entschuldigte sich beim italienischen Geschäftsträger für die harte Sprache einiger Zeitungen. In: Franklin an San Giuliano, 28.10.1911, ASMAE, Cassette Verdi, Cassetta 4.
51 Afflerbach, Falkenhayn, S. 77 f.
52 Hildegard Freifrau v. Spitzemberg: Das Tagebuch der Baronin Spitzemberg geb. Freiin v. Varnbüler, Göttingen, 4. Auflage 1976, S. 537.

stisch durchzusetzen und damit den Krieg gegen die Türkei zu Ende zu bringen. Denn der Guerillakrieg in Libyen selbst erwies sich als unkontrollierbar. Die italienische Regierung beschloß deshalb, das Osmanische Reich durch erhöhten militärischen Druck zum Nachgeben zu zwingen. Die militärischen und politischen Vorteile dieses Schritts wurden so hoch eingeschätzt, daß demgegenüber die anfallenden diplomatischen Probleme als zweitrangig eingestuft wurden. Eine italienische Flotte wurde in die Ägäis und Richtung Dardanellen entsandt. Da sich die türkische Marine aber nicht zum Kampf stellte und auch ein Vorstoß gegen die Dardanellen erfolglos blieb, griffen die Italiener zum Mittel der Okkupation; ab dem 23. April 1912 wurde der Dodekanes in der Ägäis besetzt, am 4. Mai Rhodos. Die Türken hatten angekündigt, bei Operationen gegen die Dardanellen alle auf ihrem Staatsgebiet lebenden Italiener auszuweisen, und machten am 20. Mai 1912 diese Drohung wahr; 70.000 Italiener mußten das Osmanische Reich verlassen. Italien beantwortete dies mit der Besetzung weiterer Inseln.

Da die Türkei als Reaktion auf das italienische Vorgehen die Meerengen sperrte, alle Mächte sich deswegen sorgten und der russische Schwarzmeerhandel schmerzhafte Einbußen erlitt, war die internationale Reaktion, wie zu erwarten, sehr negativ. Die italienische Kriegführung in der Ägäis drohte nun endgültig die gesamte internationale Öffentlichkeit gegen Italien aufzubringen. Sie stieß vor allem auf harsche österreichische Proteste.

Um die Haltung der österreichischen Regierung in der Libyenfrage angemessen zu würdigen, muß der Bogen weiter als über die ersten Monate des italienisch-türkischen Krieges gespannt werden. Aehrenthal stand nämlich den libyschen Verwicklungen außerordentlich ambivalent gegenüber. Einerseits hatte er die berechtigte Sorge, der Libyenkrieg könne die Türkei auch auf dem Balkan destabilisieren und hier unliebsame Entwicklungen provozieren, und fürchtete deshalb diese Auseinandersetzung. Andererseits hatte er es seit Jahren darauf angelegt, Italien in ein libysches Abenteuer zu verwickeln, um es von der Adria abzulenken und mit Frankreich zu verfeinden.[53] Im Frühjahr 1908 hatte er in dieser Hinsicht derart den Versucher gespielt, daß ihn sein römischer Botschafter Lützow bremsen mußte mit dem Hinweis darauf, auch an italienischen Schulen werde das Sprichwort „Timeo Danaos et dona ferentes" gelehrt.[54] Den Wunsch, Italien und Frankreich durch den Tripoliskrieg auseinanderzubringen und Österreichs Adriapolitik damit zu erleichtern, hegte der Minister auch noch im Sommer 1911.[55] Die österreichische

---

53 Denkschrift Aehrenthals, 22.10.1911, ÖUA III, Nr. 2809, schrieb: „Warum hat die österreichisch-ungarische Diplomatie seit Jahrzehnten eine Expansion Italiens in Tripolis nicht nur nicht verhindern wollen, sondern diese herbeigewünscht?"
54 Lützow an Aehrenthal, 14.4.1908, in: HHStA, PA XI, 139.
55 Aehrenthal an Kiderlen, 10.8.1911, ÖUA III, Nr. 2585. Den gleichen Gedankengang enthält die Denkschrift Aehrenthals vom 22.10.1911, ebenda, Nr. 2809.

Haltung gegenüber dem ganzen libyschen Abenteuer entbehrte nicht einer machiavellistischen Doppelzüngigkeit.

Aus diesen gegenläufigen Hoffnungen resultierte die österreichische Haltung, nämlich einerseits dem Verbündeten in Libyen selbst keine Steine in den Weg zu legen und zu hoffen, daß er sich dort verausgabe und möglichst mit den Westmächten zerstreite; andererseits der vor dem Krieg zu beobachtende Vermittlungswunsch. Nach Kriegsausbruch versuchte Wien die Italiener daran zu hindern, ihre Kriegshandlungen gegen die Türkei über den nordafrikanischen Kriegsschauplatz hinaus auszudehnen. Diese Haltung führte schon am ersten Tag des Krieges zu einem scharfen Konflikt zwischen der österreichischen und der italienischen Regierung. Italienische Kriegsschiffe hatten nämlich aus Sorge um den eigenen Nachschob türkische Torpedoboote in albanischen Häfen versenkt, was Aehrenthal mit einem scharfen Protest beantwortet hatte; auch hatte er sich bemüht, Berlin einzuschalten, und auch von dort wurde zum Ärger San Giulianos die italienische Regierung ermahnt, die Kampfhandlungen nicht über Libyen hinaus auszuweiten. Bei diesem wie allen folgenden Protesten konnte sich Aehrenthal auf San Giulianos eigene Zusicherung berufen, daß die militärischen Handlungen streng auf Libyen beschränkt bleiben sollten – ein Versprechen, das einzuhalten für Italien immer unvorteilhafter wurde. Am 10. Oktober übernahm San Giuliano die bindende, aber geheimzuhaltende Verpflichtung, auf Kampfhandlungen in den albanischen Küstengewässern zu verzichten.[56] Aehrenthal wurde später sogar verdächtigt, die Türkei zu begünstigen – zu Unrecht, soweit ging sein Doppelspiel dann doch nicht.[57]

Als Italien dann aus der geschilderten militärischen Ratlosigkeit heraus in der nicht neutralisierten Ägäis aktiv werden wollte, suchte Aehrenthal auch hier einen Riegel vorzuschieben. Zuerst protestierte er; dann ließ er Anfang November 1911 in Berlin und Rom mitteilen, daß er eine wenn auch nur vorübergehende Besetzung von Gebieten in der Ägäis als Verletzung des Artikels 7 des Dreibundvertrages ansehen würde. Er dachte auch daran, bei einer Erneuerung des Vertrags diese lästige Bestimmung wegfallen zu lassen. Aehrenthal wandte sich dann sogar an die Mächte und stellte fest, es gebe eine allgemeine Abneigung gegen eine Ausweitung der Operationen.

Wieder andere Folgerungen zog Generalstabschef Conrad v. Hötzendorf aus dem Libyenkrieg.[58] Er schlug Aehrenthal am 24. September 1911 einen An-

---

56 Telegramm Méreys, 10.10.1911, ÖUA III, Nr. 2740; Telegramm Aehrenthals, 12.10.1911, ebenda, Nr. 2746; Salvatorelli, Triplice, S. 408.
57 Äußerungen San Giulianos an v. Jagow (v. Jagow an Bethmann, 6.10.1911, GP 30/1, Nr. 10874) wurden von Salvatorelli, Triplice, S. 407, so interpretiert, als glaube dieser, Aehrenthal ermutige die Türkei („incorraggiare la Turchia"). In der Quelle steht jedoch, daß San Giuliano sagte: „Aehrenthal veut la fin, mais il ne veut pas les moyens."
58 Dazu Albertini, Origins 1, S. 349–352.

griff gegen Italien vor, während dieses in Tripolis beschäftigt sei.[59] Doch Aehrenthal lehnte ab. Der Streit eskalierte und mußte schließlich vom Kaiser entschieden werden; dieser stützte Aehrenthal und verfügte Conrads Entlassung, ohne ihm indes seine Gunst zu entziehen. Thronfolger Franz Ferdinand hingegen spielte erneut mit dem Gedanken, den Dreibund aufzugeben und Italien als Bündnispartner durch Rußland zu ersetzen.[60]

Von italienischer Seite ist das österreichische Verhalten während des Libyenkrieges als nicht bundesfreundlich kritisiert worden, da der Dreibundpartner den militärischen Entscheidungsschlag verhindere und deshalb daran schuld sei, daß sich der Krieg endlos in die Länge ziehe und derartige Opfer an Blut und Geld koste. Der italienische Botschafter drohte Aehrenthal: der Tripoliskrieg sei die Meßlatte, mit der die italienische Regierung „die wahre Einstellung der verschiedenen Mächte ihr gegenüber" werde feststellen können.[61] Doch waren Aehrenthals Proteste gegen italienische Kriegsmaßnahmen, die zur Destabilisierung des Balkanraumes beitragen konnten, aus österreichischer Sicht berechtigt. Aus sachlich verständlichen Gründen war Österreich-Ungarn die Macht, die der italienischen Kriegführung 1911/12 den größten Widerstand entgegensetzte. Um diesen zu überwinden, rief Rom die Vermittlung Berlins an. Die deutsche Regierung war aber in einer besonders heiklen Situation und sah sich während des Libyenkrieges zu einem Eiertanz zwischen der italienischen und türkischen Freundschaft gezwungen. San Giuliano wußte um diese Zwangslage und versuchte den Deutschen goldene Brücken zu bauen. Er versprach, daß nach dem Abschluß des libyschen Unternehmens das Hauptziel der italienischen Politik erreicht sei und deshalb die bisherige „Giro di valzer"-Politik aufhören könne. Er bot eine vorzeitige und unveränderte Verlängerung des Dreibunds an. Und er verkündete eine neue Ära des Bündnisses, die durch besondere italienische Verläßlichkeit geprägt sein werde. Dieses Argument wurde besonders dazu verwendet, um die deutsche Diplomatie zu bitten, in Wien darauf hinzuwirken, daß einer Ausweitung des Kriegsschauplatzes keine Steine mehr in den Weg gelegt würden; dies würde nicht nur alle Widerstände gegen eine Erneuerung des Dreibunds in Italien beiseite räumen, sondern diese auch noch populär machen.[62] Tat-

---

59 Zur breiten anti-italienischen Stimmung in der österreichischen Armee siehe beispielsweise Tschirschky an Bethmann, 19.11.1911, GP 30/2, Nr. 11235, mit dem Kriegswunsch des Kriegsministers Auffenberg gegen Italien. Salvatorelli, Triplice, S. 409–410; Conrad, Dienstzeit 2, passim; Denkschrift Aehrenthals, 22.10.1911, ÖUA III, Nr. 2809; Note Bolfras, 8.11.1911, ebenda, Nr. 2890. Bethmann an Tschirschky, 24.11.1911, GP 30/2 Nr. 11239, mit der Weisung, Wilhelm II. zu beruhigen, damit er nicht aus einem Reflex des Ärgers über die Tripolisaktion für die italophoben österreichischen Militärs Partei ergreife.
60 DDF, III/1, Nr. 227; Salvatorelli, Triplice, S. 410.
61 Avarna an San Giuliano, 6.11.1911, ASMAE, Cassette Verdi, Cassetta 4.
62 Albertini, Origins 1, S. 358.

sächlich verwandte sich Berlin in diesem Sinne in Wien und sorgte dafür, daß der Nachfolger Aehrenthals, Berchtold, seine Bedenken gegen die Ausweitung der Operationen fallenließ.[63] Indes kam es seitens des neuen österreichischen Außenministers nur zu einer Art widerwilliger Duldung der italienischen Maßnahmen, die sich zunächst gegen alle Teile der osmanischen Küsten, im Mittelmeer und Roten Meer, nicht jedoch die Meerengen richteten.[64] Berchtold reklamierte auch das Recht auf Kompensation, sollte sich die Besetzung der Inseln in der Ägäis als dauerhaft erweisen; dies jedoch nicht, um eigene Erwerbungen zu machen, sondern um Italien abzuschrecken: „Italien soll nicht vergessen, daß der Dreibund geschlossen wurde, um den status quo im nahen Oriente zu erhalten und daß unsere ganze diplomatische Tätigkeit in diesem Falle einzig und allein darauf gerichtet ist, diesem Prinzipe Geltung zu verschaffen."[65] Zwar hatte der Dreibund ein imperialistisches Unternehmen absichern helfen,[66] aber die Abläufe zeigen, wie schwer sich die Partner damit taten und wie widerwillig sie die italienischen Maßnahmen akzeptierten – widerwilliger noch als die außerhalb des Dreibunds stehenden Großmächte.

Um diese Widerstände zu brechen, wurden die italienischen Treueschwüre an die Wiener und Berliner Adresse immer insistenter. Sie resultierten aber weniger aus plötzlichem Dreibundidealismus als vielmehr aus der Tatsache, daß Italien sich durch den Libyenkrieg den anderen Mächten zu entfremden begann. Wie Aehrenthal richtig vorausgesehen hatte, sorgte das nordafrikanische Unternehmen vor allem für wachsende italienisch-französische Spannungen. Zwar war der Beginn des Libyenunternehmens von der französischen Regierung freundlich begrüßt worden, dies war aber nicht erstaunlich, da die Marokkokrise noch nicht beigelegt war und Frankreich des internationalen Rückhalts bedurfte. Dies wurde ab November 1911, seit der definitiven deutsch-französischen Einigung, anders. Die französischen Nationalisten fühlten sich durch die Agadirkrise erniedrigt und suchten, so sahen es zumindest italienische Beobachter, nach einem Blitzableiter, und als solcher bot sich Italien an.[67] Poincaré war ohnehin ein überzeugter Nationalist,[68] der gegenüber Italien viel schärfer als seine Vorgänger auf den französischen Rech-

---

63 Aufzeichnung Berchtolds, 2.4.1912, ÖUA IV, Nr. 3408; Bericht Méreys, 4.4.1912, ebenda, Nr. 3414; Tagesbericht Berchtolds, 6.4.1912, ebenda, Nr. 3415. Zusammenfassend: Erlaß Berchtolds, 26.7.1914, ÖUA VIII, Nr. 10747.
64 Albertini, Origins 1, S. 359.
65 Ebd., S. 362; Erlaß und Privatschreiben Berchtolds, 13.6.1912, ÖUA IV, Nr. 3567 und 3568 (Zitat).
66 Als früheres Beispiel siehe Kapitel II.3.b. Die italienische Kolonialpolitik in Ostafrika und der Dreibund.
67 Albertini, 20 Anni II, S. 159 f.
68 Siehe ebd., S. 163, die Charakterisierung Poincarés als eines engherzigen Nationalisten.

ten und Interessen bestand. Der vielgewandte Barrére, dessen geschickter Diplomatie das gute französisch-italienische Verhältnis teilweise zu verdanken war, hatte plötzlich größte Probleme, in Paris einen flexiblen Kurs gegenüber Italien durchzusetzen, da Poincaré glaubte, er sei gegen Italien zu nachgiebig.[69] Außerdem lehnte die französische Öffentlichkeit das libysche Unternehmen genauso ab wie dies auch in den anderen europäischen Staaten der Fall war. Es bedurfte nur eines Anlasses, daß sich dieser Unwillen auf die ohnehin stark nach rechts rückende und für nationalistische Parolen anfällig gewordene französische Regierung übertrug. Dieser Anlaß entstand infolge der Tatsache, daß die Türken über Tunesien Nachschub nach Tripolis brachten; sie hatten in Marseille sogar ein Büro eröffnet, in dem die Lieferungen von Kriegsmaterial organisiert wurden.[70] Die italienische Marine wollte den nordafrikanischen Seeraum für den türkischen Nachschub blockieren und durchsuchte deshalb auf hoher See auch mehrfach französische Schiffe. Auf zwei französischen Dampfern, der „Manouba" und der „Carthage", wurden im Januar 1912 ein für die Türken bestimmtes Flugzeug samt Pilot sowie eine Gruppe türkischer Soldaten gefunden, die Schiffe deshalb nach Cagliari umgeleitet. Daraufhin kam es in Frankreich zu einer Explosion des Unwillens. Denn Poincaré hatte dem italienischen Botschafter in Paris, Tittoni, als dieser gegen die Einschiffung der Türken auf der „Manouba" protestierte, zugesagt, die Identität der als „medizinisches Personal" ausgegebenen Gruppe nach der Ankunft in Tunis genau untersuchen zu lassen. Dies war einen Tag vor Aufbringung des Dampfers; diese Nachricht hatte aber nicht schnell genug an alle Schiffe der italienischen Kriegsmarine weitergegeben werden können. Die Verantwortung für diesen Zwischenfall wurde in Frankreich auf italienischer Seite gesehen. Poincaré hielt daraufhin eine drohende Rede im französischen Parlament, in der er massiv die Freilassung der festgesetzten Türken forderte.[71] Der Ton seiner Rede, noch mehr die Reaktionen im Parlament wurden in Italien als massive Beleidigung empfunden.[72] San Giuliano wollte zunächst aus Prestigegründen die Türken nicht ausliefern, aber Giolitti lenkte ein.[73] Die 29 Türken durften nach Marseille reisen und beide Fälle wurden zur endgültigen Klärung dem internationalen Gerichtshof in Den Haag übergeben, der Italien im Mai 1913 zu einer Entschädigungszahlung verurteilte. Rein sachlich hatte Poincaré mit seinem Protest damit recht behalten, wenn auch gefragt werden kann, ob es opportun war, diese Zwi-

---

69 Albertini, Origins 1, S. 356.
70 Ebd., S. 355.
71 Ebd., S. 355 f; Albertini, 20 anni II, S. 159, mit einem längeren Zitat aus der Rede Poincarés und den Äußerungen verschiedener Abgeordneter.
72 Albertini, 20 anni II, S. 159.
73 Dazu ebd., S. 160.

schenfälle derart aufzubauschen.[74] Die Auslieferung der Türken wurde in Italien als „nationale Erniedrigung" empfunden, die französischen Proteste und Drohungen als unerträglicher Eingriff in legitime Akte der Kriegführung.[75] Am 26. Januar 1912 war die Einigung erfolgt, doch nur einen Tag später kam es zu einem weiteren Zwischenfall. Ein weiterer französischer Dampfer, die „Tavignano", wurde von einem italienischen Kreuzer innerhalb der tunesischen Hoheitsgewässer gestoppt und nach Tripolis umgeleitet, wo sich bei der Durchsuchung herausstellte, daß das Schiff keine Konterbande an Bord hatte. Daraufhin kam es zu neuen Eruptionen des Unwillens in Frankreich. In Italien war man wiederum verstimmt über den drohenden Ton Poincarés und der gesamten französischen Öffentlichkeit.[76] König Vittorio Emanuele sagte im März 1912 zu Wilhelm II., der „Manouba"-Zwischenfall und die Reden in Paris hätten die italienische Stimmung gegenüber Frankreich total umschlagen lassen. Frankreich habe die Maske fallenlassen, daraus resultiere die steigende Popularität des Dreibundes in Italien.[77] Die deutsche und österreichische Diplomatie nutzten die Chance, um die italienische Regierung in dieser Haltung zu bestätigen und sie darauf hinzuweisen, daß Frankreich Italien immer noch als zweitrangige Macht behandle und wie stark sich dies auswirken würde, wenn Italien nicht im Dreibund starken Rückhalt hätte. Diese Argumentation war alles andere als neu,[78] allerdings nunmehr infolge des französischen Verhaltens sehr wirkungsvoll, zumal bei dem ohnehin eher frankophoben San Giuliano. Aus dem Libyenkrieg resultierte ein spürbares Auseinanderdriften der französischen und italienischen Politik. Einer der Ursprünge des Dreibunds, der französisch-italienische Antagonismus, erfuhr dadurch eine plötzliche Revitalisierung.[79]

---

74 Ebd., S. 161. Das Urteil des Schiedsgerichts erging am 26.5.1913. Ebenda, S. 162, fragt Albertini: „Ma, anche ammesso che in diritto Poincaré avesse ragione, egli non avrebbe mai dovuto difendere la causa del suo paese con tanta acrimonia ed intransigenza ed imporci brutalmente la sua volontà in forma per noi umiliante quando eravamo impegnati in una dura impresa coloniale per la quale l'assenso della Francia era convenuto."
75 Ebd., S. 161. Dort auch das Zitat einer Warnung Barrères an Poincaré, die Bedeutung der italienischen Freundschaft schon aus militärischen Gründen nicht zu unterschätzen.
76 Bewertung des Zwischenfalls bei Albertini, Origins 1, S. 356 f. Bei diesen Betrachtungen wie überhaupt bei der Behandlung des gesamten Libyenkrieges (S. 340–363) wird Albertinis nationalistische und proitalienische Einstellung überdeutlich sichtbar, die, wenn auch dezenter, alle Teile seines monumentalen Werkes dominiert.
77 Wilhelm II. an Bethmann, 25.3.1912, GP 30/2, Nr. 11264; Albertini, Origins 1, S. 358.
78 Siehe Bülows seinerzeitige Mahnungen, Kap. II.3.b: Die italienische Kolonialpolitik in Ostafrika und der Dreibund.
79 Albertini, 20 anni II, S. 167, folgert: „L'effetto della vittoria diplomatica francese, fu quello di spingere l'Italia nelle braccia della Germania come non vi era mai stata dalla caduta di Crispi in poi."

Die Entscheidung des Libyenkrieges brachte schließlich die Entwicklung auf dem Balkan. Serbien, Montenegro und Bulgarien machten Anstalten, die Situation auszunutzen, um die Türkei ihrer verbliebenen europäischen Besitzungen zu berauben. Dies förderte die türkische Friedensbereitschaft und zähflüssige Friedensverhandlungen, die seit Monaten in der Schweiz geführt worden waren, endeten am 15. Oktober 1912 im Frieden von Ouchy. Da war der erste Balkankrieg schon losgebrochen. Mehr noch: Die Balkanstaaten hatten Italien durch ihren Angriff aus einer großen Verlegenheit befreit, indem sie die Türkei zwangen, sich einer neuen und diesmal lebensgefährlichen Bedrohung zu stellen und deshalb gegen Italien nachgiebig sein zu müssen.

Die Türkei verzichtete auf Libyen, dafür erklärte sich Italien zur Zahlung einer Summe bereit, die den jährlichen Steuereinnahmen aus diesem Land entsprach. Der Dodekanes sollte geräumt werden, sobald die türkischen Truppen aus Libyen abgezogen waren.[80] Als erste Großmacht erkannte Rußland den neuen italienischen Besitz an; dem folgten die englische, deutsche und österreichische Diplomatie. Poincaré sträubte sich und wollte die Anerkennung zunächst von der vorherigen Beilegung tunesisch-libyscher Grenzprobleme abhängig machen; doch dann fügte er sich und erkannte als letzter die italienische Souveränität über Libyen an.[81] Diese Verspätung sorgte, wie San Giuliano seinem österreichisch-ungarischen Kollegen Graf Berchtold im Oktober 1912 sagte, für weitere italienische Verstimmung gegen Frankreich.[82]

Der Libyenkrieg veränderte die internationale Situation in Europa wesentlich und ließ auch den Dreibund nicht unangetastet. Bevor die eigentlichen politischen Folgen gewertet werden, sollte ein militärisches Argument Berücksichtigung finden – nämlich die beträchtliche Erschöpfung der italienischen Streitkräfte und der Finanzen infolge des Libyenkrieges, die auch die Bündnisfähigkeit des Landes in Europa auf Jahre hinaus beeinträchtigte. Es war der römischen Führung bis zum Ausbruch des Ersten Weltkrieges nicht möglich, die entstandenen Lücken wieder zu schließen. Dem italienischen Heer fehlten 1914 etwa 40.000 zur Sollstärke; auch gelang es nicht, die Folgen des hohen Materialverbrauchs und der Kosten dieses Krieges bis zur Julikrise zu überwinden. Außerdem waren noch bis Frühjahr 1914 in Libyen und der Ägäis etwa 69.000 italienische Soldaten gebunden, davon 11.500 Mann afrikanische Hilfstruppen besonders aus Eritrea.[83] Die Schwächung

---

80 Es blieb beim Vorsatz, auch auf türkischen Wunsch, da in Konstantinopel befürchtet wurde, die Griechen könnten den italienischen Abzug nutzen und die Inseln ihrerseits besetzen. Zu weiteren Konsequenzen siehe Kap. IV.7.b: Der Dreibund und der türkische Teilungsplan.
81 Albertini, Origins 1, S. 363.
82 Hantsch, Berchtold 1, S. 328.
83 Paul G. Halpern: The Mediterranean Naval Situation 1908–1914, Cambridge (Massachusetts) 1971, S. 269.

der italienischen Wehrmacht durch den Libyenkrieg führte nicht nur zu – noch zu besprechenden – weitreichenden militärpolitischen Maßnahmen innerhalb des Bündnisses, sondern auch zur anfänglichen Neutralität des Landes im Ersten Weltkrieg. Diese war nicht nur das Resultat einer politischen Entscheidung, sondern auch die Folge des mangelhaften Zustands der Streitkräfte.[84]

Doch hatte der Libyenkrieg auch gravierende politische Konsequenzen. Es hatte sich gezeigt, daß zwischen Frankreich und Italien beträchtliche politische Spannungen existierten, die auf eine machtpolitisch konkurrierende Haltung im Mittelmeerraum zurückzuführen waren. Der Regierung in Rom und der italienischen Öffentlichkeit wurde während des Libyenkrieges vor Augen geführt, wie wertvoll der Dreibund als Rückhalt gegenüber Frankreich war. Am neutralsten und freundlichsten hatte sich Rußland gezeigt, dann die englische Regierung – aber beide waren ebenfalls von der italienischen Aktion nichts weniger als begeistert gewesen. Die deutsche Öffentlichkeit hatte zwar sehr feindselig reagiert, was in Italien übel vermerkt wurde, aber die Berliner Regierung war trotz ihrer türkischen Sonderinteressen loyal geblieben. Nicht vergessen wurde in Rom die österreichische Haltung und die Behinderung der militärischen Operationen unter Zuhilfenahme des einschlägigen Artikels VII des Dreibundvertrages. Dieser war, wie österreichische Politiker später selbst zugaben, sehr restriktiv ausgelegt worden.[85] Österreich-Ungarn war während des Libyenkrieges Italiens bedeutendster, wenn auch versteckt agierender Gegenspieler unter den Großmächten gewesen. Die Bremswirkung, die dem Dreibund eigen war, hatte zwar den Konflikt nicht verhindern können, wohl aber seine Auswirkungen eingegrenzt. Und obwohl sich im Bündnis beträchtliche Spannungen gezeigt hatten, rückte Italien wieder näher an die Zentralmächte heran.

---

84 Bis zum 24. Mai 1915, dem Datum des Kriegseintritts Italiens, sollte es nicht gelingen, die Lücken wirklich zu schließen. Der schleppende Beginn der Operationen und die äußerst geringen Anfangserfolge gegen die österreichisch-ungarischen Verteidiger waren teilweise auch auf diesen Grund zurückführen. Siehe dazu Kap. IV.10.d: Die militärischen Folgen der italienischen Neutralität für die Zentralmächte.
85 Zu den Folgen dieser Haltung siehe den Epilog: Un atto di follia? – Der Weg zum Intervento 1915, S. 849–873.

> Per la forza militare che rappresenta, per l'autorità incontestata che ha saputo acquistare in Europa la triplice alleanza ha raggiunto un' egemonia tale da renderla in certo modo arbitra della politica continentale.
>
> Avarna, am 12. August 1911

> Ein Krieg mit Italien à tout prix erscheint gerade so verwerflich wie ein Bündnis à tout prix.
>
> Szilassy, im Herbst 1912

5. Die letzte Verlängerung des Dreibunds im Dezember 1912

Der Libyenkrieg stand am Beginn einer, wenn auch keineswegs widerspruchsfreien und von vielen gegenläufigen Tendenzen gekennzeichneten, Konsolidierung des Dreibunds. Die internationalen Krisen der Vorjahre und die Polarisierung des europäischen Mächtesystems hatten den Wert der Allianz als Rückhalt für die drei Regierungen gesteigert, und das Bündnis wurde als unverzichtbares Element des europäischen Gleichgewichts angesehen.[1] Diese Beurteilung fand ihren Niederschlag in der letzten Verlängerung des Dreibunds im Dezember 1912. Ihr waren fast eineinhalbjährige Verhandlungen vorangegangen, ohne daß sich der neue Vertrag wesentlich vom alten unterschied. Deshalb wurde in der Literatur wiederholt die Frage gestellt, warum die Verhandlungen dann derart lange gedauert hatten.[2] Gab es etwa in den Kabinetten geheime Reserven gegen das Bündnis, die eine Verlängerung erschwerten?

---

1 Grundsätzlich zur Frage von Allianzen und Gleichgewicht Schroeder: Alliances; dort auf S. 229 eine Kritik an der Tendenz, Allianzen vorrangig als Element der „balance of power" zu beurteilen und damit die anderen Motive zu vernachlässigen. Zu dieser Problematik auch Gade, Gleichgewicht, passim.
2 Petricioli: L' Italia in Asia Minore, S. 32, Anm. 36, bemängelt, die Motive der vorzeitigen Verlängerung des Dreibunds im Dezember 1912 seien bislang nicht in wirklich befriedigender Weise erforscht. Und Albertini, Origins 1, S. 426–432, untersuchte die Vertragsverlängerung und warf, in Unkenntnis der italienischen Akten, die Frage auf (S. 430), warum erst nach einenhalb Jahren ein Abschluß gelang, obwohl es keine wesentlichen Vertragsmodifikationen gab. Zur letzten Dreibundverlängerung 1912: Carlo Avarna di Gualtieri: L'ultimo rinnovamento della Triplice (5. dic. 1912), Milano 1924; Bosworth: Italy, S. 209–217; Francis R. Bridge, From Sadowa to Sarajevo. The Foreign Policy of Austria-Hungary 1866–1914, London 1972, S. 335 f.; Salvatorelli, Triplice, S. 457–460; Volpe, L' Italia nella Triplice Alleanza.

Wie hier zu zeigen ist, war das Gegenteil der Fall. Die Verhandlungen dauerten nur deshalb so lange, weil Kiderlen-Waechter sie – aus dem Motiv der langfristigen Bündnissicherung heraus – zu einem verfrühten und ungünstigen Zeitpunkt begonnen hatte. Kiderlen räumte dem Dreibund einen hohen Stellenwert innerhalb der deutschen Außenpolitik ein und war daran interessiert, ihn möglichst frühzeitig zu verlängern.[3] Obwohl der Vertrag erst 1914 ablief,[4] sprach Kiderlen schon im Januar 1910 mit Aehrenthal über die Fortsetzung des Bündnisses,[5] allerdings wollte dieser aus taktischen Gründen eine entsprechende Initiative Italiens abwarten.[6] Diese erfolgte im Sommer 1911, als der italienische Botschafter in Wien, Herzog Avarna, gegenüber seinem deutschen Kollegen v. Tschirschky das Thema der Verlängerung zur Sprache brachte. Kiderlen war froh, daß Avarna ihm das hochwillkommene Stichwort gegeben hatte, und gab den eigenen Verlängerungswunsch, als italienischen getarnt, sogleich an Aehrenthal weiter,[7] der indes zu Recht eine Berliner Initiative vermutete.[8] Das starke Interesse des deutschen Staatssekretärs an einer vorzeitigen Verlängerung dürfte darin zu suchen sein, daß er annahm, daß ein Bündnis mit nur noch geringer Restlaufzeit und unsicherer Verlängerung seine Verläßlichkeit verlieren würde. Außerdem schien die für 1914 anstehende reguläre Erneuerung gefährdet. Kiderlen befürchtete nämlich, ebenso wie auch die italienische Diplomatie, daß sie durch einen Thronwechsel in Wien von dem dreibundfreundlichen, aber inzwischen zweiundachtzigjährigen Franz Joseph hin zum Italienhasser Franz Ferdinand gefährdet oder sogar verhindert werden würde.[9] Außerdem wollte Kiderlen der vor allem in

---

3 Zu Kiderlens Haltung zur Dreibundverlängerung aus den deutschen Akten gearbeitet: Forsbach, Kiderlen 2, S. 670–681.
4 Der Dreibund war im Jahre 1902 für sechs Jahre abgeschlossen worden, die sich, wenn nicht für 1908 gekündigt wurde, automatisch um weitere sechs Jahre bis Juni 1914 verlängerten. Siehe oben, Kap. III.2.d: Prinetti, die Dreibundverlängerung 1902 und die italienische „Extratour" mit Frankreich. Allgemein herrschte bei den Diplomaten Unsicherheit über das faktische Ablaufdatum. Beispiel: Avarna an San Giuliano, 12.8.1911; 28.6.1913, in: ASMAE, Cassette Verdi, Cassetta 4.
5 Kiderlen an Bethmann, 31.1.1910, in: Jäckh, Kiderlen, S. 163 f.; Vietor, Mérey, S. 115.
6 Aehrenthal an Kiderlen, 10.8.1911, ÖUA III, Nr. 2585.
7 Kiderlen an Aehrenthal, 31.7.1911, ÖUA III, Nr. 2575 (=GP 30/2, Nr. 11217) schrieb, aus „zuverlässiger römischer Quelle" habe er erfahren, daß der König von Italien und Giolitti „nicht abgeneigt wären, den Dreibund schon jetzt tel quel zu erneuern". GP 30/2, S. 495, Fußnote *, sieht die Ausgangsinitiative auf italienischer Seite. Weitergabe der Initiative Kiderlens: Kaiservortrag Aehrenthals, 3.8.1911, ÖUA III, Nr. 2579.
8 Mérey an Aehrenthal, 14.10.1911, ÖUA III, Nr. 2757.
9 Tschirschky an Bethmann, 31.7.1911, GP 30/2, Nr. 11216; ähnlich Kaiservortrag Méreys, 8.8.1911, ÖUA III, Nr. 2584: „Was ich Seiner Majestät nicht sagen konnte, worin ich aber die Erklärung des italienischen, eventuell auch des deutschen Empressements finde, ist, daß man in dem Bestreben, den Dreibund unbedingt zu erneuern, sich zu einem möglichst raschen Vorgange vermutlich vor Allem durch das hohe Alter Seiner Majestät und die ganze momentan bei uns der

der italienischen Öffentlichkeit sicher zu erwartenden Diskussion über die Verlängerungs- und Vertragsmodalitäten vorgreifen. Am 18. September 1911 bestellte Kiderlen den italienischen Botschafter, Pansa, zu sich, um ihm die vorzeitige Verlängerung vorzuschlagen; diese Idee nannte er ausdrücklich seine eigene. Die Verhandlungen sollten durch zwei Briefe Kaiser Franz Josephs an seine Herrscherkollegen eröffnet werden.[10]

Kiderlens Vorstoß kreuzte sich aber, ohne daß er es gewußt oder gar beabsichtigt hatte, zeitlich mit dem Entschluß der italienischen Regierung, in Libyen anzugreifen. Pansa war der – wahrscheinlich berechtigten – Ansicht, Kiderlen hätte sonst seinen Vorschlag unterlassen.[11] Das deutsche Angebot sorgte in Rom für große, aber eher freudige Überraschung,[12] und am 24. Sep-

---

Erneuerung des Bundesverhältnisses günstige Situation gedrängt fühlt. Man fürchtet offenbar, daß, wenn man bis zum Jahre 1913 zuwarten würde, außer der Möglichkeit von politischen und Preß-Campagnen über die Vertrags-Erneuerung, bei uns Situationen eintreten könnten, welche dieser Erneuerung zum Mindesten weniger günstig wären, als die heutige." Zur ähnlichen Haltung San Giulianos in dieser Frage: Bosworth, Italy, S. 212. In Rom wurde sogar immer wieder befürchtet, der Erzherzog-Thronfolger arbeite eng mit Conrad zusammen und wolle nach seiner Thronbesteigung einen Krieg gegen Italien führen. Ein Beispiel: Tittoni an Avarna, 17.3.1908, mit der Frage, ob die gesprächsweise wiedergegebene Ansicht des „Times"-Korrespondenten Lavino in Paris stimme, daß Franz Ferdinand und seine Ratgeber gegen Italien Krieg führen und den Kirchenstaat wiederherstellen wollten. Allerdings wurde innerhalb der italienischen Diplomatie die zentrale Sorge wegen eines dreibundfeindlichen Umschwungs in Österreich-Ungarn relativiert; der Herzog von Avarna war beispielsweise der Ansicht, Franz Ferdinand werde nach seiner Thronbesteigung nichts anderes übrigbleiben, als die bisherige Außenpolitik fortzusetzen. Siehe Avarna an San Giuliano, 12.8.1911, ASMAE, Cassette Verdi, Cassetta 4: „Dubbi potrebbero sorgere circa le intenzioni dell'Arciduca Ereditario ove il suo avvento al Trono avesse luogo prima della scadenza del trattato. Nonostante le disposizioni poco favorevoli all'Italia che vengono attribuite a S.A.I.e R., non è da supporre che il nuovo Imperatore, data l'evoluzione che si è operata in Austria in seguito all'introduzione del suffragio universale ed i sentimenti di libertà e di indipendenza da cui è animata l'Ungheria, possa aver la possibilità di modificare radicalmente le condizioni di politica interna ed estera in cui troverà stabilito il Governo al momento che assumerà il potere. Ma egli sarà invece indotto dalla forza delle circostanze a prescindere da quelle disposizioni e a seguire l'indirizzo stesso del suo predecessore col rinnovare il trattato nell'interesse stesso della Monarchia."

10 Pansa an Gabinetto, 18.9.1911, ASMAE, Cassette Verdi, Cassetta 4. Ihm begründete Kiderlen seinen Schritt mit dem Wunsch, frei vom Druck der öffentlichen Meinung verhandeln zu können. Pansa entgegnete, daß seine Regierung vielleicht den Inhalt des österreichisch-italienischen Abkommens von 1909 in den Vertrag integrieren wolle, was Kiderlen als bloße Formsache akzeptierte.

11 Pansa an San Giuliano, 24.9.1911, ASMAE, Cassette Verdi, Cassetta 4. Anderer Ansicht ist Bosworth, Italy, S. 209: „there can be no doubt that the first clear suggestion of the early renewal came from the Central Powers, as an attempt to stop Italy from acting in Libya." Diesem von Bosworth angenommenen Zusammenhang kann bei Kenntnis der Akten nicht gefolgt werden.

12 Giolitti an San Giuliano, 23.9.1911, ASMAE, Cassette Verdi, Cassetta 4; San Giuliano an Pansa, 23.9.1911, ebenda.

tember 1911, nur einen Tag nach dem definitiven Angriffsentschluß, erklärten sich der König und Giolitti mit einer Verlängerung in aller Stille einverstanden.[13] Doch begannen nun die italienischen Kriegsvorbereitungen die Verhandlungen zu überschatten. Kiderlen wurde sich, als es schon zu spät war, der Parallelität zwischen seinem Vorschlag und den italienischen Angriffsvorbereitungen bewußt, empfand sie als ausgesprochen unglücklich und versuchte nicht zuletzt auch deshalb, diesen Krieg durch ein weitgehendes deutsches Garantieversprechen für Tripolis und unter lebhafter Beschwörung aller Gefahren, die aus diesem Krieg für den Weltfrieden resultieren könnten, abzuwenden. Indes konnte er nichts mehr an dem Entschluß der italienischen Regierung ändern. Kiderlen hielt zwar in den folgenden Monaten an seinem Verlängerungswunsch fest,[14] aber trotzdem hatte der Ausbruch der italienisch-türkischen Kämpfe eine neue Situation und dreiseitige tiefe Verlegenheit darüber geschaffen, was nun mit der Erneuerung geschehen solle. Die deutsche und österreichische Diplomatie wollten sich gegenüber der befreundeten Türkei und der eigenen turkophilen Öffentlichkeit nicht unnötig exponieren.[15] Dies sprach dafür, die Verlängerung der Allianz auf die Zeit nach dem Krieg zu verschieben. Auch Kiderlen verkannte nicht, daß die Verlängerung zum jetzigen Zeitpunkt international als deutsch-österreichische Ermutigung für den italienischen Angriff auf Tripolis interpretiert werden könne, was natürlich nicht im Berliner und Wiener Sinne war.[16] Aus römischem Blickwinkel hätte eine sofortige Verlängerung den Vorteil gehabt, daß diese in Konstantinopel als Zeichen des uneingeschränkten Beistands der Zentralmächte für Italien verstanden worden wäre und damit einschüchternd gewirkt hätte. Trotzdem sprachen auch für die italienische Regierung mehrere gute Gründe gegen die sofortige Verlängerung. Vielleicht würden sich Engländer und vor allem Franzosen provoziert fühlen, den Libyenkrieg als einen des Dreibunds interpretieren und deshalb der Türkei helfen, um Italien den Sieg zu erschweren. Außerdem besaß die Consulta mit der noch ausstehenden Verlängerung ein Druckmittel gegenüber Wien und Berlin, um deren Wohlverhalten in diesem Krieg erzwingen zu können.[17] Als die österreichisch-italienische Diskussion um die Ausweitung des Kriegsschauplatzes und um

---

13 San Giuliano an Avarna und Pansa, 24.9.1911, ASMAE, Cassette Verdi, Cassetta 4; Vietor, Mérey, S. 121.
14 Forsbach, Kiderlen 2, S. 673.
15 Mérey an Aehrenthal, 27.10.1911, ÖUA III, Nr. 2839.
16 Pansa an San Giuliano, 26.9.1911, ASMAE, Cassette Verdi, Cassetta 4.
17 Pansa an San Giuliano, 24.9.1911, ASMAE, Cassette Verdi, Cassetta 4, warnte schon damals vor dem Junktim. Aehrenthal glaubte, der Zeitpunkt der Verlängerungsverhandlungen sei für Italien einseitig günstig; er vermutete, Italien habe den Zeitpunkt mit Bedacht gewählt, um sich die deutsche und österreichische Freundschaft für eine Reihe von Jahren zu sichern. In: Vietor, Mérey, S. 120; Aehrenthal an Kiderlen-Wächter, 10.8.1911, ÖUA III, Nr. 2585.

den Artikel VII des Dreibundvertrages an Heftigkeit zunahm, wuchs auch die – von Anfang an vorhandene – Neigung der römischen Regierung, unter Hinweis auf die öffentliche Meinung die Verlängerung in Berlin und Wien als gefährdet zu bezeichnen, wenn die Verbündeten sich nicht bundeskonform in diesem Krieg verhielten.[18]

Schon diese Umstände verhinderten eine sofortige Unterzeichnung. Doch der Hauptgrund, weshalb die Verhandlungen lange nicht zum Abschluß gebracht werden konnten, lag in der falschen Erwartung der römischen Regierung, daß der türkische Widerstand schnell zusammenbrechen und der Besitzwechsel in Libyen in wenigen Wochen vollzogen und die Allianz dann problemlos und ohne äußere Störungen verlängert werden könne.[19] Deshalb wurden auch italienischerseits die Verhandlungen nicht forciert. Doch der Krieg zog sich unerwartet in die Länge, und als Italien einseitig die Annexion Libyens verkündete, war die Lage endgültig verfahren. Denn nun legte die italienische Regierung sehr viel Wert darauf, die sich auf Nordafrika beziehenden Artikel 9 und 10 des Dreibundvertrages[20] zu modifizieren und den neuen Besitz von den Verbündeten anerkannt und garantiert zu bekommen. Doch die Zentralmächte wollten ihre Neutralität nicht aufgeben und konnten daher keine Zusage bezüglich Libyens machen, bevor der neue Rechtszustand international und vor allem seitens der Türkei anerkannt worden war. Zwar wurde von den drei Parteien halbherzig nach Formeln gesucht, die eine Verlängerung sofort gestatten könnten, wie etwa eine Klausel, die die Frage nach den Besitzverhältnissen in Libyen der Zukunft überließ, da der neue Vertrag ohnehin erst nach Ablauf des alten im Juni 1914 in Kraft treten sollte. Doch erst als der Krieg im Oktober 1912 zu einem Ende gelangt war, wurden die praktisch stornierten Verlängerungsverhandlungen wieder aufgenommen und in kurzer Zeit abgeschlossen. Dies erklärt die lange Dauer der Verhandlungen – fast eineinhalb Jahre – bei vergleichsweise geringen Änderungen des Vertrages.

Während dieser eineinhalbjährigen Verhandlungsphase waren in den drei Außenministerien Analysen angefertigt worden, die auf die Einschätzung des

---

18 Giolitti, Denkwürdigkeiten, S. 150, erwähnt dieses Junktim. Aehrenthal hatte den Italienern diese Neigung bereits im Oktober 1911 unterstellt, Vietor, Mérey, S. 122; Aehrenthal an Kiderlen, 1.10.1911, ÖUA III, Nr. 2693; Pansa an San Giuliano, 24.9.1911, ASMAE, Cassette Verdi, Cassetta 4, hatte schon zu diesem frühen Zeitpunkt vor einem übertriebenen Ausnutzen des Junktims gewarnt. Avarna an San Giuliano, 25.9.1911, ebenda, empfahl ebenfalls kein kategorisches Junktim, aber doch ein vorsichtiges Ausnutzen dieser Zusammenhänge. Ebenso San Giuliano an Vittorio Emanuele III., 26.9.1911, ebd. Frage des Junktims wird weiter diskutiert in: Avarna an San Giuliano, 6.11.1911, San Giuliano an Botschaften Berlin und Wien, 11.12.1911, ebenda.
19 Pansa an San Giuliano, 26.9.1911, ASMAE, Cassette Verdi, Cassetta 4, äußerte die Ansicht, daß die Besitzverhältnisse in Libyen innerhalb eines Monats geändert werden könnten.
20 Zu diesen Artikeln siehe den Vertragstext in Anhang C.

Wertes der Allianz in den Regierungskreisen der verbündeten Staaten ein bezeichnendes Licht werfen und deshalb im folgenden wiedergegeben und miteinander verglichen werden sollen.

Das deutsche Urteil über den Dreibund war eindeutig: Die Allianz sollte verlängert werden, sobald wie möglich und unverändert. Wilhelm II. hatte inzwischen zu seiner alten Freundschaft zu Italien zurückgefunden.[21] Und die deutsche Regierung wollte die Allianz, „welche den Grundpfeiler des Friedens bilde, erhalten"[22]; daran lag ihr „unendlich viel"[23].

Ähnlich positiv wurde der Dreibund in Italien gewertet. Regierung und Diplomatie befürworteten dringend die Verlängerung. In einer charakteristischen Stellungnahme äußerte der Botschafter in Wien, Herzog Avarna, die Ansicht, der Vertrag sei sehr segensreich für die italienische Außenpolitik gewesen und habe die politische Sicherheit hergestellt, die es Italien ermöglicht habe, innenpolitische Stabilität und ökonomisches Wachstum zu fördern. Als Instrument der Status-quo-Sicherung habe sich der Dreibund glänzend bewährt, hingegen habe er Defizite, die offenbar zu werden drohten, sobald dieser Status quo sich ändere. Hier könne und müsse der Vertrag eigentlich verbessert werden. Der Botschafter empfahl aber, diese ihm sinnvoll scheinenden Veränderungen – nämlich eine Wiedereinsetzung der Mancini-Klausel von 1882 und eine Neufassung des Kompensationsartikels (Artikel VII) dergestalt, daß für eine Ausdehnung Österreich-Ungarns auf dem Balkan Italien das Trentino und die Isonzogrenze erhalten solle – nicht einmal anzusprechen, da sie keine Chance auf Durchsetzung hätten und die Vertragserneuerung kompromittieren würden. Aufnehmen in den Vertrag könne man vielleicht das österreichisch-italienische Albanien-Abkommen. Sollte es nur die Wahl zwischen unveränderter Verlängerung oder aber der Kündigung des Dreibunds geben, müßte Italien nach Avarnas Ansicht unbedingt verlängern. Denn der Dreibund sei seit 1882 immer effizienter geworden und durch seine militärische Macht und seine Autorität eine Art Hegemonialmacht in Europa, der anzugehören für Italien nur vorteilhaft sei.[24] Den Dreibund zu verlassen, sei hingegen eine Gefährdung des europäischen Gleichgewichts; außerdem sei es

---

21 Bollati an San Giuliano, 12.10.1913, in: Giolitti Quarant'anni die vita politica III, Nr. 111, S. 93, schrieb, daß Kaiser Wilhelm „è, per il momento almeno, personalmente animato da un vivo sentimento di amicizia e di simpatia per l'Italia".
22 Telegramm Berchtolds, 6.4.1912, ÖUA IV, Nr. 3415.
23 Tagesbericht Berchtolds, 2.4.1912, ÖUA IV, Nr. 3408; auch Flotow an Berchtold, 23.4.1912, ÖUA IV, Nr. 3469.
24 Avarna an San Giuliano, 12.8.1911, ASMAE, Cassette Verdi, Cassetta 4. „Per la forza militare che rappresenta, per l'autorità incontestata che ha saputo acquistare in Europa la triplice alleanza ha raggiunto un'egemonia tale da renderla in certo modo arbitra della politica continentale e degli utili che ne sono risultati per i suoi componenti: L'Italia pure ha potuto fruire in linea generale, a vantaggio del suo prestigio e della sua influenza all'estero."

fraglich, ob Italien von den Ententemächten herzlich aufgenommen würde, da selbst diese an der Aufrechterhaltung des Gleichgewichts interessiert waren und daher nicht bereit sein würden, die italienischen Ambitionen, zumal gegen Österreich-Ungarn gerichtete, zu unterstützen. Den Dreibund zu verlassen und dann eine Neutralitätspolitik zu betreiben hielt Avarna angesichts der österreichisch-italienischen Reibungen für direkt gefährlich.[25]

Sein Berliner Kollege, Pansa, befürwortete ebenfalls die Verlängerung des Dreibunds dringend. Er widmete sich vor allem der Frage, ob man in Berlin an dem Bündnis mit Italien überhaupt interessiert sei. Er wies darauf hin, daß „trotz allem" („malgrado tutto") auch die deutsche Regierung die Allianz mit Italien wünsche – worauf er auf die „Extratour"-Diskussion anspielte. Pansa schrieb: „Um offen zu sprechen, die kaiserliche Regierung weiß sehr genau, daß sie nur bis zu einem gewissen Punkt und mit einiger Reserve auf die aktive Mithilfe Italiens rechnen darf, sollte der casus foederis eintreten." Aber dieser sei wenig wahrscheinlich; die marokkanischen Ereignisse hätten gezeigt, wie sehr der Widerwille gegen einen europäischen Krieg zugenommen hätte. Doch sollte ein solcher Krieg unglücklicherweise trotzdem ausbrechen, sei es für das Deutsche Reich ein sehr großer Vorteil, in Italien einen wenn auch zögerlichen Verbündeten zu haben. Außerdem wisse niemand, ob es nicht zwischen Italien und Frankreich wieder zu Spannungen kommen könne. Im übrigen sei dem Deutschen Reich viel an guten österreichisch-italienischen Beziehungen gelegen.[26] Pansa meinte, daß in Berlin an eine unveränderte Erneuerung des Dreibunds gedacht wurde. Er war allerdings der Meinung, das österreichisch-italienische Abkommen von 1909 über den Sandschak könne in den neuen Vertrag integriert werden.

Das Fazit war eindeutig: Avarna und Pansa waren übereinstimmend der Ansicht, daß der Dreibund unbedingt verlängert werden müsse, und zwar unverändert, da Änderungen des Vertrages zwar eigentlich wünschenswert, aber wahrscheinlich nicht durchsetzbar seien.[27] Avarna warnte auch vor Mehrforderungen aus der italienischen Öffentlichkeit: Da sie über den Inhalt des Ver-

---

25 Zur Dreibundmitgliedschaft aus englischer Sicht siehe Gade, Gleichgewichtspolitik, S. 129–145, die – hier zu einseitig argumentierend – behauptet, das Verbleiben Italiens im Dreibund sei nur ein englisches Verdienst gewesen.

26 Pansa an San Giuliano, 24.9.1911, ASMAE, Cassette Verdi, Cassetta 4: „Per parlare francamente, il governo Imperiale sa benissimo che solo fino ad un certo punto e con qualche riserva esso potrebbe fare assegnamento sulla attiva cooperazione dell'Italia quando il casus foederis si presentasse. Ma se é poco probabile che ció avvenga entro un termine calcolabile ad occhio nudo, – ed i recenti casi del marocco hanno provato quali progressi abbia fatti la ripugnanza ad una guerra europea, – non è dubbio che ove questa disgraziatamente scopiasse tra la Francia e la Germania, sarebbe pur sempre un'immensa guarentigia per quest'ultima l'avere nell' Italia un'alleata, sia pure un po' tiepida e restia."

27 Avarna an San Giuliano, 12.8.1911, ASMAE, Cassette Verdi, Cassetta 4.

trages nicht informiert sei, könne sie gar nicht kompetent mitreden. Diesen Urteilen Avarnas und Pansas schlossen sich San Giuliano, Giolitti und der König an.

Während in Berlin und Rom eine insgesamt sehr positive Einschätzung des Dreibunds vorherrschte, dominierten am Ballhausplatz Skepsis und Verdrossenheit. Mérey hätte es gefühlsmäßig mehr entsprochen, „Italien bis zum letzten Momente ... zappeln und schließlich an uns herankommen [zu] lassen"[28]. Die Italienfeindschaft des Thronfolgers und Conrads, die Hetze Chlumeckys wirkten sich zunehmend auf das österreichisch-italienische Verhältnis aus, und der Tripoliskrieg verschärfte die Wiener Mißstimmung gegen Italien in dramatischer Weise.[29] Allerdings waren die Gegner der Allianz, zumindest nach Avarnas Urteil, bei den Klerikalen, Feudalen und den Militärs zu suchen; in der öffentlichen Meinung der Monarchie könne das Bündnis mit Italien doch auf breiteren Rückhalt bauen.[30]

Wie Aehrenthal als führender Dreibundbefürworter das Bündnis sah, zeigte sich im gemeinsamen Ministerrat am 6. Dezember 1911. Er führte hier aus, die Monarchie könne zwar „kein besonderes Vertrauen zu ihrem italienischen Bundesgenossen haben." Doch könne man „bei richtiger Führung der auswärtigen Politik und ohne überflüssiges zur Schau getragenes Mißtrauen Italien gegenüber ... mit letzterem leidlich auskommen"[31]. Als Aehrenthal im Februar 1912 starb, war dies ein schwerer Schlag auch für den Dreibund. Er war, trotz seines Verhaltens gegenüber Tittoni während der bosnischen Krise, immer auf eine gute Zusammenarbeit mit Italien aus gewesen, schon um das deutsche Übergewicht im Dreibund durch Ausbalancierung zu vermindern, hatte eine schroff anti-italienische Politik verhindert und im Herbst 1911 unter Rücktrittsdrohung die Entlassung Conrad v. Hötzendorfs erzwungen, dessen Präventivkriegspläne seine Italienpolitik immer nachdrücklicher zu stören drohten.[32] Als unerwünschter Nebeneffekt waren aber nach Conrads Entlassung dessen bisher nur in Umrissen bekannten Pläne in die öffentliche Diskussion geraten – und zwar auch in Italien.[33]

Die anti-italienischen Tendenzen des Erzherzog-Thronfolgers und der Armee einzudämmen verlangte eine Stärke, die Aehrenthal besaß, sein Nachfolger, Leopold Graf Berchtold, jedoch nicht. Italienfeindliche Tendenzen konnten sich innerhalb der österreichischen Führung nun ungehinderter als bisher ausbreiten. Auch machte sich die Einmischung Franz Ferdinands in die

---

28 Mérey an Aehrenthal, 8.8.1911, ÖUA III, Nr. 2584.
29 Tschirschky an Bethmann, 20.11.1911, GP 30/2, Nr. 11237.
30 Avarna an San Giuliano, 12.8.1911, ASMAE, Cassette Verdi. Cassetta 4.
31 Protokoll der Ministerratssitzung vom 6.12.1911, in: ÖUA III, Nr. 3057.
32 Dazu: Denkschrift Aehrenthals vom 22.10.1911, ÖUA III, Nr. 2809, in der er scharf gegen alle Kriegspläne Conrads gegen Italien Stellung nimmt.
33 Fellner, Dreibund, S. 71, zitiert einen entsprechenden Brief Méreys an seinen Vater.

Außenpolitik immer störender bemerkbar. Doch Berchtold war nicht die bloße Marionette des Thronfolgers,[34] sondern aus eigenem Antrieb ein ausgeprägter Dreibundskeptiker. Beim Studium des ihm zuvor unbekannten Vertrages stellte er entsetzt fest, daß Italien zumindest auf dem Papier viele einseitige Vorteile und Zugeständnisse erhalten hatte. Und er dachte schon darüber nach, ob nicht Österreich-Ungarn an Italien Forderungen stellen müsse, um eine Gleichheit der Leistungen herzustellen; auf jeden Fall hätte er diesen Vertrag so niemals unterzeichnet.[35] Dieses Gefühl, daß die Monarchie von Italien übervorteilt worden sei, wurde innerhalb des österreichischen Außenministeriums von vielen geteilt. Einer der Mitarbeiter des Ballhausplatzes, Julius Szilassy, wurde mit der Abfassung eines Memorandums über die Geschichte und den Inhalt des Dreibunds beauftragt, das eine Reihe charakteristischer und am Ballhausplatz offenbar weitverbreiteter Ansichten über die Allianz enthielt und deshalb hier in seinen Kernaussagen wiedergegeben werden soll.[36]

Szilassy interpretierte den Dreibund als die Verbindung des „bittenden" Italien, des „ehrlichen Maklers" Deutschland und des „zahlenden" Österreich-Ungarn. Einziges Ziel dieses Bündnisses sei die „Erhaltung des Weltfriedens". Diese Aussage, die aus heutiger Sicht als größtes denkbares Lob des Dreibunds gelten würde, war von Szilassy jedoch als Kritik an der Unfruchtbarkeit der Allianz gemeint, die sich auf ein rein „negatives Ziel" wie die Erhaltung des Friedens beschränke. Die österreichisch-italienische Allianz schien Szilassy unfruchtbar: „Heutzutage verbindet die Monarchie mit Italien nichts als das Interesse an dem Weltfrieden und den Frieden unter sich selbst! ... Ententen, diese moderne Form der Bündnisse, haben einen Sinn nur insoferne, als die beiderseitigen Interessen bei denselben berücksichtigt werden. Dies ist zwischen Oesterreich-Ungarn und Italien nicht der Fall. Es besteht zwischen beiden ein Bündnis, aber nicht einmal, betrachtet man ‚l'esprit et pas la lettre' eine solche enge Entente wie zwischen England und Rußland." Szilassy beurteilte den Wert dieser Freundschaft um so skeptischer, weil er sich nach der Berechtigung der großen Ansprüche Italiens fragte. Seine Zweifel an der italienischen Leistungsfähigkeit gingen so weit, daß er selbst einen

---

34 Robert Kann: Erzherzog Franz Ferdinand und Graf Berchtold als Außenminister, in: ders.: Franz Ferdinand Studien, S. 206–240.
35 Vietor, Mérey, S. 133; Berchtold an Szögyény, 8.5.1912, ÖUA IV, Nr. 3513: „In dem Dreibundvertrage von 1882 hat Italien so vorteilhaft abgeschnitten, daß es sich nun zweimal überlegen dürfte, bevor es denselben leichtfertig preisgeben würde." Diese Haltung Berchtolds war über eine Vertrauensperson auch in Italien bekanntgeworden. Dazu San Giuliano an Bollati, 5.11.1912, ASMAE, Cassette Verdi, Cassella 4.
36 Siehe dazu Renata Vietor: Die Denkschrift des Gesandten von Szilassy vom Sptember 1912 anläßlich der Dreibunderneuerung, in: Mitteilungen des Österreichischen Staatsarchivs 15 (1962), S. 452–494, mit Wiedergabe der Denkschrift und kritischer Bewertung der darin enthaltenen Gedanken.

Seitenwechsel des Verbündeten für nicht sehr gefährlich hielt. Auch wenn Italien aus dem Dreibund ausscheide, sich der gegnerischen Machtgruppe anschließe und diese zur Quadrupelallianz mache, seien die Konsequenzen zu verkraften, weil die Zeittendenzen nicht in Richtung eines großen Krieges gingen. Szilassy urteilte: „Heute will weder Frankreich noch Rußland einen Krieg, das eine, weil es pacifistisch geworden ist, das zweite, weil es andere Sorgen hat."

Unter die Aktiva des Dreibunds rechnete Szilassy neben dem Erhalt des Weltfriedens die Konservierung der monarchischen Staatsform in Italien. Diese Ziele seien bei Abschluß des Bündnisses formuliert und auch erreicht worden. Allerdings schloß Szilassy daran eine sehr interessante und erwägenswerte Überlegung an, die deutlich zeigt, wie sich die innenpolitischen Zeitumstände seit der Gründung der Allianz vor allem in Italien geändert hatten. Er fragte sich nämlich, ob die Stützung der Savoyer nicht ein Fehler gewesen sei. Die italienische Monarchie, deren Stützung man sich so zu Herzen genommen habe, sei imperialistisch und landgierig, eine Republik wäre „sozialistisch und pacifistisch" und deshalb für Österreich-Ungarn ein besserer Nachbar.

Für deutliche Passiva der Allianz hielt er neben dem – von ihm aber mehrfach in seiner realen Bedeutung relativierten – irredenten Problem besonders die Balkanrivalität der beiden Mächte. Die förmliche Anerkennung Italiens als Balkanmacht habe letztlich die österreichische Balkanpolitik gelähmt. Deshalb konstatierte Szilassy auch, „daß trotz aller außerordentlichen Konsiderationen die Monarchie einen viel zu hohen Preis für das Bündnis mit Italien bezahlt". Und er fragte sogar, ob Österreich-Ungarn nicht „wie der Negus" Italien zwingen könne, die Hände von der adriatischen Ostküste zu lassen; eine Logik, die schon an Conrads Ideen der „Abrechnung" mit Italien erinnert. Szilassy schloß seine Analyse mit der Feststellung: „Ein Krieg mit Italien à tout prix erscheint gerade so verwerflich wie ein Bündnis à tout prix."[37]

Diese Einstellung war in Rom genau bekannt.[38] Sie wurde im übrigen auch von Botschafter Mérey geteilt; dieser gab sich keine Mühe, aus seinem geringen Vertrauen in Italien ein Geheimnis zu machen.[39] Er war sogar noch radikaler und erklärte seinen italienischen Gesprächspartnern, der Dreibundvertrag habe keine Daseinsberechtigung mehr und müsse völlig neu ausgearbeitet werden. Doch letztlich blieb diese Meinung folgenlos. Mérey selbst hatte schon vor Beginn der Verhandlungen dem Kaiser im August 1911 zu einer Verlängerung des Bündnisses geraten. Schließlich schien ihm die Stimmung in Italien so, daß die überwältigende Mehrheit der Italiener die Al-

---

37 Memorandum Szilassy, HHStA, PA I/491.
38 San Giuliano an Wiener Botschaft, 2.11.1912, ASMAE, Cassette Verdi, Cassetta 4.
39 Avarna, Nov 1912, ASMAE, Cassette Verdi, Cassetta 4.

lianz verlängern wollte.[40] Auch Berchtold war trotz aller Skepsis bereit, den Vertrag unverändert zu erneuern; mehr noch, er hielt ihn für die Achse der österreichischen Außenpolitik.[41] Letztlich überwogen auch aus Wiener Sicht die Vorteile des Dreibunds seine Nachteile bei weitem.

Die österreichische und italienische Beurteilung kreuzten sich, bei aller Unterschiedlichkeit, in mehreren Punkten: Zwar war die Allianz nicht dafür zu gebrauchen, die jeweiligen Partikularinteressen (die „positiven Ziele") der Partner energisch zu unterstützen. Allerdings wurde die Fähigkeit des Dreibunds, das europäische Gleichgewicht und den Frieden zu sichern, hoch eingeschätzt. Daß die Allianz als Instrument der europäischen Friedenssicherung sehr brauchbar war, glaubte man nicht nur in Wien und Rom, sondern auch in Berlin. Die Kritik am Bündnis entstand dadurch, und dies ist in Hinblick sowohl auf die angeblich universale europäische Kriegsstimmung zwischen Agadir und Sarajevo[42] als auch auf die Julikrise 1914 von besonderem Interesse, daß die friedenserhaltenden Qualitäten des Bündnisses nicht so hoch eingeschätzt wurden, weil ein europäischer Krieg aus Gründen des Zeitgeistes für relativ unwahrscheinlich gehalten wurde.[43] Auch Kiderlen hielt übrigens einen europäischen Krieg für unwahrscheinlich.[44]

Rein inhaltlich gab es während der eigentlichen Verhandlungen im Herbst 1912 noch das Mißtrauen von Giolitti gegen die österreichischen Balkanpläne zu überwinden. Dessen Bedenken brachte San Giuliano Berchtold gegenüber während einer Zusammenkunft in Pisa im Oktober 1912 zur Sprache. Allerdings war Berchtold strikt gegen jede Erweiterung des Vertrages zu italienischen Gunsten; schon jetzt sei Italien vertraglich bevorteilt und wenn, dann müsse Österreich ebenfalls Nachforderungen erheben. Mehr Entgegenkommen bewies Berchtold gegenüber dem italienischen Wunsch nach Anerkennung des neuen Besitzstandes in Libyen; hier hielt er zwar eine formelle di-

---

40 Mérey an Aehrenthal, 8.8.1911, ÖUA III, Nr. 2584; Vietor, Mérey, S. 118.
41 San Giuliano an Bollati, 5.11.1912, ASMAE, Cassette Verdi, Cassetta 4.
42 Siehe zu dieser Ansicht Mommsen, Topos vom unvermeidlichen Krieg, passim; Gegenposition, zugespitzt auf das deutsch-französische Verhältnis, aber mit grundsätzlicher Argumentation, jetzt bei Wilsberg, Ami, besonders S. 81–94.
43 Dies war auch Giolittis überzeugte Ansicht, siehe Albertini, Origins 1, S. 431 f., der über ein Gespräch mit Giolitti Ende 1912 berichtet und entrüstete Klagen über dessen Blindheit gegenüber den Gefahren für den europäischen Frieden erhob. Doch scheint diese Haltung damals zumindest in den europäischen Außenministerien weit verbreitet gewesen zu sein. Siehe dazu auch Manfred Tobisch: Das Deutschlandbild der Diplomatie Österreich-Ungarns von 1908–1914, Frankfurt 1994, S. 277–286, besonders S. 281. Redlich, Tagebuch 1, Eintragung vom 17.10.1912: „Das große Publikum glaubt nicht an die Möglichkeit eines Krieges zwischen den Großmächten."
44 Flotow an Berchtold, 23.4.1912, ÖUA IV, Nr. 3469, mit Kiderlens Ansichten zum französischen Friedenswillen in Regierung und Bevölkerung sowie dem dort um sich greifenden Antimilitarismus.

plomatische Anerkennung des neuen Besitzstandes durch Wien und Berlin für ausreichend und jede Änderung des Vertrages eigentlich für überflüssig, war aber bereit, eine solche zu akzeptieren, wenn Berlin eine entsprechende Formel ausarbeiten werde.[45]

Die weiteren Verhandlungen gelangten dann rasch zum Ziel. Zwar erhoben sich in Italien die bekannten und verständlichen Bedenken wegen England. Andererseits sorgten gerade die Abkühlung der französisch-italienischen Beziehungen und die Verstärkung der französischen Flotte im Mittelmeer dafür, daß sich die italienische Öffentlichkeit bedroht fühlte; dies war wiederum für den Dreibund günstig. Der österreichische Geschäftsträger urteilte sogar, die Franzosen hätten mit der Verstärkung der Mittelmeerflotte im Herbst 1912 dem Dreibund gar keinen größeren Gefallen tun können.[46] Am 5. Dezember 1912 erfolgte die Unterzeichnung des Dreibunds „ohne jede Änderung". Die österreichische Presse kommentierte die Dreibundverlängerung sehr freundlich; in Italien wurde sie „ohne jede Überschwenglichkeit, aber im Ganzen günstig" aufgenommen.[47]

Der Dreibund war als Instrument der Friedenssicherung zur Sicherung des Status quo verlängert worden. Der Verstärkung der Allianz diente auch die Heranziehung des seit den achtziger Jahren durch einen Geheimvertrag mit den Zentralmächten alliierten Rumäniens an den Dreibund. Dem rumänischen König wurde die Verlängerung durch die drei Botschafter im Dezember 1912 mitgeteilt. Mittelfristig wollten die deutsche und österreichische Diplomatie den Dreibund und das Abkommen mit Rumänien in der Laufzeit angleichen, um die formelle Umwandlung des Dreibunds in eine Quadrupelallianz zu erleichtern. Doch sollte sich dieser Plan vor 1914 nicht mehr realisieren.

Tatsächlich war der Dreibund, wie dies in den internen Analysen klar herausgekommen war, wenig geeignet, angesichts der latenten Konkurrenz und antagonistischen Interessen der drei Partner Fragen des Zuerwerbs oder machtpolitischer Veränderungen zu regeln. Dies sollte sich bald schon erweisen: als die Balkankriege den durch die bosnische Krise und den Libyenkrieg erschütterten Status quo in Europa zum Einsturz brachten.

---

[45] Tagesbericht Berchtolds, 26.10.1912, ÖUA IV, Nr. 4181; ähnlich Erlaß Berchtolds, 1.11.1912, ebenda, Nr. 4220.

[46] Ambrózy an Berchtold, 24.9.1912, ÖUA IV, Nr. 3840.

[47] Telegramm Méreys, 10.12.1912 , ÖUA V, Nr. 4858. Im Parlament erhoben sich nur die üblichen kritischen Stimmen des Sozialisten Bissolati (Secolo, 9.12.1912, Torre, Politica Estera, S. 404), der die antienglische Tendenz im Dreibund bemängelte, die dieses Bündnis zuvor nicht besessen habe, und des Irredentisten Barzilai, der bemängelte, der Dreibund sei sinnlos geworden nach der Eroberung Libyens und der Entwicklungen auf dem Balkan, die ihn seines eigentlichen Inhalts, nämlich der Wahrung des Gleichgewichts, beraubt habe. Die allgemeine Stimmung änderte sich nach der Wiederberufung Conrads, siehe Kap. IV.9: „Ein stets reparaturbedürftiges Haus"? Die Krise im österreichisch-italienischen Verhältnis 1912–1914.

> Wir wollen alles tun, um den Frieden zu erhalten, aber es wird letztlich umsonst sein. Für die Balkanvölker ist die Chance zu verlockend.
>
> Zar Nikolaus II. zum französischen Botschafter, Juni 1912[1]
>
> Wir haben nicht die Energie gefunden, sie niederzuwerfen, und nicht die Größe, sie zu Freunden zu gewinnen.
>
> Czernin, am 27. Juni 1913

6. Die Balkankriege und der Zusammenbruch des Status quo auf dem Balkan

a) Die Großmächte, der „Wille Europas" und die Balkanstaaten

Die im Libyenkrieg offenbar gewordene türkische Schwäche ermutigte die Balkanstaaten, gemeinsam gegen das Osmanische Reich anzutreten und ihm die Reste seiner europäischen Besitztümer, vor allem das seit nun schon seit so vielen Jahren umstrittene und innenpolitisch unruhige Mazedonien, abzunehmen. Der Krieg war international gut vorbereitet, weil die Türkei zwar seit Jahrzehnten Reformen versprochen hatte, sie aber dann nicht oder nur unzureichend durchführen konnte und wollte. Hinzu kam, daß auch das im Sommer 1908 gerade in Großbritannien mit so vielen Hoffnungen begrüßte jungtürkische Regime stark abgewirtschaftet, seine Zentralisierungs- und Türkisierungspolitik die Gegensätze innerhalb des multiethnischen Reiches sogar noch beträchtlich verstärkt hatte. In allen Teilen des Osmanischen Reiches gärte es, in Arabien und Palästina, vor allem aber in den europäischen Territorien, in Mazedonien und Albanien. Mazedonien war ohnehin seit Jahrzehnten eine unruhige Region gewesen, in der ein unkontrollierbarer Bandenkrieg tobte. Hingegen waren die albanischen Stammesführer, solange die Regierung in Konstantinopel eine dezentrale Politik betrieben hatte, auf ihre – sehr spezifische – Weise loyal gewesen. Doch die Politik der Jungtürken hatte auch sie in die Opposition getrieben.[2] Im Sommer 1912 kam es an mehreren

---

1 Albertini, Origins 1, S. 371; DDF III/3, Nr. 151.
2 Über die Stimmung in Albanien geben Vlora, Lebenserinnerungen, Auskunft. Sie zeigen, wie

Stellen des Reiches gleichzeitig zu Unruhen, zu einer Meuterei in Adrianopel, zu großen Aufständen in Albanien und schließlich zum Sturz der jungtürkischen Regierung.[3] Dadurch verbesserte sich die Lage der Türkei aber nicht, im Gegenteil nahm die Lähmung der Zentrale in Konstantinopel sogar noch zu, da die Jungtürken stark genug blieben, die Regierungspolitik unablässig zu kritisieren, ihr nationalen Ausverkauf vorzuwerfen und dadurch jede Ausgleichspolitik wirkungsvoll zu torpedieren.[4] Die Ohnmacht des türkischen Machtzentrums wäre vielleicht unter stabilen außenpolitischen Verhältnissen für eine gewisse Zeit auszuhalten gewesen, doch angesichts der wachsenden Bedrohung durch die Balkanstaaten waren die Konsequenzen fatal.

Die sich abzeichnende Konfrontation war nicht nur für die Türkei eine Lebensfrage, sondern forderte auch das gesamte europäische Staatensystem heraus. Die Großmächte glaubten als Signatarmächte des Berliner Vertrages das Recht und die Pflicht zu haben, die Verhältnisse auf dem Balkan zu kontrollieren. Außerdem spielten die Sonderinteressen der klassischen Balkanhegemonen, der Russen und Österreicher, eine wichtige Rolle. Beide Mächte – und das am Balkan ebenfalls interessierte Italien noch dazu – suchten ihre politischen Freunde für ihre Ziele einzuspannen, womit auch die europäischen Mächtegruppen, der Dreibund und die Tripel-Entente, in den sich abzeichnenden Konflikt hineingezogen wurden. Mehr noch, das Zustandekommen einer antitürkischen Balkankoalition konnte sogar auf direkte russische Einwirkung zurückgeführt werden. Denn im Gefolge der bosnischen Krise war die zaristische Diplomatie aktiv geworden mit dem Ziel, ein Bündnis zwischen den Balkanstaaten zuwegezubringen, das jedes weitere österreichische Vordringen Richtung Saloniki unmöglich machen sollte. Diese Anstrengungen waren von Erfolg gekrönt, und am 13. März 1912 schlossen Bulgarien und Serbien ein Bündnis ab, einen Beistandspakt, in den Rußland als Garantie- und Kontrollmacht eingebunden war und der seine Spitze gegen Österreich-Ungarn, aber auch gegen das Osmanische Reich richtete. In einem geheimen Zusatzabkommen einigten sich die beiden Balkanstaaten über die Aufteilung des türkischen Territoriums. Die Russen informierten korrekterweise auch ihre französischen Verbündeten über diese Abmachung, deren Begeisterung sich aber in engsten Grenzen hielt. Sie warnten die Russen, daß für Frankreich im Konfliktfall der Casus foederis nur dann gelte, wenn das Deutsche Reich beteiligt sei, nicht aber wegen irgendwelcher Balkanprobleme.[5] Poin-

---

    sehr sich der albanische Adel doch dem Osmanischen Reich zugehörig fühlte und auch die negativen Auswirkungen der jungtürkischen Politik auf den inneren Zusammenhalt.
3 Albertini, Origins 1, S. 375.
4 Dazu Ernst Christian Helmreich, The Diplomacy of the Balkan Wars, 1912–1913, Cambridge/London 1938, S. 90–102.
5 Albertini, Origins 1, S. 372 f.

caré machte später den Russen sogar Vorwürfe, die „Kriegs- und Eroberungslust der Balkanvölker gereizt" zu haben.[6] Und trotzdem errechnete sich der französische Generalstab gute Chancen für den Fall eines jetzt ausbrechenden kontinentalen Krieges.

Aber trotz aller militärischen Pläne und diplomatischen Ranküne war nicht nur die französische, sondern auch die russische Regierung an der Aufrechterhaltung des Status quo auf dem Balkan interessiert, nicht aber an einem regionalen und erst recht nicht an einem europäischen Krieg. Vor allem die russische Führung stand dem Ergebnis ihrer Balkanpolitik bald schon wie der Zauberlehrling gegenüber, der die Geister, die er rief, nicht mehr kontrollieren konnte.[7] Denn das Bündnis war gegen Österreich-Ungarn, nicht gegen die Türkei entworfen worden, änderte jetzt aber unaufhaltsam seine Stoßrichtung und weitete sich aus. Dem Bündnis Serbiens und Bulgariens schlossen sich über bilaterale Vernetzung noch Griechenland und Montenegro an. Letzteres, als kleinstes Land und letztes Mitglied der Koalition, hatte, um seine territorialen Forderungen später gegenüber seinen stärkeren Verbündeten auch durchsetzen zu können, die Aufgabe, den Krieg gegen die Türkei zu beginnen. Dies war schon deshalb leicht, weil an der montenegrinisch-türkischen Grenze beständige Übergriffe ohnehin schon den Charakter eines chronischen Kleinkriegs angenommen hatten. Die offen aggressive Tendenz dieses Balkanbundes sorgte die Russen zunehmend. Schon im Vorfeld sagte Zar Nikolaus II. zum französischen Botschafter: „Wir wollen alles tun, um den Frieden zu erhalten, aber es wird letztlich umsonst sein. Für die Balkanvölker ist die Chance zu verlockend."[8] Die Regierung in St. Petersburg hatte, wenn auch zu spät, die Gefahren erkannt, die ein Alleingang des Balkanbundes nicht nur für die Türkei oder Österreich-Ungarn, sondern auch für alle russischen Ambitionen darstellte. Ein serbisch-bulgarischer Erfolg gegen die Türkei würde ja möglicherweise Konstantinopel und die Meerengen in die Hand der höchst eigenwilligen Bulgaren bringen, was Rußland absolut nicht zulassen wollte und dazu gezwungen hätte, vielleicht sogar gegen seinen eigenen Protegé zu den Waffen greifen zu müssen. Sollten hingegen die Türken gewinnen, wäre dies nach dem diplomatischen Vorlauf für Rußland eine diplomatische Niederlage ohnegleichen und eine schwere Prestigeeinbuße bei den Balkanvöl-

---

6 Hantsch, Berchtold, S. 316.
7 So auch ebd., S. 316, S. 333: „Man habe in St. Petersburg den Balkanbund nur als Drohung gegen Österreich-Ungarn betrachtet und ist überrascht, daß derselbe sich auch in anderer Richtung betätigen will." Ähnlich Bethmann Hollweg, Betrachtungen 1, S. 77: „Als Herr Sassonow am Tage der Kriegserklärung Montenegros durch Berlin kam, sagte ihm Herr von Kiderlen, Patronage über die unruhigen Balkanvölker scheine ja nicht ungefährlich, worauf der Minister nichts anderes zu erwidern wußte, als daß Rußland den Balkanstaaten ausdrücklich aggressive Maßregeln verboten habe."
8 Albertini, Origins 1, S. 371; DDF III/3, Nr. 151, 15.6.1912.

kern.[9] Deshalb wünschte sich Außenminister Sasonov einen Ausgang, der durch das selbstgeschaffene Balkanbündnis indes ausgeschlossen schien – nämlich einen serbischen Erfolg und eine bulgarische Niederlage.[10]

Auch die anderen Großmächte betrachteten die drohende Auseinandersetzung auf dem Balkan mit größter Sorge, weil das gesamte internationale System durch die drohenden Ereignisse gefährdet schien. Außerdem waren sie alle, wenn auch mit unterschiedlicher Intensität, aus politischen, ökonomischen, finanziellen und strategischen Gründen an der Zukunft der europäischen Türkei und des Balkans brennend interessiert. Das Deutsche Reich legte wegen seiner ökonomischen Orientinteressen großes Gewicht auf den ungeschmälerten Fortbestand seines Schützlings, der Türkei. Österreich-Ungarn wollte nur Ruhe und die Bewahrung des Status quo auf dem Balkan; es hatte hier das „negative Interesse", das feindselige Serbien nicht größer werden zu lassen. England und Frankreich war die Türkei gleichfalls aus strategischen, finanziellen und ökonomischen Gründen nicht gleichgültig; auch sie hätten eine Konservierung der nun einmal existierenden Verhältnisse bevorzugt. Noch immer war der Grundkonsens der Großmächte, der sich auf dem Berliner Kongreß manifestiert hatte, nämlich die heiklen Balkanfragen lieber einzufrieren als eine Lösung des wahrscheinlich Unlösbaren zu versuchen, lebendig. Und angesichts dieses gemeinsamen Grundinteresses aller Großmächte am Status quo war es nicht erstaunlich, daß sie Anfang Oktober 1912 – während parallel schon die ersten Kampfhandlungen zwischen den Balkanstaaten und der Türkei losbrachen – über eine Revitalisierung des europäischen Konzertes nachzudenken begannen.[11] Das Ziel der Mächte war eindeutig: die Vermeidung eines Krieges oder, sollte dies nicht gelingen, zumindest die Bewahrung des territorialen Status quo, unabhängig, wie der Krieg ausgehen sollte.

Dies war auch der Zweck eines Vorschlags, den Poincaré auf Anregung Sasonovs am 4. Oktober 1912 den Großmächten machte. Er hatte zum Inhalt, eine kollektive Demarche in Konstantinopel und den Balkanhauptstädten zu übergeben und so den „Willen Europas" durchzusetzen. Der französische Präsident betrachtete das Zustandekommen dieses Schrittes als „in hohem Maße das Werk Frankreichs."[12] Zwar hatten Österreich und England noch Änderungswünsche, aber letztlich hatte Sasonov recht, als er sagte: „Europa hat sich wiedergefunden." Dieser „Wille Europas" bestand darin, am 8. und 10. Oktober 1912 von der Türkei dringend Reformen zu fordern; die Mächte ver-

---

9 Albertini, Origins 1, S. 376.
10 Hantsch, Berchtold 1, S. 317.
11 Albertini, Origins 1, S. 376.
12 Raymond Poincaré, Au service de la France 10 Bände, Paris 1926–32; Band 2, S. 243; Hantsch, Berchtold 1, S. 319.

wiesen auf den Berliner Vertrag und erklärten, keine Änderung des Status quo auf dem Balkan zuzulassen. Dies lehnte Konstantinopel jedoch als Einmischung in die inneren Angelegenheiten ab. Auch übergaben Österreich-Ungarn und Rußland im Auftrag der Großmächte am 10. Oktober diplomatische Noten in den Hauptstädten der Balkanländer, in denen sie zu verstehen gaben, daß sie Veränderungen des Status quo infolge militärischer Aktionen nicht zulassen würden. All dies lief eindeutig auf die Konservierung der Türkei hinaus[13] – und wurde deshalb von den Balkanstaaten scharf abgelehnt. Die Großmächte mußten die für sie neue Erfahrung machen, daß sich die Kleinstaaten diesmal nicht bremsen ließen. Noch während die Kabinette untereinander berieten, brachen Anfang Oktober 1912 die Feindseligkeiten aus: Am 17. Oktober waren alle Balkanstaaten außer dem neutralen Rumänien in den Krieg gegen die Türkei eingetreten.[14]

Die Haltung der Großmächte war zu dem Zeitpunkt wesentlich durch die Erwartung bestimmt, daß die militärische Lage auch später eine Intervention erlauben würde. Ob die Mächte wirklich, wie beispielsweise Luigi Albertini behauptete, an einen türkischen Sieg glaubten,[15] ist fraglich; sicher ist, daß sie mehrheitlich auf einen solchen hofften. In der Vergangenheit waren die Türken gegen ihre Gegner auf dem Balkan meist siegreich geblieben. Andererseits waren die Armeen der Balkanstaaten in der Übermacht: 290.000 Türken mußten gegen 474.000 Mann der verbündeten Armeen ins Feld ziehen, das Gros stellten die Bulgaren, dann die Serben.[16] Vor allem in Österreich-Ungarn und im Deutschen Reich waren die Hoffnungen mehrheitlich auf türkischer Seite.[17] Allerdings hielt Generalstabschef Blasius Schemua, der Nachfolger Conrad v. Hötzendorfs, einen türkischen Sieg für unwahrscheinlich. Graf Berchtold glaubte an einen unentschiedenen Ausgang der Auseinandersetzung und lange Kämpfe. Er nahm an, der Krieg werde ähnlich wie der in

---

13 Albertini, Origins 1, S. 377: „Europe was still playing the game of Turkey".
14 Die Türkei verlegte Truppen in die Balkanregion und machte am 30. September 1912 mobil. Montenegro erklärte, wie abgesprochen, der Türkei als erstes am 8. Oktober 1912 den Krieg, während gleichzeitig die anderen Balkanstaaten mobilmachten. Diesem Schritt folgte ein Ultimatum Griechenlands, Bulgariens und Serbiens an die Türkei, in dem Reformen verlangt wurden, und dann am 17. Oktober 1912 die Kriegserklärung.
15 Albertini, Origins 1, S. 377; Schöllgen, Imperialismus und Gleichgewicht, S. 349.
16 Katrin Boeckh: Von den Balkankriegen zum Ersten Weltkrieg. Kleinstaatenpolitik und ethnische Selbstbestimmung auf dem Balkan, München 1996, S. 35, nennt folgende Armeestärken: 233.000 Bulgaren, 130.000 Serben, 80.000 Griechen, 31.000 Montenegriner.
17 Der Diplomat Graf Alexander Hoyos sagte am 3. Oktober zu Redlich: „Im übrigen werde sich erst zeigen, wer stärker sei, die Bulgaren oder die Türken. Hoffentlich bekommen die Bulgaren feste Hiebe!" Und dieser notierte am Tag des Kriegsausbruchs, daß man auf den Status quo und eine „vernichtende Niederlage der Bulgaren und Serben" hoffe. Redlich, Tagebuch 1, Eintrag vom 17.10.1912.

Tripolis verlaufen; die ungeschwächten Verbündeten würden Anfangserfolge erringen, dann der Widerstand der Türken sich versteifen und die Entscheidung erst im nächsten Jahr fallen.[18] Ähnlich wurde dies auch in den Kabinetten der anderen Großmächte beurteilt. Wichtig dabei war die Annahme, bei unentschiedenem Kriegsverlauf später intervenieren und beide Parteien zur Annahme des Willens der Großmächte zwingen zu können.

Doch dieses Kalkül sollte nicht aufgehen. Für das Osmanische Reich verlief der Krieg katastrophal. Die bulgarische Hauptmacht erzielte in Thrakien rasche und glänzende Erfolge, und im November 1912 standen die bulgarischen Truppen vor der Çatalca-Linie, nur 40 Kilometer vor Konstantinopel; ihr Kanonenfeuer war bis in die Stadt hinein zu hören. Der Ausbruch der Cholera im bulgarischen Heer sowie die nunmehr sehr gut verschanzten türkischen Truppen setzten diesem Siegeslauf zwar an dieser Stelle ein Ende, und alle weiteren Angriffe blieben ergebnislos. Aber der Erfolg war trotzdem beträchtlich; die türkischen Truppen waren aus Europa fast völlig verdrängt worden und behaupteten nur noch einige feste Plätze wie Adrianopel, Skutari oder Janina. Parallel dazu hatten die Serben in Mazedonien gesiegt und den Sandschak und Teile Albaniens besetzt. Die Griechen eroberten den südlichen Teil Mazedoniens und nahmen Saloniki ein, letzteres im Wettlauf mit den Bulgaren, denen sie nur um wenige Stunden zuvorkamen. Der Krieg war für die Türkei hoffnungslos verloren, und die Pforte schickte sich in das Unvermeidliche. Auf türkisches Ersuchen kam es am 3. Dezember zu einem von den Mächten vermittelten Waffenstillstand zwischen der Türkei und allen Kriegsgegnern, außer Griechenland, das sich diesem erst später anschloß.

> Wir sind seit Dezennien turkophil und haben nichts davon!
>
> Berchtold, im Herbst 1912

b) Die Dreibundmächte und die neue Situation auf dem Balkan

Ebenso wie die anderen europäischen Kabinette hatten die Regierungen der Dreibundmächte die – als außerordentlich unerwünscht empfundene – politische wie militärische Entwicklung dieses Krieges nicht vorausgesehen. Die italienische Führung hatte die Türkei in der Endphase des Tripoliskrieges möglichst schonend behandelt, um sie nicht mehr als notwendig zu schwächen und ein Übergreifen des Krieges auf den Balkan zu verhindern. Eine Begünstigung des Kriegsplans der Balkanvölker lag jedenfalls nicht in der

---

18 Hantsch, Berchtold 1, S. 321, 330; Albertini, Origins 1, S. 388.

Absicht der römischen Regierung, die im Gegenteil sogar befürchten mußte, sich durch den raschen Friedensschluß die Sympathien der Balkanstaaten verscherzt zu haben. In den Kreisen der römischen Regierung und Diplomatie gab es auch keine Pläne, sich etwa in Aufgreifung nationaler, risorgimentaler und mazzinianischer Traditionen unter dem Motto des Selbstbestimmungsrechts auf die Seite der Balkanstaaten zu stellen und ihnen gegen die Türkei militärisch zu helfen. Der Friede von Lausanne war vergleichsweise kulant, in den Augen der italienischen Nationalisten sogar enttäuschend milde für die Türkei. Die Gründe dieser Haltung lagen in machtpolitischen Erwägungen; die italienische Diplomatie wollte den Libyenkrieg möglichst schnell zu Ende bringen, um diplomatisch die Hände frei zu bekommen. Sie befürchtete nämlich, als kriegführende Partei bei Verschiebungen auf dem Balkan im Rat der Großmächte nicht mitsprechen zu können. Vor allem fürchtete sie russisch-österreichische Alleingänge auf dem Balkan. Als es im Oktober 1912 für einen Moment schien, daß Österreich und Rußland auf dem Balkan gemeinsam agierten,[19] wurde dies in Italien mit deutlichem Mißfallen zur Kenntnis genommen. In Rom war und blieb es ein vorrangiges außenpolitisches Ziel, den mühsam errungenen Platz der dritten Balkangroßmacht zu behaupten.

In Berlin herrschte Überraschung und Verunsicherung über die Balkanereignisse. In der deutschen Führung kam es zu beträchtlichen Schwankungen und Kurswechseln, die aus der Unsicherheit über den einzuschlagenden Kurs und die Überraschung zu erklären sind. Wilhelm II. imponierten die militärischen Erfolge der Balkanstaaten; ihm schien die Erhaltung der europäischen Türkei unmöglich, und er fragte sich auch, ob die Großmächte die Entwicklung überhaupt verhindern durften.[20] Beeindruckt durch ihre militärischen Erfolge, sah er in den Bulgaren zeitweise die Preußen des Balkans und das Volk der Zukunft.[21] Oder er sah in der Balkanföderation die neuentstandene siebte europäische Großmacht, die „Vereinigten Staaten des Balkans"[22], und überlegte schon, wie das Deutsche Reich sie als Verbündete in sein Allianzsystem integrieren könne. Dann gab es weitere deutsche Sonder-

---

19 GP 33, S. 190, Fußnote ***.
20 Aufzeichnung Wilhelms II., 4.10.1912, GP 33, Nr. 12225: „Die Balkanstaaten haben die Auffassung und den Drang, sich erweitern zu müssen; das geht nur auf Kosten der – vielleicht alternden – Türkei, da es im guten nicht geht, wird darob gekämpft werden ... Das wollen die Großmächte schlankweg einfach hindern??! Mit welchem Recht? Zu wessen Gunsten? Das mache ich nicht mit. Ebensowenig wir uns haben 64, 66, 70 hineinreden lassen in unsere ‚berechtigte Entwicklung', so wenig kann und will ich andere hindern oder ihnen hineinreden ... Man lasse die Leute nur ruhig machen; entweder sie kriegen Keile oder erteilen sie, danach ist immer noch Zeit zum Sprechen." Siehe auch Franz-Josef Kos: Die politischen und wirtschaftlichen Interessen Österreich-Ungarns und Deutschlands in Südosteuropa 1912/13. Die Adriahafen-, die Saloniki- und die Kavallafrage, Wien/Köln/Weimar 1996, S. 42.
21 Kos, Politische und wirtschaftliche Interessen, S. 144.
22 Mommsen, Großmachtstellung, S. 245.

interessen in Rumänien und Griechenland, wohin die dynastischen Verbindungen sehr eng waren; der rumänische König entstammte der Hohenzollerndynastie und der griechische König war der Schwager Wilhelms II. Dieser begünstigte im Zweifelsfall deshalb auch griechische Erwerbungen. Schließlich suchte die deutsche Politik auch zeitweise eine politische Verbindung zwischen Rumänien und Bulgarien herzustellen. Und außerdem spielten noch gewichtige ökonomische und finanzielle Motive eine Rolle. Die deutschen Konzepte waren nicht konstant; sie wechselten mit dem Kriegsverlauf und ließen sich erst am Ende der Feindseligkeiten auf eine etwas klarere Linie bringen.

Der konfuse Kurs war nicht verwunderlich, da die deutsche Politik, ebenso wie die der anderen Großmächte, in bezug auf die Balkanfragen reaktiv war und deshalb im wesentlichen den Ereignissen auf dem Balkan hinterherhinkte. Hingegen herrschte mehr Klarheit in den großen Linien, vor allem in dem Wunsch, den Krieg zu lokalisieren. Darin trafen sich die deutsche und die englische Regierung; Kiderlen und Bethmann Hollweg bemühten sich, in enger Zusammenarbeit mit Großbritannien zu vermeiden, daß sich die Auseinandersetzung infolge der österreichischen oder russischen Balkaninteressen zu einem großen Konflikt zwischen den beiden Mächtegruppen ausweitete. Dies hing auch mit der deutschen Politik einer vorsichtigen Annäherung an London zusammen, die durch die Agadir-Krise zwar gestört, aber nicht abgebrochen worden war und jetzt in den Balkanfragen bewußt vertieft werden sollte.[23] Und noch eine weitere Tatsache stand in Berlin fest: Eine Wiederholung der bosnischen Krise wollte man nicht und war deshalb nicht bereit, die Balkanpolitik des österreichischen Bundesgenossen bedingungslos zu unterstützen.[24]

Und dies beeinflußte die österreichische Politik tief, die am unmittelbarsten von allen Mächten durch die Vorgänge auf dem Balkan betroffen wurde. Hier waren ohnehin seit längerem die unterschiedlichsten Konzepte zur Lösung der Balkanfragen diskutiert worden. So gab es zum Beispiel die Idee

---

[23] Dazu Richard John Crampton: The Hollow Entente. Anglo-German Relations in the Balkans, 1911–1914, London/Atlantic Highlands 1979, passim; Kos, Politische und wirtschaftliche Interessen, S. 43. Kiderlen war der Ansicht, daß „ein praktisches Zusammenwirken mit England in einer wichtigen Frage der allgemeinen Politik heilsamer als alle Verbrüderungsfeste und papierenen Abreden auf unsere Beziehungen zu den Vettern jenseits des Kanals einwirken würde". Zitiert bei Mommsen, Großmachtstellung, S. 246.

[24] Kiderlen an Bethmann Hollweg, 2.9.1912, GP 33, Nr. 12135: „Nach unseren Verträgen und Abmachungen mit Österreich-Ungarn sind wir nicht verpflichtet, Österreich in seinen orientalischen Plänen, geschweige denn Abenteuern zu unterstützen. ... Wenn die österreichischen Überraschungen mit Schritten, die der österreichische Minister ohne vorherige Fühlung mit uns bei sämtlichen Ministern unternimmt, sich häufen sollten, so würde leicht der Fall eintreten, daß wir uns in einem Spezialfall von unserem Bundesgenossen trennen müssen." Siehe auch Geiss: Die deutsche Politik gegenüber Serbien in der Julikrise 1914, S. 63.

eines Ausgreifens in den Balkanraum hinein, um durch eine Einbeziehung Serbiens in das Gebiet der Monarchie die Lösung der Südslawenfrage zu erreichen. Serbien sollte zur Monarchie in ein ähnliches Verhältnis gebracht werden wie Bayern zum Deutschen Reich. Doch im Herbst 1912 dominierte letztlich eine realpolitische und reaktive Haltung; auch Berchtold und seine Mitarbeiter wollten eine Wiederholung der bosnischen Krise vermeiden. Dafür waren mindestens zwei Gründe ausschlaggebend. Der erste war die Haltung des deutschen Bundesgenossen, der sich sehr reserviert verhielt und keineswegs Gefolgschaftstreue um jeden Preis versprach. Der zweite war, daß die internationale Isolierung nach der bosnischen Krise doch einen tiefen Schock in der österreichischen Führung hinterlassen hatte. Deshalb setzte sich in Wien die Linie durch, die Interessen der anderen Großmächte zu respektieren und Alleingänge zu vermeiden.

Der für diese Linie verantwortliche Graf Berchtold war am 15. Februar 1912 zum Nachfolger Aehrenthals ernannt worden, nicht zuletzt, weil es auch dem Willen Franz Ferdinands entsprach. Berchtold, bisher Botschafter in St. Petersburg und ein vermögender Großgrundbesitzer, war einer der umstrittensten und ein oft sehr abfällig beurteilter Außenpolitiker der späten Habsburgermonarchie. Er wurde von Zeitgenossen und Nachwelt als sympathisch, gebildet und charmant, aber zu wenig energisch für seinen Posten beschrieben.[25] Aus den Quellen geht hervor, daß Berchtold etwas pflegte, das heute „kollegialer Führungsstil" genannt werden würde: Er regierte sein Haus nicht autokratisch und behandelte Mitarbeiter nicht als bloße Zuträger. Auch aus Zweifeln an seiner eigenen Urteilsfähigkeit fällte er keine einsamen Entscheidungen, sondern ließ sich beraten und vielleicht sogar von seinen Ratgebern lenken. Dies wurde auch dadurch bedingt, daß es ihm in vielen Fragen – so auch in dem sensiblen Bereich der Balkanfragen[26] – eingestandenermaßen am nötigen Grundwissen fehlte und er deshalb zwangsläufig auf die

---

25 Berchtold wird von Bridge als „ein typischer konservativer Anhänger des dualistischen Systems" charakterisiert. Er sei intelligent, fleißig und charmant gewesen, ohne dominierend oder ehrgeizig zu sein, und habe Franz Josephs Auftrag, das Außenministerium zu übernehmen, nur „aus Pflichtgefühl gegen seinen Kaiser" angenommen, Habsburgermonarchie VI/1, S. 323. Mérey urteilte, Berchtold sei zumindest „für ruhige Zeiten ein erträglich guter Minister. Er ist ein intelligenter Mensch, allerdings mehr Bildung und kosmopolites Wesen als politisches Urteil, mehr Geist als solider Verstand. Dazu ein wenig fester Charakter, schwächlich, nervös, entschlußscheu und enorm unbeständig." In: Mérey an seinen Vater, 11.6.1912, HHStA, Nachlaß Mérey; Vietor, Mérey, S. 132. Zu Berchtold siehe Hantsch, Berchtold; Albertini, Origins 1, S. 383 f.; Wichtige Einzelcharakterisierung: Tschirschky an Zimmermann, 29.12.1912, GP 34/1, Nr. 12593, der Berchtold für loyal und fleißig, aber letztlich für unfähig hielt, der ihm gestellten Aufgabe gerecht zu werden.

26 Albertini, Origins 1, S. 384; zu Tschirschky sagte Berchtold sogar: „Er selbst habe, als er das Ministerium übernahm, keine Ahnung von der südslawischen Frage gehabt." Tschirschky an Bethmann, 6.12.1912, GP 33, Nr. 12487.

Sachkenntnis seiner Mitarbeiter angewiesen war. Deshalb sahen informierte Beobachter, wie zum Beispiel der Botschafter in Rom, Mérey, nicht zu Unrecht die Herrschaft der Referenten am Ballhausplatz kommen. Die Beamten im Außenministerium waren von dem autokratischen Aehrenthal in eiserner Disziplin gehalten worden und bekamen nun plötzlich unter einem milderen Herrn Oberwasser.[27]

Berchtold war ein Anhänger des europäischen Konzerts, und dies prägte seine auf internationalen Konsens ausgelegte Politik. Seine dementsprechende Außenpolitik während der Balkankriege ist post festum von den Zeitgenossen sehr scharfer Kritik unterzogen und als schwach und konzeptlos kritisiert worden.[28] Dabei war sie von klareren politischen Grundsätzen geleitet, als es im nachhinein schien. Der Fehler, den Berchtold und seine Ratgeber begingen, lag darin, zu Beginn des Balkankrieges ihre Maßnahmen auf ein Ereignis hin auszurichten, das wahrscheinlich schien, dann aber doch nicht eintrat, nämlich einen längeren und schleppenden Kriegsverlauf. Die Diplomaten am Ballhausplatz konnten nicht hellsehen und hatten auch keinen magischen Instinkt für die kommenden Entwicklungen, dafür aber eine Reihe vernünftiger Ansichten, von denen sie sich im Herbst 1912 leiten ließen. So sagte Berchtold am 2. November 1912, „Österreichs vitale Interessen sind seine wirtschaftlichen Interessen"[29]. Und er zeigte sich bereit, die neuen Verhältnisse auf dem Balkan hinzunehmen und sagte: „Wir sind seit Dezennien turkophil und haben nichts davon!" Er befürwortete auch eine vorsichtige Zusammenarbeit mit den Balkanslawen.[30] Franz Ferdinand sprach sich, nachdem er zunächst andere, aggressivere Ansichten vertreten hatte, in aller Deutlichkeit gegen jeden Alleingang der Donaumonarchie aus und auch gegen jeden Plan, sich militärisch irgendwie in die Balkankriege hineinziehen zu lassen.[31] Ein anderes Konzept befürwortete Generalstabschef Schemua,

---

27 Fritz Fellner: Die Mission Hoyos, in: ders., Vom Dreibund zum Völkerbund, S. 112–141, beschreibt den großen Einfluß, den Berchtolds Mitarbeiter wie Hoyos oder Musulin besonders während der Julikrise 1914 auf die Entscheidungen nehmen konnten.
28 Albertini, Origins 1, S. 385–391.
29 Redlich, Tagebuch 1, Eintrag vom 2.11.1912.
30 Ebd., Eintrag vom 20.10.1912.
31 Hantsch, Berchtold 1, S. 347. Franz Ferdinand gab mehrfach zu verstehen, man solle die Balkanvölker „sich gegenseitig die Schädel verhauen lassen". Er sah auch keinen einzigen Grund für ein kriegerisches Vorgehen gegen Serbien (Verosta, Theorie und Realität, S. 419), und zwar, wie er am 1. Februar 1913 an Berchtold schrieb, aus folgenden Gründen: „Führen wir einen Spezialkrieg mit Serbien, so werden wir es in kürzester Zeit über den Haufen rennen, aber was dann? Und was haben wir davon? Erstens fällt ganz Europa über uns her und betrachtet uns als Friedensstörer, und Gott behüte uns, daß wir Serbien annektieren; ein total verschuldetes Land mit Königsmördern und Spitzbuben etc. Und wo wir nicht einmal mit Bosnien fertig werden und dieser Spaß schon ein Heidengeld kostet und eine Brutstätte staatsrechtlicher Fragen ist, was wird erst mit Serbien werden! Da können wir dann die Milliarden hineinwer-

Die Balkankriege und der Zusammenbruch des Status quo auf dem Balkan

der Nachfolger Conrads. Er legte am 28. September 1912 ein Memorandum vor, in dem er die verschiedenen österreichischen Optionen für den Fall eines Balkankrieges untersuchte. Die Möglichkeit, die Schemua favorisierte, war ein von den anderen Mächten unabhängiges Handeln der Monarchie; ihm schwebte ein Krieg gegen Serbien zur Verhinderung von dessen Vergrößerung sowie die Schaffung eines selbständigen Albaniens vor. Voraussetzung sei aber, daß die Diplomatie die Neutralität der beiden anderen am Balkan interessierten Großmächte, nämlich Rußland und Italien, sicherstellen könne.[32] Doch das letztere schien Berchtold ausgeschlossen. Er entgegnete, „daß das Einverständnis Rußlands und Italiens zu einer solchen aggressiven Politik der Monarchie" nicht zu erreichen sei. Außerdem, so glaubte er, selbst wenn es den Balkanheeren gelänge, die türkische Armee zu vernichten, würden sie vor der noch viel schwierigeren Aufgabe stehen, mit erschöpften Ressourcen „die voraussichtlich in hellem Aufruhr befindlichen, von fanatischen bewaffneten Mohammedanern bewohnten Provinzen pacificieren zu müssen". Dies war eine aus dem Verlauf des libyschen Krieges gewonnene Erwartung. Außerdem sah Berchtold durchaus zu Recht voraus, daß ein österreichisches Beharren auf dem Status quo die Monarchie mit allen Balkanstaaten gleichermaßen verfeinden würde; diese sahen den Status quo als geradezu unsittlich und als ein repressives Instrument der Großmächte und der Türkei an. Der österreichische Außenminister setzte seine Hoffnung statt dessen darauf, daß sich im Laufe des Balkankrieges Interessengemeinschaften herausbilden könnten, die einen oder mehrere der Kriegführenden „zu unserem natürlichen Bundesgenossen" machen würden.[33] Als dieser potentielle Verbündete wurde in Wien zunehmend Bulgarien angesehen, was aber einen Umschwung der gesamten bisherigen Balkanpolitik bedeutete, da das infolge seiner militärischen Erfolge stark vergrößerte Bulgarien nicht nur mit den serbischen und griechischen Ansprüchen fertig werden mußte, sondern sich auch rumänischer Kompensationswünsche zu erwehren hatte – und Rumänien war ein alter und enger Verbündeter Österreich-Ungarns und des Deutschen Reiches. Der Konflikt war programmiert, zumal der deutsche Verbündete nicht bereit war, diesen Schwenk von Rumänien zu Bulgarien mit-

---

fen, und werden dort immer eine schauerliche Irredenta haben. Und was die Irredenta bei uns im Lande anbelangt, die von den Kriegsstürmern immer ins Treffen geführt wird, so wird dieselbe sofort aufhören, wenn man unseren Slawen eine angenehme, gerechte und gute Existenz schafft ...Und jetzt gibt es nach meiner Meinung nur die Politik, zuzuschauen, wie sich die anderen die Schädel einhauen, sie so viel als möglich aufeinander zu hetzen und für die Monarchie den Frieden zu erhalten." Zitiert bei Verosta, ebenda, S. 420 f.. Alle Kriegspläne, die Conrad v. Hötzendorf, da schon wieder Generalstabschef, gegen Serbien verlangte, bezeichnete Franz Ferdinand als „Wahnsinn", ebenda, S. 423.

32 Denkschrift Schemuas an den Kaiser, 28.9.1912, ÖUA IV, Nr. 3869.
33 Denkschrift Berchtolds und Hoyos, 2.10.1912, ÖUA IV, Nr. 3928.

zumachen und auch innerhalb der österreichischen Führungsschicht dieser Wechsel umstritten war. Franz Ferdinand befürwortete nach wie vor ein Zusammengehen mit Rumänien. Und außerdem waren die Bulgaren selbst mehr daran interessiert, es sich mit Rußland nicht zu verderben, als in österreichisches Fahrwasser zu geraten. Die Neuorientierung der Bündnispolitik stieß hier auf große Widersprüche und Reibungen.

Was Serbien anging, wurde die österreichische Politik gleich mehrfach von den Ereignissen überrollt, vor allem natürlich durch den Kriegsverlauf, der die Wiener Regierung schließlich dazu brachte, die Linie der Nichteinmischung schrittweise aufzugeben. Die Ursache war die Größe der serbischen Erfolge, die Besetzung des Sandschaks durch Serbien und Montenegro und die allseits erwartete Vereinigung der beiden Staaten nach dem Ableben des montenegrinischen Königs. Außerdem hatten die großen Siege den ohnehin sehr selbstbewußten serbischen Nationalismus in extremer Weise angefacht, so daß vor dem Hintergrund der heiklen innenpolitischen Situation in Bosnien die gesamte südslawische Frage in ein neues, gefährliches Stadium zu treten schien. Josef Redlich, der allerdings eher extremistische Ansichten vertrat, folgerte aus diesen Entwicklungen am 28. Oktober 1912, daß Österreich nun anstelle der Türkei der „kranke Mann" Europas sei. Und er schrieb: „Die Gefahren des Krieges mit Rußland und den Balkanstaaten rücken täglich näher. Wenn wir Großserbien und Großmontenegro neben Großbulgarien und Großgriechenland sich bilden lassen, ohne uns zu rühren, dann verlieren wir Bosnien, Dalmatien und Kroatien nach wenigen Jahren. Denn es ist klar, daß dann der Balkanbund sich weiter rüsten, Rumänien durch das Versprechen Siebenbürgens gewinnen und mit einem wohl vorbereiteten Rußland vereinigt uns militärisch vernichten wird. Wobei ich noch ganz außer Acht lasse, daß dann Italien den Rest der Küste und Südtirol einfach okkupieren wird. Das sind furchtbare Aussichten." Und er sah schon die „‚erste Teilung' Österreichs" voraus.[34]

Dies waren Befürchtungen, die in der österreichischen Führungsschicht zunehmend um sich griffen. Hier spielte natürlich das eigene Selbstverständnis als Großmacht und auch die Sicht auf die Geschichte der vergangenen Jahrzehnte, auf den Verlust der deutschen und italienischen Machtstellung, eine wichtige Rolle. Serbien war aus der Wiener Perspektive das Preußen oder Piemont des Balkans,[35] das die letzte verbliebene Einflußsphäre der Monarchie für sich beanspruchte und bedeutende Teile des eigenen Territoriums noch dazu. Die Wiener Außenpolitiker waren über den serbischen Machtzuwachs entsetzt und sahen es als ihre historische Pflicht an, jeden weiteren serbischen Zugewinn zu verhindern. Sie dachten nun endgültig in den Kate-

---

34 Redlich, Tagebuch 1, Eintrag vom 28.10.1912.
35 Mommsen, Großmachtstellung, S. 258.

gorien eines tödlichen österreichisch-serbischen Antagonismus. Und sie glaubten zunehmend, die Selbstbehauptung ihres historisch gewachsenen Vielvölkerstaats gegenüber dem anspruchsvollen Nationalstaat müsse praktisch naturnotwendig im Krieg enden.[36] Aus der Rückschau muß aber auch auf die Argumente hingewiesen werden, die, schon damals erkennbar, gegen diese Interpretation sprachen: so zum Beispiel die Tatsache, daß gerade infolge der Eroberung weiter Teile Mazedoniens Serbien für viele Jahre durch die immensen Kosten für den Aufbau einer Verwaltungs- und Infrastruktur gelähmt sein würde,[37] oder die Frage nach dem realen Ausmaß und vor allem der Politikmächtigkeit der großserbischen Propaganda; ob diese vielleicht nur die Ideen weniger Fanatiker widerspiegelte und die Mehrheit der Serben ihre Ansichten teilte oder andere Sorgen hatte; ob die Linie der Regierung in Belgrad durch diese ideologischen oder vielmehr durch realpolitische Erwägungen geprägt wurde. Und ob die serbische Führung wirklich bereit war, das lebensgefährliche Unternehmen eines Angriffs gegen Österreich-Ungarn zu beginnen; mehr noch, ob diese Politik jemals die Chance der machtpolitisch und militärisch unbedingt erforderlichen Rückendeckung durch Rußland hatte, ohne die sie im sicheren Desaster zu enden drohte. Die Verunsicherung durch die unkontrollierbare großserbische Propaganda auf der Ebene unterhalb der Regierungen war in Österreich-Ungarn sehr groß und als solche ein geschichtsmächtiges Faktum erster Ordnung. Strittiger ist die reale Größe der Gefahr; die Frage, ob der Bestand der Monarchie durch serbische Ansprüche tatsächlich unmittelbar gefährdet war oder ob die Wiener Politik nicht auch dieses Problem – wie so viele andere – hätte überleben können, beispielsweise im Vertrauen auf das beträchtliche Wohlstandsgefälle zwischen ihren Bürgern und denen des benachbarten kleinen Königreiches.[38]

Dem aus dem Nationalitätenprinzip resultierenden serbisch-österreichischen Gegensatz fügte sich noch ein weiterer Konfliktpunkt an. In Wien war bisher eine Vorrangstellung gegenüber den Balkanstaaten, vor allem Serbien, beansprucht worden, die aber in Belgrad schon seit längerem nicht mehr akzeptiert wurde. Hier war man, vor allem im Hochgefühl des Sieges, nur mehr bereit, mit Wien von gleich zu gleich zu verhandeln. Doch dies empfand die österreichische Führungsschicht als unerträgliche Zumutung. Berchtold

---

36 Ebd. Reflexe dieser Sicht sind bis heute zu bemerken. Rumpler, Chance für Mitteleuropa, S. 572, 573, wertet die im Attentat von Sarajevo mündende serbische Politik als „mörderische Provokation".

37 Die innere und außenpolitische Verfassung Serbiens nach den Balkankriegen hat Boeckh, Balkankriege, S. 118–173, untersucht; zur militärischen Erschöpfung und Ruhebedürftigkeit Serbiens besonders S. 122 f.

38 Vlora, Lebenserinnerungen 2, S. 42; siehe dazu Kap. IV.1: Franz Ferdinand, Conrad von Hötzendorf und die Radikalisierung in der österreichischen Führungsschicht.

stellte fest, alle kleinen Staaten nähmen Rücksicht auf die Interessen der großen Mächte, nur Serbien mache hier eine Ausnahme. Und darin lag das alles dominierende Problem, das sich infolge der Balkankriege für die Wiener auftat: Die Anerkennung der österreichischen Großmachtstellung durch Serbien wurde als existenzwichtig angesehen, da die serbische Politik nur zwischen den Extremen der Fügsamkeit und der irredenten Aggression gesehen wurde. Daher auch dieser vitale und unbedingte Wunsch, diese Machtstellung anerkannt zu sehen, der eines der ausgesprochenen Ziele der österreichischen Diplomatie wurde.

Es war Berchtolds Ziel, die Serben zur Anerkennung dieser österreichischen Vormachtrolle zu zwingen. Da aber an eine Wiederherstellung des territorialen Status quo ante nicht mehr zu denken war, blieben im Herbst 1912 nur noch zwei Möglichkeiten übrig: Nämlich erstens die Verhinderung weiterer serbischer Erfolge und parallel dazu der Versuch, das Land durch enge wirtschaftliche Absprachen wieder in eine größere Abhängigkeit von Österreich zurückzuführen. Berchtold meinte ohnehin, Österreich solle sich auf ökonomische Ziele verlegen und erteilte allen anderslautenden Ansichten eine Abfuhr. Doch die Verhandlungen, die eine engere ökonomische Zusammenarbeit zum Ziel hatten – die österreichische Führung dachte an eine Zollunion, die aber auch innerhalb der Monarchie selbst stark umstritten war – scheiterten vollkommen. Die serbische Regierung war im Hochgefühl ihrer Erfolge nicht bereit, sich in eine ökonomische Abhängigkeit zu Österreich-Ungarn zu begeben. Alles, was irgendwie in die Richtung eines politischen oder ökonomischen Vasallenverhältnisses interpretiert werden konnte, wurde von ihr scharf abgelehnt.[39]

So blieb für Wien nur der Weg, weitere serbische Erfolge zu verhindern. Schon während der Kämpfe war innerhalb der österreichischen Führung immer wieder diskutiert worden, ob nicht der Sandschak wieder besetzt werden sollte, um eine serbisch-montenegrinische Vereinigung zu verhindern. Dies wurde jedoch am 16. Oktober 1912 vor allem deshalb verworfen, weil eine serbisch-montenegrinische Vereinigung auch südlich des Sandschaks hätte erfolgen können.[40] Allerdings kristallisierte sich dann doch ein Punkt heraus, über den der Ballhausplatz nicht mit sich handeln lassen wollte und der die weitere Politik gegenüber Serbien dominierte – der serbische Anspruch auf einen Hafen an der Adria.

Die Serben hatten im Zug der Kampfhandlungen Durazzo (Durrës) an der Adria besetzt. Doch dieser Hafen lag mitten im albanischen Gebiet. Die ser-

---

[39] Dazu sehr instruktiv das Tagebuch Josef Redlichs, der als österreichischer Unterhändler nach Belgrad entsandt worden war und dort mit hochrangigen serbischen Regierungsvertretern zusammenkam, die alle eine Einschränkung der serbischen Souveränität und auch eine Zollunion scharf ablehnten. In: Redlich, Tagebuch 1, Eintrag vom 4.11.1912.

[40] Protokoll einer Konferenz im Außenministerium, 16.10.1912, ÖUA IV, Nr. 4118.

bische Regierung verlangte aber einen eigenen Zugang zum Meer und interessierte sich nicht wirklich für die ethnischen Verhältnisse in den neuerworbenen Gebieten. Der eigene Hafen wurde zur nationalen Lebensfrage erhoben, und da eine andere Verbindung zur See nicht möglich war – Pläne einer Internationalisierung Salonikis scheiterten –, verlangte die serbische Regierung eben diesen Hafen an der Adriaküste, auf albanischem Gebiet. Doch diese Forderung lief gleich mehreren österreichischen Interessen zuwider. Erstens drohte sich Serbien mit einem eigenen Hafen endgültig dem wirtschaftlichen Einfluß der Donaumonarchie zu entziehen. Alternativ boten die Österreicher an, die serbischen Waren zu Vorzugspreisen auf den bosnischen Bahnen zu befördern. Zweitens gefährdete die serbische Forderung die Realisierung der jahrzehntealten österreichischen Idee, im Fall des Zusammenbruchs der türkischen Herrschaft in Europa ein selbständiges Albanien zu schaffen, um einen „slawischen Ring" an seiner Südgrenze zu verhindern. Drittens befürchtete man in Wien – und übrigens auch in Rom –, die Serben könnten nach einer gewissen Frist den Adriahafen zu einem Kriegshafen ausbauen und vielleicht auch den Russen zur Verfügung stellen; dies wäre als Bedrohung des Gleichgewichts im Mittelmeer empfunden worden. Und viertens war der serbische Wunsch ethnisch nicht gerechtfertigt, denn in den fraglichen Gebieten wohnten definitiv nur Albaner, aber keine Serben. Es war allerdings eine – bereits von den Zeitgenossen mit Hohn kommentierte – Ironie, daß sich ausgerechnet der dynastische Vielvölkerstaat Österreich-Ungarn plötzlich zum Anwalt des Nationalitätenprinzips machte, während der Nationalstaat Serbien dieses Prinzip mit Füßen trat – und beide aus rein machtpolitischen Gründen handelten. Letztlich stand Österreich-Ungarn mit seinen Vorbehalten gegen ein serbisches Vordringen zur Adria nicht allein und wurde von der italienischen Regierung sekundiert, die ebenfalls nicht an einer serbischen Festsetzung an der Adria interessiert war. Allerdings verstand man es in Rom, die Österreicher geschickt vorzuschieben und selbst etwas mehr im Hintergrund zu bleiben. Hingegen zeigte sich die deutsche Diplomatie indifferent; sie verstand die ganze Aufregung nicht. Wilhelm II. hielt, wie übrigens viele Zeitgenossen inklusive führender Albaner selbst,[41] Albanien für einen nicht lebensfähigen Homunculus, für ein wildes, unterentwickeltes Land, in dem untereinander hoffnungslos zerstrittene Clans lebten. Deshalb hielt er ein zu weit gehendes Engagement der Dreibundpartner zugunsten der albanischen Staatsgründung für einen Fehler, ohne aber die Wiener und römische Politik in dieser Frage ändern zu können. Auf jeden Fall wollte er keinen Krieg wegen der Besitzverhältnisse eines albanischen Hafens führen.[42] Etwas anderer Meinung war Kiderlen, der Österreich soweit stützen wollte, daß es

---

41 Dazu Vlora, Lebenserinnerungen 2, passim.
42 Mommsen, Großmachtstellung, S. 250.

vor Rußland nicht zurückweichen müsse und Serbien zum Einlenken gezwungen werde.

Noch im Herbst 1912 spitzte sich die Frage zu. Die österreichische Regierung war entschlossen, eine dauernde Festsetzung Serbiens notfalls gewaltsam zu verhindern, und machte in Bosnien mobil. Die Kosten dieses Schrittes waren erheblich und die internationale Aufregung ebenfalls, zumal Rußland als Reaktion darauf auch militärische Maßnahmen zu treffen begann. Es schien, als ob die Frage nach einem Adriahafen für Serbien in einen Krieg der Großmächte hineineskalieren könnte, zumal sich die serbische Regierung und Öffentlichkeit im Hochgefühl ihrer Erfolge unnachgiebig zeigten.

> Nun ist ein Kompromiß der Friede, hinter dem Kompromiß liegt der Krieg.
>
> Benckendorff, am 25. Februar 1913

c) Eine europäische Lösung: Die Londoner Konferenz

Der europäische Frieden hing somit davon ab, ob sich Österreich-Ungarn und Rußland in dieser Frage einig werden konnten. Doch über zahlreiche Einzelinteressen und die Grenzen der beiden Mächtegruppen hinweg gab es den universalen Wunsch der europäischen Regierungen, die Eskalation zu vermeiden und gemeinsam nach einem Ausweg zu suchen. Dies galt nicht zuletzt für die deutsche Diplomatie, die, wie nicht oft genug betont werden kann, während der gesamten Krise hauptsächlich von dem Wunsch gesteuert wurde, den europäischen Krieg zu vermeiden,[43] und allenfalls bereit war, Österreich in einem Existenzkampf gegen Rußland, nicht aber bei der Durchsetzung seines Balkanimperialismus beizustehen. Auch die italienische Regierung, die zu Beginn des Konflikts wegen des noch nicht beendeten Tripoliskrieges nicht als Unparteiischer mitsprechen konnte, tat das Ihre, um den Frieden zu sichern. In der Albanienfrage war die italienische Diplomatie auf österreichischer Seite und verwies auf die Desinteressement-Vereinbarung, die Visconti-Venosta und Gołuchowski im Dezember 1900 vereinbart hatten. Als von französischer Seite nachgefragt wurde, wie sich Italien im Fall eines europäischen Krieges verhalten werde, kam es zunächst zu einer unklaren Antwort und der Betonung, wie unerwünscht dies sei und daß dieser Krieg

---

43 Mommsen, Großmachtstellung, S. 248, zitiert Wilhelm II. vom 7.11.1912, daß er in einem serbischen Hafen an der Adria keine Existenzgefährdung Österreichs sehe und einen „Vernichtungskrieg" der fünf Großmächte in dieser Frage unbedingt vermieden sehen wolle. Auch Breuer, Dreibund, S. 112.

Die Balkankriege und der Zusammenbruch des Status quo auf dem Balkan

unbedingt vermieden werden müsse, dann aber zu einer klaren Warnung an die Adresse der Entente: Italien werde seine Verpflichtungen gegenüber dem Dreibund erfüllen.[44] In der durch diese Vorgänge provozierten Spannung kam es auch zu dem vielbeschworenen „Kriegsrat" in Berlin, in den zeitweilig sehr viel hineingeheimnißt worden ist, ja in dem der deutsche Plan zur Auslösung des Ersten Weltkrieges gesehen wurde.[45] In Wahrheit aber handelte es sich um eine der Krisensitzungen, wie sie zu der Zeit in allen europäischen Hauptstädten abgehalten wurden vor dem Hintergrund eines Worst-case-Denkens, das auch den Ausbruch eines Krieges in sein Kalkül miteinbezog, indes ohne ihn zu wünschen oder aktiv herbeiführen zu wollen.[46] Und schließlich war auch das Ergebnis des deutschen Kriegsrats, wie Admiral von Müller notierte, „so ziemlich null"[47]. Es gab keine systematische deutsche Kriegsvorbereitung, die hier ihren Anfang nahm – wohl aber ein Weiterlaufen der Hochrüstung, die, wie in den anderen europäischen Ländern auch, indes vom Gleichgewichtsgedanken und (seitens der Regierungen, nicht der Militärs) Kriegsfurcht getragen wurde.[48]

Der Wunsch nach einem friedlichen Ausgleich dominierte klar erkennbar allseits über die Neigung, die Konflikte kriegerisch auszutragen. Am 16. Dezember 1912 wurde auf Betreiben Greys und Poincarés in London eine Konferenz der Botschafter der Großmächte eingerichtet, die über die Balkanfragen beraten sollten[49]. Klugerweise erfolgten die Beratungen geheim, was den

---

44 Albertini, Origins 1, S. 420 f.. Warnung Tittonis an Poincaré, 20.11.1912: DDF III/4, Nr. 502; Warnung San Giulianos vom 8.11.1912: BD IX/2, Nr. 172. In diesem Sinne schrieb auch der russische Botschafter in London an Sasonov, 11./24.11.1912, in: B. v. Siebert: Diplomatische Aktenstücke zur Geschichte der Ententepolitik der Vorkriegsjahre, Berlin/Leipzig 1921, Nr. 333, S. 594.

45 Fritz Fischer und John Röhl werten den Kriegsrat als Ausgangspunkt für die Planung eines deutschen Hegemonialkrieges. John C. G. Röhl: An der Schwelle zum Weltkrieg. Eine Dokumentation über den „Kriegsrat" vom 8. Dezember 1912, in: Militärgeschichtliche Mitteilungen 21 (1977), S. 77–134; Fritz Fischer: Krieg der Illusionen. Die deutsche Politik 1911–1914, 2. Auflage, Düsseldorf 1969; John C. G. Röhl: Vorsätzlicher Krieg? Die Ziele der deutschen Politik im Juli 1914, in: Wolfgang Michalka (Ed.): Der Erste Weltkrieg. Wirkung, Wahrnehmung, Analyse, München/Zürich 1994, S. 193–215. Mommsen, Großmachtstellung, S. 253, und Hildebrand, Das vergangene Reich, S. 288–290, werten die Konferenz hingegen zwar als bedenkliches Krisenzeichen, aber nicht als Ausgangspunkt einer zielgerichteten Entfesselung des Ersten Weltkriegs. Mommsen, Topos, S. 393, Fußnote 27, mit einer direkten Kritik an Röhls These.

46 Beispiel: Eine Stabssitzung in Paris im Mai 1912, an der Poincaré, Kriegsminister Millerand, Marineminister Delcassé, Generalstabschef Joffre, Admiralstabschef Aubert und Paléologue, der Direktor der politischen Abteilung des Außenministeriums, teilnahmen, um über Maßnahmen für den Kriegsfall zu konferieren. In: Albertini, Origins 1, S. 554.

47 Müller, Regierte der Kaiser?, Eintragung vom 8.12.1912.

48 Siehe dazu Kap. IV.8: Der Dreibund und das militärische Gleichgewicht in Europa 1911–1914.

49 Auf der Konferenz vertraten Benckendorff Rußland, Paul Cambon Frankreich, Mensdorff

Grund hatte, daß einmal geäußerte Absichten nicht zu öffentlich diskutierten Prestigefragen werden sollten; dies hätte erfahrungsgemäß dazu geführt, daß sich die Positionen unter dem Druck der jeweiligen Presse und Parlamente sofort verhärtet hätten. Der Spielraum für spätere Modifikationen blieb dadurch erhalten. Die Konferenz sollte sich mit der künftigen Neuordnung der ehemaligen türkischen Gebiete befassen, mit der Festlegung der türkischen Westgrenze, der Zukunft Adrianopels, Konstantinopels und der Meerengen, mit Fragen der politischen Aufteilung im östlichen Mittelmeer wie der Zukunft der Ägäis, der Halbinsel Chalkidike und des Berges Athos.[50] Der heikelste, weil kontroverseste Punkt war aber die Frage nach der Zukunft des albanischen Territoriums. Parallel dazu verhandelte eine weitere Konferenz in St. Petersburg über rumänische Ansprüche an Bulgarien. Rumänien war während des ersten Balkankrieges neutral geblieben und verlangte nun zum Ausgleich für die erzielten Gewinne von Bulgarien eine Kompensation.

Die Vertreter der Mächte agierten auf der von Lord Grey umsichtig geleiteten Londoner Konferenz[51] konform mit ihren jeweiligen Machtgruppen. Deshalb waren der Dreibund und die Triple-Entente infolge des sachlichen Gegensatzes zwischen Österreich und Rußland in der albanischen Frage geteilter Meinung. Serbien und Rußland betrachteten das rückständige und durch Stammesfehden und religiöse Gegensätze zerrissene, anarchische Albanien als nicht lebensfähig und hätten deshalb am liebsten dieses Territorium zwischen den benachbarten Staaten, zwischen Griechen, Serben und Montenegrinern aufgeteilt und allenfalls ein kleines muslimisches Fürstentum übriggelassen. Doch dagegen waren die Dreibundmächte; gegen die Ansprüche Griechenlands wandte sich in scharfer Form vor allem die römische Regierung, gegen die Serbiens besonders Österreich-Ungarn. In der Albanienfrage zogen die beiden Dreibundpartner an einem Strang. Die deutsche Regierung war zwar in der Frage des Adriahafens und der albanischen Staatsgründung nach wie vor skeptisch, stützte aber trotzdem die Wünsche ihrer Verbündeten. Als Rußland in dieser Frage einlenkte, die Frage des serbischen Adriahafens fallen gelassen und die Gründung Albaniens damit zugestanden wurde, ging es dann noch um das fast ebenso heikle Thema der Grenzziehung. Ein ethnisches Albanien hätte weite Gebiete des westlichen Balkan umfaßt, die Serbien schon besetzt hielt, so zum Beispiel das Kosovo. Selbst in Wien,

---

Österreich-Ungarn, Lichnowsky das Deutsche Reich und Imperiali Italien. Sir Edward Grey führte den Vorsitz.
50 Boeckh, Balkankriege, S. 41.
51 Positive Bewertung Greys in: Werner Schröder: England, Europa und der Orient. Untersuchungen zur englischen Vorkriegspolitik in Vorgeschichte und Verlauf der Balkankrise 1912, Stuttgart 1938 (Beiträge zur Geschichte der nachbismarckischen Zeit und des Weltkriegs, Heft 41), Böckh, Balkankriege, S. 40–48.

wo die Idee eines ethnischen Albanien am lebhaftesten protegiert wurde, dachte realistischerweise niemand daran, alle von Albanern bewohnten Gebiete tatsächlich dem neuen Staat zuzuschlagen, da dies auch große Teile des sogenannten „Altserbien", also das Kosovo und Teile Mazedoniens, umfaßt hätte. Es war klar, daß dies nicht durchzusetzen war. Aber in Wien wurde ein möglichst großes, lebensfähiges Albanien gefordert. Rußland bemühte sich auf Betreiben und zugunsten seiner Schützlinge Serbien und Montenegro hingegen, Albanien möglichst klein zu halten.

Diese Fragen wurden auf der Londoner Konferenz in mühevollen Diskussionsrunden aus der Welt geschafft. Nachdem die Russen in der Hauptsache, nämlich der Adriafrage, nachgegeben hatten, ging ein erbittertes Feilschen um jede albanische Stadt los; die Russen verlangten sie für Serben und Montenegriner, die Österreicher für Albanien. Letztlich fand sich hier ein Kompromiß, der mehrheitlich wiederum zu russischen Gunsten ausging.

Die Serben hatten sich, wenn auch äußerst widerwillig, bereit erklärt, die Entscheidung der Großmächte in der Adriafrage zu akzeptieren, nachdem die Wirtschafts- und Hafenverhandlungen mit Wien einerseits an dem Wiener Wunsch auf Anerkennung der Dominanz, andererseits an der serbischen Unnachgiebigkeit gescheitert waren. Die Serben hofften aber, daß Rußland diese Forderung doch noch durchsetzen würde. Gleichzeitig setzten serbische und montenegrinische Truppen die Belagerung Skutaris fort, in dem sich noch eine türkische Garnison verteidigte. Die Montenegriner erhoben Ansprüche auf die Stadt, die zwar nur von Albanern bewohnt war, aber im Mittelalter zum serbischen Staat gehört hatte.[52] Doch die Großmächte beschlossen, daß es zu Albanien gehören solle. Aber die Montenegriner setzten sich über den Beschluß der Konferenz hinweg, setzten die Belagerung fort und eroberten schließlich die Stadt. Daraufhin drochte Österreich, den Beschluß der Mächte notfalls im Alleingang mit Waffengewalt durchzusetzen, worauf Montenegro im Mai 1913 schließlich nachgab.

Nicht nur die Verhandlungen zwischen den Großmächten, sondern auch die ebenfalls in London stattfindenden Friedensverhandlungen zwischen den Balkanstaaten waren ungeheuer schwierig. Die Kampfhandlungen wurden sogar zeitweilig wiederaufgenommen, da die Jungtürken der vorgesehenen Abtretung des noch von türkischen Truppen gegen die bulgarischen Belagerer verteidigten Adrianopels energisch ablehnten, die liberale Regierung stürzten und den Widerstand fortsetzten. Erst als Adrianopel durch die Bulgaren am 26. März 1913 nach verlustreichen Kämpfen tatsächlich eingenommen worden war, gingen die Verhandlungen weiter. Sie endeten am 30. Mai 1913 mit einem Frieden, in dem die Türkei auf ihre europäischen Territorien bis hin zu

---

52 Zur fehlenden Berechtigung der montenegrinischen Ansprüche aus albanischer Sicht siehe Vlora, Lebenserinnerungen 2.

einer Linie in Ostthrakien kurz vor Konstantinopel verzichtete, sich an Kreta desinteressierte und Albanien zur Disposition der Großmächte stellte.

Insgesamt war der Friede nach dem ersten Balkankrieg ein Erfolg des europäischen Konzerts, das seine Funktionsfähigkeit unter Beweis gestellt hatte, und auch ein Beweis für die Haltbarkeit des europäischen Konsenses, einen großen Krieg zu vermeiden. Die Mächte hatten, wenn auch mürrisch und mit vielen Vorbehalten, zur Zusammenarbeit zurückgefunden; und wenn auch innerhalb der Konferenz die beiden Machtgruppen in vielen Punkten gegeneinander arbeiteten, vor allem die Russen gegen die Österreicher, setzte sich doch der allen gemeinsame Wunsch nach friedlichem Ausgleich durch. Allerdings fühlte sich die österreichische Führungsschicht als Leidtragender dieser Entwicklung, weil sie glaubte, nun wegen des serbischen Erstarkens und der chronisch gewordenen Südslawenfrage keine Ruhe mehr finden zu können. Für die allgemeine Stimmung in der Donaumonarchie war eine Rede bezeichnend, die Graf Ottokar Czernin im österreichischen Herrenhaus am 27. Juni 1913 hielt und in der er sich um eine faire Bilanz der Leistungen und Fehler Berchtolds bemühte. Czernin sah das Ende der Balkanwirren noch nicht gekommen und kritisierte die unentschlossene, verkehrte Politik gegenüber Serbien und Montenegro: „Wir haben nicht die Energie gefunden, sie niederzuwerfen, und nicht die Größe, sie zu Freunden zu gewinnen. Wir haben ihre militärische Erstarkung nicht gehindert, sie aber wirtschaftlich und handelspolitisch durch eine Politik der Nadelstiche zur Verzweiflung getrieben."[53] Innerhalb Österreich-Ungarns wurde das Ergebnis des ersten Balkankrieges als für die Zukunft der Monarchie überaus gefährliches Ereignis interpretiert. Man fühlte sich von Europa und sogar den verbündeten Mächten im Stich gelassen. Und schließlich hatte die Lösung der Skutari-Frage erst dann im österreichischen Sinn funktioniert, als die Monarchie sich zum militärischen Alleingang entschlossen hatte. Daraus wurde in Wien eine gefährliche Folgerung gezogen: Der Glaube an die Wirksamkeit des europäischen Konzerts ging wieder verloren und die Bereitschaft, sich Kompromisse abhandeln zu lassen im Interesse der Konfliktvermeidung, trat in den Hintergrund vor dem Gefühl, einer Bedrohung gegenüberzustehen, der zu weichen lebensgefährlich war.

---

53 Redemanuskript Czernins in: HHStA, Nachlaß Berchtold.

> Se Austria interviene contro Serbia è evidente che non si verifica casus foederis. E una avventura che essa corre per conto proprio sia perché non si tratta di difesa poiché nessuno pensa ad attaccarla, sia perché si tratta di quistione nella quale non è implicato alcun interesse né dell'Italia né della Germania.
>
> Giolitti am 10. Juli 1913

d) Der zweite Balkankrieg, die Großmächte und der Dreibund

Hinzu kam aber auch, daß sich die neuen Verhältnisse auf dem Balkan als nicht stabil erwiesen. Der türkische Besitz war zwar infolge der Kriegsereignisse und aufgrund der in London gefundenen Regelungen an die Balkanstaaten verteilt worden, allerdings waren diese alle höchst unzufrieden über ihren Anteil.[54] Serben und Griechen empfanden ihren Gewinn in Mazedonien als zu gering und verlangten von Bulgarien eine Nachbesserung. Doch Bulgarien glaubte, nicht nachgeben zu müssen. Auch in diesem Land hatten die nationalistischen Strömungen aufgrund der militärischen Siege Oberwasser. Die Armee meinte, sie habe die kriegsentscheidenden Erfolge gegen die Türken errungen und war deshalb sehr selbstbewußt; in der bulgarischen Öffentlichkeit wurde die Forderung nach der Annexion ganz Mazedoniens laut, da sie der Ansicht war, daß in Mazedonien ohnehin mehrheitlich Bulgaren lebten und nur wenige Serben und Griechen, weshalb Mazedonien bulgarisch werden müsse. Angesichts enger ethnischer und sprachlicher Verwandtschaft zwischen Mazedonen und Bulgaren waren die bulgarischen Forderungen immer noch berechtigter als diejenigen Serbiens und Griechenlands,[55] die dies aber nicht akzeptierten; sie wollten einen größeren Anteil am ehemals türkischen Besitz, als zuvor vertraglich vereinbart worden war. Die beiden Staaten verbündeten sich gegen Bulgarien. Dieses wähnte sich unter russischem Schutz, da der Zar sich bereit erklärt hatte, die griechisch-serbisch-bulgarischen Streitfragen als Schiedsrichter zu klären. Doch für Bulgarien wurde die Situation kritisch, denn gleichzeitig verlangte auch das bislang neutrale Rumänien immer nachdrücklicher als Kompensation für die bulgarischen Gewinne einen Gebietsstreifen südlich der Donau; eine Forderung, die in Bulgarien nicht ernst genug genommen wurde oder der nachzukommen sich die Regierung vor der Öffentlichkeit nicht traute, obwohl auch Österreich-Ungarn in Sofia die Gewährung einer Kompensation an Rumänien zur Voraussetzung

---

54 Beurteilung der Politik der Balkanstaaten als imperialistisch: Mommsen, Großmachtstellung, S. 243.
55 Zur mazedonischen Frage siehe Boeckh, Balkankriege, S. 329–344.

eigener, ansonsten gern gewährter aktiver Unterstützung gemacht hatte.[56] In Überschätzung ihrer militärischen Kraft trat die bulgarische Führung schließlich die Flucht nach vorn an: Im Sommer 1913 unternahm sie einen Überfall gegen die serbische und griechische Armee. Das Unternehmen war weniger als der Beginn eines neuen Balkankrieges denn als ein limitierter Schlag gedacht. Es sollte einerseits die serbische und griechische Armee an der Vereinigung hindern, andererseits die umstrittenen mazedonischen Gebiete unter effektive bulgarische Kontrolle bringen, um in den anstehenden Verhandlungen unter dem Vorsitz des Zaren eine bessere Verhandlungsposition zu haben.[57] Doch der Angriff, der den zweiten Balkankrieg auslöste, scheiterte vollkommen. Die Überraschung gegenüber Serben und Griechen mißlang, und diese schlugen die Bulgaren zurück. Daraufhin nutzten die Türken ihre Chance, um gegen die Bulgaren vorzurücken und Adrianopel zurückzuerobern; und die Rumänen marschierten, praktisch ohne Widerstand zu finden, in die Territorien ein, die sie als Kompensation verlangt hatten. Die bulgarische Regierung war verzweifelt und mußte flehentlich um Frieden bitten, den sie auch erhielt, da vor allem Rumänien, der nunmehr dominierende Balkanstaat, kein Interesse an der völligen Vernichtung Bulgariens hatte. Sofia mußte aber im Frieden von Bukarest einen hohen Preis zahlen: Ein Großteil der vorherigen Gewinne ging wieder verloren, Adrianopel wurde wieder türkisch, der größte Teil Mazedoniens blieb bei Serbien und Griechenland, der Traum von der Vormachtstellung auf dem Balkan war ausgeträumt. Allerdings verhinderte die stete Konkurrenz unter den Siegern eine zu starke Schwächung Bulgariens.

Dieser Kriegsverlauf wurde in Wien als Katastrophe empfunden – was auch in den anderen europäischen Hauptstädten bekannt war. In Paris, Rom und St. Petersburg war ein zu deutlicher Sieg Serbiens nicht gewünscht worden, aus der Angst heraus, die österreichische Führung könnte sich zu einem Verzweiflungsschritt entschließen, intervenieren und damit einen allgemeinen Krieg auslösen.[58] Diese Befürchtung war nur zu begründet, da die österreichische Regierung ihre Hoffnungen inzwischen ganz auf Bulgarien gesetzt hatte. Dort hatte bis dahin eine eher russophile Tendenz dominiert, und erst als die militärische Lage sich für Bulgarien so ungünstig entwickelte, daß es überall um Unterstützung nachsuchte – es befand sich, so deutsche Diplomaten, in der „Lage eines Ertrinkenden"[59] –, wandte es sich natürlich auch an Wien. Tatsächlich war hier die Neigung vorhanden, eine weitere Stärkung der

---

56 Berchtold an Tarnowski, 24.6.1913, ÖUA VI, Nr. 7486; Augusto Torre: Il progettato attacco austro-ungarico alla Serbia del luglio 1913, in: Federico Chabod u.a. (Hrsg.): Studi Storici in onore di Gioacchino Volpe, Firenze 1958, Band 2, S. 997–1018, S. 1002.
57 Helmreich, Balkan Wars, S. 341–367.
58 DDF, III/7, Nr. 280; 297; BD, IX/2, Nr. 1110; Torre, Progettato Attacco, S. 1004.
59 Telegramm Szögyénys, 3.8.1913, ÖUA VII, Nr. 8197; Breuer, Dreibund, S. 109.

Die Balkankriege und der Zusammenbruch des Status quo auf dem Balkan 743

Serben auf Kosten der Bulgaren notfalls gewaltsam zu verhindern. Doch fühlte sich die österreichische Führung nicht in der Lage, ohne die Mitwirkung der Bündnispartner gegen Serbien zu marschieren, da sie die Gefahr der Eskalation in einen großen Krieg durchaus sah.[60] Eine entsprechende Anfrage bei den Verbündeten stieß jedoch auf schroffe Ablehnung.[61] In Berlin wurde nicht eingesehen, warum Wien sich in den Balkankrieg einmischen müsse; auch könne diese Aktion keinesfalls als defensiv bezeichnet werden, und das Risiko einer Ausweitung zu einem gesamteuropäischen Krieg sei sehr groß.[62] Immerhin war Berlin bereit, im Extremfall an der Seite des Bundesgenossen zu kämpfen. In Italien war die Skepsis noch größer; hier wurde die österreichische Absicht für außerordentlich riskant gehalten, jede Mitwirkung verweigert.[63] San Giuliano – darin vollkommen einig mit Giolitti[64] – gab Mérey zu verstehen, einen Angriff auf Serbien werde er als „eine Offensiv-Aktion im vollsten Sinne des Wortes" ansehen. „Es sei undenkbar, den Dreibund für diese Eventualität anzurufen, da derselbe einen ausschließlich defensiven Charakter habe und seit seinem Bestehen von allen Staatsmännern der drei verbündeten Reiche auch immer nur in diesem Sinne interpretirt worden sei." Notfalls wolle er Österreich-Ungarn „an den Rockschößen" zurückhalten.[65] Infolge der einhelligen deutschen und italienischen Ablehnung – die beiden Regierungen hatten sich auch untereinander abgestimmt – konnte zwar ein eigenmächtiges österreichisches Vorgehen im Juli 1913 verhindert werden, aber nur um den Preis einer schweren Verstimmung der Wiener Regierung.[66]

---

60 Telegramm Berchtolds nach Rom und Berlin, 4.7.1913, ÖUA VI, Nr. 7612; Torre, Progettato Attacco, S. 1009.
61 Mommsen, Großmachtstellung, S. 261. Fellner, Dreibund, S. 67.
62 Torre, Progettato Attacco, S. 1011 f.
63 Ebd., S. 1018.
64 Giolitti erwähnte die Episode erstmals in einer Kammerrede im Dezember 1914, siehe Torre, Progettato Attacco, S. 999.
65 Bericht und Telegramm Méreys, 12.7.1913, ÖUA VI, 7747, 7748; San Giuliano an Giolitti, 8.7.1913; Giolitti an San Giuliano, 10.7.1913, in: Giolitti, Quarant' anni 3, Nr. 109, 110. Giolitti schrieb: „Se Austria interviene contro Serbia è evidente che non si verfica casus foederis. E una avventura che essa corre per conto proprio sia perché non si tratta di difesa poiché nessuno pensa ad attaccarla, sia perché si tratta di quistione nella quale non è implicato alcun interesse né dell'Italia né della Germania. È necessario che ciò sia dichiarato all'Austria nel modo più formale ed è da augurarsi azione della Germania per dissuadere l'Austria dalla pericolosissima avventura." Dazu auch: Pribram, Geheimverträge, S. 301 f; Fellner, Dreibund, S. 74; Torre, Progettato Attacco.
66 Mérey gab San Giuliano in einer längeren Aussprache seinen Unwillen am 11.7.1913 zu verstehen; er meinte, die italienische Haltung gäbe allen Recht, die glaubten, Italien werde den Vertrag immer so interpretieren, wie es gerade passe, um nicht an einem Krieg teilnehmen zu müssen, der für andere als die eigenen Interessen geführt werde; eine Ansicht, der San Giuliano heftig widersprach. In: Torre, Progettato Attacco, S. 1013. Torre sieht einen Kontrast in

Und als Berchtold die Serben im Oktober 1913 ultimativ und unter Androhung militärischer Gewalt aufforderte, das albanische Gebiet zu räumen, geschah dies bereits, ohne Italien zuvor informiert zu haben.[67]

Uneinigkeit zwischen den Bündnispartnern entstand auch während und nach den Friedensverhandlungen in Bukarest. Hier setzte ein erneutes Feilschen um die neuen Grenzen ein, bei dem die Großmächte und damit auch der Dreibund nicht unbeteiligt blieben. Doch die Dreibundstaaten zogen vor allem in der bulgarischen Frage nicht mehr an einem Strang. Die in Bukarest ausgehandelten Friedensbedingungen waren für Bulgarien nachteilig und ließen das Land rachsüchtig zurück;[68] insofern boten sich für die Wiener Diplomatie gute Ansatzpunkte für eine Zusammenarbeit. Das Problem hierbei war aber, daß durch diese Politik die verbündeten Rumänen massiv verstimmt wurden.[69] Dies konnte Wien auch nicht dadurch mildern, daß es in Sofia, gemeinsam mit den Dreibundpartnern, vor Ausbruch des zweiten Balkankrieges den rumänischen Kompensationswunsch gegenüber Bulgarien erfolglos zu stützen versucht hatte, während sich die Ententemächte für Bulgarien stark gemacht hatten, und auch ansonsten ein gutes rumänisch-bulgarisches Verhältnis zu begünstigen suchte.[70] Die Wiener Außenpolitiker verlangten immer mehr nach einem Bündnis mit Bulgarien, da sie zwischen diesem Staat und der Monarchie keine Probleme sahen, jedoch das Verhältnis zu Serbien als hoffnungslosen Antagonismus interpretierten und auch nicht mehr voll auf die rumänische Verläßlichkeit zu hoffen wagten. Das österreichische Kalkül war in sich plausibel; es ging davon aus, daß ein Bündnis mit Bulgarien Serbien in Schach hielte und dem verbündeten Rumänien gegenüber Rußland den Rücken frei machen würde.[71] Allerdings war diese Linie selbst innerhalb der Führungsschicht nicht unumstritten. Erzherzog Franz Ferdinand war antibulgarisch und wollte am Bündnis mit Rumänien

---

der deutschen und italienischen Haltung im Juli 1913 mit folgendem Ergebnis: „In ogni modo già dal Luglio 1913 le posizioni fondamentali sono prese: la Germania finirà col non opporsi all'Austria, l'Italia rimarrà neutrale." Ebenda, S. 1018.

67 Fellner, Dreibund, S. 74–75, sah darin ein Vorspiel der Julikrise 1914.
68 Zu Bulgarien nach den Balkankriegen siehe Boeckh, Balkankriege, S. 174–202.
69 Auf einen von Wien veranlaßten (Telegramm Berchtolds, 27.5.1913, ÖUA VI, Nr. 7180) deutschen Fühler in Bukarest im Mai 1913, sich nicht mit Serbien zu verbünden, Wien könne doch das Entstehen eines Großserbien nicht zulassen, wurde dort nur geantwortet, ebensowenig könne Rumänien ein Großbulgarien ertragen. Telegramm Szögyénys, 31.5.1913, ebenda, Nr. 7221. Torre, Progettato Attacco, S. 1005.
70 Torre, Progettato Attacco, S. 1005 f.
71 Carlotti an das Kabinett des Ministers, 18.8.1913, ASMAE, RTA, 364, mit der Wiedergabe der Gedankengänge des österreichischen Botschafters in St. Petersburg, der in bezug auf Bulgarien und seine verzweifelte Lage der Meinung sei, jetzt müsse das Bündnis gesucht werden: „i valori ... devono acquistarsi quando sono al ribasso."

festhalten. Am Ballhausplatz wiederum wurde zwar eine Wiederannäherung an Rumänien keinesfalls kategorisch ausgeschlossen, im Gegenteil sogar gewünscht, aber doch als schwierig angesehen, vor allem wegen der Nationalitätenproblematik.[72] Auch die Verbündeten akzeptierten die Wiener Bulgarienpläne nicht und bevorzugten andere Kombinationen. In Berlin reflektierte man über einen antislawischen Balkanbund zwischen der Türkei, Griechenland und Rumänien unter deutscher Führung – eine Allianz, die aber wegen des türkisch-griechischen Gegensatzes nicht zu realisieren war.[73] Die deutsche Diplomatie suchte außerdem, was ihre Politik verkomplizierte, aus übergeordneten politischen Erwägungen in diesen Fragen die enge Zusammenarbeit mit Großbritannien. In strittigen Punkten favorisierte Berlin Rumänien und Griechenland, letzteres zum Beispiel (gemeinsam mit den Franzosen) in der Frage nach der Zugehörigkeit des Ägäis-Hafens Kavalla, während Österreich Bulgarien begünstigen wollte.[74] In Italien hingegen fehlte ein klares Balkankonzept und die Regierung schwankte mehrfach; als roter Faden läßt sich, wenn überhaupt, eine antigriechische Tendenz erkennen. Auch nahm die römische Regierung immer wieder eine Verhinderungshaltung gegenüber angeblichen oder tatsächlichen Wiener Balkanambitionen ein. Allerdings waren die Gedankengänge San Giulianos vielschichtig und nicht einseitig antiösterreichisch. Er begrüßte zwar, daß dem expansiven Trend der Donaumonarchie Richtung Saloniki definitiv ein Riegel vorgeschoben worden war, bekannte aber auch, daß es im österreichischen Interesse gelegen sein müsse, die Serben zu züchtigen,[75] und im übrigen müsse Österreich irgendeine Genugtuung erhalten, damit die aggressiven Tendenzen der Militärpartei nicht Oberwasser bekämen.[76] Auf der anderen Seite war er entschlossen, für jeden österreichischen Zugewinn notfalls unter Androhung von Gewalt eine Kompensation zu fordern.[77]

Doch nicht nur widerstreitende Konzepte, sondern auch mehrfache Kurswechsel, weniger in Wien als vielmehr in Berlin und Rom, erschwerten eine wirklich effektive Zusammenarbeit der Dreibundmächte in den Balkanfragen. Die deutsche Regierung, besonders aber Wilhelm II.,[78] war 1912 zunächst un-

---

72 Hoyos an Haymerle (Bukarest), 6.11.1913, ÖUA VII, Nr. 8961.
73 Mommsen, Großmachtstellung, S. 260. Helmreich, Balkan Wars, S. 441, charakterisiert diese deutschen Bündnispläne zu Recht als „day dreams".
74 Boeckh, Balkankriege, S. 68 f.
75 Flotow an Bethmann, 19.7.1913, GP 35, Nr. 13568, berichtet, daß San Giuliano seine Besorgnis vor einem österreichischen Vorgehen gegen Serbien geäußert habe, zumal er als Wiener Staatsmann diesen Weg beschreiten würde!
76 Bosworth, Italy, S. 223.
77 Siehe dazu Kap. IV.10.c: Die Rolle Italiens während der Julikrise 1914, und San Giulianos Haltung in der Lovcen-Frage.
78 Bollati an San Giuliano, 12.10.1913, in: Giolitti, Quarant'anni 3, Nr. 111, S. 93, schrieb: „... l'Im-

ter dem Eindruck der militärischen Erfolge der bulgarischen Armee probulgarisch, später dann ausgesprochen griechenfreundlich. Auch die römische Regierung schwankte mehrfach: So war sie in der Kavalla-Frage erst probulgarisch, dann, im Anschluß an die deutsche Haltung, progriechisch. In der serbischen Frage war die deutsche Diplomatie auch aus wirtschaftlichen Gründen zur Großzügigkeit geneigt, Österreich-Ungarn zur Konfrontation.[79] Die albanische Frage, die später noch gesondert zu behandeln ist, erwies sich zunehmend als ein Zankapfel zwischen Österreich-Ungarn und Italien, während die deutsche Regierung das Engagement der Bundesgenossen für die Gründung eines albanischen Staates von Anfang an für verfehlt hielt. Eines wurde offenbar: Die Sonderinteressen, in vielen Fällen auch ökonomischer Natur, der Dreibundpartner verhinderten, daß sie in den Balkanfragen wirklich als ein geschlossener Block auftreten konnten.[80] Das gleiche galt allerdings auch für die Ententemächte. Eine weitere Folge dieser Politik war eine zusätzliche Entfremdung zwischen Wien und Bukarest; Rumänien fiel als effektiver Verbündeter nach übereinstimmender Ansicht aller diplomatischen Beobachter vorerst aus. Außerdem kannten die Rumänen die divergierenden Ansichten in Berlin, Wien und Rom und suchten sie zu ihrem Vorteil auszunutzen.[81]

Die Auseinandersetzung der Dreibundmächte über die Gestaltung einer gemeinsamen Balkanpolitik liefen bis zum Ausbruch des Ersten Weltkrieges und noch darüber hinaus; so war beispielsweise die berühmte Denkschrift, die Hoyos am 5. Juli 1914 Kaiser Wilhelm in Potsdam vorlegte, ein weiterer Versuch der Wiener Regierung, den erwünschten probulgarischen Schwenk in der Balkanpolitik in Berlin schmackhaft zu machen.

---

peratore – la cui influenza nella politica estera germanica, come la novissima grecofilia lo ha ampiamente provato, è assai considerevole."
79 Mommsen, Großmachtstellung, S. 257 f., 262.
80 Ebd., S. 264.
81 Hoyos an Haymerle, 6.11.1913, ÖUA VII, Nr. 8961 6.11.1913, äußerte den Verdacht, daß Rumänien in Kenntnis der deutsch-österreichischen Divergenzen in der Balkanpolitik glaube, „in der Zukunft auch über uns hinweg deutsch-italienische Dreibund-Politik in antislawischem Sinne bei Aufrechterhaltung der serbischen Freundschaft treiben zu können. Wir sollen dabei gegen unsere Interessen in dieser Richtung nolens volens mit fortgerissen werden." Von rumänischen Versuchen, die Österreicher zu überspielen und den Dreibund auseinanderzudividieren, berichtet auch Fasciotti an das Kabinett, 28.4.1914, ASMAE, Archivio Segreto di Gabinetto, Cassetta 5.

> Es ist wirklich die höchste Zeit, daß die Monarchie Europa und besonders ihren eigenen Völkern vor Augen führt, daß sie kein Kadaver ist, über den andere disponieren können, wie es ihnen beliebt.
>
> Tschirschky, am 24. April 1913

e) Die Auswirkungen der Balkankriege auf das europäische Gleichgewicht

Die Entwicklungen auf dem Balkan waren nicht nur für die Türkei und die Balkanvölker, sondern auch für die Großmächte und die Bündnisse von entscheidender Bedeutung. Erstens hatten sich die Balkanstaaten vereint und damit die Beschlüsse der Großmächte, nämlich das Regelwerk des Berliner Kongresses, über den Haufen geworfen – und das, obwohl die Großmächte die Balkanstaaten auf Einhaltung der bestehenden Ordnung verpflichtet und sich Änderungen des territorialen Status quo verboten hatten. Die glatte Mißachtung dieses Wunsches hatte eines gezeigt: Im Verbund waren die Balkanstaaten stark genug, um selbst wie eine Großmacht aufzutreten und sich von den anderen europäischen Mächten nicht einschüchtern zu lassen.[82] Allerdings währte diese Einigkeit nur kurz, da der Balkanbund infolge der Streitigkeiten um die Verteilung der erbeuteten Territorien wieder zerfiel und die einzelnen Balkanstaaten deshalb wieder Anlehnung an die Großmächte suchten.

Die Regierungen und öffentlichen Meinungen der Großmächte pendelten während der Balkankriege zwischen zwei Polen: nämlich dem Wunsch, den Status quo zu retten und die Türkei zu erhalten, und dem, den Verhältnissen endlich ihren Lauf zu lassen und sich mit den neuen Gegebenheiten abzufinden. Insgesamt kann beobachtet werden, daß alle europäischen Großmächte während der Balkankriege eine Ausweitung des Konfliktes zu vermeiden suchten. Daß die erzielten Kompromisse dann keine Seite vollständig zufriedenstellten, lag in der Natur der Sache.

Nach dem Ende des zweiten Balkankrieges pendelte sich eine neue Situation auf dem Balkan ein. Eigentlich war alles so gegangen, wie es sich Rußland, Österreich-Ungarn und auch Italien als Balkanvormächte immer als wünschenswerteste Lösung für diesen Fall vorgestellt hatten: Nämlich der türkische Besitz zerlegte sich in gleichmäßig große, autonome Klein- und Mittelstaaten, ein neues Gleichgewicht pendelte sich ein, und keine der Groß-

---

[82] Hantsch, Berchtold 1, S. 332, mit Klagen Berchtolds vom 26.10.1912, daß das starre Balance-of-power-System in Europa durch die „Kleinen" aus den Angeln gehoben werde.

mächte profitierte selbst von der Aktion. Zwischen den Balkanstaaten selbst funktionierte ein Balance-of-power-System par excellence, und zwar auf Kosten des Nationalitätenprinzips, das immer nur dann bemüht wurde, wenn es gerade die eigenen Ansprüche stützen und begründen konnte.

Dies allein hätte das Gleichgewicht zwischen den europäischen Großmächten nicht betreffen müssen.[83] Und doch war die Balance zwischen den Mächtegruppen in der Auffassung der Zeitgenossen schwer in Mitleidenschaft gezogen worden: Österreich-Ungarn fühlte sich durch die serbische Erstarkung, durch den panserbischen Gedanken und die Zunahme des russischen Einflusses auf dem Balkan existentiell bedroht. Mit dem nun angeblich möglichen Zerfall des Bundesgenossen sah sich auch das Deutsche Reich in einer höchst unangenehmen Lage gegenüber der als vergleichsweise kompakt empfundenen Entente. Dies waren subjektive Faktoren; bei retrospektiver Betrachtung war ein Zerfall Österreich-Ungarns zu diesem Zeitpunkt nicht näher oder ferner als seit vielen Jahren und auch die Entente nicht fester als der Dreibund. Auch verwiesen manche Zeitgenossen auf die Möglichkeit, auf dem Balkan doch auf die große Anziehungskraft der überlegenen Kultur und des Wohlstands der Donaumonarchie zu setzen.[84] Doch überwog in der habsburgischen Führungsschicht das – nach den historischen Erfahrungen von 1859 und 1866 erklärliche – Denken in einem unüberbrückbaren Antagonismus zu einem als monolithisch empfundenen serbischen Hypernationalismus.[85] In Wien herrschte, so berichtete im April 1913 Botschafter Tschirschky nach Berlin, „das Gefühl der Schande, der verhaltenen Wut, das Gefühl, von Rußland und seinen Freunden an der Nase herumgeführt zu werden"[86]. Diese Befürchtungen und Ängste sollten im entscheidenden Moment die Oberhand

---

83 Klagen letztlich sekundärer Natur betrafen das deutsche militärische Prestige, das infolge der militärischen Niederlagen der von deutschen Ausbildern trainierten türkischen Armee international abgenommen hatte. Siehe zur zeitgenössischen Reflexion darüber Afflerbach, Falkenhayn, S. 101.
84 Fritz Fellner, Die Mission Hoyos, in: ders.: Vom Dreibund zum Völkerbund, S. 117, mit interessanten Erwägungen über die nichtkriegerischen Möglichkeiten der österreichischen Regierung, gegen die großserbische Propaganda etwas zu machen. Ebenso Vlora, Lebenserinnerungen 2, S. 42.
85 Mommsen, Großmachtstellung, S. 257 f., mit den Vorschlägen Jagows, Österreich-Ungarn solle den Serben doch entgegenkommen, und der Antwort Berchtolds, in der dieser den tiefen „Antagonismus der serbischen Staatsauffassung zur Staatsidee des Habsburgerreiches" betonte. Zur Frage der Tragweite und der Trägerschichten des serbischen Nationalismus siehe die differenzierende Analyse von Behschnitt, Nationalismus, passim. Mark Cornwall, Serbia, in: Keith Wilson (Hrsg.): Decisions for War 1914, London 1995, S. 55–96, besonders S. 58 f., hebt hervor, daß 1913/14 die führenden Mitglieder der serbischen Regierung eine lange Phase der Ruhe anstrebten und deshalb, ohne ihre langfristigen jugoslawischen Pläne aufzugeben, den Ausgleich mit Österreich-Ungarn suchten. Ähnlich Boeckh, Balkankriege, S. 118–173.
86 Tschirschky an Jagow, 24.4.1914, GP 34/2, Nr. 13203.

gewinnen. Der Versuch, sich gewaltsam zu stabilisieren und das eigene Prestige wiederherzustellen, führte zur Julikrise 1914. Und diese Befürchtungen hatten auch in Berlin so ansteckend gewirkt, daß man sich schließlich zur blinden Unterstützung einer solchen Politik bereit finden sollte. Allerdings war es trotzdem selbst im Sommer 1913 noch nicht soweit, daß die Balkanpolitik der Bündnispartner alternativlos und linear in den Weltkrieg hineinführte. Bis in den Juni 1914 hinein blieben die Ansätze für eine neue Strategie gegenüber den Balkanstaaten zwischen den Dreibundmächten höchst umstritten.

> Noi desideriamo l'accordo, ma crediamo che il mantenerlo sia un interesse eguale dell'Italia e dell'Austria.
>
> San Giuliano, am 8. Oktober 1913

7. Zwischen Zusammenarbeit und Konfrontation – Der Dreibund und das türkische Erbe in Europa und Asien (1912–1914)

a) Österreichisch-italienische Zusammenarbeit und Konfrontation in Albanien

Für Konflikte in der großen europäischen Politik sorgten auch die anderen Probleme, die sich aus dem türkischen Zusammenbruch ergaben. Hier sollen zwei für das Bündnis besonders wichtige Fragen Erwähnung finden: Nämlich die albanische Staatswerdung und die Befürchtung, die türkische Herrschaft werde demnächst auch in Asien zusammenbrechen. Hier mußte sich zeigen, ob der Dreibund in der Lage war, in diesen komplizierten Fragen einen inneren Konsens zu finden.

Das erste Problem, nämlich die albanische Frage, fesselte das Interesse der europäischen Öffentlichkeit bis in den Juli 1914 hinein und versetzte die beiden hauptbeteiligten Großmächte, Österreich-Ungarn und Italien, in einen angespannten Zustand zwischen Kooperation und Konfrontation. Albanien galt als unregierbar; San Giuliano meinte bezeichnenderweise im Oktober 1912, „die albanesischen Stämme seien ein Element der Unkultur, unter sich entzweit und nicht reformfähig"[1]. Allein schon die religiöse Problematik machte jede Regelung schwierig. In Albanien überwog der Islam mit über 70 %, dann erst folgten die Orthodoxie und der Katholizismus. Nicht umsonst hatten die Türken in London versucht, Albanien für ihre Herrschaft zu retten, was vielleicht sogar der beste Ausweg aus der schwierigen Situation gewesen und auch in Albanien nicht auf unüberwindliche Widerstände gestoßen wäre. Doch nach komplizierten Verhandlungen beschlossen die Großmächte am 29. Juni 1913, in Albanien ein autonomes, souveränes, neutrales Fürstentum unter Aufsicht der Großmächte einzurichten. Die Finanz- und Zivilverwaltung sollte einer siebenköpfigen Kommission für zunächst zehn Jahre unterstehen,

---

1 Tagesbericht Berchtolds, 26.10.1912, ÖUA IV, Nr. 4181.

in der Gendarmerie sollten niederländische und schwedische Offiziere Dienst tun.[2] Der in London begründete albanische Staat war ein Kompromiß; er umfaßte 28.000 km², in denen 800.000 Menschen lebten. Noch einmal halb soviele ethnische, nämlich 400.000 Albaner, blieben außerhalb des neuen Staates.[3] Als äußerst mühsam erwies sich die Arbeit in der durch Offiziere beschickten internationalen Grenzziehungskommission, die derart von Prestigefragen gespalten wurde, daß die Zusammenarbeit mitunter zur reinen Farce entartete.[4]

Die Londoner Beschlüsse waren das Werk des europäischen Konzerts. Doch nachdem erst einmal die Einrichtung des Fürstentums und seine ungefähren Grenzen beschlossen worden waren, überließen die anderen Großmächte Österreich-Ungarn und Italien in Albanien eine Sonderstellung, vielleicht aufgrund der geographischen Lage, wahrscheinlich aber deshalb, weil sich ansonsten niemand genug für das Land interessierte, um dort intervenieren zu wollen.[5] Denn weder Engländer noch Deutsche waren gewillt, sich an militärischen Aktionen in Albanien zu beteiligen. Dagegen waren die Regierungen in Rom und Wien gleichermaßen damit einverstanden, die Führungsrolle in Albanien zu übernehmen, die vorwiegend darin bestand, die Staatswerdung Albaniens gegen griechische und serbische Ansprüche durchzusetzen und eine staatliche Organisation aufzubauen. Schon im Oktober 1912 hatte San Giuliano, in Anlehnung an die bestehenden Abmachungen aus der Visconti-Gołuchowski-Ära, Berchtold eine Art „italienisch-österreichisches Condominium" in Albanien vorgeschlagen.[6] Dieses realisierte sich dann auch, wenn auch alles andere als reibungslos. International war es nachteilig, daß die Ordnung der albanischen Angelegenheiten als Dreibundsache aufgefaßt wurde. Die Kritik, vor allem in Großbritannien, wuchs, als wirkliche Erfolge bei der Staatswerdung Albaniens auf sich warten ließen. San Giuliano gelangte zunehmend zu der Auffassung, daß Italien bei einer europäischen Lösung mehr zu erwarten hatte als Österreich, da es in Streitfragen auf den Beistand der anderen Mächte hoffen durfte, dagegen Österreich höchstens auf die lauwarme Unterstützung des Deutschen Reiches; dies gab er Berchtold auch deutlich zu verstehen. Er favorisierte zwar eine kollegiale Zusammenarbeit beider Mächte,[7] bemängelte aber auch, daß das Bundesverhältnis unter den fortge-

---

2 Boeckh, Balkankriege, S. 43; die Schweden zogen ihre Bereitschaft später wieder zurück.
3 Ebd., S. 45.
4 Ebd., S. 102 f., Fußnote 51.
5 Hantsch, Berchtold 2, S. 483.
6 Tagesbericht Berchtolds, 26.10.1912, ÖUA IV, Nr. 4181.
7 San Giuliano an die Botschaften in Wien und Berlin, 8.10.1913, ASMAE, RTP, 359: „Noi desideriamo l'accordo, ma crediamo che il mantenerlo sia un interesse eguale dell'Italia e dell'Austria. Se all'accordo si sostituisce per l'Albania una politica di reciproco antagonismo l'Italia sarebbe in condizioni più favorevoli dell'Austria-Ungheria perchè nella Commissione europea di

setzten Reibungen leide.⁸ Beide Länder wetteiferten nämlich darum, ihren eigenen Einfluß im Lande auszudehnen, die führenden albanischen Adelsfamilien durch Geldgeschenke an sich zu binden, Schulen und Schiffahrtslinien einzurichten. Schwierigkeiten entstanden auch infolge des „furor consularis", des Übereifers der Konsuln in Albanien, unter denen vor allem der italienische Konsul in Durazzo, Aliotti, negativ hervorstach.⁹ Hinzu kam, daß der italienischen Regierung und Öffentlichkeit eine zu weit gehende und exklusive Zusammenarbeit mit Österreich-Ungarn, dessen Ambitionen man allseitig mißtraute, unheimlich war. Im Parlament polemisierte Barzilai unablässig gegen die österreichisch-italienische Zusammenarbeit in Albanien und bezeichnete es als einen schweren Fehler der Regierung, nicht auf der Internationalisierung der Frage bestanden zu haben.¹⁰ Auch seitens des „Corriere della Sera" wurde San Giulianos Albanienpolitik einer harten Kritik unterzogen.¹¹

Auch Giolitti wollte die albanische Frage internationalisieren, da er eine enge Zusammenarbeit des europäischen Konzerts befürwortete und eine zu weit gehende Spaltung Europas zwischen den Machtgruppen zu vermeiden suchte.¹² Seit dem Frühjahr 1914 strebte San Giuliano immer deutlicher diese Internationalisierung der albanischen Frage an und bemühte sich vergebens, die Konkurrenzsituation mit Österreich durch deutsche und englische Mitarbeit zu entschärfen.¹³ Er teilte, wie die italienische Öffentlichkeit insgesamt, die Befürchtung, Österreich wolle sich die Zustimmung zur allseits für sicher bevorstehend angesehenen Vereinigung Montenegros mit Serbien¹⁴ mit dem Lovcen bezahlen lassen und besitze dann eine Landverbindung nach Albanien, was seinen Einfluß dort zum vorherrschenden machen und das Gleichgewicht in der Adria zu italienischen Ungunsten verändern würde.¹⁵ Dies

---

controllo troverebbe subito l'appoggio di tre potenze mentre l'Austria potrebbe forse tutt'al piú trovare il parziale appoggio di una sola che del resto difficilmente prenderebbe posizione contro una delle sue alleate."
8 Jagow an Bethmann, 12.1.1913, GP 34/1, Nr. 12685.
9 Flotow an Bethmann, 12.4.1914, PA/AA, R 9119. Zu Aliotti: Tschirschky an Bethmann, 4.6.1914, ebenda, R 9120. Salandra, Neutralitá, S. 43, schrieb, daß Aliotti ihm nicht gefallen habe: „L'uomo a me non piaceva per lo spirito torbido e per la tendenza a strafare." Aliotti beeinflußte die italienische Öffentlichkeit in seinem Sinne, siehe dazu Albertini, Origins 1, S. 525–526.
10 Mérey an Berchtold, 4.6.1914, HHStA, PA XI, 150.
11 Flotow an Bethmann, 12.5.1914, PA/AA; R 9120.
12 Giolitti an San Giuliano, 28.3.1913: „Sotto tutti gli aspetti credo preferibile azione collettiva di tutte le potenze anche se Russia non vi prende parte sopratutto perché qualunque sia portata e risultato di tale azione non potrà mai condurre a conflitto fra triplice alleanza e triplice intesa." In: Giolitti, Quarant'anni 3, Nr. 96.
13 Flotow an AA, 30.5.1914, PA/AA; R 9120.
14 Boeckh, Balkankriege, S. 248–253; Albertini, Origins 1, S. 521.
15 Albertini, Origins 1, S. 518; Flotow an Bethmann, 22.4.1914, PA/AA; R 9119; ebenso, 12.5.1914, GP 38, Nr. 15551.

wollte San Giuliano um jeden Preis verhindern – oder aber, unter Nutzung der Dreibundbestimmungen, zumindest eine beträchtliche Kompensation herausschlagen.[16]

Sein Kurswechsel wurde auch dadurch provoziert, daß die innere Situation Albaniens sich immer verworrener gestaltete und die internationale Kritik an den geringen Erfolgen des österreichisch-italienischen Kondominiums bei der Pazifizierung Albaniens wuchs. Nicht zu Unrecht entstand der Eindruck, daß die Konkurrenz der beiden Vormächte die ohnehin schwierigen Verhältnisse in dem Land unnötig weiter verkompliziere. Dabei mußten mehrere brisante Fragen so schnell wie möglich geklärt werden. Noch immer waren Teile des albanischen Territoriums durch serbische und griechische Truppen besetzt, was die Staatsgründung massiv gefährdete. Dann waren die Machtverhältnisse im Lande unklar: Albanische Adlige, der ehemalige türkische General Essad Pascha und islamische Prinzen rivalisierten um die Herrschaft in Albanien und suchten die Unterstützung einer der beiden Vormächte, die sie gegeneinander ausspielten. Parallel dazu bemühten sich mehrere europäische Adelshäuser um den albanischen Thron und suchten entweder Österreicher oder Italiener für ihr Anliegen einzuspannen. Auch wurde die Frage gestellt, ob Albanien vor dem Hintergrund bürgerkriegsähnlicher Unruhen und des Mangels an Finanzmitteln überhaupt existenzfähig sei. So sah beispielsweise Wilhelm II. Albanien als einen „Nonsens" an und hielt es für einen schweren Fehler, daß sich Österreich-Ungarn und Italien diese Last freiwillig aufgebürdet hatten.[17] Beide Mächte waren natürlich bestrebt, die albanischen Verhältnisse möglichst schnell zu ordnen. Der erste Schritt dazu, nämlich die Suche nach einem geeigneten Regenten, geriet zu einem Eiertanz, bei dem es – darin typisch für die gesamte albanische Frage – hauptsächlich darum ging, die Empfindlichkeiten in Rom und Wien gleichermaßen zu schonen. Italien wollte wegen des Vatikans keinen Regenten aus einem katholischen Haus, was Österreich-Ungarn wiederum gern gesehen hätte. Italien favorisierte eine Zeitlang einen islamischen Prinzen, doch schließlich setzte sich in dem Gerangel der Prinz zu Wied durch, ein preußischer Offizier, höflich, kultiviert und eher skeptisch, was die Erfolgsaussichten seiner albanischen Mission anging.[18] Für die ungeheuer schwierige Aufgabe, das allgemein als unregierbar eingeschätzte Land zu beherrschen, fehlte ihm neben der Kenntnis von Land

---

16 Albertini, Origins 1, S. 522 f.
17 Randbemerkung Wilhelms II. unter einer Artikel des „Pester Lloyd" vom 29.5.1914, GP 36/2, Nr. 14465, Fußnote *.
18 Zu der ganzen Frage: Engelbert Deutsch: Albanische Thronbewerber. Ein Beitrag zur Geschichte der albanischen Staatsgründung, Teil I: Münchner Zeitschrift für Balkankunde 4 (1981–82), S. 150–189. Teil III: ebd. 6 (1990), S. 93–151. Salandra, Neutralità, S. 41–43, mit einer abschätzigen Beurteilung des Fürsten Wied („poco ingegno, poco corraggio e pochi denari"). Siehe auch Albertini, Origins 1, S. 524–527.

und Leuten und der nach Ansicht von Sachkennern unbedingt erforderlichen brutalen Durchsetzungsfähigkeit auch das nötige Privatvermögen, denn letztlich kam es darauf an, die führenden albanischen Adelsfamilien durch Geldgeschenke und Subventionen an sich zu binden. Für ihn sprach, daß er Protestant war und damit religiös neutral, und noch mehr, daß er mit dem rumänischen Königshaus verwandt war, das, nach den Erfolgen im zweiten Balkankrieg, eine führende Rolle in Balkanfragen spielte. Der deutsche Kaiser war nicht bereit, den Prinzen zu unterstützen; er meinte, Italien und Österreich hätten sich die Suppe eingebrockt und müßten sie jetzt auch gemeinsam auslöffeln.[19]

Die Herrschaft des Fürsten war ein Fiasko, wie es angesichts der inneren Zustände und der Konkurrenz der Protektoren auch kaum anders zu erwarten gewesen war.[20] Bald schon war klar, daß er sich ohne ausländische Intervention, ohne italienische und österreichische oder rumänische militärische Unterstützung, nicht würde behaupten können. Nach wenigen Monaten war das Intermezzo beendet. Der Prinz zu Wied mußte im September 1914 das Land verlassen.

Albanien hatte seine Existenz und seine Grenzziehung im wesentlichen dem entschlossenen Einsatz Österreich-Ungarns und auch Italiens zu verdanken. Es ist fraglich, ob es sonst zu einer Gründung gekommen oder das Land nicht einfach in London unter den verschiedenen Anrainern aufgeteilt worden wäre. Insgesamt zeigt die albanische Episode, was den Dreibund und das italienisch-österreichische Verhältnis angeht, ein Gegen- und ein Miteinander beider Mächte. Auf internationaler Ebene überwog das Miteinander – und zwar gegen die Bestrebungen anderer Mächte, bei deutscher Rückendeckung. Auf zwischenstaatlicher Ebene hingegen war ein deutliches Gegeneinander zu beobachten, das auch außerordentlich negative Auswirkungen auf die öffentliche Meinung in beiden Ländern hatte. Ende Juni 1914 hatte die Rivalität beider Mächte so zugenommen, daß es der deutsche Botschafter in Rom, Flotow, beim Lesen italienischer Zeitungen für unmöglich hielt, an die Existenz eines wirksamen Bundesverhältnisses zwischen beiden Ländern zu glauben.[21] Dabei wird in der Rückschau deutlich, was auch schon die meisten Zeitgenossen wußten: Daß es sich dabei um eine reine Verhinderungshaltung handelte, daß weder die Italiener noch die Österreicher das Land tatsächlich selbst besetzen, wohl aber verhindern wollten, daß es dem anderen zufallen

---

19 Randbemerkung Wilhelms II. (wie Anm. 17).
20 Das deutsche Mitglied in der albanischen Kontrollkommission, Nadolny, berichtete: „Armer Prinz! Man bedauert ihn, weil er es schwer haben wird, mit den Albanern fertig zu werden und aus ihnen etwas zu machen. Das ist aber ein Kinderspiel gegen die Schwierigkeit, sich mit Anstand zwischen den österreichisch-italienischen Kneifzangen zu bewegen." Nadolny an Bethmann, 19.2.1914, GP 36/2, Nr. 14425.
21 Flotow an AA, 26.6.1914, GP 36/2, Nr. 14518.

könnte.²² Beidseitig fehlte, wie Ministerpräsident Salandra am 8. Juli 1914 schrieb, die „buona fede".²³ Es zeichnete sich in Rom und Wien auch ein zunehmender Verdruß über das eigene Engagement in dem vom Bürgerkrieg zerrissenen Albanien ab. Außenminister Berchtold war Ende Juni 1914 der Ansicht, Österreich seien die albanischen Wirren eigentlich gleichgültig, es sei nur an der Aufrechterhaltung der Londoner Beschlüsse interessiert.²⁴ Wie sich die albanische Frage ohne Ausbruch des Ersten Weltkriegs weiterentwickelt hätte, muß offenbleiben; sie blieb bis in den Juli 1914 hinein ein Hauptthema der europäischen Zeitungen. Daß sie auch weiterhin für erhebliche Spannungen im Dreibund gesorgt hätte, ist sicher. Albanien galt schon als ein italienisch-österreichisches „Schleswig-Holstein", und der Zwist der Verbündeten wurde von der Entente, zumindest von den Franzosen, nicht ungern gesehen.²⁵

> Sonst allerdings wäre zu befürchten, dass man uns mit einigem Recht bald zurufen würde: ‚tarde venientibus ossa'.
>
> Der k. u. k. Generalkonsul in Smyrna, Merle, am 26. März 1914

b) „Keeping up with the Joneses?" Der Dreibund und der türkische Teilungsplan

Eine weitere Bewährungsprobe für den Dreibund bedeutete die Frage nach der Zukunft der osmanischen Herrschaft in Asien. Die endgültige Auflösung des türkischen Reiches wurde zwar in allen europäischen Hauptstädten wegen ihrer unberechenbaren Folgen gefürchtet, und alle Mächte, ganz beson-

---

22 Salandra, Neutralità, S. 44.
23 Ebd., S. 50 f., zitiert Bollati vom 8.7.1914 über Albanien.
24 Redlich, Tagebuch 1, Eintrag vom 26.6.1914.
25 Albertini, Origins 1, S. 518, behauptet, nur der Ausbruch des Ersten Weltkrieges habe einen österreichisch-italienischen Konflikt wegen Albanien verhindert. Zu Befürchtungen Jagows, Albanien könne zu einem italienisch-österreichischen Schleswig-Holstein werden, siehe Jagow an Tschirschky, 10.3.1914, GP 36/2, Nr. 14426; ähnlich Mérey an Berchtold, 28.1.1913, HHStA, PA XI, 148; Mérey an Berchtold, 4.6.1914, ebenda, PA XI, 150, zitierte eine Parlamentsrede Barzilais vom 26.5.1914, in der er die Parallele zwischen der Schleswig-Holstein-Frage und Albanien so kommentierte: „La storia non è mai stata maestra della vita, ed è per questo che si ripete sempre." Flotow an AA, 4.6.1914, GP 36/2, Nr. 14477, schrieb bezüglich des Entfremdungseffektes: „Herr Barrère wittert schon Morgenluft. Er ist jetzt täglich auf der Consulta zu finden. Zum mindesten droht der inneren Kohärenz des Dreibunds eine Schwächung, die leider auch den fremden Augen nicht unbemerkbar bleibt."

ders das Deutsche Reich, hofften, dieses Ereignis zumindest hinausschieben zu können. Andererseits wuchs nach dem überraschend schnellen türkischen Zusammenbruch auf dem Balkan doch die Sorge, daß es sich auch in Asien nur noch um eine Zeitfrage handeln könne. Die türkische Regierung war politisch fast handlungsunfähig, da, als Resultat früherer finanzieller Mißwirtschaft, drei Fünftel ihrer Staatseinnahmen durch eine internationale Staatsschuldenverwaltung, die „Caisse de la Dette Publique Ottomane" verwaltet wurden. Nicht einmal die Höhe der Zölle konnte die türkische Regierung eigenständig beschließen. Ihr Staatsdefizit hatte infolge der Balkankriege eine neue, schwindelerregende Höhe erreicht. In der Peripherie des Osmanischen Reiches, vor allem in Syrien, aber auch in Arabien und Armenien, wurden separatistische Gedanken laut. In Diplomatenkreisen wurde mit der Abspaltung der arabischen Besitztümer gerechnet und sogar eine Aufteilung Kleinasiens für möglich gehalten.[26] Das Osmanische Reich wurde zum Objekt von Teilungsplänen. In Diplomatenkreisen war zwar schon seit vielen Jahrzehnten über die Erbschaft des „kranken Mannes" diskutiert worden, aber bislang in einer eher akademischen Form. Nach dem Schock der Balkankriege traten diese Pläne nun in ein akutes Stadium und wurden zu einem bedeutsamen Kapitel der europäischen Politik, das den Ersten Weltkrieg überdauerte und erst mit dem Frieden von Lausanne im Jahre 1923 seinen Abschluß fand. Keine europäische Großmacht konnte der Versuchung widerstehen, sich für den Fall einer Auflösung der Türkei ein Stück des Kuchens zu reservieren. Das, was die Konkurrenz der Großmächte immer hervorgerufen und beflügelt hatte: nämlich Gleichgewichtserwägungen und das Bestreben, an jedwedem Zugewinn angemessen beteiligt zu werden (Paul Schroeder bezeichnet dies ironisch mit dem Ausdruck „keeping up with the Joneses"[27]), führte zu einem 1913 beginnenden Wettlauf um Einflußzonen, die für den Fall eines Zerfalls der Türkei eigene Ansprüche begründen sollten. Diese Teilungspläne wurden auch ein wichtiger Teil der Geschichte der „triplice alleanza". In Kleinasien mehr als in anderen Teilen des Osmanischen Reiches wurden die Dreibundmächte aktiv – und auch hier läßt sich zwischen den Verbündeten eine ähnliche Mischung zwischen scharfer wechselseitiger Konkurrenz und dem Wunsch nach Zusammenarbeit gegenüber dem Druck der gegnerischen Machtgruppe beobachten, wie sich dies schon in der albanischen Frage gezeigt hatte.[28]

---

[26] Zu Zweifeln an dieser Sicht siehe Pallavicini an Musulin, 29.12.1913, HHStA, PA I, 495; siehe dazu unten, S. 762 f.

[27] Schroeder, Transformation, S. 6 f.

[28] Zur deutschen Türkeipolitik in der Ära Bethmann Hollwegs Mommsen, Großmachtpolitik, S. 283–293. Die italienischen Pläne untersucht, unter großzügiger Mitberücksichtigung deutscher, englischer und österreichischer Positionen, Marta Petricioli: L'Italia in Asia Minore. Equilibrio mediterraneo e ambizioni imperialiste alla vigilia della prima guerra mondiale, Fi-

Der Dreibund und das türkische Erbe in Europa und Asien (1912–1914)

Allerdings verlief in der türkischen Frage der Trennstrich weniger zwischen Dreibund- und Dreiverbandmächten, sondern zwischen denen, die bereits anerkannte Ansprüche hatten, und denen, die nicht über solche verfügten. Die Ententemächte waren hier alle gleichermaßen in einer guten Position, und ebenso das Deutsche Reich, das infolge seines Bagdadbahn-Engagements von allen europäischen Mächten in Konstantinopel die festeste Stellung hatte. Rußland befand sich, vor allem wegen der Meerengenfrage, zwar in einer antagonistischen Stellung zur Türkei, war aber mächtig genug, um international seine Forderungen, vor allem auf die nordöstlichen Grenzgebiete und Armenien, zur Geltung zu bringen. Gute Ansprüche konnten auch Großbritannien und Frankreich anmelden, da sie ebenfalls über Eisenbahnkonzessionen in verschiedenen Teilen des Osmanischen Reiches verfügten und gemeinsam mit dem Deutschen Reich zu den Hauptgläubigern des Osmanischen Reiches gehörten.[29] Zwischen diesen Mächten kam es deshalb auch 1913 zu Absprachen über die jeweiligen Einflußsphären. Während sich Frankreich in Nordanatolien und Syrien etablierte und Großbritannien seinen Einfluß in Arabien ausbaute, konnte sich das Deutsche Reich Zentralanatolien und Mesopotamien sichern. Die deutsche und die britische Regierung einigten sich im Frühjahr 1914 auch in der Bagdadbahnfrage: Die Deutschen sagten zu, die Linie nicht bis Basra weiterzubauen, und konnten so die strategischen Besorgnisse Londons zerstreuen.[30] Und deutsche und britische Gesellschaften einigten sich auf die gemeinsame Ausbeutung der Erdölvorkommen in Mesopotamien.[31]

---

renze 1987; eine präzise und detailgenaue Untersuchung. Bosworth, Italy, S. 337–376, mit viel Material, leider aber auch mehreren Fehlschlüssen, die auf seine Neigung zurückzuführen sind, die Handlungsweisen italienischer Politiker grundsätzlich mit überheblicher Ironie als absurd zu bewerten und nicht hartnäckig genug nach dem Sinn ihrer Maßnahmen zu forschen. Zu den österreichischen Plänen: Francis Roy Bridge: Tarde Venientibus Ossa, in: Middle Eastern Studies 6 (1970), S. 319–330; der Aufsatz ist durch Petriciolis Arbeit überholt. Schwertfeger, Wegweiser 5/3, S. 150–153, zu diesem Thema fragmentarisch und ebenso wie die Aktenauswahl der GP 37/2, Kapitel 287: Die kleinasiatischen „Arbeitszonen" Österreich-Ungarns und Italiens Mai 1913 bis Juli 1914, kein Verstehen der Vorgänge ermöglichend. Die zentralen österreichischen Akten zu dem Thema in: HHStA, PA I, 495: Liasse XLVI. Adalia. Kleinasiatische Interessensphäre 1913 (Nr. 1–3); PA I/496: dito, 1913–1914, Nr. 4. Italienische Akten (Auswahl): ASMAE, Archivio di Gabinetto, Casella 27 Titolo III (1910–1914), Fasc. 318: Comunicazioni della Germania all' Austria circa il limite della sfera di influenza tedesca in Asia Minore; Casella 29 Titolo III (1914), Fasc. 402: Eventuale liquidazione della Turchia Asiatica ed equilibrio del mediterraneo (1913–14); Fasc. 404: Accordi con le potenze per l'Asia minore (1913–1914). Weiteres Material im Nachlaß Giolitti, ACS.

29 Petricioli, Italia, S. 33. Unter den Hauptgläubigern rangierte Frankreich an erster, das Deutsche Reich an zweiter und Großbritannien an dritter Stelle.

30 Literatur zum englischen, französischen und deutschen Türkeiimperialismus: Petricioli, Italia, S. 34 f., Fußnoten.

31 Mommsen, Großmachtstellung, S. 288.

Die deutsche Führung gab sich große Mühe, die Integrität der Türkei zu bewahren, war aber gleichzeitig entschlossen, den eigenen politischen Einfluß dort um jeden Preis zu verteidigen.[32] Dazu sollte auch die Entsendung von General Liman v. Sanders beitragen, der im Dezember 1913 zum Befehlshaber des ersten türkischen Armeekorps in Konstantinopel ernannt wurde. Seine Aufgabe wurde so definiert, daß er die türkische Armee modernisieren und damit die Türkei stützen solle. Auf scharfen russischen Protest – in St. Petersburg wurde dies als Versuch der Berliner Diplomatie interpretiert, die Meerengen unter deutsche Kontrolle zu bringen – wurde Liman v. Sanders durch eine Beförderung zum Marschall auf ehrenvolle Weise von dem strittigen Kommando enthoben, was diese Krise entschärfte.[33]

Anders als die Ententemächte und das Deutsche Reich standen Österreich-Ungarn und Italien im Osmanischen Reich bislang im Abseits. Sie konnten keinerlei Ansprüche vorweisen, die einen Anteil am türkischen Erbe begründet hätten. Beide Staaten hatten zwar, ebenso wie alle anderen Großmächte, kein Interesse an einer Aufteilung der Türkei, aber schon aus dem Grund, daß sie befürchteten, bei einer solchen leer auszugehen.[34] Da die Regierungen in Wien und Rom die allgemeinen Befürchtungen über die Zukunft der asiatischen Türkei teilten, unternahmen sie seit der Jahreswende 1912/13 hektische Versuche, Ansprüche zu schaffen, die sie im Augenblick der Teilung anmelden könnten. Auch hier war, wie ausdrücklich betont werden muß, weniger blinde Ländergier als vielmehr die Befürchtung ausschlaggebend, einer Veränderung des Gleichgewichts im Mittelmeer zu ihren Ungunsten tatenlos zusehen zu müssen. Und beide Regierungen wählten den gleichen Weg, um sich ihren Anteil am türkischen Erbe zu sichern: nämlich um die Jahreswende 1912/13 festzustellen, welche Regionen der asiatischen Türkei überhaupt noch von fremden Ansprüchen, von Eisenbahn- und Verkehrsbaukonzessionen frei waren, diese von Experten auf ihre Eignung prüfen zu lassen – Berchtold entstandte den Generalkonsul von Alexandria, Petrovich, nach Kilikien und Pamphylien, San Giuliano eine archäologische Expedition nach Adalia – und unter Berufung auf den Dreibund das Deutsche Reich dann zur Unterstützung ihrer Ansprüche zu veranlassen.

---

32 Mommsen, Großmachtstellung, S. 284.

33 Hildebrand, Das vergangene Reich, S. 296–301; Mommsen, Großmachtstellung, S. 291–293; Albertini, Origins 1, S.; 540–550; Jehuda Wallach: Anatomie einer Militärhilfe. Die preußisch-deutschen Militärmissionen in der Türkei 1835–1919, Düsseldorf 1976.

34 Der italienische Botschafter in Paris, Tittoni, empfahl San Giuliano am 28.12.1912, den Zusammenbruch der Türkei nach Möglichkeit zu verzögern: „... nella migliore delle ipotesi noi siamo quelli che troveremmo minor profitto." Zitiert bei Petricioli, Italia, S. 40. Ebenda, S. 49: San Giuliano an Garroni, 23.1.1913: „La politica del governo italiano ... ha per iscopo il mantenimento dell'integrità territoriale della Turchia asiatica ma ciò nonostante sono tanto i pericoli interni ed esterni che la minacciano che bisogna premunirsi fino d'ora pel caso futuro di spartizione di essa tra le grandi potenze."

Da die Gegend von Adalia zu den wenigen Regionen des Osmanischen Reiches gehörte, die noch nicht definitiv dem Einflußgebiet einer anderen Großmacht zugerechnet wurden, ist es kein Zufall, daß sich die italienischen und die österreichischen Ambitionen auf das gleiche Objekt richteten. Praktisch zeitgleich – nämlich ab Mai 1913[35] – wandten sich die beiden Regierungen mit der Bitte um Unterstützung an die deutsche Regierung und erfuhren dort dann von den konkurrierenden Ansprüchen und Plänen des jeweils anderen.[36]

In Berlin herrschte kein Enthusiasmus über die Ansprüche der Dreibundpartner. Das Drängen von Österreichern und Italienern auf Überlassung einer Einflußsphäre in Anatolien wurde als höchst ungelegen empfunden, und die – konkreter als die österreichische formulierte – italienische Anfrage erfuhr zunächst eine glatte Ablehnung. Die deutsche Regierung hatte kein Interesse an irgendwelchen Teilungsplänen, und wenn, dann war sie geneigt, ganz Anatolien als ureigenstes deutsches Interessengebiet anzusehen. Der Dreibund spielte dabei keine Rolle. Die deutsche Diplomatie arbeitete im Osmanischen Reich sogar lieber mit den Engländern gegen die anderen Mächte zusammen, um eigenen Firmen beispielsweise die Ausschöpfung der mesopotamischen Ölvorkommen zu reservieren.[37] Beim näheren Durchdenken änderte sich die deutsche Haltung, da die Absicht, sich ganz Anatolien exklusiv zu sichern, angesichts der starken Konkurrenz der Ententemächte doch zu riskant schien. Deshalb begann Staatssekretär v. Jagow über eine genauere Definition der bislang nur vage definierten deutschen Interessensphäre in Anatolien nachzudenken und begrenzte sie auf die südöstlichen Küstengebiete. Die Landstriche entlang der Ägäis, Adalia und Smyrna wurden nicht mit einbezogen. Bei dieser Eingrenzung der deutschen Interessenzone wurde bewußt auf Maximalziele verzichtet, gemäß dem Grundsatz „qui trop embrasse mal étreint". Außerdem sei doch gegen die gute Nachbarschaft anderer Mächte nichts einzuwenden.[38]

Damit hatte die deutsche Diplomatie in Wien und Rom eigentlich nur ihre eigenen Wünsche präzisiert und vor allem den Italienern ein „hands off" zugerufen, soweit die eigenen Interessengebiete betroffen waren.[39] Hinzu kam, daß in Berlin gehofft wurde, die italienischen Pläne würden am türkischen oder englischen Widerstand scheitern.

In Rom hingegen wurde die Berliner Stellungnahme absichtlich mißverstanden, da man hier, ebenso wie in Wien, nicht gesonnen war, auf das Vor-

---

35 Petricioli, Italia, S. 66 f., über die ersten deutsch-italienischen Gespräche am 23.5.1913; ebenda, S. 118, über den Beginn deutsch-österreichischer Verhandlungen.
36 Ebd., S. 119 f.
37 Pallavicini an Berchtold, 23.3.1914, HHStA, PA I, 495.
38 Jagow an Tschirschky, 6.7.1913, in: GP 37/2, Nr. 15052.
39 Marginalie Jagows zu Flotow an Bethmann, 1.6.1913, GP 37/2, Nr. 15049.

haben zu verzichten. Doch mußten beide Regierungen nun mit ihrer direkten Konkurrenz rechnen. Das Rennen zwischen den beiden Mächten war bis zu diesem Zeitpunkt unentschieden. Fest stand nur, daß ein Versuch, sich westlich der deutschen Einflußzone zu etablieren, nicht auf deutschen Widerstand stoßen würde. Berlin weigerte sich im übrigen trotz der Bitte San Giulianos, zwischen Rom und Wien in dieser Sache zu vermitteln.[40]

Bei der Weiterverfolgung des Kleinasienplans ließ sich ein charakteristischer Unterschied feststellen. In Wien war man nämlich auf die deutsche Unterstützung angewiesen in der sicheren Erkenntnis, daß keine andere Macht das als deutschen Platzhalter angesehene Österreich-Ungarn bei dem Versuch unterstützen würde, in Kleinasien Fuß zu fassen. Rom hingegen hatte größeren Spielraum: Großbritannien und Frankreich hatten das Angebot einer Mittelmeerentente unterbreitet, und deshalb war es für San Giuliano möglich, zwischen Berlin und London zu manövrieren und auch der einen Seite mit der anderen zu drohen – und er nutzte diesen Spielraum mit beträchtlichem Erfolg. Dies war schon deshalb von Bedeutung, weil mit der deutschen Auskunft höchstens die Ostgrenze der möglichen Interessenzone in Adalia markiert und es nun erforderlich war, diese auch gegenüber französischen und vor allem britischen Ansprüchen zu definieren, zumal Großbritannien eine Eisenbahnkonzession in dem fraglichen Gebiet besaß, und dann auch noch das türkische Einverständnis zu erwerben.

Doch zunächst suchten die Verbündeten, sich untereinander zu einigen. Zwar waren weder Rom noch Wien über die Konkurrenzsituation besonders glücklich, und es gab die Tendenz, den Wettbewerber zu überspielen. Andererseits empfahl sich eine gütliche Einigung – und zwar nicht nur mit Rücksicht auf das Bundesverhältnis, sondern auch im Hinblick auf die Realisierung der eigenen Ansprüche. In der Vergangenheit habe sich gezeigt, so schrieb San Giuliano schon im Januar 1913, daß sich die Entente desto bereiter zeige einzulenken, je kompakter der Dreibund aufgetreten sei. Und er dachte daran, da er in Kleinasien nicht nur mit englischer und französischer, sondern auch mit deutscher Opposition rechnete, sich in dieser Frage mit Österreich-Ungarn eng abzustimmen.[41] Als aufgrund der deutschen Auskünfte klar wurde, daß sich die italienischen und österreichischen Ansprüche überschnitten, brachte Berchtold das Thema am 6. August 1913 gegenüber Avarna zur Sprache und schlug vor, sollte sich die Türkei nicht erhalten lassen, die Sicherung des jeweiligen Anteils als Dreibundsache zu behandeln.[42] San Giuliano war dazu bereit; er sah in den Österreichern nicht nur einen lästigen Konkurrenten, sondern auch einen möglichen Partner, um die wech-

---

[40] Petricioli, Italia, S. 119.
[41] Ebd., S. 15 f.
[42] Ebd., S. 122 f.

selseitigen, höchst wackligen Ansprüche im internationalen Konkurrenzkampf durchzusetzen. Deshalb schloß er auch eine Teilung der Einflußzone zwischen beiden Ländern nicht aus, so unsympathisch ihm dieser Gedanke auch aus anderen Gründen war. Allerdings wollte er den Österreichern nur den schlechteren Teil der Region überlassen und den, der sie am meisten mit der Entente verfeindete.[43]

Den Spielraum für eine solche Handlungsweise erlangte die italienische Regierung, als sie gegenüber den Österreichern einen wichtigen Wettbewerbsvorteil errang. Bisher waren ihre Ansprüche so dünn wie die österreichischen gewesen. Doch das änderte sich, als der Ingenieur Bernardino Nogara, das italienische Mitglied im Vorstand der internationalen Schuldenverwaltung, der „Caisse de la Dette Publique Ottomane", am 7. August 1913 eine Konzession für fünfjährige Projektstudien für den Eisenbahnbau in der Region von Adalia erhielt.[44] Dies war keine vollwertige Bahnkonzession, wie sie die anderen Mächte besaßen, um so mehr wertlos, als die zur Erstellung eines profitablen Verkehrskonzepts unbedingt dazugehörige Konzession für Vorstudien zum Hafenbau fehlte. Gegenüber den anderen Mächten war dies also höchstens der erste Schritt, zumal diese Konzession sich mit einer englischen überschnitt und erst einmal die Londoner Zustimmung eingeholt werden mußte. Gegenüber Österreich-Ungarn war sie aber ein Monopol, das wirkungsvoll eingesetzt werden konnte. Mit der Nogara-Konzession war Italien klar in Führung gegangen. Der Erfolg konnte noch ausgebaut werden, als am 6. März 1914 die Italiener auch das britische Einverständnis erhielten. Die Österreicher konnten hingegen ihre Ansprüche mit keiner türkischen Konzession, keinem deutschen Entgegenkommen, geschweige denn der Unterstützung anderer Mächte absichern. Der kleine Gebietsstreifen, den Italien ihnen freiwillig überließ und der in der Folge nochmals verkleinert wurde, bis er schließlich nur noch „mikroskopischen" Umfang besaß, war das einzige Resultat der Wiener Bemühungen.

In der Konkurrenz mit den Österreichern erwies sich die italienische Diplomatie als klar überlegen und konnte Erfolge verbuchen, die in Wien zunehmend bestaunt wurden. Im März 1914 schrieb der österreichische Generalkonsul aus Smyrna: „Man findet es bewundernswert, daß eine ganz junge Kolonialmacht wie Italien, die praktische Kolonisationsversuche bis vor kurzem nur indirekt aufzuweisen hatte, sich jetzt mit Kolonialmächten wie England, Frankreich und Deutschland zu messen beginnt und hiebei als ein durchwegs ernst zu nehmender Faktor in Rechnung gezogen werden muss."[45] Zwar handelte es sich bei den italienischen Erfolgen nur um papierene Pro-

---

[43] Bosworth, Italy, S. 365.
[44] Petricioli, Italia, S. 96.
[45] Merle an Berchtold, 3.3.1914, HHStA, PA I, 495.

jekte, deren Realisierung schon aus finanziellen Gründen völlig ungeklärt war, doch das spielte angesichts der Zielsetzung – nämlich der Schaffung von politischen Ansprüchen, nicht von wirtschaftlichen Realitäten – eine sekundäre Rolle.[46]

Auch in Berlin wurden die italienischen Erfolge aufmerksam beobachtet, und der Widerwille wuchs. Schon den österreichischen Ambitionen standen die deutschen Diplomaten sehr reserviert gegenüber. Gegenüber den deutlich dynamischeren Italienern dachten sie sogar über aktive Gegenmaßnahmen nach. Spätestens im Frühjahr 1914 drohte die deutsche Diplomatie bereits damit, zur Abwehr der Ansprüche der Verbündeten notfalls auch mit Engländern und Franzosen zusammenzuarbeiten.[47] Dieser Unwille wurde sicher auch durch Vorschläge angeheizt wie der, den San Giuliano den Deutschen im März 1914 unterbreitete: Da in London keine Bereitschaft vorhanden sei, den Österreichern eine eigene Arbeitszone einzuräumen, da diese doch nur als deutscher Platzhalter in Kleinasien begriffen würden, solle das Deutsche Reich den Österreichern doch aus seiner eigenen Einflußzone einen kleinen Streifen abtrennen – damit so die Teilung des italienischen Gebietes vermieden werden könne.[48]

Die im Wettlauf nach Kleinasien unterlegenen Österreicher dachten inzwischen darüber nach, wie aus der verfahrenen Situation das Beste gemacht werden könne. Innerhalb des österreichischen diplomatischen Apparates hatte sich ohnehin von Anfang an Opposition gegen die anatolischen Ambitionen geregt. Mérey empfahl beispielsweise, auf die kleinasiatische Interessensphäre zu verzichten, um nicht neben Albanien ein weiteres Reibungsfeld mit Italien zu schaffen. Auch der österreichisch-ungarische Botschafter in Konstantinopel, Pallavicini, war kein Freund der anatolischen Teilungspläne und schlug statt dessen vor, daß der Dreibund als Gesamtheit doch lieber für die Erhaltung der Türkei eintreten solle, statt ihre Aufteilung vorzubereiten. Er verwies Ende Dezember 1913 darauf, daß doch eher mit dem Entstehen einer ethnisch homogenen Türkei zu rechnen sei als mit einer Aufteilung des rein türkischen Kernlandes Kleinasien. Die eigentliche Türkei, reduziert auf Anatolien und Thrakien, die das unregierbare Mazedonien bereits verloren habe und vielleicht später auch noch Armenien und die arabischen Gebiete aufgeben müsse, werde ein stärkerer und stabilerer Staat sein als bisher. Auch das Deutsche Reich wolle die Türkei stärken und parallel dazu seinen

---

[46] Bosworth, Italy, S. 337–376, hebt hingegen einseitig auf den „Bluff"-Charakter der italienischen Politik ab, die ihre wirtschaftlichen Pläne niemals hätte realisieren können, und wundert sich, daß die anderen Mächte diesen Bluff überhaupt zugelassen haben. Er vernachlässigt dabei aber die Ebene der Schaffung politischer Ansprüche.
[47] Pallavicini an Berchtold, 23.3.1914, HHStA, PA I, 495.
[48] Bosworth, Italy, S. 370.

Einfluß ausbauen, wie die Liman-v.-Sanders-Mission zeige. Jetzt käme es für die Österreicher darauf an, den Deutschen klarzumachen, daß sie allein zu schwach seien, um ihre Vormachtstellung in der Türkei zu behaupten. Wohl aber könnten die Dreibundmächte gemeinsam eine Protektorstellung übernehmen. Auf diese Weise könnte die Türkei die Südflanke der Dreibundmächte bilden. Speziell für Wien eröffne sich die Chance, mit der gestärkten Türkei einen starken Gegenpol zu den Balkanmächten zu gewinnen und diese, vor allem Serbien, in Schach zu halten. Wolle Österreich unbedingt wirtschaftlich investieren, könne es ja Eisenbahnkonzessionen in Thrakien erwerben. Zwar würde dieses hochsensible Gebiet niemals Österreich zugesprochen werden, aber es sei ein wertvoller Kompensationsartikel. Mit einem Satz: Pallavicini schlug vor, daß Österreich eindeutig statt auf die Teilung auf die Zukunft der Türkei setzen solle.[49]

Diese Pläne wurden zwar nicht weiterverfolgt, da Berchtold an dem Projekt der kleinasiatischen Arbeitszone festhielt. Aber letztlich hatte Pallavicini die Entwicklung richtig vorhergesagt und eine Lösung aufgezeigt, die sowohl für die Türkei als auch für die Dreibundmächte akzeptabel gewesen wäre. Pallavicini hatte auch seinen deutschen Kollegen, Wangenheim, darauf hingewiesen, daß die deutsche Haltung in der Frage der Arbeitszonen einen Widerspruch aufwies; einerseits kämpfte die deutsche Diplomatie um die Erhaltung der Türkei, andererseits mühte sie sich, ihr eigenes Interessengebiet auszubauen und leistete somit späteren Teilungsplänen Vorschub.[50] Dieses Argument konnte aber auf alle Mächte ausgedehnt werden: Niemand wollte die Teilung wirklich, und alle arbeiteten durch ihr Verhalten trotzdem darauf hin.

Allerdings muß hierbei auch in Rechnung gestellt werden, daß die deutsche Regierung in Kleinasien umfassende Wirtschaftsinteressen zu verteidigen hatte – anders als ihre Verbündeten. Die italienischen Projekte standen alle nur auf dem Papier, und mangels Kapital war es völlig offen, ob sie sich jemals hätten realisieren können. Und die österreichische Wirtschaft zeigte sich – zu Recht – an dem anatolischen Projekt desinteressiert, zur Verzweiflung des Ballhausplatzes, der sich mit bescheidenem Erfolg bemühte, etwas Kolonialenthusiasmus anzufachen. Die weitgespannten Pläne, die das Außenministerium mit diesem „Platz an der Sonne" verband, nämlich unter anderem

---

49 Pallavicini an Musulin, 29.12.1913, HHStA, PA I, 495.
50 Pallavicini an Berchtold, 23.3.1914, HHStA, PA I, 495, berichtet über ein Gespräch mit Baron Wangenheim, in dem dieser „das Princip der ausschliesslichen Arbeit der fremden Mächte in ihren Einflußzonen" verteidigte. Pallavicini entgegnete darauf: „Einerseits auf die Erhaltung und Erstarkung der Türkei hinarbeiten, andererseits aber die Theilung des Reiches durch starre Abgrenzung der Interessensphären und Aufstellung des Prinzipes der Exclusivität der Arbeit in denselben vorbereiten, seien meiner Ansicht nach unvereinbare Dinge."

ein Reservoir für die Auswanderer, galten den Zeitgenossen als ausgesprochen irreal.[51]

Die historische Relevanz der türkischen Teilungspläne entzieht sich einer einfachen Bewertung. Die Teilung hat sich infolge und nach dem Ersten Weltkrieg beinahe realisiert.[52] Wäre der Krieg nicht ausgebrochen, wäre eine nachhaltige Stabilisierung der Türkei ebenso denkbar gewesen wie eine Aufteilung. Was die letztere angeht: Gerade infolge des hochgradig reaktiven, an Gleichgewichtskriterien orientierten Charakters europäischer Großmachtpolitik hätte ein unbedeutender Anlaß zu einer Kettenreaktion und zu einer Aufteilung der Türkei führen können. Dies wäre vielleicht durch die Spaltung Europas in zwei Machtgruppen begünstigt worden; der Zugriff einer einzelnen Macht wäre nämlich immer auf die Opposition oder sogar Intervention aller anderen gestoßen, wie der Verlauf des Krimkriegs und der Orientkrise und des Berliner Kongresses gezeigt hatten. Wie diese Teilung verlaufen wäre und welche Ansprüche sich realisiert hätten, muß offenbleiben, wenn auch die Wahrscheinlichkeit dafür spricht, daß Italien und Österreich-Ungarn im Rahmen ihrer Arbeitszone zum Zuge gekommen wären. Allerdings wäre dieser „Erfolg" nur teilweise dem Bündnis zuzuschreiben gewesen. Denn auch in der kleinasiatischen Frage zeigte sich, daß der Dreibund nicht geeignet war, als Instrument einer zielbewußten imperialen Politik zu dienen, da die gegenläufigen Interessen der drei Staaten dazu nicht ausreichend koordiniert werden konnten. Die deutsche Diplomatie hatte keinen sachlichen Grund, ihre beiden Partner wirklich zu stützen. Die italienische Diplomatie baute ein Kartenhaus von Ansprüchen auf, das sie durch das Manövrieren zwischen dem Deutschen Reich einerseits, Engländern und Franzosen andererseits auftürmen konnte, nicht allein durch den Dreibund. Nur Österreich-Ungarn, behindert dadurch, daß es als deutscher Platzhalter angesehen wurde, hatte seinen bescheidenen Anteil in Kleinasien dem Dreibund zu verdanken, da er ihm von Italien und dem Deutschen Reich in der Erwartung eingeräumt worden war, in Österreich einen Verbündeten im Verteilungskampf zu haben.

Die kleinasiatischen Teilungspläne hatten gezeigt, daß in den drei Hauptstädten zwar versucht wurde, zur Durchsetzung der spezifisch eigenen Interessen den Dreibund als Waffe einzusetzen, daß dies aber mangels gemeinsamer Ziele nicht wirklich funktionierte. Trotz aller Bemühungen war und blieb der Dreibund aufgrund der inneren Konkurrenz seiner Partner eine „Versicherungsgesellschaft" und keine „Erwerbsgemeinschaft".

---

51 Petricioli, Italia, S. 130 f., mit der höhnischen Kritik Garronis an den österreichischen Kolonialplänen.
52 Mommsen, Großmachtpolitik, S. 289.

> Instead of a sense of security there had been produced a sense of fear which was yearly increasing.
>
> Sir Edward Grey in seinen Memoiren

8. Der Dreibund und das militärische Gleichgewicht in Europa 1911–1914

a) Die europäischen Bündnisse und die Hochrüstung 1911–1914

In den leztzten Jahren von 1914 mußte sich erweisen, ob der Dreibund seiner anderen, seiner tatsächlichen Aufgabe nachkommen konnte, nämlich das europäische Gleichgewicht zu sichern und so durch Abschreckung den großen Krieg zu verhindern.

Diese Abschreckung wurde in den letzten Jahren vor 1914 immer kostspieliger und aufwendiger. Nach dem deutsch-britischen Wettrüsten zur See kam es auch zu einem Boom europäischer Heeresvergrößerungen.[1] Truppenstärken und technischer Aufwand erreichten neue Höhen. Frankreich baute seine Fliegertruppe aus, das Deutsche Reich setzte auf Zeppeline. Lastwagen und drahtlose Telegraphie wurden eingeführt, die Artillerie verbessert, die Infanterie mit Maschinengewehren ausgerüstet. Die Schlachtschiffe wurden immer größer, ihre Bewaffnung und Panzerung kostspieliger. Die U-Boot-Waffe hatte ihre Erprobungszeit hinter sich und war zu einem ernstzunehmenden Kampfmittel herangereift. Doch beschränkte sich das Wettrüsten nicht nur auf die beschleunigte Einführung neuer Technik; auch quantitativ verstärkten sich die europäischen Armeen gewaltig. Das Wettrüsten wurde durch die russische Aufrüstung ausgelöst, die nach der bosnischen Krise eingesetzt hatte und deren Höhepunkt für 1916/17 erwartet wurde. Allein im Heeresverstärkungsprogramm von 1913 erhöhte Rußland seine Truppenstärke um 500.000 Mann.[2] Auch ein ehrgeiziges russisches Schlachtflottenbauprogramm zeigte erste Auswirkungen. Im Deutschen Reich wurde 1912 eine Heeresvorlage verabschiedet, der dann 1913, auf Drängen des Generalstabs, eine weitere Truppenverstärkung um 135.000 Mann folgte. Die deutsche Armee sollte im Okto-

---
1 David Stevenson: Armaments and the coming of War: Europe, 1904–1914, Oxford 1996; David G. Herrmann: The Arming of Europe and the First World War, Princeton 1996. Dazu auch Albertini, Origins 1, S. 550–555.
2 Albertini, Origins 1, S. 551.

ber 1914 eine Friedensstärke von 810.000 Mann erreichen; weitere Rüstungsmaßnahmen waren im Gespräch.[3] Die deutsche Heeresvermehrung hatte aber wiederum die Franzosen dazu gebracht, ihrerseits aufzurüsten und am 19. Juli 1913 die Militärdienstzeit auf drei Jahre zu erhöhen.[4] Aufgrund des innenpolitisch stark umstrittenen Gesetzes erhöhte sich die französische Heeresstärke auf fast 800.000 Mann, womit Frankreich, an der Einwohnerzahl gemessen, den höchsten Mobilisierungsgrad aller europäischen Staaten erreichte.[5] Am 1. Januar 1914 umfaßte die französische Armee 790.000 Mann, von denen 245.000 Mann an der Ostgrenze standen.[6] Allerdings war der Preis für diese, zu einem erheblichen Anteil bündnispolitisch motivierte Hochrüstung[7] ein heftiger innenpolitischer Dissens. Die Sozialisten und die Radikalen opponierten gegen diese extremen Belastungen und konnten in den Wahlen im April und Mai 1914 zulegen.[8] Sie wollten wieder zum zweijährigen Militärdienst zurückkehren, Präsident Poincaré dagegen mit Rücksicht auf Rußland am dreijährigen Wehrdienst festhalten.[9] Auch Österreich-Ungarn erhöhte seine Heeresstärke im März 1913, indem es die Zahl der jährlich Einzuziehenden von 175.000 auf 200.000 vergrößerte.[10] Josef Redlich beurteilte die Steigerung der österreichischen Heeres- und Marineausgaben Ende April 1914 als „schreckenerregend"[11].

Das Wettrüsten, damals wurde auch vom „trockenen Krieg" (Delbrück) geredet, hatte überaus gefährliche psychologische Auswirkungen, die August Bebel unter dem Hohn der Konservativen im November 1911 im Reichstag warnend beschworen hatte: Derjenige, der im Wettrüsten zu unterliegen glaube, könne in einem Anfall panischer Verzweiflung den Krieg auslösen.[12]

---

3 Zur großen Heeresvorlage von 1913 siehe Stig Förster: Der doppelte Militarismus. Die deutsche Heeresrüstungspolitik zwischen Status-quo-Sicherung und Aggression 1890–1913, Stuttgart 1985; Afflerbach, Falkenhayn, S. 103–106, 133–136.
4 Zur französischen Aufrüstung: Krumeich, Aufrüstung, passim.
5 Zum Mobilisierungsgrad der europäischen Armeen siehe Holger Afflerbach: „Bis zum letzten Mann und letzten Groschen?" Die Wehrpflicht im Deutschen Reich und ihre Auswirkungen auf das militärische Führungsdenken im Ersten Weltkrieg, in: Die Wehrpflicht. Entstehung, Formen und politisch-militärische Wirkung. Im Auftrag des Militärgeschichtlichen Forschungsamtes hrsg. von Roland G. Foerster, München: Oldenbourg 1994 (Beiträge zur Militärgeschichte, Band 42), S. 71–90, besonders S. 75–77.
6 Albertini, Origins 1, S. 551.
7 Dazu Krumeich, Aufrüstung, passim.
8 Albertini, Origins 1, S. 552.
9 Ebd., S. 550–555.
10 Ebd., S. 550–551.
11 Redlich, Tagebuch 1, Eintragung vom 28.4.1914.
12 August Bebel sagte im November 1911 im Reichstag: „So wird man eben von allen Seiten rüsten und wieder rüsten, ... bis zu dem Punkte, daß der eine oder andere Teil eines Tages sagt: lieber ein Ende mit Schrecken als ein Schrecken ohne Ende. ... Sie kann auch sagen: halt,

Auch der englische Außenminister Grey äußerte (nach dem Krieg) die Ansicht, die Hochrüstung habe letztlich nur Angst, keine Sicherheit erzeugt.[13] Die europäischen Mächte bezahlten jetzt den Preis dafür, daß es ihnen nicht gelungen war, zu einer wirksamen Rüstungskontrolle zu kommen. Das Scheitern der Abrüstungskonferenzen in Den Haag und die Weigerung aller Mächte, die Stärke von Armee und Flotte als Kennzeichen nationaler Souveränität irgendwelchen internationalen Vereinbarungen zu unterwerfen, forderte hier einen gewaltigen Preis.[14]

Doch läßt sich erkennen, daß es auch mächtige Gegenströmungen in allen Ländern gab, gerade weil Europa, wie ein Militärdiplomat urteilte, eine „wahnwitzige Angst" vor dem Kriege hatte.[15] Die Aufrüstung wurde von den sozialistischen Parteien in allen Ländern immer schärfer kritisiert, je drückender sie wurde.[16] Auch deutete der europäische Trend insgesamt auf eine Verstärkung der militärkritischen Strömungen in den Gesellschaften hin.[17] Sogar im Deutschen Reich befürchtete eine zunehmende Gruppe innerhalb des Offizierkorps, daß ein europäischer Krieg unwahrscheinlich sei, die

---

wenn wir länger warten, dann sind wir der Schwächere statt der Stärkere. Dann kommt die Katastrophe. Alsdann wird in Europa der große Generalmarsch geschlagen, auf den hin 16 bis 18 Millionen Männer, die Männerblüte der verschiedenen Nationen, ausgerüstet mit den besten Mordwerkzeugen, gegeneinander als Feinde ins Feld rücken. ... Die Götterdämmerung der bürgerlichen Welt ist im Anzuge." In: Verhandlungen des Reichstages, Bd. 268, S. 7730 C; Mommsen, Nationalstaat, S. 390.

13 Sir Edward Grey: Twenty-Five Years 1892–1916, 2 Bände, London 1925, Band 2, S. 271; Albertini, Origins 1, S. 550.

14 Dazu Fellner. Die Mission Hoyos, in: ders., Vom Dreibund zum Völkerbund, S. 132–134, mit der These, das Deutsche Reich und Österreich-Ungarn hätten die Haager Abrüstungskonferenzen torpediert und damit ihre politische Rückschrittlichkeit unter Beweis gestellt. Tatsächlich scheiterten die Konferenzen, wie Dülffer, Regeln gegen den Krieg?, herausgearbeitet hat, an dem Widerwillen aller europäischen Mächte. Dülffer urteilt auf S. 331: „Die beiden Haager Konferenzen stellten keine Alternative zum internationalen System ihrer Zeit bereit." Und auf S. 332: „Die Zareninitiative fand mit ihren Zielvorstellungen bei den anderen Großmächten der Zeit keinerlei positiven Widerhall. Einen Grund dafür bildete das Fehlen von praktikablen oder politisch akzeptablen Vorschlägen." Salandra, Intervento, S. 202, sprach verächtlich nur von der „vana Conferenza per la Pace tenutasi all'Aja."

15 Tanczos, österreichischer Militärattaché in Athen, an Conrad, 3.7.1914, zitiert bei Günther Kronenbitter: „Nur los lassen". Österreich-Ungarn und der Wille zum Krieg, in: Johannes Burkhardt, Josef Becker, Stig Förster und Günther Kronenbitter: Lange und kurze Wege in den Ersten Weltkrieg. Vier Augsburger Beiträge zur Kriegsursachenforschung (Schriften der Philosophischen Fakultäten der Universität Augsburg, Band 49), S. 159–187, Zitat S. 186.

16 Nützliche Beiträge dazu in: Jürgen Lampe u.a. (Hrsg.): Diesem System keinen Mann und keinen Groschen. Militärpolitik der revolutionären deutschen Arbeiterbewegung 1830–1917, Berlin 1990.

17 Siehe dazu die Urteile Szilassys und Lanzas in Kapitel IV.5: Die letzte Verlängerung des Dreibunds im Dezember 1912, S. 709–720.

Zeitströmung sich auch deshalb gegen sie kehren und ihr einzigartiges Prestige allmählich verlorengehen würde – zugunsten der produzierenden Stände.

Das, was schon bei der Diskussion um die Dreibunderneuerung 1912 deutlich geworden war, zeigte sich auf der Ebene der Kabinette und in den Außenministerien auch in der Folgezeit immer wieder: Ein großer Krieg wurde wegen des Standes der Waffentechnik, der gegenseitigen Hochrüstung und der Drohung der allseitigen Selbstzerstörung als ein anachronistisches, absurdes und deshalb auch unwahrscheinliches Geschehen angesehen, weil und solange das militärische Gleichgewicht ausbalanciert war.[18] Um es aufrechtzuerhalten, wurde weitergerüstet; dies war auch scheinbar die beste Kriegsverhinderung. Und in keinem europäischen Staat wurde die Berechtigung der Staaten, eine für das Gleichgewicht ausreichende Militärmacht zu unterhalten, bestritten.

Bei der Begründung der jeweiligen Heeresvermehrungen läßt sich erkennen, daß zwar die einzelstaatlichen Rüstungsmaßnahmen die Spirale antrieben, daß aber die Stärkeverhältnisse zwischen den beiden Machtgruppen ebenfalls eine wichtige Rolle spielten. So orientierte sich die französische Heeresstärke an der deutschen, die deutsche jedoch an der französischen und an der russischen, während für die Österreicher die russische und, mit Abstrichen, die italienische ausschlaggebend war. Vor diesem Hintergrund stellt sich aber die Frage, inwieweit es im Zeitalter der europäischen Hochrüstung zu weiter gehenden Absprachen zwischen den Dreibundmächten kam, sowohl was die jeweilige Rüstung als auch was den Einsatz der hochgezüchteten Militärapparate in dem realistischsten Kriegsfall anging – in einem Krieg zwischen den europäischen Machtgruppen.

---

18 Sammlung von verschiedenen zeitgenössischen Urteilen bei Wilsberg, Ami, S. 81–94. Siehe dazu auch Kapitel IV.10: Der Dreibund in der Julikrise 1914.

> Wenn Italien, Österreich und Deutschland sich
> offen und ehrlich die Hand reichen, können sie
> einer Welt von Feinden getrost die Stirn bieten.
>
> Moltke, im April 1914

b) „Warum beginnen wir nicht jetzt den unvermeidlichen Krieg?" Deutsch-österreichisch-italienische Militärplanungen für den Fall eines großen Krieges

Die zuletzt gestellte Frage kann sehr schnell beantwortet werden: Es gab keine Rüstungskooperation zwischen den Dreibundpartnern. Jeder der drei Staaten rüstete so, wie es ihm richtig schien. Es waren nicht einmal die leisesten Ansätze zur Koordination zu erkennen, und im österreichisch-italienischen Fall wurde nach wie vor sowohl gegeneinander gerüstet. Und die Generalstäbe erarbeiteten operative Studien für einen Konflikt gegeneinander.

Etwas anders sah es auf dem Gebiet der operativen Absprachen aus. Hier muß zum besseren Verständnis der Abläufe etwas zurückgegriffen werden. Es hatte, wie geschildert, immer wieder militärische Absprachen zwischen den Verbündeten gegeben. Doch diese trugen in der Ära relativer politischer Entspannung in Europa, von 1896 bis zur bosnischen Krise, sporadischen Charakter. Dies betraf auch die deutsch-österreichischen Verabredungen. Die Grundzüge der gegenseitigen Operationsplanung für den Fall eines Zweifrontenkrieges waren beidseitig bekannt; die Österreicher wußten von der deutschen Absicht, den Schwerpunkt in den Westen zu legen, um zunächst die Franzosen zu schlagen, und die Ostfront nur durch ein absolutes Minimum an Truppen zu decken. Schlieffen hatte die daraus entstehenden österreichischen Besorgnisse mit der Formel abgefertigt: Österreich müsse sich nicht besorgen, denn bevor die russische Armee in Galizien einfiele, sei das Sterben im Westen beendet; im übrigen werde sich das Schicksal Österreichs nicht am Bug, sondern an der Seine entscheiden.[19] Der deutsche Generalstab wiederum ging davon aus, daß die Österreicher die Russen mit allen verfügbaren Kräften angreifen, die eigene Front entlasten und kräftezehrende Separatunternehmungen, etwa gegen Serbien, deshalb zurückstellen würden. Detailliertere Absprachen gab es nicht. Das lag unter anderem auch an den für die Epoche typischen extremen Geheimhaltungsrücksichten. Vor allem in Deutschland weihte der Generalstab sowohl die politische Reichsleitung als auch die andere Teilstreitkraft, die Marine, nur äußerst ungern und allenfalls bruchstückhaft in seine Planungen ein. Um so schwerer war ein offener Aus-

---
19 Norman Stone: Moltke and Conrad: Relations between the Austro-Hungarian and German General Staffs, 1909–1914, in: The Historical Journal 9 (1966), S. 201–228, S. 224.

tausch mit den Offizieren anderer, wenn auch verbündeter Nationen. Die Italiener hatten deshalb immer schon über die äußerst reservierte Informationspolitik ihrer Berliner Kollegen geklagt.[20]

Hinzu kam, was die österreichisch-deutschen Absprachen anging, daß zwischen 1896 und 1908 ein Krieg mit Rußland sehr unwahrscheinlich war. Das Zarenreich hatte sich zunächst in Ostasien engagiert, war dann in einen Krieg verwickelt und hinterher infolge der Revolution geschwächt; parallel dazu mit Österreich-Ungarn durch eine Entente verbunden und auch die Beziehungen mit dem Deutschen Reich waren mindestens erträglich. Erst nach der bosnischen Krise änderte sich dieses auch militärisch vorteilhafte Bild. Rußland, diplomatisch gedemütigt, startete ein riesiges Rüstungsprogramm, um seiner politischen Erpreßbarkeit ein Ende zu machen. Damit begann die reale Drohung eines Zweifrontenkrieges für die Mittelmächte wiederzukehren. Doch schon im Zusammenhang mit der bosnischen Krise war Conrad zu der Ansicht gelangt, daß die Zweibundstaaten eine besser aufeinander abgestimmte Strategie benötigten. Am Neujahrstag 1909 schickte er Moltke[21] eine Analyse der möglichen Kriegsfälle, denen sich Österreich-Ungarn gegenübergestellt sehen könnte.[22] Natürlich war seine Planung für den Zweifrontenkrieg wesentlich von den deutschen Absichten abhängig; es war also naheliegend, daß er von seinem deutschen Kollegen nähere Informationen über die deutschen Planungen zu erhalten suchte.[23]

---

20 Beispiel für die aus der deutschen Reserviertheit resultierenden schwierigen Arbeitsbedingungen der italienischen Militärdiplomatie im ACS, Carte Luzzatti: Ein Bericht eines Oberst A. Cerruti, datiert Genova 23.10.1891, betitelt: „Note relative ad un viaggio in Germania", adressiert an den „Comandante Cdo Corpo di Stato maggiore".
21 Conrad, Dienstzeit 1, S. 369–370; Stone, Moltke and Conrad, S. 224.
22 Stone, Moltke and Conrad, S. 225. Vor allem fragte Conrad, wie Österreich-Ungarn einem zu erwartenden gleichzeitigen Angriff Serbiens und Rußlands würde widerstehen können. Conrad hatte sich hier zu einem komplizierten System entschieden; er stellte zwei Heeresgruppen auf – die „Minimalgruppe Balkan" von 10 Divisionen und die „A-Staffel" von etwa 30 Divisionen als Mindestausstattung zur Verteidigung Galiziens. Eine dritte Heeresgruppe – die „B-Staffel" von 12 Divisionen – sollte dann die notwendige Offensivkraft je nach Lage dorthin verschieben, wo sie gebraucht wurde.
23 Zu den deutsch-österreichischen Stabsbesprechungen existiert inzwischen eine umfangreiche Literatur. Hier einige wichtige Titel: Wilhelm Deist: Militärische Aspekte des Zweibundes, in: Helmut Rumpler/Jan Niederkorn (Hrsg.): Der „Zweibund" 1879. Das deutsch – österreichisch-ungarische Bündnis und die europäische Diplomatie, Wien 1996, S. 261–275. Holger H. Herwig: Disjointed Allies: Coalition Warfare in Berlin and Vienna, 1914, in: Journal of Military History 54 (1990), S. 265–280; Günther Kronenbitter: Bundesgenossen? Zur militärpolitischen Kooperation zwischen Berlin und Wien 1912 bis 1914, in: Walther L. Bernecker und Volker Dotterweich: Deutschland in den internationalen Beziehungen des 19. und 20. Jahrhunderts. Festschrift für Josef Becker zum 65. Geburtstag, München 1996, S. 143–168; Günther Kronenbitter: „Nur los lassen". Österreich-Ungarn und der Wille zum Krieg, in: Johannes Burk-

Die deutsche Seite war, ganz im Schatten der fast alternativlosen Schlieffen-Planung, darauf angewiesen, daß Österreich die Deckung gegenüber Rußland unternehmen würde. Als Antwort versuchte Moltke deshalb, seinen österreichischen Kollegen mit allgemeinen Redensarten über den Casus foederis und einen Hinweis auf die Mithilfe des rumänischen Verbündeten gegen Rußland zufriedenzustellen. Er versprach außerdem, daß die an der Ostfront verbleibenden Kräfte gegen die Russen zur Offensive antreten würden, um einen gleichzeitigen österreichischen Angriff zu erleichtern. Sehr überzeugend war diese Zusage, bei der geringen Stärke der im Osten verbleibenden deutschen Kräfte, nicht. Conrad wollte genauer informiert werden; er fragte, was geschehen solle, falls Frankreich neutral bleibe, was Deutschland im Fall des Zweifrontenkrieges tun wolle und wann nach der Entscheidung in Frankreich die Truppen im Osten zu erwarten seien.[24] Moltke legte sich zwar nicht gerne fest, doch beantwortete er die letzte und wichtigste Frage: Mit einem entscheidenden Sieg über Frankreich sei nach drei, schlechtestenfalls nach vier

---

hardt u.a.: Lange und kurze Wege in den Ersten Weltkrieg, München 1996 (Schriften der Philosophischen Fakultäten der Universität Augsburg, Band 49), S. 159–187. Graydon A. Tunstall: Planning for War against Russia and Serbia. Austro-Hungarian and German Military Strategies, 1871–1914, New York 1993; Samuel R. Williamson Jr.: Austria-Hungary and the Origins of the First World War, Basingstoke 1991; Gary S. Shanafelt: The Secret Enemy: Austria-Hungary and the German Alliance 1914–1918, New York 1985; Dieter Degreif: Operative Planungen des k.u.k.-Generalstabes für einen Krieg in der Zeit vor 1914, Mainz 1983; Lothar Höbelt: Schlieffen, Beck, Potiorek und das Ende der gemeinsamen deutsch-österreichisch-ungarischen Aufmarschpläne im Osten, in: Militärgeschichtliche Mitteilungen 36 (1984), S. 7–30, mit dem Betonen, die Grundzüge des Schlieffen-Plans seien österreichischerseits bekannt gewesen und gebilligt worden; Peter Broucek: Zu den militärischen Beziehungen im Zweibund 1879–1914. Ein Bericht über den Stand der Forschung, in: Bericht über dem 15. österreichischen Historikertag in Salzburg 15.–18. September 1981, Wien 1984, S. 81–87; Harald Müller: Zu den Anfängen der militärischen Absprachen zwischen Deutschland und Österreich-Ungarn im Jahre 1882, in: Zeitschrift für Militärgeschichte 7 (1968), S. 206–215; Rudolf Kiszling: Die militärischen Vereinbarungen Österreich-Ungarns 1867–1914, in: Österreich in Geschichte und Literatur 10 (1966), S. 427–435; Stone, Moltke and Conrad; Helmut Otto: Zum strategisch-operativen Zusammenwirken des deutschen und österreichisch-ungarischen Generalstabes bei der Vorbereitung des ersten Weltkrieges, in: Zeitschrift für Militärgeschichte 2 (1963), S. 423–440; Gerhard Ritter: Staatskunst und Kriegshandwerk. Das Problem des „Militarismus" in Deutschland, Band 2, München 1960, S. 268–343; Gerhard Ritter: Die Zusammenarbeit der Generalstäbe Deutschlands und Österreich-Ungarns vor dem ersten Weltkrieg, in: Zur Geschichte und Problematik der Demokratie, Festgabe für Hans Herzfeld, Berlin 1958, S. 521–549; Günter Seyfert: Die militärischen Beziehungen und Vereinbarungen zwischen dem deutschen und dem österreichischen Generalstab vor und bei Beginn des Weltkrieges, Diss. Leipzig 1934; Rudolf Kiszling: Die militärischen Beziehungen und Bindungen zwischen Oesterreich-Ungarn und dem Deutschen Reiche vor dem Weltkriege, in: Die Kriegsschuldfrage 4 (1926), S. 820–835.

24 Stone, Moltke and Conrad, S. 228.

Wochen zu rechnen, danach werde mit dem Transport der deutschen Truppen nach Osten begonnen. In den kommenden Jahren verlängerte er diese Frist. Einschließlich der Transportzeit von etwa 10 Tagen würden die Truppen etwa am 60. Mobilmachungstag von der Westfront an die Ostfront gelangt sein können.[25] Den Fall der französischen Neutralität schloß Moltke praktisch aus und ließ deshalb ab 1913 auch den „Großen Ostaufmarsch" nicht mehr aktualisieren. Im Kriegsfall mit Rußland sollte die französische Haltung durch ein Ultimatum getestet werden; falle die Antwort nicht befriedigend aus, werde gegen Frankreich marschiert. Im übrigen hielt er einen Krieg doch für unwahrscheinlich.[26]

In diesen Planungen für einen großen europäischen Krieg spielte der Dreibundpartner Italien eine Sonderrolle. Die deutsch-italienischen Absprachen waren seit der Crispi-Ära nicht mehr weiterentwickelt worden. Selbst die im Jahre 1900 abgeschlossene Marinekonvention hatte nur die Operationszonen im Mittelmeer abgesteckt, also ein strategisches Neben- statt ein Miteinander vereinbart. Im Jahre 1901 war, wie oben bereits erwähnt, die geplante Entsendung italienischer Truppen nach Deutschland von einer obligatorischen in eine fakultative Möglichkeit umgewandelt worden.[27] Der deutsche Generalstab rechnete nicht mit aktiver italienischer Hilfe im Fall eines Kontinentalkrieges, sondern nur mit der Neutralität.[28] Schlieffen hatte im Jahre 1903 bekundet, er habe kein Vertrauen in Italiens Beistand; man müsse davon ausgehen, gegen Frankreich allein kämpfen zu müssen.[29] Ähnlich stellte Moltke im November 1911 fest, daß angesichts der unzuverlässigen italienischen Haltung „Deutschland gut daran tun werde, sich darauf vorzubereiten, daß es einen Krieg gegen Frankreich und England zunächst allein zu führen haben werde"[30].

Waren die deutsche Militärs skeptisch, ob mit der aktiven Mithilfe Italiens zu rechnen sei, war Conrad wiederum felsenfest davon überzeugt, daß der unzuverlässige Verbündete der Donaumonarchie bei Gelegenheit eines großen Krieges sicher in den Rücken fallen werde.[31]

---

25 Ritter, Staatskunst 2, S. 304.
26 Moltke an Conrad, 21.1.1909, Conrad, Dienstzeit 1, S. 379–384.
27 Siehe S. 522–523.
28 Monts an Bülow, 24.2.1905, PA/AA, R 9113, mit zustimmender Randbemerkung des Kaisers (Ja). Der italienische Beistand wurde nicht als feste Größe eingeschätzt. Behnen, Rüstung, S. 48: Bülow zweifelte daran, „ob überhaupt noch und unter welchen Voraussetzungen mit einer Unterstützung Deutschlands durch Italien im Kriegsfalle zu rechnen sein würde".
29 Albertini, Origins 1, S. 556.
30 Wolfgang Foerster: Die deutsch-italienische Militärkonvention, in: Die Kriegsschuldfrage 5 (1927), S. 395–416, S. 397; Albertini, Origins 1, S. 556.
31 Stone, Moltke and Conrad, S. 230.

Im italienischen Generalstab wurde der Bündniskrieg hingegen als eine von mehreren möglichen Optionen angesehen und mit Billigung der politischen Führung weiterbearbeitet. Auch die Entsendung der dritten Armee nach Deutschland war in Rom nicht fallengelassen worden, sondern wurde weiterverfolgt. Ein besonderes Interesse entwickelte der italienische Generalstab für den Fall eines deutsch-italienischen Krieges gegen Frankreich bei österreichischer Neutralität. Hierbei wurde unter anderem erwogen, unter Bruch der Schweizer Neutralität den Anschluß an die deutsche Armee zu gewinnen.[32] Dieses Vorhaben, das gewisse Parallelen zu dem deutschen Plan des Durchzugs durch Belgien erkennen läßt, wurde über Jahre weiterverfolgt und aktualisiert.

Angesichts der gesamteuropäischen Entwicklung machte sich Moltke doch Sorgen um die Zukunft seiner strategischen Planungen. Deshalb beschloß er auch im Herbst 1912, sich noch vor Verlängerung des Dreibunds bei seinem italienischen Kollegen, Generalstabschef Alberto Pollio, endlich Klarheit über die italienische Haltung zu verschaffen. Pollio galt als einer der befähigtsten Offiziere des italienischen Heeres. Der Artillerieoffizier, im Jahre 1852 in Caserta geboren, war unter anderem Militärattaché in Wien gewesen, kannte dadurch die Verhältnisse in der Monarchie und war auch mit einer Österreicherin verheiratet. 1908 wurde er als Nachfolger General Salettas zum Generalstabschef ernannt. Der kriegsgeschichtlich gebildete Pollio hatte mehrere Bücher über die napoleonischen Kriege sowie über die Schlacht von Custozza 1866 verfaßt[33] und sich dort als ein unbedingter Befürworter der Einheitlichkeit von politischer und militärischer Führung im Kriege profiliert. Als Generalstabschef war er verantwortlich gewesen für die Planung der italienischen Kriegführung in Libyen und bemühte sich danach, die stark zusammengeschmolzenen Mannschaftsstärken, Materialbestände und Vorräte wieder auf einen hinreichenden Stand zu bringen. Obwohl Pollio sich auch intensiv um die Verbesserung der Verteidigung der Grenze zu Österreich bemühte, also auf keinen Fall den Österreichern blind vertraute, war er doch ein überzeugter Triplicista.[34]

---

32 Dazu unter anderem die Akten der ASSME, Rom, vor allem H 5/43 RR; Antonello Biagini/Daniel Reichel: Italia e Svizzera durante la Triplice Alleanza. Politica Militare e Politica Estera, Roma 1991.

33 Alberto Pollio: Waterloo, Roma 1906; Custoza, Torino 1903; posthum veröffentlicht: La campagna invernale del 1806-07 in Polonia.

34 Dies war das Urteil des hyperkritischen Mérey, der anläßlich von Pollios Tod an Berchtold, 16.7.1914, in: HHStA, PA XI, 150, schrieb: Pollio, „welcher seinerzeit in Wien als Militär-Attaché tätig und mit einer Österreicherin verheiratet war, galt mit Recht als ein überzeugter Anhänger des Dreibundes, wenn er dies auch in seiner trockenen, reservierten Art und angesichts gewisser Verdächtigungen, welchen er seinerzeit eben mit Rücksicht auf seine österreichische Gattin ausgesetzt war, nicht allzu offen zur Schau trug. Aus Äußerungen meines deutschen

Die Auswirkungen des libyschen Unternehmens auf die Einsatzbereitschaft des italienischen Heeres waren den verbündeten Stäben nicht entgangen, wenn auch die Auswirkungen sehr unterschiedlich beurteilt wurden. Conrad sah in der neuen Kolonie, vor allem auf Sicht, einen Kraftzuwachs für Italien. Dagegen sah der deutsche Generalstab darin für Italien realistischerseits eher eine Schwächung, und zwar wegen der durch die Besetzung der weiten nordafrikanischen Territorien und die Niederkämpfung der feindlichen Bevölkerung entstandenen Probleme sowie wegen der potentiellen strategischen Belastung gegenüber möglichen englischen und französischen Angriffen in Nordafrika. Bis in den Juni 1914 hinein waren über 60.000 italienische Soldaten mit der Kontrolle der in der Ägäis besetzten Inseln und der unruhigen neuen Kolonie beschäftigt. Trotz der Verwendung eritreischer Askaritruppen wurde ein nicht unbeträchtlicher Teil des italienischen Heeres durch diese Besatzungsaufgaben gebunden.[35]

Von der eingeschränkten Einsatzbereitschaft der italienischen Streitkräfte war besonders die deutsche Planung für den Kriegsfall betroffen, da der Generalstab wissen wollte, ob er im Bündnisfall mit einer italienischen Armee am Oberrhein rechnen könne. Der Stellenwert dieser Unterstützung stieg natürlich infolge der russischen und französischen Rüstungen. Moltke entschloß sich, nun endlich Klarheit in diese Angelegenheit zu bringen und schlug Pollio im Herbst 1912 vor, in einen Gedankenaustausch über eventuelle gemeinsame militärische Operationen im Fall eines großen Krieges einzutreten.[36] Pollio ging darauf sofort ein und entsandte Anfang Dezember 1912 einen Vertrauensmann, Oberst Zupelli, nach Berlin. Dieser brachte Moltke eine unerwartet klare Auskunft mit: Die 1888 vereinbarte Entsendung der 3. italienischen Armee nach Deutschland sei infolge der Schwächung des italienischen Heeres durch den libyschen Krieg nicht mehr möglich. Statt dessen wollte das italienische Heer in einem Kriegsfall in der Provence landen

---

Kollegen entnehme ich, daß man in Berlin seinen Tod als einen Verlust betrachtet und daß Kaiser Wilhelm sich das Verdienst zuschrieb, ihn durch persönliche Einwirkung völlig für den Dreibund gewonnen und zu für die Alliierten wichtigen Vereinbarungen vermocht zu haben."

35 Zahlen: Holger Afflerbach: „Duo quum faciunt idem ..." Militärische Aspekte der deutschen und italienischen Kolonialgeschichte vor dem Ersten Weltkrieg, in: Annali dell'Istituto storico italo-germanico in Trento 24 (1998), S. 144.

36 Dazu Bosworth, Italy, S. 216–220; Michael Palumbo: Italian-Austro-Hungarian Military Relations before World War I, in: Samuel R. Williamson, Jr./Peter Pastor (Hrsg.): Essays on World War I: Origins and Prisoners of War, New York 1983, S. 37–53; Horst Brettner-Messler: Die militärischen Absprachen zwischen den Generalstäben Österreich-Ungarns und Italiens vom Dezember 1912 bis Juni 1914, in: Mitteilungen des österreichischen Staatsarchivs 23 (1970), S. 225–249; Fritz Fischer, Krieg der Illusionen, S. 241–247, 570–585; Wolfgang Foerster: Aus der Gedankenwerkstatt des Deutschen Generalstabes, Berlin 1931, S. 86–104; Hugo Schäfer: Die militärischen Abmachungen des Dreibundes vor dem Weltkriege, in: Preußische Jahrbücher 188 (1922), S. 203–214.

und dann im Rhonetal vorrücken. Voraussetzung einer solchen Landungsoperation sei aber die Erringung der Seeherrschaft im Mittelmeer.[37]

Doch Moltke ging es weniger um die Natur und Stärke der italienischen Unterstützung als darum, ob er im Ernstfall mit Italien als Verbündetem überhaupt rechnen könne. Er fragte seine Gesprächspartner, Oberst Zupelli und den italienischen Militärattaché in Berlin, General Calderari: „Bitte, beantworten Sie mir klipp und klar die Frage: Wird Italien, wenn es zu dem vorausgesehenen europäischen Kriege kommt, seinen Verträgen treu bleiben und unter allen Umständen am Kriege auf Seite der beiden anderen Bundesstaaten teilnehmen? Das zu wissen, ist mir zunächst die Hauptsache, über das ‚Wie' der Teilnahme können wir uns dann noch weiter unterhalten."[38] Die beiden italienischen Offiziere beteuerten daraufhin aufs lebhafteste, daß Italien seine Bundespflichten natürlich erfüllen werde; Italien werde „bestimmt an demselben Tage seine ganze Armee mobilmachen, an dem Deutschland die Mobilmachung anordnen werde"[39]; es könne aber keine Armee an den Rhein entsenden, weil es seine angeschlagenen, verbrauchten Kräfte zur Abwehr französischer Angriffe im Lande selbst halten müsse; außerdem könne es auch von dort aus offensiv werden. Daß Italien im Fall des Casus foederis seiner Bundespflicht nachkommen werde, bestätigte ihm nochmals General Pollio in einem Schreiben vom 21. Dezember 1912. Besonders positiv fiel Moltke dabei auf, daß Pollio sich ausdrücklich auch auf die Zustimmung seiner Regierung berief.[40] Moltke war mit diesen Auskünften zufrieden; er rechnete mit einem „hinhaltenden und vorsichtigen" Einsatz der Italiener, aber doch damit, daß sie ihren Bündnispflichten nachkommen und dadurch die französische Alpenarmee und zwei Armeekorps binden würden.[41]

Daß Moltke die Rücknahme der italienischen Verpflichtungen relativ gelassen aufnahm, lag unter anderem an der konstanten Geringschätzung der

---

37 Alberti, Falkenhayn, S. 77.
38 Foerster, Militärkonvention, S. 398.
39 Ebd., S. 399.
40 Ebd., S. 399: „... le gouvernement italien me charge de déclarer." Salvatorelli, Triplice, S. 459.
41 Ebd., S. 399 f. Moltke resümierte in einem eigenhändigen Gesprächsprotokoll: „Wir wissen also nun, woran wir sind. Von der italienischen Unternehmung wird zu erwarten sein sicher die Fesselung der französischen Alpenarmee, vielleicht auch die des französischen XIV. und XV. Armeekorps. Im übrigen werden wir den Kampf mit Frankreich allein durchzufechten haben. Eine direkte Mithilfe Italiens wird voraussichtlich erst spät eintreten." Ähnlich drückte sich Moltke in einer Denkschrift an den Kanzler am 21. Dezember 1912 aus: „Es ist ziemlich sicher zu erwarten, daß mit einem rücksichtslosen und bis zum äußersten gehenden Einsetzen der militärischen Kraft Italiens nicht gerechnet werden kann. Es wird hinhaltend und vorsichtig operieren und abwarten, wie die Ereignisse jenseits der Alpen verlaufen, um sich ohne wesentliche Verluste zurückziehen zu können, wenn die beiden anderen Verbündeten Rückschläge erleiden sollten." (Ebd.)

militärischen Kraft Italiens, wie sie schon in der Bismarck-Zeit zu beobachten gewesen war, und dem Glauben, der italienische Beistand habe keine ausschlaggebende Bedeutung. Als Conrad von der Stornierung der Entsendung erfuhr, fragte er Moltke, welche Konsequenzen diese Mitteilung auf die Bereitstellung deutscher Streitkräfte an der russischen Grenze habe. „Die unverzügliche prompte Antwort des deutschen Generalstabes lautete: ‚Keine, man würde auch ohne die italienische Hilfe mit den Franzosen fertig werden.'"[42] Sicher war dies auch Schönfärberei, um unangenehmen österreichischen Fragen auszuweichen; andererseits waren die führenden Persönlichkeiten des deutschen Generalstabs gegenüber Frankreich von hybrider Siegesgewißheit beseelt.[43] Trotzdem legte Moltke großen Wert auf die von Italiens Beistand ausgehende Diversionswirkung. Zwar war die Fesselung von zwei Armeekorps nicht gerade eine Hochschätzung Italiens, das im Frieden zwölf Armeekorps unterhielt, aber immerhin doch eine Ausschaltung von mindestens 60.000 Mann des französischen Feldheeres. Außerdem ergaben die bisherigen Gespräche den Ansatzpunkt für weitere, vertiefende Aussprachen. Diese gingen in zwei Richtungen: Einerseits suchte Moltke, im Hinblick auf die projektierte Landung in der Provence, ein Marineabkommen der Dreibundmächte anzuregen, das die Voraussetzung zur Erkämpfung der Seeherrschaft im Mittelmeer schaffen sollte. Diese würde auch große Auswirkungen auf die französische Kriegführung gewinnen können, beispielsweise wenn es gelingen sollte, die Verlegung der in Algerien stationierten Armeekorps ins Mutterland zu verhindern. Andererseits suchte Moltke Pollio zu überreden, doch größere Truppeneinheiten nach Deutschland zu entsenden.

Die Offenheit, mit der Pollio die deutschen Stellen darauf hingewiesen hatte, daß Italien zu dieser zugesagten Hilfeleistung nicht in der Lage sei, und seine Bereitschaft, diese Ansicht auch gegen alle Gegenvorstellungen aufrechtzuerhalten, wurde in den Reihen der italienischen Generalität als Beweis von Mut angesehen,[44] aber auch kritisiert. So bemängelte beispielsweise General Cadorna, daß sich in Oberitalien in ganz unvernünftiger Weise fast die gesamte Truppenmacht Italiens balle, dort aber, infolge der Behinderung durch die Alpen, nicht zur Geltung kommen könne; es sei vernünftiger, da man an der entscheidenden Stelle nie stark genug sein könne, die Truppen – sogar in größerem Umfang als 1888 zugesagt – nach Deutschland zu entsenden, wo sie dann am Entscheidungskampf des Dreibundkrieges teilnehmen könnten.[45] Tatsächlich zeigte sich Pollio im Jahre 1913 und im Frühjahr 1914,

---

42 Bardolff an Franz Ferdinand, nach 9.1.1913, zitiert bei Brettner-Messler, Die militärischen Absprachen, S. 247.
43 Dazu Afflerbach, Falkenhayn, S. 68–70; 147–464.
44 Alberti, Falkenhayn, S. 77.
45 Mazzetti, Esercito, S. 537–542.

als die Folgen der libyschen Expedition halbwegs überwunden waren, bereit, größere Truppenmengen nach Deutschland zu entsenden. Im Frühjahr 1914 reflektierte er über ein neues Abkommen und eine größere Truppenentsendung; er sagte zum deutschen Militärattaché, Major v. Kleist: „Wie Sie wissen, möchte ich Ihnen von Herzen gern sehr viel mehr Armeekorps zur Verfügung stellen als nur drei. Es wird dies auch geschehen, sobald ich überzeugt bin, daß ein Krieg lokalisiert bleibt und wir diese Korps auch frei haben. Wird das aber geschehen? Denken Sie an die schnellere Bereitschaft mit größeren Massen als früher bei den Russen!" Mehr noch, er dachte sogar daran, sollte dies nottun, den Österreichern vielleicht Unterstützungstruppen gegen Serbien zu schicken. Major v. Kleist schrieb in seinem Bericht: „Ich fiel fast vom Stuhl, als ich dies hörte. Der italienische Chef des Generalstabes hält es ernstlich für möglich, italienische Korps nach Österreich diesem zu Hilfe zu senden! Wie haben sich die Zeiten geändert, oder spekuliert man auf einen ‚Dank' in Gestalt von Trient oder Triest?"[46] In Wahrheit hing Pollios Offerte damit zusammen, daß er den Inhalt des Dreibundvertrags nicht kannte und daher nicht wußte, ob die Hilfe für Österreich nicht vielleicht zu den von Italien übernommenen Verbindlichkeiten gehörte – eine groteske Folge der strengen Geheimhaltung der Allianzbestimmungen.[47] Für die Führung eines großen Bundeskrieges war dies im übrigen folgerichtig gedacht, aber doch eine überaus überraschende Offerte, die Conrad in seinem Stab sogleich technisch bearbeiten ließ.[48]

In Deutschland wurde Pollio seine Absage von Ende 1912 nicht nur nicht verübelt, sondern sogar als Zeichen der Aufrichtigkeit und Loyalität hoch angerechnet. Pollio wolle eben nichts versprechen, was er nicht halten könne.[49] Tatsächlich kam die offene Art des italienischen Generals in Berlin und sogar in Wien, bei dem notorischen Italienhasser Conrad, ausgesprochen gut an. Dieser hatte zwar die Absage Pollios im Dezember 1912 noch mit seinen üblichen Tiraden beantwortet und bedauert, daß man nicht in den vergangen Jahren mit Italien abgerechnet habe.[50] Später aber verfehlte Pollio auch auf Conrad seine Wirkung nicht und dieser schrieb: „Sein ernstes, ruhiges, über-

---

46 Foerster, Militärkonvention, S. 407.
47 Pollio an Brusati, 24.12.1912, ACS, Carte Brusati, Sc. 10, Nr. 442, schrieb: „Siccome io ignoro il testo del trattato d'alleanza e non so se vi ha impegno da parte nostra di sostenere l'Austria-Ungheria in determinate eventualità, così mi sono rivolto al Ministro delle Guerre per avere elementi di risposta."
48 Foerster, Militärkonvention, S. 407; Brettner-Messler, Absprachen, S. 241 f.
49 Georg Graf Waldersee: Von Deutschlands militärpolitischen Beziehungen zu Italien, in: Berliner Monatshefte 7 (1929), S. 636–664; S. 646.
50 Salvatorelli, Triplice, S. 459; GP 30, Nr. 11286–8; Pribram, Geheimverträge, S. 299; Conrad, Dienstzeit 2, S. 393 ff.

legtes Wesen wirkte sympathisch und vertrauenerweckend. Ich hatte das Gefühl, daß er es mit der Bundestreue ehrlich meine und verkehrte offen und vertrauensvoll mit ihm."[51] Allerdings, so warnte Conrad, sei Pollio nicht Italien und deshalb seine Zusagen nur von beschränktem Wert.[52] Die deutschen und österreichischen Offiziere, die mit Pollio direkt zu tun hatten, waren von diesem gleichermaßen angetan, hielten ihn für aufrichtig und zuverlässig und vertrauten ihm.[53] Moltke schrieb im August 1913 sogar, Pollio habe ihm „sehr gefallen"[54]. Das lag zum Teil auch an Pollios Interessen und Vorlieben. Er bewunderte nämlich die deutsche Armee, war ein guter Kenner der preußischen Kriegsgeschichte und ein Verehrer Friedrichs des Großen und des älteren Moltkes. Er nutzte beispielsweise einen Manöveraufenthalt in Deutschland zu einer Reise über die Schlachtfelder des Siebenjährigen Krieges und zu einer Kranzniederlegung am Grab Moltkes in Kreisau.[55]

Zur wechselseitigen Sympathie trug auch eine sehr ähnliche Auffassung der militärpolitischen Lage Europas und des Verständnisses des Dreibunds in einem Zukunftskrieg wesentlich bei. Denn hierin wird ein weiterer, wesentlicher Punkt des gegenseitigen Gefallens der drei Generalstabschefs gelegen haben – Pollio glaubte, ebenso wie Conrad und Moltke, an einen bevorstehenden großen Krieg, einen vernichtenden Kampf ums Dasein, den es in großem Maßstab vorzubereiten gelte. Er verglich die Lage der Mittelmächte sogar mit der König Friedrichs im Jahre 1756[56] – vor Ausbruch des Siebenjährigen Krieges – und befürwortete damit einen Präventivkrieg gegen die Entente: „Der Ring, der sich um den Dreibund bildet, verstärkt sich von Jahr zu Jahr, und wir sehen das ruhig mit an! Ich glaube wirklich, daß die Jahre 1917 oder 1918, die allgemein (partout, mais partout) von den Gegnern des Dreibundes als Termin für ein allgemeines Losschlagen genannt werden, nicht nur der Phantasie entsprungen sind. Sie können sehr wohl einen realen Hintergrund haben! Wollen wir nun wirklich abwarten, bis die Gegner fertig und bereit sind? Ist es nicht für den Dreibund logischer, alle falsche Humanität über Bord zu werfen und einen Krieg, der uns einmal aufgezwungen werden wird, selbst

---

51 Conrad, Dienstzeit 2, S. 433; Alberti, Falkenhayn, S. 80. Pollio selbst schrieb an Brusati am 5.2.1913 (ACS, Carte Brusati, Nr. 456): „Egli (Tenente Colonello Montanari) ha trovato in principio una accoglienza piuttosto fredda dal capo di S.M. austriaco, ma la freddezza si è poi dissipata e il Conrad [si é comportato] cordialmente."

52 Waldersee, Beziehungen, S. 646.

53 Waldersee, Beziehungen, S. 645, schrieb: „Von der Person des Generals Pollio gewann ich den besten Eindruck, und ich darf nicht zögern, hier sogleich auszusprechen, daß, solange ich den Vorzug hatte, mit ihm in Verbindung zu stehen, ich nicht aufgehört habe, ihn hochzuachten und ihm als Mensch zu vertrauen."

54 Alberti, Falkenhayn, S. 80; Moltke-Zitat vom 27.8.1913.

55 Waldersee, Beziehungen, S. 652.

56 Ebd., S. 664.

beizeiten zu beginnen? Und deshalb frage ich, wie ich glaube, ganz im Sinne Ihres großen Königs Friedrich, als er 1756 den eisernen Ring seiner Gegner durchbrach: Warum beginnen wir nicht jetzt diesen unvermeidlichen Krieg?"[57] Auch hiermit seine Unkenntnis über die eigentlichen Bestimmungen des Dreibunds – vor allem den vielbeschworenen Casus foederis und seine Bedingungen – verratend, wollte er die Grundzüge der Kriegführung des Dreibunds zu Lande und zu Wasser festgelegt wissen. Auch im Zusammenhang mit den geplanten Landungen in der Provence wollte Pollio einen Seekrieg im Mittelmeer bestmöglichst vorbereiten und einen gemeinsamen Operationsplan für die drei Marinen entwickeln lassen. Angesichts der maritimen Stärkeverhältnisse im Mittelmeer, vor allem als Resultat der (eigentlich eher gegeneinander gerichteten) italienischen und österreichischen Flottenbaupolitik und aufgrund des Abzugs großer Teile der englischen Flotte in die Nordsee, war der Gedanke an die Seeherrschaft des Dreibunds im Mittelmeer nicht abwegig.[58] Gegenüber Oberquartiermeister Graf Waldersee, den Moltke zur Besprechung der gemeinsamen Planungen nach Rom entsandt hatte, betonte Pollio am 29. Januar 1913 die Notwendigkeit, „daß möglichst nacheinander die englischen Flottenteile im Mittelmeer und alsdann die französische Flotte vernichtet würden"[59]. Er befürwortete ein Zusammenziehen der italienischen Seestreitkräfte in Messina, die österreichischen Einheiten sollten nach Tarent laufen, die beiden Flotten sich dann vereinigen. Die bisherige Aufteilung in Operationszonen müsse entfallen und die Mentalität eines wirklichen Bündniskrieges entwickelt werden, die auf einzelstaatliche Egoismen zugunsten der gemeinsamen Sache verzichte.[60]

Pollio betonte immer wieder seine aus kriegsgeschichtlichen Studien heraus entstandene Ansicht, in einem großen Krieg könne das Bündnis an der entscheidenden Stelle gar nicht stark genug sein – und die war eingestandenerweise in Frankreich. Zwar sei das italienische Heer durch den Libyenkrieg derzeit personell und materiell zu stark mitgenommen, als daß mehr als einige Kavalleriedivisionen über die Alpen entsandt werden könnten, doch hoffe er, in der Zukunft wieder eine ganze Armee über die Alpen entsenden zu können; die Zustimmung des Königs habe er bereits jetzt und er hoffe, wenn es soweit sei, auch die Giolittis und San Giulianos zu erhalten.

---

57 Foerster, Militärkonvention, S. 407.
58 Paul G. Halpern: The Mediterranean Naval Situation 1908–1914, Cambridge 1971, S. 253–279.
59 Waldersee, Beziehungen, S. 643.
60 Alberti, Falkenhayn, S. 78, zitiert Pollio: „Jedes Bündnis äußert sich vermittels der Macht, und die Persönlichkeiten, welche die Ehre haben werden, diese wahrhaft gewaltige Macht anwenden zu dürfen, müssen vor allem die Belange des Bündnisses im Auge haben und – wenn nötig – unter diesen oder jenen Umständen das Sonderinteresse ihrer eigenen Flotte oder des eigenen Heeres vergessen."

Pollio und sein Stab waren daran interessiert, die Zusammenarbeit mit dem deutschen und dem österreichisch-ungarischen Generalstab zu vertiefen. Und die deutschen Stellen, Moltke und Waldersee, die auch den Kaiser in ihre Bemühungen einbanden, gaben sich ebenfalls die allergrößte Mühe, das Einvernehmen mit Italien auszubauen, die militärischen Abmachungen auszufeilen und zu ergänzen, die gegenseitigen Besprechungen nicht abreißen zu lassen und die italienischen Partner auch durch protokollarische Höflichkeiten bei Laune zu halten.[61] Und sogar Conrad modifizierte seine antiitalienische Haltung immer deutlicher und erwog sogar einen Dreibundkrieg gegen die Entente.[62] Im Sommer 1914 baute er schließlich mehr auf die italienische Hilfe als seine deutschen Kollegen.[63]

Im April 1913 erschien ein italienischer Offizier, Kapitän Conz, in Berlin und Wien, um über eine Marinekonvention zu verhandeln. Ein Höhepunkt der Annäherung der drei Generalstäbe war ein Gipfeltreffen der Generalstabs chefs während des deutschen Kaisermanövers im Herbst 1913. Moltke hatte sowohl Conrad als auch Pollio eingeladen, schon um beide einander näherzubringen. Tatsächlich beeindruckte Pollio seinen österreichischen Kollegen durch seine bündnisfreundlichen Äußerungen. Zusammen mit Moltke erörterten sie nach dem Manöver im Beisein Wilhelms II. den gemeinsamen Einsatz der Streitkräfte des Dreibunds im Kriegsfall. Pollio philosophierte über den kommenden Kampf ums Dasein; er rückte zwar nicht von seinen Bedenken ab, daß der gegenwärtige Zustand des italienischen Heeres eine Verwendung außer Landes nicht gestatte, hielt aber die Option für die Zukunft offen, daß Italien Truppen an den Rhein entsenden würde. Diese wurde, nachdem König Vittorio Emanuele, Giolitti und San Giuliano zugestimmt hatten, am 11. März 1914 in das offizielle Versprechen umgewandelt, daß Italien drei Armeekorps und zwei Kavalleriedivisionen an den Rhein entsenden wolle; die dazugehörige italienisch-österreichische Eisenbahnkonvention für den Truppentransport wurde Anfang April 1914 unterzeichnet.[64] Die Zusammenfassung der verschiedenen Konventionen in eine einzige große Übereinkunft war für Oktober 1914 projektiert, wurde aber nicht mehr ausge-

---

61 Pollio an Brusati, 22.2.1913, ACS, Carte Brusati, Nr. 462. In dem Brief kündigt Pollio die Entsendung des Majors v. Heye vom Informationsbüro des deutschen Generalstabs an, zum Austausch gegenseitig interessierender Informationen.
62 Brettner-Messler, Absprachen, passim; zum Dreibundkrieg: Conrad an Moltke, 9.1.1913, ebenda, S. 244–246.
63 Siehe unten, S. 783 sowie S. 847.
64 Antonio Brugioni: Piani Strategici Italiani alla vigilia dell'Intervento nel primo conflitto mondiale, in: Stato maggiore dell'Esercito/Ufficio Storico (Hrsg.): Memorie Storiche Militari 1984, Roma 1985, S. 273–355, S. 277; Bosworth, Italy, S. 217; Salvatorelli, Triplice, S. 459. Dazu die Dokumente aus der „Carte della valigia di Mussolini", ACS, contenitore 29, fascicolo 9. Dazu auch: Militärattaché an Conrad, 16.2.1914, KA Wien, Generalstab/Operationsbüro, 137.

führt.⁶⁵ Pollio wollte eigentlich sogar noch größere Kontingente entsenden, hielt sich aber, in Anbetracht der zu erwartenden Widerstände, bedeckt und riskierte keine Versprechen, die er hinterher nicht würde halten können. Gesprächsweise gab er wiederholt seiner Meinung Ausdruck, Italiens Heer und Flotte müßten „nur nach Gesichtspunkten der Zweckmäßigkeit für das Große" eingesetzt werden.⁶⁶ Sollten aber italienische Infanteriedivisionen am Rhein zum Einsatz kommen, würde sich das Fehlen an moderner Artillerie, vor allem von Steilfeuergeschützen, schmerzhaft bemerkbar machen. Die deutsche Seite versprach Abhilfe durch die Bereitstellung von Mörserbatterien.

Im September 1913 wurde sogar der Einsatz italienischer Kavallerie in Schlesien, gegen Rußland, erörtert. Pollios Begeisterung hielt sich aber in engsten Grenzen, und er präferierte den Einsatz gegen Frankreich,⁶⁷ wo schließlich für Deutschland wie für Italien die Entscheidung des Krieges zu erwarten war. Auch Moltke postulierte am 7. Dezember 1913 den Primat der Westfront und stellte fest, die Entscheidung müsse schnell fallen, weil die Völker „lange Kriege aller Voraussicht nach kaum noch ertragen" könnten,⁶⁸ und sie müsse gegen Frankreich fallen, weil danach die Kräfte gegen Rußland umgeleitet werden müßten, „um den endgültigen Sieg des Dreibunds zu vollenden". „Daß der Sieg in einem Dreibundkriege im Siege über das französische Hauptheer liegt, kann nicht angezweifelt werden. Das gemeinsame Interesse erheischt also, gegen diese Macht alles Verfügbare einzusetzen." Deshalb wollte er die italienischen Kräfte, unabhängig von ihrer Stärke, am deutschen linken Flügel einsetzen. Die italienische Kavallerie sollte bei Straßburg, die Infanteriekorps zwischen Straßburg und Colmar zum Einsatz kommen.⁶⁹ Er befürwortete den Einsatz der italienischen Truppen am Rhein um so mehr, als die Franzosen die Alpengrenze immer mehr befestigten und unter dem Schutz der gut armierten, schon durch die Natur begünstigten Verteidigungslinie sogar die zwei zur Abwehr Italiens vorgesehenen Korps nach Norden zu verlegen begannen. Im April 1914 wurde eine entsprechende Konvention wegen des Transportes der Truppen in Wien unterzeichnet.⁷⁰ Moltke schrieb Ende April 1914 an Pollio: „Wenn Italien, Österreich und Deutschland sich offen und ehrlich die Hand reichen, können sie einer Welt von Feinden getrost die Stirn bieten."⁷¹

Schon lange vor den Heeresabsprachen waren die Verhandlungen zwischen den verbündeten Admiralstäben zum Abschluß gekommen. Am 23. Juni 1913

---

65 Brugioni, Piani, S. 278.
66 Waldersee, Beziehungen, S. 653.
67 Ebd., S. 654.
68 Ebd., S. 658.
69 Ebd., S. 656.
70 Bosworth, Italy, S. 218.
71 Foerster, Militärkonvention, S. 403.

wurde eine Marinekonvention der Dreibundpartner in Wien unterzeichnet.[72] Zum ersten Mal in der Geschichte des Dreibunds erklärten sich die Partner bereit, im Mittelmeer gemeinsam zu operieren, statt lediglich, wie in der bisher gültigen Marinekonvention des Jahres 1900, die maritimen Operationszonen abzustecken. Die Italiener erklärten sich bereit, den Oberbefehl über die vereinigte Flotte dem österreichischen Marinekommandanten, Admiral Haus,[73] der inzwischen Montecuccoli abgelöst hatte, zu überlassen. Diese scheinbare Großzügigkeit – immerhin hatte Österreich die kleinste Flotte der drei Staaten – war wohlberechnet. Erstens konnte dadurch der österreichische Widerstand gebrochen werden, und zweitens war Haus der dienstälteste der österreichischen und italienischen Admiräle. Nach seinem Ausscheiden sollte der dann dienstälteste Admiral Oberbefehlshaber der Dreibundflotte im Mittelmeer werden, und das war der Herzog der Abruzzen.[74] Das österreichische Oberkommando war erstmalig bereit, das Konzept reiner adriatischer Küstenverteidigung aufzugeben und im Mittelmeer gemeinsam mit den Italienern zu operieren, gegebenenfalls auch gegen Frankreich im Thyrrhenischen Meer vorzugehen. Auch das deutsche Mittelmeergeschwader sollte sich dieser Streitmacht anschließen, um gegen Engländer und Franzosen um die Seeherrschaft im Mittelmeer zu kämpfen und vor allem um eventuelle französische Militärtransporte von Nordafrika ins Mutterland zu unterbinden. Noch im Juli 1914 arbeiteten die deutschen Stäbe an einem gemeinsamen Signalbuch für die Flotten des Dreibunds, und die italienischen Herbstmanöver des Jahres 1914 legten ein italienisch-österreichisches Vorgehen gegen die französische Flotte zugrunde.[75]

Die Festlegungen der verbündeten General- und Admiralstäbe für einen großen Krieg waren so weitgehend, daß in der Literatur die Frage gestellt wurde, ob die beteiligten Stellen die Verabredungen wirklich ernst gemeint haben.[76] Deutscherseits kann daran kein Zweifel bestehen; Moltke hoffte auf den italienischen Einsatz. Dies wird auch durch den Chef des militärischen Geheimdienstes, Major Nicolai, bestätigt.[77] Allerdings wurde der Wert der italienischen Hilfeleistung doch nicht als ausschlaggebend eingeschätzt.[78]

---

72 Halpern, Naval Situation, S. 220–252; Alberti, Falkenhayn, S. 78; Salvatorelli, Triplice, S. 459; Pribram, Geheimverträge, S. 308; Albertini, Origins 1, S. 555–559.

73 Zu Admiral Haus, gerade auch im Hinblick auf seinen – den Italienern wohlbekannten – äußerst fragilen Gesundheitszustand siehe: Paul Halpern: Anton Haus. Österreich-Ungarns Großadmiral, Graz 1998.

74 Alberti, Falkenhayn, S. 79. Bosworth, Italy, S. 218, hält diese Konzession bezüglich des Oberbefehls für ein Zeichen einer völligen italienischen Verkennung der Lage, läßt aber dabei die Nachfolgeregelung (Herzog der Abruzzen) außer acht, die das ganze erklärlich macht.

75 Bosworth, Italy, S. 217.

76 Schwere Zweifel daran äußert Bosworth, Italy, S. 218.

77 Sonderarchiv Moskau, Nachlaß Nicolai, 1414-1-17.

78 Für die deutsche Haltung in dieser Frage ist ein Urteil des langjährigen Militärattachés in

Conrad setzte ebenfalls auf die italienische Hilfe. Trotz seiner Italophobie und immer wiederkehrender Zweifel glaubte er Anfang Juli 1914 auf eine, wenn auch zögernde, italienische Hilfeleistung rechnen zu dürfen.[79] Auch Pollio scheint, nach Aussage der Quellen, von seinem Tun überzeugt gewesen zu sein und kein doppeltes Spiel betrieben zu haben. Und er konnte auch für das politische Italien sprechen, das er sehr wohl über seine Pläne und Absprachen informiert hatte. San Giuliano war in seine Ansichten eingeweiht und teilte seine Auffassungen über die Notwendigkeit der einheitlichen Führung eines Bündniskrieges.[80]

Rom, v. Kleist, charakteristisch, das in der Tendenz den Dreibund von Anfang an durchzogen hat. Er schrieb am 15. April 1914: „Mehr loyales Denken im Sinne des Dreibundes und Initiative kann man meiner Ansicht nach kaum von Pollio verlangen. Was seine Truppen jedoch einmal leisten werden, ist allerdings eine andere Frage, denn die italienische Armee kann meines Erachtens nach unseren Begriffen, um es zum Schluß meines hiesigen Aufenthaltes noch einmal zu betonen, ‚nichts'." Dieses Urteil galt besonders wegen der Folgen des Libyenkrieges. Nach den Berechnungen des deutschen Generalstabs benötigten die Italiener allein in Libyen wegen der andauernden Unruhen eine Besatzung von 60.000 Mann. Die italienische Hilfe wurde im Sommer mit 125.000 Mann, im Winter (November bis April) um 35.000 Mann der Alpenarmee veranschlagt. Dem italienischen Heer fehlten im Sommer 1914 an der Durchschnittsfriedensstärke von 275.000 Mann etwa 40.000 Mann, also fast 15%. Der Militärattaché folgerte: „Ausrüstung wie Ausbildungsgrad des italienischen Heeres gestatteten nur eine rein defensive Verwendung; zu einem Angriffsfeldzug war die italienische Armee – selbst mit Teilkräften – nicht fähig. Italiens Wehrkraft entsprach somit 1914 lediglich den dringendsten Erfordernissen der eigenen Landesverteidigung." In: Sonderarchiv Moskau, 1275-5-29.

79 Dazu Note Conrads vom 2.7.1914, in: ÖUA VIII, Nr. 9995. Conrad rechnet hier, wenn auch mit einer Einschränkung, mit dem italienischen Beistand, den er voll der zur Verfügung stehenden Streitmacht des Dreibunds zurechnet, hingegen nicht mit dem rumänischen. Gleicher Ansicht sind Hermann Lutz: Moltke und der Präventivkrieg, in: Die Kriegsschuldfrage 5 (1927), S. 1107–1120; Albertini, Origins 1, S. 563; Kronenbitter, Bundesgenossen, S. 158; Palumbo, Relations, S. 45–51; Brettner-Messler, Absprachen, S. 242.

80 Anderer Ansicht ist Bosworth, Italy, S. 219 f., der auf ein polykratisches Chaos in der italienischen Führungsebene und unzureichende Vernetzung zwischen Politik, König und Militär abhebt. Daß dies jedoch an den Tatsachen vorbeigehende Behauptung ist, zeigt beispielsweise dieser Brief San Giulianos an Giolitti, 2.11.1913, ACS, Carte Giolitti 48/59: „Oggi é venuto a trovarmi Pollio, che si recherà da te, e mi ha svolto le ragioni per le quali egli crede necessario consentire l'invio in caso di guerra d'una divisione di cavalleria nostra in Germania. Tali ragioni, dal punto di vista militare e della politica estera, sono inoppugnabili, ma naturalmente tu puoi metterle nella bilancia in confronto alle considerazioni d'altro ordine. In tutte le guerre cui partecipano alleati, contingenti d'un esercito si mettono sotto il comando altrui, appunto per la necessità dell'unità ed organicità dell'azione militare e per concentrare le maggiori forze sul teatro decisivo ... Negli accordi attuali della triplice alleanza, la Germania mette le sue navi nel Mediterraneo sotto gli ordini dell'Ammiraglio italiano, e lo stesso dispone, reciprocamente, la convenzione navale italo-austriaca entrata in vigore dal 1o corr. Inoltre Pollio dice che, se contro le previsioni, il maggior forzo francese si riversasse contro l'Italia, la Germania promette inviare in Italia due corpi d'armata e metterli sotto gli ordini del Comando italiano, come pure mandarci qualche reggimento d'artiglierie di fortezza. Pollio dice che la guerra si

Und trotzdem wirken diese gesamten militärischen Absprachen der Dreibundmächte eigenartig irreal, ohne Wirklichkeitsbezug.[81] Dies lag daran, daß der eigentlich entscheidende Punkt, nämlich das Ob und Wann des Casus foederis, auf militärischer Ebene nicht bekannt war. Dies war bei der Struktur des Bündnisses und der Verhältnisse nicht verwunderlich. Auf Regierungsebene wurde nur immer wieder festgestellt, daß ein großer europäischer Krieg sehr unerwünscht war und daß man von den Verbündeten nicht in einen solchen Krieg verwickelt werden wollte.[82] Nicht die Kriegführung, die Kriegsverhinderung war in den Augen der Diplomatie die „raison d'être" des Dreibunds. Anders sahen dies die Militärs. Doch liefen ihre Planungen und Besprechungen zwar ganz unabhängig von der politischen Führung, aber letztlich war es dieser vorbehalten, über die Feststellung des Kriegs- und Bündnisfalls zu entscheiden. So kannten Pollio und Conrad nicht einmal den Dreibundvertrag und die darin festgelegten Bestimmungen des Casus foederis. Und das war der natürlich entscheidende Punkt. So wichtig die militärischen Absprachen für den Kriegsfall auch waren, die Definition dieses Kriegsfalles, des Casus foederis, war noch wichtiger. Wann trat dieser ein und wann wurde der Casus foederis von allen Seiten gleichermaßen anerkannt? Die Militärs beklagten dieses entscheidende Defizit ihrer Planungen. Generalquartiermeister Graf Waldersee trauerte beispielsweise den „Zeiten Bismarcks" hinterher, der die Zügel auch in militärischen Dingen straff in der Hand behalten habe. Die „politische Reichsleitung" nahm hingegen, so Waldersee, „kein sonderliches Interesse" an den Gesprächen, die deshalb „rein militärisch", „von Generalstab zu Generalstab geführt" wurden.[83] Waldersee schrieb: „So bestanden zwischen Berlin und Wien drei verschiedene isolierte Kanäle, auf denen hin und her verkehrt wurde, ein höfischer, ein diplomatischer und ein militärischer. Das war nicht glücklich, denn nichts geschah in Berlin, um eine Übereinstimmung in Äußerungen und Absichten zu gewährleisten."[84] Dies galt in gleicher Weise auch für den Austausch mit Rom. Doch anders, als Waldersee glaubte, war das Ergebnis nicht unbedingt Konfusion, sondern das Primat politischer Entscheidungen. Der Dreibund war und blieb

---

    decidera sui campi di battaglia franco-tedeschi, e che perció a noi conviene influire sul risultato colà, mentre qui in Italia molte forze rimarrebbero inoperose." San Giuliano bezeichnete es als „disastro", wenn Deutschland geschlagen würde. Dieser Brief zeigt, daß Pollios Aktivitäten durchaus politische Rückendeckung genossen.
81 Darauf hob auch Albertini, Origins 1, S. 564, ab, als er schrieb: „In vain would one seek for a connexion between Italian foreign policy and the pledges given by the General Staff." Ähnlich Fellner, Dreibund, S. 75.
82 Für San Giuliano und Giolitti: Bosworth, Italy, S. 227 f., im Zusammenhang mit der Balkankrise.
83 Waldersee, Beziehungen, S. 660.
84 Ebd., S. 650.

eine Defensivallianz, und wäre im Fall eines Angriffs der Entente der Casus foederis zum Tragen gekommen, hätten die minuziösen Absprachen in Heeres- und Marinesachen in Kraft treten und ihren Nutzen erweisen können.

In der Julikrise 1914 erwies sich die Dominanz politischer über die militärischen Erwägungen. Pollio erlebte den Ausbruch des Ersten Weltkriegs nicht mehr; er starb am 1. Juli 1914 in Turin an einem Herzschlag. Absurd ist die spätere Behauptung Waldersees, Pollio sei vielleicht einem dreibundfeindlichen Komplott zum Opfer gefallen: „Es hat nicht an sehr ernsten Stimmen gefehlt, die das Ende dieses unseres bewährten Freundes auf Gewaltsamkeit zurückführen."[85] Warum hätte Pollio mehr als drei Wochen vor der Übergabe des österreichischen Ultimatums an Serbien umgebracht worden sein sollen? Außerdem hätte Pollio an dem Ablauf der Dinge nichts ändern können, denn sein Nachfolger, General Cadorna, hatte sich zuvor sogar noch erheblich dreibundfreundlicher als Pollio selbst geäußert – und war dann doch derjenige, der im Mai 1915 das italienische Heer zu dem vermeintlichen Spaziergang nach Triest anführen sollte.

> Ein Bündnis von dem Gewicht, wie es der heutige Dreibund repräsentiert, kann immer von sich sagen mit dem alten schottischen Spruch: Nemo me impune lacessit.
>
> Bismarck, am 15. April 1895

c) Die militärische Lage der Dreibundmächte im Sommer 1914

Fragt sich abschließend nur, wie es, aus der historischen Rückschau betrachtet, um das militärische Gleichgewicht in Europa im Sommer 1914 tatsächlich bestellt war.

Aufgrund der russischen Aufrüstung drohte weniger das europäische Gleichgewicht als vielmehr die militärische Suprematie zu Lande, die die Zweibundmächte nicht erst seit dem Russisch-Japanischen Krieg, sondern eigentlich immer schon besessen hatten, verlorenzugehen. Hinzu kam, daß Rumänien, auf dessen Hilfe in einem Krieg gegen Rußland früher gezählt worden war, seit den Balkankriegen ins gegnerische Lager abdriftete und mit seiner Mithilfe realistischerweise nicht mehr gerechnet werden durfte, allenfalls mit seiner Neutralität.

---

85 Ebd., S. 661. Nichts von einem solchen Verdacht findet sich in Méreys diplomatischer Berichterstattung. Er telegraphierte am 1.7.1914 nach Wien: „Generalstabschef Baron Pollio heute früh in Turin einem Herzschlag erlegen." In: HHStA, PA XI, 170.

War also der Dreibund dabei, militärisch ins Hintertreffen zu geraten? Zu dieser Auffassung konnte man nur gelangen, wenn viele Faktoren unberücksichtigt gelassen wurden, wie etwa die labile innenpolitische Situation und das schmale wirtschaftliche Fundament des Zarenreiches, was es zweifelhaft erscheinen ließ, daß Rußland seine ehrgeizigen Rüstungsziele planmäßig erreichen würde. Oder beispielsweise die durch die Überrüstung entstehenden innenpolitischen Schwierigkeiten in Frankreich. Deshalb kann man auch aus der Rückschau nicht sagen, daß in den Jahren vor 1914 die Zeit, was die militärpolitische Situation anging, tatsächlich gegen den Dreibund arbeitete. Das Bündnis war der Entwicklung vollauf gewachsen. Ein Vergleich des militärischen Potentials zeigt, daß der Dreibund 1914 nicht in einer aussichtslosen Position war und seine Stärke zur Abschreckung sicher ausreichte. Zwar war die effektive Friedensstärke der Armeen des russisch-französisch-englischen Dreiverbands im Jahre 1913 deutlich höher als die des Dreibunds, jedoch sagt diese noch nichts über die tatsächliche Kriegsstärke, über Ausrüstung, Ausbildung und Einsatzwert der Truppen aus. Einen besseren Indikator bilden die Militärausgaben. Hier zeigt sich eine Überlegenheit des Dreibunds über den russisch-französischen Zweibund und eine nur geringfügige Überlegenheit von knapp 10% des Dreiverbands über den Dreibund.[86] Ein ähnliches Bild zeigt die Kriegsstärke des Dreibunds, verglichen mit den Zah-

---

[86] Die Vergleichbarkeit des militärischen Potentials ist schwierig, weil die Aufrüstungen der einzelnen Staaten in Schüben erfolgten und außerdem von Jahr zu Jahr durch Entlassung alter und Einberufung neuer Jahrgänge Schwankungen in der Effektivstärke eintraten. Herrmann, Arming, S. 234, bringt für 1913 – das letzte Jahr, wo halbwegs verläßliche und vollständige Angaben vorliegen, folgende Truppenzahlen (effektive Friedensstärke): Rußland: 1.300.000 Mann, Frankreich: ca. 700.000; Großbritannien: 192.144; Deutschland: 782.344; Österreich-Ungarn: 391.297 (1912); Italien: 256.000. Daraus folgt: Russisch-französischer Zweibund insgesamt: 2.000.000 Mann; mit Großbritannien ca. 2,2 Millionen Mann; Deutsch-österreichischer Zweibund: 1.182 Millionen; Dreibund insgesamt: 1,438 Millionen Mann. Rein zahlenmäßig sprach die effektive Friedensstärke für eine signifikante Überlegenheit der Entente von ca. 50%. Ein anderes und aussagekräftigeres Bild zeichnen jedoch die Militärausgaben, ebenda, S. 237: 1913 betrugen die Ausgaben (von Herrmann umgerechnet in Pfund Sterling) in Rußland 67.751.868, in Frankreich 37.194.227, in Großbritannien 28.242.320; in Deutschland 80.938.522, in Österreich-Ungarn 24.130.130, in Italien 16.751.706 (1912). Rußland-Frankreich insgesamt: 104,9 Millionen Pfund, mit Großbritannien 133,1 Millionen Pfund; deutsch-österreichischer Zweibund insgesamt: 105 Millionen, Dreibund insgesamt: 121,8 Millionen Pfund. Das heißt: Der russisch-französische und der deutsch-österreichische Zweibund standen sich, was die Militärausgaben anging, nahezu gleich gegenüber, der Dreibund war dem russisch-französischen Zweibund überlegen. Und die Militärausgaben des Dreiverbands überstiegen die des Dreibunds um weniger als 10% – ein nicht signifikanter Wert, zumal der Dreibund den gewaltigen strategischen Vorteil der „inneren Linie" hatte. Einschränkend ist festzustellen, daß die deutschen Militärausgaben 1913 wegen der Heeresvermehrung besonders hoch waren und 1914 um 12 Millionen niedriger gelegen hätten. Ähnliche jährliche Schwankungen waren auch bei den anderen Armeen zu beobachten.

len der gegnerischen Machtgruppe. Hier können Zahlen von 1911 genannt werden:

Kriegsstärke der Dreibundstaaten und der Entente 1911

	Armeekorps	Divisionen	Gesamtstärke
Deutschland	26	90,0	3.479.000
Österreich-Ungarn	16	73,5	2.025.000
Mittelmächte insgesamt:	42	147,5	5.504.000
Italien	12	37,0	1.200.000
Dreibund insgesamt	**54**	**184,5**	**6.704.000**
Frankreich	21	70,0	3.348.000
Rußland	37	137,0	3.750.000
Zweibund insgesamt	58	207,0	7.098.000
England	-	7,0	350.000
Entente insgesamt	**58**	**214,0**	**7.448.000**

Aus: Der Weltkrieg 1914–1918, hrsg. vom Reichsarchiv. Kriegsrüstung und Kriegswirtschaft, Anlagen zum ersten Band, Tabelle 15 (S. 498).

Zwar waren die Ententearmeen und England im Jahre 1911 zahlenmäßig um etwa 12 % überlegen und hätten ihren Vorsprung kurzfristig noch ausbauen können, dafür befanden sie sich geographisch-militärisch-innenpolitisch in einer weit ungünstigeren Position. Auch qualitativ waren die Heere des Dreibunds der gegnerischen Machtgruppe weit überlegen. Die verbündeten deutsch-österreichischen Armeen allein wurden weithin für den sicheren Sieger in einem europäischen Landkrieg gehalten,[87] ebenso wie man vermutete, daß England zur See die Oberhand behalten werde. Bei alldem kam noch hinzu, daß die Struktur der europäischen Bündnisse ein Führen von Angriffskriegen praktisch unmöglich machte ohne nachhaltige Beschädigung der eigenen Paktsysteme. Es kam demnach nur darauf an, in allen Lagen die eigene Allianz zusammenzuhalten – dann hätten die Dreibundmächte, wie Bismarck es 1895 und Moltke im April 1914 gesagt hatten, tatsächlich „einer Welt von Feinden getrost die Stirn bieten" können.[88]

---

87 Siehe Kap. IV.10: Der Dreibund in der Julikrise 1914, besonders S. 828.
88 Foerster, Militärkonvention, S. 403; Otto v. Bismarck, Die gesammelten Werke, Berlin 1924–1933; Band 13, S. 569

> Wir können nur als siamesische Zwillinge in Europa auftreten, sonst geraten wir in Konflikt
>
> San Giuliano im Februar 1914
>
> Die Tage einer unterwürfigen italienischen Politik sind vorbei, für immer!
>
> San Giuliano am 16. Dezember 1913 im italienischen Parlament

9. „Ein stets reparaturbedürftiges Haus?" Die Krise im österreichisch-italienischen Verhältnis 1912–1914

Doch dieser innere Zusammenhalt war im Dreibund stets gefährdet, vor allem wegen des gespannten österreichisch-italienischen Verhältnisses. Daß dieses nicht zum besten stand, ist schon angesichts der Sachprobleme in der großen Politik – nämlich der adriatischen, albanischen und kleinasiatischen Interessengegensätze – nicht verwunderlich. San Giulianos Programm der engen außenpolitischen Zusammenarbeit mit der Habsburgermonarchie in Mittelmeerfragen setzte ein gutes zwischenstaatliches Verhältnis voraus. Er war der Ansicht, gerade die Problematik des österreichisch-italienischen Verhältnisses zwinge zu besonders engem Zusammenhalt: „Wir können uns in Europa nur als siamesische Zwillinge präsentieren, sonst sieht es so aus, als hätten wir miteinander Streit"[1]. Dies war auch in Aehrenthals Sinne; er brauchte Italien, um sich von Berlin so weit wie möglich zu distanzieren.[2] Sein Kurs einer unenthusiastischen, von Vernunftgründen dominierten Zusammenarbeit wurde vom Ballhausplatz in der Ära Berchtold fortgesetzt. Allerdings bleibt einschränkend festzustellen, daß die österreichisch-italienischen Beziehungen nach wie vor durch große gegenseitige Reizbarkeit belastet waren.[3] Neben der Rückwirkung internationaler Streitfragen, vor allem in Albanien, waren auch zu keiner Zeit größere und kleinere Zwischenfälle aus dem eigentlichen Bereich der österreichisch-italienischen Beziehungen ausgeblieben

---

1 Vietor, Mérey, S. 12; Flotow an Bethmann, 26.2.1914, GP 39, Nr. 15714.
2 Vietor, Mérey, S. 33, mit der Delegationsrede Aehrenthals am 13.10.1910, in der er die Beziehungen zum Deutschen Reich und Italien in ihrer Festigkeit erstmals gleichsetzte.
3 San Giuliano urteilte Ende Oktober 1910 zu Recht, daß diese Reibungen ein Gewicht bekämen, „das gar nicht im Verhältnis zu ihrer realen Bedeutung steht". Vietor, Mérey, S. 31; Barrère an Pichon, 29.10.1910., DDF 2,13.

Die Krise im österreichisch-italienischen Verhältnis 1912–1914

wie Klagen der Austroitaliener über angebliche oder tatsächliche Ungleichbehandlungen durch die österreichische Verwaltung,[4] irredente Vorfälle in Italien, militärische Maßnahmen im Grenzgebiet, Spionagefälle, Grenzverletzungen von Wanderern und Militärs oder Streitigkeiten über den Grenzverlauf im Hochgebirge.[5] Und nach wie vor wurde die Entente vorwiegend von dem Entgegenkommen der römischen Regierung getragen und von deren radikalem Vorgehen gegen jede Form irredenter Betätigung.[6] Doch wurde dies in Italien, wo sich nach dem Libyenkrieg eine nationalistische, selbstgewisse politische Haltung durchzusetzen begann,[7] zunehmend als unerlaubte Nachgiebigkeit gegenüber den Österreichern empfunden. In der Consulta gebe es „eine traditionelle Tendenz, sich (den Österreichern) unterzuordnen"[8]. Die ungelöste Universitätsfrage sorgte ebenso für Spannungen wie immer wieder auftauchende Verwaltungsprobleme in Trient und Triest. Einen besonderen Grund zur Klage sah die italienische Öffentlichkeit in der – an-

---

4 Mérey an Berchtold, 30.12.1912, HHStA, PA XI, 147, schrieb: „Es ist wohl kein Zufall, wenn gerade in der letzten Zeit die Klagen über die Behandlung des italienischen Elementes in Österreich wieder besonders allgemein und lebhaft laut werden. Die wesentliche Besserung der politischen Beziehungen zwischen uns und Italien, unser gutes Einvernehmen in den durch den Balkankrieg aufgeworfenen Fragen, endlich die Erneuerung des Dreibundes lassen umso greller den Gegensatz hervortreten, welcher zwischen diesen Erscheinungen und der den Italienern in Österreich bereiteten Situation besteht. Und es gibt nicht einen politisch zurechnungsfähigen Italiener, – vom Irredentisten bis zu unserem überzeugtesten Freunde – der diesen letzteren Umstand nicht unwillig und schmerzlich empfinden würde."
5 Siehe dazu HHStA, PA XI, 160–174.
6 Lob der Korrektheit der italienischen Regierung bei Vietor, Mérey, S. 23. Siehe dazu auch Kap. III.4: „Verbündete Feinde?" – Das österreichisch-italienische Verhältnis 1900–1906. Ein Beispiel für die auch von österreichischen Diplomaten intern anerkannte Haltung der italienischen Regierung: Mérey an Berchtold, 4.11.1912, HHStA, PA XI, 147, berichtete, daß Giolitti einen Empfang des Kongresses der Associazione italiana per Trento e Trieste im Rathaus von Florenz telegraphisch verboten hatte. Mérey urteilte: „Ich brauche nicht näher darlegen zu müssen, daß sich die Regierung auch in diesem Falle zu einer sehr energischen und ungewöhnlichen Maßregel entschlossen hat, deren Berechtigung sogar im Grunde äußerst discutabel ist. Meinerseits habe ich dem Minister des Äusseren meine Befriedigung hierüber ausgedrückt." Mérey urteilte weiter: „Es macht überhaupt im allgemeinen den Eindruck, daß der Irredentismus von dem Aufblühen des Nationalismus nicht nur keinen Vorteil zieht, sondern eher von dessen weiter gesteckten Zielen absorbiert wird." Die Verweigerung des Empfangs im Rathaus von Florenz zeige, „daß Herr Giolitti sich nicht im mindesten scheut, jenem Irredentismus entgegenzutreten, den manche für erstarkt hielten, weil sie ihn mit dem Nationalismus schlechthin verwechselten."
7 Alexander J. De Grand: The Italian Nationalist Association and the Rise of Fascism in Italy, Lincoln/London 1978. Allerdings war der organisierte Nationalismus in Italien eine Splittergruppierung mit 8–10 Abgeordneten. Geringe Bedeutung attestiert dieser Gruppierung auch Mérey an Berchtold, 30.12.1912, HHStA, PA XI, 147: dito, 18.6.1914, ebenda, PA XI, 150.
8 Salandra, Neutralitá, S. 44 „Anzi alla Consulta si poteva … addebitare una traditionale tendenza alla remissività."

geblich von der Wiener Zentrale begünstigten – slawischen „Überfremdung" in Triest und Dalmatien und der germanischen im Trentino. Diese alten Klagen wurden zunehmend lauter und eindringlicher.[9] Die „Italianitá" dieser Gebiete schien gefährdet.[10] Ließ sich die Berechtigung dieses Arguments sehr wohl diskutieren und auch ein ins Rassistische umschlagender Unterton gegen die Slowenen und Kroaten beobachten – Salandra hebt in seinen Memoiren hervor, kein Name sei in Italien unbeliebter gewesen als „Kroate"[11] –, so war doch ein immer häufiger im italienischen Parlament von Abgeordneten wie dem Irredentisten Barzilai hervorgehobenes Argument zweifellos richtig: Die in weiten Teilen der schwarz-gelben Führungsschicht herrschende schroff italienfeindliche Stimmung beeinflußte auch das österreichisch-italienische Verhältnis. Ein sehr wichtiger Grund, weswegen sich ein gutes Klima zwischen beiden Ländern nicht dauerhaft durchsetzen konnte, lag auch in dem zunehmenden Einfluß Franz Ferdinands auf die österreichische Politik.[12] Obwohl Aehrenthal San Giuliano 1910 zugesagt hatte, nur die wichtigsten irredenten Vorfälle zu reklamieren,[13] ließen die österreichischen Diplomaten am Ballhausplatz jede Großzügigkeit vermissen[14] und wurden deshalb beispielsweise durch die 50-Jahr-Feier des Königreichs Italien 1911 in schlimme Verlegenheiten gebracht, da sie an diesen Feiern nicht teilnehmen wollten.[15] Auch sehr ungünstig wirkte die drakonische Strenge, mit der in Österreich die Behörden selbst Bagatellen mit irredentem Hintergrund abstraften. Aufsehen erregte im April 1913 beispielsweise die Verurteilung des noch nicht 18jährigen Mario Sterle, der eine verherrlichende Broschüre über Oberdank geschrieben hatte, zu fünf Jahren Zuchthaus; dies führte zu einer österreichfeindlichen Interpellation im italienischen Parlament.[16] Ein besonders eklatanter Verstoß gegen die berechtigten Empfindlichkeiten des Verbündeten, ja gegen den Bündnisgedanken überhaupt ereignete sich im Dezember 1912: Zuerst wurde der Dreibund erneuert, wenige Tage später dann Conrad, der prominenteste und radikalste Italophobe der Monarchie, in sein Amt als Gene-

---

9 Singer, Dreibund, S. 217.
10 Salandra, Neutralitá, S. 30.
11 Ebd., S. 57.
12 Vietor, Mérey, S. 36, mit Beispiel: Arbeit des Thronfolgers gegen den mißliebig gewordenen Aehrenthal.
13 Ebd., S. 29.
14 Klagen über die praktisch täglichen Reklamationen Méreys: Salandra, Neutralità, S. 47, mit Beispielen besonders pedantischer Proteste.
15 Afflerbach, Der Dreibund als Instrument der europäischen Friedenssicherung, S. 106; Akten: HHStA, PA XI, 167, Liasse IX: 50jährige Feier der Proklamation des Königreiches Italien 1911. Zur Grußansprache des Präsidenten des Deutschen Reichstags, Graf Schwerin-Löwitz, am 17.3.1911 siehe Singer, Dreibund, S. 217 f.
16 GP 39, Nr. 15738–15741.

Die Krise im österreichisch-italienischen Verhältnis 1912–1914

ralstabschef zurückberufen.[17] Dessen Präventivkriegspläne gegen Italien waren inzwischen allgemein bekannt, und ebenso die Tatsache, daß er deswegen seinerzeit entlassen worden war. Seine Wiederernennung machte einen überaus ungünstigen Eindruck und ließ die italienische Öffentlichkeit am guten Willen der Österreicher immer mehr zweifeln, ja wurde sogar als „Hohn auf die Dreibundverlängerung" empfunden.[18] In Wien wurde dies offenbar als zweitrangig gegenüber anderen Erwägungen angesehen und der Schritt damit begründet, Conrad sei der begabteste Stratege der Monarchie und werde deshalb wegen der Entwicklung auf dem Balkan gebraucht. Im übrigen habe dies nichts mit Italien oder überhaupt außenpolitischen Erwägungen zu tun.[19] Ob sich in die Rückberufung sogar heimliche Schadenfreude der österreichischen Diplomaten und Militärs hineinmischte, muß offen bleiben. Die Fernwirkungen dieser Rückberufung Conrads waren jedoch beträchtlich und langanhaltend.[20] San Giuliano kommentierte diese Vorfälle mit den Worten: „Es ist für uns wirklich keine Kleinigkeit, einen Bündnisvertrag mit Österreich zu haben."[21]

Mit den Friktionen, die aus dieser Haltung entstanden, mußte sich der Nachfolger Lützows, Kajetan von Mérey, auseinandersetzen. Lützow war 1910 als zu italienfreundlich aus Rom abberufen worden, während Mérey als Verfechter einer harten Linie gegenüber Italien galt.[22] Der ungarische Diplomat wurde für eine der größten Begabungen des Ballhausplatzes gehalten, als

---

17 Telegramm Méreys, 11.12.1912, ÖUA V, Nr. 4871, mit scharfer Kritik an der Wiederberufung Conrads und Bitte um Weisung. Berchtolds Replik vom 13.12.1912, ÖUA V, Nr. 4904, nichtssagend, ja dümmlich in der Argumentation; die Ernennung könne nicht beunruhigen. Darauf scharfe Erwiderung Méreys mit Wiederlegung aller Argumente: Bericht Méreys v. 18.12.1912, ebenda, Nr. 4965, mit erneuter Schilderung der negativen Wirkung in Italien: „Die abermalige Berufung des Generals Baron Conrad an die Spitze des Generalstabes hat hier naturgemäss einen tiefen und äußerst ungünstigen Eindruck hervorgerufen ... Nicht vereinzelt wird die Ansicht laut, die einzig richtige Antwort von Seiten Italiens wäre die Reaktivierung des seinerzeit von der hiesigen Regierung wegen einer irredentistischen Äußerung sofort und spontan in den Ruhestand versetzten Generals Asinari!" Auch Salvatorelli, Triplice, S. 458.

18 Salvatorelli, Triplice, S. 458. Zu der italienischen Reaktion auf die Wiederberufung Conrads aus den österreichischen Akten: Brettner-Messler, Absprachen, S. 226–228.

19 Singer, Dreibund, S. 237, zitiert eine entsprechende Rede San Giulianos vor dem italienischen Parlament am 18.12.1912, in der er sich zur Dreibunderneuerung und zur Wiederernennung Conrads äußerte. Mérey an Berchtold, 30.12.1912, HHStA, PA XI, 147, schildert, daß San Giulianos Ausführungen über Conrad „eisig, von der Linken sogar mit Murren aufgenommen" wurden.

20 Siehe die Rede Salandras im Campidoglio, 2.6.1915, in: Salandra, Intervento, S. 363–378, S. 369, mit einer Bezugnahme auf Conrad.

21 Flotow an Bethmann Hollweg, 19.7.1913, PA/AA, R 9116.

22 Zu Mérey siehe Vietor, Mérey, passim; Claar, 20 Jahre. Lützow wußte schon im Herbst 1909, daß Mérey zu seinem Nachfolger bestimmt war, und schrieb ihm am 6.10.1909: „Gelingt es Dir die Quadratur des Zirkels zu finden, so wirst Du meine weitere Bewunderung haben! Ich glaube, es ist schwerer als Du Dir vielleicht denkst!" Brief im Nachlaß Mérey, HHStA.

selbständiger Kopf mit scharfem, aber oftmals treffendem Urteil. Auch in Rom führte Mérey eine sehr offene, bisweilen, wie Giolitti bemängelte, sogar unverschämte Sprache.[23] Mérey erwarb sich während seiner Amtszeit in Rom nicht viele Freunde. Er wurde für „arbeitsam und sorgfältig aber auch lästig und pedantisch" gehalten, für einen „Österreicher alten Schlages, der Italien verachtet"[24].

Allerdings war dieses Urteil doch nur zum Teil zutreffend. Bald schon bewegte sich Mérey nämlich auf einer Linie, die der seines Vorgängers nicht unähnlich war. Er mußte nämlich die italienische Regierung gegen die Maßnahmen der Wiener Zentrale in Schutz nehmen. In vielen Fragen hielt er die Vorgehensweise seiner Regierung für falsch. So bedauerte er beispielsweise das fehlende Entgegenkommen in der Universitätsfrage und die vielfachen kleinen Schikanen im Grenzgebiet, vor allem eine große Zahl von Ausweisungen aus politischen Gründen. Da ihm, vor allem bei der heiklen Frage der österreichischen Minderheitenpolitik, sowohl die Argumente als auch die Überzeugung von der Richtigkeit der österreichischen Politik fehlten, verweigerte er seinen italienischen Gesprächspartnern gegenüber jede Diskussion über diese Themen unter Verweis darauf, daß diese in den Bereich der österreichischen Innenpolitik fielen und deshalb nicht Gegenstand zwischenstaatlicher Diskussionen sein könnten. In Wien ließ er jedoch häufig durchblicken, daß er im Grundsatz die italienische Position teilte und die mangelnde Übereinstimmung zwischen äußerer und innerer Politik der Monarchie beklage. Man könne nicht einerseits mit Italien außenpolitisch eng zusammenarbeiten wollen und andererseits die italienische Öffentlichkeit ständig durch Schikanen reizen. Als eine Dauerbelastung des österreichisch-italienischen Verhältnisses empfand er die Haltung der österreichischen Militärführung und besonders Conrads,[25] der sich bei seiner Wiedereinsetzung geweigert hatte, künftig auf politische Forderungen zu verzichten. Der Generalstabschef klagte häufig über das italienische Spionagewesen, woraufhin ihm Mérey die umfangreiche Liste der österreichischen Spione in Italien schickte; auch tolerierte er keinerlei Form der Militärspionage in der Botschaft.[26] Der Botschafter bemängelte auch, daß der Generalstab nicht auf Rüstungen und Vorbereitungen im italienischen Grenzgebiet verzichtete, die natürlich für erhebliche Verärgerung in Rom sorgten. Die österreichische Militärverwaltung suchte geradezu systematisch das italienisch-österreichische Verhältnis zu vergiften. Mit ei-

---

23 Vietor, Mérey, S. 11.
24 Salandra, Neutralitá, S. 45, schrieb über Mérey: „… spirito acuto ma di non lunghe vedute, laborioso e diligente ma fastidioso e pedante, pieno di acredine che sprizzava anche quando tentava essere amabile, era in fondo il vecchio austriaco dispregiatore del nome italiano; né questi suoi sentimenti riusciva a dissimulare."
25 Dazu Brettner-Messler, Absprachen, S. 228.
26 Méreys Kampf gegen Conrad: Claar, 20 Jahre, S. 560 f.

nem Satz: Mérey beklagte die Politik der ständigen kleinen Provokationen und stellte im August 1913 fest, daß trotz einer gewissen Abstumpfung doch „ein tiefgehender Effekt auf die italienische öffentliche Meinung" nicht ausbleiben könne.[27]

Tatsächlich hielten sich, solange Italien in Libyen gebunden war und die Balkankriege tobten, die offiziellen Proteste gegen die österreichischen Schikanen und Nadelstiche aus machtpolitischen Gründen in Grenzen. Nach dem Sieg in diesem Krieg und im Zug der Zusammenarbeit und Rivalität in Albanien wurde dies jedoch anders. Eine wichtige Rolle spielten auch neue Entwicklungen in der italienischen Innenpolitik. Giolitti führte 1913 das allgemeine Wahlrecht für Männer ein, und unmittelbar darauf sollte zum ersten Mal nach diesem neuen Modus gewählt werden. Niemand wußte, wie die Wahlen ausgehen und welche politischen Veränderungen sich aus dem neuen Wahlrecht ergeben würden; deshalb war die Regierung nervös. Hinzu kam, daß das Selbstbewußtsein der italienischen Öffentlichkeit infolge des Sieges in Libyen so gewachsen war, daß sie sich gegenüber Franzosen und Österreichern nicht mehr mit einer zweitrangigen Rolle zufriedengeben wollte. Dies sowie der Nationalitätenkonflikt in der Habsburgermonarchie, in diesem Fall zwischen den Austroitalienern und den Slowenen, war der Hintergrund, vor dem der letzte große italienisch-österreichische Skandal vor 1914, nämlich die Diskussion um die Hohenlohe-Erlasse im August 1913, gesehen werden muß.

Die Anfänge dieser Affäre lagen in den inneren Angelegenheiten Triests. In der Stadt bevorzugten die italienischen Nationalliberalen bei der Vergabe von städtischen Aufgaben und Stellen italienische Bewerber, und zwar nicht nur Austro-Italiener, sondern auch „Reichsitaliener". Deren Anstellung indes verstieß gegen Artikel 3 des Staatsgrundgesetzes von 1867, nach dem nur österreichische Staatsbürger in öffentlichen Ämtern beschäftigt werden durften. Doch seit über 45 Jahren war diese Vorschrift nicht beachtet worden. Die Politik der italienischen Nationalliberalen erregte jedoch das Mißfallen der Slowenen und auch eines Teils der italienischen Triester selbst, die auf die Arbeitslosigkeit in ihren Reihen verwiesen und jede restriktive Maßnahme gegen die Anstellung ausländischer Arbeitskräfte begrüßten. Deshalb entschied sich der Statthalter von Triest, Prinz Hohenlohe, durch ein Dekret vom 16. August 1913, alle nichtösterreichischen Staatsbürger aus dem Dienst der Stadt zu entlassen.[28] Damit brachte er, wie die Befürworter dieser Maßnahme feststellten, ja nur geltendes Recht zum Tragen, ein Recht, das in allen Ländern der Welt sehr ähnlich sei; wenn überhaupt, könne man sich fragen, warum diese Bestimmung so lange nicht beachtet worden sei. Im übrigen war der Erlaß einer Reihe ähnlicher Maßnahmen in Südtirol und an

---

27 Mérey an Berchtold, 27.8.1913, HHStA, PA XI, 173.
28 Zur offiziösen Begründung der Maßnahme siehe den Artikel im „Fremdenblatt" vom 27.8.1913.

der dalmatinischen Küste von der Öffentlichkeit bisher unbemerkt verlaufen.

Doch diesmal kam es anders. Das Bekanntwerden der Maßnahme löste in Italien einen ungeheuren Sturm der Entrüstung aus[29] – und zwar aus mindestens vier Gründen. Der erste war, daß die Maßnahme, die fast nur „Reichsitaliener" betraf, als brutaler, inhumaner Akt empfunden und dargestellt wurde; loyale Angestellte, denen fachlich nichts vorzuwerfen sei, würden entlassen, ihre Familien brotlos gemacht. Zweitens erschienen diese Maßnahmen als ein weiterer Akt der Begünstigung des „Slavismus" zuungunsten der „italianitá" in den fraglichen Gebieten. Der dritte und vielleicht wichtigste Grund hing mit der – in Italien innenpolitisch heftig umstrittenen – engen außenpolitischen Zusammenarbeit der beiden Dreibundmächte auf dem Balkan zusammen. Der Vorteil dieses Zusammengehens lag, so wurde in der italienischen Öffentlichkeit vorwiegend geurteilt, eher auf österreichischer Seite. Um so schärfer wurde jetzt kritisiert, daß die österreichische Regierung dieses Entgegenkommen nicht honorierte, sondern sich gegenüber Italien sogar offen feindselig gerierte. Viertens muß die innenpolitische Situation in Italien in Rechnung gestellt werden. Die Regierung konnte es nicht riskieren, sich im bevorstehenden Wahlkampf von ihren politischen Gegnern die Preisgabe berechtigter italienischer Interessen und Servilität gegenüber Österreich vorwerfen lassen zu müssen, und entschloß sich deshalb zu einer energischen Demarche in Wien. Um ein Druckmittel zu haben, heizte sie auch den Proteststurm in der regierungsnahen Presse an, statt, wie gewöhnlich, gegenzusteuern und zu dämpfen; dadurch wurden auch die Oppositionsblätter mitgerissen und in ihrer antiösterreichischen Haltung weiter bestärkt.

Die Reaktion der italienischen Regierung und Presse auf die Hohenlohe-Erlasse zeigt beispielhaft, wie die Volksstimmungen zwischen Wien und Rom, wie der Zustand der österreichisch-italienischen Beziehungen gewesen wären, wenn Giolitti nicht mit starker Hand seit 1903 systematisch jede österreichfeindliche Manifestation energisch und unnachsichtig geahndet hätte. Nun fiel diese Fessel erstmals weg, und dieser in seiner Bedeutung begrenzte Vorfall erreichte eine ungeahnte Breitenwirkung, ja wurde ein Wendepunkt in den österreichisch-italienischen Beziehungen vor 1914.

---

29 Zur Stimmung in Italien: Bollati an San Giuliano, 12.10.1913, in: Giolitti, Quarant'anni 3, S. 91, Nr. 111: „... il risentimento contro l'Austria per i decreti di Trieste era vivo e generale". Auch ungünstig wirkte, daß parallel zu dem Hohenlohe-Erlaß sich ein hochrangiger italienischer Offizier, General Caneva, in Bad Ischl aufhielt, um dort von Franz Joseph dekoriert zu werden. Caneva erklärte bei der Verleihung öffentlich, der Irredentismus sei tot. Doch was vor allem von österreichischer Seite als demonstrativer Akt der italienisch-österreichischen Freundschaft gemeint war, mißlang vollkommen und wurde in Italien wie Hohn vor dem Hintergrund der zeitgleichen Entlassung italienischer Staatsbürger empfunden.

Daß die Maßnahme sowohl vom Zeitpunkt her als auch in der Art der Durchführung denkbar ungeschickt war, wurde auch in Österreich von niemandem bestritten. Intern herrschte in der österreichisch-ungarischen Regierung beträchtliche Verärgerung über den Erlaß Hohenlohes.[30] Zwar wurde die prinzipielle Berechtigung und Zweckmäßigkeit der Maßnahme nicht bestritten, allerdings sowohl der Zeitpunkt als auch die Modalität der Umsetzung kritisiert. Die liberale Presse sprach sich sehr scharf gegen die Erlasse aus, vor allem die „Neue Freie Presse". Allerdings stand die Schärfe des in- und ausländischen Protests in eigenartigem Kontrast zur Bedeutung der Erlasse. In der allgemeinen Erregung geriet vor allem die Größenordnung der Angelegenheit außer Sicht. In Triest waren 1913 fast 30.000 Reichsitaliener ansässig, die dort ihren Beschäftigungen nachgingen. Von diesen waren etwa 40 im öffentlichen Dienst stehende Personen von den Erlassen betroffen.[31] Österreichische Diplomaten stellten auch erstaunt fest, es gäbe eine Vielzahl anderer österreichischer Maßnahmen im Grenzgebiet, die heftigeren Einspruch der Italiener verdient hätten.[32]

---

30 Tschirschky an Bethmann, 27.8.1913, GP 38, Nr. 15743.
31 Eine Stellungnahme des Innenministers, 2.10.1913, HHStA, PA XI, 173, hob hervor, daß der Zeitpunkt der Maßnahme zwar unglücklich gewählt sei, aber nach Art. III des Staatsgrundgesetzes vom 21.12.1867 rechtens und deshalb nicht gegen die italienische Nationalität gerichtet. In Triest seien „29.439 Reichsitaliener ansässig, die dort ihrem Erwerbe ungehindert nachgehen. Abgesehen davon kommen vorübergehend zahllose reichsitalienische Arbeiter nach dem Küstenlande, um dort Arbeit zu suchen, die sie auch reichlich finden. Ebenso ist die Zahl der in anderen Verwaltungsgebieten ansässigen Reichsitaliener eine bedeutende. Diesem gegenüber ist wohl die Zahl derjenigen, welche durch die Erlässe des Statthalters in Triest betroffen wurden, eine verschwindend kleine." Der italienische Generalkonsul in Triest, Lebrecht, sprach am 22.8.1913 von „una quarantina" betroffener Personen, darunter 7 Ingenieure, fast alle mit Familie, die ab Mai 1914 ihre Arbeit verlieren würden. In: ASMAE, RTGA, 364. Ebenda, 24.8.1913, in denen Lebrecht von „diecine" betroffener und ruinierter Familien sprach. Von den Erlässen seien nicht nur Italiener, sondern auch zwei Schweizer, ein Türke, ein Grieche und ein Ungar betroffen. In einem Telegramm vom 21.8.1913 sprach er von „alcune centinaia, comprese rispettive famiglie" betroffener Personen.
32 Julius Ritter von Stepski (Generalkonsul Venedig), 1.9.1913, HHStA, PA XI, 173: „In drastischster Weise tritt auch bei dieser Gelegenheit der alte Hass gegen uns zutage, der in allen Kreisen der Bevölkerung der ehemaligen Provinz Venetien zu einer Art patriotischer Tradition geworden ist ... Wie seinerzeit anlässlich des Zwischenfalles betreffs der ‚Cima Dodici' verbohrte man sich hier auch diesmal in die grundfalsche Auffassung, es handle sich um eine gewollt feindliche Maßnahme, zu der wir überhaupt nicht berechtigt seien ... Eine vielleicht in der Form wenig geeignete, zweifellos aber unzeitgemäße, rein interne administrative Verfügung wird nun zum Verbrechen an der italienischen Nation aufgebauscht – als Verrat an dem treuen Verbündeten dargestellt – obwohl logischer Weise die Dienstentlassung von etwa 40 Kommunalangestellten die Italiener auch nicht annähernd so schwer treffen würde wie die Unzahl von Ausweisungen, die alljährlich von unseren Verwaltungsbehörden an der Grenze für unerlässlich erachtet werden."

Die italienische Regierung intervenierte massiv. Herzog Avarna verlangte am 28. August 1913 im Auftrag von San Giuliano von Berchtold die Suspendierung der Erlasse und äußerte die ernste Sorge, ob die bisherige Orientierung der italienischen Außenpolitik unter diesen Verhältnissen werde aufrechterhalten werden können, denn die antiitalienische Haltung der Triester Statthalterei würde bei den Wahlen sicher von extremen und regierungsfeindlichen Kräften ausgenutzt. Dadurch könne es zu einer Verschiebung der Parteiverhältnisse kommen, „so dass das jetzt so ausgezeichnete Verhältnis zwischen den beiden verbündeten Monarchien eine dauernde Verschlechterung erfahren würde." Berchtold erklärte eine Rücknahme der Maßnahme zwar für ganz unmöglich und verwies auch auf die abnormen Zustände in der Triester Verwaltung, die nirgendwo anders zu beobachten seien. Aber er versprach ein Entgegenkommen der Behörden bei der Ausführung der Erlasse.[33] Tatsächlich wurde am Ballhausplatz eine Sistierung als zu gefährlich für die Autorität der Behörden eingeschätzt, als untragbarer Prestigeverlust. Franz Joseph selbst sagte, die Zurücknahme der „ganz gerechtfertigten" Verfügung sei zwar nicht möglich, aber es solle bei „der Durchführung dieser Massregel mit möglichster Rücksicht vorgegangen" werden. Im übrigen war auch er „der Auffassung, dass der Augenblick, solche Verfügungen in Triest zu treffen, sehr schlecht gewählt war"[34].

Im übrigen war eine vollständige Rücknahme der Erlasse schon deshalb schwer möglich, weil die Reichsitaliener und die austroitalienischen Nationalliberalen zwar tief empört, Teile der Triestiner aber begeistert waren. So wandte sich zum Beispiel die „Società Lega Monarchica Trieste" gegen die Beschäftigung von Reichsitalienern in der Verwaltung und bezeichnete die im Stadtrat dominierenden Nationalliberalen in begeisterten Eingaben als „eine Art geheime Freimaurer-Camorra", die, flankiert von ihrer Zeitung

---

[33] Berchtold an Mérey, 27.8.1913, HHStA, PA XI, 173, schildert Avarnas Intervention als „freundschaftlich". Avarna habe darum gebeten, im Interesse der Freundschaft beider Länder der Maßnahme die Schärfe zu nehmen. Berchtold habe entgegnet, „von einer Suspendierung werde aber keinesfalls die Rede sein können". Avarna an San Giuliano, 25.8.1913, ASMAE, RTGA 364, 1913, Nr. 8361, schildert seinen Protest als „fermo ed energico"; er habe nicht die Milderung, sondern die Rücknahme des Dekrets gefordert. Berchtolds Reaktion sei lahm gewesen; er wisse nicht genau, warum die Statthalterei diese Maßnahme erlassen habe, versprach, sich zu informieren und alles zu tun, was in seiner Macht stünde. Allerdings käme eine Rücknahme der Erlasse nicht in Frage, denn dies sähe dann so aus, als sei es auf auswärtigen Druck erfolgt. Es handle sich letztlich um eine innere Maßnahme und er wolle sich hier nicht kompromittieren. Von den beiden Versionen wirkt Avarnas in vielen Passagen glaubwürdiger bis auf einen Punkt: Gegenüber seiner Regierung erwähnt er nicht sein Argument der bevorstehenden Wahlen in Italien, das er gegenüber Berchtold nach dessen Bericht doch sehr zentral in den Vordergrund spielte.

[34] Schiessl, Kabinetts-Direktor des Kaisers, an Berchtold, 30.8.1913, HHStA, PA XI, 173.

"Piccolo", die Statthalterei terrorisierten; erstmals habe sich diese nun zu einem Befreiungsschlag durchgerungen.[35] Und bei den Triester Slowenen herrschte helle Begeisterung, und sie feierten die Hohenlohe-Erlasse. Dies verschlimmerte die Angelegenheit auf diplomatischer Ebene, denn nun wurde sie in Italien endgültig als Begünstigung des slawischen zuungunsten des italienischen Elements angesehen. Unter dem italienischen Proteststurm und dem Insistieren des eigenen diplomatischen Apparates ging die österreichische Regierung zunächst halb in die Knie. An der Maßnahme wurde zwar festgehalten, ihre Auswirkungen auf die Betroffenen aber durch Übergangsfristen sowie durch das Angebot, die österreichische Staatsangehörigkeit zu erwerben, stark gemildert. Auf diese Linie hatten sich die übergeordneten Instanzen, Außenminister Berchtold und Ministerpräsident Stürgkh, geeinigt. Diese Vorgänge wurden von Joseph Redlich am 30. August 1913 als „unerhörte Regierungsblamage" gewertet, der hinter Hohenlohes Aktion Erzherzog Franz Ferdinand vermutete, was um so wahrscheinlicher war, als Hohenlohe als enger Gefolgsmann, ja sogar als Kandidat des Thronfolgers für die cisleithanische Ministerpräsidentschaft gehandelt wurde.[36] Dies war möglicherweise auch einer der Gründe dafür, daß die Statthalterei trotz dieses Mißerfolges und des Unwillens von Kaiser und Außenminister an ihrem eigenwilligen Kurs festhielt und Klage beim Verfassungsgericht einlegte. Auch in Zukunft verhielt sie sich durchaus nicht so, wie das Außenministerium es sich wünschte.

Die milden Ausführungsbestimmungen konnten die Erregung ohnehin nicht sofort besänftigen. Die italienische Öffentlichkeit war zu aufgebracht über den unfreundlichen Akt, und die römische Regierung hatte sich sofort auf die Rücknahme der Erlasse versteift und konnte deshalb nicht so leicht von dieser Linie wieder abgehen. Außerdem versuchte sie daraus weiteres Kapital zu schlagen. Ein Musterbeispiel dafür, wie sich in der italienischen Führung Erregung und kühle Berechnung paarten, zeigte vor allem Außenminister San Giuliano, der bereits Ende August 1913 mit einem Wiederaufleben der Irredenta drohen ließ, sollten die Erlasse nicht aufgehoben werden. Die italienische Regierung sei in der Vergangenheit einige Male rigider gegen ir-

---

35 Der Präsident der „Società Lega Monarchica Trieste", schrieb am 31.8.1913, die Lega sei immer gegen Hohenlohe gewesen, der die Irredenta gegen die „grande maggioranza dei Triestini" fördere. „I noti decreti sono però il primo atto serio e giusto che il principe Hohenlohe ha saputo maestrevolmente colpire ... [il partito nazionale liberale] non é il partito dominante, ma una segreta camorra massonica irredenta – capitanata dal ‚Piccolo' – che ha preso il sopravento, e terrorizza la cittadinanza. La camorra approfittò della persona del principe Hohenlohe che è divenuto oltremodo antipatico e indigesto alla cittadinanza (probabilmente non per sua colpa, ma per alcuni incapaci funzionari che lo circondano e malamente lo suggeriscono); e perciò allontanato che forse, cesseranno tutte le lotte." In: HHStA, PA XI, 173.
36 Redlich, Tagebuch 1, Eintragungen vom 30.8.1913, 29.4.1914.

redente Vorkommnisse eingeschritten, als es der liberalen Grundstimmung des Landes entspreche. Doch das sei diesmal nicht möglich, da die Aufrechterhaltung der Erlasse zeigen würde, daß es den österreichischen Behörden gegenüber Italien an Respekt und Freundschaftlichkeit fehle.[37] Diese Argumente wurden in den folgenden Monaten immer wieder vehement vorgebracht. Eine Schlüsselszene ereignete sich am 7. Oktober 1913, als San Giuliano dem k. u. k. Geschäftsträger, Baron Ambrózy, zu verstehen gab, „dass von Herzlichkeit der Empfindungen bei unseren Beziehungen nicht die Rede sein könne. Die italienische Regierung werde uns gegenüber auch weiterhin loyal vorgehen, ihre Verpflichtungen strict und correct einhalten. Aber Herzlichkeit für Österreich-Ungarn empfinde heute in Italien niemand, und er ebensowenig als irgendeiner seiner Landsleute." Die Hohenlohe-Erlasse hätten sein Lebenswerk, die Verbesserung der österreichisch-italienischen Beziehungen und die Festigung des Dreibunds, und möglicherweise auch seine Karriere zerstört. Sollte er im Parlament interpelliert werden, müsse er entweder „der Entrüstung des italienischen Volkes Rechnung tragen und dann werde seine Rede bei uns einen sehr schlechten Eindruck machen, oder er müsste sich dazu hergeben, die Sache abzuschwächen. In letzterem Fall würde über das Land eine solche Welle der Empörung gehen, daß deren Wirkungen noch ärger wären, als die einer für uns unangenehmen Rede"[38]. In seiner eigenen Zusammenfassung des Gesprächs schrieb San Giuliano, er habe Ambrózy darauf aufmerksam gemacht, daß Italien in der Hohenlohe-Frage nicht derart „arrendevole" sein könne wie oftmals im Bemühen um die gegenseitige Freundschaft in der Vergangenheit. Und er habe gegenüber Ambrózy resümiert, „daß die italienisch-österreichischen Beziehungen, soweit es von

---

37 San Giuliano an Avarna, 28.8.1913, ASMAE, RTGP, Nr. 6006. San Giuliano beauftragte Avarna, in Wien gegebenenfalls mitzuteilen: „Lascio giudice V.E. se crede opportuno dire a Berchtold che per debito di lealtà debbo informarlo che se non si ottiene la revoca del decreto di Hohenlohe è facile prevedere una ripresa dell'agitazione irredentista ed antiaustriache in Italia. Il R. Governo che vivamente le deplora cercherà d'impedirle colla persuasione ma non potrà adottare misure repressive ed ancor meno preventive che tranne in casi speciali in cui si trascendono certi limiti sarebbero in contraddizione colla nostra legislazione liberale e collo spirito ancora più liberale nel quale esso viene nelle questioni interne costantemente interpretato ed applicato. Qualche volta per amicizia e deferenza verso l'Austria il Governo ha cercato di dare in simili casi alle nostre leggi un'interpretazione meno liberale ma ciò non sarebbe possibile nelle circostanze attuali perchè le nostre istituzioni non danno al Governo nè il modo nè il diritto di opporsi al sentimento generale. In questo caso si tratterebbe di una ripresa d'irredentismo creato dal contegno del Governo austriaco che mantenendo il decreto Hohenlohe darebbe prova di non avere per l'Italia quelle deferenza ed amicizia che l'Italia ha avuto per essa quando ha fatto il sacrificio di interpretare le proprie leggi in modo difficilmente conciliabile col loro spirito liberale."
38 Ambrózy an Berchtold, 7.10.1913, HHStA, PA XI, 173.

uns abhängt, immer aufrichtig seien; es hinge von Österreich ab, sie herzlich zu gestalten"[39].

San Giuliano machte auf den österreichischen Diplomaten einen „sichtlich erschöpften", ja verzweifelten Eindruck. Der Minister war aber nicht grundlos nervös und unruhig, denn das innenpolitische Fundament seiner dreibundorientierten Außenpolitik wurde durch diese Affäre schwer gefährdet. Die Betonung der Unmöglichkeit, die österreichische Politik vor dem Parlament zu verteidigen, war aber nicht nur eine Reaktion auf die aufgewühlte öffentliche Meinung in Italien, sondern auch Teil eines Plans der italienischen Regierung, die Situation in mehrfacher Hinsicht systematisch auszunutzen. Erstens sollte die schwache Stellung der Regierung gegenüber der aufgebrachten Volksmeinung ins Feld geführt werden, um von der österreichischen Regierung möglichst viele Konzessionen zu erpressen. Das erhoffte Endziel lag hier in der Einrichtung der italienischen Universität in Triest. Nach vielen Andeutungen schaltete sich Giolitti selbst Mitte Oktober 1913 in die Verhandlungen ein und erklärte, im Fall der Lösung der Fakultätsfrage werde er die Gewähr für die Wiederherstellung des Status quo ante übernehmen.[40] San Giuliano flankierte dieses Vorgehen mit dem Hinweis, Giolitti sei von der anti-österreichischen Stimmung im ganzen Land „impressioniert"; er deutete an, ein österreichischer Freundschaftsbeweis könne die Lage aber retten.[41] Um den Druck zu erhöhen, wurden in Rom sogar (völkerrechtlich aber nutzlose) Überlegungen angestellt, die Hohenlohe-Erlasse durch ein internationales Schiedsgericht untersuchen zu lassen.[42] Und San Giuliano drohte; er

---

39 San Giuliano an die Botschafter in Wien und Berlin, 8.10.1913, ASMAE; RTGP, 359, T6868: „... ed ha concluso che i rapporti italo-austriaci per quanto dipende da noi saranno sempre leali; dipende dall'Austria che siano cordiali." Die beiden Berichte unterscheiden sich nicht nur sachlich, sondern auch im Ton wesentlich voneinander: Während San Giuliano die Sache ernst erörtert, verfällt Ambrózy in den Tonfall einer Glosse, eines gewissen Unernstes, der für österreichische diplomatische Berichte aus Italien charakteristisch ist.
40 Ambrózy an Berchtold, 14.10.1913, HHStA, PA XI, 173, berichtet, der Chefredakteur des offiziösen „Fremdenblatts" (Dr. Szeps) sei von Giolitti „heute" empfangen worden und habe erzählt: „Herr Giolitti erklärte mir, er glaube einen Ausweg in der Triester Affaire gefunden zu haben. Die italienische Fakultätsfrage möge endlich ihrer Lösung zugeführt werden, wodurch italienisches Volk überzeugt würde, dass Italiener in Oesterreich nicht verfolgt werden. Im Falle der Lösung der Fakultätsfrage übernehme er Bürgschaft vollständiger Wiederherstellung des status quo vor Triester Erlässen und absolute Befriedigung öffentlicher Meinung, so dass Regierung der Unterstützung des Parlamentes bei Beharren auf austrophiler Politik unbedingt sicher wäre."
41 Mérey an Berchtold, 7.10.1913, HHStA, PA XI, 173.
42 Hindenburg an Bethmann Hollweg, 10.9.1913, GP 38, Nr. 15747; dito, 21.9.1913, in: PA/AA, R 9119. Der Generalsekretär der Consulta, Malvano, wies auf die Unmöglichkeit juristischer Schritte hin, und überzeugte damit San Giuliano und Giolitti. Die Entscheidung wurde aber nicht veröffentlicht. In: San Giuliano an Giolitti, 12.11.1913, in: Giolitti, Quarant'anni 3, Nr. 114, S. 95 f.

gab den Österreichern zu verstehen, gegen den Willen des Landes könne auf Dauer keine Außenpolitik gemacht werden und, wenn nichts geschehe, müsse Italien zur Schaukelpolitik von 1901–1911 zurückkehren. Er ließ auch einen Hinweis auf die dann besonders zu pflegenden Beziehungen zu Serbien nicht fehlen.[43] Natürlich wurden auch die deutschen Verbündeten eingeschaltet in der Hoffnung, daß auch diese in Wien Druck ausüben würden. Tatsächlich zeigte sich Kaiser Wilhelm sehr verärgert über Hohenlohe und bezeichnete die Erlasse als „total verrückt"[44]. Jagow versuchte zwar einerseits die protestierenden Italiener zu beschwichtigen;[45] andererseits wurde auch aus Berlin in Wien interveniert, den Italienern entgegenzukommen, doch vergebens.

Neben dem Wunsch, eine Kompensation zu erpressen, stand aber gleichzeitig auch die italienische Absicht, sich künftig die österreichische Politik der Nadelstiche nicht mehr gefallen zu lassen. Während die Österreicher wegen jedes auch noch so unbedeutenden Vorfalls Beschwerde führten, ja sogar die Rufe von Gymnasiasten mit diplomatischen Protesten ahndeten,[46] erhielten die italienischen Diplomaten bei Beschwerden in Wien die stereotype Antwort, der gute Wille zum Entgegenkommen sei zwar da, aber die Kompliziertheit des habsburgischen Verwaltungsaufbaus mache jede sofortige Abhilfe leider unmöglich. Dies war vor allem in der Universitätsfrage ein probates Auskunftsmittel des Ballhausplatzes. Um diesem Mißverhältnis zwischen italienischem Entgegenkommen und österreichischer, sich hinter bürokratischen Hürden verschanzender Unnachgiebigkeit entgegenzuwirken, stellte San Giuliano dem Grafen Berchtold im September 1913 eine regelrechte „Falle"[47]. Damals fanden in Triest vor dem italienischen Konsulat slowenische Demonstrationen statt, und es war eigentlich wieder an Italien, zu

---

43 Ambrózy an Berchtold, 14.10.1913, HHStA, PA XI, 173, berichtet von einem Gespräch des erwähnten Chefredakteurs Dr.Szeps „gestern" mit San Giuliano.
44 Marginalie zu Winckel an Bethmann Hollweg, 6.10.1913, GP 38, Nr. 15749.
45 Jagow gab als Grund der deutschen Zurückhaltung die infolge der Balkanverwicklungen als gegenwärtig „piuttosto freddo" eingeschätzten deutsch-österreichischen Beziehungen an und im übrigen sei dies eine Einmischung in die inneren Angelegenheiten, die auch zwischen dem Deutschen Reich und Österreich-Ungarn nicht üblich sei. Die deutsche Diplomatie verzichte darauf, vergleichbare Vorgänge in Böhmen zu reklamieren, während die Österreicher keine Proteste wegen der Behandlung ihrer Polen in Preußen erhoben. In: Bollati an San Giuliano, 26.8.1913, ASMAE, RTGA, 364.
46 Ambrózy an Berchtold, 21.9.1912, HHStA, PA XI, 163, schilderte San Giuliano den Fall des Gymnasiasten Montegazza, der „Evviva Oberdan" geschrien habe, zur Polizei gebracht und auf Intervention seines Vaters nach 5 Minuten entlassen wurde. Ambrózy brachte dies beim Außenminister zur Sprache. Dieser mißbilligte die Verherrlichung Oberdans aufs schwerste, „weil sie, von allem anderen abgesehen, Verherrlichung des Mordes zum Inhalt habe. Herr Giolitti teile diese Ansicht. Trotzdem würde er es nicht für zweckmäßig halten, wenn wir Sache verfolgen würden, weil wir hiemit nur halbwüchsigen Jungen zum Märtyrer machen würden."
47 Interpretation Méreys, siehe die folgende Anm.

protestieren. Überraschenderweise zeigte sich San Giuliano großzügig; er schlug vor, „es solle de part et d'autre derartigen Vorfällen keine grosse Bedeutung zugeschrieben werden". Der italienische Einspruch blieb aus. Deutsche Diplomaten vermuteten sofort, was auch Mérey später glaubte, nämlich daß San Giuliano damit der österreichischen Beschwerdepraxis künftig einen Riegel vorschieben wollte in der sicheren Erwartung, daß bei den nächsten antihabsburgischen Demonstrationen in Italien die Österreicher wieder die üblichen politischen Konsequenzen wie die Absetzung der zuständigen Präfekten verlangen würden.[48] Seine Absicht war nicht schwer zu erraten, da er schon bei seinem Amtsantritt vorgeschlagen hatte, das andauernde wechselseitige, den Bündnisgedanken und seine Stellung als Minister strapazierende Reklamieren zu unterlassen.[49] Dieser Vorschlag war in Wien auf keine Gegenliebe gestoßen. Doch nun wollte San Giuliano künftige Beschwerden mit dem Hinweis beantworten, man solle diese Vorfälle doch, so wie er es vorgezeigt habe, nicht zu ernst nehmen. Mit dieser Absicht traten die österreichisch-italienischen Beziehungen im Herbst 1913 in ein neues Stadium.

---

48 Hindenburg an Bethmann Hollweg, 21.9.1913, PA/AA, R 9119, schrieb: „Um sich für diesen Fall [von Unruhen gegen Österreich während der Wahlen] freie Hand zu erhalten, hat die italienische Regierung wegen der Verunglimpfung des italienischen Konsulates in Triest keine Beschwerde in Wien erhoben." Mérey an Berchtold, 21.5.1914, HHStA, PA XI 173, schrieb, nachdem ihm San Giuliano die entsprechenden Vereinbarungen anhand seiner Unterlagen erläutert hatte: „Aus den der Notiz beigeschlossenen Telegrammabschriften geht aber deutlich hervor, daß uns damals eine Falle gestellt worden ist. Man legte Wert darauf, die prinzipielle Übereinstimmung über die solchen Vorfällen beizumessende geringe Bedeutung herbeizuführen, weil man hier sehr gut wußte, daß in Italien derartige Demonstrationen viel häufiger sind und ungleich ärger verlaufen, als bei uns, und weil es daher der hiesigen Regierung zu Gute kommt, wenn sie sich fortan immer auf jene coulante Auffassung berufen kann." Beigefügt war der ialienische Schriftwechsel, zunächst ein Telegramm San Giulianos an Avarna vom 13.9.1913: „Le dimostrazioni come quelle di Trieste sono e saranno inevitabilmente frequenti tanto in Italia che in Austria, ed a me pare che ai due Governi convenga essere reciprocamente disposti a dare poca importanza a simili incidenti. Vostra Eccellenza potrebbe dire al Conte Berchtold che da parte nostra noi crediamo che per una specie di tacita intesa i due Governi debbono convenire che nè da una parte nè dall'altra non sia data una grande importanza a questi incidenti, essendo noto che tanto in Italia quanto in Austria simili dimostrazioni sono opera di pochi irresponsabili e sconsigliati e che i rispettivi Governi hanno reiterato alle dipendenti autorità l'istruzione di fare il possibile per reprimerle ed impedirle. Debbo piuttosto aggiungere, per sua informazione, che la dimostrazione di Trieste non mi preoccupa per i rapporti fra Italia e Austria, mentre molto mi preoccupa l'irritazione che per i decreti del Principe Hohenlohe tende a crescere sempre più nel Regno. Il Duca Avarna rispondeva il 24 settembre di essersi intrattenuto col Conte Berchtold nel senso delle precedenti istruzioni. Il Conte Berchtold dichiarò di convenire che non si dovesse, per le medesime ragioni, attribuire dai due governi grande importanza alle dimostrazioni che avvenivano tanto in Austria-Ungheria quanto in Italia. Era solo necessario che le dimostrazioni stesse non assumessero proporzioni troppo vaste e che all'occorrenza fossero presi provvedimenti per prevenirle e reprimerle."
49 Stolberg an Bethmann, 29.8.1910, PA/AA, R 9117.

Giolitti war wegen der österreichischen Politik tief erbittert,[50] und die italienische Regierung war entschlossen, nun Gleiches mit Gleichem zu vergelten, die scharfe Unterdrückung antiösterreichischer Umtriebe zu lockern und die von Wien stets geforderten politischen Konsequenzen zu verweigern.

Zunächst ließ die öffentliche Erregung in Italien über die Hohenlohe-Erlasse im Oktober 1913 aber nach, und der Wahlkampf wurde von anderen Themen dominiert.[51] Zur vordergründigen Versöhnung trug auch bei, daß der österreichische Ministerpräsident Stürgkh sich am 25. November 1913 im Reichsrat zu den Hohenlohe-Erlassen interpellieren ließ und versicherte, „daß die getroffenen Maßnahmen jeder Spur eines nationalen Antagonismus entbehren"[52]. Die Rede fand in Italien ein günstiges Presseecho.[53] Für bessere Stimmung sorgte auch, daß Franz Joseph den Oberdank-Verherrlicher Mario Sterle begnadigte, was in Italien sehr wohlwollend aufgenommen wurde. Allerdings waren die Diplomaten vor Ort der Ansicht, es werde nicht einfach sein, das Gebäude der österreichisch-italienischen Freundschaft wieder aufzubauen, und seufzten über ihre von den österreichischen Verhältnissen immer wieder gefährdete „Sisyphusarbeit"[54]. Die Beziehungen hatten doch Schaden genommen, zumal auch San Giuliano einen für den Herbst 1913 geplanten Staatsbesuch abgesagt hatte. Die Beruhigung war auch, wie Mérey meinte, nur oberflächlicher Art.[55] Und sein deutscher Kollege Flotow war

---

50 Giolitti an San Giuliano, 7.11.1913, in: Giolitti, Quarant'anni 3, S. 95, Nr. 113, in dem er seine Unzufriedenheit mit den österreichischen Konzessionen zum Ausdruck brachte. Die Hohenlohe-Erlasse seien ein Regierungsakt gewesen, der auch nur durch Regierungserklärungen (dichiarazioni di governo) hätte beantwortet werden können. Zeitungsmeldungen seien hingegen nicht ausreichend. Er stellte es San Giuliano frei, Mérey gegenüber seinen Unwillen zum Ausdruck zu bringen.
51 Ambrózy an Berchtold, 22.10.13, HHStA, PA XI, 173, schrieb, die Unruhe über die Erlasse habe zwar wieder zugenommen, als die Maßnahme auch in Tirol zur Anwendung kam. Seither sei sie aber wieder abgeflaut, auch weil das „Interesse der Politiker und des großen Publicums nahezu gänzlich von den Wahlen absorbiert ist". Und am 4.11.1913, ebenda, berichtete Ambrózy nach Wien, es sei um die Statthaltereierlasse in den abgelaufenen Wahlwochen ganz ruhig geworden.
52 Die Rede Stürgkhs erfolgte auf eine vorher regierungsseitig inszenierte Interpellation des früheren Ministerpräsidenten Gautsch hin am 25.11.1913 im Herrenhaus. Zur Rede unter anderem: Tschirschky an Bethmann Hollweg, 26.11.1913, PA/AA, R 9119.
53 Flotow an Bethmann Hollweg, 29.11.1913, PA/AA, R 9119, mit Inhaltsangaben der positiven Stellungnahmen des „Popolo Romano", der „Vita" und „Tribuna". Skeptischer der „Corriere della Sera", der Abwarten empfahl. Kritisch der „Secolo" und der „Messaggero", die greifbare Beweise der österreichischen Sinnesänderung forderten; eine freundliche Rede allein reiche nicht aus.
54 Ambrózy an Berchtold, 5.9.1913, HHStA, PA XI, 173.
55 Mérey an Berchtold, 4.12.1913, HHStA, PA XI, 173: „Im Ganzen möchte ich die jetzige Stimmung hinsichtlich der Erlasse mit einem maritimen Ausdrucke als mare morto bezeichnen. Oberflächlich haben sich die Wellen geglättet, aber die vorhergegangene stürmische Bewegung war zu mächtig, als daß nicht noch deren Nachwirkung in der Tiefe fortdauerte."

ebenfalls der Ansicht, es sei eine Mißstimmung gegen Österreich aufgezogen, die neuartig und gefährlich sei, weil sie sich nicht in Straßendemonstrationen erschöpfe, sondern die „denkenden Schichten der Bevölkerung" einbeziehe.[56]

Auch nahm sich der als glänzender Redner bekannte Republikaner und Irredentist Barzilai am 7. Dezember 1913 im Parlament der Vorfälle an und geißelte die Haltung der österreichischen Führungsschichten, die nun einmal heillos italienfeindlich seien, was auch das Bundesverhältnis zur Unfruchtbarkeit verurteile. Das österreichisch-italienische Verhältnis ähnele einem Hause, das stets reparaturbedürftig bleibe und oft einzustürzen drohe, so viel die Regierungen auch daran herumreparierten. Und daran könnten die guten Beziehungen zwischen San Giuliano und Berchtold allein nichts ändern.[57] Slawen, Deutsche, Geistlichkeit, Beamte, Generalstab und manchmal sogar die Regierung verharrten in ihrer Feindseligkeit gegen das italienische Element in Österreich; dieses käme nicht aus seiner Aschenbrödelrolle heraus. Er kritisierte auch lebhaft die Ungleichgewichtigkeit in den politischen Reaktionen. Wenn in Italien eine österreichfeindliche Demonstration stattfinde, werde sie durch die Entlassung des zuständigen Präfekten geahndet; in Österreich entzögen sich jedoch die Verantwortlichen, die oft dem hohen Adel oder sogar der Herrscherfamilie angehörten, allen Konsequenzen. Auch die Zusammenarbeit in Albanien sei nicht fruchtbar; hier hätte man lieber im Rahmen des europäischen Konzerts agieren als sich auf die bilaterale Zusammenarbeit mit Österreich einlassen sollen.

Was diese mit lebhaftem Beifall bedachten Ausführungen bedeutsam machte, war ihre Überzeugungskraft, der sich nicht einmal Mérey entziehen konnte. Barzilais zentrale Aussage, die Bemühungen um einen Ausgleich mit Österreich seien vergeblich, zum immerwährenden Scheitern verurteilt, entsprach offenbar inzwischen der allgemeinen Ansicht. Und darin liegt die historische Bedeutung der Hohenlohe-Erlasse. Sie verschafften eben dieser Überzeugung, die bislang von einer Minderheit vertreten wurde, allgemeinen Glauben. In den Kreisen der italienischen Führungsschicht zog Hoffnungslosigkeit ein; selbst in streng dreibundtreuen, ja austrophilen Kreisen wurde das Gefühl übermächtig, doch aufs falsche Pferd gesetzt zu haben und letztlich gegen die überwältigende Italophobie der österreichischen Führungsschicht keine Chance zu haben.[58] Nun brach vieles auf, was keinesfalls vergessen, höchstens verdrängt worden war: die Konkurrenz in der Adria und in

---

56 Flotow an Bethmann, 27.8.1913, GP 38, Nr. 15744.
57 Flotow an Bethmann, 8.12.1913, PA/AA, R 9119.
58 Dazu charakteristisch, was Herzog Avarna am 29.8.1913 schrieb und was Bollati am 12.10.1913 in einem Brief an San Giuliano (Giolitti, Quarant'anni 3, Nr. 111, S. 92) wiederholte: „Non bisogna farsi illusioni. Per quanto le nostre relazioni col Governo I. e R. sono intime, per quanto gli interessi dell'Austria Ungheria le impongono di rimanere unita a noi, il Governo austriaco non cambierà mai di tattica a nostro riguardo, allorquando entreranno in giuoco questioni ri-

Albanien; die österreichischen Rüstungen an der Grenze und die unterschwellige militärische Drohung; die nur allzu gut bekannten Ansichten des Thronfolgers und Conrads und dessen Präventivkriegspläne; das nicht sehr bundesfreundliche Verhalten der Wiener Regierung während des Tripoliskrieges sowie schließlich das nicht unberechtigte Gefühl, von der österreichischen Regierung nicht wirklich für voll genommen zu werden und bei eigenen Reklamationen ständig gegen eine bürokratische Mauer zu rennen, egal, wie groß zuvor das eigene Entgegenkommen bei österreichischen Protesten gewesen war.

Die Hohenlohe-Erlasse markierten das Ende der österreichisch-italienischen Entente, wenn auch die Zusammenarbeit in der großen Politik nicht aufhörte. Die entscheidende Änderung des österreichisch-italienischen Verhältnisses im Herbst 1913 erfolgte auf Regierungsebene; ihre Auswirkungen waren aber bald schon auch auf der Ebene der Völker zu beobachten.

Die offizielle Rhetorik änderte sich zunächst nur um Nuancen. Am 16. Dezember 1913 hielt San Giuliano eine Rede im Parlament, die freundliche Worte für den Dreibund und auch für Österreich enthielt. Die Angelegenheit der Triester Erlasse habe ja nunmehr eine befriedigende Lösung gefunden, deshalb gehe er auf sie nicht mehr ein. Allerdings erhielten bezeichnenderweise die Teile seiner Rede den stärksten Beifall, in dem er kräftige patriotische Töne fand und beispielsweise den Verdacht zurückwies, daß Italien sich seinen Verbündeten unterordne. Er betonte die Einmütigkeit des Dreibunds in der orientalischen Krise und hob die bewährte, ja selbstverständliche, friedliche und defensive Natur des Bündnisses hervor.[59] Allerdings sagte San Giuliano auch, es genüge nicht, daß die Regierungen zusammenarbeiteten, in beiden Ländern müsse sich auch ein feineres Verständnis für die Verschiedenheiten der beiderseitigen Mentalität und Einrichtungen herausbilden und für die Notwendigkeit, die offiziellen Beziehungen auf den Sympathien der beiden Völker aufzubauen und dadurch zu verstärken. Keine italienische Regierung habe die Macht oder das Recht, eine Politik zu verfolgen, die von der Mehrheit des Volkes und des Parlaments nicht gewünscht werde.

Exakt dies hatte San Giuliano in den vergangenen Monaten wortwörtlich und wiederholt zu österreichischen wie deutschen Diplomaten gesagt. Dieser Satz war eine Drohung an die Wiener Adresse, mit der er die Österreicher zwingen wollte, künftig unliebsame Vorfälle, die in Italien Zorn hervorrufen mußten, zu vermeiden. An die Wiener ebenso wie an die Pariser Adresse rich-

---

ferentisi alle provincie di lingua italiana, verso qui seguirà sempre lo stesso sistema poliziesco e di avversione all'elemento italiano. L'Austria-Ungheria non ha appreso nulla dall'esperienza fatta per il passato, né è capace di apprendere nulla, talmente è acceata dal preteso timore di un irredentismo italiano."

59 Tschirschky an Bethmann, 19.12.1913, PA/AA, R 9119.

15. Der österreichisch-ungarische Außenminister, Graf Leopold Berchtold, im Gespräch mit seinem italienischen Kollegen, Antonio di San Giuliano, in Abbazia, im April 1914.

tete sich auch der mit gewaltigem Applaus bedachte Schlußappell San Giulianos: „Die Tage einer unterwürfigen italienischen Politik sind vorbei, für immer!"[60]

Als Antonio Salandra als Nachfolger Giolittis im März 1914 Ministerpräsident wurde, verstärkte sich diese Tendenz. Er wies San Giuliano an, dem ewig reklamierenden und unausstehlichen Mérey endlich klarzumachen, „daß weder er noch andere das Recht hätten, bei uns zu Hause die Polizei zu spielen"[61]. Selbst ein offizieller Besuch San Giulianos in Abbazia am 14. April 1914 konnte das Verhältnis nicht dauerhaft reparieren, zumal das reale Ergebnis der Besprechung bei Null war, und sich auch die albanische Frage zunehmend belastend auf das wechselseitige Verhältnis auswirkte. Hinzu kam die erdrückend feindselige Haltung des Thronfolgers gegen Italien, die ein Brief dokumentiert, den er Berchtold vor dem Antritt von dessen Reise nach Abbazia am 12. April 1914 schrieb: „Von ganzem Herzen bedauere ich Sie, lieber Graf Berchtold, dass Sie die schönen Ostertage mit diesem italienischen Seeräuber [San Giuliano] zubringen müssen! Warum dauert denn die Geschichte so lange und warum wurde dieses ekelhafte Judenaquarium Abbazia, eingekeilt zwischen Slawen und Irredentisten gewählt? Hoffentlich sind Sie sehr krantig und unausstehlich (wenn Sie dies überhaupt sein können) und machen einmal diesem verfluchten Katzelmacher begreiflich, er solle nicht mehr so frech sein und sich nicht mehr in unsere inneren Angelegenheiten mischen, unsere Irredentisten unterstützen, die italienische Universität anbefehlen und fort durch diesen frechen Avarna Befehle erteilen, wie unsere südlichen Provinzen zu regieren sind."[62] Angesichts dieser feindseligen Stimmung des Thronfolgers und ähnlicher Tendenzen innerhalb der österreichischen Militärführung wird nochmals klar, gegen welche mächtigen Strömungen jede vernünftige österreichische Italienpolitik anzukämpfen hatte und wie recht die Kritiker der Allianz wie Barzilai mit ihrer Analyse hatten, daß mit diesem Österreich auf eine wahre Freundschaft nicht zu hoffen war. Anfängliche positive Zeitungskommentare über die Zusammenkunft in Abbazia verpufften auch sehr schnell und machten einer skeptischen Beurteilung Platz. Die Stimmung in der österreichischen Führungsschicht und in der italienischen Öffentlichkeit blieb gespannt – trotz aller Schönredereien und Freundlichkeiten in offiziösen Wiener Stellungnahmen. Auch blieben weitere Ereignisse, die zu einer Abkühlung der Beziehungen beitrugen, nicht aus. Ein größerer Inzidenzfall ereignete sich am 1. Mai 1914, als es in Triest zu einer antiitalienischen Demonstration von Slowenen kam. Mit der Genehmigung des Umzuges hatte die Statthalterei einen, wie Mérey urteilte, „schweren, fast

---

60 Flotow an Bethmann, 17.12.1913, PA/AA, R 9119.
61 Salandra, Neutralitá, S. 48.
62 Im Nachlaß Berchtold, HHStA.

16. Das Treffen zwischen den österreichisch-ungarischen und italienischen Diplomaten zeigt gutgelaunte „verbündete Feinde" im April 1914 in Abbazia. Nicht benannt sind (von links) Berchtold, San Giuliano und Mérey.

unbegreiflichen Fehler" gemacht.⁶³ Um der Zentrale in Wien klarzumachen, wie dieser Vorfall in Italien aufgenommen wurde, verwandte er einen kräftigen Vergleich: In Wien würde schließlich auch keine Kundgebung mit dem Motto „Es lebe das czechische Wien!" genehmigt werden!

Die Reaktion auf diese neuen Triester Unruhen in Italien war, wie sicher vorauszusehen gewesen wäre, erneut sehr heftig. Die Demonstration wurde in der Öffentlichkeit als wenn nicht von den Triester Lokalbehörden organisierte, so doch mindestens geduldete Provokation angesehen.⁶⁴ In der italienischen Presse wurde von der „geheimnisvollen österreichischen Italienerfeindlichkeit" und vom „Wiedererwachen des Metternich'schen Geistes" gesprochen, auch auf die sehr wohl bekannten Ideen eines „militärischen Spazierganges nach Verona und Mailand" hingewiesen.⁶⁵ Es kam in ganz Italien zu Umzügen, Studentenunruhen, Fahnenverbrennungen, „Protest-Meetings" und Demonstrationen vor den k. u. k. Vertretungsbehörden; allein vor dem

---

63 Mérey an Berchtold, 6.5.1914, HHStA, PA XI, 173.
64 Mérey an Berchtold, 5.5.1914, HHStA, PA XI, 173.
65 Györgyey (Generalkonsul Mailand) an Berchtold, 7.5.1914, HHStA, PA XI, 173, mit Pressestimmen zum 1. Mai in Triest; Zitat aus der „Lombardia".

Generalkonsulat in Neapel protestierten über 5.000 Personen.[66] Studenten verlangten, daß Triest nicht bei Österreich bleiben könne, sondern italienisch werden müsse. Österreichische Dampfer wurden in Brindisi mit Steinen beworfen.[67] Auch hatten sich die örtlichen Behörden nicht sonderlich bemüht, die Demonstrationen zu unterdrücken. Als Mérey als Sühne zumindest die Entschuldigung der Präfekten von Neapel und Turin und des Unterpräfekten in Brindisi bei den Generalkonsulaten verlangte, stieß er auf taube Ohren.[68] San Giuliano schwankte, aber der neue Ministerpräsident, Antonio Salandra, war nicht bereit, dem österreichischen Verlangen nach Buße nachzukommen, und zwar aus Rücksicht auf die Wirkung in der nationalisierten italienischen Öffentlichkeit.[69]

Mérey begriff, anders als die Wiener Zentrale, daß er es hier mit einem neuartigen Phänomen zu tun hatte. Er stellte fest, so etwas habe es zu Giolittis Zeiten nicht gegeben und verlangte „Satisfaktion". Auf sein Drängen hin wurde schließlich der politisch ohnehin mißliebige Präfekt von Neapel abgelöst, und Salandra schickte ein Zirkular an seine Präfekten, in denen er an Giolittis Anweisungen erinnerte.[70] Mérey empfand dies als ungenügend; er glaubte, die Würde der Habsburgermonarchie sei gefährdet, wenn man jetzt nicht hart bliebe und eine angemessene Sühne durchsetzte. Doch San Giuliano spielte seinen Trumpf aus und verwies Mérey auf die seinerzeit mit Berchtold ausgehandelte Regelung gegenseitiger Großzügigkeit, die er nun seinerseits einforderte. Die italienische Regierung drohte damit, eher zurückzutreten, als weitere Maßnahmen anzuordnen. Berchtold lenkte ein; er gab sich mit dem Ausdruck des Bedauerns durch Avarna zufrieden.

Mérey entwickelte sich hingegen jetzt zum Hardliner – vielleicht, weil er, anders als Berchtold, den qualitativen Unterschied im italienischen Verhalten begriffen hatte und die italienische Regierung zwingen wollte, sich wie gewohnt demütig zu verhalten. Er hätte weiter insistiert, ließ er in Wien wissen.[71] Weiteren Grund zur Klage sah Mérey, als die Abgeordneten Barzilai, Colajanni und De Felice Ende Mai 1914 im Parlament interpellierten und der

---

66 Bericht Generalkonsulat Neapel an Bethmann Hollweg, 5.5.1914, PA/AA, R 9120.
67 Berichte der Konsulate in HHStA, PA XI, 173.
68 Dazu Salandra, Neutralitá, S. 33 f.
69 Ebd., S. 35.
70 Ebd., S. 37.
71 Mérey an Berchtold, 7.5.1914, HHStA, PA XI, 173, mit der entschiedenen Forderung nach Satisfaktion wegen der Verletzung der Würde der Monarchie. Auch Mérey an Berchtold, 21.5.1914, ebenda: „Da mir hierzulande in erster Linie die Pflicht der Wahrung der Würde der Monarchie sowie der Respektierung unserer Vertretungsbehörden und Embleme obliegt, glaube ich an dieser Stelle konstatiren zu müssen, dass der Abschluß dieser ganzen Angelegenheit, nämlich unser Verzicht auf eine den gesamten Vorfällen etwas adäquatere Genugtuung, gegen meinen ausdrücklichen Antrag erfolgt ist."

Regierung vorwerfen, dem Verhältnis zu Österreich-Ungarn fehle die Reziprozität und Italien bringe immer nur einseitige Vorleistungen.[72] Er empfahl Berchtold immer nachdrücklicher eine Änderung der bisherigen österreichischen Italienpolitik und hielt es für „hoch an der Zeit, unserseits mit dem hier infolge der letzten Vorfälle in unseren südlichen Provinzen und in Albanien eingetretenen Stimmungswechsel zu rechnen und unsere Tonart entsprechend zu ändern"[73]. Selbst scheute er nicht davor zurück, von San Giuliano

72 Aus den Reden, die für die Stimmung im Mai 1914 in Italien bezeichnend sind, sind folgende Passagen bemerkenswert: Colajanni am 27.5.1914, Atti parlamentari della Camera dei Deputati, 1914, S. 3329: „E qui debbo fare due dichiarazioni. La prima è di ordine molto generale. Nessuno deve supporre (i vecchi della camera lo sanno, e mi rivolgo sopra tutto ai nuovi venuti) che io sia fra gli irredentisti della vecchia maniera, che vogliono provocare una guerra contro l'Austria ... Onorevoli colleghi, ricordiamoci che troppe sodisfazioni noi abbiamo dato continuamente all'Austria. [Tecchio, Seismit-Doda, Marcora, Asinari di Bernezzo]" Und er fragte nach der Reziprozität: Was sei mit den kirchenfreundlichen Erzherzögen; was mit den „funzionari del vicino impero che in varie occasioni hanno apertamente dimostrato maggiore ostilità verso di noi? Quali soddisfazioni, ad esempio, ha ricevuto l'Italia allorquando si seppe che Hotzendorf [sic!] aveva preparato tutto per assalire l'Italia? Egli fu tolto solo per pochi giorni dal suo ufficio di capo di stato maggiore e nominato ispettore generale nell'esercito. Ecco la grande soddisfazione che ha avuto l'Italia in quella occasione: dopo poco tempo Hotzendorf è tornato nè più nè meno che nel suo posto, magari col gradimento dell'onorevole Di San Giuliano!" De Felice Giuffrida, ebd., S. 3330, sagte, als Sozialist stehe er für die Liebe unter den Völkern, sprach aber vom „indecoroso servilismo del Governo italiano". Und Barzilai kritisierte gleichfalls diese Einseitigkeit. In einer Rede am 27.5.1914, ebd., S. 3333, kritisierte er die Unverletzlichkeit österreichischer Italiengegner, vor allem aus dem Kaiserhaus, und fuhr fort: „Noi invece abbiamo una mentalità diversa: possiamo destituire oggi per un tubero gettato contro il palazzo Chigi, un delegato, domani, per un fischio, un prefetto, salvo a mandare a Vienna sopra un vassoio d'argento, posdomani, la testa del ministro dell'interno, per il caso che la dimostrazione diventasse più solenne e più rumorosa. (Ilarità – Commenti)." Und er kritisierte, das Ministerium verletze „la fierezza, la dignità, il sentimento della Nazione italiana, si allontana da quelli scopi di sicurezza e di pace che vorreste raggiungere a tutela dei rapporti internazionali! (Vivissime approvazioni – Congratulazioni)."
73 Mérey an Berchtold, 28.5.1914, HHStA, PA XI, 173: „Da Colajanni auch gegen Erzherzoge und Erzherzoginnen wegen Teilnahme an Katholikentagen (wo in früheren Jahren Resolutionen für Wiederherstellung des Kirchenstaates gefasst wurden) und gegen Generalstabschef Baron Conrad loszog, ohne Ordnungsruf des Präsidenten zu erhalten, habe ich in einem Privatschreiben an den Ministerpräsidenten diesen Umstand, sowie die bedauerliche Tatsache releviert, daß gestern und vorgestern in der Kammer die sämtlichen Angriffe, Insinuationen und Beleidigungen der Monarchie und ihrer Organe auf dem Gebiete der äußeren und der inneren Politik von der Regierung gänzlich unbeantwortet blieben. Ich muß neuerlich betonen, daß seit einem Monat zuerst die Straßendemonstratonen, dann die unerhörte Haltung der ganzen Presse hinsichtlich Albaniens und schließlich die Reden in der Kammer ein kaum mehr tolerables Ensemble bilden. Teils auftragsgemäß, teils aus eigener Initiative muss ich hier gegen diese Erscheinungen ankämpfen, sehe mich aber beständig dadurch entwaffnet, dass in den Verhandlungen mit Herzog von Avarna, in den Delegationen und in unserer offiziösen Presse Euer Exzellenz, Hochderen Organe und die regierungsfreundlichen Delegierten fast täglich

strenge Maßnahmen zum Schutz der österreichisch-ungarischen Vertretungsbehörden zu fordern und ihm ein entsprechendes Zirkular an die Präfekten abzuverlangen, was letzterer mit dem Hinweis darauf ablehnte, „ein solches Verlangen sei nur gegenüber der Türkei üblich und zulässig und würde als eine Einmischung in die hierländische innere Administration aufgefaßt werden". Auch ein Hinweis auf Präzedenzen der Giolitti-Ära halfen Mérey diesmal nicht weiter.[74]

Alle diese Vorfälle besaßen, für sich genommen, kein übertriebenes Gewicht. Und unter normalen Umständen hätten sich ihre Folgen infolge des gegenseitigen Interesses an möglichst guten Beziehungen mit der Zeit wieder relativiert. Der österreichische Geschäftsträger, Baron Ambrózy, urteilte im September 1913, „die Kräfte, welche Österreich-Ungarn und Italien als Bundesgenossen an einander schmieden, sind viel zu stark, als daß das Bündnis so leicht durch Verwaltungsmaßnahmen gesprengt werden könnte"[75]. Auch Ministerpräsident Salandra schreibt in seinen Erinnerungen, diese Ereignisse hätten an sich keine große Bedeutung besessen. Ihre Bedeutung habe mehr darin gelegen zu zeigen, wie die wahren Ansichten waren.[76] Er selbst habe, wie er einräumen mußte, seinem Gefühl „heftigen Widerwillens" („intenso fastidio") gegen den österreichischen Botschafter nicht verbergen können.[77] Ihren historischen Stellenwert gewinnt die Hohenlohe-Affäre dadurch, daß sich bis zum Kriegsausbruch 1914 die gespannten Beziehungen zwischen Österreich-Ungarn und Italien nicht wieder verbessern konnten. Ein deutliches Zeichen

---

    Italien und der hiesigen Regierung anerkennendes Lob und Schmeichelei zollen ... Ich halte es hoch an der Zeit, unserseits mit dem hier infolge der letzten Vorfälle in unseren südlichen Provinzen und in Albanien eingetretenen Stimmungswechsel zu rechnen und unsere Tonart entsprechend zu ändern. Gewissenhafterweise muß ich diesen Widerspruch immer wieder signalisieren, schon um zu verhindern, dass die hier erheblich verschlechterte Situation nicht schließlich als eine schmerzliche Überraschung erscheine."

74 Mérey an Berchtold, 27.5.1914, HHStA, PA XI, 173.
75 Ambrózy an Berchtold, 5.9.1913, HHStA, PA XI, 173: „Dieses Ergebnis [der Hohenlohe-Erlasse] ist nicht erfreulich, meiner Ansicht nach aber auch nicht zu tragisch zu nehmen. Die Verläßlichkeit Italiens als Alliierter ist bei uns nicht hoch eingeschätzt. Aber die Kräfte, welche Österreich-Ungarn und Italien als Bundesgenossen an einander schmieden, sind viel zu stark, als daß das Bündnis so leicht durch Verwaltungsmaßnahmen gesprengt werden könnte. Es wird gegen uns jetzt in Italien sehr unfreundlich geschrieben und gesprochen werden. Mit der Zeit wird auch diese Stimmung verrauchen, wenn man darauf verzichtet, sie immer aufs neue zu beleben. An eine Provocation der Monarchie zwecks Eroberung von Triest oder des Trentino denkt hierlands kein vernünftiger Mensch. Unsere Beziehungen haben öfters ähnliche Krisen durchgemacht und werden wohl auch in der Zukunft noch manche andere überdauern, solange nicht wir es sind, die den Krieg mit Italien wollen."
76 Salandra, Neutralitá, S. 37.
77 Ebd., S. 50.

für die ungute Stimmung war, daß weder der König noch ein Abgesandter auf der Trauerfeier für Franz Ferdinand in der Botschaft in Rom erschienen.[78]

Herzog von Avarna, einer der eifrigsten Dreibundbefürworter innerhalb der italienischen Diplomatie, hielt die Donaumonarchie nur nach massiven inneren Reformen für wirklich bündnisfähig. Solange sie aristokratisch-bürokratisch regiert werde wie derzeit, sei an eine wirkliche Partnerschaft nicht zu denken.[79] Und auch San Giuliano, der Hauptbefürworter einer Zusammenarbeit mit Österreich-Ungarn, gab im Sommer 1914 gegenüber Salandra zu, daß die Donaumonarchie in der letzten Zeit viele Fehler begangen und den Prozeß der gegenseitigen Annäherung dadurch mächtig zurückgeworfen habe.[80] Über Mérey, der im August 1914 nach einem Nervenzusammenbruch von seinem Posten abgelöst werden mußte, sagte er: „Er hat Italien nicht verstanden – aber welcher Österreicher wird es je verstehen?"[81] Vielleicht war dies nur eines von San Giulianos üblichen Bonmots; wahrscheinlicher ist, daß er es doch ernst meinte. Worin San Giuliano dieses historische und für den Dreibund letale Mißverständnis sah, kann hier nur gemutmaßt werden. Vielleicht bemängelte San Giuliano, daß Mérey ebensowenig wie irgendeiner seiner Kollegen am Ballhausplatz glauben konnte, daß es Italien mit dem Wunsch nach enger politischer Zusammenarbeit mit Österreich wirklich ernst meine, da sie glaubten, daß jeder Italiener ein heimlicher Irredentist sei.[82] In einem hatten sie recht – der Wunsch, die „irredenten" Territorien zu erwerben, war nicht ausgestorben; ein gewisses Mißtrauen war verständlich. Doch machte die Habsburgische Diplomatie den Fehler, in einem unüberbrückbaren Antagonismus ihrer Staatsidee zum nationalen Prinzip zu denken und

---

78 Flotow an Bethmann, 13.7.1914, PA/AA, R 9120.
79 Avarna, 29.8.1913, von Bollati am 12.10.1913 in einem Brief an San Giuliano (Giolitti, Quarant'anni 3, Nr. 111, S. 92) wiederholt: „Perché l'Austria-Ungheria si potesse indurre a cambiare sistema, converrebbe modificare tutto l'organismo dello Stato, a base aristocratica e burocratica, e infondere nuovo sangue nella Monarchia perché altri uomini di altra intelligenza e vedute ne reggano i destini. Bisogna vedere le cose come sono in realtà. Dato questo stato di cose, noi dobbiamo convincerci che non potremo mai essere sicuri delle nostre relazioni coll'Austria né fondarle quindi sopra una base stabile, finché quelle questioni sussisteranno." Doch sei an eine solche Reform weder unter dem alten Kaiser noch unter seinem Nachfolger zu denken.
80 Salandra, Neutralità, S. 77.
81 Vietor, Mérey, S. 12; Engel-Janosi, Österreich und der Vatikan, Band 2, S. 179.
82 Ähnliche Vorwürfe wurden seit Jahren von den Austroitalienern an die Wiener Adresse gerichtet. Tschirschky an Bethmann, 7.2.1911, PA/AA, R 9118, berichtete, daß der istrische Abgeordnete Dr. Bartoli 1911 in der Delegation festgestellt hätte, in Österreich verstünden es „die regierenden und maßgebenden Kreise nicht, sich von der eingewurzelten Gewohnheit loszumachen, daß sie in jedem Italiener einen Feind, wenn nicht gar einen Rebellen argwöhnen". Bartoli sprach von einer „förmlichen Besessenheit, von der die regierenden Kreise der Monarchie ergriffen sind."

nicht zu berücksichtigen, daß die Italiener in der Irredenta nur eines von vielen und keinesfalls das wichtigste ihrer politischen Probleme sahen und daß sich trotz dieser ungelösten Frage viele Ansatzpunkte zu guter Zusammenarbeit boten. Und es geriet in Wien oft außer Sicht, was einsichtigere österreichische Diplomaten wie beispielsweise Graf Lützow schon erkannt hatten: Daß nämlich die Irredenta als Massenbewegung keine Gefahr sei und alles von der Regierung abhänge.[83]

Diese ungute Stimmung bildete die Folie, vor der zwischen Wien und Rom zuerst über das Ultimatum an Serbien, dann über das italienische Verhalten bei Ausbruch des Krieges im August 1914 und wenige Monate später über die italienische Neutralität verhandelt werden sollte. Diese Gespräche waren von Anfang an von dem absoluten Fehlen jeder Herzlichkeit geprägt. Die Verantwortung dafür lag schwerpunktmäßig bei der Wiener Regierung. Auch italienischerseits waren viele und schwere Fehler gemacht worden, aber der Wunsch nach enger Zusammenarbeit kam über dreißig Jahre hinweg meist von der römischen Diplomatie. Und was die Sympathie und das Zusammengehörigkeitsgefühl auf der Ebene der Völker anging, hatte der Dreibund keine durchschlagenden Erfolge erzielen können. Kriegsgefährlich war dies alles angesichts der Macht- und Allianzverhältnisse nicht – solange in Europa Frieden herrschte. Doch nach dem Ausbruch des Weltkriegs rächten sich für die Wiener Diplomatie alle Sünden, die während der Dreibundzeit aus Angst vor einem als monolithisch empfundenen italienischen Nationalismus begangen wurden: Die an die Metternich-Ära erinnernde österreichische Überwachungspraxis in Italien, das beständige Druck-Ausüben und Einschüchtern in diplomatischer wie in militärischer Hinsicht; dann auch das Fehlen an Herzlichkeit und Respekt und die Weigerung, Italien wirklich als gleichwertigen Partner zu behandeln. Aus den „verbündeten Feinden" wurden im Mai 1915 erbitterte Gegner, die ihre Gegensätze in einem mehr als dreijährigen, ungeheuer verlustreichen Krieg auskämpften.

---

83 Lützow an Gołuchowski, 17.4.1906, HHStA, PA XI, 135.

> Keine große Nation wird je zu bewegen sein, ihr Bestehen auf dem Altar der Vertragstreue zu opfern, wenn sie gezwungen ist, zwischen beiden zu wählen.
>
> Bismarck in „Erinnerung und Gedanke"

10. Der Dreibund in der Julikrise 1914

a) Die europäischen Allianzen und die Friedensfähigkeit der europäischen Großmächte im Sommer 1914

Am 28. Juni 1914 wurde Erzherzog Franz Ferdinand in Sarajevo von Gavrilo Princip erschossen. Das Attentat wird in der historiographischen Deutung meist als bloßer Auslöser für die darauf folgende diplomatisch-militärische Entwicklung – Julikrise und Kriegsausbruch 1914[1] – verstanden, als Funke, der in ein Pulverfaß gefallen sei. In diesem europäischen Pulverfaß – dies auch ein beliebtes Sujet zeitgenössischer Karikaturisten – war das angestaut, was als die langfristigen Ursachen – man könnte auch von den strukturellen Faktoren sprechen – angesehen wird. Häufig wird auf die rivalisierenden Nationalismen der europäischen Völker hingewiesen und darauf, daß der Erste Weltkrieg ein Auflösungsprozeß der multinationalen Reiche, besonders Österreich-Ungarns und des Osmanischen Reiches, gewesen sei. Sozialdarwinistische Verdrängungsideen vom Kampf der Nationen ums Dasein, in dem nur die stärkste überleben würde, die imperialistischen Konkurrenzkämpfe in und außerhalb Europas und das Wettrüsten der europäischen Großmächte zu Lande und zur See hätten ebenfalls ein friedliches Zusammenleben auf Dauer sehr erschwert. Andere Historiker suchen die wahre Ursache der außenpolitischen Aggressivität auf innenpolitischem Feld. Aufgrund der verkrusteten Sozialordnung der europäischen Mächte seien Spannungen entstanden, die

---

1 Diplomatiegeschichtliches Standardwerk zur Julikrise: Albertini, Origins, Band 1–3; Zusammenfassung der politischen und mentalitätsgeschichtlichen Faktoren bei Joll, Ursprünge des Ersten Weltkriegs; Fischer, Griff nach der Weltmacht; Gian Enrico Rusconi: Rischio 1914. Come si decide una guerra, Bologna 1987, mit origineller politologischer Untersuchung und Bewertung; Mommsen, Großmachtstellung, S. 293–321, mit Darlegung seines Modells innenpolitischer Motive mit starker Betonung deutscher Verantwortlichkeit; ihm folgend Wehler, Gesellschaftsgeschichte 3, S. 1152–1168; Hildebrand, Das vergangene Reich, S. 302–315; zu den deutschen Militärs in der Julikrise: Afflerbach, Falkenhayn, S. 147–171.

die innerlich überlebten, angesichts der fortschreitenden Demokratisierung um ihre gesellschaftliche Machtstellung fürchtenden Herrschaftseliten zu einer riskanten Prestigepolitik und schließlich zur Flucht nach vorn getrieben haben. Ein besonderer Unruhefaktor des damaligen internationalen Systems wird im Deutschen Reich gesehen: Dessen Gründung im Krieg 1870/71 habe das europäische Gleichgewichtssystem zerstört; auch habe der Machtgedanke und der Militarismus Preußen-Deutschlands sich nicht in die bestehenden Strukturen einfügen wollen. Die deutsche Regierung habe die Haager Abrüstungsgespräche sabotiert;[2] auch sei hier in besonderem Ausmaß die Struktur einer sich in die Ecke gedrängt fühlenden und deshalb notfalls auch zu einem Krieg bereiten politischen Elite zu erkennen. Im deutschen Generalstab sei die Illusion eines kurzen, siegreichen Feldzugs gehegt worden, die die Angstschwelle vor der europäischen Auseinandersetzung hinreichend gesenkt habe. Und nach Ansicht einiger Historiker – besonders Fritz Fischers und John Röhls[3] – bereitete die deutsche Regierung sogar spätestens seit 1912 einen Angriffskrieg vor, der im August 1914 dann zur Durchführung kam.

Die Gewichtung dieser einzelnen Faktoren beim Auslösen der säkularen Katastrophe, die auch oft in Kombination miteinander auftreten, sind bis heute Gegenstand unterschiedlicher Interpretationen geblieben. Zwar hat die Debatte der Zwischenkriegszeit, in der es im Schatten des Versailler Vertrages wesentlich auch um die Verteilung nationaler Verantwortlichkeiten an der Kriegsschuld ging, heute ihre Aktualität weitgehend verloren. In einem aber ähneln sich alle modernen Deutungen: Die Struktur und Friedensfähigkeit des europäischen Staatensystems vor 1914 und ganz besonders die Rolle der deutschen Politik werden allgemein sehr kritisch beurteilt – wenn auch aus sehr unterschiedlichen Gründen.[4] So urteilt beispielsweise Jost Dülffer in ei-

---

2 Fritz Fellner. Die Mission Hoyos, in: ders.: Vom Dreibund zum Völkerbund. Studien zur Geschichte der internationalen Beziehungen 1882–1919, München 1994, S. 112–141, hier S. 132–134.

3 So zuerst Fritz Fischer: Krieg der Illusionen. Die deutsche Politik 1911–1914, 2. Auflage, Düsseldorf 1969. Die These wird bis heute vertreten von John C. G. Röhl, An der Schwelle zum Weltkrieg. Eine Dokumentation über den „Kriegsrat" vom 8. Dezember 1912, in: Militärgeschichtliche Mitteilungen 21 (1977), S. 77–134; ders.: Vorsätzlicher Krieg? Die Ziele der deutschen Politik im Juli 1914, in: Wolfgang Michalka (Ed.): Der Erste Weltkrieg. Wirkung, Wahrnehmung, Analyse, München/Zürich 1994, S. 193–215.

4 Im folgenden sollen die Ansichten einiger bedeutender Historiker zu dieser Frage referiert werden. A. J. P. Taylor deutete in seinem Klassiker „The Struggle for Mastery in Europe", Oxford 1954, die Außenpolitik in Europa als den darwinistischen „struggle for life" einer anarchischen Staatengemeinschaft. Das europäische Staatensystem habe nur deshalb überlebt, weil nie eine einzelne Macht stark genug war, den gesamten Rest zu annektieren; die kleineren Staaten wurden dadurch geschützt, daß die Großmächte mißtrauisch jeden Machtzuwachs der eigentlichen Konkurrenten und deshalb jeden Zuwachs auf Kosten Dritter zu verhindern suchten. Er sieht die deutsche Reichseinigung als zentralen Epochenwechsel in Europa, da sie

das „Gleichgewicht" weitgehend zerstört habe. Das „Gleichgewicht" verhindert, daß eine Macht alle anderen vernichten kann. Ziel der Außenpolitik der Mächte ist es deshalb, den Weiterbestand des internationalen Systems durch Machtbalance zu garantieren und das Aufkommen einer Hegemonialmacht zu verhindern. Die europäische Geschichte seit 1870 habe deshalb ganz im Zeichen des deutschen Problems gestanden; nach der Reichsgründung 1871 habe sich das Deutsche Reich nicht mehr mit dem Gleichgewichtssystem vereinbaren lassen. Im Grundsatz ähnliche Thesen vertreten Ludwig Dehio, Gleichgewicht oder Hegemonie, oder Klaus Hildebrand, Das vergangene Reich, mit seiner Geschichte der deutschen Außenpolitik. Hildebrands Grundthese ist dabei, daß der deutsche Nationalstaat von 1870 zu stark und zu schwach war; zu stark, um sich machtmäßig in das Gleichgewichtssystem eingliedern zu können, zu schwach, um die anderen Mächte als Hegemon beherrschen zu können. Schon in der „Reichsidee" hätte die Versuchung gelegen, das Dilemma durch Expansion zu lösen und durch aggressive Großmachtpolitik und Erweiterung des eigenen Herrschaftsbereichs die notwendige Stärke zu gewinnen.

Ein anderer Erklärungsansatz wurde in den 1960er und siebziger Jahren gesucht, indem die gesellschaftliche Entwicklung, die innenpolitischen Triebkräfte außenpolitischer Entscheidungen in den europäischen Staaten unter die Lupe genommen und der bisherige Primat außenpolitischer durch einen innenpolitischer Motive ersetzt wurde. In diesem Zusammenhang soll Wolfgang J. Mommsen (erstmalig breit vertreten in: Das Zeitalter des Imperialismus, Frankfurt a.M 1969; speziell zur Außenpolitik: Großmachtstellung, 1993) erwähnt werden, der das Modell entwickelt hat, daß die europäischen Gesellschaften vor 1914 von relativ schmalen Eliten geleitet wurden, und zwar nicht nur die autokratischen und halbkonstitutionellen Kaiserreiche Österreich-Ungarn, Deutsches Reich und Rußland, sondern auch die liberalen Gesellschaften Westeuropas, in denen der regierende Liberalismus stark oligarchische Strukturen besaß. Diese Eliten suchten mit der Entwicklung fertig zu werden, daß sich die europäischen Gesellschaften immer weiter demokratisierten und die Unterschichten immer nachdrücklicher nach Partizipation verlangten. Staatliche Verfassung und gesellschaftliche Entwicklung klafften immer weiter auseinander. Vor allem im Deutschen Reich seien die herrschenden aristokratischen Eliten dazu verführt worden, durch außenpolitische Prestigepolitik die inneren Risse zu verhüllen. Und sie wurden durch eine immer aggressivere öffentliche Meinung zu einer immer riskanteren Außenpolitik getrieben; die Angst vor einem Fehlschlag war so groß, daß die Regierungen sich ein außenpolitisches Nachgeben nicht mehr leisten zu können glaubten. Dies sei der wahre Grund auch für den Ersten Weltkrieg gewesen, der allerdings ursächlich aus militärischen und strategischen Überlegungen ausgebrochen sei.

Der in Deutschland vor allem von Hans-Ulrich Wehler (Das deutsche Kaiserreich 1871–1918. 6. Auflage, Göttingen 1988) verfochtene Gedanke, die herrschende Elite habe die Massen in sozialimperialistischer Absicht manipuliert, ist inzwischen weitgehend aufgegeben worden. Doch nach wie vor dominiert bei Mommsen und Wehler (Wehler, Gesellschaftsgeschichte 3, 1995) eine primär innenpolitische Erklärung für die europäische Außenpolitik des fraglichen Zeitraums. Die zeittypische Prestigepolitik habe die Regierungen unfähig gemacht, Kompromisse einzugehen, auch wenn diese sachlich geboten gewesen wären. Hier wird also ein gemäßigt bonapartistischer und sozialimperialistischer Ansatz vertreten: Letztlich führt der innere Druck auf unsichere, oligarchische Regierungen zu äußeren Entscheidungen. Im Zentrum der Argumentation steht stets das Deutsche Reich; dies auch bedeutsam im Zusammenhang mit der von Wehler vertretenen These eines deutschen Sonderwegs. Eine wichtige Rolle spielt auch die Idee eines imperialistischen und nationalistischen Konsenses vor allem der bürgerlichen Mittelschichten.

Fazit von Dehio und Hildebrand, aber auch von Mommsen und Wehler ist, bei aller Unter-

ner jüngst erschienenen Studie über Kriegsvermeidungsmechanismen vor 1914, es sei „in der Forschung der letzten Jahre eine Tendenz" zu erkennen, „den Ersten Weltkrieg als gleichsam natürliches Ergebnis der Entwicklung des Mächtesystems anzusehen, als einen normalen Anpassungsprozeß"[5]. Mit anderen Worten: Der Krieg wird in dieser Sicht als unvermeidlich angesehen, als die logische Folge der außen- und innenpolitischen Strukturen und der Mentalitäten in Europa vor 1914.

Das düstere Bild, das den Verhältnissen vor 1914 zugrunde gelegt wurde, führte auch dazu, daß die riesige Menge des Materials, das in eine andere Richtung deutete – zum Beispiel die ununterbrochenen Friedensbeteuerungen der europäischen Regierungen vor 1914, die sich sowohl in öffentlichen Erklärungen als auch in geheimen Papieren und Verträgen niederschlugen[6] – vernachlässigt und für reine Rhetorik gehalten wurden. Dabei können, gerade was die Geschichte des Dreibunds angeht, bei den Kabinetten die gegensätzlichen Annahmen des unvermeidlichen und des unwahrscheinlichen Krieges gleich gut beobachtet werden.[7] Ähnlich verhielt sich das mit der öffentlichen Meinung: Es läßt sich durch die Lektüre der großen europäischen Zeitungen und der Tagebücher vieler Zeitgenossen aus den drei Wochen zwischen dem Mord von Sarajevo und dem österreichischen Ultimatum an Serbien mühelos der Eindruck herausfiltern, daß ein großer Krieg zwischen den Mächten als unwahrscheinliches, als absurdes, als überflüssiges und deshalb nicht zu erwartendes Geschehen beurteilt wurde.[8] Dort sind viele Ansichten zu lesen, die sich in der Frage nach Krieg und Frieden von unseren heutigen nicht wesent-

---

    schiedlichkeit der Argumentation: Der Erste Weltkrieg war unausweichlich oder zumindest wahrscheinlich, sei es aus Gleichgewichts- und Machtfragen, sei es aus Gründen der innenpolitischen Entwicklungen heraus, vor allem im Deutschen Reich.

5 Jost Dülffer, Martin Kröger, Rolf-Harald Wippich: Vermiedene Kriege. Deeskalation von Konflikten der Großmächte zwischen Krimkrieg und Erstem Weltkrieg (1856–1914), München 1997, S. 1; ähnliches Zuspitzungsmodell ebenda, S. 28.

6 Dazu Holger Afflerbach, Der Dreibund als Instrument der europäischen Friedenssicherung vor 1914, in: Rumpler Niederkorn, Zweibund, S. 88 f.

7 Siehe dazu Kap. IV.5.: Die letzte Verlängerung des Dreibunds im Dezember 1912.

8 Zur Berichterstattung der europäischen Zeitungen im Juli 1914 siehe James Joll: Die Ursprünge des Ersten Weltkrieges, München 1988, S. 266–268; Fritz Fellner: Zwischen 28. Juni und 28. Juli 1914. Die Wochen zwischen Attentat und Kriegsausbruch im Spiegel der „Neuen Freien Presse", in: Fellner, Dreibund, S. 107–111. Zur Presse vor 1914 siehe Bernhard Riesenberger, Zeitungen als Kriegstreiber? Die Rolle der Presse im Vorfeld des Ersten Weltkrieges, Köln/Weimar/Wien 1998 (Medien in Geschichte und Gegenwart, Band 11), S. 227–280, der allerdings diesen auch von ihm diagnostizierten Befund in einen anderen Interpretationszusammenhang (die Zeitungen reden den Krieg herbei) zu pressen versucht. Theo Goebel: Deutsche Pressestimmen in der Julikrise 1914, Diss. Bonn 1939, S. 15, schreibt: „Nur wenige Stimmen waren geneigt, diese neuerliche Krise nun gleich als Ausgangspunkt der großen, als dunkle Furcht schon lange über Europa hängenden Katastrophe zu bezeichnen."

lich unterscheiden. Der italienische Historiker Gian Enrico Ruscone hat darauf hingewiesen, daß dies sich auch in den Regierungsebenen so verhielt.[9] Um keine Mißverständnisse aufkommen zu lassen: Es gab auch andere, nicht wenige Stimmen, die dem fatalen Ereignis entgegenfieberten, den großen Krieg unterschätzten oder ihn verharmlosten. Doch Thomas Nipperdey würde diese vielleicht als „Nebenstimmen" bezeichnen.[10] Es stellt sich hier die grundsätzliche Frage nach der Mehrheitsmeinung, nach dem tatsächlichen Konsens der damaligen europäischen Gesellschaften, und vielleicht muß auch gefragt werden, ob nicht die an sich völlig berechtigte Suche nach den tieferen Ursachen des Ersten Weltkrieges einen Determinismus in die Ereignisse hineininterpretiert hat, der zu einseitig die langfristigen Strukturen und nicht die unmittelbaren Vorgänge des Sommers 1914 für die tatsächlichen Abläufe verantwortlich macht.

Es ist natürlich unbestreitbar, daß die damalige politische Ordnung in Europa zahlreiche strukturelle Schwachstellen aufwies, unter denen der Gegensatz zwischen dem legitimistischen Prinzip historisch gewachsener Staaten und der Nationalstaatsidee sowie die durch die europäische Hochrüstungspolitik entstandene Unsicherheit sich als besonders folgenschwer erweisen sollten.[11] Allerdings hatte im Zeitalter der Nationalstaaten und der Massenpar-

---

9 Ruscone, Rischio 1914, hat den Kriegsausbruch 1914 zum Gegenstand einer Analyse gemacht, die unter Verzicht auf rein narrative Elemente politikwissenschaftliche mit historischen Aspekten zu verbinden sucht. Im Mittelpunkt der Betrachtungen steht der politisch-militärische Entscheidungsprozeß vor allem im Deutschen Reich, in dem Ruscone den Hauptauslöser des Krieges sieht. Der Krieg sei eigentlich von niemandem der an den Verhandlungen beteiligten Politiker und Diplomaten wirklich angestrebt worden. Ruscone verwirrt bewußt und ironisch den Leser durch eine Vielzahl von Zitaten aus der Zeit vor 1914 und von heute, die sich einander in der Ablehnung des Krieges verblüffend ähneln. Er folgert daraus, daß auch 1914 die politisch Verantwortlichen einen Krieg mehrheitlich und überzeugend abgelehnt und als Katastrophe empfunden haben. Aus einer Kombination aus persönlicher Unfähigkeit (vor allem Bethmann Hollwegs), politischen Strukturen und militärischen Zwängen sei der Krieg dann aber trotzdem ausgebrochen.
10 Thomas Nipperdey: Deutsche Geschichte 1866–1918. 2. Band: Machtstaat vor der Demokratie, München 1992, S. 696.
11 Schroeder, Transformation, S. 803, listet in Anlehnung an Kanet und Kolodziejs drei Hauptpunkte auf, die jedes funktionierende internationale System gewährleisten muß, nämlich „order, legitimacy, and welfare". Nach Hedley Bull lauten die Punkte „order, protection of property, sancity of contract". Schroeder ist der Ansicht, das internationale System von 1848 habe zwar noch die „order" gewährleistet, aber aufgrund seiner repressiven Struktur die Punkte „legitimacy" und „welfare" nicht mehr erfüllen können. An diesem Maßstab gemessen, scheint die Ordnung von 1914 erheblich solider, da hier die gesamteuropäische Situation nicht derart repressiv war, daß eine Revolution zu befürchten war. Allerdings ließen sich sehr leicht Argumente dafür finden, daß auch das System von 1914 in allen drei Punkten nicht ideal funktionierte – aber doch hinreichend. Als der schwächste Punkt erwies sich der der „legitimacy"; die

tizipation die Beliebigkeit machtpolitischer Verschiebungen zwischen den Staaten bereits ein Ende gefunden. Das dominierende nationale Prinzip erschwerte willkürliche Änderungen, die nicht mit den ethnischen Verhältnissen in Einklang zu bringen gewesen wären. Und das konkurrierende, dynastisch-historische Prinzip war zumindest in der Theorie die Verkörperung des ewigen Status quo. Es waren zwar nach Abschluß der deutschen und der italienischen Einigung noch etliche Konflikte übriggeblieben, deren Austragung aber, wie übereinstimmend angenommen wurde, angesichts der gesamteuropäischen Konstellationen eine große europäische Auseinandersetzung erfordert hätte. Doch gab es einerseits einen von Vernunftgründen dominierten europäischen Konsens, den großen Krieg zu vermeiden und statt dessen den friedlichen Ausgleich zu suchen,[12] andererseits und vielleicht noch entscheidender die Allianzpolitik, die seit der Bismarck-Zeit in Europa die zahlreichen zwischenstaatlichen Konfliktpunkte neutralisierte. Diese Allianzen, der Dreibund und das russisch-französische Bündnis, waren nüchterne Zweckbündnisse, die nicht der Völkerverständigung dienten, sondern sich, vor allem in den letzten Jahren vor 1914, wesentlich auf die Sicherung des Gleichgewichts und den Aspekt der Abschreckung beschränkten. Sicherheitsgarantien machten das Wesen dieser Allianzen aus, nicht Zugewinnklauseln. Diese gab es in den Bündnissen zwar auch, vor allem in denen, die Großbritannien abschloß und die meist die Regelung kolonialer Streitfragen zum Inhalt hatten. Beim Dreibund bezogen sich diese Klauseln auf die Absicherung der italienischen Kolonialpolitik in Afrika, vor allem in Tripolis. Sie waren aber in beiden Allianzsystemen auf eng definierte Fragen reduziert, deren Lösung keinen europäischen Krieg erforderte. Die Bündnisse neutralisierten sich, was ihre aggressive Wirkung anging, infolge ihrer inneren Struktur.[13] Die Bereitschaft der jeweiligen Partnerstaaten, sich für den sie nicht interessierenden, ja mitunter sogar irritierenden Macht- und Territorialzuwachs der

---

tiefe Verunsicherung darüber, ob die noch bestehenden Vielvölkerstaaten im Zeitalter der Nationalstaaten noch eine Existenzberechtigung hatten.

12 Zum Konsensmodell in der europäischen Politik bahnbrechend Schroeder, Transformation, passim.

13 Jürgen Angelow, Zweibund, S. 73 f., kommt zu einem anderen Ergebnis. In Anlehnung an die Thesen Verostas, Theorie und Realität, behauptet er, der Generalstabsvertrag(!) von 1909 habe den Zweibund zu einem Offensivbündnis gemacht, bezeichnet dies dann als „politische Steigerung"(!!), der „auf militärischem Gebiet keine effizienten Strukturen" gefolgt seien. „So entsprachen die militärischen Potentiale und Rüstungen beider Zweibundpartner nach 1908/09 immer weniger dem offensiven Zweck des Bündnisses." (!!!) Angelow arbeitet nicht heraus, daß die militärischen Absprachen nur im Fall des Casus foederis in Wirkung treten konnten, dieser wiederum konnte nur durch die politische Führung definiert werden. In dem Aufsatz werden infolge der Nichtberücksichtigung dieses Faktums politische und militärische Quellen ohne Gewichtung des tatsächlichen historischen Stellenwerts beliebig durcheinandergewürfelt.

Bündnispartner zu engagieren, war praktisch bei Null, ja konnte sogar in eine aktive Vereitelungsstrategie umschlagen. Was den Dreibund anging: Bismarck hatte während der „europäischen Doppelkrise" 1885–1888 nicht daran gedacht, sich für die österreichischen Interessen in Bulgarien zu schlagen. Auch sein zweiter Nachfolger, Fürst Hohenlohe, erklärte: „Österreich muß mit dem defensiven Charakter des Dreibundes zufrieden sein, wenn es nicht zugrunde gehen will." Die Italiener versuchten ein österreichisches Ausgreifen auf dem Balkan zu verhindern, die Österreicher ein italienisches Festsetzen in Albanien. Sie behinderten auch während des Libyenkrieges die italienische Seekriegführung gegen die Türkei durch im Eigeninteresse verständliche, aber nicht sehr bundesfreundliche Auflagen, Proteste und Drohungen. Ebenso war Italien nicht bereit, sich auf der Algeciras-Konferenz für deutsche Interessen in Marokko zu engagieren und die Haltung wohlwollender Neutralität aufzugeben; auch Österreich-Ungarn sah sich nicht in der Rolle des bloßen „brillanten Sekundanten" der deutschen Politik, die ihm Wilhelm II. in lobender Absicht zugebilligt hatte. 1913/14 hatte sich dann auch in der albanischen Krise und in der Frage des türkischen Teilungsplans nochmals erwiesen, daß der Dreibund keine „Erwerbsgemeinschaft", sondern eine „Versicherungsgesellschaft" war; nicht weil die drei Regierungen, als einzelne genommen, so guten Willen hatten, sondern weil sie ihre konkurrierenden Interessen nicht ausreichend koordinieren konnten, um sie geballt und offensiv nach außen zu kehren. Diese fehlende Gemeinsamkeit der Allianzpartner hatte Maximilian Harden in der „Zukunft" im Jahre 1900 zu dem bissigen Kommentar verleitet, der „Dreibund" sei ein „Phantom", ein „Feiertagsspielzeug", ein Instrument dekorativer Politik, das aber nicht zu „blutiger Wehrtat" genutzt werden dürfe. Vom Standpunkt des europäischen Friedens muß aber gerade das als unbedingtes Plus für den Dreibund verstanden werden. Dies war bereits eine zeitgenössische Sicht. Max Weber sah, wie oben erwähnt, „die Schwäche des Dreibunds in dem, was vom Standpunkt der Erhaltung des Friedens sein Vorzug war: in seinem reinen Defensivcharakter"[14]. Dieses Bündnis war tatsächlich eine reine Defensivallianz; ähnliches gilt im übrigen auch für die französisch-russische Allianz, deren Struktur ähnlich war. Paris und St. Petersburg konnten bei den bestehenden Machtverhältnissen ebensowenig wie Berlin, Wien oder Rom allein agieren, und die Franzosen waren nicht bereit, sich für russische Balkaninteressen, die Meerengen oder panslawistische Ideen, die Russen nicht, sich für Elsaß-Lothringen oder Marokko zu schlagen. Dies war auch ein wichtiger Grund für den friedlichen Ausgang der Marokkokrisen 1905/06 und 1911 und der bosnischen Annexionskrise 1908/09.

---

14 Max Weber, Bismarcks Außenpolitik und die Gegenwart (25.12.1915), in: Max Weber Gesamtausgabe, I/15, Max Weber zur Politik im Weltkrieg, Schriften und Reden 1914–1918, Tübingen 1984, S. 72. Die Harden-Zitate nach Singer, Dreibund, S. 130.

Die damalige Staatenwelt war natürlich trotzdem nicht friedfertig oder gar pazifistisch. Krieg galt als ein mögliches Mittel der Politik – kein selbstverständliches allerdings, denn dafür war die Schwelle doch merklich höher gerückt.[15] Dies galt in besonderem Maße für eine mögliche gesamteuropäische Auseinandersetzung, die aus humanitären Erwägungen, vor allem aber aus machtpolitischem Kalkül abgelehnt wurde.[16] Von Bismarck bis Bethmann Hollweg war allen Kanzlern ebenso wie ihren ausländischen Gegenspielern bewußt, daß zwingende Gründe erforderlich waren, um die großen Wehrpflichtarmeen zu motivieren und einen europäischen Konflikt mit seinen unkalkulierbaren Folgen vor, während und nach dem Krieg vor den Bevölkerungen rechtfertigen zu können. Ein großer Krieg ohne zwingenden Grund wurde im Zeitalter der Volksheere – zumindest außerhalb der Generalstäbe und Kriegsministerien vor allem in Berlin und Wien, in denen anachronistische, ja politisch kindische Vorstellungen von der Autonomie des Militärischen, die vielleicht einmal im Zeitalter der Kabinettskriege gegolten hatten, überdauerten[17] – als nicht mehr führbar angesehen. Und als einzigen Grund für einen großen Krieg akzeptierten die europäischen Gesellschaften die nackte Selbsterhaltung, die Sicherung vor fremdem Angriff. Dies hatte der Sekretär Bethmann Hollwegs, Kurt Riezler, so ausgedrückt: „Kriege zwischen Großmächten werden nicht mehr um der durch sie zu erringenden Vorteile willen begonnen, sondern nur mehr aus Not."[18]

Die Allianzen hatten einen Gleichgewichtszustand herbeigeführt, der indes nicht von partnerschaftlichen Ideen kollektiver Sicherheit geprägt war. In vielerlei Hinsicht, zum Beispiel bei militärischen Rüstungen, beharrten die Großmächte auf ihren uneingeschränkten Souveränitätsrechten. Und es war für das damalige Europa charakteristisch, daß eine Gefährdung des europäischen Friedens nicht von den Allianzen, sondern von neuralgischen Punkten und nationalen Obsessionen der einzelnen Staaten – in den Quellen werden letztere meist beschönigend als „legitime Aspirationen" oder „natürliche Interessen" bezeichnet, man könnte sie aber, der Klarheit wegen, auch nationale Egoismen nennen – selbst ausging. Um mit der Habsburgermonarchie anzufangen: In der österreichisch-ungarischen Führungsschicht läßt sich eine

---

15 Beispiel: Die Beurteilung des italienischen Aggressionskriegs in der europäischen Öffentlichkeit, siehe Kap. IV.4: Italien und der Dreibund während des Libyenkriegs.
16 Markantes Beispiel: Kann, Franz Ferdinand und Berchtold als Außenminister, 1912–1914, in: ders., Franz Ferdinand Studien, S. 238, über den „eindeutigen und starken Friedenswille" Franz Ferdinands, der auch nicht „durch die unleugbare Tatsache abgeschwächt [wird], daß er vorwiegend machtpolitisch und nicht humanitär bestimmt ist."
17 Die politische Unzurechnungsfähigkeit vieler führender Militärs war bereits den Zeitgenossen bewußt. Beispiel: Lützow bezeichnete Conrad „in politischen Dingen" als „komplettes Kind". In: Hantsch, Berchtold 2, S. 639.
18 Zitiert bei Hildebrand, Das vergangene Reich, S. 315.

aus den deutschen und italienischen Einigungskriegen resultierende, panische Angst beobachten, von den Nationalismen der Nachbarstaaten oder denen der eigenen Völker überrollt zu werden. Damit hing auch die Neigung zusammen, im Notfall zur Verteidigung der als vital für die eigene Großmachtstellung angesehenen Balkaninteressen gegen die schwächeren Nachbarn zu den Waffen zu greifen und auf das „schöne Vorrecht des Stärkeren"[19] zu setzen. In Wien waren viele bereit, sollten die Bündnispartner dabei helfen, dafür sogar einen Krieg mit Rußland in Kauf zu nehmen.

In Italien wurde die politische Führungsschicht von dem Trauma der militärischen Niederlagen von 1866 gequält und brannte auf die Gelegenheit, die „Schmach unverdienter Niederlagen"[20] von sich abzuwaschen. Der Gedanke, in einem großen europäischen Konflikt neutral zu bleiben, wurde immer wieder kategorisch verneint. Italien müsse sich einen eigenen militärischen Sieg erstreiten, das Bild der feigen und ängstlichen Nation für immer zerstören und seinen Großmachtstatus damit unter Beweis stellen.[21] Hinzu kam das klassische Gleichgewichtsdenken, das Streben nach Kompensationen für fremden Zugewinn und, gerade durch die realistische Beurteilung der begrenzten eigenen Möglichkeiten, das Bestreben, vom Streit dritter zu profitieren und sich als Zünglein an der Waage Vorteile zu verschaffen.[22] Ein ausgeprägtes machiavellistisches Beutedenken, das durchgängig nachgewiesen werden kann und das noch auf den piemontesischen Traditionen fußte, machte die italienische Führung im Fall eines großen europäischen Krieges korrumpierbar. Hinzu kam, als besonders wichtiger Faktor, die Vorstellung, gegenüber den vorangegangenen und folgenden Generationen die patriotische Pflicht zu haben, die nationale Einheit durch den Erwerb der „irredenten" Territorien vervollständigen zu müssen, sollte sich eine Chance dazu bieten.[23]

In Frankreich wurde die Wiedergewinnung Elsaß-Lothringens in Teilen der Führungsschicht als ein politisches Muß betrachtet und niemals wirklich preisgegeben. Rußland wiederum beharrte auf seiner Vormachtstellung auf dem Balkan und war nicht geneigt, auf seine dortige Großmachtstellung zu verzichten. Diese nationalen Obsessionen wiederum mußten von den Regierungen schon im Hinblick auf ihre öffentliche Meinung beachtet werden.

---

19 Kriegsmanifest Kaiser Franz Josephs vom 28.7.1914 „An meine Völker", reproduziert bei: Anton Graf Bossi Fedrigotti: Kaiser Franz Joseph I. und seine Zeit, Zürich-München 1978, S. 223.
20 Nigra an Robilant, 9.8.1886, Nachlaß Robilant, ASMAE. Auch im italienischen Offizierkorps wurde es als eine dringende Notwendigkeit empfunden, sich in einem neuen Waffengang wegen der Ereignisse von 1866 „rehabilitieren" zu können. In: Bericht Major Engelbrechts vom 12.12.1886, GP 6, Nr. 1291.
21 Beispiele: Mancini und Crispi, siehe oben, S. 84; Salandra, Neutralità, S. 246 f.: „Mancava una grande e longevia tradizione militare ... di una vera guerra nazionale coronata dalla vittoria."
22 Dazu auch Bosworth, Mito e linguaggio, passim.
23 Salandra, Intervento, S. 228, mit einem Zitat aus dem Tagebuch von Postminister Vincenzo Riccio vom 6.5.1915.

Das Deutsche Reich wiederum hatte eine politische Führungsschicht, die zwar auf internationaler Ebene einen robusten, das Ausland irritierenden und letztlich erfolglosen Machtwillen entfaltete,[24] aber keinen großen Krieg wollte, und eine Armeeführung, die diesen herbeisehnte, da sie sich für unbesiegbar hielt und dazu neigte, im Krieg ein probates und wirkungsvolles Mittel für alle außenpolitischen Probleme zu sehen. Teile der deutschen Bevölkerung hatten wahrscheinlich weniger Angst vor dem großen Krieg als andere europäische Völker, da sie ein sehr ausgeprägtes Vertrauen in die Leistungsfähigkeit ihrer Armee setzten. Tatsächlich ist die im damaligen Europa praktisch universell verbreitete Ansicht, das Deutsche Reich sei im Konfliktfall im Verbund mit Österreich-Ungarn unbesiegbar, weniger absurd, als dies in der Rückschau wirkt, denn ohne die unvorhersehbare Intervention der USA 1917 wäre der europäische Krieg höchstwahrscheinlich unentschieden ausgegangen, wenn nicht die Zentralmächte sogar gewonnen hätten. Hinzu kam die alles andere als pazifistische Tradition des deutschen Machtdenkens. Schon Bismarck hatte mit seiner gesamten Politik viel dazu beigetragen, daß den Zeitgenossen Macht als ein deutlich sicherer und überzeugenderer Titel als Recht erschien. Außerdem sah sich zumindest der bildungsbürgerliche Teil der Nation in einem durch die Waffen erzwungenen, historischen Aufwärtstrend.[25] Und doch scheint auch im deutschen Fall eine zu akzentuierte Betonung des Einflusses militaristischer Tendenzen angesichts des parallelen Erstarkens der internationalistisch orientierten Sozialdemokratie nicht gerechtfertigt. Dies betraf, wie eingewendet werden könnte, nur die politische Opposition; doch auch die deutsche Reichsleitung hatte sich bis 1914 in allen Zweifelsfällen, auch bei günstiger militärischer Ausgangslage (wie zum Beispiel 1905/06), für friedliche Konfliktlösungen entschieden. Außerdem waren die chronische Kriegsgeneigtheit und der soldatische Betätigungsdrang des preußischen (und des österreichischen) Generalstabs zwar eine überaus bedenkliche Tatsache, aber nur latent, nicht direkt bedrohlich, solange die politische Führung selbst den Frieden erhalten wollte. Hochgradig gefährlich konnte es werden, wenn die zivile Führung bei der Lösung außenpolitischer

---

24 Riezler-Tagebuch, Eintrag vom 20.7.1914, S. 188, mit einem entsprechenden Räsonnement Bethmann Hollwegs über die deutsche Außenpolitik vor 1914: „Die früheren Fehler, gleichzeitig Türkenpolitik gegen Rußland, Marokko gegen Frankreich, Flotte gegen England, alle reizen und sich allen in den Weg stellen und keinen dabei wirklich schwächen. Grund: Planlosigkeit, Bedürfnis kleiner Prestigeerfolge und Rücksicht auf jede Strömung der öffentlichen Meinung. Die ‚nationalen' Parteien, die mit dem Radau über die auswärtige Politik ihre Parteistellung halten und festigen wollen."
25 Dazu Johannes Burkhardt: Kriegsgrund Geschichte? 1870, 1813, 1756 – historische Argumente und Orientierungen bei Ausbruch des Ersten Weltkrieges, in: Johannes Burkhardt u. a.: Lange und kurze Wege in den Ersten Weltkrieg, München 1996 (Schriften der Philosophischen Fakultäten der Universität Augsburg, Band 49), S. 9–86.

Probleme aus einem akuten Bedrohungsgefühl heraus lieber auf die militärischen Rezepte der sehr selbstsicheren Militärs als auf ihre diplomatischen Künste vertraute. Und dies war die deutsche Obsession: Die auch geopolitisch motivierte Angst, von einer überlegenen Gegnerkoalition erdrückt zu werden, war ein unguter Erbteil der bisherigen preußisch-deutschen Geschichte; sie gipfelte im wilhelminischen Einkreisungssyndrom. Zwar hatte der Gedanke an eine neue Kaunitzsche Koalition bereits Bismarck schlaflose Nächte bereitet, aber diese Ängste hatten infolge der europäischen Hochrüstung nach der zweiten Marokkokrise im Jahre 1911 extreme Formen angenommen.[26]

Diese Ängste, Obsessionen und Begehrlichkeiten der europäischen Kabinette wurden durch die Allianzpolitik wirkungsvoll in Schach gehalten. Denn durch die Bündnisse war ein zwischenstaatlicher Austrag von Streitigkeiten zwischen den Großmächten nicht mehr möglich, ohne daß dieser zwangsläufig zu einem großen europäischen Krieg eskalierte.[27] Und diesen, darin bestand zwischen den europäischen Kabinetten Konsens, wollte niemand,[28] zumal es innerhalb der Allianzen außer der nackten Selbsterhaltung keine gemeinsamen Ziele gab, die ein so ungeheures Risiko lohnten. Ganz unabhängig vom Kriegsbild[29] und von jeder Diskussion darüber, wie lang der große Krieg

---

26 Dazu Mommsen, Topos, passim; mediengeschichtliche Untermauerung dieser These bei Riesenberger, Presse, passim.

27 Ruscone, Rischio 1914, hat darauf verwiesen, daß schon rein mathematisch gesehen ein Balance-of-power-Modell mit sechs Großmächten und einer Anzahl kleinerer Staaten eine Vielzahl von Konfliktmöglichkeiten aufweist, und zwar erheblich größere als etwa eine bipolare Ordnung mit zwei Hegemonialmächten, wie etwa in den Jahrzehnten nach 1815, als Europa von den „Flügelmächten" Großbritannien und Rußland dominiert wurde, oder nach 1945 die Herrschaft der beiden Weltmächte. Dabei scheint er aber die bindende Kraft der Allianzen vor 1914 nicht wirklich in Rechnung zu stellen, die eben diese Konfliktmöglichkeiten reduzierten.

28 Mommsen, Großmachtpolitik, S. 305, zitiert aus Kurt Riezlers „Grundzüge der Weltpolitik der Gegenwart": „Keine der Großmächte ... sei heutzutage von sich aus dazu bereit, in Ansehung der unabsehbaren Konsequenzen einen großen europäischen Krieg auszulösen; eben dieser Umstand aber gewähre jener Macht, die am zähesten, geschmeidigsten und entschlossensten auftrete, einen potentiellen, wenn auch nur begrenzten, aber doch realen Spielraum, um ihre eigenen Zielvorstellungen ohne Krieg durchzusetzen."

29 Zum Kriegsbild: Die Erwartung eines kurzen Kriegs betonen: Ritter, Staatskunst 2, passim; L.L. Farrar: The Short War Illusion. German Policy, Strategy, and Domestic Affairs August-December 1914, Oxford 1973; Detlev Bald: Zum Kriegsbild der militärischen Führung im Kaiserreich, in: Jost Dülffer, Karl Holl (Hrsg.): Bereit zum Krieg. Kriegsmentalitäten im wilhelminischen Deutschland, 1890–1914, Göttingen 1986, S. 146–159. Zweifel daran: Lothar Burchardt: Friedenswirtschaft und Kriegsvorsorge. Deutschlands wirtschaftliche Rüstungsbestrebungen vor 1914, Boppard 1968; Bernd Felix Schulte: Die deutsche Armee 1900–1914. Zwischen Beharren und Verändern, Düsseldorf 1977; zum europäischen Aspekt: Dieter Storz: Kriegsbild und Rüstung vor 1914. Europäische Landstreitkräfte vor dem Ersten Weltkrieg, Herford 1992.

wahrscheinlich dauern würde und wer ihn gewinne,[30] in einem bestand Einigkeit: Dieser Konflikt enthielt ein ganz unübersehbares Gefahrenpotential. Conrad v. Hötzendorf, der radikalste Militarist ganz Europas, sprach im Februar 1914 von den „tiefgreifenden Folgen eines großen Krieges", zu dem sich kein Großstaat leichterdings entschließen würde,[31] und auch sein deutscher Kollege, Generaloberst v. Moltke, der sich den Ausbruch des Konflikts aus strategischen Gründen herbeiwünschte, sprach von dem „schrecklichen Krieg ..., der die Kultur fast des gesamten Europas auf Jahrzehnte hinaus vernichten wird"[32] – Erkenntnisse, die sehr ähnlich beispielsweise vom englischen Außenminister Grey,[33] vom russischen Außenminister Sasonov und vielen anderen im Sommer 1914 geäußert worden sind. Außer von den von beruflichem Ehrgeiz getriebenen Militärs und einer extremistischen und exaltierten Minderheit wurde der große Krieg als Katastophe allseits gefürchtet, nicht ersehnt.[34]

Aus dieser berechtigten Kriegsangst heraus läßt sich der europäische Konsens erklären, den Frieden zwischen den Großmächten zu erhalten. Und dies ging nur auf einer Grundlage: Nämlich der Aufrechterhaltung des Status quo mit all seinen Fehlern und Schwächen, die aber immer noch besser schienen als die gewaltsame Veränderung durch eine als apokalyptisch empfundene europäische Auseinandersetzung. Das Ergebnis war eine durch viele Desiderate nationaler oder kolonialer Art geprägte, allseitige Unzufriedenheit mit den außenpolitischen Verhältnissen, die indes nicht groß genug war, um das ungeheure Risiko des Entscheidungsschlages zu rechtfertigen.

Die europäischen Allianzen hatten das störanfällige europäische Balance-of-power-System insgesamt sicherer gemacht.[35] Außerdem handelte es sich weder beim Dreibund noch beim russisch-französischen Bündnis und erst recht nicht

---

30 Dazu Stig Förster: Der deutsche Generalstab und die Illusion des kurzen Krieges, 1871–1914. Metakritik eines Mythos, in: Militärgeschichtliche Mitteilungen 54 (1995), S. 61–96, mit der Theorie, der deutsche Generalstab habe einen Krieg befürwortet, von dem er wußte, er würde ihn verlieren. Diese These entbehrt sowohl der quellenmäßigen Absicherung als auch der Plausibilität.
31 Conrad an Moltke, 14.2.1914, KA Wien, Generalstab, Karton 737: „Bei den tiefgreifenden Folgen eines großen Krieges ist es ja möglich, daß kein Großstaat sich leichterdings zu einem solchen entschließen wird – aber die Erfahrung lehrt, daß oft auch schon ein kleiner Anlaß den Stein ins Rollen gebracht hat."
32 Zitiert bei Afflerbach, Falkenhayn, S. 155.
33 Manfred Rauchensteiner: Der Tod des Doppeladlers, Graz/Wien/Köln 1193, S. 39.
34 Wie dies ein Extremist sah, zeigt folgendes Beispiel: Redlich, Tagebuch 1, Eintrag vom 17.10.1912: „Das große Publikum glaubt nicht an die Möglichkeit eines Krieges zwischen den Großmächten. So sehr hat Liberalismus, Sozialismus, Pazifismus die öffentliche Meinung der Gebildeten betäubt."
35 Zum Begriff der „Balance of power" Schroeder, Transformation; zur Kritik an Schroeders Begriff des „Equilibrium" siehe Winfried Baumgart: Europäisches Konzert und nationale Bewegung. Internationale Beziehungen 1830–1878, Paderborn u.a., 1999 (Handbuch der Geschichte der internationalen Beziehungen; Band 6), S. 149, 164–165.

bei der „Entente Cordiale" oder den russisch-englischen Absprachen um starre Blocksysteme, die es den einzelnen Staaten unmöglich machten, mit den Staaten der gegnerischen Machtgruppe freundschaftliche Kontakte zu unterhalten und sich mit diesen in vielen Einzelfragen zu vergleichen. Dies hatte die Geschichte des Dreibunds wie auch die der russisch-französischen Allianz über weite Strecken gezeigt. Hinzu kam die Möglichkeit, Streitfragen über das Konzert auszutragen; auch dies hatte bis 1913 funktioniert und hätte auch 1914 funktionieren können.

Trotzdem hatte das Ganze auch massive Schattenseiten. Die Großmächte ließen sich in ihrer Außenpolitik von der Angst um den Verlust ihrer derzeitigen Bündnispartner konditionieren.[36] Auch war eine Gleichgewichtspolitik dieses Typs, vor allem in den letzten Jahren vor 1914, mit hohen Rüstungen und Kosten verbunden sowie mit der beständigen Furcht, von der gegnerischen Koalition überrundet zu werden. Daraus resultierten auch geistige Verspannungen wie die „Einkreisungsphobie", die Spionagefurcht in allen europäischen Staaten und immer wieder in den Generalstäben auftauchende Präventivkriegsideen. Die Friedenssicherung durch Gleichgewicht und Hochrüstung erzeugte Angst, Angst vor Überrundung, aber auch Angst vor dem großen Krieg.[37] Das europäische Allianzsystem hatte die Abschreckung und die Kriegsschwelle zwar sehr hoch angesiedelt. Dafür aber bestand die Gefahr der europaweiten Eskalation in dem Fall, daß sich ein Krieg tatsächlich nicht verhindern lassen sollte; die Gefahr, daß die Staaten zu „Opfern ihrer Allianz" werden würden.[38] Dies war natürlich bekannt und hatte bis 1914 dafür gesorgt, die Bereitschaft zu riskanten Manövern zu drosseln.

Trotz der Hochrüstungsphase war aber die internationale Lage im Jahre 1914 viel entspannter als in den Jahren zuvor – zumindest in Westeuropa. Der Höhepunkt des deutsch-britischen Flottenwettlaufs war überschritten, da die Briten ihn inzwischen definitiv gewonnen hatten. Innerhalb der deutschen Führung wuchs die Kritik am Flottenbau und hätte sich über kurz oder lang durchgesetzt, zumal inzwischen Armee und politische Leitung gegen die Marine zusammenarbeiteten.[39] Die Balkankriege hatten, was die Türkei anging, klare Verhältnisse geschaffen: Das „orientalische Geschwür" bestand zumindest in Europa nicht mehr, der Unruheherd Mazedonien war ausgeschaltet. Die Balkanländer benötigten eine lange Phase der Ruhe, um ihren neuen Besitz zu organisieren und sich von den Strapazen der Kriege zu erholen.[40] Trotzdem blieben auf dem Balkan und in Österreich-Ungarn, infolge des Aus-

---

36 Zu Großbritannien und seiner Allianzpolitik entsprechend Gade, Gleichgewichtspolitik, passim; zu Frankreich Krumeich, Aufrüstung, passim.
37 Siehe Kap. IV.8: Der Dreibund und das militärische Gleichgewicht in Europa 1911–1914.
38 Jules Cambon zu Beyens, 25.7.1914, zitiert bei Hildebrand, Das vergangene Reich, S. 310.
39 Afflerbach, Falkenhayn, S. 134 f.
40 Dazu Boeckh, Balkankriege, passim.

gangs der Balkankriege, schwere Spannungen; auch die albanische Frage war keinesfalls abgeschlossen. Die innenpolitischen Verhältnisse der europäischen Staaten waren, trotz aller unbestreitbaren Probleme, die im Zusammenhang mit der fortschreitenden Massenpartizipation und Demokratisierung entstanden, relativ stabil. Dies zeigt sich beim Vergleich des Europas von Juni 1914 mit dem vor 1848, vor 1870, zwischen 1919–1945 oder beispielsweise auch zwischen 1945–1989, wo der Status quo nur durch den monströsen Druck innenpolitischer Repression in Osteuropa und unter der Drohung des Atomkrieges aufrechterhalten werden konnte.

> Dieser schreckliche Krieg, der die Kultur fast des gesamten Europas auf Jahrzehnte hinaus vernichten wird
>
> Moltke, am 28. Juli 1914

b) Politische Stabilisierung durch einen lokalen Krieg – Die Reaktion der Zweibundmächte auf das Attentat von Sarajevo

Doch wenn die politischen Verhältnisse leidlich stabil waren und alle Kabinette den großen europäischen Krieg vermeiden wollten, warum ist er dann trotzdem ausgebrochen?

Zur Erklärung reicht die Auflistung der Schwachpunkte des europäischen Systems nicht aus; zu Recht warnten die amerikanischen Historiker Paul Schroeder und Joachim Remak vor einer zu deterministischen Sicht der Dinge.[41] Tatsächlich ist die diplomatiegeschichtliche Erklärung, nämlich der Blick auf die unmittelbaren Abläufe und Fehler des Juli 1914, unersetzlich. Der Erste Weltkrieg brach als Resultat schwerer diplomatischer Fehler und Fehleinschätzungen aus.[42] Die vielbeschworenen, zur Erklärung natürlich unverzichtbaren tieferen Gründe stellten die Potentialität her: Der Erste Weltkrieg war ein mögliches, aber kein zwangsläufiges und sogar ein eher unwahrscheinliches Resultat der damaligen politischen Ordnung.[43]

---

41 Siehe dazu Joachim Remak: 1914 – The Third Balkan War: Origins Reconsidered, in: Journal of Modern History 43 (1971), S. 353–366; sowie Paul W. Schroeder: World War I as Galloping Gertie, in: Journal of Modern History 44 (1972), S. 320–345.

42 Zum Unterschied des Kriegsausbruchs 1914 und 1939 siehe Walter Hofer, Gibt es eine Kriegsschuldfrage 1939, in: ders.: Die Entfesselung des Zweiten Weltkrieges, Darstellung und Dokumente, Düsseldorf 1984, S. I–XXVI, mit der inzwischen klassischen Unterscheidung zwischen „Ausbruch" (1914) und „Entfesselung" (1939).

43 Zur Kriegs- bzw. Friedensstimmung in Europa im Sommer 1914 siehe zusammenfassend und

Am Anfang stand die Tatsache, daß sich Ende Juni/Anfang Juli 1914 unter dem Eindruck von Sarajevo die Obsessionen und kollektiven Ängste der deutschen und der österreichischen Entscheidungsträger für einen Moment, für Wochen, vielleicht sogar nur für Tage, trafen und in Berlin und Wien ein Gefühl dominierte: Daß es nun um die eigene Existenz ginge und zur Beseitigung dieser Gefahr ein hohes Risiko in Kauf genommen werden müsse. Die Diplomaten am Ballhausplatz[44] glaubten, die Monarchie anders als durch die „Abrechnung" mit den Serben nicht mehr stabilisieren und auf diese Weise eine Korrektur der aus ihren Augen seit Jahren mißglückten und inzwischen als lebensbedrohlich empfundenen Balkanpolitik erzwingen zu können.[45] Ungeachtet der letzten trüben Kriegserfahrungen von 1859 und 1866 bedrängte die österreichisch-ungarische Führung, Berchtold und seine Mitarbeiter, in unglaublichem Leichtsinn den widerstrebenden greisen Monarchen, die Gelegenheit zur „Abrechnung" mit den Serben zu nutzen.[46] Während hier noch erhebliche Widerstände, so etwa vom ungarischen Ministerpräsidenten Tisza, überwunden werden mußten, wurden sie in ihren Entschlüssen durch den Leiter der deutschen Außenpolitik, Reichskanzler v. Bethmann Hollweg, unterstützt. Die deutsche Führung betrachtete es bei der europäischen Gesamtlage als Lebensnotwendigkeit, den unter dem Ansturm der Balkannationalismen wankenden Bundesgenossen als Großmacht zu stabilisieren,[47] aus Angst, bei dessen Zerfall sonst allein einer überlegenen Koalition gegenüberzustehen. Außerdem wurde der Kanzler von seinem Generalstabschef Moltke bedrängt, der einen Angriff der gewaltig aufrüstenden Entente für 1916 voraussagte und wegen des dann drohenden deutschen Rüstungsrückstandes dem Staatssekretär Jagow im Frühjahr 1914 erklärte: „je früher, desto besser für uns"[48]. Beides war, wie heute überdeutlich ist, ein ungeheurer Irrtum. Was die österreichischen Ängste angeht: Über die Lebensfähigkeit der Habsburgermonarchie wird zwar bis heute debattiert, aber

---

europäisch-vergleichend: Hew Strachan: The First World War. Band 1: To Arms, Oxford 2001, S. 103–162.

44 Fellner, Die Mission Hoyos, S. 119, mit einer Gewichtung des Einflusses Berchtolds und seiner Mitarbeiter.

45 Das Memorandum, das Graf Hoyos am 5. Juli 1914 in Berlin Kaiser Wilhelm vorlegte und eine Änderung der Balkanpolitik im österreichischen Sinn verlangte, basierte auf einer Denkschrift Matschekos, die bereits vor dem Attentat angefertigt worden war. Zur Vorgeschichte siehe besonders: John Leslie: The Antecedents of Austria-Hungary's War Aims, in: Wiener Beiträge zur Geschichte der Neuzeit 20 (1993), S. 307–394.

46 Selbst nach dem Krieg war Berchtold noch der Ansicht, der Austrag des Konfliktes mit Serbien sei eine Existenznotwendigkeit für die Monarchie gewesen. In: Hantsch, Berchtold 2, S. 646 f.

47 Jagow an Lichowsky, 18.7.1914: Die „Erhaltung .... eines möglichst starken Österreichs ist für uns aus inneren und äußeren Gründen eine Notwendigkeit". In: Immanuel Geiß (Hrsg.): Julikrise und Kriegsausbruch 1914, Hannover 1963, Band 1, Nr. 135.

48 Afflerbach, Falkenhayn, S. 147.

es steht fest, daß dieser Vielvölkerstaat die ungeheuren Anforderungen eines über vierjährigen Weltkriegs durchgestanden hat und erst unter den Auswirkungen der militärischen Niederlage zerbrochen ist; so fragil kann er also nicht gewesen sein.[49] Daß ihr Vorgehen verbrecherisch leichtsinnig war, haben einzelne der damals verantwortlichen österreichischen Diplomaten später selbst zugegeben.[50] Und auch die deutsche Lagebeurteilung war vollkommen falsch: Es ist weithin unbestritten, daß die Entente, anders als es Moltke als sicher annahm, keinen Angriff für 1916 plante. Moltkes Prophezeiungen wurden im übrigen auch innerhalb der deutschen Militärführung nicht ernst genommen.[51] Seine Warnungen waren um so kurzsichtiger, als international damit gerechnet wurde, daß die Entente in naher Zukunft sogar wieder schwächer werden würde, da Frankreich den Stand seiner gegenwärtigen Hochrüstung nicht lange würde ertragen können.[52] Außerdem wurde schon damals bezweifelt, daß das von Streiks und innenpolitischer Labilität zerrissene Zarenreich sein gewaltiges Aufrüstungsprogramm wirklich hätte durchhalten können.[53] Und schließlich fehlen auch alle Anzeichen dafür, daß Frankreich und Rußland von sich aus die doch ungeheuer mächtige und in ihren Ressourcen keineswegs unterlegene Dreibundkombination angegriffen hätten.[54] Der Dreibund, ja der Zweibund allein mit den beiden hervorragenden Armeen der Mittelmächte galt in ganz Europa als sicherer Gewinner eines europäischen Landkrieges.[55] Auch hätte England einen Angriff des russisch-französischen Zweibunds nicht unterstützen können und wollen; schon 1914, bei ganz anderen Verhältnissen, stand das englische Eingreifen innenpolitisch stark zur Diskussion. Ob Großbritannien seinerseits den Konflikt ausgelöst hätte, ist trotz des deutsch-englischen Gegensatzes und trotz der späteren Einschätzung Winston Churchills („Die Schalen des Zorns") überaus zweifelhaft, ja ausgeschlossen, zumal sich das deutsch-englische Verhältnis seit der zweiten Marokkokrise spürbar ver-

---

49 Dazu Sked, Habsburg; Rauchensteiner, Tod des Doppeladlers, passim.
50 Fellner, Die Mission Hoyos, S. 120, 138.
51 Afflerbach, Falkenhayn, S. 133–135; undatierter Brief Falkenhayns an Moltke, Ende Juli 1914, BA/MA, W 10/50267. Für den Hinweis auf diesen Brief danke ich Dirk Bönker.
52 Zu den innenpolitischen Problemen in Frankreich wegen der Hochrüstung Krumeich, Aufrüstung.
53 Treutler an Zimmermann, 15.6.1914, GP 39, Nr. 15736, zitiert Franz Ferdinand: „die inneren Schwierigkeiten seien zu groß, um diesem Lande (Rußland) eine aggressive äußere Politik zu gestatten".
54 Kennedy, Aufstieg und Fall, S. 391 f.
55 San Giuliano an Bülow, 31.8.1914, DDI 5/I, Nr. 524: „... nous avons toujours pensé que les probabilités de victoire étaient pour l'Allemagne." Hoyos schrieb nach dem Krieg: „Niemand hat heute eine Vorstellung davon, wie sehr der Glaube an die deutsche Macht, an die Unbesiegbarkeit der deutschen Armee uns damals beherrschte und wie sicher wir alle waren, daß Deutschland ... uns die allergrößte Garantie für unsere Sicherheit böte, für den Fall, daß ein europäischer Krieg als Folge unserer Aktion gegen Serbien ausbrechen sollte." Zitiert bei Fellner, Die Mission Hoyos, S. 138.

bessert hatte. Das europäische Staatensystem war trotz aller Spannungen, trotz des allgemeinen Wettrüstens und der Spaltung in zwei Machtgruppen im Jahre 1914 stabil und durch den Wunsch geeinigt, den allgemeinen Krieg zu vermeiden.

Damit liegt das schwere Versagen Moltkes, eines labilen und nervenschwachen Mannes mit okkulten Neigungen, der in seiner Funktion eine glatte Fehlbesetzung war, bei dieser Einschätzung offen zutage.[56] Doch auch Bethmann Hollweg kann von allerschwersten Vorwürfen nicht freigesprochen werden, da er Moltkes Lagebeurteilung wirklich ernst genommen hatte.[57] Denn die Kriegsneigung des preußisch-deutschen Offizierskorps war notorisch, und soldatischer Aktivismus wurde in Diplomatenkreisen als etwas Selbstverständliches gewertet. Das Wort von der „Kriegspartei" war schon in der Bismarck-Zeit gebraucht worden, um damit die für Offiziere typische politische Ausrichtung zu charakterisieren. Im Generalstab waren fast durchweg „Militaristen" zu finden, die sich die Lösung politischer Konflikte nur durch Krieg vorstellen konnten.[58] Dabei spielte aber auch ein professioneller Ehrgeiz eine große Rolle – das heißt, ein nichtpolitisch motivierter Kriegswunsch. Gottlieb v. Jagow hatte 1911 geschrieben, daß Soldaten bis zu einem gewissen Grade immer den Krieg herbeisehnten, und angefügt: „Soldaten, die nur für Frieden schwärmen, sind ein Unding."[59] Insofern war es ein riesiger Fehler, diesen kriegerischen Aktivismus und die Kriegsgeneigtheit bei diesen militärischen Auskünften nicht relativierend in Rechnung zu stellen. Ein Fehler, der im übrigen seitens der politischen Führung des Deutschen Reiches bislang vermieden worden war, denn Präventivkriegsvorschläge mit scheinbar einleuchtenden fachlichen Begründungen waren von militärischer Seite seit der Bismarck-Zeit immer wieder laut geworden, aber ihnen wurde politischerseits nicht Folge geleistet. So hatte, um nur mit einem einzigen Beispiel die bis in

---

56 Zu Moltke siehe: Annika Mombauer: Helmut von Moltke and the Origins of the First World War, Cambridge 2001.

57 Fellner, Die Mission Hoyos, S. 126, mit Bethmanns Ansicht, der Krieg, sollte er unvermeidlich sein, käme besser jetzt als später. Dazu auch Mommsen, Nationalstaat, S. 354, mit einem Zitat Bethmanns von Februar 1918, in der sich zumindest in der Rückschau ein gewisser Zweifel des Kanzlers andeutete („vorausgesetzt, die Einschätzung des Generalstabes hinsichtlich der Lage der Mittelmächte sowie der Kriegsabsichten des Zarenreiches sei zutreffend").

58 Zur Militarismus-Definition Gerhard Ritters, Staatskunst 1, S. 13–24, auch Afflerbach, Falkenhayn, S. 456.

59 Jagow an Bethmann Hollweg, 13.1.1911, PA/AA, R 9118. Redlich, Tagebuch 1, Eintrag vom 4.11.1912, S. 170: „In allen Ländern bilden die Generale eine natürliche Kriegspartei." Oder Macchio an Berchtold, 13.1.1915, HHStA, PA I, 507: „Daß die Offiziere einer Armee den Krieg wünschen, das kann schon vom Carrière-Standpunkt nicht anders sein." Auch Afflerbach, Falkenhayn, S. 49–171, als Musterbeispiel für soldatischen Aktivismus, der in Falkenhayns Ausspruch vom 4.8.1914 gipfelte: Wenn wir auch darüber zu grunde gehen, schön war's doch." Vgl. auch Thomas Rohkrämer: Der Militarismus der „kleinen Leute", München 1990, passim.

die Formulierung reichende Kontinuität dieser militaristischen Ratschläge zu demonstrieren, Graf Waldersee im Mai 1886 notiert, er halte den europäischen Krieg für unvermeidlich, und „je früher er kommt", um so besser seien die Chancen.[60] Seinerzeit wurde diesem Drängen einfach nicht Folge geleistet, und nichts geschah. Auch während der ersten Marokkokrise hatte der Generalstab, damals mit militärisch guten Gründen, die Ansicht geäußert, daß der Zeitpunkt für einen Krieg gegen Frankreich günstig sei; doch ohne Resultat. Doch im Juli 1914 war Bethmann aus einer Mischung von Fatalismus, Militärfrömmigkeit und Panik wegen der russischen „Dampfwalze" bereit, das Kriegsrisiko auf sich zu nehmen. Auch hier unter seiner Verantwortung ostentativ leidend, empfand er dieses als „Sprung ins Dunkle" und diesen als „schwerste Pflicht"[61], die er allerdings freiwillig auf sich nahm: Niemand hätte ihn dazu zwingen können, Moltke nicht und ebensowenig der – den Kampf herbeisehnende – preußische Kriegsminister Falkenhayn, und auch nicht die deutsche Öffentlichkeit, deren Interesse sich nach Sarajevo bald wieder anderen Themen zugewandt hatte.

Bethmann handelte im ersten Teil der Julikrise allein, ohne die Militärs und den Kaiser, die er in den Sommerurlaub schickte, damit sie seine Operationen, die er gemeinsam mit einigen wenigen Diplomaten durchführte, nicht störten.[62] Der Kaiser hatte sich sowieso in seiner üblichen bramarbasierenden Art für eine energische Aktion gegen Serbien ausgesprochen und den Österreichern jede erwünschte Hilfeleistung zugesagt. Ob er seine Aussprüche diesmal ernster nahm als gewöhnlich und weitreichende Konsequenzen bis hin zum Weltkrieg wirklich in Rechnung stellte, ist wenig wahrscheinlich.[63] Bei dem, was der Kanzler und das Auswärtige Amt sich entschlossen in Szene zu setzen, kann direkt und indirekt beobachtet werden, daß sie von der Existenz des europäischen Konsenses ausgingen, den großen Krieg zu vermeiden. Der Fehler, der von der deutschen wie österreichischen Diplomatie, von Berchtold und Bethmann, gemacht wurde – Fritz Fellner hat nachgewiesen, wie sehr an dieser existentiellen Entscheidung auch jüngere Diplomaten aus der zweiten Reihe, wie Alexander Hoyos oder Dietrich Bethmann, der Neffe des Kanzlers, beteiligt gewesen sind[64] –, basierte gerade auf der Erkenntnis, wie groß die Angst Europas vor einem allgemeinen Krieg war, und auf der Annahme, deshalb das riskante Manöver gegen Serbien unterhalb der

---

60 Zitiert bei Ulrich, Die nervöse Großmacht, S. 101 f.
61 Riezler-Tagebuch, Eintrag vom 14.7.1914.
62 Afflerbach, Falkenhayn, S. 149–151.
63 Tobisch, Deutschlandbild, S. 285–286, mit der zutreffenden Feststellung einer Kontinuität deutscher Beistandsbeteuerungen mindestens seit 1908.
64 Fellner, Die Mission Hoyos, passim. Lützow, Im diplomatischen Dienst, S. 219, schrieb, Berchtold habe am 13. Juli 1914 gesagt: „Ich will nicht, daß man von mir sagt wie vom Aehrenthal, daß ich den richtigen Moment versäumt habe, Krieg zu führen."

Schwelle eines allgemeinen Krieges durchziehen zu können; eine Strategie, die von Kanzlersekretär Riezler in einer Publikation aus dem Jahre 1913 als „Theorie des kalkulierten Risikos" bezeichnet worden war. Die Julikrise trägt im Ursprung den Charakter eines – katastrophal gescheiterten – Bluffs[65] der Mittelmächte mit dem Hintergedanken, wenn die anderen Mächte sich nicht einschüchtern ließen und den europäischen Konsens brechen sollten, hätten sie sowieso schlechte Absichten für die Zukunft, dann stünde der befürchtete slawisch-germanische Endkampf tatsächlich vor der Tür und dann sei es immer noch besser, den Krieg jetzt als später herbeizuführen. Die Zirkelschlußnatur dieser Ansichten wird in einem Schreiben Méreys vom 29. Juli 1914 besonders deutlich: „Ich werde es also für ein wahres Glück halten, wenn es zum Kriege mit Serbien kommt. Entwickelt sich daraus die europäische Konflagration, so wird mir dies beweisen, dass dieselbe in der Luft lag, früher oder später bei irgend einem Anlasse doch gekommen wäre, und da unterliegt es wohl keinem Zweifel, dass für den Dreibund der heutige Moment ein günstigerer ist als ein späterer."[66]

Das deutsch-österreichische Manöver gegen Serbien diente der politischen Stabilisierung der Donaumonarchie und somit des Erhalts des mitteleuropäischen Bündnisses und des Gleichgewichts zwischen den Machtgruppen – Ziele, die in Wien und Berlin gleichermaßen als existentiell gewertet wurden. Große Teile der österreichischen Diplomatie befürworteten einen lokalisierten Krieg gegen Serbien vor jeder friedlichen Lösung des Konfliktes, da man glaubte, nur so den panserbischen Nationalismus wirkungsvoll bekämpfen zu können.[67] Zwar stand in Wien insgesamt das politische Ziel, nämlich die Eindämmung des serbischen Nationalismus, im Vordergrund, aber der Krieg gegen Serbien wurde als das erwünschteste Mittel zum Zweck angesehen, da vermutet wurde, Belgrad würde sich allen politischen Auflagen sowieso entziehen. Serbien galt nicht nur am Ballhausplatz als schlechter, unruhiger Nachbar mit überspannten Ansprüchen; dies entsprach auch der Ansicht vieler großer europäischer Zeitungen, zumal der englischen.[68] Die Regierungen, außer der russischen, empfanden keine wirklichen Sympathien für Serbien. Ganz Europa

---

65 Die Zeitgenossen waren sich über die Risiken einer solchen Politik im klaren. Siehe oben, Kap.IV.3.b. Graf Stürgkh sagte: „… dass die eine Drohung enthaltende Alternative eine große Gefahr beinhalte, denn Drohungen führen leicht zum Kriege." Ministerprotokoll v. 14.9.1912, ÖUA IV, Nr. 3787. Bollati an San Giuliano, 29.07.1914, DDI 4/XII, Nr. 693, war der Ansicht, die deutsche Regierung habe geblufft und könne nun nicht mehr zurück. Zu Riezlers Blufftheorien und der Rolle der Hochrüstung darin siehe Rauchensteiner, Tod des Doppeladlers, S. 73.
66 Mérey an Berchtold, 29.7.1914, ÖUA VIII, Nr. 10991.
67 Fellner, Die Mission Hoyos, S. 131, mit starker Unterstreichung des österreichischen Kriegswillens. Auch Vortrag Berchtolds an den Kaiser, 28.7.1914, ÖUA VIII, Nr. 10855.
68 Dazu Cornwall, Serbia, passim.

wartete mit Hochspannung darauf, wie die österreichische Diplomatie reagieren würde. In Belgrad wurde mit einer harten Reaktion gerechnet; die Regierung verhielt sich außerordentlich vorsichtig und suchte jede Provokation zu vermeiden, und das, obwohl gleichzeitig als Folge des Attentats die serbischen Untertanen der Monarchie in Bosnien Ziel von Pogromen der kroatischen und muslimischen Bevölkerung wurden; die österreichischen Behörden ahndeten diese praktisch nicht. Die Regierung in Belgrad war zum Entgegenkommen bereit, lehnte aber von Anfang an entschlossen jeden Eingriff in ihre Souveränitätsrechte ab.[69] In Wien wurden Beweise gesammelt, die eine Mitschuld der serbischen Behörden an dem Attentat von Sarajevo nachweisen sollten, und parallel dazu an einer Note gefeilt, die so hart und eindeutig war, daß, sollte Serbien sie annehmen, damit anders als druch das Ultimatum von 1909 diesmal ein wirksamer Riegel vor alle weiteren panserbischen Aktivitäten geschoben würde. Damals hatte Serbien bereits „gute Nachbarschaft" versprochen. Sollte Belgrad ablehnen, würde es sich, so spekulierten die Diplomaten am Ballhausplatz, in ganz Europa ins Unrecht setzen. Serbien würde aber nachgeben, es sei denn, Rußland würde ihm seine Hilfe zusagen. Dann wiederum müßte das Deutsche Reich Österreich-Ungarn stützen. Allerdings wurde in Berlin wie Wien geglaubt, Rußland würde nachgeben: Einerseits könne es wegen der Abscheulichkeit des Verbrechens von Sarajevo und der als zweifelsfrei angenommenen Verstrickung der serbischen Regierung in das Attentat die Serben nicht unterstützen, andererseits werde es vor der Entschlossenheit der Zweibundmächte zurückweichen. Und sollte Rußland sich nicht einschüchtern lassen, stünde eben der Kontinentalkrieg gegen Rußland oder aber gegen die russisch-französische Allianz auf dem Programm. Die in den verantwortlichen Wiener Kreisen herrschende Mentalität, die nicht anders denn als verbrecherischer Leichtsinn charakterisiert werden kann, brachte Graf Hoyos zum Ausdruck, als er am 15. Juli 1914 zu Redlich sagte: „Wenn der Weltkrieg daraus entsteht, so kann uns das gleich bleiben."[70] Dies lag auch

---

69 So überzeugend Cornwall, Serbia, S. 73, in Ablehnung der These Albertinis, erst die russische Zusage der Unterstützung habe Serbiens Widerstandswillen gestärkt.

70 Redlich, Tagebuch 1, Eintrag vom 15.7.1914. Der verbrecherische Leichtsinn, der aus dieser Haltung sprach, hat denselben Hoyos nach 1918 in derartige Schuldgefühle gestürzt, daß er monatelang mit dem Gedanken des Freitodes rang. Fellner, Die Mission Hoyos, S. 120. Es ist erstaunlich, daß Fellner die Österreicher für den Ausbruch des Lokalkrieges, die Deutschen aber für den Ausbruch des Weltkrieges verantwortlich macht, statt die Schuld für beide Kriege an beide Adressen zu richten. Lützow, Im diplomatischen Dienst, S. 218, schreibt, einer der Berater Berchtolds habe am 13. Juli 1914 gesagt: „Was kann uns denn viel geschehen? Wenn es schlecht geht, werden wir halt Bosnien und ein Stück Ostgalizien verlieren!" Bülow, Denkwürdigkeiten 1, S. 399, verglich später die habsburgische Monarchie mit „einem alten, halb ruinierten Kavalier, der allmählich in die Stimmung geraten ist, mit Galgenhumor alles auf eine Karte zu setzen."

daran, daß diese Diplomaten ein grenzenloses Vertrauen in die deutsche Armee setzten und glaubten, diese würde jeden Krieg mühelos gewinnen.[71] Doch als wahrscheinlich galt diese Alternative eines europäischen Krieges weder in der Öffentlichkeit – in den großen Zeitungen fielen die Meldungen über die erwarteten österreichischen Schritte langsam wieder zurück und wurden von anderen Nachrichten, etwa den albanischen Vorgängen, überlagert – noch bei den europäischen Kabinetten. In Berlin und Wien wurde Anfang Juli 1914 ein großer europäischer Krieg für zwar möglich, aber offenbar doch für sehr unwahrscheinlich gehalten.[72] Wäre es ansonsten, trotz aller militärischen Überlegenheitsgefühle, nicht logisch, ja geradezu zwingend gewesen, die Verbündeten, Italien und Rumänien, vor dem Ultimatum an Serbien einzuweihen und zum Mitmachen zu verpflichten? Dies ist nicht geschehen, sicher aus Angst vor deren mangelnder Verläßlichkeit, besonders aber deshalb, weil mit dem großen Krieg in den beteiligten politisch-diplomatischen Kreisen in Berlin und Wien in Wahrheit nicht wirklich gerechnet wurde. Man glaubte, die gegnerische Machtgruppe würde nachgeben und Serbien fallenlassen.[73]

---

71 Fellner, Die Mission Hoyos, S. 138.
72 Redlich, Tagebuch 1, Eintrag vom 15.7.1914: „Hier in Wien glaubt niemand an die Möglichkeit eines Krieges ..." Ähnlich Macchio später: „Trotz meiner Vermutungen über russische Eingriffe hätte ich nie geglaubt, daß sich im Europa des 20. Jahrhunderts Staatsmänner finden würden, die einen Weltkrieg zu entfesseln wagen würden, um die ungesunden Ambitionen eines kleinen Staates zu befriedigen, dessen Wohlergehen mit keinem der großen Probleme zusammenhing, die das gegenseitige Verhältnis der Weltmächte bestimmten ... Indes bin ich – in genauer Kenntnis des Milieus, in dem sich die Wiener Entschließungen abspielten – davon überzeugt, daß wenn die europäische Konflagration als eine unvermeidliche Folge unserer Aktion gewertet worden wäre, man sich auch diesmal mit einem Scheinerfolge Serbien gegenüber zufrieden gegeben hätte." In: HHStA, NL Macchio, Karton 1.
73 Entsprechende Schlußfolgerungen auch bei Salvemini, Politica Estera, S. 406.

> Zudem dürfte ganz speziell die Italiener – und vielleicht auch die Rumänen – ein leichtes Gruseln bei der Lecture unserer Note überlaufen haben, denn ein so scharfes Losgehen gegen eine irredentistische Bewegung zwingt förmlich zur Erkenntnis einer gewissen Analogie – wenn auch in ganz verändertem Maßstabe – und zu einer Erforschung des eigenen schuldbeladenen Gewissens.
>
> Mérey, am 29. Juli 1914
>
> Pazzi!
>
> Senator Pansa, am 26. Juli 1914 über die Kriegsbegeisterten in Wien und Berlin

c) Die Rolle Italiens während der Julikrise 1914

Die Wiener Regierung hütete sich sorgfältig davor, Italien während der Planungen für das Ultimatum ins Vertrauen zu ziehen. Hoyos hatte bei seiner Reise nach Berlin die Deutschen informiert, daß Wien die Italiener über die gegen Serbien geplanten Schritte nicht informieren wolle.[74] Das deutsche Auswärtige Amt drängte ebenfalls nicht darauf, die Italiener rechtzeitig einzuweihen. Für die Haltung beider Mächte gab es mehrere Gründe, von denen einer dominierte: Nämlich die Vorstellung, daß die italienische Mitwisserschaft bei dem geplanten komplizierten Manöver nur für Komplikationen sorgen werde. Die italienische Regierung hätte beispielsweise eine energische Warnung wie die von 1913 ausstoßen können, als Giolitti sich im Zusammenhang mit dem serbisch-österreichischen Streit um den Adriazugang energisch jede Aktion der Monarchie gegen Serbien verbeten hatte.[75] Schließlich war nicht einmal ausgeschlossen, daß Italien sich auf europäischer Ebene an direkten Gegenmaßnahmen beteiligen oder diese sogar, um österreichische Erfolge zu verhindern, provozieren würde. Und Europa sollte in dieser Frage nicht angerufen werden; dafür war das deutsche und österreichische Vertrauen in Konferenzlösungen zu gering geworden; dort würde man der gesamten Entente gegenüberstehen und den kürzeren ziehen.[76] Hinzu kam die österreichische Angst vor italienischen Kompensationsforderungen, die mindestens Teile Albaniens, vielleicht sogar die Abtretung des Trentino umfassen

---

74 Fellner, Die Mission Hoyos, S. 138. Hoyos befürchtete italienische Indiskretionen und eine feindselige Haltung des Verbündeten sowie auch eine italienische Kompensationsforderung.
75 Siehe S. 742–744.
76 Zur Ablehnung des Konferenzgedankens durch Berchtold: Hantsch, Berchtold 2, S. 632–647.

würden. Außerdem herrschten Zweifel am militärischen Wert des italienischen Beistands, da das italienische Heer immer noch vom Libyenkrieg mitgenommen war.

Da sie nicht informiert wurden und auch nicht sicher erahnten, was sich in Wien und Berlin zusammenbraute, setzten sich die italienischen Außenpolitiker in den für die europäische Zukunft so ungeheuer entscheidenden Wochen vor dem Ultimatum in einer wirklichkeitsfern anmutenden Weise mit den Ereignissen auseinander. Einerseits war in Rom wie überall sonst klar, daß die Wiener Diplomatie eine Aktion gegen Serbien vorbereitete. Andererseits wurde diese weniger im entscheidenden gesamteuropäischen Zusammenhang als vielmehr in Verbindung mit den bereits bestehenden Problemen auf dem Balkan gesehen: mit der albanischen Frage und der überall vermuteten baldigen Vereinigung Serbiens mit Montenegro. Und genau hier glaubte San Giuliano den Hebel ansetzen zu müssen. Er nahm an, daß die in den Vorjahren oftmals angesprochene Tauschaktion zustande käme und Österreich-Ungarn für die Vereinigung der beiden Länder den Lovcen verlangen würde, um den Hafen von Cattaro zu sichern.[77] Für diesen Fall wollte San Giuliano eine Kompensation verlangen, die aus dem Trentino bestehen sollte.[78] Während sich in Wien Entscheidungen vorbereiteten, die schließlich zum europäischen Krieg führen sollten, agierte die italienische Diplomatie nach ihrem gewohnten Muster: Sie suchte, Berlin als Mittler einzuschalten und ihren Kompensationsanspruch zur Geltung zu bringen. Dies führte dazu, daß San Giuliano die italienisch-österreichische Konkurrenzsituation in Albanien gewaltig dramatisierte und am 9. Juli 1914 sogar mit Krieg drohte, sollte es in der Lovcen-Frage nicht zu einer Einigung kommen.[79]

Erst nach der Übergabe des Ultimatums in Belgrad wurde die römische Regierung über den Inhalt in Kenntnis gesetzt, um zu verhindern, daß sie den Text sofort nach St. Petersburg weitergab.[80] Dies war natürlich außerordentlich ungeschickt, und Botschafter Mérey hatte deshalb auch angeregt, die Note wenigstens einen Tag vorher in Rom bekanntzumachen;[81] dies war auch

---

77 Ursprung dieser Annahme könnte ein Artikel der „Militärischen Rundschau" vom 2.7.1914 sein, in dem die Lovcen-Tauschaktion besprochen wurde. Über den Artikel berichtete Avarna an San Giuliano, 4.7.1914, DDI 4/XII, Nr. 74.
78 San Giuliano an Avarna, Bollati, Carlotti, Negrotto, Squitti, 9.7.1914, DDI 4/12, Nr. 124.
79 Deutsche Version des Gesprächs: Flotow an Bethmann, 10.7.1914, GP 38, Nr. 15555; Version San Giulianos siehe vorige Anmerkung.
80 Albertini, Origins 2, S. 312; Telegramm Berchtolds, 22.7.1914, ÖUA VIII, 10494.
81 Albertini, Origins 2, S. 311; Telgramme Berchtolds, 12.7.1914, ÖUA VIII, Nr. 10221, Méreys, 14.7.1914, ebenda, Nr. 10264, Berchtolds, 15.7.1914, ebd., Nr. 10289; Berchtolds, 20.7.1914, ebenda, Nr. 10400; Méreys, 22.7.1914, ebd. Nr. 10496; Mérey an Berchtold, 29.7.1914, ebd., Nr. 10989, kritisierte, daß entgegen seinen Wünschen und einer ursprünglichen Zusage Berchtolds die Informierung Roms nur gleichzeitig mit der Übergabe des Ultimatums in Bel-

der deutschen Regierung versprochen worden.[82] Diese späte Informierung war nicht nur unfreundlich gegen die italienische Regierung, sondern auch ein eindeutiger Verstoß gegen die Konsultationspflicht des Bündnisses – gegen den Buchstaben und den Geist des Dreibundvertrages. Sie war ein weiteres Indiz dafür, daß die Angelegenheit in Wien und Berlin nicht als Bündnisfall geplant gewesen war und eine Eskalation für unwahrscheinlich gehalten wurde. Bei Bekanntwerden des Ultimatums[83] hatte einer die richtige Eingebung – Tommaso Tittoni, der ehemalige Außenminister und nunmehrige Botschafter in Paris. Er telegraphierte an San Giuliano, daß Italien erklären solle, daß das Ultimatum ohne vorherige Unterrichtung Italiens erlassen worden sei und daß es eine österreichische Provokation darstelle, die nicht unter die Bestimmungen des Dreibunds falle, auch wenn Rußland in den Krieg eintrete. Es sei besser, dies den Verbündeten gleich mitzuteilen als später unter dem Druck der öffentlichen Meinung.[84]

Direkt wurde in Italien auch das Deutsche Reich für die Entwicklung mitverantwortlich gemacht – durchaus zu Recht. Hier wurde angenommen, daß Berlin den Krieg wolle; denn, so wurde vermutet, ohne deutsche Rückendeckung hätte Wien diesen friedensgefährdenden Schritt niemals unternommen. Die italienische Öffentlichkeit war fast ausnahmslos davon überzeugt, daß die Mittelmächte den Krieg wissentlich und gewollt herbeigeführt hatten.[85]

Dies rächte sich, als deutlich wurde, daß die Entente nicht nachgeben würde. Da Serbien von Rußland – wenn auch, wie Mark Cornwall nachgewiesen hat, bei weitem nicht bedingungslos oder enthusiastisch[86] – unterstützt wurde, blieb es bei seiner ursprünglichen Linie, den österreichischen Forderungen nicht bedingungslos Folge leisten zu wollen und jede Verletzung seiner Souveränitätsrechte abzulehnen. Die serbische Antwort war sehr geschickt verfaßt und enthielt tatsächlich weites Entgegenkommen, gleichzeitig aber auch Ablehnung unter gezielten Verdrehungen des Sinns der österreichischen Forderungen.[87] Wien hatte auf der bedingungslosen Annahme seiner Note be-

---

grad und in schriftlicher Form sogar einen Tag später als die mündliche Mitteilung in Belgrad erfolgte. Mérey meinte, dies werde sich „bitter rächen" und sei von „Presse und Regierung …weidlich gegen uns ausgenutzt" worden. Telegramm Szögyénys, 25.7.1914, ebenda, Nr. 10655, berichtet über die Verwunderung Bollatis gegenüber Jagow über die späte Informierung.

82 Albertini, Origins 2, S. 313.
83 Ebd., S. 314.
84 Ebd., S. 270; Salandra, Neutralità, S. 143.
85 Belege dazu (Auswahl): Albertini, Origins 3, S. 346; Salandra, Neutralità, S. 134; Ruspoli an San Giuliano, 2.8.1914, DDI 5/I, Nr. 6; Giolitti an San Giuliano, 5.8.1914, ebd., Fußnote 1; Giolitti, Memorie, S. 514–515; Bollati an San Giuliano, 5.8.1914, DDI 5/I, Nr. 67; Salvemini, Politica Estera, 404 f, 406, 410.
86 Cornwall, Serbia, S. 79–81.
87 Die Note in ÖUA VIII, Nr. 10648, Beilage.

standen; der österreichische Gesandte Giesl brach die diplomatischen Beziehungen daraufhin ab und verließ Belgrad. Die österreichische Kriegserklärung war nur noch eine Frage der Zeit. Doch die unflexible österreichische Haltung gegenüber dem teilweisen serbischen Entgegenkommen ließ die öffentliche Meinung Europas und vor allem Rußlands zugunsten der Serben umschlagen: Belgrad fand nun doch die volle russische Unterstützung. Damit war plötzlich der europäische Krieg infolge der Vernetzungen, die ihn bislang verhinderten, überaus wahrscheinlich geworden, was in allen europäischen Hauptstädten auch erkannt wurde. Geradezu fieberhaft suchten die Diplomaten nach einem Ausweg aus der unendlich verfahrenen Situation. Auch Bethmann rang verzweifelt nach einer Lösung, die den großen Krieg vermeiden sollte, ohne jedoch Österreich fallenzulassen[88] und ohne eine diplomatische Niederlage zu erleiden. Gleichzeitig mußte er sich auch des zunehmenden Drängens der Militärs erwehren, die den – von ihnen ersehnten – Krieg nun für unvermeidlich erklärten und ihre Maßnahmen zur Mobilmachung anlaufen lassen wollten.[89] Die Option, die Berlin noch hatte, wurde von einem französischen Diplomaten auf die Formel gebracht: „Das beste Mittel zur Verhinderung eines allgemeinen Krieges ist die Verhinderung des lokalen."[90] Doch dazu, die Österreicher zum Kompromiß zu zwingen, war Bethmann fatalerweise nicht bereit – Wilhelm II. hat dies offenbar zeitweise erwogen[91] –, weil dies im In- und Ausland als vollständiger Bankrott des Zweibunds interpretiert worden wäre. Er hatte außerdem die Befürchtung, daß die Österreicher sich nach dem Scheitern dieser Aktion tief verstimmt nach anderen, effektiveren Bündnispartnern umsehen würden. Auch Wien hätte den Frieden retten können, nämlich indem die Aktion gegen Serbien gestoppt oder, englischen Vermittlungsvorschlägen folgend, modifiziert worden wäre. Doch Berchtold und seine Mitarbeiter waren zu sehr auf die Idee fixiert, die Sache mit Belgrad nun in ihrem Sinne definitiv zu klären, und auch hier herrschte die Angst, im Fall eines Rückziehers weder auf dem Balkan noch in Berlin, noch sonstwo in Europa als Großmacht weiterhin ernst genommen zu werden. Auch konnte sich die Regierung in St. Petersburg nicht durchringen, den – ebenfalls den europäischen Frieden rettenden – Ausweg, Serbien doch fallenzulassen, zu wählen, obwohl diese Entscheidung in allen Hauptstädten mit allergrößter Erleichterung aufgenommen worden wäre, und zwar ebenfalls aus der Sorge um das Großmachtprestige und das Ansehen als slawische Bal-

---

88 Bollati an San Giuliano, 29.7.1914, DDI 4/XII, Nr. 693.
89 Dazu Afflerbach, Falkenhayn, S. 153–171.
90 Zitiert bei Hildebrand, Das vergangene Reich, S. 310.
91 Afflerbach, Falkenhayn, S. 154, mit einem Zitat aus Falkenhayns Tagebuch vom 28. Juli 1914: „Er (Wilhelm II.) hält wirre Reden, aus denen nur klar hervorgeht, daß er den Krieg jetzt nicht mehr will und entschlossen ist, um diesen Preis selbst Österreich sitzen zu lassen. Ich mache ihn darauf aufmerksam, daß er die Angelegenheit nicht mehr in der Hand hat."

kanvormacht. Noch einmal wollte Rußland nicht die Rolle der „grande impotenza" wie nach der bosnischen Krise spielen. Die Belgrader Regierung wiederum war nicht bereit, um des europäischen Friedens willens nachzugeben und sich mit der Rolle eines österreichischen Vasallen abzufinden. Dies wäre übrigens von den Hardlinern in Österreich als Niederlage empfunden worden in der Annahme, Serbien werde sich doch allen Auflagen und vertraglichen Zusagen hinterher entziehen. Alle Seiten glaubten deshalb, aus Gründen der Existenzsicherung nicht nachgeben zu dürfen.

Schon vor der am 28. Juli 1914 erfolgten österreichischen Kriegserklärung an Serbien hatte sich der Schwerpunkt der Aktionen von Wien nach Berlin und St. Petersburg verlagert. In der ungeheuren Geschwindigkeit, in der sich nun die Ereignisse jagten und die zu Entschlüssen führten, die bei ruhiger Erwägung wahrscheinlich nicht so gefällt worden wären, verband sich die Angst vor der großen Auseinandersetzung mit der intensiven Hoffnung, die jeweils andere Seite werde doch noch nachgeben. Da gleichzeitig infolge der Bündniskonstellationen der europäische Krieg plötzlich zum wahrscheinlichsten Ausgang der Krise geworden war, begann in Berlin der Generalstab unter dem Druck der minuziösen Zeitvorgaben des Schlieffen-Plans die Führung zu übernehmen und den Handlungsspielraum der Diplomatie immer weiter einzuschnüren. Gleichzeitig setzte sich in den europäischen Öffentlichkeiten eine Mischung aus Erbitterung und trotziger Entschlossenheit durch, die als aggressiven Schachzug der jeweils anderen Machtgruppe empfundene Herausforderung anzunehmen und zurückzuschlagen. Die letzte Hoffnung, den Frieden zu retten, lag in internationalen Vermittlungsversuchen, von denen der von Wilhelm II. ersonnene und von den Briten aufgegriffene Vorschlag eines „Halt in Belgrad", das heißt die österreichische Besetzung eines Faustpfands in Serbien, noch die vielversprechendste war. Doch all diesen Versuchen war der typische Charakter von Kompromissen eigen, die allseitig nur partiell zufriedenstellen konnten; gerade deshalb hätten sie Zeit gebraucht, um akzeptiert zu werden. Und diese Zeit war infolge des Drängens der Militärs, vor allem in Berlin, nicht mehr vorhanden. Sie erklärten den Kriegsausbruch für unvermeidlich und hielten es, ihrerseits unter dem Druck ihrer minuziösen Planungen stehend, für unverantwortlich, sinnlos zu warten und noch weitere Zeit mit aussichtslosen diplomatischen Verhandlungen zu verlieren. Ihnen arbeitete die russische Generalmobilmachung vom 31. Juli in die Hände. Die Regierung in St. Petersburg hatte in dem Machtpoker geglaubt, zunächst durch Teilmobilisierung die Österreicher einschüchtern zu können;[92] schließlich erklärte sie die Mobilmachung, beteuerte aber gleichzeitig, dies bedeute nicht den Krieg. Außenminister Sasonov hatte, wie Luigi Albertini urteilt, die Auswirkungen dieses Schritts vollkommen falsch

---

92 Albertini, Origins 2, S. 528–581.

eingeschätzt;[93] er bedeutete in der gespannten Lage, daß der Kriegsausbruch tatsächlich unausweichlich wurde. Denn die russische Mobilmachung führte dazu, daß die Militärs in Berlin unter dem allgemeinen Eindruck eines nun offensichtlich drohenden russischen Angriffs im Kampf gegen den bremsenden Kanzler die Führung der gesamten Aktion endgültig an sich reißen konnten,[94] sodaß Berchtold in Wien schon erstaunt ausrief: „Wer regiert in Deutschland? Moltke oder Bethmann?"[95] In Berlin wurden die Ultimaten an Rußland und Frankreich erlassen, und das Deutsche Reich war eher als Wien im Kriegszustand mit beiden Mächten. Inzwischen orakelte Bethmann, der politisch Verantwortliche, von „einem Fatum, größer als Menschenmacht". Bezeichnend für seine Haltung war auch seine Feststellung vom 30. Juli 1914, daß „die Mehrzahl der Völker an sich friedlich seien, aber es sei die Direktion verloren und der Stein ins Rollen geraten"[96]. Der britische Historiker James Joll hat dies zu Recht als „beunruhigende Mischung aus Fatalismus und Verantwortungslosigkeit" charakterisiert.[97] Nur in einem erwies sich Bethmann, der zögerliche Mitverursacher des Ersten Weltkriegs, als ungeheuer erfolgreich: der deutschen Öffentlichkeit die Russen als Angreifer zu verkaufen und somit die für eine erfolgreiche Kriegführung unabdingbar nötige innenpolitische Geschlossenheit herzustellen.[98]

Erst als Ende Juli 1914 die Gefahr eines europäischen Krieges immer realer und drohender wurde, begann die deutsche Diplomatie, die Allianz zu mobilisieren. Wien und Berlin forderten von ihren italienischen und rumänischen Verbündeten plötzlich den Bündnisfall ein. Jedoch hatte das bisherige Vorgehen der Zweibundmächte der italienischen Regierung ermöglicht, vollkommen zu Recht den Casus foederis nicht für gegeben zu erachten.[99] Auch

---

93 Dazu ebd., S. 580 f., mit relativierenden Bemerkungen über Sasonovs Versagen, die er benötigt, um seine zentrale These, nämlich die deutsche und österreichische Hauptschuld am Kriegsausbruch, aufrechtzuerhalten.
94 Dazu Afflerbach, Falkenhayn, S. 159.
95 Ebd., S. 161.
96 Ebd., S. 158.
97 Joll, Ursprünge, S. 41.
98 Afflerbach, Falkenhayn, S. 157–158.
99 Albertini, Origins 2, S. 311–318; Flotow an Bethmann, 25.7.1914, PA/AA, R 1812, berichtete von der Aufnahme des Ultimatums nach Berlin: „In mehrstündiger ziemlich erregter Konferenz mit Ministerpräsident Salandra und Marquis di San Giuliano [am 24.7.1914] führte letzterer aus, daß der Geist des Dreibundvertrags bei einem so folgenreichen aggressiven Schritt Österreichs verlangt hätte, sich vorher mit den Bundesgenossen ins Einvernehmen zu setzen. Da dies mit Italien nicht geschehen sei, so könne sich Italien bei weiteren Folgen aus diesem Schritt nicht für engagiert halten. Außerdem verlange Artikel 7 des Dreibundvertrags [gestrichen: den ich nicht habe], daß bei Veränderungen auf dem Balkan die Kontrahenten sich vorher verständigten und daß, wenn einer der Kontrahenten territoriale Veränderung herbeiführe [gestrichen: daselbst einen Gebietszuwachs erhielte], der andere entschädigt würde."

im Hinblick auf die mangelhafte Rüstungssituation und erst recht, als sich England gegen die Mittelmächte erklärte, kam eine Intervention schon aus militärischen Gründen nicht in Frage.

Die divergierenden Interessen der Bündnispartner prallten nunmehr scharf aufeinander. Die Italiener sahen keinen Sinn darin, den österreichischen Balkanimperialismus zu unterstützen, der den eigenen Interessen direkt zuwiderlief; dies auch vor dem Hintergrund, daß sich die österreichische Diplomatie in der Frage möglichen Zugewinns nicht binden wollte.[100] San Giuliano erklärte, Italien habe ein Interesse an einem starken Serbien und auch daran, daß Österreich-Ungarn infolge eines Balkanfeldzuges nicht stärker werde; denn dies würde die Österreicher zum Hochmut verleiten und auch die italienisch-österreichischen Beziehungen beeinträchtigen. Wie zutreffend diese Vermutung war, zeigen die Ansichten Méreys, der einer der entschlossensten Kriegsbefürworter innerhalb der österreichischen Diplomatie war. Er hoffte inständig, daß Serbien diesmal nicht klein beigeben werde und betrachtete dies sogar als das größte Unglück, das Österreich zustoßen könne. Und er war zuversichtlich, dadurch auch die Italiener einschüchtern zu können. Mérey schrieb am 29. Juli 1914 an Berchtold: „Nichts imponiert den Italienern mehr, als klare Entschlossenheit und rücksichtslose Energie, die ruhig und unerschütterlich, vor Gefahren nicht zurückschreckend auf ihr Ziel losgeht. – Zudem dürfte ganz speziell die Italiener – und vielleicht auch die Rumänen – ein leichtes Gruseln bei der Lecture unserer Note überlaufen haben, denn ein so scharfes Losgehen gegen eine irredentistische Bewegung zwingt förmlich zur Erkenntnis einer gewissen Analogie – wenn auch in ganz verändertem Maßstabe – und zu einer Erforschung des eigenen schuldbeladenen Gewissens. Wenn unsere Entschlossenheit also diesmal wirklich ernst ist und wir durchhalten, so wird uns dies in Zukunft in Italien ungemein nüt-

---

[100] Die österreichische Regierung weigerte sich frühzeitig, sich wegen eines möglichen Gebietszuwachses zu binden. Und deshalb entstand genauso frühzeitig die damit verbundene Diskussion um eine Kompensation. Dies zeigt ein Telegramm Jagows an Tschirschky, 4.7.1914, PA/AA, R 1812: „Herr Bollati sagt mir, daß österreichischer Botschafter in Rom mitgeteilt habe, Oesterreich-Ungarn erstrebe keine territoriale Vergrößerung, könne sich aber dieserwegen nicht binden. Streng vertraulich sagt mir Herr Bollati, daß Italien für den Fall österreichischer Gebietserweiterung als Compensation Trento fordern würde, und wenn Österreich einen Teil Albaniens nähme, Valona. Letzteres wünscht Italien nicht. Artikel VII spricht von Regions des Balkans; österreichische Interpretation, daß nur türkisches Gebiet in Frage komme, erscheint uns daher nicht zutreffend. Außerdem erscheinen mir theoretische Streitigkeiten über Vertragsauslegung jetzt deplaziert. Politisch zweckmäßige Entschlüsse sind angezeigt. Bitte E.E. in diesem Sinne auszusprechen." Österreichische Weigerung, auf Zuwachs zu verzichten: Telegramm Berchtolds, 28.7.1914, ÖUA VIII, Nr. 10909; Anregung Bethmanns, Österreich solle einen Verzicht auf serbische Erwerbungen formulieren: Tagesbericht über einen Besuch des deutschen Botschafters, 29.8.1914, ebenda, Nr. 10939.

zen. Selbst eine gewisse Verschlechterung unseres Verhältnisses wird durch den Respekt, den wir hier erzeugt haben werden, beinahe wettgemacht werden."[101]

Diese Ansicht stellte eine Radikalisierung seines Wunsches nach einer harten Linie gegen Italien dar, wie sie sich infolge der italienisch-österreichischen Spannungen im Frühjahr 1914 herausgebildet hatte. Sie brachte auch ein Wunschbild der Hardliner innerhalb der habsburgischen Diplomatie zum Ausdruck: Nämlich durch die serbische Aktion nicht nur die Serben, sondern gleich alle irredentistischen Anwärter massiv und dauerhaft einzuschüchtern. Hinzu kam ein Moment des Machtrauschs, der entstand, als die Wiener Führung sah, daß Europa vor ihrer plötzlichen Entschlossenheit zitterte. Es versteht sich von selbst, daß Mérey absolut dagegen war, den Italienern eine Kompensation zuzusagen, denn dies hätte den einschüchternden Effekt wieder aufgehoben. Allerdings standen seine Forderungen in derart eklatantem Widerspruch zu den machtpolitischen Erfordernissen des Juli 1914, daß man in ihnen schon einen Vorboten von Méreys nervlicher Überreizung zu sehen geneigt ist. Tatsächlich brach der Botschafter in der zweiten Augustwoche seelisch und körperlich zusammen und mußte Rom verlassen.[102] Die italienische Regierung erahnte diese Gedankengänge; San Giuliano betonte, die Aktion gegen Serbien nicht zulassen zu dürfen, da sonst Italien in gleicher Weise von Österreich wegen der Irredenta behandelt werden würde![103]

Doch insgesamt dominierten in Rom nicht diese Sonderüberlegungen, sondern die generelleren Aspekte der Gefährdung des europäischen Friedens die Diskussion. In Italien wurde die österreichische Aktion gegen Serbien in Regierung und Öffentlichkeit als ein bewußt aggressives Vorgehen der Bündnispartner verstanden. Beim ersten Lesen der Note, am 24. Juli 1914 in Fiuggi, hatten Salandra, San Giuliano und auch der deutsche Botschafter Flotow nur ein Gefühl: daß angesichts der für einen souveränen Staat unzumutbaren Bedingungen Serbien die Note nicht akzeptieren könne und damit die Katastrophe unausweichlich sei.[104] Flotow beschwor seine italienischen Gesprächspartner, daß der Dreibund in diesem kritischen Augenblick keine Uneinigkeit nach außen erkennen lassen dürfe; nur so könne er Franzosen und Russen abschrecken.[105] Die Reaktion Salandras und auch San Giulianos war zwar ablehnend, aber sie erkannten doch an, daß durch die serbische Politik die österreichischen vitalen Interessen betroffen seien, schlossen sich also be-

---

101 Bericht Méreys, 29.7.1914, ÖUA VIII, Nr. 10989.
102 Ambrózy an Berchtold, 9.8.1914, HHStA, PA XI, 150, berichtet, Mérey sei „an schwerer neurasthenischer Erschöpfung zusammengebrochen und für längere Zeit dienstunfähig".
103 Albertini, Origins 3, S. 283.
104 Salandra, Neutralità, S. 75; Albertini, Origins 2, S. 314.
105 Albertini, Origins 2, S. 317.

dingt der österreichischen These von einer fortgesetzten serbischen Provokation an. Und sie glaubten, daß Österreich eine Genugtuung verdient habe. Sie zeigten deshalb relativ viel Verständnis für das Wiener Vorgehen, wie übrigens auch die englische und die französische Regierung.[106] Deshalb erfolgte auch, anders als 1913,[107] kein italienisches Veto gegen den österreichischen Schritt. Allerdings schlossen sie, da sie zuvor nicht informiert worden waren und da Österreich diesen Krieg durch seine Aggression provoziert hatte, sogleich den Casus foederis aus; eine automatische aktive Hilfeleistung für Österreich käme nicht in Frage.[108] Sie deuteten aber die Möglichkeit eines späteren Eingreifens an, sollte dieser Schritt entsprechend honoriert werden und den vitalen Interessen des Landes dienen.[109] Doch auch für den Fall der Neutralität wollte San Giuliano eigene Forderungen geltend machen und verlangte bei machtpolitischen Veränderungen auf dem Balkan nach Artikel VII des Dreibundvertrages eine Kompensation.[110]

Große Teile der italienischen Öffentlichkeit waren über das österreichische Vorgehen entsetzt. Wie fern der Gedanke an einen großen Krieg der italienischen Führungsschicht lag, zeigt beispielhaft das Tagebuch des Senators Alberto Pansa, der als ehemaliger Botschafter in Berlin ein guter Kenner der internationalen Verhältnisse war. Pansa zeigte sich fassungslos, als er die Nachricht vom österreichischen Ultimatum erhielt. Eine Einigung müsse doch möglich sein, schrieb er am 25. Juli 1914 in sein Tagebuch, denn ein europäischer Krieg sei „absurd". „Ich weigere mich noch, an einen solchen Wahnsinn zu glauben." Und die Nachricht von kriegerischen Demonstrationen in Wien und Berlin kommentierte er einen Tag später nur mit einem Wort: „Pazzi!" – „Wahnsinnige!" Und schließlich kommentierte er die Kriegsvorbereitungen in Österreich mit der Prophezeiung, es werde „sein Untergang sein". Bereits am 2. August 1914 verlangte dieser klarsichtige Beobachter der Vorgänge, Italien müsse den Dreibundvertrag publizieren und sofort kündigen, wegen eklatanter Verletzung durch Österreich-Ungarn.[111]

---

106 Ebd., S. 322 ff.
107 Ebd., S. 319 f. polemisch dazu.
108 De Martino, Relazione: La nota Austro-Ungarica alla Serbia del 24 luglio 1914 e il Trattato della Triplice Alleanza, DDI 4/XII, Appendice.
109 Albertini, Origins 2, S. 315.
110 Ebd., S. 317. Zu Artikel VII. des Dreibundvertrags siehe Anhang C.
111 Tagebuch Pansa, ASMAE: 25.7.1914: „Ultimatum dell'Austria alla Serbia (il 23) per imporre soddisfazioni in seguito all'assassinio dell'Arciduca. Condizioni inaccettabili che irodicono[?] l'intenzione di una rottura! Stento[?] ancora credere ad una tale follia!" 26.7.1914: „26.D. Rottura delle relazioni diplom. fra Austria-Serbia. Giesl ha lasciato Belgrado. La Corte ed il governo serbo si ritirano a Kragujevatz [sic!]. Russia ha chiesto un prolungo, rifiutato a Vienna. La Germania si dichiara a favore coll'Austria. Dimostrazioni a Vienna ed a Berlino in senso bellicoso. Pazzi!" 2.8.1914: „Mobilitazione russa seguita in Germania ed in Francia.

Doch so reagierte San Giuliano nicht. Zwar hatte er, ebenso wie Salandra, in Fiuggi direkt festgestellt, daß Österreich den Krieg provoziere und damit der Casus foederis nicht gegeben sei, egal was daraus folgen werde. Doch sah der Minister die Angelegenheit aus verschiedenen Blickwinkeln. Das liebste wäre auch ihm gewesen, den europäischen Krieg zu vermeiden, und deshalb versuchte er alles, den Frieden doch noch zu retten. Neben mehrfachen Vermittlungsangeboten, teilweise auch gemeinsam mit Großbritannien und dem Deutschen Reich,[112] ließ er beispielsweise den serbischen Ministerpräsidenten Pašić am 29. Juli 1914 auffordern, den Frieden durch Annahme der österreichischen Forderungen zu retten, und ihn auch darauf hinweisen, daß er seit Jahren den Serben eine konziliantere politische Linie gegen Wien empfohlen habe.[113]

Eine andere Linie vertrat der italienische Botschafter in Berlin, Bollati. Er war der Ansicht, daß Italien infolge seiner dreißigjährigen Allianz an diesem unglückseligen Krieg teilnehmen müsse. Davon hänge die Großmachtrolle Italiens und die künftigen Beziehungen zu den Verbündeten ab. Durch einen Verrat würde sich auch das Verhältnis zu den anderen Mächten keinesfalls verbessern, da eine solche Handlungsweise schwerlich Vertrauen einflößen würde.[114] Diese Meinung wurde im übrigen in bezug auf Italien Anfang August 1914 sogar von manchen englischen Zeitungen geteilt![115]

Auch die italienische Armeeführung bereitete sich Ende Juli für den Kriegsfall an der Seite der Verbündeten vor.[116] Nach dem Tod Pollios war es zu einer zehntägigen Vakanz gekommen; erst am 10. Juli wurde Luigi Cadorna vom Kö-

---

La guerra sembra ormai inevitabile! Si dovrebbe subito pubblicarne e denunciare il trattato violato dall'Austria." Und am 15.8.1914 schrieb Pansa: „Non si dovrebbe trattare per compensi, ma denunciare il Trattato violato dall'Austria e quindi proclamare la n[o]s[tra] neutralità libera."

112 San Giuliano an Imperiali, Avarna, Carlotti, Bollati, Ruspoli, 29.7.1914, DDI 4/XII, Nr. 692.
113 San Giuliano an Imperiali, Avarna, Carlotti, Bollati, Ruspoli, 29.7.1914, DDI 4/XII, Nr. 682; San Giuliano, 29.7.1914, ebenda, Nr.687: „V.S. può dire francamente a Pasic [sic!] che l'unico modo di evitare un disastro per la Serbia è di accettare con un semplice di senza alcuna riserva le domande austriache. Io gli do questo consiglio per amicizia verso il suo paese e perchè è nostro interesse salvaguardare l'integrità della Serbia. Da quanto succede ora Pasic può giudicare come erano saggi i consigli che il R. Governo gli dà da due anni."
114 Bollati an San Giuliano, 1.8.1914, DDI 4/XII, Nr. 852.
115 Imperiali an San Giuliano, 2.8.1914, DDI 4/XII, Nr. 879, berichtet über eine diesbezügliche Kritik des „Daily Telegraph".
116 Dazu Antonio Brugioni: Piani Strategici Italiani alla vigilia dell'Intervento nel primo conflitto mondiale, in: Stato maggiore dell'Esercito/Ufficio Storico (Hrsg.): Memorie Storiche Militari 1984, Roma 1985, S. 273–355; Giorgio Rochat: La preparazione dell'esercito italiano nell'inverno 1914–15, in: Il Risorgimento 13 (1961), S. 10–32; Angelo Gatti, Uomini e folle di guerra, Milano 1921.

nig zum neuen Generalstabschef ernannt, und auch dann dauerte es noch weiterhin gut zwei Wochen, bevor er seine Funktion voll wahrnehmen konnte.[117] Bis zum 1. August 1914 bekam Cadorna keine anderen Anweisungen von seiner Regierung und bereitete deshalb den Kriegseintritt auf seiten der Verbündeten vor.[118] Der Austausch zwischen Regierung und Generalstab war mangelhaft, was aber auch daran lag, daß die Regierung nicht sofort wußte, was sie tun würde.[119] Während die politische Führung sich entschloß, die Neutralität zu wählen, plante Cadorna den Beginn der Kampfhandlungen. Er ordnete den Aufmarsch an der französischen Grenze an und ließ auch schon die Vorbereitungen für den abgesprochenen Abtransport der drei Armeekorps nach Deutschland anlaufen.[120] Obwohl er (wie er zumindest später behauptete) Zweifel hatte, ob es wirklich zum Krieg gegen Frankreich kommen werde, wurden große Truppenmassen an die Nordwestgrenze in Marsch gesetzt.[121] Für den militärtechnisch denkenden Cadorna war es, wie der italienische Historiker Antonio Brugioni feststellte, das wichtigste, die Kriegsbereitschaft der Armee durch eine reibungslose Mobilisierung und einen funktionierenden Aufmarsch optimal herzustellen. Dabei schien er den Gesichtspunkt, auf welcher Seite Italien schließlich in den Krieg eintreten werde, seinen technischen Erwägungen unterzuordnen.[122] Cadorna, der sich zunächst mit Eifer in die Vorbereitung eines Krieges gegen Frankreich gestürzt hatte, widmete sich nach Erklärung der Neutralität übergangslos mit genauso großer Energie den Planungen eines Krieges gegen Österreich![123]

In diesen Wochen gab es, nach den Worten San Giulianos, in der öffentlichen Meinung Italiens drei Strömungen: Die weitaus stärkste plädierte für

---

117 Brugioni, Piani Strategici, S. 296.
118 Ebd., S. 297; Luigi Cadorna, Altre pagine sulla grande guerra, Milano 1925, S. 13.
119 Ebd., S. 297.
120 Ebd., S. 298.
121 Ebd., S. 299.
122 Ebd., S. 301 f.; 336.
123 Angelo Gatti: Un italiano a Versailles (dicembre 1917–febbraio 1918), Milano 1958, S. 438–439; Brugioni, Piani Strategici, S. 302. Diese Feststellung wird noch dadurch erhärtet, daß Cadorna, als die italienische Neutralität feststand, zu Salandra ging und, nach eigenem Zeugnis, fragte: „Bedeutet die Neutralität, die Sie erklärt haben, daß es keinen Krieg mit Frankreich mehr geben wird?" Er antwortet mir „Ja". „Also, was muß ich machen?" Er sah mich an. „Muß ich den Krieg gegen Österreich vorbereiten? Das ist doch wohl offensichtlich." Er sagt: „Ja, Sie liegen richtig." Dieser soldatische Aktivismus – Hauptsache Kampf, Nebensache gegen wen – hatte in allen europäischen Ländern und auch in Italien Tradition. St. James, französischer Militärattaché in Rom, schrieb im Jahresbericht 1904, die Mehrzahl der italienischen Offiziere betrachte seit einigen Monaten die Aussicht auf einen Krieg mit Österreich-Ungarn „comme un événement désirable. On peut même dire que ce sentiment a fait place au désir que nourissaient entrefois ces même officiers de voir éclater une guerre entre la France et la Triplice". Zitiert bei Behnen, Rüstung, S. 109.

die Neutralität, eine sehr schwache verlangte den Kriegseintritt auf seiten der Verbündeten – San Giuliano meinte, dies hätte zwar keine Revolution, wohl aber großen Mißmut hervorgerufen –, eine dritte, stärkere forderte einen Angriff gegen Österreich nach vorheriger Absprache mit den Ententemächten. Es gäbe keine wirklichen französischen Sympathien, ebensowenig wie Antipathien gegen Deutschland, hingegen aber eine sehr starke Aversion („fortissima avversione") gegen Österreich.[124] Demnach war ein aktives Eingreifen auf seiten der Verbündeten das, was weder das Land noch die Regierung wünschte. Allerdings schien es trotzdem nicht opportun, sich im Sinne Pansas eindeutig gegen das Vorgehen der Verbündeten auszusprechen und den Dreibund zu kündigen. Dies wurde durch mindestens zwei Gründe verhindert. Das erste war ein Solidaritätsgefühl gegenüber den Alliierten, das nach über dreißigjähriger Bundesgenossenschaft nicht einfach ignoriert werden konnte. Das zweite war die schlichte Befürchtung, die deutsch-österreichischen Armeen könnten diesen Krieg gewinnen und sich dann bei Italien revanchieren. Schon die Entscheidung für die Neutralität wurde mit großen Bedenken gefällt; zu Recht wurde eine gereizte Reaktion der Verbündeten vorausgeahnt. In Berlin, Wien und Budapest waren Ende Juli 1914 der Dreibund und auch Italien von der jubelnden Menge gefeiert worden, da alle dachten, der Dreibund werde in dieser Lage kompakt zusammenstehen.[125] Um so größer war die Ernüchterung und die Wut über die italienische Neutralität. Um diesen Ärger möglichst zu beschwichtigen, schickten die italienische Regierung und auch der König überaus freundliche Telegramme nach Berlin und Wien, in denen sie zwar die Neutralität bekräftigten, aber den Verbündeten trotzdem allen Erfolg wünschten und ihrer Sympathie und Solidarität versicherten. Natürlich konnte durch schöne Worte allein die ungeheure Enttäuschung über die italienische Haltung nicht beseitigt werden. Die italienische Neutralitätserklärung wurde von der deutschen und der österreichischen Diplomatie mit ostentativem Beleidigtsein geahndet, das die schlimmsten Befürchtungen in Italien für den Fall eines Sieges der Zentralmächte erweckte. Die österreichischen Diplomaten redeten Anfang August 1914 „in schärfsten Worten von Italiens Tücke und Treulosigkeit"[126] und Wilhelm II. wollte den italienischen Entschluß zur Neutralität in einem Telegramm an Vittorio Emanuele III. schon als „Felonie" bezeichnen, was Botschafter Flotow aber noch verhindern konnte.[127] Die deutsche Regie-

---

124 San Giuliano an Tittoni, 12.8.1914, in: DDI 5/I, Nr. 206.
125 Franklin (Generalkonsul Budapest) an San Giuliano, 28.6.1914, DDI 4/XII, Nr. 680.
126 Redlich, Tagebuch 1, Eintrag vom 5.8.1914.
127 Mérey an Berchtold, 4.8.1914, HHStA, PA I, 506, berichtet, daß der deutsche Militärattaché in Rom, v. Kleist, am 4. August 1914 dem italienischen König eine Depesche übergeben sollte, in der Wilhelm II. seinen italienischen Kollegen aufforderte, sich mit Heer und Flotte auf die

rung traf sogar Vorbereitungen, um die Senussis in Libyen gegen ihre italienischen Kolonialherren aufzuhetzen.[128]

> Die Verbündeten fallen schon vor dem Kriege von uns ab, wie die faulen Äpfel! Ein totaler Zusammenbruch der auswärtigen deutschen bzw. auch österreichischen Diplomatie. Das hätte vermieden werden müssen und können!
>
> Wilhelm II. im August 1914

d) Die militärischen Folgen der italienischen Neutralität für die Zentralmächte

Seit Anfang August 1914 mußten die Mittelmächte den Kampf gegen eine unerwartet große Koalition führen: England stand auf seiten der Gegner; der Dreibundpartner Italien verweigerte die Bündnishilfe mit berechtigtem Hinweis auf den defensiven Charakter der Allianz; Belgien verwehrte den Durchmarsch nach Frankreich und kämpfte tapfer gegen die deutschen Invasoren. Das bewußte Ausspielen der militärischen Option und die selbstverschuldeten Zwänge des Schlieffen-Plans hatten nicht nur die gesamte Entente, sondern auch die öffentliche Meinung in wichtigen neutralen Staaten – Italien, USA – gegen die Mittelmächte mobilisiert. Darüber hinaus war die diplomatische Vorbereitung infolge des Zeitdrucks der militärischen Planungen, aber auch zunehmender Kopflosigkeit der politischen Führung mangelhaft. Fürst Hatzfeld sagte kurz nach Kriegsausbruch zu Graf Lerchenfeld: „Wenn unser Auswärtiges Amt es sich zur Aufgabe gesetzt hat, alle Gegner Deutschlands zu gleicher Zeit vor die Klinge zu bringen, so hat es diese Aufgabe glänzend gelöst."[129] Drastischer drückte sich der Kaiser aus: „Die Verbündeten fallen schon vor dem Kriege von uns ab, wie die faulen Äpfel! Ein totaler Zusammenbruch der auswärtigen deutschen bzw. auch österreichischen Diplomatie. Das hätte vermieden werden müssen und können!"[130]

Seite der Verbündeten zu stellen. „Den weiteren Satz, welcher besagt, daß eine hiervon abweichende Haltung sich als gemeine Felonie darstellen würde, hat Botschafter Flotow gestrichen."

128 Holger Afflerbach, Italien im Ersten Weltkrieg – Forschungstrends und neuere Literatur, in: Neue Politische Literatur 39 (1994), S. 224–246, S. 228.
129 Afflerbach, Militärische Planung, S. 285.
130 Zitiert bei: Emil Ludwig, Wilhelm der Zweite, Frankfurt 1968, S. 272.

Diese diplomatische Katastrophe blieb natürlich nicht ohne Auswirkungen auf die Aussichten, den Krieg militärisch zu gewinnen. Vor allem die Nichtmobilisierung der Bündnispartner hatte für die Zentralmächte gravierende Folgen. Conrad riet Berchtold am 23. Juli 1914, auf eine Mobilisierung zu verzichten, wenn Italiens Gegnerschaft zu befürchten sei.[131] Und Bülow behauptet in seinen Memoiren sogar, daß ein sofortiges Mitziehen Italiens und Rumäniens den Krieg mit einem sicheren Sieg der Mittelmächte hätte enden lassen[132] – eine Ansicht, die nicht bewiesen, aber auch nicht leicht widerlegt werden kann. Die militärische Hilfe Italiens war deutscherseits immer sehr gering eingeschätzt worden. Und trotzdem hätte das italienische Eingreifen im Sommer 1914 entscheidende Bedeutung haben können. Die österreichische und italienische Flotte hätten, gemeinsam mit dem deutschen Mittelmeergeschwader, die englisch-französische Seeherrschaft im Mittelmeer gefährden und die französischen Truppenverlegungen von Algerien nach Frankreich verhindern oder verzögern können. Außerdem hätte das italienische Heer, selbst wenn es zunächst nicht angegriffen hätte, eine erhebliche Diversionswirkung gehabt und die Franzosen gezwungen, die Alpenfront mit Kräften zu verteidigen, die auf diese Weise im Nordosten zur erfolgreichen Abwehr des deutschen Entscheidungsschlages eingesetzt werden konnten. Im September 1914 wurde seitens der deutschen Armeeführung behauptet, nur zwei Armeekorps hätten gefehlt, und die kriegsentscheidende Marneschlacht wäre nicht verloren worden. Diese zwei Armeekorps aber waren das absolute Minimum, das Frankreich an seiner Südostgrenze hätte stationiert lassen müssen, wenn Italien in den Krieg eingetreten wäre. Und dabei ist von den drei Armeekorps und den zwei Divisionen Kavallerie, die nach den Verabredungen zwischen Moltke und Pollio nach Deutschland transportiert worden wären, um am linken deutschen Flügel eingesetzt zu werden, noch gar nicht die Rede; diese hätten ab September 1914 die Kräftebilanz an der Frankreichfront stark zu deutschen Gunsten verändert und helfen können, das Debakel an der Marne zu überwinden. Hier ging es um Größenordnungen, die mindestens dem britischen Expeditionskorps von 1914 entsprachen. Angesichts der fehlenden zahlenmäßigen Überlegenheit der deutschen Armee im Westen konnte eine solche Unterstützung – oder ihr Ausbleiben – entscheidende Bedeutung erlangen. Das gleiche gilt für die militärischen Kräfte Rumäniens, die dazu beigetragen hätten, die Ostfront gegen Rußland gleich zu Anfang stabiler zu gestalten.

Letztlich kann niemand genau wissen, was geschehen wäre, wenn Italien auf seiten seiner Verbündeten in den Ersten Weltkrieg eingetreten wäre.

---

131 Albertini, Origins 2, S. 222.
132 Bülow, Denkwürdigkeiten 3, S. 208; Tschirschky hielt Anfang Juli 1914 einen Krieg ohne die Gewißheit der italienischen und rumänischen Hilfe für „eine sehr bedenkliche Sache", Rauchensteiner, Tod des Doppeladlers, S. 70.

Sicher wäre es zu Verwüstungen und Verheerungen der italienischen Küsten und Häfen durch die überlegene Flotte der Alliierten gekommen; auch wäre das unfertige italienische Heer sicher nicht sehr glanzvoll im Kampf gewesen. Aber schon die Diversionswirkung hätte vielleicht ausgereicht, um den Krieg in Frankreich schnell mit einem Sieg der Dreibundmächte zu Ende gehen zu lassen.

Doch statt dessen trat ein entgegengesetzter Effekt ein. Die unsichere Haltung Italiens und Rumäniens zwang die Mittelmächte, einen immer größeren Teil ihrer Truppen für den Fall eines Seitenwechsels dieser Mächte zurückzuhalten[133] und auch diplomatisch die größten Anstrengungen zu unternehmen, um die Neutralität beider Mächte sicherzustellen.

---

133 Die bindende Wirkung Italiens an der österreichischen Grenze wuchs stetig an; im Mai 1915 waren hier 122 Bataillone (= ca. 10 Divisionen) stationiert. Italicus: Italiens militärische Tätigkeit im Weltkriege von 1915–1917, Berlin 1921, S. 10.

V. EPILOG

> Jawohl, Baron Sonnino führte die ganze Aktion in einer Weise, daß sie zum Kriege führe, und führte sie, ich glaube, auf Grund der nur zu sehr verstehenden Mentalität, welche schon vor Jahrhunderten lehrte, daß wir den Freund, den wir betrogen haben, den Kameraden, den wir bestohlen haben, auch niederstechen, weil wir nur so uns die Beute sicherstellen können.

Tisza, im September 1916

> Je consens que c'est une énormité, mais si l'Autriche s'y oppose, c'est la guerre.

Sonnino, im Februar 1915

„Un atto di follia" – Der Weg zum Intervento 1915

Mit der italienischen Neutralitätserklärung war ein folgenschwerer Schritt getan, dessen Berechtigung indes selbst von den Zentralmächten (wenn auch mehr aus Selbsterhaltungstrieb denn aus wahrer innerer Überzeugung[1]) nach einiger Zeit anerkannt wurde. An die nun folgende Periode der italienischen Neutralität, die am 24. Mai 1915 mit dem „Intervento" endete, kann eine Frage gestellt werden, die der ähnelt, die an den Dreibund insgesamt gerichtet werden kann: War das schlechte Ende vorprogrammiert? Stand Italiens Kriegseintritt auf seiten der Entente seit August 1914 fest oder war er das Resultat der Verhandlungen zwischen den Dreibundmächten, die bereits Ende Juli 1914 begonnen hatten und bis zum Tag der Kriegserklärung weiterliefen? War es möglich, unter den neuen Bedingungen des europäischen Konfliktes die österreichisch-italienischen Gegensätze durch Verhandlungen zu überbrücken und den Krieg zu vermeiden?[2]

---

1 Alberto Monticone: La Germania e la Neutralità italiana: 1914–1915, Bologna 1971; leicht gekürzte deutsche Übersetzung: Deutschland und die Neutralität Italiens 1914–1915, Wiesbaden 1982, S. 58.
2 Zum italienischen „Intervento" gibt es, vor allem was die inneritalienische Entwicklung angeht, eine reichhaltige Literatur. Siehe dazu Afflerbach, Italien im Ersten Weltkrieg, passim. Zu den deutsch-italienischen Verhandlungen: Monticone, Deutschland. Zu den österreichisch-italienischen Verhandlungen fehlt bislang eine verläßliche monographische Darstellung. Überblick bei Rauchensteiner, Tod des Doppeladlers, S. 215–234. Die österreichischen Akten arbeitete auf: Hermann Möcker: Die Haltung Italiens von der Neutralitätserklärung bis zur Intervention (August 1914 bis Mai 1915), Diplomarbeit Universität Wien, 1962. Zu den deutsch-

Auf diese Frage gibt es vollkommen unterschiedliche Antworten, die jeweils gut begründet werden können.[3] Eines jedoch steht fest: Die Chancen für eine Einigung waren von Anfang an begrenzt. Die bremsende Kraft der Allianz fiel mit ihrem Hauptziel, der Bewahrung des europäischen Friedens, weg, und die bisher gebundenen Partikularinteressen der italienischen Regierung konnten sich voll ausleben. Infolge des Kriegsausbruches wurde eine Situation heraufbeschworen, in der die Italiener die reale Chance sahen, aufgrund der anderweitigen Belastungen Österreich-Ungarns die strittigen Gebiete zu erhalten; eine Chance, auf deren baldige Wiederkehr nicht gerechnet werden durfte. Daß eine solche Gelegenheit zur Vollendung der nationalen Einheit nicht ungenutzt bleiben dürfe, war Axiom in der italienischen Führung seit Jahrzehnten;[4] jetzt, im Sommer 1914, war dies die Ansicht einer breiten Schicht innerhalb der öffentlichen Meinung Italiens.

Allerdings ist damit die Frage noch nicht beantwortet, ob sich diese italienischen Wünsche nicht auch friedlich hätten befriedigen lassen oder ob die

---

österreichischen Verhandlungen über die Abtretungen: Egmont Zechlin: Das schlesische Angebot und die italienische Kriegsgefahr, in: ders.: Krieg und Kriegsrisiko. Zur deutschen Politik im Ersten Weltkrieg. Aufsätze, Düsseldorf 1979, S. 234–263. Zu den militärischen Besprechungen Afflerbach, Falkenhayn, S. 266–285. Wichtige Memoirenliteratur: Salandra, Neutralità; ders.: Intervento; Sidney Sonnino: Carteggio, hrsg von Pietro Pastorelli, Bari 1974; Sidney Sonnino, Diario 1866–1916, hrsg. von Benjamin F. Brown und Pietro P. Pastorelli, 2 Bände, Bari 1971; ders.: Scritti e discorsi extraparlamentari 1870–1920, hrsg. von Benjamin F. Brown, 2 Bände Bari 1971; Bülow, Denkwürdigkeiten, Karl v. Macchio: Wahrheit. Fürst Bülow und ich in Rom 1914/15, Wien 1931; Burián: Drei Jahre. Deutsche Akten aufgearbeitet bei Monticone, Deutschland, und Afflerbach, Falkenhayn. Österreichische Akten in: HHStA, besonders PA I, 505; 506: Italienische Akten: DDI 5/I-IV.

3 Schon während der Verhandlungen selbst gingen die Ansichten über deren Aussichten weit auseinander. An einen Erfolg bei rechtzeitiger Abtretung glaubten die deutschen Diplomaten, Bülow und Erzberger. Daran zweifelten – ex post – die Österreicher. Zwei Memoranden in HHStA, PA I, 507: Matthias Erzberger, der sich zuletzt als Unterhändler in Rom betätigt hatte, erhob im Juni 1915 schwere Anklagen gegen die Wiener Adresse und führt darin aus, daß die vollkommen verkehrte und sture österreichische Verhandlungsführung die vorhandenen Chancen höchst mangelhaft genutzt, Italiens Forderungen allzulange für einen Bluff gehalten und erst dann Konzessionen gemacht habe, als Italien sich schon definitiv mit den Alliierten verbunden hatte. Erzbergers Argumente klingen absolut einleuchtend; ein unsigniertes, am 28.6.1915 von Burián genehmigtes Gegengutachten suchte jedoch die Argumente zu widerlegen und die Hoffnungslosigkeit der Verhandlungen klarzumachen. Tenor wie bei Tisza, Fremdenblatt, 14.9.1916: „Denn auch ich habe gesagt, daß bei der nachträglichen Beleuchtung der eingetretenen Ereignisse heute niemand mehr darüber im Zweifel sein kann, daß der Krieg unvermeidlich war." Als unvermeidbar stuft auch der italienische Ministerpräsident Salandra den Kriegseintritt ein, man habe nur auf den Zeitpunkt der militärischen Kriegsbereitschaft warten müssen. Siehe Salandra, Intervento, S. 304–307; allerdings stammt das Buch aus dem Jahr 1930 und ist damit keine wirklich unbezweifelbare Quelle.
4 Siehe dazu beispielsweise S. 176–180.

17. „Allianz oder Krieg", diese Alternative wurde von den Diplomaten des Dreibunds über dreißig Jahre lang vorgegeben, gerade im Hinblick auf das italienisch-österreichische Verhältnis. Sie sollten recht behalten. Die einzig historisch wirksam gewordene Alternative zum Dreibund war der Erste Weltkrieg. Hier ein Foto von der Isonzofront, wo Hunderttausende von Italienern und Österreichern das Versagen von Politik und Diplomatie mit ihrem Leben bezahlen mußten.

militärische Intervention unvermeidbar war. Auch darauf ist keine einfache Antwort zu geben; die Entwicklung hin zum „Intervento" war ein äußerst vielschichtiger Prozeß. Und das galt, obwohl für die deutsche, die österreichische und die italienische Seite etwas beobachtet werden kann, was für die gesamte europäische Diplomatie in den Jahrzehnten vor dem Ersten Weltkrieg gilt: Bei aller Macht der öffentlichen Meinung im Massenzeitalter waren letztlich die Kabinette der ausschlaggebende Faktor. Auch im parlamentarischen Italien wurde die grundsätzliche Frage nach Krieg und Frieden in einem sehr kleinen Kreis innerhalb der italienischen Führungsspitze entschieden, zu dem Ministerpräsident Salandra, Außenminister San Giuliano und sein Nachfolger Sonnino, König Vittorio Emanuele, Generalstabschef Cadorna als militärisch beratende Instanz, Kolonialminister Martini und wenige andere hohe Funktionäre gehörten. Eine wichtige Rolle spielte der, außerhalb dieses Kreises stehende, Oppositionsführer Giolitti, der nach wie vor die Parlamentsmehrheit kontrollierte und eine reale Option hatte, an die Macht zurückzukehren und das Kabinett Salandra abzulösen. Wahrscheinlich waren es in einem Land mit etwa 30 Millionen Einwohnern weniger als zehn Personen, die ausschlaggebend über die elementare Frage nach Krieg und Frieden zu entscheiden hatten.[5]

Doch waren die Ansichten über Krieg und Frieden in Italien zwischen August 1914 und Mai 1915 keinesfalls konstant. Selbst dieser enge Personenkreis reagierte auf eine Vielzahl äußerer Einflüsse, und seine Einstellung wandelte sich mit dem Zeitablauf, der innenpolitischen Entwicklung in Italien und der gesamten politischen und strategischen Lage in Europa. Diese – nämlich die Entwicklung des Krieges – markierte wichtige Wendepunkte auch in der italienischen Haltung. Bis zur Marneschlacht verharrte die italienische Führung in banger Erwartung eines raschen deutschen Sieges, ob dann nicht ein Strafgericht wegen ihrer „Untreue" über sie hereinbrechen würde. Bemerkungen, die in diese Richtung gedeutet werden konnten, gab es deutscher- und österreichischerseits genug. Erst nach der Marneschlacht, als klar wurde, daß dieser Krieg nicht nach wenigen Wochen vorbei sein würde, wandelte sich das Bild. Das italienische Selbstbewußtsein wuchs in der Erwartung, bei der Erschöpfung beider Seiten ein ausschlaggebender Faktor werden und die Sache zur Entscheidung bringen zu können. Und es wuchs der Wunsch der italienischen Öffentlichkeit, aus dieser günstigen Lage Profit zu schlagen. „Man hat eine namenlose Angst, bei der Verteilung der Erde die Rolle des Poeten zu spielen", schrieb Mérey bereits am 5. August 1914 und erinnerte auch warnend daran, daß die Sympathien die italienischen Öffentlichkeit, auch als

---

5 Kaum eine Rolle spielten die Botschafter, die über ihre Ohnmacht klagten, siehe Bollati an Avarna, 24.3.1915, DDI 5/III, Nr. 185; Avarna an Bollati, 31.3–3.4.1915, ebenda, Nr. 266, oder die Militärattachés, wie etwa der in Berlin akkreditierte Bongiovanni.

Folge der Hohenlohe-Affäre, ganz bei der anderen Seite lägen.[6] Hinzu kam, daß die italienische Armee langsam ihre größten Lücken zu schließen begann und mit jedem Monat ihre Kriegsbereitschaft vergrößerte.

Doch spätestens jetzt spaltete sich die Entwicklung in Italien in gänzlich verschiedene Richtungen. Für den Kriegseintritt auf seiten der Zentralmächte war kaum jemand. Es schien den führenden Politikern, auch den überzeugten Dreibundanhängern, eindeutig, daß die Zentralmächte den Krieg gewollt und herbeigeführt hatten. Auch schienen die österreichischen Ziele nicht mit den italienischen Interessen in der Adria und auf dem Balkan vereinbar zu sein, ja liefen ihnen direkt entgegen. Hinzu kam, daß ein Kriegseintritt gegen die vereinigten französisch-englischen Flotten im Mittelmeer als reiner Selbstmord angesehen wurde. Doch waren ja Dreibund und Neutralität miteinander vereinbar. Für die Neutralität war die riesige Mehrheit der Italiener, die von politischen Beobachtern übereinstimmend auf mindestens drei Viertel der Bevölkerung geschätzt wurde. Unter diesen waren auch die Sozialisten, die jede Form der Kriegsbeteiligung strikt ablehnten. Doch ein Teil auch dieser Neutralisten erwartete einen Profit, eine Art Bezahlung für die Neutralität, die Österreich-Ungarn leisten und die aus der Vervollständigung der nationalen Einheit bestehen sollte. In diese Richtung ging auch die Einstellung Giovanni Giolittis, der einen Ausgang des Krieges in der Erschöpfung beider kämpfenden Parteien voraussah und vermutete, der Kampf werde noch lange dauern. Doch, wie er Anfang 1915 in einem Zeitungsartikel sagte, für Italien werde auch „ziemlich viel" („parecchio") ohne Krieg zu erlangen sein.[7]

Dann gab es aber auch interventionsfreudigere Persönlichkeiten in Italien. Unter diese zählten Exzentriker wie der Dichter Gabriele D'Annunzio, der sich zur Speerspitze eines konservativ-nationalistischen Interventionismus machte. Dann träumten demokratische Interventionisten wie Gaetano Salvemini[8] von mazzinianischen Ideen, von einer Zerstörung des autoritären Völkergefängnisses Österreich-Ungarn; sie wollten nicht nur für Italien, sondern für ihre Menschheitsbeglückungsidee vom Nationalstaatsprinzip, für die Demokratie gegen den Militarismus der Zentralmächte in den Krieg ziehen. Und schließlich gab es noch die Regierung, und hier wurden die entscheidenden Weichenstellungen vorgenommen.

Salandra raubte die Vorstellung, eine historisch einmalige Chance zur Vervollständigung der italienischen Einheit verpassen zu können, schier den Schlaf. Außerdem reklamierte er vor dem Parlament im Dezember 1914 den

---

6 Mérey an Berchtold, 5.8.1914, HHStA, PA I, 506.
7 Tribuna, 2.2.1915, Artikel in: HHStA, PA I, 507; Möcker, Haltung Italiens, S. 85; ebenda, S. 71, zu einer Rede Giolitti am 5.12.1914 im Parlament zur Frage der Neutralität.
8 Siehe dazu Hugo Bütler: Gaetano Salvemini und die italienische Politik vor dem Ersten Weltkrieg, Tübingen 1978.

italienischen Anspruch auf Zugewinn bei Veränderungen, damit Italien nicht im Vergleich zu den anderen Staaten relativ zurückfalle; hier zeigten sich erneut die Auswirkungen des „Keeping-up-with-the-Joneses"-Denkens in der italienischen Führung.[9] San Giuliano hingegen warnte bereits Anfang August 1914, ein Kurswechsel von der „triplice alleanza" hin zur Entente werde Italien in ganz Europa verächtlich machen und dürfe, wenn überhaupt, nur in der Sicherheit des Sieges und unter Nutzung umfassender Garantien unternommen werden.[10] Das hinderte ihn nicht, schon erste Gespräche mit der Entente einzuleiten. Doch starb der schwer gichtkranke Minister am 16. Oktober 1914 und wurde durch Sidney Sonnino ersetzt, durch Giolittis ewigen Gegenspieler.

Damit stand nun ein Mann an der Spitze des Außenministeriums, der seit Beginn der 1880er Jahre zu den entschlossensten Befürwortern des Dreibunds gezählt und an dieser Haltung stets festgehalten hatte. Während seiner beiden Amtszeiten als Ministerpräsident war er als überzeugter Anhänger des Bündnisses aufgetreten und, als Oppositionsführer, in kritischen Situationen, wie beispielsweise der bosnischen Krise, immer für die Allianz eingestanden. Deshalb wurde er bei seinem Amtsantritt am 5. November 1914 in den Außenministerien der Mittelmächte mit Freude und Zuversicht begrüßt.[11] Jedoch wurde dabei eines außer acht gelassen: Sonnino war nie aus

---

9 Möcker, Haltung Italiens, S. 69; siehe Kap. IV.7.b: „Keeping up with the Joneses?" Der Dreibund und der türkische Teilungsplan.
10 San Giuliano stellte am 9. August 1914 fest: „Wir dürfen uns jedoch nicht verhehlen, daß ein solcher Krieg ... in ganz Europa als ein Akt der Unehrlichkeit betrachtet würde ... auch von seiten jener, die unsere neuen Verbündeten werden könnten." Er schloß daraus aber nicht, daß Italien neutral bleiben müsse, sondern daß es erst dann in den Konflikt eintreten dürfe, wenn man den siegreichen Ausgang des Krieges sicher abschätzen könne. Zitiert bei: Möcker, Haltung Italiens, S. 19 f.; italienischer Originaltext in: San Giuliano an Salandra, 9.8.1914, DDI 5/I, Nr. 151.
11 Macchio an Berchtold, 28.10.1914, HHStA, PA XI, 150, urteilte, die „Ernennung eines so erfahrenen dreibundfreundlichen Politikers" sei nicht ungünstig. Ebenda, 10.11.1914, gab Macchio ein kurzes Profil Sonninos und urteilte: „Was den uns zumeist interessierenden Minister des Äußeren betrifft, so kann man vorläufig nur Schlüsse aus seiner Vergangenheit und aus seinem Charakter ziehen, sowie aus dem Umstande, daß er sich überhaupt bereit gefunden hat, als ehemaliger Conseilspräsident jetzt ein Ressortministerium, wenn auch ein so wichtiges, zu übernehmen. Seine Vergangenheit ist genugsam bekannt durch seine eifrige Mitwirkung an Crispi's Tätigkeit bei Schöpfung des Dreibundes. Nichts läßt vermuten, dass er seither anderer Meinung geworden wäre. Er wird mir übereinstimmend als glühender Patriot geschildert, der das Interesse Italiens nach wie vor im Anschlusse an die Centralmächte sieht und er soll auch im Anfange der jetzigen Krise, nicht hinlänglich bekannt mit den inneren Schwierigkeiten, die der italienischen Regierung die Hände banden, für das Mitgehen mit den Alliierten plädiert haben." Jetzt verfolge Sonnino die Theorie bedingter Neutralität, aber weil die inneren Zustände keine intensivere Interpretation des Bündnisses zuließen. Es sei bei Sonnino eine „gewisse Eigenwilligkeit" und „das Festhalten an dem einmal für recht Erkannten

reiner Sympathie für das Bündnis mit den Mittelmächten eingetreten, sondern aus einem sehr genau berechneten Machtkalkül. Sonnino war nicht austro- oder germanophil, sondern ein Machiavellist, der in der Verbindung zu den Zentralmächten die für sein Land vorteilhafteste machtpolitische Konstellation gesehen hatte. Und sollte sich dieses machtpolitische Kosten-Nutzen-Denken in der neuen Situation gegen den Dreibund kehren, zeichnete sich ab, daß der dogmatische und starre Sonnino ein ungeheuer gefährlicher Gegenspieler sein würde. Und genau so sollte sich die Lage entwickeln. Sonnino wollte die Zentralmächte nicht vernichten, war aber, ebenso wie Salandra, fest entschlossen, die Gelegenheit des großen Krieges zu einem entschiedenen Ausbau der italienischen Großmachtstellung zu nutzen und die irredenten Territorien zu erwerben. Und Generalstabschef Cadorna, der in der Julikrise an der Seite der Verbündeten marschieren wollte, war nun ebenso fest entschlossen, am Krieg teilzunehmen und bereitete ungerührt die Intervention auf der anderen Seite vor.

Salandra, Sonnino und Cadorna war eines gemeinsam: Sie unterschätzten alle drei die Härte des Weltkrieges und dachten, angesichts des seit dem Spätherbst 1914 herrschenden militärischen Patts zwischen den Kriegsparteien, das italienische Heer könnte diesen in Form eines „Spazierganges" nach Triest gewinnen. Diese Meinung gewann an Gewicht angesichts der überaus prekären Situation der österreichischen Ostfront, die sich in den ersten Monaten des Jahres 1915 katastrophal entwickelte; vor allem der Fall der eingeschlossenen galizischen Festung Przemysl mit über 122.000 Mann Besatzung am 22. März 1915 – ein Ereignis, das in seinen Ausmaßen wie seiner internationalen Wirkung mit dem Fall von Stalingrad im Zweiten Weltkrieg verglichen werden kann – ließ den baldigen militärischen Zusammenbruch der Donaumonarchie wahrscheinlich scheinen.[12] Die Leichtfertigkeit vor allem

---

verbürgt." „Denn er scheint, wie ich allgemein höre, ein ehrlicher Politiker zu sein, der alle Winkelzüge verschmäht; eben dadurch soll er sich, trotz seiner mangelhaften rednerischen Begabung, trotz der dem italienischen Wesen widerstreitenden geringen Expansivität, trotz der, dem deutschen Professorentum verwandten Abgeschlossenheit und Gründlichkeit die allgemeine Achtung aller parlamentarischen Parteien, auch der ihn sonst bekämpfenden, erworben und erhalten haben. Diese Hartnäckigkeit im Festhalten der einmal durch Eindringen in den Grund der Dinge erworbenen Beurteilung dürfte sich nun ebenso als ein Vorteil, wie, in anderen Fällen, wenn es gilt, gegen seine Auffassung anzukämpfen, als eine Erschwerung herausstellen." Sonnino sei eine Gelehrtennatur und habe eine kontemplative Art; er überlege lange, bevor er sich entscheide. „Zusammenfassend wird man es also mit einem in sich abgeschlossenen Charakter zu tun haben, der schwer zu beeinflussen, dessen Entschlüsse nicht leicht zu ändern, auf dessen Entscheidung, wenn sie einmal gefaßt ist, man sich aber, mehr als bei anderen italienischen Staatsmänner wird verlassen können." „Dies Bild aus mir gemachten Schilderungen, müssen ihn aber erst an der Arbeit sehen, ob es Sonnino auch als Min[ister] d[es] Ä[ußern] richtig charakterisiert."
12 Afflerbach, Falkenhayn, S. 275.

Cadornas erreichte unglaubliche Dimensionen.[13] Warnungen vor dem Schützengrabenkrieg, der Italien im Fall einer Intervention erwarten würde, ließen ihn kalt; er glaubte nach wie vor an die Möglichkeit zu schnellem Angriff und Sieg, Ansichten, die er auch in einem Büchlein verbreitete. Und Salandra war ebenfalls der Überzeugung, diesen Krieg schnell beenden zu können.[14]

Doch während Cadorna nur den militärischen Aspekt im Auge hatte, überwogen für Sonnino und Salandra die politischen Momente, zumal die Bündnismitgliedschaft nach über dreißigjähriger Dauer nicht so einfach zu neutralisieren war. Zuerst machten sie den Versuch, die italienischen Ziele auf dem Verhandlungsweg zu erreichen. Absolut im Vordergrund stand zunächst die Abtretung des Trentino, die vorsichtig schon im Juli 1914, dann ab Dezember 1914 immer nachdrücklicher und entschiedener verlangt wurde.

Die Frage der Kompensation war ein altes Thema, über das sich die Kabinette in Rom, Wien und Berlin seit Jahrzehnten den Kopf zerbrochen hatten. Deutsche und österreichische Diplomaten hatten schon in den achtziger Jahren die Ansicht vertreten, die Italiener müßten im Fall eines Krieges durch Geschenke korrumpiert und sicher gemacht werden.[15] Hinzu kam, daß der Kompensationsartikel des Dreibundvertrages von den Österreichern selbst, wie Berchtold urteilte, während des Libyenkrieges „in sehr rigoroser Weise" ausgelegt worden war, um italienische Kriegshandlungen auf dem Balkan zu verhindern.[16] Während die deutsche Diplomatie, in klarer Erkenntnis des Notwendigen und darin jahrzehntelangen Einsichten folgend, eine Kompensation befürwortete, wurde sie von den Österreichern zunächst abgelehnt – kein Wunder, denn diese Kompensation sollte auf österreichische, nicht auf deutsche Kosten gehen. Anders als die Hardliner in der österreichischen Diplomatie, wie Mérey, oder der ungarische Ministerpräsident Tisza, war aber sogar Conrad der Ansicht, Italien müsse etwas erhalten und schlug vor, ihm Montenegro zu geben;[17] auch später befürwortete er aus militärischen Gründen dringend ein Entgegenkommen gegen Italien. Auf deutsches Drängen hin erklärte sich die österreichische Diplomatie am 1. August 1914 bereit, die italienische Interpretation des Kompensationsartikels, nämlich des Artikels VII des Dreibundvertrages, zuzulassen.[18] Damit war ein Streitpunkt beseitigt, ein

---

13 Gianni Rocca: Cadorna, 2. Aufl., Milano 1985.
14 Zur hyperoptimistischen Stimmung in der italienischen Führung siehe Piero Melograni, Storia Politica della Grande Guerra, Bari 1969.
15 Siehe Kap. I.4: Vom ersten zum zweiten Dreibund – die Neuverhandlung des Bündnisses 1886/87.
16 Protokoll eines Ministerrats vom 31.7.1914, ÖUA VIII, Nr. 11203; Albertini, Origins 3, S. 280 f.
17 Albertini, Origins 3, S. 281 f.; Tschirschky an Jagow, 26.7.1914, PA/AA, R 1812, berichtet über die innerösterreichischen Debatten über die Wirksamkeit des Artikels VII. und daß Aehrenthal bändeweise diesbezügliche Rechtsgutachten hinterlassen habe.
18 Avarna an San Giuliano, 1.8.1914, DDI 4/XII, Nr. 848; Monticone, Germania, S. 21.

neuer jedoch entstanden, da die italienische Seite nicht auf eine beliebige Kompensation irgendwo auf dem Balkan, sondern auf das Trentino reflektierte; eine Forderung, die in Berlin bereits während der Julikrise vorsichtige Unterstützung gefunden hatte,[19] in Wien jedoch abgelehnt wurde. Allerdings war es von der Entstehungsgeschichte des Artikels VII her eindeutig, daß die von Österreich zu leistenden Kompensationen nicht dem eigenen Staatsgebiet entstammen sollten;[20] insofern war das italienische Ansinnen auf eine Entschädigung durch das Trentino vertragswidrig. Méreys Nachfolger in Rom, Baron Macchio, meinte, es könne nicht erwartet werden, „daß wir die Kompensation aus unserem eigenen Fleisch schneiden."[21] Doch auch wenn die österreichische Auffassung unter dem formalen Gesichtspunkt berechtigt war, entsprach sie nicht den machtpolitischen Erfordernissen des Sommers 1914. Die österreichische Diplomatie beharrte lange darauf, daß jede Abtretung des Trentino aus juristischen, innenpolitischen und völkerrechtlichen Gründen unausführbar sei – sicher mit guten Gründen, die auch manchem italienischen Diplomaten einleuchteten.[22] Andererseits gab es historische Beispiele dafür, daß durch Abtretungen, so schmerzlich sie auch waren, an anderer Stelle größerer Gewinn gemacht werden konnte. Italien hatte dies seinerzeit mit der Abtretung von Nizza und Savoyen an Frankreich vorexerziert; jahrhundertealte Besitzungen des Hauses Savoyen gingen verloren, dafür wurden große Gebiete in Norditalien gewonnen. Der Kompensationsgedanke war im übrigen auch in Wien lebendig. Vor dem zweiten Balkankrieg hatte der Ballhausplatz die Bulgaren heftig, wenn auch letzlich erfolglos bedrängt, die Rumänen durch eine Kompensation zufriedenzustellen, um so den Frieden zwischen beiden Ländern zu retten.

Die Verhandlungen um eine Kompensation aus österreichischem Gebiet begannen um die Jahreswende 1914/15 einen dringenden Charakter anzunehmen. Bereits zuvor, nämlich am 18. Oktober 1914, hatte Antonio Salandra in einer Parlamentsrede das Wort vom „sacro egoismo" geprägt, das Italiens Politik leiten müsse.[23] Die Verhandlungen wurden einerseits durch einen immer skrupelloseren Machiavellismus der italienischen Führung geprägt, deren Übermut stetig zunahm, da sie glaubte, angesichts des militärischen Patts zwischen den Parteien das entscheidende Gewicht in die Waagschale werfen zu können. Andererseits begingen die österreichischen Diplomaten eine ganze

---

19 Jagow an Tschirschky, 15.7.1914: Italien will Trentino, siehe Albertini, Origins 2, S. 229–230. Bollati am 24.7.1914 zu Jagow: die Kompensation im Fall österreichischen Zugewinns solle aus dem Trentino, gegebenenfalls aus Valona bestehen, wenn Österreich sich einen Teil von Albanien nehme, siehe Albertini, Origins 3, S. 278.
20 Siehe Kap. I.4.e: Verhandlungen der „Quintupliken" – Die Dreibundverlängerung von 1887.
21 Albertini, Origins 3, S. 281.
22 Bollati an Avarna, 14.–15.4.1915, DDI 5/III, Nr. 349.
23 Rauchensteiner, Tod des Doppeladlers, S. 220.

Reihe haarsträubender Fehler, die diese Unterhandlungen zum Scheitern brachten, solange italienischerseits ein friedlicher Ausgleich überhaupt noch ernsthaft erwogen wurde.

Generell rächten sich für Wien in den anstehenden Verhandlungen alle Sünden, die in der Vergangenheit gegenüber Rom begangen worden waren; das Gesprächsklima war von Anfang an eisig. Allein die Wiederernennung Conrads im Jahre 1912 und seine bekannten Angriffspläne wurden in Italien als Beweis dafür genommen, daß übertriebene Skrupel gegenüber dem Verbündeten deplaciert waren. Hinzu kam, daß die Wiener Führung trotz der zunehmend verzweifelten Lage, in die sie durch die militärischen Rückschläge gegen Rußland und Serbien im Herbst 1914 und den deutschen Rückschlag in Frankreich geraten war, von ihrer „de haut en bas"-Haltung Italien gegenüber nicht lassen konnte. Für die Verhandlungen erwies es sich auch als besonders nachteilig, daß die italienischen Forderungen in mehrfacher Hinsicht einen Reflex auf die österreichische Haltung der Vorjahre darstellten. Die latente militärische Drohung Wiens an der gemeinsamen Grenze sorgte dafür, daß die Italiener eine auch strategisch vorteilhafte Grenzziehung forderten; die „Tür zum eigenen Haus" müsse definitiv geschlossen werden können. Auch deshalb gingen ab einem bestimmten Zeitpunkt die italienischen Forderungen über das Verlangen nach der Sprachgrenze hinaus und begannen aus militärischen Erfordernissen heraus Gebiete mit ladinischer und auch deutscher Bevölkerung einzuschließen. Besonders rächte sich aber die österreichische Haltung in den austroitalienischen Streitfragen, vor allem in der Universitätsfrage. Reformen waren hier, obwohl ihre Notwendigkeit zugegeben worden war, unter Hinweis auf die inneren und parlamentarischen Widerstände jahrelang verschleppt und schließlich bis zum Kriegsausbruch nicht ausgeführt worden, die Universität in Triest immer noch nicht eingerichtet. Es ist verständlich, daß die italienische Regierung, gleichgültig was die Österreicher versprachen, als allererstes die sofortige Ausführung (die „mise en effet") verlangten.[24] Sie befürchtete nämlich, daß jede Zusage, sollte sie erst nach Kriegsende wirksam werden, vielleicht gar nicht mehr zur Ausführung gelangen würde.

Die österreichische Diplomatie reagierte auf die tödliche Bedrohung, die hier langsam, aber sicher entstand, vollkommen unangemessen. Für ihre Haltung gegen Italien waren verschiedene Gedanken ausschlaggebend, so etwa der Glaube an die „Ehre", die Italiens Vertragsbruch verhindere, und die Heiligkeit von Verträgen; kurzum ein Wunschdenken, in das man am Ballhaus-

---

24 Burián, Drei Jahre, S. 45: „Auch bezüglich des ‚mise en effet', des Steckenpferds Sonninos, kam ich entgegen mit Vorschlägen verschiedener, wirksam konstruierter Garantien." Zum „mise en effet" und den praktischen Schwierigkeiten, die für Österreich-Ungarn daraus erwuchsen, auch Macchio, Wahrheit, S. 103 f.

platz verfiel, weil die erforderliche Abtretung aus innenpolitischen Gründen schwierig oder unmöglich durchführbar schien. Doch der Hauptgrund war der, daß die italienische Gefahr in Wien lange unterschätzt und deshalb angenommen wurde, die römischen Forderungen nicht berücksichtigen zu müssen oder zumindest ewig verschleppen zu können. Diese Haltung drückte Tisza am 8. August 1914 wie folgt aus: „Italien ist militärisch schwach, es ist feig; wir dürfen uns nicht bluffen lassen."[25] Dies blieb die Linie in den folgenden Monaten, obwohl die Wiener Diplomatie zunehmend von der deutschen Seite bedrängt wurde, den Italienern entgegenzukommen; Bethmann entsandte Fürst Bülow im Dezember 1914 als Sonderbotschafter nach Rom. Ob dessen Vermittlung glücklich war, ist umstritten; seine Kenntnisse der italienischen Politik waren nicht mehr „au courant", Sonnino mochte ihn nicht, und außerdem war die italienische Regierung gegen die übertrieben patriarchalische Art der deutschen Diplomatie inzwischen allergisch geworden.[26] Immerhin war Bülow der Ansicht, die Abtretung müsse unbedingt erfolgen,[27] und propagierte sie lebhaft – zum größten Mißfallen der Österreicher, die ihm vorwarfen, auf ihre Kosten großzügig zu sein und damit nur den italienischen Appetit anzuheizen. Und als sich Berchtold um die Jahreswende 1914/15 zu der Überzeugung durchrang, die Abtretung müsse erfolgen, um größeres Unheil zu verhüten, sorgte Tisza für seine Absetzung.[28] Da der ungarische Ministerpräsident sich in Budapest für unabkömmlich erklärte, wurde Berchtold durch Tiszas Vertrauten, Stephan Graf Búrian, ersetzt.

In dieser Lage hätten Franz Joseph und seine Ratgeber kaum eine schlechtere Wahl treffen können. Burián hatte alle Vorzüge und Fehler eines Advokaten und verhielt sich, da er das gute Recht auf seiner Seite glaubte, unter vollkommener Außerachtlassung der machtpolitischen Umstände so, als gehe es darum, einen Gerichtsprozeß gegen die Italiener zu gewinnen. Durch juristische Kunststücke glaubte er, seine Verhandlungspartner solange hinhalten zu können, bis sich das Problem durch Verbesserung der militärischen Lage erledigen würde. Indes war es unrealistisch, auf diese zu bauen. Die Armeeführung, vor allem Conrad, versicherte ihm, daß die fortdauernde Neutralität Italiens die unverzichtbare Grundbedingung militärischer Erfolge, ja sogar der bloßen Verteidigungsfähigkeit war. Búrians Mitarbeiter klagten über seine „rabulistische Verschleppungstaktik"[29] und über seine Weltfremdheit,

---

25 Tisza an Berchtold, 8.8.1914, HHStA, Nachlaß Berchtold.
26 Macchio an Burián, 27.1.1915, HHStA, PA I, 507; Kritik am deutschen Hegemonialstreben: Salandra, Intervento, S. 373 f.
27 Macchio an Burián, 31.1.1915, HHStA, PA I, 507.
28 Berchtold-Tagebuch, 7.1.1915, HHStA, Nachlaß Berchtold; anders Rauchensteiner, Tod des Doppeladlers, S. 223, der nicht ausschließen will, daß Berchtold wegen zu großer Kompromißlosigkeit abgelöst wurde.
29 Mérey an Macchio, 1.2.1915, zitiert bei Macchio, Wahrheit, S. 96.

mit der er verkannte, daß es hier um eine Machtfrage ging, die entweder gütlich oder kriegerisch entschieden werden würde. Auch die Deutschen, Bethmann Hollweg, Jagow und der neue Generalstabschef v. Falkenhayn[30] wurden durch Buriáns Starrsinn zur Verzweiflung gebracht. Sie hatten begriffen, was die Österreicher erst viel zu spät einsahen: Nur ein rechtzeitiges und freiwilliges österreichisches Angebot hätte die italienische Regierung beeinflussen können; späteres Wiener Entgegenkommen unter dem Eindruck schwerer militärischer Bedrängnis verlor seine Wirkung und wirkte unaufrichtig, gleichzeitig erhöhten sich die italienischen Forderungen.[31] Sonnino sagte oft: „Bis dat, qui cito dat."[32] Wahrscheinlich hätte eine freiwillige Kompensation, etwa das Trentino, im Sommer 1914 den italienischen Kriegseintritt auf seiten der Verbündeten, um die Jahreswende 1914/15 die dauernde italienische Neutralität bewirken können. Doch war sie innenpolitisch in Österreich nicht durchsetzbar und widersprach außerdem, wie erwähnt, der gesamten Zielrichtung der österreichischen Politik in der Julikrise.

Die italienische Regierung ließ keinen Zweifel daran, daß sie ein baldiges Entgegenkommen erwartete. Sonnino teilte Burián durch Avarna am 28. Januar 1915 mit, daß die Zeit dränge und eine Kompensation nur aus austroitalienischem Gebiet vorstellbar sei. „Die Kammereröffnung nähere sich und die Regierung werde gezwungen sein, auf irgendeine Befriedigung der nationalen Aspirationen durch uns hinweisen zu können, wenn es ihr möglich bleiben soll, die Neutralität zu bewahren." Doch Burián reagierte nicht und hoffte statt dessen auf militärische Erfolge an der Ostfront. Als er von Herzog Avarna bedrängt wurde, einer Gebietsabtretung prinzipiell zuzustimmen – Avarna hatte keinen Zweifel daran gelassen, daß es um Krieg oder Frieden ging – behandelte er das Problem so dilatorisch, daß der Botschafter, der sich sehnlichst den friedlichen Ausgleich erwünschte, die Geduld verlor und das fast zweistündige Gespräch ergebnislos abbrach. Der Un-

---

30 Dazu: Afflerbach, Falkenhayn, S. 266–285; Hohenlohe an Burián, 6.2.1915, HHStA, PA I, 506, berichtet über ein Gespräch mit Bethmann Hollweg über die Abtretung und schildert ihn als sehr nervös („er könne kein Auge mehr schließen"). Der deutsche Kanzler erhob Anschuldigungen („er ersehe aus alledem, daß wir überhaupt nicht ernstlich verhandeln und nichts tun wollten, um die drohende Katastrophe abzuwenden") und „bat mich mit Tränen in den Augen, ich möchte EE doch auch meinerseits ans Herz legen, den tragischen Ernst der Situation zu erwägen und eine Verständigung mit Italien herbeizuführen. EE seien für den Fortbestand unserer beiden Reiche verantwortlich." Hohenlohe war der Ansicht, „daß die Nervosität in der italienischen Frage sowohl beim Kanzler und im Auswärtigen Amte als auch im Generalstab geradezu unheimliche Dimensionen annimmt".

31 Dies war auch vielen österreichischen Diplomaten klar. Ein entsprechendes Gespräch führten Ex-Botschafter Lützow und Berchtold am 8.1.1915. Lützow meinte, die Abtretung müsse unbedingt rechtzeitig und freiwillig erfolgen, um effektiv zu sein. Tagebuch Berchtolds, Eintrag vom 8.1.1915, HHStA, Nachlaß Berchtold.

32 Denkschrift Erzbergers, Juni 1915, HHStA, PA I, 507.

ernst, mit dem Burián diese für die Zukunft des Reiches entscheidenden Unterhandlungen betrieb, läßt sich schon aus seinen Formulierungen erkennen: „Baron Sonnino ist ungeduldig und hat, wie mir der Botschafter mitteilt, dieser Tage dem Fürsten Bülow gesagt: Nous piétinons sur place. Ich verfüge noch über einige Wendungen, um die Konversation ohne Präjudiz zu verlängern."[33] Ähnlich drückte sich Burián in einem Brief nach Rom aus, den er einen Tag später schrieb: „Nach der italienischen Seite geht mein Bestreben dahin, die im Gange befindliche Konversation in freundschaftlichem Tone, aber in einer unpräjudizierlichen Weise und vor allem schon mit der Absicht im Flusse zu erhalten, Zeit zu gewinnen und inzwischen unsere erhofften militärischen Erfolge heranreifen zu lassen. Hiebei trachte ich, der italienischen Erpressung gegenüber vorläufig bonne mine à mauvais jeu zu machen und dem Verlangen der Italiener nach einer Gebietsabtretung ebensowenig mit einer auch noch so vagen Zusage wie mit einer schroffen Weigerung zu begegnen." Auch den Deutschen wollte Burián Angst machen: Sie sollten Italien bewegen, „seine Ansprüche so einzurichten, daß dieselben von uns akzeptiert werden könnten, um so mehr als – wie dies ja Fürst Bülow in Rom schon rückhaltlos erklärt hat – im Falle eines aus diesem Anlasse entstehenden Konfliktes zwischen Italien und der Monarchie Deutschland sich an der Seite der letzteren befinden würde"[34]. Den Herzog von Avarna, der anders als Burián sehr wohl begriffen hatte, daß es in den Verhandlungen um Krieg oder Frieden ging, und der in Briefen an seinen Kollegen in Berlin, Bollati, die Haltung seiner eigenen Regierung lebhaft beklagte, überraschte Burián am 9. Februar 1915 mit der Wendung „wir sind nicht so pressiert!" und brachte es fertig, Avarna mit österreichischen Kompensationsforderungen an Italien wegen der fortdauernden Besetzung Valonas und des Dodekanes zu überraschen. Noch in seinen Memoiren brüstete sich Burián dieses fatalen Einfalls.[35] Diese Forderung, die im tiefsten Frieden vielleicht dazu hätte dienen können, Italien zum Abzug aus den besetzten Gebieten zu zwingen, war jetzt derart deplaciert, daß Avarna buchstäblich sprachlos war.[36] Sonnino reagierte äußerst harsch; er wollte diese Verschleppungstaktik nicht mehr tolerieren und brach die Verhandlungen deshalb ab.[37] Dabei spielte eine Rolle, daß Italien ab Mitte April 1915 militärisch in der Lage sein

---

33 Aufzeichnung Buriáns, 28.1.1915, HHStA, PA I, 507.
34 Burián an Macchio, 29.1.1915, HHStA, PA I, 507.
35 Burián, Drei Jahre, S. 38.
36 Ebenda; Burián an Macchio, 9.2.1915, HHStA, PA I, 507.
37 Burián an Macchio, 14.2.1915, HHStA, PA I, 507, mit einem Bericht über ein Gespräch mit Avarna. Bericht Avarnas an Sonnino, 14.2.1915, DDI 5/II, Nr. 808. In der Version Buriáns ist der (glaubwürdige) Passus enthalten, daß Avarna den Abbruch der Verhandlungen durch seine Regierung als Fehler bezeichnete. Er hatte zuvor versucht, Sonninos Ansicht zu ändern (Avarna an Sonnino, 13.2.1915, ebenda, Nr. 805), jedoch vergebens.

würde, in den Konflikt einzugreifen. Und er schickte dem Botschafter in London, Imperiali, bereits den Entwurf eines Abkommens mit der Entente, mit der Bitte um Stellungnahme.[38]

Die weltfremde Art Buriáns stieß auch innerhalb der österreichischen Diplomatie auf zunehmende Kritik. Verzweifelt mühte sich der österreichische Botschafter in Rom, Macchio, seinem Chef klarzumachen, daß angesichts der sich in den ersten Monaten des Jahres 1915 ungünstig entwickelnden militärischen Lage der Zentralmächte und des Standes der öffentlichen Meinung in Italien „von Bluff wohl nicht mehr die Rede sein" könne.[39] Gegenüber Mérey beklagte Macchio in einem Brief Buriáns Verhandlungsführung als „viel zu scharf und zu advokatisch. Als nächsten Schritt will nun er Kompensationen für den Dodekanes und Valona formell fordern und verlangt als Gegenleistung die freie Hand in Serbien. Dies wird die italienische Regierung unbedingt beinahe als Provokation betrachten"[40].

Es wird, weil kontrafaktisch, im Bereich der Spekulation bleiben müssen, ob eine Verhandlungslösung möglich gewesen war und ob die italienische Regierung bis zu diesem Zeitpunkt eine Verhandlungslösung aufrichtig angestrebt hatte, oder ob sie innerlich bereits von der Notwendigkeit eines Kriegseintritts auf seiten der Ententemächte überzeugt war. Einiges spricht dafür, daß eine friedliche Einigung schon im Februar 1915 nicht mehr zu erreichen war, da Sonnino glaubte, Österreich habe keine wirkliche Verhandlungsbereitschaft, und Salandra von der Vorstellung geängstigt wurde, daß die Verbündeten, denen jetzt Kompensationen abgepreßt würden, den Krieg gewinnen und sich dann, als europäische Hegemonen, bei Italien für diese Erpresserpolitik revanchieren könnten. Auch im besten Fall wäre Italien in einem deutsch beherrschten Europa dann in einer inferioren Stellung ohne große Zukunftsaussichten;[41] durch die Neutralität danke Italien als Großmacht ab.[42] Hinzu kam das Ehrenargument: Italien sollte kämpfen wie die anderen Nationen, sich seine Gewinne auf dem Schlachtfeld verdienen und endlich militärischen Ruhm ernten, statt die Provinzen unblutig, aber auf „ehrlose" Weise zu erpressen. Und doch sprechen viele realpolitische Argu-

---

38 Sonnino an Imperiali, 16.2.1915, DDI 5/II, Nr. 816.
39 Macchio an Burián, 6.3.1915, HHStA, PA I, 507.
40 Mérey an Macchio, 24.2.1915, zitiert bei Macchio, Wahrheit, S. 99.
41 Avarna an Bollati, 7.3.1915, DDI 5/III, Nr. 50, zweifelte am Einigungswillen seiner Regierung: „… se da noi vi fosse buona volontà e desiderio sincero di arrivare ad un accordo…" Bollati an Avarna, 9–11.3.1915, ebenda, Nr. 82, schrieb: „… la guerra permane inevitabile, perché i nostri governanti la vogliono fare ad ogni costo … In un modo o nell'altro, … l'accordo fallirà: e fallirà perchè da noi si vuol far fallire, perché si vuole ad ogni costo la guerra!"
42 Bollati an Avarna, 9–11.3.1915, DDI 5/III, Nr. 82, kritisierte die Angst der Regierung vor der „L'Idea Nazionale" und dem „Corriere della Sera", „… i quali gridano tutti i giorni che la neutralità è il suicidio dell'Italia come grande Potenza."

mente – vor allem die Abwägung des großen Risikos und der ungeheuren Opfer an Blut und Geld, die ein Krieg auch im besten Falle kosten würde – dafür, daß erst Buriáns Verhandlungsführung in Rom der Überzeugung zum Durchbruch verholfen hatte, daß Gewinne nur auf seiten der Entente und durch aktives Eingreifen in den Krieg zu erreichen waren. Am 3. März 1915 ließen Salandra und Sonnino der Entente das Angebot eines italienischen Kriegseintritts unterbreiten, wenn ihnen dafür Gebietsgewinne auf österreichische Kosten zugesagt würden. Damit war der günstigste Zeitpunkt für Verhandlungen zwischen Wien und Rom definitiv verpaßt, wenn sich auch bis zum 26. April, an dem Italien das Abkommen mit der Entente in London unterzeichnete,[43] noch Restchancen für eine Einigung boten. In einem Kronrat beschloß die österreichische Führung am 8. März 1915, Italien durch eine Abtretung entgegenzukommen – zu spät, denn Sonnino pokerte bereits mit der Entente und nutzte die nun eingehenden Angebote, um den Preis der anderen Seite weiter in die Höhe zu treiben. Am 8. April 1915 ließ er in Wien Forderungen übergeben, die bereits deutschsprachige Gebiete umfaßten; Botschafter Bollati charakterisierte sie als Bedingungen, „die ein Sieger nach einem langen Krieg dem völlig geschlagenen Feind auferlegen könne"[44]. Sonnino nahm in seine Forderungen nun alles auf, was Irredentisten, General- und Admiralstab aus militärischen und nationalen Gründen forderten.[45] Die Ansicht, gegenüber Österreich müsse hart verhandelt werden, war in Italien ohnehin weit verbreitet. Oppositionsführer Giolitti war der Meinung, nur äußerster Druck könne die Österreicher zur Nachgiebigkeit zwingen, und stützte deshalb indirekt die Regierung Salandra-Sonnino, von der er annahm, daß sie diese Verhandlungen mit äußerster Konsequenz verfolgen würde.[46] Vor allem Sonnino, der ehemalige Dreibundanhänger, wurde der Hauptbefürworter einer harten Linie gegen Österreich. Gegenüber Fürst Bülow erklärte er, die Österreicher glaubten offenbar an einen italienischen Bluff, doch täuschten sie sich damit. Und er forderte eine Grenzregulierung im Trentino. Als Bülow dieses Ansinnen als „enormité" bezeichnete, entgeg-

---

43 Text des Abkommens: DDI 5/III, Nr. 470.
44 Sonnino an Avarna und Bollati, 8.4.1915, DDI 5/III, Nr. 293, mit Bedingungen für die Neutralität; Bollati an Avarna, 24.3.1915, ebenda, Nr. 185, mit der Ansicht, Sonnino wolle keinen Krieg und bluffe nur, um möglichst viel für Italien herauszuholen. Bollati an Avarna, 14.–15.4.1915, ebenda, Nr. 349: „`E un complesso di condizioni quali, dopo una lunga guerra, il vincitore potrebbe imporre al nemico completamente disfatto."
45 Macchio, Wahrheit, S. 107; diese Ansicht wird durch zahlreiche Dokumente der DDI 5/II und III unterstützt.
46 Aufzeichnung Buriáns [?], 26.2.1915, HHStA, PA I, 507, berichtet über durch die deutsche Botschaft übermittelte Mitteilungen Bülows: „Zum Fürsten Bülow selbst sagte ein Politiker, der Giolitti nahesteht, dieser letztere halte den Krieg nach wie vor für ein Unglück; die neuerliche Intransigenz Oesterreich-Ungarns zwinge ihn aber, in Erwägung zu ziehen, ob er nicht die Notwendigkeit eines Krieges proklamieren solle."

nete Sonnino: „Je consens que c'est une énormité, mais si l'Autriche s' y oppose, c'est la guerre."[47]

Das war keine leere Drohung, dies hatten die Deutschen erkannt und auch Botschafter Macchio in Rom; auch von seiten des Papstes gingen dringende Warnungen ein. Macchio verwies in seinen Telegrammen nach Wien darauf, daß nicht, wie es den österreichischen Klischees entsprach, der italienische „Pöbel" die Gefahrenquelle verkörpere, sondern die Regierung! Denn die öffentliche Meinung sei gegen den Krieg, hingegen wolle die Regierung den „Ruhmestitel eines zweiten Risorgimento in Anspruch nehmen"[48]. Die deutsche Verzweiflung über die existenzbedrohende österreichische Sturheit ging so weit, daß der Zentrumsabgeordnete Erzberger, der in der letzten Phase der Verhandlungen in halboffizieller Vermittlungsaktion in Rom die Bülowschen Bemühungen unterstützte, sogar versuchte, die österreichische Diplomatie vollkommen auszuschalten und die Kompensationsfrage, bei der es schließlich um österreichische Territorien ging, in deutsch-italienischen Verhandlungen zu klären.[49]

Buriáns ungeschickte und weltfremde Verhandlungsführung hatte die italienische Regierung dazu gebracht, den Anschluß an die Entente zu suchen. Mit dieser Feststellung ist natürlich nicht die Regierung Salandra/Sonnino ihrer ungeheuren Verantwortung enthoben. Denn daß sie spätestens im März 1915 mit beiden Seiten parallel verhandelte, einen monatelangen Länderschacher begann und schließlich auf der Seite des Meistbietenden in den Krieg eintrat, bedeutete für Italien eine physische wie moralische Katastrophe, für seine ehemaligen Verbündeten den Verlust des Krieges.[50] Am 3. Mai 1915 wurde italienischerseits der Dreibund mit Österreich-Ungarn gekün-

---

47 Hohenlohe an Burián, 19.2.1915, HHStA, PA I, 50.
48 Macchio an Burián, 2.3.1915, HHStA, PA I, 507, hielt Salandra für ambitiös genug, um den Krieg zu riskieren, wenn es auch fraglich sei, ob Sonnino (den Macchio als „schlechten Außenminister" charakterisierte) da mitziehen werde. „Während man bisher damit rechnen zu müssen glaubte, daß in diesem Lande eine rührige, geräuschvolle Minderheit die Oberhand gewinnt und Land und Leute zu übereilten Entschlüssen fortzureißen vermöchte, scheint jetzt der Schrecken vor einer noch turbulenteren, aber kriegsfeindlichen Minderheit die Oberhand zu gewinnen, weil man sich mit derselben im Endziele, der Friedenserhaltung, eins weiß und deren Mittel fürchtet, ihren Willen durchzusetzen. Es entfällt also jeder Zwang eines wirklichen oder imaginären Volkswillens im Sinne des Krieges, und doch wäre es weit gefehlt, daraus schließen zu wollen, daß damit diese Gefahr beschworen wäre. Denn jetzt ergibt sich die verblüffende Situation, daß gegenüber dem ganzen Lande (die professionellen Hetzer kommen ja bei dieser Sachlage viel weniger in Betracht) die Regierung es ist, welche in sich die Gefahrenquelle verkörpert."
49 Macchio, Wahrheit, S. 111.
50 Dazu unten, S. 872. Einige weiterführende Gedanken dazu demnächst in: Holger Afflerbach: Entschied Italien den Ersten Weltkrieg? In: Rainer F. Schmidt (Hrsg.): Festschrift für Harm-Hinrich-Brandt.

digt[51] – vertragswidrig, da das Bündnis noch bis zum 8. Juli 1920 lief und nur ein Jahr im voraus gekündigt werden konnte, worauf Burián in seiner Antwort auch hinwies.[52] Herzog Avarna bewertete es als einen „kindischen" und „dümmlichen" Schachzug seiner „geistig beschränkten" Regierung, die Allianz nur mit Österreich-Ungarn zu kündigen, mit dem Deutschen Reich jedoch nicht.[53] Und doch erwies sich dieser absurd wirkende Schritt in der Folge als überraschend erfolgreich. Er konnte zwar nicht den Abbruch der diplomatischen Beziehungen verhindern, aber doch die Kriegserklärung. Italien führte bis August 1916 keinen wirklichen Koalitionskrieg mit der Entente, sondern eine Art Parallelkrieg mit Österreich-Ungarn, und auch dann erklärte Rom nur auf gewaltigen Druck seiner neuen Bündnispartner Berlin den Krieg.[54] Salandra und Sonnino empfanden keinen Haß oder Groll gegen Deutschland und wollten die Rückwirkungen auf die deutsch-italienischen Beziehungen so klein wie möglich halten. Die deutsche Führung wiederum lastete das Scheitern der Verhandlungen zu gleichen Teilen den Österreichern und den Italienern an. Sie ließ zwar keinen Zweifel daran, daß sie im Zweifelsfall den Österreichern beistehen werde,[55] und drohte den Italienern in der Endphase der Verhandlungen, der Kriegseintritt werde einen unheilbaren Bruch zwischen den bisher freundschaftlich verbundenen deutschen und italienischen Völkern hervorrufen.[56] Trotzdem war Berlin gewillt, die Österreicher, soweit es militärisch möglich war, die selbst eingebrockte Suppe allein auslöffeln zu lassen, um Truppen zu sparen und um die Reste des deutsch-italienischen Handelsverkehrs nicht zu gefährden. Außerdem, so mahnte Bülow in seinem letzten Telegramm aus Rom, solle man in Deutschland nicht alle Italiener zu hassen beginnen, sondern nur die verblendeten Minister; in einer letzten Steigerung seines „Extratour"-Denkens äußerte er, am Vorabend der italienischen

---

51 Sonnino an Avarna und Bollati, 3.5.1915, DDI 5/III, Nr. 551; Avarna an Sonnino, 4.5.1915, ebenda, Nr. 561.
52 Schreiben Buriáns in: Avarna an Sonnino, 22.5.1915, DDI 5/III, Nr. 752.
53 Avarna an Bollati, 13.5.1915, DDI 5/III, Nr. 682 („‚finesse' puerili e sciocche che possono venire solo in menti così ristrette come quelle dei nostri attuali governanti.") ; Bollati an Sonnino, 11.5.1915, DDI 5/III, Nr. 660, mit dem Kommentar Jagows, daß Deutschland, obwohl der Vertrag nur mit Österreich gekündigt wurde, sicher auf seiten Österreichs und auch der Türkei zu finden sein würde.
54 Luca Riccardi: Alleati non amici. Le relazioni politiche tra l'Italia e l'Intesa nella prima guerra mondiale, Brescia 1992. Kennzeichnend für diese Haltung ist auch, daß Italien während des gesamten Krieges keine größeren Truppenkontingente an die Frankreichfront entsandte.
55 Bollati an Sonnino, 18.5.1915, DDI 5/III, Nr. 713, berichtete über eine entsprechende Reichstagsrede Bethmann Hollwegs.
56 Bollati an Sonnino, 6.5.1915, DDI 5/III, Nr. 595, berichtet über ein entsprechendes Gespräch mit Wilhelm II. Siehe auch Afflerbach, Falkenhayn, S. 279 f., über ein Gespräch zwischen Falkenhayn und Bongiovanni am 13.4.1915, in denen der deutsche Generalstabschef ähnliche Gedankengänge äußerte.

Kriegserklärung, sogar die Hoffnung, Italien werde nach seinem Rausch mit den Westmächten doch wieder zu Deutschland zurückfinden.[57]

Sonnino gelang es nicht, für die Kündigung der Allianz glaubhafte Gründe zu finden. In einem diplomatischen Zirkular listete er viele Argumente auf, die Italien zu diesem Schritt berechtigten, so die Verletzung des europäischen Friedens durch die Verbündeten im Sommer 1914, der Verstoß gegen die Bündnispflichten sowie die ergebnislosen Verhandlungen.[58] Das Memorandum war brillant und überzeugend, was die Ausführungen zum Sommer 1914 anging, hatte aber den entscheidenden Nachteil, neun Monate zu spät zu kommen. Ein Ausscheiden aus dem Dreibund wäre im August 1914 mutig und moralisch sehr eindrucksvoll gewesen; inzwischen wurde es aber als künstliche und willkürliche Rechtfertigungsstrategie für einen Seitenwechsel aus rein egoistischen Motiven angesehen. Parallel dazu setzten die Österreicher die italienische Regierung durch immer großzügigere Angebote, die sie auch publik werden ließen und an deren Ernsthaftigkeit niemand zweifeln konnte,[59] zunehmend ins Unrecht. Diesen Angeboten konnte Sonnino nur durch Verschweigen vor seinen Kabinettskollegen, durch offenkundiges Ausweichen, durch Lügen und Hinhalten der deutschen und österreichischen Diplomaten sowie, ganz zum Schluß, durch ein stereotypes „zu spät" entgegnen. Herzog Avarna meinte, noch nie habe Italien eine so katastrophal schlechte und unloyale Außenpolitik betrieben wie in der Ära Sonnino;[60] ein Urteil, das bis heute in der italienischen Historiographie nur von einer Minderheit, dafür aber international weitgehend geteilt wird[61] und angesichts des historischen Ergebnisses auch nicht anders ausfallen kann. Die militärische und politische

---

57 Bülow an Bethmann, 23.5.1915, zitiert bei Monticone, Germania, S. 601.
58 Sonnino an Avarna und Bollati, 3.5.1915, DDI 5/III, Nr. 551, mit der Kündigung des Dreibunds und den Gründen dafür; Sonnino an alle diplomatischen Vertretungen, 23.5.1915, DDI 5/III, Nr. 769, mit der Kriegserklärung an Österreich-Ungarn.
59 Macchio, Wahrheit, S. 116 f.; Text des letzten großen Angebots: Macchio an Sonnino, 19.5.1915, DDI 5/III, Nr. 721.
60 Avarna an Bollati, 13.5.1915, DDI 5/III, Nr. 682: „Nella mia lunga carriera non ho mai visto condurre la nostra politica estera in modo così bestiale e così poco leale come è stata condotta dacché Sonnino è alla Consulta." Und Bollati an Avarna, 15.4.1915, ebenda, Nr. 349, schrieb: „...io sento che l'atto che, in seguito ad esse, sta per compiere l'Italia – dando a due Potenze colle quali è stata per trentatre anni e fino ad oggi legata da vincoli di alleanza, il colpo di grazia nel momento del pericolo supremo – è un atto sleale, che nessun interesse e nessuna aspirazione nazionale possono giustificare, e che costituirà una macchia indelibile nella storia del nostro paese."
61 Zur verklärenden Deutung des Intervento und des „Neopatriotismus" der italienischen Weltkriegsforschung siehe Afflerbach, Italien im Ersten Weltkrieg, S. 224–246. Die brillante Studie von William A. Renzi: In the Shadow of the Sword. Italy's Neutrality and Entrance into the Great War, New York etc. 1987, resümiert überzeugend, „that Italy suffered from relatively mediocre leadership" (S. 268). Als Beweis dafür weist Renzi darauf hin, daß niemand in der

„Un atto di follia" – Der Weg zum Intervento 1915   869

Vorbereitung des Intervento war miserabel; Italien setzte sich durch einen unmotivierten Angriffskrieg, den die Entente natürlich begrüßte, den aber die Presse nicht nur der Zentralmächte, sondern auch mehrerer neutraler Länder wie der Niederlande, Griechenlands und Schwedens scharf verurteilte, international ins Unrecht. Die italienische Bevölkerung selbst war gespalten und ohne Enthusiasmus; die Belastungen des Krieges wurden von den verantwortlichen militärischen und zivilen Persönlichkeiten katastrophal unterschätzt. Auch militärisch erfolgte der Kriegseintritt zu einem Zeitpunkt, an dem wegen der Siege in Galizien die Mittelmächte in der Lage waren, der neuen Bedrohung zu begegnen.

Salandra und Sonnino begingen mit dem Intervento, wie der italienische Senator Pansa am 23. Mai 1915 urteilte, einen durch nichts zu rechtfertigenden „Akt des Wahnsinns" („atto di follia").[62] Die italienische Intervention wurde von der Mehrheit der Bevölkerung als Unglück angesehen; sie war dem widerstrebenden Land von der Regierung mit Billigung des Königs und unter Instrumentalisierung der interventionistischen Demonstranten, einer gewalttätigen, aktiven Minderheit, aufgezwungen worden. Parallel dazu einte der italienische Angriff alle Völker der Donaumonarchie in einer gewaltigen Welle anti-italienischer Emotionen.[63] Der Kriegseintritt trotz der öffentlich bekundeten österreichischen Bereitschaft, Italien das Trentino und die Isonzogrenze zuzugestehen und Triest zur freien Stadt zu machen, wurde als Akt unerhörten und feigen Verrats interpretiert. Das Manifest Kaiser Franz Josephs vom 23. Mai 1915 faßte die allgemeine Stimmung, in der sich die letzten Reste des Dreibunds in Nichts auflösten, in Worte: „Der König von Italien hat mir den Krieg erklärt. Ein Treubruch, dessengleichen die Geschichte nicht kennt, ist von dem Königreich Italien an seinen beiden Verbündeten begangen worden. Nach einem Bündnis von mehr als dreißigjähriger Dauer, während dessen es seinen Territorialbesitz mehren und sich zu ungeahnter Blüte entfalten konnte, hat Uns Italien in der Stunde der Gefahr verlassen und ist

---

italienischen Regierung, weder der König, noch irgendeiner der Minister vorgeschlagen habe, Italien solle neutral bleiben, nicht intervenieren, und sich zum eigenen wie fremden Vorteil zu einer zweiten Schweiz entwickeln. Wäre die Donaumonarchie 1918 zerfallen, hätte Italien immer noch die „irredenten" Gebiete besetzen können. Auch Renzi fordert die italienischen Historiker auf, die immer noch zu beobachtende prinzipielle Befürwortung des Intervento einer längst überfälligen Revision zu unterziehen.

62 Tagebuch Pansa, 23.5.1915, ASMAE. Bollati an Avarna, 4.5.1915, DDI 5/III, Nr. 569, sprach von einem „atto sleale e funesto".

63 Ballin, 19.1.1916, PA/AA, R 7946, schrieb: „Wenn man die Österreicher am Kriege halten will, muß man ängstlich vermeiden, über die Möglichkeit einer Verständigung mit Italien zu sprechen. Der Krieg gegen Italien ist populär bis in die niedersten Volksschichten. Das siegreiche Durchhalten gegen Italien ist die Freude und Hoffnung der Österreicher. Die Möglichkeit einer erfolgreichen Offensive gegen Italien ist die beliebteste Diskussion in den Kaffeehäusern."

mit fliegenden Fahnen in das Lager unserer Feinde übergegangen. Wir haben Italien nicht bedroht, sein Ansehen nicht geschmälert, seine Ehre und Interessen nicht angetastet; Wir haben unseren Bündnispflichten stets getreu entsprochen und ihm unseren Schirm gewährt, als es ins Feld zog. Wir haben mehr getan: Als Italien seine begehrlichen Blicke über unsere Grenzen sandte, waren wir, um das Bundesverhältnis und den Frieden zu erhalten, zu großen und schmerzlichen Opfern entschlossen, zu Opfern, die Unserem väterlichen Herzen besonders nahegingen. Aber Italiens Begehrlichkeit, das den Moment nützen zu sollen glaubte, war nicht zu stillen."[64] Bethmann Hollweg äußerte sich wenig später praktisch gleichlautend im Deutschen Reichstag.[65]

Dieses Manifest schien einem der führenden italienischen Interventionisten, Kolonialminister Martini, als „zitternd vor Haß"[66] – und war es auch. Die Erwartung Martinis, Salandras und Sonninos, in Berlin und Wien werde man die machtpolitische Zwangslage Italiens verstehen und man könne sich doch als faire Gegner respektieren, zeugt davon, daß sie ihren kühlen Machiavellismus auch auf der Gegenseite voraussetzten. Die Diplomaten am Ballhausplatz hatten die italienische Regierung für intriganter gehalten und geglaubt, sie werde, um dem Odium des Angreifers zu entgehen, einen plausiblen Casus belli schaffen. So war angenommen worden, Italien werde sich über die noch immer in Libyen tobenden Kämpfe in einen Krieg mit der Türkei verwickeln lassen und damit eine Kriegserklärung der Zentralmächte provozieren.[67] Doch waren Salandra und Sonnino direkter und ehrlicher; sie teilten in der Kriegserklärung brüsk mit, daß Italien seine nationalen Ziele nun mit allen Mitteln anstreben werde.[68] Sie wollten den Krieg nicht im Sinne der Linksinterventionisten wie beispielsweise eines Gaetano Salvemini führen; ihnen ging es um rein italienische Belange, nicht um ein allumfassendes Ideal wie das Selbstbestimmungsrecht der Nationen. Deshalb traten sie auch bewußt nicht als Schützer der Balkannationen vor österreichischer Bedrückung auf. Sonnino hatte nicht die Absicht, die Habsburgermonarchie aufzulösen; er

---

64 Extraausgabe der „Wiener Zeitung" v. 24.5.1915. Für die Ohren der italienischen Regierung war der folgende Absatz besonders schmerzlich, da er an die Niederlagen von 1848 und 1866 erinnerte: „Der neue, heimtückische Feind im Süden ist ihnen [Meinen Armeen] kein neuer Gegner. Die großen Erinnerungen an Novara, Mortara, Custozza und Lissa, die den Stolz Meiner Jugend bilden und der Geist Radetzkys, Erzherzog Albrechts und Tegetthoffs, der in meiner Land- und Seemacht fortlebt, bürgen mir dafür, daß Wir auch gegen Süden hin die Grenze der Monarchie erfolgreich verteidigen werden."
65 Rede Bethmann Hollwegs im Reichstag, 28.5.1915: „Jetzt hat die italienische Regierung selbst ihren Treubruch mit blutigen Lettern unvergänglich in das Buch der Weltgeschichte eingeschrieben." Zitiert in: Norddeutsche Allgemeine Zeitung, 29.5.1915.
66 Fernando Martini, Diario 1914–1918, hrsg. von Gabriele De Rosa, Verona 1966, Eintrag vom 25.5.1915.
67 Macchio, Wahrheit, S. 123 f.; Dokumente in HHStA, PA I, 507.
68 Sonnino an Avarna, 22.5.1915, DDI 5/III, Nr. 756.

wollte sie nur verkleinern und die Adria zu einem exklusiv italienisch kontrollierten Meer machen. An einem starken Südslawenstaat hatte er kein Interesse.[69]

Mit ihrem Vorgehen hatte die italienische Regierung gezeigt, wie sehr sie die emotionale Seite der Angelegenheit verkannte. Sie hätte damit rechnen können und müssen, daß die Österreicher auf die Kriegserklärung mit äußerster Erbitterung reagieren und diese als ungeheuren „Verrat" ansehen würden. Pansa äußerte in seinem Tagebuch vom 23. Mai 1915 die Überzeugung, „daß die Verhandlungen von Sonnino so geführt wurden, daß sie zum Krieg führen mußten, und das lehne ich aus moralischen wie auch aus Gründen des nationalen Interesses ab. Aus moralischen, weil es sich, egal was man sagt, um eine Verletzung unserer vertraglichen Verpflichtungen handelt, die wir nicht zu dem Zeitpunkt, an dem man es noch konnte, gelöst haben. Auch war unsere Handlungsweise nicht hinreichend durch irgendeine neue Handlungsweise unserer Verbündeten gerechtfertigt. Und die Regierung hatte kein Recht, die Katastrophe eines langen Krieges ohne direkte Notwendigkeit eigener Verteidigung zu beginnen; und deshalb jenseits aller juristischen Argumente ... nach 34 Jahren Allianz unsere Verbündeten anzugreifen und einen von ihnen berauben zu wollen, unter Ausnutzung der Schwierigkeiten, in denen sie sich zur Zeit befinden. Italien hätte mehr als jedes andere Land Grund, nicht dem alten Vorwurf der Untreue und Hinterhältigkeit neue Nahrung zu geben, ein Vorwurf, der gegen unser Volk so oft erhoben worden ist. Vom Gesichtspunkt des materiell-politischen Interesses erfüllten die letzten österreichischen Angebote 3/4 unserer Forderungen und es ist absurd, für den fehlenden Teil leichten Herzens ein Land wie Italien in einen Krieg zu stürzen."[70] Die politischen wie ökonomischen Folgen des Krieges schienen Pansa eine Katastrophe, sogar im Fall des Sieges.

---

69 Zur Haltung Sonninos in der Nationalitätenfrage und der Zukunft der Habsburgermonarchie siehe: Luciano Tosi: La propaganda italiana all'estero nella Prima Guerra Mondiale. Rivendicazioni territoriali e politica della nazionalità, Udine 1977. Zu den daraus in Versailles für Sonnino und Italien entstehenden Schwierigkeiten: Holger Afflerbach: „„...nearly a case of Italy contra mundum?" Italien als Siegermacht in Versailles 1919, in: Gerd Krumeich (Hrsg.): Versailles 1919. Ziele – Wirkung – Wahrnehmung, Essen 2001, S. 159–173 (Schriften der Bibliothek für Zeitgeschichte, Neue Folge, Band 14).

70 Pansa, Tagebuch-Eintrag vom 23.5.1915, ASMAE, Carte Pansa: „Approvasi con alti acclamazioni la concezione di pieni poteri straordinari al governo per il caso di guerra. Io non prendo parte in questo voto: perciò non ho fiducia negli attuali Ministri. [?] dopo lettura del Libro Verde, ho la convinzione che i negoziati furono condotti da Sonnino col proposito di condurre alla guerra; e perchè la mia coscienza ai [?] per ragioni morali e di interesse nazionale. Morali, perchè si tratta, [eguale?] che si dice, di una violazione dei nostri obblighi contrattuali (non denunciati, come si poteva, a suo tempo ed ora) non abbastanza giustificate da alcun nuovo atto di nostri alleati; e perchè non si ha diritto di scatenare la calamità di una guerra lunga senza

Und in Österreich-Ungarn und auch im Deutschen Reich stand nun eines fest: Das Bündnis mit Italien war ein historischer Irrweg, es war fruchtlos und von Anfang an umsonst – eine Überzeugung, die aus der berechtigten Erbitterung des Mai 1915 verständlich ist, die aber, mit Blick auf die Fakten der vierunddreißigjährigen Geschichte des Bündnisses, doch erheblich differenzierter gesehen werden muß.

Der Untergang des Dreibunds und die italienische Intervention bedeutete für die Zentralmächte eine derart schwere zusätzliche Belastung, daß gefragt werden muß, ob dies nicht den Verlust des Krieges für die Mittelmächte zwar nicht sofort, aber auf längere Sicht bedeutet hat.[71] Über 400.000 Mann wurden an dieser neuen Front gebunden; eine Zahl, die im weiteren Verlauf des Krieges ständig weiter anstieg. Ohne Italiens Kriegseintritt wäre ein europäisches Remis denkbar und sogar wahrscheinlich gewesen; Italiens „Intervento" entschied nicht, wie geplant, den Krieg kurzfristig zugunsten der Entente, sondern stellte nur ein militärisches Gleichgewicht wieder her, das sich sonst aufgrund der Siege gegen Rußland schon im Sommer 1915 deutlich zugunsten der Mittelmächte verändert hätte. Für die Donaumonarchie bedeutete Italiens Gegnerschaft, so wie sich der Krieg bis 1918 weiterentwickelte, den Untergang, der vielleicht sonst hätte vermieden werden können, für das Deutsche Reich die Niederlage. Doch ist die Bilanz des von national denkenden Kreisen sowie weiten Teilen der italienischen Historiographie bis

---

positiva necessità di proprie difese, e perciò malgrado ogni discussione giuridica, vi é qualcosa di poco, ... sull' appendice dopo 34 anni di alleanza i nostri alleati spogiare uno di essi, approfittando del momento in cui si trovano in difficoltà e l'Italia più di ogni altro paese avrebbe motivo di non offrire nuovo alimenti alla antica accusa di perfidia e malafede di cui questo popolo fu troppo spesso l'oggetto. Dal punto di vista poi dell'interesse materiale-politico le ultime offerte austriache rappresentavano i 3/4 delle nostre domande ed é assurdo che per la frazione mancante si lanci a cuor leggero un paese come l'Italia in una guerra... Sarà poi creata contro l'Italia un nemico ereditario nella Germania, che potrà in avvenire porci a gravissimi pericoli, per difenderci dai questi saremo obbligati a sottoporci a qualunque esigenza della Francia. Se si riuscirà ad annettare l'intero Tirolo e l'Istria ci metterebbe in casa elementi etnici tedeschi e slavi a noi ostili creandoci imbarazzi interni ed esterni, in contrasto ai principii della nazionalità che abbiamo sempre invocati per noi. Se si fossero invece continuato con calma e buona fede i negoziati coi n[ostri] alleati in modo ... si sarebbero soddisfatti tutti gli interessi sostanziali dell'Italia, e cio[?] senza altri impegni fuorche[?] quello di mantenere[?] una neutralità cui già eravamo già moralmento obbligati non essendosi denunciato il trattato in tempo utile ... Una franca esposizione di questi[!] obbligo alla Francia ed all'Inghilterra, se fatta fin dal principio delle ostilità, al momento della nostra dichiarazione di neutralità che si siano allora altamente soddisfatti, avrebbe tagliati corto ogni incitamenti di quei posizioni ..."

71 Dazu demnächst Afflerbach, Entschied Italien (wie Anm. 50). Als zeitgenössische Einschätzung, daß der Kriegseintritt Italiens den Untergang der Zentralmächte bedeute, siehe Hohenlohe an Burián, 4.2.1915, HHStA, PA I, 507: „Herr v. Jagow verfiel hierauf in eine völlig elegische Stimmung, indem er erklärte, wenn wir eben der Dringlichkeit der Verhältnisse nicht Rechnung tragen wollen, so würden wir eben beide zu Grunde gehen."

heute als „5. Unabhängigkeitskrieg" gefeierten Intervento[72] auch für Italien katastrophal – trotz des militärischen Sieges. Über 500.000 Italiener[73] bezahlten das Streben nach den „irredenten" Territorien mit ihrem Leben – fast so viele, wie die eroberten Gebiete Einwohner hatten. Und es mußte den Sieg mit schwersten innenpolitischen Erschütterungen bezahlen; als unmittelbare Folge des Krieges erfolgten der Zusammenbruch des Liberalismus und der Aufstieg des Faschismus.[74] Ohne Salandras und Sonninos fatalen Entschluß zum Krieg wäre die europäische Geschichte dieses Jahrhunderts vielleicht, die italienische sicher glücklicher verlaufen.

Angesichts dieses Untergangs des Dreibunds in Krieg und Zerstörung ist es leicht, von einem vollständigen Versagen dieses Bündnisses zu sprechen. Der Dreibund endete, ebenso wie der deutsch-österreichische Zweibund und auch das russisch-französische Bündnis, in einer ungeheuren Katastrophe, die zu verhindern sein hauptsächlicher Zweck gewesen war. Waren der Dreibund und die anderen europäischen Allianzen also tatsächlich nur „monströse und substanzlose Spukbilder", wie sie der italienische Historiker Gaetano Salvemini genannt hat, die keinen wirklichen Wert für die Völker hatten und nur Blut und Geld kosteten?[75] War die gesamte europäische Diplomatie vor 1914 zum Scheitern verurteilt, die Endkatastrophe angesichts des Zeitgeistes und der strukturellen Gegebenheiten vorprogrammiert? Wer vom Ausgang auf das Ganze schließt, muß zu diesem Ergebnis kommen. Doch der Blick auf die gesamte Geschichte des Bündnisses bietet ein anderes Bild. Er zeigt den prinzipiellen Wunsch innerhalb dieser Allianz auf, den europäischen Frieden zu bewahren, und verleiht dem Abschluß deshalb um so mehr den Charakter einer unnötigen, ja anachronistischen Katastrophe, die eine in vielerlei Hinsicht gegenläufige und friedfertigere Entwicklung Europas gewaltsam beendete, die politische Kultur des Kontinents zutiefst erschütterte und dadurch den ungeheuerlichen Fehlentwicklungen des „kurzen 20. Jahrhunderts" den Weg bereitete.

---

72 Afflerbach, Italien im Ersten Weltkrieg, S. 225–230.
73 Zu den Zahlen siehe Afflerbach, nearly a case, S. 164 Anm. 19.
74 Dazu besonders Roberto Vivarelli: Storia delle origini del fascismo. L'Italia della grande guerra alla marcia su Roma, 2 Bände, Bologna 1991; Afflerbach, Italien im Ersten Weltkrieg, S. 235.
75 Zitiert bei Afflerbach, Der Dreibund als Instrument der europäischen Friedenssicherung, S. 87.

ANHANG

Die Dreibundverträge

Vorbemerkung: Aufnahme fanden hier nur der erste, zweite und dritte Dreibundvertrag, weil hier inhaltlich und in der Form gravierende Änderungen vorgenommen wurden. Der vierte Dreibundvertrag vom 28. 6. 1902 und der fünfte vom 5. 12. 1912 waren jedoch praktisch unveränderte Verlängerungen des dritten Dreibundvertrages. Die Ergänzungen – nämlich 1902 eine Tripolis-Erklärung Österreich-Ungarns (Pribram, Geheimverträge, S. 97), 1909 eine Erläuterung zum Artikel VII des Dreibundvertrags (Pribram, ebd., S. 99–100) und 1912 ein zusätzliches Protokoll, Tripolis, die Cyrenaica und die österreichisch-italienischen Balkanabkommen betreffend (Pribram, ebd., S. 106.) sind an anderem Ort nachzulesen. Hier finden sich:

A) Text des Dreibundvertrages vom 20. Mai 1882
A1) Déclaration ministérielle (Die sogenannte Mancini-Declaration)
B) Text des zweiten Dreibundvertrages vom 20. Februar 1887
B1) Separatvertrag zwischen Deutschland und Italien vom 20. Februar 1887
B2) Separatvertrag zwischen Italien und Österreich-Ungarn vom 20. Februar 1887
B3) Procès verbal de Signature – Schlußprotokoll vom 20. 2. 1887
C) Text des Dreibundvertrages vom 6. Mai 1891
C1) Protocole

A) Text des Dreibundvertrages vom 20. Mai 1882[1]

Ausfertigung

Leurs Majestés

l'Empereur d'Allemagne, Roi de Prusse,
l'Empereur d'Autriche, Roi- de Bohème etc. et Roi Apostolique de Hongrie et le Roi d'Italie,

animées du désir d'augmenter les garanties de la paix générale, de fortifier le principe monarchique et d'assurer par cela-même le maintien intact de l'ordre social et politique dans Leurs États respectifs, sont tombées d'accord de

---

[1] Aus: GP 3, Nr. 571.

conclure un Traité qui, par sa nature essentiellement conservatrice et défensive, ne poursuit que le but dé Les prémunir contre les dangers qui pourraient menacer la sécurité de Leurs États et le repos de l'Europe.

A cet effet Leurs Majestés ont nommé, savoir Sa Majesté l'Empereur d'Allemagne, Roi de Prusse le Prince Henri VII de Reuss, Aide-de-Camp Général, Son Ambassadeur Extraordinaire et Plénipotentiaire près Sa Majesté Impériale et Royale Apostolique,

Sa Majesté l'Empereur d'Autriche, Roi de Bohème etc. et Roi

Apostolique de Hongrie le Comte Gustave Kálnoky, Général, Son Ministre de la Maison impériale et des affaires étrangères;

Sa Majesté le Roi d'Italie le Comte Charles Félix Nicolis de Robilant, Lieutenant-Général, Son Ambassadeur Extraordinaire et Plénipotentiaire près Sa Majesté Impériale et Royale Apostolique;

lesquels, munis de pleins pouvoirs qui ont été trouvés en bonne et due forme, sont convenus des articles suivants:

Article I.
Les Hautes Parties Contractantes se promettent, mutuellement paix et amitié, et n'entreront dans aucune alliance ou engagement dirigé contre l'un de Leurs États.

Elles s'engagent à procéder à un échange d'idées sur les questions politiques et économiques d'une nature générale qui pourraient se présenter, et se promettent en outre Leur appui mutuel dans la limite de Leurs propres intérêts.

Article II.
Dans le cas où l'Italie, sans provocation directe de sa part, serait attaquée par la France pour quelque motif que ce soit, les deux autres Parties Contractantes seront tenues à prêter à la Partie attaquée secours et assistance avec toutes Leurs forces.

Cette même obligation incombera à l'Italie dans le cas d'une agression non directement provoquée de la France contre l'Allemagne.

Article III.
Si une ou deux des Hautes Parties Contractantes, sans provocation directe de Leur part, venaient à être attaquées et à se trouver engagées dans une guerre avec deux ou plusieurs Grandes Puissances non-signataires du présent Traité, le „casus foederis" se présentera simultanément pour toutes les Hautes Parties Contractantes.

Article IV.
Dans le cas où une Grande Puissance non-signataire du présent Traité menacerait la sécurité des États de l'une des Hautes Parties Contractantes et

la Partie menacée se verrait par là forcée de lui faire la guerre, les deux autres s'obligent à observer à l'égard de Leur Allié une neutralité bienveillante. Chacune se réserve dans ce cas la faculté de prendre part à la guerre, si Elle le jugeait à-propos, pour faire cause commune avec Son Allié.

Article V.
Si la paix de l'une des Hautes Parties Contractantes venait à être menacée dans les circonstances prévues par les articles précédents, les Hautes Parties Contractantes se concerteront en temps utile sur les mesures militaires à prendre en vue d'une coopération éventuelle.

Elles s'engagent dès-à-présent, dans tous les cas de participation commune à une guerre, à ne conclure ni armistice, ni paix, ni traité que d'un commun accord entr'Elles.

Article VI.
Les Hautes Parties Contractantes se promettent mutuellement le secret sur le contenu et sur l'existence du présent Traité.

Article' VII.
Le présent Traité restera en vigueur durant l'espace de cinq ans à partir du jour de l'échange des ratifications.

Article VIII.
Les ratifications du présent Traité seront échangées à Vienne dans un délai de trois semaines ou plus tôt si faire se peut.

En foi de quoi les Plénipotentiaires respectifs ont signé le présent Traité et y ont apposé le sceau de leurs armes.

Fait à Vienne, le vingtième jour du mois de Mai de l'an mil huit
cent quatre-vingt deux.
(L. S.) H. VII P. Reuß
(L. S.) Kálnoky
(L. S.) C. Robilant

A1) Déclaration ministérielle (Die sogenannte Mancini-Declaration)[2]

Le Gouvernement Impérial et Royal déclare que les stipulations du Traité secret conclu le 20 Mai 1882 entre l'Autriche-Hongrie, l'Allemagne et l'Italie

---

2 Aus: GP 3, Nr. 570, Anlage. Gleichlautende Erklärungen gaben die deutsche und die italienische Regierung ab, siehe beispielsweise Pribram, Geheimverträge, S. 28 (d.) mit der von Bismarck unterzeichneten deutschen Erklärung.

ne pourront – comme il a été préalablement convenu – aucun cas être envisagées comme étant dirigées contre l'Angleterre.

En foi de quoi la présente déclaration ministérielle, qui devra également rester secrète, a été dressée pour être échangée contre des déclarations identiques du Gouvernement Impérial d'Allemagne et du Gouvernement Royal d'Italie.

B) Text des zweiten Dreibundvertrages vom 20. Februar 1887[3]

Ausfertigung

Leurs Majestés
l'Empereur d'Allemagne, Roi de Prusse,
l'Empereur d'Autriche, Roi de Bohême etc. et Roi Apostolique de Hongrie
et le Roi d'Italie,

animés du désir de maintenir les liens établis entre Leurs Etats et Leurs Gouvernements par le Traité conclu à Vienne le 20 Mai 1882, ont résolu d'en prolonger la durée au moyen d'un Traité additionnel et ont, à cet effet, nommé pour Leurs Plénipotentiaires, savoir:

Sa Majesté l'Empereur d'Allemagne, Roi de Prusse: le Sieur Othon, Prince de Bismarck, Son Président du Conseil des Ministres de Prusse , Chancelier de l'Empire;

Sa Majesté l'Empereur d'Autriche, Roi de Bohême etc. Roi Apostolique de Hongrie:

le Sieur Emeric, Comte Széchényi, de Sárvári Felsö-Vidék, Chambellan et Conseiller Intime Actuel, Son Ambassadeur Extraordinaire et Plénipotentiaire près Sa Majesté l'Empereur d'Allemagne, Roi de Prusse;

Sa Majesté le Roi d'Italie: le Sieur Edouard, Comte de Launay, Son Ambassadeur Extraordinaire et Plénipotentiaire près Sa Majesté l'Empereur d'Allemagne, Roi de Prusse;

Lesquels, munis de pleins-pouvoirs, qui ont été trouvés en bonne et due forme, sont convenus des articles suivants:

Article I.
Le Traité d'alliance conclu à Vienne le 20 Mai 1882 entre les Puissances signataires du présent Traité additionnel, est confirmé et conservé en vigueur dans toute son étendue jusqu'au 30 Mai 1892.

Article II.
Le présent Traité sera ratifié et les ratifications en seront échangées à Berlin dans le délai de quinze jours, ou plus tôt si faire se peut.

---

3 Aus: GP 4, Nr. 858.

En foi de quoi, les Plénipotentiaires respectifs ont signé le présent Traité additionnel et y ont apposé leur cachet.

Fait à Berlin le vingtième jour du mois de Février mil huit cent quatre-vingt-sept.
(L.S.) v. Bismarck
(L.S.) Széchényi
(L.S.) Launay

B1) Separatvertrag zwischen Deutschland und Italien vom 20. Februar 1887[4]

Ausfertigung

Leurs Majestés
l'Empereur d'Allemagne, Roi de Prusse, et le Roi d'Italie voulant, dans un esprit de bonne entente mutuelle, resserrer de plus en plus les liens déjà établis entre Leurs Etats et Leurs Gouvernements par le Traité d'alliance conclu à Vienne le 20 mai 1882 et dont la prolongation vient d'être signée aujourd'hui, ont résolu de stipuler un Traité séparé qui réponde toujours davantage aux circonstances présentes, et ont, à cet effet, nommé pour Leurs Plénipotentiaires, savoir:
   Sa Majesté l'Empereur d'Allemagne, Roi de Prusse: le Sieur Othon, Prince de Bismarck, Son Président du Conseil des Ministres de Prusse, Chancelier de l'Empire;
   Sa Majesté le Roi d'Italie: le Sieur Edouard, Comte de Launay, Son Ambassadeur Extraordinaire et Plénipotentiaire près Sa Majesté l'Empereur d'Allemagne, Roi de Prusse,
   Lesquels munis de pleins-pouvoirs, qui ont été trouvés en bonne et due forme, sont convenus des articles suivants:

Article I.
Les Hautes Parties contractantes, n'ayant en vue que le maintien, autant que possible, du status quo territorial en Orient, s'engagent à user de leur influence pour prévenir, sur les côtes et îles Ottomanes dans la Mer Adriatique et dans la Mer Egée, toute modification territoriale qui porterait dommage à l'une ou à l'autre des Puissances signataires du présent Traité. Elles se communiqueront à cet effet tous les renseignements de nature à s'éclairer mutuellement sur leurs propres dispositions, ainsi que sur celles d'autres Puissances.

---

4   Aus: GP 4, Nr. 859.

Article II.

Les stipulations de l'Article I ne s'appliquent d'aucune manière à la question Egyptienne, au sujet de laquelle les Hautes Parties contractantes conservent respectivement leur liberté d'action, en égard toujours aux principes sur lesquels reposent le présent Traité et celui du 20 mai 1882.

Article III.

S'il arrivait que la France fît acte d'étendre son occupation ou bien son protectorat ou sa souveraineté, sous une forme quelconque sur les territoires Nord-Africains, et qu'en conséquence de ce fait l'Italie crût devoir, pour sauvegarder sa position dans la Méditerranée, entreprendre elle-même une action sur les dits territoires Nord-Africains, ou bien recourir, sur le territoire français en Europe, aux mesures extrêmes, l'état de guerre qui s'en suivrait entre l'Italie et la France constituerait i p s o f a c to, sur la demande de l'Italie et à la charge commune des deux alliés, le casus foederis avec tous les effets prévus par les articles II et V du susdit Traité du 20 mai 1882, comme si pareille éventualité y était expressément visée.

Article IV.

Si les chances de toute guerre entreprise en commun contre la France amenaient l'Italie à rechercher des garanties territoriales à l'égard de la France, pour la sécurité des frontières du Royaume et de sa position maritime, ainsi qu'en vue de la stabilité de la paix, l'Allemagne n'y mettra aucun obstacle et, au besoin et dans une mesure compatible avec les circonstances, s'appliquera à faciliter les moyens d'atteindre un semblable but.

Article V.

Les Hautes Parties contractantes se promettent mutuellement le secret sur le contenu du présent Traité.

Article VI,

Le présent Traité entrera en vigueur dès le jour de l'échange des ratifications et le restera jusqu'au 30 mai 1892.

Article VII.

Les ratifications en seront échangées à Berlin dans un délai de quinze jours, ou plus tôt si faire se peut.

En foi de quoi, les Plénipotentiaires respectifs ont signé le présent Traité et y ont apposé leur cachet.

Fait à Berlin le vingtième jour du mois de février mil huit cent quatre-vingt-sept.

(L.S.) v. Bismarck
(L.S.) Launay

B2) Separatvertrag zwischen Italien und Österreich-Ungarn vom 20. Februar 1887[5]

L. L. M. M.
l'Empereur d'Autriche, Roi de Bohème etc. et Roi apostolique de Hongrie, et le Roi d'Italie,

jugeant opportun de donner quelque développement au traité d'alliance signé à Vienne le 20 mai 1882 et dont la prolongation a été stipulée aujourd'hui par un acte additionnel, ont résolu de conclure un traité séparé qui tienne toujours mieux compte des intérêts réciproques de leurs états et de leurs gouvernements, et ont à cet effet nommé pour leurs plénipotentiaires, savoir:

S. M. l'Empereur d'Autriche, roi de Bohème etc. et roi apostolique de Hongrie, le sieur Emeric comte Széchényi de Sárvári Felsö-Videk, chambellan et conseiller intime actuel, son ambassadeur extraordinaire et plénipotentiaire près S. M. l'Empereur d'Allemagne, roi de Prusse,

S. M. le roi d'Italie, le sieur Edouard comte de Launey, son ambassadeur extraordinaire et plénipotentiaire près S. M. l'Empereur d'Allemagne, roi de Prusse,

lesquels, munis de pleins-pouvoirs trouvés en bonne et due forme, sont convenus des articles suivants:

Article I.
Les hautes parties contractantes, n'ayant en vue que le maintien, autant que possible du status quo territorial en Orient, s'engagent à user de leur influence pour prévenir toute modification territoriale qui porterait dommage à l'une ou à l'autre des puissances signataires du présent traité. Elles se communiqueront tous les renseignements de nature à s'éclairer mutuellement sur leurs propres dispositions, ainsi que sur celles d'autres puissances.

Toutefois dans le cas où, par suite des événements, le maintien du status quo dans les régions des Balkans ou des côtes et îles ottomanes dans l'Adriatique et dans la mer Egée deviendrait impossible, et que, soit en conséquence de l'action d'une puissance tierce, soit autrement, l'Autriche-Hongrie ou l'Italie se verraient dans la nécessité de le modifier par une occupation temporaire ou permanente de leur part, cette occupation n'aura lieu qu'après un accord préalable entre les deux suscités puissances, basé sur le principe d'une compensation réciproque pour tout avantage territorial ou autre que chacune d'elle obtiendrait en sus du status quo actuel, et donnant satisfaction aux intérêts et aux prétentions bien fondées des deux parties.

---

5 Aus: Pribram, Geheimverträge, S. 44–45.

Article II.
Les hautes parties contractantes se promettent mutuellement le secret sur le contenu du présent traité.

Article III.
Le présent traité entrera en vigueur dès le jour de l'échange des ratifications et le restera jusqu'au 30 mai 1892.

Article IV.
Les ratifications en seront échangées à Berlin dans un délai de quinze jours ou plus tôt si faire se peut.
En foi de quoi les plénipotentiaires respectifs ont signé le présent traité et y ont apposé leur cachet.
    Fait à Berlin le vingtième jour du mois de février mil huit cent quatre-vingt-sept.

L. S. Széchényi
L. S. Launay

B3) Procès verbal de Signature – Schlußprotokoll vom 20. 2. 1887[6]

Les soussignés viennent de procéder à la signature d'un traité additionnel prolongeant la durée du traité d'alliance conclu à Vienne le 20 mai 1882.
    Il a été signé en même temps un traité séparé entre l'Autriche-Hongrie et l'Italie et un traité séparé entre l'Allemagne et l'Italie. Ces deux derniers actes, quoique distincts, ne répondent pas moins à l'esprit général de l'accord précité de 1882, car aujourd'hui comme alors les trois monarchies visent essentiellement au maintien de la paix.
    La simultanéité des signatures apposées aux traités en date de ce jour démontre cette entente d'ensemble entre les gouvernements respectifs, et les soussignés se plaisent à le constater en signant le présent et unique procès-verbal.
    Fait à Berlin le 20 février 1887,

Széchényi
v. Bismarck
Launay

---

6 Aus: Pribram, Geheimverträge, S. 47.

C) Text des Dreibund-Vertrages vom 6. Mai 1891[7]

Ausfertigung

Leurs Majestés

l'Empereur d'Allemagne, Roi de Prusse,
l'Empereur d' Autriche, Roi de Bohème etc. et Roi Apostolique de Hongrie, et le Roi d'Italie

fermement résolus d'assurer à Leurs Etats la continuation des bienfaits que leur garantit, au point de vue politique aussi bien qu'au point de vue monarchique et social, le maintien de la Triple Alliance, et voulant dans ce but prolonger la durée de cette alliance conclue le 20 mai 1882 et renouvelée, une première fois déjà, par les traités du 20 février 1887 dont l'échéance était fixée au 30 mai 1892 ont, à cet effet, nommé comme Leurs plénipotentiaires, savoir:

Sa Majesté l'Empereur d'Allemagne, Roi de Prusse: le Sieur Léon de Caprivi, général d'infanterie, Chancelier de l'Empire, Son Président du Conseil des Ministres de Prusse;

Sa Majesté l'Empereur d'Autriche, Roi de Bohème etc. et Roi Apostolique de Hongrie: le Sieur Emeric, Comte Széchényi, de Sárvári Felsö-Vidék, Chambellan et Conseiller Intime Actuel, Son Ambassadeur Extraordinaire et Plénipotentiaire près Sa Majesté l'Empereur d'Allemagne, Roi de Prusse;

Sa Majesté le Roi d'Italie: le Sieur Edouard, Comte de Launay, Son Ambassadeur Extraordinaire et Plénipotentiaire près Sa Majesté l'Empereur d'Allemagne, Roi de Prusse,

lesquels, après échange de leurs pleins-pouvoirs, trouvés en bonne et due forme, sont convenus des articles suivants:

Article I.
Les Hautes Parties contractantes se promettent. mutuellement paix et amitié, et n'entreront dans aucune alliance ou engagement dirigé contre l'un de Leurs États.

Elles s'engagent à procéder à un échange d'idées sur les questions politiques et économiques d'une nature générale qui pourraient se présenter, et se promettent en outre Leur appui mutuel dans la limite de Leurs propres intérêts.

Article II.
Dans le cas où l'Italie, sans provocation directe de sa part, serait attaquée par la France pour quelque motif que ce soit, les deux autres Parties contractantes seront tenues à prêter à la Partie attaquée secours et assistance avec toutes Leurs forces.

---

7 Aus: GP 7, Nr. 1426.

Cette même obligation incombera à l'Italie dans le cas d'une agression non directement provoquée de la France contre l'Allemagne.

Article III.
Si une ou deux des Hautes Parties contractantes, sans provocation directe de Leur part, venaient à être attaquées et à se trouver engagées dans une guerre avec deux ou plusieurs Grandes Puissances non signataires du présent Traité, le „casus foederis" se présentera simultanément pour toutes les Hautes Parties contractantes.

Article IV.
Dans le cas où une Grande Puissance non signataire du présent Traité menacerait la sécurité des Etats de l'une des Hautes Parties contractantes, et la Partie menacée se verrait par là forcée de lui faire la guerre, les deux autres s'obligent à observer, à l'égard de Leur allié, une neutralité bienveillante. Chacune se réserve, dans ce cas, la faculté de prendre part à la guerre, si Elle le jugeait à propos, pour faire cause commune avec Son allié.

Article V.
Si la paix de l'une des Hautes Parties contractantes venait à être menacée dans les circonstances prévues par les articles précédents, les Hautes Parties contractantes se concerteront en temps utile sur les mesures militaires à prendre en vue d'une coopération éventuelle.
Elles s'engagent, dès-à-présent, dans tous les cas de participation commune àune guerre, à ne conclure ni armistice, ni paix, ni traité, que d'un commun accord entre Elles.

Article VI.
L'Allemagne et l'Italie, n'ayant en vue que le maintien, autant que possible, du statu quo territorial en Orient, s'engagent à user de Leur influence pour prévenir, sur les côtes et îles ottomanes dans la Mer Adriatique et dans la Mer Egée, toute modification territoriale qui porterait dommage à l'une ou à l'autre des Puissances signataires du présent Traité. Elles se communiqueront, à cet effet, tous les renseignements de nature à s'éclairer mutuellement sur Leurs propres dispositions, ainsi que sur celles d'autres Puissances.

Article VII.
L'Autriche-Hongrie et l'Italie, n'ayant en vue que le maintien, autant que possible, du statu quo territorial en Orient, s'engagent à user de Leur influence pour prévenir toute modification territoriale qui porterait dommage à l'une ou à l'autre des Puissances signataires du présent Traité. Elles se communiqueront, à cet effet, tous les renseignements de nature à s'éclairer mutuelle-

ment sur Leurs propres dispositions, ainsi que sur celles d'autres Puissances. Toutefois dans le cas, où, par suite des événements, le maintien du statu quo dans les régions des Balkans ou des côtes et îles ottomanes dans l'Adriatique et dans la Mer Egée deviendrait impossible, et que, soit en conséquence de l'action d'une Puissance tierce soit autrement, l'Autriche-Hongrie ou l'Italie se verraient dans la nécessité de le modifier par une occupation temporaire ou permanente de Leur part, cette occupation n'aura lieu qu'après un accord préalable entre les deux Puissances, basé sur le principe d'une compensation réciproque pour tout avantage, territorial ou autre, que chacune d'Elles obtiendrait en sus du statu quo actuel et donnant satisfaction aux intérêts et aux prétentions bien fondées des deux Parties.

Article VIII.
Les stipulations des articles VI et VII ne s'appliqueront d'aucune manière à la question égyptienne au sujet de laquelle les Hautes Parties contractantes conservent respectivement Leur liberté d'action, en égard toujours aux principes sur lesquels repose le présent Traité.

Article IX.
L'Allemagne et l'Italie s'engagent à s'employer pour le maintien du statu quo territorial dans les régions nord-africaines sur la Méditerranée à savoir la Cyrénaïque, la Tripolitaine et la Tunisie. Les représentants des deux Puissances dans ces régions auront pour instruction de se tenir dans la plus étroite intimité de communications et assistance mutuelles.

Si malheureusement, en suite d'un mûr examen de la situation, l'Allemagne et l'Italie reconnaissaient l'une et l'autre que le maintien du statu quo devenait impossible, l'Allemagne s'engage, après un accord formel et préalable, à appuyer l'Italie en toute action sous la forme d'occupation ou autre prise de garantie, que cette dernière devrait entreprendre dans ces mêmes régions en vue d'un intérêt d'équilibre et de légitime compensation.

Il est entendu que pour pareille éventualité les deux Puissances chercheraient à se mettre également d'accord avec l'Angleterre.

Article X.
S'il arrivait que la France fît acte d'étendre son occupation ou bien son protectorat, ou sa souveraineté, sous une forme quelconque, sur les territoires nord-africains, et qu'en conséquence de ce fait l'Italie crût devoir, pour sauvegarder sa position dans la Méditerranée, entreprendre elle-même une action sur les dits territoires nord-africains, ou bien recourir sur le territoire français en Europe aux mesures extrêmes, l'état de guerre qui s'en suivrait entre l'Italie et la France constituerait ipso facto, sur la demande de l'Italie, et à la charge commune de l'Allemagne et de l'Italie, le casus foederis prévu par les articles

II et V du présent Traité, comme si pareille éventualité y était expressément visée.

Article XI.
Si les chances de toute guerre entreprise en commun contre la France par les deux Puissances amenaient l'Italie à rechercher des garanties territoriales à l'égard de la France, pour la sécurité des frontières du Royaume et de sa position maritime, ainsi qu'en vue de la stabilité et de la paix, l'Allemagne n'y mettra aucun obstacle, et au besoin, et dans une mesure compatible avec les circonstances, s'appliquera à faciliter les moyens d'atteindre un semblable but.

Article XII.
Les Hautes Parties contractantes se promettent mutuellement le secret sur le contenu du présent Traité.

Article XIII.
Les Puissances signataires se réservent d'y introduire ultérieurement, sous forme de protocole et d'un commun accord, les modifications dont l'utilité serait démontrée par les circonstances.

Article XIV.
Le présent Traité restera en vigueur pour l'espace de six ans à partir de l'échange des ratifications; mais s'il n'avait pas été dénoncé un an à l'avance par l'une ou l'autre des Hautes Parties contractantes, il restera en vigueur pour la même durée de six autres années.

Article XV.
Les ratifications du présent Traité seront échangées à Berlin, dans un délai de quinze jours, ou plus tôt si faire se peut.

En foi de quoi, les Plénipotentiaires respectifs ont signé le présent Traité, et y ont apposé le cachet de leurs armes.

Fait à Berlin, en triple exemplaire, le sixième jour du mois de mai mil huit cent quatre-vingt-onze.

(L. S.) v. Caprivi
(L. S.) Széchényi
(L. S.) Launay

C1) Protocole[8]

Au moment de procéder à la signature du Traité de ce jour entre l'Allemagne, l'Autriche-Hongrie et l'Italie, les Plénipotentiaires soussignés de ces trois Puissances, à ce dûment autorisés, se déclarent mutuellement ce qui suit:

1. Sauf réserve d'approbation parlementaire pour les stipulations effectives qui découleraient de la présente déclaration de principe, les Hautes Parties contractantes se promettent, dès ce moment, en matière économique (finances, douanes, chemins de fer) en sus du traitement de la nation la plus favorisée, toutes les facilités et tous les avantages particuliers qui seraient compatibles avec les exigences de chacun des trois Etats et avec Leurs engagements respectifs avec les tierces Puissances.

2. L'accession de l'Angleterre étant déjà acquise, en principe, aux stipulations du Traité de ce jour qui concernent l'Orient, proprement dit, à savoir les territoires de l'Empire Ottoman, les Hautes Parties contractantes s'emploieront au moment opportun, et pour autant que les circonstances le comporteraient, à provoquer une accession analogue à l'égard des territoires nord-africains de la partie centrale et occidentale de la Méditerranée, le Maroc compris. Cette accession pourrait se réaliser moyennant acceptation, de la part de l'Angleterre, du programme établi aux articles IX et X du Traité de ce jour.

En foi de quoi, les trois Plénipotentiaires ont signé, en triple exemplaire, le présent protocole.

Fait à Berlin, le sixième jour du mois de mai mil huit cent quatre vingt-onze.

v. Caprivi
Széchényi
Launay

---

8 Aus: GP 7, Nr. 1427.

Archivalien- und Literaturverzeichnis

1. Archive:

A) DEUTSCHE ARCHIVE

I. Archiv des Auswärtigen Amts, Bonn

Deutschland Nr. 128 Nr. 1: Bündnisvertrag zwischen Deutschland, Österreich-Ungarn und Italien

R 1807: Band 28: 01.08.1908–31.10.1909
R 1808: Band 29: 01.11.1909–15.10.1911
R 1809: Band 30: 16.10.–31.12.1911
R 1810: Band 31: 01.01.1912–31.10.1912
R 1811: Band 32: 01.11.1912–31.12.1913
R 1812: Band 33: 01.01.–16.08.1914
R 1827: Band 48: 29.03.–04.04.1915
R 1828: Band 49: 05.04.–12.04.1915
R 1829: Band 50: 13.–18.04.1915
R 1830: Band 51: 19.–23.04.1915
R 1831: Band 52: 24.–27.04.1915

Deutschland Nr. 143 Geheim: Militärische Besprechungen (Italien, Österreich, Rumänien)

R 2399: Band 1: 03.10.–04.12.1887
R 2400: Band 2: 05.12.–27.12.1887
R 2407: Band 9: 01.01.1902–29.02.1908
R 2408: Band 10: 1.03.1908–8.1914

Italien Nr. 68: Allgemeine Angelegenheiten Italiens

R 7715: Band 09: 23.05.1881–11.12.1881
R 7716: Band 10: 12.12.1881–20.06.1882
R 7717: Band 11: 21.06.1882–30.09.1882
R 7718: Band 12: 01.10.1882–30.04.1883

R 7719: Band 13: 01.05.1883–31.10.1883
R 7720: Band 14: 01.11.1883–15.06.1884
R 7721: Band 15: 16.06.1884–22.08.1885
R 7722: Band 16: 23.08.1885–08.02.1887
R 7723: Band 17: 09.02.1887–22.03.1888
R 7724: Band 18: 23.03.1888–07.11.1888
R 7725: Band 19: 08.11.1888–23.01.1889
R 7726: Band 20: 24.01.1889–24.05.1889
R 7727: Band 21: 25.05.1889–12.12.1889
R 7728: Band 22: 13.12.1889–09.05.1890
R 7729: Band 23: 10.05.1890–30.09.1890
R 7730: Band 24: 01.10.1890–31.08.1891
R 7731: Band 25: 01.09.1891–31.08.1892
R 7732: Band 26: 01.09.1892–31.12.1892
R 7733: Band 27: 01.01.1893–09.03.1893
R 7734: Band 28: 10.03.1893–27.10.1893
R 7735: Band 29: 28.10.1893–03.12.1893
R 7736: Band 30: 04.12.1893–23.12.1893
R 7737: Band 31: 24.12.1893–21.01.1894
R 7738: Band 32: 22.01.1894–28.02.1894
R 7739: Band 33: 01.1!.1894–15.08.1894
R 7740: Band 34: 16.08.1894–20.12.1894
R 7741: Band 35: 21.12.1894–30.04.1895
R 7742: Band 36: 01.05.1895–06.03.1896
R 7743: Band 37: 07.03.1896–31.08.1896
R 7744: Band 38: 01.09.1897–12.05.1898
R 7745: Band 39: 13.05.1898–31.05.1898
R 7746: Band 40: 01.06.1898–31.12.1898
R 7747: Band 41: 01.01.1899–31.12.1899
R 7748: Band 42: 01.01.1900–04.07.1901
R 7749: Band 43: 05.07.1901–30.09.1902
R 7750: Band 44: 01.10.1902–10.04.1904
R 7751: Band 45: 13.10.1904–30.04.1905
R 7752: Band 46: 01.05.1905–30.09.1905
R 7753: Band 47: 01.10.1905–11.03.1906
R 7754: Band 48: 12.03.1906–31.05.1906
R 7755: Band 49: 01.06.1906–31.12.1906
R 7756: Band 50: 01.01.1907–31.12.1907
R 7757: Band 51: 01.01.1908–10.09.1909
R 7758: Band 52: 01.10.1909–15.12.1910
R 7759: Band 53: 16.12.1910–31.03.1911
R 7760: Band 54: 01.04.1911–30.06.1914

R 7761: Band 55: 01.07.1914–14.10.1917
R 7762: Band 56: 15.10.1917–03.03.1920

Italien Nr. 70: Die Bestrebungen der „Italia Irredenta" und die hieraus sich ergebenden politischen Beziehungen Italiens zu Deutschland, Österreich und Frankreich

R 7772: Band 5: 04.03.1882–03.06.1882
R 7773: Band 6: 04.06.1882–10.01.1883
R 7774: Band 7: 10.01.1883–10.09.1883

Italien Nr. 72: Militär- und Marineangelegenheiten Italiens

R 7788: Band 4: 1.1.1886–20.1.1887

Italien Nr. 75: Wiederherstellung der weltlichen Macht des Papstes

R 7893: Band 1: 12.1881–11.1912

Italien Nr. 82: Beziehungen Italiens zu Deutschland

R 7928: Band 1: 17.10.1885–31.12.1887
R 7929: Band 2: 01.01.1888–24.05.1890
R 7930: Band 3: 25.05.1890–10.11.1890
R 7932: Band 5: 11.02.1893–31.12.1899

Italien Nr. 82 geheim: Beziehungen Italiens zu Deutschland

R 7943: Band 1: 10.1890–31.12.1907
R 7945: Band 2: 01.01.1908–29.02.1912
R 7946: Band 3: 01.03.1912–29.12.1919

Italien Nr. 83 Nr. 1 geheim: Das italienische Königshaus

R 7970: 06.06.1891–04.06.1919

Italien Nr. 83 Nr. 2: Italienische Staatsmänner

R 7971: Band 1: 21.10.1885–25.7.1887

Italien Nr. 88: Verhältnis Italiens zu Frankreich

R 8069: Band 3: 11.04.1888–15.06.1888
R 8070: Band 4: 16.06.1888–25.01.1889
R 8071: Band 5: 26.01.1889–25.07.1889
R 8072: Band 6: 26.07.1889–05.04.1890
R 8073: Band 7: 06.04.1890–31.12.1890

Italien Nr. 95 geheim: Allgemeine Politik Italiens

R 8136: Band 1: 10.1891–10.9.1919

Österreich Nr. 70: Allgemeine Angelegenheiten Österreichs

R 8523: Band 27: 6.11.1893–31.12.1894
R 8524: Band 28: 1.1.1895–31.8.1895
R 8525: Band 29: 01.09.1895–31.08.1896
R 8526: Band 30: 01.09.1896–31.08.1897
R 8527: Band 31: 01.09.1897–31.12.1897

Österreich Nr. 74: Die österreichische Presse

R 8624: Band 7: 1.4.1892–31.8.1896

Österreich Nr. 76: Besuch des Königs von Italien in Wien und der Gegenbesuch des Kaisers von Österreich in Rom

R 8675: Band 1: 8.10.1881–30.9.1886

Österreich Nr. 91 Nr. 2: Die österreichisch-ungarischen Delegationen

R 8830: Band 3: 12.06.1893–31.12.1894

R 8831: Band 4: 01.01.1895–31.12.1897
R 8832: Band 5: 01.01.1898–31.12.1899

Österreich Nr. 95: Beziehungen Österreichs zu Deutschland

R 8985: Band 4: 11.12.1888–25.3.1890

Österreich Nr. 102: Beziehungen Österreichs zu Italien

R 9107: Band 1: 24.09.1887–30.06.1888
R 9108: Band 2: 01.07.1888–31.12.1891
R 9109: Band 3: 01.01.1892–31.12.1893
R 9110: Band 4: 01.01.1894–31.03.1903
R 9111: Band 5: 01.08.1903–31.12.1903
R 9112: Band 6: 01.01.1904–31.08.1904
R 9113: Band 7: 01.09.1904–31.12.1905
R 9114: Band 8: 01.01.1906–31.07.1907
R 9115: Band 9: 01.08.1907–30.09.1908
R 9116: Band 10: 01.10.1908–28.02.1909
R 9117: Band 11: 01.03.1909–30.11.1910
R 9118: Band 12: 01.10.1910–31.12.1912
R 9119: Band 13: 01.01.1913–07.05.1914
R 9120: Band 14: 08.05.1914- Dez. 1919

Österreich Nr. 102 geheim: Beziehungen Österreichs zu Italien

R 9122: Band 2: 1.9.1904–31.12.1911

Nachlaß Solms: Erinnerungen
Nachlaß Monts: Briefwechsel Jagow

II. Bundesarchiv/Militärarchiv, Freiburg

1. Bestände des ehemaligen Reichsarchivs/der Kriegsgeschichtlichen Forschungsanstalt des Heeres

W 10 – 50176; 50177; 50222; 50223; 50279; 50730; 50731.

2. Akten des Reichsmarineamtes / Marineattachéberichte Rom / Wien

RM 2/1757 Band 3: Beziehungen Deutschlands zu Italien, China, Marokko, Spanien, Südwest-Afrika, Kanada, den Südseeinseln, England, Australien, USA, Japan, Rußland, Österreich Jan.–Nov. 1911, MF,4

Deutscher Marineattaché in Rom. – Schriftwechsel mit dem RMA (mit handschriftlichen Randbemerkungen des Kaisers)
RM 3/2826 Band 1: Jan. 1901-Okt. 1901
RM 3/2827 Band 2: Okt. 1901-Okt. 1902
RM 3/2828 Band 3: Okt. 1902-Dez. 1903
RM 3/2829 Band 4: Dez. 1903-Jan. 1905
RM 3/2830 Band 5: Dez. 1904-Dez. 1905
RM 3/2831 Band 6: Dez. 1905-Juli 1906
RM 3/2832 Band 7: Okt. 1906-Juli 1907
RM 3/2833 Band 8: Juli 1907-Juni 1908
RM 3/2834 Band 9: Nov. 1908-Dez. 1909
RM 3/2835 Band 10: Dez. 1909-Juli 1910
RM 3/2836 Band 11: Okt. 1910-Aug. 1911
RM 3/2837 Band 12: (Juli) Aug. 1911-Jan. 1912
RM 3/2838 Band 13: Nov. 1911-Juli 1912 (sic!)
RM 3/2839 Band 14: (Mai), Juni 1912-Febr. 1913
RM 3/2840 Band 15: (Okt.), Nov. 1912-Dez. 1913 (sic!)
RM 3/2841 Band 16: Dez. 1913-Juli 1914
RM 3/2842 Band 17: Febr. 1914-Apr. 1915

Deutscher Marineattaché in Rom. – Attachéberichte (mit handschriftlichen Randbemerkungen des Kaisers):
RM 3/2971 Band 1: Febr. 1901–Juli 1911

Deutscher Marineattaché in Wien. – Schriftwechsel mit dem RMA (mit handschriftlichen Randbemerkungen des Kaisers)
RM 3/2928 Band 1: (Febr.), März 1901-Mai 1907
RM 3/2929 Band 2: Apr. 1907-Aug. 1911
RM 3/2930 Band 3: Juli 1911-Sept. 1912
RM 3/2931 Band 4: (Okt.), Nov. 1912-Juli 1913
RM 3/2932 Band 5: Juni 1913-Dez. 1914
RM 3/2933 Band 6: März 1915-Okt. 1915

RM 3/2983 Deutscher Marineattaché in Wien. – Attachéberichte (mit handschriftlichen Randbemerkungen des Kaisers), 1906–1919

RM 3/3904 Berichte allgemeiner Natur des Marineattachés in Wien

RM 3/v. 11654: Berichte des Auswärtigen Amtes und der Marineattachés in Rom betr. der italienischen Marine

RM 12 I/v. Band 46 Verschiedenes Marineattaché Wien 1912–1919
RM 12 I/v. Band 47 Verschiedenes Marineattaché Wien 1913–1919

III. Geheimes Staatsarchiv Preussischer Kulturbesitz, Berlin

Nachlaß Robert Keudell

IV. Bismarck-Archiv, Friedrichsruh

Korrespondenz Bismarck, Nr. 33: Francesco Crispi

B) ITALIENISCHE ARCHIVE

I. Archivio Storico del Ministero degli Affari Esteri, Rom (ASMAE)

1. Archivio Segreto di Gabinetto (1869–1914) (Cassette Verdi)

Cassetta 1: Triplice Alleanza (1887–1900)
Fasc. 1. 5.9.1887–16.12.1890 (Ministero Crispi)
Fasc. 2. 7.3.–8.7.1891 (Ministero Rudinì)
Fasc. 3. 13.3.1896–14.2.1900 (Ministero Brin)

Cassetta 2: Triplice Alleanza e Relazioni con l'Inghilterra (1893–1896)
Fasc. 1. 16.12.1893–8.3.1896 (Ministero Blanc)

Cassetta 3: Triplice Alleanza e Politica Generale (1901–1907)
Fasc. 1. 3.7.1901–11.7.1902
Fasc. 2. 16.2.1904–18.11.1905
Fasc. 3. 27.1.1906–1.8.1907

Cassetta 4: Triplice Alleanza (1906–1913)
Fasc. 1. 12.7.1906–20.4.1913

Cassetta 5: Varie (1890–1914)
Fasc. 1. Varie – febbraio 1890–29.7.1905
Fasc. 2. Accessione dell'Italia al trattato di amicizia e di Alleanza fra Austria-Ungheria e la Rumenia. 8.1.1913–27.7.1914
Fasc. 3. Triplice Alleanza. 16.8.1913–21.4.1914
Fasc. 4. Avvenimenti in Albania. 24.7.1913–24.5.1914
Fasc. 5. Asia Minore. 12.11.1913–29.1.1914
Fasc. 6. Questione degli israeliti in Rumania e S.E. Luzzatti. 21.4.–18.5.1914
Fasc. 7. Rapporti col Governo Austriaco. Trieste-Pola. 7.6.1894–8.12.1914

Cassetta 6: Accordi con l'Inghilterra (1887–1890)
Fasc. 1. Accordi con l'Inghilterra e successiva adesione dell'Austria-Ungheria. 5.1.1887–9.12.1890 (Ministero De Pretis – Mancini – Robilant)

Cassetta 7: Accordi con l'Inghilterra (1891–1896)
Fasc. 1. Inghilterra 18.4.–9.8.1891 (Ministero Rudinì)
Fasc. 2. Inghilterra 17.5.–2.12.1892 (Ministero Blanc)
Fasc. 3. Accordi del 1887 tra l'Italia, l'Austria e l'Inghilterra. 5.11.1894–24.2.1896 (Amministrazione Blanc)

Cassetta 8: Accordi Segreti (1888–1891)
Fasc. 1. Accordi segreti 1888 (Ministero Crispi)
Fasc. 2. Carteggi relativi agli accordi del 1887. 27.2.–22.7.1891 (Ministero Rudinì)

Cassetta 9: Accordi con la Spagna (1891–1896)
Fasc. 1. Accordi con la Spagna, 9.7.1888–8.11.1890 (Ministero Crispi)
Fasc. 2. Inizio di negoziazioni per la rinnovazione dell'Accordo con la Spagna. 19.–27.1.1891 (Ministero Crispi)
Fasc. 3. Rinnovamento dell'Accordo segreto con la Spagna. 16.2.–3.7.1891 (Ministero Rudinì)
Fasc. 4. Spagna 13.11.1892–22.11.1893 (Ministero Brin)
Fasc. 5. Accordo segreto con la Spagna. 20.12.1893–6.3.1896 (Amministrazione Blanc)
Fasc. 6. Rapporti politici riguardanti la Spagna (25.3.–15.8.1896)

Cassetta 10: Accordi italo-rumeni e accordi navali (1888–1900)
Fasc. 1. Accordi Italo-Rumeni. 5.4.–1.9.1888 (Ministero Crispi)
Fasc. 2. Accordi Navali. 5.7.–2.9.1891 (Ministero Rudinì)
Fasc. 3. Rumania. 8.5.–1.11.1891 (Ministero Rudinì)
Fasc. 4. Rumania. 20.6.1892–12.1.1893 (Ministero Brin)
Fasc. 5. Accordi navali e militari con i due Alleati. 24.–26.7.1893 (Ministero Brin)

Fasc. 6. Situazione militare in relazione colla Triplice Alleanza. 27.10.–25.11.1895
Fasc. 7. Rumania. 30.9.1894–6.3.1896 (Amministrazione Blanc)
Fasc. 8. Negoziati per accordi navali con la Germania-Austria-Ungheria. 9.3.1889–25.10.1900

Cassetta 11: Corrispondenza diplomatica segreta (a stampa) (1895–1896)
Fasc. 1. Copia a „stampa" di corrispondenza diplomatica segreta. 1885–1896 (Ministero Blanc)

Cassetta 12: Relazioni con la Francia e il Portogallo (1891–1905)
Fasc. 4. Relazioni con la Francia. 11.3.1894–5.3.1896 (Amministrazione Blanc)
Fasc. 5. Negoziati con la Francia per l'Africa Orientale e per la Tunisia. 18.12.1895–8.2.1896 (Amministrazione Blanc)

Cassetta 14: Conclave
Fasc. 1. Conclave. 27.3.–20.12.1891 (Ministero Rudinì)
Fasc. 2. Conclave. 14.12.1892–27.1.1893 (Ministero Brin)
Fasc. 3. Pubblicazione del 1895
Fasc. 4. Conclave. 12.3.1895–24.4.1896 (Amministrazione Blanc)
Fasc. 5. Conclave. 3.5.1899–18.4.1903

Cassetta 15: Varie (1888–1890)
Fasc. 1. Giornali
Fasc. 2. Crispi 1888
Fasc. 3. Accordi fra le agenzie telegrafiche di Roma, Berlino, Vienna e Londra 1888–1889
Fasc. 4. Carte senza data dell'anno 1889
Fasc. 5. 1889–1890

Cassetta 16: Viaggi di Reali e Varie (1902–1907)
Fasc. 1. Visita alle Corti di Pietroburgo e Berlino. 27.5.–6.7.1902
Fasc. 2. Visita del Re d'Inghilterra alla Corte d'Italia – Visita delle LL.MM. alle Corte d'Inghilterra – Visita di S.M. al Presidente della Repubblica Francese. 11.8.1902–25.7.1903
Fasc. 3. Viaggio dell'Imperatore di Germania a Roma. 30.12.1902–15.3.1903
Fasc. 4. Viaggio dell'Imperatore di Russia a Roma. 6.3.–26.10.1903
Fasc. 5. Incontro di Abbazia. 22.3.–3.4.1904
Fasc. 6. Convegno di Venezia. 21.4.–10.5.1905
Fasc. 7. Incontro di Baden-Baden. 27.9.–4.11.1905
Fasc. 8. Colloquio con Aehrenthal. 19.12.1906–28.6.1907
Fasc. 9. Villa del Catajo dell'Arciduca Francesco Ferdinando. 25.3.1907

Fasc. 10. Incontro con il Re Edoardo. 8.–27.4.1907
Fasc. 11. Monumento a Carducci a Venezia. 7.4.–2.5.1907
Fasc. 12. Ferrara segretario della delegazione di Cuba alla Conferenza dell'Aja. 13.6.–28.7.1907

2. *Rappresentanza Italiana a Berlino (1867–1943)*

Busta N. 42 (1881) – Busta 119 (1914) Busta 120 (1915)

3. *Rappresentanza Italiana a Vienna (1862–1938)*

Busta N. 114 (1881)- Busta N. 242 (1915)

4.. *Serie Politica A (1888–1891)*

Austria-Ungheria, 1888–1891, Busta 4–10
Germania, 1888–1891, Busta 36–39

5. *Serie Politica P. (1891–1916)*

Pac. 86 posiz. 15 – Austria – rapporti politici 1891–93 bis
Pac. 112 posiz. 15 – Austria – rapporti politici 1914/15
Pac. 184 posiz. 20 – Germania – rapporti politici 1891–95 bis
Pac. 191 posiz. 20 – Germania – rapporti politici 1912–15
Pac 209 und 210, posiz 24 Marocco – rapporti politici
Pac. 348–351 bis) posiz. 68 Politica generale dei vari stati esteri – rapporti vari
Pac. 496 pos. 122 – Bosnia – rapporti politici
Pac. 508 posiz. 135 – Argentina, Aerostati, Austria 1905–14
Pac. 509 posiz. 135 – Austria-Ungheria 1909–11
Pac. 510 posiz. 135 – Austria-Ungheria 1912–14
Pac. 513 posiz. 135 – Germania 1909–13
Pac. 536 posiz. 166: Irredentismo; agitazione in Istria 1891–1907
Pac. 536 posiz. 166 bis: Trentino. Per le tabelle linguistiche 1894–95
Pac. 537 posiz. 166/1 – Agitazioni 1908–10
Pac. 538 posiz. 166/1 – Agitazioni 1911–14
Pac. 539 posiz. 166/1 – Agitazioni 1908–16
Pac. 540 posiz. 166/2 – Università libera italiana in Innsbruck 1903–12; 166/2 Facoltà italiana a Trieste 1912–14; 166/3 Fatti di Innsbruck, danneggiati ita-

liani 1905; 166/4 idem ed arresto di sudditi italiani: Albertini Battisti; 166/5 Paladini

6. Raccolti Telegrammi 1822–1933

59 in arrivo 14.12.1881–9.5.1882
60 in arrivo 9.5.1882–15.7.1882
61 in arrivo

7. Serie Politica: (1867–1888), 912–1096

I. Registro Protocollo 1867–1888 (912–1096)
(corrispondenza in arrivo nella serie politica e corrispondenza in partenza trascritta nei registri copialettere

927–931 Busta 16–20 : Austria 5.3.1880–17.9.1888
985–988 Busta 74–77: Germania 2.11.1880–31.1.1888

II. Registri Copia-Lettere in Partenza (1097–1242)
16–19 (1112–1115) Austria: 29.1.1881–28.1.1888
61–64 (1157–1116) Germania: 5.11.1878–31.1.1888

III. Rapporti in Arrivo 1243–1487
16–22 1258–1264 Austria-Ungheria 29.12.1879–28.1.1888
94–99 1336–1341 Germania 25.12.1880–25.1.1888

8. Ministero degli Affari Esteri del Regno d'Italia dal 1861 al 1887[1]

Una busta contenente carte Launay, 226
fasc. 1) carte „segrete varie trovate nello scrittoio" del conte di Launay: corrispondenza inviata al Launay da Dabormida, Cavour, Andrássy, de Keudell, Mancini, Robilant, e minute di Launay, (1853–1887)
fasc. 2) rapporti particolari e confidenziali del conte de Launay, ministro d'Italia a Berlino (7.7.1870–1.2.1876)
fasc. 3) lettere di varie persone al conte de Launay (1867–1889)

---

1 Siehe dazu: Ruggero Moscati: Le scritture del Ministero degli Affari Esteri del Regno d'Italia dal 1861 al 1887, Roma 1953 (Ministero degli Affari Esteri: Indici dell'Archivio Storico, Bd. VI).

Tre buste contenenti corrispondenza riservata (ex cassette verdi): 229–231

Busta 1 (229): Negoziati confidenziali con l'Austria-Ungheria e la Germania per il tratato di alleanza del 20 maggio 1882 – Scambio di corrispondenza fra il ministro degli esteri, Pasquale Stanislao Mancini, l'ambasciatore straordnario a Vienna, conte Felice Nicolis di Robilant, l'ambasciatore a Berlino, conte Edoardo de Launay, i segretari generali del ministero degli Esteri, Alberto Blanc e Giacomo Malvano (6.11.1881–8.6.1882)

Busta 2 (No 230): Negoziati confidenziali per il rinnovamento della triplice alleanza – Scambio di corrispondenze fra Robilant, Launay, Mancini, l'ambasciatore a Vienna Costantino Nigra, il ministro degli affari esteri, Agostino Depretis, l'incaricato d'affari a Parigi, Costantino Ressmann, Malvano (23.12.1882–8. 5. 1887)

Busta 3 (No 231):
fasc. 1) accordi con la Spagna, negoziati confidenziali per l'accessione della Spagna all'accordo pacifico delle tre potenze centrali; scambio di corrispondenza fra Robilant, Blanc, Launay, Nigra, Depretis, marchese C. Alberto Maffei di Boglio, ambasciatore a Madrid (11.9.1886–23.7.1887)
fasc. 2) negoziati per l'accessione della Turchia agli accordi fra le Potenze centrali, scambio di corrispondenza e circolari fra Blanc, Depretis, Corti, Launay, Nigra (12.4.–12.5.1887)
fasc. 3) convenzione militare italo-austro-germanica, scambio di corrispondenza fra Francesco Crispi, ministro degli Esteri, Launay, Nigra, Vittorio Dabormida, del ministero della Guerra (6.10.1887–8.4.1888)

Quindici buste dei Gabinetti Mancini-Robilant-Depretis, 235–249

Partecipazioni, offerte di libri, richieste di sussidi e impieghi, udienze, corrispondenza varia con le rappresentanze all'estero e con autorità italiane su questioni riflettenti la politica internazionale (1877–1887)

9. Archivio Riservato (1906–1911)

Casella 1

1904) Fasc. 1: Viaggio del Presidente Loubet a Roma
1905) Fasc. 1: Incontro di S.M. il Re con l'Imperatore Guglielmo a Napoli
1906) Carte del Segretario Generale dell'anno 1906 relative a: Fasc. 2: Rela-

zioni Italo-Austriache – commenti sull'accordo dell'autonomia politica della penisola balcanica; Fasc. 5: Rapporti Anglo-tedeschi – Incontro Re Edoardo – Guglielmo II; Fasc. 44 Rapporti Italo-Tedeschi – impressioni sul discorso del Cancelliere dell'Impero al Reichstag 21.nov 1906; Fasc. 6: Fatti di Fiume e Sussak; Fasc. 9: Dante Alighieri discorso di Paolo Boselli sui limiti e la portata dell'azione di difesa della lingua italiana; Fasc. 10: Enrico Bresciani – Relazione al Ministro Tittoni sulla Tripolitania; 1907 Fasc. 3: Austria Ungheria; Fasc. 5: Convegno di Desio e Semmering – luglio-agosto 1907. Udienze a Ischl; Germania: 1907 Fasc. 8: Relazioni fra Inghilterra e Germania; 1905–1907) Fasc. 10: Rapporti e telegrammi riservati – Germania

Casella 1 bis

1908 Fasc. 63: Discussioni Parlamentari in Italia: Discorso di S.E. Tittoni alla Camera dei Deputati – 4.dec. 1908

Casella 2

1908) Austria-Ungheria:
Fasc. 86: Annessione della Bosnia Erzegovina; Fasc. 87: Università ed altre scuole italiane in Austria; Fasc. 88: Lettere riservatissime di S.E. Avarna giunte a Desio il 20 ottobre 1908; Fasc. 89: Colloquio del barone di Bech con S.E. Avarna – 18. Novembre 1908; Fasc. 90: Incidente del 25 Nov. 1908 all'Ambasciata di Austria-Ungheria in Roma; Fasc. 91: Esposizione del 1911 in Roma e Torino; Fasc. 92: Giubileo dell'Imperatore di Austria–2.12.1908; Fasc. 93: Cav. Vittorio de Pozzi; Fasc. 94: Convegno di Buchlau tra il Barone d'Aehrenthal ed il signor Iswolski; Fasc. 95: Attività militare dell'Austria Ungheria sulla frontiera italiana; Fasc. 96: Rapporti e telegrammi confidenziali Austria-Ungheria

1908) Germania:
Fasc. 97: Designazione Signor Jagow quale Ambasciatore di Germania; Fasc. 98: Intervista dell'Imperatore Guglielmo al „Daily Telegraph" idem col Rev. U.B. Hale; Fasc. 99: Signor von Kiderlen Waechter, ministro di Germania in Bucarest, e reggente l'Ambasciata Germanica in Costantinopoli; Fasc. 100: Incontro di S.E. il Ministro con il Barone di Aehrenthal e il Signor von Sehon nell'estate del 1908; Fasc. 101: Rapporti e telegrammi confidenziali. Germania

1908) Inghilterra: Fasc. 102: Convegno ad Ischl tra il Re d'Inghilterra e l'Imperatore di Austria-Ungheria

Casella 3 (dal 1907 al 1910)

1909) Austria-Ungheria:
Fasc. 113: Annessione della Bosnia Erzegovina; Fasc. 114: Università ed altre scuole italiane in Austria; Fasc. 115: Esposizione del 1911: Fasc. 116: Conte di Lützow, e Signor de Mérey; Fasc. 117: Preteso incidente italo-austraico al ballo, al Palace Hotel in Milano, del 20 febbraio 1909; Fasc. 118: Accordo segreto italo-austriaco del 19. dic. 1909. Annessa una memoria del ministro Tittoni del 12.12.1909, con la storia delle trattative sue. Ricordo delle considerazioni, per le quali l'accordo stesso venne firmato del Ministro degli Esteri Francesi, con Giucciardini. (23.12.1909); Fasc. 119: Rapporti e telegrammi circa l'intesa italo-austro-ungarica; Fasc. 120: Decorazione al ministro del Commercio Ungherese, Kassuth [sic!]; Fasc. 121: Rapporti e telegrammi confidenziali Austria-Ungheria

1909) Germania:
Fasc. 123: Visita dell'Imperatore Guglielmo a S.M. il Re.
Fasc. 124: Visita del signor von Schoen in Italia ed in Austria-Ungheria
Fasc. 125: Rapporti e telegrammi confidenziali-Germania.

1909) Turchia:
Fasc. 134: Azione austriaca in macedonia – Direttive italiane; Fasc. 135: Affitti di terreni in Vallona; Fasc. 136: Foreste d'Albania; Fasc. 137: Uffici italiani in Turchia;

1909) Russia:
Fasc. 139: Visita dell'Imperatore di Russia a S.M. il Re: Fasc. 141: Visita dell'Imperatore di Russia al Sultano; Fasc. 142: Rapporti e telegrammi confidenziali

Casella 4 (Fasc. 146–176) (1907–1910)

1909) Tripolitania:
Fasc. 152: Tripolitania; Fasc. 153: Rapporti confidenziali; 1909 Discussioni parlamentari in Italia; Fasc. 154: Discorsi di S.E. Tittoni al Parlamento (Dic. 1906-giugno 1909)

1909) Miscellanea:
Fasc. 171: Visita dell'Imperatore di Russia alle L.L.MM. a Racconigi; Fasc. 172: corrispondenze del Ministro con S.M.; Conte Foscari; Il convegno di Racconigi (23–25 Ottobre 1909)

Casella 5 (Fasc. dal 177 al 195) (1907–1910)

1910) Austria-Ungheria:
Fasc. 177: Indirizzo degli studenti al Ministro degli Affari Esteri per l'Università italiana in Austria; Fasc. 178: Accordi italo-austro-ungarico. Gennaio-marzo 1910; Fasc. 179: Rapporti e telegrammi confidenziali

1910) Germania:
Fasc. 180: Rapporti, telegrammi e dispacci confidenziali

1910) Miscellanea:
Fasc. 192: Progetto di alleanza austro-turco-germanica e turco-rumenia; Fasc. 193: Facoltà italiana in Austria; Fasc. 195: Visita del Marchese di San Giuliano; Fasc. 196: Incidente di Bosco Chiesanova alla frontiera austriaca; Fasc. 197: Incidenti alla frontiera austriaca e trattative per avviarli; Fasc. 198: Discorso di Aehrenthal alle delegazioni; Fasc. 199: L'Austria-Ungheria alla esportazione di Torino; Fasc. 200: La Germania ed i rapporti austro-italiani conversazioni Pansa, Kiderlen-Waechter; Fasc. 201: Manovre nell'Adriatico

1911)
Fasc. 202: Console Austro ungarico a Brindisi; Fasc. 203: Disordini degli studenti dell'Università di Pavia; Fasc. 204: Accordo Anglo-Tedesco; Fasc. 205: Rapporti Italo-Austriaci; 10–12) Fasc. 206: Palazzetto Venezia (intendimenti di demolizione d'arcate del gov. Austro-Ungarico)

10. Archivio di Gabinetto (1910–1920)

Casella 1 (1910–1914)

Fasc. 9: Affari Politici: Alleanza turco-austro-ungarica; Cinquantenario spedizione dei mille; Frontiera italo-austriaca; Giubileo Imperatore d'Austria; Incidenti anti-italiani; Incrociatori greci; Irredentismo; Manovre della Squadra italiana all'Adriatico; materiale d'artiglieria ordinato all'industria francese; Mobilitazione esercito austriaco
S.E. Tommaso Tittoni; Viaggio delle LL.MM. a Cettigne; Viaggio del Re di Serbia a Roma

Casella III e IIIbis (1910–1914)

Fasc. 21: Posizione personale di S.E. il Ministro: Di San Giuliano marchese Antonio: Viaggio a Berlino; Viaggio di S.E. il Ministro a Torino; Viaggio di S.E. il Ministro in Austria
Fasc. 23: Ritratto di S.E. di San Giuliano; Telefono all'Ambasciata di Londra

Casella 4 e 4 bis

Fasc. 28: Cerimoniale: Singer Guillaume; Inaugurazione monumento a Vittorio Emanuele

Casella 5 e 5 bis (1910–1911–1914)

Fasc. 33: Affari politici: Albania; Senatore Spina-cinematografo a Trieste Squadra del Mediterraneo nelle acque turche; Austria-Macedonia; Catastrofe del ponte S.Brail; Interrogazione sull'Atto di Algesiras; Nava S.Giorgio; Neratoff; Questione balcanica; Passaporti austro-italiani; Reclami austriaci-Colloquio Presidente del Consiglio con Briand e Pichot-Palazzo Ambasciata Londra; Trasloco; Scuola Tunisi; Fondi per la missione archeologica in Tripolitania; banche per l'Oriente; Squadra giapponese

Fasc. 33: Tripolitania – notizie militari: Viaggio Imperatore di Germania; Viaggio del principe turco

Pacco n.6: Carte Antonio d'Arco, Sottosegretario di Stato dal 1891 al 1892

Casella 9 e 9 bis (1910–1914)

Fasc. 58: Affari Politici:
Posizione Generale – funerali a Torino per la Duchessa di Genova. Trasmissione per gli strumenti di ratifica del trattato della Triplice Alleanza – e carte varie Austria Ungheria: Reclamo dell'Ambasciatore d'Austria circa manifesti di mobilitazione e precetti di chiamata alle armi (1898) e rinnovati (1911); Successione del Conte d'Aehrenthal; Detenuti italiani nelle carceri austriache; Dimostrazioni di studenti a Messina contro l'Austria
Situazione internazionale; Germania; Viaggio di Lord Kitchener a Venezia e Mr. Asquith – Primo Ministro d'Inghilterra; Ricciotti Garibaldi – Questioni dell'Isola di Caprera

Casella 10 e 10 bis (1910–1914)

Fasc. 63D: Carteggio San Giuliano-Bollati (Berlino 1912)

Casella 11 (1910–1914)

Fasc. 67: Camera dei Deputati
Fasc. 67bis: Interrogazione alla Camera 1910–1912
Fasc. 69: Posizione Personale per S.E. il Ministro
Lettera del Conte Berchtold a S.E. il Ministro (ringraziamenti per la visita fatta in Italia a S.M. il Re) ringraziamenti a Kiderlen Waechter circa la visita fatta da S.E. il Ministro a Berlino
Telegrammi di auguri scambiati per Natale e Capo d'anno col Conte di Aehrenthal e col conte de Bethmann Hollweg
Telegrammi di plauso per l'avvenuta approvazione alla Camera dell'Annessione della Tripolitania e della Cirenaica

Casella 12 (1910–1914)

Fasc. 74 Cerimoniale: Onorificenza al Console Austro-Ungarico di Tirana (Albania); Scambio onorificenza pel rinnovamento della Triplice Alleanza

Casella 13 (1910–1914)

Fasc. 81: Affari Politici: Posizione Generale Austria; Navi e materiale per la Turchia; Costituzione in Firenze di una Lega Nazionale Pro Terre Irredente; Sudditi italiani esercenti processioni girovaghe nel Trentino; Politica dell'Archiduca Francesco Ferdinando d'Austria e circa la possibilità di un suo viaggio in Italia; Triplice Alleanza; Prestito Albanese; Resoconti politici da Vienna Cav. Cantalupi Andrea; Viaggio dei sovrani d'Itlaia a Pietroburgo; Cngresso per la pace a Roma (C. de Gubernartis); Varo della R.Nave „Andrea Doria" nell'Arsenale di Spezia
Richard Fleischer Direttore della „Deutsche Revue"

Casella 16 e 16 bis (1910–1914)

Fasc. 97: Gabinetto del ministro; F.McGullach – libro diffamatorio contro l'Italia

Casella 17 (1914)

Fasc. 104: Biblioteca
S.E. Ferdinando Martini, Giuseppe Costa, Bonardi Stringher etc.

Casella 20 e 20 Bis (1910–1914)

Fasc. 120: Inviti-Udienze-Ecc.
Conte Voltolini – Monumento da erigersi in Vienna in onore della Triplice Alleanza

Casella 21 Titolo III e 21 Bis (1910–1914)

Fasc. 131: Congresso Cattolico ungherese – Discorso di Nathan e „Meetings" di protesta al detto discorso
Fasc. 132: Bethmann Hollweg e Conte Berchtold
Fasc. 133: Accordi militari tra Svizzera e Austria
Fasc. 134: Relazioni italo-austriache
Fasc. 135: Rapporti Politici fra Russia e Germania
Fasc. 136: Rapporti politici di agenti segreti
Fasc. 137: Cina – Settlement italiano di Tientsin
Fasc. 152: Cav. Eugenio Raiser – Suo trasferimento da Riva non consigliabile per i servizi politici che rende in quella sede

Casella 22 Titolo III e 22 Bis (1910–1914)

Fasc. 159: Tripolitania
Fasc. 161: Nostra azione risolutiva in Tripolitania
Fasc. 162: Azione diplomatica riguardante l'occupazione della Tripolitania prima della dichiarazione di guerra alla Turchia
Fasc. 165: Memoria del Governo italiano sopra le atrocità commesse dagli arabo-turchi in danno dei soldati italiani
Fasc. 167: Tripolitania – Guerra italo-turca
Fasc. 175: Stampa „Tribuna" Incidente di hodeida
Fasc. 176: Guerra italo-turca: Documenti diversi rinvenuti fra le carte lasciate dal Marc. Sangiuliano
Fasc. 179: Turchia-Documenti riservati
Fasc. 181: Ultimatum alla Turchia
Fasc. 184: Corrispondenza con Sua Eccellenza il Presidente del Consiglio

Casella 24 e 24 Bis (1910–1914)

Fasc. 219: Viaggio del Re di Serbia a Roma
Fasc. 220: Visita dei Principi Imperiali di Germania a Roma
Fasc. 222: Convegno di Racconigi (1909–1911)
Fasc. 226: Domande rivolte al sottosegretario di Stato Pietro lanza di Scalea da parte di società e di privati che intendono svolgere attività in Tripolitania

Casella 25 Titolo III (1910–1914)

Fasc. 227: Telegrammi riguardanti la guerra Italo-Turca-Azione diplomatica – Annessione della Tripolitania e Cirenaica – medianzione – Trattative
Fasc. 228–243: Telegrammi riguardanti la guerra italo-turca
Fasc. 251: Cadì per la Tripolitania
Fasc. 257: Riconoscimento della sovranità dell'Itlaia sulla Tripolitania e Cirenaica
Fasc. 258: Garanzia dell'integrità dell'impero Ottomano – Privilegi delle isole ecc.
Fasc. 260: Condizioni chiesta dagli arabi della Tripolitania per la loro sottomissione
Fasc. 261: Acquisto di un cifrario ottomano
Fasc. 267: Communicazione al Conte Berchtold circa le trattative di pace colla Turchia
Fasc. 270: questione di Vakuf in Bosnia Erzegovina e Tripolitania – rapporti e relazioni del Cav. Stranieri
Fasc. 271: Rapporti russo-turchi

Casella 26 Titolo III (1910–1914)

Fasc. 272: Rapporti italo-austriaci
Fasc. 273: Rapporti anglo-germanici
Fasc. 275: Rapporti anglo-turchi
Fasc. 276: Rapporti italo-francesi
Fasc. 277: Rapporti italo-russi
Fasc. 278: Rapporti russo-francesi
Fasc. 280: Rapporti italo-bulgari
Fasc. 281: Rapporti italo-inglesi
Fasc. 282: Rapporti austro-turchi
Fasc. 283: Rapporti con Vienna circa rapporti italo-turchi
Fasc. 284: Negoziati in Svizzera per la pace italo-turca

Fasc. 285: Idea di S.E. Imperiale relativo ad un accordo fra Italia e Turchia per risolvere la questione del possesso delle isole del Dodecaneso
Fasc. 286: Accordi italo-austriaci relativi all'organizzazione economica ed allo sfruttamento industriale dell'Albania
Fasc. 287: Telegrammi diversi relativi al Trattato della Triplice Alleanza
Fasc. 288: Questione dei compensi agli Stati Balcanici
Fasc. 289: Giornalisti che desiderano seguire le operazioni in Libia noleggiando una nave
Fasc. 290: Stampa turca
Fasc. 292: Custodia di terra santa e propaganda Spagnola antiitaliana
Fasc. 293: Pro memoria del cav. Stranieri circa: „La questione dell'investitura del reis-ul-ulema della Bosnia Erzegovina da parte del Sceich-ul-islam"
Fasc. 297: Mene di partiti avanzati e nazionalisti a favore della guerra
Fasc. 298: Corrispondenza privata del Capo gabinetto

Casella 27 Titolo III (1910–1914)

Fasc. 314: Corrispondenza con S.E. il Presidente del Consiglio per la questione di Scutari
Fasc. 315: Accordo nel Mediterraneo
Fasc. 316: Accordo italo-spagnolo per l'equilibrio del Mediterraneo
Fasc. 317: Telegrammi in arrivo e partenza dal 3 gennaio a 4 marzo 1913 – riguardanti la questione degli Stretti
Fasc. 318: Comunicazioni della Germania all' Austria circa il limite della sfera di influenza tedesca in Asia Minore
Fasc. 319: Corrispondenze con S.E. Giolitti circa trattative di pace con la Turchia
Fasc. 353: Albania
Fasc. 354: Albania
Fasc. 355: Telegrammi arrivo e partenza dal 23 ottobre all' 11 novembre (riguardanti il passo dell'Italia e dell'Austria ad Atene circa l'Albania
Fasc. 356: Cavo di Valona
Fasc. 357: Protezione dei cattolici nell'Albania per parte dell'Associazione nazionale dei missionari italiani
Fasc. 360 Viaggio di S.M. il Re Nicola del montenegro a Roma

Casella 28 Titolo III e 28 BIS (1910–1914)

Fasc. 365: Lettere particolari di S.E. Tittoni (1912–1913)
Fasc. 366–368: Conferenza di Londra

Fasc. 370: Telegrammi in arrivo e partenza dal 31 maggio all'11 dicembre 1913 – riguardante il Dodecaneso ed isole
Fasc. 371: Telegrammi in arrivo e partenza dal 1 al 15 luglio 1913 – riguardanti la prima e seconda guerra balcanica
Fasc. 372: Telegrammi in arrivo e partenza dal 16 al 31 luglio 1913 – riguardanti la prima e seconda guerra balcanica
Fasc. 373: Telegrammi in arrivo e partenza dal 31 luglio al 10 agosto 1913 – riguardanti la seconda guerra balcanica

Casella 29 Titolo III (1914)

Fasc. 381 Ufficiali italiani addetti alle Regie Ambasciate all'Estero – Loro richiamo
Fasc. 382: Maggiore Tellini addetto militare a Vienna in sostituzione del colonello Albricci
Fasc. 388 Scambio di telegrammi col Ministro degli Esteri (Capo d'anno 1915)
Fasc. 389: Interrogazione Soderini-Federzoni-Galli
Fasc. 394: stampa nel presente conflitto europeo
Fasc. 397: Essad Pascià
Fasc. 399: Telegrammi riguardanti l'occupazione di Valona (rinvenuti fra le carte dell'onorevole San Giuliano)
Fasc. 401: Accordo per Mediterraneo
Fasc. 402: Eventuale liquidazione della Turchia Asiatica ed equilibrio del mediterraneo (1913–14)
Fasc. 404: Accordi con le potenze per l'Asia minore (1913–1914)
Fasc. 406: Conferenza di Londra

Casella 30 Titolo III (1910–1914)

Fasc. 409: Concessione Nogara
Fasc. 410: Accordi di Kiel
Fasc. 411: Telegrammi in arrivo e partenza di Gabinetto riguardanti l'Asia Minore
Fasc. 413: Aspirazioni austriache in Asia Minore
Fasc. 414: Ferrovia Adalia-Ak-Seki (1913–1914)
Fasc. 415: Foreste di Adalia (1913–1914)
Fasc. 416: Miniere fra Selefkia e Macri (1913–1914)
Fasc. 417: Illuminazione e forza idraulica in Adalia
Fasc. 418: Azione bancaria e commerciale in Asia Minore

Casella 30

weitere Faszikel zu Kleinasien

Casella 31 e 31 Bis (1908–1913)

Fasc. 419: Ferrovia Adalia-Konia (1913–1914)
Fasc. 420: Richiesta di fondi per l'Asia Minore

Casella 30 Titolo III (1910–1914)

Fasc. 423: Accordi con l'Inghilterra in Asia Minore (1913–14)
Fasc. 424: Accordi con la Germania sull'Asia Minore (1913–1914)

Casella 32

Fasc. 437: Triplice Alleanza (1911–1914)
Fasc. 445: Manovre in alta Italia Concentrazione di truppe ad Udine
Fasc. 446: Notizie militari e politiche

11. Archivio del Segretario Generale

Casella 33 e 33 bis

Fasc. 450: Viaggio sul Montenegro organizzati dalla Lega Navale marzo 1910
Fasc. 452: Tittoni Discorsi Triplice Alleanza: 23.6.1909
Fasc. 461: Kreuzzeitung (Organo tedesco del partito conservatore) relazioni italo-austriache

Casella 34 bis

Fasc. 495: penetrazione estera in Mesopotamia di gruppi finanzieri inglesi

Casella 37

Fasc. 507: avvicinamento Grecia alla Triplice

Fasc. 509: Occupazione Isola di Ada Kalé sul Danubio durch Austria-Ungheria

Fasc. 513: Kriegserklärung an die Türkei

Casella 38

Fasc. 554: Österreichische Suche nach Mineralien in der Sahara

Casella E40 bis

Fasc. 629: Dott. Ugo Lusema Bey-Luca domanda per ottenere la libera Docenza in procedura civile (23.2.1910–14.3.1912)

Casella 41

Fasc. 641: Governo Germanico procura la Protezione degli italiani in Turchia

Casella 43 e 43 bis

Fasc. 645: Tripolitania e Cirenaica – Conflitto Italo-Turco – Minaccia di espellere italiani dalla Turchia – Progetto di annessione Tripolitania e Cirenaica 1.12.1911–30.12.1911

Casella 44

Italienisch-türkischer Krieg

Casella 45

Fasc. 668: Commenti favorevoli all'Italia di uomini politici militari esteri, e persone private autorevoli 17.11.1911–5.4.1912

Casella 46 e 46 bis

Fasc. 673: Ex-Ufficiali tedeschi nel campo di Enver Bey 4.4.1912–9.5.1912

Fasc. 691: Voce nel mondo giornalistico che il Governo Ottomano abbia dato sovvenzioni a giornalisti di Vienna per la campagna giornalistica a favore dell'Italia 3.10.1911

Fasc. 695: Congresso socialista austriaco contro l'azione italiana in Tripolitania e Cirenaica 4.11.1911–14.11.1911

Fasc. 701: Mobilitazione della flotta Austriaca 13.11.1911–8.10.1912

Casella 47

Fasc. 703: Preparativi militari austriaci lungo la frontiera italiana 6.11.1911–22.5.1912

Fasc. 704: Timori di guerra nei balcani nella primavera del 1912

Fasc. 706: Agitazioni e massacri d'Italiani a Tunisi 8.11.1911–13.12.1911

Fasc. 708: Articoli ingiuriosi contro l'esercito italiano 10.11.1911

Fasc. 709: Articoli ingiuriosi contro l'esercito italiano (10.11.1911)

Fasc. 714: Disertori dell'esercito Turco 19.11.1911–29.11.1911

Fasc. 715: Prigionieri Turchi ammalati 20.11.–31.12.1911

Fasc. 718: Atrocita di turchi ed arabi su italiani caduti in combattimenti 23.11.1911–5.3.1912

Fasc. 711: Aeroplani acquistati dalla Turchia all'estero 27.11.1911–11.5.1912

Fasc. 726: Ufficiali austrici in Italia 17.11.1911

Fasc. 734, 735, 755 (Commenti Stampa estera): Manouba Carthage Tavignan

Fasc. 736–754: ausländische Schiffe mit Kontrabande (York, Pei-Ho, Pindos, etc.)

Fasc. 757: rapporti italo-francesi 31.1.–10.2.1912

Casella 48

Fasc. 763: rapporti italo-francesi circa la Triplice 30.1.–17.2.1912

Fasc. 764 ff.: contrabbando

Fasc. 786: Piroscafo „Thalia" del Lloyd Austriaco – scalo a Tripoli 4.3.–12.3.1912

Fasc. 798: Leipnick 24.1.–18.2.1912

Fasc. 801: Ufficiali Turchi lasciati passare al Cairo 3.1.1912–16.2.1912

Fasc. 804: Aviatori tedeschi 11.1.1912

Fasc. 807: Questione della colonizzazione israelita delle nostre terre africane 12–25.1.1912

Fasc. 811: Prof. Stein – articolo di Luzzatti 25–26.1.1912

Fasc. 812: Canzone d'Annunzio „Canzone dei Dardanelli" proibito.

Fasc. 813: Provocanti articoli della stampa francese di Tunisi a nostro riguardo 28.1.1912–20.2.1912

Casella 49

Fasc. 830: Relazione italo-austriache 20–21.1.1912

Casella 50 e 50 Bis

Fasc. 851: Interpretazione dell'articolo 7 del trattato della Triplice Alleanza
Fasc. 857: sottufficiali dell'esercito germanico addetti al servizio delle mine nello stretto dei Dardanelli 22.–28.4.1912

Casella 51

Fasc. 862: Ufficiali tedeschi che hanno diretto il tiro dei cannoni Krupp dei forti dei Dardanelli 2.5.1912
Fasc. 869: Dichiarazione di restituzione delle isole occupate dall'Italia 27.5.–15.9.1912
Fasc. 884: Proposta di acquisto di Alfabeto radio-telegrafico turco 22–30.7.1912

Casella 52

Fasc. 889: „Dreadnought" in costruzione nei cantieri inglesi per conto del governo turco 22.2.–26.3.1912
Fasc. 890: Sottomarino costruito a Fiume per la marina Ottomano 11.3.1912
Fasc. 900: Squadra austriaca in Itlaia 23.2.1912
Fasc. 912: Culti religiosi in Romania

Casella 53

guerra italo-turca 1911 – notizie militari

Casella 54 e 54 bis

dito

Casella 55 e 55 bis

dito
Fasc. 946: Missione turca a Marsiglia 27.1.–20.4.1912
Fasc. 950: Contrabbando „Aeroplano" in partenza da un porto spagnolo 27.1.–7.2.1912
Fasc. 951: Contrabbando – da Amburgo diretti in Cirenaica 2.–28.1.1912
Fasc. 954: Passaggio di aeroplaini e di munizioni attraverso la Francia e la Svizzera 4–8.2.1912
Fasc. 974: Contrabbando dall'Austria 29.2.1912
Fasc. 981: Enver Bey-Niazim Bey-Edhem Pascià-fratelli-Informazioni fornite dal Dot. Cantalupi 28.12.1911–13.6.1913
Fasc. 991: Prigionieri italiani al campo turco – proposta di evasione 15.–17.1.1912
Fasc. 993: Flotta italiana ed ottomana alla data della dichiarazione della guerra (7.3.1912)
Fasc. 998: Palle Dum Dum per parte delle Regie truppe in Tripolitania – proteste della Turchia 3.2.1912–1.3.1912

Casella 56

Fasc. 1016: Prigionieri italiani nel Campo turco (11.5.1912)

Casella 57

Guerra italo-turcha

Casella 58

Fasc. 1057: Stampa estera – conflitto italo-turco – apprezzamenti della stampa germanica 3.5.–18.10.1912
Fasc. 1058: Pubbl. di libro favorevole all'Italia del Signor A. Torconi – Ufficiale dell'esercito bulgaro – Sovvenzione in denaro 22.6.–13.11.1912
weitere Presse
Fasc. 1063: commercio tedesco a Tripoli; stampa
Fasc. 1075: Chlumecky e Rundschau ostile all'Italia 17.7.1912

Casella 59

Fasc. 1083: Ufficiali turchi: Kemal Bey
Fasc. 1086: Commenti dei giornali turchi sulle intenzioni dell'Italia riguardo alla Tripolitania 8.9.1911–11.4.1912
Fasc. 1099: Articolo offensivo del giornale „Marsad" contro l'esercito Italiano 29.7.1911–14.9.1911

Casella 60

Tripoli, guerre balcaniche, conferenza di Londra
Fasc. 1123: Cav. Terraneo e Muratori Desiderio
(Domande per essere assunti come interpreti nell'Egeo) 18.5.1912–21.2.1913
Fasc. 1125: Camere di Commercio austriache contro gli interessi italiani a motivo della guerra italo-turca (15.11.1911)
Fasc. 1135: Mobilitazione di due corpi d'Armata austriaci 14.10.1911–16.6.1912
Fasc. 1133: Rappressaglie a danno di R. sudditi in Turchia (5.10.1911–9.6.1912)
Fasc. 1135: Mobilitazione di due Corpi d'armata austriaci (14.10.1911–16.6.1912)
Fasc. 1149: Dimostrazione navale contro la Turchia 10.1.1913-sett. 1913

Casella 61

Fasc. 1159 e 1160: Albania e Stati balcanici

Ab *Casella 63:* Erster Weltkrieg

Casella 67
Fasc. 1235: Telegramm Avarnas Juli 1914–20.4.1915

12. Archivio di San Giuliano (1910–1914)

Casella 2,3,4,7,9,10 Fasc. 63d: Corrispondenza telegrafica di San Giuliano, Bollati in occasione del viaggio di San Giuliano a Berlino, Nov. 1912
Casella 15,16,19.

13. *Nachlässe*:

Carte Duca Giuseppe Avarna
Carte Eredità Crispi
Carte Blanc
Carte Primo Levi
Aldovando Marescotti
Carte Nigra
Carte Nogara
Fondo A. Pansa: Diario 1905–1928. Carteggio
Pisani-Dossi
Carte Prinetti
Carte Robilant
Fondo E. Serra: Raccoglitore Nr. 1, Fasc. 1–8
Carte Sforza
Carte Tittoni
Carte Visconti-Venosta

II. Archivio Centrale dello Stato (ACS), Rom

1. *Inv. 48/85 Carte della valigia di Benito Mussolini*

29/7; Convenzione del 1913 tra le potenze della Triplice Alleanza. (Appunti dai documenti dell'Ufficio Storico della Marina e dei ricordi personali dell'amm. Po), pp. 3, s.d.
29/8 Invio in Germania di contingente italiano (Convenzioni militari della Triplice Alleanza), Promemoria per il Duce, pp. 2 1940 apr.
29/9 Lettere di trasmissione di documenti del Capo di Gabinetto del Ministro della Marina al Segretario Particolare del Duce, pp. 2 1940 apr. 30; All.:
1) Mémoire indiquant les vues èchangées à Berlin entre les délègues militaires des trois Puissances centrales pendant le mois de Janvier 1888 (1), pp. 4 1888 gen. 28
2) Accordi relativi ai servizi d'intendenza stipulati a berlino il 6 febbraio 1889 (1), pp. 9 1889 feb. 6
3) Progetto di mobilitazione del Quartier Generale di Indendenza della 3a Armata (aggiornato a tutto il 1907) (1) p.1. 1907
4) Protocollo per un colloquio su talune trattative comuni fra l'esercito reale itaiano e l'esercito tedesco nel caso di una grande guerra (1) pp. 3 1914 mar. 10
5) Condizioni stabilite per il trasporto delle due divisioni di cavalleria del R. Esercito italiano attraverso il territorio austro-ungarico (1) pp. 2 1914 feb. 4

6) Condizioni stabilite per il trasporto di tre corpi d'Armata attraverso il territorio dell'Impero austro-ungarico (1) 1914 apr. 10

2. *Nachlässe*

Carte Riccardo Bollati

Carte Crispi:
Crispi, Attività legale, 4, 48/29
Archivio di Stato di Reggio Emilia, 1814–1933, 12, 48/30
Archivio di Stato di Roma, 1842–1898, 48, 48/31 mit Index!
Gabinetto, 1887–1896, 70, 48/32
Archivio di Stato di Palermo, 1810–1895, 29, 48/33
Deputazione di Storia Patria di Palermo (DSPP), 168, 48/34, b. 144
Biblioteca Nazionale di Palermo, 1845–1900, 2, 48/35

Carte Giolitti
Carte Luigi Luzzatti

III. Archivio dello Stato Maggiore dell'Esercito (ASSME):

F 4: Studi, Carteggio, Circolari dell'Ufficio Ordinamento e mobilitazione: R 60, 61, 62: Studium französischer und österreichischer Befestigungen und Aufmarschpläne 1912–Ende 1914
G 13: Carteggio Confidenziale del Ministro, Busta 85; Busta 89: Biografie
G 22: Scacchiere Orientale (Frontiera Italiana con l'Austria), R 5, 7, 8, 10, 16, 20, 21, 23, 24, 28, 29, 32 34, 42, 50
G 29: Militärattachéberichte; R 13: Germania 1914–1915
H 6: Piani Operativi, R 1; R 17: Austria 1913–1915
H 5/43 Documenti Storici Riservatissimi; H 6 Piani Operativi, R 1
L 3: Studi Particolari

IV. Archivio Segreto Vaticano (ASV)

Archivio della Segreteria di Stato

Segreteria di Stato, Anno 1885, Rubbrica 247, fasc. 1
Nome: Re Umberto ed Imperatore d'Austria, Vienna Nunzio; Oggetto: Visita del Re Umberto all'Imperatore d'Austria e sulla restituzione della visita dell'Imperatore in Italia
Nome: Austria e Italia; La triplice alleanza Austro-Italo-Germanica; Avvicinamento della Russia; Convegno dei tre Imperatori; Politica estera; Allontanamento dell'Italia dalla Triplice Alleanza

dito, Anno 1888, Rubbrica 245
dito, Anno 1889, Rubbrica 227: Venuta a Roma dell'Imperatore di Germania Guglielmo II.
dito, Anno 1892, Rubbrica 247, Fasc. 3

V. Museo del Risorgimento, Rom:

Carte Mancini

C) ÖSTERREICHISCHE ARCHIVE

I. Haus-, Hof- und Staatsarchiv Wien (HHStA)[2]

Geheime Akten (PA I)

PA I, 454: Liasse II: Verhandlungen mit Deutschland 1876–1880
Liasse III: Entrevue Haymerle-Bismarck in Friedrichsruh, 1880–1881
Liasse XI: Verlängerung des österr.-deutschen Bündnisses (1879) 1883
PA I, 457: Liasse VII: Allianzvertrag zwischen Österreich-Ungarn, Italien und Deutschland 1882, Korr. 1881–86
PA I, 458: Liasse VIIIb: Accord à trois 1887 zwischen Österreich-Ungarn, Großbritannien und Italien, und Heranziehung der Türkei an diese Gruppe, 1887–88

---

[2] Bibliographische Hilfsmittel: Rubert Stropp: Mitteilungen des Österreichischen Staatsarchivs 20 (1967), S. 389–506.

PA I, 460: Liasse XIII: Verhandlungen mit Rumänien 1883–90
a.) Vertrag mit Rumänien 1883, sowie Beitritt Deutschlands (Akten bis 1887); b.) Beitritt Italiens 1888; c.) bezügliche Korrespondenzen 1889–1890

PA I, 462: Liasse XV: Verlängerung des Allianzvertrages vom Jahre 1882 und Abschluß von Separat-Verträgen zwischen Italien und Österreich-Ungarn sowie Italien und Deutschland 1887); Liasse XXVe: Verhandlungen betr. Erneuerung des Acord à trois von 1887 (1895/96)

PA I, 464: Liasse XVII: Veröffentlichung geheimer Verhandlungen 1882, 1886/87

PA I, 470: Liasse XXVII: Kronprinz Rudolf, Korrespondenz nach seinem Tode, 1889–1910; Liasse XXVIII: Dreibunderneuerung 1890–96

PA I, 471: Liasse XXIX: Verhandlungen mit Italien puncto Tunis, 1890

PA I, 473: Liasse XXXI: Albanien 1896–1906

PA I, 480, Liasse XXXIVb: Erneuerung des Dreibundvertrages 1902

PA I, 481, Liasse XXXIVb: Stillschweigende Erneuerung des Dreibundvertrages 1906–07 (bis 1914); Liasse XXXIVc: Protokoll über die fortlaufende Gültigkeit des Dreibundvertrages 1902; Liasse XXXV: Italien 1897–1910

PA I, 484, Liasse XXXVIII: Briefwechsel zwischen Minister Graf Aehrenthal und Reichskanzler Fürst Bülow (1907–1909), bzw. Reichskanzler v. Bethmann Hollweg (1909–1911)

PA I, 485 Liasse XXXIX: Annexion Bosniens und der Herzegowina (Vorbereitung, Korr. usw.) 1908/09

PA I, 486 Liasse XXXIX: dito, sowie Vorbereitung zur Insurgierung Albaniens gegen Montenegro 1908/09

PA I, 487: Liasse XXXIX: Korrespondenz betr. eventuelle Mobilisierung 1908/09; Vorbereitungen des Min.d.Äuß. im Hinblick auf Abbruch der Beziehungen gegenüber Serbien und Montenegro, 1909

PA I, 490: Liasse XLIII a: Erneuerung des Dreibundvertrages 1911

PA I, 491: Liasse XLIIIa: Erneuerung des Dreibundvertrages 1911–1912 sowie Kündigung durch Italien 1915, 2. Teil
Liasse XLIIIb: Erneuerung des Vertrages mit Rumänien 1912–1913

PA I, 495: Liasse XLVI: Adalia. Kleinasiatische Interessensphäre 1913 (Nr. 1–3)

PA I, 496: dito, 1913–1914, Nr. 4; Liasse XLVII: Korrespondenzen aus dem Komplexe der Verhandlungen während des Krieges 1914–1918

PA I, 506: Liasse XLVII, 5) Geheime Verhandlungen mit Italien Juli 1914–Mai 1915 (Nachträge bis 1918); a.) Hauptverhandlungen über die Kompensationsbegehren Italiens, Artikel VII des Dreibundvertrages, Kriegserklärung. Kompensationsverhandlungen Juli 1914–13.Jänner 1915

PA I, 507: 5.) a.) Korrespondenzen 15.8.1914–24.5.1915

PA I, 508: Korrespondenzen 8.2.–23.5.1915

PA I, 509: Kompensationsverhandlungen 8.3.–8.5.1915

PA I, 510 Kompensationsverhandlungen 13.1.1915–7.3.1915
PA I, 511: 5.) b.) Korrespondenz mit der Botschaft beim Heiligen Stuhl über Haltung des Papstes. Haltung der italienischen Presse. Jänner – Mai 1915; c.) Verhandlungen über eine Anleihe in Deutschland im Zusammenhang mit eventueller Abtrennung des Trentino Februar 1915; d.) Diverse Denkschriften über die Frage der Abtrennung des Trentino Jänner–Mai 1915; e.) Einstellung jedweden Angriffes auf Serbien und Montenegro mit Rücksicht auf die italienischen Kompensationsansprüche März–Mai 1915; f.) Verhandlungen über Teilnahme Deutschlands an den Operationen gegen Italien Juni 1915–August 1916; g.) Anregungen, sich mit Italien auf Grund unserer Mai-Angebote zu verständigen Dezember 1915–1918
PA I, 512: Parallel-Sammlung der hauptsächlichsten Korrespondenzstücke 1914–1915
PA I, 845–870: (Krieg 5:) Haltung Italiens 1914–1918 (Siehe auch Geheim XLVII/5)

„Länderberichte" Preußen (PA III)

PA III 166: Preußen, Berichte 1908 III-XII

„Länderberichte" Italien (PA XI), 1881–1915

PA XI, 94: Berichte, Weisungen, Varia 1881
PA XI, 95: Berichte, Weisungen, Varia 1882
PA XI, 96: Berichte 1883 I–V
PA XI, 97: Berichte 1883 VI–XII, Weisungen, Varia 1883
PA XI, 98: Berichte, Weisungen, Varia 1884
PA XI, 99: Berichte, Weisungen, Varia 1885
PA XI, 100: Berichte, Weisungen, Varia 1886 (dabei: Ausweisung Cavallotti's aus Triest 1880, 1886)
PA XI, 101: Berichte, Weisungen, Varia 1887
PA XI, 102: Berichte 1888 I–VI
PA XI, 103: Berichte 1888 VII–X
PA XI, 104: Berichte 1888 XI-XII, Weisungen, Varia 1888, Varia NB 1887–1888
PA XI, 105: Berichte 1889 I–V
PA XI, 106: Berichte 1889 VI–XII, Weisungen, Varia 1889
PA XI, 107: Berichte 1890
PA XI, 108: Weisungen, Varia 1890, Berichte 1891 I–VI
PA XI, 109: Berichte 1891 VII–XII; Weisungen, Varia 1891
PA XI, 110: Berichte 1892

PA XI, 111: Weisungen, Varia 1892, Berichte 1893 I–VI
PA XI, 112: Berichte 1893 VII–XII, Weisungen, Varia 1893
PA XI, 113: Berichte 1894 I–VII
PA XI, 114: Berichte 1894 VIII–XII
PA XI, 115: Berichte 1895 I–IX
PA XI, 116: Berichte 1895 X–XII, Weisungen, Varia 1895–1896
PA XI, 117: Berichte 1896 I–VI
PA XI, 118: Berichte 1896 VII–XII
PA XI, 119: Berichte 1897 I–X
PA XI, 120: Berichte 1897 XI–XII, Weisungen, Varia 1897–1898
PA XI, 121: Berichte 1898
PA XI, 122: Berichte 1899 I–V
PA XI, 123: Berichte 1899 VI–XII, Weisungen, Varia 1899–1900
PA XI, 124: Berichte 1900
PA XI, 125: Berichte 1901 I–VII
PA XI, 126: Berichte 1901 VIII–XII, Weisungen, Varia 1901
PA XI, 127: Berichte 1902 I–VIII
PA XI, 128: Berichte 1902 IX–XII, Weisungen, Varia 1902
PA XI, 129: Berichte 1903 I–V
PA XI, 130: Berichte 1903 VI–XII
PA XI, 131: Weisungen, Varia 1903, Berichte 1904 I–VII
PA XI, 132: Berichte 1904 VIII–XII, Weisungen, Varia 1904
PA XI, 133: Berichte 1905 I–VII
PA XI, 134: Berichte 1905 VIII–XII, Weisungen, Varia 1905
PA XI, 135: Berichte 1906 I–VI
PA XI, 136: Berichte 1906 VII–XII; Weisungen, Varia 1906
PA XI, 137: Berichte 1907 I–IX
PA XI, 138: Berichte 1907 X–XII, Weisungen, Varia 1907
PA XI, 139: Berichte 1908 I–V
PA XI, 140: Berichte 1908 VI–XII
PA XI, 141: Weisungen, Varia 1908–1909, Berichte 1909 I–IV
PA XI, 142: Berichte 1909 V–XII
PA XI, 143: Berichte 1910 I-VI
PA XI, 144: Berichte 1910 VII–XII
PA XI, 145: Berichte 1911 I–VII, Weisungen, Varia 1910
PA XI, 146: Berichte 1911 VIII–XII, 1912 I-IV, Weisungen, Varia 1911
PA XI, 147: Berichte 1912 V–XII
PA XI, 148: Weisungen, Varia 1912; Berichte 1913 I–IX
PA XI, 149: Berichte 1913 X-XII, 1914 I–III, Weisungen, Varia 1913
PA XI, 150: Berichte 1914 IV-XII; Weisungen, Varia 1914
PA XI, 151: Berichte, Weisungen, Varia 1915

Länderberichte Italien, PA XI, thematisch sortierte Bestände

PA XI, 160:
Liasse II: Beziehungen Italiens zu Österreich-Ungarn. Treiben der „Italia Irredenta", Aspirationen Italiens auf Triest und Trient 1879–1880
PA XI, 161:
Liasse III: Affaire Cavallotti, 1876–1881
Liasse IV: 25. Jubelfeier (der Einnahme Roms) am 20.IX.1895.
Liasse V: Marcora-Affaire, 1905 VII–XII
PA XI, 162:
Liasse VI: Irredentist Conte Foscari
Liasse VII: Italienische Irredenta, 1907–1914: 1.) Informations-Büro-Akten 1904–1908 betreffend die italienische Irredenta
PA XI, 163:
2.) Fahrt des „Club Alpino Italiano" nach Südtirol 1909 VIII-IX; 3.) Ausflug der Zaratiner nach Ancona, 1909–1910; 4.) Beabsichtigter Besuch französischer Touristen in Südtirol, 1910; 5.) Gegenbesuch aus Ancona und Zara 1910 (liegt bei VII/3); 6.) Verhinderung von Massenbesuchen zwischen Italien und Österreich-Ungarn, 1909–11; 7.) Pfingstausflug von Trientinern nach Mailand 1910; 8.) Cima dodici-Vorfälle 1910–1911; 9.) Ausstellung irredentistischer Postkarten in Venedig 1910; 10.) Irredentistische Zündholzschachteln 1910–1913; 11.) Ausstellung irrredentistischer Fotographien, 1910–1911; 12.) Besuch ungarischer Fußballspieler in Mailand 1910–1911; 13.) Verherrlichung Oberdanks in Italien 1910–1915; 14.) Angebliche Abtretung Südtirols an Italien im Falle des Ablebens Seiner Majestät 1910–1911
PX XI, 164:
15.) Frage der Bekämpfung des Irredentismus in unseren südlichen Provinzen (1911–12) und Mémoire des Freiherrn von Andrian vom Oktober 1910; 16.) Studentenkongreß Corda fratres und Sursum corda in Rom 1910–1911; 17.) Irredentistische Rekrudenz anläßlich des italienischen Tripolis-Feldzuges 1911–13; 18.) Carducci-Feier und Campanile-Einweihung 1912; 19.) Auflösung des Vereins Edera in Pola und damit zusammenhängende Ausweisungen von Italienern, 1912–1913; 20.) Touring-Club italiano 1911–1913 (vide auch XV/5 und XVIII/2)
Liasse VIII: 1.) Vorschriften für die Reisen der österr.-ungarischen Offiziere in Italien und der italienischen Offiziere in Österreich-Ungarn 1908–1913; 2.) a. Arbeiten am Grenzstein Nr. 18, recte 17 (1912–1914)
PA XI, 165: b. österreichisch-italienische Grenzregulierung 1911–1914
PA XI, 166: b. dito 1909–1910; 3.) Rektifikation unserer Generalstabskarten 1912–1914
PA XI, 167:
Liasse IX: 50jährige Feier der Proklamation des Königreiches Italien 1911

Liasse X: Gesellschaftsreisen nach Italien (und von Italienern nach Österreich-Ungarn) ohne irredentistische Tendenzen 1911–1912. Nr. 1–5, vide auch XV
PA XI, 168:
Gesellschaftsreisen nach Italien, Nr. 6–11
Liasse XI: Errichtung einer österreichischen Dampferlinie auf dem Gardasee 1911–1914
Liasse XII: Diverse Vorfälle an der österreichisch-italienischen Grenze 1910–1915: 1.) Grenzstreit am Chiese 1910 (Brücke bei Caffaro); 2.) Betreten der Zone von Valsugana; 3.) Affaire Fillafer; 4.) Pojanaquellen; 5.) Visco; 6.) Cima Manduola; 7.) Osteria Barricata; 8.) Vorfälle nördlich Paularo; 9.) Vorfälle westlich Tolmein-Karfeit;
PA XI, 170:
10.) Diverse Vorfälle des Jahres 1911; 11.) Vestino-Tal; 12.) Straße der Gemeinde Moggio Udinese; 13.) Grenzvorfälle an der Westgrenze Tirols; 14.) Vorfälle am Indrioflusse; 15.) Vorfälle an der Aussamündung; 16.) Verhaftung des Ettore Aime; 17.) Diverse Vorfälle des Jahres 1913
PA XI, 172:
18.) Diverse Vorfälle des Jahres 1914; 19.) Diverse Vorfälle des Jahres 1915
Liasse XIII: Grabdenkmal für Oberst von Kopal in Vicenza 1911
Liasse XIV: Errichtung eines österrreichischen Ausstellungspavillons in Venedig 1910–1914
Liasse XV: Gesellschaftsreisen zwischen Österreich-Ungarn und Italien 1913
PA XI, 173:
Liasse XVI: Triester Statthaltereierlässe 1913–1914
Liasse XVII: Enthüllung des Denkmals von Ortobassano, 1913
Liasse XVIII: Diverse irredentistische Vorkommnisse 1913–1914
PA XI, 174:
Liasse XIX: Pläne zur Bekämpfung des italienischen Irredentismus 1915–1918
Liasse XX: Opera Bonomelli, 1915–1917

Päpstlicher Stuhl 1848–1918 (PA XI)

PA XI, 243: Berichte 1903, Weisungen, Varia 1904
PA XI, 274: Neuordnung der Römischen Frage 1915–1918

Osmanisches Reich (PA XII)

Materialien zur Bosnischen Annexionskrise (Liasse XXXIX)

PA XII, 351:
Liasse XXXIX: Verhandlungen anläßlich der Annexion Bosniens und der Herzegowina 1908–1909: 1b.) Unterhandlungen mit dem jungtürkischen Komité in Saloniki 1908 X.– 1909 I.; 1c.) (Bald zurückgezogenes) türkisches Konferenz-Projekt 1909; 1d.) Verhandlungen mit der Türkei betreffend Frage der Garantierung des Sandschaks von Novipazar 1908 X – 1909 IV; 1e) Verhandlungen mit den internen Behörden 1908 X–1909 VI
PA XII, 352: 1a.) Verhandlungen mit der Türkei betreffs Anerkennung der Annexion 30.IX.1908–14.II.1909
PA XII, 353: dito, 15.II.1909–1909 V. 2.) Hauptverhandlungen mit den Signatarmächten 1908 XI–1909 II
PA XII, 354: dito, 1908 X; 1909 III 1–18
PA XII, 355: dito, 1909 III 19–31; Verhandlungen betreffs Abänderung des Artikel XXIX des Berliner Vertrages 1909 III-VII
PA XII, 356: Hauptverhandlung mit den Signatarmächten 1909 IV; 3.) Haltung der Türkei, Diverses 1908 X–1909 II
PA XII, 357: 4.) Haltung Rußlands, Diverses 1908 X–1909 III
PA XII, 358: 5.) Diverses über die Haltung von: Deutschland, Frankreich, England und Italien 1908 X–1909 III
PA XII, 359: 6.) Haltung Bulgariens 1908 X–1909 V
PA XII, 360 Verhandlungen über die ostrumelische Bahn 1908 IX–1909 VII
PA XII, 361: 7.) Haltung Serbiens, Allgemeines 1908 X-XII
PA XII, 362: dito 1909 I-IV. Serbiens militärische Maßnahmen 1909 I–IV. Durchfuhr serbischen Kriegsmaterials durch die Türkei 1908 X– 1909 IV
PA XII, 363: Serbische Agitation im Auslande 1909 I–IV. Vorfälle an der Grenze 1909 I–IV. Einzelne Verhandlungen 1908 X–1909 III
PA XII, 364: 8.) Haltung Montenegros: Allgemeines 1908 X–1909 IV; Einzelverhandlungen 1908 X–1909 III
PA XII, 365: Grenzvorfälle an der montenegrinischen Grenze 1908 XI–1909 IV; 9.) Haltung Rumäniens (inklusive Donaufrage) 1908 X–1909 III; 10.) Militärische Maßnahmen Österreich-Ungarns gegenüber Serbien und Montenegro 1908 X – 1909 V; 11.) Diverses, sowie Akten und Liassenverzeichnisse

Informationsbüro

Karton JB 256, 1888, 303–846

Kabinettsarchiv-Geheimakten

Karton 17, 19

Nachlässe

Nachlaß Leopold Graf Berchtold (1861–1942)
Nachlaß Kajetán Mérey von Kapos-Mére (1861–1931)
Nachlaß Carl von Macchio

II. Kriegsarchiv Wien

Generalstab, Operatives Bureau:
Karton 691: Geschichte der Aufmärsche gegen Italien
Karton 692: Aufmarschelaborate 1913–15
Karton 737: Conrad, Chef des Generalstabes: Grundzüge für Kriegsfall „R"; Italien im Dreierbund; Korrespondenz mit GO Moltke 1909–14
1914 Vereinbarung mit Italien. Korrespondenzen von 1914. Gemeinsame Flottenaktion im Dreierbund 1914
Nachlaß Karl-Friedrich Nowak: Interviews mit Zeitzeugen
Nachlaß Emil Frhr. v. Pott: Manuskript: 30 Jahre österreichisch-ungarische Balkan-Politik; Beiträge zur Vorgeschichte des Weltkrieges, D. Die italienische Colonialpolitik Italiens im Dreibund

D) RUSSISCHE ARCHIVE

I. Zentrum für die Aufbewahrung historisch dokumentarischer Sammlungen (Sonderarchiv Moskau)

1255, 1256, 1275 Unerlagen des ehemaligen Reichsarchivs
1414 (1) Nachlaß Walter Nicolai

2. Bibliographie

a) Quelleneditionen zur Politik der europäischen Kabinette:

Britische Dokumente:
British Documents on the Origins of the War 1898–1914 (BD) Ed. by George P. Gooch and Harold Temperley. Vol. 1–11, London 1926–36

Deutsche Dokumente:
Die Große Politik der Europäischen Kabinette 1871–1914 (GP). Sammlung der diplomatischen Akten des Auswärtigen Amtes. Hrsg. von Johannes Lepsius, Albrecht Mendelssohn Bartholdy, Friedrich Thimme, Band 1–40, Berlin 1922–27
Kommentar: Siehe Schwertfeger

Französische Dokumente:
Documents Diplomatiques Français (1871–1914) (DDF). Hrsg. vom Ministère des Affaires Étrangères. Commission de publication des documents relatifs aux origines de la guerre de 1914. Série 1–3, Paris 1929–59
1. Série T. 1–16 (1871–1900), 1929–59
2. Série T. 1–14 (1901–1911), 1930–1955
3. Série T. 1–11 (1911–1914), 1929–1936

Italienische Dokumente:
I Documenti Diplomatici Italiani (DDI) Hrsg. vom Ministero degli Affari Esteri. Commissione per la pubblicazione dei documenti diplomatici. Serie 1–5, Roma 1953 ff.
Seconda Serie (1870–1896):
XIII. 3.5.1880–28.5.1881; XIV.: 29.05.1881–20.05.1882;
XV. 21.05.1882–31.12.1883;XV-XVI. 21.05.1882–31.12.1883;
XVII-XVIII 01.01.1884–28.06.1885;
XXI. 31.7.1887–31.3.1888;XXII. 01.04.1888–31.08.1889;
XXIII. 02.09.1889–08.02.1891; XXIV. 09.02.1891–14.05.1892
Terza Serie (1896–1907):
I. 10.3.1896–30.04.1897; II. 01.05.1897–23.06.1898;
III. 26.06.1898–25.07.1900; IV. 26.07.1900–15.02.1901;
V. 16.02.1901–31.12.1901; VI. 01.01.1902–30.06.1902
Quarta Serie (1908–1914):
XII. 28.06.1914–02.08.1914
Quinta Serie (1914–1918):
I. 02.08.1914–16.10.1914; II. 17.10.1914–02.03.1915;
III. 03.03.1915–24.05.1915; IV. 25.05.1915–23.10.1915;

Österreichisch-Ungarische Dokumente:
Österreich-Ungarns Außenpolitik von der Bosnischen Krise 1908 bis zum Kriegsausbruch 1914. Diplomatische Aktenstücke des österreichisch-ungarischen Ministeriums des Äußern. Ausgewählt von Ludwig Bittner, Alfred F. Pribram, Heinrich Srbik und Hans Uebersberger. Bearbeitet von Ludwig Bittner und Hans Uebersberger, Band 1-9, Wien/Leipzig 1930 (Veröffentlichungen der Kommission für Neuere Geschichte Österreichs, Band 19–27)
Alfred Francis Pribram, Die politischen Geheimverträge Österreich-Ungarns 1879–1914. Nach den Akten des Wiener Staatsarchivs, Wien/Leipzig 1920
Die Ministerratsprotokolle Österreichs und der österreichisch-ungarischen Monarchie 1848–1918, 2. Serie: Die Protokolle des gemeinsamen Ministerrates der österreichisch-ungarischen Monarchie 1867–1918, Band 1–7, Budapest 1966-99.

Russische Dokumente:
Diplomatische Aktenstücke zur Geschichte der Ententepolitik der Vorkriegsjahre (1908–1914). Hrsg. von Benno von Siebert, Berlin/Leipzig 1921
Der diplomatische Schriftwechsel Iswolskis 1911 bis 1914. Aus den Geheimakten der Russischen Staatsarchive. Im Auftrage des Deutschen Auswärtigen Amtes in deutscher Übersetzung hrsg. von Friedrich Stieve, Bd. 1–4, Berlin 1924
Die Internationalen Beziehungen im Zeitalter des Imperialismus. Dokumente aus den Archiven der Zarischen und der Provisorischen Regierung. Hrsg. von der Kommission beim Zentralexekutivkommittee der Sowjetregierung unter dem Vorsitz von Michail N. Pokrovskij. Einzig berechtigte deutsche Ausgabe. Namens der Deutschen Gesellschaft zum Studium Osteuropas hrsg. von Otto Hoetzsch, Reihe I-III, Berlin 1931–43

b) Literatur

Holger Afflerbach: „Bis zum letzten Mann und letzten Groschen?" Die Wehrpflicht im Deutschen Reich und ihre Auswirkungen auf das militärische Führungsdenken im Ersten Weltkrieg, in: Roland G. Foerster (Hrsg.): Die Wehrpflicht. Entstehung, Formen und politisch-militärische Wirkung, München 1994 (Beiträge zur Militärgeschichte, Band 43), S. 71-90
Holger Afflerbach: Das Deutsche Reich, Bismarcks Allianzsystem und die europäische Friedenssicherung vor 1914, Friedrichsruh 1998 (Friedrichsruher Beiträge, Band 2)
Holger Afflerbach: Der Dreibund als Instrument der europäischen Friedenssicherung vor 1914, in: Helmut Rumpler/Jan Niederkorn (Hrsg.): Der „Zweibund" 1879. Das deutsch – österreichisch-ungarische Bündnis und die eu-

ropäische Diplomatie, Wien 1996 (Zentraleuropa-Studien, Band 2), S. 87–118

Holger Afflerbach: Die militärische Planung des Deutschen Reiches im Ersten Weltkrieg, in: Der Erste Weltkrieg. Wirklichkeit, Wahrnehmung, Analyse. Im Auftrag des Militärgeschichtlichen Forschungsamtes hrsg. von Wolfgang Michalka, München 1994, S. 280–317

Holger Afflerbach: „Duo quum faciunt idem ..." Militärische Aspekte der deutschen und italienischen Kolonialgeschichte vor dem Ersten Weltkrieg, in: Annali dell'Istituto storico italo-germanico in Trento 24 (1998), S. 115–146.

Holger Afflerbach: Europäische Allianzen und Bündnisse zwischen Vertragstreue und Staatsräson, in: Historicum, Winter 1996/97, S. 27–31

Holger Afflerbach: Falkenhayn. Politisches Denken und Handeln im Kaiserreich, 2. Auflage, München 1996 (Beiträge zur Militärgeschichte, Band 42)

Holger Afflerbach: Italien im Ersten Weltkrieg – Forschungstrends und neuere Literatur, in: Neue Politische Literatur 39 (1994), S. 224–246

Holger Afflerbach: „...nearly a case of Italy contra mundum?" Italien als Siegermacht in Versailles 1919, in: Gerd Krumeich (Hrsg.): Versailles 1919. Ziele – Wirkung – Wahrnehmung, Essen 2001, S. 159–173 (Schriften der Bibliothek für Zeitgeschichte, Neue Folge, Band 14)

Holger Afflerbach: Wilhelm II. as Supreme War Lord during the First World War, in: War in History 5/4 (1998), S. 366–388

Adriano Alberti: General Falkenhayn. Die Beziehungen zwischen den Generalstabschefs des Dreibundes, Rom/Berlin 1924

Adriano Alberti: Testimonianze straniere sulla guerra italiana 1915–1918, 2. Auflage, Roma 1936

Luigi Albertini: The Origins of the War of 1914. Translated and edited by Isabella M. Massey. Band 1: European Relations from the Congress of Berlin to the Eve of the Sarajevo Murder, London-New York-Toronto 1952; Band 2.: The Crisis of July 1914. From the Sarajevo Outrage to the Austro-Hungarian General Mobilization, London/New York/Toronto 1953; Band 3: The Epilogue of the Crisis of July 1914. The Declarations of War and of Neutrality, London/New York/Toronto 1957

Luigi Albertini: Venti anni di vita politica, 1898–1918, 5 Bände, Bologna 1950–52

Rudolf von Albertini: Europäische Kolonialherrschaft 1880–1940, Zürich 1976

Johann Christoph Allmayer-Beck: Der stumme Reiter. Erzherzog Albrecht, der Feldherr „Gesamtösterreichs", Graz/Köln/Wien 1997

Jean-Claude Allain: Agadir 1911. Une crise impérialiste en Europe pour la conquête du Maroc, Paris 1976 (Publications de la Sorbonne, Série internationale, Band 7)

Wolfgang Altgeld: Das politische Italienbild der Deutschen zwischen Aufklärung und europäischer Revolution von 1848, Tübingen 1984 (Bibliothek des Deutschen Historischen Instituts in Rom, Band 59)

Eugene Anderson: The First Moroccan Crises 1904–06, Chicago 1930
Jürgen Angelow: Der Zweibund zwischen politischer Auf- und militärischer Abwertung (1909–1914). Zum Konflikt von Ziel, Mittel und Struktur in Militärbündnissen, in: Mitteilungen des österreichischen Staatsarchivs 44 (1996), S. 25–74
Annali dell'economia italiana 3, 1881–1890, s.l. 1982
Annali dell'economia italiana 4, 1891–1900, s.l. 1982
Annuario Statistico Italiano, hrsg. von der Direzione Generale della Statistica e del Lavoro, Bd. 1911, Roma 1912
Almerigo Apollonio: Autonno istriano. La „rivolta" di Pirano del 1894 ed i dilemmi dell' „irredentismo", s.l., s.d.
Alberto Aquarone: I problemi dell'Italia Unita dal Risorgimento a Giolitti, Firenze 1989
Alberto Aquarone: L'Italia giolittiana, Bologna 1988
Angelo Ara: Die Haltung Italiens gegenüber der Habsburgermonarchie, in: Wandruszka/Urbanitsch (Hrsg.): Die Habsburgermonarchie 1848–1918, Band VI/2: Die Habsburgermonarchie im System der Internationalen Beziehungen, Wien 1993, S. 190–246.
Angelo Ara: Fra l'Austria e Italia. Dalle cinque giornate alla questione altoatesina, Udine 1987
Angelo Ara: L'Austria-Ungheria nella politica americana durante la prima guerra mondiale, Roma 1973
Angelo Ara: Ricerche sugli Austro-italiani e l'Ultima Austria, Roma 1974
Karl Otmar Freiherr von Aretin (Hrsg.): Bismarcks Außenpolitik und der Berliner Kongress, Wiesbaden 1978
William C. Askew: The Austro-Italian Antagonism, 1896–1914, in: L.P. Wallace/W.C.Askew (Hrsg.): Power, Public Opinion, and Diplomacy, New York 1959, S. 172 ff.
Carlo Avarna di Gualtieri (Hrsg.): Il Carteggio Avarna-Bollati Luglio 1914–Maggio 1915, Napoli 1953
Carlo Avarna di Gualtieri: L'ultimo rinnovamento della Triplice (5. dic. 1912), Milano 1924
Joseph Maria Baernreither: Der Verfall des Habsburgerreiches und die Deutschen. Fragmente eines politischen Tagebuches 1897–1917, hrsg. von Oskar Mitis, Wien 1938
Detlev Bald: Zum Kriegsbild der militärischen Führung im Kaiserreich, in: Jost Dülffer, Karl Holl (Hrsg.): Bereit zum Krieg. Kriegsmentalitäten im wilhelminischen Deutschland 1890–1914, Göttingen 1986, S. 146–159
Michael Balfour, Der Kaiser. Wilhelm II. und seine Zeit, Berlin 1973
Pier Luigi Ballini: La Destra Mancata. Il gruppo Rudiniano-Luzzattiano fra ministerialismo e opposizione (1901–1908), Firenze 1984
Oreste Baratieri: Memorie d'Africa, 1892–1896, Turin 1898

Glen St. J. Barclay: The Rise and Fall of the New Roman Empire. Italy's Bid for World Power, 1890–1943, London 1973
Boris Barth: Die deutsche Hochfinanz und die Imperialismen. Banken und Außenpolitik vor 1914, Stuttgart 1995
Milan Bartos u.a. (Hrsg.): Les grandes Puissances et la Serbie a la vielle de la Premiere Guerre Mondiale, Belgrad 1976
Salvatore Barzilai: Dalla Triplice Alleanza al Conflitto Europeo. Discorsi Parlamentari e Scritti Vari, Roma 1914
Salvatore Barzilai: Luci ed ombre del Passato. Memorie di vita politica, Milano 1937
Salvatore Barzilai: Vita Parlamentare. Discorsi e profili politici, Roma 1912
Roberto Battaglia: La prima guerra d'Africa, Torino 1958
Hans Bauer: Sarajewo. Die Frage der Verantwortlichkeit der serbischen Regierung an dem Attentat von 1914, Stuttgart 1930 (Beiträge zur Geschichte der nachbismarckischen Zeit und des Weltkriegs, Heft 7)
Otto Bauer: Werkausgabe, Wien 1975
Winfried Baumgart: Europäisches Konzert und nationale Bewegung: Internationale Beziehungen 1830–1878, Paderborn, München, Wien, Zürich, 1999 (Handbuch der Geschichte der Internationalen Beziehungen, Band 6)
Michael Behnen: Rüstung–Bündnis–Sicherheit. Dreibund und informeller Imperialismus 1900–1908, Tübingen 1985
Johannes Behrendt: Die polnische Frage und das österreichisch-deutsche Bündnis 1885–1887, Berlin 1927
Wolf Dietrich Behschnitt: Nationalismus bei Serben und Kroaten 1830–1914. Analyse und Typologie der nationalen Ideologie, München 1980 (Südosteuropäische Arbeiten, Band 74)
Emilio Bellavita: Adua, Genova 1931
Ernst E. Berger („Italicus"): Italiens Dreibundpolitik 1870–1896, München 1928
Georg Christoph Berger Waldenegg: Die Neuordnung des italienischen Heeres zwischen 1866 und 1876. Preußen als Modell, Heidelberg 1992 (Heidelberger Abhandlungen zur Mittleren und Neueren Geschichte, Neue Folge, Band 5)
Volker Berghahn: Der Tirpitz-Plan, Düsseldorf 1971
Volker Berghahn: Zu den Zielen des deutschen Flottenbaus unter Wilhelm II., in: Historische Zeitschrift 210 (1970), S. 34–100
Aldo Berselli: La destra storica dopo l'unità, 2 Bände, Bologna 1963–1965
Theobald v.Bethmann Hollweg: Betrachtungen zum Weltkrieg, 2 Bände, Berlin 1919/21
Ergisto Bezzi: Irredentismo e interventismo nelle lettere agli amici 1903–1920, Trento 1963
Antonello Biagini/Daniel Reichel: Italia e Svizzera durante la Triplice Alleanza. Politica militare e politica estera, Roma 1991

Antonello F.M. Biagini: La questione d'oriente del 1875–78 nei documenti dell'archivio dell'Ufficio Storico dello Stato Maggiore Esercito, in: Stato maggiore dell'Esercito/Ufficio Storico (Hrsg.): Memorie Storiche Militari 1978, Roma 1978, S. 353–386

Luigi Bietti: Per l'onore d'Italia, Saronno 1916

A. Billot: la France et L'Italie. Histoire des années troubles, 1881–1899, 2 Bände, Paris 1905

Otto von Bismarck: Erinnerung und Gedanke. Unter Mitarbeit von Georg Engel herausgegeben von Rudolf Buchner, Darmstadt 1975 (Werke in Auswahl, Band 8, Teil A)

Festschrift Richard Blaas. Mitteilungen des österreichischen Staatsarchivs 31 (1978), Wien 1978

Katrin Boeckh: Von den Balkankriegen zum Ersten Weltkrieg. Kleinstaatenpolitik und ethnische Selbstbestimmung auf dem Balkan, München 1996 (Südosteuropäische Arbeiten, Band 97)

Ruggero Bonghi: Politica Estera (1866–1893), a cura di Walter Maturi, Roma 1958

Richard J.B. Bosworth: Italy and the Approach of the First World War, London 1983

Richard J.B. Bosworth: Italy, the Least of the Great Powers: Italian Foreign Policy before the First World War, Cambridge 1979

Richard J.B.Bosworth/Sergio Romano: La politica estera italiana (1860–1985), Bologna 1991

Richard J.B. Bosworth: Mito e linguaggio nella politica estera italiana, in: ders./Sergio Romano (Hrsg.): La politica estera italiana (1860–1985), Bologna 1991, S. 35–67

Oreste Bovio: Luigi Pelloux, in: Stato Maggiore dell'Esercito/Ufficio Storico (Hrsg.): Memorie Storiche Militari 1984, Roma 1985, S. 439–475

Horst Brettner-Messler: Die militärischen Absprachen zwischen den Generalstäben Österreich-Ungarns und Italiens vom Dezember 1912 bis Juni 1914, in: Mitteilungen des österreichischen Staatsarchivs 23 (1970), S. 225–249

Maria Breuer: Die Entwicklung des Dreibundverhältnisses von 1908–1913, Dissertation Wien 1950

Francis Roy Bridge: From Sadowa to Sarajevo. The Foreign Policy of Austria-Hungary, 1866–1914, London/Boston 1972

Francis Roy Bridge: Izvolsky, Aehrenthal, and the End of the Austro-Russian Entente 1906–08, in: Mitteilungen des österreichischen Staatsarchivs 29 (1976), S. 315–362

Francis Roy Bridge: Österreich(-Ungarn) unter den Großmächten, in: Wandruszka/Urbanitsch (Hrsg.): Die Habsburgermonarchie VI/1, S. 196–373

Francis Roy Bridge: Tarde venientibus ossa, in: Middle Eastern Studies 6 (1970), S. 319–330

Emil Brix: Die Umgangssprachen in Altösterreich zwischen Agitation und Assimilation. Die Sprachenstatistik in den zisleithanischen Volkszählungen 1880–1910, Wien etc. 1982 (Veröffentlichungen der Kommission für Neuere Geschichte Österreichs, Band 72)

Peter Broucek: Zu den militärischen Beziehungen im Zweibund 1879–1914. Ein Bericht über den Stand der Forschung, in: Bericht über den 15. österreichischen Historikertag in Salzburg 15.–18. September 1981, Wien 1984, S. 81–87

Marvin L. Brown: Heinrich von Haymerle. Austro-Hungarian Career Diplomat 1828–81, Columbia 1973

Peter Broucek: Der Nachlass Feldmarschall Conrads und das Kriegsarchiv, in: Mitteilungen des österreichischen Staatsarchivs 28 (1975), S. 164–182

Peter Broucek: Über den Schriftennachlass des Feldmarschalls Franz Conrad von Hötzendorf im Kriegsarchiv, in: Mitteilungen des österreichischen Staatsarchivs 43 (1993), S. 156–167

Antonio Brugioni: Piani Strategici Italiani alla vigilia dell'Intervento nel primo conflitto mondiale, in: Stato maggiore dell'Esercito/Ufficio Storico (Hrsg.): Memorie Storiche Militari 1984, Roma 1985, S. 273–355

Gian Luigi Bruzzone: Aspetti della guerra italo-turca (1911–12) nelle lettere del maggiore Sebastiano Mezzano, in: Rivista Storia Risorgimento 79 (1992), S. 483–502

Bernhard Fürst von Bülow: Denkwürdigkeiten. Hrsg. von Franz von Stockhammern. Erster Band: Vom Staatssekretariat bis zur Marokko-Krise, Berlin 1930. Zweiter Band: Von der Marokko-Krise bis zum Abschied, Berlin 1930. Dritter Band: Weltkrieg und Zusammenbruch, Berlin 1931. Vierter Band: Jugend- und Diplomatenjahre, Berlin 1931

Hugo Bütler: Gaetano Salvemini und die italienische Politik vor dem Ersten Weltkrieg, Tübingen 1978 ((Bibliothek des Deutschen Historischen Instituts in Rom, Band 50)

Lothar Burchardt: Friedenswirtschaft und Kriegsvorsorge. Deutschlands wirtschaftliche Rüstungsbestrebungen vor 1914, Boppard am Rhein 1968

Stephan Graf Burián: Drei Jahre. Aus der Zeit meiner Amtsführung im Kriege, Berlin 1923

Johannes Burkhardt: Kriegsgrund Geschichte? 1870, 1813, 1756 – historische Argumente und Orientierungen bei Ausbruch des Ersten Weltkrieges, in: derselbe u.a.: Lange und kurze Wege in den Ersten Weltkrieg, München 1996 (Schriften der Philosophischen Fakultäten der Universität Augsburg, Band 49), S. 9–86

Walter Bußmann (Hrsg.): Staatssekretär Herbert von Bismarck. Aus seiner politischen Privatkorrespondenz, Göttingen 1964, (Deutsche Geschichtsquellen des 19. und 20. Jahrhunderts, Band 44)

Luigi Cadorna: Altre pagine sulla grande guerra, Milano 1925

Giulio Cafrin (Hrsg.): I trattati segreti della Triplice Alleanza, Bologna 1922
Marianne Caira-Thalmann: Der Meinungsumschwung in Italien zur Neutralität vom August 1914 bis zum 23. Mai 1915, Dissertation Wien 1992
Stefan Cakic: König Milan Obrenovic, Novi Sad 1975
Giorgio Candeloro: Il movimento cattolico in Italia, 2. Auflage, Rom 1961
Giorgio Candeloro: Storia dell'Italia Moderna. Band 6–8, Milano 1991–1995
Konrad Canis: Bismarck und Waldersee. Die außenpolitischen Krisenerscheinungen und das Verhalten des Generalstabes 1882–1890, Berlin 1980
Konrad Canis: Von Bismarck zur Weltpolitik. Deutsche Außenpolitik 1890–1902, Berlin 1997 (Studien zur internationalen Geschichte, Band 3)
Konrad Canis: Der Zweibund in der Bismarckschen Außenpolitik, in: Helmut Rumpler/Jan Niederkorn (Hrsg.): Der „Zweibund" 1879. Das deutsch – österreichisch-ungarische Bündnis und die europäische Diplomatie, Wien 1996 (Zentraleuropa-Studien, Band 2), S. 41–67
Alfredo Capone: L'opposizione meridionale nell'Età della destra, Roma 1970
Raffaele Cappelli: Il conte Carlo Nicolis di Robilant, in: Nuova Antologia, 1.6.1900, S. 387–405
Giulio Caprin (Hrsg.): I trattati segreti della Triplice Alleanza, Bologna 1922
Giuseppe Carle: P.S. Mancini e la teoria psicologica del sentimento nazionale, Roma 1890
Wilhelm M.Carlgren: Iswolsky und Aehrenthal vor der bosnischen Annexionskrise. Russische und österreichisch-ungarische Balkanpolitik 1906–1908, Uppsala 1955
Giampiero Carocci: Giolitti e l'Età giolittiana. La politica italiana dall'inizio del secolo alla prima guerra mondiale, 9. Auflage, Torino 1976
Francesco Cataluccio: Antonio di San Giuliano e la politica estera italiana dal 1900 al 1914, Firenze 1935
Francesco Cataluccio: La politica estera di Emilio Visconti Venosta, Firenze 1940
Felice Cavallotti: Discorsi Parlamentari, 2 Bände, Roma 1914
Lamar Cecil, Wilhelm II., Band 1: Prince and Emperor, 1859–1900, London/Chapel Hill 1989; Band 2: Emperor and Exile, 1900–1941, ebenda, 1996
Federico Chabod: Kulturkampf e triplice alleanza in discussione fra il Vaticano e il governo austro-ungarico nel 1883, in: Rivista Storica Italiana 62/1 (1950), S. 257–280
Federico Chabod: Storia della Politica Estera Italiana dal 1870 al 1896, Bari 1971
Luigi Chiala: Pagine di storia contemporanea. La triplice e la duplice alleanza (1881–1897), Torino 1898
Luigi Chiala: La spedizione di Massaua, Torino-Napoli 1888
Eugenio Chiesa: La Triplice Alleanza No!, Roma 1913

Leopold Freiherr von Chlumecky: Die Agonie des Dreibundes. Das letzte Jahrzehnt italienischer Untreue, Leipzig/Wien 1915

Leopold Freiherr von Chlumecky: Erzherzog Franz Ferdinands Wirken und Wollen, Berlin 1929

Leopold Freiherr von Chlumecky: Österreich-Ungarn und Italien. Das westbalkanische Problem und Italiens Kampf um die Vorherrschaft in der Adria, Leipzig 1907

Saverio Cilibrizzi: Storia Parlamentare politica e diplomatica d'Italia da Novara a Vittorio Veneto, 8 Bände, Napoli 1939–1952

Martin Clark: Modern Italy 1871–1982, London/New York 1984

Maximilian Claar: Zwanzig Jahre habsburgischer Diplomatie in Rom (1895–1915). Persönliche Erinnerungen, in: Berliner Monatshefte 15 (1937), S. 539–567

Denise Cles: Die Propagandatätigkeit Gabriele D'Annunzios gegen Österreich-Ungarn 1914–1918, Dissertation Wien 1972

Collezioni di trattati e altri fonti di informazione nel campo del diritto e delle relazioni internazionali possedute dalla Biblioteca della Camera dei Deputati, Roma 1987

Franz Conrad von Hötzendorf: Aus meiner Dienstzeit 1906–1918, 5 Bände, Wien 1922–1925

Franz Conrad von Hötzendorf: Mein Anfang. Kriegserinnerungen aus der Jugendzeit 1878–1882, Berlin 1925

Eckart Conze: Abschied von der Diplomatiegeschichte? Neuere Forschungen zur Rolle der Bundesrepublik in den internationalen Beziehungen 1949–1969, in: Historisches Jahrbuch 116 (1996), S. 137–154

Ronald E. Coons: I primi anni del Lloyd Austriaco. Politica di governo a Vienna ed iniziative imprenditoriale a Trieste (1836–1848), Udine 1982

Epicarmo Corbino: L'Economia Italiana dal 1860 al 1960, Bologna 1962

E. Conte Corti alle Catene: Bismarck und Italien am Berliner Kongreß. Nach den bisher unveröffentlichten Papieren des Grafen Luigi Corti, Vertreter Italiens am Berliner Kongreß, in: Historische Vierteljahresschrift 23 (1926), S. 456–471

Mark Cornwall: Serbia, in: Keith Wilson (Hrsg.) Decisions for War 1914, London 1995, S. 55–96

Umberto Corsini: L'idea di Mitteleuropa nella crisi della Prima Guerra Mondiale, in: Rivista Stioria del Risorgimento 78 (1991), S. 467–486

Egon Caesar Conte Corti: Mensch und Herrscher. Wege und Schicksale Kaiser Franz Josephs I. zwischen Thronbesteigung und Berliner Kongreß. Graz/Wien/Altötting 1952

Egon Caesar Conte Corti: Der Alte Kaiser. Franz Joseph vom Berliner Kongreß bis zu seinem Tode, Graz/Wien/Köln 1955

Richard Alfred Cosgrove: A Note on Lloyd George's Speech at the Mansion House, in: Historical Journal 12 (1969), S. 698–701
S.P.Cosmin: Dossiers secrets de la Triple Entente. Grèce 1914–1922, Paris 1969
Gordon A. Craig: Deutsche Geschichte 1866–1945. Vom Norddeutschen Bund bis zum Ende des Dritten Reiches, München 1980
Richard John Crampton: The Hollow Detente. Anglo-German Relations in the Balkans, 1911–1914, London/Atlantic Highlands (New Jersey), 1979
Francesco Crispi: Politica Estera. Memorie e documenti raccolti e ordinati da T. Palamenghi-Crispi, Milano 1912
Francesco Crispi: Questioni Internazionali. Diario e documenti ordinati da T. Palamenghi-Crispi, Milano 1913
Francesco Crispi: Scritti e Discorsi Politici di Francesco Crispi (1849–1890), Roma 1890
T. Palamenghi-Crispi (Hrsg.): Die Memoiren Francesco Crispis. Erinnerungen und Dokumente, deutsch Berlin 1912
Benedetto Croce: Geschichte Italiens 1871–1915, nach der vierten Ausgabe ins Deutsche übertragen von Ernst Wilmersdoerffer, Berlin 1928
Sibil Crowe/Edward Corp: Our Ablest Public Servant: Sir Eyre Crowe, 1864–1925, Braunton (Devon) 1993
Federico Curato: La politica estera italiana dopo la caduta di Crispi secondo i nuovi documenti diplomatici italiani, in: Ders.: Scritti di Storia Diplomatica, Milano 1984, S. 351–380
Ernst-Otto Czempiel: Deutsche Außenpolitik von 1871 bis 1945, in: Geschichte und Gesellschaft 22 (1996), S. 243–256
Fulvio D'Amoja: Primato della politica estera, primato della politica interna nella storia delle relazioni internazionali, in: Studi storici 22 (1981), S. 554–570
David Charles Danahar: Austria-Hungary and the Triple Alliance System, 1887–1897, Dissertation University of Massachusetts, 1970
István Deák: Beyond Nationalism. A Social and Political History of the Habsburg Officer Corps, 1848–1918, Oxford 1990
Roland de Bosio: Analyse der außenpolitischen Konzeption Franz Ferdinands gegenüber Italien, Diplomarbeit Wien 1989
Enrico Decleva/Pierre Milza (Hrsg.): Italia e Francia: I nazionalismi a confronto, Milano 1993
Enrico Decleva: L'incerto alleato. Ricerche sugli orientamenti internazionali dell'Italia Unita, Milano 1987
Enrico Decleva: L'Italia e la politica internazionale dal 1870 al 1914. L'ultima fra le grandi potenze, Milano 1974
Cesare De Crescenzio: Le basi dell'etica di P.S. Mancini, Firenze/Roma 1885
Franco De Felice: L' età Giolittiana, Torino 1980
Alexander J. De Grand: The Italian Nationalist Association and the Rise of Fascism in Italy, Lincoln/London 1972

Dieter Degreif: Operative Planungen des k.u.k.-Generalstabes für einen Krieg in der Zeit vor 1914, Mainz 1983
Ludwig Dehio: Deutschland und die Weltpolitik im 20. Jahrhundert, München 1955
Wilhelm Deist: Flottenpolitik und Flottenpropaganda. Das Nachrichtenbureau des Reichsmarineamtes 1897–1914, Stuttgart 1976
Wilhelm Deist: Militärische Aspekte des Zweibundes, in: Helmut Rumpler/ Jan Niederkorn (Hrsg.): Der „Zweibund" 1879. Das deutsch – österreichisch-ungarische Bündnis und die europäische Diplomatie), Wien 1996 (Zentraleuropa-Studien, Band 2), S. 261–275
Wilhelm Deist: Militär, Staat und Gesellschaft. Studien zur preußisch-deutschen Militärgeschichte, München 1991
Angelo Del Boca (Hrsg.): Adua. Le ragioni di una sconfitta, Roma/Bari 1997
Angelo Del Boca: Gli Italiani in Africa orientale. Vol. I: Dall' unità alla marcia su Roma, Roma/Bari 1996
Edoardo Del Vecchio: Di Robilant e la crisi nei rapporti marittimi italo-francesi, Milano 1970
Karl Demeter: Das deutsche Offizierkorps in Staat und Gesellschaft, 1650–1945, 2. Aufl, Frankfurt a.M. 1962
Nicholas Der Bagdasarian: The Austro-German Rapprochement, 1870–1879. From the Battle of Sedan to the Dual Alliance, London 1976
Bartolomeo De Rinaldis: Sulla vita e le sfere di P.S. Mancini Ministro Guardasigilli nel Regno d'Italia, Napoli 1876
Gabriele De Rosa: Storia del movimento cattolico in Italia, I. Dalla restaurazione all'età giolittiana, Bari 1966
Ernst Deuerlein: Deutsche Kanzler von Bismarck bis Hitler, München 1968
Eugenio di Carlo: Il concetto di nazionalità in P.S. Mancini, Palermo 1957
Richard Dietrich: Die Tripolis-Krise 1911/12 und die Erneuerung des Dreibundes 1912. Ein Beitrag zur allgemeinen Politik der Vorkriegsjahre, Würzburg 1933
Ennio Di Nolfo: Gli studi di storia delle relazioni internazionali 2 (1986), S. 189–197
István Diószegi: Hungarians in the Ballhausplatz. Studies on the Austro-Hungarian Common Foreign Policy, Budapest 1983
Christof Dipper: L'immagine politica dell'Italia nel tardo illuminismo tedesco, in: Società e storia 59 (1993), S. 71–93
Martin Doerry: Übergangsmenschen. Die Mentalität der Wilhelminer und die Krise des Kaiserreichs, 2 Bände, Weinheim/München 1986
Guido Donnini: L'accordo italo-russo di Racconigi, Milano 1983
Joel-Benoit d'Onorio/Jean-Louis Tauron (Hrsg.): Le Saint-Siege dans les relations internationales: Actes du colloque organisé les 29 et 30. Janvier 1988, a la Faculté de Droit et de Science Politique d'Aix-en-Provence, Paris 1989

Alessandro Duce: L'Albania nei rapporti italo-austriaci 1897–1913, Milano 1983

Alessandro Duce: La crisi Bosniaca del 1908, Milano 1977

Jost Dülffer/Hans Hübner (Hrsg): Otto von Bismarck. Person – Politik – Mythos, Berlin 1993

Jost Dülffer: Bismarck und das Problem des europäischen Friedens, in: ders./Hans Hübner (Hrsg): Otto von Bismarck. Person – Politik – Mythos, Berlin 1993, S. 107–121

Jost Dülffer: Regeln gegen den Krieg? Die Haager Friedenskonferenzen von 1899 und 1907 in der internationalen Politik, Berlin/Frankfurt a.M/Wien 1981

Jost Dülffer/Martin Kröger/Rolf-Harald Wippich: Vermiedene Kriege. Deeskalation von Konflikten der Großmächte zwischen Krimkrieg und Erstem Weltkrieg (1856–1914), München 1997

Constantin Dumba: Dreibund- und Ententepolitik in der Alten und Neuen Welt, Zürich/ Leipzig/ Wien 1931

Srećko M. Džaja: Bosnien-Herzegowina in der österreichisch-ungarischen Epoche (1878–1918). Die Intelligentsia zwischen Tradition und Ideologie, München 1994 (Südosteuropäische Arbeiten, Band 93)

Hans Eberhart: Zwischen Glaubwürdigkeit und Unberechenbarkeit. Politischmilitärische Aspekte der schweizerisch-italienischen beziehungen 1861–1915, Zürich 1985

Hermann Freiherr von Eckardstein: Die Entlassung des Fürsten Bülow, Berlin 1931

Hermann Freiherr von Eckardstein: Lebenserinnerungen und Politische Denkwürdigkeiten, 2 Bände, Leipzig 1919/1920

Hermann Freiherr von Eckardstein: Die Isolierung Deutschlands (III. Band der Lebenserinnerungen und Politische Denkwürdigkeiten), Leipzig 1921

Hermann Freiherr von Eckardstein: Persönliche Erinnerungen an König Eduard. Aus der Einkreisungszeit, Dresden 1927

Rainer Egger: Die Militärkanzlei des Erzherzog-Thronfolgers Franz Ferdinand und ihr Archiv im Kriegsarchiv Wien, in: Mitteilungen des Österreichischen Staatsarchivs 28 (1975), S. 141–163

Geoff Eley: The View from the Throne: The Personal Rule of Kaiser Wilhelm II., in: The Historical Journal 28/2 (1985), S. 469–485

Friedrich Engel-Janosi: Geschichte auf dem Ballhausplatz, Graz/Wien/Köln 1963

Friedrich Engel-Janosi: Österreich und der Vatikan 1846–1918, 1. Band: Die Pontifikate Pius IX. und Leos XIII. (1846–1903), Graz/Wien/Köln 1958; 2.Band: Die Pontifikate Pius X. und Benedikts XV. (1903–1918), ebd. 1960

Friedrich Engel-Janosi: Papst Benedikt XV. und die Römische Frage während des Ersten Weltkrieges, in: R. Aubert, A.M. Ghisalberti, E. Passerin D'Entrèves u.a. (Hrsg.): Chiesa e Stato nell'Ottocento. Miscellanea in onore di Pietro Pirri, Padova 1962, S. 149–166

Friedrich Engel-Janosi in Zusammenarbeit mit Richard Blaas und Erika Weinzierl: Die politische Korrespondenz der Päpste mit den österreichischen Kaisern 1804–1918, Wien, München 1964

Ernst Engelberg: Bismarck. Das Reich in der Mitte Europas, Berlin 1990

Michael Epkenhans: Die wilhelminische Flottenrüstung 1908–1914. Weltmachtstreben, industrieller Fortschritt, soziale Integration, München 1991 (Beiträge zur Militärgeschichte, Band 32)

Erich Eyck: Das Persönliche Regiment Wilhelms II. Politische Geschichte des Deutschen Kaiserreiches von 1890–1914, Erlenbach/Zürich 1948

Francesco Fadini: Caporetto dalla parte del vincitore, Firenze 1974

Erich v. Falkenhayn: Die Oberste Heeresleitung 1914–1916 in ihren wichtigsten Entschließungen, Berlin 1920

Domenico Farini: Diario di fine secolo, hrsg. von Emilia Morelli, 2 Bände Roma 1961

Lancelot L. Farrar: The Short War Illusion. German Policy, Strategy, and Domestic Affairs August–December 1914, Oxford 1973

Luigi Federzoni: La Critica del nazionalismo alla guerra libica, Roma 1914

Prospère Fedozzi: La denonciation du traitè de la Triple Alliance. (L')Italie et la guerre actuelle, Florenz 1916

Fritz Fellner: Der Dreibund. Europäische Diplomatie vor dem Ersten Weltkrieg, Wien 1960

Fritz Fellner: Die Haltung Österreich-Ungarns während der Konferenz von Algeciras 1906, in: ders.: Vom Dreibund zum Völkerbund. Studien zur Geschichte der internationalen Beziehungen 1882–1919, München 1994, S. 92–106

Fritz Fellner: Die Mission Hoyos, in: ders.: Vom Dreibund zum Völkerbund, S. 112–141

Fritz Fellner: Vom Dreibund zum Völkerbund. Studien zur Geschichte der internationalen Beziehungen 1882–1919, München 1994

Fritz Fellner: siehe Josef Redlich

Niall Ferguson: Der falsche Krieg. Der Erste Weltkrieg und das 20. Jahrhundert, Stuttgart 1999.

Luigi Vittorio Ferraris: L'amministrazione centrale del Ministero degli Esteri italiano nel suo sviluppo storico (1848–1954), in: Rivista di Studi Politici Internazionali 21 (1954), S. 426–61

Fides (pseud.): P.S. Mancini. Extrait de la Revue International „Sixiéme année", Band 21, Roma 1889

Karl-Heinz Figl: Der österreichisch-italienische Gegensatz zur Zeit des Dreibundes und die Rolle der österreichischen Sozialdemokratie, Wien, Diplomarbeit 1990

Teobaldo Filesi: L'Italia e la conferenza di Berlino (1882–1885), Roma 1985
Friedrich Fischer: Die öffentliche Meinung in Baden während der italienischen Krise 1859 und in der anschließenden Diskussion um die Bundesreform bis 1861, Berlin 1979
Fritz Fischer: Griff nach der Weltmacht. Die Kriegszielpolitik des kaiserlichen Deutschland 1914–1918, Düsseldorf 1961
Fritz Fischer: Krieg der Illusionen. Die deutsche Politik 1911–1914, 2. Auflage, Düsseldorf 1969
Fritz Fischer: Theobald von Bethmann Hollweg, in: Wilhelm v.Sternburg (Hrsg.): Die deutschen Kanzler. Von Bismarck bis Kohl, Frankfurt a.M. 1994, S. 87–114
Stig Förster: Der deutsche Generalstab und die Illusion des kurzen Krieges, 1871–1914. Metakritik eines Mythos, in: Militärgeschichtliche Mitteilungen 54 (1995), S. 61–96
Stig Förster: Der doppelte Militarismus. Die deutsche Heeresrüstungspolitik zwischen Status-Quo-Sicherung und Aggression 1890–1913, Stuttgart 1985
Wolfgang Foerster: Aus der Gedankenwerkstatt des Deutschen Generalstabes, Berlin 1931
Wolfgang Foerster: Die deutsch-italienische Militärkonvention, in: Die Kriegsschuldfrage 5 (1927), S. 395–416
Ralf Forsbach: Alfred von Kiderlen-Wächter (1852–1912). Ein Diplomatenleben im Kaiserreich, 2 Bände, Göttingen 1997 (Schriftenreihe der Historischen Kommission bei der Bayerischen Akademie der Wissenschaften, Band 59)
Wilhelm Fraknoi: Kritische Studien zur Geschichte des Dreibundes 1882–1915, Budapest 1917
Gisela Framke: Im Kampf um Südtirol. Ettore Tolomei (1865–1952) und das „Archivio per l'Alto Adige", Tübingen 1987(Bibliothek des Deutschen Historischen Instituts in Rom, Band 67)
Alfred Frankenfeld: Österreichs Spiel mit dem Kriege. Das Verhängnis deutscher Nibelungentreue. Bosnische Krise (1908–1909) und Weltkriegsgruppierung, Dresden 1928
Günther Franz: Bismarcks Nationalgefühl, Leipzig/Berlin 1926
Rudolf Franz: Italiens Mittelmeerpolitik und die Dreibundkrise, Brixen 1912
Alfredo Frassati: Giolitti. Prefazione di Luigi Salvatorelli, Firenze 1959
Heinrich Friedjung: Das Zeitalter des Imperialismus 1884–1914, 3 Bände, Berlin 1919–1922
Heinrich Friedjung: Geschichte in Gesprächen. Aufzeichnungen 1898–1919. Hrsg. von Franz Adlgasser und Margret Friedrich, 2 Bände, Wien 1997 (Veröffentlichungen der Kommission für neuere Geschichte Österreichs, Band 88)
Silvio Furlani/Adam Wandruszka: Ein bilaterales Geschichtsbuch, Wien 1973

Guido Fusinato: P.S. Mancini, in: Annuario della R. Università di Torino, 1889/90, Torino 1890

Mariano Gabriele: Le Convenzioni Navali della Triplice, Roma 1969

Christel Gade: Gleichgewichtspolitik oder Bündnispflege? Maximen britischer Außenpolitik (1909–1914), Göttingen/Zürich 1997 (Veröffentlichungen des Deutschen Historischen Instituts London, Band 40)

Franco Gaeta: La crisi di fine secolo e l'età Giolittiana, Milano 1996

Lothar Gall: Bismarck. Der weiße Revolutionär, Frankfurt/Berlin/Wien 1980

Vincenzo Gallinari: La politica militare della Sinistra storica (1876–1887), in: Stato maggiore dell'Esercito/Ufficio Storico (Hrsg.): Memorie Storiche Militari 1979, Roma 1980, S. 69–93

Vincenzo Gallinari: Le riforme militari di Cesare Ricotti, in: Stato maggiore dell'Esercito/Ufficio Storico (Hrsg.): Memorie Storiche Militari 1978, Roma 1978, S. 11–33

Luigi Ganapini: Il nazionalismo cattolico: i cattolici e la politica estera in Italia dal 1871 al 1914, Bari 1970

Massimo Ganci: Da Crispi a Rudinì. La polemica regionalista (1894–1896), Palermo 1973

Massimo Ganci: Il caso Crispi, Palermo 1976

Maria Garbari: La storiografia sull'irredentismo apparsa in Italia dalla fine della Prima guerra mondiale ai nostri giorni, in: Studi Trentini di Scienze Storiche 58 (1979), S. 149–357

Klaus Gatterer: Erbfeindschaft Italien – Österreich, Wien/München/Zürich 1972

Klaus Gatterer: Unter seinem Galgen stand Österreich. Cesare Battisti, Wien 1967

Angelo Gatti: Un italiano a Versailles (dicembre 1917 – febbraio 1918), Milano 1958

Angelo Gatti: Uomini e folle di guerra, Milano 1921

Immanuel Geiss (Hrsg.): Der Berliner Kongreß 1878. Protokolle und Materialien, Boppard am Rhein 1978 (Schriften des Bundesarchivs, Band 27)

Immanuel Geiss: Die deutsche Politik gegenüber Serbien in der Julikrise 1914, in: Milan Bartos u.a. (Hrsg.) Les grandes Puissances et la Serbie a la vielle de la Premiere Guerre Mondiale, Belgrad 1976, S. 57–80

Germanicus (d.i. Stephan Neumann): Fürst Bülow und seine Zeit. Ein Nachruf und ein Mahnwort, Berlin 1909

Géza Andreas von Geyr: Sándor Wekerle 1848–1921. Die politische Biographie eines ungarischen Staatsmannes der Donaumonarchie, München 1993 (Südosteuropäische Arbeiten, Band 93)

Raffaella Gherardi/Nicola Matteucci (Hrsg.): Marco Minghetti – Statista e pensatore politico. Dalla realtà italiana alla dimensione europea, Bologna 1988

Alexander Giese: Die österreichischen Sozialdemokraten und der Dreibund, Wien 1948
Giovanni Giolitti: Memorie della mia vita. Con uno studio di Olindo Malagodi, 2 Bände, Milano 1922
Giovanni Giolitti: Denkwürdigkeiten meines Lebens, Stuttgart und Berlin 1923
Giovanni Giolitti: Quarant'anni di vita politica. Dalle carte di Giovanni Giolitti. Bd. I: L'Italia di fine secolo, 1885–1900, hrsg. von Piero D'Angiolini. Bd. II: Dieci anni al potere. 1901–1909, hrsg. von Giampiero Carocci. Bd. III: Dai prodromi della grande guerra al fascismo. 1910–1928, Milano 1962
Edmund von Glaise-Horstenau: Franz Josephs Weggefährte. Das Leben des Generalstabschefs Grafen Beck. Nach seinen Aufzeichnungen und hinterlassenen Dokumenten, Zürich/Leipzig-Wien 1930
Walter Görlitz (Hrsg.): Der Kaiser ... Aufzeichnungen des Chefs des Marinekabinetts Admiral Georg Alexander v. Müller über die Ära Wilhelms II., Göttingen/Berlin/Frankfurt/Zürich 1965
John Gooch: Army, State and Society in Italy, 1870–1915, London 1989
John Gooch: L'Italia contro la Francia: i piani di guerra difensivi ed offensivi 1870–1914, in: Stato maggiore dell'Esercito/Ufficio Storico (Hrsg.): Memorie Storiche Militari 1980, Roma 1981, S. 153–167
Wolfram W. Gottlieb: Studies in Secret Diplomacy during the First World War, London 1957
Karl v.Grabmayr: Erinnerungen eines Tiroler Politikers 1892–1920, hrsg. von R. Klebelsberg, Innsbruck 1955 (Schlern-Schriften, Band 135)
Helge Granfelt: Der Dreibund nach dem Sturze Bismarcks. England im Einverständnis mit dem Dreibund 1890–1896, Lund 1962
Helge Granfelt: Das Dreibundsystem 1878–1916. Eine historisch-völkerrechtliche Studie, Band 1: Vom Zweibund bis zum Sturze Bismarcks, Stockholm 1924
Fabio Grassi: Le origini dell'imperialismo italiano. Il „caso somalo" (1896–1915), Lecce 1980
Sir Edward Grey: Twenty-Five Years 1892–1916, 2 Bände, London 1925
Ugoberto Alfassia Grimaldi: Il re „buono", 5. Auflage, Milano 1980
Massimo Grillandi: Crispi, Torino 1969
Die Habsburgermonarchie – siehe Wandruszka/Urbanitsch (Hrsg.): Die Habsburgermonarchie 1848–1918
Charles Grove Haines, Italian Irredentism 1875–78, in: Journal of Modern History 9 (1937), S. 23–47
Willibald Gutsche: Aufstieg und Fall eines kaiserlichen Reichskanzlers. Theobald von Bethmann Hollweg 1856–1921, Berlin 1973
Paul G. Halpern: Anton Haus. Österreich-Ungarns Großadmiral, Graz 1998.
Paul G. Halpern: The Mediterranean Naval Situation 1908–1914, Cambridge, Massachusetts 1971

Brigitte Hamann, Hitlers Wien, Wien 1996
Brigitte Hamann (Hrsg.): Kronprinz Rudolf. Majestät, ich warne Sie... Geheime und private Schriften, Wien/München 1979
Elisabeth Hamann: Rudolf. Kronprinz und Rebell, Wien, München 1982
Ernst Hanisch: Der lange Schatten des Staates. Österreichische Gesellschaftsgeschichte im 20. Jahrhundert (Österreichische Geschichte 1890–1990, hrsg. von Herwig Wolfram), Wien 1994
Manfred Hank: Kanzler ohne Amt. Fürst Bismarck nach seiner Entlassung 1890–1898, München 1977 (tuduv-Studien, Reihe Kulturwissenschaften, Band 8)
Jules Hansen: Diplomatische Enthüllungen aus der Botschafterzeit des Barons von Mohrenheim (1884–1898), Leipzig/Oldenburg/Berlin o.J.
Hugo Hantsch: Leopold Graf Berchtold. Grandseigneur und Staatsmann, 2 Bände, Graz/Wien/Köln 1963
Hans-Ludwig Hartdegen: Die Vatikanische Frage und die Entstehung des Dreibundes 1881–1882, Bonn 1938
Ludo Moritz Hartmann: 100 Jahre italienischer Geschichte 1815–1915, München 1916
Ernst Christian Helmreich: The Diplomacy of the Balkan Wars 1912–1913, Cambridge/London 1938
David G. Herrmann: The Arming of Europe and the First World War, Princeton 1996
Wolfgang Herrmann: Dreibund, Zweibund, England 1890–1895, Stuttgart 1929 (Beiträge zur Geschichte der nachbismarckischen Zeit und des Weltkriegs, Heft 6)
Susanne Herrnleben: Zur Funktion des Kulturkampfes in der europäischen Politik. Die Beziehungen zwischen Österreich-Ungarn, Italien und dem Deutschen Reich 1870–1879, Wien 1988
Peter Hertner: Deutsches Kapital im italienischen Bankensektor und die deutsch-italienischen Finanzbeziehungen in der zweiten Hälfte des 19. Jahrhunderts, in: Bankhistorisches Archiv 3/2 (1977), S. 1–29
Peter Hertner: Die Deutsche Bank in Italien und ihre Beziehungen zum italienischen Kapitalmarkt bis zum Ausbruch des Ersten Weltkrieges, in: Beiträge zu Wirtschafts- und Währungsfragen und zur Bankgeschichte 21 (Mainz 1986), S. 35–77
Peter Hertner: Il capitale tedesco in Italia dall'Unità alla prima guerra mondiale. Banche miste e sviluppo economico italiano, Bologna 1984
Peter Hertner: Il capitale straniero in Italia (1883–1914), in: Studi Storici 22 (1981), S. 767–795
Holger H. Herwig: Disjointed Allies: Coalition Warfare in Berlin and Vienna, 1914, in: Journal of Military History 54 (1990), S. 265–280
Robert L. Hess: Italian colonialism in Somalia, Chicago/London 1966

Klaus Hildebrand: Bethmann Hollweg. Der Kanzler ohne Eigenschaften? Urteile der Geschichtsschreibung, Düsseldorf 1970

Klaus Hildebrand: Das vergangene Reich. Deutsche Außenpolitik von Bismarck bis Hitler 1871–1945, Stuttgart 1995

Klaus Hildebrand/Reiner Pommerin (Hrsg.): Deutsche Frage und europäisches Gleichgewicht. Festschrift für Andreas Hillgruber zum 60. Geburtstag, Köln/Wien 1985

Klaus Hildebrand: Geschichte oder „Gesellschaftsgeschichte"? Die Notwendigkeit einer Politischen Geschichtsschreibung von den internationalen Beziehungen, in: Historische Zeitschrift 223 (1976), S. 328–357

Klaus Hildebrand: Reich – Großmacht – Nation. Betrachtungen zur Geschichte der deutschen Außenpolitik 1871–1945, in: Historische Zeitschrift 259 (1994), S. 369–389

Klaus Hildebrand: „System der Aushilfen?" Chancen und Grenzen deutscher Außenpolitik im Zeitalter Bismarcks, in: Gregor Schöllgen (Hg.): Flucht in den Krieg? Die Außenpolitik des kaiserlichen Deutschland, Darmstadt 1991, S. 108–131

Friedrich Frh. Hiller von Gaertringen: Fürst Bülows Denkwürdigkeiten. Untersuchungen zu ihrer Entstehungsgeschihcte und ihrer Kritik, Tübingen 1956

Andreas Hillgruber: Bismarcks Außenpolitik, Freiburg 1972

Andreas Hillgruber: Die Diskussion über den „Primat der Außenpolitik" und die Geschichte der internationalen Beziehungen in der westdeutschen Geschichtsschreibung seit 1945, in: Ders.: Die Zerstörung Europas. Beiträge zur Weltkriegsepoche 1914–1945, Frankfurt/Berlin 1988, S. 32–47

Andreas Hillgruber: Methodologie und Theorie der Geschichte der Internationalen Beziehungen, in: Geschichte in Wissenschaft und Unterricht 27 (1976), S. 193–210

Waltraud Hirsch: Felix Graf Wimpffen (1827–1882). Ein österreichischer Diplomat der Franzisco-Josephinischen Epoche, Dissertation Wien 1969

Lothar Höbelt: Österreich-Ungarn und Italien in der Ära Crispi. In: Società Siciliana per la Storia Patria (Hg.): La Politica Italiana ed Europea di Francesco Crispi, Palermo 1987, S. 143–163

Lothar Höbelt: Schlieffen, Beck, Potiorek und das Ende der gemeinsamen deutsch-österreichisch-ungarischen Aufmarschpläne im Osten, in: Militärgeschichtliche Mitteilungen 36 (1984), S. 7–30

Lothar Höbelt: Kornblume und Kaiseradler: Die deutsch-freiheitlichen Parteien Altösterreichs, Wien 1993

Erwin Hölzle: Die Selbstentmachtung Europas, Das Experiment des Friedens vor und im Ersten Weltkrieg, Göttingen 1975

Rudolf Hoernigh: Italien zwischen Frankreich und dem Dreibund. Die politischen Beziehungen zwischen Deutschland und Italien 1890–1906, Dissertation Leipzig 1931

Gerd Holler: Franz Ferdinand von Österreich-Este, Wien/Heidelberg 1982
Ludovit Holotík (Hrsg.): Der österreichisch-ungarische Auggleich 1867. Materialien (Referate und Diskussion) der internationalen Konferenz in Bratislava 28.8.–1.9.1967, Bratislava 1971
Friedrich von Holstein: Lebensbekenntnis in Briefen an eine Frau. Eingeleitet und herausgegeben von Helmut Rogge, Berlin 1932
Holstein, Geheime Papiere – siehe Norman Rich
Isabel Hull: „Persönliches Regiment", in: John C.G. Röhl: Der Ort Kaiser Wilhelms II. in der deutschen Geschichte, München 1991, S. 3–23
William D. Irvine: The Boulanger Affair Reconsidered. Royalism, Boulangism, and the Origins of the Radical Right in France, New York/Oxford 1989
Italicus (d.i. Ernst Berger): Italiens Dreibundpolitik 1870–1896, München 1928
Ernst Jäckh (Hrsg.): Kiderlen-Wächter. Der Staatsmann und Mensch. Briefwechsel und Nachlaß, 2 Bände, Berlin/Leipzig 1924
Peter Jakobs: Das Werden des französisch-russischen Zweibundes 1890–1894, Wiesbaden 1968
Nikolaas Japikse: Europa und Bismarcks Friedenspolitik. Die internationalen Beziehungen von 1871–1890, Berlin 1927
Konrad H. Jarausch: The Enigmatic Chancellor. Bethmann Hollweg and the Hybris of Imperial Germany, New Haven/London 1973
Arturo C. Jemolo: Chiesa e Stato in Italia negli ultimi cento anni, 5. Auflage, Turin 1963
Charlotte Jenny: Kakanische Mythologien und Italien, Diplomarbeit Wien 1991
William Jenks: Franz Joseph and the Italians 1849–1859, Charlottesville 1978
James Joll: Die Ursprünge des Ersten Weltkrieges, München 1988
Robert A. Kann: Erzherzog Franz Ferdinand Studien, München 1976 (Veröffentlichungen des österreichischen Ost- und Südosteuropa-Instituts, Band 10)
Robert A. Kann: Die Italienpolitik des Thronfolgers Erzherzog Franz Ferdinand, in: Mitteilungen des österreichischen Staatsarchivs 31 (1978), S. 361–371
Robert A: Kann: Kaiser Franz Joseph und der Ausbruch des Weltkrieges. Eine Betrachtung über den Quellenwert der Aufzeichnungen von Dr. Heinrich Kanner, Wien 1971
Heinrich Kanner: Kaiserliche Katastrophenpolitik. Ein Stück zeitgenössischer Geschichte, Zürich 1922
Eckard Kehr: Schlachtflottenbau und Parteipolitik 1894–1901, Berlin 1930
Rudolf Kellen?: Dreibund und Dreiverband. Die diplomatische Geschichte des Weltkriegs, München/Leipzig 1921
George F. Kennan: Bismarcks europäisches System in der Auflösung. Die französisch-russische Annäherung 1875–1890, Berlin 1981

George F. Kennan: Die schicksalhafte Allianz. Frankreich und Rußland am Vorabend des Ersten Weltkrieges, Köln 1990

Paul M. Kennedy: Aufstieg und Fall der großen Mächte. Ökonomischer Wandel und militärischer Konflikt von 1500 bis 2000, Frankfurt am Main 1989

Paul Kennedy, Reflections on Wilhelm II's place in the making of German foreign policy', in: John C.G. Röhl/Nicolaus Sombart (Ed.): Kaiser Wilhelm II. New Interpretations, London/New York 1982, S. 157–164

Paul Kennedy: The Rise of the Anglo-German Antagonism 1860–1914, London 1980

Paul M. Kennedy (Hrsg.): The War Plans of the Great Powers 1880–1914, Boston 1985

Eberhard Kessel: Moltke, Stuttgart 1957

Erich Graf Kielmansegg: Kaiserhaus, Staatsmänner und Politiker, Wien 1966

Rudolf Kiszling: die militärischen Beziehungen und Bindungen zwischen Oesterreich-Ungarn und dem Deutschen Reiche vor dem Weltkriege, in: Die Kriegsschuldfrage 4 (1926), S. 820–835

Rudolf Kiszling: Die militärischen Vereinbarungen Österreich-Ungarns 1867–1914, in: Österreich in Geschichte und Literatur 10 (1966), S. 427–435

Rudolf Kjellen: Dreibund und Dreiverband. Die diplomatische Vorgeschichte des Weltkriegs, München/Leipzig 1921

Fritz Klein (Hrsg.): Österreich-Ungarn in der Weltpolitik 1900 bis 1918, Berlin (Ost) 1965

Hannsjoachim W. Koch: The Anglo-German Alliance Negotiations: Missed Opportunity or Myth!, in: History 54 (1969), S. 378–392

Joachim v.Königslöw: Ferdinand von Bulgarien (Vom Beginn der Thronkandidatur bis zur Anerkennung durch die Großmächte 1886 bis 1896), München 1970 (Südosteuropäische Arbeiten, Band 69)

Helmut Konrad: Nationalismus und Internationalismus. Die österreichische Arbeiterbewegung vor dem Ersten Weltkrieg, Wien u.a. 1976

Franz-Joseph Kos: Peripherie – Zentrum, in: Quellen und Forschungen aus italienischen Archiven und Bibliotheken 68 (1988), S. 339–443

Franz-Josef Kos: Der Faktor Österreich in den Beziehungen des Deutschen Reiches zu Italien 1871–1945, in: Jost Dülffer u.a. (Hrsg.): Deutschland in Europa – Kontinuität und Bruch; Gedenkschrift für Andreas Hillgruber, Frankfurt/Berlin 1990, S. 154–174

Franz-Josef Kos: Die politischen und wirtschaftlichen Interessen Österreich-Ungarns und Deutschlands in Südosteuropa 1912/13. Die Adriahafen-, die Saloniki- und die Kavallafrage, Wien/Köln/Weimar 1996 (Zur Kunde Südosteuropas, Band 2/20)

Helmut Krausnick: Holsteins Geheimpolitik in der Ära Bismarck 1886–1890, Hamburg 1942

Martin Kröger: „Le baton égyptien" — Der ägyptische Knüppel. Die Rolle der

„ägyptischen Frage" in der deutschen Außenpolitik von 1875/76 bis zur „Entente Cordiale", Frankfurt a.M. 1991 (Europäische Hochschulschriften, Band III/470)

Günther Kronenbitter: Bundesgenossen? Zur militärpolitischen Kooperation zwischen Berlin und Wien 1912 bis 1914, in: Walther L. Bernecker und Volker Dotterweich: Deutschland in den internationalen Beziehungen des 19. und 20. Jahrhunderts. Festschrift für Josef Becker zum 65. Geburtstag, München 1996, S. 143–168

Günther Kronenbitter: „Nur los lassen". Österreich-Ungarn und der Wille zum Krieg, in: Johannes Burkhardt u.a.: Lange und kurze Wege in den Ersten Weltkrieg, München 1996 (Schriften der Philosophischen Fakultäten der Universität Augsburg, Band 49), S. 159–187

Gerd Krumeich: Aufrüstung und Innenpolitik in Frankreich vor dem Ersten Weltkrieg. Die Einführung der dreijährigen Dienstpflicht 1913–1914, Wiesbaden 1980

Gerd Krumeich: „Einkreisung": Zur Entstehung und Bedeutung eines politischen Schlagwortes, in: Sprache und Literatur in Wissenschaft und Unterricht 20 (1989), S. 99–104

Nicola Labanca: In marcia verso Adua, Torino 1993 (Biblioteca di cultura storica, Band 197)

Rainer Lahme: Deutsche Außenpolitik 1890–1894. Von der Gleichgewichtspolitik Bismarcks zur Allianzstrategie Caprivis, Göttingen 1990

Jürgen Lampe u.a. (Hrsg.): Diesem System keinen Mann und keinen Groschen. Militärpolitik der revolutionären deutschen Arbeiterbewegung 1830–1917, Berlin 1990

William L. Langer: European Alliances and Alignments 1871–1890, 2. Auflage, New York 1964

William L. Langer: The Diplomacy of Imperialism 1890–1902, 2 Bände, New York 1935

Hartmut Lehmann: Das Nationalitätenproblem in Österreich-Ungarn 1848–1918, Göttingen 1973

Eugen Lemberg: Nationalismus, Hamburg 1964

Hugo Graf Lerchenfeld-Köfering: Kaiser Wilhelm II. als Persönlichkeit und Herrscher, Hrsg. von Dieter Albrecht u.a., Kallmünz 1985

Katharine Anne Lerman: The Cancellor as Courtier. Bernhard von Bülow and the Governance of Germany 1900–1909, Cambridge 1990

John Leslie: The Antecedents of Austria-Hungary's War Aims, in: Wiener Beiträge zur Geschichte der Neuzeit 20 (1993), S. 307–394

Rudolf Lill: Die Vorgeschichte der preußisch-italienischen Allianz (1866), in: Quellen und Forschungen aus italienischen Archiven und Bibliotheken 42/43 (1963), S. 505–570

Rudolf Lill: Beobachtungen zur preußisch-italienischen Allianz, in: Quellen

und Forschungen aus italienischen Archiven und Bibliotheken 44 (1964), S. 464–527
Rudolf Lill: Die italienisch-deutschen Beziehungen 1869–1876, in: Quellen und Forschungen aus italienischen Archiven und Bibliotheken 46 (1966), S. 395–450
L. Lodi: Venticinque anni di vita parlamentare, Firenze 1923
Albrecht Lösener: Grundzüge von Bismarcks Staatsauffassung, Bonn 1962 (Schriften zur Rechtslehre und Politik, Band 39)
Salvatore Loi: L'irredentismo all'inizio del secolo in atti di Archivi ufficiali e privati, in: Stato maggiore dell'Esercito/Ufficio Storico (Hrsg.): Memorie Storiche Militari 1979, Roma 1980, S. 317–349
Cedric J. Lowe/Frank Marzari: Italian Foreign Policy 1870–1940, London/Boston 1975
Emil Ludwig: Wilhelm der Zweite. Frankfurt a.M. 1968
Heinrich Graf v. Lützow: Im diplomatischen Dienst der k.u.k.-Monarchie, hg. von Peter Hohenbalken, München 1971
Jean Lulvas: Bismarck und die Römische Frage, Kampten 1929
Heinrich Lutz/Helmut Rumpler (Hrsg.): Österreich und die deutsche Frage im 19. und 20. Jahrhundert. Probleme der politisch-staatlichen und soziokulturellen Differenzierung im deutschen Mitteleuropa, München 1982
Heinrich Lutz: Österreich-Ungarn und die Gründung des Deutschen Reiches. Europäische Entscheidungen 1867–1871, Frankfurt a.M. u.a. 1979
Hermann Lutz: Moltke und der Präventivkrieg, in: Die Kriegsschuldfrage 5 (1927), S. 1107–1120
Luigi Luzzatti: Memorie autobiografiche e carteggi, 2 Bde, Bologna 1931–36
Karl v. Macchio: Wahrheit. Fürst Bülow und ich in Rom 1914/15, Wien 1931
Denis Mack Smith: I Savoia Re d'Italia, Milano 1993
Denis Mack Smith: Mussolini, London u.a. 1983
Denis Mack Smith: Mussolini's Roman Empire, London/New York 1976
Francesco Malgeri: La guerra Libica (1911–1912), Roma 1970
Paolo Maltese: La terra promessa. La guerra italo-turca e la conquista della Libia 1911–1912, Milano 1976
Gregory Martin: German and French Perceptions of the French North and West African Contingents, 1910–1918, in: Militärgeschichtliche Mitteilungen, 56 (1997), S. 31–68.
Ferdinando Martini: Diario 1914–1918, hrsg. von Gabriele De Rosa, Verona 1966
Renato de Marzi: Oberdank il Terrorista, San Martino 1978
Robert K. Massie: Die Schalen des Zorns. Großbritannien, Deutschland und das Heraufziehen des Ersten Weltkrieges, Frankfurt 1993
Erwin Matsch: Der Auswärtige Dienst von Österreich(-Ungarn) 1720–1920, Wien/Köln/Graz 1986

Erwin Matsch: November 1918 auf dem Ballhausplatz. Erinnerungen Ludwigs Freiherrn von Flotow des letzten Chefs des Österreichisch-Ungarischen Auswärtigen Dienstes 1895–1920, Wien/Köln/Graz 1982
Erwin Matsch: Wien–Washington. Ein Journal diplomatischer Beziehungen 1838–1917, Wien/Köln 1990
Michael Mayr: Der italienische Irredentismus. Sein Entstehen und seine Entwicklung vornehmlich in Tirol, 2. Aufl., Innsbruck 1917
Massimo Mazzetti: L'esercito italiano nella triplice Alleanza, Napoli 1974
Massimo Mazzetti: L'Italia e le convenzioni militari segrete della Triplice Alleanza, in: Storia Contemporanea (1970), S. 395–419
Massimo Mazzetti: Note all'interpretazione interventista della grande guerra, in: Stato maggiore dell'Esercito/Ufficio Storico (Hrsg.): Memorie Storiche Militari 1979, Roma 1980, S. 95–125
Massimo Mazzetti: I Piani di guerra contro l' Austria dal 1866 alla prima guerra mondiale, in: Ufficio Storico dello Stato Maggiore dell'Esercito (Hrsg.): L'esercito italiano dall'unità alla grande guerra (1861–1918), Roma 1980, S. 159–182
Friedrich Meinecke: Die Idee der Staatsräson in der neueren Geschichte. Hrsg von Walther Hofer, 3. Auflage, München 1963
Friedrich Meinecke: Geschichte des deutsch-englischen Bündnisproblems 1890–1901, München/Berlin 1927
Hans-Otto Meisner: Briefwechsel zwischen dem Chef des Generalstabes Grafen Waldersee und dem Militärattaché in Petersburg Grafen Yorck von Wartenburg, 1885–1894, in: Historisch-Politisches Archiv zur deutschen Geschichte des 19. und 20. Jahrhunderts, hrsg. von Ludwig Dehio, 1. Band, Leipzig 1930, S. 133–192
Piero Melograni: Storia Politica della Grande Guerra 1915–1918, Bari 1969
Thomas Meyer: Endlich eine Tat, eine befreiende Tat... Alfred von Kiderlen-Wächters „Panthersprung nach Agadir" unter dem Druck der öffentlichen Meinung, Husum 1996 (Historische Studien, Band 448)
Robert Michels: Italien von heute. Politische und wirtschaftliche Kulturgeschichte von 1860–1930, Zürich 1930 (Der Aufbau moderner Staaten, Band 5)
Ministero della Guerra bzw dela Difesa: L'Esercito Italiano nella Grande Guerra (1915–1918), Vol. 1–37, Roma 1927–1988
Alessandro Migliazza/Enrico Decleva (Hrsg.): Diplomazia e storia delle relazioni internazionali, Milano 1991
Allan R. Millett/Williamson Murray (Hrsg.): Military Effectiveness. Band 1: The First World War, Boston 1988
Ministero degli Affari Esteri (Hrsg.): Collana Testi diplomatici: Alberto Blanc, Roma, s.d.
Fortunato Minniti: Il ruolo dei militari nella politica nazionale (1887–1914), in:

Stato Maggiore dell'Esercito/Ufficio Storico (Hrsg.): Memorie Storiche Militari 1982, Roma 1983, S. 189–205
Fortunato Minniti: Politica militare e politica estera nella Triplice Alleanza. Dietro le trattative del 1882, in: Stato maggiore dell'Esercito/Ufficio Storico (Hrsg.): Memorie Storiche Militari 1981, Roma 1982, S. 117–187
Pierre Milza: Mentalités collectives et relations internationales, in: Relations internationales 41 (1985), S. 93–109
Hermann Möcker: Die Haltung Italiens von der Neutrlitätserklärung bis zur Intervention (August 1914 bis Mai 1915), Diplomarbeit Wien 1962
Aldo A. Mola: L'imperialismo italiano. La politica estera dall'unità al fascismo, Roma 1980
Annika Mombauer: Helmut von Moltke and the Origins of the First World War, Cambridge 2001
Hans Mommsen: Die Sozialdemokratie und die Nationalitätenfrage im habsburgischen Vielvölkerstaat, Band 1: Das Ringen um die supranationale Integration der zisleithanischen Arbeiterbewegung (1867–1907), Wien 1963
Wolfgang J. Mommsen: Das Zeitalter des Imperialismus, Frankfurt a.M 1969
Wolfgang J. Mommsen: Der Topos vom unvermeidlichen Krieg: Außenpolitik und öffentliche Meinung im Deutschen Reich im letzten Jahrzehnt vor 1914, in: ders: Der autoritäre Nationalstaat, S. 380–406
Wolfgang J. Mommsen: Der autoritäre Nationalstaat. Verfassung, Gesellschaft und Kultur des deutschen Kaiserreiches, Frankfurt a.M 1990
Wolfgang J. Mommsen: Großmachtstellung und Weltpolitik 1870–1914. Die Außenpolitik des Deutschen Reiches, Frankfurt a.M./Berlin 1993
Wolfgang J. Mommsen, Österreich-Ungarn aus der Sicht des deutschen Kaiserreiches, in: ders.: Der autoritäre Nationalstaat, S. 214–233
Maria Assunta Monaco: L'idea di nazione in Giuseppe Mazzini e in P.S. Mancini, Roma 1967
George Monger: Ursachen und Entstehung der englisch-französisch-russischen Entente 1900–1907, Darmstadt 1972
Ernesto Montagnari: La scarpa tedesca e il nuovo pericolo d'Italia, Treviso o.D., (1915?)
Alberto Monticone: Deutschland und die Neutralität Italiens 1914–1915, Wiesbaden 1982 (gegenüber der italienischen Originalfassung leicht gekürzt)
Alberto Monticone: La Germania e la neutralitá italiana, 1914–1915, Bologna 1971
Monts siehe Nowak
Carlo Morandi: La Politica Estera dell'Italia. Da Porta Pia all'Età Giolittiana. Mit einem Vorwort von Giovanni Spadolini, Firenze 1968
Emilia Morelli: L'Inghilterra di Mazzini, Roma 1965
Emilia Morelli: Tre profili: Benedetto XIV – P.S. Mancini – Pietro Roselli, Roma 1955 (Quaderni del Risorgimento 9)

Renato Mori: La politica estera di Francesco Crispi (1887–1891), Roma 1973
Ruggero Moscati: I ministri del Regno d'Italia, Band 5, Napoli 1966
Harald Müller: Zu den Anfängen der militärischen Absprachen zwischen Deutschland und Österreich-Ungarn im Jahre 1882, in: Zeitschrift für Militärgeschichte 7 (1968), S. 206–215
Sigmund Münz: Aus Quirinal und Vatikan. Studien und Skizzen, Berlin 1891
Sigmund Münz: Römische Reminiscenzen und Profile, Berlin 1900
Alexander von Musulin: Das Haus am Ballplatz. Erinnerungen eines österreich-ungarischen Diplomaten, München 1924
Die nationale Frage in der Österreichisch-Ungarischen Monarchie 1900–1918, redigiert von Péter Hanák, Budapest 1966
Heinrich Neu: Die revolutionäre Bewegung auf der deutschen Flotte 1917–1918, Stuttgart 1930 (Beiträge zur Geschichte der nachbismarckischen Zeit und des Weltkriegs, Heft 10)
Hanspeter Neuhold (Hrsg.): The Pentagonal-Hexagonal Experiment. New Forms of Cooperation in a Changing Europe, Wien 1991 (Laxenburg Papers, Band 10)
Harold Nicolson: Die Verschwörung der Diplomaten. Aus Sir Arthur Nicolsons Leben 1849–1928, Frankfurt a.M. 1930
Ursula Niederkofler: Die italienische und die österreichische Frauenwahlrechtsbewegung. Ein Vergleich. Diplomarbeit, Wien 1989
Momčilo Ninčić: La crise bosniaque 1908–1909 et les Puissances européennes, 2 Bände, Paris 1937
Thomas Nipperdey: Deutsche Geschichte 1866–1918. 2. Band: Machtstaat vor der Demokratie, München 1992
Thomas Nipperdey: War die wilhelminische Gesellschaft eine Untertanen-Gesellschaft? In: Klaus Hildebrand/Reiner Pommerin (Hrsg.): Deutsche Frage und europäisches Gleichgewicht. Festschrift für Andreas Hillgruber zum 60. Geburtstag, Köln/Wien 1985, S. 67–82
Ulrich Noack: Bismarcks Friedenspolitik und das Problem des deutschen Machtverfalls, Leipzig 1928
Boris Nolde: L'Alliance Franco-Russe. Les origines du systeme diplomatique d'avant-guerre, Paris 1936
Karl Friedrich Nowak /Friedrich Thimme (Hrsg.): Erinnerungen und Gedanken des Botschafters Anton Graf Monts, Berlin 1932
Österreich-Ungarns Aussenpolitik von der Bosnischen Krise 1908 bis zum Kriegsausbruch 1914, siehe unter Quelleneditionen
Die österreichische Aktion. Programmatische Studien, Wien 1927
Emily Oncken: Panthersprung nach Agadir. Die deutsche Politik während der Zweiten Marokkokrise 1911, Düsseldorf 1981
Hermann Oncken: Das Deutsche Reich und die Vorgeschichte des Weltkrieges, 2 Bände, Leipzig 1933

Alfred Opitz: Zeitenwende im Donauraum. Von der Doppelmonarchie zu den Nachfolgestaaten, Graz/Wien/Köln 1983

Gertrud Oswald: Die Beziehungen zwischen Österreich und Italien in den Jahren von 1859–1861 im Spiegel der „Presse" und des „Figaro", Dissertation Wien 1990

Helmut Otto: Der Bestand Kriegsgeschichtliche Forschungsanstalt des Heeres im Bundesarchiv, Militärisches Zwischenarchiv Potsdam, in: Militärgeschichtliche Mitteilungen 51 (1992), S. 429–441

Helmut Otto: Zum strategisch-operativen Zusammenwirken des deutschen und österreichisch-ungarischen Generalstabes bei der Vorbereitung des ersten Weltkrieges, in: Zeitschrift für Militärgeschichte 2 (1963), S. 423–440

Alan Palmer: Bismarck. Eine Biographie, Düsseldorf 1976

Michael Palumbo: Italian-Austro-Hungarian Military Relations before World War I, in: Samuel R. Williamson, Jr./Peter Pastor (Hrsg.): Essays on World War I: Orignis and Prisoners of War, New York 1983, S. 37–53

Isabel Friederike Pantenburg: Im Schatten des Zweibundes. Probleme österreichisch-ungarischer Bündnispolitik 1897–1908, Wien 1996 (Veröffentlichungen der Kommission für Neuere Geschichte Österreichs, Band 86)

Hans Jürgen Pantenius: Der Angriffsgedanke gegen Italien bei Conrad von Hötzendorf. Ein Beitrag zur Koalitionskriegsführung im Ersten Weltkrieg, 2 Bände, Köln/Wien 1984

Il Parlamento Italiano. Band 5: La sinistra al potere. 1877–1888; Band 6.: Crispi e la crisi di fine secolo. Da Crispi a Zanardelli, 1888–1901; Band 7: L'etá di Giolitti. Da Zanardelli a Giolitti, 1901–1908; Band 8: Da Giolitti a Salandra. La Libia e l'interventismo, 1909–1914; Band 9. Guerra e Dopoguerra. Da Salandra a Nitti, 1915–1919, Milano 1989 ff.

Frederick V. Parsons: The Origins of the Morocco Question 1880–1900, London 1976

Kurt Peball/Gunther Rothenberg: Der Fall „U". Die geplante Besetzung Ungarns durch die k.u.k. Armee im Herbst 1905, in: Schriften des Heeresgeschichtlichen Museums in Wien 4 (1969), S. 85–126

Johannes Penzler (Hrsg.): Fürst Bülows Reden, Band 1, Berlin 1907

Jens Petersen: Die Arbeit des DHI Rom im Bereich der Neuesten Geschichte, in: Reinhard Elze/Arnold Esch (Hrsg.): Das Deutsche Historische Institut in Rom 1888–1988, Tübingen 1990

Jens Petersen: Die Außenpolitik Italiens von der Staatsgründung bis zur Gegenwart (1861–1990), in: Neue Politische Literatur 38 (1993), S. 73–80

Jens Petersen: Risorgimento und italienischer Einheitsstaat im Urteil Deutschlands nach 1860, in: Historische Zeitschrift 234 (1982), S. 63–99

Marta Petricioli: L'Italia in Asia Minore. Equilibrio mediterraneo e ambizioni imperialiste alla vigilia della prima guerra mondiale, Firenze 1987

Rinaldo Petrignani: Neutralità e Alleanza. Le scelte di politica estera dell' Italia dopo l'Unità, Bologna 1987
Otto Pflanze: Bismarck and the Development of Germany, The Period of Unification 1815–1871, Princeton 1963
Otto Pflanze: Bismarcks Herrschaftstechnik als Problem der gegenwärtigen Historiographie, in: Historische Zeitschrift 234 (1982), S. 561–599
Igino Pinci: Francesco Crispi e la campagna d'Africa, Rom 1931
Hans Plehn: Bismarcks auswärtige Politik nach der Reichsgründung, München/Berlin 1920
Gian Luca Podestà: Sviluppo Industriale e Colonialismo. Gli investimenti Italiani in Africa Orientale 1869–1897, Milano 1996
Raymond Poidevin/Jacques Bariéty: Frankreich und Deutschland. Die Geschichte ihrer Beziehungen 1815–1975, München 1982
Raymond Poincaré: Au service de la France. Neuf années de souvenirs, 10 Bände, Paris 1926–1933
Alberto Pollera: La battaglia di Adua, Firenze 1928
Hugo Preller: Salisbury und die türkische Frage im Jahre 1895, Stuttgart 1930 (Beiträge zur Geschichte der nachbismarckischen Zeit und des Weltkriegs, Heft 9)
Lauri A. Puntila: Bismarcks Frankreichpolitik, Göttingen/ Frankfurt a.M/ Zürich 1971
Nello Quilici: Fine di secolo. Banca Romana, Milano 1935
Ernesto Ragionieri: Italia Giudicata, 1861–1945, ovvero la storia degli italiani scritti dagli altri, Bari 1969
Romain Rainero: L'Anticolonialismo italiano da Assab ad Adua, (1869–1896), Milano 1971
Manfried Rauchensteiner: Der Tod des Doppeladlers. Österreich-Ungarn und der Erste Weltkrieg, Graz/Wien/Köln 1993
Heiner Raulff: Zwischen Machtpolitik und Imperialismus. Die deutsche Frankreichpolitik 1904–1906, Düsseldorf 1976
Walter Rauscher: Zwischen Berlin und St. Petersburg. Die österreichisch-ungarische Außenpolitik unter Gustav Graf Kálnoky 1881–1895, Wien/Köln/Weimar 1993
Ludwig Raschdau: Unter Bismarck und Caprivi. Erinnerungen eines deutschen Diplomaten aus den Jahren 1885–1894, 2. Auflage, Berlin 1939
Josef Redlich: Kaiser Franz Joseph von Österreich. Eine Biographie, Berlin 1928
Josef Redlich: Schicksalsjahre Österreichs 1908–1919. Das politische Tagebuch Josef Redlichs, 1. Band: 1908–1914, Graz/Köln 1953; 2. Band: 1915–1919, hrsg. von Fritz Fellner, Graz/Köln 1953/1954 (Veröffentlichungen der Kommission für neuere Geschichte Österreichs, Band 39 und 40)
Le relazioni tra l'Italia e l'Austria, in: Il veltro. Rivista della Civiltà italiana 21 (1977), S. 457–896

Joachim Remak: 1914 — The Third Balkan War: Origins Reconsidered, in: Journal of Modern History 43 (1971), S. 353–366.

William A. Renzi: In the Stadow of the Sword. Italy's Neutrality and Entrance into the Great War, New York u.a. 1987

Luca Riccardi: Alleati non amici. Le relazioni politiche tra l'Italia e l'Intesa nella prima guerra mondiale, Brescia 1992

Norman Rich/M.H.Fisher (Hrsg.); Deutsche Ausgabe von Werner Frauendienst: Die geheimen Papiere Friedrich von Holsteins. Band I: Erinnerungen und politische Dokumente, Göttingen/Berlin/Frankfurt 1956; Band II: Tagebuchblätter, Göttingen/Berlin/Frankfurt 1957; Band III: Briefwechsel 30.1.1861–28.12.1896, Göttingen/Berlin/Frankfurt 1961; Band IV: Briefwechsel 10.1.1897–8.5.1909, Göttingen/Berlin/Frankfurt 1963

Norman Rich: Friedrich von Holstein. Politics and Diplomacy in the Era of Bismarck and Wilhelm II., 2 Bände, Cambridge 1965

Jan Stefan Richter: Die Orientreise Kaiser Wilhelms II. 1898. Eine Studie zur deutschen Außenpolitik an der Wende zum 20. Jahrhundert, Hamburg 1997 (Studien zur Geschichtsforschung der Neuzeit, Band 9)

Axel Riehl: Der „Tanz um den Äquator". Bismarcks antienglische Kolonialpolitik und die Erwartung des Thronwechsels in Deutschland 1883–1885, Berlin 1993

Kurt Riezler: Tagebücher, Aufsätze, Dokumente. Eingeleitet und hrsg. von Karl Dietrich Erdmann, Göttingen 1972 (Deutsche Geschichtsquellen des 19. und 20. Jahrhunderts, Band 48)

Gerhard Ritter: Die Legende der verschmähten englischen Freundschaft 1898/1901, Freiburg 1929

Gerhard Ritter: Die Zusammenarbeit der Generalstäbe Deutschlands und Österreich-Ungarns vor dem ersten Weltkrieg, in: Zur Geschichte und Problematik der Demokratie, Festgabe für Hans Herzfeld, Berlin 1958, S. 521–549

Gerhard Ritter: Staatskunst und Kriegshandwerk. Das Problem des „Militarismus" in Deutschland, Band 1–4, München 1954–1968

William Roberts: Modern Italian History. An Annotated Bibliography, New York/Westport/London 1990

Gianni Rocca: Cadorna, 2. Auflage, Milano 1985

Giorgio Rochat: Il colonialismo Italiano, 2. Auflage, Turin 1988

Giorgio Rochat: La preparazione dell'esercito italiano nell'inverno 1914–15, in: Il Risorgimento, XIII, 1961, S. 10–32

John C.G. Röhl: Der Ort Kaiser Wilhelms II. in der deutschen Geschichte, München 1991 (Schriften des Historischen Kollegs, Band 17)

John C.G.Röhl: Deutschland ohne Bismarck. Die Regierungskrise im Zweiten Kaiserreich 1890–1900, Tübingen 1969

John Röhl: Kaiser, Hof und Staat. Wilhelm II. und die deutsche Politik, 3. Auflage, München 1988

John Röhl: Kaiser Wilhelm II. Eine Studie über Cäsarenwahnsinn, München 1989 (Schriften des Historischen Kollegs, Vorträge 19)
John C.G.Röhl/Nicolaus Sombart (Hrsg.): Kaiser Wilhelm II. New Interpretations. The Corfu Papers, Cambridge 1982
John C.G. Röhl: Wilhelm II. Die Jugend des Kaisers 1859–1888, München 1993
John C.G. Röhl: Wilhelm II. Der Aufbau der persönlichen Monarchie 1888–1900, München 2001
Helmuth Rogge: Holstein und Hohenlohe. Neue Beiträge zu Friedrich von Holsteins Tätigkeit als Mitarbeiter Bismarcks und als Ratgeber Hohenlohes. Nach Briefen und Aufzeichnungen aus dem Nachlaß des Fürsten Chlodwig zu Hohenlohe-Schilligsfürst 1874–1894, Stuttgart 1957
Thomas Rohkrämer: Der Militarismus der „kleinen Leute". Die Kriegervereine im Deutschen Kaiserreich, 1871–1914, München 1990 (Beiträge zur Militärgeschichte, Band 29)
Sergio Romano: Giolitti. Lo stile del potere, Milano 1989
Risto Ropponen: Italien als Verbündeter. Die Einstellung der politischen und militärischen Führung Deutschlands und Österreich-Ungarns zu Italien von der Niederlage von Adua 1896 bis zum Ausbruch des Weltkrieges 1914, Helsinki 1986
Bernhard Rosenberger: Zeitungen als Kriegstreiber? Die Rolle der Presse im Vorfeld des Ersten Weltkrieges, Köln/Weimar/Wien 1998 (Medien in Geschichte und Gegenwart, Band 11)
Willibald Rosner: Anton Freiherr von Schönfeld als Chef des Generalstabes – Der Beginn der konkreten Kriegsvorbereitungen in Österreich-Ungarn 1876–1881, in: Mitteilungen des Instituts für Österreichische Geschichtsforschung 96 (1988), S. 383–424
Hans Rothfels, Bismarck, der Osten und das Reich, Darmstadt 1960
Sergio Romano: Crispi, Milano 1986
Sergio Romano: Giolitti, lo stile del potere, Milano 1989
Francesco Ruffini: Nel primo centenario della nascita di P.S. Mancini, Rom 1917
Helmut Rumpler, Das Deutsche Reich aus der Sicht Österreich-Ungarns, in: ders. (Hrsg.): Innere Staatsbildung und gesellschaftliche Modernisierung in Österreich und Deutschland, 1867/71–1914, Wien/München 1991, S. 221–233
Helmut Rumpler/Jan Niederkorn (Hrsg.): Der „Zweibund" 1879. Das deutsch – österreichisch-ungarische Bündnis und die europäische Diplomatie, Wien 1996 (Zentraleuropa-Studien, Band 2
Helmut Rumpler: Die rechtlich-organisatorischen und sozialen Rahmenbedingungen für die Außenpolitik der Habsburgermonarchie 1848–1918, in: Wandruszka/Urbanitsch (Hrsg.): Die Habsburgermonarchie VI/1, S. 1–121

Helmut Rumpler: Eine Chance für Mitteleuropa. Bürgerliche Emanzipation und Staatsverfall in der Habsburgermonarchie (Österreichishce Geschichte 1804–1914, hrsg. von Herwig Wolfram), Wien 1997

Gian Enrico Rusconi: Rischio 1914. Come si decide una guerra, Bologna 1987

Ernst Rutkowski (Hrsg.): Briefe und Dokumente zur Geschichte der österreichisch-ungarischen Monarchie unter besonderer Berücksichtigung des böhmisch-mährischen Raumes. Teil I: Der Verfassungstreue Großgrundbesitz 1880–1899; Teil II: Der Verfassungstreue Großgrundbesitz 1900–1904, München 1983–1991 (Veröffentlichungen des Collegium Carolinum Band 51/I und II)

Ernst Rutkowski: Gustav Graf Kálnoky von Köröspatak. Österreich-Ungarns Außenpolitik von 1881–1885, 2 Bände, Dissertation Wien 1952

Andrea Saccoman: Il Generale Paolo Spingardi Ministro della Guerra (10.909–1914), Roma 1995

Antonio Salandra: Il diario di Salandra, hrsg. von G.B.Gifuni, Milano 1969

Antonio Salandra: La Neutralità Italiana 1914, Milano 1928

Antonio Salandra: L'Intervento 1915. Ricordi e pensieri, s.l. (Milano) 1930

Francesco Salata: Guglielmo Oberdan. Secondo gli atti segreti del processo carteggi diplomatici e altri documenti inediti, Bologna 1924

Francesco Salata: Per la storia diplomatica della questione romana. 1. Da Cavour alla Triplice Alleanza, Milano 1929

Michael Salewski: Tirpitz — Aufstieg, Macht, Scheitern, Göttingen 1979

Gaetano Salvemini (Hrsg.): Come siamo andati in Libia, Firenze 1914

Gaetano Salvemini: Opere III Band IV: La politica estera dell'Italia dal 1871 al 1915, Milano 1970

Gaetano Salvemini: La politica estera di Francesco Crispi, Roma 1919

Luigi Salvatorelli: La Triplice Alleanza. Storia Diplomatica 1877–1912, Milano 1939

Luigi Salvatorelli: Leggenda e realtà della Triplice Alleanza, in: Il Messaggero di Roma, 25.11.1950

Luigi Salvatorelli: L'Italia nella politica internazionale dell'era Bismarckiana, in: Rivista storica italiana 40 (1923), S. 113–129

Joseph Sander: Die Stellung der deutschen Presse zur Annexion Bosniens und der Herzegowina, in: Mitteilungen des österreichischen Staatsarchivs 23 (1970), S. 199–224

Lawrence Sandhaus: Austria-Hungary's Italian Policy under Count Beust 1866–1871, in: Historian 56 (1993), S. 41–54

Augusto Sandonà: L'irredentismo nelle lotte politiche e nelle contese diplomatiche italo-autriache, 3 Bände, Bologna 1932–1938

Hugo Schäfer: Die militärischen Abmachungen des Dreibundes vor dem Weltkriege, in: Preußische Jahrbücher 188 (1922), S. 203–214

Herbert Schambeck (Hrsg.): Österreichs Parlamentarismus. Werden und System, Berlin 1986
Hanns Dieter Schanderl: Die Albanienpolitik Österreich-Ungarns und Italiens 1877–1908, Wiesbaden 1971 (Albanische Forschungen, Band 9)
Walther Schaumann: Süd-West-Front. Österreich-Ungarn und Italien 1914–1918, Klosterneuburg/Wien 1992
Eugen Schiffer: Um Bassermann und Bethmann. Erinnerungen von Reichsminister a.D. Dr. E. Schiffer, in: Historisch-Politisches Archiv zur deutschen Geschichte des 19. und 20. Jahrhunderts, hrsg. von Ludwig Dehio, 1. Band, Leipzig 1930, S. 193–203
Carlo Schiffrer: Le origini dell'irredentismo triestino (1813–1860). Hrsg. von di Elio Apih, s.l. 1978 (Civiltà del Risorgimento, Band 9)
Theodor Schieder: Nationalismus und Nationalstaat. Studien zum nationalen Problem in Europa, hrsg. von Otto Dann und Hans-Ulrich Wehler, Göttingen 1991
Walter Schinner: Der österreichisch-italienische Gegensatz auf dem Balkan und an der Adria. Von seinen Aufängen bis zur Dreibundkrise 1875–1896, Stuttgart 1936
Edgar von Schmidt-Pauli: Fürst Bülows Denk-Unwürdigkeiten. Ein Protest, Berlin 1931
Rainer F. Schmidt: Die gescheiterte Allianz. Österreich-Ungarn, England und das Deutsche Reich in der Ära Andrássy (1867–1878/79), Frankfurt/M. u.a. 1992
Rainer F. Schmidt: Graf Julius Andrássy und der Zweibund. Zur Vorgeschichte des Bündnisses vom Oktober 1879 zwischen Österreich-Ungarn und dem Deutschen Reich, in: Helmut Rumpler/Jan Niederkorn (Hrsg.): Der „Zweibund" 1879. Das deutsch – österreichisch-ungarische Bündnis und die europäische Diplomatie, Wien 1996, (Zentraleuropa-Studien, Band 2), S.3–39
Bernadotte E. Schmitt: The Annexation of Bosnia, Nachdruck der Ausgabe von 1937, New York 1970
Gregor Schöllgen: Imperialismus und Gleichgewicht. Deutschland, England und die orientalische Frage 1871–1914, München 1984
Joachim Scholtyseck: Alliierter oder Vasall? Italien und Deutschland in der Zeit des Kulturkampfes und der „Krieg-in-Sicht"-Krise 1875, Köln/Weimar/Wien 1994
Paul W. Schroeder: Alliances, 1815–1945: Weapons of Power and Tools of Management, in: Klaus Knorr (Hrsg.): Historical Dimensions of National Security Problems, Lawrence, Kansas 1976, S. 227–262
Paul W. Schroeder: The Transformation of European Politics 1763–1848, Oxford 1994
Paul W. Schroeder: World War I as Galloping Gertie, in: Journal of Modern History 44 (1972), S. 320–345

Wilhelm Schüssler: Die Daily-Telegraph-Affäre, Göttingen 1952

Ernst Schulin (Hrsg.): Gedenkschrift Martin Göhring. Studien zur Europäischen Geschichte, Wiesbaden 1968

Bernd Felix Schulte: Die deutsche Armee 1900–1914. Zwischen Beharren und Verändern, Düsseldorf 1977

Hagen Schulze: Staat und Nation in der europäischen Geschichte, München 1994

Adalbert Schusser: Zur Entwicklung der italienischen Universitätsfrage in Österreich (1861–1918), Dissertation Wien 1972

Klaus Schwabe (Hrsg.): Das diplomatische Korps 1871–1945, Boppard am Rhein 1985 (Deutsche Führungsschichten in der Neuzeit, Band 16)

Hans Lothar v. Schweinitz, Briefwechsel des Botschafters General von Schweinitz, hrsg. von Wilhelm v.Schweinitz, Berlin 1928

Hans Lothar v. Schweinitz, Denkwürdigkeiten des Botschafters General von Schweinitz, hrsg. von Wilhelm v.Schweinitz, 2 Bände, Berlin 1927

Bernhard Schwertfeger: Die diplomatischen Akten des Auswärtigen Amtes 1871–1914. Ein Wegweiser durch das große Aktenwerk der Deutschen Regierung, Teil 1–5, Berlin 1923–1927

Bernhard Schwertfeger: Kaiser und Kabinettschef. nach eigenen Aufzeichnungen und dem briefwechsel des Wirklichen geheimen Rats Rudolf von Valentini, Oldenburg 1931

A. Scirocco: I democratici italiani da Sapri a Porta Pia, Napoli 1969

H.M. Scott: Paul W. Schroeder's International System: The View from Vienna, in: The International History Review 16 (1994), S. 661–880

Enrico Serra: La diplomazia in Italia, Milano 1984

Enrico Serra (Hrsg.): Professione: Diplomatico, Milano 1988

Enrico Serra: La questione tunisina da Crispi a Rudinì ed il 'colpo di timone' alla politica estera dell' Italia, Milano 1967

Enrico Serra: Vittorio Emanuele diplomatico, in: Nuova Antologia (1952), S. 428–436

F. Serra: Camille Barrère e l'intesa italo-francese, Mailand 1950

Günter Seyfert: Die militärischen Beziehungen und Vereinbarungen zwischen dem deutschen und dem österreichischen Generalstab vor und bei Beginn des Weltkrieges, Dissertation Leipzig 1934

Gary S. Shanafelt: The Secret Enemy: Austria-Hungary and the German Alliance 1914–1918, New York 1985

Arthur Singer: Geschichte des Dreibundes. Mit einem Anhang: Der Inhalt des Dreibundes. Eine diplomatische Untersuchung von Hans F. Helmolt, Leipzig 1914

Alan Sked: Der Fall des Hauses Habsburg. Der unzeitige Tod eines Kaiserreichs, Berlin 1993

Ales Skrivan: Schwierige Partner. Deutschland und Österreich-Ungarn in der

europäischen Politik der Jahre 1906–1914, Hamburg 1999 (Hamburger Veröffentlichungen zur Geschichte Mittel- und Osteuropas, Band 6)
Bernd Sösemann: Die sogenannte Hunnenrede Wilhelms II., in: Historische Zeitschrift 222 (1976), S. 342–358
Eva Somogyi: Vom Zentralismus zum Dualismus. Der Weg der Deutschösterreichischen Liberalen zum Ausgleich von 1867, Wiesbaden 1983
Sidney Sonnino, Carteggio, hrsg von Pietro Pastorelli, Bari 1974
Sidney Sonnino, Diario 1866–1916, hrsg. von Benjamin F. Brown und Pietro P.Pastorelli, 2 Bände, Bari 1971
Sidney Sonnino: Scritti e discorsi extraparlamentari 1870–1920, hrsg. von Benjamin F. Brown, 2 Bände, Bari 1971
Helma Spachowsky: Die Entstehung des Dreibundes im Spiegel der Wiener Presse, Dissertation Wien 1938
Giovanni Spadolini: Giolitti un'epoca, Milano 1985
Giovanni Spadolini: L'opposizione cattolica. Da Porta Pia al '98, 4. Auflage, Firenze 1961
Antonio Spinosa: Vittorio Emanuele III. L'astuzia di un re, Milano 1990
Hildegard Freifrau v.Spitzemberg: Das Tagebuch der Baronin Spitzemberg geb. Freiin v.Varnbüler. Aufzeichnungen aus der Hofgesellschaft des Hohenzollernreiches 1859–1914, hrsg. von Rudolf Vierhaus, 4. Auflage, Göttingen 1976 (Deutsche Geschichtsquellen des 19. und 20. Jahrhunderts, Band 43)
Peter Stein: Die Neuorientierung der österreichisch-ungarischen Außenpolitik 1895–1897. Ein Beitrag zur europäischen Bündnispolitik im ausgehenden 19. Jahrhundert, Göttingen 1972
Jonathan Steinberg: Yesterday's Deterrent. Tirpitz and the Birth of the German Battle Fleet, 2. Auflage, London 1968
David Stevenson: Armaments and the Coming of War: Europe, 1904–1914, Oxford 1996
Matthias Stickler: Erzherzog Albrecht von Österreich. Selbstverständnis und Politik eines konservativen Habsburgers im Zeitalter Kaiser Franz Josephs, Husum 1997 (Historische Studien, Band 450)
Norman Stone: Moltke and Conrad: Relations between the Austro-Hungarian and German General Staffs, 1909–1914, in: Historical Journal 9 (1966), S. 201–228
Dieter Storz: Kriegsbild und Rüstung vor 1914. Europäische Landstreitkräfte vor dem Ersten Weltkrieg, Herford 1992
Gertraude Stransky: Die diplomatischen Beziehungen Österreich-Ungarns zu Italien, Dissertation Wien 1962
Michael Stürmer (Hrsg.) Bismarck und die preußisch-deutsche Politik 1871–1890, 2. Auflage, München 1973 (dtv-Dokumente)
Michael Stürmer (Hrsg.): Das kaiserliche Deutschland. Politik und Gesellschaft 1870–1918, Düsseldorf 1970

Berthold Sutter: Die Badenischen Sprachenverordnungen von 1897. Ihre Genesis und ihre Auswirkungen vornehmlich auf die innerösterreichischen Alpenländer, 2 Bände, Graz/Köln 1960–1965 (Veröffentlichungen der Kommission für Neuere Geschichte Österreichs, Band 46–47)

Berthold Sutter: Theodor Mommsens Brief „An die Deutschen Österreichs" (1897), in: Ostdeutsche Wissenschaft 10 (1963), S. 152–225

Alan John Percival Taylor: The Struggle for Mastery in Europe 1848–1918, Oxford 1954, Paperback 1996

Texts of the Peace Conferences at the Hague, 1899 and 1907, hrsg. von James Brown Scott, Boston and London 1908

John A. Thayer: Italy and the Great War. Politics and Culture 1870–1915, Madison/Milwaukee 1964

Friedrich Thimme Hrsg.): Front wider Bülow. Staatsmänner, Diplomaten und Forscher zu seinen Denkwürdigkeiten, München 1931

Erich Thoma: Der Einfluß der Randbemerkungen Bismarcks und Kaiser Wilhelms II. auf die deutsche auswärtige Politik, Reutlingen 1930

Tommaso Tittoni: Due anni di politica estera (1903–1905), Roma 1906

Manfred Tobisch: Das Deutschlandbild der Diplomatie Österreich-Ungarns von 1908–1914, Frankfurt a.M. u.a., 1994

Francesco Tommasini: L'Italia alla vigilia della guerra. La politica estera di Tommaso Tittoni, 5 Bände, Bologna 1934–1941

Augusto Torre: Il progettato attacco austro-ungarico alla Serbia del luglio 1913, in: Studi Storici in onore di Gioacchino Volpe, Band 2, Firenze 1958, S. 997–1018

Augusto Torre: La politica estera dell'Italia dal 1896 al 1914, Bologna 1960

Augusto Torre: La politica estera di Benedetto Cairoli, in: Annali pavesi del Risorgimento 2 (1963), S. 113–184

Luciano Tosi: La propaganda italiana all'estero nella Prima Guerra Mondiale. Rivendicazioni territoriali e politica della nazionalità, Udine 1977

Amedeo Tosti: Come ci vide l'Austria Imperiale. Dall'Ultimatum alla Serbia a Villa Giusti, Milano 1930

Graydon A. Tunstall, Jr.: Planning for War against Russia and Serbia: Austro-Hungarian and German Military Strategies, 1871–1914, New York 1993 (War and Society in East Central Europe, Band 39)

Franz Uhle-Wettler: Alfred von Tirpitz in seiner Zeit, Hamburg/Berlin/Bonn 1998

Hartmut Ullrich: Der italienische Liberalismus von der Nationalstaatsgründung bis zum Ersten Weltkrieg, in: Dieter Langewiesche (Hrsg.): Liberalismus im 19. Jahrhundert. Deutschland im europäischen Vergleich, Göttingen 1988

Hartmut Ullrich: Die italienischen Liberalen und die Probleme der Demokratisierung 1876–1915, in: Geschichte und Gesellschaft 4 (1978), S. 49–76

Hartmut Ullrich: La classe politica nella crisi di partecipazione dell'Italia giolittiana. Liberali e Radicali alla Camera dei Deputati 1909–1913, Roma 1979

Hartmut Ullrich: L'organizzazione politica dei liberali italiani nel Parlamento e nel Paese (1870–1914), in: Rudolf Lill – Nicola Matteucci (Hrsg.): Il liberalismo in Italia e in Germania dalla rivoluzione del '48 alla prima guerra mondiale, Bologna 1980, S. 446–448

Hartmut Ullrich: Le elezioni del 1913 a Roma: I liberali fra massoneria e Vaticano, Milano 1972

Volker Ullrich: Die nervöse Großmacht 1871–1918. Aufstieg und Untergang des deutschen Kaiserreichs, Frankfurt a.M. 1997

Unser Conrad. Ein Lebensbild, dargestellt von einem Österreicher, Wien, Leipzig 1916

Fritz Uplegger: Die englische Flottenpolitik vor dem Weltkrieg, Stuttgart 1930 (Beiträge zur Geschichte der nachbismarckischen Zeit und des Weltkriegs, Heft 8)

Emanuel Urbas: Guglielmo Oberdan, in: Preußische Jahrbücher 201 (1925), S. 237–245

Nino Valeri: La lotta politica in Italia dall'unità al 1925. Idee e documenti. Con una premessa di Giovanni Spadolini, 6. Auflage, Firenze 1976

Leo Valiani: Die internationale Lage Österreich-Ungarns 1900–1918, in: Fritz Klein (Hrsg.): Österreich-Ungarn in der Weltpolitik 1900 bis 1918, Berlin 1965, S. 54–83

Leo Valiani: The End of Austria-Hungary, London 1973

Paul Vasili: La société de Rome, 2. Auflage, Paris 1887

Alois Veltzé: Die Schlacht bei Adua am 1. März 1896. nach den Memoiren Baratieris, Berlin 1935

Stephan Verosta: Kollektivaktionen der Mächte des Europäischen Konzerts 1886–1914, Wien 1988

Stephan Verosta: Theorie und Realität von Bündnissen. Heinrich Lammasch, Karl Renner und der Zweibund (1897–1914), Wien 1971

Renata Vietor: Die Denkschrift des Gesandten von Szilassy vom September 1912 anläßlich der Dreibunderneuerung, in: Mitteilungen des Österreichischen Staatsarchivs 15 (1962), S. 452–494

Renata Vietor: Die Tätigkeit des östereich-ungarischen Botschafters am Quirinal Kajetan Mérey von Kapos-Mére 1910–1912, Dissertation Wien 1962

Eberhard von Vietsch: Bethmann Hollweg. Staatsmann zwischen Macht und Ethos, Boppard am Rhein 1969

Eligio Vitale: La riforma degli istituti di emissione e gli „scandali bancari" in Italia 1892–1896, 3 Bände, Roma 1972

Ekrem Bey Vlora: Lebenserinnerungen. Band I (1885 bis 1912), Band II (1912 bis 1925), München 1968–1973 (Südosteuropäische Arbeiten, Band 66–67)

Barbara Vogel: Deutsche Rußlandpolitik. Das Scheitern der deutschen Weltmachtpolitik unter Bülow 1900–1906, Düsseldorf 1973
Gioacchino Volpe, L' Italia nella Triplice Alleanza, Milano 1939
Gioacchino Volpe: Vittorio Emanuele III., Milano 1939
Otto Vossler: Die Friedensfrage in unserem Denken und Handeln, in: Ders.: Geist und Geschichte. Von der Reformation bis zur Gegenwart. Gesammelte Aufsätze, München 1964, S. 283–304
Otto Vossler: Die italienische Expansion 1881–1935, in: Ders.: Geist und Geschichte. Von der Reformation bis zur Gegenwart. Gesammelte Aufsätze, München 1964, S. 262–282
Alfred Graf von Waldersee: Denkwürdigkeiten des General-Feldmarschalls Alfred Grafen von Waldersee, hrsg. von Heinrich Otto Meisner, Band 1–3, Stuttgart u.a. 1923
Georg Graf Waldersee: Von Deutschlands militärpolitischen Beziehungen zu Italien, in: Berliner Monatshefte 7 (1929), S. 636–664
Jehuda Wallach: Anatomie einer Militärhilfe. Die preußisch-deutschen Militärmissionen in der Türkei 1835–1919, Düsseldorf 1976
Eurof Walters: Goluchowski and Aehrenthal, in: Contemporary Review 178 (1950), S. 217–224
Adam Wandruszka/Peter Urbanitsch (Hrsg.): Die Habsburgermonarchie 1848–1918. Band III: Die Völker des Reiches, 2 Bände, Wien 1980
Adam Wandruszka/Peter Urbanitsch (Hrsg.): Die Habsburgermonarchie 1848–1918. Band V: Die bewaffnete Macht, Wien 1987
Adam Wandruszka/Peter Urbanitsch (Hrsg.): Die Habsburgermonarchie 1848–1918, Band VI/1: Die Habsburgermonarchie im System der Internationalen Beziehungen, Wien 1989
Adam Wandruszka/Peter Urbanitsch (Hrsg.): Die Habsburgermonarchie 1848–1918, Band VI/2: Die Habsburgermonarchie im System der Internationalen Beziehungen, Wien 1993
Solomon Wank (Hrsg.): Aus dem Nachlaß Aehrenthal. Briefe und Dokumente zur österreichisch-ungarischen Innen- und Außenpolitik 1885–1912, 2 Bände, Graz 1994 (Quellen zur Geschichte des 19. und 20. Jahrhunderts, Band 6)
Solomon Wank: Varieties of Political Despair: Three Exchanges between Aehrenthal and Goluchowski 1898–1906, in: Stanley B. Winters/Joseph Held (Hrsg.): Intellectual and Social Developments in the Habsburg Empire from Maria Theresa to World War I. Essays in Honor of Robert Adolph Kann, New York 1975, S. 203–240
Adam Watson: Diplomacy: The Dialogue between States, London 1982
Christoph Weber: Quellen und Studien zur Kurie und zur vatikanischen Politik unter Leo XIII. mit Berücksichtigung der Beziehung des Heiligen Stuhles zu den Dreibundmächten, Tübingen 1973

Max Weber, Bismarcks Außenpolitik und die Gegenwart (25.12.1915), in: Max Weber Gesamtausgabe, I/15, Max Weber zur Politik im Weltkrieg, Schriften und Reden 1914–1918, hrsg. von Wolfgang J.Mommsen in Zusammenarbeit mit Gangolf Hübinger, Tübingen 1984

Hans-Ulrich Wehler: Bismarck und der Imperialismus, 2. Auflage, Frankfurt a.M. 1985

Hans-Ulrich Wehler: Das deutsche Kaiserreich 1871–1918. 6. Auflage, Göttingen 1988

Hans-Ulrich Wehler: Deutsche Gesellschaftsgeschichte. 3. Band: Von der „Deutschen Doppelrevolution" bis zum Beginn des Ersten Weltkrieges 1849–1914, München 1995

Hans-Ulrich Wehler: „Moderne" Politikgeschichte? Oder: Willkommen im Kreis der Neorankeaner vor 1914, in: Geschichte und Gesellschaft 22 (1996), S. 257–266

Otto Weiss, Staat, Regierung und Parlament im Norddeutschen Bund und im Kaiserreich im Urteil der Italiener 1866–1914, in: Quellen und Forschungen aus italienischen Archiven und Bibliotheken 66 (1986), S. 310–377

Otto Weiss: Deutschland, Dreibund und öffentliche Meinung in Italien (1876–1883), Quellen und Forschungen aus italienischen Archiven und Bibliotheken 71 (1991), S. 548–624

Rolf Weitowitz: Deutsche Politik und Handelspolitik unter Reichskanzler Leo von Caprivi 1890–1894, Düsseldorf 1978

Eduard v.Wertheimer: Graf Julius Andrássy. Sein Leben und seine Zeit, 3 Bände, Stuttgart 1910–1913

Andrew G.Whiteside: Georg Ritter von Schönerer. Alldeutschland und sein Prophet, Graz/Wien/Köln 1981

John Whittam: The Politics of the Italian Army 1861–1918, London 1977

Adolf Wild von Hohenborn. Briefe und Tagebuchaufzeichnungen des preußischen Generals als Kriegsminister und Truppenführer im Ersten Weltkrieg, hrsg. von Helmut Reichold und Gerhard Granier, Boppard am Rhein 1986

Wilhelm II., Ereignisse und Gestalten, Leipzig/Berlin 1922

Samuel R. Williamson, Jr.: Austria-Hungary and the Origins of the First World War, Basingstoke 1991

Klaus Wilsberg: „Terrible ami — aimable ennemi": Kooperation und Konflikt in den deutsch-französischen Beziehungen 1911–1914, Bonn 1998

Keith Wilson (Hrsg.): Decisions for War, 1914, London 1995

Martin Winckler: Bismarcks Bündnispolitik und das europäische Gleichgewicht, Stuttgart 1964

Wolfgang Windelband: Berlin, Madrid, Rom. Bismarck und die Reise des Deutschen Kronprinzen 1883, Essen 1939

Wolfgang Windelband: Bismarck und die europäischen Großmächte 1879–1885, Essen 1940

Peter Winzen: Bülows Weltmachtkonzept. Untersuchungen zur Frühphase seiner Außenpolitik 1897–1901, Boppard a.Rh. 1977 (Schriften des Bundesarchivs, Band 22)

Mechtild Wolf: Ignaz von Plener. Vom Schicksal eines Ministers unter Kaiser Franz Joseph, München 1975, (Wissenschaftliche Materialien und Beiträge zur Geschichte und Landeskunde der böhmischen Länder, Heft 20)

Günther Wollstein: Theobald von Bethmann Hollweg. Letzter Erbe Bismarcks, erstes Opfer der Dolchstoßlegende, Göttingen/Zürich 1995

Heinz Wolter: Bismarcks Außenpolitik 1871–1881. Außenpolitische Grundlinien von der Reichsgründung bis zum Dreikaiserbündnis, Berlin 1983

Augustus B. Wylde: Modern Abyssinia, London 1901

Albert Zacher: Italien von heute. Im Jahre seines fünfzigjährigen Jubiläums, Heidelberg 1911

Carlo Zaghi: Gordon, Gessi e la riconquista del Sudan (1874–1881), Varese 1947

Carlo Zaghi: L'Africa nella coscienza europea e l'imperialismo italiano, Napoli 1973

Carlo Zaghi: P.S. Mancini, l'Africa e il problema del Mediterraneo, 1884–1885. Con documenti inediti, Roma 1955

Egmont Zechlin: Das schlesische Angebot und die italienische Kriegsgefahr, in: ders.: Krieg und Kriegsrisiko. Zur deutschen Politik im Ersten Weltkrieg. Aufsätze, Düsseldorf 1979, S. 234–263

Susanne Zulinski: Das Dreikaiserbündnis von 1881 – ein Bündnis der Entzweiung? Eine Untersuchung der bündnispolitischen Weichenstellungen von 1881–1885, Diss Wien 1983

Abkürzungsverzeichnis

AA	Auswärtiges Amt
ACS	Archivio Centrale dello Stato, Rom
ASMAE	Archivio Storico del Ministero degli Affari Esteri, Rom
ASSME	Archivio Storico dello Stato Maggiore dell' Esercito, Rom
ASV	Archivio Segreto Vaticano
BA-MA	Bundesarchiv-Militärarchiv, Freiburg i.Br.
BD	British Documents, siehe Literaturverzeichnis
DDF	Documents Diplomatiques Français, siehe Literaturverzeichnis
DDI	Documenti Diplomatici Italiani, siehe Literaturverzeichnis
GP	Die Große Politik der Europäischen Kabinette, siehe Literaturverzeichnis
HHStA	Haus-, Hof- und Staatsarchiv, Wien
KA Wien	Österreichisches Staatsarchiv, Abt. Kriegsarchiv Wien
ÖUA	Österreich-Ungarns Außenpolitik, siehe Literaturverzeichnis
PA/AA	Politisches Archiv des Auswärtigen Amtes, Bonn
RTA	Raccolta Telegrammi in Arrivo
RTP	Reccolta Telegrammi in Partenza

Zu der Zitierweise in den Anmerkungen: Bei der ersten Nennung wurde der Titel voll ausgeschrieben, danach nur noch als Kurztitel zitiert, in der Regel unter Verwendung des Autorennamens und des ersten Hauptworts des Titels.

Bildnachweis

1. Illustrazione Italiana 1881, S. 77.
2. Illustrazione Italiana 1881, S. 305.
3. Quellen aus dem PA/AA, Berlin; aus dem HHStA, Wien und dem ASMAE, Rom.
4. Illustrazione Italiana 1887 II, S. 282.
5. Aus: Sergio Romano, Crispi, Milano 1986, S. 289.
6. Illustrazione Italiana 1893 II, S. 129.
7. Kladderadatsch, 15.3.1896.
8. Punch, 21.3.1896.
9. Illustrazione Italiana 1900 II, S. 85.
10. Simplicissimus, 14.5.1906.
11. Simplicissimus, 17.12.1906
12. Illustrazione Italiana 1906 II, S. 32.
13. Kriegsarchiv Wien
14. Kladderadatsch, 26.11.1911
15. Nachlaß Kajetan von Mérey, HHStA Wien.15.
16. Nachlaß Kajetan von Mérey, HHStA Wien.
17. Hermann Rex/Hermann Rutz: Der Weltkrieg in seiner rauhen Wirklichkeit, München 1926, S. 490

Personenregister

Vorbemerkung: Dieses Register wurde unter Verwendung der üblichen britischen, deutschen, französischen, italienischen und österreichischen Lexika und biographischen Nachschlagewerke angefertigt. Für die Richtigkeit der dort gefundenen und hier wiedergegebenen Daten kann keine Garantie übernommen werden.

Adami, Luigi (geb. 1834), italienischer Offizier und Abgeordneter 291

Aehrenthal, Alois Freiherr (1909 Graf) Lexa von (1854–1912), 1899–1906 österreichisch-ungarischer Botschafter in St. Petersburg, Okt. 1906-Febr. 1912 Außenminister 31, 472, 531, 575, 577, 607, 615, 617–620, 622–624, 626–634, 636, 638, 640, 642–649, 651, 652, 654, 655, 657, 660–662, 664, 665, 679, 680, 701–704, 710, 716, 729, 788, 790

Albertini, Alberto (geb. 1879), italienischer Journalist 508

Albertini, Luigi (1871–1941), italienischer Politiker, Publizist und Historiker 25, 464, 501, 659, 695, 725, 838

Albertone, Matteo Francesco (1840–1919), italienischer Offizier 266, 267, 268, 271, 274

Albrecht, Erzherzog (1817–1895), österreichischer Feldmarschall, Sieger von Custozza 1866, Generalinspektor des österreichisch-ungarischen Heeres 193, 195, 196

Alexander III. (1845–1894), seit 1881 Zar von Rußland 142, 183, 186, 377, 383, 384

Alexander I. (1876–1903), seit 1889 König von Serbien 610, 611

Alexander I. (1857–1893), geb. Ludwig Alexander Prinz von Battenberg, 1879–1886 Fürst von Bulgarien 181, 183, 184, 191, 273

Alfieri di Sostegno, Carlo (1827–1897), italienischer Politiker 179

Aliotti, Carlo Alberto (1870–1923), italienischer Diplomat, 1914 Gesandter in Durazzo 752

Allmayer-Beck, Christoph, österreichischer Historiker 599

Alula (1847–1897), äthiopischer Fürst (Ras) 216

Ambrózy von Seden, Ludwig Frh. v (1868–1945), österreichisch-ungarischer Diplomat, seit 1895 Gesandtschaftsattaché in Belgrad, seit 1897 in Bukarest, 1899 Geschäftsträger in Washington; 1910–1914 Botschaftsrat an der österreichisch-ungarischen Botschaft in Rom 798, 810

Andrássy, Gyula d.Ä., Graf (1823–1890), 1867–1871 ungarischer Ministerpräsident, 1871–79 österreichisch-ungarischer Außenminister 41, 42, 62, 67, 68, 81, 104, 107, 132, 194, 620–622

Antonelli, Pietro (1853–1901), italienischer Abenteurer und Diplomat 343, 345, 346

Ara, Angelo, italienischer Historiker 419

Arimondi, Giuseppe (1846–1896), italienischer Offizier 347, 354

Auffenberg, Moritz Frh. v. (1852–1928), 1911–12 österreichisch-ungarischer Kriegsminister 17, 599

Avarna di Gualtieri, Giuseppe Duca di (1843–1916), italienischer Diplomat, 1894–96 Gesandter in Belgrad, 1896–1902 in Athen; 1902–04 in Bern; 1904–1915 Botschafter in Wien 693, 709, 710, 714–716, 760, 796, 806, 808, 862, 863, 867, 868

Baccarini, Alfredo (1826–1890), italienischer Politiker, 1878, 1879–83 Minister für öffentliche Arbeiten 98, 121, 122, 233

Bacelli, Guido (1830–1916), italienischer Politiker, Unterrichtsminister 98

Badeni, Kasimir Graf (1846–1909), österreichischer Politiker, 1888–1895 Statthalter in Galizien, 1895–1897 österreichischer Ministerpräsident 473, 475–478

Personenregister

Balbo, Cesare (1789–1853), italienischer Schriftsteller 179
Baldissera, Antonio (1838–1917), italienischer Offizier, 1887–89, 1896 in Ostafrika 343, 345, 350, 356
Balfour, Arthur James Earl of (1848–1930), britischer Politiker, 1874–1922 Mitglied des Unterhauses (konservativ), 1902–05 Premierminister, 1915–16 Erster Lord der Admiralität, Dezember 1916-Oktober 1919 Außenminister
Bánffy, Desider (1843–1911), ungarischer Politiker, Ministerpräsident 1893–95 479
Baratieri, Oreste (1841–1901), italienischer General, Verlierer der Schlacht bei Adua 1896 329, 330, 332, 347–349, 353, 354
Barrére, Camille (1851–1940), französischer Diplomat, 1897–1924 Botschafter in Rom 421, 423, 424, 431, 440, 442, 446–449, 460–464, 471, 511, 516, 534, 535, 546, 548, 549, 559, 573, 580, 705
Barzilai, Salvatore (1860–1939), italienischer Politiker und Irredentist 502, 752, 803, 806, 808
Bebel, August (1840–1913), deutscher Politiker, 1874–1913 MdR (SPD), Parteivorsitzender der SPD 455, 766
Beck, Max Vladimir Frhr. v. (1854–1943); österreichischer Politiker, 1880–1906 Beamter im Ackerbauministerium, 1906–08 Ministerpräsident 599, 618, 624, 631, 655
Beck-Rzikowski, Friedrich Graf (1830–1920), österreichischer Offizier; 1881–1906 Chef des österreichisch-ungarischen Generalstabs 193, 195, 196, 517, 521, 526, 599, 600–602
Behnen, Michael, deutscher Historiker 27
Benco, Enea Silvio (1874–1949), Triester Redakteur und Irredentist 506
Berchem, Max Graf (1841–1910), deutscher Diplomat, 1886–90 Unterstaatssekretär des Auswärtigen Amts 67, 208, 379
Berchtold, Leopold Graf (1863–1942), österreichisch-ugarischer Diplomat und Politiker, 1906–1911 Botschafter in St.Petersburg, Disponibilität 1911, Minister des Äußeren 17.2.1912 – 13.1.1915, 1916 2. Oberthofmeister, enthoben und zum Oberstkämmerer ernannt am 5.2.1917 31, 34, 607, 704, 707, 716, 717, 719, 725, 726, 729–731, 733, 734, 744, 751, 755, 758, 760, 763, 788, 796, 797, 800, 803, 805–809, 827, 830, 837, 839, 847, 858, 861
Berghahn, Volker, deutscher Historiker 397
Bertolé-Viale, Ettore (1829–1892), italienischer Offizier und Politiker, 1887–91 Kriegsminister 267
Berthelot, Pierre (geb. 1827), französischer Politiker 352, 416
Bertie, Francis Leveson, Viscount of Thame (1844–1919), britischer Diplomat, 1905–18 Botschafter in Paris 435
Bethmann Hollweg, Dietrich Wilhelm Moritz von (geb. 1877), deutscher Diplomat 830
Bethmann Hollweg, Theobald von (1856–1921), deutscher Politiker, 1905–07 preußischer Innenminister, 1907–09 Staatssekretär des deutschen Reichsamts des Innern, 1909–17 deutscher Reichskanzler und preußischer Ministerpräsident 31, 667, 668, 671,–676, 679, 683, 728, 820, 827, 829, 830, 837, 839, 861, 862
Beust, Friedrich Graf v. (1809–1886), österreichischer Politiker 41
Bianchi, Gustavo (1845–84), italienischer Forschungsreisender, 1884 in Ostafrika ermordet 158
Billot, Albert (geb. 1841), französischer Diplomat, 1890–98 Botschafter in Rom 254f., 302, 307–309, 326, 335
Bismarck, Herbert Graf (1898 Fürst) (1849–1904), deutscher Diplomat, 1885–90 Staatssekretär des Auswärtigen Amts 180, 187, 192, 207, 209, 212, 214, 215, 218, 224, 243, 244, 248, 266, 273, 288, 382
Bismarck, Otto Fürst von (1815–1898), Reichskanzler 1871–90 31, 39, 40, 43, 47, 51, 60, 61, 69, 70, 71, 73, 74, 75, 79, 80, 83, 86, 87, 91, 92, 105, 106, 118, 119, 123, 124, 134, 138, 139–142, 144, 148, 150, 151, 152, 153, 154, 155, 158, 163, 164, 168, 172, 181, 182, 185, 187, 189–196, 199, 201, 202–206, 209–216, 218–221, 223–226, 231, 241–245, 248, 250, 259, 262, 263, 265–268, 270–274, 278, 279, 284, 285, 310, 365, 371–383, 387, 388, 393, 431, 438, 469, 475, 484, 541, 550, 582, 656, 785, 787, 813, 819, 820, 822, 823
Bissolati, Leonida (1857–1920), italienischer Politiker, Sozialist und Interventionist 580

Blanc, Alberto (1835–1904), italienischer Diplomat, 1893–96 Außenminister 31, 34, 52, 54, 55, 56, 57, 58, 60, 65, 72, 73, 74, 75, 76, 77, 78, 100, 109, 114, 125, 151, 234, 335, 337–339, 348, 353, 408, 409, 417, 419, 458, 584

Bleichröder, Gerson von (geadelt 1872), (1822–93), deutscher Bankier 250

Bolfras, Arthur Freiherr von (1838–1922), österreichisch-ungarischer General, 1889–1916 Generaladjutant von Kaiser Franz Joseph und Chef der kaiserlichen Militärkanzlei

Bollati, Riccardo (1858–1939), italienischer Diplomat, 1908, 1910–12 Generalsekretär im Außenministerium, 1913–15 Botschafter in Berlin 589, 662, 843, 865

Bompard, Louis-Maurice (1854–1935), französischer Diplomat, 1902–08 Botschafter in St. Petersburg, 1909–14 in Konstantinopel 560

Bonghi, Ruggero (1826–95), italienischer Politiker 57, 121, 142, 143, 165, 179, 290, 292, 304

Booth, Ken, Politologe 32

Boulanger Georges Ernest Jean Marie (1837–1891), französischer General und Politiker, 1886/87 Kriegsminister 180–182, 218, 219, 231, 273, 274

Bosworth, Richard, australischer Historiker 24

Bovio, Giovanni (1837–1903), italienischer Politiker und Irredentist 118

Branca, Ascanio (1840–1903), italienischer Politiker, 1887 in der italienischen Zollkommission in Paris, 1896–98 Finanzminister 248

Bresci, Angelo, italienischer Anarchist 431

Braun, Carl Freiherr v (1859–1940), österreichischer Diplomat, seit 1892 Legationssekretär in Berlin, dann in München, ab 1902 Gesandter in Dresden 637

Brenta, Ottone 509

Briand, Aristide (1862–1932), französischer Politiker, 1902–1932 Abgeordneter, insges. 26mal Minister, davon 15mal Außenminister, 11mal Ministerpräsident, Oktober 1915 bis März 1917 Ministerpräsident

Bridge, Francis Roy, britischer Historiker 104

Brin, Benedetto (1833–1898), italienischer Admiral und Politiker, 1876–78, 1884–91 Marineminister, 1892–93 Außenminister 304, 318, 320, 322–325, 327, 330, 331, 337, 338

Bruck, Carl Freiherr von (1830–1902) österreichisch-ungarischer Diplomat, 1886–95 Botschafter in Rom 31, 167, 196, 241, 242, 286, 287, 298, 300, 301, 304, 328, 330, 339

Brugioni, Antonio, italienischer Historiker 844

Brusati, Ugo (1847–1936), italienischer Offizier, 1898–1917 1. Adjutant Vittorio Emanueles III. 434

Bülow, Bernhard Fürst von (1849–1929), Diplomat, 1888–1894 Gesandter in Bukarest, 1894–1897 Botschafter in Rom, 1897–1900 Staatssekretär des Auswärtigen Amts, 1900–1909 Reichskanzler, Dez. 1914–Mai 1915 außerordentlicher Botschafter in Rom 31, 242, 293, 339, 353, 357, 362, 365, 371, 392, 399–404, 409, 413, 414, 417, 418, 431, 445, 449–456, 458–461, 464, 471, 480, 484–488, 493, 511, 534, 536, 537, 539–545, 547, 550–553, 555–559, 565, 573, 574, 580, 583–585, 588, 590, 630, 636–638, 640, 648, 650, 656, 657, 660, 661, 668–675, 847, 861, 863, 865, 867

Burckhardt, Jacob (1818–1897), schweizer Kulturhistoriker 35

Burián von Rajecz, Stephan Graf (1851–1922), österreichischer Diplomat, 13.1.1915–22.11.1916, April–Oktober 1918 österreichisch-ungarischer Minister des Äußeren 622, 623, 625, 861–867

Busch, Clemens August (1834–95), deutscher Diplomat, 1881 Unterstaatssekretär im Auswärtigen Amt, 1885 Delegierter auf der Kongokonferenz 69

Cadorna, Luigi Conte di (1850–1928), italienischer Offizier, Juli 1914–November 1917 Generalstabschef 776, 785, 843, 844, 854, 857, 858

Cadorna, Raffaele (1815–1897), italienischer Offizier und Politiker 57

Cahen, Raphael, belgischer Bankier 249

Cairoli, Benedetto (1825–1889), italienischer Politiker, 1878, 1879–81 mehrfach Ministerpräsident 42, 46, 47, 52, 122, 165, 233, 503

Personenregister

Caillaux, Joseph (1863–1944), französischer Politiker, 1899–1911 3mal Finanzminister, Juni 1911- Januar 1912 Ministerpräsident 685
Calderari, italienischer Offizier, 1914 Militärattaché in Berlin 775
Cambon, Pierre (1843–1924), französischer Diplomat, 1898–1920 Botschafter in London 635
Candeloro, Giorgio, italienischer Historiker 99
Canevaro, Felice napoleone (1838–1926), italienischer Marineoffizier und Politiker 422, 423
Canis, Konrad, deutscher Historiker 24, 398, 399
Caprivi, Leo Graf von (1831–1899), deutscher Offizier und Politiker, 1890–1894 Reichskanzler 31, 265, 275, 300, 310–313, 315, 324, 377–383, 385–388, 390, 391
Carducci, Giosue (1835–1907), italienischer Dichter 113
Carnot, Mari Sadi (1837–94), französischer Politiker, 1887–94 Präsident 384
Casimir- Périer, Jean Paul Pierre (1847–1907), französischer Politiker, 1893/94 Ministerpräsident, 1894/95 Präsident 323
Cassini, Arthur Graf (geb. 1835), russischer Diplomat, 1905–1909 Botschafter in Madrid, 1906 Delegierter in Algeciras 552, 563
Cavalletto, Alberto (1813–1897), italienischer Politiker 156
Cavallotti, Felice (1842–1898), italienischer Politiker und Irredentist 46, 47, 52, 269, 304, 305, 315, 329, 336, 337, 415, 446, 502
Cavour, Conte Camillo Benso (1810–61), italienischer Staatsmann 54, 222, 287, 338, 417
Chabod, Federico (1901–60), italienischer Historiker
Challemel-Lacour, Paul Arnand (1827–96), französischer Politiker, 1885 Senator, seit 1893 Senatspräsident 303
Chamberlain, Joseph (1836–1914), britischer Politiker, 1895–1903 Staatssekretär der Kolonien 403, 453
Chelius, Oskar von (1859–1923), preußischer Offizier, 1899–1905 Militärattaché in Rom, 1914 Militärbevollmächtigter in St. Petersburg 522, 523

Chiala, Luigi (1834–1904), italienischer Politiker (1892 Senator) und Historiker 149
Chlumecky, Leopold Freiherr von (1873–1940), österreichischer Publizist 496, 578, 598, 716
Churchill, Sir Winston (1874–1965), britischer Politiker, 1911–1915 Erster Lord der Admiralität, 1917/18 Munitionsminister; 1940–45 und 1951–55 Premierminister 370, 669, 828
Claß, Heinrich (1868–1953), deutscher Nationalist, 1908–39 Vorsitzender des Alldeutschen Verbandes 679
Clemenceau, Georges (1841–1929), französischer Politiker, 1906–09 und 1917–20 Ministerpräsident 237, 636
Colajanni, Napoleone (1847–1921), italienischer Politiker (Radikal) 808
Colombo, Giuseppe (1836–1921), italienischer Politiker, Finanzminister Di Rudinìs 316
Conrad von Hötzendorf, Franz Graf (1852–1925), österreichisch-ungarischer Offiizier, 1906–1911 und 1912–1917 Generalstabschef 31, 595, 596, 599–602, 604–608, 655, 702, 703, 716, 718, 725, 730, 731, 770–772, 774, 776–778, 780, 783, 784, 790–792, 804, 824, 847, 858, 860, 861
Conz, Angelo Ugo (geb. 1871), italienischer Marineoffizier 780
Cornwall, Mark, britischer Historiker 836
Corti, Conte Luigi (1823–88), italienischer Diplomat und Politiker, 1870–75 Gesandter in Washington, 1875–78 Botschafter in Konstantinopel, 1878 Außenminister und Delegierter auf dem Berliner Kongreß, dann wieder Botschafter in Konstantinopel, 1885–87 Botschafter in London 44, 147
Cosenz, Enrico (1820–1898), italienischer Offizier, 1882–93 Generalstabschef 272, 273, 274, 316
Costa, Andrea (1851–1910), italienischer Abgeordneter 99, 239
Crispi, Francesco (1818–1901), italienischer Politiker, 1877/78 Innenminister, 1887–91 Ministerpräsident, Innen- und Außenminister, 1893–1896 Ministerpräsident und Innenminister 30, 31, 34, 42, 43, 98, 122, 133, 147, 155, 165, 180, 231, 232, 233, 235–245, 248–255, 258, 259, 262–266, 268–287,

290–297, 299–301, 309–313, 317, 320, 327, 329, 331–340, 342–354, 356, 357, 360–362, 377, 413–415, 418. 423, 427, 429, 441, 448, 502, 503, 505, 584, 585, 688

Crowe, Eyre (1864–1925), britischer Diplomat 406

Czernin von und zu Chudenitz, Ottokar Graf (1872–1932), österreichisch-ungarischer Diplomat, 1913–16 Gesandter in Bukarest, Dez. 1916-April 1918 Außenminister 721, 740

Dabormida, Vittorio Emanuele (1842–96), italienischer Offizier, 1888 in Berlin, 1896 bei Adua gefallen 266, 267, 268, 271, 274

D'Annunzio, Gabriele (1863–1938), italienischer Dichter 855

Decleva, Ernesto, italienischer Historiker 24

De Giorgis, Emilio (geb. 1844), italienischer Offizier 495

Dehio, Ludwig (1888–1963), deutscher Historiker 373

Delbrück, deutscher Historiker 766

Deist, Wilhelm, deutscher Historiker 395

De Felice Giuffrida, Giuseppe (1859–1920), italienischer Politker, Sozialist, 1894 im Zusammenhang mit den fasci siciliani verurteilt 808

De Launay, Edoardo (1820–92), italienischer Diplomat, 1856–64, 1867–75 Gesandter, 1875–92 Botschafter in Berlin 54, 58, 60, 65, 72, 73, 81, 82, 151, 152, 178, 182, 188, 198, 200, 203, 204, 209, 213, 214, 216, 221, 222, 224, 305–307, 312, 315, 324

Delcassé, Théophile (1852–1923); französischer Politiker, 1894/95 Kolonialminister, 1898–1905 Außenminister, 1911–1913 Marineminister, 1913/14 Botschafter in St. Petersburg 421, 440, 447, 449, 461, 462, 464, 539, 541, 542, 545–547, 549, 691

De Martino, Giacomo (1868–1957), italienischer Diplomat und Politiker, 1913–19 Generalsekretär im Außenministerium 694

Demel, Johann (1825–1892), 1861–1892 Mitglied des österreichischen Abgeordnetenhauses 283

Depretis, Agostino (1813–1887), italienischer Politiker, 1876; 1877/78, 1878/79, 1881–1887 Premierminister 31, 43, 52, 56, 59, 65, 67, 69, 71, 77, 78, 79, 92, 95, 96, 97, 98, 99, 108, 114, 116, 119, 121, 122, 123, 128, 131, 138, 139, 142, 149, 151, 160, 161, 165, 172, 175, 178, 179, 217, 232–235, 270, 279, 290,, 293, 356, 503

Déroulède, Paul (1846–1914), französischer Politiker, Rechtsnationalist, 1882 Grüner der Patriotenliga, 1900 wegen eines versuchten Staatsstreiches verbannt 181

De Renzis, Francesco (1836–1900), italienischer Politiker, Schwager Sonninos 160

Der Bagdasarian, Nicholas, Historiker 26, 27

De Sanctis, Francesco, Abgeordneter und Schriftsteller 292

De Zerbi, Rocco (1843–93), italienischer Journalist 275

Dotto de' Dauli, Carlo (1846–1901), italienischer Politiker, estrema sinistra 156

Dreyfus, Alfred (1859–1935), französischer Offizier, wegen angeblichen Verrats militärischer Geheimnisse an Deutschland 1894 zu lebenslanger Deportation verurteilt, nach öffentlichen Protesten im September 1899 begnadigt, 1906 Kassation des Urteils 323

Durando, italienischer Konsularbeamter 320, 323

Dülffer, Jost, deutscher Historiker 28, 814, 816

Edward VII.(1841–1910), 1901–1910 König von Großbritannien und Irland und Kaiser von Indien 405, 539, 630, 632

Ellena, Vittorio (1844–1892), italienischer Ministerialbeamter und Politiker, 1887 Mitglied der Zollkommission in Paris 248

Enver Pascha (1881–1923), türkischer Offizier und Politiker, 1909–1911 Militärattaché in Berlin, 1911 im Libyenkrieg, 1914 Kriegsminister und Vizegeneralissimus, 1918 emigriert, fiel 1923 bei Samarkand im Kampfe gegen Sowjettruppen

Erler, Eduard (1861–1949), Tirpler Politiker, 1907 und 1911–1918 Mitglied des österreichischen Abgeordnetenhauses 508

Erzberger, Matthias (1875–1921), deutscher Politiker, 1903–1918, 1920–1921 MdR (Zentrum), unterzeichnete den Waffenstillstand 1918, 1919/20 Reichsfinanzminister 866

Essad Pascha (1863–1920), türkischer Offizier albanischer Herkunft 753

Eulenburg, Philipp Fürst zu E. und Hertefeld

(1847–1921), deutscher Offizier und Diplomat, 1894–1902 Botschafter in Wien 467, 479, 481

Falk, Maximilian (1828–1908), deutsch-ungarischer Publizist und Politiker 132

Falkenhayn, Erich v. (1861–1922), preußischer Offizier, Kriegsminister 1913–1914, Chef des Generalstabs des Feldheeres 1914–1916 700, 830, 862

Farini, Domenico (1834–1900), italienischer Politiker, Senatspräsident 287, 299, 328–331, 333, 338, 357, 359, 411

Faure, François-Félix (1841–99), französischer Politiker, 1895–99 Präsident 421

Fellner, Fritz (geb. 1922), österreichischer Historiker 26, 91, 92, 496, 830

Ferdinand I., König von Bulgarien (1861–1948), Prinz von Sachsen-Coburg-Gotha, 1887 zum Fürsten von Bulgarien gewählt, proklamierte 1908 die Unabhängigkeit Bulgariens, 1908–18 Zar der Bulgaren, 1918 Abdankung zugunsten seines Sohnes Boris III. 184

Ferrero, Emilio (1819–1887), italienischer General und Politiker, Kriegsminister 1881–84, 1882 „Lex Ferrero"(=Heeresvermehrung um 2 Korps) 275

Ferry, Jules (1832–93), französischer Politiker, Ministerpräsident 1880/81, 1883–85 139, 181, 182

Fischer, Fritz (1908–1999), deutscher Historiker 814

Fisher, Sir John Arbuthnot (1841–1920), britischer Admiral, 1904–1910 1. Seelord 406

Flotow, Hans von (geb. 1862), deutscher Diplomat, 1913–15 Botschafter in Rom 754, 802, 841, 845

Fortis, Alessandro (1842–1909), italienischer Politiker, 1905/06 Ministerpräsident 503, 518, 528, 567, 649–651

Franchetti, Leopoldo (1847–1917), italienischer Politiker 160, 345

Franz Ferdinand, Erzherzog von Österreich-Este (1863–1914), österreichisch-ungarischer Thronfolger, am 28.6.1914 ermordet 31, 510, 595–599, 606–609, 646, 680, 703, 710, 716, 729, 730, 732, 744, 797, 804, 806, 811, 813

Franz Joseph I. (1830–1916), 1848–1916 Kaiser von Österreich und König von Ungarn 31, 43, 58, 60, 61, 62, 63, 93, 105, 107, 108, 110–113, 115, 123–136, 139, 142, 143, 193–195, 205, ,211, 213, 223, 282, 288, 367, 393, 431, 433, 441, 455, 466, 469, 471, 482, 483, 491, 492, 494, 517, 528, 533, 558, 573, 574, 596, 598, 600, 607, 608, 615, 618, 630, 634, 710, 711, 796, 797, 802, 827, 861, 869

Freycinet, Charles Louis de Saules de (1828–1923), franz. Politiker, 1879/80, 1882, 1886, 1890–1892 Ministerpräsident, Außenminister und Kriegsminister 197, 384

Friedjung, Heinrich (1851–1920), österreichischer Historiker und Publizist 399, 620

Friedrich Wilhelm I. (1688–1740), König in Preußen 371

Friedrich II (1712–1786), 1740–1786 König von Preußen 778, 779

Friedrich III. (1831–1888), deutscher Kaiser 1888 60, 143, 144, 190, 365

Fritzen, Aloys (1840–1916), deutscher Politiker und Reichstagsabgeordneter (Zentrum), 550

Gaeta, Franco, italienischer Historiker 691

Galliano, Giuseppe Filippo (1846–96), italienischer Offizier 350

Gambetta, Léon (1838–1882), französischer Politiker, rief 1870 die Republik aus, 1881/82 Ministerpräsident und Außenminister 68, 248

Garibaldi, Giuseppe (1807–1882), italienischer Revolutionär 49, 52, 109, 236

Garibaldi, Ricciotti (1847–1924), Sohn Giuseppe Garibaldis; Irredentist 522

Gautsch von Frankenthurn, Paul Freiherr (1851–1918), österreichischer Politiker, 1897–98, 1905–06, 1911 Ministerpräsident 478

Giers, Nikolaj (1820–1895), russischer Politiker, 1882–95 Außenminister 141, 183, 300, 384, 469

Giesl, Arthur Freiherr v. (1860–1936), österreichisch-ungarischer Diplomat, 1893–1906 Militärattaché in Konstantinopel, 1906–1909 in Athen, 1909–1913 Gesandter in Cetinje, 1913–14 Gesandter in Belgrad 837

Giolitti, Giovanni (1842–1928), italienischer Politiker, seit 1882 Abgeordneter, 1889/90 Finanzminister, 1892–93 Ministerpräsident, seit 1900 mehrfach Minister, Ministerpräsident 1903–05, 1906–1909, 1911–14, Führer der Mehrheit im italienischen Parlament, war gegen den Kriegseintritt 1915, 1920/21 Ministerpräsident 31, 34, 234, 316–319, 324, 327, 328, 331, 334, 337, 346, 425, 429, 430, 460, 488, 492, 501, 503, 507, 512–517, 524, 532, 535, 537, 538, 574, 575, 579, 641, 650, 651, 662, 687–691, 693, 694, 697, 705, 712, 716, 719, 741, 743, 752, 779, 780, 792, 793, 794, 799, 802, 806, 834, 854, 855, 865

Giucciardini, Francesco Conte (1851–1915), italienischer Politiker, 1906, 1909–10 Außenminister 557, 567, 575, 665

Gladstone, William (1809–1898), britischer Politiker, 1868–74, 1880–85, 1886, 1892–94 Premierminister 160, 161, 187, 388

Goblet, René (1828–1905), französischer Politiker, Dez. 1886-Juni 1887 Ministerpräsident 254f.

Goiran, Giovanni (1842–1914), italienischer Offizier 272, 273, 274

Gołuchowski, Agenor Graf v. (1849–1921), österreichisch-ungarischer Politiker, 1895–1906 Außenminister, 1875–1918 Mitglied des österreichischen Herrenhauses 31, 411, 438, 455, 457, 459, 461, 465 473, 478–487, 489, 494, 500, 511, 514, 516, 517, 525, 526, 548, 552, 558, 564, 566, 574, 575, 577, 589, 609, 610, 612, 613, 615–621, 631, 736

Gordon, Charles (1833–1885), britischer Soldat 156, 157

Granville, George Leveson-Grower, 2. Earl of G. (1815–91), britischer Politiker, 1851/52, 1870–74, 1880–85 Außenminister 146

Grévy, Jules (1807–1891), französischer Politiker, 1871–73 Präsident der Nationalversammlung, 1876 Kammerpräsident, 1879–85, 1886–87 Präsident 231, 270

Grey, Sir Edward (1862–1933), englischer Politiker, seit 1885 Mitglied des britischen Unterhauses, 1905-Dezember 1916 Staatssekretär des Foreign Office 406, 548, 635, 645, 675, 682, 698, 737, 738, 765, 767, 824

Grillo, Giacomo, italienischer Bankier 250

Grillparzer, Franz (1791–1872), österreichischer Dichter 600

Haldane of Cloan, Richard Burdon Lord (1856–1928), englischer Jurist, Philosoph und Politiker, 1905–1912 Kriegsminister, 1912 Reise nach Berlin zur Beilegung der deutsch-englischen Spannungen (Haldane-Mission), 1912–1915 Lordkanzler

Hammann, Otto (1852–1928), deutscher Beamter, Leiter der Presseabteilung des Auswärtigen Amtes ab 1893 545

Hanisch, Ernst, österreichischer Historiker 473

Hanotaux, Gabriel (1853–1944); französischer Historiker, Diplomat und Politiker, 1894–95, 1895, 1896–98 Außenminister 351, 417

Harden, Maximilian (1861–1927), deutscher Publizist 819

Hatzfeld-Wildenburg, Hermann Fürst von, Herzog von Trachenberg (1848–1933), deutscher Diplomat 846

Hatzfeld-Wildenburg, Paul Graf von (1831–1901), deutscher Diplomat, 1882 Staatssekretär im Auswärtigen Amt, 1884/85 Delegierter auf der Kongokonferenz, seit 1885 Botschafter in London 151

Haus, Anton Freiherr von (1851–1917), österreichisch-ungarischer Marineoffizier (Großadmiral), 782

Hauswirth, Ernest Gabriel (1818–1901), Abt des Wiener Schottenstifts, seit 1884 Mitglied des österreichischen Herrenhauses 283, 284

Haymerle, Alois v., österreichisch-ungarischer Offizier 39, 45

Haymerle, Heinrich v. (1828–1881); österreichischer Politiker, 1877–79 Botschafter in Rom, 1879–1881 Außenminister 42, 54, 59, 64, 104, 107

Haynald, Ludwig (1816–1891), ungarischer Kardinal 62

Heinrich, Prinz von Preußen (1862–1929), jüngerer Bruder Kaiser Wilhelms II.,seit 1878 Marineoffizier, 1895 Konteradmiral, 1898 Kommandeur des Kreuzergeschwaders in Ostasien, während des Weltkrieges Oberbefehlshaber der Ostseeflotte 288

Helene (1873–1952), ab 1900 Königin von Italien, geb.Prinzessin von Montenegro, seit 1896 verheiratet mit Vittorio Emanuele III. 433

Herrmann, Wolfgang, deutscher Historiker 105

Heydebrand und der Lase (Lasa), Ernst von (1851–1924), Politiker, 1888–1918 Mitglied des Preußischen Abgeordnetenhauses (Konservativ), 1903–1918 MdR (Kons.), 1911–1918 Parteivorsitzender der Konservativen 685

Hildebrand, Klaus, deutscher Historiker 24, 659

Hohenlohe-Schillingsfürst, Chlodwig Fürst zu (1819–1901); deutscher Politiker und Diplomat; 1894–1900 Reichskanzler 340, 353, 386, 390, 399, 410, 469, 819

Hohenlohe-Schillingsfürst, Konrad Prinz zu (1863–1918), österreichischer Politiker, 1906 Ministerpräsident, 1906–15 Statthalter in Triest, 1917/18 gem. Finanzminister 793–795, 797, 802, 804

Hollmann, Friedrich (1842–1913), Admiral, Staatssekretär des Reichsmarineamts 394, 395

Holstein, Friedrich von (1837–1909), Diplomat, seit 1878 Vortragender Rat im Auswärtigen Amt, hatte bis 1906 großen Einfluß auf die deutsche Außenpolitik der Nach-Bismarck-Ära 31, 104, 106, 127, 192, 197, 212, 220, 368, 372, 373, 382, 388, 389, 404, 439, 449, 450. 455, 456, 460, 461, 464, 485, 486, 510, 511, 534, 539, 540, 542–545, 550, 552, 555, 556, 559, 568, 672, 674, 676, 677, 683

Hoyos, Alexander Graf (1876–1937), österreichisch-ungarischer Diplomat, 1912 im Außenministerium, im Juli 1914 in Berlin (Hoyos-Mission) 746, 830, 832, 834

Hugo, Victor (1802–85), französischer Schriftsteller 112

Imbriani-Poerio, Matteo Renato (1843–1901), italienischer Politiker und Irredentist 45, 113, 118, 258, 304, 327, 336, 337, 415, 437, 502, 510

Imperiali, Guglielmo Marchese di Francavilla (geb. 1858), italienischer Diplomat, Botschafter in London 864

Iswolsky, Alexander Petrovic (1856–1919), russischer Diplomat und Politiker, Gesandter in Belgrad 1897–1900, in Tokio 1900–1902, in Kopenhagen 1903–1906, Außenminister 1906–10, Botschafter in Paris 1910–17 613, 614, 627–630, 633–635, 638, 653, 656, 658, 659, 661–663, 684

Jacobini, Lodovico (1830–87), Kardinal und Staatssekretär im Vatikan

Jagow, Gottlieb von (1863–1935), Diplomat, 1909–1913 Botschafter in Rom, 1913–1916 Staatssekretär des Auswärtigen Amts 690, 695, 697, 759, 800, 827, 829, 862

Jameson, Sir Leander Starr (1853–1917), britischer Arzt und Politiker, Anführer des „Jameson-Raids" gegen die Buren (1895), 1904–08 südafrikanischer Ministerpräsident, 1911 nobilitiert 393, 394

Johannes IV. (ca. 1832–1889), Kaiser von Äthiopien 1872–89, Ras Kasa von Tigrè 342, 343, 346

Joll, James, britischer Historiker 839

Kaizl, Josef (1854–1901), tschechischer Politiker, 1898/99 österreichischer Finanzminister 481

Kállay von Angy-Kálló, Beni (1839–1903), österreichischer Politiker, 1879–81 im Außenministerium, 1882–1903 gemeinsamer Finanzminister 64, 66, 67, 68, 81, 621

Kálnoky, Gustav Graf v. (1832–1898), österreichisch-ungarischer Diplomat und Politiker, 1880–81 Botschafter in St. Petersburg, 1881–95 Außenminister 31, 66, 75, 80, 81, 82, 83, 84, 86, 87, 88, 95, 101, 104–107, 111, 115, 117, 120, 123, 124, 125, 127–130, 132, 133, 134, 138–142, 148, 149, 151, 152, 158, 163, 174, 177, 180, 194, 195, 196, 202, 203, 205, 206, 208, 209–213, 215, 218, 220, 223, 224, 258, 260, 263, 266, 272, 274, 279, 280, 282–285, 300, 311, 312, 314, 332, 338, 339, 384, 386, 431, 465–469, 487, 504, 587, 609, 615, 621

Karl Ludwig (1833–1896), Erzherzog von Österreich 110

Katkov, Michail (1818–1887), russischer Publizist und führender Panslawist 469

Kennedy, Paul, britischer Historiker 367, 391, 498

Keudell, Robert von (1824–1903), deutscher Diplomat, 1873–76 Gesandter, 1876–86 Botschafter in Rom 60, 64, 70, 73, 74, 79, 80, 120, 131, 142
Khuen-Hedervary, Karl Graf (1849–1918), ungarischer Politiker, 1910–12 dreimal Ministerpräsident 680
Kiderlen-Waechter, Alfred von (1852–1912), deutscher Diplomat, 1910–1912 Staatssekretär des Auswärtigen Amts 31, 656, 672, 675, 676681, 683, 694, 710–712, 719, 729, 735
Kleist, von, preußischer Offizier, 1912–13 Militärattaché in Rom 777
Kober, Guido Freiherr v. (1829–1910), österreichischer Offizier 58
Koerber, Ernest von (1850–1919), österreichischer Politiker, mehrfach Minister, 1900–04, 1916 Ministerpräsident 17, 509
Kramář, Karel (1860–1937), jungtschechischer Politiker, 1891–1916 MöAH, 1918/19 tschechischer Ministerpräsident 479, 480, 668
Kruger, Paulus (genannt „Ohm Krüger") (1825–1904), südafrikanischer Politiker 393

Labriola, Arturo (1874–1959), italienischer Politiker 580
Lacroix, Henri de (1844–1924), französischer Offizier 544
Lamsdorf/Lambsdorff, Wladimir Graf (1845–1907), russischer Politiker, 1901–1906 Außenminister 485
Langer, William, amerikanischer Historiker 234
Lanza di Busca, Carlo Conte (1837–1918), italienischer Offizier und Diplomat, 1892–1907 Botschafter in Berlin 34, 57, 324, 411, 452, 453, 461, 534, 575
Legrand, französischer Diplomat 641
Leo XIII. (1810–1903), geb. Vincenzo Giacchino di Conti Pesci, seit 1878 Papst 49, 50, 51, 123, 124, 126, 129, 134, 135, 136, 144, 282, 286, 288, 366
Lerchenfeld-Köfering, Hugo Graf von und zu (1843–1925), 1880–1918 bayerischer Gesandter in Berlin 846
Liman von Sanders, Otto (1855–1929), preußischer Offizier, 1913–1919 in der Türkei 758, 763

List, Friedrich (1789–1846), deutscher Volkswirt 399
Lloyd George, David, 1. Earl of Dwyfor (1863–1945), englischer Jurist und Politiker, 1905–1908 Handelsminister, 1908–1915 Schatzminister, 1915–191,6 Munitionsminister, Juni 1916 Kriegsminister, 1916–1922 Premierminister 682, 683
Loubet, Emile (1838–1929), französischer Politiker, 1892 Miinisterpräsident, 1896 Senatspräsident, 1899–1906 Präsident 440, 533–536, 538, 546
Lowe, Cedric, britischer Historiker 24
Lueger, Karl (1844–1910), österreichischer Politiker, 1885–1910 Abgeordneter (Christlichsozial), 1897–1910 Bürgermeister von Wien 474
Lützow zu Drey-Lützow und Seedorf, Heinrich Graf (1852–1935), österreichisch-ungarischer Diplomat, 1904–1910 Botschafter in Rom 466, 509, 576, 577, 581, 641, 645, 647, 648, 701, 791, 812
Ludolf, Emanuel Graf (1823–98), österreichisch-ungarischer Diplomat, 1882–86 Botschafter in Rom 102, 114, 115, 116, 131, 140, 161, 164, 167, 175, 176, 177, 285
Lutz, Heinrich, deutscher Historiker 26
Luzzatti, Luigi (1841–1927), italienischer Politiker, Minister, 1910/11 Ministerpräsident 34, 248, 419, 420, 436, 439, 450, 457, 488, 492, 500, 514–516, 536, 642, 643, 687

Macchio, Carl Freiherr v. (1859–1945), österreichisch-ungarischer Diplomat, 1899–1903 Ministerresident in Cetinje, 1903–1909 Gesandter in Athen, 1909–1914 Sektionschef im Außenministerium, 1914/15 Botschafter in Rom 859, 864, 866
Magliani, Agostino (1824 (oder 1825)–1891), italienischer Politiker, Finanzminister 249, 250
Mahan, Alfred Thayer (1840–1914), amerikanischer Marineoffizier und – schriftsteller 391
Mahdi, eigentlich Mohammed Ahmed ibn Saijid Adb Allah (1844–85), sudanesischer Derwisch, Anführer des Kampfes gegen die Briten 154, 156, 157, 159
Makonnèn (1862–1906), äthiopischer Fürst

(Ras), Cousin Meneliks II., 1889 in Rom, 1895/96 Sieger von Amba Alagi, Makallé, Adua 344, 349
Malvano, Giacomo (1841–1922), italienischer Diplomat, langjähriger Generalsekretär der Consulta 180, 382
Mancini, Pasquale Stanislao (1817–1888), italienischer Politiker, 1876–78 Justizminister, 1881–1885 Außenminister 31, 52, 53, 58, 60, 61, 64, 65, 71, 72, 74, 75, 76, 77, 78, 79, 84, 87, 88, 89, 92, 93, 94, 95, 96, 97, 99, 100, 101, 102, 104, 108, 112, 114, 115, 116, 119–121, 128, 130, 131, 133, 140, 142, 145–164, 170, 174–177, 220, 234, 239, 240, 285, 338, 342, 419, 503, 515, 690
Mangascha (1869–1906), äthiopischer Fürst; Sohn von Kaiser Johannes IV., 1889 Fürst des Tigrè, 1898 von Menelik abgesetzt 344, 346, 347
Mannesmann, Max (1861–1915), deutscher Unternehmer 676, 678
Mannesmann, Reinhard (1856–1922), deutscher Unternehmer 676, 678
Margutti, Albert Freiherr von (1869–1940), österreichisch-ungarischer Offizier, seit 1900 Ordonnanzoffizier, seit 1906 Flügeladjutant Graf Paars 600
Maria Theresia (1717–1780), Kaiserin 112
Marschall v. Bieberstein, Adolf Freiherr (1842–1912), deutscher Politiker, 1890–97 Staatssekretär des Auswärtigen Amts, 1897–1912 Botschafter in Konstantinopel 382, 383, 393, 410, 411
Marsari, Frank, Historiker 24
Marselli, Nicola (1832–1899), italienischer Offizier und Politiker 56, 156
Martini, Ferdinando (1841–1928), italienischer Politiker 854, 870
Mazzini, Giuseppe (1805–1872), italienischer Revolutionär 53, 279, 417
Maurigi, Ruggiero Marchese di Castel M. (1843–1919), italienischer Politiker 179
McPherson, James M., amerikanischer Historiker 31
Méline, Félix Jules (geb. 1838), französischer Politiker 417
Menabrea, Luigi Federico (1809–1896), italienischer Politiker, Offizier und Diplomat 60, 292

Menelik (1844–1913), Kaiser (Negus Neghesti) von Äthiopien (1889–1909), ras der Shoa 1865–89 343–347, 349–351, 353, 354, 358, 413
Mérey, Kajetan von (1861–1931), österreichisch-ungarischer Diplomat, 1895–1907, 1915–17 im Außenministerium, 1907 1. Bevollmächtigter auf der 2. Haager Friedenskonferenz, März 1910–1914 Botschafter in Rom, 1917/18 Delegierter Österreich-Ungarns in Brest-Litowsk 31, 34, 716, 718, 730, 743, 762, 791–793, 801, 802, 806–811, 831, 834, 835, 840, 841, 854, 858, 859, 864
Merle, Adalbert, österreichisch-ungarischer Diplomat, Generalkonsul in Smyrna 755, 761
Metternich von Gracht, Paul Graf Wolff, deutscher Diplomat 548
Milan I. (1854–1901), 1868–1882 Fürst, 1882–1889 König von Serbien, 1889 Abdankung zugunsten seiens Sohnes Alexander (Obrenović) 610
Milovanović, Milovan (1863–1912), serbischer Politiker und Außenminister 653
Minghetti, Marco (1818–86), 1863/64, 1873–76 ital. Ministerpräsident 70, 71, 96, 121, 242, 293
Minghetti, Laura (1829–1915), auch Laura Acton Minghetti 557
Mohrenheim, Arthur Pavolvitch (geb. 1824), russischer Diplomat 385
Moltke, Helmuth Karl Bernhard Graf von (1800–91), (der ältere Moltke), dänischer, dann preußischer Offizier, Feldmarschall, als Generalstabschef in den Kriegen 1864, 1866, 1870/71 siegreich 190, 193, 264, 265, 268, 387, 778
Moltke, Helmuth Johannes Ludwig Graf von (1848–1916), (der jüngere Moltke), preußischer Offizier, Generaloberst, 1906–1914 Generalstabschef, seit 1915 Chef des Stellvertretenden Generalstabs in Berlin 604, 769–776, 778–782, 787, 824, 826–830, 839, 847
Mommsen, Theodor (1817–1903), deutscher Historiker, 1902 Literaturnobelpreis 472, 478
Mommsen, Wolfgang J. (geb. 1930), deutscher Historiker 18, 24

Montecuccoli degli Erri, Rudolf Graf von (1843–1923), österreichisch-ungarischer Marineoffizier, 1904–13 Marinekommandant 602, 782
Monts de Mazin, Anton Graf (1852–1930), deutscher Diplomat, 1890–94 Generalkonsul in Budapest, 1894–95 preußischer Gesandter in Oldenburg, 1895–1902 preußischer Gesandter in München, 1902–1909 Botschafter in Rom 31, 34, 504, 510, 514, 531, 533–536, 538, 546, 549, 552, 565, 568–570, 572, 573, 590, 671, 690
Mori, Renato, italienischer Historiker 241, 271
Morin, Costantino (1845–1918), Admiral und Senator; 1903 Außenminister 464, 513
Moüy, Charles Louis Stanislas Conte de (geb. 1834), französischer Diplomat, Botschafter in Rom 242, 252, 304, 307
Müller, Georg Alexander von (1854–1940), Admiral, 1906–1918 Chef des Marinekabinetts 737
Münster, Georg Herbert v. Derneburg (1820–1902), deutscher Diplomat, 1873–1885 Botschafter in London, 1885–1900 in Paris 323
Muraview, Michail (1845–1900), russischer Politiker und Diplomat, 1897–1900 Außenminister 469, 470, 643
Mussi, Muzio, italienischer Student, in den Unruhen 1898 ums Leben gekommen 427
Mussolini, Benito (1883–1945), italienischer Diktator 1922–45 23, 149
Musulin, Alexander v. (1868–1947), österreichisch-ungarischer Diplomat, 1903–10 Leiter des orientalischen Referats im Außenminsiterium, 1910–16 Leiter des kirchenpolitischen Referats, 1917 Gesandter in Bern 615, 617

Napoleon III. (1808–73), Kaiser der Franzosen 1852–70 39
Nicolai, Walter, preußischer Offizier, Chef der Abt. IIIb des Generalstabs (Nachrichtenabteilung) 782
Nicolson, Sir Arthur (1849–1928), britischer Diplomat, 1906 britischer Vertreter in Algeciras, 1906–10 Botschafter in St. Petersburg, 1910–1916 Unterstaatssekretär im Foreign Office 540, 552, 563

Nicotera, Giovanni (1828–1894), italienischer Politiker 98, 121, 122, 233, 253, 293, 317
Nigra, Costantino Conte (1828–1907), italienischer Diplomat, 1885–1904 Botschafter in Wien 34, 54, 60, 168, 169, 283, 284, 287, 295, 305, 306, 312, 330, 417, 425, 433, 451, 487, 492, 500, 551, 586, 588, 589
Nikolaus II. (1868–1918), 1894–1917 Zar von Rußland 131, 385, 471, 486, 493, 634, 662, 721, 723, 741
Nipperdey, Thomas (1927–1992), deutscher Historiker 24, 817
Nogara, Bernadino (geb. 1870), italienischer Ingenieur und Unternehmer im Osmanischen Reich; italienisches Mitglied der „Caisse de la Dette Publique Ottomane" 761

Oberdan, Guglielmo (alias Wilhelm Oberdank) (1858–1882), Student und irredentistischer Politiker; 1882 hingerichtet 30, 108–113, 115–118, 121, 135, 802

Paasche, Hermann (1851–1925), deutscher Abgeordneter (Nationalliberal), 1903–09, 1912–18 Vizepräsident des Reichstags 17
Padova, italienischer Agent des Hauses Rothschild 308, 309
Paget, Sir Ralph (1864–1940), britischer Diplomat 408
Pallavicini, Johann Markgraf (1848–1941), österreichisch-ungarischer Diplomat, 1899–1906 Gesandter in Bukarest, 1906–18 Botschafter in Konstantinopel, 1911 Vertreter der Außenministers 694, 762, 763
Pansa, Alberto (1844–1928), italienischer Diplomat, 1901–06 Botschafter in London, 1906–13 in Berlin 34, 711, 715, 716, 834, 842, 845, 869, 871
Pasetti-Friedenburg, Marius Freiherr von (1841–1913), österreichisch-ungarischer Diplomat, 1895–1904 Botschafter in Rom 442, 492
Pásić, Nicola (1846–1926), serbischer Politiker, 1891/92, sowie mit Unterbrechungen zwischen 1904–18 Ministerpräsident Serbiens, danach Jugoslawiens 611, 843
Pelloux, Luigi (1839–1924), italienischer General und Politiker, 1891–93, 1896–97

Kriegsminister, 1898–1900 Ministerpräsident 34, 298, 316, 427, 428
Peter I. Karageorgević (1844–1921), 1903–18 König von Serbien, 1918–21 König der Serben, Kroaten und Slowenen; übertrug 1914 die Regentschaft seinem Sohn Alexander 610
Petrignani, Rinaldo, italienischer Diplomat und Historiker 28, 91, 146, 153
Petrović, österreichisch-ungarischer Diplomat, Generalkonsul in Alexandria, 1913–14 Delegierter in der internationalen Kontrollkommission für Albanien 758
Pius IX. (1792–1878), Papst 1846–78 49, 52, 56
Poincaré, Raymond (1860–1934), französischer Politiker, seit 1887 Abgeordneter, 1912–13, 1922–24,1926–29 französischer Ministerpräsident, 1913–20 Präsident der französischen Republik 685, 704–707, 722, 724, 737, 766
Pollio, Alberto (1852–1914), italienischer Offizier, 1908–1914 Generalstabschef 773–781, 783–785, 843, 847
Princip, Gavrilo (1894–1918), bosnischer Terrorist, Attentäter von Sarajevo 813
Prinetti, Giulio (1851–1908), italienischer Ingenieur und Fabrikant, Politiker; 1896 für 6 Monate Minister für öffentliche Arbeiten im 2. Kabinett Rudini; 1901–9.2.1903 Außenminister (Schlaganfall 29.1.1903) 438–448, 450, 451, 453, 456–463, 471, 478, 492, 493, 512, 513, 515, 537, 552, 567, 584, 586

Radolin-Radolinski, Hugo Fürst von (1841–1917), deutscher Diplomat, 1900–10 Botschafter in Paris 546
Radowitz, Joseph Maria von (1839–1912), deutscher Diplomat, 1882 Botschafter in Konstantinopel, 1891–1908 in Madrid, 1906 1. Delegierter in Algeciras 552, 554, 556–559, 563–565
Raschdau, Ludwig (1849–1943), deutscher Diplomat 386
Rattazzi, Urbano (1845–1911), italienischer Politiker 331, 503
Redlich, Josef (1869–1936), österreichischer Politiker, 1907–18 Abgeordneter im Reichsrat 604, 651, 652, 657, 680, 732, 766, 797, 832
Reichlin, italienischer Präfekt 510, 512
Remak, Joachim, amerikanischer Historiker 826
Renner, Karl (1870–1959), österreichischer Politiker, 1907–18 Abgeordneter im Reichsrat, 1918–1920 und 1945 Staatskanzler, 1945–1950 Bundespräsident 655
Ressman, Costantino (1832–99), italienischer Diplomat 197, 324, 326
Reuß, Heinrich VII., Prinz v. (1825–1906), deutscher Diplomat, 1878–94 Botschafter in Wien 68, 88, 211, 212
Révoil, Amédée Joseph Paul (geb. 1856), französischer Diplomat, Delegierter in Algeciras 547, 556
Rhodes, Cecil (1853–1902), britischer Kolonialpolitiker 393, 394
Ribot, Alexandre (1842–1923), französischer Politiker, 1890–92 Außenminister, 1892/93 Ministerpräsident und Außenminister, 1895 Ministerpräsident und Finanzminister, 1914–17 Finanzminister, 1917 Ministerpräsident und Außenminister 307, 384, 385
Richter, Eugen (1838–1906), deutscher Politiker 398
Ricotti-Magnani, Cesare (1822–1917), italienischer Offizier und Politiker, Militärreformer, 1870–76, 1884–87, 1896 Kriegsminister 294, 295, 298, 299
Riezler, Kurt (1882–1955), 1906–1918 Referent im Auswärtigen Amt, enger Vertrauter Bethmann Hollwegs 679, 820, 831
Robilant, Carlo Nicolis Conte di (1826–1888), italienischer Offizier und Diplomat, bis 1885 Botschafter in Wien, 1885–87 Außenminister, 1888 Botschafter in London 31, 34, 42, 44, 45, 46, 52, 54, 55, 58, 59, 60, 65, 67, 68, 72, 73, 77, 80–84, 86, 87, 88, 111, 114, 125, 128–131, 133, 134, 143, 152, 170–180, 188, 196–201, 202–210, 213–226, 232–236, 239, 242, 243, 254, 259, 280, 300, 342, 417, 423, 448, 504, 690
Röhl, John, deutschbritischer Historiker 366, 814
Rodd, James Rennell 1st Baron Rennell (1858–1941), britischer Diplomat, 1908–19 Botschafter in Rom 692

Roosevelt, Theodore (1858–1919), amerikanischer Präsident 542
Rosen, Friedrich (1856–1935), deutscher Diplomat, 1906 Gesandter in Tanger 547
Rosty, österreichisch-ungarischer Diplomat 167
Rouvier, Maurice (1842–1911), französischer Politiker, Ministerpräsident 1887, 1905/06, 7.3.1906 Rücktritt 249, 545, 546, 554, 685
Rudinì, Antonio Marchese di Starabba (1839–1908), italienischer Politiker, 1869 Innenminister, 1891–92, 1896–98 Ministerpräsident 31, 240, 277, 290–302, 305–314, 316–318, 335–337, 346, 347, 351, 357–359, 407–411, 413–415, 418, 420. 426, 427, 429, 436, 439, 450, 538, 551, 569, 584, 688
Rudolf (1858–89), Sohn Kaiser Franz Josephs und Erzherzog-Thronfolger 118, 128, 194, 596
Rumpler, Helmut, österreichischer Historiker 105, 473
Rusconi, Gian Enrico, italienischer Historiker 817

Salandra, Antonio (1853–1931), italienischer Jurist und Politiker, seit 1886 Abgeordneter, 1914–1916 Ministerpräsident, brachte als Befürworter der Intervention Italien in den Krieg 178, 687, 755, 790, 806, 808, 810, 841–843, 854, 855, 857–859, 864–867, 869, 870, 873
Salata, Francesco (1876–1944), italienischer Politiker und Historiker 116
Saletta, Tancredi (1843–1909), italienischer General, 1896–1908 Chef des Generalstabes, seit 1900 Senator 498, 519, 523, 524, 530, 773
Salisbury, Robert Cecil, Marquess of (1830–1903), britischer Politiker, 1878–80 Außenminister, seit 1881 Führer der Konservativen im Unterhaus, 1885/86, 1886–92, 1895–1902 Premierminister 187, 300, 352, 353, 388, 394, 409, 468
Salvatorelli, Luigi (1885 (1886?)–1974), italienischer Historiker 25, 154, 241, 496, 512, 536, 590, 636
Salvemini, Gaetano (1874 –1957), italienischer Historiker und Publizist 351, 503, 855, 870, 873

San Giuliano, Antonio di (1852–1914), italienischer Politiker, 1905/06 Außenminister, 1906–09 Botschafter in London, 1909/10 in Paris, 1910–14 Außenminister 31, 551–553, 557, 567, 659, 687–689, 692, 693, 695, 697, 702, 703, 705–707, 716, 719, 743, 745, 750–753, 758, 760–762, 779, 780, 783, 788, 790, 791, 797–811, 835, 836, 840–845, 854, 856
San Marzano, Alessandro di Asinari di (geb. 1830), italienischer General 342
Saracco, Giuseppe (1818 (1821?)–1907), italienischer Politiker, Ministerpräsident 331, 427, 429, 435
Sasonov, Sergei (1860–1927), russischer Diplomat und Politiker, 1910–1916 Außenminister 658, 668, 724, 824, 838
Schemua, Blasius (1856–1920), österreichisch-ungarischer Offizier, 1911–12 Generalstabschef 725, 730, 731
Schieder, Theodor, deutscher Historiker 53
Schlauch, Lörinc (1824–1902), ungarischer Geistlicher 132
Schlieffen, Alfred Graf von (1833–1913), preußischer Generalfeldmarschall, Generalstabschef 1891–1905 266, 523, 540, 604, 769, 771, 772
Schmitt, Bernadotte E., amerikanischer Historiker 659
Schnäbelé, Guillaume (1831–1900), französischer Zollbeamter, wurde am 20.4.1887 von deutschen Stellen unberechtigterweise verhaftet 182, 231
Schoen, Wilhelm Freiherr v. (1851–1933), deutscher Politiker und Diplomat, 1905–07 Botschafter in St.Petersburg, 1907–10 Staatssekretär des Auswärtigen Amts, 1910–14 Botschafter in Paris 560, 630, 637, 638
Schönaich, Franz Freiherr v. (1844–1916), österreichisch-ungarischer Kriegsminister 599
Schönerer, Georg Ritter v. (1842–1922), österreichischer Politiker, 1873–89, 1897–1907 Mitglied des Abgeordnetenhauses (Deutschnational) 475, 476
Schroeder, Paul, amerikanischer Historiker 19, 20, 32, 92, 406, 407, 589, 756, 826
Schwarzenberg, Felix Fürst zu (1800–1852), österreichischer Politiker 106

Scott, H.M., schottischer Historiker 19
Sella, Quintino (1827–84), italienischer Politiker 52, 293
Serafino, Erzbischof, Nuntius in Wien 61, 118, 127, 134
Sermoneta, Onorato Caetani Duca di S. (1842–1917), italienischer Politiker, Bürgermeister von Rom, 1896 Außenminister 328, 410, 413, 414, 417, 418
Silvestrelli, italienischer Diplomat 551
Skobelev, russischer General 80, 84
Skrivan, Ales, tschechischer Historiker 628
Smith, Adam (1723–90), schottischer Nationalökonom 401
Solms-Sonnenwalde, Eberhard Graf zu (1825–1912), preußischer Offizier und deutscher Diplomat, 1878–87 Gesandter in Madrid, 1887–93 Botschafter in Rom 34, 259, 263, 264, 271, 273, 277, 280, 285, 299–301, 316, 324, 327, 332
Sonnino, Sidney (1847–1922), italienischer Politiker, seit 1880 Abgeordneter, Finanzminister im 3. Kabinett Crispi, 1906, 1909–1910 Ministerpräsident, November 1914-Juni 1919 Außenminister 31, 56, 70, 147, 156, 160, 162, 177, 178, 334, 345, 348, 425, 429, 436, 438, 439, 464, 567, 575, 646, 649, 687, 851, 854, 856–858, 861–871, 873
Spadolini, Giovanni, italienischer Politiker und Historiker 101
Spantigati, Federico (1831–84), italienischer Politiker, Abgeordneter 156
Spitzemberg, Hildegard Freifrau von (1843–1914), Gattin des württembergischen Gesandten in Berlin, durch ihr Tagebuch 1865–1914 Chronistin der Berliner Hofgesellschaft 700
Steed, Henry Wickham (1871–1956), britischer Journalist, 1897–1902 Korrespondent der „Times" in Rom, 1902–1914 in Wien 634
Steininger, österreichischer Offizier 266
Stephanie, Erzherzogin von Österreich (1864–1945) 128
Sterle, Mario, wegen irredentistischer Äußerungen verurteilter österreichischer Gymnasiast 790, 802
Stresemann, Gustav (1878–1929), deutscher Politiker, MdR (Nationalliberal), 1917/18 Fraktionsvorsitzender, in de Weimarer Republik Außenminister und Reichskanzler 17
Stürgkh, Karl Graf (1859–1916), österreichischer Politiker, 1891–95 und 1897–1907 Abgeordneter (Vereinigte Linke), 1907–1916 Herrenhaus, 1909–11 Unterrichtsminister, 1911–16 Ministerpräsident 797, 802
Sylvester, Julius (1854–1944), österreichischer Politiker, Präsident des Reichsrats 17
Széchenyi, Imre Graf (geb. 1825), österreichisch-ungarischer Diplomat, 1878 (1879?)–1892 Botschafter in Berlin 192, 208, 212, 215, 216, 220, 221, 315
Szilassy von Szilas und Pilis, Julius (geb. 1870), österreichisch-ungarischer Diplomat, Berater Berchtolds 21, 709, 717, 718
Szögyény, Lajos Graf v. (1841–1916), österreichisch-ungarischer Diplomat, 1882–90 Sektionschef im Außenministerium, 1890–92 ungar. Minister im Hoflager, 1892–1914 Botschafter in Berlin 461, 471, 547, 566, 683

Taaffe, Eduard Graf v. (1833–1895), österreichischer Politiker, 1879–93 Ministerpräsident 46, 108, 140, 279, 281–284, 288, 474
Tanlongo, italienischer Bankier und Senator 319, 327, 336
Tattenbach, Christian Friedrich Graf von (1846–1910), deutscher Diplomat, 1906 2. Delegierter in Algeciras, 1908–10 Botschafter in Madrid 552, 560, 562
Taylor, Alan J.P., britischer Historiker 686
Tecchio, Sebastiano (geb. 1807), italienischer Politiker, Senatspräsident 122
Thun-Hohenstein, Franz Graf (1847–1916), österreichischer Politiker, 1898/99 Ministerpräsident und Leiter des Innenministeriums 481
Tirpitz, Alfred von (1849–1930), deutscher Marineoffizier, 1911 Großadmiral, 1897–1916 Staatssekretär des Reichsmarineamts, 1924–28 MdR (DNVP) 368, 395–398, 404, 669–671, 676, 685
Tisza von Boros-Jenö und Szeged, István Graf (1861–1918), ungarischer Politiker, 1903–1905, 1913–1917 ungarischer Ministerpräsident 827, 851, 858, 861

Tisza, Kalman v.; ungarischer Politiker (1830–1902), 1875–90 Ministerpräsident 132, 140, 288

Tittoni, Tommaso (1855–1931) italienischer Politiker und Diplomat, 1903–05, 1906–09 Außenminister, 1910–17 Botschafter in Paris 31, 34, 464, 514–517, 531, 532, 535–538, 549, 550, 551, 572, 574, 575, 627, 629, 630, 631, 641–652, 656, 659, 662–665, 687–689, 705, 836

Tornielli-Brusati di Vergano, Giuseppe Conte di (1836–1908), italienischer Diplomat, 1879–88 Gesandter in Bukarest, 1889–1895 Botschafter in London, 1895–1908 in Paris 408, 411

Torre, Augusto, italienischer Historiker 24

Toselli, Pietro (1856–95), italienischer Offizier 349, 350

Tschirschky und Bögendorff, Heinrich von (1858–1916), deutscher Diplomat, 1906/07 Staatssekretär des Auswärtigen Amts, 1907–16 Botschafter in Wien 556, 569, 573, 710, 747, 748

Tyrrell, William George 1st Baron Tyrrell (1866–1947), britischer Diplomat 682

Umberto I. (1844–1900), seit 1878 König von Italien 31, 52, 55, 58, 59, 60, 61, 62, 63, 65, 67, 68, 72, 73, 76, 93, 98, 102, 103, 115, 122, 125–128, 133, 139, 162, 173, 232, 233, 258, 275, 277, 288, 290, 297, 298, 304, 308, 309, 312, 326, 328–334, 338, 350, 357, 360, 416, 421, 427, 431, 435, 487, 504

Urabi Pascha, Achmed (1839–1911), ägyptischer Offizier und Politiker, 1882 Kriegsminister, 1882–1901 nach Ceylon verbannt 86, 145, 146

Venizian, Felice, Triestiner Kommunalpolitiker 506

Verga, Giovanni (1840–1922), italienischer Schriftsteller 359

Verosta, Stephan, österreichischer Historiker 27

Victoria (1819–1901), seit 1837 Königin von Großbritannien und Irland, seit 1876 Kaiserin von Indien 384

Victoria, Gattin Friedrichs III., Kaiserin (1840–1901) 191

Victoria, Prinzessin von Preußen (1866–1929) 191

Visconti Venosta, Emilio (1829–1914), italienischer Diplomat, 1863/64, 1869–76, 1896–1901 Außenminister, 1906 Delegierter in Algeciras 31, 43, 350, 413, 417, 418, 420, 422–424, 436, 439, 442, 443, 449, 455, 488, 492, 494, 547, 551–553, 556–559, 562–565, 567, 584, 586, 736

Vitelleschi Nobili, Francesco Marchese (1829–1906), italienischer Politiker 569

Vittorio Emanuele II (1820–1878), König von Piemont-Sardinien, seit 1861 König von Italien 40, 41, 60, 124, 127

Vittorio Emanuele III. (1869–1947), 1900–1946 König von Italien 31, 130, 324, 325, 431, 433–436, 441, 460, 487, 492, 493, 522, 527, 533, 535, 645, 662, 706, 779, 780, 811, 843–845, 854, 869

Voltolini, Graf 17

Waldersee, Alfred Graf von (1832–1904), preußischer Offizier, seit 1882 Gehilfe Moltkes d.Ä., Generalstabschef 1888–1891, Oberbefehlshaber des Expeditionskorps im Boxerkrieg 181, 190, 193, 195, 196, 218, 261, 263, 267–269, 271, 273, 325, 401, 830

Waldersee, Georg Graf, preußischer Offizier 779, 780, 784, 785

Wangenheim, Hans Freiherr v. (1859–1915), deutscher Diplomat 763

Weber v. Ebenhof, Philipp Freiherr von (geb. 1818), österreichischer Beamter 283

Weber, Max (1864–1920), deutscher Soziologe 17, 819

Wedel, Karl Graf (1914 Fürst) (1842–1919), preußischer Offizier und deutscher Diplomat, 1878–87 Militärattaché in Wien, 1892 Gesandter in Stockholm, 1894 Generaladjutant Wilhelms II., 1899–1902 Botschafter in Rom, 1902–07 Botschafter in Wien, 1907–1914 Statthalter von Elsaß-Lothringen; trat ab 1916 an der Spitze des „Deutschen Natinalausschusses" für einen Verständigungsfrieden ein 443, 449, 457–459, 465, 582, 590

Wehler, Hans-Ulrich, deutscher Historiker 24, 376

Welsersheimb, Rudolf Graf (1842–1926),

österreichisch-ungarischer Diplomat, 1895 Sektionschef im Außenministerium, 1903–11 Botschafter in Madrid, 1906 Delegierter in Algeciras 549, 552, 556–558

White, Henry (1850–1927), amerikanischer Diplomat, 1905 Botschafter in Rom, 1907–09 in Paris; 1906 Delegierter in Algeciras 552, 556–558

Wied, Wilhelm Prinz zu (1876–1945), 1914 Mbret (Fürst) von Albanien 753, 754

Wilhelm I. (1797–1888), 1861–88 König von Preußen, deutscher Kaiser 1871–1888 139, 142, 190

Wilhelm II. (1859–1941), deutscher Kaiser 1888–1918 30, 31, 190, 193, 261, 263, 267, 288, 308, 315, 318, 323–325, 365–373, 381, 385, 392, 394–396, 400, 402, 416, 422, 431, 452, 478, 486, 493, 498, 500, 514, 533, 535, 537, 539, 541, 543, 544, 546, 547, 554, 555, 560, 562, 565–568, 572, 574, 597, 637, 638, 640, 668, 671, 683, 698, 706, 714, 727, 728, 735, 745, 746, 753, 754, 780, 800, 819, 830, 837, 838, 845, 846

Wimpffen, Felix Friedrich Graf von (1827–83), österreichisch-ungarischer Diplomat, Botschafter in Rom 1879–82 55, 74, 83, 109, 115, 125, 127

Witte, Sergei (1849–1915), russischer Politiker, 1892–1902 Finanzminister, 1905/06 Ministerpräsident 468

Wolf, Karl Hermann (1862–1941), österreichischer Politiker, 1897–1918 Mitglied des österreichischen Abgeordnetenhaus, deutsch-radikal 461, 475

Zanardelli, Giuseppe (1826–1903), italienischer Politiker, mehrfach Minister, 1901–03 Ministerpräsident 52, 98, 102, 116, 119, 121, 122, 165, 233, 294, 329, 330–332, 337–347, 415, 429, 435–439, 441, 442, 444–447, 453, 457, 458, 460, 492, 503, 504, 507, 512, 513, 690

Zimmermann, Arthur (1864–1940), deutscher Diplomat, Mai 1911- Nov. 1916 Unterstaatssekretär, Nov. 1916-Aug. 1917 Staatssekretär des Auswärtigen Amts. 678

Zupelli, Vittorio (geb. 1859), italienischer Offizier 774, 775